DIREITO HUMANO E FUNDAMENTAL À SAÚDE

ESTUDOS EM HOMENAGEM AO MINISTRO ENRIQUE RICARDO LEWANDOWSKI

PAULO DIAS DE MOURA RIBEIRO
GEORGHIO ALESSANDRO TOMELIN
RICHARD PAE KIM

Coordenadores

DIREITO HUMANO E FUNDAMENTAL À SAÚDE

ESTUDOS EM HOMENAGEM AO MINISTRO ENRIQUE RICARDO LEWANDOWSKI

Belo Horizonte

2023

© 2023 Editora Fórum Ltda.

É proibida a reprodução total ou parcial desta obra, por qualquer meio eletrônico, inclusive por processos xerográficos, sem autorização expressa do Editor.

Conselho Editorial

Adilson Abreu Dallari	Floriano de Azevedo Marques Neto
Alécia Paolucci Nogueira Bicalho	Gustavo Justino de Oliveira
Alexandre Coutinho Pagliarini	Inês Virgínia Prado Soares
André Ramos Tavares	Jorge Ulisses Jacoby Fernandes
Carlos Ayres Britto	Juarez Freitas
Carlos Mário da Silva Velloso	Luciano Ferraz
Cármen Lúcia Antunes Rocha	Lúcio Delfino
Cesar Augusto Guimarães Pereira	Marcia Carla Pereira Ribeiro
Clovis Beznos	Márcio Cammarosano
Cristiana Fortini	Marcos Ehrhardt Jr.
Dinorá Adelaide Musetti Grotti	Maria Sylvia Zanella Di Pietro
Diogo de Figueiredo Moreira Neto (*in memoriam*)	Ney José de Freitas
Egon Bockmann Moreira	Oswaldo Othon de Pontes Saraiva Filho
Emerson Gabardo	Paulo Modesto
Fabrício Motta	Romeu Felipe Bacellar Filho
Fernando Rossi	Sérgio Guerra
Flávio Henrique Unes Pereira	Walber de Moura Agra

Luís Cláudio Rodrigues Ferreira
Presidente e Editor

Coordenação editorial: Leonardo Eustáquio Siqueira Araújo
Aline Sobreira de Oliveira

Rua Paulo Ribeiro Bastos, 211 – Jardim Atlântico – CEP 31710-430
Belo Horizonte – Minas Gerais – Tel.: (31) 99412.0131
www.editoraforum.com.br – editoraforum@editoraforum.com.br

Técnica. Empenho. Zelo. Esses foram alguns dos cuidados aplicados na edição desta obra. No entanto, podem ocorrer erros de impressão, digitação ou mesmo restar alguma dúvida conceitual. Caso se constate algo assim, solicitamos a gentileza de nos comunicar através do *e-mail* editorial@editoraforum.com.br para que possamos esclarecer, no que couber. A sua contribuição é muito importante para mantermos a excelência editorial. A Editora Fórum agradece a sua contribuição.

Dados Internacionais de Catalogação na Publicação (CIP) de acordo com ISBD

D598   Direito humano e fundamental à saúde: estudos em homenagem ao Ministro Enrique Ricardo Lewandowski / Paulo Dias de Moura Ribeiro, Georghio Alessandro Tomelin, Richard Pae Kim. Belo Horizonte: Fórum, 2023.

810p. ; 17cm x 24cm.

ISBN: 978-65-5518-606-2

1. Direitos humanos. 2. Direito à saúde. 3. Enrique Ricardo Lewandowski - homenagem. 4. Ricardo Lewandowski. I. Ribeiro, Paulo Dias de Moura. II. Tomelin, Georghio Alessandro. III. Kim, Richard Pae. IV. Título.

CDD: 341
CDU: 342.7

Ficha catalográfica elaborada por Lissandra Ruas Lima – CRB/6 – 2851

Informação bibliográfica deste livro, conforme a NBR 6023:2018 da Associação Brasileira de Normas Técnicas (ABNT):

RIBEIRO, Paulo Dias de Moura; TOMELIN, Georghio Alessandro; KIM, Richard Pae (Coord.). *Direito humano e fundamental à saúde*: estudos em homenagem ao Ministro Enrique Ricardo Lewandowski. Belo Horizonte: Fórum, 2023. 810 p. ISBN 978-65-5518-606-2.

SUMÁRIO

UM JUIZ GARANTISTA
Paulo Dias de Moura Ribeiro 15
I   Apresentação 15
II   Casos emblemáticos..16
III   Última palavra..24

PARTE I

O STF E A EVOLUÇÃO DO DIREITO CONSTITUCIONAL À SAÚDE

LEGITIMIDADE DA VACINAÇÃO OBRIGATÓRIA: POR QUE OS PAIS NÃO PODEM SE RECUSAR A VACINAR OS FILHOS
Luís Roberto Barroso, Juliana Florentino de Moura 29
I   Introdução...29
II   Breve histórico das epidemias e o papel decisivo das vacinas na sua erradicação..........29
III   Os interesses em jogo: liberdade de crença e de consciência *versus* direitos à vida
e à saúde e melhor interesse da criança...34
IV   Legitimidade da vacinação obrigatória 35
IV.1 O Estado pode, em situações excepcionais, proteger as pessoas mesmo contra
a sua vontade...37
IV.2 A vacinação é importante para a proteção de toda a sociedade, não sendo legítimas
escolhas individuais que afetem gravemente direitos de terceiros 38
IV.3 O poder familiar não autoriza que os pais, invocando convicção filosófica,
coloquem em risco a saúde dos filhos 45
V   Jurisprudência do Supremo Tribunal Federal...48
VI   Conclusão...48
      Referências 49

REGULAÇÃO SETORIAL E SUPERAÇÃO LEGISLATIVA EM MATÉRIA DE PROTEÇÃO À SAÚDE: REFLEXÕES SOBRE O JULGAMENTO DA ADI Nº 5.779/DF
Gilmar Ferreira Mendes, Victor Oliveira Fernandes 53
      Introdução...53
1   Nem reserva de administração, nem primazia do legislador...55
2   A dimensão jurídico-objetiva do direito à saúde como norma de competência negativa:
consequências para o exercício da liberdade de conformação do legislador....................58
3   A submissão do Congresso Nacional ao ônus do regulador em sede de leis-medida.....61
      Conclusão...65
      Referências 67

JUDICIALIZAÇÃO DA SAÚDE NO SUPREMO TRIBUNAL FEDERAL: CONTRIBUIÇÕES DO MINISTRO RICARDO LEWANDOWSKI

José Antonio Dias Toffoli, Camila Plentz Konrath 69

1   Introdução..69
2   As três fases da evolução jurisprudencial do STF 70
3   Principal marco jurisprudencial da Suprema Corte: STA nº 175/CE................73
4   A atuação do CNJ na questão da judicialização da saúde.................................75
5   Diálogos interinstitucionais e o Tema nº 793 78
6   Vacinação e a pandemia da Covid-19 (ADI nº 6.586 e ADI nº 6.587) 80
7   Conclusão...89

O DIREITO CONSTITUCIONAL À SAÚDE E À LIVRE INICIATIVA: UMA ANÁLISE DO RE Nº 666.094/DF

Luiz Fux...91

    Prólogo 91
    Introdução...92
1   Estatuto constitucional da saúde...94
1.1 Disciplina jurídica do Sistema Único de Saúde..95
2   O Recurso Extraordinário nº 666.094/DF...97
2.1 Ponderação entre livre iniciativa e prestação de serviços essenciais................98
    Conclusão..101
    Referências 102

IDENTIDADE DE GÊNERO AUTOPERCEBIDA: NOTAS E REFLEXÕES SOBRE O ADOECIMENTO MENTAL DAS PESSOAS LGBT+ A PARTIR DA PROTEÇÃO DOS DIREITOS HUMANOS NA CORTE INTERAMERICANA E NO STF

Luiz Edson Fachin, Pedro Ferreira 105

    Introdução...105
1   A repercussão de determinantes sociais no adoecimento da mente e a necessidade da concretização do direito à saúde mental...106
2   A formalização da união estável entre pessoas do mesmo gênero e a sua repercussão na saúde mental da população LGBT+...111
3   Os efeitos da possibilidade de retificar o registro civil na saúde mental de pessoas transgêneros...118
    Considerações finais 123
    Referências 124

O SUPREMO TRIBUNAL FEDERAL E A RESPONSABILIDADE SOLIDÁRIA DOS ENTES DA FEDERAÇÃO NA PROTEÇÃO DO DIREITO FUNDAMENTAL À SAÚDE

André Luiz de Almeida Mendonça 127

1   Introdução...127
2   O direito fundamental à saúde e a competência comum dos entes da Federação..........128
3   A responsabilidade solidária reafirmada pelo Supremo Tribunal Federal no julgamento do Tema nº 793 da Repercussão Geral.......................................130

4   O julgamento do Tema nº 1.234 da repercussão geral e a oportunidade de novos
     avanços da jurisprudência do Supremo Tribunal Federal na proteção do direito
     fundamental à saúde 135
5   Conclusão 138
     Referências 139

PARTE II

DIREITO À SAÚDE INDIVIDUAL E TRANSINDIVIDUAL

O DIREITO FUNDAMENTAL E COLETIVO À SAÚDE
João Otávio de Noronha, Patricia Netto Leão 143

1   Introdução 143
2   Sobre o direito à saúde 144
2.1 Breve histórico sobre os direitos fundamentais 145
2.2 Direitos sociais como fundamentais 146
3   A intervenção do Poder Judiciário na efetividade do direito à saúde 149
4   Sobre os direitos individuais e coletivos e sua tutela 150
5   Sobre a posição jurisprudencial do direito à saúde 153
6   Conclusão 156
     Referências 157

REFLEXÕES SOBRE O DIREITO FUNDAMENTAL À SAÚDE E SUA FRUIÇÃO PELOS TITULARES INDIVIDUAIS E TRANSINDIVIDUAIS
Humberto Martins 159

1   Introdução 159
2   Consolidação do direito fundamental à saúde 159
3   Dos titulares e da fruição do direito fundamental à saúde 162
3.1 Prestação de serviços relativos à saúde e fornecimento de medicamentos 164
4   Conclusão 168
     Referências 169

A JUDICIALIZAÇÃO DA SAÚDE SUPLEMENTAR SOB O PRISMA DA PROTEÇÃO AO DIREITO SOCIAL E FUNDAMENTAL À SAÚDE
Luis Felipe Salomão, Leonardo Morais da Rocha 171

1   Introdução 171
2   Aspectos essenciais do direito à saúde no âmbito da saúde suplementar 173
3   *Leading case* do Supremo Tribunal Federal e projeção do precedente para a solução
     de conflitos a versar sobre saúde suplementar 176
4   Questões sensíveis no atual cenário do fenômeno da judicialização no âmbito
     da saúde suplementar 179
5   Avanços no tratamento da judicialização da saúde 185
6   A necessária incorporação dos valores constitucionais às regras da relação contratual ...187
7   Solução equânime estabelecida pelo STJ para *hard cases* e situações dramáticas a
     envolver a amplitude de cobertura definida pelo rol da ANS 189
8   Considerações finais 191
     Referências 193

O PODER JUDICIÁRIO COMO PROTAGONISTA NA CONCRETIZAÇÃO DO DIREITO À SAÚDE EM SUA DIMENSÃO INDIVIDUAL E COLETIVA

Mauro Luiz Campbell Marques 197

1	Introdução	197
2	Direito à saúde no Brasil – Direito de todos e dever do Estado	198
2.1	Desafios à eficácia das políticas públicas na área da saúde	199
3	A judicialização da saúde como política pública	201
3.1	Judicialização excessiva e seus impactos	203
4	A relevante atuação do STF em demandas assistenciais na área da saúde	206
5	Conclusão	210
	Referências	210

O DIREITO À SAÚDE INDIVIDUAL E TRANSINDIVIDUAL – LIÇÕES EXTRAÍDAS DA ATUAÇÃO DO MINISTRO RICARDO LEWANDOWSKI NA AÇÃO DIRETA DE INCONSTITUCIONALIDADE Nº 6.362 DO DISTRITO FEDERAL

Benedito Gonçalves, Camile Sabino 213

1	Uma justa homenagem ao notável ministro	213
2	Da Ação Direta de Inconstitucionalidade – ADI nº 6.362-DF	215
3	Das manifestações da Advocacia-Geral da União e da Procuradoria-Geral da República	217
4	Do voto proferido pelo Relator Ministro Ricardo Lewandowski	219
5	Breve histórico do federalismo brasileiro	220
6	A quem compete a defesa da saúde no Brasil?	222
7	Da competência dos entes federados no combate à pandemia	224
8	Desafios para os sistemas de saúde e de justiça perante a pandemia	226
9	Das considerações dos ministros do STF sobre o voto do Ministro Ricardo Lewandowski	227
10	Conclusão	229
	Referências	231

A RELEVÂNCIA DO PODER REGULATÓRIO DA AGÊNCIA NACIONAL DE SAÚDE SUPLEMENTAR (ANS) NOS LITÍGIOS ENTRE OPERADORAS E BENEFICIÁRIOS DE PLANOS DE SAÚDE, ESPECIALMENTE NA JURISPRUDÊNCIA DO STJ

Ricardo Villas Bôas Cueva 233

I	Introdução	233
II	Cobertura nos planos de saúde	235
III	Manutenção de aposentado e demitido sem justa causa em plano coletivo (arts. 30 e 31 da Lei nº 9.656/1998)	241
IV	Migração de plano de saúde e portabilidade de carência	243
V	Mensalidades e custeio dos planos de saúde	245
VI	Outros temas	247
VII	Considerações finais	251

A MEDIAÇÃO COMO SOLUÇÃO À EXCESSIVA JUDICIALIZAÇÃO DA SAÚDE
Marco Aurélio Gastaldi Buzzi 253

1 Introdução 253
2 A política nacional do tratamento mais adequado de conflitos 254
3 Mediação e conciliação no sistema de saúde suplementar 256
4 Considerações finais 262
   Referências 263

EM DEFESA DA JUDICIALIZAÇÃO: DOENÇAS RARAS E O EQUILÍBRIO DAS DIMENSÕES PÚBLICA E PRIVADA NA COMPLEXIDADE SOCIAL
Marcelo Navarro Ribeiro Dantas, Ramiro Freitas de Alencar Barroso 265

1 Judicialização da saúde: um legado inevitável da modernidade 265
1.1 A "microjustiça" em ação: distorções e respostas institucionais 268
2 O problema das doenças raras 273
3 Em defesa da judicialização (rara) 279
   Referências 282

PARTE III
DIREITO MÉDICO E DIREITO À SAÚDE PÚBLICA E PRIVADA

MECANISMOS DE JURIDICÇÃO E VERIDICÇÃO NA ÁREA DA SAÚDE
Georghio Alessandro Tomelin 289

1 Introdução 289
2 Das pesquisas efetivas até uma prática eficaz 290
3 Os impactos da medicina sobre quando se vai morrer 291
4 O exercício da autoridade na medicina e no direito 292
5 Como legitimar as práticas médicas ante os usuários? 294
6 Os tratamentos médicos são prisão ou libertação? 295
7 Governar a saúde coletiva é uma arte estocástica 296
8 Paradoxos e contrariedades deste modelo 297
9 Conclusões e novos pontos de partida 298
   Referências 299

FUNDAMENTOS DO DIREITO DA SAÚDE
Alysson Leandro Mascaro 301

1 Saúde, política e direito 301
2 A constituição do direito da saúde 303
3 Identidade e sistemática do direito da saúde 308
   Referências 311

A UTILIZAÇÃO DO PROCESSO ESTRUTURAL PARA CONCRETIZAÇÃO DO DIREITO FUNDAMENTAL À SAÚDE
Anna Catharina Machado Normanton 313

   Introdução 313
1 Breves considerações acerca da teoria geral dos direitos fundamentais 314

1.1   Conceito e dupla dimensão dos direitos fundamentais 314

1.2   Núcleo essencial dos direitos fundamentais 315

2   Direito fundamental social à saúde e controle judicial de políticas públicas 318

3   Processo estrutural 321

4   Processo estrutural como forma adequada de concretização do direito coletivo
à saúde 324

        Considerações finais 325

        Referências 326

PUBLICIDADE NA ÁREA MÉDICA E PROTEÇÃO AO CONSUMIDOR
Antonio Carlos Morato 329

        Introdução 329

I   A proteção ao consumidor como direito fundamental e o tema da publicidade
nas relações de consumo 330

II   A publicidade na área médica e danos decorrentes da incorreção da mensagem
publicitária 335

        Conclusão 339

        Referências 340

O LETRAMENTO EM SAÚDE COMO FERRAMENTA ESSENCIAL PARA UMA BOA COMUNICAÇÃO NO PROCESSO DE OBTENÇÃO DO CONSENTIMENTO INFORMADO
Ronaldo Piber, Clóvis Francisco Constantino 343

        Introdução 343

        Letramento em saúde (LS) 344

        Uma visão global e brasileira do CI 346

        Utilizando as técnicas do LS no CI 349

        Considerações finais 352

        Referências 352

POLÍTICAS DE DESENCARCERAMENTO COMO QUESTÃO DE SAÚDE PÚBLICA
Leandro Sarcedo 359

        Introdução 359

        Ministro Ricardo Lewandowski e a jurisprudência insurgente 360

        O estado de coisas inconstitucional do sistema prisional brasileiro 362

        A tradução das Regras de Bangkok para a língua portuguesa 365

        O julgamento do *Habeas Corpus* Coletivo nº 143.641 367

        Conclusão 371

        Referências 372

SAÚDE PÚBLICA, CONTRATOS PRIVADOS E ONEROSIDADE EXCESSIVA: ANÁLISE DA PERDA DA CAPACIDADE FINANCEIRA DO CONTRATANTE E SUA RELEVÂNCIA NAS AÇÕES DE REVISÃO E RESOLUÇÃO CONTRATUAL
Paulo Magalhães Nasser 373

1   Introdução 373

2	A onerosidade excessiva e o Supremo Tribunal Federal durante a pandemia de Covid-19	374
3	A onerosidade excessiva e os requisitos autorizadores da revisão e da resolução dos contratos no Código Civil	376
3.1	A disciplina do art. 478 do Código Civil	376
3.2	Existência de contrato de execução continuada ou diferida – Primeiro requisito para intervenção judicial	378
3.3	O evento imprevisível e extraordinário que afeta o equilíbrio contratual – Segundo requisito para intervenção judicial	379
3.4	A onerosidade excessiva – Terceiro requisito para intervenção judicial	380
3.5	A extrema vantagem - Quarto requisito para intervenção judicial	380
3.6	Ausência de mora – Quinto requisito para intervenção judicial	381
4	Os impactos à capacidade econômico-financeira da parte e a onerosidade excessiva – Reflexões sobre sua relevância na formação da causa de pedir nas ações de revisão e resolução do contrato por desequilíbrio superveniente	381
5	Conclusões	383
	Referências	384

DIREITO HUMANO À SAÚDE: A ORGANIZAÇÃO DOS SERVIÇOS E A INTERSETORIALIDADE NAS POLÍTICAS COMO CONDIÇÃO DE EFETIVIDADE

Reynaldo Mapelli Júnior 387

1	Introdução	387
2	Concepção ampla do direito à saúde e sistemas de saúde	388
3	Modelos de atenção: níveis de complexidade e qualificação da doença	390
4	Organizando transversalmente: a intersetorialidade nas políticas sanitárias	394
5	Aspecto organizacional na judicialização	398
6	Conclusão	401
	Referências	401

FINANCIAMENTO DA SAÚDE PÚBLICA E O PERIGO DO RETROCESSO SOCIAL: OS ALERTAS DO MINISTRO RICARDO LEWANDOWSKI

Richard Pae Kim 405

	Introdução	405
1	Orçamento da Seguridade Social no sistema de saúde brasileiro	407
2	Financiamento da saúde e as emendas constitucionais nºs 29 e 86	410
3	O perigo do retrocesso e o voto do Ministro Ricardo Lewandowski no julgamento da ADI nº 5.595	411
4	As perdas no financiamento de saúde com a aprovação da EC nº 95/2016	415
	Considerações finais	418
	Referências	419

O DIREITO À SAÚDE NAS CONSTITUIÇÕES DO BRASIL E O SISTEMA ÚNICO DE SAÚDE (SUS)

Silvio Gabriel Serrano Nunes, João Antonio da Silva Filho 421

	Introdução	421
1	A Constituição Política do Império do Brasil de 1824	422
2	A Constituição da República dos Estados Unidos do Brasil de 1891	422

3	A Constituição da República dos Estados Unidos do Brasil de 1934	423
4	A Constituição dos Estados Unidos do Brasil de 1937	425
5	A Constituição dos Estados Unidos do Brasil de 1946	426
6	A Constituição (da República Federativa) do Brasil de 1967/1969	427
7	A Constituição da República Federativa do Brasil de 1988	428
8	O Sistema Único de Saúde (SUS)	430
	Considerações finais	431
	Referências	433

PARTE IV

VOTOS HISTÓRICOS DO MINISTRO RICARDO LEWANDOWSKI

AÇÃO DIRETA DE INCONSTITUCIONALIDADE 1.969 DISTRITO FEDERAL......439

AÇÃO DIRETA DE INCONSTITUCIONALIDADE 6.230 DISTRITO FEDERAL 449

AÇÃO DIRETA DE INCONSTITUCIONALIDADE 6.362 DISTRITO FEDERAL 475

AÇÃO DIRETA DE INCONSTITUCIONALIDADE 6.586 DISTRITO FEDERAL 493

AÇÃO DIRETA DE INCONSTITUCIONALIDADE 6.587 DISTRITO FEDERAL......519

ARGUIÇÃO DE DESCUMPRIMENTO DE PRECEITO FUNDAMENTAL 186
DISTRITO FEDERAL 545

REFERENDO NA MEDIDA CAUTELAR NA ARGUIÇÃO DE DESCUMPRIMENTO
DE PRECEITO FUNDAMENTAL 738 DISTRITO FEDERAL 593

REFERENDO DÉCIMA SEXTA EM TUTELA PROVISÓRIA INCIDENTAL NA
ARGUIÇÃO DE DESCUMPRIMENTO DE PRECEITO FUNDAMENTAL 754
DISTRITO FEDERAL 601

REFERENDO NA MEDIDA CAUTELAR NA ARGUIÇÃO DE DESCUMPRIMENTO
DE PRECEITO FUNDAMENTAL 770 DISTRITO FEDERAL 629

HABEAS CORPUS 135.564 RIO GRANDE DO SUL 641

HABEAS CORPUS 143.641 SÃO PAULO 647

PETIÇÃO 7.265 – DISTRITO FEDERAL 677

RECLAMAÇÃO 32.035 – PARANÁ..693

RECURSO EXTRAORDINÁRIO 579.951 – RIO GRANDE DO NORTE........................699

RECURSO EXTRAORDINÁRIO 592.581 – RIO GRANDE DO SUL.............................711

PARTE V

ENRIQUE RICARDO LEWANDOWSKI,
UMA VIDA DEDICADA AOS DIREITOS HUMANOS E AO PAÍS

A FLEXIBILIZAÇÃO DO DIREITO DO TRABALHO
Marco Aurélio Mello..743

A REALIZAÇÃO DOS DIREITOS FUNDAMENTAIS EM CONTEXTOS DE
EMERGÊNCIA: O PAPEL DAS INSTITUIÇÕES
Antonio Augusto Brandão de Aras 745

1   Introdução...745
2   A realização dos direitos fundamentais e as exigências plurais da vida social 747
3   Instituições, direitos fundamentais e emergência...747
4   Conclusão: o Supremo Tribunal Federal e a emergência sanitária 749

ENRIQUE RICARDO LEWANDOWSKI, UMA VIDA DEDICADA AOS DIREITOS
HUMANOS E AO PAÍS – DIREITOS HUMANOS E DIREITO À SAÚDE NA
PANDEMIA DA COVID-19
José Alberto Ribeiro Simonetti Cabral 751

1   Introdução...751
2   Atuação interinstitucional em defesa da democracia e da saúde – STF e OAB 752
3   Pandemia e direitos humanos: a relatoria da ADPF nº 770 proposta pela OAB 753
4   Considerações finais 755
      Referências 756

ENRIQUE RICARDO LEWANDOWSKI, UMA VIDA DEDICADA AOS DIREITOS
HUMANOS E AO PAÍS
Ricardo Mair Anafe...757

A PRESIDÊNCIA DO PROCESSO DE *IMPEACHMENT* POR MAGISTRADO
Luiz Fernando Bandeira de Mello 761

1   Uma homenagem a Enrique Ricardo Lewandowski 761
2   A Presidência do Senado como órgão judiciário confiada a magistrado:
      origens históricas 762
3   Um precedente à mão: o episódio do *impeachment* de 1992..763
4   A condução do *impeachment* em 2016...764

5	Conclusões 767
	Referências 768

DESARMAMENTO, DIREITOS DO HOMEM, VIOLÊNCIA E SAÚDE PÚBLICA – REFLEXÕES ACERCA DO ACÓRDÃO DE RELATORIA DO MIN. RICARDO LEWANDOWSKI

Cristiane Brito Chaves Frota 769

Introdução 769
O Estatuto do Desarmamento – Lei nº 10.826/2003 769
O Supremo Tribunal Federal e as ações diretas de inconstitucionalidade da Lei nº 10.826/2003 – Acórdão de relatoria do Ministro Ricardo Lewandowski 770
A polêmica do desarmamento no Brasil na última década e seu impacto na saúde pública 772
Os direitos do homem e o combate à violência como pauta internacional 774
Conclusão 775
Referências 776

NOTAS SOBRE A IGUALDADE COMO PRINCÍPIO E DIREITO FUNDAMENTAL NA CONSTITUIÇÃO FEDERAL DE 1988

Ingo Wolfgang Sarlet, Gabrielle Bezerra Sales Sarlet 777

1	Considerações introdutórias 777
2	A trajetória da igualdade formal à assim chamada igualdade material 781
3	Conteúdo e significado do princípio da igualdade e do(s) direito(s) de igualdade na Constituição Federal de 1988 782
3.1	Generalidades 782
3.2	Âmbito de proteção: conteúdo e alcance do princípio e do direito geral de igualdade ...783
3.3	Metódica de aplicação do princípio (e direito) da igualdade e efeitos de sua violação na condição de direito subjetivo 787
3.4	A controvérsia em torno das assim chamadas "ações afirmativas" 790
4	Considerações finais 795

LEWANDOWSKI: UM JURISTA ESTOICO NA VISÃO DE UM ECONOMISTA

Victor Veronezi 797

MINISTRO RICARDO LEWANDOWSKI, UM HUMANISTA NO EXERCÍCIO DA DOCÊNCIA E DA JUDICATURA

Arnaldo Hossepian Jr. 801

Referências 803

SOBRE AUTORES 805

UM JUIZ GARANTISTA

I Apresentação

1 Conheci o Ministro Enrique Ricardo Lewandowski quando tomou posse no extinto Tribunal de Alçada Criminal de São Paulo, em setembro de 1990.

2 Naquele dia, presenciei o seu belo discurso de posse e presenciei, também, quando o ministro, depois da cerimônia, se dirigiu à Associação Paulista de Magistrados (Apamagis), onde se filiou como associado e, desde então, se engajou em todas as atividades de interesse da Magistratura.

3 Sempre presente em todas as atividades sociais e de interesse da Magistratura paulista e nacional, o ministro, quando assumiu a Presidência do Supremo Tribunal Federal, mostrou para todos os seus pares e para o mundo jurídico sua tendência a ser um garantista de primeira hora, deixando transparecer que a confiança no Judiciário seria a sua marca indelével.

4 Some-se, às suas atividades jurídicas de excelência, o seu pendor pela academia, porque lecionou e leciona, como professor titular de Teoria Geral do Estado, na Faculdade de Direito da Universidade de São Paulo, depois de ter sido aprovado em concurso público de provas e títulos.

5 Nesta seara, organizou vários livros sobre direitos humanos, sua predileção e centro dos seus estudos.

6 Vale lembrar que como presidente do Supremo Tribunal Federal e, em consequência, presidente do Conselho Nacional de Justiça, cuidou de promover estudos que levaram a enunciados sobre um tema de enorme importância social, planos de saúde e suas coberturas.

7 E, como presidente do Supremo Tribunal Federal, o Ministro Lewandowski ocupou todos os cargos da República brasileira, tendo presidido o Senado Federal, no julgamento do *impeachment* da Presidente Dilma Rousseff, e também ocupou o cargo de presidente da República.

8 Antes de terminar esta breve introdução, para passar a destacar alguns casos em que o ministro demonstrou toda a sua queda pelo prestígio dos direitos humanos e, por decorrência, a cidadania e a dignidade humana, destaco que ele presidiu as eleições gerais de 2010, cuja apuração assombrou o mundo, ao proclamar seus resultados finais no mesmo dia em que elas aconteceram.

9 Veja-se, portanto, que o Ministro Lewandowski é um ministro que honra a toga limpa que usa e a usa em prol da sociedade e do bem comum, enaltecendo o Judiciário e prestigiando os jurisdicionados, com a segurança jurídica que lhe é característica, porque um juiz garantista de mão cheia.

10 Por tudo isso, tenho muito gosto em poder participar da obra coletiva que o homenageia por força dos seus dotes jurídicos e sociais, humanos acima de tudo, porque sabedor de que vivemos sob o manto de uma Constituição que declara estarmos numa sociedade fraterna, portanto, adequada, sustentável, que prima pela cidadania e a dignidade humana.

II Casos emblemáticos

1 *Habeas Corpus* nº 143.641/SP

Para mim, o HC nº 143.641/SP é um dos mais destacados julgados que brotou da pena do Ministro Lewandowski, porque a ele se veiculou um triste tema, o das mulheres submetidas a regime de prisão cautelar, que ostentavam condição de gestantes, de puérperas ou de mães com crianças com até 12 anos de idade sob responsabilidade delas e das próprias crianças.

Destacando que tais mulheres cumpriam prisão preventiva em condições degradantes, com privação de cuidados médicos pré-natal e pós-parto, o que afronta a dignidade humana, bem como os objetivos de desenvolvimento do milênio e de desenvolvimento sustentável da Organização das Nações Unidas e as Regras de Bangkok, além do Estatuto da Primeira Infância. O ministro apontou para a necessidade de soluções imediatas.

Ficou assim ementado o seu voto:

HABEAS CORPUS COLETIVO. ADMISSIBILIDADE. DOUTRINA BRASILEIRA DO HABEAS CORPUS. MÁXIMA EFETIVIDADE DO WRIT. MÃES E GESTANTES PRESAS. RELAÇÕES SOCIAIS MASSIFICADAS E BUROCRATIZADAS. GRUPOS SOCIAIS VULNERÁVEIS. ACESSO À JUSTIÇA. FACILITAÇÃO. EMPREGO DE REMÉDIOS PROCESSUAIS ADEQUADOS. LEGITIMIDADE ATIVA. APLICAÇÃO ANALÓGICA DA LEI 13.300/2016. MULHERES GRÁVIDAS OU COM CRIANÇAS SOB SUA GUARDA. PRISÕES PREVENTIVAS CUMPRIDAS EM CONDIÇÕES DEGRADANTES. INADMISSIBILIDADE. PRIVAÇÃO DE CUIDADOS MÉDICOS PRÉ-NATAL E PÓS-PARTO. FALTA DE BERÇÁRIOS E CRECHES. ADPF 347 MC/DF. SISTEMA PRISIONAL BRASILEIRO. ESTADO DE COISAS INCONSTITUCIONAL. CULTURA DO ENCARCERAMENTO. NECESSIDADE DE SUPERAÇÃO. DETENÇÕES CAUTELARES DECRETADAS DE FORMA ABUSIVA E IRRAZOÁVEL. INCAPACIDADE DO ESTADO DE ASSEGURAR DIREITOS FUNDAMENTAIS ÀS ENCARCERADAS. OBJETIVOS DE DESENVOLVIMENTO DO MILÊNIO E DE DESENVOLVIMENTO SUSTENTÁVEL DA ORGANIZAÇÃO DAS NAÇÕES UNIDAS. REGRAS DE BANGKOK. ESTATUTO DA PRIMEIRA INFÂNCIA. APLICAÇÃO À ESPÉCIE. ORDEM CONCEDIDA. EXTENSÃO DE OFÍCIO.

I – Existência de relações sociais massificadas e burocratizadas, cujos problemas estão a exigir soluções a partir de remédios processuais coletivos, especialmente para coibir ou prevenir lesões a direitos de grupos vulneráveis.

II – Conhecimento do writ coletivo homenageia nossa tradição jurídica de conferir a maior amplitude possível ao remédio heroico, conhecida como doutrina brasileira do habeas corpus.

III – Entendimento que se amolda ao disposto no art. 654, § 2º, do Código de Processo Penal - CPP, o qual outorga aos juízes e tribunais competência para expedir, de ofício, ordem de habeas corpus, quando no curso de processo, verificarem que alguém sofre ou está na iminência de sofrer coação ilegal.

IV – Compreensão que se harmoniza também com o previsto no art. 580 do CPP, que faculta a extensão da ordem a todos que se encontram na mesma situação processual.

V - Tramitação de mais de 100 milhões de processos no Poder Judiciário, a cargo de pouco mais de 16 mil juízes, a qual exige que o STF prestigie remédios processuais de natureza coletiva para emprestar a máxima eficácia ao mandamento constitucional da razoável duração do processo e ao princípio universal da efetividade da prestação jurisdicional

VI - A legitimidade ativa do habeas corpus coletivo, a princípio, deve ser reservada àqueles listados no art. 12 da Lei 13.300/2016, por analogia ao que dispõe a legislação referente ao mandado de injunção coletivo.

VII – Comprovação nos autos de existência de situação estrutural em que mulheres grávidas e mães de crianças (entendido o vocábulo aqui em seu sentido legal, como a pessoa de até doze anos de idade incompletos, nos termos do art. 2º do Estatuto da Criança e do Adolescente - ECA) estão, de fato, cumprindo prisão preventiva em situação degradante, privadas de cuidados médicos pré-natais e pós-parto, inexistindo, outrossim berçários e creches para seus filhos.

VIII – "Cultura do encarceramento" que se evidencia pela exagerada e irrazoável imposição de prisões provisórias a mulheres pobres e vulneráveis, em decorrência de excessos na interpretação e aplicação da lei penal, bem assim da processual penal, mesmo diante da existência de outras soluções, de caráter humanitário, abrigadas no ordenamento jurídico vigente.

IX – Quadro fático especialmente inquietante que se revela pela incapacidade de o Estado brasileiro garantir cuidados mínimos relativos à maternidade, até mesmo às mulheres que não estão em situação prisional, como comprova o "caso Alyne Pimentel", julgado pelo Comitê para a Eliminação de todas as Formas de Discriminação contra a Mulher das Nações Unidas.

X – Tanto o Objetivo de Desenvolvimento do Milênio nº 5 (melhorar a saúde materna) quanto o Objetivo de Desenvolvimento Sustentável nº 5 (alcançar a igualdade de gênero e empoderar todas as mulheres e meninas), ambos da Organização das Nações Unidas, ao tutelarem a saúde reprodutiva das pessoas do gênero feminino, corroboram o pleito formulado na impetração.

X – Incidência de amplo regramento internacional relativo a Direitos Humanos, em especial das Regras de Bangkok, segundo as quais deve ser priorizada solução judicial que facilite a utilização de alternativas penais ao encarceramento, principalmente para as hipóteses em que ainda não haja decisão condenatória transitada em julgado.

XI – Cuidados com a mulher presa que se direcionam não só a ela, mas igualmente aos seus filhos, os quais sofrem injustamente as consequências da prisão, em flagrante contrariedade ao art. 227 da Constituição, cujo teor determina que se dê prioridade absoluta à concretização dos direitos destes.

XII – Quadro descrito nos autos que exige o estrito cumprimento do Estatuto da Primeira Infância, em especial da nova redação por ele conferida ao art. 318, IV e V, do Código de Processo Penal.

XIII – Acolhimento do writ que se impõe de modo a superar tanto a arbitrariedade judicial quanto a sistemática exclusão de direitos de grupos hipossuficientes, típica de sistemas jurídicos que não dispõem de soluções coletivas para problemas estruturais.

XIV – Ordem concedida para determinar a substituição da prisão preventiva pela domiciliar - sem prejuízo da aplicação concomitante das medidas alternativas previstas no art. 319 do CPP - de todas as mulheres presas, gestantes, puérperas ou mães de crianças e deficientes, nos termos do art. 2º do ECA e da Convenção sobre Direitos das Pessoas com Deficiências (Decreto Legislativo 186/2008 e Lei 13.146/2015), relacionadas neste processo pelo DEPEN e outras autoridades estaduais, enquanto perdurar tal condição, excetuados os casos de crimes praticados por elas mediante violência ou grave ameaça, contra seus descendentes ou, ainda, em situações excepcionalíssimas, as quais deverão ser devidamente fundamentadas pelos juízes que denegarem o benefício.

XV – Extensão da ordem de ofício a todas as demais mulheres presas, gestantes, puérperas ou mães de crianças e de pessoas com deficiência, bem assim às adolescentes sujeitas a medidas socioeducativas em idêntica situação no território nacional, observadas as restrições acima. (HC nº 143.641/SP. Rel. Min. Ricardo Lewandowski, Segunda Turma, j. 20.2.2018. *DJe*, 9 out. 2018)

É de tal monta importante o voto destacado, que, em um caso semelhante, a 3ª Turma do Superior Tribunal de Justiça, examinando o *Habeas Corpus* nº 770.015-SP, sob relatoria da Ministra Nancy Andrighi, acabou por conceder a ordem de ofício para afastar o seu encarceramento e admitir o cumprimento da prisão civil da paciente em regime domiciliar, porque ela, devedora de alimentos, e tendo outra filha para criar, necessitava trabalhar.

Eis a ementa do acórdão:

DIREITO DE FAMÍLIA. PROCESSUAL CIVIL. HABEAS CORPUS COMO SUCEDÂNEO OU SUBSTITUTO DE RECURSO. DESCABIMENTO. DIFICULDADES ECONÔMICAS E DESEMPREGO. JUSTIFICATIVAS INADMISSÍVEIS. APLICAÇÃO POR ANALOGIA DO ART. 318, V, DO CPP. POSSIBILIDADE DE SUBSTITUIÇÃO DA PRISÃO PREVENTIVA PELA DOMICILIAR. GENITORA DEVEDORA DE ALIMENTOS COM FILHO DE ATÉ 12 ANOS. INTRODUÇÃO DA REGRA POR FORÇA DA LEI Nº 13.257/2016, QUE TRATA DA POLÍTICA PÚBLICA DE PROTEÇÃO À PRIMEIRA INFÂNCIA. FINALIDADE DE PROTEGER AS CRIANÇAS DO AFASTAMENTO DA MÃE EM SITUAÇÃO DE CÁRCERE. NECESSIDADE DE DESENVOLVIMENTO INFANTIL, DE PERSONALIDADE E DO SER HUMANO EM TENRA IDADE. MINIMIZAÇÃO DO RISCO DE COLOCAÇÃO EM FAMÍLIA SUBSTITUTA OU ACOLHIMENTO INSTITUCIONAL. PRESUNÇÃO LEGAL DE IMPRESCINDIBILIDADE DOS CUIDADOS MATERNOS. APLICABILIDADE DIANTE DE POSSÍVEL ILÍCITO PENAL QUE JUSTIFICA, PELAS MESMAS RAZÕES, A APLICAÇÃO NA HIPÓTESE DE PRISÃO CIVIL DE DEVEDORA DE ALIMENTOS. COMPATIBILIZAÇÃO ENTRE A SEGREGAÇÃO SOCIAL, QUE VISA COMPELIR A DEVEDORA AO ADIMPLEMENTO, COM A BUSCA DE RECURSOS FINANCEIROS PARA QUITAÇÃO DA DÍVIDA E PARA A SUBSISTÊNCIA DA CRIANÇA SOB GUARDA. ATIVIDADE PROFISSIONAL AUTORIZADA. ATENDIMENTO DAS NECESSIDADES VITAIS E EMERGENCIAIS DO FILHO SOB CUSTÓDIA. POSSIBILIDADE. ADOÇÃO CUMULADA OU COMBINADA DE MEDIDAS EXECUTIVAS ATÍPICAS. POSSIBILIDADE.

1- O propósito do presente habeas corpus é definir se a prisão civil da devedora de alimentos pode ser convertida, do regime fechado para o domiciliar, na hipótese em que tenha ela filho de até 12 anos de idade, aplicando-se, por analogia, o art. 318, V, do Código de Processo Penal.

2- É inadmissível a utilização de habeas corpus como sucedâneo ou substitutivo de recurso cabível. Precedentes.

3- As alegações de redução da capacidade econômica, desemprego e, de modo geral, de impossibilidade de adimplemento da obrigação alimentar como convencionada ou arbitrada não tornam ilegal ou teratológico o decreto de prisão do devedor de alimentos.

Precedentes.

4- A regra do art. 318, V, do CPP, estabelece a possibilidade de conversão da prisão preventiva em domiciliar quando se tratar de mulher com filho de até 12 anos de idade incompletos e foi introduzida no ordenamento jurídico pela Lei nº 13.257/2016, que compreende um conjunto de regras destinadas à promoção de uma política pública de proteção à primeira infância.

5- A finalidade do art. 318, V, do CPP, é a minimização dos riscos e a diminuição dos efeitos naturalmente nocivos que o afastamento parental produz em relação aos filhos, especialmente aqueles que ainda estão nos primeiros anos de vida, diante da necessidade do desenvolvimento infantil, da personalidade e do ser humano.

6- A concessão de prisão domiciliar às genitoras de menores de até 12 anos incompletos não está condicionada à comprovação da imprescindibilidade dos cuidados maternos, que é legalmente presumida. Precedentes do STJ e do STF.

7- Se a finalidade essencial do art. 318, V, do CPP, é a proteção integral da criança, minimizando-se as chances de ela ser criada no cárcere conjuntamente com a mãe ou colocada em família substituta ou em acolhimento institucional na ausência da mãe encarcerada, mesmo diante da hipótese de possível prática de um ilícito penal, não há razão para que essa mesma regra não se aplique às mães encarceradas em virtude de dívida de natureza alimentar, observada a necessidade de adaptação desse entendimento às particularidades dessa espécie de execução.

8- Na hipótese de inadimplemento de dívida de natureza alimentar da mãe que possui filho sob a sua guarda de até 12 anos, deve haver a segregação da devedora de alimentos, com a finalidade de incomodá-la a ponto de buscar os meios possíveis de solver a obrigação, mas essa restrição deve ser compatibilizada com a necessidade de obter recursos financeiros aptos não apenas a quitar a dívida alimentar em relação ao credor, mas também suprir as necessidades básicas do filho que se encontra sob a sua guarda.

9- Pelo mesmo motivo, deve ser possibilitado à mãe o atendimento de necessidades vitais e emergenciais do filho que se encontra sob a sua guarda, sempre mediante comprovação perante o juízo da execução dos alimentos, autorizando-se, ademais, a aplicação, inclusive cumulativa e combinada, de medidas indutivas, coercitivas, mandamentais ou sub-rogatórias, nos termos do art. 139, IV, do CPC/15, com o propósito de estimular o cumprimento da obrigação de natureza alimentar.

10- Habeas corpus NÃO CONHECIDO; e CONCEDIDA PARCIALMENTE A ORDEM DE OFÍCIO, confirmando-se a liminar anteriormente deferida, a fim de admitir o cumprimento da prisão civil da paciente em regime domiciliar. (HC nº 770.015/SP. Rel. Min. Nancy Andrighi, Terceira Turma, j. 7.2.2023. *DJe*, 9 fev. 2023)

Tenho como elucidativo da dignidade o item XV da ementa do voto do Ministro Lewandowski, que também serviu de base para o voto da Ministra Nancy Andrighi, pelo qual a ordem foi estendida de ofício às adolescentes sujeitas a medidas socioeducativas em idêntica situação degradante em todo o território nacional.

Parabéns, Ministro Lewandowski!

2 Recurso Extraordinário nº 597.285/RS

A hipótese aqui versada dizia respeito à política de ações afirmativas para ingresso no ensino superior pelo critério étnico-racial e à possibilidade de uma autoidentificação para a reserva de vaga. Seria constitucional ou não a reserva de vagas por tal critério.

O Ministro Lewandowski, na relatoria de tão importante caso, de início, afastou a necessidade de lei formal para disciplinar a matéria porque inserida no âmbito da autonomia administrativa.

Ademais, mesmo sem lei específica, afirmou o ministro a existência de uma sólida base normativa que autorizava a utilização do critério étnico-racial para a seleção de alunos para ingresso no ensino superior, o que já havia sido objeto da ADPF nº 186/DF, também de sua relatoria, e citou:

> RECURSO EXTRAORDINÁRIO. CONSTITUCIONAL. POLÍTICA DE AÇÕES AFIRMATIVAS. INGRESSO NO ENSINO SUPERIOR. USO DE CRITÉRIO ÉTNICO-RACIAL. AUTOIDENTIFICAÇÃO. RESERVA DE VAGA OU ESTABELECIMENTO DE COTAS. CONSTITUCIONALIDADE. RECURSO IMPROVIDO.
>
> I – Recurso extraordinário a que se nega provimento. (RE nº 597.285. Rel. Min. Ricardo Lewandowski, Tribunal Pleno, j. 9.5.2012, *DJe*-053 divulg 17-03-2014 public 18-03-2014 RTJ vol-00229-01 PP-00694)

Aliás, a ADPF nº 186/DF, para melhor visualização, recebeu a seguinte ementa elucidativa. Veja-se:

> ARGUIÇÃO DE DESCUMPRIMENTO DE PRECEITO FUNDAMENTAL. ATOS QUE INSTITUÍRAM SISTEMA DE RESERVA DE VAGAS COM BASE EM CRITÉRIO ÉTNICO-RACIAL (COTAS) NO PROCESSO DE SELEÇÃO PARA INGRESSO EM INSTITUIÇÃO PÚBLICA DE ENSINO SUPERIOR. ALEGADA OFENSA AOS ARTS. 1º, CAPUT, III, 3º, IV, 4º, VIII, 5º, I, II XXXIII, XLI, LIV, 37, CAPUT, 205, 206, CAPUT, I, 207, CAPUT, E 208, V, TODOS DA CONSTITUIÇÃO FEDERAL. AÇÃO JULGADA IMPROCEDENTE.
>
> I – Não contraria - ao contrário, prestigia – o princípio da igualdade material, previsto no caput do art. 5º da Carta da República, a possibilidade de o Estado lançar mão seja de políticas de cunho universalista, que abrangem um número indeterminados de indivíduos, mediante ações de natureza estrutural, seja de ações afirmativas, que atingem grupos sociais determinados, de maneira pontual, atribuindo a estes certas vantagens, por um tempo limitado, de modo a permitir-lhes a superação de desigualdades decorrentes de situações históricas particulares.
>
> II – O modelo constitucional brasileiro incorporou diversos mecanismos institucionais para corrigir as distorções resultantes de uma aplicação puramente formal do princípio da igualdade.
>
> III – Esta Corte, em diversos precedentes, assentou a constitucionalidade das políticas de ação afirmativa.
>
> IV – Medidas que buscam reverter, no âmbito universitário, o quadro histórico de desigualdade que caracteriza as relações étnico-raciais e sociais em nosso País, não podem ser examinadas apenas sob a ótica de sua compatibilidade com determinados preceitos constitucionais, isoladamente considerados, ou a partir da eventual vantagem de certos critérios sobre outros, devendo, ao revés, ser analisadas à luz do arcabouço principiológico sobre o qual se assenta o próprio Estado brasileiro.
>
> V - Metodologia de seleção diferenciada pode perfeitamente levar em consideração critérios étnico-raciais ou socioeconômicos, de modo a assegurar que a comunidade acadêmica e a própria sociedade sejam beneficiadas pelo pluralismo de ideias, de resto, um dos fundamentos do Estado brasileiro, conforme dispõe o art. 1º, V, da Constituição.
>
> VI - Justiça social, hoje, mais do que simplesmente redistribuir riquezas criadas pelo esforço coletivo, significa distinguir, reconhecer e incorporar à sociedade mais ampla valores culturais diversificados, muitas vezes considerados inferiores àqueles reputados dominantes.

VII – No entanto, as políticas de ação afirmativa fundadas na discriminação reversa apenas são legítimas se a sua manutenção estiver condicionada à persistência, no tempo, do quadro de exclusão social que lhes deu origem. Caso contrário, tais políticas poderiam converter-se benesses permanentes, instituídas em prol de determinado grupo social, mas em detrimento da coletividade como um todo, situação – é escusado dizer – incompatível com o espírito de qualquer Constituição que se pretenda democrática, devendo, outrossim, respeitar a proporcionalidade entre os meios empregados e os fins perseguidos.

VIII – Arguição de descumprimento de preceito fundamental julgada improcedente. (ADPF nº 186. Rel. Min. Ricardo Lewandowski, Tribunal Pleno, j. 26.4.2012. *DJe*, 20 out. 2014, RTJ vol-00230-01 PP-00009)

Em assim decidindo, o Ministro Lewandowski determinou a reserva de 30% de vagas para egressos do sistema público, destinando, desse total, 50% para autodeclarados negros.

Parabéns, Ministro Lewandowski!

3 Recurso Extraordinário nº 579.951/RN

O recurso aqui realçado tratava de nepotismo e da interpretação do art. 37, *caput*, da Constituição Federal, que explicita os princípios destinados a resguardar o interesse público na tutela dos bens da coletividade.

Acentuou o Ministro Lewandowski que tais princípios, entre eles o da moralidade e o da impessoalidade, exigem que o agente público paute a sua conduta por padrões éticos que têm como fim último lograr a consecução do bem comum, seja qual for a esfera de poder ou o nível político-administrativo da Federação em que atue.

Além do mais, a partir da EC nº 19/1998, o constituinte procurou reduzir ao máximo a discricionariedade do administrador público no tocante ao preenchimento dos cargos em comissão e de confiança, restringindo o provimento destes últimos exclusivamente aos servidores de cargo efetivo, pôs em relevo o Ministro Lewandowski.

Em mais este icônico caso, o Ministro Lewandowski decidiu que a contratação de parentes de autoridades para o exercício de cargos públicos viola a Constituição Federal, editando, em seguinte, por sua proposta, a Súmula Vinculante nº 13, que veda o nepotismo em qualquer dos poderes da União, dos estados, do Distrito Federal e dos municípios, com o seguinte teor:

A nomeação de cônjuge, companheiro ou parente em linha reta, colateral ou por afinidade, até o terceiro grau, inclusive, da autoridade nomeante ou de servidor da mesma pessoa jurídica investido em cargo de direção, chefia ou assessoramento, para o exercício de cargo em comissão ou de confiança ou, ainda, de função gratificada na administração pública direta e indireta em qualquer dos poderes da União, dos Estados, do Distrito Federal e dos Municípios, compreendido o ajuste mediante designações recíprocas, viola a Constituição Federal.

Parabéns, Ministro Lewandowski!

4 ADI nº 6.586

Durante o enfrentamento da emergência de saúde pública em razão da pandemia da Covid-19, o Ministro Lewandowski proferiu importante voto sobre a obrigatoriedade da vacinação prevista na Lei nº 13.979/2020.

Em seus fundamentos, ressaltou ser legítima a obrigatoriedade, desde que sem imposições em relação à integridade física e moral dos recalcitrantes, o que violaria os direitos à intangibilidade, à inviolabilidade e à integridade do corpo humano.

De acordo com o ministro, qualquer determinação legal, regulamentar ou administrativa de implementar a vacinação sem o expresso consentimento das pessoas seria flagrantemente inconstitucional.

Considerou, nesse sentido, que vacinação compulsória não significa vacinação forçada, pois exige sempre o consentimento do usuário. Contudo, ressalvou que não há vedação para a adoção de medidas restritivas indiretas, previstas na legislação sanitária, como o impedimento ao exercício de certas atividades ou a proibição de frequentar determinados lugares para quem optar por não se vacinar.

Confira-se a ementa do acórdão:

AÇÕES DIRETAS DE INCONSTITUCIONALIDADE. VACINAÇÃO COMPULSÓRIA CONTRA A COVID-19 PREVISTA NA LEI 13.979/2020. PRETENSÃO DE ALCANÇAR A IMUNIDADE DE REBANHO. PROTEÇÃO DA COLETIVIDADE, EM ESPECIAL DOS MAIS VULNERÁVEIS. DIREITO SOCIAL À SAÚDE. PROIBIÇÃO DE VACINAÇÃO FORÇADA. EXIGÊNCIA DE PRÉVIO CONSENTIMENTO INFORMADO DO USUÁRIO. INTANGIBILIDADE DO CORPO HUMANO. PREVALÊNCIA DO PRINCÍPIO DA DIGNIDADE HUMANA. INVIOLABILIDADE DO DIREITO À VIDA, LIBERDADE, SEGURANÇA, PROPRIEDADE, INTIMIDADE E VIDA PRIVADA. VEDAÇÃO DA TORTURA E DO TRATAMENTO DESUMANO OU DEGRADANTE. COMPULSORIEDADE DA IMUNIZAÇÃO A SER ALCANÇADA MEDIANTE RESTRIÇÕES INDIRETAS. NECESSIDADE DE OBSERVÂNCIA DE EVIDÊNCIAS CIENTÍFICAS E ANÁLISES DE INFORMAÇÕES ESTRATÉGICAS. EXIGÊNCIA DE COMPROVAÇÃO DA SEGURANÇA E EFICÁCIA DAS VACINAS. LIMITES À OBRIGATORIEDADE DA IMUNIZAÇÃO CONSISTENTES NA ESTRITA OBSERVÂNCIA DOS DIREITOS E GARANTIAS FUNDAMENTAIS. COMPETÊNCIA COMUM DA UNIÃO, ESTADOS, DISTRITO FEDERAL E MUNICÍPIOS PARA CUIDAR DA SAÚDE E ASSISTÊNCIA PÚBLICA. ADIS CONHECIDAS E JULGADAS PARCIALMENTE PROCEDENTES. I – A vacinação em massa da população constitui medida adotada pelas autoridades de saúde pública, com caráter preventivo, apta a reduzir a morbimortalidade de doenças infeciosas transmissíveis e a provocar imunidade de rebanho, com vistas a proteger toda a coletividade, em especial os mais vulneráveis. II – A obrigatoriedade da vacinação a que se refere a legislação sanitária brasileira não pode contemplar quaisquer medidas invasivas, aflitivas ou coativas, em decorrência direta do direito à intangibilidade, inviolabilidade e integridade do corpo humano, afigurando-se flagrantemente inconstitucional toda determinação legal, regulamentar ou administrativa no sentido de implementar a vacinação sem o expresso consentimento informado das pessoas. III – A previsão de vacinação obrigatória, excluída a imposição de vacinação forçada, afigura-se legítima, desde que as medidas às quais se sujeitam os refratários observem os critérios constantes da própria Lei 13.979/2020, especificamente nos incisos I, II, e III do § 2º do art. 3º, a saber, o direito à informação, à assistência familiar, ao tratamento gratuito e, ainda, ao "pleno respeito à dignidade, aos direitos humanos e às liberdades fundamentais das pessoas", bem como os princípios da razoabilidade e da proporcionalidade, de forma a não ameaçar a integridade física e moral dos recalcitrantes. IV – A competência do Ministério da Saúde para coordenar o Programa Nacional de Imunizações e definir as vacinas integrantes do calendário nacional de imunização não exclui a dos Estados, do Distrito Federal e dos Municípios para estabelecer medidas profiláticas e terapêuticas destinadas a enfrentar a pandemia decorrente do novo coronavírus, em âmbito regional ou local, no exercício do poder-dever de "cuidar da saúde e assistência pública" que lhes é cometido pelo art. 23, II, da Constituição Federal. V - ADIs conhecidas e julgadas parcialmente procedentes para conferir interpretação conforme à Constituição ao art. 3º, III, d, da Lei 13.979/2020, de maneira a estabelecer que: (A) a vacinação compulsória não significa vacinação forçada, por exigir sempre o consentimento do usuário, podendo, contudo, ser implementada por meio de medidas indiretas, as quais compreendem, dentre outras, a restrição ao exercício de certas atividades ou à frequência de determinados lugares, desde que previstas em lei, ou dela decorrentes, e (i) tenham como base evidências científicas e análises estratégicas pertinentes, (ii) venham acompanhadas de ampla informação sobre a eficácia, segurança e contraindicações dos imunizantes, (iii) respeitem a dignidade humana e os direitos fundamentais das pessoas; (iv) atendam aos critérios de razoabilidade e proporcionalidade, e (v) sejam as vacinas distribuídas universal e gratuitamente; e (B) tais medidas, com as limitações expostas, podem ser implementadas tanto pela União como pelos Estados, Distrito Federal e Municípios, respeitadas as respectivas esferas de competência. (ADI nº 6.586. Rel. Min. Ricardo Lewandowski, Tribunal Pleno, j. 17.12.2020, Processo Eletrônico *DJe*-063 divulg 06-04-2021 public 07-04-2021)

Parabéns, Ministro Lewandowski!

5 ADPF nº 770 MC-Ref

Em outra importante decisão durante o enfrentamento da emergência de saúde pública em razão da pandemia da Covid-19, o Ministro Lewandowski concedeu medida cautelar, posteriormente referendada pelo Plenário do Supremo Tribunal Federal, que autorizou os estados, os municípios e o Distrito Federal a importar e distribuir vacinas contra a Covid-19 registradas por pelo menos uma autoridade sanitária estrangeira e liberadas para distribuição comercial nos respectivos países, caso a Agência Nacional de Vigilância Sanitária (Anvisa) não observasse o prazo de 72 horas para a expedição da autorização.

O acórdão também determinou que, caso a agência não cumprisse o Plano Nacional de Operacionalização da Vacinação contra a Covid-19, apresentado pela União, ou que esse não fornecesse cobertura imunológica a tempo e em quantidades suficientes, os entes da Federação poderiam imunizar a população com as vacinas de que dispusessem, previamente aprovadas pela Anvisa.

Eis a ementa do importante precedente:

TUTELA DE URGÊNCIA EM ARGUIÇÃO DE DESCUMPRIMENTO DE PRECEITO FUNDAMENTAL. CONCESSÃO MONOCRÁTICA. COMPETÊNCIA COMUM DOS ENTES FEDERADOS PARA CUIDAR DA SAÚDE. ARTS. 23, II, E 196 DA CF. FEDERALISMO COOPERATIVO. LEI 13.979/2020, QUE DISPÕE SOBRE MEDIDAS PARA O ENFRENTAMENTO DA EMERGÊNCIA DE SAÚDE PÚBLICA DECORRENTE DA COVID-19. VACINAÇÃO. MEDIDA CAUTELAR REFERENDADA PELO PLENÁRIO.
I - A Constituição Federal prevê, ao lado do direito subjetivo público à saúde, a obrigação de o Estado dar-lhe efetiva concreção, por meio de "políticas sociais e econômicas que

visem à redução do risco de doença e de outros agravos e ao acesso universal e igualitário às ações e serviços para a sua promoção, proteção e recuperação" (art. 196).

II – Esse dever abrange todos os entes federados, inclusive as comunas, os quais, na seara da saúde, exercem uma competência administrativa comum, nos termos do art. 23, II, do Texto Constitucional.

III - O federalismo cooperativo, adotado entre nós, exige que a União e as unidades federadas se apoiem mutuamente no enfrentamento da grave crise sanitária e econômica decorrente da pandemia desencadeada pelo novo coronavírus.

IV - Embora o ideal, em se tratando de uma moléstia que atinge o País por inteiro, seja a inclusão de todas as vacinas seguras e eficazes no PNI, de maneira a imunizar uniforme e tempestivamente toda a população, o certo é que, nos diversos precedentes relativos à pandemia causada pela Covid-19, o Supremo Tribunal Federal tem ressaltado a possibilidade de atuação conjunta das autoridades estaduais e locais para o enfrentamento dessa emergência de saúde pública, em particular para suprir lacunas ou omissões do governo central.

V- O Plenário do STF já assentou que a competência específica da União para legislar sobre vigilância epidemiológica, da qual resultou a Lei 13.979/2020, não inibe a competência dos demais entes da federação no tocante à prestação de serviços da saúde (ADI 6.341-MC-Ref/DF, redator para o acórdão Ministro Edson Fachin).

VI - A Constituição outorgou a todos aos integrantes da Federação a competência comum de cuidar da saúde, compreendida nela a adoção de quaisquer medidas que se mostrem necessárias para salvar vidas e garantir a higidez física das pessoas ameaçadas ou acometidas pela nova moléstia, incluindo-se nisso a disponibilização, por parte dos governos estaduais, distrital e municipais, de imunizantes diversos daqueles ofertados pela União, desde que aprovados pela Anvisa, caso aqueles se mostrem insuficientes ou sejam ofertados a destempo.

VI – Medida cautelar referendada pelo Plenário do Supremo Tribunal Federal para assentar que os Estados, Distrito Federal e Municípios (i) no caso de descumprimento do Plano Nacional de Operacionalização da Vacinação contra a Covid-19, recentemente tornado público pela União, ou na hipótese de que este não proveja cobertura imunológica tempestiva e suficiente contra a doença, poderão dispensar às respectivas populações as vacinas das quais disponham, previamente aprovadas pela Anvisa, ou (ii) se esta agência governamental não expedir a autorização competente, no prazo de 72 horas, poderão importar e distribuir vacinas registradas por pelo menos uma das autoridades sanitárias estrangeiras e liberadas para distribuição comercial nos respectivos países, conforme o art. 3°, VIII, a, e § 7°-A, da Lei 13.979/2020, ou, ainda, quaisquer outras que vierem a ser aprovadas, em caráter emergencial, nos termos da Resolução DC/ANVISA 444, de 10/12/2020. (STF. ADPF nº 770 MC-Ref. Rel. Min. Ricardo Lewandowski, Tribunal Pleno, j. 24.2.2021. *DJe*, 9 mar. 2021)

Parabéns, Ministro Lewandowski!

III Última palavra

Dou graças e sou feliz por poder conviver com este *homem garantidor do direito* e de me sentir seu amigo.

Quantas vidas ele salvou com suas decisões sobre saúde e vacinação.

Escrevo esta homenagem justamente no dia 14 de fevereiro, o Dia da Amizade, e, por isso mesmo, ouso declarar a minha feliz amizade com um homem que faz da sua vida jurídica um exemplo para todos que a vivem.

Guimarães Rosa, em *Grande sertão: veredas*, assentou:

Amigo, para mim, é só isto: é a pessoa com quem a gente gosta de conversar, do igual o igual, desarmado. O de que um tira prazer de estar próximo. Só isto, quase; e os todos sacrifícios. Ou – amigo – é que a gente seja, mas sem precisar saber o por que é que é.

Ou com Padre Antônio Vieira: "Saudar com os iguais é acto de amizade; com os maiores, de urbanidade, e com todos de humanidade".

O Ministro Lewandowski é um amigo lotado de humanidade!

Deus lhe pague e que o Manto de Nossa Senhora da Conceição Aparecida continue a protegê-lo todos os dias, em todos os seus passos, meu estimado amigo.

Abraços fraternos.

Paulo Dias de Moura Ribeiro
Ministro do STJ e seu amigo.

PARTE I

O STF E A EVOLUÇÃO DO DIREITO CONSTITUCIONAL À SAÚDE

LEGITIMIDADE DA VACINAÇÃO OBRIGATÓRIA: POR QUE OS PAIS NÃO PODEM SE RECUSAR A VACINAR OS FILHOS

LUÍS ROBERTO BARROSO
JULIANA FLORENTINO DE MOURA

I Introdução

Em meio à maior pandemia dos últimos cem anos, a da Covid-19, alguns países – entre eles, o Brasil – foram confrontados com indagações que não pareciam mais ter lugar num mundo permeado pela ciência e tecnologia: a vacinação pode ser legitimamente imposta pelo Estado? Os pais podem decidir entre vacinar ou não os seus filhos, com fundamento no poder familiar e no direito à privacidade? Podem invocar uma objeção de consciência para se esquivarem de sanções aplicáveis àqueles que não providenciam a imunização de menores de idade sob a sua responsabilidade? Essas são as questões a que se pretende responder aqui.

Para tanto, o artigo será dividido em *três partes*. Na *primeira*, será traçado um breve histórico das epidemias e do papel da vacinação na erradicação de males que abalaram a vida e a saúde das pessoas em todo o mundo. Na *segunda*, serão expostos os interesses que estão contrapostos no debate aqui travado: a liberdade de crença, de consciência e de convicção filosófica, de um lado, e os direitos à vida e à saúde e o melhor interesse da criança, de outro. E, na *terceira parte*, será apresentado o resultado da ponderação levada a efeito.

II Breve histórico das epidemias e o papel decisivo das vacinas na sua erradicação

A história da humanidade é, também, a história das epidemias, desde a febre tifoide que dobrou Atenas, na Grécia antiga, no final do século V a.C., até a Covid-19, que vitimou nossa geração nestes últimos anos, com um número de vítimas que se aproxima de 7 milhões. Na Idade Média, a peste negra devastou a Europa, causando mais de 20 milhões de mortos em dois anos. As viagens de descobrimento e colonização a partir do final do século XV e início do XVI trouxeram para as Américas a varíola, vírus que dizimou tribos indígenas, inclusive as civilizações incas e astecas. A luta contra epidemias é, portanto, um capítulo antigo da história. Não obstante o Brasil e o mundo tenham vivido em tempos recentes a maior pandemia dos últimos cem anos, a da Covid-19, outras doenças altamente contagiosas já haviam desafiado a capacidade dos cientistas e das autoridades públicas.

Com a evolução da ciência, surgiram as primeiras vacinas, na virada do século XVIII para o XIX. Progressivamente, a vacinação revelou-se um método eficaz de prevenção de uma série de enfermidades, aí incluídos varíola, febre amarela, difteria, tuberculose, coqueluche, poliomielite, sarampo, rubéola, meningite, tétano e *influenza*. Graças ao desenvolvimento de vacinas, boa parte dessas doenças já está erradicada ou sob controle, o que faz com que muitas pessoas – notadamente as mais jovens – sequer tenham a noção da ameaça que um dia representaram para a vida e a saúde humanas.

A *primeira vacina* de que se tem registro foi descoberta em 1796, pelo britânico Edward Jenner, e destinava-se ao combate de uma das enfermidades mais terríveis e letais já conhecidas: a *varíola*, que levou à morte 300 milhões de pessoas apenas no século XX.[1] Jenner partiu de uma ideia propagada nos campos ingleses de que os trabalhadores responsáveis por ordenhar as vacas não se infectavam com o vírus. Dado o contato com o bovino, era comum que tais pessoas tivessem outra moléstia, denominada de *vaccinia*[2] (em inglês, *cowpox*), que provocava ulcerações nas mamas do animal. Jenner formulou, então, a hipótese de que quem contraísse *vaccinia* estaria imune à varíola. Após realizar inúmeros testes, verificou que, de fato, a imunização era alcançada.[3]

O mais provável é que a vacina contra a varíola tenha ingressado no Brasil em 1804, pouco antes da vinda da Família Real portuguesa. O *primeiro* diploma normativo no país a prever a *vacinação obrigatória* foi o Código de Posturas do Município do Rio de Janeiro, editado em 1832. A norma se restringia às crianças e cominava multa aos responsáveis em caso de descumprimento. Regras ainda mais estritas foram impostas em 1844 e 1875. Na República, em 1889, a obrigatoriedade da imunização infantil seria renovada por decreto.[4] Porém, a tentativa de expandir o método imunizante fracassou. Além da resistência dos pais em levarem os filhos, não havia agentes públicos suficientes para a cobrança das penalidades.[5]

---

[1] ONU comemora 40 anos da erradicação da varíola. *Fiocruz*, 13 maio 2020. Disponível em: https://www.bio. fiocruz.br/index.php/br/noticias/1809-onu-comemora-40-anos-da-erradicacao-da-variola; V., também, OS últimos dias da varíola. *Agência Fiocruz*, maio 2005. Disponível em: https://agencia.fiocruz.br/sites/agencia. fiocruz.br/files/revistaManguinhosMateriaPdf/RM8pag44a45FioDaHistoria.pdf.

[2] Segundo o *Dicionário Aurélio da Língua Portuguesa*, a palavra "vacina" vem do latim "vaccina", que significa "de vaca".

[3] FERNANDES, Tania Maria. Vacina antivariólica: seu primeiro século no Brasil (da vacina jenneriana à animal). *História, Ciências, Saúde – Manguinhos*, v. 6, n. 1, p. 29-51, mar./jun. 1999. Disponível em: https://www.scielo.br/scielo.php?script=sci_arttext&pid=S0104-59701999000200002.

[4] CHALHOUB, Sidney. *Cidade febril*: cortiços e epidemias na corte imperial. São Paulo: Companhia das Letras, 1996. p. 160.

[5] CHALHOUB, Sidney. *Cidade febril*: cortiços e epidemias na corte imperial. São Paulo: Companhia das Letras, 1996. p. 152-154. V., também, RIBEIRO, Lourival. *O Barão de Lavradio e a higiene no Rio de Janeiro Imperial*. Belo Horizonte: Itatiaia, 1992.

Em 1902, Rodrigues Alves tomou posse como presidente da República e nomeou Oswaldo Cruz como Diretor-Geral de Saúde Pública (o equivalente hoje a Ministro da Saúde), para coordenar o esforço de saneamento da capital federal e de extinção de epidemias.[6] A essa altura, o combate à *febre amarela* surgiu como *prioridade* do governo. Além do calor e da umidade, imputava-se a disseminação da doença à desordem e à imundície do centro urbano: montes de lixo e animais mortos pelas ruas, valas a céu aberto, matadouros e vielas estreitas e sem ventilação.[7] Os cortiços, que serviam de moradia para as pessoas mais pobres, deveriam ser demolidos, porque estariam sempre sujos e superlotados (política do *bota-abaixo*).[8] Em abril de 1903, brigadas de mata-mosquitos seguiam pelas ruas neutralizando depósitos de água com larvas do vetor da doença (o mosquito *Aedes aegypti*), enquanto outros agentes eram responsáveis pelo expurgo e desinfecção de casas.[9] A estratégia de enfrentamento estava centrada no extermínio do inseto transmissor. E ela se mostraria, de fato, ser bem-sucedida, com o fim da epidemia no Rio de Janeiro em 1907 e, dois anos depois, em Belém. Mas a descoberta de outras regiões endêmicas da doença, no interior de densas matas e florestas, e de novos vetores de transmissão – mosquitos silvestres do gênero *Haemagogus*, que, ao contrário do *Aedes aegypti*, não tinham como ser exterminados – revelaria a importância do desenvolvimento da vacina, o que somente seria alcançado em 1936, pelo sul-africano Max Theiler.[10]

Em março de 1904, é editado um detalhado decreto para regulamentar os serviços sanitários a cargo da União.[11] O rigor do ato normativo era tamanho que, no dia seguinte à sua publicação, seria apelidado de *Código de Torturas*.[12] Em 31.10.1904, um novo diploma é promulgado: a Lei nº 1.261, que "[tornou] obrigatórias, em toda a República, a vacinação e a revacinação contra a varíola".[13] Um misto de inabilidade governamental e obscurantismo levaram a uma imensa e violenta reação, conhecida como *Revolta da Vacina*.[14] O levante eclodiu em 10.11.1904, a partir de um "furo de reportagem" do jornal *A Notícia*, que publicou a íntegra da proposta de regulamentação da Lei nº 1.261/1904

---

[6] VIDA pessoal e trajetória científica – Na Diretoria Geral de Saúde Pública. *Biblioteca Virtual Oswaldo Cruz*. Disponível em: http://oswaldocruz.fiocruz.br/index.php/biografia/trajetoria-cientifica/na-diretoria-geral-de-saude-publica.

[7] BENCHIMOL, Jaime Larry (Coord.). *Febre amarela* – A doença e a vacina, uma história inacabada. Rio de Janeiro: Editora Fiocruz, 2001. p. 30.

[8] CHALHOUB, Sidney. *Cidade febril*: cortiços e epidemias na corte imperial. São Paulo: Companhia das Letras, 1996. p. 38.

[9] BENCHIMOL, Jaime Larry (Coord.). *Febre amarela* – A doença e a vacina, uma história inacabada. Rio de Janeiro: Editora Fiocruz, 2001. p. 44.

[10] CHALHOUB, Sidney. *Cidade febril*: cortiços e epidemias na corte imperial. São Paulo: Companhia das Letras, 1996. p. 143 e ss.; 386. V., também, HAMILTON, Wanda; AZEVEDO, Nara. A febre amarela no Brasil: memórias de um médico da Fundação Rockefeller. *História, Ciência, Saúde – Manguinhos*, v. 5, n. 3, p. 733-754, 1998. Disponível em: https://www.scielo.br/scielo.php?script=sci_arttext&pid=S0104-59701999000100011. Cf., ainda, YELLOW fever. *The Rockfeller Foundation – A digital history*. Disponível em: https://rockfound.rockarch.org/pt/yellow-fever.

[11] Decreto nº 5.156, de 11.3.1904 (Disponível em: https://www2.camara.leg.br/legin/fed/decret/1900-1909/decreto-5156-8-marco-1904-517631-publicacaooriginal-1-pe.html).

[12] PREFEITURA DA CIDADE DO RIO DE JANEIRO. 1904 – Revolta da Vacina. A maior batalha do Rio. *Cadernos da Comunicação*, 2006. Série Memória. p. 64. Disponível em: http://www.rio.rj.gov.br/dlstatic/10112/4204434/4101424/memoria16.pdf.

[13] SEVCENKO, Nicolau. *A Revolta da Vacina* – Mentes insanas em corpos rebeldes. São Paulo: Cosac Naify, 2013. p. 8.

[14] SEVCENKO, Nicolau. *A Revolta da Vacina* – Mentes insanas em corpos rebeldes. São Paulo: Cosac Naify, 2013. p. 9-11.

elaborada por Oswaldo Cruz.[15] O projeto previa um sem-número de *restrições à liberdade individual* para os casos em que não fosse comprovada a vacinação ou revacinação contra a varíola, como a impossibilidade de ingressar em estabelecimentos de ensino, ser qualificado como eleitor, inscrever-se em concurso público, hospedar-se em hotéis e ir de um estado-membro para outro.[16]

O movimento avançou pelos dias seguintes com extrema violência. Decretou-se, inclusive, estado de sítio.[17] No dia 16 de novembro, num ato desesperado, o Governo revogou a obrigatoriedade da vacina.[18] No dia 20, a revolta foi finalmente debelada. O saldo, porém, sempre será um mistério: enquanto alguns falam em trinta vidas perdidas, mais de cem feridos e de mil presos, outros suspeitam de centenas e talvez milhares de mortos.[19] As repercussões da revolta, que incluíam a suspensão da lei da vacinação obrigatória, ainda seriam sentidas por algum tempo. Em 1908, a cidade precisaria lidar com um novo surto da doença, que deixaria 6.550 mortos.[20]

A *varíola* só foi erradicada do Brasil em 1971.[21] A *febre amarela*, a seu turno, já estava erradicada dos centros urbanos desde 1942, mas o país ainda convive com a ameaça de que o vírus seja reintroduzido nessas áreas, sobretudo em razão da reinfestação do mosquito *Aedes aegypti* a partir de 1976. Nesse panorama, a vacinação tem provado ser o meio mais eficaz de impedir que o vírus se desloque das áreas silvestres para as urbanizadas.[22]

Em 1918, foi a vez de a *gripe espanhola* se espalhar velozmente pelo mundo, vitimando entre 50 e 100 milhões de pessoas.[23] Um número de óbitos muito superior ao da Primeira Guerra Mundial, que ainda estava em curso e deixaria 10 milhões de mortos. A doença era causada pelo vírus *influenza*, de alta capacidade de transmissão e mutação, que já havia desencadeado uma pandemia em 1889 e ainda viria a provocar outras em 1957 (gripe asiática), 1968 (gripe de Hong Kong), 1977 (gripe russa), 2003

---

[15] SEVCENKO, Nicolau. *A Revolta da Vacina* – Mentes insanas em corpos rebeldes. São Paulo: Cosac Naify, 2013. p. 11.

[16] A edição original do jornal *A Notícia* contendo a íntegra do projeto de regulamentação elaborado por Oswaldo Cruz pode ser lida em: http://memoria.bn.br/DocReader/830380/11295.

[17] PREFEITURA DA CIDADE DO RIO DE JANEIRO. 1904 – Revolta da Vacina. A maior batalha do Rio. *Cadernos da Comunicação*, 2006. Série Memória. p. 40. Disponível em: http://www.rio.rj.gov.br/dlstatic/10112/4204434/4101424/memoria16.pdf.

[18] Jornal *A Gazeta de Notícias*, de 14.11.1904 (Disponível em: http://memoria.bn.br/docreader/DocReader.aspx?bib=103730_04&pagfis=8736).

[19] PREFEITURA DA CIDADE DO RIO DE JANEIRO. 1904 – Revolta da Vacina. A maior batalha do Rio. *Cadernos da Comunicação*, 2006. Série Memória. p. 11. Disponível em: http://www.rio.rj.gov.br/dlstatic/10112/4204434/4101424/memoria16.pdf.

[20] PREFEITURA DA CIDADE DO RIO DE JANEIRO. 1904 – Revolta da Vacina. A maior batalha do Rio. *Cadernos da Comunicação*, 2006. Série Memória. p. 50. Disponível em: http://www.rio.rj.gov.br/dlstatic/10112/4204434/4101424/memoria16.pdf.

[21] HOCHMAN, Gilberto. Vacinação, varíola e uma cultura da imunização no Brasil. *Ciência & Saúde Coletiva*, v. 16, n. 2, p. 375-386, 2011. p. 381.

[22] COSTA, Zouraide Guerra Antunes; ROMANO, Alessandro Pecego Martins; ELKHOURY, Ana Nilce Maia; FLANNERY, Brendan. Evolução histórica da vigilância epidemiológica e do controle da febre amarela no Brasil. *Revista Pan-Amazônica de Saúde*, v. 2, n. 1, p. 11-26, 2011. p. 16. Disponível em: http://scielo.iec.gov.br/pdf/rpas/v2n1/v2n1a02.pdf.

[23] BARRY, John M. *A grande gripe* – A história da gripe espanhola, a pandemia mais mortal de todos os tempos. Rio de Janeiro: Intrínseca, 2004. p. 9. No Brasil, fala-se em 300 mil mortos. Cf. COSTA, Ligia Maria Cantarino da; MERCHAN-HAMAN, Edgar. Pandemias de influenza e a estrutura sanitária brasileira: breve histórico e caracterização dos cenários. *Revista Pan-Amazônica Saúde*, v. 7, n. 1, p. 11-25, 2016. p. 15.

(gripe aviária) e 2009 (H1N1).[24] Enquanto o vírus se alastrava pela Europa, o cenário no Brasil era de incredulidade quanto ao potencial danoso da terrível gripe.[25] Mas a moléstia chegou aqui, e com toda a força. Diz-se que o patógeno ingressou a bordo do navio inglês *Demerara*, que atracou nos portos de Recife, Salvador e Rio de Janeiro em setembro de 1918.[26]

Em janeiro de 1919, o Presidente eleito Rodrigues Alves foi vitimado pela doença. Fora do país, pesquisadores de todo o mundo realizavam estudos e testes para descobrir uma vacina eficaz ou a própria cura.[27] A pandemia cessou em 1920, antes que tivessem obtido êxito. A primeira vacina contra o *influenza* seria descoberta somente em 1944, pelos cientistas Thomas Francis e Jonas Salk.[28] Até hoje, não se sabe ao certo como a gripe espanhola foi erradicada.[29] O que se sabe é que a sociedade ainda conviverá por tempo indefinido com o temido vírus que a causou.

Inúmeras doenças, todavia, foram sendo progressivamente derrotadas pela ciência e pela vacinação em massa. Em 1921, 1923 e 1924, foram desenvolvidas as imunizações contra a tuberculose, a difteria e o tétano, respectivamente.[30] Em 1938, contra a coqueluche.[31] Em 1953, a vacina contra a poliomielite, que foi erradicada do Brasil em 1989.[32] Em 1963, contra o sarampo.[33] Em 1974 e 1982, foram também criadas as profilaxias contra a doença meningocócica e a hepatite B, nessa ordem.[34] Em 1985, foi a vez de obter a prevenção contra infecções causadas pela bactéria *haemophilus influenza* tipo B, como meningite e pneumonia.[35]

Após essa retrospectiva, é impossível exagerar a importância da vacinação como meio de preservação do direito à vida e do direito à saúde da coletividade. As vacinas comprovaram ser uma grande invenção da medicina em prol da humanidade.

---

[24] COSTA, Ligia Maria Cantarino da; MERCHAN-HAMAN, Edgar. Pandemias de influenza e a estrutura sanitária brasileira: breve histórico e caracterização dos cenários. *Revista Pan-Amazônica Saúde*, v. 7, n. 1, p. 11-25, 2016. p. 14-19.

[25] GOULART, Adriana da Costa. Revisitando a espanhola: a gripe pandêmica de 1918 no Rio de Janeiro. *História, Ciências, Saúde – Manguinhos*, v. 12, n. 1, p. 101-142, jan./abr. 2005. p. 105.

[26] Jornal *Gazeta de Notícias*, edição de 16.9.1918 (Disponível em: http://memoria.bn.br/docreader/DocReader.aspx?bib=103730_04&pagfis=45093).

[27] BARRY, John M. *A grande gripe* – A história da gripe espanhola, a pandemia mais mortal de todos os tempos. Rio de Janeiro: Intrínseca, 2004. p. 193 e ss.

[28] TOBIN, James. The first flu shot. *Heritage Project – University of Michigan*. Disponível em: https://heritage.umich.edu/stories/the-first-flu-shot/. Cf., também, INFLUENZA Historic Timeline. *Centers for Disease Control and Prevention (CDC)*. Disponível em: https://www.cdc.gov/flu/pandemic-resources/pandemic-timeline-1930-and-beyond.htm.

[29] Especula-se que a sociedade tenha atingido uma imunidade coletiva ou de rebanho. Nesse sentido, v. RODRIGUEZ MARTINEZ, Marta. How did the Spanish flu pandemic end and what lessons can we learn from a century ago? *Euronews*, 3 jun. 2020. Disponível em: https://www.euronews.com/2020/06/03/how-did-the-spanish-flu-pandemic-end-and-what-lessons-can-we-learn-from-a-century-ago.

[30] Sobre a tuberculose, cf. https://bvsms.saude.gov.br/ultimas-noticias/2469-01-7-dia-da-vacina-bcg; sobre a difteria, v. https://apps.who.int/iris/handle/10665/44094; e sobre o tétano, cf. https://www.cdc.gov/vaccines/pubs/pinkbook/downloads/tetanus.pdf.

[31] Sobre a coqueluche, v. https://wwwnc.cdc.gov/eid/article/16/8/10-0288_article.

[32] Sobre a poliomielite, v. http://www.revistahcsm.coc.fiocruz.br/1953-e-anunciada-a-descoberta-da-vacina-contra-a-poliomielite/.

[33] A respeito do sarampo, cf. https://www.cdc.gov/measles/about/history.html.

[34] Sobre a doença meningocócica, v. https://www.paho.org/immunization-toolkit/wp-content/uploads/2017/05/Chapter13-Meningococcal-Disease.pdf; sobre a hepatite B, v. https://www.scielo.br/pdf/rsp/v40n6/26.pdf.

[35] Sobre a bactéria *haemophilus influenza* tipo B, v. https://www.immunize.org/catg.d/p4206.pdf.

III Os interesses em jogo: liberdade de crença e de consciência *versus* direitos à vida e à saúde e melhor interesse da criança

A liberdade de consciência e de crença é objeto de especial proteção pela Constituição de 1988, que destaca o pluralismo como um dos valores essenciais do Estado brasileiro (art. 1º, V). De fato, o capítulo dedicado aos direitos e garantias individuais prevê expressamente, no art. 5º, VI:

> É inviolável a liberdade de consciência e de crença, sendo assegurado o livre exercício dos cultos religiosos e garantida, na forma da lei, a proteção aos locais de culto e a suas liturgias.

O art. 5º, VIII, por sua vez, estabelece:

> Ninguém será privado de direitos por motivo de crença religiosa ou de convicção filosófica ou política, salvo se as invocar para eximir-se de obrigação legal a todos imposta e recusar-se a cumprir prestação alternativa, fixada em lei.

A partir dessas normas, a Constituição assegura a todos os indivíduos a possibilidade de formularem as suas próprias concepções sobre a vida, o mundo e tudo o mais que desejarem. Cada um é feliz a sua maneira e como regra geral tem direito a fazer suas escolhas existenciais. Não existem limites estatais às ideias em que se pode acreditar. Todos são livres para escolher e desenvolver as suas, ainda que ninguém delas compartilhe por serem estapafúrdias ou inalcançáveis de tão geniais. Não há repreensão jurídica para o pensador das maiores fantasias ou ilusões. Além dessa perspectiva interna, o âmbito de proteção desse direito abrange a liberdade de exteriorizar opiniões e a liberdade de agir (ou deixar de agir) segundo a própria consciência.[36]

Há certas crenças que recusam as vacinas. O estilo de vida vegano, por exemplo, comporta uma pluralidade de visões. Alguns poucos adeptos endossam a tese de que as vacinas devam ser rejeitadas.[37] Não cabe ao Estado avaliar o mérito das posições filosóficas e ideológicas. Todos devem ser tratados com igual respeito e consideração. Muitos podem discordar, mas é legítimo acreditar que as vacinas possam causar riscos à saúde dos filhos, crer que a criança não deva receber uma elevada concentração de agentes patogênicos quando ainda é nova e frágil e, finalmente, pensar que tal medida sanitária interfere indevidamente no curso natural das coisas, por ser um mecanismo artificial de estímulo à produção de anticorpos pelo ser humano.

---

[36] CANOTILHO, J. J. Gomes; MENDES, Gilmar F.; SARLET, Ingo W.; STRECK, Lenio L. (Coord.). *Comentários à Constituição do Brasil*. São Paulo: Saraiva/Almedina, 2013. p. 569.

[37] Cf., MESSINA, Ginny. Vegan children and vaccine. *The Vegan RD*, 10 Apr. 2019. Disponível em: https://www.theveganrd.com/2019/04/vegan-children-and-vaccines/. Cf. trecho do artigo (tradução livre): "Eles [os pais veganos] podem questionar o uso de vacinas que são testadas em animais ou que contêm produtos animais. E alguns podem pensar que vacinas são desnecessárias para crianças veganas, por acreditarem em teses injustificadas de que uma dieta vegana tem total poder de proteger contra doenças. Mas nós sabemos que as crianças veganas podem ficar doentes. E nós sabemos que neste mundo imperfeito, o veganismo perfeito não é possível. É por isso que uma ética vegana nos demanda a encontrar alternativas a produtos animais quando isso for *possível e praticável*. Não existem atualmente alternativas veganas a vacinas contra doenças da infância". V., também, ARE vaccines vegan? *Vegan Friendly*. Disponível em: https://www.veganfriendly.org.uk/health-fitness/vaccines/.

Pode ocorrer, todavia, que a liberdade de consciência e de crença entre em tensão com outros direitos constitucionalmente relevantes, entre os quais a vida e a saúde, bem como a proteção da criança e do adolescente. Isso poderá se dar, por exemplo, quando estiverem em jogo direitos fundamentais de terceiros ou de toda a coletividade. Nesse caso, a decisão do indivíduo de se submeter ou não a determinada medida sanitária não produz efeitos apenas sobre a sua esfera jurídica, mas também sobre a de outras pessoas, que não necessariamente compartilham das mesmas crenças ou ideias.

Está em questão, aqui, a proteção da coletividade contra a disseminação de epidemias e, sobretudo, contra doenças que podem ser evitadas ou controladas por vacinas seguras e de comprovada eficácia. Como se sabe, inexiste hierarquia entre direitos constitucionais. Quando entrem em rota de colisão, a técnica de interpretação utilizada é a da ponderação, que consiste em atribuir pesos aos direitos ou interesses em jogo para determinar, à luz dos elementos do caso concreto, a solução constitucionalmente mais adequada.

Idealmente, em hipóteses como essa, procuram-se fazer concessões recíprocas entre os direitos em jogo, de modo a preservar o máximo possível de cada um deles. Por vezes, no entanto, não há conciliação possível e o intérprete acaba tendo que escolher qual deles terá precedência na situação específica em exame. Cabe ao juiz constitucional, em tais situações, expor as razões pelas quais atribuirá o maior peso concreto ao direito que desfrutará de precedência.

Na situação em exame, parece fora de dúvida que o direito à vida e à saúde da coletividade – que, naturalmente, se traduz em direito individual de todos e de cada um – deve prevalecer. No capítulo seguinte, apontam-se as razões pelas quais se chega a essa conclusão.

IV Legitimidade da vacinação obrigatória

A vacinação compulsória está prevista em alguns diplomas normativos vigentes de longa data. A Lei nº 6.259, de 30.10.1975, que instituiu o Programa Nacional de Imunizações, estabelece a competência do Ministério da Saúde para definir as vacinações de caráter obrigatório, que serão praticadas de modo sistemático e gratuito pelos órgãos e entidades públicas, além de instituições privadas subvencionadas pelo Poder Público.[38] Esse diploma foi regulamentado pelo Decreto nº 78.231, de 12.8.1976, que prevê que todo cidadão deve se submeter à vacinação obrigatória, bem como providenciá-la para os menores sob sua guarda ou responsabilidade. Ressalva, porém, que será dispensado de se sujeitar à medida quem apresentar atestado de contraindicação médica.[39]

---

[38] "Art. 3º Cabe ao Ministério da Saúde a elaboração do Programa Nacional de Imunizações, que definirá as vacinações, inclusive as de caráter obrigatório. Parágrafo único. As vacinações obrigatórias serão praticadas de modo sistemático e gratuito pelos órgãos e entidades públicas, bem como pelas entidades privadas, subvencionadas pelos Governos Federal, Estaduais e Municipais, em todo o território nacional".

[39] "Art. 27. Serão obrigatórias, em todo o território nacional, as vacinações como tal definidas pelo Ministério da Saúde, contra as doenças controláveis por essa técnica de prevenção, consideradas relevantes no quadro nosológico nacional. Parágrafo único. Para efeito do disposto neste artigo o Ministério Saúde elaborará relações dos tipos de vacina cuja aplicação será obrigatória em todo o território nacional e em determinadas regiões do País, de acordo com comportamento epidemiológico das doenças. [...] Art. 29. É dever de todo cidadão submeter-se e os menores dos quais tenha a guarda ou responsabilidade, à vacinação obrigatória. Parágrafo único. Só será dispensada da vacinação obrigatória, a pessoa que apresentar Atestado Médico de contra-indicação explícita da aplicação da vacina".

A Lei nº 6.437, de 20.8.1977, tipifica algumas infrações em caso de descumprimento de normas do Programa Nacional de Imunizações, inclusive cominando pena de multa.[40] O Código Penal, a seu turno, tipifica como crime infringir determinação do Poder Público destinada a impedir a introdução ou propagação de doença contagiosa.[41]

Além dessas previsões, é possível encontrar referências à vacinação obrigatória em pelo menos mais duas leis federais. O Estatuto da Criança e do Adolescente (Lei nº 8.069, de 13.7.1990) estabelece ser obrigatória a vacinação das crianças nos casos recomendados pelas autoridades sanitárias.[42] A lei dispõe, também, que o descumprimento doloso ou culposo dos deveres inerentes ao poder familiar ou decorrentes de tutela ou guarda acarreta pena de multa.[43] A previsão de obrigatoriedade da vacinação, instituída por essas normas, jamais foi reputada inconstitucional. Mais recentemente, a Lei nº 13.979/2020, de iniciativa do Poder Executivo, instituiu comando nessa mesma linha.[44]

Cabe aqui um esclarecimento importante. A expressão "vacinação obrigatória" não significa que alguém poderá ser imunizado *à força*, com recurso a algum tipo de coação ou violência física pelos agentes de saúde. Também não autoriza violações ao direito de propriedade. Isso seria inadmissível em qualquer país civilizado e democrático. Talvez essas crenças ainda estejam no imaginário popular por circunstâncias históricas de um país marcado pela Revolta da Vacina. Mas, hoje, o que decorre desse caráter compulsório é a possibilidade de que a exigência da vacinação constitua *condição* para a prática de certos atos (como a matrícula em escola)[45] ou para a percepção de benefícios (como recebimento de Bolsa Família),[46] ou que sejam aplicadas *penalidades* em caso de

---

[40] "Art. 10. São infrações sanitárias: [...] VII - impedir ou dificultar a aplicação de medidas sanitárias relativas às doenças transmissíveis e ao sacrifício de animais domésticos considerados perigosos pelas autoridades sanitárias: pena - advertência, e/ou multa; VIII - reter atestado de vacinação obrigatória, deixar de executar, dificultar ou opor-se à execução de medidas sanitárias que visem à prevenção das doenças transmissíveis e sua disseminação, à preservação e à manutenção da saúde: pena - advertência, interdição, cancelamento de licença ou autorização, e/ou multa; [...]".

[41] "Art. 268. Infringir determinação do poder público, destinada a impedir introdução ou propagação de doença contagiosa: Pena - detenção, de um mês a um ano, e multa. Parágrafo único - A pena é aumentada de um terço, se o agente é funcionário da saúde pública ou exerce a profissão de médico, farmacêutico, dentista ou enfermeiro".

[42] "Art. 14. O Sistema Único de Saúde promoverá programas de assistência médica e odontológica para a prevenção das enfermidades que ordinariamente afetam a população infantil, e campanhas de educação sanitária para pais, educadores e alunos. §1º É obrigatória a vacinação das crianças nos casos recomendados pelas autoridades sanitárias".

[43] "Art. 249. Descumprir, dolosa ou culposamente, os deveres inerentes ao poder familiar ou decorrente de tutela ou guarda, bem assim determinação da autoridade judiciária ou Conselho Tutelar: Pena - multa de três a vinte salários de referência, aplicando-se o dobro em caso de reincidência".

[44] "Art. 3º Para enfrentamento da emergência de saúde pública de importância internacional de que trata esta Lei, as autoridades poderão adotar, no âmbito de suas competências, entre outras, as seguintes medidas: [...] III - determinação de realização compulsória de: [...] d) vacinação e outras medidas profiláticas; [...]".

[45] Diversas leis estaduais exigem a apresentação da carteira de vacinação da criança no ato de matrícula na escola. Porém, caso não seja apresentada, não impedem que a matrícula seja realizada. Apenas alertam os pais de que o Conselho Tutelar será comunicado para adoção das providências cabíveis. Cf. alguns exemplos: Lei nº 17.252/2020 do Estado de São Paulo, Lei nº 16.929/2019 do Estado do Ceará, Lei nº 6.345/2019 do Distrito Federal, Lei nº 15.409/2019 do Rio Grande do Sul, Lei nº 19.534/2018 do Paraná, Lei nº 11.139/2018 da Paraíba e Lei nº 3.398/2018 do Acre.

[46] A legislação impõe, por exemplo, que os beneficiários do Programa Bolsa Família cumpram o calendário nacional de vacinação. Lei nº 14.601/2023: "Art. 10. A manutenção da família como beneficiária no Programa Bolsa Família dependerá, sem prejuízo dos requisitos estabelecidos nesta Lei e em regulamento, do cumprimento, pelos integrantes das famílias, de condicionalidades relativas: [...] II - ao cumprimento do calendário nacional de vacinação; [...]".

descumprimento da obrigação. Qualquer condição ou sanção, para ser válida, deverá observar os princípios da razoabilidade e da proporcionalidade, estando sempre sujeita ao crivo judicial. Portanto, a vacinação obrigatória, até para os mais refratários, não pode ser confundida com arbitrariedade ou com atos de agressão.

Seguindo o raciocínio, entende-se ser legítimo o caráter compulsório de vacinas quando exista consenso científico e registro nos órgãos de vigilância sanitária. Expõem-se, a seguir, três fundamentos pelos quais esse parece ser o entendimento constitucionalmente mais adequado: a) o Estado pode, em situações excepcionais, proteger as pessoas mesmo contra a sua vontade (*dignidade como valor comunitário*); b) a vacinação é importante para a proteção de toda a sociedade, não sendo legítimas escolhas individuais que afetem gravemente direitos de terceiros (*necessidade de imunização coletiva*); e c) o poder familiar não autoriza que os pais, invocando convicção filosófica, coloquem em risco a saúde dos filhos (*melhor interesse da criança*).

IV.1 O Estado pode, em situações excepcionais, proteger as pessoas mesmo contra a sua vontade

A dignidade humana apresenta três elementos essenciais: (i) o *valor intrínseco*, elemento ontológico que qualifica o homem como um fim em si mesmo, e não como um meio para a realização de metas coletivas ou de projetos pessoais de outros; (ii) a *autonomia*, elemento ético que permite às pessoas buscar, da sua própria maneira, o ideal de viver bem e de ter uma vida boa; e (iii) o *valor comunitário*, elemento social que define os contornos da dignidade humana, impondo limites à autonomia individual, pelo dever de respeitar direitos alheios e alguns valores sociais compartilhados pela comunidade.[47]

A autonomia protege a pessoa de se tornar apenas mais uma engrenagem do maquinário social. Contudo, como na famosa passagem de John Donne, "nenhum homem é uma ilha, completa em si mesma".[48] A expressão "valor comunitário", que é bastante ambígua, é usada aqui, por convenção, para identificar duas diferentes forças exógenas que agem sobre o indivíduo: (i) os compromissos, valores e "crenças compartilhadas"[49] de um grupo social e (ii) as normas impostas pelo Estado. O indivíduo, portanto, vive dentro de si mesmo, de uma comunidade e de um Estado. Sua autonomia pessoal é restringida por valores, costumes e direitos de outras pessoas tão livres e iguais quanto ele, assim como pela regulação estatal coercitiva.

A dignidade como valor comunitário enfatiza o papel do Estado e da comunidade no estabelecimento de metas coletivas e de restrições sobre direitos e liberdades individuais em nome de certa concepção de vida boa. A máxima liberal de que o Estado deve ser neutro em relação às diversas concepções de bem em uma sociedade pluralista não é incompatível, obviamente, com restrições resultantes da necessária

---

[47] BARROSO, Luís Roberto. Aqui, lá e em todo lugar: a dignidade humana no direito contemporâneo e no discurso transnacional. *Revista dos Tribunais*, v. 101, n. 919, p. 127-196, maio 2012.

[48] DONNE, John. *Devotions upon emergent occasions*. Grand Rapids, MI: Christian Classics Ethereal Library, 1624. p. 130. Disponível em: https://www.ccel.org/ccel/d/donne/devotions/cache/devotions.pdf.

[49] SELZNICK, Philip. *The moral commonwealth*: social theory and the promise of Community. Berkeley; Oxford: University of California Press, 1992. p. 358.

coexistência entre diferentes pontos de vista e de direitos potencialmente conflitantes. Tais interferências, porém, devem ser justificadas sobre as bases de uma ideia legítima de justiça, de um consenso sobreposto,[50] que possa ser compartilhado pela maioria dos indivíduos e grupos.

A dignidade como valor comunitário, também referida pela denominação dignidade como heteronomia, se justifica por três objetivos que o ordenamento jurídico considera legítimos e desejáveis: (i) a proteção dos direitos e da dignidade de terceiros; (ii) a proteção dos direitos e da dignidade do próprio indivíduo; e (iii) a proteção dos valores sociais compartilhados. Na situação aqui apreciada, a vacinação obrigatória protege, em primeiro lugar, o indivíduo contra si mesmo, evitando que a sua não adesão espontânea ao imunizante permita a sua contaminação por doenças que poderiam ter sido eficazmente evitadas com o método profilático. Em segundo lugar, a norma estatal que prevê tal obrigatoriedade também visa à proteção de toda a sociedade. É o que se passa a demonstrar no capítulo a seguir.

IV.2 A vacinação é importante para a proteção de toda a sociedade, não sendo legítimas escolhas individuais que afetem gravemente direitos de terceiros

Organizações internacionais, institutos de pesquisa e entidades públicas de saúde de todo o mundo defendem e incentivam o uso das vacinas como um *instrumento vital*, capaz de proteger os indivíduos contra uma série de doenças e deficiências graves.[51] Estima-se que, todos os anos, a vacinação evite a morte de aproximadamente três milhões de pessoas por difteria, tétano neonatal, coqueluche, sarampo e tuberculose infantil.[52] No Brasil, calcula-se que a redução no número de mortes por doenças infecciosas que passaram a ser prevenidas pelas vacinas tenha gerado um aumento de aproximadamente trinta anos na expectativa de vida da população, entre 1940 e 1998.[53] A despeito disso, em diversos momentos e lugares, esse recurso profilático é posto em dúvida, o que enseja, por vezes, uma queda imediata e expressiva nos níveis de imunização.

---

[50] "Consenso sobreposto" é uma expressão cunhada por John Rawls que identifica as ideias básicas de justiça capazes de ser compartilhadas por defensores de diferentes doutrinas abrangentes, sejam religiosas, sejam políticas ou morais. V. RAWLS, John. The idea of overlapping consensus. *Oxford Journal of Legal Studies*, v. 7, n. 1, p. 1-25, 1987. p. 1.

[51] Para citar apenas alguns exemplos, defendem a vacinação: a Organização Mundial da Saúde (https://www.who.int/health-topics/vaccines-and-immunization#tab=tab_1), o Departamento de Saúde e Serviços Humanos dos Estados Unidos (https://www.hhs.gov/vaccines/index.html), o Serviço Nacional de Saúde do Reino Unido (https://www.nhs.uk/conditions/vaccinations/why-vaccination-is-safe-and-important/), o Imperial College London (https://www.imperial.ac.uk/vaccine-research-network/about-us/), a Universidade de Oxford (https://www.ovg.ox.ac.uk/research), o Institut Pasteur da França (https://www.pasteur.fr/en/medical-center/vaccination/vaccines-available-medical-center), o Robert Koch Institut da Alemanha (https://www.rki.de/EN/Content/infections/Vaccination/recommandations/34_2017_engl.pdf?__blob=publicationFile), a Fundação Oswaldo Cruz (https://portal.fiocruz.br/vacinas), o Instituto Butantan (http://vacinacovid.butantan.gov.br/assets/arquivos/banner_index/Book%20Vacinacao_leitura.pdf) e o Ministério da Saúde do Brasil (http://antigo.saude.gov.br/saude-de-a-z/vacinacao/).

[52] WORLD HEALTH ORGANIZATION. *Vaccine Safety Communication* – Guide for immunization programme – Managers and national regulatory authorities. 2016. p. 5. Disponível em: https://apps.who.int/iris/bitstream/handle/10665/208263/9789290617464_eng.pdf?sequence=1&isAllowed=y.

[53] SÃO PAULO (Estado). Instituto Butantan. *Por dentro da vacina*. Disponível em: http://vacinacovid.butantan.gov.br/assets/arquivos/banner_index/Book%20Vacinacao_leitura.pdf.

Em 2019, a *hesitação em se vacinar* (*vaccine hesitancy*) foi considerada pela Organização Mundial da Saúde uma das *dez maiores ameaças à saúde* no planeta.[54] Ao se produzir uma vacina, não é possível garantir que não haverá *eventos adversos* posteriores à administração da imunização. Esse é um perigo inerente a esse tipo de profilaxia, que deve, no entanto, manifestar-se em níveis muito baixos para que a medida continue a ser considerada segura. Por recomendação da Organização Mundial da Saúde (OMS), vários países, inclusive o Brasil,[55] mantêm um *sistema de vigilância* dessas ocorrências médicas verificadas após a vacinação. Esse monitoramento tem revelado que a incidência de casos graves associados à imunização é bem rara. Um exemplo ilustra o ponto. A possível consequência mais séria da vacina contra a poliomielite é a paralisia pós-vacinal, que pode ocorrer porque a medida profilática se utiliza do vírus atenuado. De acordo com a OMS, a probabilidade de esse efeito vir a se concretizar, na primeira aplicação (em que a chance é maior), varia de um caso por 700 mil doses a um caso por 3,4 milhões de doses administradas, a depender do estudo.[56] No Brasil, de 1989 a 2011, foram registrados 46 casos de paralisia pós-vacinal.[57] Em comparação, de 1968 a 1989 (ano de erradicação da doença), haviam sido noticiados 26.827 casos de poliomielite.[58] Esses dados demonstram que os benefícios da vacinação superam significativamente os seus riscos.

Nesse tema, rumores e notícias falsas são especialmente danosos. A vacinação deve ser abordada com base em *análises estatísticas consistentes* e, sobretudo, em *evidências científicas*. No entanto, a publicação de artigos pseudocientíficos e a disseminação de fatos inverídicos a respeito das vacinas ocorrem com uma velocidade surpreendente, enquanto que o desenvolvimento de estudos sérios capazes de desmenti-los costuma levar anos.[59] As vacinas vivem, hoje, um *paradoxo* criado pela Revolução Digital: enquanto o avanço da biotecnologia proporciona o desenvolvimento de imunizações cada vez mais seguras,[60] a internet e as redes sociais dão lugar a campanhas de desinformação que gradualmente as tornam mais frágeis aos olhos da população, não havendo, para essa espécie de "vírus", remédios jurídicos totalmente eficientes ou politicamente

---

[54] WORLD HEALTH ORGANIZATION. *Ten threats to the global health in 2019.* Disponível em: https://www.who.int/news-room/spotlight/ten-threats-to-global-health-in-2019.

[55] Trata-se do Sistema Nacional de Vigilância de Eventos Adversos Pós-Vacinação, vinculado ao Programa Nacional de Imunizações (PNI). Cf. BRASIL. Ministério da Saúde. *Manual de vigilância epidemiológica dos eventos adversos pós-vacinação.* Brasília, DF: Ministério da Saúde, 2014. p. 23. Disponível em: https://bvsms.saude.gov.br/bvs/publicacoes/manual_vigilancia_epidemiologica_eventos_adversos_pos_vacinacao.pdf.

[56] WORLD HEALTH ORGANIZATION. *Information Sheet* – Observed rate of vaccine reactions – Polio vaccines, 2014. p. 2. Disponível em: https://www.who.int/vaccine_safety/initiative/tools/polio_vaccine_rates_information_sheet.pdf.

[57] BRASIL. Ministério da Saúde. *Manual de vigilância epidemiológica dos eventos adversos pós-vacinação.* Brasília, DF: Ministério da Saúde, 2014. p. 105. Disponível em: https://bvsms.saude.gov.br/bvs/publicacoes/manual_vigilancia_epidemiologica_eventos_adversos_pos_vacinacao.pdf.

[58] OLIVEIRA, Monique. Brasil teve 26 mil casos de pólio de 68 a 89, e não registra casos há 30 anos; entenda. *Portal G1*, 5 set. 2018. Disponível em: https://g1.globo.com/bemestar/noticia/brasil-teve-26-mil-casos-de-polio-de-68-a-89-e-nao-registra-casos-ha-30-anos-entenda.ghtml.

[59] SALMON, Daniel A.; DUDLEY, Matthew Z. It is time to get serious about vaccine confidence. *The Lancet*, v. 396, n. 10255, 2020. Disponível em: https://doi.org/10.1016/S0140-6736(20)31603-2.

[60] DINIZ, Mariana de Oliveira; FERREIRA, Luís Carlos de Souza. Biotecnologia aplicada ao desenvolvimento de vacinas. *Estudos Avançados*, v. 24, n. 70, p. 19-30, 2010. Disponível em: https://www.scielo.br/scielo.php?script=sci_arttext&pid=S0103-40142010000300003.

simples.[61] Como nenhuma dessas medidas de imunização é isenta de riscos, sempre haverá um terreno fértil para rumores. Somam-se a isso teorias conspiratórias, que veem no estímulo à vacinação um conluio lucrativo entre agentes públicos mal-intencionados e indústrias farmacêuticas.[62]

Mas se leigos e céticos não têm como investigar por si mesmos as bases científicas de cada vacina para confirmarem a sua robustez, podem ao menos conhecer o *longo* e *rígido* procedimento de aprovação da medida. Esse processo pode ser descrito em *três* estágios, assim denominados: (i) *estágio exploratório*, em que os pesquisadores procuram descobrir os antígenos naturais ou sintéticos que podem prevenir a doença; (ii) *fase pré-clínica*, na qual o produto é testado em culturas de células ou tecidos e em animais, como camundongos, coelhos e macacos; e (iii) *ensaios clínicos* em seres humanos, divididos em três fases, que envolvem a inoculação do imunizante em um grupo de voluntários representativo do público-alvo, a fim de atestar a sua segurança e eficácia. Em sendo constatado que a vacina é segura e eficaz, o fabricante pode, finalmente, requerer a licença ou o registro do seu produto perante o órgão ou entidade competente de cada país.[63] No Brasil, a agência reguladora que exerce esse papel é a Anvisa.[64] Somente então, a medida profilática pode ser efetivamente introduzida na população.[65]

A ciência garante, portanto, que as vacinas são medidas preventivas seguras e eficazes. Ademais, ela ensina, e a experiência histórica confirma, que as vacinas só atingem de forma plena o seu objetivo – a erradicação ou controle de uma moléstia – quando uma quantidade elevada de pessoas é imunizada, isto é, quando é alcançada a chamada *imunidade coletiva* ou *de rebanho*. Isso ocorre porque, apesar de muito poderosa, a profilaxia raramente apresenta 100% de eficácia. Além disso, inevitavelmente, algumas pessoas não poderão se vacinar, como gestantes e pacientes com o quadro de saúde fragilizado. A depender da doença, a meta de cobertura é de 80%, 90%, 95% ou de até 100% da população-alvo.[66] Ao ficarem abaixo desse patamar, os países se sujeitam à ocorrência de surtos evitáveis, comprometendo a saúde pública da população como um todo. No Brasil, a partir de 2013, tem sido notada uma queda no índice de algumas vacinas. Confira-se o quadro a seguir:

---

[61] BARROSO, Luís Roberto. Revolução tecnológica, crise da democracia e mudança climática: limites do direito num mundo em transformação. *Revista Estudos Institucionais*, v. 5, n. 3, p. 1262-1313, set./dez. 2019. p. 1285.

[62] LARSON, Heidi J. *Stuck*: how vaccine rumors start – and why they don't go away. New York: Oxford University Press, 2020. p. xxiv.

[63] UNITED STATES DEPARTMENT OF HEALTH AND HUMAN SERVICES. Centers for Disease Control and Prevention (CDC). *Vaccine Safety* – Overview, history and how it works. Disponível em: https://www.cdc.gov/vaccinesafety/ensuringsafety/history/index.html.

[64] A Resolução da Diretoria Colegiada nº 55/2010 estabelece uma longa lista de documentos que devem ser apresentados pelos fabricantes para que a vacina seja registrada no Brasil (Disponível em: http://antigo.anvisa.gov.br/documents/10181/2718376/%281%29RDC_55_2010_COMP.pdf/41ebae78-5742-4060-9bec-6ccece9ce262).

[65] WORLD HEALTH ORGANIZATION. Annex 9 – Guidelines on clinical evaluation of vacines: regulatory expectations. *WHO Technical Report Series*, n. 1004, 2017. Disponível em: https://www.who.int/biologicals/expert_committee/WHO_TRS_1004_web_Annex_9.pdf?ua=1. V., também, OFFIT, Paul. Vaccine development, testing, and regulation. *The history of vaccines – An educational resource by The College of Physicians of Philadelphia*, 17 jan. 2018. Disponível em: https://www.historyofvaccines.org/content/articles/vaccine-development-testing-and-regulation.

[66] BRASIL. Ministério da Saúde. *Coberturas vacinais no Brasil* – Período: 2010-2014. Brasília, DF: Ministério da Saúde, out. 2015. Disponível em: https://antigo.saude.gov.br/images/pdf/2017/agosto/17/AACOBERTURAS-VACINAIS-NO-BRASIL---2010-2014.pdf.

Vacina e meta	2013	2014	2015	2016	2017	2018	2019
BCG (90%)	107,42	107,28	105,08	95,55	97,98	99,72	86,67
Hepatite B (95%)	100,56	96,42	97,74	105,19	84,40	88,53	70,77
Poliomielite (95%)	100,71	96,76	98,29	84,43	84,74	89,54	84,19
Tríplice viral 1ª dose (95%)	107,46	112,80	96,07	95,41	86,24	92,61	93,12
Tríplice viral 2ª dose (95%)	68,87	92,88	79,94	76,71	72,94	76,89	81,55

Dados extraídos do Datasus/Ministério da Saúde, em 3.11.2020.[67]

De fato, o menor nível de cobertura tem se refletido em surtos de doenças nos últimos anos. O fenômeno é global. Em 2018, o Brasil registrou mais de 10 mil casos de infecção e doze mortes por sarampo (prevenido pela vacina tríplice viral, que exige duas doses).[68] Segundo a Organização Mundial da Saúde, nesse mesmo ano, 140 mil pessoas morreram em todo o mundo em decorrência da moléstia.[69] Ao final de 2019, a região das Américas registrou mais de 15 mil casos de sarampo, sendo 13.489 só em território brasileiro.[70]

Se a cobertura no Brasil já está ameaçada, qualquer tentativa de se eximir da imunização deve ser vista com cautela. O direito brasileiro não prevê a possibilidade de apresentar objeções de consciência à vacinação. O art. 5º, VIII, da Constituição não concede uma autorização geral e irrestrita para o descumprimento de regras jurídicas. Muito ao revés: o constituinte deixa o alerta de que, se alguém pretender se eximir de uma obrigação legal por motivo de convicção filosófica, deve cumprir outra em seu lugar, sob pena de ser privado de alguns direitos. Não há, portanto, um direito absoluto à escusa de consciência.

A Suprema Corte norte-americana, no caso *Jacobson v. Massachusetts*, decidiu que a vacinação obrigatória, inclusive com cominação de multa, não viola a cláusula constitucional de liberdade, por se tratar de medida necessária à proteção da saúde coletiva.[71] Nesse país, os 51 estados-membros exigem a apresentação de certificado de vacinação para a admissão de crianças nas escolas públicas, e 47 deles fazem o mesmo em relação às instituições de ensino privadas. Todos, no entanto, estabelecem algum tipo de exceção

---

[67] BRASIL. Ministério da Saúde. *Datasus*. Disponível em: http://tabnet.datasus.gov.br/cgi/dhdat.exe?bd_pni/cpnibr.def.

[68] CASOS de sarampo passam de 10 mil no Brasil, diz Ministério da Saúde. *Notícias UOL*, 10 jan. 2019. Disponível em: https://noticias.uol.com.br/saude/ultimas-noticias/estado/2019/01/10/casos-de-sarampo-passam-de-10-mil-no-brasil-diz-ministerio-da-saude.htm.

[69] MAIS de 140 mil morrem de sarampo no mundo à medida que casos aumentam. *Organização Pan-Americana da Saúde (OPAS) – Brasil*, 6 dez. 2019. Disponível em: https://www.paho.org/bra/index.php?option=com_content&view=article&id=6077:mais-de-140-000-morrem-de-sarampo-a-medida-que-os-casos-aumentam-em-todo-o-mundo&Itemid=820.

[70] REGIÃO das Américas confirma mais de 15 mil casos de sarampo neste ano; OPAS colabora com envio de vacinas. *Organização Pan-Americana da Saúde (OPAS) – Brasil*, 26 dez. 2019. Disponível em: https://www.paho.org/bra/index.php?option=com_content&view=article&id=6083:regiao-das-americas-confirma-mais-de-15-mil-casos-de-sarampo-neste-ano-opas-apoia-envio-de-vacinas&Itemid=812.

[71] U.S. Supreme Court, Jacobson v. Massachusetts, 197 U.S. 11 (1905).

a esse dever. Segundo um estudo do *Public Health Law Program*, a maioria dos estados (34) não permite objeções por motivo de crença filosófica, mas as admite por razões médicas ou religiosas.[72] Nos últimos anos, porém, a queda na cobertura da imunização e a ocorrência de surtos de doenças fizeram acender o alerta em estudiosos do tema e provocaram modificações legislativas para restringir as exceções à obrigatoriedade.[73]

A Califórnia, por exemplo, possuía uma das legislações mais flexíveis nesse assunto, com amplas hipóteses de afastamento da compulsoriedade da vacinação. Porém, em dezembro de 2014, um surto de sarampo teve início depois de uma criança infectada ter visitado um parque de diversões na cidade de Anaheim (o caso ficou conhecido como o "surto da Disneylândia"). A doença atingiu sete estados, além do México e do Canadá. Em junho de 2015, a Califórnia revogou a possibilidade de objeções fundadas em crenças pessoais e passou a ter uma das legislações mais rigorosas do país em termos de vacinação.[74] Dados revelam que a taxa de imunização entre as crianças mais novas aumentou de 92,8%, em 2013, para 95,6%, em 2017.[75] Na mesma linha, um estudo que avaliou inúmeros levantamentos feitos nos Estados Unidos concluiu que (i) leis mais brandas quanto à necessidade de vacinação dão ensejo a um maior número de objeções endereçadas pelos pais; e (ii) locais com maior quantidade de objeções apresentam, em geral, uma taxa de cobertura menor, estando sujeitos a um risco epidemiológico mais elevado.[76]

Na Itália, a vacinação infantil contra determinadas doenças (difteria, tétano, poliomielite e hepatite B) já era obrigatória desde o século passado.[77] Em caso de descumprimento, algumas sanções administrativas poderiam ser aplicadas, como multa. E, por aproximadamente trinta anos, o comprovante de vacinação foi exigido como condição para a matrícula das crianças nas escolas. No entanto, a partir do final da década de 1990, esse cenário foi mudando gradativamente, a começar pela revogação da exigência relativa ao ingresso em instituições de ensino. Em 2001, um novo diploma legal delegou a disciplina da matéria às regiões e províncias autônomas. A partir de então, muitos entes locais decidiram abolir a obrigatoriedade da vacinação e pararam de impor sanções em caso de não adoção da medida.[78]

---

[72] UNITED STATES DEPARTMENT OF HEALTH AND HUMAN SERVICES. Centers for Disease Control and Prevention (CDC). *Public Health Law Program, State school immunization requirements and vaccine exemption laws, 2015 (updated 2017)*. Disponível em: https://www.cdc.gov/phlp/docs/school-vaccinations.pdf.

[73] MALONE, Kevin M.; HINMAN, Alan R. Vaccination mandates: the public health imperative and individual rights. *In*: GOODMAN, Richard A.; HOFFMAN, Richard E.; LOPEZ, Wilfredo; MATTHEWS, Gene W.; ROTHSTEIN, Mark; FOSTER, Karen (Coord.). *Law in Public Health Practice*. New York: Oxford University Press, 2007.

[74] *Senate Bill* nº 277, aprovada em 30.6.2015 (Disponível em: https://leginfo.legislature.ca.gov/faces/billNavClient.xhtml?bill_id=201520160SB277).

[75] LIN II, Rong-Gong. How California got more children vaccinated after the Disneyland measles outbreak. *Los Angeles Times*, 13 Apr. 2017. Disponível em: https://www.latimes.com/local/lanow/la-me-vaccination-explainer-20170413-story.html.

[76] WANG, Eileen; CLYMER, Jessica; DAVIS-HAYES, Cecilia; BUTTENHEIM, Alison. Nonmedical exemptions from school immunization requirements: a systematic review. *American Journal of Public Health*, v. 104, n. 11, p. 62-84, nov. 2014. p. e81.

[77] Difteria (Lei nº 891/1939), tétano (Lei nº 292/1963), poliomielite (Lei nº 51/1966) e hepatite B (Lei nº 165/1991).

[78] CRENNA, Stefano; OSCULATI, Antonio; VISONÀ, Silvia D. Vaccination policy in Italy: an update. *Journal of Public Health Research*, v. 7, n. 3, 2018. p. 130-131. Disponível em: https://www.ncbi.nlm.nih.gov/pmc/articles/PMC6321942/.

O resultado dessa sequência de acontecimentos foi, em primeiro lugar, o surgimento de uma desconfiança na população quanto à segurança das vacinas e, depois, uma queda nos índices de cobertura. A taxa de vacinação contra o sarampo e a rubéola, por exemplo, caiu de 90,4%, em 2013, para 85,3%, em 2015.[79] Em resposta a isso, em 2017, o Governo italiano editou o Decreto-Lei nº 73, com normas urgentes sobre a vacinação, em que constavam: (i) a obrigatoriedade de doze vacinas; (ii) a imposição de sanções aos pais que não observarem o dever de imunizar os filhos; e (iii) a proibição de inscrição de crianças não vacinadas em berçários e jardins de infância. Em 2018, a Corte Constitucional italiana foi instada pela Região do Vêneto a analisar a constitucionalidade desses preceitos, tendo decidido que não violam as liberdades individuais nem a autonomia dos entes locais.[80]

Os exemplos revelam que medidas legislativas mais rigorosas se justificam diante de um cenário de incerteza quanto à adesão espontânea das pessoas à imunização. Nesse quadro, a opção do legislador brasileiro pela obrigatoriedade da vacinação é legítima, por se tratar de providência adequada e necessária à manutenção dos níveis de cobertura que garantem a proteção da saúde da população.

Uma interessante perspectiva se vale de preceitos econômicos para qualificar a imunidade de rebanho como um *bem público puro* e, ao final, demonstrar que é uma questão de justiça exigir que todos contribuam para o seu alcance.[81] Esse tipo de bem é definido como aquele que está disponível de forma indivisível para toda a sociedade. Ou seja: uma vez produzido, pode ser usufruído igualmente por todos. O consumo por um indivíduo não diminui a quantidade ofertada do bem, tampouco afasta o uso simultâneo por outrem. Além disso, não é possível impedir alguém de aproveitar-se do bem público puro.[82] Exemplos clássicos são a segurança nacional e o meio ambiente saudável. Tais características dos bens públicos atraem algumas questões peculiares. Uma delas é o problema do "carona" (*free rider*). Como a produção de um bem público exige a participação de muitas pessoas, os esforços investidos isoladamente por cada indivíduo não são sentidos de forma clara. Por isso, um indivíduo – chamado de "carona" – pode vir a pensar que, independentemente de sua contribuição, o bem público será produzido pelos demais membros da coletividade.[83]

A imunidade coletiva, proporcionada por uma elevada taxa de vacinação, se amolda a essa categoria. Quando determinada porcentagem da população adquire imunidade individual, todos os seus membros passam a desfrutar desse benefício. Ademais, é inviável excluir alguém da proteção alcançada. Por esse motivo, o problema do "carona" incide aqui. Quem não se vacina normalmente considera que não afetará a imunidade de rebanho já conquistada. E sabe que, mesmo não se vacinando, não deixará de usufruir da barreira imunológica que ela propicia. Poderá, portanto,

---

[79] CRENNA, Stefano; OSCULATI, Antonio; VISONÀ, Silvia D. Vaccination policy in Italy: an update. *Journal of Public Health Research*, v. 7, n. 3, 2018. p. 130-131. Disponível em: https://www.ncbi.nlm.nih.gov/pmc/articles/PMC6321942/.

[80] Sentença nº 5 de 2018 (Disponível em: https://www.cortecostituzionale.it/documenti/download/doc/recent_judgments/S_5_2018_EN.pdf).

[81] NAVIN, Mark. Resisting moral permissiveness about vaccine refusal. *Public Affairs Quartely*, v. 27, n. 1, p. 69-85, jan. 2013. p. 76 e ss.

[82] BUCHANAN, James M. *The demand and supply of public goods*. Indianapolis: Liberty Fund, 1999. v. 5. p. 44.

[83] BUCHANAN, James M. *The demand and supply of public goods*. Indianapolis: Liberty Fund, 1999. v. 5. p. 69.

aproveitar as vantagens sem incorrer nos custos (aqui traduzidos, de forma objetiva, como os baixíssimos riscos das vacinas). É certo que, na perspectiva dos adeptos de corrente filosófica incompatível com a vacinação, tais custos também abrangem o próprio sentimento de reprovação da medida sanitária. Além disso, nem sempre a posição de "carona" é adotada por interesses egoísticos, podendo revelar uma manifestação sincera da própria consciência. De toda sorte, essa conduta tem implicação nos padrões de justiça das relações sociais.

Com efeito, como os bens públicos são relevantes para toda a sociedade, é moralmente exigível que todos contribuam para a sua produção. É injusto que alguns se eximam desse dever por circunstâncias pessoais injustificadas,[84] porque, se assim for, haverá o risco real de o bem público não ser produzido. Em outros termos, a depender da quantidade de pessoas que não se vacinarem, a imunidade coletiva estará ameaçada. Como fazer, então, para que todos contribuam? O problema do "carona", segundo teóricos do tema, deve ser resolvido com o recurso a uma *norma estatal obrigatória*, pois, somente assim, pode-se razoavelmente esperar que todos participem da empreitada comum.[85] Tal norma tem o potencial de engajar os membros da comunidade e criar um espírito cooperativo, uma vez que cada um faz a sua parte quando acredita que os outros também farão a deles.[86] Assim, quanto à vacinação, o mais justo é que se repartam entre todos os indivíduos os ônus relacionados à formação e preservação da imunidade coletiva.[87]

Esse fundamento para a vacinação compulsória está intimamente ligado a outro, que também demonstra ser razoável exigir que todos os que não tenham contraindicação médica se vacinem: a *solidariedade* para com aqueles que não podem ser imunizados (art. 3º, I, da CF/1988), seja porque possuem alguma doença ou condição que debilita o seu sistema imunológico, seja porque são jovens ou idosos demais para receberem com segurança certas profilaxias. O respeito pelo bem-estar, saúde e integridade física desse conjunto de indivíduos já expostos a riscos mais intensos impõe que o restante da sociedade faça o possível para que não fiquem ainda mais vulneráveis.[88]

É de se notar, por fim, que a recusa em se vacinar, quando manifestada por uma quantidade tal de pessoas capaz de ameaçar a imunidade coletiva, tem impacto não só sobre o direito à saúde de terceiros. De forma indireta, repercute também sobre outros direitos igualmente tutelados pela Constituição. O surto ou epidemia de uma doença costuma exigir *medidas drásticas* do Poder Público para conter a disseminação do agente nocivo. Tais providências colocam restrições a uma série de direitos fundamentais, como a *liberdade de ir e vir* (com distanciamento social, quarentena e *lockdown*), a *liberdade de exercício profissional e de empresa* (com o fechamento de estabelecimentos

---

[84] No caso da vacinação, ressalvam-se as pessoas que não podem se vacinar devido a uma contraindicação médica, tendo em vista que, nesse caso, o risco à saúde individual é tão elevado que impor a imunização equivaleria a exigir um sacrifício pessoal em prol da coletividade, com a chance real de não se atingir o objetivo desejado com a medida de prevenção.

[85] RAWLS, John. *Uma teoria da justiça*. Tradução de Jussara Simões. 3. ed. São Paulo: M. Fontes, 2008. p. 332.

[86] RAWLS, John. *Uma teoria da justiça*. Tradução de Jussara Simões. 3. ed. São Paulo: M. Fontes, 2008. p. 333.

[87] Excluem-se aqui os que se eximem da vacinação por razões estritamente médicas. Defendendo a tese da repartição equitativa dos ônus da imunidade coletiva, v. GIUBILINI, Alberto. *The ethics of vaccination*. Basingstoke: Springer Nature, 2019. p. 95 e ss.

[88] NAVIN, Mark. Resisting moral permissiveness about vaccine refusal. *Public Affairs Quarterly*, v. 27, n. 1, p. 69-85, jan. 2013. p. 76 e ss.

comerciais, retração da atividade econômica e desemprego em massa), a *privacidade* (pela necessidade de identificação e monitoramento de pessoas infectadas e de pessoas que tiveram contato com um doente) e até mesmo os *direitos políticos* (pela eventual necessidade de adiar eleições). Em situações extremas, é possível cogitar de um cenário de desorganização social, com desabastecimento e prejuízo à prestação de serviços públicos essenciais.

Em suma: não é legítimo, em nome do exercício de um direito individual, frustrar o direito da coletividade, isto é, o direito de cada membro da comunidade de não estar exposto a uma contaminação evitável.

IV.3 O poder familiar não autoriza que os pais, invocando convicção filosófica, coloquem em risco a saúde dos filhos

A presente questão também envolve uma outra tensão de direitos constitucionais: o poder dos pais de criarem seus filhos de acordo com as suas convicções filosóficas e seus valores, de um lado, e a absoluta prioridade que se deve dar aos direitos da criança e do adolescente, também referida com o melhor interesse do menor, de outro. Há quem entenda que os pais, por serem os detentores do poder familiar, têm o direito de conduzir a vida da criança de acordo com as suas próprias crenças e, assim, optar por não a sujeitar a um "processo de adoecimento artificial", que seria extremamente agressivo e comprometeria o "estímulo natural de autodefesa" do corpo.

O deslinde da questão pressupõe que se reconheça que crianças são *seres autônomos*, embora incapazes, e não propriedade dos pais. Nesse sentido, impõe-se a distinção entre a objeção de consciência levantada por um adulto em relação aos tratamentos a que aceita se submeter e, de outro lado, a oposição desse mesmo adulto a uma providência médica essencial à saúde ou à vida de um menor sob sua responsabilidade, que ainda não é capaz de manifestar a própria vontade. Na primeira hipótese, sob determinadas circunstâncias, é possível dar prevalência à autonomia individual do paciente, como expressão da sua dignidade, desde que a decisão não repercuta de forma irrazoável sobre direitos de terceiros.[89] Porém, essa lógica não se aplica quando a decisão não envolva o próprio adulto, mas os direitos fundamentais à saúde e à vida da criança.[90]

É certo que os genitores têm o direito de criar e educar os seus filhos conforme a sua fé e as suas convicções filosóficas, ideológicas e políticas. A liberdade de consciência envolve, sobretudo, o *poder de autodeterminação*, isto é, a capacidade de decidir o próprio destino e o daqueles que estão sob sua responsabilidade legal. Foi, inclusive, a posição que o primeiro coautor manifestou em julgamento recente do Supremo Tribunal Federal, em que se discutiu a constitucionalidade da educação domiciliar (*homeschooling*). Na ocasião, ressaltou-se que "a educação deve levar em conta os valores, concepções e interesses dos pais na criação de seus filhos". Afirmou-se, ainda, que isso se justificava pela pressuposição de que os pais ou responsáveis são mais capazes de saber o que

---

[89] BARROSO, Luís Roberto. Legitimidade da recusa de transfusão de sangue por Testemunhas de Jeová. Dignidade humana, liberdade religiosa e escolhas existenciais. *In*: AZEVEDO, Álvaro Villaça; LIGIERA, Wilson Ricardo (Org.). *Direitos do paciente*. São Paulo: Saraiva, 2012. p. 343-382.

[90] NAVARRO-VALLS, Rafael; MARTÍNEZ-TORRÓN, Javier; JUSDADO, Miguel Angel. La objecion de conciencia a tratamientos medicos: derecho comparado y derecho español. *Revista Persona y Derecho*, n. 18, p. 163-277, 1988. p. 187-188; 263.

é melhor para seus filhos (ainda sem autonomia plena) do que agentes estatais, já que, em princípio, têm um vínculo de amor e cuidado mais forte, e conhecem mais profundamente suas personalidades, interesses e habilidades.[91]

A preferência *prima facie* dos pais sobre o Estado nesse âmbito se funda não só na liberdade individual, mas também nos *direitos à vida privada* e à *intimidade*, que repelem, em linha de princípio, a intervenção estatal do seio familiar. Enquanto o poder parental é exercido no *melhor interesse* da criança, o Estado não tem razão para interferir. Respeitados os direitos fundamentais do menor, os responsáveis têm ampla margem de discricionariedade para traçar os rumos da vida familiar, ditando regras de convívio, alimentação, vestuário etc. Não se discute, por exemplo, que pais veganos possam estender ao filho o hábito de não consumir alimentos de origem animal. Mas, como o poder familiar não é ilimitado, exige-se que eles, ao tomarem essa decisão, assegurem uma nutrição suficiente e adequada ao pleno desenvolvimento das capacidades mentais e motoras da criança. Esse é um exemplo singelo de conciliação entre a liberdade de consciência dos pais e o direito à saúde do menor.

De fato, o poder familiar não autoriza que os pais, em nome da própria convicção filosófica, coloquem em risco a saúde ou a vida do filho. Ainda que acreditem sinceramente que estejam protegendo a criança ao recusarem a vacinação, não é possível fazer prevalecer a sua crença. Em questões relacionadas à saúde e à vida de terceiros, sobretudo de quem não pode manifestar validamente a própria vontade (pessoas qualificadas juridicamente como *incapazes*), o Poder Judiciário não pode se guiar por sentimentos ou concepções pessoais alheias. Deve se orientar pelo *conhecimento científico*, por estudos baseados em *evidências*.[92] E, como visto, as autoridades médicas e sanitárias afirmam, praticamente de forma unânime, que as vacinas são seguras e eficazes, garantindo, ainda, que o risco de efeitos colaterais é muito inferior aos danos provenientes das doenças que elas buscam evitar.

Há uma série de normas, internas e internacionais, que dão respaldo a essa conclusão. O art. 227 da Constituição estabelece que é dever da família assegurar à criança, *com absoluta prioridade*, o direito à vida e à saúde. O art. 229 da CF/1988 dispõe, ainda, que os pais têm o dever de dar assistência aos filhos menores. O art. 196 da Carta, a seu turno, prevê ser dever do Estado criar políticas que visem à redução do risco de doença. Ao lado dessas normas constitucionais, tratados e convenções internacionais autorizam limitações à liberdade de consciência e de crença quando forem necessárias para proteger a saúde pública e os direitos das demais pessoas. É o caso do Pacto de São José da Costa Rica[93] e da Convenção Europeia de Direitos Humanos de 1950.[94] Na Declaração

---

[91] RE nº 888.815. Rel. Min. Luís Roberto Barroso, Rel. p/ acórdão Min. Alexandre de Moraes, j. 6.9.2018.

[92] É possível discutir se o juiz deveria levar em consideração as convicções filosóficas ou a vontade do próprio menor, quando ele já houver atingido certo grau de maturidade. Deixo, porém, de aprofundar a questão, tendo em vista que o caso concreto se refere a uma criança de cinco anos de idade, que, certamente, ainda não é capaz de fazer escolhas existenciais. Além disso, no caso da vacinação, o argumento é o de que nem mesmo adultos poderiam fazer tal opção em relação à sua própria saúde ou vida, haja vista estarem em jogo interesses relevantes de terceiros.

[93] "Artigo 12. Liberdade de consciência e de religião [...] 3. A liberdade de manifestar a própria religião e as próprias crenças está sujeita unicamente às limitações prescritas pela lei e que sejam necessárias para proteger a segurança, a ordem, a saúde ou a moral públicas ou os direitos ou liberdades das demais pessoas".

[94] "Artigo 9. (Liberdade de pensamento, de consciência e de religião) [...] 2. A liberdade de manifestar a sua religião ou convicções, individual ou coletivamente, não pode ser objeto de outras restrições senão as que, previstas na lei, constituírem disposições necessárias, numa sociedade democrática, à segurança pública, à protecção da ordem, da saúde e moral públicas, ou à protecção dos direitos e liberdades de outrem".

sobre a Eliminação de todas as Formas de Intolerância e Discriminação baseadas em Religião ou Crença, a Organização das Nações Unidas alertou que as crenças dos pais e responsáveis não podem prejudicar a saúde física e mental dos filhos.[95] A Convenção sobre os Direitos da Criança, ratificada pelo Brasil por meio do Decreto nº 99.710/1990, garante "o direito da criança de gozar do melhor padrão possível de saúde e dos serviços destinados ao tratamento das doenças e à recuperação da saúde".[96]

Nesse contexto, alguns tribunais estrangeiros já reconheceram a possibilidade de o Poder Judiciário sobrepor-se à vontade dos genitores para proteger a saúde do menor. A Corte Constitucional italiana determinou que uma criança fosse submetida à vacinação contra a poliomielite diante da recusa dos pais em adotar a providência.[97] A Corte Superior de Justiça da Inglaterra e do País de Gales, por sua vez, ordenou a vacinação de uma criança contra a bactéria *haemophilus influenza* tipo B e a doença pneumocócica, a despeito da vontade da mãe, que rechaçara a segurança das imunizações depois de outro filho ter apresentado reações adversas.[98] Um aspecto interessante dessa decisão é que, no Reino Unido, a vacinação não é obrigatória,[99] apesar de ser fortemente incentivada pelo sistema público de saúde.[100] No mesmo sentido, o Conselho Constitucional francês declarou a constitucionalidade de normas do Código de Saúde Pública que estabeleciam a obrigatoriedade de os pais providenciarem a vacinação dos filhos contra a difteria, o tétano e a poliomielite.[101]

Portanto, se a convicção filosófica dos pais colocar em risco o melhor interesse da criança, é este que deve prevalecer. Conclui-se, assim, ser ilegítima a recusa dos pais à vacinação do filho por motivo de convicção filosófica. Nessas circunstâncias, cabe ao Estado-Juiz substituir a vontade dos responsáveis e determinar a imunização, podendo

---

[95] ONU, Declaração sobre a Eliminação de todas as Formas de Intolerância e Discriminação baseadas em Religião ou Crença (Resolução nº 36/55, de 25.11.1981, da Assembleia-Geral da ONU), artigo 5, parágrafo 5: "Practices of a religion or belief in which a child is brought up must not be injurious to his physical or mental health or to his full development, taking into account article 1, paragraph 3, of the present Declaration"; artigo 1, parágrafo 3: "Freedom to manifest one's religion or belief may be subject only to such limitations as are prescribed by law and are necessary to protect public safety, order, health or morals or the fundamental rights and freedoms of others" (em tradução livre: Artigo 5, parágrafo 5. Práticas de uma religião ou crença nas quais uma criança seja criada não devem prejudicar a sua saúde física ou mental ou o seu completo desenvolvimento, levando-se em consideração o artigo 1, parágrafo 3, da presente Declaração. Artigo 1, parágrafo 3. A liberdade de manifestar uma religião ou crença só pode estar sujeita às limitações prescritas em lei que sejam necessárias para proteger a segurança, a ordem, a saúde ou a moral públicas, ou os direitos fundamentais e liberdade de outros).

[96] "Artigo 24. 1. Os Estados Partes reconhecem o direito da criança de gozar do melhor padrão possível de saúde e dos serviços destinados ao tratamento das doenças e à recuperação da saúde. Os Estados Partes envidarão esforços no sentido de assegurar que nenhuma criança se veja privada de seu direito de usufruir desses serviços sanitários".

[97] Corte Costituzionale, Sentenza 132/1992, Giudice relatore Ugo Spagnoli, decisione del 16.3.1992 (Disponível em: https://www.cortecostituzionale.it/actionSchedaPronuncia.do?anno=1992&numero=132#).

[98] High Court of Justice, Re SL (Permission to vaccinate) [2017] EWHC 125 (Fam) (Disponível em: http://www.bailii.org/ew/cases/EWHC/Fam/2017/125.html).

[99] *Public Health (Control of Disease) Act 1984*: "45E Medical treatment (1) Regulations under section 45B or 45C may not include provision requiring a person to undergo medical treatment. (2) 'Medical treatment' includes vaccination and other prophylactic treatment" (em tradução livre: 45E Tratamento médico: (1) A regulamentação da seção 45B ou 45C não deve incluir norma exigindo uma pessoa de submeter-se a tratamento médico. (2) "Tratamento médico" inclui vacinação e outros tratamentos profiláticos).

[100] *Childhood vaccination and the NHS, People's history of the NHS* (Disponível em: https://peopleshistorynhs.org/encyclopaedia/childhood-vaccination-and-the-nhs/).

[101] *Conseil Constitutionnel, Décision nº 2015-458 QPC, 20 mars 2015* (Disponível em: http://www.codices.coe.int/NXT/gateway.dll/CODICES/Full/EUR/FRA/FRA/FRA-2015-1-003?f=templates$fn=document-frameset.htm$q=$uq=$x=$up=1#0-0-0-25837).

se valer, inclusive, da busca e apreensão do menor para assegurar o cumprimento da ordem judicial, nos termos do art. 536, §1º, do Código de Processo Civil.

V Jurisprudência do Supremo Tribunal Federal

Os argumentos aqui desenvolvidos foram apresentados pelo primeiro coautor em seu voto como ministro relator do Recurso Extraordinário com Agravo nº 1.267.879, em que o Supremo Tribunal Federal (STF) analisou a seguinte questão constitucional: saber se os pais podem deixar de vacinar os seus filhos, tendo como fundamento convicções filosóficas, religiosas, morais e existenciais.

No caso concreto, o Ministério Público do Estado de São Paulo (MPSP) havia ajuizado ação civil pública em face dos pais do menor, com o objetivo de obrigá-los a regularizar a vacinação de seu filho. Após sentença de improcedência, o Tribunal de Justiça de São Paulo deu provimento à apelação, para condenar os pais à regularização da vacinação obrigatória do filho, sob pena de suspensão limitada do poder familiar.

Coube ao Supremo Tribunal Federal a análise do recurso extraordinário interposto pelos pais, com fundamento, em especial, na liberdade de consciência e de convicção filosófica e no direito à vida privada, assegurados no art. 5º, VI, VIII e X, da Constituição. Alegavam os genitores que, embora o menor não fosse vacinado, possuía boas condições de saúde, sendo acompanhado por médicos e cuidado nos termos da filosofia vegana, que impede a adoção de tratamentos invasivos.

Por unanimidade, a Corte afirmou a constitucionalidade da obrigatoriedade de imunização de crianças e adolescentes. O julgado apresentou especial relevância no momento em que o Brasil e o mundo estavam vivendo a maior pandemia dos últimos cem anos, a da Covid-19.

Ao final, o Tribunal fixou a seguinte tese de julgamento:

> [É] constitucional a obrigatoriedade de imunização por meio de vacina que, registrada em órgão de vigilância sanitária, (i) tenha sido incluída no Programa Nacional de Imunizações ou (ii) tenha sua aplicação obrigatória determinada em lei ou (iii) seja objeto de determinação da União, Estado, Distrito Federal ou Município, com base em consenso médico-científico. Em tais casos, não se caracteriza violação à liberdade de consciência e de convicção filosófica dos pais ou responsáveis, nem tampouco ao poder familiar.

VI Conclusão

Vacinas são seguras e eficazes. Recusar-se a utilizá-las na prevenção de doenças graves, sem que haja uma contraindicação médica, não só é uma escolha ruim, mas uma decisão contrária à lei e à Constituição no Brasil, sobretudo se tomada pelos pais em relação aos seus filhos menores de idade.

São inúmeros os fundamentos que revelam a legitimidade da vacinação obrigatória e a impossibilidade de os pais escolherem entre vacinar ou não os seus filhos, mesmo quando fundados na liberdade de crença, de consciência e de convicção filosófica: a) o Estado pode, em situações excepcionais, proteger as pessoas mesmo contra a sua vontade (*dignidade como valor comunitário*); b) a vacinação é importante para a proteção de toda a sociedade, não sendo legítimas escolhas individuais que afetem gravemente direitos de terceiros (*necessidade de imunização coletiva*); e c) o poder familiar não autoriza que os pais, invocando convicção filosófica, coloquem em risco a saúde dos filhos (*melhor interesse da criança*).

Ainda que acreditem genuinamente estarem fazendo o melhor pelos seus dependentes, os responsáveis que se omitirem quanto à aplicação de vacinas obrigatórias estarão sujeitos a restrições a direitos e penalidades impostas pelo ordenamento jurídico.

Referências

BARROSO, Luís Roberto. Aqui, lá e em todo lugar: a dignidade humana no direito contemporâneo e no discurso transnacional. *Revista dos Tribunais*, v. 101, n. 919, p. 127-196, maio 2012.

BARROSO, Luís Roberto. Legitimidade da recusa de transfusão de sangue por Testemunhas de Jeová. Dignidade humana, liberdade religiosa e escolhas existenciais. *In*: AZEVEDO, Álvaro Villaça; LIGIERA, Wilson Ricardo (Org.). *Direitos do paciente*. São Paulo: Saraiva, 2012.

BARROSO, Luís Roberto. Revolução tecnológica, crise da democracia e mudança climática: limites do direito num mundo em transformação. *Revista Estudos Institucionais*, v. 5, n. 3, p. 1262-1313, set./dez. 2019.

BARRY, John M. *A grande gripe* – A história da gripe espanhola, a pandemia mais mortal de todos os tempos. Rio de Janeiro: Intrínseca, 2004.

BENCHIMOL, Jaime Larry (Coord.). *Febre amarela* – A doença e a vacina, uma história inacabada. Rio de Janeiro: Editora Fiocruz, 2001.

BRASIL. Ministério da Saúde. *Coberturas vacinais no Brasil* – Período: 2010-2014. Brasília, DF: Ministério da Saúde, out. 2015. Disponível em: https://antigo.saude.gov.br/images/pdf/2017/agosto/17/AACOBERTURAS-VACINAIS-NO-BRASIL---2010-2014.pdf.

BRASIL. Ministério da Saúde. *Manual de vigilância epidemiológica dos eventos adversos pós-vacinação*. Brasília, DF: Ministério da Saúde, 2014. Disponível em: https://bvsms.saude.gov.br/bvs/publicacoes/manual_vigilancia_epidemiologica_eventos_adversos_pos_vacinacao.pdf.

BUCHANAN, James M. *The demand and supply of public goods*. Indianapolis: Liberty Fund, 1999. v. 5.

CANOTILHO, J. J. Gomes; MENDES, Gilmar F.; SARLET, Ingo W.; STRECK, Lenio L. (Coord.). *Comentários à Constituição do Brasil*. São Paulo: Saraiva/Almedina, 2013.

CASOS de sarampo passam de 10 mil no Brasil, diz Ministério da Saúde. *Notícias UOL*, 10 jan. 2019. Disponível em: https://noticias.uol.com.br/saude/ultimas-noticias/estado/2019/01/10/casos-de-sarampo-passam-de-10-mil-no-brasil-diz-ministerio-da-saude.htm.

CHALHOUB, Sidney. *Cidade febril*: cortiços e epidemias na corte imperial. São Paulo: Companhia das Letras, 1996.

CHILDHOOD vaccination and the NHS. *People's history of the NHS*. Disponível em: https://peopleshistorynhs. org/encyclopaedia/childhood-vaccination-and-the-nhs/.

COSTA, Ligia Maria Cantarino da; MERCHAN-HAMAN, Edgar. Pandemias de influenza e a estrutura sanitária brasileira: breve histórico e caracterização dos cenários. *Revista Pan-Amazônica Saúde*, v. 7, n. 1, p. 11-25, 2016.

COSTA, Zouraide Guerra Antunes; ROMANO, Alessandro Pecego Martins; ELKHOURY, Ana Nilce Maia; FLANNERY, Brendan. Evolução histórica da vigilância epidemiológica e do controle da febre amarela no Brasil. *Revista Pan-Amazônica de Saúde*, v. 2, n. 1, p. 11-26, 2011. Disponível em: http://scielo.iec.gov.br/pdf/rpas/v2n1/v2n1a02.pdf.

CRENNA, Stefano; OSCULATI, Antonio; VISONÀ, Silvia D. Vaccination policy in Italy: an update. *Journal of Public Health Research*, v. 7, n. 3, 2018.

DINIZ, Mariana de Oliveira; FERREIRA, Luís Carlos de Souza. Biotecnologia aplicada ao desenvolvimento de vacinas. *Estudos Avançados*, v. 24, n. 70, p. 19-30, 2010. Disponível em: https://www.scielo.br/scielo. php?script=sci_arttext&pid=S0103-40142010000300003.

DONNE, John. *Devotions upon emergent occasions*. Grand Rapids, MI: Christian Classics Ethereal Library, 1624.

FERNANDES, Tania Maria. Vacina antivariólica: seu primeiro século no Brasil (da vacina jenneriana à animal). *História, Ciências, Saúde – Manguinhos*, v. 6, n. 1, p. 29-51, mar./jun. 1999. Disponível em: https://www.scielo.br/scielo.php?script=sci_arttext&pid=S0104-59701999000200002.

GIUBILINI, Alberto. *The ethics of vaccination*. Basingstoke: Springer Nature, 2019.

GOULART, Adriana da Costa. Revisitando a espanhola: a gripe pandêmica de 1918 no Rio de Janeiro. *História, Ciências, Saúde – Manguinhos*, v. 12, n. 1, p. 101-142, jan./abr. 2005.

HAMILTON, Wanda; AZEVEDO, Nara. A febre amarela no Brasil: memórias de um médico da Fundação Rockefeller. *História, Ciência, Saúde – Manguinhos*, v. 5, n. 3, p. 733-754, 1998. Disponível em: https://www.scielo.br/scielo.php?script=sci_arttext&pid=S0104-59701999000100011.

HOCHMAN, Gilberto. Vacinação, varíola e uma cultura da imunização no Brasil. *Ciência & Saúde Coletiva*, v. 16, n. 2, p. 375-386, 2011.

LARSON, Heidi J. *Stuck*: how vaccine rumors start – and why they don't go away. New York: Oxford University Press, 2020.

LIN II, Rong-Gong. How California got more children vaccinated after the Disneyland measles outbreak. *Los Angeles Times*, 13 Apr. 2017. Disponível em: https://www.latimes.com/local/lanow/la-me-vaccination-explainer-20170413-story.html.

MAIS de 140 mil morrem de sarampo no mundo à medida que casos aumentam. *Organização Pan-Americana da Saúde (OPAS) – Brasil*, 6 dez. 2019. Disponível em: https://www.paho.org/bra/index.php?option=com_content&view=article&id=6077:mais-de-140-000-morrem-de-sarampo-a-medida-que-os-casos-aumentam-em-todo-o-mundo&Itemid=820.

MALONE, Kevin M.; HINMAN, Alan R. Vaccination mandates: the public health imperative and individual rights. *In*: GOODMAN, Richard A.; HOFFMAN, Richard E.; LOPEZ, Wilfredo; MATTHEWS, Gene W.; ROTHSTEIN, Mark; FOSTER, Karen (Coord.). *Law in Public Health Practice*. New York: Oxford University Press, 2007.

MESSINA, Ginny. Vegan children and vaccine. *The Vegan RD*, 10 Apr. 2019. Disponível em: https://www.theveganrd.com/2019/04/vegan-children-and-vaccines/.

NAVARRO-VALLS, Rafael; MARTÍNEZ-TORRÓN, Javier; JUSDADO, Miguel Angel. La objecion de conciencia a tratamentos medicos: derecho comparado y derecho español. *Revista Persona y Derecho*, n. 18, p. 163-277, 1988.

NAVIN, Mark. Resisting moral permissiveness about vaccine refusal. *Public Affairs Quartely*, v. 27, n. 1, p. 69-85, jan. 2013.

OFFIT, Paul. Vaccine development, testing, and regulation. *The history of vaccines – An educational resource by The College of Physicians of Philadelphia*, 17 jan. 2018. Disponível em: https://www.historyofvaccines.org/content/articles/vaccine-development-testing-and-regulation.

OLIVEIRA, Monique. Brasil teve 26 mil casos de pólio de 68 a 89, e não registra casos há 30 anos; entenda. *Portal G1*, 5 set. 2018. Disponível em: https://g1.globo.com/bemestar/noticia/brasil-teve-26-mil-casos-de-polio-de-68-a-89-e-nao-registra-casos-ha-30-anos-entenda.ghtml.

PREFEITURA DA CIDADE DO RIO DE JANEIRO. 1904 – Revolta da Vacina. A maior batalha do Rio. *Cadernos da Comunicação*, 2006. Série Memória. Disponível em: http://www.rio.rj.gov.br/dlstatic/10112/4204434/4101424/memoria16.pdf.

RAWLS, John. The idea of overlapping consensus. *Oxford Journal of Legal Studies*, v. 7, n. 1, p. 1-25, 1987.

RAWLS, John. *Uma teoria da justiça*. Tradução de Jussara Simões. 3. ed. São Paulo: M. Fontes, 2008.

REGIÃO das Américas confirma mais de 15 mil casos de sarampo neste ano; OPAS colabora com envio de vacinas. *Organização Pan-Americana da Saúde (OPAS) – Brasil*, 26 dez. 2019. Disponível em: https://www.paho.org/bra/index.php?option=com_content&view=article&id=6083:regiao-das-americas-confirma-mais-de-15-mil-casos-de-sarampo-neste-ano-opas-apoia-envio-de-vacinas&Itemid=812.

RIBEIRO, Lourival. *O Barão de Lavradio e a higiene no Rio de Janeiro Imperial*. Belo Horizonte: Itatiaia, 1992.

RODRIGUEZ MARTINEZ, Marta. How did the Spanish flu pandemic end and what lessons can we learn from a century ago? *Euronews*, 3 jun. 2020. Disponível em: https://www.euronews.com/2020/06/03/how-did-the-spanish-flu-pandemic-end-and-what-lessons-can-we-learn-from-a-century-ago.

SALMON, Daniel A.; DUDLEY, Matthew Z. It is time to get serious about vaccine confidence. *The Lancet*, v. 396, n. 10255, 2020. Disponível em: https://doi.org/10.1016/S0140-6736(20)31603-2.

SÃO PAULO (Estado). Instituto Butantan. *Por dentro da vacina*. Disponível em: http://vacinacovid.butantan. gov.br/assets/arquivos/banner_index/Book%20Vacinacao_leitura.pdf.

SELZNICK, Philip. *The moral commonwealth*: social theory and the promise of Community. Berkeley; Oxford: University of California Press, 1992.

TOBIN, James. The first flu shot. *Heritage Project – University of Michigan*. Disponível em: https://heritage. umich.edu/stories/the-first-flu-shot/.

UNITED STATES DEPARTMENT OF HEALTH AND HUMAN SERVICES. Centers for Disease Control and Prevention (CDC). *Influenza Historic Timeline*. Disponível em: https://www.cdc.gov/flu/pandemic-resources/pandemic-timeline-1930-and-beyond.htm.

UNITED STATES DEPARTMENT OF HEALTH AND HUMAN SERVICES. Centers for Disease Control and Prevention (CDC). *Vaccine Safety* – Overview, history and how it works. Disponível em: https://www.cdc. gov/vaccinesafety/ensuringsafety/history/index.html.

UNITED STATES DEPARTMENT OF HEALTH AND HUMAN SERVICES. Centers for Disease Control and Prevention (CDC). *Public Health Law Program, State school immunization requirements and vaccine exemption laws, 2015 (updated 2017)*. Disponível em: https://www.cdc.gov/phlp/docs/school-vaccinations.pdf.

WANG, Eileen; CLYMER, Jessica; DAVIS-HAYES, Cecilia; BUTTENHEIM, Alison. Nonmedical exemptions from school immunization requirements: a systematic review. *American Journal of Public Health*, v. 104, n. 11, p. 62-84, nov. 2014.

WORLD HEALTH ORGANIZATION. Annex 9 – Guidelines on clinical evaluation of vacines: regulatory expectations. *WHO Technical Report Series*, n. 1004, 2017. Disponível em: https://www.who.int/biologicals/expert_committee/WHO_TRS_1004_web_Annex_9.pdf?ua=1.

WORLD HEALTH ORGANIZATION. *Information Sheet* – Observed rate of vaccine reactions – Polio vaccines, 2014. Disponível em: https://www.who.int/vaccine_safety/initiative/tools/polio_vaccine_rates_information_sheet.pdf.

WORLD HEALTH ORGANIZATION. *Ten threats to the global health in 2019*. Disponível em: https://www. who.int/news-room/spotlight/ten-threats-to-global-health-in-2019.

WORLD HEALTH ORGANIZATION. *Vaccine Safety Communication* – Guide for immunization programme – Managers and national regulatory authorities. 2016. Disponível em: https://apps.who.int/iris/bitstream/handle/10665/208263/9789290617464_eng.pdf?sequence=1&isAllowed=y.

Informação bibliográfica deste texto, conforme a NBR 6023:2018 da Associação Brasileira de Normas Técnicas (ABNT):

BARROSO, Luís Roberto; MOURA, Juliana Florentino de. Legitimidade da vacinação obrigatória: por que os pais não podem se recusar a vacinar os filhos. *In*: RIBEIRO, Paulo Dias de Moura; TOMELIN, Georghio Alessandro; KIM, Richard Pae (Coord.). *Direito humano e fundamental à saúde*: estudos em homenagem ao ministro Enrique Ricardo Lewandowski. Belo Horizonte: Fórum, 2023. p. 29-51. ISBN 978-65-5518-606-2.

REGULAÇÃO SETORIAL E SUPERAÇÃO LEGISLATIVA EM MATÉRIA DE PROTEÇÃO À SAÚDE: REFLEXÕES SOBRE O JULGAMENTO DA ADI Nº 5.779/DF

GILMAR FERREIRA MENDES

VICTOR OLIVEIRA FERNANDES

PAULO SÁVIO NOGUEIRA PEIXOTO MAIA

Introdução

É certo que, se não cabe ao Poder Judiciário formular políticas sociais e econômicas na área da saúde, é sua obrigação verificar se as políticas eleitas pelos órgãos competentes atendem aos ditames constitucionais do acesso universal e igualitário.

Diversas são as hipóteses de conflito entre o cidadão e o Estado que levam à chamada *judicialização do direito à saúde*. Constatando-se a existência de políticas públicas que concretizam esse direito constitucional, cabe ao Poder Judiciário, diante de demandas como as que postulam o fornecimento de medicamentos, identificar quais as razões que levaram a Administração a negar tal prestação.

Pode ocorrer de medicamentos requeridos constarem das listas do Ministério da Saúde, ou de políticas públicas estaduais ou municipais, mas não estarem sendo fornecidos à população por problemas de gestão: há política pública determinando o fornecimento do medicamento requerido, mas, por problemas administrativos do órgão competente, o acesso está interrompido.

Nesses casos, o cidadão, individualmente considerado, não pode ser punido pela ação administrativa ineficaz ou pela omissão do gestor do sistema de saúde em adquirir os fármacos considerados essenciais, em quantidades suficientes para atender à demanda. Não há dúvida de que está configurado um direito subjetivo à prestação de saúde, passível de efetivação por meio do Poder Judiciário.

Em outros casos, pode ser que o Sistema Único de Saúde (SUS) não forneça o medicamento específico que o médico prescreveu, mas disponibilize um similar, trate a mesma patologia com outros fármacos. Configurada tal situação, faz-se necessário o exame das razões que impedem o paciente de utilizar a droga escolhida pelo SUS e, a partir de um critério de ponderação, examinar a razoabilidade do fornecimento requerido.

Há casos em que o tratamento requerido é ainda experimental ou o fármaco não possui registro na Anvisa. Em tais situações, exige-se do Poder Judiciário um cuidado especial na apreciação da matéria, à luz da legislação pertinente,[1] de modo a não sujeitar a coletividade ao custeio de tratamento de eficácia duvidosa e que podem trazer riscos à saúde do paciente.

Questões mais delicadas colocam-se quando, diante da existência de medicamento registrado pela Agência Nacional de Vigilância Sanitária (Anvisa), mas que não consta das listas do SUS, não há nenhum outro tratamento disponível para determinada patologia. Situação semelhante refere-se aos fármacos disponibilizados pelo SUS, só que para patologia diferente da que o cidadão é portador. Enfrenta-se, aqui, a adoção do movimento da "medicina baseada em evidências", adotado pelo Sistema Único de Saúde.

Diversas são as situações que circundam esse tema e que, como é possível notar, muitas vezes demandam a atuação da Suprema Corte, a fim de se garantir a efetiva tutela do direito à saúde. Nessa perspectiva, verifica-se que os contornos dessa garantia constitucional há tempos vêm sendo desenvolvidos em diversos precedentes do tribunal. Relacionam-se estes a diversas espécies de prestações, como fornecimento de medicamentos, suplementos alimentares, órteses e próteses, criação de vagas de UTIs e de leitos hospitalares, contratação de servidores da saúde, realização de cirurgias e exames, custeio de tratamento fora do domicílio e inclusive no exterior, entre outros.

No campo desse debate, faz-se importante mencionar o julgamento da Ação Direta de Inconstitucionalidade nº 5.779/DF,[2] oportunidade em que o Supremo Tribunal Federal (STF) apreciou importante controvérsia constitucional atinente à comercialização de inibidores de apetite não recomendados pela Anvisa.

O presente artigo discorre sobre o tema e investiga os principais aspectos desse relevante julgamento. Em seguida, são levantados os fundamentos acerca da proteção do direito à saúde extraídos da mencionada ação direta para, por fim, concluir que a lei impugnada, ao autorizar a produção de medicamentos anorexígenos, violou o dever de proteção exigido pela dimensão objetiva do direito à saúde.

O tema foi decidido pelo Plenário do Supremo Tribunal Federal em outubro de 2021, quando a Corte, por maioria, julgou totalmente procedente a ação direta, declarando a inconstitucionalidade integral da Lei nº 13.454/2017, que autorizava a produção, a comercialização e o consumo, sob prescrição médica, dos anorexígenos sibutramina, anfepramona, femproporex e mazindol.

A requerente, Confederação Nacional dos Trabalhadores na Saúde (CNTS), argumentava, em síntese, que a referida legislação violava os direitos à vida, à saúde e à segurança, além de ser incompatível com o princípio da separação de poderes e

---

[1] A Lei Federal nº 6.360/1976, ao dispor sobre a Vigilância Sanitária a que ficam sujeitos os medicamentos, as drogas, os insumos farmacêuticos e correlatos, determina, em seu art. 12, que "[n]enhum dos produtos de que trata esta Lei, inclusive os importados, poderá ser industrializado, exposto à venda ou entregue ao consumo antes de registrado no Ministério da Saúde".

[2] BRASIL. Supremo Tribunal Federal. ADI 5779/DF. Rel. Min. Nunes Marques. Rel. p/ Acórdão Min. Edson Fachin. Tribunal Pleno, j. 14.10.2021. *DJe*, 23 fev. 2022.

desrespeitar a reserva de Administração (arts. 2º; 60, §4º, III; e 61, §1º, II, "b", "c" e "e", todos da Constituição Federal).

Nessa conjuntura, ponderava-se que competiria ao chefe do Poder Executivo, por meio da Anvisa, autorizar a produção, a comercialização e o consumo de inibidores de apetite. Ademais, cientificava que a referida agência já havia proposto a retirada do comércio da sibutramina e de outros anorexígenos anfetamínicos, diante da possibilidade de causarem dependência física e psíquica, além de ansiedade, taquicardia e hipertensão arterial. Por fim, indicava-se preocupação com uma possível responsabilização civil dos profissionais da saúde, em razão dos efeitos colaterais desses medicamentos, bem como com a proteção da saúde, da vida e da dignidade dos pacientes.

A peculiaridade do objeto da ação provocou uma influência nada desprezível no modo pelo qual a controvérsia constitucional de fundo foi exposta e enfrentada. Uma vez que a Lei nº 13.454/2017 autorizava a produção, a comercialização e o consumo de medicamentos anorexígenos, e o fazia para contornar a escolha regulatória da Anvisa, a questão constitucional assumiu uma forma de *trade-off*: saber se o Congresso Nacional, no exercício de sua competência legislativa (arts. 24, XII, e 48 da CF), poderia modificar e superar determinada escolha regulatória levada a efeito por agência reguladora em assunto inserido no campo temático desta última.

O problema que ali se colocava revelava-se completamente arredio a soluções categóricas, de índole exclusivamente formal. Os dilemas oriundos da complexa relação entre Poder Legislativo e Estado regulador não se deixam resolver mediante uma simples tomada de posição por um dos lados.

1 Nem reserva de administração, nem primazia do legislador

Das peças que integravam os autos – notadamente a petição inicial –, inquietava o uso do argumento da *reserva de administração*, manejado com a finalidade de justificar a prevalência das decisões da Anvisa no âmbito regulado em análise e, consequentemente, fundamentar a inconstitucionalidade da Lei nº 13.454/2017.

À vista disso, perquiria-se se seria factível articular com o postulado da reserva de administração no direito público brasileiro. Isso deve ser feito com atenção à lição de Ebarhard Schmidt-Aßmann, que devota significativa importância ao método comparado no âmbito administrativo, assentado no pressuposto de que "a forma moderna do direito administrativo é aprender em conjunto".[3]

A teoria do direito público alemão debruçou-se detidamente sobre a assim chamada reserva de administração (*Verwaltungsvorbehalt*). Naquele âmbito, embora não se negue a existência de espaços em que a própria ordem constitucional afetou à Administração Pública a função normativa, há discussões sobre se tal reserva é capaz de subtrair do Poder Legislativo a atribuição primordial de legislar sobre esses temas.

Na doutrina alemã, rejeita-se a ideia de que haveria reservas gerais da administração (*allgemeiner Verwaltungsvorbehalt*). A posição predominante sobre o tema é no sentido de que, mesmo nas matérias reservadas pela Constituição à função normativa do Poder Executivo, existe uma competência geral (*Allzuständigkeit*) do

---

[3] SCHMIDT-AßMANN, Ebarhard. *Dogmática jurídico-administrativa*: um balanço intermédio sobre a evolução, a reforma e as funções futuras. Tradução de António Francisco de Sousa. São Paulo: Saraiva/IDP, 2016. p. 50.

Parlamento, também chamada de direito de acesso do órgão legislativo (*gesetzgeberischen Zugriffsrechts*).

A esse respeito é válido destacar as lições de Theodor Maunz e Günther Dürig, que, nos seus clássicos comentários à *Grundgesetz*, afirmam que "não existe uma reserva geral de administração como o sinônimo de uma área jurisdicional do executivo que é garantida constitucionalmente contra o acesso do parlamento" ("Einen allgemeinen Verwaltungsvorbehalt als Inbegriff eines verfassungskräftig gegen Zugriffe des Parlaments abgesicherten, eigenen Gestaltungsbereichs der Exekutive gibt es deshalb so nicht").

Para os comentaristas, só se pode cogitar de reserva de administração quando o próprio texto constitucional, além de ter atribuído a matéria à função legiferante do Executivo, houver expressamente vedado a intervenção do Parlamento:[4]

> Na medida em que uma reserva de lei não alcança o Executivo, a competência permanece, inicialmente, sendo do Executivo (ou do Judiciário). No entanto, esta competência é apenas um resultado negativo, no sentido em que não é obrigatório atribuir a questão ao legislador parlamentar. A questão pode, contudo, ser decidida pelo legislador, uma vez que o legislador, com base no seu direito de acesso legislativo resultante de virtual competência geral, pode, em princípio, opcionalmente, também legislar para além das áreas constitucionalmente reservadas à lei. Não há, portanto, uma reserva geral de administração como um extrato de uma esfera constitucionalmente válida e autônoma do Executivo, protegida contra o acesso do Parlamento.
>
> A reserva privativa, ou o núcleo essencial, do Executivo apenas existe se a atribuição de matérias próprias ao Executivo se basear em requisitos constitucionais que proíbam o acesso de um legislador que não altere a constituição.
>
> Tais áreas reservadas ao Executivo, protegidas do acesso do legislador, não resultam de uma ausência de atribuição ao Parlamento, nem da atribuição essencial remanescente ao Executivo, uma vez que essa atribuição residual ou subsidiária sozinha não exclui a atuação – facultativa – do legislador.
>
> Consequentemente, a ideia de um núcleo essencial de atuação exclusiva do Executivo não se mantém, de forma genérica.
>
> Na verdade, um núcleo central de atuação exclusiva do Executivo exige uma atribuição constitucional da matéria à competência executiva com um conteúdo que vai para além da simples atribuição no sentido de uma proteção jurídica contra o acesso do legislador.

Outrossim, Christoph Degenhart sustenta que regimes de reserva administrativa gerais seriam incompatíveis com o ordenamento constitucional alemão. O autor propõe que as competências legislativas atribuídas ao Executivo sejam compreendidas como verdadeiras preferências de decisão executiva (*Entscheidungspräferenzen*), cujos limites devem ser avaliados em concreto a partir do exercício mútuo de competências entre os poderes:[5]

---

[4] MAUNZ, Theodor; DÜRIG, Günther *et al. Grundgesetz Kommentar*. 8. ed. Munique: C. H. Beck, 2018. GG Artikel 20, Rn. 127 a 130.

[5] Original: "Ein 'Verwaltungsvorbehalt' im Sinn eines gegenüber den anderen Teilgewalten, insbesondere auch dem 'Zugriff' des Gesetzgebers abgesicherten 'Kernbereichs' an Verwaltungsfunktionen, ist aus dem Grundgesetz nicht zu begründen. Bereichsspezifische Entscheidungspräferenzen zugunsten der Exekutive werden jedoch aus dem rechtsstaatlichen Auftrag der einzelnen Teilgewalten nahegelegt. Sie sind nur bedingt justitiabel" (DEGENHART, Christoph. Der Verwaltungsvorbehalt. *NJW*, 1984).

Uma "reserva administrativa" no sentido de um "núcleo essencial" de funções administrativas protegidas dos demais poderes, em particular também do "acesso" do legislador, não encontra fundamentação na *Grundgesetz*. Preferências de decisão específicas da matéria a favor do Executivo são, no entanto, sugeridas pela ordem democrática da divisão de poderes. Elas são apenas justiciáveis em certas situações.

Ainda na mesma linha, vale destacar as palavras de Luís S. Cabral Moncada, que, ao se debruçar sobre as lições de Ernst-Wolfgang Böckenförde no tocante ao tema, sustenta que uma reserva de administração só se opera em um plano funcional, devendo ser compatibilizada com o princípio da separação de poderes. Reconhece-se, nesse sentido, que o Parlamento dispõe de um verdadeiro direito de acesso (*Zugriffrecht*), que o autoriza ao preenchimento normativo de qualquer matéria, sobretudo quando condicionalismos políticos desequilibram a relação entre o Executivo e o Legislativo:[6]

> É pois num plano funcional que se pode falar numa "reserva" de administração (BÖCKENFÖRDE, Ernst-Wolfgang. *Gesetz und Gesetzgebendegewalt*, 2. ed., 1981, p. 392-394), com um sentido, porém, diferente daquele em que se fala em reserva parlamentar. Não se pretende identificar uma zona de manobra exclusiva do executivo impermeável ao legislador, mas só um âmbito dele próprio, tendo em vista a sua caracterização constitucional. Claro está que o legislador não está impedido de aí entrar e assim sucederá, normalmente, sempre que a relação de confiança política entre o parlamento e o governo não for das melhores. [...] Nada impede, com efeito, do ponto de vista constitucional, que o legislador discipline questões concretas, ou tome partido no domínio das relações especiais de poder que a doutrina tradicional reservava ao executivo, substituindo-se à administração. Tal sucederá sobretudo quando, na presença de certos condicionalismos políticos, o legislador quiser atribuir a tais decisões a autoridade especial que resulta da deliberação parlamentar e que elas não teriam de outra forma. O parlamento dispõe de um *"Zugriffrecht"* que o pode levar a qualquer zona carecida de preenchimento normativo sem que ninguém se possa opor a isso, invocando expectativas ou direitos que lhe não assistem.

Posição semelhante é advogada no direito português, em obra clássica de Nuno Piçarra. O autor defende que não há como definir de forma prévia um espaço de reserva da administração, já que a identificação de reservas específicas, absolutas ou relativas deve ser buscada "a partir de uma concreta ordenação constitucional de competências".[7]

Do quanto proposto, já se faz possível intuir que, para o enfrentamento do problema que se coloca na referida ação direta, não se mostra suficiente apenas proclamar, em favor da Anvisa, um âmbito de atuação institucional absolutamente infenso ao acesso do legislador democrático. Tanto o mais porque a agência reguladora não possui direta previsão constitucional – o que inviabiliza a pretensão de intangibilidade legislativa de suas atribuições.

O perfeito antípoda ao posicionamento da reserva de administração da Anvisa é aquele da *primazia do Poder Legislativo* – e que poderia ter sido desdobrado por meio de outras categorias dogmáticas, como o princípio da preferência da lei. Sob tal perspectiva, o impasse se resolve mediante simples verificação no sentido de precisar se o Congresso Nacional aprovou a lei com apoio em alguma regra de competência legislativa.

---

6 MONCADA, Luís S. Cabral. *Lei e regulamento*. Coimbra: Coimbra Editora, 2002. p. 371.

7 PIÇARRA, Nuno. A reserva de administração (primeira parte). *O Direito*, ano 122, I, jan./mar. 1990. Separata. p. 341.

Representativamente, merece destaque o Parecer da CCJ sobre o PL nº 2.431/2011, aprovado na Reunião de 19.11.2013, e que assim fundamenta a constitucionalidade da matéria ora em análise:[8]

> Trata-se de matéria da competência legislativa da União (CF, art. 24, XII), cabendo ao Congresso Nacional sobre ela dispor (CF, art. 48, *caput*). A iniciativa do ilustre parlamentar é legítima, calcada no que dispõe o artigo 61 da Carta da República, não incidindo, na espécie, quaisquer das reservas à sua iniciativa, com atribuição de poderes exclusivos para tanto ao Presidente da República, aos Tribunais ou ao Ministério Público. Os requisitos constitucionais formais das proposições foram, pois, obedecidos.

A insuficiência dessa posição se revela com facilidade: a atribuição normativa do Congresso Nacional não é exclusivamente demarcada por regras de competência legislativa, como aquelas dos arts. 22, 24 e 48 da Constituição da República. Um exame da "concreta ordenação constitucional de competências" não pode prescindir de um dado: os direitos fundamentais desempenham também papel de relevo no delineamento da competência legislativa – com o direito fundamental à saúde não se dá de modo diverso.

2 A dimensão jurídico-objetiva do direito à saúde como norma de competência negativa: consequências para o exercício da liberdade de conformação do legislador

O conjunto daquilo que é constitucionalmente necessário (obrigatório) e do que é constitucionalmente impossível (proibido) demarca os limites da discricionariedade do legislador; porque, dentro de tais limites, a opção escolhida ou a abstenção de fazer algo são alternativas franqueadas ao Poder Legislativo a título de decisões possíveis. Sugestivamente, Robert Alexy refere-se à discricionariedade do legislador como um "âmbito facultado".[9]

Dessa forma, qualquer investigação acerca da competência do Congresso Nacional revelar-se-á incompleta se desconsiderar o papel que os direitos fundamentais desempenham na demarcação do âmbito facultado ao legislador.

É assente na teoria geral dos direitos fundamentais que estes são, a um só tempo, direitos subjetivos e elementos fundamentais da ordem constitucional objetiva.

Enquanto direitos subjetivos, os direitos fundamentais outorgam aos seus titulares a possibilidade de impor os seus interesses em face dos órgãos obrigados.[10] Nessa concepção, que é a que remonta aos desdobramentos das revoluções liberais do século XVIII, os direitos fundamentais são *direitos de defesa* (*Abwehrrechte*) destinados a proteger determinadas posições subjetivas contra a intervenção do Poder Público, seja pelo (a) não impedimento da prática de determinado ato, seja pela (b) não intervenção em situações subjetivas, seja, finalmente, pela (c) não eliminação de posições jurídicas.[11]

---

[8] BRASIL. Câmara dos Deputados. *Diário da Câmara dos Deputados*, ano LXVIII, n. 209, 26 nov. 2013. p. 55.461.

[9] ALEXY, Robert. *Teoria dos direitos fundamentais*. 2. ed. Tradução de Virgílio Afonso da Silva. São Paulo: Malheiros, 2015. p. 582.

[10] HESSE, Konrad. *Grundzüge des Verfassungsrechts der Bundesrepublik Deutschland*. Heidelberg: C. F. Müller, 1995. p. 112.

[11] MENDES, Gilmar Ferreira; GONET, Paulo Gustavo. *Curso de direito constitucional*. 17. ed. São Paulo: Saraiva, 2022. p. 742-743.

Na sua acepção de elemento da ordem constitucional objetiva, os direitos fundamentais formam a base do ordenamento jurídico de um Estado de direito democrático:[12]

> A concepção que identifica os direitos fundamentais como princípios objetivos legitima a ideia de que o Estado se obriga não apenas a observar os direitos de qualquer indivíduo em face das investidas do Poder Público (*direito fundamental enquanto direito de proteção ou de defesa – Abwehrrecht*) mas também a garantir os direitos fundamentais contra agressão propiciada por terceiros (*Schutzpflicht des Staats*). [...]
> A jurisprudência da Corte Constitucional alemã acabou por consolidar entendimento no sentido de que do significado objetivo dos direitos fundamentais resulta o dever de o Estado não apenas se abster de intervir no âmbito de proteção desses direitos mas também de proteger esses direitos contra a agressão ensejada por atos de terceiros.
> Tal interpretação do *Bundesverfassungsgericht* empresta, sem dúvida, uma nova dimensão aos direitos fundamentais, fazendo com que o Estado evolua da posição de *adversário* (*Gegner*) para uma função de guardião desses direitos (*Grundrechtsfreund oder Grundrechtsgarant*).
> É fácil ver que a ideia de um dever genérico de proteção alicerçado nos direitos fundamentais relativiza sobremaneira a separação entre a ordem constitucional e a ordem legal, permitindo que se reconheça uma irradiação dos efeitos desses direitos (*Austrahlungswirkung*) sobre toda a ordem jurídica.
> Assim, ainda que se não reconheça, em todos os casos, uma pretensão subjetiva contra o Estado, tem-se, inequivocamente, a identificação de um dever deste de tomar todas as providências necessárias para a realização ou concretização dos direitos fundamentais.

É exatamente por obra de sua dimensão objetiva que os direitos fundamentais conformam o âmbito facultado do legislador, erigindo uma competência negativa, consoante pontificam Bodo Pieroth e Bernhard Schlink:[13]

> Por um lado, os direitos fundamentais têm uma função jurídico-objetiva pelo fato de limitarem a margem de atuação e de decisão do Estado. O Estado não pode fazer uso arbitrário das suas competências legislativas, administrativas e jurisdicionais, mas apenas pode fazer o uso que os direitos fundamentais permitem. Estes são limite ou negação das competências do Estado e, nessa medida, normas de competência negativa. [...]
> Não obstante, os direitos fundamentais continuam sendo direitos subjetivos do particular. O que muda é apenas a perspectiva: o que os direitos fundamentais dão ao particular em margem de decisão e de atuação retiram-no ao Estado objetivamente, isto é, independentemente de saber se o particular o invocou ou então apenas o aproveita.

O direito fundamental à saúde se insere nesse marco e a Constituição de 1988 devotou especial significação a essa garantia (arts. 6º, 196 e 200 da CF). A propósito, é o primeiro de nossos textos constitucionais a consagrá-la; os diplomas constitucionais anteriores possuíam apenas disposições esparsas sobre a questão, como a Constituição de 1824, que fazia referência à garantia de "socorros públicos" (art. 179, XXXI).

---

[12] MENDES, Gilmar Ferreira; GONET, Paulo Gustavo. *Curso de direito constitucional*. 17. ed. São Paulo: Saraiva, 2022. p. 748-749.

[13] PIEROTH, Bodo; SCHLINK, Bernhard. *Direitos fundamentais*. Tradução de António Francisco de Sousa. 2. ed. São Paulo: Saraiva, 2019. p. 71.

Nos termos do art. 196 da Constituição Federal de 1988, a saúde aparece como (1) "direito de todos" e (2) "dever do Estado", (3) garantido mediante "políticas sociais e econômicas" (4) "que visem à redução do risco de doenças e de outros agravos", (5) regido pelo princípio do "acesso universal e igualitário" (6) "às ações e serviços para a sua promoção, proteção e recuperação".

Não se faz necessário examinar cada um desses elementos normativos constantes no dispositivo em referência. Para os fins da análise da ADI nº 5.779/DF, basta recobrar que o referido dispositivo da Constituição claramente funciona como sede de direito individual, ao mesmo passo em que dele emana um direito coletivo de proteção à saúde. Não se trata de mera norma programática, que por isso seria incapaz de produzir efeitos, apenas indicando diretrizes a serem observadas pelo Poder Público. Cuida-se de um direito coletivo, assegurado à generalidade das pessoas e cuja concreção demanda políticas públicas.

Nessa senda, como estamos em uma quadra em que o óbvio precisa ser dito, enfatiza-se que tais políticas necessariamente devem visar à redução dos riscos de doenças e outros agravos correlatos, de forma a prestigiar a dimensão preventiva da tutela à saúde. Não se coloca no âmbito de incidência da norma a adoção de políticas que flertem com o "terraplanismo sanitário".

Não há uma discricionariedade técnica, por exemplo, para adotar um meio sabidamente ineficaz para o enfrentamento de uma epidemia. É fora de qualquer dúvida razoável que ao gestor público não assiste a opção de adotar determinada solução para o enfrentamento de um problema sanitário, se, para tanto, está amparado unicamente na compulsão de adular um superior hierárquico.

De outra banda – e à guisa de mera hipótese – também não assistiria ao legislador a prerrogativa de confeccionar diploma normativo pelo qual aprovaria método de tratamento considerado pelo consenso científico, e pelos órgãos de regulação, como ineficaz – tudo isso embalado pela força de *lobby* promovido por segmentos que faturaram (política e economicamente) com uma pandemia.

A propósito, merece destaque o julgamento da ADI nº 6.421 MC, de relatoria do Ministro Roberto Barroso. Na ocasião, foram didaticamente descritas as consequências às quais se sujeitam aqueles gestores que adotam decisões ao arrepio de normas e critérios científicos:[14]

> Direito administrativo. Ações Diretas de Inconstitucionalidade. Responsabilidade civil e administrativa de Agentes Públicos. Atos relacionados à pandemia de COVID-19. Medida Provisória nº 966/2020. Deferimento parcial da cautelar.
>
> 1. Ações diretas de inconstitucionalidade que questionam a limitação da responsabilidade civil e administrativa dos agentes públicos às hipóteses de "erro grosseiro" e de "dolo", com base no art. 28 da Lei de Introdução às Normas do Direito Brasileiro e na Medida Provisória nº 966/2020. Alegação de violação aos arts. 37, §§4º, 5º e 6º da Constituição, ao princípio republicano e ao princípio da probidade e da eficiência administrativa. Exame, em sede cautelar, limitado à MP 966/2020, em relação à qual, efetivamente, se configura o perigo na demora, diante do contexto da pandemia.

---

[14] BRASIL. Supremo Tribunal Federal. ADI 6421 MC/DF. Rel. Min. Roberto Barroso. Tribunal Pleno, j. 21.5.2020. *DJe*, 11 nov. 2020.

2. Decisões administrativas relacionadas à proteção à vida, à saúde e ao meio ambiente devem observar standards, normas e critérios científicos e técnicos, tal como estabelecidos por organizações e entidades internacional e nacionalmente reconhecidas. Precedentes: ADI 4066, Rel. Min. Rosa Weber, j. 24.08.2017; e RE 627189, Rel. Min. Dias Toffoli, j. 08.06.2016. No mesmo sentido, a Lei nº 13.979/2020 (art. 3º, §1º), que dispôs sobre as medidas para o enfrentamento da pandemia de COVID-19, norma já aprovada pelo Congresso Nacional, previu que as medidas de combate à pandemia devem ser determinadas "com base em evidências científicas e em análises sobre as informações estratégicas em saúde".

3. Tais decisões administrativas sujeitam-se, ainda, aos princípios constitucionais da precaução e da prevenção, que impõem juízo de proporcionalidade e a não adoção, a priori, de medidas ou protocolos a respeito dos quais haja dúvida sobre impactos adversos a tais bens jurídicos. Nesse sentido: ADI 5592, Rel. p/ acórdão Min. Edson Fachin, j. 11.02.2019; RE 627189, Rel. Min. Dias Toffoli, j. 08.06.2016.

4. Cautelar parcialmente deferida [...]

Teses: "1. Configura erro grosseiro o ato administrativo que ensejar violação ao direito à vida, à saúde, ao meio ambiente equilibrado ou impactos adversos à economia, por inobservância: (i) de normas e critérios científicos e técnicos; ou (ii) dos princípios constitucionais da precaução e da prevenção. 2. A autoridade a quem compete decidir deve exigir que as opiniões técnicas em que baseará sua decisão tratem expressamente: (i) das normas e critérios científicos e técnicos aplicáveis à matéria, tal como estabelecidos por organizações e entidades internacional e nacionalmente reconhecidas; e (ii) da observância dos princípios constitucionais da precaução e da prevenção, sob pena de se tornarem corresponsáveis por eventuais violações a direitos".

E não poderia ser diferente. Afinal, os direitos fundamentais não contêm somente uma proibição de intervenção (*Eingriffsverbote*), mas expressam também um postulado de proteção (*Schutzgebote*). Haveria, assim, para utilizar uma expressão de Canaris, não apenas uma proibição de excesso (*Übermassverbot*), mas também uma proibição de proteção insuficiente (*Untermassverbot*).[15]

De posse desses fundamentos, conclui-se que a questão a ser resolvida naquela ação direta não passava por uma definição apriorística no sentido de decidir quem seria o senhor da regulação de medicamentos: se a Anvisa ou o Congresso Nacional. O ponto é outro: examinar se a lei impugnada revelava observância ao dever de proteção exigido pela dimensão objetiva do direito à saúde.

3 A submissão do Congresso Nacional ao ônus do regulador em sede de leis-medida

Justamente por não haver fórmulas universais quanto à preponderância da reserva de administração vis-à-vis a primazia do Legislativo, é o contexto institucional que muitas vezes desvenda os espaços de atuação do Poder Legislativo ante a atuação da autoridade reguladora.

No caso presente, o impasse entre a Anvisa e o Congresso Nacional tem início com a aprovação – no âmbito daquela – da Resolução nº 52/2011, que "dispõe sobre a proibição do uso das substâncias anfepramona, femproporex e mazindol e medidas

---

[15] CANARIS, Claus-Wilhelm. Grundrechtswirkungen um Verhältnismässigkeitsprinzip in der richterlichen Anwendung und Fortbildung des Privatsrechts. *JuS*, 1989. p. 161.

de controle da prescrição e dispensação de medicamentos que contenham a substância sibutramina". Na proposta inicial, a sibutramina também seria objeto de proibição, mas por assim ter discordado a Câmara Técnica de Medicamentos da Anvisa, prevaleceu, ao final, a interdição apenas das outras três substâncias.

Salienta-se que referido ato normativo foi exarado pela Anvisa, no cumprimento das suas atribuições legais de "proibir a fabricação, a importação, o armazenamento, a distribuição e a comercialização de produtos e insumos, em caso de violação da legislação pertinente ou de risco iminente à saúde" (art. 7º, inc. XV, da Lei nº 9.782/1999).

Bem depois, o Congresso Nacional aprovou o Decreto Legislativo nº 273/2014, que sustou a Resolução nº 52/2011, com fundamento no art. 49, inc. V, da Constituição Federal.

Da Nota Técnica nº 2/2017, da Anvisa, verifica-se que, após a deliberação do Congresso Nacional, deu-se o seguinte:

> 9. Em decorrência desse Decreto, a Diretoria Colegiada da Anvisa aprovou o novo regulamento técnico referente a anorexígenos no País. A Resolução da Diretoria Colegiada - RDC Nº 50/2014 foi publicada no Diário Oficial da União de 26/09/2014 e normatiza o assunto, eis que, com a publicação do Decreto Legislativo 273/2014, evidenciou-se uma lacuna normativa para amparar o cumprimento do decreto legislativo, ou seja, a não proibição do uso das substâncias anfepramona, femproporex e mazindol.
>
> 10. A RDC Nº 50/2014 prevê que as empresas interessadas em comercializar medicamentos contendo mazindol, femproporex e anfepramona deverão requerer novo registro à Agência. A análise técnica dos pedidos levará em consideração a comprovação de eficácia e segurança dos produtos. [...]
>
> 14. Ressalta-se que os medicamentos com a substância ativa sibutramina continuam como opção terapêutica disponível para a população brasileira, como medicamentos industrializados registrados e manipulados que podem ser produzidos e comercializados por Farmácias de Manipulação. Assim como o registro de medicamentos com as substâncias anfepramona, femproporex, mazindol pode ser solicitado e poderá ser concedido mediante a apresentação de dados que comprovem a eficácia e segurança, conforme Art. 2º da Resolução de Diretoria Colegiada – RDC nº. 50/2017.

De se observar: mesmo com a aquiescência da Anvisa em regulamentar o consumo das substâncias, ainda assim o Congresso Nacional aprovou a Lei nº 13.454/2017, cujo art. 1º é claro em autorizar "a produção, a comercialização e o consumo, sob prescrição médica no modelo B2, dos anorexígenos sibutramina, anfepramona, femproporex e mazindol".

A situação em exame demanda aprofundado debate sobre a legitimidade democrática da atuação das agências reguladoras no contexto das suas relações com o Poder Legislativo.

Como oportunamente mencionado pelo Ministro Edson Fachin naquele julgamento, a despeito da ausência de previsão expressa da maioria das agências reguladoras federais e da própria Anvisa, em particular, o art. 174 do texto constitucional é uma norma-quadro, que consagra entre nós o modelo de intervenção pública lastreado no paradigma do Estado regulador.

Nesse paradigma, as autoridades reguladoras exercem uma verdadeira atuação normativa conjuntural do ambiente regulado. Isso quer dizer que a delegação de poderes normativos a essas entidades vai além de uma simples substituição do legislador.

Em essência, a opção por submeter determinados mercados ao escrutínio regulatório perpassa uma opção política de ressignificar a forma de intervenção pública que se opera.

Como bem destacado pelo Professor Márcio Iório Aranha, o diferencial de um regime jurídico regulatório é que, diferentemente dos demais ambientes não regulados, existe uma nota característica de constante batimento entre resultados esperados e resultados efetivamente alcançados. Nesse sentido, o autor destaca, com clareza:

> o mecanismo regulador se apresenta como um diferencial do regime jurídico regulatório, revelando-o como um conjunto de atuações normativas e administrativas capazes de interagir *pari passu* com os rumos efetivamente detectados no ambiente regulado para redirecioná-lo aos deveres normativos de concretização dos direitos fundamentais.[16]

Ainda nas palavras deste autor, o que diferencia a intervenção regulatória da intervenção legislativa ordinária é que aquela "transparece o conjunto de produções não só normativas, mas administrativas de diuturna reconfiguração do ambiente regulado, como também do formato estatal de ataque aos problemas nele detectados".[17]

Essas particularidades da intervenção pública regulatória há muito geram discussões sobre a legitimidade democrática do Estado regulador. As teorias substantivas da regulação extraem sua legitimidade ora da realização de um interesse público idealizado, ora das interações de grupos de interesse.[18]

Contemporaneamente, no entanto, a explicação jurídica da legitimidade do Estado regulador tem se calcado na afirmação da solidez dos arranjos institucionais e, mais especificamente, na sua forma de instrumentalização administrativa. Ainda que as diversas teorias institucionais recentes tenham suas particularidades, todas elas convergem na noção de que "a composição das instituições e as suas formas de interação, bem como o processo social correlato, moldam de forma significativa os resultados da regulação".[19]

De forma mais específica, há uma importante corrente teórica que desvenda a legitimidade da intervenção regulatória na valorização institucional da conformação jurídica do processo decisório.[20]

Sob essa perspectiva, como ressalta mais uma vez o Professor Mário Iório Aranha, "a teoria jurídico-institucional da regulação parte da própria natureza e da razão de ser do processo decisório das agências reguladoras: trata-se, portanto, do estudo processual da manifestação do poder administrativo".[21]

Nesse sentido, o que torna uma regulação "boa" ou "ruim" não é em si o resultado por ela gerado, mas principalmente a sua concepção institucional. A natureza jurídico-funcional da decisão administrativa pode, por exemplo, refletir valores democráticos por meio da exteriorização do processo via procedimento administrativo apoiado na transparência, na visibilidade, na obtenção de apoio social, na melhoria do conteúdo de

---

[16] ARANHA, Márcio Iório. *Manual de direito regulatório*. London: Laccademia Publishing, 2015. p. 90.

[17] ARANHA, Márcio Iório. *Manual de direito regulatório*. London: Laccademia Publishing, 2015. p. 91.

[18] OGUS, A. *Regulation*: legal form and economic theory. Oxford; Portland, Oregon: Hart Publishing, 2004. p. 29-52.

[19] BALDWIN, R.; CAVE, M.; LODGE, M. *Understanding regulation*. 2. ed. Nova Iorque: Oxford University Press, 2012. p. 55.

[20] CROLEY, S. P. *Regulation and public interests*. New Jersey: Princeton University Press, 2008.

[21] ARANHA, Márcio Iório. *Manual de direito regulatório*. London: Laccademia Publishing, 2015. p. 31.

regulamentações propostas, na antecipação de críticas dos atores sociais e na abertura a críticas da proposta regulatória em si.[22] São essas garantias institucionais em si – e a sua efetiva implementação – que tornam o resultado regulatório democraticamente válido. Não se trata, portanto, de apenas discutir "a *quem* cabe regular?", mas sobretudo de enveredar pela pergunta "*como* se regula?".[23]

É sob esse enfoque, da solidez institucional do processo decisório que desaguou na decisão regulatória, que devem ser apreciadas as discussões sobre a inconstitucionalidade da Lei nº 13.454/2017.

Nessa chave interpretativa, parece crível, então, a argumentação deduzida na já citada Nota Técnica nº 2/2017, da Anvisa, no sentido de que a Lei nº 13.454/2017 provoca o curioso efeito de tornar indisponível a realização de qualquer juízo técnico acerca do registro das substâncias em referência: a lei "provoca um 'congelamento' do registro sanitário desta classe de medicamentos, impossibilitando a atuação preventiva ou corretiva legalmente concedida à Anvisa pela Lei 9.782/1999".

Isso porque – e ao contrário de qualquer sugestão cartorária que do termo possa advir – o registro de medicamento é instrumento fundamental para o exercício do poder de polícia sanitária, e para a regulação do setor em referência. Tal foi bem exposto no voto do Ministro Roberto Barroso na ADI nº 5.501 MC:[24]

> No entanto, o processo de desenvolvimento de substâncias e medicamentos deve estar cercado de máxima cautela, em razão dos perigos envolvidos. Seu consumo pode apresentar riscos à saúde, produzir efeitos colaterais e causar danos ao organismo, em diversos graus de intensidade, dos mais leves aos mais graves e mesmo irreversíveis. Nesse contexto, a exigência de registro sanitário junto à agência competente constitui relevante ferramenta regulatória que garante a proteção da saúde pública, estabelecendo-se uma ponderação entre interesses por vezes conflitantes das empresas farmacêuticas, dos pesquisadores, dos médicos e dos pacientes. Por isso, a atividade de controle e avaliação de pedidos de registro de medicamentos deve ser exercida com grande seriedade e rigor.
>
> O registro sanitário não é, assim, um procedimento meramente burocrático e dispensável, mas processo essencial para a tutela do direito à saúde de toda a coletividade pelo Poder Público. Tendo em vista essa preocupação, o Estado brasileiro, nos termos da Lei nº 9.782/1999, instituiu o sistema nacional de vigilância sanitária e atribuiu à Anvisa, autarquia sob regime especial vinculada ao Ministério da Saúde, a competência para exercer a vigilância sanitária de medicamentos. Pelos mesmos motivos, a Lei nº 6.360/1976 proibiu a industrialização, exposição à venda e entrega ao consumo de qualquer medicamento antes de registrado no Ministério da Saúde (art. 12), bem como previu requisitos específicos para a obtenção do registro, como a comprovação científica e de análise de que o produto seja seguro e eficaz para o uso a que se propõe, e possua a identidade, atividade, qualidade, pureza e inocuidade necessárias (art. 16, II).

Dessa forma, o problema central não se revela na aprovação de uma lei que verse sobre um medicamento; nem no teor concreto do diploma legislativo. Afinal,

---

[22] ARANHA, Márcio Iório. *Manual de direito regulatório*. London: Laccademia Publishing, 2015. p. 32.

[23] Embora se referindo à correção funcional do contexto administração-jurisdição, é essa a tônica de: PEREZ, Marcos Augusto. *Testes de legalidade*: métodos para o amplo controle jurisdicional da discricionariedade administrativa. Belo Horizonte: Fórum, 2020.

[24] BRASIL. Supremo Tribunal Federal. ADI 5501 MC/DF. Rel. Min. Marco Aurélio. Tribunal Pleno, j. 19.5.2016. *DJe*, 31 jul. 2017.

é uma realidade, pelo menos desde a década de 1960, a existência de leis-medida (*Maßnahmengesetz*) ou lei de efeitos concretos, que materialmente se assemelham a atos administrativos.[25] A inconstitucionalidade também não reside na tematização de uma matéria que somente à Anvisa competiria. Na verdade, o dispositivo impugnado revelava-se inconstitucional porque protegia insuficientemente o direito à saúde, previsto no art. 196 da Constituição Federal.

Conclusão

Do estudo da discussão travada no bojo do julgamento da ADI nº 5.779/DF, observa-se que, independentemente do meio utilizado, o fato é que o Congresso Nacional promoveu autêntica regulação – como o fizeram vários municípios brasileiros em passado recente, quando proibiram, por lei, a atividade de transporte remunerado individual de passageiros por aplicativos. O fato de a regulação ser veiculada por lei, tanto naquele caso como neste, não se mostra suficiente para se ensaiar a conclusão de que trataríamos de ato soberano e não de regulação.[26]

Se é regulação, o Congresso precisaria desincumbir-se do ônus do regulador, como pontifica Carlos Ari Sundfeld: justificar a escolha regulatória, "com a análise profunda das alternativas existentes, de seus custos e, ainda, de seus possíveis efeitos positivos e negativos".[27]

No caso, contudo, não foi isso que aconteceu.[28] Em nenhum momento se apresentou alguma evidência quanto à necessidade de modificação, por via de lei ordinária, do

---

[25] Por todos: FORSTHOFF, Ernst. *Lehrbuch des Verwaltungsrecht*. Munique: Beck, 1973. p. 9. A propósito, o Parlamento da Áustria se valeu de leis-medida para o regramento legislativo da pandemia da Covid-19 (ex.: Änderung des Epidemiegesetzes 1950 und des COVID-19-Maßnahmengesetzes, de 28.5.2021, publicada em: *BGBl*, n. 100, 2021).

[26] MARQUES NETO, Floriano de Azevedo; PALMA, Juliana Bonacorsi de. Limites à regulação: liberdade de iniciativa – Caso Uber, STF. *In*: MARQUES NETO, Floriano de Azevedo; MOREIRA, Egon Bockmann; GUERRA, Sérgio (Org.). *Dinâmica da regulação*. 2. ed. Belo Horizonte: Fórum, 2021. p. 31.

[27] SUNDFELD, Carlos Ari. *Direito administrativo para céticos*. São Paulo: Malheiros, 2017. p. 206.

[28] Cf., nesse sentido, o teor da justificativa do PL nº 2.431/2011, que gerou a norma impugnada: "[...] Reafirmamos que a proibição da venda dos inibidores de apetite pode agravar o quadro de saúde da população que sofre com essa perturbação física. Ao invés do veto às drogas o ideal é o uso de critérios rigorosos para controlar a sua venda, da mesma forma que já ocorre com outras substâncias, como os antibióticos, para que no futuro o resultado dessa proibição não venha criar um mercado paralelo que vai expor essas pessoas aos riscos do uso dos remédios sem supervisão. Os que mais sofrerão com este posicionamento da ANVISA serão os próprios doentes, que estarão impedidos de exercerem o direito de fazer sua opção, uma vez que todos têm o direito da livre escolha. Salientamos que este é o primeiro passo para o começo de um tratamento longo e contínuo, com assistência de um profissional na área, para uma vida melhor, o que faz com que muitos retomem a autoestima. Dessa forma, sendo essa proibição injustificável e considerando i) a obesidade como uma doença grave, que atinge a população mais carente; ii) que há segurança na utilização desses medicamentos, comprovada pelos médicos especialistas e pelo Conselho Federal de Medicina e Associação Médica Brasileira; e, ii) que as doenças associadas à obesidade (hipertensão arterial, dislipidemias, diabetes mellitus, doenças cardiovasculares, doenças respiratórias, doenças osteomusculares e doenças psicossociais graves) irão aumentar a prevalência de forma significativa num espaço de tempo curto, levando a um caos no sistema de saúde pública do Brasil; iv) considerando que é, em muitos casos impossível um bom resultado no tratamento da obesidade apenas com dietas e exercícios, por se tratar de uma doença causada por fatores bem mais complexos do que falta de força de vontade. apresentamos este projeto de lei e conclamamos os ilustres Pares desta Câmara dos Deputados a apoiá-lo e aprová-lo" (BRASIL. Câmara dos Deputados. *Projeto de Lei n. 2.431/2011*. Autoriza a produção, a comercialização e o consumo, sob prescrição médica, dos anorexígenos sibutramina, anfepramona, femproporex e mazindol. Disponível em: https://www.camara.leg.br/proposicoesWeb/fichadetramitacao?idPro posicao=522126. Acesso em: 11 mar. 2023).

marco regulatório dos anorexígenos em questão. Enfrentamento tanto mais necessário quando se lembra que as substâncias autorizadas são proibidas em diversos países: (i) a sibutramina foi proibida na Europa, por decisão da Agência Europeia de Medicamentos, desde janeiro de 2010, oportunidade em que o órgão regulatório avaliou que o remédio aumenta o risco de derrame cerebral e enfarte; nos EUA, é comercializada com restrições; (ii) o femproporex não é aprovado nos EUA e foi proibido na Europa em 1999; (iii) o mazindol foi retirado dos mercados dos EUA e da Europa, também em 1999; (iv) a anfepramona, embora vendida nos EUA, não é aprovada na Europa.

Outrossim, se o objetivo da lei impugnada era facilitar o acesso a esses medicamentos por parte de todas as camadas da população, a falha na prognose do legislador fica patente, na medida em que resta absolutamente ausente qualquer menção aos demais medicamentos anorexígenos existentes à época da aprovação da lei-medida de 2017. O juízo sobre a inconstitucionalidade recai não na maneira *como* o legislador examinou os fatos e prognoses, mas, sim, sobre o *que* foi constatado.[29]

Com tais omissões, perpetra-se clara vulneração ao direito à saúde, que, por força do art. 200 da Constituição, tem o seu dever de proteção conduzido de modo institucionalizado, pela via de instrumentos que removem do alcance da população substâncias que causem danos ou riscos à saúde.

A sensibilidade da matéria exige tratamento diferenciado do controle de constitucionalidade, valorando o dever de proteção à saúde em suas três vertentes: (a) dever de proibição (*Verbotspflicht*), consistente no dever de se proibir determinada conduta; (b) dever de segurança (*Sicherheitspflicht*), que impõe ao Estado o dever de proteger o indivíduo contra ataques de terceiros mediante adoção de medidas diversas; (c) dever de evitar riscos (*Risikopflicht*), que autoriza o Estado a atuar com objetivo de evitar riscos para o cidadão em geral mediante a adoção de medidas de proteção ou de prevenção, especialmente em relação ao desenvolvimento técnico ou tecnológico.[30]

À vista disso, a Corte julgou integralmente procedente o pedido formulado pela CNTS para declarar a inconstitucionalidade material da Lei nº 13.545/2017, uma vez que, conforme é possível extrair da ementa desse julgado, seu texto e sua interpretação "conduzem à indevida dispensa do registro sanitário e das demais ações de vigilância sanitária".

Portanto, a partir do exame desse precedente, conclui-se que o Supremo Tribunal Federal mais uma vez cumpriu o seu dever constitucional de garantir a observância dos ditames constitucionais atinentes ao direito à saúde no âmbito da aplicação das políticas eleitas pelos órgãos competentes.

---

[29] OSSHBÜHL, Fritz. Kontrolle von Tatsachenfeststellungen und Prognoseentscheidungen durch das Bundesverfassungsgericht. *In*: STARCK, Christian. *Bundesverfassungsgericht und Grundgesetz*. Tübingen: Mohr, 1976. v. I. p. 458; MENDES, Gilmar Ferreira. Controle de constitucionalidade: hermenêutica constitucional e revisão de fatos e prognoses legislativos pelo órgão judicial. *In*: MENDES, Gilmar Ferreira. *Direitos fundamentais e controle de constitucionalidade*. 3. ed. São Paulo: Saraiva, 2004. p. 479.

[30] RICHTER, Ingo; SCHUPPERT, Gunnar Folke. *Casebook Verfassungsrecht*. 3. ed. Munique: Beck, 1996. p. 35-36.

Referências

ALEXY, Robert. *Teoria dos direitos fundamentais*. 2. ed. Tradução de Virgílio Afonso da Silva. São Paulo: Malheiros, 2015.

ARANHA, Márcio Iório. *Manual de direito regulatório*. London: Laccademia Publishing, 2015.

BALDWIN, R.; CAVE, M.; LODGE, M. *Understanding regulation*. 2. ed. Nova Iorque: Oxford University Press, 2012.

BRASIL. Câmara dos Deputados. *Diário da Câmara dos Deputados*, ano LXVIII, n. 209, 26 nov. 2013.

BRASIL. Câmara dos Deputados. *Projeto de Lei n. 2.431/2011*. Autoriza a produção, a comercialização e o consumo, sob prescrição médica, dos anorexígenos sibutramina, anfepramona, femproporex e mazindol. Disponível em: https://www.camara.leg.br/proposicoesWeb/fichadetramitacao?idProposicao=522126. Acesso em: 11 mar. 2023.

BRASIL. Supremo Tribunal Federal. ADI 5501 MC/DF. Rel. Min. Marco Aurélio. Tribunal Pleno, j. 19.5.2016. *DJe*, 31 jul. 2017.

BRASIL. Supremo Tribunal Federal. ADI 5779/DF. Rel. Min. Nunes Marques. Rel. p/ Acórdão Min. Edson Fachin. Tribunal Pleno, j. 14.10.2021. *DJe*, 23 fev. 2022.

BRASIL. Supremo Tribunal Federal. ADI 6421 MC/DF. Rel. Min. Roberto Barroso. Tribunal Pleno, j. 21.5.2020. *DJe*, 11 nov. 2020.

CANARIS, Claus-Wilhelm. Grundrechtswirkungen um Verhältnismässigkeitsprinzip in der richterlichen Anwendung und Fortbildung des Privatsrechts. *JuS*, 1989.

CROLEY, S. P. *Regulation and public interests*. New Jersey: Princeton University Press, 2008.

DEGENHART, Christoph. Der Verwaltungsvorbehalt. *NJW*, 1984.

FORSTHOFF, Ernst. *Lehrbuch des Verwaltungsrecht*. Munique: Beck, 1973.

HESSE, Konrad. *Grundzüge des Verfassungsrechts der Bundesrepublik Deutschland*. Heidelberg: C. F. Müller, 1995.

MARQUES NETO, Floriano de Azevedo; PALMA, Juliana Bonacorsi de. Limites à regulação: liberdade de iniciativa – Caso Uber, STF. *In*: MARQUES NETO, Floriano de Azevedo; MOREIRA, Egon Bockmann; GUERRA, Sérgio (Org.). *Dinâmica da regulação*. 2. ed. Belo Horizonte: Fórum, 2021.

MAUNZ, Theodor; DÜRIG, Günther *et al. Grundgesetz Kommentar*. 8. ed. Munique: C. H. Beck, 2018.

MENDES, Gilmar Ferreira. Controle de constitucionalidade: hermenêutica constitucional e revisão de fatos e prognoses legislativos pelo órgão judicial. *In*: MENDES, Gilmar Ferreira. *Direitos fundamentais e controle de constitucionalidade*. 3. ed. São Paulo: Saraiva, 2004.

MENDES, Gilmar Ferreira; GONET, Paulo Gustavo. *Curso de direito constitucional*. 17. ed. São Paulo: Saraiva, 2022.

MONCADA, Luís S. Cabral. *Lei e regulamento*. Coimbra: Coimbra Editora, 2002.

OGUS, A. *Regulation*: legal form and economic theory. Oxford; Portland, Oregon: Hart Publishing, 2004.

OSSHBÜHL, Fritz. Kontrolle von Tatsachenfeststellungen und Prognoseentscheidungen durch das Bundesverfassungsgericht. *In*: STARCK, Christian. *Bundesverfassungsgericht und Grundgesetz*. Tübingen: Mohr, 1976. v. I.

PEREZ, Marcos Augusto. *Testes de legalidade*: métodos para o amplo controle jurisdicional da discricionariedade administrativa. Belo Horizonte: Fórum, 2020.

PIÇARRA, Nuno. A reserva de administração (primeira parte). *O Direito*, ano 122, I, jan./mar. 1990.

PIEROTH, Bodo; SCHLINK, Bernhard. *Direitos fundamentais*. Tradução de António Francisco de Sousa. 2. ed. São Paulo: Saraiva, 2019.

RICHTER, Ingo; SCHUPPERT, Gunnar Folke. *Casebook Verfassungsrecht*. 3. ed. Munique: Beck, 1996.

SCHMIDT-AßMANN, Ebarhard. *Dogmática jurídico-administrativa*: um balanço intermédio sobre a evolução, a reforma e as funções futuras. Tradução de António Francisco de Sousa. São Paulo: Saraiva/IDP, 2016.

SUNDFELD, Carlos Ari. *Direito administrativo para céticos*. São Paulo: Malheiros, 2017.

Informação bibliográfica deste texto, conforme a NBR 6023:2018 da Associação Brasileira de Normas Técnicas (ABNT):

MENDES, Gilmar Ferreira; FERNANDES, Victor Oliveira; MAIA, Paulo Sávio Nogueira Peixoto. Regulação setorial e superação legislativa em matéria de proteção à saúde: reflexões sobre o julgamento da ADI nº 5.779/DF. *In*: RIBEIRO, Paulo Dias de Moura; TOMELIN, Georghio Alessandro; KIM, Richard Pae (Coord.). *Direito humano e fundamental à saúde*: estudos em homenagem ao ministro Enrique Ricardo Lewandowski. Belo Horizonte: Fórum, 2023. p. 53-68. ISBN 978-65-5518-606-2.

JUDICIALIZAÇÃO DA SAÚDE NO SUPREMO TRIBUNAL FEDERAL: CONTRIBUIÇÕES DO MINISTRO RICARDO LEWANDOWSKI

JOSÉ ANTONIO DIAS TOFFOLI

CAMILA PLENTZ KONRATH

1 Introdução

Segundo o jurista Dalmo Dallari,[1] que teve profunda influência na formação de nosso homenageado, a concepção original dos três poderes, ainda hoje observada e praticada, encontra-se em descompasso com as exigências e anseios dos tempos atuais. Tendo sido concebida no século XVIII, quando se contava com um Estado mínimo e, por vezes, alheio aos problemas sociais, a lógica de repartição de poderes deve atender, nos dias de hoje, a uma demanda crescente por justiça, com o gradual reconhecimento de direitos fundamentais.

Como consequência disso, o Judiciário passa a ser chamado com frequência para fazer valer os direitos dos cidadãos. Nesse contexto, o Supremo Tribunal Federal, como órgão de cúpula desse poder e guardião da Constituição, tem sido acionado para decidir as questões político-sociais mais sensíveis do país, incluindo aquelas que seriam, tradicionalmente, da arena política. Trata-se do fenômeno da "judicialização do direito constitucional", do qual um dos subconjuntos mais proeminentes é a "judicialização da saúde".

O Poder Judiciário tem sido instado a dirimir em especial conflitos envolvendo a garantia de assistência médica e farmacêutica. Embora a expressão "judicialização do direito constitucional" apresente certa vagueza semântica,[2] parece adequado identificá-la

---

[1] DALLARI, Dalmo de Abreu. *O poder dos juízes*. São Paulo: Saraiva, 1996. p. 109.

[2] SUNDFELD, Carlos Ari *et al*. Controle de constitucionalidade e judicialização: o STF frente à sociedade e aos poderes. *Sociedade Brasileira de Direito Público*, Belo Horizonte, 2010. 93 p. Disponível em: http://www.sbdp.org.br/wp/wp-content/uploads/2018/01/05- controle_de_constitucionalidade_e_judicializacao.pdf.

ao fenômeno que aponta para a expansão de atuação do Poder Judiciário em razão de uma transferência de poder decisório do campo político para o jurídico.[3]

No Brasil, o início desse fenômeno remonta a meados da década de noventa do século passado, quando ativistas da sociedade civil requisitaram, via Justiça, o acesso a medicamentos antirretrovirais. Isso contribuiu para a edição da Lei nº 9.313/1996, que garantiu a distribuição gratuita e universal desses fármacos.

Essa vitória inspirou outros movimentos, e a busca pela intervenção judicial no setor da saúde cresceu vertiginosamente. O fundamento legal para isso está no princípio da dignidade da pessoa humana (art. 5º, CF) e no art. 196 da Constituição Federal de 1988 (CF/88), que dispõe ser a saúde direito de todos e dever do Estado.

Ainda que os dispositivos constitucionais vigessem há mais de oito anos, até então, as reivindicações prestacionais em saúde eram seguidamente negadas.[4]

2 As três fases da evolução jurisprudencial do STF

Balestra Neto[5] aponta três fases distintas da evolução da jurisprudência do Supremo Tribunal Federal (STF) em relação ao direito à saúde.

A primeira delas coincide com o início do fenômeno em todo o Poder Judiciário, iniciando-se justamente na década de noventa, quando o art. 196 da CF/88 era considerado uma norma puramente programática e incapaz de produzir efeitos jurídicos positivos. A partir dessa interpretação, "a jurisprudência majoritariamente se orientou pela impossibilidade de interferência do Poder Judiciário nas políticas públicas de saúde",[6] e teses fazendárias relacionadas à impossibilidade financeira estatal de prestação preponderavam.

A partir de 1997, principalmente no começo da década de dois mil, o art. 196 passou a ser considerado "uma norma constitucional de plena eficácia", inaugurando uma nova fase jurisprudencial – a segunda –, na qual as cortes superiores passaram a considerar o princípio da dignidade da pessoa humana como argumento-chave para a concessão de pleitos em demandas por saúde.

Ilustra-se essa fase da Suprema Corte com o Recurso Extraordinário nº 271.286/RS, que recebeu a seguinte ementa:

---

[3] Esse deslocamento da definição e da implementação de políticas públicas para o Poder Judiciário em substituição ao Poder Executivo é, por vezes, chamado de "ativismo judicial". Especificamente quanto ao tema do ativismo judicial em matéria sanitária e suas consequências, *vide* BARROSO, Luís Roberto. Da falta de efetividade à judicialização excessiva: direito à saúde, fornecimento gratuito de medicamentos e parâmetros para a atuação judicial. *In*: SOUZA NETO, Cláudio Pereira de; SARMENTO, Daniel (Org.). *Direitos sociais*: fundamentos, judicialização e direitos sociais em espécie. Rio de Janeiro: Lumen Juris, 2008. p. 875-903.

[4] Como demonstram Marcos Maselli Gouvêa (GOUVÊA, Marcos Maselli. O direito ao fornecimento estatal de medicamentos. *Revista Forense*, Rio de Janeiro, v. 99, n. 370, p. 103-134, nov./dez. 2003. Disponível em: http://www.egov.ufsc.br/portal/sites/default/files/anexos/15709-15710-1-PB.pdf) e Otávio Balestra Neto (BALESTRA NETO, Otávio. A jurisprudência dos Tribunais superiores e o direito à saúde – Evolução rumo à racionalidade. *Revista de Direito Sanitário*, São Paulo, v. 16, n. 1, mar./jun. 2015. DOI: http://dx.doi.org/10.11606/issn.2316-9044.v16i1p87-111. Disponível em: http://www.revistas.usp.br/rdisan/article/view/100025).

[5] BALESTRA NETO, Otávio. A jurisprudência dos Tribunais superiores e o direito à saúde – Evolução rumo à racionalidade. *Revista de Direito Sanitário*, São Paulo, v. 16, n. 1, mar./jun. 2015. DOI: http://dx.doi.org/10.11606/issn.2316-9044.v16i1p87-111. Disponível em: http://www.revistas.usp.br/rdisan/article/view/100025.

[6] BALESTRA NETO, Otávio. A jurisprudência dos Tribunais superiores e o direito à saúde – Evolução rumo à racionalidade. *Revista de Direito Sanitário*, São Paulo, v. 16, n. 1, mar./jun. 2015. DOI: http://dx.doi.org/10.11606/issn.2316-9044.v16i1p87-111. p. 95. Disponível em: http://www.revistas.usp.br/rdisan/article/view/100025.

PACIENTE COM HIV/AIDS - PESSOA DESTITUÍDA DE RECURSOS FINANCEIROS - DIREITO A VIDA E À SAÚDE - FORNECIMENTO GRATUITO DE MEDICAMENTOS - DEVER CONSTITUCIONAL DO PODER PÚBLICO (CF, ARTS 5º, CAPUT, E 196) - PRECEDENTES (STF) - RECURSO DE AGRAVO IMPROVIDO. O DIREITO À SAÚDE REPRESENTA CONSEQÜÊNCIA CONSTITUCIONAL INDISSOCIÁVEL DO DIREITO À VIDA. - O direito público subjetivo à saúde representa prerrogativa jurídica indisponível assegurada à generalidade das pessoas pela própria Constituição da República (art. 196). Traduz bem jurídico constitucionalmente tutelado, por cuja integridade deve velar, de maneira responsável, o Poder Público, a quem incumbe formular - e implementar - políticas sociais e econômicas idôneas que visem a garantir, aos cidadãos, inclusive àqueles portadores do vírus HIV, o acesso universal e igualitário à assistência farmacêutica e médico-hospitalar.

O direito à saúde - além de qualificar-se como direito fundamental que assiste a todas as pessoas - representa conseqüência constitucional indissociável do direito à vida. O Poder Público, qualquer que seja a esfera institucional de sua atuação no plano da organização federativa brasileira, não pode mostrar-se indiferente ao problema da saúde da população, sob pena de incidir, ainda que por censurável omissão, em grave comportamento inconstitucional. (RE nº 271.286 AgR. Rel. Min. Celso de Mello, Segunda Turma. *DJ*, 24 nov. 2000)

Conforme se observa do voto do relator, Ministro Celso de Mello (em mesmo sentido, *vide* o RE nº 232.335/RS, de mesma relatoria), em que pleiteado tratamento a portadores do vírus HIV, o direito à saúde foi reconhecido como direito público subjetivo, permitindo-se sua tutela por meio de ações individuais.

Nessa fase, os princípios do "mínimo existencial" e da "dignidade da pessoa humana" prevaleceram em detrimento das teses fazendárias e observou-se deferimento em massa de prestações sanitárias pleiteadas judicialmente, incluindo demandas individuais que buscavam medicamentos de última geração da indústria farmacêutica capazes de comprometer, ainda que individualmente considerados, orçamentos inteiros para gasto com saúde de pequenos e médios municípios, por exemplo.

Desde a fase anterior, observou-se o crescimento progressivo e exponencial de demandas judiciais no setor de saúde e, consequentemente, aumento no gasto para atender-lhes. Nessa fase, a concessão de medicamentos e tratamentos pelo Judiciário ocorria, no mais das vezes, mediante simples receituário médico, sem que fosse necessária demonstração de outros requisitos (como prévio atendimento do paciente [autor] na rede pública, laudo ou perícia médicos atestando a necessidade do medicamento, inexistência de terapia alternativa dispensada pelo SUS, comprovação da eficácia e segurança do medicamento etc.).

Os fatores que influenciaram esse fenômeno refogem do objetivo deste artigo, que se restringe a suas consequências no âmbito do Judiciário, notadamente, da Suprema Corte, sob o prisma das decisões nela proferidas ao longo do tempo. No entanto, o crescimento em progressão geométrica das demandas sanitárias e a banalização de pedidos que demandavam por medicamentos ou tratamentos caríssimos, muitos dos quais ainda sem registro na Anvisa e outros tantos não incorporados às políticas públicas alarmou gestores municipais, estaduais e o Ministério da Saúde, que, por meio de suas procuradorias, iniciaram um movimento de conscientização dos juízes, ao trazer para dentro dos processos dados globais – o impacto financeiro – que as determinações judiciais em demandas por "saúde" estavam gerando aos cofres públicos.

Segundo referido autor, a partir de então, o Brasil passou a vivenciar uma terceira fase da interpretação legal do direito à saúde, na qual teve início um movimento que busca "superar a ideia de que o direito à saúde e sua diretriz da integralidade significariam um direito a tudo".[7]

É que o denominado "ativismo judicial", sobretudo tendo em mente o contexto em que as demandas por prestações de saúde eram (e ainda são) eminentemente individuais, escancarou a realocação ou o deslocamento dos recursos orçamentários (escassos e previamente alocados) de políticas públicas para atender à parcela da população.

Sob essa perspectiva, diversos juristas[8] debruçaram-se sobre o tema, na tentativa de demonstrar o equívoco do raciocínio de que o direito à saúde consiste em dar tudo a todos, independentemente de seu custo, da eficácia do tratamento, do prognóstico de melhora etc., apontando as graves consequências disso: justiça comutativa e não distributiva, não consideração dos "grupos esquecidos" etc.

Nessa fase, restou clara a necessária criação de parâmetros para que a atuação judicial conseguisse proteger os direitos constitucionais sem deixar de analisar as limitações existentes a sua garantia. Nesse contexto, foram objeto de discussão medidas para racionalizar a judicialização da saúde.

Sensível a esse quadro fático, o então presidente do Supremo Tribunal Federal (STF), Ministro Gilmar Mendes, convocou e realizou, nos dias 27, 28 e 29 de abril e 4, 6 e 7 de maio de 2009, a Audiência Pública nº 4. Durante esses dias, foram ouvidos cinquenta especialistas, entre advogados, defensores públicos, promotores e procuradores de justiça, magistrados, professores, médicos, técnicos de saúde, gestores e usuários do SUS.

A fala vanguardista do Ministro Gilmar Mendes, na abertura dos trabalhos, não só sintetizou a ideia presente na proposta da audiência como até hoje se revela atual:

---

[7] BALESTRA NETO, Otávio. A jurisprudência dos Tribunais superiores e o direito à saúde – Evolução rumo à racionalidade. *Revista de Direito Sanitário*, São Paulo, v. 16, n. 1, mar./jun. 2015. DOI: http://dx.doi.org/10.11606/issn.2316-9044.v16i1p87-111. p. 102. Disponível em: http://www.revistas.usp.br/rdisan/article/view/100025.

[8] No âmbito judicial, embora não formassem a grande maioria, não faltaram magistrados atentos à necessidade de preenchimento de requisitos mínimos para decisão judicial substituir a administrativa de não fornecimento de determinado medicamento ou tratamento. Ilustrativamente, no Supremo Tribunal Federal, cita-se decisão prolatada pela eminente Ministra Presidente, Ellen Gracie, na Suspensão de Segurança nº 3.736, advinda do Rio Grande do Norte: "1. O Estado do Rio Grande do Norte, com fundamento no art. 4º da Lei 4.348/64, requer a suspensão da execução da liminar concedida pela desembargadora relatora do Mandado de Segurança nº 2006.006795-0 (fls. 31-35), em trâmite no TJ/RN, que determinou àquele ente federado o fornecimento dos medicamentos Mabithera (Rituximabe) + Chop ao impetrante, paciente portador de câncer, nos moldes da prescrição médica. [...] 2. Verifico estar devidamente configurada a lesão à ordem pública, considerada em termos de ordem administrativa, porquanto a execução de decisões como a ora impugnada afeta o já abalado sistema público de saúde. Com efeito, a gestão da política nacional de saúde, que é feita de forma regionalizada, busca uma maior racionalização entre o custo e o benefício dos tratamentos que devem ser fornecidos gratuitamente, a fim de atingir o maior número possível de beneficiários. 3. Ademais, o medicamento solicitado pelo impetrante, além de ser de custo elevado, não consta da lista do Programa de Dispensação de Medicamentos em Caráter Excepcional do Ministério da Saúde, certo, ainda, que o mesmo se encontra em fase de estudos e pesquisas. 4. Constato, também, que o Estado do Rio Grande do Norte não está se recusando a fornecer tratamento ao impetrante. É que, conforme asseverou em suas razões, 'o medicamento requerido é um plus ao tratamento que a parte impetrante já está recebendo' (fl. 14). 5. Finalmente, no presente caso, poderá haver o denominado 'efeito multiplicador' (SS 1.836-AgR/RJ, rel. Min. Carlos Velloso, Plenário, unânime, DJ 11.10.2001), diante da existência de milhares de pessoas em situação potencialmente idêntica àquela do impetrante. 6. Ante o exposto, defiro o pedido para suspender a execução da liminar concedida nos autos do Mandado de Segurança nº 2006.006795-0 (fls. 31-35), em trâmite no Tribunal de Justiça do Estado do Rio Grande do Norte".

Se, por um lado, a atuação do Poder Judiciário é fundamental para o exercício efetivo da cidadania e para a realização do direito social à saúde, por outro, as decisões judiciais têm significado um forte ponto de tensão perante os elaboradores e executores das políticas públicas, que se veem compelidos a garantir prestações de direitos sociais das mais diversas, muitas vezes contrastantes com a política estabelecida pelos governos para a área da saúde e além das possibilidades orçamentárias. A ampliação dos benefícios reconhecidos confronta-se continuamente com a higidez do sistema [...]. Em alguns casos, satisfazer as necessidades das pessoas que estão à sua frente, que têm nome, que têm suas histórias, que têm uma doença grave, que necessitam de um tratamento específico, pode, indiretamente, sacrificar o direito de muitos outros cidadãos, anônimos, sem rosto, mas que dependem igualmente do sistema público de saúde.

Entre os diversos pontos discutidos na audiência, merecem destaque: a responsabilidade dos entes federados no atendimento às demandas judiciais; a obrigação de prescrição realizada por médico vinculado ao SUS; a necessidade de se procurar a Administração Pública antes do sistema de justiça para reivindicação de prestações; a restrição a solicitações judiciais de tratamentos fora das listas oficiais e não registrados na Agência Nacional de Vigilância Sanitária (Anvisa), incluindo os tratamentos experimentais; e as fraudes ao SUS.

Houve consenso no debate relativamente a alguns pontos, notadamente: a legitimidade de atuação do Poder Judiciário em relação às demandas individuais, a necessidade de estabelecimento de parâmetros e critérios para a concessão de medicamentos não abarcados por políticas públicas e a excepcionalidade da concessão por via judicial de tecnologias experimentais ou sem registro na Anvisa.[9]

A partir de então, conclusões alcançadas na audiência pública influenciaram decisões que reafirmaram a jurisprudência do Supremo Tribunal Federal. Entre elas, destacou-se o Agravo Regimental na Suspensão de Tutela Antecipada (STA) nº 175/CE de 2010.

3 Principal marco jurisprudencial da Suprema Corte: STA nº 175/CE

O julgado é desdobramento do caso da jovem Clarice Abreu de Castro Neves, que sofria de uma rara doença neurodegenerativa. Tanto a manutenção quanto a qualidade de sua vida dependiam do medicamento *Zavesca* (*miglustato*), à época, o único apontado como capaz de deter o avanço dessa doença e aliviar seus sintomas e sofrimentos neuropsiquiátricos. Contudo, à época, o medicamento possuía custo mensal de R$52.000,00, algo inimaginável para o orçamento da família.

Não bastasse a barreira financeira, o tratamento através do fármaco não constava dos Protocolos Clínicos e Diretrizes Terapêuticas (PCDT) do SUS, ou seja, não era contemplado pela política farmacêutica da rede pública. E mais: ele nem sequer estava registrado na Agência Nacional de Vigilância Sanitária, estando, portanto, proibida sua comercialização no Brasil.

---

[9] VALLE, Gustavo Henrique Moreira do; CAMARGO, João Marcos Pires. A audiência pública sobre a judicialização da saúde e seus reflexos na jurisprudência do Supremo Tribunal Federal. *Revista de Direito Sanitário*, São Paulo, v. 11, n. 3, nov. 2010/fev. 2011. Disponível em: http://www.revistas.usp.br/rdisan/article/view/13220.

Dessa maneira, a União buscou se esquivar do fornecimento dessa medicação – sendo derrotada em todas as instâncias judiciais. Como recurso final, no agravo regimental em questão, a União tentou, pela última vez, eximir-se de arcar com a medicação, alegando grave lesão à ordem, à economia e à saúde públicas, além de violação do princípio da separação de poderes, uma vez que a pretensão de tratamento interferiria nas normas e regulamentos do SUS.

Ao discorrer sobre o julgamento da STA nº 175/CE, passando por diversas perspectivas envolvidas na questão do direito à saúde, o relator, Ministro Gilmar Mendes, expôs pontos importantes "para a construção de um critério ou parâmetro para a decisão" em matéria de saúde.

Esse julgamento foi paradigmático, sendo um marco jurisprudencial nesta Suprema Corte por diferentes razões, entre as quais, como bem apontaram Davi Lago e Tiago Pavinatto:[10]

(I) *o STF se posicionou sobre a força normativa do direito à saúde na Constituição Federal.* O Ministro Gilmar Mendes, na qualidade de Relator, traçou, com notável êxito e trazendo a melhor doutrina internacional sobre o tema, o efetivo âmbito de proteção do artigo 196 da Carta Magna, norma constitucional do direito à saúde, e da natureza prestacional desse direito, além da necessidade de compatibilização entre o "mínimo existencial" e a "reserva do possível". Mendes destacou as características essenciais dos direitos fundamentais, quais sejam, a proibição de intervenção e o postulado de proteção e, recorrendo à doutrina de Claus-Wilhelm Canaris, ensinou que aos direitos fundamentais se opõem duas proibições: a proibição do excesso e a proibição de proteção insuficiente. Alguns desses direitos fundamentais, discorreu ainda, têm custos públicos, pois "dependem, na sua realização, de providências estatais com vistas à criação e à conformação de órgãos e procedimentos indispensáveis à sua efetivação". Na Constituição brasileira vigente, o direito à saúde é estabelecido como (1) "direito de todos", o que confere a este direito subjetivo público uma dimensão social e individual, e (2) "dever do Estado", ao qual respondem solidariamente União, Estados, Municípios e Distrito Federal, (3) garantido mediante políticas sociais e econômicas (4) que visem à redução do risco de doenças e de outros agravos, (5) regido pelo princípio do "acesso universal e igualitário" (6) "às ações e serviços para a sua promoção, proteção e recuperação". [...]

(II) Em segundo lugar, na STA 175, *o STF estabeleceu parâmetros para a judicialização do direito à saúde no Brasil.* O voto do Ministro Gilmar Mendes contou com os aportes teóricos e factuais apresentados na Audiência Pública sobre o direito à saúde – para estabelecer parâmetros para resolução de feitos relacionados à judicialização da saúde. Vale ressaltar os parâmetros estabelecidos nestes dez anos do juízo: (1) verificação da existência, ou não, de política estatal que abranja a prestação de saúde pleiteada pelo indivíduo: caso a prestação específica não esteja entre as políticas do SUS, mister distinguir se a não prestação decorre de (a) uma omissão legislativa ou administrativa, (b) uma decisão administrativa de não fornecê-la ou (c) uma vedação legal a sua disposição. O problema na negativa prestacional gravita em torno da vedação legal, como, por exemplo, no caso do fornecimento de fármaco sem registro na ANVISA. Todavia, a regra não é absoluta, podendo o medicamento sem registro ser autorizado pela Agência conforme a própria legislação que a criou – Lei nº 9.782/1999 –; (2) alegada inexistência de evidências científicas suficientes de eficácia da ação de saúde: (a) se existir tratamento fornecido pelo SUS, ele deverá ser privilegiado em detrimento de opção diversa escolhida pelo paciente desde que não se

---

[10] LAGO, Davi; PAVINATTO, Tiago. STF e o direito fundamental à saúde: dez anos de um novo olhar sobre o tema. *Estadão.* Disponível em: https://estadodaarte.estadao.com.br/stf-saude-sta-175/. Acesso em: 19 jan. 2023.

comprove a ineficácia ou a impropriedade da política de saúde existente (da mesma maneira, o tratamento alternativo deve ter sua eficácia comprovada); ou (b) inexistindo tratamento, é preciso diferenciar os (b.1) tratamentos experimentais, aos quais o Estado não pode ser condenado a fornecer, dos (b.2) novos tratamentos ainda não testados no Brasil, o que não é incomum em razão de nossa complicada burocracia administrativa que não pode se traduzir em obstáculo ao direito à saúde. [...]

(III) Em terceiro lugar, na STA 175, *o STF acolheu uma concepção unitária dos direitos fundamentais.* A partir dessas verificações, restou pacificado que o Poder Público não poderia mais judicializar a saúde nem suspender ou negar ação de saúde com base no argumento genérico de violação ao princípio da separação de poderes salvo quando dele se exija um tratamento experimental ou quando novos tratamentos ou tratamentos alternativos aos fornecidos pelo SUS sejam comprovadamente ineficazes ou inapropriados. Exsurge também da decisão homenageada o dever de construção de um modelo de cooperação e de coordenação de ações conjuntas por parte dos entes federativos em virtude de sua responsabilidade solidária em matéria de direito à saúde. A decisão em comento também afasta a legitimidade dos argumentos de grave lesão à economia e à saúde públicas e da possibilidade de ensejar efeito multiplicador a partir de precedente negativo, pois a análise de decisões dessa natureza deve ser feita caso a caso. Desse modo, os parâmetros da STA 175 contribuíram para uma compreensão integrada dos direitos fundamentais. [...] Esta linha de compreensão foi acolhida na STA 175, a partir do voto de Gilmar Mendes, quando afirmou que os direitos sociais, assim como os direitos e liberdades individuais, implicam "tanto direitos a prestações em sentido estrito (positivos), quanto direitos de defesa (negativos)", sendo que ambas as dimensões demandam o emprego de recursos públicos.

Esse marco decisório e o conteúdo amealhado na Audiência Pública nº 4 evidenciaram a necessidade de diálogos interinstitucionais para estancar a progressiva judicialização da saúde – notadamente em formato de ações individuais e de seu efeito nefasto para o sistema de saúde.

4 A atuação do CNJ na questão da judicialização da saúde

No âmbito do Poder Judiciário, a Audiência nº 4 e o julgamento da STA nº 175 foram a semente para a criação, no Conselho Nacional de Justiça,[11] de grupo de

---

[11] Órgão do Poder Judiciário, foi criado pela Emenda Constitucional nº 45/2005, com "a elevada função de realizar o controle da atuação administrativa e financeira do Poder Judiciário e verificar o cumprimento dos deveres funcionais dos juízes, possuindo como papel precípuo o de velar pelo aperfeiçoamento da prestação jurisdicional. Constitui um dos objetivos do CNJ o de garantir a precisão no diagnóstico da realidade do Judiciário por meio de pesquisas para levantamento de dados que evidenciem a realidade do Poder Judiciário, de modo a contribuir na elaboração de políticas públicas e diretrizes nacionais. Há quase duas décadas, o Conselho Nacional de Justiça vem atuando para que a prestação jurisdicional seja desempenhada com moralidade, eficiência e efetividade, em benefício da sociedade, sendo um verdadeiro instrumento para o efetivo desenvolvimento do Poder Judiciário. Com isso, o CNJ acaba por servir como mais um mecanismo de efetividade dos direitos fundamentais. Sabe-se que não cabe, prima facie, ao Judiciário a tarefa de efetivar os direitos sociais imiscuindo-se no estabelecimento das políticas públicas do Estado que, em princípio, é tarefa dos Poderes Executivo e Legislativo. No entanto, ele precisa solucionar os casos que lhe são apresentados, mister esse que deve ser conduzido com responsabilidade. Os direitos fundamentais insculpidos na Carta Magna de 1988 institui deveres de condutas ao Estado, dentre eles o de implementação de políticas públicas. Quando os Poderes Legislativo e Executivo descumprem tal propósito, criam pretensões jurídicas relacionadas a esses direitos. Como consequência da omissão dos Poderes Legislativo e Executivo, as ações submetidas ao exame do Poder Judiciário na busca de tutelas que dizem respeito à dimensão prestacional dos direitos fundamentais se multiplicaram nos últimos tempos, notadamente no tocante aos direitos sociais. A omissão dos poderes eleitos em relação à prestação positiva dos direitos sociais tem exigido uma atuação mais ativa do Poder Judiciário, em especial nas demandas que visem à busca pelo

trabalho[12] do qual resultaram diversos instrumentos normativos que estruturaram, ao longo do tempo, uma rede de atuação no Poder Judiciário, com ênfase na interface com outras esferas,[13] para qualificar as decisões judiciais em matéria sanitária e buscar soluções na gestão dessas demandas.

Entre eles, citam-se, por sua importância, a Recomendação nº 31, de 30.3.2010,[14] que traz diretrizes à atuação dos magistrados em demandas de saúde e sugere aos tribunais a celebração de convênios visando à obtenção de apoio técnico especializado e a Resolução CNJ nº 107/2010, por meio da qual foi instituído o Fórum Nacional do Judiciário para Monitoramento e Resolução das Demandas de Assistência à Saúde – Fórum da Saúde, cuja atribuição é elaborar estudos e propor medidas concretas e normativas para o aperfeiçoamento de procedimentos, para o reforço à efetividade dos processos judiciais e à prevenção de novos conflitos na área da saúde pública e suplementar. Composto por magistrados envolvidos com a matéria e personagens dos sistemas de justiça e de saúde, o Fórum Nacional, que atua por meio do Comitê Nacional de Saúde, é voltado a desenvolver estudos, propor, oferecer e incentivar caminhos para a redução da judicialização da saúde e a qualificação dela, quando necessária.

Foi justamente na presidência do Ministro Ricardo Lewandowski, ora homenageado, por meio da Resolução nº 238/2016 CNJ, que se determinou a criação, pelos tribunais de justiça e pelos tribunais regionais federais, de comitês estaduais de saúde,[15] com representação mínima de magistrados de primeiro ou segundo grau,

---

direito à saúde" (JOBIM, Candice Lavocat Galvão; DINIZ, Márcio Bruno Rios. Posições do Conselho Nacional de Justiça sobre o SUS e Saúde Complementar durante a pandemia. *In*: TOFFOLI, José Antonio Dias; CRUZ, Felipe Santa; GODINHO, André (Org.). *Emenda Constitucional nº 45/2004*: 15 anos do novo Poder Judiciário. Brasília: OAB Editora, 2019).

[12] O grupo foi instituído pela Portaria nº 650, de 20.11.2009, e foi responsável por elaborar estudos e propor medidas concretas e normativas para as demandas judiciais envolvendo a assistência à saúde.

[13] Essa interface é feita pela participação heterogênea dos Comitês Nacional e Estaduais da Saúde. O Comitê Nacional, por exemplo, conta com magistrados de primeiro e segundo graus, oriundos da magistratura estadual e federal; membro do Ministério Público; conselheiro do Conselho Nacional do Ministério Público (CNMP); defensor público, médicos consagrados, gestores públicos das três esferas de governo e representantes de agências reguladoras. Formação simétrica há nos comitês estaduais, conforme previsto na Resolução nº 238/2016 do CNJ.

[14] A referida recomendação tem por finalidade orientar os magistrados brasileiros com competência para a análise das questões judiciais que tenham por objeto a saúde pública a adoção de providências relacionadas aos procedimentos tendentes à resolução das demandas de saúde. Destaca-se da Recomendação nº 31 a sugestão aos tribunais de justiça dos estados e aos tribunais regionais federais que celebrem convênios que objetivem disponibilizar apoio técnico composto por médicos e farmacêuticos para auxiliar os magistrados na formação de um juízo de valor quanto à apreciação das questões clínicas apresentadas. Note-se que essa proposta busca auxiliar a magistratura com informação técnica na tomada de decisão. Visando ter uma magistratura mais qualificada no assunto, é importante destacar, ainda, que a Recomendação nº 31 orienta a inclusão do tema de direito sanitário como matéria individualizada no programa de direito administrativo dos respectivos concursos para ingresso na carreira da magistratura.

[15] "Art. 1º Os Tribunais de Justiça e os Tribunais Regionais Federais criarão no âmbito de sua jurisdição Comitê Estadual de Saúde, com representação mínima de Magistrados de Primeiro ou Segundo Grau, Estadual e Federal, gestores da área da saúde (federal, estadual e municipal), e demais participantes do Sistema de Saúde (ANVISA, ANS, CONITEC, quando possível) e de Justiça (Ministério Público Federal e Estadual, Defensoria Pública, Advogados Públicos e um Advogado representante da Seccional da Ordem dos Advogados do Brasil do respectivo Estado), bem como integrante do conselho estadual de saúde que represente os usuários do sistema público de saúde, e um representante dos usuário do sistema suplementar de saúde que deverá ser indicado pela Secretaria Nacional de Defesa do Consumidor por intermédio dos Procons de cada estado. §1º O Comitê Estadual da Saúde terá entre as suas atribuições auxiliar os tribunais na criação de Núcleos de Apoio Técnico do Judiciário (NATJUS), constituído de profissionais da Saúde, para elaborar pareceres acerca da medicina baseada em evidências, observando-se na sua criação o disposto no parágrafo segundo do art. 156 do Código de Processo

estadual e federal, gestores da área da saúde (federal, estadual e municipal), e demais participantes do sistema de saúde (Anvisa, ANS, Conitec, quando possível) e de justiça (Ministério Público Federal e ministérios públicos estaduais, defensoria pública, advocacia pública e um advogado representante da seccional da Ordem dos Advogados do Brasil do respectivo estado), bem como integrante do conselho estadual de saúde que represente os usuários do sistema público de saúde e um representante dos usuário do sistema suplementar de saúde, que deverá ser indicado pela Secretaria Nacional de Defesa do Consumidor por intermédio do Procon de cada estado (art. 1º, *caput*); junto aos quais também deveriam ser criados os núcleos de apoio técnico do Judiciário (NAT-JUS),[16] o que revela a sensibilidade do magistrado para a necessidade de apoio técnico específico para cada caso concreto submetido ao Judiciário.

A medida concretizou, assim, o que a Recomendação nº 31 de 2010 idealizara: qualificar a decisão judicial – e, assim, melhorar a resposta ao cidadão –, por apoio técnico especializado e de modo individualizado.

Desde então, a atuação do Conselho Nacional de Justiça neste tema tem sido marcada pelo constante aprimoramento dos mecanismos que viabilizam o enfrentamento dessa delicada questão no âmbito do Judiciário e tem servido de catalizador de ideias e iniciativas para a atuação dos diversos atores (para além dos magistrados) e esferas que lidam com essas demandas (judiciais e administrativas).

Tratou-se, portanto, de importante passo rumo à "efetivação dos direitos", tema objeto de constante preocupação do Ministro Ricardo Lewandowski, experiente magistrado e gestor. Por mais de uma oportunidade, aliás, Sua Excelência vaticinou: "o século XXI é o século do Poder Judiciário, em que a humanidade, bem como o povo, o homem comum, descobriu que tem direito e quer efetivá-lo".[17]

Civil Brasileiro. §2º Aplicam-se aos Comitês Estaduais de Saúde, naquilo que lhe compete, as mesmas atribuições previstas ao Comitê Executivo Nacional pela Resolução CNJ 107/2010, destacando-se aquela estabelecida no seu inciso IV do artigo 2º, que dispõe sobre a proposição de medidas concretas e normativas voltadas à prevenção de conflitos judiciais e à definição de estratégias nas questões de direito sanitário. [...]".

16 "Art. 1º Os Tribunais de Justiça e os Tribunais Regionais Federais criarão no âmbito de sua jurisdição Comitê Estadual de Saúde, com representação mínima de Magistrados de Primeiro ou Segundo Grau, Estadual e Federal, gestores da área da saúde (federal, estadual e municipal), e demais participantes do Sistema de Saúde (ANVISA, ANS, CONITEC, quando possível) e de Justiça (Ministério Público Federal e Estadual, Defensoria Pública, Advogados Públicos e um Advogado representante da Seccional da Ordem dos Advogados do Brasil do respectivo Estado), bem como integrante do conselho estadual de saúde que represente os usuários do sistema público de saúde, e um representante dos usuário do sistema suplementar de saúde que deverá ser indicado pela Secretaria Nacional de Defesa do Consumidor por intermédio dos Procons de cada estado. §1º O Comitê Estadual da Saúde terá entre as suas atribuições auxiliar os tribunais na criação de Núcleos de Apoio Técnico do Judiciário (NATJUS), constituído de profissionais da Saúde, para elaborar pareceres acerca da medicina baseada em evidências, observando-se na sua criação o disposto no parágrafo segundo do art. 156 do Código de Processo Civil Brasileiro [...] §5º Os Núcleos de Apoio Técnico do Judiciário (NAT-JUS) terão função exclusivamente de apoio técnico não se aplicando às suas atribuições aquelas previstas na Resolução CNJ 125/2010. Art. 2º Os tribunais criarão sítio eletrônico que permita o acesso ao banco de dados com pareceres, notas técnicas e julgados na área da saúde, para consulta pelos Magistrados e demais operadores do Direito, que será criado e mantido por este Conselho Nacional de Justiça. Parágrafo Único. Sem prejuízo do contido no caput deste artigo, cada tribunal poderá manter banco de dados próprio, nos moldes aqui estabelecidos. [...]".

17 A frase foi retirada de fala sua no Conselho Nacional de Justiça, no evento que comemorou os 10 anos da Justiça Restaurativa (Disponível em: https://www.cnj.jus.br/o-seculo-xxi-marca-a-era-dos-direitos-e-do-poder-judiciario-afirma-ricardo-lewandowski/. Acesso em: 25 jan. 2023).

Essa compreensão, reiteradamente repetida pelo magistrado,[18] está exposta em obra por ele sempre citada, *A era dos direitos*, do filósofo e historiador italiano Norberto Bobbio, segundo a qual:

> [N]a era dos direitos, o grande protagonista é, sem dúvida nenhuma, o Poder Judiciário. [...] E a principal atribuição do Poder Judiciário, hoje, no século XXI, muito mais do que resolver problemas intersubjetivos, conflitos interindividuais, é ter o papel fundamental de dar concreção, dar efetividade aos direitos fundamentais, direitos estes compreendidos evidentemente, em suas várias gerações, como patrimônio da humanidade.

Consoante leciona o homenageado:[19]

> [O] século XIX, com o triunfo das revoluções liberais, foi o século do Poder Legislativo, o grande órgão de expressão da vontade do povo. Já no século XX, em função das revoluções e das guerras, o Poder Executivo se tornou o mais apto a enfrentar os grandes desafios da época. Mas o século XXI é o século do Poder Judiciário.

O Ministro Ricardo Lewandowski também destacou que a Constituição de 1988 marcou a profunda transição na democracia, antes representativa e agora participativa. Segundo ele, a Constituição da República, no §1º do art. 1º, assenta que todo o poder emana do povo, devendo ser exercido por representantes eleitos ou diretamente: "Isso significa que o povo brasileiro exerce o poder, participa da gestão da coisa pública, seja nos setores da educação, da cultura, esporte, meio ambiente e, agora, no âmbito do Poder Judiciário".

5 Diálogos interinstitucionais e o Tema nº 793

Os diálogos interinstitucionais, a exemplo dos que ocorrem no Fórum Nacional da Saúde, a partir daí iniciados, têm sido responsáveis pela criação de soluções nessa delicada e difícil área, permitindo resultados muito mais céleres e eficazes do que os alcançáveis unicamente por meio de demandas judiciais, sem o apoio de outros corpos técnicos, como preconizara o Ministro Ricardo Lewandowski ao assumir a Presidência do Conselho Nacional de Justiça:[20]

> Para que nós possamos dar conta desse novo anseio por Justiça, dessa busca pelos direitos fundamentais, é preciso mudar a cultura da magistratura, mudar a cultura dos bacharéis em Direito, parar com essa mentalidade, essa ideia de que todos os conflitos e problemas sociais serão resolvidos mediante o ajuizamento de um processo. Nós precisamos buscar meios alternativos de solução de controvérsias. Nós precisamos buscar não apenas resolver as questões litigiosas que se multiplicam na sociedade por meio de uma decisão judicial,

---

[18] LEWANDOWSKI, Ricardo. Apresentação. *In*: BRASIL. Supremo Tribunal Federal (STF). *Relatório de Atividades 2014*. Brasília: Supremo Tribunal Federal, 2015. p. 6.

[19] Frase retirada de fala sua no Conselho Nacional de Justiça, no evento que comemorou os 10 anos da Justiça Restaurativa (Disponível em: https://www.cnj.jus.br/o-seculo-xxi-marca-a-era-dos-direitos-e-do-poder-judiciario-afirma-ricardo-lewandowski/. Acesso em: 25 jan. 2023).

[20] Disponível em: https://www.cnj.jus.br/o-seculo-xxi-marca-a-era-dos-direitos-e-do-poder-judiciario-afirma-ricardo-lewandowski/.

mas sim buscar formas alternativas, devolvendo para a própria sociedade a solução de seus problemas.

Como visto, os avanços vivenciados no âmbito das prestações de assistência terapêutica em matéria sanitária, a partir da verticalidade das discussões havidas na Suprema Corte (com importante marco na AP nº 4 e na STA nº 175-AGR) e de seus desdobramentos (antes mencionados), devem-se muito à sensibilidade, à experiência e ao pragmatismo do magistrado Ricardo Lewandowski, e foram por ele constantemente honrados em suas manifestações judiciais em momentos cruciais para a sociedade em matéria sanitária.

Em todos os julgamentos da Suprema Corte de que participei e cujo objeto era demanda por tratamentos ou medicamentos, o Ministro Lewandowski sempre sustentou suas conclusões enfocando o ser humano, o cidadão, seu acesso à jurisdição e a necessidade de resposta jurisdicional célere e efetiva, justamente como instrumento de realização da dignidade da pessoa humana e de concretização dos direitos constitucionalmente previstos, sem nunca menoscabar a organização do sistema de saúde e as políticas sanitárias já estabelecidas.

Ilustra-se essa assertiva destacando intervenções suas no julgamento do RE nº 855.178-ED (Tema nº 793) – em que se discutia a "tese da solidariedade"[21] e em que o Ministro Ricardo Lewandowski, apesar de compreender perfeitamente a problemática do alegado desarranjo executivo e financeiro entre os entes federativos que a interpretação do termo estava a gerar no âmbito do SUS, revela sua preocupação precípua com o acesso do jurisdicionado à justiça. *Vide*:

> Senhor Presidente, eu queria dizer rapidamente, concordando, em linhas gerais, com a tese do eminente Ministro Luiz Edson Fachin, que ficou responsável pela elaboração do acórdão.
>
> Eu penso que, pelo menos sob o meu ponto de vista, o grande avanço, a vitória que se teve na votação de ontem, data venia aos entendimentos em contrário, foi reafirmar o princípio da solidariedade, no que diz respeito às prestações relativas à saúde pública. Então, isso me parece que ficou assentado, na verdade, nós reafirmamos a jurisprudência histórica desta Casa.
>
> A ementa ou a tese está muito bem redigida, a meu ver, com muita precisão. Só que eu penso que quando se diz assim, tout court, compete à autoridade judicial direcionar o cumprimento, parece-me que há uma obrigatoriedade e, desde logo, redirecionar o feito para colocar no polo passivo uma das unidades componentes da Federação Brasileira.
>
> Nós sabemos que a solidariedade permite que o credor acione qualquer um dos devedores, independentemente de ordem a sua escolha. Eu penso que nós talvez pudéssemos aperfeiçoar essa proposta de tese, se nós, ao invés de dizer taxativamente que compete, poderíamos dizer: podendo a autoridade judicial direcionar o cumprimento conforme as regras. Ou então dizer o seguinte: compete à autoridade judicial direcionar, quando for o caso, entre vírgulas.
>
> Lembro que, quando intervim na sessão passada na qual se discutia o tema, disse que existem certas obrigações de fazer nas quais é muito difícil, aprioristicamente, distinguir

---

21 Que consistia em saber se "à luz dos arts. 2º e 198 da Constituição Federal, há, ou não, responsabilidade solidária entre os entes federados pela promoção dos atos necessários à concretização do direito à saúde, tais como o fornecimento de medicamentos e o custeio de tratamento médico adequado aos necessitados".

de quem é a responsabilidade, de que ente federativo é a responsabilidade para a prestação, enfim, do serviço correspondente à saúde pública. Então, num acidente grave, por exemplo, num AVC, num enfarte, foram os exemplos que eu dei naquele momento.

Então, se nós taxativamente dissermos aqui – penso que decorre dessa proposta – que compete, desde logo, o redirecionamento, nós estaremos enfraquecendo aquilo que decidimos na sessão anterior, que é justamente o princípio da solidariedade.

Então, eu proporia que nós disséssemos: podendo a autoridade judicial, ou então, quando for o caso. (*DJe*, 16 abr. 2020)

De fato, a preocupação constante com o acesso à justiça e a concretização de direitos por meio do Judiciário permeia a racionalidade das decisões do Ministro Ricardo Lewandowski, especialmente em demandas "por saúde", como restou evidente em suas manifestações no julgamento dos temas de direito à saúde nºs 6,[22] 500[23] e 1.161.[24]

6 Vacinação e a pandemia da Covid-19 (ADI nº 6.586 e ADI nº 6.587)

A atuação do Ministro Ricardo Lewandowski mais marcante em matéria de direito à saúde ocorreu durante a pandemia do vírus SARS-CoV-2. A premência e a abrangência de medidas – administrativas e judiciais – necessárias a estancar os impactos da pandemia, prevenindo o aprofundamento da tragédia já vivida pela sociedade brasileira, que se avizinhava por disputas políticas entre os executivos federal, estaduais e municipais em matéria de medidas sanitárias de enfrentamento à pandemia, revelaram, uma vez mais, a estatura do experiente magistrado, jurista e professor.

Na ocasião, despontou a magnitude de seu conhecimento e de seu senso de responsabilidade, quando, em menos de dois meses, apresentou voto vertical – mas acessível, objetivo e direto –, com as conclusões adequadas e necessárias às dificílimas

---

[22] RE nº 566.471/RN-RG. Questão submetida a julgamento: "Recurso extraordinário em que se discute, à luz dos artigos 2º; 5º; 6º; 196; e 198, §§1º e 2º, da Constituição Federal, a obrigatoriedade, ou não, de o Estado fornecer medicamento de alto custo a portador de doença grave que não possui condições financeiras para comprá-lo. Tema: 'Dever do Estado de fornecer medicamento de alto custo a portador de doença grave que não possui condições financeiras para comprá-lo', com votos proferidos, mas sem tese ainda fixada".

[23] RE nº 657.718/MG-RG. Questão submetida a julgamento: "Recurso extraordinário em que se discute, à luz dos artigos 1º, III; 6º; 23, II; 196; 198, II e §2º; e 204 da Constituição Federal, a possibilidade, ou não, de o Estado ser obrigado a fornecer medicamento não registrado na Agência Nacional de Vigilância Sanitária – ANVISA". Tema: "Dever do Estado de fornecer medicamento não registrado pela ANVISA". Tese fixada: "1. O Estado não pode ser obrigado a fornecer medicamentos experimentais. 2. A ausência de registro na ANVISA impede, como regra geral, o fornecimento de medicamento por decisão judicial. 3. É possível, excepcionalmente, a concessão judicial de medicamento sem registro sanitário, em caso de mora irrazoável da ANVISA em apreciar o pedido (prazo superior ao previsto na Lei nº 13.411/2016), quando preenchidos três requisitos: (i) a existência de pedido de registro do medicamento no Brasil (salvo no caso de medicamentos órfãos para doenças raras e ultrarraras); (ii) a existência de registro do medicamento em renomadas agências de regulação no exterior; e (iii) a inexistência de substituto terapêutico com registro no Brasil. 4. As ações que demandem fornecimento de medicamentos sem registro na ANVISA deverão necessariamente ser propostas em face da União".

[24] RE nº 1.165.959/SP-RG. Questão submetida a julgamento: "Recurso extraordinário em que se discute, à luz dos artigos 196, 197 e 200, I e II, da Constituição da República, o dever do Estado de fornecer medicamento que, embora não possua registro na ANVISA, tem a sua importação autorizada pela agência de vigilância sanitária. Tema: "Dever do Estado de fornecer medicamento que, embora não possua registro na ANVISA, tem a sua importação autorizada pela agência de vigilância sanitária". Tese fixada: "Cabe ao Estado fornecer, em termos excepcionais, medicamento que, embora não possua registro na ANVISA, tem a sua importação autorizada pela agência de vigilância sanitária, desde que comprovada a incapacidade econômica do paciente, a imprescindibilidade clínica do tratamento, e a impossibilidade de substituição por outro similar constante das listas oficiais de dispensação de medicamentos e os protocolos de intervenção terapêutica do SUS".

questões postas: definir i) se eram constitucionais as regras recém editadas na Lei nº 13.979/2020 quanto à vacinação obrigatória, bem como ii) a qual ou quais entes federativos competiam as medidas lá previstas.

O Ministro Ricardo Lewandowski foi sorteado relator de duas ações de controle concentrado de constitucionalidade – ADI nº 6.586 e ADI nº 6.587 –, as quais tinham um núcleo temático comum: a alínea "d" do inc. II do art. 3º da Lei nº 13.979/2020, que dispunha sobre a chamada "vacinação obrigatória" (entre as medidas de enfrentamento da emergência de saúde pública de importância internacional decorrente do coronavírus).

Na primeira ação, ajuizada pelo Partido Democrático Trabalhista (PDT), o pedido era de atribuição ao art. 3º, inc. III, alínea "d", da Lei nº 13.979/2020, de interpretação conforme os arts. 6º, 22, 23, 24, 26, 30, 196 e 198 da Constituição da República, de modo a se fixar exegese segundo a qual

> compete aos Estados e Municípios determinar a realização compulsória de vacinação e outras medidas profiláticas no combate à pandemia da COVID-19 (art. 3º, III, "d", Lei nº 13.979/2020), desde que as medidas adotadas, amparadas em evidências científicas, acarretem maior proteção ao bem jurídico transindividual". Nela, pugnava-se pelo afastamento da "interpretação de que a autoridade competente para dispor acerca da compulsoriedade da imunização seria exclusivamente o Ministério da Saúde, sem qualquer atuação supletiva dos gestores locais.

Já na ADI nº 6.587, proposta pelo Partido Trabalhista Brasileiro (PTB), o pedido deduzido era de declaração de inconstitucionalidade do art. 3º, inc. III, alínea "d", da Lei nº 13.979/2020 (vacinação obrigatória), por "colocar em grave risco a vida, a liberdade individual dos indivíduos e a saúde pública da coletividade". Sucessivamente, pleiteava-se interpretação conforme à Constituição,

> de modo a evitar que a vacinação seja compulsória, em especial considerando que neste momento inicial inexiste segurança quanto aos efeitos colaterais das vacinas e nem certeza quanto à sua eficácia contra o COVID-19, já que assumidamente diversas etapas obrigatórias para a segurança de vacinas deixaram de ser realizadas.

Sustentou-se que a vacinação compulsória para a Covid-19 era incompatível com a preservação da vida e da saúde da população, ao argumento de carecerem as vacinas, até o momento anunciadas, de comprovação quanto a sua eficácia e segurança. Aduziu-se, no ponto, "diante desse cenário de insegurança, que pode colocar não só a saúde, mas a própria vida em risco, é imperioso que a vacinação seja facultativa, e não compulsória, como determina o dispositivo legal arguido". Por fim, alegou-se, em síntese, que "a Constituição assegura aos indivíduos o direito à liberdade individual, possibilitando-os escolher o que fazer ou o que deixar de fazer", concluindo-se afrontados os arts. 1º, III, 5º, *caput*, 6º e 196 da Constituição da República.

Os pedidos deduzidos oriundos de partidos políticos em antagonismo (que fiz questão de transcrever parcialmente) dão o tom do que estava em jogo na República. Para sorte da população brasileira e de nossa Suprema Corte, tínhamos Ricardo Lewandowski na relatoria destes feitos.

Em seu voto,[25] após historiar brevemente como chegamos, no Brasil, à vacinação obrigatória (passando por Oswaldo Cruz, a Revolta da Vacina etc.) e exaltar nosso Plano Nacional de Imunizações (PNI), implantado em 18.9.1973 (cuja disciplina legal contempla a "compulsoriedade" e é considerado exemplar por autoridades sanitárias de todo o mundo, jamais tendo sido objeto de contestações judiciais significativas), o Ministro Ricardo Lewandowski diferenciou com maestria "vacinação obrigatória" de "vacinação forçada", passando pelo necessário filtro principiológico da dignidade da pessoa humana. *Vide*:

> *Valores fundamentais em jogo*
>
> Atualmente, não pairam dúvidas acerca do alcance de duas garantias essenciais asseguradas às pessoas: a intangibilidade do corpo humano e a inviolabilidade do domicílio. Tais franquias, bem sopesadas, por si sós, já excluem, completamente, a possibilidade de que alguém possa ser compelido a tomar uma vacina à força, contra a sua vontade, *manu militari*, no jargão jurídico. Isso porque elas decorrem, assim como outros direitos e liberdades fundamentais, do necessário e incontornável respeito à dignidade humana, que constitui um dos fundamentos da República Federativa do Brasil, a teor do art. 1º, III, da Constituição de 1988.
>
> A dignidade humana, segundo ensina José Afonso da Silva: "[...] não é apenas um princípio da ordem jurídica, mas o é também da ordem política, social, econômica e cultural. Daí sua natureza de valor supremo, porque está na base de toda a vida nacional". Ainda na lição do renomado mestre, a Lei Fundamental da Alemanha foi o primeiro ordenamento jurídico a abrigar tal postulado como valor basilar. Isso porque a ordem jurídica pretérita, por ela derrogada, deu ensejo a que fossem perpetrados gravíssimos delitos contra a humanidade, sob o pretexto de atender a razões de Estado.
>
> No caso brasileiro, os conhecidos abusos e crimes cometidos contra cidadãos e estrangeiros durante o regime de exceção, que durou aproximadamente 21 anos, a saber, de 1964 a 1985, ensejaram a inclusão do valor dignidade humana logo no artigo vestibular da denominada "Constituição-Cidadã" como um dos pilares de nosso regime republicano e democrático que ela institui e consagra.
>
> De acordo com o Ministro Alexandre de Moraes, que enfrentou a temática em sede acadêmica:
>
> "A dignidade da pessoa humana é um valor espiritual e moral inerente a pessoa, que se manifesta singularmente na autodeterminação consciente e responsável da própria vida e que traz consigo a pretensão ao respeito por parte das demais pessoas, que constituindo-se um mínimo invulnerável que todo estatuto jurídico *deve assegurar*, de modo que, somente excepcionalmente, possam ser feitas limitações ao exercício dos direitos fundamentais, mas sempre sem menosprezar a necessária estima que merecem todas as pessoas enquanto seres humanos. O direito à vida privada, à intimidade, à honra, à imagem, dentre outros, aparecem como consequência imediata da consagração da dignidade da pessoa humana como fundamento da República Federativa do Brasil" (mantidos os grifos originais). [...]
>
> Com efeito, a partir das incontáveis barbáries cometidas em nome do Estado, em especial no século passado, indelevelmente tisnado por dois terríveis conflitos mundiais, que resultaram em dezenas de milhões de pessoas mortas, feridas, mutiladas e desenraizadas de seus locais de origem, a comunidade internacional encetou um esforço hercúleo para elevar o princípio da dignidade humana à estatura de um paradigma universal a ser observado por todos os países civilizados.

---

[25] ADI nº 6.586 e ADI nº 6.587. Rel. Min. Ricardo Lewandowski, Tribunal Pleno. *DJe*, 7 abr. 2021.

O Preâmbulo da Carta da Organização das Nações Unidas, adotada em 26 de junho de 1945, nessa linha, significativamente anuncia que os povos congregados em torno da criação dessa nova entidade, "resolvidos a preservar as gerações vindouras do flagelo da guerra, que por duas vezes, no espaço da nossa vida, trouxe sofrimentos indizíveis à humanidade, e a reafirmar a fé nos direitos fundamentais do homem, na dignidade e no valor do ser humano [...]", decidiram conjugar seus esforços para a "consecução desses objetivos".

Assim, passou-se a compreender a dignidade humana como um verdadeiro sobreprincípio, concebido para inspirar a convivência pacífica e civilizada entre as pessoas de todo o mundo e, mais precisamente, para impor limites à atuação do Estado e de seus agentes, cujo alcance apresenta inequívocos reflexos na discussão da temática aqui tratada. É que, como assinala o Ministro Gilmar Mendes, em trabalho doutrinário, "a dignidade da pessoa humana, porque sobreposta a todos os bens, valores ou princípios, em nenhuma hipótese é suscetível de confrontar-se com eles, mas tão-somente consigo mesma".

E, para dar concreção ao mencionado valor, anoto que o direito internacional e a nossa Constituição desdobram-no, particularmente, no direito à vida, à liberdade, à segurança, à propriedade, à intimidade e à vida privada, vedando, ainda, a tortura e o tratamento desumano ou degradante (art. 5º, caput, III e X, da CF).

De fato, inúmeros tratados internacionais, dos quais o Brasil é signatário, estabelecem os parâmetros jurídicos e mesmo éticos que precisam ser levados em consideração no debate acerca dos limites da obrigatoriedade da vacinação, a exemplo do Pacto Internacional sobre Direitos Civis e Políticos, internalizado pelo Decreto 592/1992, que garante o quanto segue: [...]

O direito à incolumidade física também é assegurado pelo Pacto de San José da Costa Rica, o qual integra o ordenamento jurídico pátrio, por força do Decreto 678/1992, cujo art. 5º, 1, consigna que "toda pessoa tem direito a que se respeite sua integridade física, psíquica e moral".

A partir desse ponto, o Ministro Lewandowski demonstrou a adoção de iguais e semelhantes razões em inúmeros precedentes desta Suprema Corte, citando a proibição do exame de DNA compulsório, o julgamento das ADPF nºs 395/DF e 444/DF, em que se declarou inconstitucional a condução coercitiva de suspeitos indiciados ou acusados para interrogatório e outros atos processuais e a proibição do uso de algemas em audiências quando não houver fundadas razões para tanto, tendo em vista a ilegitimidade de o Estado e de seus representantes imporem ao cidadão qualquer violência física ou constrangimento corporal (o que redundou na edição da Súmula Vinculante nº 11).

Sobre a necessária distinção entre "vacinação obrigatória" e "vacinação forçada", Sua Excelência assinalou:

> Dos dispositivos constitucionais e precedentes acima citados, forçoso é concluir que a obrigatoriedade a que se refere a legislação sanitária brasileira quanto a determinadas vacinas não pode contemplar quaisquer medidas invasivas, aflitivas ou coativas, em decorrência direta do direito à intangibilidade, inviolabilidade e integridade do corpo humano, bem como das demais garantias antes mencionadas. Em outras palavras, afigura-se flagrantemente inconstitucional toda determinação legal, regulamentar ou administrativa no sentido de implementar a vacinação forçada das pessoas, quer dizer, sem o seu expresso consentimento.

Mesmo já havendo fundamento suficiente quanto ao ponto, a ele não se limitou o Ministro Lewandowski, que elencou mais uma plêiade de premissas, discorrendo sobre aspectos normativos da vacinação obrigatória (e de sua adequação dentro da racionalidade antes proposta de não se confundir com vacinação forçada), de conscientização de sua importância, bem como de necessária compreensão de que ela não se traduz na medida mais "restritiva" em termos de direitos individuais. *Vide*:

Disciplina legal e infralegal

Aprofundando o exame do tema, observo que a Lei 13.979/2020 não prevê em nenhum de seus dispositivos a vacinação forçada. Não consta sequer que tal medida tenha sido cogitada pelo legislador. Esse esclarecimento é necessário para pontuar, desde logo, que o mencionado diploma legal não estabeleceu qualquer consequência para o eventual descumprimento da imunização compulsória, limitando-se a consignar, no art. 3º, §4º, que as "pessoas deverão sujeitar-se ao cumprimento das medidas previstas neste artigo, e o descumprimento delas acarretará responsabilização, nos termos previstos em lei". [...]

Dito isso, ao iniciar a análise da existência de possível mácula de inconstitucionalidade veiculada nestas ações diretas, anoto que a Lei 13.979/2020, nos distintos parágrafos do art. 3º, cuidou de estabelecer limites bem definidos à vacinação compulsória, em consonância, diga-se, com as regras estabelecidas no direito interno e internacional, conforme se vê abaixo: [...]

Disso decorre que as autoridades públicas quando forem dispensar as vacinas contra a Covid-19, depois de aprovadas pela Agência Nacional de Vigilância Sanitária - ANVISA, não só deverão observar escrupuloso respeito à intangibilidade do corpo humano, nos termos acima afirmados, como também as demais cautelas estabelecidas na própria Lei 13.979/2020, além de outras adiante explicitadas. [...]

Como se constata, a obrigatoriedade da vacinação, mencionada nos textos normativos supra, não contempla a imunização forçada, porquanto é levada a efeito por meio de sanções indiretas, consubstanciadas, basicamente, em vedações ao exercício de determinadas atividades ou à frequência de certos locais. No entanto, de forma diversa, o Estatuto da Criança e do Adolescente (Lei 8.069/1990) prevê a obrigatoriedade da "vacinação de crianças nos casos recomendados pelas autoridades", estabelecendo penas pecuniárias àqueles que, dolosa ou culposamente, descumprirem "os deveres inerentes ao poder familiar ou decorrente de tutela ou guarda" dos menores (arts. 14, §1º e 249). Há, também, outros encargos específicos previstos em atos infralegais, vg na Portaria 1.986/2001, do Ministério da Saúde, que abrangem algumas categorias profissionais, como trabalhadores das áreas portuárias e aeroportuárias ou tripulantes e pessoal dos meios de transportes.

Importância da vacinação obrigatória

É consenso, atualmente, entre as autoridades sanitárias, que a vacinação em massa da população constitui uma intervenção preventiva, apta a reduzir a morbimortalidade de doenças infecciosas transmissíveis e provocar imunidade de rebanho, fazendo com que os indivíduos tornados imunes protejam indiretamente os não imunizados. Com tal providência, reduz-se ou elimina-se a circulação do agente infeccioso no ambiente e, por consequência, protege-se a coletividade, notadamente os mais vulneráveis. A legitimação tecnológica e científica dos imunizantes contribuiu para o seu emprego generalizado e intensivo em diversos países, pois os programas de vacinação são considerados a segunda intervenção de saúde mais efetiva hoje existente, figurando o saneamento básico na primeira posição.

Alcançar a imunidade de rebanho mostra-se deveras relevante, sobretudo para pessoas que, por razões de saúde, não podem ser imunizadas, dentre estas as crianças que ainda não atingiram a idade própria ou indivíduos cujo sistema imunológico não responde bem às vacinas. Por isso, a saúde coletiva não pode ser prejudicada por pessoas que deliberadamente se recusam a ser vacinadas, acreditando que, ainda assim, serão beneficiárias da imunidade de rebanho. [...]

É certo que a imunidade de rebanho talvez possa ser alcançada independentemente da vacinação obrigatória, a depender do número resultante da soma de pessoas imunes, em razão de prévia infecção, com aqueles que aderiram voluntariamente à imunização. Não obstante exista, em tese, essa possibilidade, entendo que, ainda assim, há fundamentos constitucionais relevantes para sustentar a compulsoriedade da vacinação, por tratar-se de uma ação governamental que pode contribuir significativamente para a imunidade de rebanho ou, até mesmo, acelerá-la, de maneira a salvar vidas, impedir a progressão da doença e proteger, em especial, os mais vulneráveis.

Aqui, vale rememorar que, dentre os objetivos fundamentais da República Federativa do Brasil, listados art. 3º da Constituição, sobressai o propósito de construir uma sociedade livre, justa e solidária, capaz de promover o bem de todos. Essa é a razão pela qual se admite que o Estado, atendidos os pressupostos de segurança e eficácia das vacinas, restrinja a autonomia individual das pessoas com o fito de cumprir o dever de dar concreção ao direito social à saúde, previsto no art. 196 da Lei Maior, fazendo-o por meio de "políticas sociais e econômicas que visem à redução do risco de doença e de outros agravos e ao acesso universal e igualitário às ações e serviços para sua promoção, proteção e recuperação". O art. 197, ademais, preconiza que são "de relevância pública as ações e serviços de saúde, cabendo ao Poder Público dispor, nos termos da lei, sobre sua regulamentação, fiscalização e controle".

Para o já mencionado José Afonso da Silva, tal "dever se cumpre pelas prestações de saúde, que, por sua vez, se concretizam mediante políticas sociais e econômicas que visem à redução dos riscos de doença e de outros agravos – políticas essas, que, por seu turno, se efetivam pela execução de ações e serviços de saúde, não apenas visando à cura de doenças".

Na mesma linha são as observações de Kildare Gonçalves Carvalho, para quem o direito à saúde não se resume apenas à medicina curativa, mas inclui a medicina preventiva, a qual exige a execução de uma política social e econômica adequada, que esclareça e eduque a população, além de promover a "higiene, saneamento básico, condições dignas de moradia e de trabalho, lazer, alimentação saudável na quantidade necessária, campanhas de vacinação, dentre outras ações"

É nesse contexto, amplificado pela magnitude da pandemia decorrente da Covid-19, que se exige, mais do que nunca, uma atuação fortemente proativa dos agentes públicos de todos os níveis governamentais, sobretudo mediante a implementação de programas universais de vacinação, pois, como adverte o professor da Universidade de São Paulo antes referido, "o direito é garantido por aquelas políticas indicadas, que hão de ser estabelecidas, sob pena de omissão inconstitucional". [...]

Requisitos das medidas governamentais

A compulsoriedade da imunização não é, contudo, como muitos pensam, a medida mais restritiva de direitos para o combate do novo coronavírus. Na verdade, ela pode acarretar menos restrições de direitos do que outras medidas mais drásticas, a exemplo do isolamento social.

Sim, porque as medidas alternativas tendem a limitar outros direitos individuais, relacionados, por exemplo, à liberdade de ir e vir ou de reunião, dentre outros, que têm o potencial de gerar efeitos negativos para as atividades públicas e privadas, afetando, em especial, a economia. Ademais, como ponderam Wang, Moribe e Arruda, a ausência ou a insuficiência de intervenção estatal na tutela e promoção de saúde coletiva também provocam indevida restrição de direitos.

Feitas tais considerações, volto a assentar que, sob o ângulo estritamente constitucional, a previsão de vacinação obrigatória, excluída a imposição de vacinação forçada, afigura-se legítima, desde que as medidas a que se sujeitam os refratários observem, em primeiro lugar, os critérios que constam da própria Lei 13.979/2020, especificamente nos incisos I, II, e II do §2º do art. 3º, a saber, o direito à informação, à assistência familiar, ao tratamento gratuito e, ainda, ao "pleno respeito à dignidade, aos direitos humanos e às liberdades fundamentais das pessoas." E, como não poderia deixar de ser, assim como ocorre com os atos administrativos em geral, precisam respeitar os princípios da razoabilidade e da proporcionalidade.

A razoabilidade, equivale ao emprego de "critérios aceitáveis do ponto de vista racional, em sintonia com o senso normal das pessoas equilibradas e respeitosa das finalidades que presidiram a outorga da competência exercida", ao passo que a proporcionalidade exige que aquela seja exercida "na extensão e intensidade" correspondente ao estrito cumprimento da finalidade pública à qual esteja atrelada. Esse último princípio, em sentido estrito, "exige a comparação entre a importância da realização do fim e a intensidade da restrição aos direitos fundamentais", significando, em última análise, a proibição de excesso (Übermassverbot, na literatura jurídica alemã). [...].

Por fim, para responder à disputa de atribuição das pessoas políticas sobre as medidas de enfrentamento à pandemia pelo coronavírus, o ministro sistematizou o entrelaçamento do desenho do Sistema Único de Saúde com as competências materiais e legislativas dos entes políticos, consoante suas regras expressas na Constituição da República:

Papel da União e dos entes federados

O dever irrenunciável do Estado brasileiro de zelar pela saúde de todos aqueles sob sua jurisdição apresenta uma dimensão objetiva e institucional que se revela, no plano administrativo, pelo Sistema Único de Saúde – SUS, concebido como uma rede regionalizada e hierarquizada de ações e serviços públicos, qualificada pela descentralização, pelo atendimento integral e pela participação da comunidade em sua gestão e controle (art. 198, I, II e III, da CF).

Ao SUS compete, dentre outras atribuições, "controlar e fiscalizar procedimentos, produtos e substâncias de interesse para a saúde e participar da produção de medicamentos, equipamentos, imunobiológicos, hemoderivados e outros insumos", assim como "executar as ações de vigilância sanitária e epidemiológica, bem como as de saúde do trabalhador" (art. 200, I e II, da CF).

Tal sistema é compatível com o nosso "federalismo cooperativo" ou "federalismo de integração", adotado pelos constituintes de 1988, no qual "se registra um entrelaçamento de competências e atribuições dos diferentes níveis governamentais", que encontra expressão, no concernente à temática aqui tratada, na competência concorrente partilhada pela União, Estados e Distrito Federal para legislar sobre a "proteção e defesa da saúde" (art. 24, XII, da CF), bem assim na competência comum a todos eles e também aos Municípios de "cuidar da saúde e assistência pública" (art. 23, II, da CF).

Esse compartilhamento de competências entre os entes federados na área da saúde, por óbvio, não exime a União de exercer aquilo que a doutrina denomina de "competência de cooperação" (grifei), traduzida na obrigação constitucional de "planejar e promover a defesa permanente contra as calamidades públicas, especialmente as secas e as inundações" (art. 21, XVIII, CF, grifei).

Ora, logo depois do reconhecimento pela OMS, em 11/3/2020, de que o mundo passava por uma pandemia desencadeada pela disseminação incontrolada do novo coronavírus, o Congresso Nacional editou o Decreto Legislativo 6/2020, no qual reconheceu a ocorrência de calamidade pública, com efeito até 31/12/2020, nos termos - sublinhe-se - da Mensagem 93/2020 encaminhada pelo Presidente da República ao Legislativo.

Visto isso, assento que o principal papel da União no combate à pandemia encontra-se delineado no mencionado art. 21, XVIII, da Constituição, o qual corresponde à magna e indeclinável tarefa de planejar e promover, em caráter permanente, ou seja, constantemente e sem solução de continuidade, a defesa de todos os brasileiros e estrangeiros residentes no País - ou mesmo outros que nele se encontrem de passagem -, contra as calamidades públicas.

E quando o referido dispositivo é lido em conjunto com o precitado art. 198 do Texto Magno, percebe-se que compete à União assumir a coordenação das atividades do setor, incumbindo-lhe, em especial, "executar ações de vigilância epidemiológica e sanitária em circunstâncias especiais, como na ocorrência de agravos inusitados à saúde, que possam escapar do controle da direção estadual do Sistema Único de Saúde (SUS) ou que representem risco de disseminação nacional" (grifei), conforme estabelece o disposto no art. 16, III, a, e parágrafo único, da Lei 8.080/1990 (Lei Orgânica da Saúde).

De outro lado, a já referida Lei 6.259/1975 estabelece que cabe ao Ministério da Saúde a elaboração do Programa Nacional de Imunizações – PNI, com a definição das vacinações, inclusive as de caráter obrigatório (art. 3º, caput), prescrevendo, ainda, que aquela Pasta coordenará e apoiará tal atividade - técnica, material e financeiramente - em âmbito nacional e regional, cuja responsabilidade cabe às Secretarias de Saúde das unidades federadas (art. 4º, caput e §1º). Ademais, consigna que "o Ministério da Saúde poderá participar, em caráter supletivo, das ações previstas no programa e assumir sua execução, quando o interesse nacional ou situações de emergência o justifiquem" (art. 4º, §2º, grifei).

Não obstante, ressalto que o fato de o Ministério da Saúde coordenar o Programa Nacional de Imunizações e definir as vacinas integrantes do calendário nacional de vacinação não exclui a competência dos Estados, Municípios, e do Distrito Federal para adaptá-los às peculiaridades locais, no típico exercício da competência comum para "cuidar da saúde e assistência pública" (art. 23, II, da CF).

Na prática, aliás, essa prerrogativa já vem sendo exercida pelos entes federados, ainda que o sucesso de estratégias fragmentadas seja bastante discutível. Na realidade, a iniciativa dos entes locais nada tem de excepcional, uma vez que determinadas moléstias podem ser endêmicas na região de um Estado, Município, ou do Distrito Federal, verificando-se, a propósito, que as medidas empreendidas em âmbito estadual encontram arrimo no art. 6º da Lei 6.259/1975.

Embora o ideal, em se tratando de uma moléstia que atinge o País por inteiro, seja a inclusão de vacinas seguras e eficazes no Programa Nacional de Imunizações, sob a coordenação da União, de forma a atender toda a população, sem qualquer distinção, o certo é que, nos diversos precedentes relativos à pandemia causada pela Covid-19, o Supremo Tribunal Federal tem ressaltado a possibilidade de atuação das autoridades locais para o enfrentamento dessa emergência de saúde pública de importância internacional, em especial na hipótese de omissão por parte do governo central.

Com efeito, conforme tive a oportunidade de afirmar em meu voto na ADI 6.362/DF, a pandemia desencadeada pelo novo coronavírus, que em poucos meses infectou e vitimou dezenas de milhares de pessoas no País e em todo o mundo, revelou, dentre outras coisas, as fraquezas e as virtudes das diferentes formas de governança. Entre nós, serviu para testar os limites do federalismo adotado pela Constituição de 1988.

Uma das principais virtudes dos Estados federais, inclusive do nosso, consiste em que repousam sobre dois valores importantes. O primeiro deles refere-se à inexistência de hierarquia entre os seus integrantes, de modo a não permitir que se cogite da prevalência da União sobre os Estados ou, destes, sobre os Municípios, consideradas as competências que lhe são próprias. Já o segundo, consubstanciado no princípio da subsidiariedade, significa, em palavras simples, o seguinte: tudo aquilo que o ente menor puder fazer de forma mais célere, econômica e eficaz não deve ser empreendido pelo ente maior.

Ora, partir do arcabouço constitucional acima descrito, é possível concluir que a defesa da saúde compete a qualquer das unidades federadas, seja por meio da edição de normas legais, seja mediante a realização de ações administrativas, sem que, como regra, dependam da autorização de outros níveis governamentais para levá-las a efeito, cumprindo-lhes, apenas, consultar o interesse público que têm o dever de preservar. [...]

Como se percebe, o federalismo cooperativo, antes mencionado, longe de ser mera peça retórica, exige que os entes federativos se apoiem mutuamente, deixando de lado eventuais divergências ideológicas ou partidárias dos respectivos governantes, sobretudo diante da grave crise sanitária e econômica decorrente da pandemia desencadeada pelo novo coronavírus. Bem por isso, os entes regionais e locais não podem ser alijados do combate à Covid-19, notadamente porque estão investidos do poder-dever de empreender as medidas necessárias para o enfrentamento da emergência de saúde pública decorrente do alastramento incontido da doença.

Em outros termos, a Constituição outorgou a todas as unidades federadas a competência comum de cuidar da saúde, compreendida nela a adoção de quaisquer medidas que se mostrem necessárias para salvar vidas e garantir a higidez das pessoas ameaçadas ou acometidas pela nova moléstia. No âmbito dessa autonomia insere-se, inclusive, a importação e distribuição, em caráter excepcional e temporário, por autoridades dos Estados, Distrito Federal e Municípios, de "quaisquer materiais, medicamentos e insumos da área de saúde sujeitos à vigilância sanitária sem registro na Anvisa considerados essenciais para auxiliar no combate à pandemia do coronavírus", observadas as condições do art. 3º, VIII e §7º-A, da Lei 13.979/2020, alterada pela Lei 14.006/2020. Digo isso apenas *en passant*, como reforço da argumentação, pois tal matéria não foi suscitada nas iniciais das ações de inconstitucionalidade sob exame.

Ao analisar a ADI 6.341-MC-Ref/DF, de relatoria do Ministro Marco Aurélio, em 15/4/2020, esta Suprema Corte referendou a cautelar por ele deferida, assentando que os entes federados possuem competência concorrente para adotar as providências normativas e administrativas necessárias ao combate da pandemia em curso. [...]

Além disso, o Plenário do STF assentou que o exercício da competência específica da União para legislar sobre vigilância epidemiológica, a qual deu, repito, ensejo à elaboração da Lei 13.979/2020, não restringiu a competência própria dos demais entes da Federação para a implementação de ações no campo da saúde. Nesse sentido, cito acórdão unânime do Plenário do Supremo Tribunal Federal na ADPF 672/DF, de relatoria do Ministro Alexandre de Moraes: [...]

Não obstante a densidade jurídica da manifestação ofertada pelo Chefe do Ministério Público Federal, penso que, à luz da rica doutrina que se sedimentou sobre o federalismo, instituído pela primeira vez na Constituição dos Estados Unidos da América de 1789 e, mais tarde, adotado em vários países, bem assim considerada a farta jurisprudência desta Suprema Corte produzida sobre o tema, especialmente após o advento da pandemia, não há como, *data venia*, aguardar-se eventual inércia da União para, só então, permitir que os Estados, o Distrito Federal e os Municípios exerçam as respectivas competências em matéria de saúde. A atuação do governo central e das autoridades estaduais, distritais e locais há de ser, obrigatoriamente, concomitante para o enfrentamento exitoso da Covid-19, sem prejuízo da necessária coordenação exercida pela União.

Adoto, porém, o parecer da PGR no sentido de que todas as medidas que vierem a ser implementadas, em qualquer nível político-administrativo da Federação, para tornar obrigatória a vacinação, devem derivar, direta ou indiretamente, da lei, tendo em conta a incontornável taxatividade do princípio da legalidade, estampado no art. 5º, I, de nossa Constituição. [...].

Todas as razões elencadas, ao modo jusfilosófico típico do Ministro Lewandowski – reconhecido e admirado por todos a sua volta, meu sempre professor –, além de reforçarem o que até então se alinhavara, com o convencimento de seus pares por unanimidade, pacificaram a controvérsia, com a serenidade típica de decisões amplamente legitimadas.

7 Conclusão

Ao perpassar a evolução do fenômeno da judicialização da saúde no Supremo Tribunal Federal, iniciando pelo primeiro grande marco – a STA nº 175/CE –, com seu pioneirismo na sistematização de parâmetros decisórios a serem considerados e seus reflexos no âmbito do Conselho Nacional de Justiça, de logo, despontou a imensa contribuição do nosso homenageado para a viabilização do direito à saúde no Brasil.

Sob sua gestão, determinou-se a criação dos comitês de saúde e, com isso, nasceram também seus "braços executivos" e seus núcleos de apoio técnico, os NAT-JUS, que verdadeiramente revolucionaram a prestação jurisdicional em matéria sanitária no país.

O Ministro Lewandowski, com sua experiência na magistratura, apuro pragmático e, notadamente, distinguida bagagem acadêmica, logo percebeu a necessidade de municiar a magistratura com apoio técnico, individualizado (sendo os pareceres produzidos por moléstia e medicamento ou tratamento) para qualificar as decisões judiciais e, assim, atingir o que já vaticinara como papel do Judiciário no século XXI: a concretização das promessas constitucionais.

De sua presidência no Conselho Nacional de Justiça até o julgamento de importantes temas de repercussão geral em matéria sanitária pelo Supremo Tribunal Federal, a sofisticação das questões postas e a subjacente resposta da Corte deveram-se, em muito, à qualificação técnica por que passou a magistratura com sua contribuição e a suas manifestações nos processos – sempre abalizadas, focadas e escorreitas.

Entre elas, optou-se por destacar, no presente artigo, o voto memorável proferido nas ADI nºs 6.586/DF e 6.587/DF, o qual, além de ter possibilitado à Corte responder em tempo – menos de dois meses! – e modo (oferecendo resposta pacificadora e exequível) às dificílimas questões a ela submetidas, exprimiu os modos de ser, de convencer, de ensinar e de pacificar conflitos típicos de um grande professor, magistrado e jurista, que dignifica o Supremo Tribunal Federal e o Brasil!

Para mim, é e sempre será uma honra ter sido seu aluno, desde os bancos do Largo de São Francisco até a Suprema Corte do nosso país.

Informação bibliográfica deste texto, conforme a NBR 6023:2018 da Associação Brasileira de Normas Técnicas (ABNT):

TOFFOLI, José Antonio Dias; KONRATH, Camila Plentz. Judicialização da saúde no Supremo Tribunal Federal: contribuições do Ministro Ricardo Lewandowski. *In:* RIBEIRO, Paulo Dias de Moura; TOMELIN, Georghio Alessandro; KIM, Richard Pae (Coord.). *Direito humano e fundamental à saúde*: estudos em homenagem ao ministro Enrique Ricardo Lewandowski. Belo Horizonte: Fórum, 2023. p. 69-89. ISBN 978-65-5518-606-2.

O DIREITO CONSTITUCIONAL À SAÚDE E À LIVRE INICIATIVA: UMA ANÁLISE DO RE Nº 666.094/DF

LUIZ FUX

Prólogo

Desde que cheguei ao Supremo Tribunal Federal, tive o imenso prazer de conviver com colegas da mais alta estirpe, com a rara capacidade de equilibrar imparcialidade olímpica, conhecimento enciclopédico, nobreza de caráter e sensibilidade humana. Sem dúvidas, posso afirmar com segurança que o Ministro Enrique Ricardo Lewandowski se amolda perfeitamente ao arquétipo anteriormente descrito.

Por um lado, trata-se de professor respeitadíssimo entre os juristas brasileiros, com destacada atuação na Titularidade do Departamento de Direito do Estado e também de Direitos Humanos perante a tradicional e prestigiosa Faculdade de Direito do Largo São Francisco/Universidade de São Paulo. Instituição essa em que o ministro dedicou grande parte de sua vida pessoal: seja durante o Mestrado (1980) e o Doutorado (1982) sob orientação do ilustre Professor Dalmo de Abreu Dallari, seja com a aprovação no concurso de Livre-Docência (1994).

Acima de tudo, entretanto, Enrique Ricardo Lewandowski influenciou e formou uma legião de estudantes notáveis, sempre marcados pelo pensamento livre, crítico e interdisciplinar. Em verdade, o Ministro Lewandowski se destacou como uma das grandes referências da necessidade de ensinar e de pesquisar o direito no país, em conjunto com os conhecimentos acumulados, as metodologias empregadas e as lentes utilizadas por acadêmicos das demais ciências sociais.

Bacharel em Ciências Jurídicas e Sociais pela Faculdade de Direito de São Bernardo do Campo (1973), também se graduou em Ciências Políticas e Sociais pela Escola de Sociologia Política de São Paulo (1971), revelando sua formação cultural interdisciplinar. Prova desse aprofundamento cultural multidisciplinar consiste no seu título de *Master of Arts* na área de Relações Internacionais pela Tufts University, obtido no ano de 1981.

Além dessa notável trajetória na docência e na seara acadêmica, o nosso homenageado carregou o seu conhecimento para diferentes âmbitos do Sistema de Justiça. Durante os anos de 1974 e 1990, o Ministro Lewandowski militou na advocacia e na política do Estado de São Paulo – tendo sido Conselheiro da OAB/SP (1989-1990), Secretário de Governo e de Assuntos Jurídicos de São Bernardo do Campo (1984-1988) e Presidente da Empresa Metropolitana de Planejamento da Grande São Paulo (1988-1989).

Com base nesses predicados acadêmicos e profissionais, em 1990, o Ministro Lewandowski merecidamente ingressou nas fileiras da magistratura, em vaga destinada ao quinto constitucional da advocacia, tornando-se Juiz do Tribunal de Alçada Criminal do Estado de São Paulo. Com seu brilho próprio e sua gentileza ímpar, trilhou brilhante caminho perante a Vice-Presidência da Associação dos Magistrados Brasileiros (1993-1995) – o que certamente o levou à promoção, por merecimento, ao cargo de Desembargador do Tribunal de Justiça do Estado de São Paulo, em 1997.

Após perpassar a Seção de Direito Privado, a Seção de Direito Público e o Órgão Especial do Tribunal de Justiça bandeirante, em 2006, o Ministro Ricardo Lewandowski alcançou o seu devido lugar no Supremo Tribunal Federal – abrilhantando a jurisprudência da Suprema Corte brasileira e trabalhando incansavelmente para garantir o bem-estar dos jurisdicionados há mais de 20 anos.

Com muita honra, portanto, ofereço minha singela contribuição a esta justa e merecida homenagem prestada ao Ministro Ricardo Lewandowski, congratulando a iniciativa dos organizadores desta obra: o Ministro Paulo Dias de Moura Ribeiro, do Superior Tribunal de Justiça; o Conselheiro e Magistrado Richard Pae Kim, do Conselho Nacional de Justiça; e o Professor Georgio Alessandro Tomelin.

Introdução[1]

A Constituição Federal de 1988 positivou pioneiramente uma série de direitos fundamentais e estabeleceu um arcabouço normativo voltado a efetivar esses direitos. Não por acaso, o seu art. 6º consagra o direito à saúde como direito social de titularidade coletiva de toda população brasileira – reforçado pelo art. 196, segundo o qual a saúde é direito de todos e dever do Estado.

Desse modo, o Poder Público deve apresentar políticas sociais e econômicas direcionadas à redução dos riscos de doenças, bem como estimular o acesso universal e igualitário às ações e aos serviços para promoção, proteção e recuperação da saúde dos brasileiros e das brasileiras.

A despeito desse inegável avanço normativo, não são raras as situações em que a efetividade do direito à saúde "esbarra" em *escolhas trágicas*,[2] que envolvem a alocação de escassos recursos públicos não só na seara das políticas públicas implementadas pelo Poder Executivo, mas também nas decisões proferidas por magistrados e por magistradas nos rincões e nas grandes cidades do país.[3]

---

[1] O presente artigo representa uma versão revisada do voto proferido na mencionada ação.

[2] Cf. CALABRESI, Guido; BOBBITT, Philip. *Tragic choices*: the conflicts society confronts in the allocation of tragically scarce resources. New York: W.W.Norton & Company, 1978.

[3] Por todos, conferir: BARROSO, Luís Roberto. Da falta de efetividade à judicialização excessiva: direito à saúde, fornecimento gratuito de medicamentos e parâmetros para a atuação judicial. *Jurisp. Mineira*, Belo Horizonte, ano 60, n. 188, jan./mar. 2009; HOLMES, Stephen; SUNSTEIN, Cass R. *The cost of rights*: why liberty depends on taxes. New York: W.W. Norton & Company, 2000.

Em 2021, o Supremo Tribunal Federal enfrentou controvérsia judicial relevante sobre a efetivação do direito à saúde e os custos envolvidos, durante o julgamento do Recurso Extraordinário nº 666.094/DF.

Na origem, a Unimed Brasília Cooperativa de Trabalho Médico (recorrida, naquele caso) ajuizou ação de cobrança contra o Distrito Federal, requerendo a condenação do ente distrital ao pagamento da quantia de R$206.154,16 (duzentos e seis mil, cento e cinquenta e quatro reais e dezesseis centavos).

Segundo a Unimed, o fundamento da ação de cobrança consistiu nas despesas incorridas pela recorrida durante a internação do Sr. Afonso Ribeiro de Sousa, no dia 13.11.2007, por força de mandado judicial, diante da ausência de vaga na Unidade de Terapia Intensiva (UTI) da rede pública, até o dia 4.1.2008.

Ao apreciar a ação de cobrança, a sentença de primeiro grau julgou parcialmente procedente o pedido, condenando o Distrito Federal a pagar à Unimed os medicamentos "[...] de acordo com os valores constantes na Tabela da rede credenciada do Distrito Federal para atendimento de clientes do SUS/SES-DF", sob pena de ofensa aos princípios da isonomia e da função social da propriedade.

Contra essa decisão, ambas as partes interpuseram recurso de apelação ao Tribunal de Justiça do Distrito Federal e dos Territórios (TJDFT). Em resumo, por meio do acórdão recorrido, o egrégio Tribunal de Justiça do Distrito Federal e dos Territórios decidiu ser devido o pagamento das despesas médicas da Unimed de acordo com os valores de mercado, e não com base nos valores da Tabela SUS – tal como ocorre com as instituições privadas conveniadas ou contratadas pelo Poder Público.

Em face desse acórdão, o ente distrital interpôs o recurso extraordinário, analisado no presente artigo, com o intuito de reformar a decisão colegiada do TJDFT, sustentando que o pagamento das despesas médicas do paciente deveria ocorrer de acordo com os valores constantes na tabela da rede credenciada para atendimento dos pacientes do Sistema Único de Saúde – SUS/SES/DF, e não a partir dos valores de mercado. Em outras palavras, o Governo do Distrito Federal argumentava que o acórdão do TJDFT teria violado os arts. 5º, *caput*; 196; e 199, §1º, todos da Constituição Federal de 1988.

Diante desse contexto, com base em revisão bibliográfica e análise documental, o presente artigo realiza um estudo de caso examinando os contornos teóricos e operacionais discutidos no acórdão proferido pelo Supremo Tribunal Federal no RE nº 666.094/DF.

Na primeira parte, serão elucidados os elementos constitucionais em torno do acesso à saúde e da prestação dos serviços de saúde no Brasil, com destaque para aspectos da disciplina normativa do Sistema Único de Saúde (SUS). Em seguida, a segunda parte do texto aborda especificamente o Recurso Extraordinário nº 666.094/DF, sobretudo a ponderação necessária sobre os encargos decorrentes da relevância pública dos serviços de saúde e as garantias relativas ao direito à livre iniciativa das unidades hospitalares privadas. O texto conclui com a exposição das premissas e das teses extraídas do julgamento do RE nº 666.094/DF.

1 Estatuto constitucional da saúde

Em 1947, de acordo com a Organização Mundial da Saúde (OMS), a "saúde é o estado de mais completo bem-estar físico, mental e social e não apenas a ausência de enfermidade", de sorte que as tutelas da saúde e da vida estão umbilicalmente interligadas.

Por conseguinte, o Estado tem o dever de assegurar o acesso universal e igualitário a esse direito, de um lado, por meio da previsão normativa de políticas públicas de saúde. De outro, mediante a concretização dessas políticas públicas a partir da alocação eficiente dos escassos recursos públicos disponíveis, planejando, monitorando e avaliando constantemente os resultados alcançados, conforme determina o §16 do art. 37 da CF/88.

Deveras, a promulgação da Constituição de 1988 foi um marco para o direito à saúde no Brasil, porquanto pioneiramente o elencou expressamente no rol dos direitos fundamentais sociais (art. 6º, CF/88).

Não obstante sua faceta individual na vida de cada integrante da população brasileira, a saúde é um direito de toda coletividade nacional, razão pela qual os serviços e ações responsáveis por sua fruição devem gozar de universidade e de igualdade. Igualmente, esses serviços devem ser assegurados por meio de políticas sociais e econômicas capazes de promover, proteger e recuperar o direito fundamental à saúde, nos termos dos art. 196 da CF/88, cujo conteúdo foi bem esclarecido pelo eminente Ministro Celso de Mello:

> Art. 196. A saúde é direito de todos e dever do Estado, garantido mediante políticas sociais e econômicas que visem à redução do risco de doença e de outros agravos e ao acesso universal e igualitário às ações e serviços para sua promoção, proteção e recuperação. [...]
> "O direito público subjetivo à saúde representa prerrogativa jurídica indisponível assegurada à generalidade das pessoas pela própria Constituição da República (art. 196). Traduz bem jurídico constitucionalmente tutelado, por cuja integridade deve velar, de maneira responsável, o Poder Público, a quem incumbe formular – e implementar – políticas sociais e econômicas idôneas que visem a garantir, aos cidadãos, [...] o acesso universal e igualitário à assistência farmacêutica e médico-hospitalar". (AgR-RE nº 271.286-8/RS. Rel. Min. Celso de Mello, Segunda Turma, j. 12.9.2000)

Não se trata, portanto, de mera "promessa constitucional". Ao revés, cuida-se de consequência indissociável do direito à vida, de sorte que o Poder Público de todas as esferas federativas do Brasil "não pode mostrar-se indiferente ao problema da saúde da população, sob pena de incidir, ainda que por censurável omissão, em grave comportamento inconstitucional".[4]

---

[4] "PACIENTE COM HIV/AIDS - PESSOA DESTITUÍDA DE RECURSOS FINANCEIROS - DIREITO À VIDA E À SAÚDE - FORNECIMENTO GRATUITO DE MEDICAMENTOS - DEVER CONSTITUCIONAL DO PODER PÚBLICO (CF, ARTS. 5º, CAPUT, E 196) - PRECEDENTES (STF) - RECURSO DE AGRAVO IMPROVIDO. O DIREITO À SAÚDE REPRESENTA CONSEQÜÊNCIA CONSTITUCIONAL INDISSOCIÁVEL DO DIREITO À VIDA. - O direito público subjetivo à saúde representa prerrogativa jurídica indisponível assegurada à generalidade das pessoas pela própria Constituição da Republica (art. 196). Traduz bem jurídico constitucionalmente tutelado, por cuja integridade deve velar, de maneira responsável, o Poder Público, a quem incumbe formular - e implementar - políticas sociais e econômicas idôneas que visem a garantir, aos cidadãos, inclusive àqueles portadores do vírus HIV, o acesso universal e igualitário à assistência farmacêutica e médico-hospitalar. - O direito à saúde - além de qualificar-se como direito fundamental que assiste a todas as pessoas - representa conseqüência constitucional indissociável do direito à vida. O Poder Público, qualquer que seja a esfera institucional de sua atuação no plano da organização federativa brasileira, não pode mostrar-se indiferente ao problema da saúde da

Ademais, o direito à saúde consiste em desdobramento indispensável do fundamento constitucional da dignidade da pessoa humana, máxime não bastar ao indivíduo

> estar biologicamente vivo, é preciso que essa vida seja digna. A saúde física e psíquica, em suas dimensões preventiva, curativa e promocional, mostra-se como requisito básico para essa dignidade existencial. Não há se falar em dignidade da pessoa humana se ausente a proteção à saúde, em todas suas vertentes.[5]

Consectariamente, o Constituinte conferiu "relevância pública" às ações e aos serviços de saúde, sendo dever do Poder Público a sua regulamentação, fiscalização e controle. Entretanto, o mesmo art. 197 da CF/88 possibilita a execução desses serviços (a) de forma direta ou terceirizada pelo Poder Público, bem como (b) pelas pessoas físicas ou jurídicas de direito privado.

Ora, em se tratando de proteção à vida e à dignidade da pessoa humana, a execução dos serviços de saúde deve ser a mais ampla possível – sempre pretendendo assegurar uma vida saudável e digna à população brasileira e aos estrangeiros residentes no país.

Desse modo, conclui-se que o cidadão brasileiro detém ampla

> liberdade para se utilizar, conjunta ou exclusivamente, do atendimento prestado pelo serviço público de saúde ou daquele disponibilizado por entidades particulares. Inexiste ofensa à Constituição no fato de o paciente, à custa de recursos próprios, complementar com o serviço privado o atendimento arcado pelo SUS. (RE nº 516.671 AgR. Rel. Min. Ricardo Lewandowski, Primeira Turma, j. 1º.6.2010. *DJe*, 6 ago. 2010)

1.1 Disciplina jurídica do Sistema Único de Saúde

No caso dos serviços públicos de saúde, a Constituição Federal instituiu o Sistema Único de Saúde (SUS), rede regionalizada e hierarquizada, financiada com recursos, entre outras fontes, do orçamento da seguridade social da União, dos estados, do Distrito Federal e dos municípios.

---

população, sob pena de incidir, ainda que por censurável omissão, em grave comportamento inconstitucional. A INTERPRETAÇÃO DA NORMA PROGRAMÁTICA NÃO PODE TRANSFORMÁ-LA EM PROMESSA CONSTITUCIONAL INCONSEQÜENTE. - O caráter programático da regra inscrita no art. 196 da Carta Política - que tem por destinatários todos os entes políticos que compõem, no plano institucional, a organização federativa do Estado brasileiro - não pode converter-se em promessa constitucional inconseqüente, sob pena de o Poder Público, fraudando justas expectativas nele depositadas pela coletividade, substituir, de maneira ilegítima, o cumprimento de seu impostergável dever, por um gesto irresponsável de infidelidade governamental ao que determina a própria Lei Fundamental do Estado. DISTRIBUIÇÃO GRATUITA DE MEDICAMENTOS A PESSOAS CARENTES. - O reconhecimento judicial da validade jurídica de programas de distribuição gratuita de medicamentos a pessoas carentes, inclusive àquelas portadoras do vírus HIV/AIDS, dá efetividade a preceitos fundamentais da Constituição da Republica (arts. 5º, *caput*, e 196) e representa, na concreção do seu alcance, um gesto reverente e solidário de apreço à vida e à saúde das pessoas, especialmente daquelas que nada têm e nada possuem, a não ser a consciência de sua própria humanidade e de sua essencial dignidade. Precedentes do STF" (BRASIL. Supremo Tribunal Federal. RE-AgR: 271286 RS. Rel. Celso de Mello, j. 12.9.2000, Segunda Turma. *DJ*, 24 nov. 2000).

[5] SILVA, Michelle Emanuella de Assis. Direito à saúde: evolução histórica, atuação estatal e aplicação da teoria de Karl Popper. *Revista Constituição e Garantia de Direitos*, Natal, v. 9, n. 2, p. 4-22, 2017.

Regido pela Lei Orgânica da Saúde (Lei nº 8.080/1990), o SUS se baseia nos princípios da universalidade, da equidade e da integralidade, bem como possui três diretrizes constitucionais previstas no art. 198, da Constituição Federal: (i) descentralização; (ii) atendimento integral, com prioridade para as atividades preventivas, sem prejuízo dos serviços assistenciais; e (iii) participação da comunidade. Além disso, o art. 200 da CF/88 prevê que o SUS detém as seguintes atribuições e competências:

I - controlar e fiscalizar procedimentos, produtos e substâncias de interesse para a saúde e participar da produção de medicamentos, equipamentos, imunobiológicos, hemoderivados e outros insumos;

II - executar as ações de vigilância sanitária e epidemiológica, bem como as de saúde do trabalhador;

III - ordenar a formação de recursos humanos na área de saúde;

IV - participar da formulação da política e da execução das ações de saneamento básico;

V - incrementar em sua área de atuação o desenvolvimento científico e tecnológico;

VI - fiscalizar e inspecionar alimentos, compreendido o controle de seu teor nutricional, bem como bebidas e águas para consumo humano;

VII - participar do controle e fiscalização da produção, transporte, guarda e utilização de substâncias e produtos psicoativos, tóxicos e radioativos;

VIII - colaborar na proteção do meio ambiente, nele compreendido o do trabalho.

Por sua vez, conforme indica o estudo *Sistema Brasileiro de Saúde*, do Banco do Nordeste,[6] a iniciativa privada pode atuar no setor de saúde por meio do sistema de saúde suplementar (planos e seguros de saúde) e pelo sistema de desembolso direto (prestadores privados com intuito lucrativo com pagamento direto pelo "cliente"), assim como pode atuar de forma complementar, em assistência à saúde pública (art. 199, *caput*, da CF/88), desde que cumpridos os seguintes ditames constitucionais:

§1º As instituições privadas poderão participar de forma complementar do sistema único de saúde, segundo diretrizes deste, mediante contrato de direito público ou convênio, tendo preferência as entidades filantrópicas e as sem fins lucrativos.

§2º É vedada a destinação de recursos públicos para auxílios ou subvenções às instituições privadas com fins lucrativos.

§3º É vedada a participação direta ou indireta de empresas ou capitais estrangeiros na assistência à saúde no País, salvo nos casos previstos em lei.

§4º A lei disporá sobre as condições e os requisitos que facilitem a remoção de órgãos, tecidos e substâncias humanas para fins de transplante, pesquisa e tratamento, bem como a coleta, processamento e transfusão de sangue e seus derivados, sendo vedado todo tipo de comercialização.

Vale ressaltar que, no que diz respeito à atuação complementar da iniciativa privada nos serviços de saúde pública, a Suprema Corte já pontuou que "a ação complementar não implica que o privado se torne público ou que o público se torne privado". Ao revés, conforme bem asseverou o Ministro Dias Toffoli ao analisar pormenorizadamente o estatuto constitucional da saúde, no Recurso Extraordinário

---

6   SISTEMA brasileiro de saúde. *Banco do Nordeste*, ano 3, n. 1, dez. 2009.

nº 581.488/RS, julgado em 3.12.2015: "Cuida-se de um processo político e administrativo em que o Estado agrega novos parceiros com os particulares, ou seja, com a sociedade civil, buscando ampliar, completar, ou intensificar as ações na área da saúde".[7]

2 O Recurso Extraordinário nº 666.094/DF

A controvérsia examinada pelo Tribunal cingia-se em definir o parâmetro de remuneração aplicável às referidas situações em que o estabelecimento hospitalar for compelido, por força de decisão judicial, a internar paciente em razão de insuficiência da atividade prestada pelo Sistema Único de Saúde.

Mais especificamente, o parâmetro remuneratório constitucionalmente correto para essas situações seria: (a) a Tabela do SUS *ou* (b) o preço arbitrado pela unidade hospitalar privada com base nos valores de mercado?

Noutras palavras, a controvérsia constitucional travada naquele caso poderia ser formulada nos seguintes termos:

(1) A imposição de pagamento pelo Poder Público de preço arbitrado pela unidade hospitalar, para ressarcir serviços de saúde prestados por força de decisão judicial, viola o regime de contratação da rede complementar de saúde pública (art. 199, §§1º e 2º, da CF/1988)?

Ou

(2) O pagamento pelo Poder Público de preço acordado no regime de contratação de serviços de saúde, do qual o hospital não faz parte, para remunerar serviços prestados pelo ente privado por força de decisão judicial, viola os princípios da ordem econômica, notadamente, a livre iniciativa, a livre concorrência e a propriedade privada (art. 170, II e IV, CF)?

De um lado, a Procuradoria-Geral da República alarmava sobre o alegado perigo decorrente da elaboração unilateral de "preços arbitrários e contrários ao tabelamento oficial" do Sistema Único de Saúde, qual seja, o do Poder Público patrocinar indiretamente a atividade privada, em violação ao art. 199, §2º, CF, gerando "assimetrias mercadológicas".

---

[7] "EMENTA Direito Constitucional e Administrativo. Ação civil pública. Acesso de paciente à internação pelo sistema único de saúde (SUS) com a possibilidade de melhoria do tipo de acomodação recebida e de atendimento por médico de sua confiança mediante o pagamento da diferença entre os valores correspondentes. Inconstitucionalidade. Validade de portaria que exige triagem prévia para a internação pelo sistema público de saúde. Alcance da norma do art. 196 da Constituição Federal. Recurso extraordinário a que se nega provimento. 1. É constitucional a regra que veda, no âmbito do Sistema Único de Saúde, a internação em acomodações superiores, bem como o atendimento diferenciado por médico do próprio Sistema Único de Saúde (SUS) ou por conveniado, mediante o pagamento da diferença dos valores correspondentes. 2. O procedimento da 'diferença de classes', tal qual o atendimento médico diferenciado, quando praticados no âmbito da rede pública, não apenas subverte a lógica que rege o sistema de seguridade social brasileiro, como também afronta o acesso equânime e universal às ações e serviços para promoção, proteção e recuperação da saúde, violando, ainda, os princípios da igualdade e da dignidade da pessoa humana. Inteligência dos arts. 1º, inciso III; 5º, inciso I; e 196 da Constituição Federal. 3. Não fere o direito à saúde, tampouco a autonomia profissional do médico, o normativo que veda, no âmbito do SUS, a assistência diferenciada mediante pagamento ou que impõe a necessidade de triagem dos pacientes em postos de saúde previamente à internação. 4. Recurso extraordinário a que se nega provimento" (BRASIL. Supremo Tribunal Federal. *RE: 581488 RS*. Rel. Dias Toffoli, j. 3.12.2015, Tribunal Pleno, public. 8.4.2016).

De outro lado, a Unimed impugnava a decisão judicial que a compeliu a prestar atendimento ao paciente advindo de rede pública de saúde, porquanto supostamente

tal obrigação jamais pode ser comparada aos contratos descritos no §10 do artigo 199 da Constituição Federal, pois naqueles casos a instituição privada, baseada no princípio da autonomia da vontade, aceita as regras imposta pelo Estado, se sujeitando a elas por livre e espontânea vontade.

2.1 Ponderação entre livre iniciativa e prestação de serviços essenciais

Inicialmente, vale asseverar que a Constituição Federal de 1988, em seu art. 170, *caput*, dispôs que a ordem econômica nacional possui a livre iniciativa como seu fundamento, todavia, devendo a atividade econômica ser direcionada em prol da concretização de seu fim, qual seja: o de assegurar a existência digna material de todos os cidadãos brasileiros, conforme os ditames da justiça social.

Consectariamente, vislumbra-se que tanto a livre iniciativa, quanto a dignidade da pessoa humana, além de representarem fundamento da República Federativa do Brasil (art. 1º, incs. III e IV), conformam toda a atividade econômica nacional.

No que diz respeito à livre iniciativa empresarial, André Ramos Tavares bem elucida que esta:

Envolve a liberdade econômica, na qual se localiza a liberdade de empresa e a de empreender individualmente, incluindo, ainda, todos os tipos de associativismo, bem como a instrumentalização do empreender e, ainda, a liberdade estabelecer relações negociais e contratar.[8]

Nesse sentido, a livre iniciativa consiste em pedra basilar do sistema econômico adotado por nossa ordem econômica constitucional, a economia de mercado capitalista, porquanto esse modelo pressupõe que as "empresas legalmente constituídas podem ter como objetivo lícito o lucro, quer dizer, a produção de excedente, a reprodução do capital investido e empreendido no negócio, como finalidade individual da empresa e de seus gestores ou proprietários".[9]

Apesar de conclusão contestada por parcela minoritária da doutrina, concorda-se com o ensinamento de Edvaldo Brito, considerando a livre iniciativa como fundamento da República (art. 1º, IV, da CRFB) e diretriz estruturante da ordem econômica (art. 170, *caput*, da CRFB) a Constituição Federal de 1988, ensejando na fixação da diretriz de que a intervenção do Estado só pode se dar de forma subsidiária. É que, segundo o autor, essa intervenção deve ocorrer nos casos de (i) satisfação das necessidades de assistência vital; e (ii) de atuação supletiva e corretiva, sendo esta última a responsável pelo suprimento das lacunas deixadas pela iniciativa privada.[10]

---

[8] TAVARES, André Ramos. Livre iniciativa empresarial. *Enciclopédia Jurídica da PUC/SP*, ed. 1, jul. 2018. Tomo de Direito Comercial.

[9] TAVARES, André Ramos. Livre iniciativa empresarial. *Enciclopédia Jurídica da PUC/SP*, ed. 1, jul. 2018. Tomo de Direito Comercial.

[10] BRITO, Edvaldo. *Reflexos jurídicos da atuação do Estado no domínio econômico*. 3. ed. São Paulo: Saraiva, 2022. p. 108 e ss.

Por sua vez, como anteriormente afirmado, o capitalismo brasileiro é conformado pelo Estado democrático de direito e pela dignidade da pessoa humana. Destarte, a consecução da livre iniciativa deve ser compatível com o objetivo nacional de construir uma sociedade livre, justa e fraterna, garantindo o desenvolvimento socioeconômico brasileiro a partir do bem de todos e da erradicação de desigualdades sociais e regionais, incluindo extirpar a pobreza no Brasil e impedir a marginalização de quaisquer segmentos da população brasileira (art. 3º da Constituição Federal de 1988).[11]

Por conseguinte, Ingo Wolfgang Sarlet bem indica que a dignidade da pessoa humana se apresenta tanto sob uma dimensão negativa, quanto sob um ângulo positivo, o qual exige prestações materiais do Estado brasileiro para consecução dos referidos objetivos:

> Como limite, a dignidade implica não apenas que a pessoa não pode ser reduzida à condição de mero objeto da ação própria e de terceiros, mas também o fato de a dignidade gera direitos fundamentais (negativos) contra atos que a violem ou a exponham a graves ameaças.
>
> Como tarefa, da previsão constitucional (explícita ou implícita) da dignidade da pessoa humana, dela decorrem deveres concretos de tutela por parte dos órgãos estatais, no sentido de proteger a dignidade de todos, assegurando-lhe também por meio de medidas positivas (prestações) o devido respeito e promoção.[12]

Assim, é imperativo que haja uma harmonização dos bens jurídicos constitucionalmente tutelados, de sorte que nenhuma das duas previsões seja lida absolutamente ou ilimitadamente.

Pelo contrário, é imprescindível constatar a relação de igualdade e de complementariedade existente entre ambos os preceitos constitucionais, estabelecendo parâmetros proporcionais e razoáveis para a solução da controvérsia concreta sem, contudo, fulminar o núcleo mínimo da livre iniciativa e da propriedade privada ou da dignidade humana, do direito à vida e à saúde, entre outros.[13] Nesse sentido, conferir o entendimento de Diogo de Figueiredo Moreira Neto, para quem, *in verbis*:

> O princípio da liberdade de iniciativa tempera-se pelo da iniciativa suplementar do Estado; o princípio da liberdade de empresa corrige-se com o da definição da função social da empresa; o princípio da liberdade de lucro, bem como o da liberdade de competição, moderam-se com o da repressão e do abuso de poder econômico; o princípio da liberdade de contratação limita-se pela aplicação dos princípios de valorização do trabalho e da harmonia da solidariedade entre as categorias sociais de produção; e finalmente, o princípio da propriedade privada restringe-se como o princípio da função social da propriedade.[14]

---

[11] Cf. FONSECA, Reynaldo Soares da. *O princípio constitucional da fraternidade*: seu resgate no Sistema de Justiça. Belo Horizonte: D'Plácido, 2019.

[12] SARLET, Ingo Wolfgang. As dimensões da dignidade da pessoa humana: construindo uma compreensão jurídico-constitucional necessária e possível. *In*: SARLET, Ingo Wolfgang (Org.). *Dimensões da dignidade*: ensaios de filosofia do direito e direito constitucional. Porto Alegre: Livraria do Advogado, 2005. p. 30; 32.

[13] SARMENTO, Daniel; GALDINO, Flávio. *Direitos fundamentais*: estudos em homenagem ao professor Ricardo Lobo Torres. Rio de Janeiro: Renovar, 2006. p. 293; BARROSO, Luís Roberto. *Curso de direito constitucional contemporâneo*: os conceitos fundamentais e a construção do novo modelo. São Paulo: Saraiva, 2009. p. 329.

[14] MOREIRA NETO, Diogo de Figueiredo. *Ordem econômica e desenvolvimento na Constituição de 1988*. Rio de Janeiro: APEC, 1989. p. 28.

Portanto, o caminho mais adequado para solucionar aquela difícil controvérsia, harmonizando os bens jurídicos constitucionalmente tutelados, encontraria fundamento no princípio constitucional da isonomia e nos precedentes da Suprema Corte sobre o tema da saúde. Não por acaso, no julgamento da ADI nº 1.931, em 7.2.2018, o eminente Ministro Marco Aurélio Mello bem destacou a colisão de princípios constitucionais tal qual ora se enfrenta, *in verbis*:

> A discussão em torno da razoabilidade do ato revela a colisão de valores constitucionais relevantes: a livre iniciativa e o direito à saúde, sob a óptica dos limites da regulação do setor pelo Poder Público. Se, de um lado, é inadequado o esvaziamento da autonomia individual, de outro, há de guardar-se princípios e regras da Lei Maior.
>
> Atentem para os conceitos utilizados na Carta da República. São de textura aberta, permitem múltiplas interpretações e somente podem ser tidos como próprios à luz da situação concreta. Isso não implica dizer que tais requisitos são inteiramente subjetivos. A indeterminação atinente ao disposto na Constituição Federal exige a análise da opção do intérprete sob o ângulo conceitual, o que deve ser feito em atenção ao princípio da separação de Poderes e à necessidade de reconhecer espaço legítimo de interpretação constitucional aos demais agentes políticos de cúpula do Estado.
>
> Os limites da intervenção estatal estão versados no Diploma Maior, considerada a ausência de direito fundamental absoluto. Cumpre ao Supremo, tendo em conta princípios constitucionais, harmonizar esses conflitos inevitáveis.

Naquela ocasião, o Plenário do Supremo Tribunal Federal teve de enfrentar a seguinte indagação: se a atuação dos planos de saúde envolve o ressarcimento de hospitais e clínicas privados pela prestação de serviços de saúde, a gratuidade do Sistema Único de Saúde desobriga o reembolso no caso inverso? Nas palavras do eminente relator, Ministro Marco Aurélio, acompanhado de forma unânime pela Corte:

> Embora o Poder Público atue gratuitamente em relação aos cidadãos, não o faz no tocante às entidades cuja atividade-fim é justamente assegurar a cobertura de lesões e doenças.
>
> Cabe distinguir os vínculos constitucional, entre Estado e cidadão – artigo 196 da Constituição Federal –, obrigacional, entre pessoa e plano de saúde, e legal, entre Estado e plano de saúde – artigo 32 da Lei nº 9.656/1998.
>
> A escolha do agente privado de atuar na prestação de relevantes serviços à saúde, de forma concorrente com o Estado, pressupõe a responsabilidade de arcar integralmente com as obrigações assumidas. A norma impede o enriquecimento ilícito das empresas e a perpetuação de modelo no qual o mercado de serviços de saúde submeta-se unicamente à lógica do lucro, ainda que às custas do erário.
>
> Entendimento em sentido contrário resulta em situação em que os planos de saúde recebem pagamentos mensais dos segurados, mas os serviços continuam a ser fornecidos pelo Estado, sem contrapartida.

Mutatis mutandis, a despeito de não se tratar, naquele caso, de saúde suplementar, mas, sim, de decisão judicial compelindo a internação de paciente do SUS, a mesma *ratio* deveria ser aplicada ao RE nº 666.064/DF em homenagem ao princípio da isonomia.

Por um lado, restariam violadas as garantias constitucionais da livre iniciativa e da propriedade privada, caso os valores da tabela SUS fossem estabelecidos como limite para o ressarcimento de hospital particular compulsoriamente compelido, por força de decisão judicial, a arcar com as despesas de internação de paciente por insuficiência do SUS, sem ter firmado qualquer contrato de complementariedade com o Poder Público.

Por outro lado, como corolário lógico do direito à vida e da dignidade da pessoa humana, o acesso universal às ações e aos serviços de saúde faz com que os serviços prestados nessa seara – sejam eles públicos, sejam privados – tenham sido constitucionalmente categorizados como de relevância pública. Desse modo, o reembolso das despesas com base nos valores de mercado traria uma onerosidade desproporcional ao Sistema Único de Saúde (SUS).

Feitas essas considerações, no caso em questão, proferi voto no sentido de que a saída mais razoável para harmonizar os valores constitucionais envolvidos perpassava necessariamente o princípio da isonomia. É dizer: aplicar o mesmo critério utilizado nas situações inversas em que haveria o ressarcimento do Poder Público (Sistema Único de Saúde) por serviços prestados aos beneficiários de planos de saúde, a saber:

(a) até o mês de dezembro do ano de 2007, a Tabela Única Nacional de Equivalência de Procedimentos (TUNEP);

(b) após referida data, a Tabela SUS multiplicada pelo Índice de Valoração do Ressarcimento (IVR), índice regulado pela Agência Nacional de Saúde – órgão regulador dotado de maior capacidade institucional e expertise técnica para, nos termos da lei, regulamentar, fiscalizar e controlar a execução dos serviços de saúde.

Conclusão

O presente artigo apresentou brevemente os elementos centrais em torno do julgamento do Recurso Extraordinário nº 666.094/DF, com ênfase nas principais justificativas invocadas para definir o parâmetro de remuneração aplicável às situações em que o estabelecimento hospitalar privado for compelido, por força de decisão judicial, a internar paciente em razão de insuficiência da atividade prestada pelo Sistema Único de Saúde: da Tabela SUS ou valor de mercado.[15]

---

[15] Eis a ementa do julgado: "Direito constitucional e sanitário. Recurso extraordinário. Repercussão geral. Impossibilidade de atendimento pelo SUS. Ressarcimento de unidade privada de saúde. 1. Em razão da ausência de vaga na rede pública, decisão judicial determinou o atendimento de paciente em hospital privado, às expensas do Poder Público. Discute-se, no presente processo, o critério a ser utilizado para esse ressarcimento. 2. O acórdão recorrido fixou o reembolso no montante cobrado pelo estabelecimento hospitalar privado, que considerou ser o valor praticado no mercado. O Distrito Federal, por sua vez, postula no presente recurso que o valor do ressarcimento tenha como limite a Tabela do SUS. 3. A Constituição admite duas modalidades de execução de serviços de saúde por agentes privados: a complementar e a suplementar. A saúde complementar designa ações e serviços de saúde que a entidade privada pratica mediante convênio com o Poder Público e sujeitando-se às regras do SUS. 4. A saúde suplementar, por sua vez, abrange atividades de profissionais de saúde, clínicas, hospitais particulares e operadoras de planos de saúde que não têm uma relação negocial com o Poder Público, sujeitando-se, apenas, à regulação da Agência Nacional de Saúde – ANS. 5. O ressarcimento, segundo as diretrizes e valores do SUS, a um agente privado que não aderiu ao sistema público pela celebração de convênio, viola a livre iniciativa (CF, art. 170, *caput*) e a garantia de propriedade privada (CF, arts. 5º, XXII e 170, II). Por outro lado, a execução privada do serviço de saúde não afasta sua relevância pública (CF, art. 177). 6. Diante disso, é razoável que se adote, em relação ao ressarcimento da rede privada, o mesmo critério utilizado para ressarcimento do Sistema Único de Saúde por serviços prestados a beneficiários de planos de saúde. Até dezembro de 2007, tal critério era a Tabela Única Nacional de Equivalência de Procedimentos – TUNEP. Após, passou a ser a Tabela do SUS, ajustada de acordo com as regras de valoração do SUS e multiplicada pelo Índice de Valoração do Ressarcimento – IVR. 7. Os valores de referência constantes da TUNEP, bem como o IVR multiplicador da Tabela do SUS, são fixados pela ANS, que tem o dever de atuar como árbitro imparcial do sistema. Naturalmente,

Com base no exposto ao longo do artigo, em primeiro lugar, pode-se concluir que os estabelecimentos privados que prestam serviços de saúde possuem encargos decorrentes de sua relevância pública de natureza constitucional, devendo auxiliar a maximização do acesso à saúde. Entretanto, o direito à livre iniciativa e as liberdades econômicas constitucionalmente garantidas aos agentes privados vedam encargos desproporcionais e responsabilizações arbitrárias.

Por consequência, o Supremo Tribunal Federal concluiu que a Tabela SUS somente é aplicável ao ressarcimento dos serviços prestados por hospitais privados que tenham celebrado convênios com o próprio Sistema Único de Saúde. Nesse sentido, o Recurso Extraordinário nº 666.094/DF possuía uma distinção importante: o estabelecimento hospitalar privado não havia recebido o paciente em razão de pacto contratual firmado com o Poder Público, mas sim mediante o cumprimento de ordem judicial. Por essa razão, não seria justo ou constitucionalmente adequado submetê-los aos mesmos parâmetros de ressarcimento aplicáveis aos hospitais privados conveniados com o SUS.

Pelo contrário, em segundo lugar, a controvérsia constitucional suscitada deveria ser equacionada com base no princípio da isonomia. Tendo em vista que as operadoras dos planos de saúde privados ressarcem o SUS, quando algum hospital público ou conveniado atende o consumidor ou contratante do plano de saúde, com base na Tabela Única Nacional de Equivalência de Procedimentos (TUNEP) e do IVR multiplicador da tabela do SUS, o mesmo parâmetro deve ser aplicado aos casos inversos, nos quais há ressarcimento do Poder Público ao agente privado em razão de ineficiência no atendimento do paciente do Sistema Único de Saúde, e por força de decisão judicial.

O Supremo Tribunal Federal, portanto, teve a oportunidade de uniformizar a orientação judicial sobre importante aspecto da política de preços na saúde brasileira. Em outras palavras, o STF promoveu maior segurança jurídica à gestão pública e privada dos serviços de saúde no Brasil, garantindo maior previsibilidade em relação ao cumprimento de ordens judiciais direcionadas ao recebimento de pacientes do Sistema Único de Saúde em unidades hospitalares privadas.

Referências

BARROSO, Luís Roberto. *Curso de direito constitucional contemporâneo*: os conceitos fundamentais e a construção do novo modelo. São Paulo: Saraiva, 2009.

BARROSO, Luís Roberto. Da falta de efetividade à judicialização excessiva: direito à saúde, fornecimento gratuito de medicamentos e parâmetros para a atuação judicial. *Jurisp. Mineira*, Belo Horizonte, ano 60, n. 188, jan./mar. 2009.

BRASIL. *Constituição da República Federativa do Brasil*. Disponível em: https://www.planalto.gov.br/ccivil_03/constituicao/constituicaocompilado.htm. Acesso em: 24 jan. 2023.

BRASIL. *Lei 8080, de 19 de setembro de 1990*. Dispõe sobre as condições para a promoção, proteção e recuperação da saúde, a organização e o funcionamento dos serviços correspondentes e dá outras providências. Disponível em: http://www.planalto.gov.br/ccivil_03/leis/l8080.htm. Acesso em: 24 jan. 2023.

---

sempre poderá ser feita uma avaliação da existência efetiva e razoabilidade dos tratamentos adotados. 8. Recurso extraordinário provido em parte, com a fixação da seguinte tese de julgamento: 'O ressarcimento de serviços de saúde prestados por unidade privada em favor de paciente do Sistema Único de Saúde, em cumprimento de ordem judicial, deve utilizar como critério o mesmo que é adotado para o ressarcimento do Sistema Único de Saúde por serviços prestados a beneficiários de planos de saúde'" (BRASIL. Supremo Tribunal Federal. *RE: 666094 DF*. Rel. Roberto Barroso, j. 30.9.2021, Tribunal Pleno, public. 4.2.2022).

BRASIL. *Lei 9656, de 3 de junho de 1998*. Dispõe sobre os planos e seguros privados de assistência à saúde. Disponível em: https://www.planalto.gov.br/ccivil_03/leis/l9656.htm. Acesso em: 24 jan. 2023.

BRASIL. Supremo Tribunal Federal. *ADI: 1931 DF*. Rel. Marco Aurélio, j. 7.2.2018, Tribunal Pleno, public. 8.6.2018.

BRASIL. Supremo Tribunal Federal. RE: 516671 RS. Rel. Min. Ricardo Lewandowski, j. 23.3.2010. *DJe-060* divulg 6.4.2010 public 7.4.2010.

BRASIL. Supremo Tribunal Federal. *RE: 581488 RS*. Rel. Dias Toffoli, j. 30.8.2012, Tribunal Pleno, public. 12.9.2012.

BRASIL. Supremo Tribunal Federal. *RE: 666094 DF*. Rel. Roberto Barroso, j. 21.2.2019, Tribunal Pleno, public. 18.12.2019.

BRASIL. Supremo Tribunal Federal. RE-AgR: 271286 RS. Rel. Celso de Mello, j. 12.9.2000, Segunda Turma. *DJ*, 24 nov. 2000.

BRITO, Edvaldo. *Reflexos jurídicos da atuação do Estado no domínio econômico*. 3. ed. São Paulo: Saraiva, 2022.

CALABRESI, Guido; BOBBITT, Philip. *Tragic choices*: the conflicts society confronts in the allocation of tragically scarce resources. New York: W.W.Norton & Company, 1978.

FONSECA, Reynaldo Soares da. *O princípio constitucional da fraternidade*: seu resgate no Sistema de Justiça. Belo Horizonte: D'Plácido, 2019.

HOLMES, Stephen; SUNSTEIN, Cass R. *The cost of rights*: why liberty depends on taxes. New York: W.W. Norton & Company, 2000.

MOREIRA NETO, Diogo de Figueiredo. *Ordem econômica e desenvolvimento na Constituição de 1988*. Rio de Janeiro: APEC, 1989.

SARLET, Ingo Wolfgang. As dimensões da dignidade da pessoa humana: construindo uma compreensão jurídico-constitucional necessária e possível. *In*: SARLET, Ingo Wolfgang (Org.). *Dimensões da dignidade*: ensaios de filosofia do direito e direito constitucional. Porto Alegre: Livraria do Advogado, 2005.

SARMENTO, Daniel; GALDINO, Flávio. *Direitos fundamentais*: estudos em homenagem ao professor Ricardo Lobo Torres. Rio de Janeiro: Renovar, 2006.

SILVA, Michelle Emanuella de Assis. Direito à saúde: evolução histórica, atuação estatal e aplicação da teoria de Karl Popper. *Revista Constituição e Garantia de Direitos*, Natal, v. 9, n. 2, p. 4-22, 2017.

SISTEMA brasileiro de saúde. *Banco do Nordeste*, ano 3, n. 1, dez. 2009.

TAVARES, André Ramos. Livre iniciativa empresarial. *Enciclopédia Jurídica da PUC/SP*, ed. 1, jul. 2018. Tomo de Direito Comercial.

Informação bibliográfica deste texto, conforme a NBR 6023:2018 da Associação Brasileira de Normas Técnicas (ABNT):

FUX, Luiz. O direito constitucional à saúde e à livre iniciativa: uma análise do RE nº 666.094/DF. *In*: RIBEIRO, Paulo Dias de Moura; TOMELIN, Georghio Alessandro; KIM, Richard Pae (Coord.). *Direito humano e fundamental à saúde*: estudos em homenagem ao ministro Enrique Ricardo Lewandowski. Belo Horizonte: Fórum, 2023. p. 91-103. ISBN 978-65-5518-606-2.

IDENTIDADE DE GÊNERO AUTOPERCEBIDA: NOTAS E REFLEXÕES SOBRE O ADOECIMENTO MENTAL DAS PESSOAS LGBT+ A PARTIR DA PROTEÇÃO DOS DIREITOS HUMANOS NA CORTE INTERAMERICANA E NO STF

LUIZ EDSON FACHIN

PEDRO FERREIRA

Introdução

A teoria do direito e a prática jurídica se legitimam ainda mais na medida em que dialogam com demais saberes e sejam permeáveis à força construtiva dos fatos sociais. O presente texto parte dessa premissa e se situa num campo de investigação acadêmica, próprio do conhecimento que presta contas à realidade e aos fundamentos de uma sociedade almejada como livre, justa e solidária, e de um Estado de direito democrático.

Diversos são os contextos nos quais essa interlocução se dá com proveito para a efetividade dos compromissos constitucionais, nomeadamente a proteção dos direitos humanos e fundamentais. Um deles, por excelência, é o da saúde, ou ainda mais precisamente, da falta de acesso ao direito à saúde, nomeadamente na seara da população mais vulnerável e privada da própria inclusão plena no circuito protetivo de normas de tutela e de políticas públicas, donde advêm, por decorrência, legítimas pretensões individuais ou coletivas que emergem a fim de arrostar e enfrentar as mais distintas enfermidades, entre elas o adoecimento mental.

O adoecimento mental não decorre apenas de fatores biológicos e genéticos, mas também de aspectos sociais. As pessoas LGBT+, de modo mais agudo, vivenciam, cotidianamente, violência homotransfóbica interpessoal, institucional e simbólica, aspecto social que implica a criação de um contexto mais propício ao adoecimento mental. Para mitigar o contexto de discriminação sofrida por essa população, é fundamental que haja o reconhecimento de direitos essenciais, sobretudo o direito ao desenvolvimento de um projeto de vida, a fim de sobrelevar a dignidade da pessoa humana, fundamento constitucional absoluto, destinado a todos, sem distinção de idade, classe social, etnia, identidade de gênero ou orientação sexual.

Diante dessa conjuntura, pretende-se evidenciar a importância das decisões do Supremo Tribunal Federal no reconhecimento de direitos essenciais às pessoas LGBT+ que, embora não tenham versado especificamente sobre a saúde mental, trouxeram impactos nessa seara. Para que se possa analisar (repisar é necessário: num viés acadêmico, propício a notas e reflexões como veículos de debates) essas decisões de forma mais precisa, é necessário, antes de tudo, conceituar, em termos gerais, *quantum satis*, a saúde mental, para, posteriormente, expor quais são as determinantes sociais responsáveis pelo seu agravamento. Construído esse panorama, torna-se possível a análise das decisões em si, evidenciando-se, nesta pesquisa, a decisão prolatada na ADI nº 4.277 e ADPF nº 132, de modo a apontar os seus efeitos na vivência de pessoas LGBT+, sobretudo no âmbito da saúde mental. Da mesma forma, analisar-se-á o impacto da decisão provinda da ADI nº 4.275, que versa questões afetas aos transgêneros.

Para tanto, este conjunto de notas e reflexões tomará como baliza a Constituição Federal e os pronunciamentos jurisdicionais na ADPF nº 132, na ADI nº 4.277, na ADI nº 4.275, bem assim o Provimento nº 73/18 do CNJ e a Opinião Consultiva nº 24/17, emitida pela Corte Interamericana de Direitos Humanos. Concomitantemente, analisar-se-ão fontes que aportam contributos relevantes nesse caminho, contidas em periódicos, livros e publicações avulsas, a fim de proceder à pesquisa bibliográfica. Para além disso, é de se ressaltar que este estudo estará amparado no referencial teórico-metodológico composto pelos autores Nunes Filipe Reis Rodrigues, Ana Alexandra Marinho Alves e Carlos Fernández Sessarego.

Assim posta esta breve introdução, passemos ao desenvolvimento temático como propomos.

1 A repercussão de determinantes sociais no adoecimento da mente e a necessidade da concretização do direito à saúde mental

Entre os preceitos elencados como fundamentais para a garantia da felicidade, encontra-se o direito à saúde. Este, por sua vez, engloba não somente o estado de completo bem-estar físico, como também mental e social.[1] Prescreve a Constituição Federal de 1988 o direito à saúde como um direito social e, de acordo com o que prevê o art. 23, inc. II, do texto constitucional, é de competência da União, dos estados, do Distrito Federal e dos municípios zelar pela garantia do referido direito. Cabe a todos os entes da Federação, portanto, a função social de valorização do ser humano, responsabilizando-se, constitucionalmente, pela salvaguarda da saúde de todos, fazendo-o por intermédio do financiamento e administração de um sistema de saúde público e universal.

Entretanto, para além da prestação de serviços de saúde propriamente dita, o Estado é responsável por afiançar a equidade entre as pessoas, comedindo as ações condenáveis de violência sistêmica em face de grupos sociais vulneráveis, inclusive praticadas no contexto estatal. Essa necessidade se baseia na concepção de que as causas

---

[1] ORGANIZAÇÃO MUNDIAL DA SAÚDE (OMS). *Constituição da Organização Mundial da Saúde (OMS/WHO)*. 1946. Disponível em: http://www.nepp-dh.ufrj.br/oms2.html. Acesso em: 23 jan. 2023.

sociais são substancialmente capazes de alterar a saúde e o equilíbrio emocional dos seres humanos, tornando-os suscetíveis ao acometimento de distúrbios psíquicos. Em um recorte de identidade de gênero e sexualidade, evidenciam-se as discriminações em face de pessoas LGBT+, reproduzidas em razão do estigma social, que acabam por suscitar a ridicularização e rejeição dessas pessoas. Nesse cenário, torna-se mais provável o desenvolvimento de sentimentos de frustração, baixa autoestima e vergonha. Para além desse prisma, a violência perpetrada em face das pessoas LGBT+ é capaz de provocar uma outra série de determinantes de exclusão social, como a pobreza, a exclusão familiar e a falta de acesso à educação, ao mercado de trabalho, à habitação e ao lazer. Essa conjuntura, como um todo, potencializa a chance de adoecimento mental dessas pessoas.

Essa condição precária, inclusive, já é reconhecida e, mesmo que de forma ainda insuficiente, arrostada pelo Estado. Tanto o é que, em 2013, o Ministério da Saúde apresentou a Política Nacional de Saúde Integral de Lésbicas, Gays, Bissexuais, Travestis e Transexuais no âmbito do Sistema Único de Saúde (SUS), com o objetivo de promover a saúde integral das pessoas LGBT+, eliminando a discriminação e o preconceito institucional promovido contra essas pessoas, para que, por consectário lógico, sejam diminuídas as desigualdades, conforme prevê o art. 1º da referida política. Esta, por seu turno, foi instituída pela Portaria nº 2.836, de 1º.12.2011, que prevê, entre outros objetivos específicos, atenção à saúde mental da população LGBT+, conforme se verifica no art. 2º, inc. XX:[2]

> Art. 2º A Política Nacional de Saúde Integral LGBT tem os seguintes objetivos específicos:
> [...]
> XX - reduzir os problemas relacionados à saúde mental, drogadição, alcoolismo, depressão e suicídio entre lésbicas, gays, bissexuais, travestis e transexuais, atuando na prevenção, promoção e recuperação da saúde.

Para mais, a referida portaria prevê algumas medidas que competem ao Ministério da Saúde, das quais se evidenciam, aqui, aquelas que abordam a saúde mental, previstas no art. 4º, incs. V e XIII,[3] que assim dispõem:

> Art. 4º Compete ao Ministério da Saúde: [...]
> V - articular junto às Secretarias de Saúde estaduais e municipais para a definição de estratégias que promovam a atenção e o cuidado especial com adolescentes lésbicas, gays, bissexuais, travestis e transexuais, garantindo sua saúde mental, assim como acolhimento e apoio; [...]
> XIII - promover ações e práticas educativas em saúde nos serviços do SUS, com ênfase na promoção da saúde mental, orientação sexual e identidade de gênero, incluindo recortes étnico-racial e territorial.

---

[2] BRASIL. Ministério da Saúde. Secretaria de Gestão Estratégica e Participativa. Departamento de Apoio à Gestão Participativa. *Política Nacional de Saúde Integral de Lésbicas, Gays, Bissexuais, Travestis e Transexuais*. Brasília: Ministério da Saúde, 2013.

[3] BRASIL. Ministério da Saúde. Secretaria de Gestão Estratégica e Participativa. Departamento de Apoio à Gestão Participativa. *Política Nacional de Saúde Integral de Lésbicas, Gays, Bissexuais, Travestis e Transexuais*. Brasília: Ministério da Saúde, 2013.

Nada obstante a grandeza da portaria mencionada, bem como das demais normativas e orientações previstas no âmbito estatal para a garantia do direito à saúde mental das pessoas LGBT+, frisa-se que a concreta efetivação desse direito depende, primordialmente, do cumprimento e olhar atento aos direitos fundamentais e sociais previstos na Constituição Federal. Esta, por sua vez, sem embargo de não prever o direito à saúde mental expressamente, é o maior marco jurídico para sua proteção. Isso porque o texto constitucional estipula diversas possibilidades gerais em relação à saúde mental, entre as quais se evidenciam os direitos à liberdade de consciência e de crença, ao exercício de trabalho, à saúde, à educação, à alimentação, à moradia, ao lazer, à segurança e à previdência social. Para além disso, a Constituição, que estabelece o Estado de direito democrático, tem como fundamento, de acordo com o art. 1º, inc. III, a dignidade da pessoa humana, princípio que permeia todo o ordenamento jurídico pátrio. Para a plena realização da dignidade da pessoa humana, entretanto, é basilar não apenas a criação de leis, e sim, especialmente, a movimentação de políticas públicas e o exercício jurisdicional, de forma a serem concretizadas as perspectivas legais e constitucionais.[4]

Nesta senda, compreendendo-se o direito à saúde mental como um direito, antes de tudo, constitucional, faz-se necessário conceituar, em termos amplos, apenas o quanto baste para a reflexão aqui em curso, a saúde mental em si, bem como apontar quais são os componentes que, somados, nela resultam. Dessa forma, será possível, posteriormente, correlacioná-la às determinantes sociais.

De acordo com o *Relatório Mundial de Saúde Mental: transformando a saúde mental para todos*, lançado pela Organização Mundial da Saúde (OMS) em 2022,[5] a saúde mental é parte integrante da saúde em geral, correlacionada ao bem-estar, sendo um direito humano básico. Ainda segundo a OMS, a saúde mental tem influência nos pensamentos, sentimentos e ações. Em razão disso, esse direito é de extrema importância para o desenvolvimento pessoal, comunitário e socioeconômico, já que, dispondo de uma equilibrada saúde mental, as pessoas são mais capazes de conectar, lidar com o "mundo da vida" e prosperar. Enfim, mais do que ausência de doenças, é um estado em que o indivíduo está suficientemente bem para lidar com situações cotidianas diversas.[6] Como componentes da saúde mental, têm-se os fatores biológicos, psicológicos e sociais, sendo aquela um produto de múltiplas e complexas interações.[7]

Um conceito mais especificado, com viés social emancipatório, é apresentado pelos pesquisadores Naomar de Almeida Filho, Maria Thereza Ávila e Maria Fernanda Peres,[8] que consideram:

> [...] a saúde mental significa um socius saudável; ela implica emprego, satisfação no trabalho, vida cotidiana significativa, participação social, lazer, qualidade das redes sociais,

---

[4] PINHEIRO, Gustavo Henrique de Aguiar. *Constituição e saúde mental*. Fortaleza: Expressão Gráfica Editora, 2013.

[5] ORGANIZAÇÃO MUNDIAL DA SAÚDE (OMS). *World mental health report*: transforming mental health for all. 2022. Disponível em: https://www.who.int/publications/i/item/9789240049338. Acesso em: 23 jan. 2023.

[6] ORGANIZAÇÃO MUNDIAL DA SAÚDE (OMS). *Constituição da Organização Mundial da Saúde (OMS/WHO)*. 1946. Disponível em: http://www.nepp-dh.ufrj.br/oms2.html. Acesso em: 23 jan. 2023.

[7] ALVES, Ana Alexandra Marinho; RODRIGUES, Nunes Filipe Reis. Determinantes sociais e econômicos da saúde mental. *Revista Portuguesa de Saúde Pública*, n. 28(2), p. 127-131, 2010.

[8] ALMEIDA FILHO, Naomar de; COELHO, Maria Thereza Ávila; PERES, Maria Fernanda. O conceito de saúde mental. *Revista USP*, São Paulo, n. 43, p. 100-125, 1999. p. 123.

enfim, qualidade de vida. Por mais que se decrete o fim das utopias e a crise dos valores, não se pode escapar: o conceito de saúde mental vincula-se a uma pauta emancipatória do sujeito, de natureza inapelavelmente política.

Similarmente, Ana Bernarda Ludermir aduz que a saúde mental "caracteriza-se por uma determinação complexa que envolve dimensões econômica, social, política e cultural, expressando-se diferentemente nas classes sociais e nas relações de gênero". Segundo Ludermir, a exclusão social, desemprego e violência são causas que propiciam o adoecimento mental. Essas condições, no mais, segundo a autora, relacionam-se à desigualdade de classe, de acesso à educação e à exclusão do mercado de trabalho.[9] Ainda nessa perspectiva, no relatório final da 8ª Conferência Nacional de Saúde,[10] realizada em 1986, foi expresso que a saúde, em seu sentido mais abrangente, é

> [...] resultante das condições de alimentação, habitação, educação, renda, meio-ambiente, trabalho, transporte, emprego, lazer, liberdade, acesso e posse da terra e acesso a serviços de saúde. É, assim, antes de tudo, o resultado das formas de organização social da produção, as quais podem gerar grandes desigualdades nos níveis de vida. [...] o pleno exercício do direito à saúde implica em garantir: trabalho em condições dignas, com amplo conhecimento e controle dos trabalhadores sobre o processo e o ambiente de trabalho; alimentação para todos, segundo as suas necessidades; moradia higiênica e digna; educação e informação plenas; qualidade adequada de meio-ambiente; transporte seguro e acessível; repouso, lazer e segurança; participação da população na organização, gestão e controle dos serviços e ações de saúde; direito à liberdade, à livre organização e expressão; acesso universal e igualitário aos serviços setoriais em todos os níveis.

Essas condições, no entanto, apesar de previstas no assento constitucional e no comprometimento internacional do Brasil pela garantia dos direitos humanos, são continuamente transgredidas, quanto mais àqueles fadados pelas vulnerabilidades sociais. A falta dessas condições torna provável a exclusão social, o que leva, por consequência, a um elevado risco de doença mental, haja vista que, nessas circunstâncias, o acesso a bens essenciais, como habitação, educação e outros pertencentes ao exercício da cidadania, fica comprometido. Inexistindo pertencimento com o atendimento das liberdades reais, a exclusão social, cultural e econômica se agrava.

Além disso, a exclusão familiar, a desesperança e o sentimento de incapacidade oportunizam a criação de um ciclo vicioso, uma vez que acabam por reprimir a procura por amparo, direcionando a um declínio social e pobreza crescentes.[11]

A partir da análise das determinantes sociais da saúde mental, faz-se necessário ponderar especificamente acerca da vivência das pessoas LGBT+. Social e historicamente, essas pessoas foram compreendidas como patológicas e desviantes, colocando-as, portanto, em uma posição de exclusão social, marginalização, discriminação e estigmatização. Segundo Becker, o desviante é aquele caracterizado pela violação a uma ou

---

[9] LUDEMIR, Ana Bernarda. Desigualdades de classe e gênero e saúde mental nas cidades. *Physis Revista de Saúde Coletiva*, Rio de Janeiro, p. 451-467, 2008. p. 452-453.

[10] BRASIL. Ministério da Saúde. Ministério da Previdência e Assistência Social. *Relatório Final da 8ª Conferência Nacional da Saúde*. Brasília: Ministério da Saúde, 1986.

[11] ALVES, Ana Alexandra Marinho; RODRIGUES, Nunes Filipe Reis. Determinantes sociais e econômicos da saúde mental. *Revista Portuguesa de Saúde Pública*, n. 28(2), p. 127-131, 2010.

a um conjunto de regras sociais. Estas, no que lhes concerne, podem ser estabelecidas de formas diversas, como pelo consenso social,[12] por intermédio de uma lei[13] ou na categorização patológica.[14]

Esse cenário se verifica em razão de se ter implementado socialmente que a heterossexualidade e cisgeneridade ajustam-se à normalidade, pressupondo-se, portanto, o desvio das pessoas homossexuais e transgêneros, o que, consequentemente, leva à reprodução de desigualdades sociais e exclusão dessas pessoas, haja vista que fogem às normas cis-heterormativas.[15]

O encadeamento de violência e discriminação vivenciado pelas pessoas LGBT+ demonstra que as suas vidas não são reconhecidas como vidas propriamente ditas. Isso ocorre porque as "normas operam para tornar certos sujeitos pessoas 'reconhecíveis' e tornar outros decididamente mais difíceis de reconhecer".[16] No caso das pessoas LGBT+, as normas sociais operam para rebaixá-las a uma condição de não humano.

Tal entendimento, inclusive, se estreita àquele defendido por Agamben, que pondera acerca da existência de vidas indignas de serem vividas.[17] Essa realidade, de modo inegável, coaduna-se à das pessoas LGBT+, sobretudo as travestis e os transexuais, em razão de se poder inferir que, conforme o posicionamento histórico e social, esses possuiriam vidas sem valor, de modo a serem estigmatizadas de modo bárbaro ao serem consideradas indignas de serem vividas. O desvalor da vida dos transexuais e das travestis pode ser constatado a partir da análise dos dados quantitativos dos assassinatos dessa população, que revelam que, entre 1º.10.2020 e 30.9.2021, ocorreram 375 assassinatos de pessoas trans pelo mundo, entre os quais 125 se deram no Brasil.[18] Em seguida, os países que apresentaram o maior número de assassinatos foram o México e os Estados Unidos, que relataram, respectivamente, 65 e 53 homicídios. De acordo com esses dados, percebe-se que o Brasil ocupa o primeiro lugar do *ranking* dos países que

---

[12] No caso da homotransfobia, o consenso social foi construído no século XIX pela sociedade burguesa, que, ao impor um arquétipo heterossexual e cisgênero, posicionou todos os demais comportamentos sexuais e identitários em um patamar de desvio, patologia e criminalidade. A partir desse momento, sobreveio a heteronormativade, que objetivou elevar a heterossexualidade a um *status* de superioridade (TREVISAN, João Silvério. *Devassos do paraíso*: a homossexualidade no Brasil, da colônia à atualidade. 4. ed. Rio de Janeiro: Objetiva, 2018).

[13] Para perpetuar a matriz heterossexual, foram registrados diversos mecanismos de vigilância, repressão e violência contra as pessoas que se esquivavam do arquétipo heterossexual e cisgênero. Esse controle sobre os corpos considerados desviantes foi exercido de forma lícita no século XIX e XX, em razão da utilização do sistema penal como meio para criminalizá-los (GREEN, James Naylor. *Além do carnaval*: a homossexualidade masculina no Brasil do século XX. São Paulo: Editora Unesp, 2000).

[14] A patologização da homossexualidade e da transgeneridade foi amplamente influenciada pela ordem médica conservadora, que se alicerçava nos ideais de higienismo do corpo social. Nesse ponto, ressalta-se que até a década de 90 a homossexualidade era prevista no Capítulo de Transtornos Mentais da Classificação Internacional de Doenças. A transgeneridade, por sua vez, de acordo com a Organização Mundial da Saúde (OMS), deixou, em maio de 2019, de configurar na categoria de transtornos mentais para integrar o de "condições relacionadas à saúde sexual", sendo classificada como "incongruência de gênero".

[15] TAGLIAMENTO, Grazielle *et al*. Minha dor vem de você: uma análise das consequências da LGBTfobia na saúde mental de pessoas LGBTs. *Cadernos de Gênero & Diversidade*, v. 6, n. 3, p. 77-112, 2020.

[16] BUTLER, Judith. *Quadros de guerra*. Tradução de Sérgio Tadeu de Niemeyer Lamarão e Arnaldo Marques da Cunha. Rio de Janeiro: Civilização Brasileira, 2019. p. 20.

[17] AGAMBEN, Giorgio. *Homo sacer*. Tradução de Henrique Burigo. Belo Horizonte: UFMG, 2002.

[18] Estima-se que esse número seja maior, já que os assassinatos de pessoas trans podem ser subnotificados. Isso porque muitos casos de homicídios não são publicizados ou, quando o são, podem não indicar a transgeneridade da vítima, haja vista que, muitas vezes, as mulheres trans e travestis mortas são identificadas como pessoas do gênero masculino.

registraram o maior número de assassinato de pessoas trans, com o dobro de casos em relação ao país que está na segunda posição.[19]

O elevado número de mortes de pessoas trans pode ser relacionado à necropolítica, termo filosófico que aponta a existência de vetores reais de poder capazes de ditar quem deve morrer e quem pode viver.[20] No caso das pessoas LGBT+, há um projeto do sistema de valores sociais, culturais e econômicos, que decorre do século XIX e que repercute até os dias atuais, para eliminá-las.

O contexto de violência homotransfóbica, somado à escassez ou ausência de direitos que materializam a dignidade humana da população LGBT+, é responsável pelo adoecimento mental dessa população, situação que tem sido amenizada por decisões do Supremo Tribunal Federal (STF).

Em face do exposto, nos próximos tópicos deste texto, serão estudadas duas decisões da Suprema Corte que, embora não versem diretamente sobre saúde mental, refletiram nessa seara ao garantir a formalização da conjugalidade entre pessoas do mesmo gênero e a retificação de registro civil de pessoas trans.

2 A formalização da união estável entre pessoas do mesmo gênero e a sua repercussão na saúde mental da população LGBT+

Neste tópico serão tratadas noções gerais acerca da ADI nº 4.277 e da ADPF nº 132, bem como a repercussão da decisão nessas ações judiciais, que foram julgadas em conjunto. Primeiramente, entretanto, imprescindível perlustrar o processo de reconhecimento da união estável entre pessoas do mesmo gênero[21] no âmbito legislativo e jurisdicional.

A começar pelo patamar das Cartas magnas, nota-se que as duas primeiras Constituições brasileiras (de 1824 e 1891) não cuidaram, em título ou capítulo específicos, das questões atinentes à família como fenômeno social e cultural. As Constituições de 1934,[22]

---

[19] TRANSRESPECT VERSUS TRANSPHOBIA WORLDWIDE (TVT). *4042 trans and gender-diverse people reported murdered between 1 January 2008 and 30 September 2021.* Disponível em: https://transrespect.org/wp-content/uploads/2021/11/TvT_TMM_TDoR2021_Tables.pdf. Acesso em: 8 jan. 2023.

[20] MBEMBE, Achille. *Necropolítica.* Espanha: Melusina, 2011.

[21] No senso comum, associa-se o sexo à uma posição natural e biológica. Já o gênero é associado à uma categoria cultural e social. No entanto, o binarismo natureza/cultura é repudiado pela teoria *queer*, sobretudo pela filósofa precursora da referida teoria, Judith Butler, que defende que tanto o sexo quanto o gênero são construídos socialmente em virtude de relações de poder. Para a autora, "se o caráter imutável do sexo é contestável, talvez o próprio construto chamado 'sexo' seja tão culturalmente construído quanto o gênero; a rigor, talvez o sexo sempre tenha sido o gênero, de tal forma que a distinção entre sexo e gênero se revela absolutamente nenhuma. Se o sexo é, ele próprio, uma categoria tomada em seu gênero, não faz sentido definir o gênero como a interpretação cultural do sexo". Diante da equiparação entre as expressões *gênero* e *sexo*, defendida por Butler, utilizar-se-á, nesta pesquisa, o termo "gênero", a fim de se obter um padrão terminológico (BUTLER, Judith. *Problemas de gênero*: feminismo e subversão da identidade. Tradução de Renato Aguiar. Rio de Janeiro: Civilização Brasileira, 2003. p. 25).

[22] Art. 144, da Constituição de 1934: "a família, constituída pelo casamento indissolúvel, está sob a proteção especial do Estado" (BRASIL. *Constituição da República dos Estados Unidos do Brasil.* Brasília, DF: Presidência da República, 1934. Disponível em: https://www.planalto.gov.br/ccivil_03/constituicao/constituicao34.htm. Acesso em: 10 jan. 2023).

1937,[23] 1946[24] e 1967,[25] em contrapartida, passaram a adotar um conceito de família, vinculando-a à necessidade de celebração de casamento. A Constituição Federal de 1988,[26] por sua vez, não trouxe essa delimitação, declarando o valor jurídico da família fundada ou não no matrimônio, porquanto o casamento não é um requisito para se formar uma família. Além de não delimitar a extensão do sentido do instituto da família, o novo texto constitucional explicitou a ideia de que a entidade familiar pode ser formada por qualquer um dos genitores e seus descendentes (art. 226, §4º, CF), bem como por meio de união estável (art. 226, §3º, CF).

Ainda que a Constituição de 1988 tenha expandido o conceito de família, não há, nesta, dispositivo normativo que expresse a possibilidade de uma família ser constituída por intermédio do vínculo conjugal homoafetivo. Mesmo diante da falta de previsão expressa, ressalta-se que nenhuma Constituição ou codificação civil brasileira restringiu, explicitamente, que a família se constituísse apenas entre pessoas de gêneros opostos. Diante dessa omissão, surgiram diversas controvérsias sobre união estável e casamento entre pessoas do mesmo gênero, sobretudo em razão de o art. 226, §3º, da Constituição Federal prever que "é reconhecida a união estável entre o homem e a mulher como entidade familiar, devendo a lei facilitar sua conversão em casamento".[27]

A discussão em torno do que expõe o referido artigo perpassa pela alegação de que o legislador constituinte apenas previu e reconheceu a união estável constituída por pessoas de gêneros opostos (baseado no binarismo homem e mulher). Paralelo a essa corrente de pensamento, foi levantado argumento no sentido de que essa delimitação só deveria ser apontada caso a redação do artigo contivesse a expressão "apenas" ou afins, explicitando, de fato, que a união estável somente poderia se dar entre um homem e uma mulher.

Em razão da controvérsia hermenêutica, a questão da possibilidade ou não do reconhecimento das relações de união estável e casamento entre pessoas do mesmo gênero repercutiu, por muitos anos, no Poder Judiciário, que expôs decisões diametralmente opostas acerca da temática. Diante dessa realidade, a pesquisadora Rosa Maria Rodrigues de Oliveira, ao analisar 278 acórdãos de 1989 a 2009 relacionados à conjugalidade de pessoas do mesmo gênero, expôs quantitativa e qualitativamente as decisões que foram desfavoráveis.[28]

---

[23] Art. 124, da Constituição de 1937: "a família, constituída pelo casamento indissolúvel, está sob a proteção especial do Estado" (BRASIL. *Constituição dos Estados Unidos do Brasil*. Brasília, DF: Presidência da República, 1937. Disponível em: https://www.planalto.gov.br/ccivil_03/constituicao/constituicao37.htm. Acesso em: 10 jan. 2023).

[24] Art. 163, da Constituição de 1946: "a família é constituída pelo casamento de vínculo indissolúvel e terá direito à proteção especial do Estado" (BRASIL. Constituição dos Estados Unidos do Brasil. Brasília, DF: Presidência da República, 1946. Disponível em: https://www.planalto.gov.br/ccivil_03/constituicao/constituicao46.htm. Acesso em: 10 jan. 2023).

[25] Art. 167, da Constituição de 1967: "a família é constituída pelo casamento e terá direito à proteção dos Poderes Públicos" (BRASIL. *Constituição da República Federativa do Brasil*. Brasília, DF: Presidência da República, 1967. Disponível em: https://www.planalto.gov.br/ccivil_03/constituicao/constituicao67.htm. Acesso em: 10 jan. 2023).

[26] Art. 226, da Constituição de 1988: "a família, base da sociedade, tem especial proteção do Estado" (BRASIL. *Constituição da República do Brasil de 1988*. Brasília, DF: Presidência da República, 1988. Disponível em: http://www.planalto.gov.br/ccivil_03/constituicao/constituicao.htm. Acesso em: 10 jan. 2023).

[27] BRASIL. *Constituição da República do Brasil de 1988*. Brasília, DF: Presidência da República, 1988. Disponível em: http://www.planalto.gov.br/ccivil_03/constituicao/constituicao.htm. Acesso em: 10 jan. 2023.

[28] Os 278 acórdãos analisados pela pesquisadora Rosa Maria Rodrigues de Oliveira foram acessados pelos *sites* dos vinte e sete tribunais de justiça do país. Essa análise objetivou demonstrar como o Poder Judiciário lidou com a conjugalidade de pessoas do mesmo gênero de 1989 a 2009 (OLIVEIRA, Rosa Maria Rodrigues. (In)visíveis

A possibilidade ou não da conjugalidade entre pessoas do mesmo gênero também repercutiu no Poder Legislativo. Vale enfatizar o Projeto de Lei (PL) nº 1.151/95, de autoria da então Deputada Federal Marta Suplicy, responsável pelo primeiro projeto de lei que reconheceu a união civil entre pessoas do mesmo gênero. Mesmo estando pronto para ser pautado no Plenário, não houve qualquer movimentação no referido projeto desde 2007. Posteriormente, foram apresentados diversos projetos de lei acerca do controvertido tema, como os de nº 580/07,[29] 2.285/07,[30] 4.914/09,[31] 5.167/09[32] e 5.120/13.[33] Houve também a Proposta de Emenda à Constituição nº 70/2003, que propôs a alteração do §3º, do art. 226, da Constituição Federal, de modo a garantir união estável entre pessoas do mesmo gênero expressamente no texto constitucional. A proposta, no entanto, foi retirada em 2006 e arquivada no mesmo ano.

Diante da conjuntura jurisdicional e legislativa, a discussão acerca da união estável e do casamento entre pessoas do mesmo gênero se tornou ainda mais veemente, principalmente no final do século XX e início do século XXI. O exame acurado sobre a questão se estendeu às fontes interpretativas das normas, sendo dignas de destaque as obras de Maria Berenice Dias.[34]

Toda a reverberação jurisdicional, legislativa e doutrinária em torno da possibilidade ou não da formalização da união estável e do casamento entre pessoas do mesmo gênero acarretou a proposição da ADPF nº 132 e da ADI nº 4.277. Essas ações, que serão exploradas a seguir, basearam-se na necessidade de suprir a ambivalência do art. 226, §3º, da Constituição Federal de 1988, de modo a adequar a norma constitucional à realidade e necessidade social.

A ADPF nº 132 foi proposta em fevereiro de 2008, pelo então governador do Estado do Rio de Janeiro. Nessa ação, requereu-se ao STF que os arts. 19, incs. II e V, e 33, do Decreto-Lei nº 220/75 (Estatuto dos Funcionários Públicos Civis do Poder Executivo do Estado do Rio de Janeiro), fossem interpretados conforme a Constituição, de modo que os benefícios nele previstos fossem estendidos aos casais constituídos por pessoas do mesmo gênero que mantinham união estável. Para além desse viés, requereu que as decisões judiciais desfavoráveis à equiparação jurídica referida fossem consideradas violadoras de preceitos fundamentais.

Os pedidos da ADPF nº 132 foram alicerçados nos preceitos fundamentais de igualdade, liberdade, dignidade e segurança jurídica. Demais disso, foi levantado o

---

casais: conjugalidades homoeróticas e discursos de magistrados brasileiros sobre seu reconhecimento jurídico. *Revista de Antropologia*, São Paulo, v. 54, n. 2, 2010).

[29] O PL nº 580/07, de autoria do Deputado Federal Clodovil Hernandes, indica a alteração do Código Civil para dispor sobre o contrato civil de união homoafetiva.

[30] O Deputado Federal Sérgio Barradas Carneiro propôs o PL nº 2.285, que dispõe sobre o Estatuto das Famílias. No art. 68 do referido projeto, está previsto o reconhecimento da união estável entre pessoas do mesmo gênero como entidade familiar.

[31] O PL nº 4.914/09, de autoria do Deputado Federal José Genoíno, apesar de reconhecer a união estável entre pessoas do mesmo gênero, não admite a conversão desta em casamento.

[32] O PL nº 5.167/09, de autoria do Deputado Federal Capitão Assumção, estabelece que não se pode equiparar o relacionamento sexual e afetivo entre pessoas do mesmo gênero ao casamento ou à entidade familiar.

[33] O PL nº 5.120/13, de autoria do Deputado Federal Jean Wyllys, garante a união estável e o casamento entre indivíduos do mesmo gênero.

[34] DIAS, Maria Berenice. Efeitos patrimoniais das relações de afeto. *In*: IBDFAM. *Congresso Brasileiro de Direito de Família*. Belo Horizonte: Del Rey, 1997. A propósito: FACHIN, Luiz Edson. Aspectos jurídicos da união de pessoas do mesmo sexo. *In*: BARRETO, Vicente (Org.). *A nova família*: problemas e perspectivas. Rio de Janeiro: Renovar, 1997.

argumento de que os elementos essenciais da união estável determinados pelo art. 1.723, do Código Civil, estavam presentes tanto nas uniões heterossexuais quanto nas uniões entre pessoas do mesmo gênero. Nesse sentido, diante da lacuna normativa quanto à conjugalidade de pessoas do mesmo gênero, seria necessário lançar mão de uma interpretação analógica do art. 1.723 do Código Civil.

Junto à ADPF nº 132, foi julgada a ADI nº 4.277, proposta em julho de 2009, pela Procuradora-Geral da República Deborah Macedo Duprat de Britto Pereira. A procuradora-geral requereu, nessa ação, o reconhecimento da união estável entre pessoas do mesmo gênero como entidade familiar, bem como a extensão dos direitos e deveres decorrentes da união. Ao julgar em conjunto a ADPF nº 132 e a ADI nº 4.277, o STF decidiu, em maio de 2011, que o art. 1.723 do Código Civil deveria ser interpretado em conformidade com o texto constitucional, de modo a reconhecer a união estável entre pessoas do mesmo gênero, classificando-a, portanto, como uma entidade familiar.

Como o Código Civil prevê, em seu art. 1.726, a possibilidade da conversão da união estável em casamento, o Conselho Nacional de Justiça, a partir da decisão do STF na ADPF nº 132 e ADI nº 4.277, publicou a Resolução nº 175/2003, evidenciando que esse direito se estende aos casais de pessoas do mesmo gênero. Para mais, estendeu-se também o direito à habilitação e celebração de casamento sem necessidade de prévia união estável. O objetivo, portanto, da resolução, foi explicitar direitos e não os criar. Segundo Paulo Vecchiatti,[35] condicionar a consagração do casamento à pregressa união estável seria

> [...] impor à união homoafetiva uma espécie de "estágio probatório" que não se exige da união heteroafetiva para que possa ser consagrada pelo casamento civil, algo despido de fundamento lógico-racional que lhe sustente, e que coloca as uniões homoafetivas como "menos dignas" que as heteroafetivas por destas não se exigir a legitimação por prévia união estável para acesso ao casamento civil, donde contrário à dignidade humana, donde tal exegese afigura-se inconstitucional por contrariar tais princípios constitucionais.

Tendo em vista a mudança paradigmática despontada pela decisão e pela resolução mencionadas, tornou-se possível a constituição de família pelas pessoas LGBT+, sem a necessidade de se ingressar judicialmente para ver reconhecido o seu direito. Para além dessa conquista, a decisão e a resolução foram marcos importantes para a regulamentação da adoção por famílias LGBT+, já que o Estatuto da Criança e do Adolescente assegura a adoção conjunta às pessoas casadas ou que se encontram em união estável, sendo, portanto, direito extensível aos casais constituídos por pessoas do mesmo gênero.

A garantia de todos esses direitos – constituir família por união estável ou casamento e a possibilidade da adoção conjunta – revela a importância da decisão do STF, que tornou possível salvaguardar juridicamente o direito ao desenvolvimento de um projeto de vida para os casais de pessoas do mesmo gênero.

O projeto de vida, segundo Carlos Fernández Sessarego, é o "rumo que cada um quer dar à vida, às metas ou conquistas que se propõe alcançar. É a maneira que

---

[35] VECCHIATTI, Paulo Roberto Iotti. A Constituição de 1988 e a evolução dos direitos da população LGBTI+. *Revista de Direito da Faculdade Guanambi*, v. 6, n. 1, 2019.

se escolhe para viver, de modo a preencher a existência e conferir plenitude à vida e à realização pessoal, alcançando, assim, a felicidade".[36] Esse direito foi reconhecido pela Corte Interamericana de Direitos Humanos no final do século XX, no caso Loayza Tamayo *versus* Peru.[37]

Nesse caso, a Corte Interamericana de Direitos Humanos utilizou a expressão "dano ao projeto de vida", que, segundo Carlos Fernández Sessarego, é um dano que "afeta a forma como o sujeito decidiu viver, que trunca o destino da pessoa, fazendo-a perder o sentido da própria existência".[38]

O conceito de "projeto de vida" exposto no caso Loayza Tamayo *versus* Peru desenvolveu a ideia de um não fazer, cerceando a atuação do Estado com o fim de não prejudicar os projetos de vida das pessoas. A partir disso, perfilhou-se a concepção de que é vedado ao Estado limitar a liberdade que os indivíduos possuem de traçar as próprias metas e de fazer escolhas para a própria vida.[39]

Tomando como base o conceito de projeto de vida, infere-se que a decisão do STF corroborou o desenvolvimento desse direito no que tange aos casais constituídos por pessoas do mesmo gênero que desejam formalizar a união estável ou celebrar casamento. Quando o Estado impede a união conjugal entre indivíduos do mesmo gênero, a liberdade dessas pessoas é lesada e, portanto, é afetado, de forma coercitiva, o rumo de suas vidas. Afinal, apesar de o casamento ser uma construção social e jurídica patriarcal, ainda é visto como a principal forma de oficializar relacionamentos amorosos. Para mais, esse instituto, assim como a união estável, garante a segurança jurídica necessária àqueles que se encontram nessa situação, já que estabelece direitos matrimoniais e sucessórios.

À vista disso, infere-se que o direito ao desenvolvimento de um projeto de vida está intrinsecamente relacionado ao direito à felicidade. Apesar de esse direito não estar previsto expressamente na Constituição Federal nem na legislação infraconstitucional, há um consenso de que é um direito fundamental, reconhecido, inclusive, pelo STF na ADI nº 3.300,[40] que também trouxe à tona a discussão acerca da união civil entre pessoas do mesmo gênero.[41] O relator, Ministro Celso de Mello, asseverou:[42]

---

[36] FERNÁNDEZ SESSAREGO, Carlos. Breves apuntes sobre el "proyecto de vida" y su protección jurídica. *Anuario de la Facultad de Derecho*, Cáceres, n. 30, p. 551-579, 2012/2013. p. 558, tradução nossa.

[37] Em 1993, Loayza Tamayo foi presa pela Polícia Nacional do Peru e, posteriormente, torturada para confessar pertencer ao Partido Comunista do Peru. Não obstante, Loayza se declarou inocente e permaneceu presa mesmo sendo absolvida pela Justiça Militar. Posteriormente, o caso foi remetido à Justiça Comum, que a condenou a uma pena privativa de liberdade de vinte anos pela prática de crime de terrorismo. Em seguida, a Corte Interamericana de Direitos Humanos determinou que o Peru concedesse a liberdade de Loayza e pagasse indenização a ela e aos membros de sua família (PAIVA, Caio; HEEMANN, Thimotie Aragon. *Jurisprudência internacional de direitos humanos*. Belo Horizonte: CEI, 2020).

[38] FERNÁNDEZ SESSAREGO, Carlos. Daño al proyecto de vida. *Derecho PUCP: Revista de la Facultad de Derecho*, Lima, n. 50, p. 47-97, 1996. p. 86, tradução nossa.

[39] HACHEM, Daniel Wunder; BONAT, Alan. O direito ao desenvolvimento de um projeto de vida na jurisprudência da Corte Interamericana de Direitos Humanos e a educação como elemento indispensável. *Revista Opinião Jurídica*, v. 15, n. 21, p. 77-105, 2017.

[40] O direito à busca da felicidade foi citado em outras decisões do STF, como na ADI nº 4.275, na ADO nº 26 e no RE nº 67.0422, todos relacionados a questões LGBT+.

[41] DIAS, Maria Berenice. Direito fundamental à felicidade. *Revista Interdisciplinar de Direito*, Valença, v. 8, n. 1, p. 201-205, 2011.

[42] BRASIL. Supremo Tribunal Federal. *ADI 3300/DF*. Requerente: Associação de incentivo à educação e saúde de São Paulo e outro(a/s). Relator: Min. Celso de Mello, 3.2.2006. Disponível em: https://www.jusbrasil.com.br/jurisprudencia/stf/14784353. Acesso em: 20 jan. 2023.

[...] o magistério da doutrina, apoiando-se em valiosa hermenêutica construtiva, utilizando-se da analogia e invocando princípios fundamentais (como os da dignidade da pessoa humana, da liberdade, da autodeterminação, da igualdade, do pluralismo, da intimidade, da não discriminação e da busca da felicidade), tem revelado admirável percepção do alto significado de que se revestem tanto o reconhecimento do direito personalíssimo à orientação sexual, de um lado, quanto a proclamação da legitimidade ético-jurídica da união homoafetiva como entidade familiar, de outro, em ordem a permitir que se extraiam, em favor de parceiros homossexuais, relevantes consequências no plano do direito e na esfera das relações sociais.

Ter direito à busca da felicidade e ao desenvolvimento de um projeto de vida repercute, evidentemente, na saúde mental dos indivíduos. Assim, a decisão do STF, além de ter garantido o direito à formalização da conjugalidade de pessoas do mesmo gênero, produziu também sensíveis efeitos concretos na saúde mental de todas as pessoas LGBT+, inclusive daqueles que não pretendem se casar ou constituir união estável.

Esse fato pôde ser evidenciado na pesquisa de Diederik Boertien e Daniele Vignoli,[43] que, após entrevistarem, na Inglaterra e no País de Gales, 4.112 pessoas que se relacionavam com pessoas do mesmo gênero, concluíram que "o acesso ao casamento pode não apenas aumentar o bem-estar daqueles que se casam, mas também reduzir qualquer estigma que as minorias sexuais experimentem de maneira mais geral, abolindo uma fonte de discriminação institucional".[44] Assim, a possibilidade de formalizar a conjugalidade entre pessoas do mesmo gênero, além de elevar o bem-estar, reduz o estigma experienciado pelas pessoas LGBT+, produzindo efeitos positivos na saúde mental dessa população.

Em consonância com os resultados da pesquisa de Diederik Boertien e Daniele Vignoli, os pesquisadores John Pachankis e Richard Bränström, após explorarem, em 28 países, a relação entre estigma estrutural (leis e políticas discriminatórias) e satisfação com a própria vida, concluíram que, quanto menor o estigma estrutural, maior a satisfação das pessoas LGBT+ com a vida. Assim, como a possibilidade de formalizar a conjugalidade entre pessoas do mesmo gênero é uma forma de reduzir a discriminação institucional, consequentemente, é também uma maneira de elevar o bem-estar, impactando na saúde mental da população LGBT+.[45]

Ainda nesse sentido, evidenciam-se as pesquisas de Richard Wight, Allen Leblanc e MV Lee Badgett, que apontam que lésbicas, bissexuais e gays casados com pessoas do mesmo gênero são menos angustiados do que pessoas do mesmo grupo que não estão em um relacionamento legalmente reconhecido. A verificação desse cenário se deu por meio da entrevista de 1.116 gays, bissexuais e lésbicas na Califórnia, em 2009. O período selecionado pelos pesquisadores significou elemento fundamental para chegarem a essa conclusão, uma vez que a partir de junho de 2008 foi legalizado o casamento

---

[43] As entrevistas ocorreram entre abril de 2011 e setembro de 2016. Esse marco temporal permitiu que os pesquisadores verificassem as convicções dos entrevistados antes e após a legalização do casamento entre casais do mesmo gênero na Inglaterra e no País de Gales, que ocorreu em março de 2014.

[44] BOERTIEN, Diederik; VIGNOLI, Daniele. Legalizing same-sex marriage matters for the subjective wellbeing of individuals in same-sex unions. *Demography*, v. 56, p. 2109- 2121, 2019. p. 2110, tradução nossa.

[45] PACHANKIS, John; BRÄNSTRÖM, Richard. Hidden from happiness: structural stigma, sexual orientation concealment, and life satisfaction across twenty-eight countries. *Journal of Consulting and Clinical Psychology*, v. 86, n. 5, p. 403-415, 2018.

entre pessoas do mesmo gênero na Califórnia, um direito que restou revogado em novembro do mesmo ano por um referendo estadual (Proposição 8), que interrompeu todos os novos casamentos entre pessoas do mesmo gênero. Dessa forma, foi possível, à época, entrevistar casais que puderam oficializar a união conjugal e aqueles que não o puderam, fato que tornou cabível aos pesquisadores analisar o impacto da formalização da conjugalidade na saúde mental dos indivíduos que se relacionam com pessoas do mesmo gênero.[46]

Em perspectiva semelhante se deu a pesquisa de Bethany Everett, Mark Hatzenbuehler e Tonda Hughes (2016), que objetivou perscrutar a implicação da legalização da união entre pessoas do mesmo gênero na saúde mental de mulheres que se relacionavam entre si. Os autores concluíram que "as políticas de apoio aos direitos civis das minorias sexuais melhoram a saúde de todas as mulheres de minorias sexuais".[47]

Ao passo que políticas favoráveis às pessoas LGBT+ favorecem a saúde mental desse grupo, as políticas discriminatórias produzem, notoriamente, efeito contrário, como é possível apurar na pesquisa de Mark Hatzenbuehler *et al.* Os pesquisadores utilizaram dados da Pesquisa Epidemiológica Nacional sobre Álcool e Condições Relacionadas, tendo como parâmetro dois intervalos temporais nos Estados Unidos: de 2001 a 2002 (onda um) e de 2004 a 2005 (onda dois). O objetivo desse estudo consistiu em comparar, entre a onda um e dois, o número de transtornos psiquiátricos que acometeram gays, bissexuais e lésbicas em cenários distintos: aqueles que viviam em Estados que proibiam o casamento entre pessoas do mesmo gênero e os que viviam em estados permissivos quanto à essa questão. Da pesquisa adveio o seguinte resultado:[48]

> [...] Os transtornos psiquiátricos definidos pelo *Manual Diagnóstico e Estatístico de Transtornos Mentais, quarta edição,* aumentaram significativamente entre as ondas 1 e 2 entre os entrevistados LGB que vivem em estados que proibiram o casamento gay para os seguintes resultados: qualquer transtorno de humor (aumento de 36,6%), transtorno de ansiedade generalizada (aumento de 248,2%), qualquer transtorno por uso de álcool (aumento de 41,9%) e comorbidade psiquiátrica (aumento de 36,3%). Esses transtornos psiquiátricos não aumentaram significativamente entre os respondentes LGB que vivem em estados sem emendas constitucionais.

A pesquisa, portanto, demonstrou que a discriminação institucional se relaciona, em muito, com a saúde mental de pessoas LGBT+. No que tange especificamente à saúde mental de jovens LGBT+, a pesquisa de Julia Raifman *et al.* analisou dados de 762.678 adolescentes que participaram do Youth Risk Behavior Surveillance System (YRBSS) em 47 estados estadunidenses, entre 1999 e 2015. Segundo esse estudo:[49]

---

[46] WIGHT, Richard; LEBLANC, Allen J.; BADGETT, M. V. Lee. Same-Sex legal marriage and psychological well-being: findings from the California Health Interview Survey. *American Journal of Public Health,* v. 103, n. 2, 339-346, 2013.

[47] EVERETT, Bethany; HATZENBUEHLER, Mark; HUGHES, Tonda. The impact of civil union legislation on minority stress, depression, and hazardous drinking in a diverse sample of sexual-minority women: a quasi-natural experiment. *Social Science and Medicine,* v. 169, p. 180-190, 2016. p. 181, tradução nossa.

[48] HATZENBUEHLER, Mark *et al.* The impact of institutional discrimination on psychiatric disorders in lesbian, gay, and bisexual populations: a prospective study. *American Journal of Public Health,* v. 100, p. 452-459, 2010. p. 452, tradução nossa.

[49] RAIFMAN, Julia *et al.* Difference-in-diferences analysis of the association between state same-sex marriage policies and adolescent suicide attempts. *JAMA Pediatrics,* v. 171, p. 350-356, 2017. p. 351, tradução nossa.

[...] 28,5% dos estudantes que se identificaram como minorias sexuais relataram tentativas de suicídio antes da implementação das políticas de casamento entre pessoas do mesmo sexo. As políticas de casamento entre pessoas do mesmo sexo foram associadas a uma redução de 0,6% (IC 95%, −1,2 a −0,01 pontos percentuais) nas tentativas de suicídio, representando uma redução relativa de 7% na proporção de estudantes do ensino médio que tentam suicídio devido a homossexualidade.

Em suma, o objetivo deste tópico consistiu em esgrimir a relevância da decisão do STF na elevação do bem-estar de gays, lésbicas e bissexuais que planejam se casar ou formalizar a união estável. Para além do estabelecimento de direitos, a decisão contribuiu para o decrescimento da discriminação institucional. Em razão dessas circunstâncias, pôde-se inferir que a decisão repercutiu não meramente no âmbito da vida civil das pessoas LGBT+, mas também na saúde mental dessas. A decisão, pois, é coerente com o que proclama a Constituição da República ao almejar uma sociedade livre, justa e solidária, abrindo espaço para cada um, na esfera de sua liberdade real, desenvolver o seu projeto de vida.

No tópico a seguir, será explorada a ADI nº 4.275, outra decisão histórica do STF, que, mesmo não versando diretamente sobre saúde mental, também repercutiu nessa esfera.

3 Os efeitos da possibilidade de retificar o registro civil na saúde mental de pessoas transgêneros

O registro civil abarca dados que, quando reunidos, servem para individualizar os seres humanos, tendo em vista que as informações neles contidas diferenciam as pessoas, sendo, portanto, uma forma eficaz de revelar a identidade de cada indivíduo. Ocorre que, como a identidade não é imutável, e sim constantemente construída, alguns dados podem se tornar desatualizados, devendo, então, ser alterados a fim de se coadunarem à verdadeira percepção identitária.

No momento de construção da própria identidade, determinadas pessoas descortinam a autenticidade de seu gênero, que difere daquele atribuído pela sociedade, a qual utiliza genótipos e fenótipos para defini-lo. Essa conjuntura é vivenciada pelos transgêneros, que veem na retificação registral do gênero uma forma de reconhecimento de suas identidades pelo Estado. Esse reconhecimento também é advindo quando da possibilidade de alteração do prenome, o qual é, costumeiramente, binário (masculino ou feminino) e, por isso, geralmente, é retificado para adequar à identidade do transgênero. Importa ressaltar, por outro lado, que nem todos os transexuais e travestis têm a intenção de retificar o prenome e/ou gênero registral. Afinal, a retificação não é pressuposta para o identitarismo das pessoas trans.

Diante da importância da retificação do registro civil para garantir o reconhecimento identitário, o STF decidiu, na ADI nº 4.275, que os transgêneros têm o direito de alterar o prenome ou gênero diretamente no cartório responsável pelo registro civil, independentemente de terapia hormonal, laudo e cirurgia de transgenitalização. A partir da análise dessa decisão, será viável verificar os seus reflexos na saúde mental dos transgêneros. Mostra-se necessário averiguar a maneira como os poderes Legislativo, Executivo e Judiciário lidaram com essa temática.

Assim como não há lei específica que regulamente a união estável e o casamento de pessoas do mesmo gênero, ainda não há normativa que avente especificamente a retificação de registro civil de pessoas trans. Entretanto, existem diversos projetos de lei sobre a temática, evidenciando-se, aqui, aquele que foi o introdutório, o PL nº 3.349/1992, de autoria do Deputado Federal Antônio de Jesus, que, em seu bojo, proibia a alteração do prenome para os transgêneros que realizassem a cirurgia de redesignação sexual. Em 1995, esse projeto de lei foi arquivado. Nesse mesmo ano, foi proposto, pelo Deputado Federal José de Castro Coimbra, o Projeto de Lei nº 70, o qual objetivava assegurar a alteração de prenome apenas aos transgêneros que tivessem realizado a cirurgia de redesignação sexual. Por tratarem de assuntos iguais ou semelhantes, estão apensados ao PL nº 70 diversos outros projetos, como os de nº 1.281/2011,[50] 5.872/2005,[51] 2.976/2008[52] e 3.213/2021.[53]

Ante a omissão legislativa, o meio para retificar o registro civil, antes da decisão na ADI nº 4.275, era exclusivamente pela via judiciária, a qual nem sempre era favorável aos requerentes. A improcedência do pedido de retificação de registro civil era frequentemente centrada na inexistência de comprovação da realização de cirurgia de transgenitalização, bem como na ausência de juntada de laudo psiquiátrico ou psicológico. As promotorias de justiça aplicavam os referidos argumentos para fundamentar os seus pareceres contrários à retificação de registro civil, assim como em seus recursos interpostos às decisões favoráveis do Judiciário. Esse panorama, deste modo, evidencia a situação existente; nada obstante conexa com seu tempo, valores dominantes e regras formais, de tal quadro se edificou angustiante como vivenciado por diversos transgêneros que ansiavam pela retificação de seus prenomes e gêneros.

Além dos poderes Judiciário e Legislativo, o Executivo também lidou com a temática, tendo editado diversos atos normativos que possibilitavam a utilização de nome social em determinados espaços sociais. O nome social corresponde ao nome pelo qual a pessoa transgênero prefere ser tratada cotidianamente, porquanto o nome formal de registro não a representa. Apesar de sua importância para os transgêneros que não retificaram o registro civil, registra-se o posicionamento de Berenice Bento, para quem o nome social seria, em tal âmbito, mera "gambiarra legal".[54]

Essa percepção se dá a partir do entendimento de que o direito ao nome social é um direto limitado, dado que os atos normativos que o regulamentam permitem seu uso apenas em determinados espaços. A exemplo, cita-se a Portaria nº 1.820/2009, do Ministério da Saúde, que assegura o uso do nome social às pessoas transgêneros apenas no Sistema Único de Saúde. Outros exemplos são a Instrução Normativa nº 1.718/17, da Receita Federal do Brasil, que garante aos transgêneros a inclusão e exclusão do nome

---

[50] O PL nº 1.281/11, de autoria do Deputado Federal João Paulo Lima, dispõe sobre a possibilidade de mudança do prenome, mediante autorização judicial, nos casos em que o requerente tenha se submetido à intervenção cirúrgica de redesignação sexual.

[51] O PL nº 5.872/2005, de autoria do Deputado Federal Elimar Máximo Damasceno, proíbe a retificação do nome de transgêneros.

[52] O PL nº 2.976/2008, de autoria da Deputada Federal Cida Diogo, permite o acréscimo do nome social ao lado do nome de registro, nos documentos oficiais.

[53] O PL nº 3.213/2021, de autoria da Deputada Federal Erika Kokay, garante a retificação de prenome em cartório de registro civil.

[54] BENTO, Berenice. Nome social para pessoas trans: cidadania precária e gambiarra legal. *Contemporânea – Revista de Sociologia da UFSCar*, São Carlos, v. 4, n. 1, p. 165-182, jan./jun. 2014. 2014.

social nos dados do Cadastro de Pessoas Físicas, e a Portaria nº 33/2018, do Ministério da Educação, que permite o uso do nome social nos registros escolares dos(as) transgêneros na Educação Básica. De todos os atos normativos que regulamentam o uso do nome social, o que abrange uma maior quantidade de setores é o Decreto nº 8.727/2016, que dispõe sobre o "uso do nome social e o reconhecimento da identidade de gênero de pessoas travestis e transexuais no âmbito da administração pública federal direta, autárquica e fundacional".[55]

É notório que o direito ao uso do nome social assegura às pessoas transgêneros o direito de serem reconhecidas em algumas instituições, diminuindo o constrangimento em determinados espaços. Porém, é de extrema importância que esse grupo tenha seu nome respeitado em todos os lugares e, por isso, a centralidade da efetivação do direito à retificação de registro civil.

Consciente da relevância desse direito, a Procuradoria-Geral da República, em iniciativa da Doutora Deborah Macedo Duprat de Britto Pereira, ingressou com uma ação direta de inconstitucionalidade (ADI nº 4.275), requerendo que o art. 58 da Lei nº 6.015/73 fosse interpretado conforme a Constituição Federal, de modo que os transexuais, independentemente de cirurgia de transgenitalização, pudessem ter o direito de alterar o prenome e o gênero no registro civil.

Ao propender a uma decisão que pudesse, de fato, concretizar o direito à alteração de prenome e gênero, o STF, no dia 1º.3.2018, além de decidir pela desnecessidade de cirurgia de transgenitalização, definiu que a retificação de registro civil poderia ocorrer diretamente no cartório de registro civil, independentemente de terapia hormonal e de laudos psiquiátricos e/ou psicológicos. Uma das principais razões para o STF decidir desse modo foi a Opinião Consultiva nº 24/17, emitida pela Corte Interamericana de Direitos Humanos, no dia 24.11.2017. O parecer consultivo da Corte[56] definiu:

> [...] Os Estados devem garantir que as pessoas interessadas na retificação da anotação do gênero ou, se este for o caso, às menções do sexo, em mudar seu nome, adequar sua imagem nos registros e/ou nos documentos de identidade, em conformidade com a sua identidade de gênero autopercebida, possam recorrer a um procedimento ou um trâmite: a) enfocado na adequação integral da identidade de gênero autopercebida; b) baseado unicamente no consentimento livre e informado do requerente, sem exigir requisitos como certificações médicas e/ou psicológicas ou outras que possam ser irrazoáveis ou patológicas; c) deve ser confidencial. Além disso, mudanças, correções ou adequações nos registros e nos documentos de identidade não devem refletir mudanças de acordo com a identidade de gênero; d) deve ser expedito e, na medida do possível, deve ser gratuito, e) não deve exigir a acreditação de operações cirúrgicas e/ou hormonais. O procedimento que melhor se adapta a estes elementos é o procedimento ou trâmite materialmente administrativo ou cartorial.

---

[55] BRASIL. *Decreto 8.727, de 28 de abril de 2016*. Dispõe sobre o uso do nome social e o reconhecimento da identidade de gênero de pessoas travestis e transexuais no âmbito da administração pública federal direta, autárquica e fundacional. Disponível em: https://www2.camara.leg.br/legin/fed/decret/2016/decreto-8727-28-abril-2016-782951-publicacaooriginal-150197-pe.html. Acesso em: 22 jan. 2023.

[56] CORTE INTERAMERICANA DE DIREITOS HUMANOS (CORTE IDH). *Parecer Consultivo Oc-24/17*: identidade de gênero, igualdade e não discriminação a casais do mesmo sexo. Disponível em: https://www.corteidh.or.cr/docs/opiniones/seriea_24_por.pdf. Acesso em: 20 jan. 2023.

Nesta senda, é notável o alinhamento da decisão do STF ao parecer consultivo da Corte Interamericana de Direitos Humanos, que é favorável à retificação de prenome e gênero de transgêneros diretamente no cartório de registro civil, não condicionando esse direito à apresentação de laudos médicos ou psicológicos, à realização de cirurgias e à sujeição à terapia hormonal.

Após quase quatro meses da decisão do STF, o Conselho Nacional de Justiça editou o Provimento nº 73, no dia 28.6.2018, para dispor sobre a retificação de registro civil dos transgêneros no Registro Civil das Pessoas Naturais. O referido ato normativo condicionou a alteração registral essencialmente à declaração de vontade do requerente, bastando que a pessoa, no exercício de sua autonomia, declare ser transgênero. À vista disso, em regra, basta o indivíduo maior de 18 anos ir ao cartório de registro civil de pessoas naturais e realizar o requerimento, sendo indispensável portar os documentos dispostos nos incs. do art. 3º, §6º, do Provimento nº 73/18 do CNJ.[57]

Apesar de ser um procedimento célere e simples, não é acessível a todos os transgêneros, haja vista que o custo para retificar o registro civil é alto. O parágrafo único, do art. 9º, do Provimento nº 73/18 do CNJ, prevê a possibilidade de gratuidade, dispondo que "o registrador do RCPN, para os fins do presente provimento, deverá observar as normas legais referentes à gratuidade de atos".[58] Todavia, no que tange à retificação de registro civil de forma administrativa, não existem normas que dispõem acerca da gratuidade, razão pela qual o referido artigo se torna inaplicável. Em vista disso, muitos cartórios não aceitam o atestado de hipossuficiência para realizar gratuitamente a mudança do prenome e/ou gênero, mesmo quando emitido pela Defensoria Pública.

Ante a impossibilidade de arcar financeiramente com a alteração do prenome e/ou gênero pela via administrativa, remanesce a via judicial, sendo possível acessá-la por meio de órgãos que prestam serviço jurídico gratuito, como a Defensoria Pública ou assessorias jurídicas populares, sendo garantida a gratuidade da justiça. Ainda assim, nem todas as cidades são dotadas de Defensoria Pública e assessorias jurídicas gratuitas, o que torna a retificação do registro civil uma impossibilidade aos transgêneros hipossuficientes.

Apesar das ressalvas, não é factível desprezar a importância do Provimento nº 73/18 para disciplinar a retificação de registro civil à luz da decisão na ADI nº 4.275. Afinal, sem esse ato normativo não haveria uniformidade nacional nos atos dos registradores responsáveis pela alteração registral. Nesta senda, mesmo diante da omissão do provimento quanto à gratuidade, é incontestável a sua relevância para disciplinar a decisão do STF.

Ao salvaguardar a retificação de registro civil dos transgêneros, a ADI nº 4.275 elevou o acesso desse grupo à educação e ao trabalho formal, amenizando, consequentemente, o adoecimento mental dessa população. Isto posto, a decisão do STF, ainda que não contemple a saúde mental dos transexuais e das travestis, produziu efeitos também nessa seara.

---

[57] BRASIL. *Provimento 73, de 28 de junho de 2018*. Dispõe sobre a averbação da alteração do prenome e do gênero nos assentos de nascimento e casamento de pessoa transgênero no Registro Civil das Pessoas Naturais. 2018. Disponível em: http://www.cnj.jus.br/busca-atos-adm?documento=3503. Acesso em: 10 de fev. 2023.

[58] BRASIL. *Provimento 73, de 28 de junho de 2018*. Dispõe sobre a averbação da alteração do prenome e do gênero nos assentos de nascimento e casamento de pessoa transgênero no Registro Civil das Pessoas Naturais. 2018. Disponível em: http://www.cnj.jus.br/busca-atos-adm?documento=3503. Acesso em: 10 de fev. 2023.

A decisão elevou o acesso e permanência dos transgêneros no ambiente educacional, tendo em vista que, ao facilitar a retificação de registro civil, garantiu que muitos discentes estudantes alterassem seu prenome e obtivessem tratamento nominal em conformidade com a identidade de gênero no ambiente escolar e universitário, amenizando o constrangimento e a discriminação nesses espaços.

A importância do tratamento nominal de acordo com a identidade de gênero foi demonstrada pela pesquisadora Dayana Brunetto Carlin dos Santos, que entrevistou pessoas transexuais de modo a analisar as suas experiências no ambiente educacional. Vale ressaltar a fala de um dos entrevistados:[59]

> [...] em meio ao meu processo de transição, empreendi uma luta meio solitária em busca da garantia do direito ao uso do nome social nas listas de chamada, que resultou, depois de muita humilhação, no Parecer da Procuradoria Geral da UFPR, desde 2009, que na prática não se efetivou. E quando eu percebia que os professores não iriam usar o nome social, eu desistia da matéria. Outros, questionando até que ponto é importante para mim o uso de um nome masculino, ironizando e ridicularizando as minhas necessidades.

Desistir da matéria, tal como exposto pelo entrevistado, por não ter o tratamento nominal adequado, demonstra o quão importante é a decisão tomada em sede de jurisdição constitucional. Isso porque, ao ter facilitado a retificação de registro civil dos transgêneros, propiciou, por conseguinte, a alteração do nome nos registros escolares, para condizer com a identidade de gênero dos transexuais e das travestis, diminuindo a evasão escolar.

Para mais, a elevação do acesso e da permanência dos transgêneros nas instituições de ensino tem como consequência o desenvolvimento da qualificação profissional dessa população, tornando o acesso ao mercado de trabalho formal menos dificultoso. Para além disso, muitas empresas não adotam políticas de uso de nome social e, por isso, os transgêneros que não providenciaram a retificação de registro civil não costumam receber o tratamento nominal adequado, vivenciando constrangimento e discriminação no ambiente laboral, dificultando a permanência dessas pessoas no trabalho formal. Assim, como a decisão do STF facilitou a retificação de registro civil, os transgêneros não ficam à mercê da predileção dos empregadores que podem adotar ou não políticas de uso de nome social.

A elevação do ingresso e da permanência de transgêneros no mercado de trabalho formal produz efeitos no poder aquisitivo dessa população, o que assegura o aumento do acesso ao lazer e à cultura. Assim, a desburocratização da retificação de registro civil em decorrência da decisão, além de elevar o número de transgêneros nas instituições de ensino e no ambiente laboral formal, amplia o poder de compra desse grupo, que, por consequência, passa a usufruir do direito ao lazer e à cultura de maneira mais plena.

Posto isto, os efeitos daquela deliberação elevaram o poder aquisitivo, o acesso ao lazer e à cultura e o ingresso e permanência de transgêneros nas instituições de ensino e no mercado de trabalho formal. Entretanto, vale mencionar que a possibilidade facilitada de retificar o registro civil não resolve o contexto cultural, político e social

---

[59] SANTOS, Dayana Brunetto Carlin. *Cartografias da transexualidade*: a experiência escolar e outras tramas. Dissertação (Mestrado) – Programa de Pós-Graduação, Universidade Federal do Paraná, Curitiba, 2010. p. 159.

discriminatório contra esse grupo. Nessa lógica, apesar de a decisão ter diversos efeitos positivos, é fundamental evocar que a conjuntura marginalizadora vivenciada por essa população é ainda frequente.

Embora seja cotidiana a conjuntura discriminatória vivenciada pelos transgêneros, é cristalino o conjunto dos efeitos positivos da decisão na ADI nº 4.275, os quais repercutem na redução do adoecimento mental dessa população. Isso porque, conforme demonstrado no primeiro tópico, existem determinantes sociais que impactam a saúde mental, como o acesso ao emprego, o auferimento de renda e acesso à educação.

Segundo Ana Alexandre Marinho Alves e Nuno Filipe Reis Rodrigues, a satisfação no ambiente laboral e a estabilidade no trabalho estão associadas à elevação dos níveis de bem-estar. Já o desemprego provoca resultado antagônico, estando relacionado ao sentimento de humilhação e de declínio da autoestima. Além disso, os autores expõem que quanto maior o grau de educação escolar, menor a possibilidade de ocorrência de perturbações mentais comuns, tendo em vista que "um dos mecanismos implicados nesta associação seria o de que um maior nível de educação permite o acesso a empregos mais bem remunerados, melhores condições de habitação, conduzindo a uma maior inclusão social".[60]

Por esse ângulo, a pobreza material também é elemento gerador do adoecimento mental, sobretudo porque o baixo nível socioeconômico está associado ao desemprego, ao menor acesso à educação escolar e às péssimas conjunturas habitacionais. Além do mais, o contexto de carência financeira está associado à redução do acesso aos serviços médicos, seja nos cuidados primários, seja no especializado no âmbito mental.[61]

Diante dessa conjuntura, ao assegurar e facilitar o procedimento de retificação de registro civil, propicia-se, à luz da Constituição de uma sociedade realmente livre, diversos efeitos positivos aos transgêneros, como a elevação do acesso à educação, ao trabalho, à renda, ao lazer e à cultura, os quais se revelam fundamentais para concretizar a dignidade humana (fundamento da República nos termos constitucionais) e, consequentemente, garantir e preservar a saúde mental dessa população.

Considerações finais

Como anotamos ao início, o diálogo empático entre diversos saberes e realidades contribui para que o sereno da vida também banhe, nos limites da Constituição, as possibilidades hermenêuticas do direito e se abra ao debate que não fecha os olhos aos desafios do presente.

Diante do que foi apresentado acerca do reconhecimento de direitos essenciais às pessoas LGBT+ e seus efeitos na saúde mental, tornou-se possível tecer relevantes considerações. Em primeiro lugar, destacou-se que a saúde mental é composta não somente por fatores biológicos e genéticos, como também sociais. A partir dessa assertiva, debruçou-se sobre as determinantes sociais que influenciam na debilitação da saúde mental das pessoas, especificamente das LGBT+. O contexto social de discriminação

---

[60] ALVES, Ana Alexandra Marinho; RODRIGUES, Nunes Filipe Reis. Determinantes sociais e económicos da saúde mental. *Revista Portuguesa de Saúde Pública*, n. 28(2), p. 127-131, 2010. p. 128.

[61] ALVES, Ana Alexandra Marinho; RODRIGUES, Nunes Filipe Reis. Determinantes sociais e económicos da saúde mental. *Revista Portuguesa de Saúde Pública*, n. 28(2), p. 127-131, 2010.

em face dessas pessoas obstaculiza o alcance da dignidade da pessoa humana, motivo pelo qual se veem inseridas em um contexto mais propício ao adoecimento mental.

Apesar da manifesta conjuntura discriminatória, é evidente a carência de políticas públicas e de leis incumbidas de majorar a dignidade humana das pessoas LGBT+. Diante desse cenário omissivo, a Corte Constitucional no Brasil acabou por concretizar prerrogativas constitucionais às pessoas LGBT+, diminuindo, portanto, a discriminação institucional e social vivenciada por essa população.

Entre essas prerrogativas constitucionais concretizadas, evidenciou-se, primeiramente, a decisão responsável por assegurar a formalização da conjugalidade entre pessoas do mesmo gênero. Essa decisão, além de elevar o bem-estar de lésbicas, gays e bissexuais, concretizou direitos matrimoniais e acarretou a diminuição da discriminação institucional. Em razão dos benefícios trazidos pela decisão, houve redução do adoecimento mental da população LGBT+.

Analisou-se, também, a ADI nº 4.275, em que o STF assegurou aos transgêneros o direito à retificação de registro civil. A concretização desse direito impactou no alcance de diversos outros direitos, como o acesso à educação, ao trabalho, ao lazer e à cultura, que, conjuntamente, são fundamentais para a redução do adoecimento mental dos transexuais e das travestis.

À vista disso, entende-se que decisões que explicitam o sentido constitucional dos direitos, deveres e garantias das pessoas numa sociedade justa e solidária e num Estado de direito democrático, exploradas neste texto, ainda que não recaiam diretamente sobre a saúde mental, repercutiram positivamente nessa seara. Isso porque asseguraram direitos à felicidade, ao desenvolvimento de um projeto de vida, à igualdade, à não discriminação e à liberdade, direitos que devem ser natos a todos os seres humanos e que são inestimáveis para a garantia e preservação da saúde mental. Dignidade, enfim, não é privilégio. É, ao mesmo tempo, dever e direito.

Referências

AGAMBEN, Giorgio. *Homo sacer*. Tradução de Henrique Burigo. Belo Horizonte: UFMG, 2002.

ALMEIDA FILHO, Naomar de; COELHO, Maria Thereza Ávila; PERES, Maria Fernanda. O conceito de saúde mental. *Revista USP*, São Paulo, n. 43, p. 100-125, 1999.

ALVES, Ana Alexandra Marinho; RODRIGUES, Nunes Filipe Reis. Determinantes sociais e económicos da saúde mental. *Revista Portuguesa de Saúde Pública*, n. 28(2), p. 127-131, 2010.

BECKER, Howard Saul. *Outsiders*: estudos de sociologia do desvio. Tradução de Maria Luiza X. de Borges. Rio de Janeiro: Jorge Zahar, 2008.

BENTO, Berenice. Nome social para pessoas trans: cidadania precária e gambiarra legal. *Contemporânea – Revista de Sociologia da UFSCar*, São Carlos, v. 4, n. 1, p. 165-182, jan./jun. 2014.

BOERTIEN, Diederik; VIGNOLI, Daniele. Legalizing same-sex marriage matters for the subjective wellbeing of individuals in same-sex unions. *Demography*, v. 56, p. 2109- 2121, 2019.

BRASIL. *Constituição da República do Brasil de 1988*. Brasília, DF: Presidência da República, 1988. Disponível em: http://www.planalto.gov.br/ccivil_03/constituicao/constituicao.htm. Acesso em: 10 jan. 2023.

BRASIL. *Constituição da República dos Estados Unidos do Brasil*. Brasília, DF: Presidência da República, 1934. Disponível em: https://www.planalto.gov.br/ccivil_03/constituicao/constituicao34.htm. Acesso em: 10 jan. 2023.

BRASIL. *Constituição da República Federativa do Brasil*. Brasília, DF: Presidência da República, 1967. Disponível em: https://www.planalto.gov.br/ccivil_03/constituicao/constituicao67.htm. Acesso em: 10 jan. 2023.

BRASIL. *Constituição dos Estados Unidos do Brasil*. Brasília, DF: Presidência da República, 1937. Disponível em: https://www.planalto.gov.br/ccivil_03/constituicao/constituicao37.htm. Acesso em: 10 jan. 2023.

BRASIL. *Constituição dos Estados Unidos do Brasil*. Brasília, DF: Presidência da República, 1946. Disponível em: https://www.planalto.gov.br/ccivil_03/constituicao/constituicao46.htm. Acesso em: 10 jan. 2023.

BRASIL. *Decreto 8.727, de 28 de abril de 2016*. Dispõe sobre o uso do nome social e o reconhecimento da identidade de gênero de pessoas travestis e transexuais no âmbito da administração pública federal direta, autárquica e fundacional. Disponível em: https://www2.camara.leg.br/legin/fed/decret/2016/decreto-8727-28-abril-2016-782951-publicacaooriginal-150197-pe.html. Acesso em: 22 jan. 2023.

BRASIL. Ministério da Saúde. Ministério da Previdência e Assistência Social. *Relatório Final da 8ª Conferência Nacional da Saúde*. Brasília: Ministério da Saúde, 1986.

BRASIL. Ministério da Saúde. Secretaria de Gestão Estratégica e Participativa. Departamento de Apoio à Gestão Participativa. *Política Nacional de Saúde Integral de Lésbicas, Gays, Bissexuais, Travestis e Transexuais*. Brasília: Ministério da Saúde, 2013.

BRASIL. *Provimento 73, de 28 de junho de 2018*. Dispõe sobre a averbação da alteração do prenome e do gênero nos assentos de nascimento e casamento de pessoa transgênero no Registro Civil das Pessoas Naturais. 2018. Disponível em: http://www.cnj.jus.br/busca-atos-adm?documento=3503. Acesso em: 10 de fev. 2023.

BRASIL. Supremo Tribunal Federal. *ADI 3300/DF*. Requerente: Associação de incentivo à educação e saúde de São Paulo e outro(a/s). Relator: Min. Celso de Mello, 3.2.2006. Disponível em: https://www.jusbrasil.com.br/jurisprudencia/stf/14784353. Acesso em: 20 jan. 2023.

BUTLER, Judith. *Problemas de gênero*: feminismo e subversão da identidade. Tradução de Renato Aguiar. Rio de Janeiro: Civilização Brasileira, 2003.

BUTLER, Judith. *Quadros de guerra*. Tradução de Sérgio Tadeu de Niemeyer Lamarão e Arnaldo Marques da Cunha. Rio de Janeiro: Civilização Brasileira, 2019.

CORTE INTERAMERICANA DE DIREITOS HUMANOS (CORTE IDH). *Parecer Consultivo Oc-24/17*: identidade de gênero, igualdade e não discriminação a casais do mesmo sexo. Disponível em: https://www.corteidh.or.cr/docs/opiniones/seriea_24_por.pdf. Acesso em: 20 jan. 2023.

DIAS, Maria Berenice. Direito fundamental à felicidade. *Revista Interdisciplinar de Direito*, Valença, v. 8, n. 1, p. 201-205, 2011.

DIAS, Maria Berenice. Efeitos patrimoniais das relações de afeto. *In*: IBDFAM. *Congresso Brasileiro de Direito de Família*. Belo Horizonte: Del Rey, 1997.

EVERETT, Bethany; HATZENBUEHLER, Mark; HUGHES, Tonda. The impact of civil union legislation on minority stress, depression, and hazardous drinking in a diverse sample of sexual-minority women: a quasi-natural experiment. *Social Science and Medicine*, v. 169, p. 180-190, 2016.

FACHIN, Luiz Edson. Aspectos jurídicos da união de pessoas do mesmo sexo. *In*: BARRETO, Vicente (Org.). *A nova família*: problemas e perspectivas. Rio de Janeiro: Renovar, 1997.

FACHIN, Luiz Edson. *Direito de família*: elementos críticos à luz do novo Código Civil brasileiro. 2. ed. Rio de Janeiro: Renovar, 2003.

FERNÁNDEZ SESSAREGO, Carlos. Breves apuntes sobre el "proyecto de vida" y su protección jurídica. *Anuario de la Facultad de Derecho*, Cáceres, n. 30, p. 551-579, 2012/2013.

FERNÁNDEZ SESSAREGO, Carlos. Daño al proyecto de vida. *Derecho PUCP: Revista de la Facultad de Derecho*, Lima, n. 50, p. 47-97, 1996.

GREEN, James Naylor. *Além do carnaval*: a homossexualidade masculina no Brasil do século XX. São Paulo: Editora Unesp, 2000.

HACHEM, Daniel Wunder; BONAT, Alan. O direito ao desenvolvimento de um projeto de vida na jurisprudência da Corte Interamericana de Direitos Humanos e a educação como elemento indispensável. *Revista Opinião Jurídica*, v. 15, n. 21, p. 77-105, 2017.

HATZENBUEHLER, Mark *et al.* The impact of institutional discrimination on psychiatric disorders in lesbian, gay, and bisexual populations: a prospective study. *American Journal of Public Health,* v. 100, p. 452-459, 2010.

LUDEMIR, Ana Bernarda. Desigualdades de classe e gênero e saúde mental nas cidades. *Physis Revista de Saúde Coletiva,* Rio de Janeiro, p. 451-467, 2008.

MBEMBE, Achille. *Necropolítica.* Espanha: Melusina, 2011.

OLIVEIRA, Rosa Maria Rodrigues. (In)visíveis casais: conjugalidades homoeróticas e discursos de magistrados brasileiros sobre seu reconhecimento jurídico. *Revista de Antropologia,* São Paulo, v. 54, n. 2, 2010.

ORGANIZAÇÃO MUNDIAL DA SAÚDE (OMS). *Constituição da Organização Mundial da Saúde (OMS/WHO).* 1946. Disponível em: http://www.nepp-dh.ufrj.br/oms2.html. Acesso em: 23 jan. 2023.

ORGANIZAÇÃO MUNDIAL DA SAÚDE (OMS). *World mental health report:* transforming mental health for all. 2022. Disponível em: https://www.who.int/publications/i/item/9789240049338. Acesso em: 23 jan. 2023.

PACHANKIS, John; BRÄNSTRÖM, Richard. Hidden from happiness: structural stigma, sexual orientation concealment, and life satisfaction across twenty-eight countries. *Journal of Consulting and Clinical Psychology,* v. 86, n. 5, p. 403-415, 2018.

PAIVA, Caio; HEEMANN, Thimotie Aragon. *Jurisprudência internacional de direitos humanos.* Belo Horizonte: CEI, 2020.

PINHEIRO, Gustavo Henrique de Aguiar. *Constituição e saúde mental.* Fortaleza: Expressão Gráfica Editora, 2013.

RAIFMAN, Julia *et al.* Difference-in-diferences analysis of the association between state same-sex marriage policies and adolescent suicide attempts. *JAMA Pediatrics,* v. 171, p. 350-356, 2017.

SANTOS, Dayana Brunetto Carlin. *Cartografias da transexualidade:* a experiência escolar e outras tramas. Dissertação (Mestrado) – Programa de Pós-Graduação, Universidade Federal do Paraná, Curitiba, 2010.

TAGLIAMENTO, Grazielle *et al.* Minha dor vem de você: uma análise das consequências da LGBTfobia na saúde mental de pessoas LGBTs. *Cadernos de Gênero & Diversidade,* v. 6, n. 3, p. 77-112, 2020.

TRANSRESPECT VERSUS TRANSPHOBIA WORLDWIDE (TVT). *4042 trans and gender-diverse people reported murdered between 1 January 2008 and 30 September 2021.* Disponível em: https://transrespect.org/wp-content/uploads/2021/11/TvT_TMM_TDoR2021_Tables.pdf. Acesso em: 8 jan. 2023.

TREVISAN, João Silvério. *Devassos do paraíso:* a homossexualidade no Brasil, da colônia à atualidade. 4. ed. Rio de Janeiro: Objetiva, 2018.

VECCHIATTI, Paulo Roberto Iotti. A Constituição de 1988 e a evolução dos direitos da população LGBTI+. *Revista de Direito da Faculdade Guanambi,* v. 6, n. 1, 2019.

WIGHT, Richard; LEBLANC, Allen J.; BADGETT, M. V. Lee. Same-Sex legal marriage and psychological well-being: findings from the California Health Interview Survey. *American Journal of Public Health,* v. 103, n. 2, 339-346, 2013.

Informação bibliográfica deste texto, conforme a NBR 6023:2018 da Associação Brasileira de Normas Técnicas (ABNT):

FACHIN, Luiz Edson; FERREIRA, Pedro. Identidade de gênero autopercebida: notas e reflexões sobre o adoecimento mental das pessoas LGBT+ a partir da proteção dos direitos humanos na Corte Interamericana e no STF. *In*: RIBEIRO, Paulo Dias de Moura; TOMELIN, Georghio Alessandro; KIM, Richard Pae (Coord.). *Direito humano e fundamental à saúde*: estudos em homenagem ao ministro Enrique Ricardo Lewandowski. Belo Horizonte: Fórum, 2023. p. 105-126. ISBN 978-65-5518-606-2.

O SUPREMO TRIBUNAL FEDERAL E A RESPONSABILIDADE SOLIDÁRIA DOS ENTES DA FEDERAÇÃO NA PROTEÇÃO DO DIREITO FUNDAMENTAL À SAÚDE

ANDRÉ LUIZ DE ALMEIDA MENDONÇA

1 Introdução

Os contornos jurídicos do direito fundamental à saúde encontram-se em evolução desde a sua consagração no Texto Constitucional de 1988. Previsto no *caput* do art. 6º da Carta Magna como um dos direitos sociais, a própria Constituição tratou de densificá-lo em seção própria, ao tratar da ordem social (Título VIII), não deixando o menor espaço de dúvida acerca da sua abrangência. Como consta do art. 196 da CRFB/88, trata-se de "direito de todos e dever do Estado, garantido mediante políticas sociais e econômicas que visem à redução do risco de doença e de outros agravos e ao acesso universal e igualitário às ações e serviços para sua promoção, proteção e recuperação".

Em fase inicial, ainda sob a influência de classificação doutrinária vetusta, que atribuía prevalência ao caráter programático de determinados direitos fundamentais, notadamente aqueles de caráter positivo, vale dizer, que demandam, para sua efetivação, mediações legislativas ou administrativas, a atuação do Poder Judiciário, em ações singularizadas envolvendo a proteção da saúde, guardava contornos mais tímidos. Com o decorrer dos anos, contudo, consolidado o entendimento do Supremo Tribunal Federal de que "a interpretação da norma programática não pode transformá-la em promessa constitucional inconsequente",[1] o direito fundamental à saúde passou a ser reconhecido e reiteradamente invocado perante o Estado-Juiz, atraindo, colateralmente, a necessidade de o sistema de justiça problematizar e lidar com inúmeros temas correlatos, como a cláusula da reserva do possível, a adoção da medicina baseada em evidências, o exame da relação custo-efetividade e a aplicação do princípio da proporcionalidade.

---

[1] BRASIL. Supremo Tribunal Federal (Segunda Turma). Recurso *Extraordinário nº 271.286/RS*. Rel. Min. Celso de Mello, j. 12.9.2000, p. 24.11.2000.

O percurso da evolução jurisprudencial do Supremo Tribunal Federal na proteção do direito fundamental à saúde, assim como nas demais áreas, contou com a rica contribuição do eminente Ministro Ricardo Lewandowski, colega de bancada e mui merecidamente homenageado por meio da presente obra, cuja trajetória na magistratura notabiliza-se pelo compromisso irrestrito com a defesa dos direitos e garantias fundamentais do jurisdicionado, honrando a tradição e a vocação da Suprema Corte de ser, efetivamente, a guardiã maior da Constituição Federal. Foi com muita alegria, portanto, que recebi e aceitei o honroso convite para contribuir com algumas singelas reflexões acerca do tema central desta homenagem – direito humano e fundamental à saúde –, tratando de modo mais específico da evolução do direito constitucional à saúde no âmbito do Supremo Tribunal Federal.

Proponho-me a traçar um breve panorama da questão afeta à responsabilidade solidária dos entes da Federação para a prestação de tratamento médico e fornecimento de medicamentos demandados perante o Poder Judiciário, a qual, embora há muito reconhecida pela jurisprudência da Suprema Corte, inclusive mediante julgamento afetado à sistemática da Repercussão Geral (Tema nº 793), ainda suscita algum grau de controvérsia, notadamente em virtude da sua correlação direta com a fixação da competência jurisdicional – a depender da presença ou não da União no polo passivo –, pondo em foco a tempestividade e efetividade da jurisdição, acionada na maioria das vezes em caráter urgente, quando não emergencial. Os pacientes do Sistema Único de Saúde (SUS), quando recorrem ao Poder Judiciário, não raras vezes, depositam no sistema de justiça suas últimas esperanças de manutenção da saúde ou mesmo da vida.

Nessa perspectiva, apresento algumas linhas – mais descritivas do que opinativas – sobre a evolução jurisprudencial da Suprema Corte na proteção do direito fundamental à saúde, não apenas quanto à responsabilidade solidária dos entes federados no dever de prestar a respectiva assistência, de resto pouco contestada, mas sobretudo quanto ao estado da arte sobre a necessidade de figuração da União no polo passivo das inúmeras demandas que envolvem esse atendimento, no contexto da tese fixada no julgamento do Tema nº 793 do rol da Repercussão Geral, bem assim da afetação já realizada quanto aos medicamentos não padronizados no Sistema Único de Saúde (SUS), objeto do Tema nº 1.234 do mesmo rol, sempre com a ressalva do caráter acadêmico destas breves reflexões, despidas, portanto, de qualquer conexão quanto aos posicionamentos que poderão decorrer do múnus funcional exercido.

2 O direito fundamental à saúde e a competência comum dos entes da Federação

A proteção estatal do direito humano e fundamental à saúde é um dos temas mais complexos e desafiadores da atualidade, notadamente nos países que adotam o constitucionalismo democrático, impregnado de valores indeclináveis – como a justiça, o bem-estar e a dignidade da pessoa humana –, enquanto marco ético, político e jurídico da convivência social.

O federalismo cooperativo adotado no Brasil, por sua vez, remete à competência comum de União, estados, Distrito Federal e municípios o dever de "cuidar da saúde e assistência pública" (art. 23, II, da CRFB/88), cabendo, ademais, à totalidade dessas pessoas políticas a incumbência de legislar concorrentemente sobre "proteção e defesa da saúde" (art. 24, XII, c/c art. 30, I, ambos da CRFB/88).

A complexidade e o desafio resultantes da impositiva obrigação direcionada ao conjunto dos entes da Federação decorrem na natureza positiva dessa prestação, o que demanda a construção e manutenção de uma gigantesca estrutura de atendimento envolvendo entidades, órgãos e agentes públicos, de todos os níveis federativos, coadjuvados, ademais, por uma quantidade imensa de pessoas físicas ou jurídicas de direito privado. Oportuno ressaltar que, nos termos do art. 197 da Carta de 1988, cabe ao Poder Público regulamentar, fiscalizar e controlar as ações e serviços de saúde, "devendo sua execução ser feita diretamente ou através de terceiros".

Consoante preleciona Manoel Gonçalves Ferreira Filho, os direitos sociais "não são meros poderes de agir – como é típico das liberdades públicas de modo geral – mas sim poderes de exigir".[2] Com efeito, tratando-se de direito fundamental de caráter prestacional, diversamente das liberdades públicas ditas de primeira geração ou dimensão, que exigem apenas um *non facere* do Estado, a observância do direito fundamental à saúde demanda atuações positivas do Poder Público, naturalmente custosas, para proteger potencialmente mais de 200 milhões de brasileiros (fora os estrangeiros que estejam no país), cuja imensa maioria, dado o alto grau de concentração de renda e desigualdade social, é usuária do SUS. Eis aí a magnitude e a complexidade dessa tarefa civilizatória, que, além de tudo, é multidisciplinar, pois envolve problemas e desafios de natureza econômica, orçamentária, organizacional, de gestão etc. a demandarem estreita cooperação federativa.

Embora sejam inegáveis os avanços ocorridos desde a concepção desse modelo pelo constituinte de 1988, em especial com o advento da Lei nº 8.080, de 1990, que vertebrou o que é considerado um dos mais completos sistemas públicos de saúde do mundo, garantindo o acesso integral, universal e igualitário no plano jurídico, ainda há muito a se percorrer em termos de qualidade e efetividade da prestação promovida pelos entes federativos. Isso sem mencionar a própria dinâmica acelerada de desenvolvimento científico e tecnológico da medicina, sempre às voltas, felizmente, com novos tratamentos e medicamentos. A consagração da saúde como direito subjetivo fundamental, aliada à função protetiva cometida ao Poder Judiciário no âmbito do Estado democrático de direito, que não pode se escusar de agir em caso de lesão ou ameaça a direito (art. 5º, XXXV, da CRFB/88), torna a judicialização da saúde um dado inescapável da realidade, a desafiar, tanto quanto o sistema de saúde, o próprio sistema de justiça.

De acordo com o Painel da Saúde,[3] ferramenta do Conselho Nacional de Justiça que agrega estatísticas processuais envolvendo a temática, tramitam atualmente no país mais de 542.000 ações judiciais (dados referentes a julho de 2022), individuais e coletivas, a despeito de importantes iniciativas empreendidas por diversos atores institucionais, visando ao fomento da resolução alternativa dos conflitos, sendo exemplo a tentativa de conciliação prévia e a instituição de núcleos de assistência às demandas judiciais,

---

[2] FERREIRA FILHO, Manoel Gonçalves. *Direitos humanos fundamentais*. 4. ed. São Paulo: Saraiva, 2000. p. 50.

[3] Os dados podem ser acessados em https://paineisanalytics.cnj.jus.br/single/?appid=a6dfbee4-bcad-4861-98ea-4b5183e29247&sheet=c0cac07f-b08c-492e-ad32-267812fbc70b&opt=ctxmenu,currsel (Processos Pendentes Bruto). Acesso em: 5 mar. 2023.

compostos por equipes multidisciplinares, que buscam auxiliar o julgador com subsídios técnicos, no afã de agilizar a entrega da prestação jurisdicional.[4]

Há, com efeito, inúmeras iniciativas meritórias que buscam trazer equilíbrio e racionalidade ao tratamento da judicialização da saúde, muitas capitaneadas pelo Conselho Nacional de Justiça, o que demonstra o comprometimento cada vez maior do Poder Judiciário com soluções que harmonizem, de um lado, a notória limitação dos recursos destinados às ações e serviços pelo Poder Público, especialmente de estados e municípios, e, de outro, a observância do direito fundamental e universal à saúde.

Importa ressaltar, de todo modo, que o dever de prestar o devido atendimento à saúde da população é comum a todos os entes da Federação – União, estados, Distrito Federal e municípios –, que o cumprem por meio de uma rede regionalizada e hierarquizada, constitutiva de um sistema único, o SUS, conforme consta do art. 198 da Constituição Federal.

3 A responsabilidade solidária reafirmada pelo Supremo Tribunal Federal no julgamento do Tema nº 793 da Repercussão Geral

Em sessão virtual plenária finalizada em 5.3.2015, o Supremo Tribunal Federal julgou o Recurso Extraordinário nº 855.178/SE, afetado ao regime de repercussão geral sob o Tema nº 793, sendo reafirmada a jurisprudência dominante da Corte acerca da responsabilidade solidária dos entes federados – União, estados, Distrito Federal e municípios –, admitindo-se, pois, que o polo passivo de ações que buscam a efetivação do direito fundamental à saúde possa ser composto por qualquer um deles, isoladamente, ou conjuntamente. Naquela oportunidade, o Tribunal entendeu, ainda, que "eventuais questões de repasse de verbas atinentes ao SUS devem ser dirimidas administrativamente, ou em ação judicial própria".

O eminente Ministro Luiz Fux, relator do feito, trouxe à colação substancioso voto por meio do qual, após descrever a situação concreta representativa do tema sob exame, demonstrou haver reiterados precedentes da Suprema Corte, firmados desde o julgamento da Suspensão de Tutela Antecipada nº 175/CE e do Agravo Regimental na Suspensão de Segurança nº 3.355/RN,[5] nos quais restou assentada, em analíticos votos do então presidente da Corte, o eminente Ministro Gilmar Mendes, seguido de modo uníssono pelo Plenário, a responsabilidade solidária dos entes da Federação em matéria de saúde.

---

[4]   PRATA, Lucília Alcione. Um novo locus de formação das políticas públicas de saúde: o diagnóstico da saúde pela política judiciária do Conselho Nacional de Justiça. *In*: SMANIO, Gianpaolo Poggio; BERTOLINI, Patrícia Tuma Martins (Org.). *O direito e as políticas públicas no Brasil*. São Paulo: Atlas, 2013. p. 265-266.

[5]   "EMENTA: Suspensão de Segurança. Agravo Regimental. Saúde pública. Direitos fundamentais sociais. Art. 196 da Constituição. Audiência Pública. Sistema Único de Saúde – SUS. Políticas públicas. Judicialização do direito à saúde. Separação dos poderes. Parâmetros para solução judicial dos casos concretos que envolvem direito à saúde. Responsabilidade solidária dos entes da Federação em matéria de saúde. Fornecimento de medicamento: Clopidrogrel 75 mg. Fármaco registrado na ANVISA. Não comprovação de grave lesão à ordem, à economia, à saúde e à segurança pública. Possibilidade de ocorrência de dano inverso. Agravo regimental a que se nega provimento" (BRASIL. Supremo Tribunal Federal (Plenário). *Suspensão de Segurança nº 3.355/RN*. Rel. Min. Gilmar Mendes, j. 17.3.2010, p. 30.4.2010).

Transcrevo a ementa e a tese formuladas naquela assentada:[6]

Ementa: RECURSO EXTRAORDINÁRIO. CONSTITUCIONAL E ADMINISTRATIVO. DIREITO À SAÚDE. TRATAMENTO MÉDICO. RESPONSABILIDADE SOLIDÁRIA DOS ENTES FEDERADOS. REPERCUSSÃO GERAL RECONHECIDA. REAFIRMAÇÃO DE JURISPRUDÊNCIA. O tratamento médico adequado aos necessitados se insere no rol dos deveres do Estado, porquanto responsabilidade solidária dos entes federados. O polo passivo pode ser composto por qualquer um deles, isoladamente, ou conjuntamente. *Tese*: O tratamento médico adequado aos necessitados se insere no rol dos deveres do Estado, sendo responsabilidade solidária dos entes federados, podendo figurar no polo passivo qualquer um deles em conjunto ou isoladamente. Obs.: Redação da tese aprovada nos termos do item 2 da Ata da 12ª Sessão Administrativa do STF, realizada em 09/12/2015.

Não obstante a reafirmação do entendimento pacífico sobre a responsabilidade solidária dos entes federativos, houve oposição de embargos declaratórios pela União, a qual alegou que a complexidade da matéria e as repercussões práticas do que decidido mereceriam "debate presencial" dos ministros da Corte, máxime quanto ao dever de fornecimento de medicamentos diretamente ao jurisdicionado, ante a descentralização do Sistema Único de Saúde, que comete às secretarias estaduais e municipais de saúde a tarefa de armazenamento, programação e dispensação de medicamentos, ainda que estes sejam financiados e adquiridos pelo Ministério da Saúde.

A responsabilização solidária, ainda de acordo com a embargante, poderia gerar risco de cumprimento duplicado ou mesmo triplicado, consideradas as dificuldades de governança inerentes ao desafio de gerenciar informações sobre o cumprimento de tantas decisões judiciais diariamente exaradas em todo o país, tendo em vista a desejável, mas nem sempre possível, integração do Ministério da Saúde com as secretarias estaduais de saúde, bem assim com as milhares de secretarias municipais, visto que, em tese, todos os entes estariam aptos a receber uma mesma ordem judicial, geralmente com prazo exíguo para cumprimento, e sob pena de multa, o que poderia gerar desperdício de recursos públicos. Há nesse argumento, implicitamente, um outro risco: o de que nenhum dos entes cumpra a decisão judicial, na suposição de que caberia ao outro fazê-lo, comprometendo, assim, a tutela tempestiva do direito à saúde no caso concreto.

O julgamento desses embargos de declaração deu-se de forma presencial, finalizado em 23.5.2019, quando então, por maioria, o Plenário da Corte conheceu e rejeitou os declaratórios, porém com a formulação de um desenvolvimento da tese anteriormente fixada, no sentido de atribuir à autoridade judicial o dever de direcionar o cumprimento da prestação de acordo com as regras de repartição de competências. Confiram-se a ementa e a tese integrativas:[7]

Ementa: CONSTITUCIONAL E ADMINISTRATIVO. EMBARGOS DE DECLARAÇÃO EM RECURSO EXTRAORDINÁRIO COM REPERCUSSÃO GERAL RECONHECIDA. AUSÊNCIA DE OMISSÃO, CONTRADIÇÃO OU OBSCURIDADE. DESENVOLVIMENTO DO PROCEDENTE. POSSIBILIDADE. RESPONSABILIDADE DE SOLIDÁRIA NAS

---

[6] BRASIL. Supremo Tribunal Federal (Plenário). *Recurso Extraordinário nº 855.178/SE-RG*. Rel. Min. Luiz Fux, j. 5.3.2015, p. 16.3.2015.

[7] BRASIL. Supremo Tribunal Federal (Plenário). *Recurso Extraordinário nº 855.178/SE-RG ED*. Rel. Min. Luiz Fux, Redator do Acórdão Min. Edson Fachin, j. 23.5.2019, p. 16.4.2020.

DEMANDAS PRESTACIONAIS NA ÁREA DA SAÚDE. DESPROVIMENTO DOS EMBARGOS DE DECLARAÇÃO. 1. É da jurisprudência do Supremo Tribunal Federal que o tratamento médico adequado aos necessitados se insere no rol dos deveres do Estado, porquanto responsabilidade solidária dos entes federados. O polo passivo pode ser composto por qualquer um deles, isoladamente, ou conjuntamente. 2. A fim de otimizar a compensação entre os entes federados, compete à autoridade judicial, diante dos critérios constitucionais de descentralização e hierarquização, direcionar, caso a caso, o cumprimento conforme as regras de repartição de competências e determinar o ressarcimento a quem suportou o ônus financeiro. 3. As ações que demandem fornecimento de medicamentos sem registro na ANVISA deverão necessariamente ser propostas em face da União. Precedente específico: RE 657.718, Rel. Min. Alexandre de Moraes. 4. Embargos de declaração desprovidos.

Tese: Os entes da federação, em decorrência da competência comum, são solidariamente responsáveis nas demandas prestacionais na área da saúde, e diante dos critérios constitucionais de descentralização e hierarquização, compete à autoridade judicial direcionar o cumprimento conforme as regras de repartição de competências e determinar o ressarcimento a quem suportou o ônus financeiro.

Percebe-se da ementa supratranscrita que, não obstante rejeitados os embargos de declaração, com a reiteração da tese anteriormente firmada de responsabilidade solidária dos entes da Federação, ou seja, de que o "polo passivo pode ser composto por qualquer um deles, isoladamente, ou conjuntamente", a Corte aprimorou e desenvolveu o enunciado, a partir das ponderações trazidas pela União, no sentido de atribuir à autoridade judicial competente (a) o direcionamento do cumprimento das ordens, conforme as regras de repartição de competências; e (b) a otimização da compensação entre os entes da Federação, mediante a redistribuição do ônus financeiro, em favor daquele que o tenha suportado. No mais, foi ratificado o entendimento fixado no julgamento do Recurso Extraordinário nº 657.718/MG-RG, Tema nº 500 do ementário da Repercussão Geral, de que "as ações que demandem fornecimento de medicamentos sem registro na ANVISA deverão necessariamente ser propostas em face da União".[8]

A finalização do julgamento do Tema nº 793 indicava estar resolvida a questão atinente à solidariedade dos entes da Federação, porém não foi exatamente o que ocorreu. Diante do desenvolvimento da tese realizado no julgamento dos declaratórios, que resultou, como visto, na fixação de diretrizes aos juízes no sentido de direcionar o cumprimento da obrigação conforme as regras legais de repartição de competências, e, no âmbito da própria demanda, otimizar eventual compensação financeira entre os entes da Federação, passando a tratar de relação jurídica entre os réus da demanda, a aplicação do entendimento sufragado pelo Supremo Tribunal Federal continuou gerando decisões conflitantes pelos demais órgãos do Poder Judiciário.

---

[8]   Eis a tese fixada no Tema nº 500 da Repercussão Geral: "I - O Estado não pode ser obrigado a fornecer medicamentos experimentais; II - A ausência de registro na ANVISA impede, como regra geral, o fornecimento de medicamento por decisão judicial; III - É possível, excepcionalmente, a concessão judicial de medicamento sem registro sanitário, em caso de mora irrazoável da ANVISA em apreciar o pedido (prazo superior ao previsto na Lei nº 13.411/2016), quando preenchidos três requisitos: (i) a existência de pedido de registro do medicamento no Brasil (salvo no caso de medicamentos órfãos para doenças raras e ultrarraras);(ii) a existência de registro do medicamento em renomadas agências de regulação no exterior; e (iii) a inexistência de substituto terapêutico com registro no Brasil; IV - As ações que demandem fornecimento de medicamentos sem registro na ANVISA deverão necessariamente ser propostas em face da União" (BRASIL. Supremo Tribunal Federal (Plenário). *Recurso Extraordinário nº 657.718/MG-RG*. Rel. Min. Marco Aurélio, Redator do Acórdão Min. Roberto Barroso, j. 22.5.2019, p. 9.11.2020).

Isso porque nem a ementa do julgado nem a tese estabelecida trataram de modo expresso do litisconsórcio passivo necessário – vale ressaltar, nesse ponto, que a ideia de responsabilidade solidária remete à livre configuração do polo passivo, a critério do autor da ação –, salvo quanto às demandas que buscam o fornecimento de medicamento não registrado na Anvisa (item 3 da ementa acima transcrita), caso em que a presença da União se revela obrigatória sob o fundamento de que, nessa hipótese, emerge relevante questão de fundo, a saber, possível mora administrativa na concessão do registro, o que é competência exclusiva da autarquia especial vinculada à União.[9]

Por outro lado, consta do judicioso voto proferido pelo eminente Min. Edson Fachin, redator do acórdão proferido no julgamento dos aludidos embargos declaratórios, diversas passagens que, efetivamente, à guisa de aprimoramento e desenvolvimento da responsabilidade solidária dos entes da Federação, remetem a uma abrangência maior do quanto fixado na ementa do acórdão e na tese ao final firmada, conforme se observa, por exemplo, dos seguintes excertos, *verbis*:

> [...] Ainda que se admita possa o cidadão, hipossuficiente, direcionar a pretensão contra a pessoa jurídica de direito público a quem a norma não atribui a responsabilidade primária para aquela prestação, é certo que o juiz deve determinar a correção do polo passivo da demanda, ainda que isso determine o deslocamento da competência para processá-la e julgá-la a outro juízo (arts. 284, par. único c/c 47, par. único, do CPC). [...].
>
> v) Se a pretensão veicular pedido de tratamento, procedimento, material ou medicamento não incluído nas políticas públicas (em todas as suas hipóteses), a União necessariamente comporá o polo passivo, considerando que o Ministério da Saúde detém competência para a incorporação, exclusão ou alteração de novos medicamentos, produtos, procedimentos, bem como constituição ou a alteração de protocolo clínico ou de diretriz terapêutica (art. 19-Q, Lei 8.080/90), de modo que recai sobre ela o dever de indicar o motivo da não padronização e eventualmente iniciar o procedimento de análise de inclusão, nos termos da fundamentação; [...].[10]

Em virtude dos fundamentos adotados no voto-condutor majoritário, muitos órgãos do Poder Judiciário dos estados têm declinado de sua competência para a Justiça

---

[9] O fundamento dessa medida excepcional, que obriga a inclusão da União no polo passivo, está albergado no voto do eminente Min. Roberto Barroso, redator do acórdão proferido no julgamento do Tema nº 500, conforme segue: "[...]. 50. De outro lado, como visto, a Lei nº 9.782/1999 instituiu o sistema nacional de vigilância sanitária e atribuiu à Agência Nacional de Vigilância Sanitária (Anvisa), autarquia federal sob regime especial vinculada ao Ministério da Saúde, a competência para exercer a vigilância sanitária de medicamentos (art. 8º, §1º, I). Portanto, como a Agência integra a estrutura da Administração Pública Federal, não se pode permitir que Estados e Municípios (entes federativos que não são responsáveis pelo registro de medicamentos) sejam condenados a custear tais prestações de saúde quando eles não têm responsabilidade pela mora da Agência, nem têm a possibilidade de saná-la. 51. Esse entendimento – vale dizer – não conflita com a decisão proferida no RE 855178 (ainda pendente de julgamento de embargos de declaração), em que o Plenário deste STF reiterou sua jurisprudência quanto à responsabilidade solidária dos entes federados por fornecimento de tratamento médico aos necessitados. Isso porque ambas as decisões têm fundamentos diversos. O fundamento utilizado no recurso extraordinário para se concluir pela solidariedade foi a competência comum da União, dos Estados, do Distrito Federal e dos Municípios para cuidar da saúde (art. 23, CF/1988). Diversamente, no presente caso, está em questão a hipótese de mora administrativa na concessão do registro, atribuída unicamente à Agência federal. Desse modo, quando se tratarem especificamente de ações judiciais que envolvam medicamentos não registrados na Anvisa, o polo passivo deve ser composto necessariamente pela União, de modo a que a demanda deverá ser proposta perante a Justiça Federal".

[10] BRASIL. Supremo Tribunal Federal (Plenário). *Recurso Extraordinário nº 855.178/SE-RG ED*. Rel. Min. Luiz Fux, Redator do Acórdão Min. Edson Fachin, j. 23.5.2019, p. 16.4.2020.

Federal, sob o argumento de que, nos termos do que fixado pela Suprema Corte, caberia à União a responsabilidade primária para o atendimento daquela prestação específica, mesmo não se tratando da hipótese expressamente prevista no julgamento do Tema nº 500 da repercussão geral (medicamento não registrado pela Anvisa). Enquadram-se nessas situações os medicamentos de alto custo, os destinados a tratamento oncológico e aqueles pendentes de incorporação/registro na lista padronizada do SUS, entre outros.

Exemplo da dissonância jurisdicional acerca do alcance da tese firmada no Tema nº 793 da Repercussão Geral pode ser visto no entendimento da Segunda Turma do Superior Tribunal de Justiça, fixado no julgamento do Recurso em Mandado de Segurança nº 68.602/GO, cuja ementa transcrevo a seguir:[11]

> ADMINISTRATIVO E PROCESSUAL CIVIL. RECURSO EM MANDADO DE SEGURANÇA. FORNECIMENTO DE MEDICAMENTO REGISTRADO NA ANVISA, MAS NÃO CONSTANTE DOS ATOS NORMATIVOS DO SUS. TEMA 793 DA REPERCUSSÃO GERAL. INEXISTÊNCIA DE LITISCONSÓRCIO PASSIVO NECESSÁRIO. OBRIGAÇÃO SOLIDÁRIA DOS ENTES DA FEDERAÇÃO. IMPETRAÇÃO DIRECIONADA APENAS CONTRA SECRETÁRIO ESTADUAL DE SAÚDE. COMPETÊNCIA DA JUSTIÇA ESTADUAL. RECURSO EM MANDADO DE SEGURANÇA PARCIALMENTE PROVIDO. I. Recurso em Mandado de Segurança interposto contra acórdão publicado na vigência do CPC/2015. II. No acórdão objeto do Recurso Ordinário, o Tribunal de origem manteve decisão da Relatora que julgara extinto, sem resolução de mérito, Mandado de Segurança, impetrado pela recorrente, contra ato do Secretário de Saúde do Estado de Goiás, consubstanciado no não fornecimento do medicamento Linagliptina, registrado na ANVISA, mas não constante dos atos normativos do SUS. A aludida decisão monocrática, mantida pelo acórdão recorrido, entendeu necessária, citando o Tema 793/STF, a inclusão da União no polo passivo de lide, concluindo, porém, não ser possível determiná-la, no caso, por se tratar de Mandado de Segurança. III. O Supremo Tribunal Federal, ao apreciar o Tema 793 da Repercussão Geral, fixou tese no sentido de que "os entes da federação, em decorrência da competência comum, são solidariamente responsáveis nas demandas prestacionais na área da saúde, e diante dos critérios constitucionais de descentralização e hierarquização, compete à autoridade judicial direcionar o cumprimento conforme as regras de repartição de competências e determinar o ressarcimento a quem suportou o ônus financeiro" (STF, EDcl no RE 855.178/SE, Rel. p/ acórdão Ministro EDSON FACHIN, PLENO, DJe de 16/04/2020). IV. Igual entendimento é adotado pela jurisprudência do Superior Tribunal de Justiça, que se orienta no sentido de que o funcionamento do Sistema Único de Saúde é de responsabilidade solidária da União, dos Estados e dos Municípios, de modo que qualquer um destes entes possui legitimidade para figurar no polo passivo da demanda, cabendo à parte autora escolher contra quem deseja litigar, conforme se verifica dos seguintes precedentes: STJ, AgInt no REsp 1.940.176/SE, Rel. Ministro MANOEL ERHARDT (Desembargador Federal convocado do TRF/5ª Região), PRIMEIRA TURMA, DJe de 09/12/2021; AREsp 1.841.444/MG Rel. Ministro HERMAN BENJAMIN, SEGUNDA TURMA, DJe de 16/08/2021; AgInt no RE nos EDcl no AgInt no REsp 1.097.812/RS, Rel. Ministro JORGE MUSSI, CORTE ESPECIAL, DJe de 27/08/2021. V. A Primeira Seção do STJ, ao examinar questão análoga, firmou entendimento no sentido de que, "ao julgar o RE 855.178 ED/SE (Tema 793/STF), o Supremo Tribunal Federal foi bastante claro ao estabelecer na ementa do acórdão que "É da jurisprudência do Supremo Tribunal Federal

---

[11] BRASIL. Superior Tribunal de Justiça (Segunda Turma). Recurso em Mandado de Segurança RMS nº 68.602/GO. Rel. Min. Assusete Magalhães. *DJe*, 29 abr. 2022.

que o tratamento médico adequado aos necessitados se insere no rol dos deveres do Estado, porquanto responsabilidade solidária dos entes federados. O polo passivo pode ser composto por qualquer um deles, isoladamente, ou conjuntamente." [...] é fundamental esclarecer que, ao julgar o RE 855.178/SE (Tema 793), não foram acolhidas pelo Pleno do STF todas as premissas e conclusões do Voto condutor do Ministro Edson Fachin. Ainda que tenha sido apresentada proposta pelo Ministro Edson Fachin que, na prática, poderia implicar litisconsórcio passivo da União, tal premissa/conclusão - repita-se - não integrou o julgamento que a Corte Suprema realizou no Tema 793. [...] o STJ já se manifestou reiteradas vezes sobre a quaestio iuris, estando pacificado o entendimento de que a ressalva contida na tese firmada no julgamento do Tema 793 pelo Supremo Tribunal Federal, quando estabelece a necessidade de se identificar o ente responsável a partir dos critérios constitucionais de descentralização e hierarquização do SUS, relaciona-se ao cumprimento de sentença e às regras de ressarcimento aplicáveis ao ente público que suportou o ônus financeiro decorrente do provimento jurisdicional que assegurou o direito à saúde. Entender de maneira diversa seria afastar o caráter solidário da obrigação, o qual foi ratificado no precedente qualificado exarado pela Suprema Corte" (STJ, RE nos EDcl no AgInt no CC 175.234/PR, Rel. Ministro HERMAN BENJAMIN, PRIMEIRA SEÇÃO, DJe de 15/03/2022). VI. Nesse contexto, em se tratando de pretensão de fornecimento de medicamento registrado na ANVISA, ainda que não incorporado em atos normativos do SUS, descabida a necessidade de inclusão da União no polo passivo da demanda. Competência da Justiça Estadual para processar e julgar o feito. VII. Recurso em Mandado de Segurança parcialmente provido, para, afastando a necessidade de inclusão da União no polo passivo da demanda, anular o acórdão recorrido e determinar o retorno dos autos à origem, para que seja dado regular processamento ao Mandado de Segurança. (RMS nº 68.602/GO, Rel. Min. Assusete Magalhães, DJe 29/04/2022)

Percebe-se, portanto, que a reafirmação da jurisprudência da Corte acerca da responsabilidade solidária dos entes da Federação, operada no âmbito do julgamento do Tema nº 793 da repercussão geral, notadamente a partir do julgamento dos embargos de declaração opostos pela União, suscitou nova controvérsia, desta feita acerca do seu alcance, em determinadas situações, quanto à obrigatoriedade ou não da inclusão da União no polo passivo, a repercutir diretamente na competência jurisdicional para processar e julgar tais demandas.

4 O julgamento do Tema nº 1.234 da repercussão geral e a oportunidade de novos avanços da jurisprudência do Supremo Tribunal Federal na proteção do direito fundamental à saúde

Diante da relatada dissonância jurisprudencial acerca da abrangência da tese firmada no âmbito do Tema nº 793/RG, andou bem o eminente Ministro Luiz Fux ao afetar à sistemática da repercussão geral o Recurso Extraordinário nº 1.366.243/SC, interposto pelo Estado de Santa Catarina contra acórdão que afastou a necessidade de inclusão da União no polo passivo de demanda envolvendo o fornecimento de medicamento registrado na Anvisa, mas ainda não padronizado no SUS. Ao tema foi dado o número 1.234 do ementário da repercussão geral, reconhecida, aliás, à unanimidade pelo Plenário da Corte em 9.9.2022.

No acórdão de admissão da repercussão geral, Sua Excelência pontuou a identificação de

> pelo menos 454 recursos extraordinário ou recursos extraordinários com agravo, atualmente em tramitação no Superior Tribunal de Justiça, com controvérsia similar à destes autos, que aguardam o julgamento do recurso especial, simultaneamente interposto, a fim de serem enviados a este Supremo Tribunal Federal.[12]

Após o reconhecimento da questão constitucional e de sua repercussão geral, o feito foi distribuído, nos termos regimentais, à relatoria do eminente Ministro Gilmar Mendes.

A delimitação do tema, agora sob a óptica específica de medicamentos registrados na Anvisa, mas não padronizados no SUS, proporcionará excelente oportunidade para o Supremo Tribunal Federal, independentemente do resultado do julgamento específico, escrever mais um capítulo no já extenso rol de avanços que marcam a jurisprudência da Corte em matéria de saúde, sempre visando à construção de soluções consentâneas com a melhor proteção do direito em jogo.

Impende registrar que o protagonismo assumido pelo Poder Judiciário, especialmente pelo Supremo Tribunal Federal, na interpretação e aplicação das normas constitucionais e legais, atinentes à defesa em juízo do direito fundamental à saúde, não destoa da sua vocação precípua nem constitui qualquer agravo à separação dos poderes. Nesse sentido, é oportuno trazer à lume o entendimento de Lucília Alcione Prata:[13]

> O *locus* de formação de políticas públicas – sociais e econômicas – para a saúde não se limita à Administração Estatal, pois a complexidade do sistema normativo de amparo à saúde não só permite como obriga o ingresso da atividade judiciária no sistema de proteção à saúde.
>
> A atividade judiciária, divergente da atividade judicial que se limita ao julgamento da demanda, implica na convergência do Poder Judiciário ao sistema de proteção aos direitos sociais, conjugando esforços, dentro de sua esfera como Estado-juiz, para que não só os princípios de acesso à jurisdição sejam cumpridos, mas especialmente aliando esforços para a fomentação de novas políticas públicas, aptas a garantir a mais ampla proteção jurídica, social e econômica ao direito da saúde dos cidadãos brasileiros.

Ainda nesse contexto, não se pode perder de vista o caráter instrumental do processo, dirigido que é a determinados fins sociais relacionados ao próprio direito material vindicado. No caso da saúde, cujo fundamento de validade decorre da própria Constituição, o que se coloca em jogo, mesmo nas ações individuais, é o interesse público vertido na proteção universal da saúde, o que justifica a atuação mais incisiva do Poder Judiciário.

---

[12] BRASIL. Supremo Tribunal Federal (Plenário). *Repercussão Geral no Recurso Extraordinário nº 1.366.243/SC*. Rel. Min. Luiz Fux, j. 8.9.2022, p. 13.9.2022.

[13] PRATA, Lucília Alcione. Um novo locus de formação das políticas públicas de saúde: o diagnóstico da saúde pela política judiciária do Conselho Nacional de Justiça. *In*: SMANIO, Gianpaolo Poggio; BERTOLINI, Patrícia Tuma Martins (Org.). *O direito e as políticas públicas no Brasil*. São Paulo: Atlas, 2013. p. 267.

Daí porque Jeferson Carús Guedes alude ao *direito processual social* para se referir aos processos que contenham a defesa de *interesses individuais especiais*, a atrair principiologia processual própria, bem como à noção de *procedimento justo*, conforme segue:[14]

> Orientam-se, essas áreas do direito processual, pelos princípios constitucionais processuais, pelos princípios processuais gerais e por princípios próprios, tal como o princípio da igualdade por compensação, o princípio da impulso oficial e o princípio de distribuição compensatória ou da inversão do ônus da prova, às vezes presentes, o princípio da flexibilidade da valoração das provas, o princípio da oralidade (imediatidade, concentração), e o princípio da especialização da justiça (juizados especiais e não de exceção). [...].
>
> Já a concepção de procedimento justo tem origem no direito anglo-saxão, na cláusula do *due process of law* que foi transmudada de garantia formal e de garantia substancial em garantia constitucional escrita em nações de leis escritas. Relaciona-se o procedimento justo com a preocupação do tempo de duração razoável do processo, que objetiva o resultado útil desse procedimento aos litigantes. Identifica-se a justeza do procedimento não apenas pela simples "oferta [numérica e variada] de instrumentos processuais", mas que esses instrumentos sejam suficientes a produzir o resultado desejável do processo, que seja um fim útil e concreto, ou, no dizer de Arruda Alvim, que a eles corresponda a "efetiva eficácia", sem considerar a transversalidade contida na proposta de acesso, que considera a fragilidade subjetiva do litigante.

Outrossim, mesmo a crítica comumente feita à judicialização da saúde, no sentido que se privilegia o atendimento de demandas individuais em detrimento da política pública macro, pretensamente violando o caráter universal das ações do SUS, deve ser relativizada e posta em perspectiva. A universalidade do atendimento realizado pelo Poder Público em matéria de saúde significa que política púbica já estabelecida deve alcançar a todos, mas isso não impede que o Poder Judiciário aprecie os casos singulares, inclusive para fomentar os gestores a avançarem na universalização a partir das situações particulares. É nesse sentido o escólio de André Ramos Tavares:

> Ao Judiciário cabe, tradicionalmente, realizar a Justiça para o caso concreto. Não pode ser aceito como argumento válido emitido pelo Poder Público a tese de que só medidas gerais deveriam ser aceitas. O Poder Público, nesse caso, estaria se eximindo de sua responsabilidade, para o caso concreto, porque não cumpriu adequadamente uma política pública de caráter geral, o que é um paradoxo. Ademais, a concessão de prestações individuais (de maneira tópica), pelo Judiciário, não exclui nem impede a responsabilidade do Estado enfrentar a questão de maneira geral. A concorrência, aqui, é benéfica aos direitos fundamentais em sua efetividade. E a eventual dificuldade aqui bem pode ser enfrentada com técnicas processuais apuradas.[15]

Por fim, ainda no escopo de pontuar reflexões sobre a proteção ao direito fundamental à saúde, parece-me salutar que o Sistema Único de Saúde, notadamente

---

[14] GUEDES, Jefferson Carús. Direito processual social no Brasil: as primeiras linhas. *Revista da AGU*, Brasília, ano V, n. 13, ago. 2007. p. 75; 82.

[15] TAVARES, André Ramos. Justiça constitucional e direitos sociais no Brasil. *In*: FRANCISCO, José Carlos (Coord.). *Neoconstitucionalismo e atividade jurisdicional*: do passivismo ao ativismo judicial. Belo Horizonte: Del Rey, 2012. p. 148.

a partir do Ministério da Saúde, com o apoio da Advocacia-Geral da União, aprimore mecanismos de solução extrajudicial de conflitos, seja diretamente com o usuário, seja especialmente entre os entes da Federação (por exemplo, na questão do ressarcimento e da compensação financeira). Nesse ponto, trago a lição de Flávia Martins Afonso, em interessante obra sobre justiça administrativa:[16]

> A solução a ser dada precisa ser encontrada no âmbito da Justiça Administrativa. Chamamos de Justiça Administrativa o sistema de análise da relação entre indivíduos e o Estado, em uma abordagem mais holística de reparação do cidadão, em que a revisão judicial é um mecanismo entre muitos outros que incluem tribunais administrativos, *ombudsman*, ouvidorias, agências administrativas, órgãos reguladores e outros mecanismos de resoluções alternativas de litígios, como a mediação e a arbitragem. [...].
>
> [...]. Não quer dizer que o Brasil tenha que alterar o seus sistema de justiça una, para dual, com a criação de Tribunais Administrativos, o que aumentaria em muito o custo, mas aprimorar mecanismos que possam existir ou que já existam no âmbito da Administração Pública, notadamente a partir da aplicação de um procedimento administrativo célere e eficaz, em que a autoridade administrativa tenha poderes para solucionar os conflitos, notadamente independência.

Com efeito, sem ignorar os avanços já realizados, o aprimoramento da atuação proativa, inovadora e criativa dos gestores do SUS poderá contribuir enormemente para a construção de soluções extrajudiciais, contribuindo não só para a efetividade do direito fundamental à saúde, mas também da economicidade, na medida em que certamente impactará positivamente na pletora de ações judiciais ora em curso.

5 Conclusão

O Brasil possui um dos mais avançados e completos sistemas de saúde pública do mundo. O acesso universal e igualitário às ações e serviços da saúde, direito de todos e dever do Estado, por meio de uma rede regionalizada, hierarquizada e constituída em sistema único, impõe complexos desafios de governança ao Poder Público, a fim de que o desenho concebido no plano jurídico-institucional se torne, paulatinamente, realidade concreta e efetiva no cotidiano da população, especialmente daquela parcela majoritária e mais vulnerável, que depende totalmente do SUS.

Um dos aspectos mais relevantes do sistema brasileiro, que repercute especialmente na qualidade das ações e serviços de saúde ofertados à população, diz respeito à divisão das atribuições cometidas aos três níveis da Federação, nada obstante a responsabilidade solidária de todos os entes federativos na proteção da saúde, entendimento firmado e reafirmado pela jurisprudência do Supremo Tribunal Federal, consoante tese estabelecida quando do julgamento do Tema nº 793 da repercussão geral.

Dessa forma, a reivindicação judicial de direitos relacionados à saúde, seja no campo do tratamento médico, seja no fornecimento de medicamentos não disponibilizados ordinariamente pela rede pública, pode ser feita em face de um, dois ou todos os entes federativos vinculados ao domicílio do proponente da demanda, a

---

[16] AFONSO, Flávia Martins. *Acesso à Justiça administrativa e o ombudsman*: cidadão emancipado e efetividade do controle das instituições. Rio de Janeiro: Instituto EDS, 2021. p. 82-84.

critério deste, ressalvado o pedido de fornecimento de medicamento não registrado na Anvisa. Nessa última hipótese, aplica-se a tese fixada pela Suprema Corte no julgamento do Tema nº 500 da repercussão geral, segundo a qual é imprescindível a presença da União no polo passivo, com a consequente fixação da competência na Justiça Federal.

Ainda, no caso de medicamentos registrados na Anvisa, mas que não são padronizados no SUS, a questão da mesma obrigatoriedade de participação da União no feito será examinada pela Corte, com maior profundidade, por ocasião do julgamento do Tema nº 1.234 da repercussão geral. Independentemente do resultado específico desse julgamento, persistirá o grande desafio de aprimoramento da governança do sistema de saúde pública do Brasil, a exigir envolvimento colaborativo e proativo dos três níveis da Federação, cada qual no seu âmbito de atribuições legais e regulamentares, visando sempre dar cumprimento à máxima efetividade da norma inserta no art. 196 da Constituição Federal.

A necessária e constante integração das pessoas políticas de direito público, naturalmente capitaneada pelo ente central (União/Ministério da Saúde), deve, tanto quanto possível, propiciar a solução negociada dos conflitos e interesses interfederativos, preferencialmente sem a necessidade de intervenção do Poder Judiciário, inclusive para se estabelecer protocolos administrativos de ressarcimento e compensação financeira diante de decisões judiciais que imponham ônus a apenas um ou dois dos entes. Ademais, é desejável que a resolução desses conflitos não interfira nem prejudique o atendimento prioritário daqueles que buscam o Poder Judiciário, por vezes em caráter emergencial, visando à tutela efetiva do direito constitucional à saúde.

As centenas de milhares de processos judiciais em curso no Brasil, por meio dos quais são postulados os mais variados tratamentos e medicamentos, são apenas reflexo da magnitude de uma política pública essencial e impositiva estabelecida pela Carta Magna de 1988. A proteção universal e igualitária da saúde da população, inclusive por meio de decisões judiciais, constitui consectário lógico da opção constituinte de instituir um Estado democrático de direito, calcado na dignidade da pessoa humana e na proteção efetiva dos seus direitos fundamentais.

É certo que a assistência à saúde, por si só, não é capaz de debelar determinadas enfermidades incuráveis, assim como o mais avançado estágio da medicina não consegue interromper o ciclo e o desfecho natural da vida humana individualmente considerada. Sabe-se, ademais, que toda política pública que demanda recursos limitados, notadamente aquelas de caráter amplo e universal, traz consigo o dever de se observar uma escala de prioridades, tendo por foco a construção de soluções equilibradas, coerentes e proporcionais. Nada disso, porém, afasta o dever fundamental de que os poderes da República, cada qual no âmbito de suas competências, atuem integradamente na proteção e na progressiva efetividade do direito fundamental à saúde da população.

Referências

AFONSO, Flávia Martins. *Acesso à Justiça administrativa e o ombudsman*: cidadão emancipado e efetividade do controle das instituições. Rio de Janeiro: Instituto EDS, 2021.

FERREIRA FILHO, Manoel Gonçalves. *Direitos humanos fundamentais*. 4. ed. São Paulo: Saraiva, 2000.

GUEDES, Jefferson Carús. Direito processual social no Brasil: as primeiras linhas. *Revista da AGU*, Brasília, ano V, n. 13, ago. 2007.

PRATA, Lucília Alcione. Um novo locus de formação das políticas públicas de saúde: o diagnóstico da saúde pela política judiciária do Conselho Nacional de Justiça. *In*: SMANIO, Gianpaolo Poggio; BERTOLINI, Patrícia Tuma Martins (Org.). *O direito e as políticas públicas no Brasil*. São Paulo: Atlas, 2013.

TAVARES, André Ramos. Justiça constitucional e direitos sociais no Brasil. *In*: FRANCISCO, José Carlos (Coord.). *Neoconstitucionalismo e atividade jurisdicional*: do passivismo ao ativismo judicial. Belo Horizonte: Del Rey, 2012.

Informação bibliográfica deste texto, conforme a NBR 6023:2018 da Associação Brasileira de Normas Técnicas (ABNT):

MENDONÇA, André Luiz de Almeida. O Supremo Tribunal Federal e a responsabilidade solidária dos entes da Federação na proteção do direito fundamental à saúde. *In*: RIBEIRO, Paulo Dias de Moura; TOMELIN, Georghio Alessandro; KIM, Richard Pae (Coord.). *Direito humano e fundamental à saúde*: estudos em homenagem ao ministro Enrique Ricardo Lewandowski. Belo Horizonte: Fórum, 2023. p. 127-141. ISBN 978-65-5518-606-2.

PARTE II

DIREITO À SAÚDE INDIVIDUAL E TRANSINDIVIDUAL

PARTE II

DIREITO À SAÚDE INDIVIDUAL E
TRANSINDIVIDUAL

O DIREITO FUNDAMENTAL E COLETIVO À SAÚDE

JOÃO OTÁVIO DE NORONHA

PATRICIA NETTO LEÃO

1 Introdução

O direito à saúde é um dos direitos sociais arrolados no *caput* do art. 6º da Constituição Federal de 1988, sendo, portanto, um direito constitucional de todos e dever do Estado, no sentido amplo de Poder Público. É cediço, segundo a doutrina constitucional contemporânea, que a todos pertence a titularidade dos direitos fundamentais, dividindo-se a tutela em duas espécies: individual e coletiva.

Nesse sentido, se a todos pertence esse direito social e se, em contrapartida, o Estado, embora deva, encontra-se impossibilitado de fornecer as prestações a todos os indivíduos, é absolutamente necessária a compreensão de quem são os titulares do direito à saúde no contexto econômico e social brasileiro, da espécie e características desse direito, com a finalidade de estudar as alternativas à sua efetivação.

Observa-se que boa parte da população brasileira não tem condições de arcar com os custos que envolvem a recuperação e a manutenção da saúde, não sem abrir mão de outros itens essenciais à sobrevivência. E, com base no fundamento constitucional do acesso à Justiça, nela ingressarão em busca de tais objetivos.

Na doutrina, ainda há discussões sobre o caráter de tais direitos, se coletivos, individuais homogêneos e também difusos, havendo quem os considere ambivalentes: com dimensão individual e coletiva, posição que parece ser a mais acertada.

Assim, a resposta a todas essas questões fica mesmo a cargo do Supremo Tribunal Federal, pois a busca da efetividade da saúde pública por meio de seus julgados acaba por definir tais questões.

É de tais assuntos que trata este artigo, em que se abordam apenas algumas nuances, conforme permite este espaço.

2 Sobre o direito à saúde

São direitos sociais a educação, a saúde, a alimentação, o trabalho, a moradia, o transporte, o lazer, a segurança, a previdência social, a proteção à maternidade e à infância, a assistência aos desamparados, na forma desta Constituição.
(Constituição Federal, art. 6º, *caput*)

Na ordem internacional, o direito à saúde consta da Declaração Universal dos Direitos Humanos, de 1948, segundo a qual todo ser humano tem direito a um padrão de vida capaz de assegurar-lhe e à sua família saúde e bem-estar, incluindo os cuidados médicos e os serviços sociais indispensáveis.[1] Portanto, trata-se de um direito associado ao direito à vida.

Pouco antes, em 1946, o direito à saúde foi previsto na Constituição da Organização Mundial da Saúde (OMS). Tal documento dispõe sobre o direito à saúde como um direito fundamental, trazendo a seguinte previsão: "Gozar do melhor estado de saúde que é possível atingir constitui um dos direitos fundamentais de todo o ser humano, sem distinção de raça, de religião, de credo político, de condição econômica ou social".[2]

Na Convenção Americana dos Direitos Humanos de 1989 (Pacto de São José da Costa Rica), ratificada pelo Brasil, encontra-se referência ao direito à saúde ao limitar o exercício de determinados direitos para a preservação da saúde. Por exemplo, o art. 13 assegura a liberdade de pensamento e de expressão, desde que seu exercício não prejudique a saúde pública, sob pena de "responsabilidades ulteriores".[3]

---

[1] *Declaração Universal dos Direitos Humanos – 1948*: "Artigo 25º 1. Toda a pessoa tem direito a um nível de vida suficiente para lhe assegurar e à sua família a saúde e o bem-estar, principalmente quanto à alimentação, ao vestuário, ao alojamento, à assistência médica e ainda quanto aos serviços sociais necessários, e tem direito à segurança no desemprego, na doença, na invalidez, na viuvez, na velhice ou noutros casos de perda de meios de subsistência por circunstâncias independentes da sua vontade. 2. A maternidade e a infância têm direito a ajuda e a assistência especiais. Todas as crianças, nascidas dentro ou fora do matrimônio, gozam da mesma proteção social".

[2] *Constituição da Organização Mundial da Saúde (OMS/WHO) – 1946*: "Os Estados Membros desta Constituição declaram, em conformidade com a Carta das Nações Unidas, que os seguintes princípios são basilares para a felicidade dos povos, para as suas relações harmoniosas e para a sua segurança; A saúde é um estado de completo bem-estar físico, mental e social, e não consiste apenas na ausência de doença ou de enfermidade. Gozar do melhor estado de saúde que é possível atingir constitui um dos direitos fundamentais de todo o ser humano, sem distinção de raça, de religião, de credo político, de condição econômica ou social. A saúde de todos os povos é essencial para conseguir a paz e a segurança e depende da mais estreita cooperação dos indivíduos e dos Estados. Os resultados conseguidos por cada Estado na promoção e proteção da saúde são de valor para todos. O desigual desenvolvimento em diferentes países no que respeita à promoção de saúde e combate às doenças, especialmente contagiosas, constitui um perigo comum. O desenvolvimento saudável da criança é de importância basilar; a aptidão para viver harmoniosamente num meio variável é essencial a tal desenvolvimento. A extensão a todos os povos dos benefícios dos conhecimentos médicos, psicológicos e afins é essencial para atingir o mais elevado grau de saúde. Uma opinião pública esclarecida e uma cooperação ativa da parte do público são de uma importância capital para o melhoramento da saúde dos povos. Os Governos têm responsabilidade pela saúde dos seus povos, a qual só pode ser assumida pelo estabelecimento de medidas sanitárias e sociais adequadas. Aceitando estes princípios com o fim de cooperar entre si e com os outros para promover e proteger a saúde de todos os povos, as partes contratantes concordam com a presente Constituição e estabelecem a Organização Mundial da Saúde como um organismo especializado, nos termos do artigo 57 da Carta das Nações Unidas".

[3] Decreto nº 678/1992: "ARTIGO 13 Liberdade de Pensamento e de Expressão 1. Toda pessoa tem direito à liberdade de pensamento e de expressão. Esse direito compreende a liberdade de buscar, receber e difundir informações e idéias de toda natureza, sem consideração de fronteiras, verbalmente ou por escrito, ou em forma impressa ou artística, ou por qualquer outro processo de sua escolha. O exercício do direito previsto no inciso precedente não

Na verdade, são diversas as convenções e tratados internacionais que dispõem direta ou indiretamente sobre a saúde, individual ou coletiva, contando com uma expressiva aderência nos países ocidentais, de que são exemplos – inclusive por haver, nas respectivas constituições, a previsão do direito à saúde como direito fundamental – Itália, Grécia, França, Espanha, Portugal, Argentina, entre outros.

No Brasil, o direito à saúde também está previsto no rol dos direitos fundamentais, encontrando-se expresso no art. 6º da Constituição Federal, que estabelece:

> Art. 6º São direitos sociais a educação, a saúde, a alimentação, o trabalho, a moradia, o transporte, o lazer, a segurança, a previdência social, a proteção à maternidade e à infância, a assistência aos desamparados, na forma desta Constituição (com a redação da Ementa Constitucional n. 90, de 2015).[4]

A Constituição Federal deu tratamento inédito à saúde ao dispor sobre a seguridade social, destinando uma seção ao assunto – arts. 196 a 200.

A saúde atualmente é vista como um pressuposto indispensável à manutenção da vida,[5] de forma que vem sendo considerada direito social fundamental – e assim deve mesmo ser –, já que se trata de um componente essencial existencial, pois, ainda que um indivíduo sobreviva sem saúde, não vive realmente.

Ao tratar do direito à saúde, não se pode deixar de abordar, mesmo que de forma sintética, alguns aspectos dos direitos fundamentais, sob pena de deixar lacunas nas ideias aqui expostas.

2.1 Breve histórico sobre os direitos fundamentais

A partir do século XVII, com o movimento iluminista, a razão e o conhecimento deram novos contornos ao direito natural, de forma que o desenvolvimento do pensamento denominado jusnaturalismo racional impulsionou a concepção de que aos seres humanos competia um conjunto de direitos: entre eles, à vida, à liberdade e à propriedade, superiores e anteriores a qualquer poder estatal.

Isso passou, então, a dar sustentação teórica ao modelo liberal que a burguesia emergente da época, sufocada pelo sistema absolutista, buscava construir. Com a queda do absolutismo, a submissão do Estado a uma norma fundamental passou a limitar sua atuação. No entanto, não se podia atribuir ao Estado o poder de criar esses direitos, pois, segundo a lógica do movimento, eles estavam acima do poder estatal. Diante disso, a solução foi reconhecer formalmente que os homens são detentores de direitos naturais e inalienáveis, garantindo-se, assim, seu respeito e efetivação. Portanto, os direitos naturais, abstratos e genéricos, tornaram-se *direitos fundamentais* do homem.

---

pode estar sujeito a censura prévia, mas a responsabilidades ulteriores, que devem ser expressamente fixadas pela lei a ser necessárias para assegurar: a) o respeito aos direitos ou à reputação das demais pessoas; ou b) a proteção da segurança nacional, da ordem pública, ou da saúde ou da moral públicas".

[4] O texto original estava assim redigido: "Art. 6º São direitos sociais a educação, a saúde, o trabalho, o lazer, a segurança, a previdência social, a proteção à maternidade e à infância, a assistência aos desamparados, na forma desta Constituição".

[5] Há uma generalidade de escritos divulgados na rede mundial de internet com essa temática.

A partir daí, a positivação desses direitos fundamentais nas constituições passou a se expandir "geometricamente".[6]

Contudo, estando o Estado desonerado de proteger o indivíduo, sob o aforismo de que poderia fazer tudo o que a lei não proibia, e estando esse indivíduo em situação de desvantagem diante da burguesia, deu-se início ao processo de marginalização e exclusão social aguda, de forma que a população se viu em condições de miserabilidade, tendo sido reduzidos seus direitos individuais, de modo que as celebradas igualdade e liberdade eram meramente formais.

Com a culminância da situação, o chamado proletariado reagiu, surgindo daí a tensão entre capital e trabalho, luta de classes, tensão entre diversos grupos e as ideais socialistas (o que, na Rússia, resultou em revolução). Assim, buscou-se novamente um comportamento ativo do Estado com o fim de assegurar o exercício dos direitos dessa massa desprovida, chegando-se a incorporar aos direitos fundamentais outro conjunto de direitos, envolvendo os econômicos, sociais e culturais.

Avançando-se um pouco mais na história, percebe-se que, após a 1ª Guerra Mundial, ao direito foram incorporados os direitos fundamentais na sua dimensão coletiva, difusa e transindividual:

> [...] a partir do Sistema de Direitos Públicos Subjetivos de Georg Jellinek que os direitos fundamentais receberam uma "admirável" organização, visto que ficou claro que o indivíduo, dentro da ordem jurídica Estatal, possuía um conjunto de direitos subjetivos, expressos como liberdades pessoais (direitos de defesa contra o Estado) e direitos de participação democrática, bem como pelas possibilidades de formulação de exigências perante o Estado (direitos a receber prestações positivas).[7]

No Brasil, os direitos fundamentais estão previstos desde a Constituição de 1824, mas foi com a Constituição de 1988 que se buscou uma intensa efetividade desses direitos. Também foi o primeiro texto a dar à saúde a importância devida.[8]

2.2 Direitos sociais como fundamentais

O título na Constituição Federal reservado aos direitos fundamentais – que, evidentemente, encontram-se em mais dispositivos, bem como em lei ordinária – é o Título II, que elenca tais direitos da seguinte forma:
– direitos e deveres individuais e coletivos;
– direitos sociais;
– direitos de nacionalidade;
– direitos políticos;
– partidos políticos.

---

[6] BAEZ, Narciso Leandro Xavier; MEZZAROBA, Orides. A epistemologia dos direitos fundamentais no constitucionalismo moderno. *In*: LUCCA, Newton de; MEYER-PFLUG, Samantha Ribeiro; NEVES, Mariana Barboza Baeta (Coord.). *Direito constitucional contemporâneo*. São Paulo: Quartier Latin, 2012. p. 365-366.

[7] BAEZ, Narciso Leandro Xavier; MEZZAROBA, Orides. A epistemologia dos direitos fundamentais no constitucionalismo moderno. *In*: LUCCA, Newton de; MEYER-PFLUG, Samantha Ribeiro; NEVES, Mariana Barboza Baeta (Coord.). *Direito constitucional contemporâneo*. São Paulo: Quartier Latin, 2012. p. 365-366.

[8] As constituições anteriores, embora não tenham sido omissas quanto à temática, quando dela tratavam, tinham mais o intuito de fixar competências legislativas e administrativas.

Observa-se que os direitos sociais são reconhecidos como direitos fundamentais.[9] Assim é que do art. 6º consta o rol de direitos sociais básicos, a saber: educação, saúde, alimentação, trabalho, moradia, transporte, lazer, segurança, previdência social, proteção à maternidade e à infância e assistência aos desamparados.

Nas palavras de Flávio Martins, a doutrina é farta no sentido de que os direitos sociais, ao lado dos direitos individuais ou das liberdades públicas, são direitos fundamentais. Ele afirma que relegar as normas definidoras de direitos sociais a meras normas programáticas desprovidas de eficácia implica contrariar a teoria da força normativa da Constituição apregoada por Konrad Hesse, além de contrariar uma série de princípios hermenêuticos decorrentes do neoconstitucionalismo como "princípio de eficiência ou máxima efetividade".[10]

Os direitos sociais, considerados direitos de segunda dimensão, geram para o Estado um dever principal de fazer, de agir, um dever de prestação. Nos direitos de primeira dimensão, os direitos fundamentais propriamente ditos, o dever principal é o não fazer do Estado. Por exemplo, no direito à vida, o dever do Estado é não tirar a vida das pessoas, embora também tenha o dever secundário de proporcionar a todos uma vida digna.[11]

Mas, a preservação da vida está intimamente associada a viver com dignidade e, para tanto, outro direito fundamental é necessário: o direito à saúde. Assim, a previsão constitucional do direito à saúde como direito social impôs ao Estado o dever de implementar políticas públicas e prestar assistência à saúde do indivíduo. Portanto, o direito à saúde, sendo um direito social fundamental, um direito de segunda dimensão, gera ao Estado o dever de fazer e agir, ou seja, o dever de prestação positiva.

A preocupação do legislador ao estabelecer o direito à saúde como um direito fundamental, resultou em que a ofensa daquele, na verdade, gera uma violação aos direitos fundamentais.

Trata-se, portanto, de direito exigível, cabendo ao Estado – considerando ainda a interferência dos poderes Legislativo e Executivo em suas funções essenciais – a implantação e execução de políticas públicas.

O direito à saúde e os direitos sociais em geral podem ser exigidos e tutelados pelo Poder Judiciário, que, nesse mister, gera a obrigação para os outros poderes, o que vai desde o fornecimento de tratamento a um indivíduo que deste necessite até à determinação de que justifiquem sua omissão. E isso tão somente pelo reconhecimento constitucional dos direitos sociais.

---

[9] Reconhecidos porque os direitos sociais, como saúde, educação, previdência e assistência social e moradia, surgiram – assim como os direitos humanos e fundamentais de modo geral – a partir de processos de reivindicação gestados no âmbito dos movimentos sociais.

[10] MARTINS, Flávio. *Direitos sociais em tempos de crise econômica*. 2. ed. São Paulo: Saraiva, 2022. p. 153.

[11] Os direitos fundamentais surgiram em períodos distintos da história e, conforme foram sendo previstos nos textos constitucionais, foi-se originando a classificação em gerações ou, mais recentemente, em dimensões. Os direitos de primeira geração ou dimensão são os direitos individuais, com caráter negativo, porquanto exigem uma abstenção do Estado; são os ligados ao valor da liberdade, direitos civis e políticos. Os diretos de segunda geração ou dimensão são os direitos sociais, econômicos e culturais. Os direitos fundamentais de terceira geração ou dimensão são os relacionados aos valores de fraternidade, ao desenvolvimento, meio ambiente e autodeterminação dos povos, patrimônio comum e de comunicação. Atualmente, fala-se em direitos de quarta geração ou dimensão, que são os relacionados aos direitos à democracia e à informação.

Voltando a Flavio Martins, o autor, ao abordar a questão da fundamentalidade dos direitos tratados na ordem constitucional e, portanto, dos direitos sociais, conclui, citando Ingo Wolfgang Sarlet:

> pelo menos no âmbito do sistema de direito constitucional positivo nacional, todos os direitos, tenham sido eles expressa ou implicitamente positivados, estejam eles sediados no Título II da CF (dos direitos e garantias fundamentais), estejam localizados em outras partes do texto constitucional ou nos tratados internacionais regularmente firmados e incorporados pelo Brasil, são direitos fundamentais.[12]

O direito à saúde estando situado como direito social, entendido como fundamental de segunda dimensão, deve ser tido como um direito subjetivo público, posto que exigível do Estado. Nesse escopo, há muito o Supremo Tribunal Federal, em face da omissão estatal no dever de prestar assistência à saúde, vem decidindo no sentido de impor ao Estado esse fazer. Ainda no ano de 2010, decidiu a Suspensão de Tutela Antecipada nº 175/CE, pronunciando-se sobre a obrigatoriedade de fornecimento de medicamento pelo SUS após uma série de audiências públicas. Nessa decisão, entre tantas questões importantes que vieram a nortear a jurisprudência, tratou da legitimidade da intervenção do Poder Judiciário para conferir eficácia à política de saúde pública.

Consta do voto, antes das tratativas sobre as questões jurídicas ali suscitadas, a seguinte justificativa:

> Diante da relevância da *concretização do direito à saúde* e da complexidade que envolve a questão do fornecimento de medicamentos por parte do Poder Público, inclusive por determinação judicial [...]
> Passo então a analisar a questões complexas relacionadas *à concretização do direito à saúde,* levando em conta, para tanto, as experiências e os dados coletados em audiência pública [...].[13] (Grifos nossos)

Observa-se aí presente o ativismo judicial, tendo em vista o reconhecimento de que tal direito carece de concretização ante a omissão estatal no seu dever de prestar. São inúmeros os julgados do STF acerca da questão social da saúde pública ou individual. Temas vários já foram julgados e outros ainda aguardam apreciação.

A título de exemplo, veja-se o julgamento do RE nº 657.718/MG (Tema nº 500), em que se decidiu que o Estado não estava obrigado ao fornecimento de medicação experimental.

Fixou-se, em repercussão geral, a seguinte tese:

> 1. O Estado não pode ser obrigado a fornecer medicamentos experimentais.
> 2. A ausência de registro na ANVISA impede, como regra geral, o fornecimento de medicamento por decisão judicial.

---

[12] SARLET, Ingo Wolfgang. *Os direitos sociais como direitos fundamentais*: contributo para um balanço aos vinte anos da Constituição Federal de 1988 *apud* MARTINS, Flávio. *Direitos sociais em tempos de crise econômica*. 2. ed. São Paulo: Saraiva, 2022. p. 153.

[13] Supremo Tribunal Federal, AgR na STA nº 175/CE.

3. *É possível, excepcionalmente, a concessão judicial de medicamento sem registro sanitário, em caso de mora irrazoável da ANVISA em apreciar o pedido* (prazo superior ao previsto na Lei nº 13.411/2016), quando preenchidos três requisitos: (i) a existência de pedido de registro do medicamento no Brasil (salvo no caso de medicamentos órfãos para doenças raras e ultrarraras); (ii) a existência de registro do medicamento em renomadas agências de regulação no exterior; e (iii) a inexistência de substituto terapêutico com registro no Brasil.
4. As ações que demandem fornecimento de medicamentos sem registro na ANVISA deverão necessariamente ser propostas em face da União.[14]

Portanto, os direitos sociais, direitos cuja satisfação depende não mais de mera abstenção do Estado, exigindo atuação positiva de um conjunto de prestações estatais, tanto sob o ponto de vista coletivo, o que significa o direcionamento de recursos públicos para o atendimento do maior número de pessoas possível,[15] quanto do ponto de vista individual, da pessoa como sujeito de direitos que busca, por meio da tutela jurisdicional, a prestação dos serviços de saúde por parte do Estado, são, ao lado dos direitos civis e políticos, fundamentais.

3 A intervenção do Poder Judiciário na efetividade do direito à saúde

A saúde é um direito subjetivo público pelo qual o Estado tem o dever de prestá-lo, independentemente de contribuição, vez que se insere no contexto de direitos fundamentais com o intuito de cumprir o princípio da dignidade humana.[16]

Ter acesso ao que é necessário para uma vida saudável, como visto, está assegurado pela Constituição Federal como direito de todos e inclui não só o atendimento e tratamento médico, mas também as condições para promoção e prevenção de doenças. Para tanto, o Estado age por meio de suas políticas públicas de saúde, que nada mais são que estratégias governamentais para garantir o cumprimento da lei nesse aspecto.[17]

Um bom conceito sobre o direito à saúde é o de Augusto Massayuki Tsutiya, segundo o qual "a saúde é um direito subjetivo público pelo qual o Estado tem o dever de prestá-lo, independentemente de contribuição, vez que se insere no contexto de direitos fundamentais com o intuito de cumprir o princípio da dignidade humana".[18]

Os fundamentos do direito à saúde estão descritos no art. 196 da Constituição Federal, segundo o qual a "saúde é direito de todos e dever do Estado, garantido mediante políticas sociais e econômicas que visem à redução do risco de doença e de

---

[14] Supremo Tribunal Federal, RE nº 657.718/MG (Tema nº 500).

[15] A efetivação dos direitos sociais traz ínsita a discussão sobre a reserva do possível e o mínimo existencial, não abordados aqui, sob pena de desvio injustificado do tema proposto. Recomenda-se, contudo, a leitura sobre o assunto.

[16] TSUTIYA, Augusto Massayuki. *Curso de direito da seguridade social.* São Paulo: Saraiva, 2013 *apud* NASCIMENTO, José Carlos Alves. *Direito à saúde na atualidade*: da judicialização à desjudicialização. Londrina: Thoth, [s.d.]. Edição do Kindle. p. 48.

[17] No Brasil, as principais políticas públicas de saúde estão associadas ao Sistema Único de Saúde, através da Lei nº 8.080/1990.

[18] TSUTIYA, Augusto Massayuki. *Curso de direito da seguridade social.* São Paulo: Saraiva, 2013 *apud* NASCIMENTO, José Carlos Alves. *Direito à saúde na atualidade*: da judicialização à desjudicialização. Londrina: Thoth, [s.d.]. Edição do Kindle. p. 48.

outros agravos e ao acesso universal e igualitário às ações e serviços para sua promoção, proteção e recuperação". Esse dispositivo foi regulamentado pela Lei nº 8.080/1990, que dispõe sobre as condições para a promoção, proteção e recuperação da saúde, a organização e o funcionamento dos serviços correspondentes e dá outras providências.

Além dessas e de outras leis, as portarias e os regulamentos diversos da ANS são muitos, sem contar o Sistema Único de Saúde (SUS) – e, não obstante os governos federais sucessivos mantenham o Ministério da Saúde com suas dezenas de órgãos, secretarias, fato que é comumente replicado nos estados, os entraves são vários ao eficaz atendimento do direito à saúde, seja na dimensão coletiva, seja na individual.

Destaca-se aí a ineficiência do Estado brasileiro na execução das políticas, podendo-se citar, apenas a título de exemplo, a demora; a falta de atendimento de especialidades médicas; a não realização de cirurgias por diversos fatores; a inexistência de hospitais, postos e ambulatórios que deem vazão à demanda da população; a corrupção na implementação das políticas; além da inadequação orçamentária.

Tudo isso levou a uma consequência: a judicialização da saúde. Essa inegável dificuldade de concretização dos direitos sociais, atestada pelo descompasso entre as condições socioeconômicas projetadas pela Constituição Federal e aquelas efetivamente vivenciadas pela maioria da população, "é um dos combustíveis do voluntarismo judiciário, que pretende fazer valer o dever-ser constitucional, ignorando os limites de seu poder conformador da realidade factual (força normativa)".[19]

4 Sobre os direitos individuais e coletivos e sua tutela

Todo indivíduo é titular de direitos. Registre-se que os direitos fundamentais de segunda geração – direitos sociais tanto na sua condição de direitos humanos quanto na de direitos fundamentais constitucionalmente assegurados – demandam atenção mais abrangente, de forma a superar o âmbito individual sem, contudo, suplantá-lo, pois surgiram e foram incorporados aos direitos humanos e fundamentais constitucionais em razão da pessoa humana individualmente considerada.

É bom enfatizar, como fez Ingo Wolfgang Sarlet,[20] que a convencional distinção entre direitos individuais e direitos e deveres sociais, econômicos, culturais e ambientais não encontra sua razão principal de ser na titularidade dos direitos, ou seja, na condição de ser ou não a pessoa individualmente considerada um sujeito de direitos fundamentais, mas sim na natureza e no objeto do direito em cada caso.

O direito à saúde é compreendido em duas perspectivas: na coletiva, já que, sendo direito social, seu direcionamento é para o maior número de pessoas possível, ou seja, para a coletividade; e na do próprio indivíduo como sujeito de direitos, que tem a prerrogativa de buscar a tutela jurisdicional a fim de obter a prestação de serviços de saúde por parte do Estado.

---

[19] ALVES, José Carlos do Nascimento. *Direito à saúde na atualidade: da judicialização à desjudicialização*. Londrina: Thoth, [s.d.]. Edição do Kindle *apud* RAMOS, Elival da Silva. *Ativismo judicial*: parâmetros dogmáticos. 2. ed. São Paulo: Saraiva, 2015. p. 288.

[20] SARLET, Ingo Wolfgang. Direitos fundamentais e processo. *Revista de Processo: RePro*, São Paulo, v. 36, n. 199, set. 2011. p. 19.

Convém situar conceitualmente os contornos desses direitos para, depois, localizar o direito à saúde nessa seara. Para tanto, considere-se a manifestação do saudoso Ministro Teori Zavascki no julgamento do RE nº 631.111/GO. O magistrado entendeu ser imperiosa a distinção da natureza do direito material a ser tutelado, uma vez que o art. 127 faz referência a "interesses sociais e individuais indisponíveis" e o art. 129, III, a "interesses difusos e coletivos". Assim, concluiu que a inadequada compreensão da natureza dessas duas grandes categorias de direito material é foco de frequentes dificuldades na compreensão dos institutos e conceitos do moderno ramo do processo civil conhecido como processo coletivo.

De seu voto consta o seguinte:

> [...] Direitos difusos e coletivos são, portanto, direitos subjetivamente transindividuais (= sem titular individualmente determinado) e materialmente indivisíveis. A sua titularidade múltipla, coletiva e indeterminada é que caracteriza a sua transindividualidade. Afirma-se, por isso, que direito coletivo é designação genérica para as duas modalidades de direitos transindividuais: o difuso e o coletivo *stricto sensu*. Trata-se de uma especial categoria de direito material nascida da superação, hoje indiscutível, da tradicional dicotomia entre interesse público e interesse privado. É direito que não pertence à administração pública nem a indivíduos particularmente determinados. Pertence, sim, a um grupo de pessoas, a uma classe, a uma categoria, ou à própria sociedade, considerada em seu sentido amplo. Na definição de Péricles Prade, "são os titularizados por uma cadeia abstrata de pessoas, ligadas por vínculos fáticos exsurgidos de alguma circunstancial identidade de situação, passíveis de lesões disseminadas entre todos os titulares, de forma pouco circunscrita e num quadro abrangente de conflituosidade". (Prade, Péricles. Conceito de interesses difusos, 2ª ed., SP: RT, 1987, p. 61). [...]
>
> 3 Por outro lado, os direitos individuais homogêneos são, simplesmente, direitos subjetivos individuais. A qualificação de homogêneos não altera nem pode desvirtuar essa sua natureza. O qualificativo é destinado a identificar um conjunto de direitos subjetivos individuais ligados entre si por uma relação de afinidade, de semelhança, de homogeneidade, o que propicia, embora não imponha, a defesa coletiva de todos eles. Para fins de tutela jurisdicional coletiva, não faz sentido, portanto, sua versão singular (um único direito homogêneo), já que a marca da homogeneidade supõe, necessariamente, uma relação de referência com outros direitos individuais assemelhados. Há, é certo, nessa compreensão, uma pluralidade de titulares, como ocorre nos direitos transindividuais; porém, diferentemente destes (que são indivisíveis e seus titulares são indeterminados), a pluralidade, nos direitos individuais homogêneos, não é somente dos sujeitos (que são indivíduos determinados ou pelo menos determináveis), mas também do objeto material, que é divisível e pode ser decomposto em unidades autônomas, com titularidade própria (e, por isso, suscetíveis também de tutela individual). Os direitos individuais homogêneos são, em verdade, aqueles mesmos direitos comuns ou afins de que trata o art. 46 do CPC (nomeadamente em seus incisos II e IV), cuja coletivização tem um sentido meramente instrumental, como estratégia para permitir sua mais efetiva tutela em juízo.[21]

No que diz respeito ao direito à saúde, nada obstante haja algumas divergências doutrinárias em relação à sua classificação quanto ao caráter difuso, coletivo ou individual homogêneo, trata-se mesmo de natureza difusa, considerando o art. 196 da CF, já que a saúde pública é, em sua essência, direito difuso, porquanto, como direito social que é, está nela ínsita a busca universal por uma melhor qualidade de vida.

---

[21] Supremo Tribunal Federal, RE nº 631.111/GO.

Os direitos sociais têm por função assegurar o bem-estar de todas as pessoas individualmente consideradas. Cada indivíduo isoladamente sente as necessidades coletivas. Assim, a titularidade de tais direitos transcende o individual, sem excluí-la. Deve-se ressaltar a reflexão trazida por Sueli Gandolfi Dallari:

> [A] maior força dos fatores e características ambientais, econômicas e sociopolíticas fica evidente nas doenças transmissíveis, onde existe uma ameaça à saúde de toda a população, e as pessoas individualmente pouco podem fazer para se protegerem, pois ainda que suas condições físicas e psicológicas possam tornar mais difícil ou dificultar seu adoecimento, é fácil perceber a predominância da organização social, nacional e global, produzindo doenças.[22]

Isso mais evidencia o caráter difuso do direito à saúde, pois sua efetivação depende de políticas públicas sociais e econômicas.

Evidentemente, isso não significa que o exercício desse direito deve ficar restrito ao contexto coletivo, pois seria limitar a chamada judicialização das políticas públicas e dos direitos sociais, restringindo-se, por conseguinte, o controle e a intervenção judicial às demandas coletivas ou ao controle estrito (concentrado e abstrato) de normas que veiculam políticas públicas ou a concretizem.[23]

Em geral, os direitos humanos e fundamentais são direitos referidos, em primeira linha, à pessoa individualmente considerada; portanto, seu titular por excelência é o indivíduo, pois direitos fundamentais assentam-se na dignidade humana, como demonstram os exemplos do direito à alimentação e do direito à saúde.

Nessa perspectiva, segundo Sarlet, embora os direitos sociais sejam direitos da pessoa humana situada no seu entorno coletivo, isto não significa dizer que apenas possam ser exercidos no contexto coletivo (pela ação dos grupos ou coletividades), pois os direitos sociais encontram seu fundamento e sua função na proteção das pessoas no contexto de sua situação concreta na sociedade. De outro lado, a titularidade dos direitos sociais não pode ser atribuída exclusivamente a grupos ou a entes coletivos, já que a função dos direitos sociais é também assegurar a cada pessoa individualmente considerada como desenvolvendo sua existência concreta mediante a integração em determinados grupos, com os quais pode situar-se em relação de oposição, sobretudo quando presente um conflito de interesses.

Na verdade, a titularidade coletiva não tem por intuito restringir ou limitar os direitos individuais, pois isso tiraria do indivíduo seu direito constitucionalmente consagrado de acesso à justiça. Seria como retirar do indivíduo a tutela de um bem fundamental que ele possa eventualmente enxergar de forma particular, para deixar a defesa de seus direitos nas mãos de sindicatos e associações.

Não há sentido em conferir ao indivíduo uma gama de direitos fundamentais, deixando sua tutela ao alvedrio exclusivo de terceiros, fato que alijaria esse cidadão, inclusive, da democracia.

---

[22] DALLARI, S. G. A construção do direito à saúde no Brasil. *Revista de Direito Sanitário*, v. 9, n. 3, p. 9-34, 2008. Disponível em: https://doi.org/10.11606/issn.2316-9044.v9i3p9-34. ISSN 2316-9044.v9i3p9-34.

[23] SARLET, Ingo Wolfgang. Direitos fundamentais e processo. *Revista de Processo: RePro*, São Paulo, v. 36, n. 199, set. 2011. p. 24.

Finalizando este item, registre-se que Sarlet afirma:

todos os direitos fundamentais, em certa perspectiva, são direitos sociais, de modo especial em se considerando o vínculo entre dignidade da pessoa humana e a democracia, visto que além de todos os direitos fundamentais apresentarem uma dimensão comunitária são também, em maior ou menor medida, dependentes de concretização por meio de prestações estatais.[24]

5 Sobre a posição jurisprudencial do direito à saúde

Como visto, o Supremo Tribunal Federal já firmou, sob a sistemática da repercussão geral, tese relativa aos temas nº 793, sobre a responsabilidade solidária dos entes federados no tratamento médico, e nº 500, sobre a não obrigatoriedade do Estado de fornecer medicamento sem registro na Anvisa, estabelecendo as exceções.

Também, entre outros temas, destacam-se os seguintes:
- Tema nº 345, sobre a constitucionalidade do art. 32 da Lei nº 9.656/1998;[25]
- Tema nº 579, no sentido de que é constitucional a regra que veda, no âmbito do Sistema Único de Saúde, a internação em acomodações superiores, bem como o atendimento diferenciado por médico do próprio Sistema Único de Saúde ou por médico conveniado mediante o pagamento da diferença dos valores correspondentes.

A efetivação do direito à saúde ocasiona, bem como os demais direitos de segunda dimensão e de terceira, impactos no orçamento dos entes obrigados administrativa ou judicialmente a seu custeio. Mesmo assim, o entendimento dominante nos tribunais superiores consiste em privilegiar a proteção desses referidos direitos, pois o direito à saúde deve ter primazia sobre outros interesses do Estado.

Assim, os municípios, estados e a própria União, cada vez mais, estão sendo obrigados, por força de decisões judiciais, a arcar com despesas médicas e fornecimento de medicamentos ao indivíduo ou a grupo de pessoas indeterminadas.

Um exemplo de tal direito tratado sob a forma coletiva está no julgamento do REsp nº 1.820.000/SE pela Segunda Turma do Superior Tribunal de Justiça, cujo relator foi o Ministro Herman Benjamin.

Esse julgado trazia em seu bojo a discussão, em ação civil pública proposta pelo Ministério Público do Estado de Sergipe, sobre a obrigatoriedade de uma concessionária do serviço público de águas e esgotos da região fornecer serviço regular de abastecimento de água potável encanada à população local.

No caso, a concessionária foi condenada à reparação de dano moral coletivo já que o ato omissivo do ente público e da respectiva concessionária fora lesivo aos interesses da população municipal, a qual se viu privada de direito básico fundamental

---

[24] SARLET, Ingo Wolfgang. Direitos fundamentais e processo. *Revista de Processo: RePro*, São Paulo, v. 36, n. 199, set. 2011. p. 23.

[25] Lei nº 9.656/1998: "Art. 32. Serão ressarcidos pelas operadoras dos produtos de que tratam o inciso I e o §1º do art. 1º desta Lei, de acordo com normas a serem definidas pela ANS, os serviços de atendimento à saúde previstos nos respectivos contratos, prestados a seus consumidores e respectivos dependentes, em instituições públicas ou privadas, conveniadas ou contratadas, integrantes do Sistema Único de Saúde – SUS".

– o fornecimento de água encanada –, fato que violou *os direitos voltados à saúde pública* e ao meio ambiente equilibrado como condição mínima de higiene e de dignidade da vida e da pessoa humana. Confira-se a ementa do julgado:

> RECURSO ESPECIAL. AÇÃO CIVIL PÚBLICA. AMBIENTAL. IRREGULARIDADE NO FORNECIMENTO DE ÁGUA POTÁVEL ENCANADA. DANO MORAL COLETIVO CARACTERIZADO. QUANTUM INDENIZATÓRIO. REDUÇÃO. IMPOSSIBILIDADE. SÚMULA 7/STJ.
>
> 1. Trata-se, na origem, de Ação Civil Pública ajuizada pelo Ministério Público do Estado de Sergipe para obrigar a ora recorrente a fornecer serviço regular de abastecimento de água potável encanada para a população do Município de Frei Paulo e dos seus povoados, inclusive com a realização de obras de ampliação da rede de abastecimento, tornando tal serviço adequado e eficiente, além de condená-la em danos morais coletivos.
>
> 2. Em primeiro grau os pedidos foram julgados parcialmente procedentes e a Apelação da concessionária de serviço público foi provida apenas para ampliar o prazo para o cumprimento das obrigações de fazer a ela impostas.
>
> 3. A suscitada ofensa constitucional não merece conhecimento, porquanto o exame da violação de dispositivos constitucionais é de competência exclusiva do Supremo Tribunal Federal, conforme dispõe o art. 102, III, do permissivo constitucional.
>
> 4. Acertado o reconhecimento pelo Tribunal a quo do dano moral coletivo. A lesão de interesses transindividuais atinge não apenas a esfera jurídica de titulares de direito individualmente considerados, como também compromete bens, institutos e valores jurídicos superiores, revestindo-se de interesse social qualificado. [...]
>
> 6. A privação do fornecimento de água e a irregularidade de tal serviço, lesa não só o indivíduo prejudicado pela falta de bem vital e pelo serviço deficiente, como também toda coletividade cujos diversos direitos são violados: dignidade da pessoa humana, saúde pública, meio ambiente equilibrado. O dano, portanto, decorre da própria circunstância do ato lesivo e prescinde de prova objetiva do prejuízo individual sofrido.
>
> 7. A jurisprudência do Superior Tribunal de Justiça é pacífica quanto à possibilidade de condenação por danos morais coletivos sempre que constatada prática ilícita que viole valores e interesses fundamentais de uma coletividade. [...].[26]

Disse o relator que a lesão de interesses transindividuais não apenas atinge a esfera jurídica de titulares de direito individualmente considerados como também compromete bens, institutos e valores jurídicos superiores, revestindo-se de interesse social qualificado.

Interessante também o REsp nº 1.657.156/RJ, relativo ao Tema nº 106 do STJ, cuja tese fixada é a mesma do Tema nº 500 do STF:

> ADMINISTRATIVO. RECURSO ESPECIAL REPRESENTATIVO DE CONTROVÉRSIA. TEMA 106. JULGAMENTO SOB O RITO DO ART. 1.036 DO CPC/2015. FORNECIMENTO DE MEDICAMENTOS NÃO CONSTANTES DOS ATOS NORMATIVOS DO SUS. POSSIBILIDADE. CARÁTER EXCEPCIONAL. REQUISITOS CUMULATIVOS PARA O FORNECIMENTO.
>
> 1. Caso dos autos: A ora recorrida, conforme consta do receituário e do laudo médico (fls. 14-15, e-STJ), é portadora de glaucoma crônico bilateral (CID 440.1), necessitando fazer uso contínuo de medicamentos (colírios: azorga 5 ml, glaub 5 ml e optive 15 ml), na

---

[26] Superior Tribunal de Justiça, REsp nº 1.820.000/SE.

forma prescrita por médico em atendimento pelo Sistema Único de Saúde - SUS. A Corte de origem entendeu que foi devidamente demonstrada a necessidade da ora recorrida em receber a medicação pleiteada, bem como a ausência de condições financeiras para aquisição dos medicamentos.

2. Alegações da recorrente: Destacou-se que a assistência farmacêutica estatal apenas pode ser prestada por intermédio da entrega de medicamentos prescritos em conformidade com os Protocolos Clínicos incorporados ao SUS ou, na hipótese de inexistência de protocolo, com o fornecimento de medicamentos constantes em listas editadas pelos entes públicos. Subsidiariamente, pede que seja reconhecida a possibilidade de substituição do medicamento pleiteado por outros já padronizados e disponibilizados.

3. Tese afetada: Obrigatoriedade do poder público de fornecer medicamentos não incorporados em atos normativos do SUS (Tema 106). Trata-se, portanto, exclusivamente do fornecimento de medicamento, previsto no inciso I do art. 19-M da Lei n. 8.080/1990, não se analisando os casos de outras alternativas terapêuticas.

4. TESE PARA FINS DO ART. 1.036 DO CPC/2015 A concessão dos medicamentos não incorporados em atos normativos do SUS exige a presença cumulativa dos seguintes requisitos: (i) Comprovação, por meio de laudo médico fundamentado e circunstanciado expedido por médico que assiste o paciente, da imprescindibilidade ou necessidade do medicamento, assim como da ineficácia, para o tratamento da moléstia, dos fármacos fornecidos pelo SUS; (ii) incapacidade financeira de arcar com o custo do medicamento prescrito; (iii) existência de registro na ANVISA do medicamento.

5. Recurso especial do Estado do Rio de Janeiro não provido. Acórdão submetido à sistemática do art. 1.036 do CPC/2015.[27]

Em 2022, o Superior Tribunal de Justiça definiu que o rol da ANS é taxativo para os planos de saúde. Nos últimos anos, a lista da ANS foi considerada pela maioria dos tribunais pátrios como exemplificativa.

Os processos a que esse julgado se refere são os REsps nºs 1.886.929 e 1.889.704.

Chegou-se à conclusão de que as operadoras não são obrigadas ao fornecimento de medicamentos não previstos no rol, nada obstante o voto do relator, Ministro Luis Felipe Salomão, ter apontado várias exceções, como terapias com recomendação expressa do Conselho Federal de Medicina que possuam comprovada eficiência para tratamentos específicos.

Veja-se também o AgRg no REsp nº 888.975/RS, que, embora trate de responsabilidade dos entes federados no quesito *saúde*, o que posteriormente foi decidido pelo STF (Tema nº 793), fez uma análise do art. 4º da Lei nº 8.080/1990 e trouxe importantes lições sobre o dever do Estado na promoção, proteção e recuperação da saúde, abordando a questão da gestão tripartida do SUS. Na ocasião, concluiu-se que a participação da União como gestora federal do SUS limita-se, no que concerne à assistência farmacêutica direta, ao repasse de recursos financeiros, cabendo aos municípios e, supletivamente, aos estados "a aquisição e a adequada dispensação de medicamentos". Confira-se parte do voto vencedor proferido no julgado referido:

> Segundo a Constituição, "a saúde é direito de todos e dever do Estado, garantido mediante políticas sociais e econômicas que visem à redução do risco de doença e de outros agravos e ao acesso universal e igualitário às ações e serviços para a sua promoção, proteção e

---

[27] Superior Tribunal de Justiça, REsp nº 1.657.156/RJ.

recuperação" (art. 196). Ainda segundo a Constituição, cumpre ao legislador dispor sobre a "regulamentação, fiscalização e controle" das ações e serviços de saúde, "devendo sua execução ser feita diretamente ou através de terceiros e, também, por pessoa física ou jurídica de direito privado" (art. 197). Relativamente ao sistema único de saúde (SUS), ele é formado, segundo a Constituição, por "uma rede regionalizada e hierarquizada" de ações e serviços de saúde, observadas, entre outras diretrizes, a da "descentralização, com direção única em cada esfera de governo" (art. 198).

3. A norma a que se refere a Constituição Federal é a Lei n.º 8.080/90, em que a União, no exercício da competência prevista no art. 24, inciso XII, da CF/88, disciplina as condições para a promoção, proteção e recuperação da saúde, a organização e o funcionamento dos serviços correspondentes. No âmbito desta lei, foi criado o Sistema Único de Saúde (SUS) que, conforme o seu art. 4º, representa um "conjunto de ações e serviços de saúde, prestados por órgãos e instituições públicas federais, estaduais e municipais, da Administração direta e indireta e das fundações mantidas pelo Poder Público". Concebido como um sistema, o SUS funciona segundo uma organização complexa, submetida a princípios e diretrizes próprias, bem assim a uma repartição de competências, atribuições e responsabilidade entre seus órgãos, condição essencial a qualquer sistema, não apenas para evitar a sobreposição de estruturas administrativas, mas para conferir eficiência, economicidade e agilidade à busca de seus objetivos de garantir ao cidadão, da melhor maneira possível, o acesso universal e igualitário aos serviços de saúde.[28]

Observa-se desses julgados que os debates em torno do tema *saúde* sempre se apegam à sua dimensão difusa, mesmo que a demanda tenha na origem a pretensão de um indivíduo de ter esse seu direito atendido, de forma que a questão da transindividualidade do direito desemboca em mera questão procedimental.

De qualquer forma, como direito difuso, permite discussões mais abrangentes, mesmo que de normas específicas. Os direitos individuais em relação aos requerimentos de medicamentos ou procedimentos médicos, por exemplo, acabam sendo a concretização de um direito maior, ou seja, do direito à saúde, determinado pela Constituição da República de 1988 no art. 196.

6 Conclusão

O direito à saúde como direito social fundamental é um importante marco da civilização. Traz consigo a compreensão de que os direitos sociais, de relevância não só individual, mas principalmente coletiva, impõem ao Estado deveres correlatos de respeito, proteção e realização de medidas que melhorem a saúde das pessoas, preservando-lhes um viver mais digno.

Tais deveres fizeram com que o legislador constituinte legitimasse a atuação do Ministério Público junto ao Poder Judiciário a fim de salvaguardar as prestações públicas – ações e serviços públicos – nas hipóteses em que o Estado deixar de respeitar os mandamentos constitucionais, frustrando a eficácia jurídico-social de tais normas sociais.

Evidentemente que o tema é vasto e deve ser, como tem sido, amplamente discutido, mas isso não pode afastar a tese de que tais direitos, como, de resto, os direitos fundamentais de forma geral e, particularmente, o direito à saúde, possuem dimensão tanto individual quanto coletiva.

---

[28] Superior Tribunal de Justiça, AgRg no REsp nº 888.975/RS.

Mesmo que se defenda a individualidade de tais direitos, isso nada mais significa que o exercício do direito subjetivo e não obstaculiza o caráter transindividual do direito social à saúde.

Ademais, como bem frisou o Ministro Celso de Mello no voto que proferiu na STA nº 175/CE, o Estado não pode

> demitir-se do mandato constitucional, juridicamente vinculante, que lhe foi outorgado pelo art. 196, da Constituição, que é um fato de limitação da discricionariedade político-administrativa do Poder Público, cujas opções, tratando-se de proteção à saúde, não podem ser exercidas de modo a comprometer a eficácia desse direito básico de índole social.

Referências

ALVES, José Carlos do Nascimento. *Direito à saúde na atualidade: da judicialização à desjudicialização.* Londrina: Thoth, [s.d.]. Edição do Kindle *apud* RAMOS, Elival da Silva. *Ativismo judicial:* parâmetros dogmáticos. 2. ed. São Paulo: Saraiva, 2015.

ASSEMBLEIA-GERAL DA ONU. *Declaração Universal dos Direitos Humanos (217 III A).* Paris, 1948. Disponível em: https://www.oas.org/dil/port/1948%20Declara%C3%A7%C3%A3o%20Universal%20dos%20Direitos%20Humanos.pdf.

BAEZ, Narciso Leandro Xavier; MEZZAROBA, Orides. A epistemologia dos direitos fundamentais no constitucionalismo moderno. *In*: LUCCA, Newton de; MEYER-PFLUG, Samantha Ribeiro; NEVES, Mariana Barboza Baeta (Coord.). *Direito constitucional contemporâneo.* São Paulo: Quartier Latin, 2012.

BRASIL. Constituição (1988). *Constituição da República Federativa do Brasil.* Disponível em: https://www.planalto.gov.br/ccivil_03/constituicao/constituicao.htm.

BRASIL. *Decreto n. 678, de 6 de novembro de 1992*: Convenção Americana dos Direitos Humanos de 1989 (Pacto de São José da Costa Rica). Disponível em: https://www.cidh.oas.org/basicos/portugues/c.convencao_americana.htm#:~:text=1.-,Toda%20pessoa%20tem%20o%20direito%20de%20que%20se%20respeite%20sua,dignidade%20inerente%20ao%20ser%20humano.

BRASIL. *Lei n. 8.080/1990, de 19 de setembro de 1990.* Disponível em: http://www.planalto.gov.br/ccivil_03/leis/l8080.htm.

BRASIL. *Lei n. 9.656, de 3 de junho de 1998.* Disponível em: https://www.planalto.gov.br/ccivil_03/leis/l9656.htm.

BRASIL. Superior Tribunal de Justiça. AgRg no REsp n. 888.975/RS. Rel. Min. Luiz Fux, relator para o acórdão Ministro Teori Albino Zavascki, Primeira Turma, j. 16.8.2007. DJ, 22 out. 2007. Disponível em: https://www.stj.jus.br/websecstj/cgi/revista/REJ.cgi/ATC?seq=3396344&tipo=0&nreg=&SeqCgrmaSessao=&CodOrgaoJgdr=&dt=&formato=PDF&salvar=false.

BRASIL. Superior Tribunal de Justiça. REsp n. 1.657.156/RJ. Rel. Min. Benedito Gonçalves, Primeira Seção, j. 25.4.2018. *DJe*, 4 maio 2018. Disponível em: https://processo.stj.jus.br/processo/revista/documento/mediado/?componente=ITA&sequencial=1641175&num_registro=201700256297&data=20180504&formato=PDF.

BRASIL. Superior Tribunal de Justiça. REsp n. 1.820.000/SE. Rel. Min. Herman Benjamin, Segunda Turma, j. 17.9.2019. *DJe*, 11 out. 2019. Disponível em: https://scon.stj.jus.br/SCON/GetInteiroTeorDoAcordao?num_registro=201900743916&dt_publicacao=11/10/2019.

BRASIL. Supremo Tribunal Federal. *AgR na STA n. 175/CE*. Rel. Min. Gilmar Mendes, Tribunal Pleno, j. 17.3.2010. Disponível em: https://redir.stf.jus.br/paginadorpub/paginador.jsp?docTP=AC&docID=610255.

BRASIL. Supremo Tribunal Federal. RE n. 631.111/GO. Rel. Min. Teori Zavascki, Tribunal Pleno, j. 7.8.2014. *DJe*, 30 out. 2014. Disponível em: https://redir.stf.jus.br/paginadorpub/paginador.jsp?docTP=TP&docID=7100794.

BRASIL. Supremo Tribunal Federal. RE n. 657.718/MG. Rel. Min. Marco Aurélio, redator do acórdão Ministro Roberto Barroso, Tribunal Pleno, j. 22.5.2019. *DJe*, 9 nov. 2020. Disponível em: https://portal.stf.jus.br/processos/downloadPeca.asp?id=15344900727&ext=.pdf.

DALLARI, S. G. A construção do direito à saúde no Brasil. *Revista de Direito Sanitário*, v. 9, n. 3, p. 9-34, 2008. Disponível em: https://doi.org/10.11606/issn.2316-9044.v9i3p9-34. ISSN 2316-9044.v9i3p9-34.

MARTINS, Flávio. *Direitos sociais em tempos de crise econômica*. 2. ed. São Paulo: Saraiva, 2022.

ORGANIZAÇÃO MUNDIAL DA SAÚDE (OMS). *Constituição da Organização Mundial da Saúde*. Adotada pela Conferência Internacional de Saúde, Nova Iorque, de 19 a 22 de julho de 1946. Disponível em: https://edisciplinas.usp.br/pluginfile.php/5733496/mod_resource/content/0/Constitui%C3%A7%C3%A3o%20da%20 Organiza%C3%A7%C3%A3o%20Mundial%20da%20Sa%C3%BAde%20%28WHO%29%20-%201946%20 -%20OMS.pdf.

SARLET, Ingo Wolfgang. Direitos fundamentais e processo. *Revista de Processo: RePro*, São Paulo, v. 36, n. 199, set. 2011.

SARLET, Ingo Wolfgang. *Os direitos sociais como direitos fundamentais*: contributo para um balanço aos vinte anos da Constituição Federal de 1988 *apud* MARTINS, Flávio. *Direitos sociais em tempos de crise econômica*. 2. ed. São Paulo: Saraiva, 2022.

TSUTIYA, Augusto Massayuki. *Curso de direito da seguridade social*. São Paulo: Saraiva, 2013 *apud* NASCIMENTO, José Carlos Alves. *Direito à saúde na atualidade*: da judicialização à desjudicialização. Londrina: Thoth, [s.d.]. Edição do Kindle.

Informação bibliográfica deste texto, conforme a NBR 6023:2018 da Associação Brasileira de Normas Técnicas (ABNT):

NORONHA, João Otávio de; LEÃO, Patricia Netto. O direito fundamental e coletivo à saúde. *In*: RIBEIRO, Paulo Dias de Moura; TOMELIN, Georghio Alessandro; KIM, Richard Pae (Coord.). *Direito humano e fundamental à saúde*: estudos em homenagem ao ministro Enrique Ricardo Lewandowski. Belo Horizonte: Fórum, 2023. p. 143-158. ISBN 978-65-5518-606-2.

REFLEXÕES SOBRE O DIREITO FUNDAMENTAL À SAÚDE E SUA FRUIÇÃO PELOS TITULARES INDIVIDUAIS E TRANSINDIVIDUAIS

HUMBERTO MARTINS

1 Introdução

A Constituição da República de 1988 inovou ao prever os direitos sociais (art. 6º, *caput*) em paralelo com outros bens públicos que também implicam deveres do Estado relacionados ao bem-estar da sociedade brasileira.

Desde a promulgação da Constituição Federal, os poderes Executivo, Legislativo e Judiciário trabalham incessantemente para a concretização de um dos mais desafiadores direitos sociais: o direito fundamental à saúde.

A saúde, "direito de todos e dever do Estado", destaca-se pela universalidade[1] e pela igualdade de acesso (art. 196), o que a torna exigível por titulares individuais e transindividuais, características que a fazem um tema sempre contemporâneo e prestigioso, ainda mais quando se debate o seu efetivo adimplemento pelo Estado.

Nessa linha, este texto objetiva traçar uma exposição sobre as principais questões enfrentadas pela disciplina do direito fundamental à saúde e por seus titulares, tendo em mente a não distinção entre os detentores do referido direito.

2 Consolidação do direito fundamental à saúde

É sabido que o texto constitucional de 1988 inaugurou uma nova espécie de exercício da cidadania, cujo conceito amplo envolve, em especial, direitos individuais e coletivos.

---

[1] Sobre a discussão quanto à extensão do direito fundamental à saúde a estrangeiros não residentes no Brasil, v.: SARLET, Ingo Wolfgang. A titularidade simultaneamente individual e transindividual dos direitos sociais analisada à luz do exemplo do direito à proteção e promoção da saúde. *Revista Brasileira de Direitos Fundamentais & Justiça*, v. 4, n. 10, p. 205-228, jan./mar. 2010. p. 209 e ss.

Reconhecidos há mais tempo, direitos individuais vinculam-se à cidadania. A Constituição Política do Império do Brasil, de 1824, já previa direitos civis e políticos (art. 179). Nessa esteira, a Constituição da República dos Estados Unidos do Brasil, de 1891, que trouxe a estrutura normativa para o sistema republicano, também contemplou direitos civis e políticos para brasileiros e estrangeiros residentes no país (art. 72, *caput* e parágrafos).

Somente com o advento da Constituição da República Federativa do Brasil, de 1988, os direitos coletivos da cidadania passaram a ser constitucionalmente previstos.

Dentro da construção dessa nova ordem constitucional, a saúde, de modo inovador, é trazida como um direito fundamental e situada no bojo de um complexo sistema de seguridade social. Quanto a esse particular, descreve José Afonso da Silva:

> É espantoso como um bem extraordinariamente relevante à vida humana só na atual Constituição de 1988 tenha sido elevado à condição de direito fundamental do homem. E há de informar-se pelo princípio de que o direito à vida de todos os seres humanos significa também que, nos casos de doença, cada um tem o direito a um tratamento condigno no acordo com o estado atual da Ciência Médica, independentemente de sua situação econômica, sob pena de não ter muito valor sua consignação em normas constitucionais.[2]

No direito estrangeiro, a doutrina também destaca a saúde como um bem essencial, que, a despeito de assento constitucional mais ou menos tardio, independe da condição de norma programática para sua concretização ou mesmo da imposição constitucional. É o que assegura a doutrina de J. J. Gomes Canotilho:

> Ao contrário do que geralmente se afirma, um direito económico, social e cultural não se dissolve numa mera norma programática ou numa imposição constitucional. Exemplifique-se: o direito à saúde é um direito social, independentemente das imposições constitucionais destinadas a assegurar a sua eficácia (ex.: a criação de um serviço nacional de saúde, geral e tendencialmente gratuito [...] e das prestações fornecidas pelo Estado para assegurar o mesmo direito (por exemplo, cuidados de medicina preventiva, curativa e de reabilitação).[3]

A manifestação de J. J. Gomes Canotilho é harmônica com a Constituição da República Portuguesa de 1976, que trouxe a saúde como um direito social ao qual "[t]odos têm direito à proteção", bem como "o dever de a defender e promover" (art. 64, 1).

Além do mais, como exemplo de texto constitucional de nova geração, a Constituição de Portugal inspirou a Constituição Federal de 1988, em particular no sentido da abertura para que o intérprete e o aplicador do direito busquem soluções efetivas para os problemas jurídicos.

É interessante pontuar que J. J. Gomes Canotilho lança luzes sobre o processo evolutivo pelo qual passaram os direitos sociais. Mais especificamente, seriam quatro espécies de direitos sociais, positivadas sob a forma de: "normas sociais" como normas

---

[2] SILVA, José Afonso. *Comentário contextual à Constituição*. 5. ed. São Paulo: Malheiros, 2008, p. 185. p. 185. No mesmo sentido, cf.: VERONESE, Alexandre. Artigo 6º. *In*: BONAVIDES, Paulo; MIRANDA, Jorge; MOURA AGRA, Walber (Org.). *Comentários à Constituição Federal de 1988*. Rio de Janeiro: Forense/GEN, 2009. p. 353-369.

[3] CANOTILHO, José Joaquim Gomes. *Direito constitucional e teoria da Constituição*. 4. ed. Coimbra: Almedina, 1997. p. 467.

programáticas; "normas sociais" como normas de organização; "normas sociais" como "garantias institucionais"; e "normas sociais" como direitos subjetivos públicos.

Essa explanação pode ser compreendida pela sistematização a seguir:

Modelo de positivação	Descrição	Destinação
"Normas sociais" como normas programáticas	Normas jurídicas que fixam princípios de ação para as políticas públicas e que "servem apenas para pressão política sobre os órgãos competentes" (p. 464).	Dirigida primariamente aos poderes políticos na forma de "programas constitucionais" e como fundamento na concretização do direito social.
"Normas sociais" como normas de organização	Normas jurídicas que determinam a organização de sistemas normativos de caráter legal, porém cuja inobservância não enseja "sanções jurídicas, mas apenas efeitos políticos" (p. 465).	Dirigida aos legisladores ordinários como determinação para construção de sistemas legais e para administradores com a imposição de construção de estruturas para proteção de direitos sociais.
"Normas sociais" como "garantias institucionais"	Normas jurídicas que descrevem e fixam imposições ao legislador ordinário para que ele construa determinados tipos de sistemas normativos em prol de direitos.	Igualmente dirigida aos legisladores ordinários, porém com alguma substância em seu cerne. Assim, tais normas obrigam "a respeitar a essência da instituição" e "protegê-la, tendo em atenção os dados sociais, econômicos e políticos" (p. 465).
"Normas sociais" como direitos subjetivos públicos	Normas jurídicas que fixam direitos sociais cuja fruição, na forma de direitos subjetivos, pode ser reivindicada coletivamente ou mesmo por indivíduos.	Este é o modelo mais atual dos direitos constitucionais sociais, os quais são vistos como "imposições constitucionais, donde derivariam direitos reflexos para os cidadãos" (p. 466).

Essas quatro espécies de "normas sociais" teriam se desenvolvido a partir de normas constitucionais condicionadas a ações futuras dos legisladores e dos gestores, até que chegaram ao modelo contemporâneo representado por um direito subjetivo público dos cidadãos oponível ao Estado.[4]

O estudo dessa evolução permite compreender as questões enfrentadas em matéria de exigibilidade do direito fundamental à saúde, bem como o fenômeno da judicialização desse bem essencial e indisponível.

---

[4] V.: MARTINS, Humberto. O direito à saúde e a jurisprudência do Superior Tribunal de Justiça: desafios à imaginação institucional. *Cadernos Adenauer*, v. 18, n. 1, p. 217-229, 2017. p. 220.

3 Dos titulares e da fruição do direito fundamental à saúde

Em relação aos titulares, a Constituição de 1988 é clara ao situar, no art. 196, a saúde como um direito simultaneamente individual e coletivo, com largo âmbito de proteção ("A saúde é direito de todos e dever do Estado, garantido mediante políticas sociais e econômicas que visem à redução do risco de doença e de outros agravos e ao acesso universal e igualitário às ações e serviços para sua promoção, proteção e recuperação").

Gilmar Ferreira Mendes e Paulo Gustavo Gonet Branco afirmam essa dimensão individual e transindividual do direito à saúde:

> É possível identificar na redação do artigo constitucional tanto um direito individual quanto um direito coletivo de proteção à saúde. [...] A dimensão individual do direito à saúde foi destacada pelo Ministro Celso de Mello, do Supremo Tribunal Federal, relator do AgR-RE 271.286-8/RS, ao reconhecer o direito à saúde como um direito público subjetivo assegurado à generalidade das pessoas, que conduz o indivíduo e o Estado a uma relação jurídica obrigacional. Ressaltou o Ministro que "a interpretação da norma programática não pode transformá-la em promessa constitucional inconsequente", impondo aos entes federados um dever de prestação positiva. Concluiu que "a essencialidade do direito à saúde fez com que o legislador constituinte qualificasse como prestações de relevância pública as ações e serviços de saúde (art. 197)", legitimando a atuação do Poder Judiciário nas hipóteses em que a Administração Pública descumpra o mandamento constitucional em apreço.
>
> Não obstante, esse direito subjetivo público é assegurado mediante políticas sociais e econômicas. Ou seja, não há um direito absoluto a todo e qualquer procedimento necessário para a proteção, promoção e recuperação da saúde, independentemente da existência de uma política pública que o concretize. Há um direito público subjetivo a políticas públicas que promovam, protejam e recuperem a saúde.[5]

Obviamente, a positivação do direito fundamental à saúde no ordenamento estrangeiro repercutiu no cenário jurídico brasileiro, tanto por inspirar o assento constitucional do bem *saúde* quanto pelo desafio de definir seus respectivos titulares, o que foi debatido em estudos específicos sobre o tema:

> Na verdade, o direito fundamental à saúde adveio de um contexto internacional de reconhecimento de direitos sociais, ou seja, de um momento focado na pessoa humana enquanto ser social, e não como componente individualizado na sociedade. Tal constatação não equivale a dizer que o direito fundamental à saúde esteja destituído de uma faceta individual, pois, como direito, a saúde possui um alcance social, mas também uma extensão subjetiva individual. O próprio art. 196 da Constituição permite a identificação de um direito individual e coletivo ou social no tocante à promoção, proteção e recuperação da saúde [...]. Ao reconhecer a obrigatoriedade de distribuição gratuita de medicamentos a pessoas carentes portadoras do vírus HIV, o Supremo Tribunal Federal [RE 271.286-AgR], dando concretude ao art. 196 da Constituição, definiu o direito à saúde como direito público subjetivo indisponível e estendido à generalidade das pessoas, apto a conferir aos entes federados uma solidariedade obrigacional (dever de prestação

---

[5] MENDES, Gilmar Ferreira; BRANCO, Paulo Gustavo Gonet. *Curso de direito constitucional*. 17. ed. São Paulo: SaraivaJur, 2022. p. 779.

positiva), independentemente de sua esfera de atuação na organização na organização federativa brasileira.[6]

Ingo Wolfgang Sarlet levanta a questão da coexistência das dimensões dessa titularidade do direito à saúde, sem que, por exemplo, o recurso à titularidade individual impeça o exercício da titularidade coletiva e vice-versa:

> [C]omo bem demonstra José Ledur, as dimensões individual e coletiva (assim como difusa) coexistem, de tal sorte que a titularidade individual não resta afastada pelo fato do exercício do direito ocorrer na esfera coletiva, como ocorre, além dos casos já referidos, dentre outros que poderiam ser colacionados, no caso do mandado de segurança coletivo. Aliás, embora não argumentando com base na generalidade dos direitos sociais, tal linha argumentativa foi desenvolvida também em julgado do Supremo Tribunal Federal, precisamente sustentando a coexistência de uma titularidade individual e coletiva do direito à saúde, sem prejuízo da existência de significativa jurisprudência reconhecendo – há muito tempo – um direito subjetivo individual a prestações em matéria de saúde.[7]

Em termos processuais, observe-se que, com o advento da Constituição Federal de 1988, houve nítida divisão do recurso extraordinário (*lato sensu*): uma via recursal destinada à análise de possível ofensa a normas constitucionais (o recurso extraordinário, como hoje é conhecido); e outra via recursal voltada à análise de suposta ofensa à legislação infraconstitucional (o recurso especial).

Nesse ínterim, a saúde, que, com o texto constitucional de 1988, alcança o patamar de direito fundamental, passa a ser apreciada também pelo Superior Tribunal de Justiça, a Corte Superior de Justiça criada pela atual Constituição Federal para a função jurisdicional de uniformizar a interpretação da lei federal nacionalmente.

Assim como para os demais direitos sociais, a Constituição de 1988 representa um marco no acesso à saúde pelos titulares individuais e transindividuais, ampliando e aperfeiçoando a via jurisdicional respectiva.

Ademais, logo após o advento da Constituição Federal, a Lei nº 8.078/1990 (Código de Defesa do Consumidor) situou a saúde como um direito básico do consumidor (art. 6º, inc. I),[8] além de conceituá-la como um direito difuso, haja vista corresponder a um bem indivisível e pertencente a titulares indeterminados.

Tem-se, por conseguinte, a superveniência de vários tipos de postulações positivas relacionadas à saúde, as quais são pleiteadas pelos movimentos sociais oriundos da nova concepção jurídico-pragmática que cria esse direito fundamental e possibilita a compreensão de quem vem a ser seus titulares.

Nessa chave, a produção jurisprudencial do Supremo Tribunal Federal e do Superior Tribunal de Justiça corrobora o fato de que o direito à saúde tem se

---

[6] FERREIRA, Patrícia Cândido Alves. *Direito fundamental à saúde*: a questão de sua exigibilidade. Dissertação (Mestrado em Direito) – Faculdade de Direito do Largo de São Francisco, Universidade de São Paulo, São Paulo, 2015. p. 30.

[7] SARLET, Ingo Wolfgang. A titularidade simultaneamente individual e transindividual dos direitos sociais analisada à luz do exemplo do direito à proteção e promoção da saúde. *Revista Brasileira de Direitos Fundamentais & Justiça*, v. 4, n. 10, p. 205-228, jan./mar. 2010. p. 215.

[8] "Art. 6º São direitos básicos do consumidor: I - a proteção da vida, saúde e segurança contra os riscos provocados por práticas no fornecimento de produtos e serviços considerados perigosos ou nocivos; [...]".

desenvolvido rumo ao reconhecimento da exigibilidade de prestações positivas pelos titulares.

Essa exigibilidade de prestações positivas por titulares diversos demanda do Poder Judiciário brasileiro um desempenho cada vez mais ativo em relação a esses pleitos de prestação subjetiva relativos à saúde (pedidos não apenas pontuais, mas também sociais), além de um juízo hermenêutico inovador, consentâneo com os reclamos da sociedade e atento à efetividade da decisão jurídica.

Importa lembrar que, embora as ações e serviços de saúde sejam de interesse público, compete ao Estado, por força do art. 197 da Constituição Federal,[9] regulamentar, fiscalizar e controlar essas ações e serviços, mas a exploração desses também pode ser realizada pela participação complementar de pessoas físicas ou de instituições e pessoas jurídicas de direito privado, tanto que o constituinte tratou dos serviços público e privado de saúde no capítulo da Seguridade Social (Capítulo II) e na mesma seção (Seção II).[10]

Ratificando o art. 197 da Constituição de 1988, o art. 199 é expresso ao dispor sobre a liberdade de atuação da iniciativa privada na assistência complementar à saúde, respeitadas as condições e requisitos previstos nos parágrafos do referido dispositivo,[11] visto que o setor privado também está jungido ao cumprimento dos preceitos da Lei Maior e da legislação infraconstitucional (*v.g.*, Lei nº 8.080/1990 – Lei Orgânica da Saúde) destinados à proteção sistêmica do direito fundamental à saúde.

Como já dito, a atual Constituição impulsionou o ordenamento jurídico brasileiro a consolidar o direito social à saúde como alicerce para a postulação de uma prestação subjetiva dos titulares contra o Estado. Por óbvio, existe uma vultosa judicialização da saúde contra o setor privado, movida por consumidores que aderem aos "planos de saúde" (no sentido amplo da expressão) e por contratantes da modalidade civil de seguro de saúde. Todas essas modalidades "privadas" se desenvolvem na esfera sistêmica do direito fundamental à saúde, mas, devido aos lindes deste estudo, serão a seguir descritas apenas as principais prestações invocadas pelos titulares contra do Estado.

3.1 Prestação de serviços relativos à saúde e fornecimento de medicamentos

Basicamente, chamam bastante atenção dois tipos de ações judiciais relacionadas à saúde que convergem para o Judiciário (a propósito, bastante assíduas aos tribunais):

---

[9] "Art. 197. São de relevância pública as ações e serviços de saúde, cabendo ao Poder Público dispor, nos termos da lei, sobre sua regulamentação, fiscalização e controle, devendo sua execução ser feita diretamente ou através de terceiros e, também, por pessoa física ou jurídica de direito privado".

[10] FERREIRA, Patrícia Cândido Alves. *Direito fundamental à saúde*: a questão de sua exigibilidade. Dissertação (Mestrado em Direito) – Faculdade de Direito do Largo de São Francisco, Universidade de São Paulo, São Paulo, 2015. p. 57.

[11] "Art. 199. A assistência à saúde é livre à iniciativa privada. §1º As instituições privadas poderão participar de forma complementar do sistema único de saúde, segundo diretrizes deste, mediante contrato de direito público ou convênio, tendo preferência as entidades filantrópicas e as sem fins lucrativos. §2º É vedada a destinação de recursos públicos para auxílios ou subvenções às instituições privadas com fins lucrativos. §3º É vedada a participação direta ou indireta de empresas ou capitais estrangeiros na assistência à saúde no País, salvo nos casos previstos em lei. §4º A lei disporá sobre as condições e os requisitos que facilitem a remoção de órgãos, tecidos e substâncias humanas para fins de transplante, pesquisa e tratamento, bem como a coleta, processamento e transfusão de sangue e seus derivados, sendo vedado todo tipo de comercialização".

I – Postulação para que órgãos públicos forneçam medicamentos relacionados ao tratamento de doenças graves.

Dos últimos anos até o presente, os tribunais têm julgado frequentemente o tema relacionado ao fornecimento pela rede pública de medicamentos que não constem da lista homologada pelo Sistema Único de Saúde (SUS), mas existentes em portaria do Ministério da Saúde e no rol da Agência Nacional de Vigilância Sanitária (Anvisa).

À guisa de exemplo, em feito submetido à Primeira Turma do Superior Tribunal de Justiça, o relator, Ministro Sérgio Kukina, deu provimento a recurso especial para restaurar a vigência de liminar que determinou ao Estado de São Paulo a obrigação de fornecer medicamentos que não constavam da lista do SUS, a serem utilizados por idosa com enfermidades diagnosticadas por médicos da rede municipal de saúde, os quais lhe prescreveram medicamentos específicos.[12]

Na origem, o Tribunal de Justiça do Estado de São Paulo havia provido o recurso da Fazenda Pública estadual, sob o fundamento de que o ente estatal não poderia ser obrigado a fornecer medicamentos não contemplados na lista padronizada da autoridade competente. A Primeira Turma do Superior Tribunal de Justiça, contudo, ratificou o voto do relator, firmando a tese de que "o fato de os medicamentos não constarem da lista do SUS não exime a parte recorrida do dever constitucionalmente previsto".[13] Reafirmou-se a orientação jurisprudencial da Corte Superior segundo a qual o fato de o medicamento não estar contemplado na lista do SUS não afasta, por si só, a obrigação do Estado de fornecê-lo.

Um levantamento mais acurado da jurisprudência do Superior Tribunal de Justiça mostra que, já no ano 2000, acórdão da relatoria do Ministro José Delgado enfrentou detidamente uma controvérsia sobre fornecimento de medicamentos, com base em fundamentos ainda hoje atuais, conforme se observa do excerto desta ementa exemplar:

[...] 1 - A existência, a validade, a eficácia e a efetividade da Democracia está na prática dos atos administrativos do Estado voltados para o homem. A eventual ausência de cumprimento de uma formalidade burocrática exigida não pode ser óbice suficiente para impedir a concessão da medida porque não retira, de forma alguma, a gravidade e a urgência da situação da recorrente: a busca para garantia do maior de todos os bens, que é a própria vida. 2 - É dever do Estado assegurar a todos os cidadãos, indistintamente, o direito à saúde, que é fundamental e está consagrado na Constituição da República nos artigos 6º e 196. 3 - Diante da negativa/omissão do Estado em prestar atendimento à população carente, que não possui meios para a compra de medicamentos necessários à sua sobrevivência, a jurisprudência vem se fortalecendo no sentido de emitir preceitos pelos quais os necessitados podem alcançar o benefício almejado [...]. 4 - Despicienda de quaisquer comentários a discussão a respeito de ser ou não a regra dos arts. 6º e 196 da CF/88, normas programáticas ou de eficácia imediata. Nenhuma regra hermenêutica pode sobrepor-se ao princípio maior estabelecido, em 1988, na Constituição Brasileira, de que "a saúde é direito de todos e dever do Estado" (art. 196). 5 - Tendo em vista as particularidades do caso concreto, faz-se imprescindível interpretar a lei de forma mais humana, teleológica, em que princípios de ordem ético-jurídica conduzam ao único desfecho justo: decidir pela preservação da vida. 6 - Não se pode apegar, de forma rígida, à letra fria da lei, e sim, considerá-la com temperamentos, tendo-se em vista a intenção do

---

[12] AgInt no REsp nº 1.111.581/SP. Rel. Min. Sérgio Kukina, Primeira Turma, j. 22.9.2016. *DJe*, 4 out. 2016.

[13] AgInt no REsp nº 1.111.581/SP. Rel. Min. Sérgio Kukina, Primeira Turma, j. 22.9.2016. *DJe*, 4 out. 2016.

legislador, mormente perante preceitos maiores insculpidos na Carta Magna garantidores do direito à saúde, à vida e à dignidade humana, devendo-se ressaltar o atendimento das necessidades básicas dos cidadãos. 7 - Recurso ordinário provido para o fim de compelir o ente público (Estado do Paraná) a fornecer o medicamento Riluzol (Rilutek) indicado para o tratamento da enfermidade da recorrente.[14]

A questão em debate traz em seu bojo a tensão entre normas infraconstitucionais e o direito constitucional à saúde, além da discussão sobre a fixação de parâmetros mínimos para que, esgotadas as vias administrativas, se judicialize a postulação, pois, em tese, a judicialização deveria representar um instrumento excepcional, e não uma alternativa frequente.

Uma parte da doutrina entende que a Constituição de 1988 firmou um desenho institucional que estabelece que a entrega de medicamentos estaria reservada à gestão administrativa, enquanto a ingerência judicial desvirtuaria a vontade do texto constitucional. Outra parte da doutrina situa a discussão no campo político, defendendo que a alocação orçamentária competiria apenas aos poderes Legislativo e Executivo, de modo que não caberia ao Poder Judiciário destinar, amiúde, essa alocação de verbas para o fornecimento de medicamentos, porquanto ficaria prejudicado o orçamento para outros programas de saúde e áreas também necessários nessa equação da saúde. Existem, ainda, doutrinadores que sugerem a limitação do orçamento para atender a todos os pedidos de fornecimento de medicamentos, com supedâneo na reserva do possível. Há, por derradeiro, aqueles que suscitam a questão da gestão administrativa em matéria de saúde, a qual ficaria prejudicada por decisões judiciais que impliquem compras emergenciais, com aumento de despesas e prejuízo ao princípio da eficiência da Administração Pública (art. 37 da Constituição de 1988).[15]

Conquanto o debate pela doutrina seja salutar, no âmbito ordinário e extraordinário, o Poder Judiciário lida cotidianamente com pedidos de urgência relacionados a tratamento de saúde e fornecimento de medicamentos (inclusive, os de alto custo e não incluídos na política prestacional do SUS), instruídos os feitos com provas de potencial agravamento do quadro clínico ou mesmo de risco de morte da parte.

II – Bloqueio de verbas públicas.

Em linhas gerais, a jurisprudência pátria procura conformar os pleitos prestacionais relacionados à saúde com o princípio da reserva do possível, ou seja, a fim de que o direito subjetivo e social a prestações materiais se ajuste à capacidade financeira do Estado,[16] já que essas mesmas prestações são financiadas pelos cofres públicos.

A jurisprudência, todavia, nem sempre permanece uníssona quando as limitações administrativas acabam por inviabilizar o direito fundamental à saúde, reitere-se, afirmado no texto constitucional. Nessas circunstâncias, decisões judiciais não raro determinam o bloqueio de verbas públicas, a fim de que se torne efetiva a prestação

---

[14] RMS nº 11.183/PR. Rel. Min. José Delgado, Primeira Turma, j. 22.8.2000. *DJ*, 4 set. 2000, p. 121.

[15] V.: BARROSO, Luís Roberto. Da falta de efetividade à judicialização excessiva: direito à saúde, fornecimento gratuito de medicamentos e parâmetros para a atuação judicial. *Jurisprudência Mineira*, Belo Horizonte, ano 60, n. 188, p. 29-60, jan./mar. 2009. p. 44-45.

[16] V.: FIGUEIREDO, Mariana Filchtiner. *Direito fundamental à saúde*: parâmetros para sua eficácia e efetividade. Porto Alegre: Livraria do Advogado, 2007. p. 133 e ss.

deferida em juízo, ao passo que a Fazenda Pública contesta no sentido de que referido bloqueio implica o esvaziamento do conteúdo da demanda e o abalo das verbas públicas.

Sob a sistemática dos recursos repetitivos, a Primeira Seção do Superior Tribunal de Justiça discutiu se a impenhorabilidade dos bens públicos seria empecilho para a concessão de tutela judicial que determinasse o bloqueio de verbas públicas para o fornecimento de medicamentos (Recurso Especial Repetitivo nº 1.069.810/RS). O voto do relator, Ministro Napoleão Nunes Maia Filho, acompanhado por unanimidade pelo Colegiado, destacou:

> É lícito ao Julgador, diante das circunstâncias do caso concreto, aferir o modo mais adequado para tornar efetiva a tutela, tendo em vista o fim da norma e a impossibilidade de previsão legal de todas as hipóteses fáticas. Mormente no caso em apreço, no qual a desídia do ente estatal frente ao comando judicial emitido pode resultar em grave lesão à saúde ou mesmo por em risco a vida da parte demandante. [...] Ressalte-se, por fim, que a medida necessária à efetivação da tutela específica ou à obtenção do resultado prático equivalente, deve ser concedida apenas em caráter excepcional, onde haja nos autos comprovação de que o Estado não esteja cumprindo a obrigação de fornecer os medicamentos pleiteados e a demora no recebimento acarrete risco à saúde e à vida do demandante.[17]

Em suma, firmou-se a tese de que é possível o sequestro de valores do ente público, por decisão fundamentada e prudente arbítrio do julgador, para cumprimento de determinação judicial atinente ao fornecimento de medicamento quando a demora na prestação coloque em risco a vida do titular. Aqui, a preocupação é da ordem de conferir efetividade ao direito fundamental à saúde e à própria decisão judicial que o reconhece.[18]

Dada a complexidade do tema, não são decisões fáceis para os julgadores, os quais, diante da inafastabilidade da jurisdição, têm de decidir entre a preservação do orçamento público ou o direito fundamental do titular cuja saúde pode vir a ser comprometida de modo irreversível, além de ser um efeito constitucional indissociável do direito à vida e da dignidade da pessoa humana.

Na disciplina constitucional, é excepcional o sequestro de verba pública, previsto a partir da Emenda Constitucional nº 62/2009, que alterou o art. 100 da Constituição Federal e acrescentou o art. 97 ao ADCT, para instituir o regime especial de pagamento de precatórios pelos estados, Distrito Federal e municípios nos casos de precatórios não pagos no prazo a credores com direito de preferência.

Recorde-se, no entanto, que na ADI nº 4.425/DF, o Pleno do Supremo Tribunal Federal julgou inconstitucionais algumas das alterações trazidas pela Emenda Constitucional nº 62/2009,[19] tendo a Segunda Turma do Superior Tribunal de Justiça oportunidade de manifestar-se a respeito, conforme voto proferido no Agravo Regimental no Recurso Ordinário em Mandado de Segurança nº 39.932/SP, do qual fui relator e de cuja ementa se extrai:

---

[17] REsp nº 1.069.810/RS. Rel. Min. Napoleão Nunes Maia Filho, Primeira Seção, j. 23.10.2013. *DJe*, 6 nov. 2013.

[18] REsp nº 1.069.810/RS. Rel. Min. Napoleão Nunes Maia Filho, Primeira Seção, j. 23.10.2013. *DJe*, 6 nov. 2013.

[19] ADI nº 4.425. Rel. Ayres Britto. Rel. p/ acórdão: Luiz Fux, Tribunal Pleno, j. 14.3.2013, Processo Eletrônico *DJe*-251 Divulg 18.12.2013 Public 19.12.2013 RTJ Vol-00227-01 PP-00125.

[...] 1. No julgamento da ADI n. 4.357/DF, a Corte Excelsa, declarou "a inconstitucionalidade do §15 do art. 100 da Constituição Federal e de todo o art. 97 do Ato das Disposições Constitucionais Transitórias - especificamente o caput e os §§1º, 2º, 4º, 6º, 8º, 9º, 14 e 15, sendo os demais por arrastamento ou reverberação normativa". 2. Assim, ficou prejudicada qualquer discussão referente à aplicação imediata da Emenda Constitucional n. 62 de 2009, a qual inseriu no ADCT o art. 97, uma vez em que não há mais como determinar a aplicação de norma, em razão da inconstitucionalidade declarada pela Suprema Corte.[20]

Continua hígido, porém, o entendimento da Suprema Corte, inclusive com repercussão geral admitida (Recurso Extraordinário nº 607.582-RG), no sentido da possibilidade de bloqueio de verbas públicas para garantir o fornecimento de medicamentos.[21]

Em regra, permanece a responsabilidade solidária entre os entes federados, podendo o polo passivo ser formado por qualquer um deles, isolada ou conjuntamente. Ressalve-se o pedido de fornecimento de medicamentos registrados na Anvisa, mas não padronizados no SUS, em relação ao qual ainda se discute (conforme tema com repercussão geral reconhecida pelo Supremo Tribunal Federal, mas ainda pendente de julgamento de mérito) se prevalece a legitimidade passiva da União, com a consequente competência da Justiça Federal, ou se se mantém a solidariedade dos entes federados.[22]

4 Conclusão

Há temas predestinados ao constante debate, e a saúde é um deles, já que se trata de um direito fundamental cujo acesso é universal e igualitário e, portanto, complexo e sistêmico.

Por ser "direito de todos", a saúde, direito público subjetivo e indisponível, tem titulares (sujeitos ativos da relação jurídico-subjetiva) que vão desde a pessoa determinada até os grupos de pessoas ou a generalidade de pessoas.

O direito fundamental à saúde abrange tanto o interesse individual quanto os interesses individuais homogêneos, difusos e coletivos (logo, de classe transindividual), todos eles passíveis de defesa por seus titulares e, inclusive, pela Defensoria Pública e pelo Ministério Público.

Por ser "dever do Estado", a prestação do serviço público de saúde apresenta relevância pública, o que lhe permite ser assegurada pela via da ação civil pública, porquanto configura um interesse social qualificado.

Acertadamente, pontua Ingo Sarlet sobre a premência de uma maior racionalidade e eficácia quanto às estratégias para a efetivação dos direitos sociais em geral e, especialmente, do direito fundamental à saúde:

> A preferência (mas não exclusividade) da tutela coletiva e preventiva há de vir acompanhada do aperfeiçoamento dos processos administrativos, do controle social, da ampliação

---

[20] AgRg no RMS nº 39.932/SP. Rel. Min. Humberto Martins, Segunda Turma, j. 18.3.2014. *DJe*, 24 mar. 2014.

[21] RE nº 607.582 RG. Rel. Ellen Gracie, Tribunal Pleno, j. 13.8.2010, *DJe*-159 Divulg 26.8.2010 Public 27.8.2010 Ement Vol-02412-06 PP-01185. *LEXSTF*, v. 32, n. 381, p. 275-280, 2010.

[22] RE nº 1.366.243 RG. Rel. Min. Presidente, Tribunal Pleno, j. 8.9.2022, Processo Eletrônico *DJe*-182 Divulg 12.9.2022 Public 13.9.2022.

e isonomia no campo do acesso à justiça, sem prejuízo de outras medidas (como a participação efetiva na definição do orçamento público e sua execução, inclusive com maior atuação do Ministério Público nessa seara) que, no seu conjunto, poderão assegurar maior equidade ao sistema, o que certamente não passa pela supressão da possibilidade da tutela individual e do exame cuidadoso das violações e ameaças de violação da dignidade de cada pessoa humana. Além do mais, como já tivemos oportunidade de destacar em outra oportunidade, não há como desconsiderar que o direito de cada indivíduo (individual ou coletivamente) buscar no âmbito do Poder Judiciário a correção de uma injustiça e a garantia de um direito fundamental, acaba, numa perspectiva mais ampla, por reforçar a esfera pública, pois o direito de ação assume a condição de direito de cidadania ativa e instrumento de participação do indivíduo no controle dos atos do poder público.

De fato, os poderes Executivo, Legislativo e Judiciário devem estar em constante união para a efetividade de ações e serviços para promoção, proteção e recuperação da saúde. Todos os entes políticos e todas as esferas do Poder Público devem ser sensíveis e eficientes em relação às adversidades enfrentadas pela saúde, sob pena de comportamento omissivo e/ou inconstitucional. Aliás, a própria comunidade tem participação ativa nesse processo, como estabelece a diretriz do art. 198, inc. III, da Constituição Federal.

Aos julgadores, em específico, cabe prestar uma tutela jurisdicional inclusiva e coerente com a utilidade e a efetividade de suas decisões, de modo a atender-se à postulação individual sem prejuízo das postulações transindividuais e sem detrimento das alocações orçamentárias e das regras constitucionais de distribuição de competências.

Referências

BARROSO, Luís Roberto. A efetividade das normas constitucionais: por que não uma constituição para valer? *In*: BARROSO, Luís Roberto. *O novo direito constitucional brasileiro*: contribuições para a construção teórica e prática da jurisdição constitucional no Brasil. Belo Horizonte: Fórum, 2013. p. 57-97.

BARROSO, Luís Roberto. Da falta de efetividade à judicialização excessiva: direito à saúde, fornecimento gratuito de medicamentos e parâmetros para a atuação judicial. *Jurisprudência Mineira*, Belo Horizonte, ano 60, n. 188, p. 29-60, jan./mar. 2009.

CANOTILHO, José Joaquim Gomes. *Direito constitucional e teoria da Constituição*. 4. ed. Coimbra: Almedina, 1997.

CURY, Ieda Tatiana. *Direito fundamental à saúde*. Evolução, normatização e efetividade. Rio de Janeiro: Lumen Juris, 2005.

FERREIRA, Patrícia Cândido Alves. *Direito fundamental à saúde*: a questão de sua exigibilidade. Dissertação (Mestrado em Direito) – Faculdade de Direito do Largo de São Francisco, Universidade de São Paulo, São Paulo, 2015.

FIGUEIREDO, Mariana Filchtiner. *Direito fundamental à saúde*: parâmetros para sua eficácia e efetividade. Porto Alegre: Livraria do Advogado, 2007.

KELBERT, Fabiana Okchstein. *Reserva do possível e a efetividade dos direitos sociais no direito brasileiro*. Porto Alegre: Livraria do Advogado, 2011.

LEWANDOWSKI, Enrique Ricardo. A formação da doutrina dos direitos fundamentais. *Revista da Faculdade de Direito da Universidade de São Paulo*, v. 98, p. 411-422 2003.

LEWANDOWSKI, Enrique Ricardo. A ideia de democracia no mundo contemporâneo. *In*: PEREIRA, Erick Wilson (Org.). *Reforma política*. Brasil República: em homenagem ao Ministro Celso de Mello. Brasília: OAB, Conselho Federal, 2017. p. 105-114.

MARTINS, Humberto. O direito à saúde e a jurisprudência do Superior Tribunal de Justiça: desafios à imaginação institucional. *Cadernos Adenauer*, v. 18, n. 1, p. 217-229, 2017.

MENDES, Gilmar Ferreira; BRANCO, Paulo Gustavo Gonet. *Curso de direito constitucional*. 17. ed. São Paulo: SaraivaJur, 2022.

ROCHA, Márcio Oliveira. *Ativismo judicial e direito à saúde*. Rio de Janeiro: Lumen Juris, 2013.

SARLET, Ingo Wolfgang. A titularidade simultaneamente individual e transindividual dos direitos sociais analisada à luz do exemplo do direito à proteção e promoção da saúde. *Revista Brasileira de Direitos Fundamentais & Justiça*, v. 4, n. 10, p. 205-228, jan./mar. 2010.

SARLET, Ingo Wolfgang; FIGUEIREDO, Mariana Filchtiner. Reserva do possível, mínimo existencial e direito à saúde: algumas aproximações. *In*: SARLET, Ingo Wolfgang; TIMM, Luciano Benetti (Org.). *Direitos fundamentais*: orçamento e reserva do possível. Porto Alegre: Livraria do Advogado, 2008. p. 11-53.

SILVA, José Afonso. A dignidade da pessoa humana como valor supremo da democracia. *In*: SILVA, José Afonso. *Direito constitucional*: estudos e pareceres. Brasília: Conselho Federal da Ordem dos Advogados do Brasil; Fórum, 2014. p. 45-52.

SILVA, José Afonso. *Aplicabilidade das normas constitucionais*. 8. ed. São Paulo: Malheiros, 2015.

SILVA, José Afonso. *Comentário contextual à Constituição*. 5. ed. São Paulo: Malheiros, 2008, p. 185.

SOUZA NETO, Cláudio Pereira; SARMENTO, Daniel. *Direito constitucional*: teoria, história e métodos de trabalho. 2. ed. Belo Horizonte: Fórum, 2014.

VERONESE, Alexandre. Artigo 6º. *In*: BONAVIDES, Paulo; MIRANDA, Jorge; MOURA AGRA, Walber (Org.). *Comentários à Constituição Federal de 1988*. Rio de Janeiro: Forense/GEN, 2009. p. 353-369.

Informação bibliográfica deste texto, conforme a NBR 6023:2018 da Associação Brasileira de Normas Técnicas (ABNT):

MARTINS, Humberto. Reflexões sobre o direito fundamental à saúde e sua fruição pelos titulares individuais e transindividuais. *In*: RIBEIRO, Paulo Dias de Moura; TOMELIN, Georghio Alessandro; KIM, Richard Pae (Coord.). *Direito humano e fundamental à saúde*: estudos em homenagem ao ministro Enrique Ricardo Lewandowski. Belo Horizonte: Fórum, 2023. p. 159-170. ISBN 978-65-5518-606-2.

A JUDICIALIZAÇÃO DA SAÚDE SUPLEMENTAR SOB O PRISMA DA PROTEÇÃO AO DIREITO SOCIAL E FUNDAMENTAL À SAÚDE

LUIS FELIPE SALOMÃO

LEONARDO MORAIS DA ROCHA

1 Introdução

A história da doutrina dos direitos fundamentais é extremamente rica e envolve os maiores pensadores de todos os tempos. Em última instância, "tem origem na ideia que prevalece em toda a Antiguidade helênica de que existe um direito com 'D' maiúsculo que não é criado pelos homens, não é inventado pelos homens, não é fruto da deliberação, seja de um rei, de um tirano, ou do próprio povo".[1]

As críticas ao absolutismo deram ensejo ao Estado de direito liberal, revelando-se a proteção dos direitos humanos uma das principais bandeiras das teorias desenvolvidas pelos pensadores iluministas. Surgiu a defesa de um tipo de Estado diferente, com poderes limitados e que pudesse garantir o respeito aos direitos fundamentais do ser humano, sendo tal limitação concebida a partir da separação de poderes, ideia considerada, para alguns, o primeiro requisito para a proteção desses direitos.[2]

A proclamação dos direitos fundamentais nas declarações e constituições a partir do final do século XVIII originariamente buscou assegurar proteção individual, propiciando, dessa forma, espaço delimitado livre da ingerência do Estado.

Os direitos erigidos como fundamentais pelos movimentos revolucionários liberais eram apenas direitos individuais, não contemplando os direitos sociais, coletivos e difusos. Esse caráter restrito dos direitos fundamentais de então deveu-se ao fato de que a ideologia liberal é essencialmente individualista, na qual se defende o Estado não intervencionista, principalmente em matéria econômica e social.

---

[1] FERREIRA FILHO, Manuel Gonçalves; SAMPAIO, José Adércio Leite (Org.). *Jurisdição constitucional e direitos fundamentais*. Belo Horizonte: Del Rey, 2003. p. 240.

[2] GALINDO, Bruno. *Direitos fundamentais*. Curitiba: Juruá, 2003. p. 36-40.

Com o decorrer do tempo, evidenciadas as desigualdades sociais e iniquidades de um modelo essencialmente liberal, percebeu-se que a atuação estatal não poderia limitar-se à manutenção da livre iniciativa e da liberdade de concorrência, mas deveria também promover o bem-estar social mediante intervenção no âmbito social e econômico para garantir direitos fundamentais de alcance coletivo e social, sendo a Constituição francesa de 1848 o documento que consagrou os direitos econômicos e sociais.

O desrespeito aos direitos humanos durante a Segunda Guerra Mundial engendrado pelas atrocidades cometidas pelo regime nazista e demais regimes totalitários da época levou à conscientização em torno dos direitos inerentes ao ser humano. Enxergou-se a necessidade de transformar os direitos humanos em direitos fundamentais na esfera internacional e na dimensão constitucional dos Estados. Passo importantíssimo foi dado com a Declaração Universal dos Direitos do Homem de 1948, a carta mundial dos direitos humanos, tornando-os direitos fundamentais no âmbito internacional e pressionando os Estados, ainda que só ética e moralmente, a respeitar e garantir tais direitos consagrados na citada Declaração, que contém direitos de caráter individual, social, econômico, coletivo e difuso.[3]

O direito à saúde, de segunda geração ou dimensão, *é direito social* humano fundamental, sendo a Constituição Federal de 1988 a primeira Carta política nacional que formalmente assim o declarou, conforme se extrai da leitura dos arts. 6º, 196 e 200.

No entanto, em vista da essencialidade dos direitos fundamentais, que são fundamentadores do sistema jurídico, cabe observar que, no estágio atual, seja em campo doutrinário, seja na jurisprudência, notadamente no tocante ao núcleo essencial, parece haver quase que consenso de que os particulares também têm de observá-los.

Nessa toada, o art. 196 da CF, ao consagrar no ordenamento jurídico nacional o direito fundamental à saúde e estabelecer feição inegavelmente social, proclama que a saúde é direito de todos e dever do Estado, garantido mediante políticas sociais e econômicas que visem ao acesso universal e igualitário às ações e serviços para sua promoção, proteção e recuperação.

Já o art. 197 estabelece que são de relevância pública as ações e serviços de saúde, cabendo ao Poder Público dispor, nos termos da lei, sobre a regulamentação, fiscalização e controle, devendo a execução ser feita diretamente ou por meio de terceiros e, também, por pessoa física ou jurídica de direito privado.

Consoante dados disponibilizados pela Agência Nacional de Saúde Suplementar – ANS no Sistema de Informações de Beneficiários – SIB/ANS/MS, em setembro de 2022, os planos e seguros privados de saúde no Brasil prestavam cobertura assistencial médica a 50.124.094 vidas, apontando haver cobertura assistencial exclusivamente odontológica para outras 30.495.364 pessoas.

Poder contar com a cobertura assistencial da saúde suplementar é invariavelmente um anseio nutrido por todos. Pesquisa realizada em 2019 pelo Ibope Inteligência, a pedido do Instituto de Estudos de Saúde Suplementar – IESS, constatou que os três itens mais desejados pelos brasileiros, tanto os que já contam, ou não, com plano, são, nesta ordem, educação, casa própria e plano de saúde.

---

[3] GALINDO, Bruno. *Direitos fundamentais*. Curitiba: Juruá, 2003. p. 43.

Ademais, é evidente a relevância da saúde suplementar para conferir eficácia ao direito fundamental à saúde, podendo sua importância econômico-social ser constatada por diversos ângulos de exame, *v.g.*, o imenso número de pessoas que gozam de cobertura assistencial médica e odontológica suplementar, a imprescindibilidade do setor para conter a demanda e o colapso do já sobrecarregado Sistema Único de Saúde – SUS, a vultosa alocação de recursos na saúde que propicia, a par da dependência econômica da maioria de hospitais e clínicas privadas que, sem os planos e seguros privados, simplesmente não subsistiriam.

Firmada a premissa da importância da saúde suplementar para a eficácia do direito fundamental à saúde, e longe de questionar o princípio do acesso à justiça, direito também fundamental e previsto no art. 5º, XXXV, da Carta Magna, pretende-se com o presente artigo – inspirado nos ensinamentos contidos no multicitado precedente do Supremo Tribunal Federal – STF, na esfera de repercussão geral, o Recurso Extraordinário nº 948.634/RS, Relator Ministro Ricardo Lewandowski – trazer algumas reflexões acerca de potenciais efeitos deletérios e das necessárias cautelas que se exige do magistrado ao proferir decisões em demandas individuais ou coletivas que possam promover intervenção disfuncional na relação contratual, afetando as políticas públicas do setor e os legítimos interesses da coletividade de consumidores envolvida.

2 Aspectos essenciais do direito à saúde no âmbito da saúde suplementar

O preâmbulo da Constituição da Organização Mundial de Saúde – OMS define a saúde como o estado de "completo bem-estar físico, mental e social", constituindo-se como direito de personalidade, inserido em códigos civis, e público fundamental, insculpido em diversas constituições.

Segundo o escólio de Ricardo Lorenzetti, o direito à saúde tem dois aspectos jurídicos: a) direito negativo, que não se submete a terceiro, salvo consentimento do titular ou causa legitimada pelo ordenamento jurídico, ensejando tutela preventiva ou ressarcitória; b) o mal denominado "direito à saúde", uma vez que se trata de direito a prestações de saúde, isto é, pretensão positiva contra o Estado, que tem o dever de dar assistência a todos os habitantes (igualitária) ou contra operadoras de saúde suplementar, que têm obrigação decorrente de vínculo contratual, sendo certo que, em todos esses casos, a elucidação do conteúdo e extensão do direito fundamental à saúde é de grande complexidade prática, pois a própria pretensão é incompatível em grau absoluto com a natureza humana, já que todos somos mortais e a ciência médica, em regra, envolve obrigação de meio, e não de resultado, cura ou restabelecimento integral da saúde.[4]

Na verdade, a própria literalidade da Constituição parece mesmo apontar que o escopo do direito à saúde é de certo modo limitado. Isso porque o art. 196 diz que a saúde é um direito garantido mediante "acesso universal e igualitário às ações e serviços para sua promoção, proteção e recuperação". Ninguém pode ser excluído ou discriminado, mas disso não decorre, a toda evidência, que a norma imponha o fornecimento a todos os tratamentos prescritos pelo profissional da saúde.

---

[4] SCAFF, Fernando Campos. *Direito à saúde no âmbito privado*: contratos de adesão, planos de saúde e seguro-saúde. São Paulo: Saraiva, 2010. p. 15-16.

Ademais, no âmbito da saúde pública, o art. 198 da CF, que trata da integralidade, deixa claro que escolhas de prioridades precisam ser feitas.[5]

O modelo de assistência à saúde adotado no Brasil é o de prestação compartilhada entre o Poder Público e instituições privadas. Como antes mencionado, essa foi a opção feita pela Constituição de 1988, que, no art. 197, classificou as ações e os serviços de saúde como de relevância pública, cuja execução pode dar-se diretamente pelo Poder Público ou, sob sua fiscalização e controle, pela iniciativa privada.

Como bem pontua a doutrina especializada, "basta apenas uma leitura superficial dos dispositivos pertinentes (arts. 196 a 200) para que se perceba que nos encontramos, em verdade, no que diz com a forma de positivação, diante de normas de cunho programático".[6]

Em interpretação sistemática da CF, extraem-se ações do programa normativo, boa parte delas aplicáveis às políticas a envolver a saúde suplementar, que devem ser desenvolvidas pelas políticas na área da saúde: a) prestação de serviço de saneamento (arts. 23, IX, 198, II, e 200, IV); b) atendimento materno-infantil (art. 227, I); c) ações de medicina preventiva (art. 198, II); e d) ações de prevenção epidemiológica (art. 200, II).

De fato, o atendimento preventivo em geral, no âmbito da saúde pública ou privada, consubstancia medidas de necessidade e impacto coletivos, capazes de realizar a melhor relação custo-benefício na matéria, pois preservam as condições de saúde do paciente, evitando despesas maiores no futuro com ações de saúde reparadoras.[7]

Malgrado algumas diretrizes constitucionais relevantes mencionadas, conforme o ensino de Ingo Wolfgang Sarlet, o texto constitucional não define expressamente o conteúdo do direito à proteção e à promoção da saúde, indicando "a relevância de uma adequada concretização por parte do legislador e, no que for cabível, por parte da administração pública". Portanto, no tocante às possibilidades e aos limites da exigibilidade do direito constitucional à saúde na condição de direito subjetivo, a pretensão de prestações materiais "demanda uma solução sobre o conteúdo dessas prestações, principalmente em face da ausência de previsão constitucional mais precisa".[8]

Nessa linha de intelecção, Canotilho pondera:

> I) à pergunta formulada, ou seja, a de saber se os direitos fundamentais têm eficácia nas relações jurídicas civis como *direitos privados* ou como *direitos subjectivos públicos*, responde--se geralmente no primeiro sentido; II) se partirmos das premissas da doutrina da *eficácia mediata,* o conteúdo jurídico dos direitos fundamentais como *normas objectivas* efetiva-se no direito privado através dos meios jurídicos desenvolvidos neste ramo do direito (invalidade, subordinação à cláusula de ordem pública, ponderação dos princípios da boa-fé e da confiança); III) a doutrina da *eficácia imediata* parece lidar com o *instrumentarium* típico do direito civil, embora nada impeça que eles valham como *direitos subjectivos públicos* na sua aplicação ao direito civil, se esta caracterização lhe trouxer maior dimensão prática,

---

[5] WANG, Daniel Welliang. *Direitos e políticas de saúde*: reflexões para o debate público. Belo Horizonte: Casa do Direito, 2020. p. 111-112.

[6] SARLET, Ingo Wolfgang. *A eficácia dos direitos fundamentais*. 7. ed. Porto Alegre: Livraria do Advogado, 2007. p. 344.

[7] BARCELLOS, Ana Paula de. *A eficácia jurídica dos princípios constitucionais*: o princípio da dignidade da pessoa humana. Rio de Janeiro: Renovar, 2002. p. 179.

[8] CANOTILHO, José Joaquim Gomes; MENDES, Gilmar Ferreira; SARLET, Ingo Wolfgang; STRECK, Lenio Luiz (Coord.). *Comentários à Constituição do Brasil*. São Paulo: Saraiva, 2014. p. 1.932-1.935.

isto é, propiciando o direito de acesso aos tribunais para defesa desses mesmos direitos e a aplicação dos princípios constitucionais materiais, como exemplo, os princípios da exigibilidade e da proporcionalidade; IV) na falta de instrumentos jurídicos concretizadores adequados, podem transferir-se para aqui os instrumentos do direito civil, sem que isso signifique, neste ponto, a transposição da velha máxima referente às relações entre direito constitucional e direito administrativo, dizendo-se agora que o direito constitucional passa e o direito civil fica.[9]

Inicialmente, a saúde suplementar era disciplinada pelo Código Civil de 1916 e pelo Decreto-Lei nº 73/1966, que estruturou o seguro-saúde. Menciona-se também a Lei nº 6.839/1980, que instituiu a obrigatoriedade do registro das empresas de prestação de serviços médico-hospitalares e da anotação dos profissionais por elas responsáveis legalmente habilitados pelos Conselhos Regionais de Medicina – CRM. A atividade também sofreu relevante influxo com o Código de Defesa do Consumidor – CDC.

Em suma, após considerável lacuna legislativa e indefinição de princípios norteadores, condições e exigências básicas para a atuação do setor privado na área da saúde, foi publicada a Lei nº 9.656/1998, com as necessárias inovações no sistema normativo e fiscalizador da assistência privada à saúde, dando-lhe organicidade e definindo a natureza dos operadores e as modalidades de atuação.

A referida lei tem como objeto a garantia do direito à *assistência à saúde*, restringindo-se, portanto, à assistência médica, hospitalar e odontológica, objeto do contrato privado pactuado com as pessoas privadas operadoras dos respectivos planos e seguros.

Nos termos do art. 1º da Lei nº 9.656/98, os planos privados de assistência à saúde consistem em prestação continuada de serviços ou cobertura de custos assistenciais a preço pré ou pós-estabelecido, por prazo indeterminado, com a finalidade de garantir, sem limite financeiro, a assistência à saúde, pela faculdade de acesso e atendimento por profissionais ou serviços de saúde livremente escolhidos, integrantes ou não de rede credenciada, contratada ou referenciada, visando à assistência médica, hospitalar e odontológica, a ser paga integral ou parcialmente às expensas da operadora contratada, mediante reembolso ou pagamento direto ao prestador, por conta e ordem do consumidor.

A Lei nº 9.656/1998 foi assim concebida para tratar dos planos e seguros privados de assistência à saúde, criando microssistema, com normatividade específica e diferenciada de proteção aos usuários de serviços privados de saúde.

Com efeito, resguardado o núcleo essencial do direito fundamental, no tocante à saúde suplementar, são sobretudo as leis nºs 9.656/1998 e 9.961/2000, o CDC e os atos regulamentares infralegais da ANS e do Conselho Nacional de Saúde Suplementar – Consu expressamente prestigiados por disposições legais infraconstitucionais, que, representando inequivocamente forte intervenção estatal na relação contratual de direito privado (planos e seguros de saúde), conferem densidade normativa ao direito constitucional à saúde.

De fato, é bem de ver que isso não é uma particularidade brasileira. Como bem leciona Claus-Wihelm Canaris, os direitos fundamentais, enquanto integrantes da Carta Magna, têm grau mais elevado na hierarquia das normas que o direito privado e, por

---

[9] CANOTILHO, José Joaquim Gomes. *Direito constitucional e teoria da Constituição*. 4. ed. Coimbra: Almedina, 1998. p. 1213-1214.

isso, influenciam-no. No entanto, a Constituição não é, em princípio, o lugar correto, tampouco habitual, para regulamentar as relações entre cidadãos individuais e pessoas jurídicas.[10]

No sistema da Lei nº 9.656/1998, tão somente as pessoas jurídicas regularmente constituídas estão autorizadas a operar os planos privados de assistência à saúde, tanto em regime de prestação de serviços, de garantia de pagamento e de reembolso, bem como de autogestão.

Algumas das principais inovações da lei foram a obrigatoriedade da obtenção de autorização de funcionamento das operadoras e o compulsório registro dos contratos na agência reguladora (a ANS), bem como seus respectivos conteúdos atuariais e cláusulas de cobertura, que incluem, por integração cogente, a cobertura legal estabelecida pela lei e a infralegal delegada pelo legislador à ANS.

Nessa linha de raciocínio, por clara opção do legislador, extrai-se do art. 10, §4º, da Lei nº 9.656/1998, c/c o art. 4º, III, da Lei nº 9.961/2000, que é atribuição da ANS elaborar o rol de procedimentos e eventos em saúde que constituirão referência básica para definição da amplitude das coberturas no âmbito da saúde suplementar, inclusive de transplantes e de procedimentos de alta complexidade.

O rol da ANS tem a teleologia de contemplar não só o tratamento de todas as doenças da Classificação Internacional de Doenças – CID, mas também de propiciar a relevante prevenção.

A ANS, em cumprimento à vontade do legislador, formula políticas incluindo tratamentos obrigatórios para os diversos tipos de produtos básicos, de modo a corrigir os desvios que a evolução da ciência médica acaba trazendo para as operadoras que exploram os planos e os seguros privados de assistência à saúde. Malgrado se trate de regulamentação infralegal, isso decorre de expressa delegação legal de competência, o que se configura mesmo necessário em vista do fato de que "a rapidez com que são editadas as regras é a mesma com que elas podem ser revogadas ou modificadas, caso produzam resultados contrários aos pretendidos. Estes efeitos não poderiam ser obtidos se fosse necessário o processo legislativo".[11]

3 *Leading case* do Supremo Tribunal Federal e projeção do precedente para a solução de conflitos a versar sobre saúde suplementar

Por ocasião do julgamento do Recurso Extraordinário nº 948.634/RS, Relator Ministro Ricardo Lewandowski, Tema nº 123 da repercussão geral, o STF trouxe verdadeiras lições ao fixar a seguinte tese:

> as disposições da Lei 9.656/1998, à luz do art. 5º, XXXVI, da Constituição Federal, somente incidem sobre os contratos celebrados a partir de sua vigência, bem como nos contratos que, firmados anteriormente, foram adaptados ao seu regime, sendo as respectivas disposições inaplicáveis aos beneficiários que, exercendo sua autonomia de vontade, optaram por manter os planos antigos inalterados.

---

[10] SARLET, Ingo Wolfgang (Org.). *Constituição, direitos fundamentais e direito privado*. Porto Alegre: Livraria do Advogado, 2003. p. 225.

[11] BOTTESINI, Maury Ângelo; MACHADO, Mauro Conti. *Lei dos planos e seguros de saúde*: comentada e anotada artigo por artigo. São Paulo: Revista dos Tribunais, 2003. p. 65-69.

Portanto, ao se examinar a cobertura assistencial de planos e seguros de saúde, conquanto envolva, entre outros direitos fundamentais, o direito à saúde do jurisdicionado e também o da coletividade envolvida, é preciso resguardar a segurança jurídica, porquanto, como dito no precedente,

> sejam essas avenças anteriores ou posteriores à Lei 9.656/1998, a previsão dos riscos cobertos, assim como a exclusão de outros, é inerente a todas elas. Isso obedece à lógica atuarial desta espécie contratual, pois, quanto mais riscos forem cobertos, mais elevado será o prêmio pago pela parte aderente.

Salientou-se que "esses prêmios, ademais, são calculados de maneira a permitir que, em uma complexa equação atuarial, sejam suficientes para pagar as indenizações aos contratantes e para cobrir os custos de administração, além de, naturalmente, gerar os justos lucros às fornecedoras".

O aresto tem a seguinte ementa:

> RECURSO EXTRAORDINÁRIO REPRESENTATIVO DE CONTROVÉRSIA. TEMA 123 DA SISTEMÁTICA DA REPERCUSSÃO GERAL. DIREITO CIVIL. APLICAÇÃO DA LEI NO TEMPO. PLANOS DE SAÚDE. LEI 9.656/1998. DISCUSSÃO SOBRE A SUA APLICAÇÃO EM RELAÇÃO A CONTRATOS FIRMADOS ANTERIORMENTE À RESPECTIVA VIGÊNCIA.
>
> I - A blindagem constitucional ao ato jurídico perfeito, ao direito adquirido e à coisa julgada configura cláusula pétrea, bem assim um dos pilares de sustentação do Estado Democrático de Direito, consubstanciando garantias individuais de todos os cidadãos.
>
> II - Os efeitos decorrentes da entrada em vigor da Lei 9.656/1998 em relação a fatos passados, presentes, futuros e pendentes pode variar, de acordo com os diferentes graus da retroatividade das leis, admitida pela doutrina e jurisprudência em casos particulares.
>
> III - Dentro do campo da aplicação da lei civil no tempo é que surge a regulamentação do setor de prestação de assistência suplementar à saúde, como forma de intervenção estatal no domínio econômico, implementada pela Lei 9.656/1998, a gerar reflexos no campo da aplicação da lei civil no tempo.
>
> IV - A expansão da assistência privada à saúde, paralelamente à sua universalização, para além de estar calcada no direito constitucional de acesso à saúde, também atende aos ditames da livre iniciativa e da proteção ao consumidor, ambos princípios norteadores da ordem econômica nacional.
>
> V - Como em qualquer contrato de adesão com o viés de aleatoriedade tão acentuado, a contraprestação paga pelo segurado é atrelada aos riscos assumidos pela prestadora, sendo um dos critérios para o seu dimensionamento o exame das normas aplicáveis à época de sua celebração.
>
> VI - Sob a perspectiva das partes, é preciso determinar, previamente, quais as regras legais que as vinculam e que servirão para a interpretação das cláusulas contratuais, observado, ainda, o vetusto princípio *pacta sunt servanda*.
>
> VII - A dimensão temporal é inerente à natureza dos contratos de planos de saúde, pois as operadoras e os segurados levaram em conta em seus cálculos, à época de sua celebração, a probabilidade da ocorrência de riscos futuros e as coberturas correspondentes.
>
> VIII - As relações jurídicas decorrentes de tais contratos, livremente pactuadas, observada a autonomia da vontade das partes, devem ser compreendidas à luz da segurança jurídica, de maneira a conferir estabilidade aos direitos de todos os envolvidos, presumindo-se o conhecimento que as partes tinham das regras às quais se vincularam.

IX - A vedação à retroatividade plena dos dispositivos inaugurados pela Lei 9.656/1998, como aqueles que dizem respeito à cobertura de determinadas moléstias, além de obedecer ao preceito pétreo estampado no art. 5º, XXXVI, da CF, também guarda submissão àqueles relativos à ordem econômica e à livre iniciativa, sem que se descuide da defesa do consumidor, pois todos encontram-se expressamente previstos no art. 170 da CF.

X – Os contratos de planos de saúde firmados antes do advento da Lei 9.656/1998 constituem atos jurídicos perfeitos e, como regra geral, estão blindados contra mudanças supervenientes, ressalvada a proteção de outros direitos fundamentais ou de indivíduos em situação de vulnerabilidade.

XI - Nos termos do art. 35 da Lei 9.656/1998, assegurou-se aos beneficiários dos contratos celebrados anteriormente a 10 de janeiro de 1999 a possibilidade de opção pelas novas regras, tendo o §4º do mencionado dispositivo proibido que a migração fosse feita unilateralmente pela operadora.

XII – Em suma: as disposições da Lei 9.656/1998, à luz do art. 5º, XXXVI, da Constituição Federal, somente incidem sobre os contratos celebrados a partir de sua vigência, bem como nos contratos que, firmados anteriormente, foram adaptados ao seu regime, sendo as respectivas disposições inaplicáveis aos beneficiários que, exercendo sua autonomia de vontade, optaram por manter os planos antigos inalterados.

XIII - Recurso extraordinário a que se dá provimento. (RE nº 948.634. Rel. Ricardo Lewandowski, Tribunal Pleno, j. 20.10.2020, Processo Eletrônico Repercussão Geral – Mérito *DJe*-274 Divulg 17.11.2020 Public 18.11.2020)

Esse julgado tem *ratio decidendi* que, para além de muito bem solucionar o tema controvertido, traz luz para a solução de boa parte dos conflitos a envolver a saúde suplementar, uma vez que não só o consumidor litigante merece proteção. A CF também assegura a segurança jurídica, a livre iniciativa, a liberdade contratual, o desenvolvimento econômico e social, a isonomia e o livre exercício da atividade econômica.

Por um lado, à luz do art. 1º, I, da Lei nº 9.656/1998, emerge da disposição legal que se trata de contrato de prestação de serviço, dotado de patrimonialidade, destinado a conferir ao credor utilidade estimável economicamente na vida de relação, a fim de satisfazer interesse apreciável ou não pecuniariamente. O nexo sinalagmático nos contratos em análise é estabelecido entre o pagamento da mensalidade pelo particular e a administração de custos dos serviços médicos por parte da operadora, com o objetivo de constituir rede (credenciada, referenciada ou contratada) à qual possa o consumidor recorrer no momento em que necessite.[12]

Por outro lado, extrai-se da leitura do art. 22, §1º, da Lei nº 9.656/1998 a inequívoca preocupação do legislador com o equilíbrio financeiro-atuarial dos planos e seguros de saúde, que devem estar assentados em planos de custeio elaborados por profissionais, segundo diretrizes definidas pelo Consu.

Deveras, em linha com o *leading* case do STF, cumpre ressaltar que os planos e seguros privados de assistência à saúde têm nítida natureza mutualista e securitária, submetendo-se a precificação a cálculos e estudos atuariais. A intervenção pelo Poder Judiciário *a posteriori* para ampliar o conteúdo obrigacional, afetando a economia do contrato, atingiria a própria autonomia privada, o que fere a liberdade de contratar, além de promover desequilíbrio contratual.

---

[12] TERRA, Aline de Miranda Valverde. Planos privados de assistência à saúde e boa-fé objetiva: natureza do rol de doenças estabelecido pela Agência Nacional de Saúde para fins de cobertura contratual obrigatória. *Revista Brasileira de Direito Civil – RBDCIVIL*, v. 23, jan./mar. 2020. p. 181-191.

O mutualismo implica que todos paguem para alguns utilizarem, mediante a formação de um fundo, com sistema de gestão de custos que tem em mira a pulverização dos riscos, formado com base nas normas aplicáveis à relação e nas disposições contratuais, a partir de estudos e complexos cálculos atuariais e estatísticos.

A função econômica do seguro é socializar riscos entre os usuários. A operadora recebe de cada um o prêmio, calculado de acordo com a probabilidade de ocorrência do evento danoso. Em contrapartida, obriga-se a conceder a garantia consistente em pagar certa prestação pecuniária ao segurado, ou a terceiros beneficiários, na hipótese de verificação de sinistro.[13]

No caso de contratos securitários, como é cediço, notadamente em vista dos avanços da atuária, há acesa controvérsia doutrinária acerca da inserção da álea como integrante do objeto do contrato de seguro, visto que, com os prêmios que recebe de seus segurados, se corretos os cálculos atuariais que realizou, a seguradora não apenas disporá dos recursos necessários aos pagamentos das prestações devidas, em razão dos eventos segurados que se verificarem e das despesas administrativas e operacionais relacionadas ao seu funcionamento, como também obterá lucro.

Destarte, no ambiente de segurança jurídica, a atividade seguradora baseia-se em riscos e não em incertezas, pois os riscos contidos na apólice, nos estritos termos em que foi elaborada, podem ser perfeitamente investigados e mensurados.[14]

Nesse rumo, é digno de registro que a uníssona doutrina especializada e a majoritária consumerista alertam para a necessidade de não inviabilizar a saúde suplementar, realçando que uma das grandes dificuldades em relação ao contrato de seguro e planos de assistência à saúde diz respeito à manutenção do equilíbrio das prestações no tempo. A disciplina contratual:

> exige uma adequada divisão de ônus e benefícios, na linha do que os estudos sobre contratos relacionais no Brasil vêm desenvolvendo, dos sujeitos como parte de uma mesma comunidade de interesses, objetivos e padrões. Isso terá de ser observado tanto em relação à transferência e distribuição adequada dos riscos quanto na identificação de deveres específicos ao fornecedor para assegurar a sustentabilidade, gerindo custos de forma racional e prudente.[15]

4 Questões sensíveis no atual cenário do fenômeno da judicialização no âmbito da saúde suplementar

Conforme estudo elaborado pelo Instituto de Ensino e Pesquisa Insper para o Conselho Nacional de Justiça – CNJ, em pesquisa publicada em 2019, intitulada "Judicialização da Saúde no Brasil: Perfil das demandas, causas e propostas de solução", entre 2008 e 2017, o número de demandas judiciais relativas à saúde registrou aumento de 130%, enquanto o número total de processos teve acréscimo de 50%, totalizando

---

[13] COELHO, Fábio Ulhoa. *Contratos*. 3. ed. São Paulo: Saraiva, 2009. p. 340-341.

[14] POLIDO, Walter A. *Contrato de seguro e a atividade seguradora no Brasil*: direito do consumidor. São Paulo: Roncarati, 2015. p. 13; 17.

[15] MIRAGEM, Bruno; SALOMÃO, Luis Felipe; TARTUCE, Flávio (Org.). *Direito civil*: diálogos entre a doutrina e a jurisprudência. São Paulo: Atlas, 2018. p. 299-310.

498.715 processos de primeira instância distribuídos em 17 Tribunais de Justiça, bem como 277.411 processos de segunda instância em 15 tribunais pesquisados.

Demonstrando o agravamento do crescimento exponencial de demandas, no período de 2019 a 2021, o CNJ contabilizou 932.231 processos dessa natureza nos tribunais de justiça dos estados, sendo 241.653 em 2019, 366.320 em 2020 e 324.258 em 2021.

O atual rol da ANS, que define a amplitude de cobertura da saúde suplementar, abarca mais de 3 mil procedimentos e eventos em saúde, contemplando exames, consultas, terapias, cirurgias e medicamentos orais para tratamento de câncer, além de propiciar assistência referente a todas as doenças listadas na Classificação Internacional de Doenças CID-10.

Para o rol atual – Resolução nº 465/2021, vigente desde 1º.4.2021 –, foram analisadas 1.137 propostas, aprovadas 246 numa análise prévia, com incorporação de 69. Foi também feita consulta pública entre outubro e novembro de 2020 com mais de 30 mil contribuições recebidas pela agência, percentual mais de 500% superior ao daquelas recebidas para o rol anterior (Resolução nº 439/2018, que vigorou até 31.3.2021).

As propostas de atualização do rol são recebidas e analisadas pela ordem de protocolização, de forma contínua, incluindo proposições de incorporação e de desincorporação de tecnologia, exclusão, inclusão ou mudança de diretrizes.

Há fase de consulta pública e comitê de que participam diversos atores, como profissionais da área de saúde, órgãos de defesa dos consumidores, operadoras de planos de saúde e prestadores de serviços de saúde, envolvendo grande complexidade técnica e inúmeros dados.

Cumpre salientar que, no âmbito do direito comparado, também é comum o estabelecimento de rol taxativo, mínimo obrigatório de cobertura e utilização dos princípios da Avaliação de Tecnologias em Saúde – ATS, de acordo com o art. 4º, IV, da Resolução ANS nº 439/2018.

Nesse contexto, como fica nítido, os conflitos a versar sobre saúde suplementar abrangem questões técnicas de alta complexidade subjacentes, uma vez que a própria amplitude de coberturas, salvo as definidas pela própria lei, são aquelas previstas no rol da ANS, mediante amplo debate com os representantes dos interessados, submetendo-se a diretrizes técnicas de inegável e peculiar complexidade – que claramente envolvem também juízo de oportunidade e conveniência –, estabelecidas nos incisos do §3º do art. 10 da Lei nº 9.656/1998, como: I – as melhores evidências científicas disponíveis e possíveis sobre a eficácia, a acurácia, a efetividade, a eficiência, a usabilidade e a segurança do medicamento, do produto ou do procedimento analisado, reconhecidas pelo órgão competente para o registro ou para a autorização de uso; II – a avaliação econômica comparativa dos benefícios e dos custos em relação às coberturas já previstas no rol de procedimentos e eventos em saúde suplementar, quando couber; e III – a análise de impacto financeiro da ampliação da cobertura no âmbito da saúde suplementar.

O acolhimento de pleitos acerca da saúde suplementar sempre envolverá a distribuição de recursos finitos, não se podendo ignorar que a escassez é problema econômico fundamental, estudado desde lições de economia básica e incidente em todas as atividades econômicas. Enquanto em linha de princípio os desejos se revelam ilimitados, os recursos nas atividades mostram-se necessariamente restritos, devendo ser bem utilizados e de forma eficiente, ainda mais no âmbito do essencial setor da saúde, com exame sistêmico de custo-efetividade e oportunidade, em visão abrangente que, por óbvio, não pode limitar-se aos interesses das partes em litígio.

De fato, como aspecto negativo da judicialização da saúde, no âmbito tanto da saúde pública quanto da suplementar, constata-se em muitos casos que a pouca experiência dos magistrados sobre a técnica médica e a gestão da saúde "os tem levado a cometer alguns equívocos, como permitir o acesso a produtos e serviços em relação aos quais não há evidência científica da eficácia, efetividade, eficiência e segurança. Além disso, algumas vezes permite o acesso a produtos diferentes, quando os oferecidos [...] têm eficácia terapêutica similar", ocasionando o denominado "impacto deslocativo no orçamento", que tende a trazer maiores gastos e tumultua a gestão.[16]

Na doutrina, leciona o Ministro Luís Roberto Barroso que o Judiciário deve deferência aos atos das agências reguladoras, porquanto se trata de atos da Administração Pública. Acrescenta que o sistema político e, principalmente, as instâncias administrativas dispõem de melhores instrumentos para analisar realidades complexas e fazer avaliações sistêmicas e de longo prazo. E arremata: "O magistrado, por seu turno, nem tem como considerar as necessidades do sistema e nem sequer seria capaz de avaliar o impacto de suas decisões sobre esse sistema".[17]

É sempre oportuno registrar o alerta contido na decisão do Plenário do STF na Ação Direta de Inconstitucionalidade – ADI nº 4.923, ocasião na qual se advertiu para o fato de que as intervenções judiciais incisivas – ainda que inegavelmente bem intencionadas – sobre marcos regulatórios específicos, de setores técnicos e especializados podem ter repercussões sistêmicas deletérias para valores constitucionais em jogo. Repercussões essas imprevisíveis no interior do processo judicial, marcado por nítidas limitações de tempo e de informação.

No Recurso Especial nº 1.842.475/SP, o *amicus curiae* Confederação Nacional das Empresas de Seguros Gerais, Previdência Privada e Vida, Saúde Suplementar e Capitalização – CNSEG apresentou didática manifestação, salientando que a insegurança jurídica decorrente da inobservância da normatização de regência em decisões judiciais ocasiona aumento dos preços, redução da concorrência e antisseleção:

> 6. O cálculo do prêmio do seguro é baseado na denominada Equação de Equilíbrio Atuarial, em que o valor presente do prêmio deve ser igual ao valor presente de todos os compromissos futuros da operadora/seguradora, incluindo não somente os sinistros futuros previstos contratualmente, mas, também, todas as despesas incorridas em um contrato de seguro.
>
> 7. O cálculo do prêmio pago pelo segurado começa pelo cálculo do chamado Prêmio de Risco, sendo este suficiente somente para a operadora/seguradora arcar com os compromissos relacionados aos sinistros esperados em média no futuro. O Prêmio de Risco é igual à frequência de ocorrência de sinistros multiplicado pelo Custo Médio do sinistro, de modo que tanto a Frequência quanto o Custo Médio influenciam diretamente no valor do Prêmio de Risco. Ao Prêmio de Risco é acrescido um carregamento de segurança estatístico, conduzindo ao denominado Prêmio Puro. A aplicação do carregamento de segurança é fundamental para que o segurador saia da faixa de risco de 50% de perda e

---

[16] DRESCH, Renato Luís *et al.* (Org.). *Judicialização da saúde em perspectiva*: judicialização, gestão e acesso. Vitória: Emescam, 2016. p. 36-37.

[17] CARNEIRO, Luiz Augusto Ferreira (Org.). *Planos de saúde*: aspectos jurídicos e econômicos. Rio de Janeiro: Forense, 2012. p. 251-254.

50% de ganho, situação em que, pela chamada Teoria da Ruína do Jogador, a ruína da operadora/seguradora no futuro é certa se ele tiver a mesma probabilidade de ganho do segurado. O valor do carregamento de segurança depende fundamentalmente do nível de incerteza na estimativa das indenizações futuras, o qual pode advir da incerteza quanto ao número de sinistros futuros (minimizado pela chamada Lei dos Grandes Números, quando o segurador opera com um número considerável de contratos de seguro) e da incerteza quanto ao valor das indenizações ante os prêmios que serão pagos, incerteza essa que é enorme no seguro saúde em função da judicialização, incluindo o pagamento de sinistros de coberturas não previstas originalmente no contrato.

8. Por último são acrescidos os carregamentos para as despesas gerais, como as despesas administrativas, corretagem, impostos etc., conduzindo ao denominado Prêmio Comercial. [...] 10. No cálculo do prêmio, um aspecto importante é que ele deve evitar a chamada antisseleção. A antisseleção se refere a um processo de mercado no qual informações assimétricas possuídas por compradores ou vendedores geram resultados negativos para uma das partes. Por exemplo, se uma empresa prestadora de serviços cobra o mesmo preço para todos os seus clientes independentemente da quantidade de serviços demandados por seus clientes, ela assume o risco de ficar somente com os clientes que mais demandam serviços, gerando um resultado negativo nas suas operações. Se o preço do serviço for aumentado para fazer face a uma maior utilização por parte dos clientes, existe o risco de os melhores clientes cancelarem o serviço, elevando ainda mais a necessidade de ajuste no preço, gerando uma espiral crescente no preço do serviço, com perda de clientes e sem reverter o resultado negativo.

11. Verifica-se que o nível de incerteza gerado pelo pagamento de valores não previstos no contrato original aumenta incialmente o valor do prêmio de risco que proporciona o equilíbrio atuarial, por um aumento no custo médio. Aumenta, também, o carregamento de segurança, o qual é diretamente ligado ao nível de incerteza. As despesas gerais também são aumentadas, por conta de maiores custos com ações judiciais e pelo aumento na frequência de sinistros a serem regulados, de modo que o Prêmio Comercial é altamente afetado, gerando a espiral crescente no preço do seguro por conta da antisseleção, onde somente os clientes menos saudáveis aceitam pagar um prêmio mais elevado.

12. Outro limite de segurança importante a ser estabelecido na operação de seguros é o nível de provisões técnicas para fazer face aos compromissos futuros da operadora/seguradora. Com o aumento nos compromissos futuros gerados por coberturas não previstas originalmente, o nível de provisões técnicas é naturalmente aumentado.

[...] 18. Um efeito subjacente do aumento no nível de capital pelo pagamento de sinistros não previstos inicialmente no contrato é o aumento no próprio valor do prêmio, pois o aumento no capital investido pelos acionistas gera o chamado custo de capital, o qual, como qualquer custo, é acrescido ao prêmio pago pelo segurado. Nesse sentido, o excessivo aumento do capital pode tornar o negócio desinteressante para os investidores, diminuindo o nível de concorrência, que por consequência gera mais pressão sobre o aumento dos prêmios com a natural redução de opções de produtos disponíveis no mercado, o que já ocorre hoje no seguro saúde.

Em interessante artigo publicado na edição n. 264 da *Revista Justiça & Cidadania*, de agosto de 2022, Alessandro Acayaba de Toledo, membro do grupo de trabalho Observatório Nacional da Saúde, menciona levantamento organizado pela Associação Brasileira de Planos de Saúde – Abramge, a partir de dados públicos da ANS, revelando que as operadoras de planos de saúde e seguradoras – os fundos mutuais mantidos pelos consumidores, dos planos e seguros de saúde que administram – teriam despendido em demandas judiciais, entre 2015 e 2020, impressionantes 11,3 bilhões de reais.

No IX Congresso Jurídico de Saúde Suplementar, realizado em Brasília em 15 e 16.8.2019, a professora, pesquisadora e coordenadora do Núcleo de Análise Econômica do Direito do Insper, Luciana Yeung, abordou a questão de forma profunda e exauriente, apontando que a judicialização da saúde, com frequentes julgados contra as operadoras de planos de saúde, aumenta os custos e limita a liberdade econômica das empresas: as "dificuldades inerentes ao setor, somadas à retração econômica e, ainda, os custos cada vez mais frequentes (e crescentes) da judicialização da saúde, tornam esse setor extremamente não atrativo para investimentos, reduzindo ano a ano a quantidade de operações no setor, o que no final prejudica os próprios clientes" e o sistema público de saúde, que "será sobrecarregado com o atendimento de pessoas que poderiam pagar pelo serviço, mas que foram expulsas do mercado privado devido à ineficiência de custos criada artificialmente pela jurisprudência".[18]

No voto-condutor e aditamentos apresentados nos Embargos de Divergência no Recurso Especial nº 1.889.704/SP, que, em julgamento conjunto com os EREsp nº 1.886.929/SP, propiciaram ao STJ pacificar tema da saúde suplementar da mais alta relevância, como se verá adiante, foi registrado fato insólito, que resultou em perda parcial do objeto.

Isso porque houve superveniente alteração do rol da ANS decorrente de intervenção judicial – decisões de juízos federais no âmbito de tutela provisória em ações coletivas –, para contemplar método terapêutico nem sequer regulamentado e certificado, a possivelmente confirmar os riscos antes mencionados, com circunstâncias relevantes interessantes abordadas no voto, que bem servem de exemplo do que foi dito: a) a ANS, conforme nota à sociedade da autarquia, em vista de decisões precárias de juízos federais proferidas em ações civis públicas, veio a alterar a Resolução ANS nº 465/2021, o rol da ANS, com o fito de promover a isonomia entre os usuários de planos de saúde de todo o país; b) existem inúmeras notas técnicas de NatJus de diversos estados, bem como das universidades federais do Rio Grande do Sul – UFRGS e de Minas Gerais – UFMG, uníssonas em apontar que o referido método, de altíssimo custo – segundo assegurado por reportagem mencionada no voto, tem impacto mensal que pode facilmente superar o valor de 30 mil reais – não conta com nenhuma evidência de superioridade com relação aos métodos terapêuticos contemplados pela cobertura assistencial do rol; c) conforme notas técnicas, no presente momento, nem sequer seria factível a imposição do referido tratamento como política pública, seja por haver poucos cursos específicos de pós-graduação no Brasil, seja por ausência de regulamentação e certificação em nosso país, que impediriam até mesmo a adequada aplicação desse método, inclusive com indefinição de quais profissionais da saúde estariam aptos ao mister (terapeuta ocupacional, fonoaudiólogo, enfermeiro, psicólogo, fisioterapeuta etc.).

Em tal cenário, cabe refletir se é conveniente e notadamente oportuna, mediante intervenção judicial antes mesmo da instrução processual, a imposição de método – como política pública e tomando-se em conta a vulnerabilidade do consumidor – que, à luz da ciência atual, não tenha nenhuma superioridade comparativamente aos tratamentos contemplados pela relação da autarquia e que, ao contrário desses, não conte sequer com a mínima segurança de estar sendo corretamente aplicado, em vista da ausência de regulamentação e certificação.

---

[18] YEUNG, Luciana; VILLAS BOAS, Marco; CECHIN, José (Org.). *Judicialização de planos de saúde*: conceitos, disputas e consequências. Palmas: Esmat, 2020. p. 297-309.

Nesse precedente, em voto-vogal, a Ministra Maria Isabel Gallotti chamou a atenção também para

> questões relacionadas à indústria farmacêutica e de insumos e equipamentos, que, muitas vezes, prefere estimular a divulgação e venda de medicamentos de última linha com preço caríssimo, protegidos por patentes, em detrimento de medicamentos cuja eficácia já é amplamente comprovada com segurança, que não têm patente e são mais baratos.

Outro problema deveras recorrente bem captado pelo Juiz de Direito Marco Antonio Barbosa de Freitas, especialista em saúde suplementar e com larga experiência na magistratura, em profícua tese de dissertação de mestrado na área de Direito da Saúde, consiste no frequente equívoco de invocar a função social do contrato e a boa-fé objetiva para acolhimento de pedidos em detrimento da amplitude de cobertura definida pelo rol da ANS.[19]

Na verdade, a função social do contrato projeta-se numa dimensão intrínseca que, em conexão com a boa-fé objetiva, impõe o justo equilíbrio entre as prestações combinadas, e, numa dimensão extrínseca, equilibra o pacto do contrato em face da própria sociedade, não havendo falar em observância à função social do contrato quando se quebra a base objetiva ou subjetiva da avença.[20]

De fato, a boa-fé objetiva impõe que as partes colaborem mutuamente para a consecução dos fins comuns perseguidos com o contrato – que não é mero instrumento formal de registro das intenções – e encontra vinculação e limitação na função econômica e social do contrato, visando a fazer com que os legítimos interesses da outra parte concernentes à relação econômica sejam salvaguardados nos moldes pretendidos pelos contratantes.[21]

Embora seja certo haver vinculação de todas as relações contratuais à função social, "não se pode confundir a função social do contrato com a justiça social a ser implementada pelo Estado através de políticas públicas".[22]

Outrossim, a *solução* da

> justiça distributiva via Direito Privado tende a exigir sempre uma ação judicial [...]. Um sistema de redistribuição de renda que faz necessário o recurso a um tribunal é uma forma ineficiente e dispendiosa de política pública e social, pois ela faz depender a implementação de um direito de um procedimento longo, necessariamente custoso para a sociedade e para o indivíduo litigante.

Ademais, não é o modo mais democrático, pois nem sempre os recursos escassos obtidos dos agentes privados serão alocados para aquelas necessidades sociais prioritárias, uma vez que o Poder Judiciário "preso a um processo judicial (e de seus princípios

---

[19] Basta rápida pesquisa na jurisprudência dos tribunais para constatar inúmeras decisões nessa linha.

[20] FREITAS, Marco Antonio Barbosa de. *Tutelas provisórias individuais nos contratos de plano de saúde.* 2. ed. Rio de Janeiro: Lumen Juris, 2021. p. 54-66.

[21] TEPEDINO, Gustavo. *Obrigações*: estudos na perspectiva civil-constitucional. Rio de Janeiro: Renovar, 2005. p. 38-39.

[22] TIMM, Luciano Benetti. *O novo direito civil*: ensaios sobre o mercado, a reprivatização do direito civil e a privatização do direito público. Porto Alegre: Livraria do Advogado, 2008. p. 113-125

como a demanda, o contraditório, a ampla defesa) não pode fazer planejamento, que deve ser a base das políticas públicas", que demandam, além de altíssimo nível de informações, interdisciplinaridade a envolver também profissionais da área de medicina, administração, economia e atuária para permitir a eficiência no emprego dos recursos.[23]

5 Avanços no tratamento da judicialização da saúde

Em artigo doutrinário, o Ministro Roberto Barroso bem adverte que, ao lado de intervenções necessárias e meritórias, por deficiência na instrução processual ou por não estar o Judiciário aparelhado para formular políticas públicas, tem havido profusão de decisões extravagantes ou emocionais em matéria de medicamentos e terapias, que põem em risco a continuidade das políticas públicas de saúde e comprometem a alocação de recursos, ponderando ainda que, em muitos casos, ao fazer avaliação criteriosa da capacidade institucional, deve o magistrado optar por não exercer o poder em autolimitação espontânea, que "antes eleva do que diminui".[24]

Deveras, em demandas a versar sobre coberturas assistenciais:

> o juiz se vê em meio a um emaranhado probatório que abrange dês o contrato lacônico celebrado entre as partes, até os *atestados* ou *declarações* médicas alarmistas carreadas pelo autor, passando pelo pesado acervo das resoluções normativas editadas pela Agência Nacional de Saúde Suplementar (ANS), que [...] ampliam os procedimentos médicos garantidos naqueles pactos.[25]

Malgrado o enxame de demandas notadamente individuais que se avolumam todos os anos em aumento exponencial, mormente a partir da Constituição Cidadã de 1988, foi apenas em 2010 que o Poder Judiciário tomou a primeira providência verdadeiramente de relevo para fornecer aos juízos subsídios à solução dos conflitos, consubstanciada na Recomendação CNJ nº 31/2010, seguida pela de nº 36/2011, sugerindo aos tribunais a adoção de medidas de auxílio e de qualificação dos magistrados, notadamente a instituição dos Núcleos de Apoio Técnico que providenciem notas técnicas e meios de comunicação para a oitiva prévia de gestores.

Mais recentemente, por meio do Provimento CNJ nº 84/2019, na gestão do Ministro Humberto Martins como corregedor nacional de justiça à época, passou a ser disponibilizado no *site* do CNJ, na plataforma denominada e-NatJus, banco no qual contida segunda opinião médica imparcial, com pareceres, notas e informações técnicas de profissionais qualificados fornecendo subsídio aos magistrados para decisão acerca de pedidos de tutelas a envolver a saúde pública ou suplementar.

Ainda no âmbito do CNJ, em 8.11.2022, no julgamento do Ato Normativo nº 0006577-52.2022.2.00.0000, Relator Conselheiro Richard Pae Kim, foi aprovada pelo Plenário a Resolução CNJ nº 479/2022, estabelecendo a regulamentação do Sistema

---

[23] TIMM, Luciano Benetti *et al.* (Org.). *Judicialização da saúde em perspectiva*: judicialização, gestão e acesso. Vitória: Emescam, 2016. p. 282-283.

[24] COUTINHO, Jacinto Miranda; FRAGALE FILHO, Roberto; LOBÃO, Ronaldo. *Constituição e ativismo judicial*: limites e possibilidades da norma constitucional e da decisão judicial. Rio de Janeiro: Lumen Juris, 2011. p. 285.

[25] FREITAS, Marco Antonio Barbosa de. *Tutelas provisórias individuais nos contratos de plano de saúde*. 2. ed. Rio de Janeiro: Lumen Juris, 2021. p. 1.

Nacional de Pareceres e Notas Técnicas (e-NatJus), na qual ficou estabelecida a possibilidade de utilização do NatJus em qualquer caso, inclusive em situação de plantão judicial, assim como a duplicidade de opções, o uso dos sistemas estaduais ou do nacional.

A resolução aprovada prevê que o NatJus contará com profissionais capacitados, dotados de conhecimento técnico na área da saúde e em política pública de saúde, seguindo critérios legais estabelecidos na Lei nº 8.080/1990 (Lei do SUS) e na Lei nº 9.656/1998, para a observância, em decisões sobre a saúde, da medicina baseada em evidências.

Outra alvissareira novidade é a previsão de mecanismo para solução de divergências entre notas técnicas e a previsão de solicitação de estudos mais aprofundados, com informações sobre a avaliação econômica da tecnologia e impacto orçamentário quando o processo judicial for de natureza coletiva.

Em várias ações no controle concentrado de constitucionalidade – ADIs nº 7.088, 7.183 e 7.193 e ADPF nºs 986 e 990, Relator Ministro Roberto Barroso –, a Suprema Corte considerou que são compatíveis com a Constituição os arts. 10, §7º e §8º, e 10-D da Lei nº 9.656/1998, com a redação dada pela Lei nº 14.307/2022, além de serem válidas as alterações promovidas pela Lei nº 14.307/2022 na Lei nº 9.656/98, que criou a comissão de atualização do rol de procedimentos e serviços, além de fixar critérios para novas incorporações, sendo julgado improcedente o pedido para que fosse reconhecido que o rol da ANS é meramente exemplificativo.

No Superior Tribunal de Justiça, há diversos precedentes das duas Turmas de Direito Privado cassando acórdãos e sentenças para, na linha dos enunciados nºs 23 e 31 da I Jornada de Direito da Saúde realizada pelo CNJ, propiciar que seja o processo adequadamente instruído, inclusive solicitando que a ANS preste esclarecimentos sobre a cobertura vindicada não contemplada pelo rol.

Recente julgado unânime da Segunda Seção sintetiza bem esse posicionamento, nos termos da seguinte ementa:

> PROCESSUAL CIVIL. CONTRATOS. AGRAVO INTERNO NOS EMBARGOS DE DIVERGÊNCIA EM AGRAVO EM RECURSO ESPECIAL. PLANO DE SAÚDE. NEGATIVA DE COBERTURA. TRATAMENTO FORA DO ROL DA ANS. COBERTURA EXCEPCIONAL. TAXATIVIDADE. MITIGAÇÃO. POSSIBILIDADE. DECISÃO MANTIDA.
>
> 1. De acordo com a jurisprudência desta Corte, "cabem serem observados os seguintes parâmetros objetivos para admissão, em hipóteses excepcionais e restritas, da superação das limitações contidas no Rol: 1 - o Rol de Procedimentos e Eventos em Saúde Suplementar é, em regra, taxativo; 2 - a operadora de plano ou seguro de saúde não é obrigada a arcar com tratamento não constante do Rol da ANS se existe, para a cura do paciente, outro procedimento eficaz, efetivo e seguro já incorporado à lista; 3 - é possível a contratação de cobertura ampliada ou a negociação de aditivo contratual para a cobertura de procedimento extrarrol; 4 - não havendo substituto terapêutico ou estando esgotados os procedimentos do Rol da ANS, pode haver, a título de excepcionalidade, a cobertura do tratamento indicado pelo médico ou odontólogo-assistente, desde que (i) não tenha sido indeferida expressamente pela ANS a incorporação do procedimento ao Rol da Saúde Suplementar; (ii) haja comprovação da eficácia do tratamento à luz da medicina baseada em evidências; (iii) haja recomendações de órgãos técnicos de renome nacionais (como Conitec e NatJus) e estrangeiros; e (iv) seja realizado, quando possível, o diálogo interinstitucional do magistrado com entes ou pessoas com expertise na área da saúde,

incluída a Comissão de Atualização do Rol de Procedimentos e Eventos em Saúde Suplementar, sem deslocamento da competência do julgamento do feito para a Justiça Federal, ante a ilegitimidade passiva *ad causam* da ANS" (EREsp n. 1.889.704/SP, Relator Ministro Luis Felipe Salomão, Segunda Seção, j. 8/6/2022, DJe de 3/8/2022).

2. Nesse julgamento da Segunda Seção, ficou decidido também "ser temerário nessas demandas o julgamento de improcedência, sem instrução processual para dirimir a questão técnica subjacente à jurídica, consoante proposta da I Jornada de Direito da Saúde, realizada pelo CNJ, acolhida em precedente da Quarta Turma, para propiciar a prolação de decisão racionalmente fundamentada, na linha do que propugna o Enunciado n. 31 da I da mencionada Jornada [...]".

3. Agravo interno a que se nega provimento. (AgInt nos EAREsp nº 1.697.582/SP. Rel. Min. Antonio Carlos Ferreira, Segunda Seção, j. 29.11.2022. *DJe*, 5 dez. 2022)

6 A necessária incorporação dos valores constitucionais às regras da relação contratual

Os arts. 20 a 30 da Lei de Introdução às Normas do Direito Brasileiro exigem tanto das autoridades administrativas – que passam a ter ônus maior de transparência por meio de consultas públicas – como do Judiciário que levem em conta as consequências na tomada de decisões, no mundo fático e jurídico, antes de proferi-las.

O direito à saúde deve ser cumprido dentro dos limites da reserva do possível, devendo as políticas públicas, segundo critérios de conveniência e oportunidade, procurar atender aos legítimos interesses de toda a coletividade envolvida, de maneira igualitária para cumprir o disposto no art. 196 da CF.

Como ponderado em recurso repetitivo julgado pela Segunda Seção no REsp nº 1.755.866/SP, Relator Ministro Marco Buzzi, "a universalização da cobertura – apesar de garantida pelo constituinte originário no artigo 198 da CF e considerada um dos princípios basilares das ações e serviços públicos de saúde, nos termos do artigo 7º da Lei 8.080/90, que dispõe sobre as condições para a promoção, proteção e recuperação da saúde, a organização e o funcionamento dos serviços correspondentes e dá outras providências – não pode ser imposta de modo completo e sem limites ao setor privado", pois, nos termos dos arts. 199 da CF e 4º da Lei nº 8.080/90, a assistência à saúde de iniciativa privada é exercida em caráter complementar.

De outro giro, o ordenamento jurídico não é um amontoado de regras e princípios caóticos. Cumpre ao magistrado proferir decisão judicial consistente, que não ocasione contradição entre os comandos normativos que se aplicam ao caso, demonstrando respeito ao sistema legal vigente e à tripartição de poderes, bem como domínio do acervo probatório.

Não se pode ignorar que o fenômeno jurídico é composto, necessariamente, de fato e de direito, sendo certo que, apenas em ações diretas de inconstitucionalidade e diretas de constitucionalidade, a discussão gira só em torno de atos normativos em tese, uma vez que todas as demais trazem quadro fático subjacente. Então, questões ditas de direito, *quaestio juris*, são, na verdade, predominantemente de direito.

É preciso que o juiz, após a devida instrução processual, atento ao ordenamento jurídico, revele os valores constitucionais. Realmente, não compete ao Judiciário substituir-se ao legislador, violando a tripartição de poderes e suprimindo a atribuição legal da ANS ou mesmo efetuando juízos morais e éticos. Com efeito, descabe ao magistrado impor os próprios valores de modo a submeter o jurisdicionado a amplo subjetivismo.

No multicitado RE nº 632.853, julgado pelo Pleno do STF no âmbito de repercussão geral, o relator, Ministro Gilmar Mendes, ponderou não ser possível ao Judiciário entrar no mérito administrativo, substituindo-se à Administração Pública, sob pena de violação ao princípio da separação dos poderes e à própria reserva de administração (*Verwaltungsvorbehalt*).

Nesse julgamento, o Ministro Luiz Fux arrematou pontuando ser certo que o Judiciário não pode substituir a Administração Pública e que: a) o postulado da separação dos poderes é instrumento de racionalização e moderação no exercício do poder, essencial para a própria existência da liberdade individual, como historicamente registrado por Montesquieu na clássica obra *Do espírito das leis*; b) a separação dos poderes responde a imperativo de eficiência administrativa, pugnando pela especialização funcional, pois, ao dividir as atribuições do Estado e alocá-las a órgãos distintos com competências particulares, estimula-se o refinamento técnico e o aperfeiçoamento profissional; c) recomenda-se "cautela do Poder Judiciário no controle dos atos dos demais Poderes, e em particular da Administração Pública"; d) o "controle judicial via princípios constitucionais deve ser exercido com extrema cautela, haja vista a baixa densidade semântica do programa normativo".

Em notável obra jurídica acerca do ativismo judicial, Elival da Silva Ramos propõe ser possível pensar em positivismo jurídico, que denomina reflexivo, "sem se desviar em demasia da realidade social e das aspirações valorativas da sociedade", mediante o desenvolvimento de "conhecimento dogmático que não perca a capacidade de refletir sobre si próprio e, o que é fundamental no caso de uma ciência que lida com as normas prescritivas, a capacidade de avaliar a sua funcionalidade, tendo em vista que participa da conformação do direito que estuda", devendo participar da busca de objetivos sociorregulatórios desse mesmo ordenamento jurídico mediante "positivismo integral" que tome em conta a tríplice estrutura do fenômeno jurídico sobre a qual leciona o genial Miguel Reale.[26]

O salutar modelo de Estado concebido pela CF, muito embora imponha verdadeiros deveres jurídicos sociais prestacionais em favor da coletividade, deve procurar interpretação que garanta o máximo respeito aos direitos fundamentais, numa visão abrangente, evitando desperdício de recursos, que, no universo econômico – por definição, necessariamente em cenário de escassez –, gera injustiça e quebra da isonomia para com os potenciais destinatários.[27]

O conflito entre opções trágicas, abordado na teoria constitucional pela teoria da "colisão de princípios ou de direitos fundamentais", "demanda solução da questão de direito que passa por uma ponderação de princípios diante do caso concreto avaliando-se as circunstâncias e o peso de cada princípio em um processo argumentativo no bojo de um processo". Todavia, o método argumentativo proposto por esta teoria para aplicação na seara do direito privado, notadamente na relação contratual a envolver a

---

[26] RAMOS, Elival da Silva. *Ativismo judicial*: parâmetros dogmáticos. São Paulo: Saraiva, 2010. p. 59.
[27] TIMM, Luciano Benetti *et al.* (Org.). *Judicialização da saúde em perspectiva*: judicialização, gestão e acesso. Vitória: Emescam, 2016. p. 282-286.

saúde suplementar, a bem da verdade, é "fundamentalmente retórico discursivo e não oferece guias interpretativos, nem critérios desejáveis de previsibilidade e nem mesmo de precisão quanto ao melhor resultado" à coletividade afetada.[28]

A Segunda Seção do STJ, bem recentemente, como se verá detidamente adiante, em linha com a denominada "hierarquia axiológica móvel de princípios em conflito", firmou teses para orientar a solução de casos litigiosos concretos e harmonizou, no âmbito do direito privado, na interpretação das regras de regência, as cargas axiológicas e comandos extraídos dos princípios da Constituição – direito à saúde, dignidade da pessoa humana, segurança jurídica, isonomia, autonomia privada, legalidade, tripartição de poderes –, propiciando unidade e coerência sistêmica.

Como bem pontua MacCormick, notadamente na fase autointitulada pós-positivista, na qual passa a incorporar valores que a norma possa absorver, para haver coerência com o Estado de direito e racionalidade do processo decisório, é necessária a compatibilidade axiológica entre duas ou mais regras, todas justificáveis em vista de um princípio comum, devendo fazer sentido em relação ao sistema jurídico em que está inserida, com consistência e coerência, observando-se os efeitos para a sociedade, isto é, "as decisões jurídicas devem fazer sentido no mundo e devem também fazer sentido no contexto do sistema jurídico".[29]

7 Solução equânime estabelecida pelo STJ para *hard cases* e situações dramáticas a envolver a amplitude de cobertura definida pelo rol da ANS

A Segunda Seção do STJ, no julgamento dos EREsps nº 1.886.929/SP e 1.889.704/SP, baseado no *leading case* do STF que inspira o presente artigo, com consistência, coerência e observância aos valores constitucionais, pacificou, no âmbito daquela Corte, o entendimento de que o rol de procedimentos e eventos em saúde suplementar editado pela ANS é, em regra, taxativo.

Na ocasião, proclamou que, muito além de servir como arrimo para precificar os valores da cobertura básica e mínima obrigatória das contratações firmadas na vigência da lei de planos de saúde e propiciar que as mensalidades mantenham-se em patamares mais razoáveis, o rol de procedimentos, a cada nova edição, delineia também a relevante preocupação do Estado em não expor o consumidor e paciente a prescrições que não encontrem respaldo técnico estudado e assentado no mundo científico, evitando-se que virem reféns dos interesses – notadamente econômicos – da cadeia de fornecedores de produtos e serviços que englobam a assistência médico-hospitalar e odontológica suplementar.

Salientou que a ilegítima interferência no equilíbrio atuarial dos planos de saúde privados indiscutivelmente afeta igualmente a eficácia do direito constitucional à saúde (art. 196 da CF), uma vez que dificulta o acesso e mantença de consumidores aos planos e seguros, retirando-lhes a confiabilidade assegurada pelo rol de procedimentos no que

---

[28] TIMM, Luciano Benetti *et al.* (Org.). *Judicialização da saúde em perspectiva*: judicialização, gestão e acesso. Vitória: Emescam, 2016. p. 282-286.

[29] MACCORMICK, Neil. *Argumentação jurídica e teoria do direito*. São Paulo: Martins Fontes, 2006. p. 137.

tange à segurança dos procedimentos elencados e ao SUS, que, com esse entendimento jurisprudencial, reflexamente teria demanda aumentada.

O Colegiado, para além da pacificação de tema que envolvia acesa controvérsia entre as duas Turmas de Direito Privado, sem menoscabo para com o dever de deferência à atividade administrativa regulatória, assentou a impossibilidade de ignorar o fato segundo o qual a atividade regulatória se submete ao controle jurisdicional, o princípio do acesso à justiça.

Para tanto, estabeleceu, em consideração aos precedentes do STF no Tema nº 500 de repercussão geral e no RE nº 657.718/MG, bem como à própria necessidade de harmonização da jurisprudência da Primeira e da Segunda Seção do STJ, critérios objetivos e isonômicos para solução de casos concretos, a saber:

1 – o rol de procedimentos e eventos em saúde suplementar é, em regra, taxativo;

2 – a operadora de plano ou seguro de saúde não é obrigada a arcar com tratamento não constante do rol da ANS, se existe, para a cura do paciente, outro procedimento eficaz, efetivo e seguro já incorporado ao rol;

3 – é possível a contratação de cobertura ampliada ou a negociação de aditivo contratual para a cobertura de procedimento extrarrol;

4 – pode haver, a título excepcional, na ausência de substituto terapêutico ou esgotados os procedimentos do rol da ANS, a cobertura do tratamento indicado pelo médico ou odontólogo assistente, desde que: (a) a incorporação do procedimento ao rol da saúde suplementar não tenha sido indeferida expressamente pela ANS; (b) haja comprovação da eficácia do tratamento à luz da medicina baseada em evidências; (c) existam recomendações de órgãos técnicos nacionais de renome, como a Comissão Nacional de Incorporação de Tecnologias do Sistema Único de Saúde – Conitec ou o NatJus, e estrangeiros; (d) seja realizado, quando possível, o diálogo interinstitucional do magistrado com entes ou pessoas dotadas de expertise técnica na área da saúde, incluída a Comissão de Atualização do Rol de Procedimentos e Eventos em Saúde Suplementar, sem deslocamento da competência do julgamento do feito para a Justiça Federal, ante a ilegitimidade passiva *ad causam* da ANS.

Posteriormente a essa decisão, veio a ser publicada a Lei nº 14.454/2022, vista por muitos, de forma equivocada, como a lei que eliminara o rol da ANS ou que até mesmo infirmara o entendimento sufragado pelo STJ.

A bem da verdade, tal lei decorre de aprovação de substitutivo ao Projeto de Lei nº 2.033/2022 que, se bem examinada e cotejada com as teses sufragadas e a *ratio decidendi* do precedente, antes consagra o entendimento da Corte Cidadã, uma vez que, na mesma linha dos critérios elencados no precedente, incluiu, no art. 10 da Lei nº 9.656/1998, o §13, que, a par de expressamente aludir ao rol da ANS, impõe que a cobertura tenha comprovação de eficácia à luz das ciências da saúde, baseada em evidências científicas e plano terapêutico, ou que isso seja demonstrado por recomendações feitas pela Conitec ou exista recomendação de, no mínimo, um órgão de avaliação de tecnologias em saúde de renome internacional, desde que sejam aprovadas também para seus nacionais.

Ora, como se extrai da própria ementa do citado acórdão do STJ (EREsp nº 1.886.929/SP), também se admitiu, em caráter de excepcionalidade, a imposição de cobertura de procedimento não constante da relação editada pela autarquia, por se constatar ser este realmente imprescindível ao tratamento das graves enfermidades do autor da ação, já que não havia nenhum equivalente no rol da ANS e também por ter sido aprovado pelo Conselho Federal de Medicina – CFM e recomendado pelo *Food and Drug Administration* – FDA, órgão norte-americano de avaliação de tecnologias em saúde de renome internacional.

Com a consagração pelo legislador da ponderada "válvula de escape" que o precedente trouxe para contemplar notadamente casos dramáticos, o entendimento pela taxatividade, em regra, do rol da ANS e as teses sufragadas após o mais amplo debate e amadurecimento jurisprudencial das duas Cortes de superposição devem continuar servindo de farol para a solução de conflitos trazidos ao Judiciário.

8 Considerações finais

O direito à saúde, conforme interpretado pelo Comitê de Direitos Econômicos Sociais e Culturais da Organização das Nações Unidas e pela ampla maioria dos especialistas na área, não implica direito absoluto de receber qualquer tratamento independentemente dos custos, nem é infenso à análise de custo-efetividade ou de impacto orçamentário.

Todavia, examinando-se a jurisprudência, constata-se que, em muitos casos:

> os tribunais têm interpretado o direito à saúde para determinar quais serviços serão cobertos, cabendo aos sistemas de saúde adaptarem seus orçamentos, processos e prioridades para garantir que os serviços determinados pelos tribunais sejam fornecidos. Essa forma de alocação de recursos ignora a sustentabilidade financeira e os custos de oportunidade em saúde e provavelmente aumentará as desigualdades e a ineficiência nos sistemas de saúde.[30]

Cabe ao Judiciário aplicar as regras jurídicas em atendimento aos fins sociais das leis e às exigências do bem comum, tendo-se em conta que normas constitucionais na Constituição brasileira, "ao que tudo indica, tratam o direito à saúde como um direito" predominantemente de caráter coletivo,[31] além do que os fundos mutuais dos planos e seguros de saúde precisam suportar as despesas assistenciais de todas as enfermidades, e não apenas a da parte litigante, incluindo a relevantíssima prevenção, por sinal, insatisfatória no âmbito do SUS, sendo, a título de exemplo, notória a baixa disponibilização de exames preventivos até mesmo para doenças de altíssima incidência.

É de certo modo humanamente compreensível que, no cotidiano, significativa parcela da sociedade, mormente em se tratando de pessoas não operadoras do direito, na condição de consumidoras de serviços da saúde, coloquem-se em posição subjetivamente vinculada a um olhar bélico em relação às empresas contratadas para esse fim, já que não raro o litígio emerge justamente da fricção que há entre os direitos da parte contratante e a amplitude das obrigações que se pode exigir da contratada.[32] No entanto, no caso de

---

[30] WANG, Daniel Welliang. *Direitos e políticas de saúde*: reflexões para o debate público. Belo Horizonte: Casa do Direito, 2020.

[31] BOTELHO, Ramon Fagundes. *A judicialização do direito à saúde*: a tensão entre o mínimo existencial e a reserva do possível na busca pela preservação da dignidade da pessoa humana: Curitiba: Juruá, 2011.

[32] FREITAS, Marco Antonio Barbosa de. *Tutelas provisórias individuais nos contratos de plano de saúde*. 2. ed. Rio de Janeiro: Lumen Juris, 2021.

legítima recusa de cobertura, respaldada na amplitude definida pela ANS, essa visão é míope e bastante nociva à universalidade dos consumidores, uma vez que, além de suprimir as atribuições da autarquia, ensejaria ineficiência de custos.

A agência, por imposição legal, tem o papel de perseguir o interesse público, contemplando custo-efetividade e o impacto financeiro das novas coberturas, buscando, a um só tempo, harmonizar os interesses das partes da relação contratual e contemplar os legítimos interesses individuais da coletividade envolvida.

Não se pode conceber que seja questionado o direito ao acesso ao Judiciário. Também não se ignora que o indeferimento indevido de pretensão de tutela na área da saúde venha a ser fatal ou afetar a própria dignidade humana. Contudo, o acolhimento indiscriminado dos pedidos, como se os planos e seguros privados de saúde pudessem ser viáveis na concepção "do tudo para todos", enseja severo desequilíbrio econômico-financeiro em contrato ao qual estão vinculados outros consumidores que contribuem para o mesmo fundo pecuniário, circunstância que, por seu turno, tende a ensejar ciclo vicioso, incentivando novos litígios para alcançar coberturas que não estão ao dispor da coletividade envolvida, em violação à segurança jurídica e à isonomia.

Assim posta a questão, em linha de princípio, além de não contemplar o interesse público e o direito fundamental social à saúde, é ilegítima intervenção judicial mediante a qual se imponha cobertura que desborde do pactuado e das regras cogentes legais e infralegais integrantes do negócio.

É bem de ver que o art. 6º da CF faz alusão à saúde e à segurança como direitos sociais. Ocorre que só é possível promover organização das atividades com resultados mais eficientes e efetivamente propiciando o ingresso de novas operadoras de planos de saúde no mercado por meio da segurança jurídica, cabendo ao Judiciário evitar trazer custos adicionais indevidos para a atividade econômica, de imensa relevância social.

No exame de pretensões individuais, é sempre necessário ter em mente que, em muitas situações, indivíduos reflexamente afetados por sucessivas decisões sem respaldo legal poderiam ficar em pior situação que a da parte litigante, caso viessem a ser alijados da cobertura da saúde suplementar, seja por eventual colapso no equilíbrio atuarial do plano de saúde, seja por aumento das mensalidades.

Como assentado pelo STJ nos precedentes antes mencionados – os EREsps nºs 1.886.929/SP e 1.889.704/SP, em que se buscou balizar decisões acerca da amplitude de cobertura de planos e seguros de saúde –, mesmo para situações dramáticas, não se pode, sem o mínimo critério, simplesmente esvaziar a competência atribuída à ANS pelo Poder Legislativo para a adoção de medidas regulatórias voltadas a equilibrar o setor de saúde suplementar de forma ampla e sistêmica.

A *ratio decidendi* e teses sufragadas trazem critérios que, além de proteger o núcleo essencial do direito fundamental à saúde do consumidor e a tripartição de poderes, conferem tratamento isonômico para com toda a coletividade que se veja em situação análoga, conferindo proteção do direito fundamental à saúde em sua dimensão genuinamente social.

Deveras, só se pode conceber a interferência judicial em políticas públicas estabelecidas pelo legislador ou pela ANS em caráter de excepcionalidade, isto é, em situações pontuais em que o mínimo existencial possa ser violado, notadamente o núcleo essencial do direito fundamental à saúde.

A necessidade de instrução processual e análise criteriosa, equilibrada e ponderada para julgamento das pretensões submetidas ao Judiciário, é reforçada tanto pelo fato de o Judiciário não estar aparelhado para formular políticas públicas – que foram discutidas no âmbito próprio, presumivelmente de forma bastante democrática, já chancelada pelo STF, com a participação de representantes dos interessados – quanto pela psicologia comportamental, que constatou o denominado "efeito da vítima identificável ou individualizável" (*identifiable victim effect*), inerente ao ser humano, que, trazido para o processo, no qual há proximidade com a parte litigante, ocasiona um tipo de viés cognitivo, com tendência, por parte do julgador, de maior empatia pela parte litigante autora, malgrado a decisão judicial possa potencialmente afetar os legítimos interesses da coletividade envolvida.

Referências

BARCELLOS, Ana Paula de. *A eficácia jurídica dos princípios constitucionais*: o princípio da dignidade da pessoa humana. Rio de Janeiro: Renovar, 2002.

BOTELHO, Ramon Fagundes. *A judicialização do direito à saúde*: a tensão entre o mínimo existencial e a reserva do possível na busca pela preservação da dignidade da pessoa humana: Curitiba: Juruá, 2011.

BOTTESINI, Maury Ângelo; MACHADO, Mauro Conti. *Lei dos planos e seguros de saúde*: comentada e anotada artigo por artigo. São Paulo: Revista dos Tribunais, 2003.

BRASIL. Conselho Nacional de Justiça. Ato Normativo n. 0006577-52.2022.2.00.0000. Requerente: Conselho Nacional de Justiça. Relator: Conselheiro Richard Pae Kim. Brasília, DF, 8 de novembro de 2022. *Diário da Justiça Eletrônico*, 9 nov. 2022.

BRASIL. Superior Tribunal de Justiça. Agravo Interno nos Embargos de Divergência em Agravo em Recurso Especial n. 1.697.582/SP. Recorrente: H. B. D. Recorrida: Unimed Campinas Cooperativa de Trabalho Médico. Relator: Ministro Antonio Carlos Ferreira. Brasília, DF, 29 de novembro de 2022. *Diário da Justiça Eletrônico*, 5 dez. 2022.

BRASIL. Superior Tribunal de Justiça. Embargos de Divergência em Recurso Especial n. 1.889.704/SP. Recorrente: Unimed Campinas Cooperativa de Trabalho Médico. Recorrido: R. D. F. Relator: Ministro Luis Felipe Salomão. Brasília, DF, 8 de junho de 2022. *Diário da Justiça Eletrônico*, 3 ago. 2022.

BRASIL. Superior Tribunal de Justiça. Embargos de Divergência em Recurso Especial n. 1.886.929/SP. Recorrente: Unimed Campinas Cooperativa de Trabalho Médico. Recorrido: Gustavo Guerazo Lorenzetti. Relator: Ministro Luis Felipe Salomão. Brasília, DF, 8 de junho de 2022. *Diário da Justiça Eletrônico*, 3 ago. 2022.

BRASIL. Superior Tribunal de Justiça. Recurso Especial n. 1.755.866/SP. Recorrente: Amil Assistência Médica Internacional S.A. Recorrida: Amanda Pimentel da Cunha. Relator: Ministro Marco Buzzi. Brasília, DF, 9 de dezembro de 2020. *Diário da Justiça Eletrônico*, 6 dez. 2020.

BRASIL. Supremo Tribunal Federal. Ação de Descumprimento de Preceito Fundamental n. 986. Requerentes: Rede Sustentabilidade e Instituto Brasileiro de Defesa do Consumidor – Idec. Requerida: Agência Nacional de Saúde Suplementar. Relator: Ministro Roberto Barroso. Brasília, DF, 9 de novembro de 2022. *Diário da Justiça Eletrônico*, 10 jan. 2023.

BRASIL. Supremo Tribunal Federal. Ação de Descumprimento de Preceito Fundamental n. 990. Requerente: Partido Democrático Trabalhista. Requerida: Agência Nacional de Saúde Suplementar. Relator: Ministro Roberto Barroso. Brasília, DF, 9 de novembro de 2022. *Diário da Justiça Eletrônico*, 10 jan. 2023.

BRASIL. Supremo Tribunal Federal. Ação Direita de Inconstitucionalidade n. 4.923. Requerente: Associação Brasileira de Televisão por Assinatura em UHF – ABTVU. Requeridos: Presidente da República e Congresso Nacional. Relator: Ministro Luiz Fux. Brasília, DF, 8 de novembro de 2017. *Diário da Justiça Eletrônico*, 4 abr. 2018.

BRASIL. Supremo Tribunal Federal. Ação Direta de Inconstitucionalidade n. 7.088. Requerente: Associação Brasileira de Proteção aos Consumidores de Planos e Sistema de Saúde – Saúde Brasil. Requeridos: Presidente da República e Congresso Nacional. Relator: Ministro Roberto Barroso. Brasília, DF, 9 de novembro de 2022. *Diário da Justiça Eletrônico*, 10 jan. 2023.

BRASIL. Supremo Tribunal Federal. Ação Direta de Inconstitucionalidade n. 7.183. Requerente: Comitê Brasileiro de Organizações Representativas das Pessoas com Deficiência – CRPD. Requeridos: Presidente da República e Congresso Nacional. Relator: Ministro Roberto Barroso. Brasília, DF, 9 de novembro de 2022. *Diário da Justiça Eletrônico*, 10 jan. 2023.

BRASIL. Supremo Tribunal Federal. Ação Direta de Inconstitucionalidade n. 7.193. Requerente: Podemos. Requeridos: Presidente da República e Congresso Nacional. Relator: Ministro Roberto Barroso. Brasília, DF, 9 de novembro de 2022. *Diário da Justiça Eletrônico*, 10 jan. 2023.

BRASIL. Supremo Tribunal Federal. Recurso Extraordinário n. 632.853. Recorrente: Estado do Ceará. Recorridos: Tereza Maria Carvalho Pinheiro e outros. Relator: Ministro Gilmar Mendes. Brasília, DF, 23 de abril de 2015. *Diário da Justiça Eletrônico*, jun. 2015.

BRASIL. Supremo Tribunal Federal. Recurso Extraordinário n. 948.634/RS. Recorrente: Unimed Porto Alegre – Sociedade Cooperativa de Trabalho Médico Ltda. Recorrida: Iara Maria Cardoso dos Santos. Relator: Ministro Ricardo Lewandowski. Brasília, DF, 19 de outubro de 2000. *Diário da Justiça Eletrônico*, 17 nov. 2020.

CANOTILHO, José Joaquim Gomes. *Direito constitucional e teoria da Constituição*. 4. ed. Coimbra: Almedina, 1998.

CANOTILHO, José Joaquim Gomes; MENDES, Gilmar Ferreira; SARLET, Ingo Wolfgang; STRECK, Lenio Luiz (Coord.). *Comentários à Constituição do Brasil*. São Paulo: Saraiva, 2014.

CARNEIRO, Luiz Augusto Ferreira (Org.). *Planos de saúde*: aspectos jurídicos e econômicos. Rio de Janeiro: Forense, 2012.

COELHO, Fábio Ulhoa. *Contratos*. 3. ed. São Paulo: Saraiva, 2009.

COUTINHO, Jacinto Miranda; FRAGALE FILHO, Roberto; LOBÃO, Ronaldo. *Constituição e ativismo judicial*: limites e possibilidades da norma constitucional e da decisão judicial. Rio de Janeiro: Lumen Juris, 2011.

DRESCH, Renato Luís *et al.* (Org.). *Judicialização da saúde em perspectiva*: judicialização, gestão e acesso. Vitória: Emescam, 2016.

FERREIRA FILHO, Manuel Gonçalves; SAMPAIO, José Adércio Leite (Org.). *Jurisdição constitucional e direitos fundamentais*. Belo Horizonte: Del Rey, 2003.

FREITAS, Marco Antonio Barbosa de. *Tutelas provisórias individuais nos contratos de plano de saúde*. 2. ed. Rio de Janeiro: Lumen Juris, 2021.

GALINDO, Bruno. *Direitos fundamentais*. Curitiba: Juruá, 2003.

MACCORMICK, Neil. *Argumentação jurídica e teoria do direito*. São Paulo: Martins Fontes, 2006.

MIRAGEM, Bruno; SALOMÃO, Luis Felipe; TARTUCE, Flávio (Org.). *Direito civil*: diálogos entre a doutrina e a jurisprudência. São Paulo: Atlas, 2018.

POLIDO, Walter A. *Contrato de seguro e a atividade seguradora no Brasil*: direito do consumidor. São Paulo: Roncarati, 2015.

RAMOS, Elival da Silva. *Ativismo judicial*: parâmetros dogmáticos. São Paulo: Saraiva, 2010.

SARLET, Ingo Wolfgang (Org.). *Constituição, direitos fundamentais e direito privado*. Porto Alegre: Livraria do Advogado, 2003.

SARLET, Ingo Wolfgang. *A eficácia dos direitos fundamentais*. 7. ed. Porto Alegre: Livraria do Advogado, 2007.

SCAFF, Fernando Campos. *Direito à saúde no âmbito privado*: contratos de adesão, planos de saúde e seguro-saúde. São Paulo: Saraiva, 2010.

TEPEDINO, Gustavo. *Obrigações*: estudos na perspectiva civil-constitucional. Rio de Janeiro: Renovar, 2005.

TERRA, Aline de Miranda Valverde. Planos privados de assistência à saúde e boa-fé objetiva: natureza do rol de doenças estabelecido pela Agência Nacional de Saúde para fins de cobertura contratual obrigatória. *Revista Brasileira de Direito Civil – RBDCIVIL*, v. 23, jan./mar. 2020.

TIMM, Luciano Benetti *et al.* (Org.). *Judicialização da saúde em perspectiva*: judicialização, gestão e acesso. Vitória: Emescam, 2016.

TIMM, Luciano Benetti. *O novo direito civil*: ensaios sobre o mercado, a reprivatização do direito civil e a privatização do direito público. Porto Alegre: Livraria do Advogado, 2008.

WANG, Daniel Welliang. *Direitos e políticas de saúde*: reflexões para o debate público. Belo Horizonte: Casa do Direito, 2020.

YEUNG, Luciana; VILLAS BOAS, Marco; CECHIN, José (Org.). *Judicialização de planos de saúde*: conceitos, disputas e consequências. Palmas: Esmat, 2020.

Informação bibliográfica deste texto, conforme a NBR 6023:2018 da Associação Brasileira de Normas Técnicas (ABNT):

SALOMÃO, Luis Felipe; ROCHA, Leonardo Morais da. A judicialização da saúde suplementar sob o prisma da proteção ao direito social e fundamental à saúde. *In*: RIBEIRO, Paulo Dias de Moura; TOMELIN, Georghio Alessandro; KIM, Richard Pae (Coord.). *Direito humano e fundamental à saúde*: estudos em homenagem ao ministro Enrique Ricardo Lewandowski. Belo Horizonte: Fórum, 2023. p. 171-195. ISBN 978-65-5518-606-2.

O PODER JUDICIÁRIO COMO PROTAGONISTA NA CONCRETIZAÇÃO DO DIREITO À SAÚDE EM SUA DIMENSÃO INDIVIDUAL E COLETIVA

MAURO LUIZ CAMPBELL MARQUES

1 Introdução

O trabalho que se segue analisa certos aspectos do direito à saúde no Brasil, partindo do estudo do texto constitucional que o definiu como direito social a ser garantido pelo Estado a todos, revelando que a nova ordem principiológica transcende a esfera individual e manifesta dimensão coletiva.

Ocorre que, não obstante o arcabouço legislativo que elevou a saúde a um direito fundamental e dever do Estado, a promoção da saúde revela desafios e dificuldades operacionais que podem ensejar a violação do direito constitucionalmente tutelado.

A ofensa ao direito à saúde, em seus mais diversos níveis, tem sido objeto de estudos, e aqui se destacam algumas ações de controle externo por parte do Tribunal de Contas da União, que tem buscado identificar os pontos mais vulneráveis na gestão organizacional da saúde pública, a fim de sistematizar informações que possam subsidiar o aprimoramento das políticas públicas em saúde.

Tal análise revela que alguns setores da gestão da saúde pública ainda são incipientes na entrega efetiva do direito, o que evidencia os motivos da crescente busca ao Poder Judiciário com o objetivo de garantir a eficácia do direito prestacional à saúde.

Nesse sentido, o presente estudo destaca a importância do provimento jurisdicional na efetivação das políticas públicas, sobretudo em sua dimensão coletiva, sem olvidar da necessidade de autocontenção e parcimônia para que a judicialização não represente impacto capaz de imobilizar o orçamento público.

A propósito, destaca-se a atuação do Supremo Tribunal Federal, que reiteradamente tem estabelecido diretrizes sólidas à promoção do direito à saúde, com foco no espectro coletivo.

2 Direito à saúde no Brasil – Direito de todos e dever do Estado

A Constituição Federal de 1988 – CF/88[1] conferiu especial importância ao direito à saúde, reconhecendo-o como direito fundamental (art. 6º) e instituindo um verdadeiro projeto civilizatório de sociedade inclusiva e solidária[2] a partir de normas programáticas, conforme se verifica no comando normativo inserto no art. 196 da Carta Magna, segundo o qual: "*a saúde é direito de todos e dever do Estado*, garantido mediante políticas sociais e econômicas que visem à redução do risco de doença e de outros agravos e ao acesso universal e igualitário às ações e serviços para sua promoção, proteção e recuperação".

A exegese da locução "direito de todos" denota, de pórtico, a dimensão individual do direito, mas não se resume nisso, uma vez que o direito à saúde possui grande relevância social, transcendendo a esfera do indivíduo, qualificando-se, também, como um direito social.

A construção jurisprudencial no âmbito do Supremo Tribunal Federal consolidou o entendimento de que "a saúde é constitucionalmente qualificada como direito fundamental de dupla face (direito social e individual indisponível)".[3] A propósito, no julgamento do Tema nº 262, com repercussão geral, o colegiado mencionou diversos julgados sobre essa ampla titularidade do direito fundamental à saúde, a fim de definir a tese de que "o Ministério Público é parte legítima para ajuizamento de ação civil pública que vise ao fornecimento de remédios a portadores de certa doença".[4]

Essa dimensão coletiva do direito, como veremos adiante, tem se revelado como a face mais moderna e eficaz para o alcance da tutela jurisdicional na garantia do direito fundamental à saúde. A respeito da tutela coletiva, o eminente e saudoso Ministro Teori Zavascki, em sua obra *Processo coletivo*, afirmou:

> à medida que se passa de um para outro dos grupos de instrumentos processuais hoje oferecidos pelo sistema do processo civil, maior ênfase se dá à solução dos conflitos em sua dimensão coletiva. É o reflexo dos novos tempos, marcados por relações cada vez mais impessoais e mais coletivizadas.[5]

---

[1] BRASIL. [Constituição (1988)]. *Constituição da República Federativa do Brasil de 1988*. Brasília, DF: Presidência da República, [2016]. Disponível em: https://www.planalto.gov.br/ccivil_03/constituicao/constituicao.htm. Acesso em: 16 jan. 2023.

[2] AROUCA, A. S. Democracia é saúde. *In*: CONFERÊNCIA NACIONAL DE SAÚDE. 8., 1986, Brasília. *Anais...* Brasília, DF: Centro de Documentação do Ministério da Saúde, 1987. p. 35-42.

[3] BRASIL. Supremo Tribunal Federal (2. Turma). *Questão de Ordem na Medida Cautelar na Ação Cautelar 2836/SP*. Questão de ordem. Medida cautelar. Antecipação dos efeitos da tutela recursal. Referendo da turma. Incisos IV e V do art. 21 do RI/STF. Saúde. Direito fundamental de dupla face (social e individual indisponível). Tema que se insere no âmbito da legitimação do ministério público para propor ação civil pública. Espera pelo julgamento que pode acarretar graves prejuízos à saúde do interessado. Requerente: Ministério Público do Estado de São Paulo. Requerido: Fazenda Pública do Estado de São Paulo. Relator: Ministro Ayres Britto, 26 de junho de 2012. No mesmo sentido, observa-se nos seguintes julgados da Suprema Corte: RE nº 271.286 AgR, Rel. Min. Celso de Mello, Segunda Turma. *DJ*, 24 nov. 2000; RE nº 407.902, Rel. Min. Marco Aurélio, Primeira Turma. *DJ*, 28 ago. 2009.

[4] BRASIL. Supremo Tribunal Federal. Tema 262. O Ministério Público é parte legítima para ajuizamento de ação civil pública que vise o fornecimento de remédios a portadores de certa doença. Repercussão Geral no RE 605.533, Relator Ministro Marco Aurélio. Julgado em 15/08/2018. *DJ*, 12 fev. 2020. Sobre o assunto, nota-se o julgamento sob a sistemática do recurso repetitivo no âmbito do Superior Tribunal de Justiça, Tema nº 766, segundo o qual: "O Ministério Público é parte legítima para pleitear tratamento médico ou entrega de medicamentos nas demandas de saúde propostas contra os entes federativos, mesmo quando se tratar de feitos contendo beneficiários individualizados, porque se refere a direitos individuais indisponíveis, na forma do art. 1º da Lei n. 8.625/1993 (Lei Orgânica Nacional do Ministério Público)" (REsp nº 1.682.836. Rel. Min. Og Fernandes. Julgado em: 25/4/2018. *DJ*, 30 abr. 2018).

[5] ZAVASCKI, Teori Albino. *Processo coletivo*: tutela de direitos coletivos e tutela coletiva de direitos. 1. ed. São Paulo: Revista dos Tribunais, 2017. *E-book*.

Avançando sobre a análise do art. 196 da CF/88, destaca-se o termo "dever do Estado", que revela o caráter de segunda geração desse direito fundamental[6] ao demandar do Estado prestações positivas para efetivação do direito à saúde. Nesse sentido, a atuação estatal eficiente deve garantir o acesso e a promoção da saúde em diversos níveis, como políticas voltadas à vigilância epidemiológica, sanitária, ou com o atendimento curativo nas unidades de saúde, por exemplo.

Na direção de uma atuação proativa do Estado, foi promulgada a Lei nº 8.080/90,[7] também conhecida como Lei Orgânica da Saúde, que instituiu o Sistema Único de Saúde – SUS e trouxe vasta previsão normativa sobre a promoção, a proteção e a recuperação da saúde em âmbito nacional.

O comando normativo inserto no art. 7º da Lei nº 8.080/90 desempenha importante protagonismo ao estabelecer princípios norteadores a serem interpretados em conjunto com as diretrizes previstas no texto constitucional, a fim de garantir maior eficácia às políticas públicas na área da saúde.

Entre os princípios descritos na norma regulamentadora, destacam-se os princípios da *universalidade* de acesso aos serviços de saúde, da *igualdade* de assistência à saúde, do direito à *informação* sobre a potencialidade dos serviços disponíveis e da participação da comunidade que deve acompanhar a execução das políticas públicas e a transparência nos gastos públicos.[8]

Existe, portanto, um importante arcabouço normativo dedicado à efetivação do direito fundamental à saúde. Todavia, a gestão de tais ferramentas tem se mostrado desafiadora ao Estado que, diante de tamanha obrigação prestacional, deve ser atento aos diferentes níveis de promoção à saúde, sob pena de violação a direito fundamental.

2.1 Desafios à eficácia das políticas públicas na área da saúde

Na esfera do Poder Executivo, muitos são os desafios na operacionalização das políticas públicas na área da saúde, como a atuação efetiva dos conselhos estaduais e municipais (instituídos pela Lei nº 8.142/90, com o objetivo de garantir a participação social nas políticas públicas de saúde) e das comissões intergestoras (criadas a partir de determinação do Ministério da Saúde na Portaria nº 545/1993, a fim de promover a interlocução entre as três esferas do governo), a alta rotatividade dos gestores públicos, a descontinuidade dos planos de ação, a carência de informação ao cidadão, a lentidão na incorporação de novos medicamentos à relação de fármacos fornecidos pelo SUS, ausência de planejamento eficaz e falhas de gestão e organização do trabalho sanitário.[9]

---

6   SILVA, José Afonso da. *Curso de direito constitucional positivo*. 30. ed. São Paulo: Malheiros, 2008.

7   BRASIL. *Lei 8.080, de 19 setembro de 1990*. Dispõe sobre as condições para a promoção, proteção e recuperação da saúde, a organização e o funcionamento dos serviços correspondentes e dá outras providências. Brasília, DF: Presidência da República, 1990. Disponível em: http://www.planalto.gov.br/ccivil_03/leis/l8080.htm. Acesso em: 16 jan. 2023.

8   SILVA, Maria da Vitória Costa e. Impacto econômico da judicialização da saúde do Brasil: proposta de práticas formativas democráticas na governança e gestão dos serviços sociais. *Revista Humanidades e Inovação*, Palmas, v. 6, n. 12, p. 283-298, ago. 2019.

9   LORENZETTI, Jorge *et al*. Gestão em saúde no Brasil: diálogo com gestores públicos e privados. *Texto Contexto Enferm*, Florianópolis, v. 23, n. 2, p. 417-425, abr./jun. 2014. Disponível em: https://www.scielo.br/j/tce/a/qJDNd kLvQ9qc6wVRsQRmyyH/?format=pdf&lang=pt. Acesso em: 8 jan. 2023.

A fim de identificar os pontos mais vulneráveis na gestão organizacional da saúde pública em âmbito nacional e sistematizar informações que possam subsidiar o aprimoramento das políticas públicas em saúde, o Tribunal de Contas da União – TCU tem desenvolvido interessantes ações de controle externo estruturantes.

Entre as ações de fiscalização do TCU, o presente estudo destaca os acórdãos nº 1.130/2017 (TC 011.770/2015-5)[10] e nº 1.840/2017 (TC 023.961/2016-3),[11] ambos do Plenário da Corte de Contas que, a partir de um levantamento realizado junto ao Ministério da Saúde e às secretarias estaduais e municipais de saúde, identificaram, de forma inédita, algumas das causas primárias que resultam em falhas na gestão em saúde pública no Brasil.

No Acórdão nº 1.130/2017, a Corte de Contas elaborou e aplicou questionários a todas as secretarias e conselhos de saúde municipais, estaduais e distrital, além de todas as comissões intergestoras bipartites, a fim de identificar o grau de eficiência dessas organizações ante o SUS e propor estratégias institucionais e planos de ação.

O resultado revelou graves falhas organizacionais ao identificar deficiências estratégicas relacionadas ao conhecimento, pelas próprias entidades, de suas necessidades e das possibilidades para integração regional. Conforme consta do acórdão:

> isso significa, por exemplo, que, com o intuito de firmar pactos regionais, os entes não dispõem de informações suficientes a respeito de quais ações e serviços de saúde sua população necessita que sejam ofertados por outros entes da federação, nem que serviços e ações eles podem ofertar.[12]

Ademais, o estudo demonstrou que as instituições estudadas possuem baixa capacidade de integrar seus processos de tomada de decisão com a sociedade civil, "bloqueando a comunicação que oferece o retorno sobre a satisfação dos serviços de saúde que estão sendo prestados, enfraquecendo a democratização das decisões sobre políticas públicas de saúde".[13]

Diante de tal cenário, verifica-se a premente necessidade de aperfeiçoamento organizacional das entidades destinadas à promoção do direito fundamental à saúde em busca da otimização dos serviços prestados com a contribuição da comunidade, conforme preconiza o art. 198, III, da Constituição Federal, além atender a toda ordem principiológica relacionada ao direito à saúde.

O Acórdão nº 1.840/2017, por sua vez, realizou o levantamento de informações com foco nas secretarias estaduais e municipais de saúde, com o objetivo de verificar o índice de gestão em saúde dessas instituições. Parte das questões se destinou ao estudo da gestão da atenção à saúde, área fim dessas instituições, e que se divide em: atenção básica, de média e alta complexidade, assistência farmacêutica, além de vigilância em saúde e, no caso das secretarias estaduais, o apoio aos municípios.

Verificou-se que 65% das secretarias municipais de saúde que responderam ao questionário estão em "estágio inicial quanto ao estabelecimento de mecanismos que

---

[10] BRASIL. Tribunal de Contas da União. *Acórdão 1.130/2017*. Plenário. Relator: Bruno Dantas. Sessão de 31/05/2017.

[11] BRASIL. Tribunal de Contas da União. *Acórdão 1.130/2017*. Plenário. Relator: Bruno Dantas. Sessão de 31/05/2017.

[12] BRASIL. Tribunal de Contas da União. *Acórdão 1.130/2017*. Plenário. Relator: Bruno Dantas. Sessão de 31/05/2017.

[13] BRASIL. Tribunal de Contas da União. *Acórdão 1.130/2017*. Plenário. Relator: Bruno Dantas. Sessão de 31/05/2017.

aumentem a resolutividade da atenção básica",[14] o que implica diretamente o aumento de gastos com saúde, na medida em que pode resultar na busca por um atendimento hospitalar de maior complexidade.

No que diz respeito à atenção de média e alta complexidade, algumas das deficiências mais predominantes foram identificadas no monitoramento e na gestão das filas para atendimento e na implantação de controles na gestão para utilização de órteses, próteses e materiais especiais (OPMEs). Conforme consta do estudo, a ausência de gestão das filas fere diretamente ao princípio da isonomia e, no tocante às OPMEs, um alto percentual (69%) de secretarias sequer possuem controle.

Na seara da assistência farmacêutica, observou-se a existência de "um sistema vulnerável a fraudes e desperdícios, tais como: a retirada do mesmo medicamento pelo usuário com a mesma receita médica em várias unidades de saúde, ou com a frequência acima da estipulada".[15]

No tocante à vigilância em saúde, que tem como objetivo o planejamento e a implementação de medidas de saúde pública preventiva, está consignada no acórdão a existência de falhas no acesso a informações epidemiológicas confiáveis, bem como deficiências quanto ao mapeamento das populações expostas a riscos ambientais em saúde (vigilância em saúde ambiental), revelando contexto de "extrema vulnerabilidade da população a doenças e agravos decorrentes de contaminação pela má qualidade da água, do solo e do ar".[16]

Por fim, também foi identificado baixo índice de gestão da saúde quanto ao suporte financeiro e técnico que deve ser prestado pela direção estadual do SUS aos municípios, o que contraria a previsão normativa contida no art. 17, III, da Lei nº 8.080/1990, e pode gerar a ineficiência e a ineficácia dos planos de ação municipais. Afinal, "um bom planejamento, realizado com base no levantamento das necessidades de saúde da população possibilita a operacionalização dos serviços públicos de saúde com maximização de sua qualidade".[17]

Portanto, diante dos estudos referenciados, é possível depreender que os órgãos governamentais destinados à gestão da saúde pública são, em geral, ainda incipientes no alcance eficaz de seus objetivos, uma vez que foram identificadas graves deficiências que demandam a adoção urgente de medidas estruturantes de nível nacional.

Tal análise de dados, apenas exemplificativa, evidencia algumas causas primárias que resultam na deficiência das políticas públicas na área da saúde, abrindo a via da judicialização de demandas individuais e coletivas em busca da efetivação do direito à vida.

3 A judicialização da saúde como política pública

Considerando a divisão clássica dos poderes do Estado, o Poder Judiciário é ferramenta imprescindível ao Estado democrático de direito como guardião do ordenamento jurídico, interpretando-o, conferindo sentido a conceitos jurídicos indeterminados e princípios, muitas vezes de forma a garantir a realização de direitos sociais.

---

[14] BRASIL. Tribunal de Contas da União. *Acórdão 1.840/2017*. Plenário. Relator: Bruno Dantas. Sessão de 23/08/2017.

[15] BRASIL. Tribunal de Contas da União. *Acórdão 1.840/2017*. Plenário. Relator: Bruno Dantas. Sessão de 23/08/2017.

[16] BRASIL. Tribunal de Contas da União. *Acórdão 1.840/2017*. Plenário. Relator: Bruno Dantas. Sessão de 23/08/2017.

[17] BRASIL. Tribunal de Contas da União. *Acórdão 1.840/2017*. Plenário. Relator: Bruno Dantas. Sessão de 23/08/2017.

No âmbito do direito à saúde, a atuação jurisdicional é essencial na exegese da ordem principiológica. O Poder Judiciário, então, deve atuar como verdadeiro agente garantidor da eficácia e eficiência do ordenamento jurídico na vida do cidadão, sobretudo quando há omissão por parte do Estado. A propósito, importante lição de Canotilho:

> O problema actual dos "direitos sociais" (*Soziale Grundrechte*) ou direitos a prestações em sentido restrito (*Leistungsrechtem in engerer Sinn*) está em "levarmos a sério" o reconhecimento constitucional de direito como o direito ao trabalho, o direito à saúde, o direito à educação, o direito à cultura, o direito ao ambiente. Independentemente das dificuldades (reais) que suscita um tipo de direitos subjectivos onde falta a capacidade jurídica poder (=jurídico, competência) para obter a sua efectivação prática (=accionabilidade), não podemos considerar como simples "aleluia jurídico" (C. Schmitt) o facto de as constituições (como a portuguesa 1976 e a espanhola de 1978) considerarem certas posições jurídicas de tal modo fundamentais que a sua ou não garantia não pode ser deixada aos critérios (ou até arbítrio) de simples maiorias parlamentares.[18]

Não se desconhece, por evidência, a necessidade de especial cuidado e atenção quando da interpretação de normas que exigem a atuação proativa do Estado. Muitos estudos acadêmicos e diversas reflexões no âmbito das cortes superiores explicitam que a prestação judicial deve levar em consideração a finitude dos recursos disponíveis (discussão que muitas vezes se traduz na dicotomia existente entre a reserva do possível e o mínimo existencial).

Sobre a atuação do Poder Judiciário na garantia do direito à saúde, o eminente Ministro Luís Roberto Barroso afirma:

> havendo lei e atos administrativos, e não sendo devidamente cumpridos, devem os juízes e tribunais igualmente intervir. Porém, havendo lei e atos administrativos implementando a Constituição e sendo regularmente aplicados, eventual interferência judicial deve ter a marca da autocontenção.[19]

Portanto, as pretensões judiciais devem ser analisadas sob tal ótica, da autocontenção, seja nas ações individuais seja nas demandas coletivas propostas para a satisfação de um direito prestacional que não esteja sendo atendido pelo Estado, de modo a alcançar maior efetividade sem prejudicar o ciclo da política pública. Afinal, a atuação jurisdicional deve observar os preceitos fundamentais que cercam o direito à saúde, como os princípios da universalidade e da equidade.

A propósito da dimensão coletiva dos direitos sociais, face mais eficaz e moderna de alcance da efetividade e da legitimidade da atuação jurisdicional,[20] a tutela judicial pode alcançar novo patamar em processos estruturantes – sentenças dialógicas[21] – em

---

[18] CANOTILHO, José Joaquim Gomes. Tomemos a sério os direitos econômicos, sociais e culturais. *In*: CANOTILHO, José Joaquim Gomes (Org.). *Estudos sobre direitos fundamentais*. São Paulo: Revista dos Tribunais, 2018. p. 35-68.

[19] BARROSO, Luís Roberto. Da falta de efetividade à judicialização excessiva: direito à saúde, fornecimento gratuito de medicamentos e parâmetros para a atuação judicial. *Conjur*, São Paulo, p. 22, [20--]. Disponível em: http://www.conjur.com.br/dl/estudobarroso.pdf. Acesso em: 10 jan. 2023.

[20] ZAVASCKI, Teori Albino. *Processo coletivo*: tutela de direitos coletivos e tutela coletiva de direitos. 1. ed. São Paulo: Revista dos Tribunais, 2017. E-book.

[21] SANTOS, Ana Borges Coêlho. *Direitos sociais pelo poder judiciário e seus reflexos em políticas públicas*: uma perspectiva através das lides estruturais. Belo Horizonte: Del Rey, 2019.

que são adotadas medidas coordenadas destinadas à realização do direito em benefício de toda a população afetada, transcendendo a esfera individual.

Sobre lides estruturais, a Subprocuradora-Geral da República do Ministério Público Federal, Ana Borges Coêlho Santos, em sua obra *Direitos sociais pelo poder judiciário e seus reflexos em políticas públicas*, destaca:

> [...] nas sentenças dialógicas, o Poder Judiciário pode se converter em um ator com verdadeiro poder de agenda, como se refere Linares em relação aos litígios de forma estrutural, o que, todavia, fica associado à ideia de assumir uma postura dialógica na produção da definição da situação sob apreciação da Corte como problemática e merecedora de uma atenção qualificada; a faculdade de obrigar as autoridades a tratar essas situações, de deliberar sobre as diversas alternativas e tomar decisões, e de controlar a execução das decisões. [...]
>
> Sob essa perspectiva, entende Linares que o litígio estrutural cria condições para que o diálogo interorgânico seja um processo cooperativo e continuado no tempo, em que o Judiciário assuma um papel catalizador da mudança social, diálogo esse que começa antes da tomada de decisão, a exemplo das audiências de mecanismos de monitoramento, inclusive possibilitando, após a conclusão das medidas adotadas pelo governo, a aplicação de sanções ou outros remédios.[22]

Contudo, é importante ressalvar que todo esse esquadrinhar é parte inerente à função jurisdicional, representando reflexões sobre a ampliação de seus efeitos e não limitação ao seu exercício. Afinal, a prestação judicial direcionada à observância e cumprimento de um direito fundamental-social é a garantia da própria ordem constitucional.

Assim, há espaço inequívoco de atuação jurisdicional pertinente e relevante à manutenção da ordem constitucional,[23] especialmente no que diz respeito à realização dos direitos sociais, objeto do presente estudo, desde que observadas certas reflexões que impulsionam e legitimam ainda mais o trabalho realizado no âmbito do Poder Judiciário.

3.1 Judicialização excessiva e seus impactos

A atuação do Poder Judiciário na garantia dos direitos sociais e, mais especificamente, na tutela do direito fundamental à saúde, deve, portanto, contribuir para o alcance do direito quando houver omissão ou ineficiência do Estado.[24] Todavia, a atuação jurisdicional não pode se distanciar dos reflexos práticos e dos princípios da igualdade e da universalidade, sob pena de causar prejuízo à efetivação do direito social como um todo.

Atualmente, observa-se aumento substancial da judicialização em saúde pública, o que tem gerado uma quantidade massiva de provimentos jurisdicionais, em sua maioria

---

[22] SANTOS, Ana Borges Coêlho. *Direitos sociais pelo poder judiciário e seus reflexos em políticas públicas*: uma perspectiva através das lides estruturais. Belo Horizonte: Del Rey, 2019. p. 150.

[23] BARROSO, Luís Roberto. Da falta de efetividade à judicialização excessiva: direito à saúde, fornecimento gratuito de medicamentos e parâmetros para a atuação judicial. *Conjur*, São Paulo, [20--]. Disponível em: http://www.conjur.com.br/dl/estudobarroso.pdf. Acesso em: 10 jan. 2023.

[24] BARROSO, Luís Roberto. Da falta de efetividade à judicialização excessiva: direito à saúde, fornecimento gratuito de medicamentos e parâmetros para a atuação judicial. *Conjur*, São Paulo, [20--]. Disponível em: http://www.conjur.com.br/dl/estudobarroso.pdf. Acesso em: 10 jan. 2023.

individuais, determinando, principalmente, o fornecimento de medicamentos. Esse contexto tem causado importante impacto na gestão do orçamento público destinado à saúde.[25]

A propósito desse aumento sensível da judicialização em saúde, o Conselho Nacional de Justiça – CNJ tem demonstrado especial dedicação em estudar a relação entre sociedade, gestão e Poder Judiciário. Nesse sentido, a criação do Fórum Nacional de Saúde, por meio da Resolução nº 107/2010,[26] que tem apresentado importantes relatórios e propostas à efetivação da atuação jurisdicional nas demandas assistenciais à saúde e prevenção de novos conflitos.

Entre os estudos realizados no âmbito do CNJ, a pesquisa *Judicialização da saúde no Brasil: dados e experiências* apontou estatísticas em nível nacional com o objetivo de identificar e compreender as demandas judiciais na área da saúde entre 2008 e 2017. A investigação destacou a necessidade de desenvolver mais estratégias para aprofundar a atuação jurisdicional, como exemplo, intensificar o diálogo institucional, capacitar todos os agentes políticos, jurídicos e participativos, além de enfatizar a saúde como política de Estado.[27]

Em outra pesquisa, de 2019, o CNJ revelou dado importante sobre as decisões judiciais que apreciam demandas assistenciais na área da saúde. Identificou-se que poucas decisões citam em sua fundamentação órgãos técnicos e protocolos de saúde. Nesse sentido, menciona a subutilização dos Núcleos de Apoio Técnico do Poder Judiciário – NAT, criados justamente para a análise técnica das demandas em saúde nos tribunais estaduais, e da Comissão Nacional de Incorporação de Tecnologias ao SUS – Conitec, os quais poderiam colaborar com a formação de uma decisão judicial mais conectada com os princípios norteadores do direito à saúde, como a universalidade, a equidade e a informação.[28]

Mais recentemente, durante a V Jornada de Direito à Saúde promovida pelo CNJ, em agosto de 2022, foi lançado painel – disponível *on-line* – com informações estatísticas processuais de direito à saúde a partir de informações da Base Nacional de Dados do Poder Judiciário – DataJud desde 2020 e em contínua atualização.[29] No painel, é possível pesquisar a partir de mapa, com dados sobre a distribuição de processos em cada unidade judiciária, e aferir o grau de litigiosidade por tipo de demanda, o tempo

---

[25] SANTOS, Ana Borges Coêlho. *Direitos sociais pelo poder judiciário e seus reflexos em políticas públicas*: uma perspectiva através das lides estruturais. Belo Horizonte: Del Rey, 2019. p. 134; SARLET, Ingo Wolfgang. A titularidade simultaneamente individual e transindividual dos direitos sociais analisada à luz do exemplo do direito à proteção e promoção da saúde. *Revista Brasileira de Direitos Fundamentais & Justiça*, Belo Horizonte, v. 4, n. 10, 2010. Disponível em: https://doi.org/10.30899/dfj.v4i10.449.

[26] CONSELHO NACIONAL DE JUSTIÇA (Brasil). *Resolução 107, de 6 abril de 2010*. Institui o Fórum Nacional do Judiciário para monitoramento e resolução das demandas de assistência à saúde. Brasília, DF: CNJ, 2010. Disponível em: https://atos.cnj.jus.br/files/resolucao_107_06042010_11102012191858.pdf. Acesso em: 25 jan. 2023.

[27] CONSELHO NACIONAL DE JUSTIÇA (Brasil). *Judicialização da saúde no Brasil*: dados e experiências. Brasília, DF: CNJ, 2015. Disponível em: https://www.cnj.jus.br/wp-content/uploads/2018/01/4292ed5b6a888bdcac178d51740f4066.pdf. Acesso em: 24 jan. 2023.

[28] CONSELHO NACIONAL DE JUSTIÇA (Brasil); INSTITUTO DE ENSINO E PESQUISA. *Judicialização da saúde no Brasil*: perfil das demandas, causas e propostas de solução. Brasília, DF: CNJ, 2019. Disponível em: https://www.cnj.jus.br/wp-content/uploads/2018/01/f74c66d46cfea933bf22005ca50ec915.pdf. Acesso em: 18 jan. 2023.

[29] CONSELHO NACIONAL DE JUSTIÇA (Brasil). *Estatísticas processuais de direito à saúde*. Brasília, DF: CNJ, [2020-]. Disponível em: https://paineisanalytics.cnj.jus.br/single/?appid=a6dfbee4-bcad-4861-98ea-4b5183e29247&sheet=87ff247a-22e0-4a66-ae83-24fa5d92175a&opt=ctxmenu,currsel. Acesso em: 20 jan. 2023.

de julgamento, além de diversas outras unidades de pesquisa, constituindo importante ferramenta para análises que buscam o aperfeiçoamento da concretização do direito à saúde no Brasil.

Ademais, o TCU também promoveu estudo sobre a judicialização das demandas assistenciais na área da saúde e constatou que, entre 2008 e 2015, houve um aumento de mais de 1.300% no tocante ao cumprimento de decisões judiciais para fornecimento de medicamentos. Segundo consta, os insumos saltaram de R$70 milhões para R$1 bilhão:[30]

IMAGEM 1

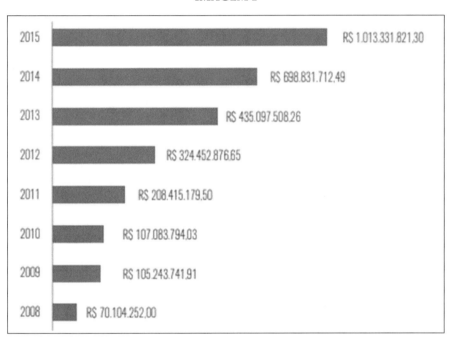

Fonte: Tribunal de Contas da União.

Ao final da auditoria, o TCU apontou recomendações ao Ministério da Saúde e demais agentes públicos envolvidos na gestão das políticas públicas. Entre as recomendações, constam medidas como a criação de mecanismos para auxiliar os magistrados na tomada de decisão; o envio tempestivo das informações ao Ministério Público Federal, diante do indício de fraudes; a divulgação periódica de informações técnicas e orientações aos juízes; entre outras.

Assim, a judicialização do direito à saúde, especialmente sob o espectro coletivo, pode se revelar como uma ferramenta à efetivação das políticas públicas quando o provimento jurisdicional atuar com marca da autocontenção,[31] atento aos efeitos que a interferência judicial pode causar na gestão orçamentária estatal e valendo-se dos

---

[30] BRASIL. Tribunal de Contas da União. *Acórdão 1.787/2017*. Plenário. Relator: Bruno Dantas. Sessão de 16/08/2017.
[31] BARROSO, Luís Roberto. Da falta de efetividade à judicialização excessiva: direito à saúde, fornecimento gratuito de medicamentos e parâmetros para a atuação judicial. *Conjur*, São Paulo, [20--]. Disponível em: http://www.conjur.com.br/dl/estudobarroso.pdf. Acesso em: 10 jan. 2023.

estudos e pesquisas que indicam a relevância de diálogos institucionais[32] como solução estruturante[33] aos problemas identificados.

4 A relevante atuação do STF em demandas assistenciais na área da saúde

Diante do contexto apresentado, a Suprema Corte tem firmado precedentes atenta aos problemas institucionais na busca pela concretização dos direitos fundamentais. Neste cenário, a sistemática da repercussão geral contribuiu para a solução de importantes conflitos na área da saúde, sobretudo levando em consideração a dimensão coletiva do direito.[34]

Entre os assuntos com repercussão geral reconhecida, menciono os emblemáticos temas nºs 500 e 793 em razão dos debates de grande relevância sobre a atuação do Poder Judiciário na garantia de direitos prestacionais e o impacto na organização da Administração Pública. Os temas em referência firmaram as seguintes teses:

> Tema 500/STF: 1. O Estado não pode ser obrigado a fornecer medicamentos experimentais. 2. A ausência de registro na Anvisa impede, como regra geral, o fornecimento de medicamento por decisão judicial. 3. É possível, excepcionalmente, a concessão judicial de medicamento sem registro sanitário, em caso de mora irrazoável da Anvisa em apreciar o pedido (prazo superior ao previsto na Lei n. 13.411/2016), quando preenchidos três requisitos: (i) a existência de pedido de registro do medicamento no Brasil (salvo no caso de medicamentos órfãos para doenças raras e ultrarraras); (ii) a existência de registro do medicamento em renomadas agências de regulação no exterior; e (iii) a inexistência de substituto terapêutico com registro no Brasil. 4. As ações que demandem fornecimento de medicamentos sem registro na Anvisa deverão necessariamente ser propostas em face da União.[35]

> Tema 793/STF: Os entes da federação, em decorrência da competência comum, são solidariamente responsáveis nas demandas prestacionais na área da saúde, e diante dos critérios constitucionais de descentralização e hierarquização, compete à autoridade judicial direcionar o cumprimento conforme as regras de repartição de competências e determinar o ressarcimento a quem suportou o ônus financeiro.[36]

Analisando cronologicamente, observa-se a contribuição da Suprema Corte ao definir, em 2015, importantes diretrizes acerca do funcionamento do SUS, tendo

---

[32] CONSELHO NACIONAL DE JUSTIÇA (Brasil). *Judicialização e sociedade*: ações para acesso à saúde pública de qualidade. Brasília, DF: CNJ, 2019. Disponível em: https://www.cnj.jus.br/wp-content/uploads/2021/06/Relatorio_Judicializacao-e-Sociedade.pdf. Acesso em: 18 jan. 2023.

[33] SANTOS, Ana Borges Coêlho. *Direitos sociais pelo poder judiciário e seus reflexos em políticas públicas*: uma perspectiva através das lides estruturais. Belo Horizonte: Del Rey, 2019.

[34] SCARLET, Ingo Wolfgang; SOUZA, Cleverton Cremonese; PEREIRA, Paula Pessoa. Repercussão geral como instrumento de concretização do Supremo Tribunal dos direitos fundamentais. *In*: PESSOA, Paula; CREMONESE, Cleverton; SCARLET, Ingo Wolfgang (Coord.). *Processo constitucional*. São Paulo: Revista dos Tribunais, 2019. *E-book*.

[35] BRASIL. Supremo Tribunal Federal. Tema 500. Repercussão Geral no RE 657.718, Relator Ministro Marco Aurélio. Julgado em 22/5/2019. *DJ*, 9 nov. 2020.

[36] BRASIL. Supremo Tribunal Federal. Tema 793. Repercussão Geral no RE 605.533, Relator Ministro Marco Aurélio. Julgado em 15/8/2018. *DJ*, 12 fev. 2020.

firmado a tese de que é de responsabilidade solidária da União, estados, Distrito Federal e municípios, sendo, portanto, qualquer desses entes, em conjunto ou isoladamente, parte legítima para figurar no polo passivo de demanda assistencial na área da saúde (Tema nº 793/STF).

No julgado, definiu-se, portanto, a responsabilidade dos entes federativos na dispensação de fármacos e atendimento curativo à vista da distribuição de competências prevista na Lei nº 8.080/1990 interpretada em face da Constituição Federal e suas garantias.

Em 2019, o Supremo Tribunal avançou na análise do direito prestacional na área da saúde e apreciou o Tema nº 500 sobre a possibilidade de provisão de medicamentos não registrados na Agência Nacional de Vigilância Sanitária – Anvisa.

O assunto havia sido apreciado pelo Superior Tribunal de Justiça em 2018 no julgamento de recurso afetado como repetitivo – Tema nº 106 – a partir da compreensão de que é legítima a intervenção do Poder Judiciário "no intuito de garantir a implementação de políticas públicas, notadamente, como no caso, em que se busca a tutela do direito à saúde". A formação do precedente ocorreu a partir da interpretação e aplicação de dispositivos da Lei nº 8.080/90 e resultou na definição da seguinte tese:

> Tema 106/STJ: A concessão dos medicamentos não incorporados em atos normativos do SUS exige a presença cumulativa dos seguintes requisitos:
> (i) comprovação, por meio de laudo médico fundamentado e circunstanciado expedido por médico que assiste o paciente, da imprescindibilidade ou necessidade do medicamento, assim como da ineficácia, para o tratamento da moléstia, dos fármacos fornecidos pelo SUS; (ii) incapacidade financeira de arcar com o custo do medicamento prescrito; e (iii) existência de registro na Anvisa do medicamento.[37]

No âmbito do Supremo Tribunal Federal (julgamento do Tema nº 500), o colegiado da Corte Constitucional discutiu com profundidade a judicialização excessiva de demandas na área da saúde e seu impacto no orçamento público. Os debates realizados no plenário evidenciaram a preocupação do colegiado em tutelar o direito constitucional à saúde e criar mecanismos para promover uma atuação jurisdicional de excelência, de modo a conter o impacto da interferência judicial no orçamento público.[38]

A propósito, os debates propiciaram discussão com os mais diversos agentes na concretização do direito à saúde, numa postura dialógica na construção de soluções, como a criação de comitês temáticos sobre saúde nos tribunais, consulta dos magistrados ao banco de dados científicos no CNJ, participação dos procuradores de Estado, advogados-gerais da União, das próprias comunidades organizadas, entre outros.

O voto-vista do Ministro Luís Roberto Barroso, que dedicou especial capítulo aos efeitos da excessiva judicialização em saúde, afirmou:

> Tais excessos e inconsistências [nas prestação jurisdicional] não são apenas problemáticos em si. Eles põem em risco a própria continuidade das políticas de saúde pública,

---

[37] BRASIL. Superior Tribunal de Justiça. Tema Repetitivo 106. REsp 1.657.156/RJ, Relator Ministro Benedito Gonçalves. Julgado em 25/4/2018. *DJ*, 4 maio 2018.

[38] BRASIL. Supremo Tribunal Federal. Tema 500. Repercussão Geral no RE 657.718, Relator Ministro Marco Aurélio. Julgado em 22/5/2019. *DJ*, 9 nov. 2020.

desorganizando a atividade administrativa e impedindo a alocação racional dos escassos recursos públicos. No limite, o casuísmo da jurisprudência brasileira pode impedir que políticas coletivas, dirigidas à promoção da saúde pública, sejam devidamente implementadas. Trata-se de hipótese típica em que o excesso de judicialização das decisões políticas pode levar à não realização prática da Constituição Federal. Em muitos casos, o que se revela é a concessão de privilégios a alguns jurisdicionados em detrimento da generalidade da população, que continua dependente das políticas universalistas implementadas pelo Poder Executivo.[39]

Ao final, diante de estudo aprofundado, o colegiado entendeu pelo parcial provimento ao recurso ao afirmar que a ausência de registro na Anvisa impede, como regra geral, o fornecimento de medicamento por decisão judicial, estabelecendo as situações excepcionais autorizativas a fim de conferir parâmetro ao provimento judicial de demandas similares, promovendo os princípios da universalidade e igualdade do direito à saúde.

Mais recentemente, insta destacar a atuação da Suprema Corte como vetor de acesso à saúde pública, garantindo a tutela ao direito ao estabelecer diretrizes sólidas para enfrentamento da crise[40] de combate à pandemia da Covid-19.

Em abril de 2020, a Suprema Corte foi instada a proferir importante decisão explicitando a competência de estados e municípios de adotar as medidas que entendessem necessárias ao combate da pandemia, reforçando o federalismo, de modo a empoderar os entes estatais para que eles assumissem a responsabilidade e adotassem medidas de combate à pandemia.[41]

O Plenário da Corte Suprema decidiu, ainda, pela *constitucionalidade da vacinação compulsória contra Covid-19*. A partir de voto da relatoria do eminente Ministro Ricardo Lewandowski em ações diretas de inconstitucionalidade – ADIs, ficou evidenciado que a saúde coletiva da população não poderia ser prejudicada por aqueles que deliberadamente recusam a vacina, de modo que é possível à União, aos estados, ao Distrito Federal e aos municípios, respeitadas as esferas de competência, impor medidas restritivas àqueles que se recusem à imunização, como multa, impedimento de frequentar determinados lugares ou fazer matrícula em escola, o que não se confunde com a vacinação forçada. No julgamento, o eminente Ministro Ricardo Lewandowski consignou:

> Na mesma linha, são as observações de Kildare Gonçalves Carvalho, para quem o direito à saúde não se resume apenas à medicina curativa, mas inclui a medicina preventiva, a qual *exige a execução de uma política social e econômica* adequada, *que esclareça e eduque a população*, além de promover "higiene, saneamento básico, condições dignas de moradia e de trabalho, lazer, alimentação saudável na quantidade necessária, campanhas de vacinação, dentre outras ações".

---

[39] BRASIL. Supremo Tribunal Federal. Tema 500. Repercussão Geral no RE 657.718, Relator Ministro Marco Aurélio. Julgado em 22/5/2019. *DJ*, 9 nov. 2020.

[40] Fala do Ministro Lewandowski no 4º Seminário STF em ação – O Guardião da Constituição e a Harmonia entre os Poderes, em 14.12.2022.

[41] BRASIL. Supremo Tribunal Federal (Tribunal Pleno). Referendo em medida cautelar em ação direta de inconstitucionalidade 6341. Referendo em medida cautelar em Ação Direta da Inconstitucionalidade. Direito constitucional. Direito à saúde. Emergência sanitária internacional. Lei 13.979 de 2020. Competência dos entes federados para legislar e adotar medidas sanitárias de combate à epidemia internacional. Hierarquia do Sistema Único de Saúde. Competência comum. Medida cautelar parcialmente deferida. Relator: Ministro Marco Aurélio. Relator para Acórdão: Edson Fachin, 15 de abril de 2020. *DJ*, 13 nov. 2020.

É nesse contexto, amplificado pela magnitude da pandemia decorrente da Covid-19, *que se exige, mais do que nunca, uma atuação fortemente proativa dos agentes públicos de todos os níveis governamentais,* sobretudo mediante a implementação de programas universais de vacinação, pois, como adverte o professor da Universidade de São Paulo antes referido, *"o direito é garantido* por aquelas *políticas indicadas, que hão de ser estabelecidas, sob pena de omissão inconstitucional".*[42] (Grifos nossos)

Destaca-se, ainda, a atuação da Corte Suprema, em processos de relatoria do Ministro Ricardo Lewandowski e referendados pelo Tribunal Pleno, determinando o *detalhamento de ordem de preferência de vacinação em grupos prioritários,* apontando omissão no Plano Nacional de Operacionalização da Vacinação contra a Covid-19 que caracteriza a violação ao direito à informação, um dos pilares do direito fundamental à saúde, e ao próprio princípio da publicidade;[43] em outro caso, a apresentação de *plano compreensivo e detalhado para enfrentamento da questão emergencial instalada em Manaus* (março de 2021);[44] e, ainda, assentou que se insere na competência dos estados, do Distrito Federal e dos municípios a decisão de promover a *imunização de adolescente maiores de 12 anos,* como medida de garantir a prioridade absoluta do direito à saúde.[45]

Observa-se, portanto, que a Suprema Corte tem atuado de forma relevante nas demandas assistenciais na área da saúde, essencialmente em casos de omissão

---

[42] BRASIL. Supremo Tribunal Federal (Tribunal Pleno). Ações Diretas de Inconstitucionalidade 6586 e 6587. Ações Diretas de Inconstitucionalidade. Vacinação compulsória contra a covid-19 prevista na Lei 13.979/2020. Pretensão de alcançar a imunidade de rebanho. Proteção da coletividade, em especial dos mais vulneráveis. Direito social à saúde. Proibição de vacinação forçada. Exigência de prévio consentimento informado do usuário. Intangibilidade do corpo humano. Prevalência do princípio da dignidade humana. Inviolabilidade do direito à vida, liberdade, segurança, propriedade, intimidade e vida privada. Vedação da tortura e do tratamento desumano ou degradante. Compulsoriedade da imunização a ser alcançada mediante restrições indiretas. Necessidade de observância de evidências científicas e análises de informações estratégicas. Exigência de comprovação da segurança e eficácia das vacinas. Limites à obrigatoriedade da imunização consistentes na estrita observância dos direitos e garantias fundamentais. Competência comum da união, estados, distrito federal e municípios para cuidar da saúde e assistência pública. ADIs conhecidas e julgadas parcialmente procedentes. Relator: Ministro Ricardo Lewandowski em 17 de dezembro de 2020. *DJ,* 7 abr. 2021. Disponível em: www.stf.jus.br Acesso em: 20 jan. 2023.

[43] BRASIL. Supremo Tribunal Federal (Tribunal Pleno). Arguição de descumprimento de preceito fundamental 754 TPI-segunda-Ref. Tutelas de urgência em Arguição de Descumprimento de Preceito Fundamental. Concessão monocrática parcial. Plano nacional de operacionalização da vacinação contra a Covid-19. Omissão sobre a discriminação da ordem de imunização de cada grupo e subgrupos de prioritários. Proteção da vida e da saúde. Direito à informação. Princípio da publicidade. Medida cautelar referendada pelo Plenário. Relator: Ministro Ricardo Lewandowski em 1º de março de 2021. *DJ,* 11 mar. 2021. Disponível em: www.stf.jus.br.

[44] BRASIL. Supremo Tribunal Federal (Tribunal Pleno). Arguição de descumprimento de preceito fundamental 756 TPI-Ref. Tutela de urgência em Arguição de Descumprimento de Preceito Fundamental. Concessão monocrática. Plausibilidade das alegações e perigo de dano pela demora configurado. Emergência de saúde pública decorrente da covid-19. Seríssima crise sanitária instalada em Manaus. Falta de oxigênio e outros insumos médico-hospitalares. Direito à vida e à saúde. Necessidade de plano compreensivo e detalhado. Medida cautelar referendada pelo Plenário. Relator: Ministro Ricardo Lewandowski em 23 de março de 2021. *DJ,* 30 mar. 2021.

[45] BRASIL. Supremo Tribunal Federal (Tribunal Pleno). Arguição de descumprimento de preceito fundamental 756 TPI-oitava-Ref. Tutela de urgência em Arguição de Descumprimento de Preceito Fundamental. Concessão monocrática. Saúde. Competência comum. Emergência de saúde pública decorrente da covid-19. Imunização de adolescentes. Evidências científicas e análises estratégicas em saúde. Art. 3º, §1º da lei 13.979/2020. Aprovação pela ANVISA e por entidades congêneres estrangeiras. Prioridade absoluta ao direito à saúde, à vida e à educação das crianças, adolescentes e jovens. Caput do art. 227 da cf. Ensino fundamental e médio. Atuação prioritária dos estados e do distrito federal. §3º do art. 211 da cf. Decisão sobre a vacinação. Competência dos entes subnacionais. Planejamento de retorno às aulas presenciais. Medida cautelar referendada pelo plenário. Relator: Ministro Ricardo Lewandowski em 11 de outubro de 2021. *DJ,* 10 jan. 2022.

administrativa, com foco na tutela da face social do direito, de modo a colaborar para a efetivação do direito fundamental à saúde.

5 Conclusão

Diante da construção jurisprudencial acerca da natureza do direito à saúde, em sua dimensão individual e coletiva, e tendo em vista os desafios institucionais na efetivação desse direito, o Poder Judiciário atua como protagonista a partir de decisões que promovem os princípios da universalidade, da equidade e da informação.

Nesse sentido, a resolução de demandas jurisdicionais deve estar atenta às falhas e omissões estatais, de modo a concretizar o direito social à saúde que se confunde inexoravelmente com o direito à vida, sem olvidar do impacto da crescente judicialização da saúde na gestão do orçamento destinado às políticas públicas.

Todo esse esquadrinhar reforça e atribui qualidade ao provimento jurisdicional, como se observa das decisões das cortes superiores, especialmente do Supremo Tribunal Federal na tutela da Constituição, seja no intuito de garantir a efetivação de políticas públicas contínuas seja em momentos de crise.

Referências

AROUCA, A. S. Democracia é saúde. *In*: CONFERÊNCIA NACIONAL DE SAÚDE. 8., 1986, Brasília. *Anais...* Brasília, DF: Centro de Documentação do Ministério da Saúde, 1987.

BARROSO, Luís Roberto. Da falta de efetividade à judicialização excessiva: direito à saúde, fornecimento gratuito de medicamentos e parâmetros para a atuação judicial. *Conjur*, São Paulo, [20--]. Disponível em: http://www.conjur.com.br/dl/estudobarroso.pdf. Acesso em: 10 jan. 2023.

BRASIL. [Constituição (1988)]. *Constituição da República Federativa do Brasil de 1988*. Brasília, DF: Presidência da República, [2016]. Disponível em: https://www.planalto.gov.br/ccivil_03/constituicao/constituicao.htm. Acesso em: 16 jan. 2023.

BRASIL. *Lei 8.080, de 19 setembro de 1990*. Dispõe sobre as condições para a promoção, proteção e recuperação da saúde, a organização e o funcionamento dos serviços correspondentes e dá outras providências. Brasília, DF: Presidência da República, 1990. Disponível em: http://www.planalto.gov.br/ccivil_03/leis/l8080.htm. Acesso em: 16 jan. 2023.

BRASIL. Superior Tribunal de Justiça. Tema Repetitivo 106. REsp 1.657.156/RJ. A concessão dos medicamentos não incorporados em atos normativos do SUS exige a presença cumulativa dos seguintes requisitos: (i) Comprovação, por meio de laudo médico fundamentado e circunstanciado expedido por médico que assiste o paciente, da imprescindibilidade ou necessidade do medicamento, assim como da ineficácia, para o tratamento da moléstia, dos fármacos fornecidos pelo SUS; (ii) incapacidade financeira de arcar com o custo do medicamento prescrito; (iii) existência de registro na ANVISA do medicamento. Relator Ministro Benedito Gonçalves. Julgado em 25/04/2018. *DJ*, 4 maio 2018.

BRASIL. Supremo Tribunal Federal (2. Turma). *Questão de Ordem na Medida Cautelar na Ação Cautelar 2836/SP*. Questão de ordem. Medida cautelar. Antecipação dos efeitos da tutela recursal. Referendo da turma. Incisos IV e V do art. 21 do RI/STF. Saúde. Direito fundamental de dupla face (social e individual indisponível). Tema que se insere no âmbito da legitimação do ministério público para propor ação civil pública. Espera pelo julgamento que pode acarretar graves prejuízos à saúde do interessado. Requerente: Ministério Público do Estado de São Paulo. Requerido: Fazenda Pública do Estado de São Paulo. Relator: Ministro Ayres Britto, 26 de junho de 2012.

BRASIL. Supremo Tribunal Federal (Tribunal Pleno). Ações Diretas de Inconstitucionalidade 6586 e 6587. Ações Diretas de Inconstitucionalidade. Vacinação compulsória contra a covid-19 prevista na Lei 13.979/2020. Pretensão de alcançar a imunidade de rebanho. Proteção da coletividade, em especial dos mais vulneráveis. Direito social à saúde. Proibição de vacinação forçada. Exigência de prévio consentimento informado do usuário. Intangibilidade do corpo humano. Prevalência do princípio da dignidade humana. Inviolabilidade do direito à vida, liberdade, segurança, propriedade, intimidade e vida privada. Vedação da tortura e do tratamento desumano ou degradante. Compulsoriedade da imunização a ser alcançada mediante restrições indiretas. Necessidade de observância de evidências científicas e análises de informações estratégicas. Exigência de comprovação da segurança e eficácia das vacinas. Limites à obrigatoriedade da imunização consistentes na estrita observância dos direitos e garantias fundamentais. Competência comum da união, estados, distrito federal e municípios para cuidar da saúde e assistência pública. ADIs conhecidas e julgadas parcialmente procedentes. Relator: Ministro Ricardo Lewandowski em 17 de dezembro de 2020. *DJ*, 7 abr. 2021.

BRASIL. Supremo Tribunal Federal (Tribunal Pleno). Arguição de descumprimento de preceito fundamental 754 TPI-segunda-Ref. Tutelas de urgência em Arguição de Descumprimento de Preceito Fundamental. Concessão monocrática parcial. Plano nacional de operacionalização da vacinação contra a Covid-19. Omissão sobre a discriminação da ordem de imunização de cada grupo e subgrupos de prioritários. Proteção da vida e da saúde. Direito à informação. Princípio da publicidade. Medida cautelar referendada pelo Plenário. Relator: Ministro Ricardo Lewandowski em 1º de março de 2021. *DJ*, 11 mar. 2021. Disponível em: www.stf.jus.br.

BRASIL. Supremo Tribunal Federal (Tribunal Pleno). Arguição de descumprimento de preceito fundamental 756 TPI-Ref. Tutela de urgência em Arguição de Descumprimento de Preceito Fundamental. Concessão monocrática. Plausibilidade das alegações e perigo de dano pela demora configurado. Emergência de saúde pública decorrente da covid-19. Seríssima crise sanitária instalada em Manaus. Falta de oxigênio e outros insumos médico-hospitalares. Direito à vida e à saúde. Necessidade de plano compreensivo e detalhado. Medida cautelar referendada pelo Plenário. Relator: Ministro Ricardo Lewandowski em 23 de março de 2021. *DJ*, 30 mar. 2021.

BRASIL. Supremo Tribunal Federal (Tribunal Pleno). Arguição de descumprimento de preceito fundamental 756 TPI-oitava-Ref. Tutela de urgência em Arguição de Descumprimento de Preceito Fundamental. Concessão monocrática. Saúde. Competência comum. Emergência de saúde pública decorrente da covid-19. Imunização de adolescentes. Evidências científicas e análises estratégicas em saúde. Art. 3°, §1° da lei 13.979/2020. Aprovação pela ANVISA e por entidades congêneres estrangeiras. Prioridade absoluta ao direito à saúde, à vida e à educação das crianças, adolescentes e jovens. Caput do art. 227 da cf. Ensino fundamental e médio. Atuação prioritária dos estados e do distrito federal. §3° do art. 211 da cf. Decisão sobre a vacinação. Competência dos entes subnacionais. Planejamento de retorno às aulas presenciais. Medida cautelar referendada pelo plenário. Relator: Ministro Ricardo Lewandowski em 11 de outubro de 2021. *DJ*, 10 jan. 2022.

BRASIL. Supremo Tribunal Federal (Tribunal Pleno). Referendo em medida cautelar em ação direta de inconstitucionalidade 6341. Referendo em medida cautelar em Ação Direta da Inconstitucionalidade. Direito constitucional. Direito à saúde. Emergência sanitária internacional. Lei 13.979 de 2020. Competência dos entes federados para legislar e adotar medidas sanitárias de combate à epidemia internacional. Hierarquia do Sistema Único de Saúde. Competência comum. Medida cautelar parcialmente deferida. Relator: Ministro Marco Aurélio. Relator para Acórdão: Edson Fachin, 15 de abril de 2020. *DJ*, 13 nov. 2020.

BRASIL. Supremo Tribunal Federal. Tema 262. O Ministério Público é parte legítima para ajuizamento de ação civil pública que vise o fornecimento de remédios a portadores de certa doença. Repercussão Geral no RE 605.533, Relator Ministro Marco Aurélio. Julgado em 15/08/2018. *DJ*, 12 fev. 2020.

BRASIL. Supremo Tribunal Federal. Tema 500. Repercussão Geral no RE 657.718. O Estado não pode ser obrigado a fornecer medicamentos experimentais. 2. A ausência de registro na ANVISA impede, como regra geral, o fornecimento de medicamento por decisão judicial. 3. É possível, excepcionalmente, a concessão judicial de medicamento sem registro sanitário, em caso de mora irrazoável da ANVISA em apreciar o pedido (prazo superior ao previsto na Lei nº 13.411/2016), quando preenchidos três requisitos: (i) a existência de pedido de registro do medicamento no Brasil (salvo no caso de medicamentos órfãos para doenças raras e ultrarraras); (ii) a existência de registro do medicamento em renomadas agências de regulação no exterior; e (iii) a inexistência de substituto terapêutico com registro no Brasil. 4. As ações que demandem fornecimento de medicamentos sem registro na ANVISA deverão necessariamente ser propostas em face da União. Relator Ministro Marco Aurélio. Julgado em 22/05/2019. *DJ*, 9 nov. 2020.

BRASIL. Supremo Tribunal Federal. Tema 793. Repercussão Geral no RE 605.533. Os entes da federação, em decorrência da competência comum, são solidariamente responsáveis nas demandas prestacionais na área da saúde, e diante dos critérios constitucionais de descentralização e hierarquização, compete à autoridade judicial direcionar o cumprimento conforme as regras de repartição de competências e determinar o ressarcimento a quem suportou o ônus financeiro. Relator Ministro Marco Aurélio. Julgado em 15/08/2018. *DJ*, 12 fev. 2020. Disponível em: http://www.stf.jus.br.

BRASIL. Tribunal de Contas da União. *Acórdão 1.130/2017*. Plenário. Relator: Bruno Dantas. Sessão de 31/05/2017.

BRASIL. Tribunal de Contas da União. *Acórdão 1.787/2017*. Plenário. Relator: Bruno Dantas. Sessão de 16/08/2017.

BRASIL. Tribunal de Contas da União. *Acórdão 1.840/2017*. Plenário. Relator: Bruno Dantas. Sessão de 23/08/2017.

CANOTILHO, José Joaquim Gomes. Tomemos a sério os direitos econômicos, sociais e culturais. *In*: CANOTILHO, José Joaquim Gomes (Org.). *Estudos sobre direitos fundamentais*. São Paulo: Revista dos Tribunais, 2018. p. 35-68.

CONSELHO NACIONAL DE JUSTIÇA (Brasil). *Estatísticas processuais de direito à saúde*. Brasília, DF: CNJ, [2020-]. Disponível em: https://paineisanalytics.cnj.jus.br/single/?appid=a6dfbee4-bcad-4861-98ea-4b5183e29247&sheet=87ff247a-22e0-4a66-ae83-24fa5d92175a&opt=ctxmenu,currsel. Acesso em: 20 jan. 2023.

CONSELHO NACIONAL DE JUSTIÇA (Brasil). *Judicialização da saúde no Brasil*: dados e experiências. Brasília, DF: CNJ, 2015. Disponível em: https://www.cnj.jus.br/wp-content/uploads/2018/01/4292ed5b6a888bdcac178 d51740f4066.pdf. Acesso em: 24 jan. 2023.

CONSELHO NACIONAL DE JUSTIÇA (Brasil). *Judicialização e sociedade*: ações para acesso à saúde pública de qualidade. Brasília, DF: CNJ, 2019. Disponível em: https://www.cnj.jus.br/wp-content/uploads/2021/06/Relatorio_Judicializacao-e-Sociedade.pdf. Acesso em: 18 jan. 2023.

CONSELHO NACIONAL DE JUSTIÇA (Brasil). *Resolução 107, de 6 de abril de 2010*. Institui o Fórum Nacional do Judiciário para monitoramento e resolução das demandas de assistência à saúde. Brasília, DF: CNJ, 2010. Disponível em: https://atos.cnj.jus.br/files/resolucao_107_06042010_11102012191858.pdf. Acesso em: 25 jan. 2023.

CONSELHO NACIONAL DE JUSTIÇA (Brasil); INSTITUTO DE ENSINO E PESQUISA. *Judicialização da saúde no Brasil*: perfil das demandas, causas e propostas de solução. Brasília, DF: CNJ, 2019. Disponível em: https://www.cnj.jus.br/wp-content/uploads/2018/01/f74c66d46cfea933bf22005ca50ec915.pdf. Acesso em: 18 jan. 2023.

LORENZETTI, Jorge *et al*. Gestão em saúde no Brasil: diálogo com gestores públicos e privados. *Texto Contexto Enferm*, Florianópolis, v. 23, n. 2, p. 417-425, abr./jun. 2014. Disponível em: https://www.scielo.br/j/tce/a/qJD NdkLvQ9qc6wVRsQRmyyH/?format=pdf&lang=pt. Acesso em: 8 jan. 2023.

SANTOS, Ana Borges Coêlho. *Direitos sociais pelo poder judiciário e seus reflexos em políticas públicas*: uma perspectiva através das lides estruturais. Belo Horizonte: Del Rey, 2019.

SARLET, Ingo Wolfgang. A titularidade simultaneamente individual e transindividual dos direitos sociais analisada à luz do exemplo do direito à proteção e promoção da saúde. *Revista Brasileira de Direitos Fundamentais & Justiça*, Belo Horizonte, v. 4, n. 10, 2010. Disponível em: https://doi.org/10.30899/dfj.v4i10.449.

SCARLET, Ingo Wolfgang; SOUZA, Cleverton Cremonese; PEREIRA, Paula Pessoa. Repercussão geral como instrumento de concretização do Supremo Tribunal dos direitos fundamentais. *In*: PESSOA, Paula; CREMONESE, Cleverton; SCARLET, Ingo Wolfgang (Coord.). *Processo constitucional*. São Paulo: Revista dos Tribunais, 2019. *E-book*.

SILVA, José Afonso da. *Curso de direito constitucional positivo*. 30. ed. São Paulo: Malheiros, 2008.

SILVA, Maria da Vitória Costa e. Impacto econômico da judicialização da saúde do Brasil: proposta de práticas formativas democráticas na governança e gestão dos serviços sociais. *Revista Humanidades e Inovação*, Palmas, v. 6, n. 12, p. 283-298, ago. 2019.

ZAVASCKI, Teori Albino. *Processo coletivo*: tutela de direitos coletivos e tutela coletiva de direitos. 1. ed. São Paulo: Revista dos Tribunais, 2017. *E-book*.

Informação bibliográfica deste texto, conforme a NBR 6023:2018 da Associação Brasileira de Normas Técnicas (ABNT):

MARQUES, Mauro Luiz Campbell. O Poder Judiciário como protagonista na concretização do direito à saúde em sua dimensão individual e coletiva. *In*: RIBEIRO, Paulo Dias de Moura; TOMELIN, Georghio Alessandro; KIM, Richard Pae (Coord.). *Direito humano e fundamental à saúde*: estudos em homenagem ao ministro Enrique Ricardo Lewandowski. Belo Horizonte: Fórum, 2023. p. 197-212. ISBN 978-65-5518-606-2.

O DIREITO À SAÚDE INDIVIDUAL E TRANSINDIVIDUAL – LIÇÕES EXTRAÍDAS DA ATUAÇÃO DO MINISTRO RICARDO LEWANDOWSKI NA AÇÃO DIRETA DE INCONSTITUCIONALIDADE Nº 6.362 DO DISTRITO FEDERAL

BENEDITO GONÇALVES

CAMILE SABINO

1 Uma justa homenagem ao notável ministro

O presente artigo é uma propícia homenagem ao eminente constitucionalista, magistrado, jurista e professor, Ministro Ricardo Lewandowski, um dos maiores expoentes nacionais na proteção ao Estado democrático de direito, que tanto dignifica a Suprema Corte brasileira.

No decorrer de dezessete anos de exercício no Supremo Tribunal Federal – STF, o Ministro Ricardo Lewandowski fomentou julgamentos de enorme relevância nacional, tendo como marca a justeza e a imparcialidade, pautando suas decisões sempre em prol da defesa de suas ideias inovadoras na aplicação do direito. Sua trajetória profissional possui a marca de um homem à frente de seu tempo.

O homenageado tem uma compreensão ímpar de como o direito pode afetar direta e indiretamente a vida das pessoas. Não por acaso, recebeu inúmeras e merecidas premiações, no Brasil e no exterior.

O Ministro Lewandowski é um dos raros juristas que possuem o dom de transcender o debate de cunho judiciário para um domínio reflexivo e literário, uma vez que sua obstinação pelo garantismo judicial se encontra demonstrada no esforço intelectual pelo afastamento das teorias clássicas das escolas positivistas, priorizando as reivindicações pelos direitos das pessoas, fundadas em bases humanísticas.

Tal forma interpretativa decorre de uma visão epistemológica da justiça garantista, a qual é divergente da linha adotada pelos juristas mais voltados à exegese positivista.

Essa característica do homenageado fez com que, em nome da busca por justiça e da elevada preocupação social, constantemente se envolvesse em embates jurídicos nos julgamentos realizados no âmbito do STF, sem temor de demonstrar seu posicionamento garantista, principalmente em relação à matéria sancionadora. Essa sede insaciável de justiça o fez diversas vezes ultrapassar óbices jurisprudenciais e processuais, ainda que em muitas ocasiões tenha esbarrado na resistência de seus pares.

É memorável a seguinte afirmação do Ministro Ricardo Lewandowski no artigo intitulado "Fora da Constituição não há salvação", publicado no jornal *Folha de S.Paulo*, em 15.5.2017:[1] "é preciso observar princípios, guardar coerência, agir com desassombro, sem perder a serenidade e, sobretudo, mostrar-se solidário para com os seus semelhantes".

Ainda do citado artigo,[2] destaca-se:

> Em tempos de crise, quando os consensos se fragilizam e os laços comunitários se esgarçam, a multissecular experiência dos povos indica que o abrigo mais seguro para a sobrevivência de todos é a plena adesão ao pacto social firmado entre os cidadãos, que se consubstancia na Constituição.
>
> Nos países politicamente avançados, ela encerra um conjunto de valores éticos, fundado no respeito à dignidade da pessoa humana, que enseja a convivência pacífica e fraterna entre as pessoas.
>
> A única saída legítima para as crises, seja qual for sua natureza, consiste no incondicional respeito às normas constitucionais.

Durante a primeira conferência presencial após a pandemia, a *Brazil Conference* 2022,[3] evento realizado anualmente pela comunidade brasileira de estudantes em Boston para promover o encontro com líderes e representantes da diversidade do Brasil, no Hyatt Regency Cambridge (Boston – Massachusetts), o Ministro Ricardo Lewandowski, ao ser questionado sobre se o STF deve, ou não, adotar uma posição mais garantista, respondeu enfaticamente:

> A Constituição é garantista, é muito detalhista do ponto de vista dos direitos e garantias fundamentais. O grande papel do Poder Judiciário é justamente dar concreção a esses direitos fundamentais, que estão generosamente abrigados em nossa Constituição. Eu sempre digo que o Judiciário não combate a criminalidade, não combate a corrupção. O Judiciário não combate nada. Ele aplica a Constituição e as leis de forma neutra, imparcial. É claro que essa imparcialidade tem que pender sempre para o lado dos valores que estão em nossa Carta magna. Então essa é a grande missão do Poder Judiciário. Não há nenhuma opção entre ser ou não ser garantista. O Judiciário, desde o seu topo, até a sua base, tem que garantir, tem de dar efetividade aos direitos dos cidadãos.[4]

---

[1] LEWANDOWSKI, Enrique Ricardo. Fora da Constituição não há salvação. *Folha de S.Paulo*, 15 maio 2017. Disponível em: https://www1.folha.uol.com.br/opiniao/2017/05/1883768-fora-da-constituicao-nao-ha-salvacao.shtml. Acesso em: 20 fev. 2023.

[2] LEWANDOWSKI, Enrique Ricardo. Fora da Constituição não há salvação. *Folha de S.Paulo*, 15 maio 2017. Disponível em: https://www1.folha.uol.com.br/opiniao/2017/05/1883768-fora-da-constituicao-nao-ha-salvacao.shtml. Acesso em: 20 fev. 2023.

[3] LEWANDOWSKI: "Não há opção entre ser ou não ser garantista". *Migalhas*, 9 abr. 2022. Disponível em: https://www.migalhas.com.br/quentes/363570/lewandowski--nao-ha-opcao-entre-ser-ou-nao-ser-garantista. Acesso em: 13 fev. 2023.

[4] LEWANDOWSKI: "Não há opção entre ser ou não ser garantista". *Migalhas*, 9 abr. 2022. Disponível em: https://www.migalhas.com.br/quentes/363570/lewandowski--nao-ha-opcao-entre-ser-ou-nao-ser-garantista. Acesso em: 13 fev. 2023.

Insaciável pela cultura, por meio de brilhantes considerações jurídicas, faz uso de citações oriundas de leituras que incluem obras filosóficas, biográficas e históricas.

Diante das intensas e efetivas contribuições do ministro no pensar e no julgar de ações envolvendo os direitos humanos e o direito fundamental à saúde, não só em razão de sua atuação no STF, mas também nas searas político-administrativa, científica e acadêmica, é uma honra imensurável homenageá-lo neste capítulo que integra a presente obra coletiva, brilhantemente coordenada pelo Ministro Paulo Dias de Moura Ribeiro e pelos professores Georgio Alessandro Tomelin e Richard Pae Kim.

Dessa forma, dentro do eixo intitulado "Direito à saúde individual e transindividual", o presente capítulo, ressaltando a atuação do ministro homenageado no contexto da pandemia, traz à baila o magnífico conhecimento demonstrado por ocasião de sua relatoria na Ação Direta de Inconstitucionalidade – ADI nº 6.362-DF.

A ADI nº 6.362-DF foi ajuizada pela Confederação Nacional de Saúde – CNSaúde. A entidade autora requereu, em suma, que as requisições administrativas de bens e serviços pelos estados e municípios na pandemia fossem subordinadas ao Ministério da Saúde, mesmo não sendo a União responsável pela prestação direta de serviços de saúde, em especial os de combate à Covid-19. A mencionada ação é apenas uma entre inúmeras que demonstram a atuação histórica irrepreensível do ministro.

2 Da Ação Direta de Inconstitucionalidade – ADI nº 6.362-DF

O caso dos leitos de UTI foi emblemático, e a CNSaúde defendia a centralização na gestão da fila única para distribuição de leitos de UTI pelo governo federal, sob o argumento de que havia insegurança jurídica e prejuízo aos estabelecimentos particulares.[5]

Na ação em comento, a CNSaúde reclamou que o STF conferisse interpretação conforme à Constituição Federal ao art. 3º, *caput*, VII, e §7º, III,[6] da Lei nº 13.979/2020,[7] que assim dispõe:

> Art. 3º Para enfrentamento da emergência de saúde pública de importância internacional decorrente do coronavírus, poderão ser adotadas, entre outras, as seguintes medidas: [...]
> VII - requisição de bens e serviços de pessoas naturais e jurídicas, hipótese em que será garantido o pagamento posterior de indenização justa; e [...]
> §7º As medidas previstas neste artigo poderão ser adotadas:
> III - pelos gestores locais de saúde, nas hipóteses dos incisos III, IV e VII do caput deste artigo.

---

[5] CONFEDERAÇÃO NACIONAL DE MUNICÍPIOS. *STF confirma autonomia dos Municípios para requisitar bens e serviços na pandemia.* Disponível em: https://www.cnm.org.br/comunicacao/noticias/stf-confirma-autonomia-dos-municipios-para-requisitar-bens-e-servicos-na-pandemia. Acesso em: 20 fev. 2023.

[6] BRASIL. *Constituição da República Federativa do Brasil de 1988.* Disponível em: https://www.planalto.gov.br/ccivil_03/constituicao/constituicao.htm. Acesso em: 16 fev. 2023.

[7] BRASIL. Presidência da República. *Lei nº 13.979, de 6 de fevereiro de 2020.* Disponível em: https://www.planalto.gov.br/ccivil_03/_ato2019-2022/2020/lei/l13979.htm. Acesso em: 15 fev. 2023.

A requerente argumentou, na inicial, que caberia ao Ministério da Saúde coordenar as medidas de requisições administrativas previstas no art. 3º, VII, da Lei nº 13.979/2020, as quais não podem ser levadas a efeito pelos entes subnacionais antes da realização de estudos e do consentimento daquela pasta.

Afirmou serem excessivos os relatos acerca de:

> [...] de fornecedores de equipamentos médicos que recebem múltiplas requisições, oriundas de diversos entes da Administração Pública, de maneira caótica e desordenada, muitas vezes recaindo mais de uma delas sobre os mesmos bens e comprometendo todos os equipamentos em estoque. Em casos extremos, requisitam-se até mesmo bens ainda a serem produzidos ou importados.

> [...] Ainda pior e mais grave, nos últimos dias, variados entes da Administração Pública *têm ensaiado a requisição de leitos de UTI e de hospitais da iniciativa privada, como ocorre com o Decreto Estadual da Paraíba de no 40.155, de 30 de março de 2020, que confere permissão ampla e genérica ao Secretário de Estado da Saúde para 'requisitar as unidades de saúde e leitos', bem como de 'serviços de profissionais de saúde'.* (Grifos nossos)

Dessa forma, afirmou que era

> impensável [...] que os hospitais privados, já sobrecarregados com o tratamento de infectados pelo COVID-19, sejam obrigados a lidar com múltiplas requisições de seus leitos de UTI, sem qualquer controle ou planejamento, tudo tendendo a esvaziar por completo sua capacidade de lidar com a pandemia.

Com o escopo de substanciar sua argumentação, a CNSaúde enumerou uma série de eventos que demonstrariam o que considerava "[...] o quadro de balbúrdia federativa que a leitura equivocada da Lei n. 13.979/2020 tinha gerado".[8] Asseverou que tal entendimento causava enorme insegurança jurídica, afetando o direito de iniciativa econômica e atrapalhando a convivência ordenada entre as três esferas da Federação, ponderando que: "Se os Estados e Municípios podem se valer desse poder, não lhes é dado exercitá-lo de modo dessincronizado com a autoridade central que coordena o esforço nacional".[9]

Nesse sentido, assim avaliou:[10]

> *A Lei n. 13.979/2020 menciona o Ministério da Saúde como órgão federal incumbido de atuar em nome da União no combate ao coronavírus. Daí que medidas de requisição não podem ser tomadas antes de ouvi-lo e sem o seu assentimento.* Não se trata de impedir que essas requisições sejam feitas por diferentes gestores de saúde, mas apenas de assegurar a organização do processo e a fundamentação dos pedidos. (Grifos nossos)

---

[8] BRASIL. Supremo Tribunal Federal. *Ação Direta de Inconstitucionalidade 6.362 Distrito Federal.* p. 6. Disponível em: https://redir.stf.jus.br/paginadorpub/paginador.jsp?docTP=TP&docID=754607621. Acesso em: 15 fev. 2023.

[9] BRASIL. Supremo Tribunal Federal. *Ação Direta de Inconstitucionalidade 6.362 Distrito Federal.* p. 7. Disponível em: https://redir.stf.jus.br/paginadorpub/paginador.jsp?docTP=TP&docID=754607621. Acesso em: 15 fev. 2023.

[10] BRASIL. Supremo Tribunal Federal. *Ação Direta de Inconstitucionalidade 6.362 Distrito Federal.* p. 8. Disponível em: https://redir.stf.jus.br/paginadorpub/paginador.jsp?docTP=TP&docID=754607621. Acesso em: 15 fev. 2023.

Na inicial, entre outros esclarecimentos, pleiteou a CNSaúde ao STF:[11]

(i) fixar ser inconstitucional a leitura desses dispositivos da Lei n. 13.979/2020, objeto da demanda, que não conduza a que todas as requisições administrativas projetadas para serem exercidas por gestores de saúde estaduais ou municipais sejam submetidas ao prévio exame e autorização do Ministério da Saúde para serem, só depois disso, implementadas;

(ii) [...] *determinar a imediata suspensão da eficácia dos atos de requisição administrativa realizados por gestores de saúde estaduais ou municipais que não foram submetidos ao prévio exame e autorização do Ministério da Saúde*; e

(iii) fixar o entendimento de que os mesmos dispositivos da Lei n. 13.979/2020, para serem tidos como constitucionais, devem ser compreendidos como a não prescindir da observância, em cada ato de requisição, da prévia oitiva do atingido pela medida, bem como da fundamentação explícita, realizada com atenção aos requisitos do princípio da proporcionalidade. Daí decorrendo a imperiosa necessidade de comprovação do prévio esgotamento de todos os meios disponíveis à Administração Pública para adquirir os bens requisitados, comprovação de que os bens requisitados não inviabilizarão a prestação de serviço de saúde por parte da instituição que tenha previamente adquirido os mesmos bens e comprovação da necessidade concreta e específica da obtenção do bem ou serviço na quantidade requisitada. (Grifos nossos)

Em resumo, a demanda da CNSaúde pretendia que o Ministério da Saúde coordenasse as medidas de requisições administrativas previstas no art. 3º, VII, da Lei nº 13.979/2020, "as quais não poderiam ser levadas a efeito pelos entes subnacionais, antes de estudos e do consentimento do órgão federal".[12]

Para além, observa-se que a requerente solicitou ao STF assentar que o precitado dispositivo legal, para ser havido como constitucional, deveria exigir a prévia audiência do atingido pela requisição, sempre acompanhado de motivação, a qual levasse em conta o princípio da proporcionalidade e a inexistência de outra alternativa menos gravosa.

3 Das manifestações da Advocacia-Geral da União e da Procuradoria-Geral da República

Em seu relatório, afirmou o ministro homenageado que as informações fornecidas pelos presidentes da República, da Câmara dos Deputados e do Senado Federal foram devidamente juntadas aos autos.

O presidente da República prestou informações e salientou que "o instituto da requisição pode ser implementado por todos os entes federados, por possuírem a competência material comum na área da saúde, nos termos do art. 23 da Constituição, para o enfrentamento da pandemia causada pela Covid –19",[13] ressaltando:[14]

---

[11] BRASIL. Supremo Tribunal Federal. *Ação Direta de Inconstitucionalidade 6.362 Distrito Federal*. p. 10. Disponível em: https://redir.stf.jus.br/paginadorpub/paginador.jsp?docTP=TP&docID=754607621. Acesso em: 15 fev. 2023.

[12] BRASIL. Supremo Tribunal Federal. *Ação Direta de Inconstitucionalidade 6.362 Distrito Federal*. p. 16. Disponível em: https://fixir.stf.jus.br/paginadorpub/paginador.jsp?docTP=TP&docID=754607621. Acesso em: 15 fev. 2023.

[13] BRASIL. Supremo Tribunal Federal. *Ação Direta de Inconstitucionalidade 6.362 Distrito Federal*. p. 100. Disponível em: https://redir.stf.jus.br/paginadorpub/paginador.jsp?docTP=TP&docID=754607621. Acesso em: 15 fev. 2023.

[14] BRASIL. Supremo Tribunal Federal. *Ação Direta de Inconstitucionalidade 6.362 Distrito Federal*. p. 101. Disponível em: https://redir.stf.jus.br/paginadorpub/paginador.jsp?docTP=TP&docID=754607621. Acesso em: 15 fev. 2023.

[...] quando os bens requisitados forem escassos, a exemplo dos respiradores pulmonares, não havendo como suprir toda a demanda nacional, deve-se respeitar as requisições e as compras realizadas pela Direção Nacional do Sistema Único da Saúde (Ministério da Saúde), para que haja uma coordenação na distribuição e garantia no tratamento igualitário a todos os entes da federação, nos termos do artigo 16 da Lei nº 8.080/90.

O presidente da Câmara dos Deputados informou que o Projeto de Lei nº 23/2020, que deu origem à Lei nº 13.979/2020, foi processado "dentro dos estritos trâmites constitucionais e regimentais inerentes à espécie".[15]

O presidente do Congresso Nacional prestou informações e esclareceu que o Ministério da Saúde preferiu não "condicionar as requisições ao seu crivo prévio",[16] de modo que, "permitir que tal burocracia fosse instituída pelo Poder Judiciário, sem a concordância da autoridade responsável pela última palavra, violaria notoriamente a separação de Poderes, que determina que a implementação de políticas públicas de saúde e o funcionamento do Sistema de Saúde são tarefas do Poder Executivo",[17] e alertou que "a agilidade de implementação de soluções logísticas era fundamental para o sucesso no enfrentamento de uma pandemia".[18]

A Advocacia-Geral da União – AGU, representada pelo advogado da União, Dr. Raphael Ramos Monteiro de Souza, defendeu que a Lei nº 13.979/2020 tratou sobre a necessidade de requisição de insumos ao combate específico da Covid-19, explicitando que as situações em que seria possível fazer requisições administrativas já se encontravam dispostas na Constituição Federal. Dessa forma, manifestou-se pela procedência parcial do pedido para que, nas hipóteses de eventuais conflitos, fosse observado o critério da precedência da contratação, assegurando a primazia da iniciativa federal em caso de superescassez de âmbito nacional.

Por seu turno, em nome da Procuradoria-Geral da República – PGR, o Vice-Procurador-Geral, Dr. Humberto Jacques de Medeiros, enfatizou que os conflitos nas requisições eram pontuais e não afetavam o campo nacional:[19] "A autoridade sanitária municipal, estadual e federal seria responsável por alocar, de forma racional e efetiva, bens e serviços disponíveis e necessários diante da pandemia". Dessa forma, se mostrou favorável à improcedência do pedido da CNSaúde, conforme ressalta a transcrição de trechos da ementa de seu parecer:[20]

AÇÃO DIRETA DE INCONSTITUCIONALIDADE. ART 3º, CAPUT, VII, E §7º, III, DA LEI 13.979/2020. REQUISIÇÃO ADMINISTRATIVA DE BENS E SERVIÇOS DE SAÚDE.

---

[15] BRASIL. Supremo Tribunal Federal. *Ação Direta de Inconstitucionalidade 6.362 Distrito Federal*. p. 74. Disponível em: https://redir.stf.jus.br/paginadorpub/paginador.jsp?docTP=TP&docID=754607621. Acesso em: 15 fev. 2023.

[16] BRASIL. Supremo Tribunal Federal. *Ação Direta de Inconstitucionalidade 6.362 Distrito Federal*. p. 101. Disponível em: https://redir.stf.jus.br/paginadorpub/paginador.jsp?docTP=TP&docID=754607621. Acesso em: 15 fev. 2023.

[17] BRASIL. Supremo Tribunal Federal. *Ação Direta de Inconstitucionalidade 6.362 Distrito Federal*. p. 101. Disponível em: https://redir.stf.jus.br/paginadorpub/paginador.jsp?docTP=TP&docID=754607621. Acesso em: 15 fev. 2023.

[18] BRASIL. Supremo Tribunal Federal. *Ação Direta de Inconstitucionalidade 6.362 Distrito Federal*. p. 101. Disponível em: https://redir.stf.jus.br/paginadorpub/paginador.jsp?docTP=TP&docID=754607621. Acesso em: 15 fev. 2023.

[19] CONFEDERAÇÃO NACIONAL DE MUNICÍPIOS. *STF confirma autonomia dos Municípios para requisitar bens e serviços na pandemia*. Disponível em: https://www.cnm.org.br/comunicacao/noticias/stf-confirma-autonomia-dos-municipios-para-requisitar-bens-e-servicos-na-pandemia. Acesso em: 20 fev. 2023.

[20] BRASIL. Supremo Tribunal Federal. *Ação Direta de Inconstitucionalidade 6.362 Distrito Federal*. p. 12. Disponível em: https://redir.stf.jus.br/paginadorpub/paginador.jsp?docTP=TP&docID=754607621. Acesso em: 15 fev. 2023.

ENFRENTAMENTO DA EPIDEMIA DE COVID-19. COMPETÊNCIA MATERIAL COMUM DE TODOS OS ENTES FEDERATIVOS. PRODUTOS EM ESCASSEZ NO MERCADO OU DE AQUISIÇÃO DIFICULTADA. EXIGÊNCIA DE ATUAÇÃO LINEAR EM TODO O TERRITÓRIO NACIONAL. PAPEL DE COORDENAÇÃO DO ENTE CENTRAL. ATRIBUIÇÃO DO MINISTÉRIO DA SAÚDE – DIREÇÃO NACIONAL DO SISTEMA ÚNICO DE SAÚDE. *AUSÊNCIA DE EXIGÊNCIA DE AUTORIZAÇÃO DO MINISTÉRIO DA SAÚDE PARA REQUISIÇÕES SOLICITADAS POR GESTORES DE SAÚDE ESTADUAIS E MUNICIPAIS. SILÊNCIO ELOQUENTE.* INSERÇÃO DA EXIGÊNCIA PELO PODER JUDICIÁRIO. IMPOSSIBILIDADE.

1. A requisição administrativa de bens e serviços de saúde como medida de enfrentamento da epidemia do novo coronavírus pode ser implementada por gestores de saúde de todos os entes da Federação (CF, art. 23, II). Precedente: ADI 6.341-MC-Ref/DF.

2. A gestão coordenada das medidas de enfrentamento da epidemia que demandem atuação linear em todo território nacional há de ser realizada pelo ente central, no Ministério da Saúde, por meio da direção nacional do Sistema Único de Saúde (Lei 8.080/1990, art. 16). [...] Parecer pela improcedência dos pedidos. (Relatório do Ministro Lewandowski no Acórdão da ADI nº 6.362/DF) (Grifos no original)

4 Do voto proferido pelo Relator Ministro Ricardo Lewandowski

Em reluzente elucidação das questões propostas pela CNSaúde, o Ministro Ricardo Lewandowski, em antecipação ao voto, constatou que a questão debatida apresentava interesse constitucional, concernente sobretudo ao princípio federativo, um dos princípios basilares de nossa Carta Magna.

Nesse ponto, merece ênfase o seguinte trecho de artigo de autoria do homenageado:[21]

Constato, inicialmente, que a pandemia desencadeada pelo novo coronavírus, que em poucos meses infectou e vitimou dezenas de milhares de pessoas no País e em todo o mundo, *revelou, dentre outras coisas, as fraquezas e virtudes das diferentes formas de governança. Entre nós, serviu para testar os limites do federalismo adotado pela Constituição de 1988.* (Grifos nossos)

O Ministro Ricardo Lewandowski destacou em seu voto o não menos brilhante integrante do STF, Ministro Alexandre de Moraes, que assim afirmou em sua obra *Direito constitucional*:[22] "[...] a adoção da forma federal de Estado gravita em torno do princípio da autonomia e da participação política".

O eminente ministro ora homenageado, utilizando-se de pertinente colocação do representante do egrégio Ministério Público Federal, enfatizou que: "se problemas existiram, foram pontuais e resolvidos no nível da justiça local, quiçá da justiça federal; resumiram-se a questões cíveis ou porventura administrativas".[23]

---

[21] LEWANDOWSKI, Enrique Ricardo. Covid-19 e federalismo. *Folha de S.Paulo*, 22 abr. 2020. Disponível em: https://www.ajufe.org.br/imprensa/artigos/13694-covid-19-e-federalismo. Acesso em: 15 fev. 2023.

[22] MORAES, Alexandre de. *Direito constitucional*. 35. ed. São Paulo: Atlas, 2019. p. 311.

[23] BRASIL. Supremo Tribunal Federal. *Ação Direta de Inconstitucionalidade 6.362 Distrito Federal*. p. 14. Disponível em: https://redir.stf.jus.br/paginadorpub/paginador.jsp?docTP=TP&docID=754607621. Acesso em: 15 fev. 2023.

Após minuciosa análise dos autos, o relator, Senhor Ministro Ricardo Lewandowski, reconhecendo o contexto excepcional de crise na saúde, afirmou que a situação exigia medidas urgentes, as quais não poderiam depender de consulta ou estudo, votando pela improcedência da ação direta de inconstitucionalidade em comento.

5 Breve histórico do federalismo brasileiro

De acordo com o Ministro Ricardo Lewandowski, a lei de enfrentamento à Covid-19 se refere a uma autoridade plural, sem discriminar se é municipal, estadual ou federal. Assim, não deve ter primazia no poder de requisição, mas uma cooperação necessária entre os entes e uma responsabilidade comum.

Para o relator, o federalismo fortalece a democracia, porque permite o acesso do cidadão ao governante mais próximo e, nesse sentido, os municípios são os primeiros a reagir numa situação de pandemia.

> Não há evidências de que o Ministério da Saúde, embora competente para coordenar em âmbito nacional as ações de vigilância epidemiológica e sanitária, tenha capacidade de analisar e solucionar tempestivamente as multifacetadas situações emergenciais que eclodem em cada uma das regiões ou localidades do país.[24]

O ilustre ministro homenageado destacou, de forma exemplar, a importância do federalismo para a tomada de decisão na ação em comento, razão pela qual cabe uma breve síntese sobre o seu desenvolvimento no Brasil.

O modelo federalista foi adotado no Brasil a partir da Constituição de 1891, inspirado na experiência dos Estados Unidos.

A maneira mais simples de definir um Estado federal é o caracterizando como uma forma de organização e de distribuição do poder estatal em que o fato de haver um governo central não impede que competências e responsabilidades sejam compartilhadas entre a União e os estados-membros.

A Primeira República (1889-1930), época caracterizada pelo domínio oligárquico, é marcada pela forte difusão do federalismo no Brasil, pela expressiva autonomia dos grupos dominantes nos Estados ante o poder central.

A crise mundial de 1930, além de assinalar a decadência do liberalismo econômico e político, desencadeou a Revolução de 1930 no Brasil e a consequente inauguração da Era Vargas (1930-1945).

Ao contrário do período anterior, a Era Vargas foi marcada pela expansão de regimes autoritários, muito centralizados, nos quais a autonomia dos Estados praticamente deixou de existir. Era a União que chefiava, de fato, todas as ações.

No começo da ditadura de Vargas, também conhecida como o "Estado Novo" (1937-1945), uma cerimônia pública marcou a queima das bandeiras estaduais, ilustrando a Unidade Nacional em volta do Governo Central.

---

[24] BRASIL. Supremo Tribunal Federal. *Requisições de bens e serviços contra pandemia não dependem de autorização do Ministério da Saúde.* Disponível em: https://portal.stf.jus.br/noticias/verNoticiaDetalhe.asp?idConteudo=450880. Acesso em: 20 fev. 2023.

Após o período ditatorial, o Brasil experimentou a democracia (1946-1964). Não obstante diversas limitações, naquela época o Brasil dava passos rumo à urbanização e industrialização.

Concomitantemente, o Congresso Nacional reassumia sua importância e os Estados retomaram a autonomia perdida durante o regime ditatorial, ainda que com nuance bem menos expressiva que a vivida durante a Primeira República.

É plausível afirmar que, durante o regime militar (1964-1985), ocorreu uma dilatação dos poderes da União, especialmente no que tange ao controle financeiro. Dessa forma, o controle do Governo central se avultou sobre a máquina de arrecadação, por meio do monitoramento da maior parte do dinheiro obtido pela cobrança de impostos, novamente fragilizando os estados.

Os atos institucionais durante o regime militar, sobretudo o AI 5 (1968), praticamente extirparam o poder da Federação, concentrando inúmeros poderes nas mãos do Governo central. Esse cenário, tal como durante o Estado Novo de Vargas, corrobora o fato de existir uma estreita relação entre Estado democrático de direito e Federação. Por conseguinte, quanto mais democrático o país federativo, maior será a autonomia de seus estados e municípios.

O ressurgimento da democracia, a partir do fim do Regime Militar, sinalizou o retorno do federalismo. A Constituição de 1988, chamada de "Cidadã" pelo Deputado Ulysses Guimarães, amplia as competências dos estados-membros e denota a relevância dos municípios, além de conferir ao Distrito Federal autonomia semelhante à das demais unidades da Federação.

Em resumo, a Constituição Federal de 1988 afirma que compete à União, entre outras atividades, atuar na área da política externa e das relações internacionais; propor e executar a política de segurança e de defesa nacional; conduzir a economia e as finanças do país, inclusive emitir moeda; organizar, regular e prestar serviços na área de comunicação; explorar os serviços e instalações nucleares.

As competências estaduais, por seu turno, são as que não constam na área de atuação do Governo Federal e que não tenham sido expressamente proibidas pela Constituição.

No que concerne ao município, a Constituição Federal de 1988 moderniza, ao reconhecê-lo como um dos entes integrantes da Federação. Entre outras atribuições, compete aos municípios legislar sobre assunto de interesse local, além de complementar, quando possível, a legislação federal e estadual. A Constituição define, ainda, que a fiscalização do município será exercida pelo Poder Legislativo municipal, isto é, pelos vereadores, além do controle interno do Poder Executivo municipal.

O Distrito Federal, por sua vez, não se divide em municípios. A Constituição de 1988 concedeu-lhe ampla autonomia, colocando-o em pé de igualdade com os demais integrantes da Federação, tendo as mesmas competências reservadas aos estados e municípios, exceto quanto à organização e à manutenção do Poder Judiciário, do Ministério Público, da Defensoria Pública, das Polícias Civil e Militar e do Corpo de Bombeiros, que se situam na esfera de competência da União.[25] Assim, o governador do Distrito Federal acumula atribuições reservadas aos prefeitos e aos governadores

---

[25] BARBOSA, Antonio José. O federalismo brasileiro. *Senado Federal*. Disponível em: https://www12.senado.leg.br/jovemsenador/home/arquivos/textos-consultoria/o-federalismo-brasileiro. Acesso em: 16 fev. 2023.

dos estados, e os deputados distritais exercem competências tanto de vereador quanto de deputado estadual. O Distrito Federal é, dessa forma, quanto a suas atribuições, concomitantemente, estado e município.

Após essa breve exposição histórica, como bem grifado pelo Ministro Ricardo Lewandowski,[26] o Estado Federal repousa sobre dois valores importantes:

> O primeiro deles refere-se à inexistência de hierarquia entre os seus integrantes, de modo a não permitir que se cogite da prevalência da União sobre os Estados ou, destes, sobre os Municípios, consideradas as competências que lhe são próprias. Já o segundo, consubstanciado no princípio da subsidiariedade, significa, em palavras simples, o seguinte: tudo aquilo que o ente menor puder fazer de forma mais célere, econômica e eficaz não deve ser empreendido pelo ente maior.
>
> Para superar as fraquezas históricas de nossa federação, os constituintes de 1988 adotaram o denominado "federalismo cooperativo" ou "federalismo de integração", no qual "se registra um entrelaçamento de competências e atribuições dos diferentes níveis governamentais [...], aliado à partilha dos recursos financeiros", exatamente para que se possa alcançar um desenvolvimento nacional mais harmônico e inclusivo.

Assim, no contexto do atual federalismo, o art. 24, XII, da Carta Magna de 1988 prevê a competência concorrente da União, dos estados e do Distrito Federal para legislar sobre a "proteção e defesa da saúde", limitando-se a competência da União a editar normas gerais sobre o tema, conforme prevê o inc. XII, §1º, do artigo acima mencionado.

Ademais, dispõe o art. 23, II, da CF/1988 que constitui competência comum a todos eles e também aos municípios "cuidar da saúde e assistência pública".

De modo contíguo, o art. 196 da CF/1988, no que tange ao direito subjetivo público à saúde, comporta o dever estatal de lhe dar efetiva solidez, por meio de "políticas sociais e econômicas que visem à redução do risco de doença e de outros agravos e ao acesso universal e igualitário às ações e serviços para a sua promoção, proteção e recuperação".[27]

Observa-se, assim, no art. 198 do referido diploma legal, a dimensão objetiva ou institucional do direito fundamental à saúde, que também se observa na sua organização administrativa por meio do Sistema Único de Saúde – SUS, "concebido como uma rede regionalizada e hierarquizada de ações e serviços públicos nessa área, que prima pela descentralização, pelo atendimento integral e pela participação da comunidade em sua gestão e controle".[28]

6 A quem compete a defesa da saúde no Brasil?

Considerando a estrutura constitucional delineada, é legítimo constatar que a defesa da saúde compete a qualquer das unidades federadas, seja por meio da edição de normas legais, seja mediante a realização de ações administrativas, sem que dependam

---

[26] LEWANDOWSKI, Enrique Ricardo. *Pressupostos materiais e formais da intervenção federal no Brasil*. São Paulo: Revista dos Tribunais, 1994. p. 20-21.

[27] BRASIL. *Constituição da República Federativa do Brasil de 1988*. Disponível em: https://www.planalto.gov.br/ccivil_03/constituicao/constituicao.htm. Acesso em: 16 fev. 2023.

[28] BRASIL. Supremo Tribunal Federal. *Ação Direta de Inconstitucionalidade 6.362 Distrito Federal*. p. 19. Disponível em: https://redir.stf.jus.br/paginadorpub/paginador.jsp?docTP=TP&docID=754607621. Acesso em: 15 fev. 2023.

da autorização de outros níveis governamentais para levá-las a efeito, cumprindo-lhes, apenas, consultar o interesse público que têm o dever de preservar.

Como muito bem destacou o ministro homenageado, o entendimento da mais renomada doutrina caminha no mesmo sentido. Confira-se o entendimento do festejado autor José Afonso da Silva:[29]

> A norma do art. 196 é perfeita, porque estabelece explicitamente uma relação jurídica constitucional em que, de um lado, se acham o direito que ela confere, pela cláusula "a saúde é direito de todos", assim como os sujeitos desse direito, expressos pelo signo todos", que é o signo de universalização, mas com destinação precisa aos brasileiros e estrangeiros residentes – aliás, a norma reforça esses sentido ao prever o acesso universal e igualitário às ações de e serviços de saúde –, e, de outro lado, a *obrigação correspondente, na cláusula "a saúde é dever do Estado", compreendendo aqui a União, os Estados, o Distrito Federal e os Municípios, que podem cumprir o dever diretamente ou por via de entidade da Administração indireta.* (Grifos nossos)

De extrema relevância é o seguinte trecho do voto em que o Ministro Lewandowski assim destaca:[30]

> Como se percebe, o federalismo cooperativo, longe de ser mera peça retórica, exige que os entes federativos se apoiem mutuamente, deixando de lado eventuais divergências ideológicas ou partidárias dos respectivos governantes, sobretudo diante da grave crise sanitária e econômica decorrente do coronavírus, responsável pelo surto de 2019. Bem por isso, os entes regionais e locais, não podem ser alijados do combate à covid-19, sobretudo porque estão investidos do poder-dever de empreender as medidas necessárias para o enfrentamento da emergência de saúde pública decorrente da pandemia.
>
> Em outras palavras, a Constituição outorgou a todas as unidades federadas a competência comum de cuidar da saúde, compreendida nela a adoção de quaisquer medidas que se mostrem necessárias para salvar vidas e restabelecer a saúde das pessoas acometidas pelo novo coronavírus, incluindo-se nelas o manejo da requisição administrativa.

Sobre a competência do Poder Executivo na defesa da saúde, o Ministro Ricardo Lewandowski compreendeu que o presidente do Senado Federal muito bem destacou, em sua manifestação nos autos, que o Ministério da Saúde, autor da legislação em comento, intencionalmente não condicionou as requisições de bens e serviços durante a pandemia ao seu crivo prévio.

Em respeito à separação dos poderes, é necessário entender que o texto legal foi referendado pelo então presidente da República, ao enviar o projeto de lei para debate, e pelo Congresso Nacional, ao aprová-lo.

Desse modo, haveria total violação à separação de poderes, caso o Judiciário determinasse a implementação de políticas públicas de saúde e o funcionamento do Sistema de Saúde, ferindo frontalmente as incumbências do Executivo.

---

[29] SILVA, José Afonso da. *Comentário contextual à Constituição*. 6. ed. São Paulo: Malheiros, 2009. p. 768.

[30] BRASIL. Supremo Tribunal Federal. *Ação Direta de Inconstitucionalidade 6.362 Distrito Federal*. p. 20. Disponível em: https://redir.stf.jus.br/paginadorpub/paginador.jsp?docTP=TP&docID=754607621. Acesso em: 15 fev. 2023.

O ministro homenageado complementou em seu voto:[31]

Dito isso, fica claro, a meu sentir, que vulneraria frontalmente o princípio da separação dos poderes a incursão do Judiciário numa seara de atuação, por todos os títulos, privativa do Legislativo e Executivo, substituindo-os na tomada de decisões de cunho eminentemente normativo e político-administrativo.

Por isso, entendo que não cabe ao STF suprir ou complementar a vontade conjugada dos demais Poderes, que deu origem aos dispositivos legais aqui contestados - claramente unívocos, porquanto despidos de qualquer ambiguidade - de maneira a criar - por meio da técnica de interpretação conforme à Constituição - uma obrigação não cogitada por seus legítimos criadores.

Como se vê, a pretensão da requerente já está sendo debatida no Congresso Nacional, que é a seara adequada para contemplar aquilo que ela pretende nesta ADI, mediante alterações legislativas. Por mais esses motivos, penso que cumpre a esta Suprema Corte aguardar - exercendo a autocontenção que lhe convém nessas situações – que os representantes da soberania popular reunidos no Parlamento solucionem a questão.

Assim, concluo que a criação de novos requisitos para a implementação de requisições administrativas, por meio da técnica de interpretação conforme à Constituição, relativamente ao art. 3º, caput, VII, e §7º, III, da Lei 13.979/2020, não se coaduna com a natureza expedita do instituto, para cujo acionamento o texto constitucional exige apenas que esteja configurada uma situação de iminente perigo público. [...]

Isso posto, julgo improcedente a presente ação direta de inconstitucionalidade, mostrando-se, em consequência, inexequível o pedido de suspensão imediata de todos as requisições administrativas já realizadas.

7 Da competência dos entes federados no combate à pandemia

Ao analisar a ADI nº 6.341-MC-Ref/DF, de Relatoria do Ministro Marco Aurélio, em 15.4.2020, o Ministro Ricardo Lewandowski destacou em seu voto que a Suprema Corte referendou a cautelar por ele deferida, assentando que os entes federados possuem competência concorrente para adotar as providências normativas e administrativas necessárias ao combate da pandemia em curso, entre as quais se inclui a requisição administrativa de bens e serviços constante do art. 3º, VII, da Lei nº 13.979/2020.

O acórdão, transcrito no festejado voto do Ministro Lewandowski na ADI nº 6.362-DF, foi redigido pelo Ministro Edson Fachin, e assim ementado:[32]

REFERENDO EM MEDIDA CAUTELAR EM AÇÃO DIRETA DA INCONSTITU-CIONALIDADE. DIREITO CONSTITUCIONAL. DIREITO À SAÚDE. EMERGÊNCIA SANITÁRIA INTERNACIONAL. *LEI 13.979 DE 2020. COMPETÊNCIA DOS ENTES FEDERADOS PARA LEGISLAR E ADOTAR MEDIDAS SANITÁRIAS DE COMBATE À EPIDEMIA INTERNACIONAL. HIERARQUIA DO SISTEMA ÚNICO DE SAÚDE. COMPETÊNCIA COMUM.* MEDIDA CAUTELAR PARCIALMENTE DEFERIDA.

1. A emergência internacional, reconhecida pela Organização Mundial da Saúde, não implica nem muito menos autoriza a outorga de discricionariedade sem controle ou sem contrapesos típicos do Estado Democrático de Direito. As regras constitucionais

---

[31] BRASIL. Supremo Tribunal Federal. *Ação Direta de Inconstitucionalidade 6.362 Distrito Federal.* p. 31. Disponível em: https://redir.stf.jus.br/paginadorpub/paginador.jsp?docTP=TP&docID=754607621. Acesso em: 15 fev. 2023.

[32] BRASIL. Supremo Tribunal Federal. *Ação Direta de Inconstitucionalidade 6.362 Distrito Federal.* p. 31-33. Disponível em: https://redir.stf.jus.br/paginadorpub/paginador.jsp?docTP=TP&docID=754607621. Acesso em: 15 fev. 2023.

não servem apenas para proteger a liberdade individual, mas também o exercício da racionalidade coletiva, isto é, da capacidade de coordenar as ações de forma eficiente. O Estado Democrático de Direito implica o direito de examinar as razões governamentais e o direito de criticá-las. Os agentes públicos agem melhor, mesmo durante emergências, quando são obrigados a justificar suas ações.

2. O exercício da competência constitucional para as ações na área da saúde deve seguir parâmetros materiais específicos, a serem observados, por primeiro, pelas autoridades políticas. Como esses agentes públicos devem sempre justificar suas ações, é à luz delas que o controle a ser exercido pelos demais poderes tem lugar.

3. *O pior erro na formulação das políticas públicas é a omissão, sobretudo para as ações essenciais exigidas pelo art. 23 da Constituição Federal. É grave que, sob o manto da competência exclusiva ou privativa, premiem-se as inações do governo federal, impedindo que Estados e Municípios, no âmbito de suas respectivas competências, implementem as políticas públicas essenciais. O Estado garantidor dos direitos fundamentais não é apenas a União, mas também os Estados e os Municípios.*

4. *A diretriz constitucional da hierarquização, constante do caput do art. 198 não significou hierarquização entre os entes federados, mas comando único, dentro de cada um deles.*

5. É preciso ler as normas que integram a Lei 13.979, de 2020, como decorrendo da competência própria da União para legislar sobre vigilância epidemiológica, nos termos da Lei Geral do SUS, Lei 8.080, de 1990. *O exercício da competência da União em nenhum momento diminuiu a competência própria dos demais entes da federação na realização de serviços da saúde, nem poderia, afinal, a diretriz constitucional é a de municipalizar esses serviços.*

6. O direito à saúde é garantido por meio da obrigação dos Estados Partes de adotar medidas necessárias para prevenir e tratar as doenças epidêmicas e os entes públicos devem aderir às diretrizes da Organização Mundial da Saúde, não apenas por serem elas obrigatórias nos termos do Artigo 22 da Constituição da Organização Mundial da Saúde (Decreto 26.042, de 17 de dezembro de 1948), mas sobretudo porque contam com a expertise necessária para dar plena eficácia ao direito à saúde.

7. *Como a finalidade da atuação dos entes federativos é comum, a solução de conflitos sobre o exercício da competência deve pautar-se pela melhor realização do direito à saúde, amparada em evidências científicas e nas recomendações da Organização Mundial da Saúde.*

8. Medida cautelar parcialmente concedida para dar interpretação conforme à Constituição ao §9º do art. 3º da Lei 13.979, a fim de explicitar que, preservada a atribuição de cada esfera de governo, nos termos do inciso I do artigo 198 da Constituição, o Presidente da República poderá dispor, mediante decreto, sobre os serviços públicos e atividades essenciais" (grifos originais no Relatório do Ministro Lewandowski no Acórdão da ADI 6.362/DF)

Concluiu o Ministro Lewandowski que o papel da direção nacional do SUS, exercido pelo Ministério da Saúde, dava ensejo àquilo que o procurador-geral da República denominou "coordenação nacional da distribuição de bens de saúde escassos, de alta procura e de pouquíssima disponibilidade",[33] com a requisição direta desses insumos pelo ente central, uma vez que "o tratamento linear na distribuição de equipamentos de saúde de demorada e dificílima aquisição é medida que escapa do controle da direção estadual e reclama a atuação direta da direção nacional do SUS".[34]

Afirmou ter observado que, nessa seara, as requisições levadas a efeito pelos entes subnacionais não poderiam ser limitadas ou frustradas pela falta de consentimento do

---

[33] BRASIL. Supremo Tribunal Federal. *Ação Direta de Inconstitucionalidade 6.362 Distrito Federal.* p. 29. Disponível em: https://redir.stf.jus.br/paginadorpub/paginador.jsp?docTP=TP&docID=754607621. Acesso em: 15 fev. 2023.

[34] BRASIL. Supremo Tribunal Federal. *Ação Direta de Inconstitucionalidade 6.362 Distrito Federal.* p. 29. Disponível em: https://redir.stf.jus.br/paginadorpub/paginador.jsp?docTP=TP&docID=754607621. Acesso em: 15 fev. 2023.

Ministério da Saúde, "sob pena de indevida invasão de competências que são comuns à União e aos entes federados, conforme já se viu acima, bem assim diante do risco de se revelarem ineficazes ou extemporâneas".[35]

Por isso, entendeu incabível, nesse contexto, a exigência de autorização do Ministério da Saúde no concernente às requisições administrativas decretadas pelos estados, Distrito Federal e municípios, no exercício das respectivas competências constitucionais. Nesse sentido, inclusive, o ministro homenageado destacou a deliberação do Plenário da Suprema Corte, na ADI nº 6.343-MC-Ref/DF, cujo relator do acórdão foi o Ministro Alexandre de Moraes:[36]

> Naquele julgamento, o Colegiado maior da Suprema Corte concedeu parcialmente a cautelar para suspender, em parte, sem redução de texto, o disposto no art. 3º, VI, b, e §§6º e 7º, II, da Lei 13.979/2020, a fim de excluir Estados e Municípios da necessidade de autorização ou observância ao ente federal, e conferir interpretação conforme aos referidos dispositivos para estabelecer que as medidas neles previstas devem ser precedidas de recomendação técnica e fundamentada, devendo ainda ser resguardada a locomoção dos produtos e serviços essenciais definidos por decreto da respectiva autoridade federativa, sempre respeitadas as definições no âmbito da competência constitucional de cada ente federativo.
>
> Essa exigência de fundamentação adequada encontra-se prevista no art. 3º, §1º, da Lei 13.979/2020, o qual dispõe que as requisições e outras medidas de emergência para combater a Covid-19 *"somente poderão ser determinadas com base em evidências científicas e em análises sobre as informações estratégicas em saúde e deverão ser limitadas no tempo e no espaço ao mínimo indispensável à promoção e à preservação da saúde pública"* (Relatório do Ministro Lewandowski no Acórdão da ADI nº 6.362/DF) (Grifos no original)

Tal apreciação, todavia, é atribuição exclusiva de cada uma das autoridades públicas integrantes dos três níveis político-administrativos da Federação brasileira, consideradas as situações concretas com as quais são defrontadas, sempre com observância dos princípios da razoabilidade e proporcionalidade que devem nortear todos os atos administrativos.

8 Desafios para os sistemas de saúde e de justiça perante a pandemia

A pandemia da Covid-19 sobrecarregou os sistemas de saúde de diversos países, incluindo o brasileiro. Tal pressão interferiu em um sistema marcado, sobretudo, pela limitada capacidade de resposta às demandas, principalmente das populações mais vulneráveis. Sem dúvidas, tornou notórias as carências de profissionais de saúde, de equipamentos de proteção individual, de leitos de unidades de terapia intensiva e de outros insumos.

---

[35] BRASIL. Supremo Tribunal Federal. *Ação Direta de Inconstitucionalidade 6.362 Distrito Federal*. p. 29. Disponível em: https://redir.stf.jus.br/paginadorpub/paginador.jsp?docTP=TP&docID=754607621. Acesso em: 15 fev. 2023.

[36] BRASIL. Supremo Tribunal Federal. *Ação Direta de Inconstitucionalidade 6.362 Distrito Federal*. p. 29. Disponível em: https://redir.stf.jus.br/paginadorpub/paginador.jsp?docTP=TP&docID=754607621. Acesso em: 15 fev. 2023.

Nesse cenário, o Judiciário começou a ser provocado por ações relacionadas diretamente à pandemia.

O artigo "Judicialização da saúde e pandemia de covid-19: novos desafios para os sistemas de saúde e de justiça"[37] muito bem descreve as demandas judiciais relativas à saúde, entre fevereiro e abril de 2020, início da pandemia no Brasil, e analisa suas repercussões nos sistemas de justiça e de saúde.

Trata-se de um estudo descritivo sobre as ações judiciais relacionadas à Covid-19, a partir de dados coletados nos sítios dos tribunais de justiça estaduais e tribunais regionais federais e nos painéis de monitoramento do CNJ e do STF no período acima mencionado.

De acordo com os apontamentos do estudo, até 30.4.2020, 129 ações judiciais relacionadas à Covid-19 foram iniciadas no país, tendo como objeto mais frequente o acesso a leitos de unidade de terapia intensiva (71 ações: 55%).

Insta destacar a conclusão do robusto estudo, segundo o qual o Poder Judiciário vem adotando medidas organizativas específicas para enfrentar a nova situação, enquanto o sistema de saúde, ao revés, não havia, até aquele período, se preparado para um aumento de demandas judiciais.

9 Das considerações dos ministros do STF sobre o voto do Ministro Ricardo Lewandowski

O Ministro Alexandre de Moraes acompanhou integralmente o eminente ministro relator, parabenizando-o pelo detalhado voto, "professor que é dessa matéria, o federalismo, distribuição de competências".[38]

Destacou que o sustentáculo do acompanhamento integral ao voto do relator remonta à necessidade de fortalecimento do respeito às regras do federalismo presentes na Constituição de 1988.

Enfatizou o Ministro Alexandre de Moraes que essa foi uma preocupação que o Professor Ricardo Lewandowski demonstrou: a de um federalismo mais centrífugo. O federalismo, em Estados como o Brasil, é sinônimo também, como bem ressaltou o ministro relator, de democracia.

A previsão constitucional e a regulamentação, no âmbito de cada uma das esferas da Federação, não afeta, no entender do Ministro Alexandre de Moraes, o federalismo participativo e a cooperação necessária entre os entes federativos.

Em seu voto, o Ministro Edson Fachin acompanhou integralmente o Ministro Ricardo Lewandowski, ressaltando ser necessário resguardar a atuação dos demais entes federados. O exercício da competência da União em nenhum momento diminuiu a competência própria dos demais entes da Federação na realização de serviços da saúde, nem poderia, afinal, a diretriz constitucional é a de municipalizar esses serviços.

---

[37] JULIANO, I. A.; SIMÕES, A. F. de S.; SOUZA, L. E. P. F. de. Judicialização da saúde e pandemia de covid-19: novos desafios para os sistemas de saúde e de justiça. *Revista de Direito Sanitário*, v. 21, p. e0027, 2021. DOI: 10.11606/issn.2316-9044.rdisan.2021.170717. Disponível em: https://www.revistas.usp.br/rdisan/article/view/170717. Acesso em: 16 fev. 2023.

[38] BRASIL. Supremo Tribunal Federal. *Ação Direta de Inconstitucionalidade 6.362 Distrito Federal*. p. 65. Disponível em: https://redir.stf.jus.br/paginadorpub/paginador.jsp?docTP=TP&docID=754607621. Acesso em: 15 fev. 2023.

O Ministro Fachin frisou o "modo exemplar, escorreito e acutíssimo como o Ministro Relator aplicou ao tema um conjunto de lições doutrinárias e jurisprudenciais sobre o federalismo brasileiro e a compreensão da divisão das competências [...]".[39]

O Ministro Luís Roberto Barroso cumprimentou o Ministro Ricardo Lewandowski, "cujo voto é um pequeno curso compacto do Direito Constitucional Brasileiro nessa matéria, percorrendo diferentes aspectos envolvidos do federalismo".[40]

A Ministra Rosa Weber também conheceu da ADI e julgou improcedente o pedido, "forte nos fundamentos ora brevemente expostos e consonantes com os expendidos com o costumeiro brilho pelo eminente Relator, a quem parabenizo e acompanho na íntegra".[41]

O Ministro Luiz Fux também homenageou o Ministro Ricardo Lewandowski pelo seu voto, afirmando que o ministro relator sempre fez questão de timbrar a diferença entre federalismo de cooperação e federalismo unitário, indo ao encontro do debate da questão da simetria constitucional.

O Ministro Fux muito assertivamente destacou:[42]

> A dependência dessa autorização do Ministério da Saúde carreia o poder decisório dos demais entes federativos e afronta completamente a autonomia dos estados, inserindo burocratização evidentemente desnecessária na atuação dos órgãos de saúde.
>
> O caráter de urgência ínsito a esse instrumento das requisições administrativas de bens e serviços não se coaduna com procedimentos longos e ineficientes. A própria Constituição, como já destacado antecedentemente, exige o binômio iminência e perigo público. Por outro lado, a legislação que traz a dependência a esses condicionamentos está em contradição com as posturas da própria Corte nos casos de litígios constitucionais em matéria de competências comuns. De sorte, Senhor Presidente, que a crise da covid-19 trouxe, digamos assim, para o Supremo, tarefa dificílima: adotar medidas de exceção dentro de um Estado de Direito. Efetivamente, tem sido afim a atuação do Supremo Tribunal Federal, ciente de que as regras constitucionais foram estabelecidas para momentos de normalidade. *É preciso entender essa belíssima interpretação teleológica-sistêmica que o Ministro Lewandowski levou a efeito.* Cuidava, exatamente, de conciliar medida excepcional dentro de estado de exceção, já assentado que, quando o núcleo essencial é a saúde, a competência é concorrente. Entendo que, no caso sob exame, *cumpre à nossa Corte consagrar aquilo que o Ministro Lewandowski fez com excelência: a relevância do federalismo cooperativo e reconhecer, mais uma vez, que os direitos fundamentais de milhões de pessoas à vida e à saúde se sobrelevam aos interesses financeiros de alguns particulares,* que, diga-se a respeito, têm-se curvado diante desse flagelo que se abateu sobre nosso querido País. De sorte, Senhor Presidente, sinteticamente, quero manifestar que *acompanho integralmente o percuciente, como sempre, voto do Relator e Professor Ministro Ricardo Lewandowski, votando pela improcedência dos pedidos formulados.* (Grifos nossos)

---

[39] BRASIL. Supremo Tribunal Federal. *Ação Direta de Inconstitucionalidade 6.362 Distrito Federal.* p. 67. Disponível em: https://redir.stf.jus.br/paginadorpub/paginador.jsp?docTP=TP&docID=754607621. Acesso em: 15 fev. 2023.

[40] BRASIL. Supremo Tribunal Federal. *Ação Direta de Inconstitucionalidade 6.362 Distrito Federal.* p. 68. Disponível em: https://redir.stf.jus.br/paginadorpub/paginador.jsp?docTP=TP&docID=754607621. Acesso em: 15 fev. 2023.

[41] BRASIL. Supremo Tribunal Federal. *Ação Direta de Inconstitucionalidade 6.362 Distrito Federal.* p. 93. Disponível em: https://redir.stf.jus.br/paginadorpub/paginador.jsp?docTP=TP&docID=754607621. Acesso em: 15 fev. 2023.

[42] BRASIL. Supremo Tribunal Federal. *Ação Direta de Inconstitucionalidade 6.362 Distrito Federal.* p. 95. Disponível em: https://redir.stf.jus.br/paginadorpub/paginador.jsp?docTP=TP&docID=754607621. Acesso em: 15 fev. 2023.

A Ministra Cármen Lúcia afirmou ter o Ministro Ricardo Lewandowski tratado da matéria de forma especialmente feliz, *ressaltando que todos os votos do ministro relator eram assim.* Por conseguinte, acompanhou o voto do ministro relator no sentido da improcedência da ação.

O Ministro Gilmar Mendes, por seu turno, fez ponderações perfeitamente válidas, de acordo com o entender do ministro relator.

Em seu voto, o eminente ministro frisou:[43] "Por isso, quero deixar pelo menos assente que meu voto, além de se inspirar e balizar pelo princípio da proporcionalidade, Presidente, observa também que não há primazia ou hierarquia de poder de requisição entre os entes federativos".

Fazendo essas ressalvas – ou ênfase – na fundamentação, acompanho o eminente relator, não sem antes deixar de concluir enfatizando, presidente, que parte dos problemas aqui detectados tem a ver com essa conduta de desvio na execução do modelo SUS como preconiza o texto constitucional.

Por derradeiro, o presidente, Ministro Dias Toffoli, também louvou o belíssimo voto do Ministro Ricardo Lewandowski e todos os votos proferidos, e acompanhou o eminente relator.

10 Conclusão

Como decidido por unanimidade, os ministros do STF julgaram improcedente o pedido da CNSaúde contra a validade de dispositivos da Lei nº 13.979/2020, que permitem aos gestores locais de saúde adotar a requisição sem o controle da União.

A ADI, relatada brilhantemente pelo Ministro Ricardo Lewandowski, concluiu que as requisições administrativas de bens e serviços para o combate à pandemia da Covid-19 poderiam ser realizadas por municípios, estados e Distrito Federal, independentemente de análise prévia ou de autorização do Ministério da Saúde. A decisão do STF fez apenas a ressalva de que os pedidos deveriam se fundamentar em evidências científicas e serem devidamente motivadas.

A exposição do voto do ministro relator, "um verdadeiro curso compacto do Direito Constitucional Brasileiro", evidenciou, de forma inconteste, que era possível a requisição de bens e insumos de saúde pelos gestores locais, conforme bem registrou o Ministro Luís Roberto Barroso.

A lei questionada pela CNSaúde não apresenta, nesse particular, nenhuma obscuridade. O que o autor da ação postulou é que essas requisições fossem previamente autorizadas pelo Ministério da Saúde, antecedidas de ciência e manifestação do atingido, além de que o ato administrativo fosse devidamente fundamentado, observando a proporcionalidade.

O Ministro Ricardo Lewandowski, de forma muito sábia, como lhe é costumeiro, foi firme em defender que as políticas públicas concernentes à proteção da saúde são de competência comum dos entes da Federação, na linha do que prevê, de maneira expressa, o art. 23, II, da Constituição:

---

[43] BRASIL. Supremo Tribunal Federal. *Ação Direta de Inconstitucionalidade 6.362 Distrito Federal.* p. 119. Disponível em: https://redir.stf.jus.br/paginadorpub/paginador.jsp?docTP=TP&docID=754607621. Acesso em: 15 fev. 2023.

Art. 23. É competência comum da União, dos Estados, do Distrito Federal e dos Municípios: [...]
II - cuidar da saúde e assistência pública, da proteção e garantia das pessoas portadoras de deficiência; [...].

Por conseguinte, a lei nada mais fez do que especificar uma competência comum que já se encontrava prevista na Carta Magna, em matéria de saúde pública. A submissão dessa competência que a Constituição confere a estados, municípios e Distrito Federal é por direito próprio. Dessa forma, não pode estar subordinada, em linha de princípio, a uma prévia autorização do Ministério da Saúde, que é um órgão da União.

Evidentemente, se o Estado, para exercer a sua competência, depender da autorização de um órgão federal, ele não será autônomo. Autonomia, precisamente, é a capacidade de decidir livremente, dentro de um espaço que tenha sido adequadamente demarcado.

No que tange à necessidade de manifestação para as requisições, é plausível afirmar que viola a disciplina constitucional da requisição, prevista no art. 5º, XXV:

> Art. 5º Todos são iguais perante a lei, sem distinção de qualquer natureza, garantindo-se aos brasileiros e aos estrangeiros residentes no País a inviolabilidade do direito à vida, à liberdade, à igualdade, à segurança e à propriedade, nos termos seguintes: [...]
> XXV - no caso de *iminente perigo público, a autoridade competente poderá usar de propriedade particular, assegurada ao proprietário indenização ulterior, se houver dano*; [...]. (Grifos nossos)

O termo "iminente perigo público" não pode abrigar uma prévia manifestação. Se é iminente, não se pode aguardar um procedimento de natureza contraditória. Ademais, qualquer interpretação constitucional jurídica só existe perante o princípio da proporcionalidade.

Logo, não é necessário se interpretar severamente conforme à Constituição, razão pela qual a ADI em comento representa, de forma indubitável, a mais pura expressão da profundidade, erudição e detalhamento de magnífico trabalho, mais um entre tantos outros que marcaram indelevelmente a genialidade do Ministro Ricardo Lewandowski.

Por ocasião de sua aposentadoria em 2023, após quase duas décadas como ministro da Suprema Corte, Ricardo Lewandowski deixa também, entre outros primorosos julgados, a relatoria: do primeiro *habeas corpus* coletivo aceito no STF, assegurando o direito à prisão domiciliar a mulheres gestantes, puérperas e mães de crianças de até doze anos ou responsáveis por pessoas com deficiência; dos processos que concluíram pela proibição do nepotismo no serviço público e pela constitucionalidade das cotas raciais nas universidades federais.[44]

Aposentado é aquele que colhe o merecimento de olhar com orgulho tudo o que semeou ou ajudou a semear no decorrer de sua jornada pessoal e profissional. Certamente, para um dos maiores expoentes do direito pátrio, não deve ser tarefa fácil encerrar um ciclo de exitoso trabalho, estudo e dedicação.

---

[44] RODRIGUES, Dennys Albuquerque; CEZAR, Eduardo Barreto; OLIVEIRA, Marcelo Pimentel de (Coord.). *Democracia, humanismo e jurisdição constitucional*: estudos em homenagem ao Ministro Ricardo Lewandowski. Belo Horizonte: Fórum, 2022. 468 p.

Que uma nova etapa, repleta de descanso ou de ainda mais desafios, mas que seja fonte de muita felicidade ao ministro, que tanto se destacou e cujo legado é e continuará sendo referência aos operadores do direito, eternamente.

Referências

BARBOSA, Antonio José. O federalismo brasileiro. *Senado Federal*. Disponível em: https://www12.senado.leg.br/jovemsenador/home/arquivos/textos-consultoria/o-federalismo-brasileiro. Acesso em: 16 fev. 2023.

BARROSO, Luís Roberto. Da falta de efetividade à judicialização excessiva: direito à saúde, fornecimento gratuito de medicamentos e parâmetros para a atuação judicial. *In*: SOUZA NETO, Cláudio Pereira; SARMENTO, Daniel. *Direitos sociais*. Fundamentos, judicialização e direitos sociais em espécie. Rio de Janeiro: Lumen Juris, 2008.

BRASIL. *Constituição da República Federativa do Brasil de 1988*. Disponível em: https://www.planalto.gov.br/ccivil_03/constituicao/constituicao.htm. Acesso em: 16 fev. 2023.

BRASIL. Presidência da República. *Lei nº 13.979, de 6 de fevereiro de 2020*. Disponível em: https://www.planalto.gov.br/ccivil_03/_ato2019-2022/2020/lei/l13979.htm. Acesso em: 15 fev. 2023.

BRASIL. Supremo Tribunal Federal. *Ação Direta de Inconstitucionalidade 6.362 Distrito Federal*. Disponível em: https://redir.stf.jus.br/paginadorpub/paginador.jsp?docTP=TP&docID=754607621. Acesso em: 15 fev. 2023.

BRASIL. Supremo Tribunal Federal. *Requisições de bens e serviços contra pandemia não dependem de autorização do Ministério da Saúde*. Disponível em: https://portal.stf.jus.br/noticias/verNoticiaDetalhe.asp?idConteudo=450880. Acesso em: 20 fev. 2023.

CANOTILHO, José Joaquim Gomes. *Direito constitucional e teoria da Constituição*. 7. ed. Coimbra: Almedina, 2003.

CASTRO, Carlos Roberto Siqueira. *A Constituição aberta e os direitos fundamentais* – Ensaios sobre um constitucionalismo pós-moderno e comunitário. Rio de Janeiro: Forense, 2005.

CONFEDERAÇÃO NACIONAL DE MUNICÍPIOS. *STF confirma autonomia dos Municípios para requisitar bens e serviços na pandemia*. Disponível em: https://www.cnm.org.br/comunicacao/noticias/stf-confirma-autonomia-dos-municipios-para-requisitar-bens-e-servicos-na-pandemia. Acesso em: 20 fev. 2023.

JULIANO, I. A.; SIMÕES, A. F. de S.; SOUZA, L. E. P. F. de. Judicialização da saúde e pandemia de covid-19: novos desafios para os sistemas de saúde e de justiça. *Revista de Direito Sanitário*, v. 21, p. e0027, 2021. DOI: 10.11606/issn.2316-9044.rdisan.2021.170717. Disponível em: https://www.revistas.usp.br/rdisan/article/view/170717. Acesso em: 16 fev. 2023.

LEWANDOWSKI, Enrique Ricardo. Covid-19 e federalismo. *Folha de S.Paulo*, 22 abr. 2020. Disponível em: https://www.ajufe.org.br/imprensa/artigos/13694-covid-19-e-federalismo. Acesso em: 15 fev. 2023.

LEWANDOWSKI, Enrique Ricardo. Fora da Constituição não há salvação. *Folha de S.Paulo*, 15 maio 2017. Disponível em: https://www1.folha.uol.com.br/opiniao/2017/05/1883768-fora-da-constituicao-nao-ha-salvacao.shtml. Acesso em: 20 fev. 2023.

LEWANDOWSKI, Enrique Ricardo. *Pressupostos materiais e formais da intervenção federal no Brasil*. São Paulo: Revista dos Tribunais, 1994.

LEWANDOWSKI: "Não há opção entre ser ou não ser garantista". *Migalhas*, 9 abr. 2022. Disponível em: https://www.migalhas.com.br/quentes/363570/lewandowski--nao-ha-opcao-entre-ser-ou-nao-ser-garantista. Acesso em: 13 fev. 2023.

MORAES, Alexandre de. *Direito constitucional*. 35. ed. São Paulo: Atlas, 2019.

MORAES, Alexandre de. *Direitos humanos fundamentais* – Teoria geral. 6. ed. São Paulo: Atlas, 2005.

RODRIGUES, Dennys Albuquerque; CEZAR, Eduardo Barreto; OLIVEIRA, Marcelo Pimentel de (Coord.). *Democracia, humanismo e jurisdição constitucional*: estudos em homenagem ao Ministro Ricardo Lewandowski. Belo Horizonte: Fórum, 2022. 468 p.

SARMENTO, Daniel. A proteção judicial dos direitos sociais: alguns parâmetros ético-jurídicos. *In*: SOUZA NETO, Cláudio Pereira; SARMENTO, Daniel. *Direitos sociais*. Fundamentos, judicialização e direitos sociais em espécie. Rio de Janeiro: Lumen Juris, 2008.

SILVA, José Afonso da. *Comentário contextual à Constituição*. 6. ed. São Paulo: Malheiros, 2009.

SILVA, José Afonso da. *Curso de direito constitucional positivo*. 27. ed. São Paulo: Malheiros, 2006.

SILVA, Virgílio Afonso da. O Judiciário e as políticas públicas: entre transformação social e obstáculo à realização dos direitos sociais. *In*: SOUZA NETO, Cláudio Pereira; SARMENTO, Daniel. *Direitos sociais*. Fundamentos, judicialização e direitos sociais em espécie. Rio de Janeiro: Lumen Juris, 2008.

ZAVASCKI, Teori Albino. *Processo coletivo*. Tutela de direitos coletivos e tutela coletiva de direitos. 4. ed. São Paulo: Revista dos Tribunais, 2009.

Informação bibliográfica deste texto, conforme a NBR 6023:2018 da Associação Brasileira de Normas Técnicas (ABNT):

GONÇALVES, Benedito; SABINO, Camile. O direito à saúde individual e transindividual – Lições extraídas da atuação do Ministro Ricardo Lewandowski na Ação Direta de Inconstitucionalidade nº 6.362 do Distrito Federal. *In*: RIBEIRO, Paulo Dias de Moura; TOMELIN, Georghio Alessandro; KIM, Richard Pae (Coord.). *Direito humano e fundamental à saúde*: estudos em homenagem ao ministro Enrique Ricardo Lewandowski. Belo Horizonte: Fórum, 2023. p. 213-232. ISBN 978-65-5518-606-2.

A RELEVÂNCIA DO PODER REGULATÓRIO DA AGÊNCIA NACIONAL DE SAÚDE SUPLEMENTAR (ANS) NOS LITÍGIOS ENTRE OPERADORAS E BENEFICIÁRIOS DE PLANOS DE SAÚDE, ESPECIALMENTE NA JURISPRUDÊNCIA DO STJ

RICARDO VILLAS BÔAS CUEVA

I Introdução

A chamada judicialização da saúde, isto é, a discussão em juízo das questões relacionadas com a prestação de serviços de saúde, não se limita às demandas propostas contra o Estado para a obtenção de uma prestação individual que concretize o direito social à saúde, mas abarca também os litígios entre operadoras e beneficiários de planos de saúde. No Superior Tribunal de Justiça, ao qual incumbe a uniformização do direito federal no país, os recursos atinentes à saúde suplementar correspondem a expressivo volume dos julgados por sua Segunda Seção, a quem compete julgar os feitos relativos ao direito privado em geral.

A judicialização da saúde pública remete a uma quase incontrolável escalada de custos que ameaça inviabilizar o Sistema Único de Saúde e tem sujeitado o Poder Judiciário a várias críticas, como: falta de legitimidade para substituir o Poder Executivo na definição de políticas públicas, falta de competência técnica para adjudicar complexas questões que envolvem a adequação de meios e fins, violação do princípio da separação de poderes, ameaça à segurança jurídica, ineficiência e injustiça na alocação de recursos escassos em prejuízo daqueles a quem se pretendia originalmente proteger e ameaça à coerência e integridade do sistema jurídico. Para fazer frente a essas dificuldades, o Conselho Nacional de Justiça já tem desenvolvido estratégias destinadas a aprimorar as técnicas de julgamento (recomendações nºs 31 e 32, por exemplo).[1] O STF e o STJ,

---

[1] Cf. CUEVA, Ricardo Villas Bôas. Parâmetros para a judicialização da saúde. *In*: CAGGIANO, Monica; LEMBO, Claudio; ALMEIDA NETO, Manoel Carlos (Coord.). *Juiz constitucional*: Estado e poder no século XXI – Homenagem ao Ministro Enrique Ricardo Lewandowski. São Paulo: RT, 2015. p. 507 e ss.

por outro lado, já definiram alguns critérios para o fornecimento de medicamentos, terapias e tratamentos pelo Estado.[2]

De modo semelhante, a judicialização da saúde suplementar tem suscitado preocupações quanto ao aumento incontrolável de custos, o que pode pôr em xeque a viabilidade econômico-financeira do setor. Ao mesmo tempo, tem gerado críticas à atuação do Judiciário, que não respeitaria a força vinculante dos contratos e as normas editadas pela agência reguladora.

Como se sabe, o setor de saúde suplementar está entre os mais densamente regulados. A Agência Nacional de Saúde Suplementar, que tem uma intensa produção normativa, atua em todo o território nacional como "órgão de regulação, normatização, controle e fiscalização das atividades que garantam a assistência suplementar à saúde" (art. 1º da Lei nº 9.961/2000).

Pretende-se neste artigo verificar se o dever de deferência[3] do Judiciário às normas expedidas pelas agências reguladoras, em especial da ANS, tem sido observado pelo STJ. Para analisar como a enorme produção normativa da ANS tem sido recebida por esse Tribunal, a jurisprudência mais relevante foi agrupada em quatro temas, em razão de sua recorrência: cobertura dos planos de saúde, manutenção de aposentado ou demitido se justa causa em plano de saúde coletivo, migração de plano de saúde e portabilidade carência e, finalmente, a questão das mensalidades e do custeio dos planos de saúde.

---

[2] Por exemplo, no STJ, o REsp nº 1.657.156-RJ, Rel. Min. Benedito Gonçalves, Primeira Seção. Tese aprovada: "A concessão dos medicamentos não incorporados em atos normativos do SUS exige a presença cumulativa dos seguintes requisitos: (I) comprovação, por meio de laudo médico fundamentado e circunstanciado expedido por médico que assiste o paciente, da imprescindibilidade ou necessidade do medicamento, assim como da ineficácia, para o tratamento da moléstia, dos fármacos fornecidos pelo SUS; (II) incapacidade financeira de arcar com o custo do medicamento prescrito; e (III) existência de registro na ANVISA do medicamento".

[3] V. BARROSO, Luís Roberto. Direito intertemporal, competências funcionais e regime jurídico dos planos e seguros de saúde. *In*: CARNEIRO, Luiz Augusto Ferreira (Org.). *Planos de saúde*: aspectos jurídicos e econômicos. Rio de Janeiro: Forense, 2012. p. 251-257: "o Judiciário deve deferência aos atos das agências reguladoras porque se trata de atos da Administração Pública – isto é: de um outro poder político – e atos praticados por entidades criadas e aparelhadas de forma específica pelo Legislativo para a regulação de determinado setor. A mera possibilidade, em tese, da prática de atos inválidos, não tem o condão de autorizar o Judiciário a subtrair das agências reguladoras o pleno exercício de atribuições e prerrogativas que lhes foram conferidas por lei e que, a rigor, justificam a sua própria criação. Há, porém, um segundo conjunto de razões por força dos quais o Judiciário deve guardar deferência ao examinar as decisões das agências reguladoras. O ponto está relacionado às chamadas capacidades institucionais, isto é, às condições de que cada estrutura dispõe para a tomada de decisões. Como regra, o sistema político e, sobretudo, as instâncias administrativas dispõem de melhores instrumentos para apreciar realidades complexas e fazer avaliações sistêmicas e de longo prazo. A função jurisdicional, por seu turno, destina-se tipicamente à apreciação das circunstâncias do caso concreto que lhe é submetido. Ainda que se permita ao juiz buscar elementos externos para a formação de seu convencimento, a estrutura na qual ele se insere não é aparelhada para considerar variáveis externas ao processo, prever efeitos colaterais de suas decisões sobre o sistema ou fazer escolhas sobre a melhor forma de alcançar metas coletivas abrangentes. [...] Em resumo, o Judiciário deve ter especial deferência pelas decisões das agências na medida em que a elas foi atribuída competência legal para regular o sistema econômico como um todo, tendo em conta todos os seus aspectos e os fins a serem atingidos a curto e médio prazo. O magistrado, por seu turno, não visualiza, e nem tem como considerar, as necessidades do sistema e nem sequer seria capaz de avaliar o impacto de suas decisões sobre esse sistema. Além dessa preocupação com o sistema, decisões das agências que envolvam de forma preponderante juízos eminentemente técnicos merecem, também por essa razão, especial deferência por parte do Poder Judiciário".

II Cobertura nos planos de saúde

a) Tratamento psicoterápico e coparticipação nas sessões que excederem a cobertura mínima obrigatória – Cobertura obrigatória das doenças mentais com o advento da Lei nº 9.656/1998

Compete à ANS fixar parâmetros e indicadores de qualidade e de cobertura em assistência à saúde (art. 4º, V, da Lei nº 9.961/2000). Entre esses parâmetros figura o número sessões de psicoterapia que pode ser exigido das operadoras de planos de saúde. A cobertura mínima obrigatória, em tais casos, inicialmente estabelecida em 12 sessões de psicoterapia por ano de contrato (RN ANS nº 338/2013), foi ampliada, dois anos depois, para 18 consultas anuais (RN ANS nº 387/2015).

Não obstante a reverência prestada à agência reguladora, entendeu a Terceira Turma do STJ que, após a Lei nº 10.216/2001, que promoveu reforma psiquiátrica e instituiu os direitos das pessoas portadoras de transtornos mentais, é necessário articular os modelos assistenciais público, privado e suplementar na área da saúde mental. Como os tratamentos psicoterápicos são contínuos e de longa duração, não é razoável limitar seu custeio ao mínimo obrigatório determinado pela agência reguladora. Não é tampouco razoável exigir que as operadoras arquem sozinhas com o custo das sessões que excederem o parâmetro anual.

Assim,

> a quantidade de consultas psicoterápicas que ultrapassar as balizas de custeio mínimo obrigatório deverá ser suportada tanto pela operadora quanto pelo usuário, em regime de coparticipação, aplicando-se, por analogia, com adaptações, o que ocorre nas hipóteses de internação em clínica psiquiátrica, especialmente o percentual de contribuição do beneficiário (arts. 16, VIII, da Lei nº 9.656/1998; 2º, VII e VIII, e 4º, VII, da Resolução CONSU nº 8/1998 e 22, II, da RN ANS nº 387/2015). (REsp nº 1.679.190/SP. Rel. Min. Ricardo Villas Bôas Cueva, Terceira Turma, j. 26.9.2017. DJe, 2.10.2017)

Vê-se aqui que o Tribunal, ao analisar a matéria trazida à sua apreciação, levou em conta toda a legislação aplicável, inclusive as normas editadas pela agência reguladora. Dessa interpretação sistemática resultou o entendimento de que deveria ser aplicada à hipótese, por analogia, o regramento incidente sobre as internações psiquiátricas, a fim de que os tratamentos psicoterápicos, quase sempre de longa duração, não tivessem frustrado seu objetivo de restabelecer a saúde mental do paciente ante a limitação uniforme da cobertura mínima de sessões de terapia.

b) Terapia ocupacional – Limitação de 12 sessões por ano – Desvantagem exagerada

Também no que tange à terapia ocupacional, entendeu a Terceira Turma do STJ não ser razoável limitar o tratamento ao mínimo obrigatório. Mais uma vez, a coparticipação foi o instrumento utilizado para o custeio das consultas excedentes:

> Há abusividade na cláusula contratual ou em ato da operadora de plano de saúde que importe em interrupção de tratamento de terapia por esgotamento do número de sessões anuais asseguradas no Rol de Procedimentos e Eventos em Saúde da ANS, visto que se revela incompatível com a equidade e a boa-fé, colocando o usuário (consumidor) em situação de desvantagem exagerada (art. 51, IV, da Lei 8.078/1990). Precedente.

Utilização da coparticipação para as consultas excedentes, como forma de evitar o desequilíbrio financeiro, entre prestações e contraprestações. Valoriza-se, a um só tempo, a continuidade do saudável e consciente tratamento do paciente enfermo sem impor à operadora o ônus irrestrito de seu financiamento, utilizando-se a prudência como fator moderador de utilização dos serviços privados de atenção à saúde. (REsp nº 1.642.255/MS. Rel. Min. Nancy Andrighi, Terceira Turma, j. 17.4.2018. *DJe*, 20.4.2018)

c) *Home care* – RN ANS nº 338/2013 (art. 13)

Uma das mais difíceis questões trazidas a julgamento no STJ diz respeito à exigibilidade de internação domiciliar, comumente referida como *home care*. É que, como destacado no REsp nº 1.537.301/RJ, Rel. Min. Ricardo Villas Bôas Cueva, "a atenção domiciliar nos planos de saúde não foi vedada, tampouco tornou-se obrigatória, devendo obedecer à previsão contratual ou à negociação entre as partes, respeitados os normativos da Anvisa no caso da internação domiciliar".

Entretanto, prossegue o voto condutor do julgado:

> o serviço de saúde domiciliar não só se destaca por atenuar o atual modelo hospitalo-cêntrico, trazendo mais benefícios ao paciente, pois terá tratamento humanizado junto da família e no lar, aumentando as chances e o tempo de recuperação, sofrendo menores riscos de reinternações e de contrair infecções e doenças hospitalares, mas também, em muitos casos, é mais vantajoso para o plano de saúde, já que há a otimização de leitos hospitalares e a redução de custos: diminuição de gastos com pessoal, alimentação, lavanderia, hospedagem (diárias) e outros.

Desse modo, a Terceira Turma do STJ, em sintonia com a regulação da ANS que remete à norma editada pela Anvisa, concluiu:

> na ausência de regras contratuais que disciplinem a utilização do serviço, a internação domiciliar pode ser obtida como conversão da internação hospitalar. Assim, para tanto, há a necessidade (i) de haver condições estruturais da residência, (ii) de real necessidade do atendimento domiciliar, com verificação do quadro clínico do paciente, (iii) da indicação do médico assistente, (iv) da solicitação da família, (v) da concordância do paciente e (vi) da não afetação do equilíbrio contratual, como nas hipóteses em que o custo do atendimento domiciliar por dia não supera o custo diário em hospital.

d) Medicamento sem registro na Anvisa – RN ANS nº 387/2015

Outra questão tormentosa enfrentada pelo Judiciário relaciona-se à necessidade ou não de a operadora de plano de saúde fornecer medicamento importado sem registro na Anvisa. No ponto, o STJ tem decidido, mais uma vez de acordo com as normas editadas pelas autoridades reguladoras, que a operadora não pode ser compelida a custear medicamento importado não registrado, o que constituiria infração sanitária, somente podendo ser obrigada a fazê-lo após o registro pela Anvisa:

> A exclusão da assistência farmacêutica para o medicamento importado sem registro na ANVISA também encontra fundamento nas normas de controle sanitário. De fato, a importação de medicamentos e outras drogas, para fins industriais ou comerciais, sem a prévia e expressa manifestação favorável do Ministério da Saúde constitui infração de

natureza sanitária (arts. 10, 12 e 66 da Lei nº 6.360/1976 e 10, IV, da Lei nº 6.437/1977), não podendo a operadora de plano de saúde ser obrigada a custeá-los em afronta à lei. Após o ato registral [pela Anvisa], a operadora de plano de saúde não pode recusar o tratamento com o fármaco indicado pelo médico assistente. Com efeito, a exclusão da cobertura do produto farmacológico nacionalizado e indicado pelo médico assistente, de uso ambulatorial ou hospitalar e sem substituto eficaz, para o tratamento da enfermidade significa negar a própria essência do tratamento, desvirtuando a finalidade do contrato de assistência à saúde (arts. 35-F da Lei nº 9.656/1998 e 7º, parágrafo único, e 17 da RN nº 387/2015 da ANS). (REsp nº 1.632.752/PR. Rel. Min. Ricardo Villas Bôas Cueva, Terceira Turma, j. 22.8.2017. *DJe*, 29.8.2017)

A Quarta Turma do STJ também decidiu ser legítima a recusa da operadora de plano de saúde ao custeio de medicamento não registrado na Anvisa (art. 10, inc. V, da Lei nº 9.656/1998) (REsp nº 1.628.854/RJ. Rel. Min. Luis Felipe Salomão, Rel. p/ Acórdão Min. Maria Isabel Gallotti, Quarta Turma, j. 1º.3.2018. *DJe*, 26.4.2018).

A matéria foi consolidada pela Segunda Seção do STJ em recurso repetitivo: "As operadoras de planos de saúde não estão obrigadas a fornecer medicamentos não registrados pela ANVISA" (REsps nºs 1.726.563 e 1.712.163/SP. Rel. Min. Moura Ribeiro, Segunda Seção, j. 8.11.2018).

e) Prótese e órtese ligadas ao ato cirúrgico e ressarcimento ao SUS (facectomia e lentes intraoculares)

A Terceira Turma do STJ, em estrita aderência à lei de regência e às normas regulatórias, descaracterizou o dano moral coletivo e afastou a obrigação de as operadoras ressarcirem os custos de implante das lentes em cirurgias de catarata ao SUS, tendo em vista a inexistência de abusividade na recusa de cobertura até a mudança de entendimento da agência reguladora:

Até o início de 2008 havia dúvida jurídica razoável quanto à abusividade da negativa de cobertura das próteses ligadas à facectomia nos contratos de assistência à saúde anteriores à edição da Lei nº 9.656/1998, somente superada com a revisão de entendimento da ANS sobre o tema, de forma que a operadora, ao ter optado pela restrição contratual, não incorreu em nenhuma prática socialmente execrável; tampouco foi atingida, de modo injustificável, a esfera moral da comunidade. Descaracterização, portanto, do dano moral coletivo: não houve intenção deliberada da demandada em violar o ordenamento jurídico com vistas a obter lucros predatórios em detrimento dos interesses transindividuais dos usuários de plano de saúde.

Não há falar em ressarcimento ao SUS (art. 32 da Lei nº 9.656/1998) quanto aos custos de implante das lentes intraoculares de usuários que procuraram a Saúde Pública para realizar a cirurgia de catarata, visto que as operadoras de plano de saúde não podem ser sancionadas por seguirem diretrizes da própria Administração. Somente após a revisão de entendimento da ANS a respeito da legalidade da cláusula que afastava a cobertura de próteses ligadas à facectomia em contratos anteriores à edição da Lei nº 9.656/1998 é que poderá ser cobrado da operadora o reembolso pelas despesas feitas a esse título no SUS, e segundo normas expedidas pelo próprio ente governamental regulador. (REsp nº 1.473.846/ SP. Rel. Min. Ricardo Villas Bôas Cueva, Terceira Turma, j. 21.2.2017. *DJe*, 24.2.2017)

f) Fertilização *in vitro* e inseminação artificial – Art. 7º, I, RN ANS nº 338/2013

Em consonância com a norma editada pela ANS, o STJ entendeu não ser abusiva a cláusula contratual que exclui da cobertura do plano de saúde a inseminação artificial e a fertilização *in vitro*:

> A Resolução Normativa 338/2013 da ANS, aplicável à hipótese concreta, define planejamento familiar como o "conjunto de ações de regulação da fecundidade que garanta direitos de constituição, limitação ou aumento da prole pela mulher, pelo homem ou pelo casal" (art. 7º, I, RN 338/2013 ANS).

> Aos consumidores estão assegurados, quanto à atenção em planejamento familiar, o acesso aos métodos e técnicas para a concepção e a contracepção, o acompanhamento de profissional habilitado (v.g. ginecologistas, obstetras, urologistas), a realização de exames clínicos e laboratoriais, os atendimentos de urgência e de emergência, inclusive a utilização de recursos comportamentais, medicamentosos ou cirúrgicos, reversíveis e irreversíveis em matéria reprodutiva.

> A limitação da lei quanto à inseminação artificial (art. 10, III, LPS) apenas representa uma exceção à regra geral de atendimento obrigatório em casos que envolvem o planejamento familiar (art. 35-C, III, LPS). Não há, portanto, abusividade na cláusula contratual de exclusão de cobertura de inseminação artificial, o que tem respaldo na LPS e na RN 338/2013. (REsp nº 1.590.221/DF. Rel. Min. Nancy Andrighi, Terceira Turma, j. 7.11.2017. *DJe*, 13.11.2017)

g) Obesidade mórbida – Internação em clínica de emagrecimento – Tratamento estético – Descaracterização

A internação em clínica de emagrecimento, por prescrição médica, em caso de obesidade mórbida de elevado grau, não se confunde com tratamento estético, tal como definido na lei e na norma regulamentar, descabendo à operadora negar cobertura por falta de previsão contratual. Foi esse o entendimento da Terceira Turma do STJ, ao discutir o correto enquadramento da hipótese à legislação aplicável:

> Ação ordinária que busca o custeio de tratamento contra obesidade mórbida (grau III) em clínica especializada de emagrecimento, pois o autor não obteve sucesso em outras terapias, tampouco podia se submeter à cirurgia bariátrica em virtude de apneia grave e outras comorbidades, sendo a sua situação de risco de morte.

> A restrição ao custeio pelo plano de saúde de tratamento de emagrecimento circunscreve-se somente aos de cunho estético ou rejuvenescedor, sobretudo os realizados em SPA, clínica de repouso ou estância hidromineral (arts. 10, IV, da Lei nº 9.656/1998 e 20, §1º, IV, da RN ANS nº 387/2015), não se confundindo com a terapêutica da obesidade mórbida (como a internação em clínica médica especializada), que está ligada à saúde vital do paciente e não à pura redução de peso almejada para se obter beleza física.

> Havendo indicação médica para tratamento de obesidade mórbida ou severa por meio de internação em clínica de emagrecimento, não cabe à operadora negar a cobertura sob o argumento de que o tratamento não seria adequado ao paciente, ou que não teria previsão contratual, visto que tal terapêutica, como último recurso, é fundamental à sobrevida do usuário, inclusive com a diminuição das complicações e doenças dela decorrentes, não se configurando simples procedimento estético ou emagrecedor. (REsp nº 1.645.762/BA. Rel. Min. Ricardo Villas Bôas Cueva, Terceira Turma, j. 12.12.2017. *DJe*, 18.12.2017)

h) Próteses e órteses – Dispositivo médico implantável – RN ANS nº 428/2017

Em conformidade com a norma expedida pela ANS, entendeu-se no STJ que a operadora de plano de saúde somente é obrigada a custear prótese ortopédica implantada mediante ato cirúrgico:

> Cinge-se a controvérsia a definir se a prótese ortopédica indicada para a usuária estava ligada ou não ao ato cirúrgico, o que influirá no dever de custeio pela operadora de plano de saúde.
>
> Nos planos de saúde, é obrigatória apenas a cobertura de órteses, próteses e materiais especiais (OPME) sem a finalidade estética e que necessitem de cirurgia para serem colocados ou retirados, ou seja, que se qualifiquem como dispositivos médicos implantáveis, independentemente de se tratar de produto de alto custo ou não.
>
> Para saber se uma prótese ou órtese está ligada ao ato cirúrgico e, portanto, coberta pelo plano de saúde, deve-se indagar se ela possui as seguintes características, inerentes aos dispositivos médicos implantáveis: (i) ser introduzida (total ou parcialmente) no corpo humano; (ii) ser necessário procedimento cirúrgico para essa introdução e (iii) permanecer no local onde foi introduzida, após o procedimento cirúrgico.
>
> As próteses de substituição de membros, a exemplo das endo ou exoesqueléticas para desarticulação de joelho, transfemural ou transtibial, são não implantáveis, o que as tornam objeto de exclusão de cobertura obrigatória pelos planos de saúde, pois não estão ligadas a ato cirúrgico. (REsp nº 1.673.822/RJ. Rel. Min. Paulo de Tarso Sanseverino, Rel. p/ Acórdão Min. Ricardo Villas Bôas Cueva, Terceira Turma, j. 15.3.2018. *DJe*, 11.5.2018)

i) Órtese substitutiva de cirurgia – Órtese craniana (exceção)

Como exceção à hipótese normativa anteriormente discutida, justificada por situação de desvantagem exagerada, que não se coaduna com o Código de Defesa do Consumidor, admitiu-se no STJ a obrigatoriedade de a operadora de saúde custear órtese craniana substitutiva de cirurgia:

> O propósito recursal consiste em definir: i) se a operadora de plano de saúde deve fornecer órtese substitutiva de procedimento cirúrgico; e ii) se a negativa em seu fornecimento no particular constitui hipótese de compensação por danos morais.
>
> *Confrontar o beneficiário com a hipótese de o plano de saúde cobrir apenas e tão somente a cirurgia de sua filha - e não a órtese que lhe é alternativa - representa situação de desvantagem exagerada, prática vedada pelo Código de Defesa do Consumidor.*
>
> A lei estabelece que as operadoras de plano de saúde não podem negar o fornecimento de órteses, próteses e seus acessórios indispensáveis ao sucesso da cirurgia, como por exemplo a implantação de stents ou marcapassos em cirurgias cardíacas. *Se o fornecimento de órtese essencial ao sucesso da cirurgia deve ser custeado, com muito mais razão a órtese que substitui esta cirurgia,* por ter eficácia equivalente sem o procedimento médico invasivo do paciente portador de determinada moléstia. (REsp nº 1.731.762/GO. Rel. Min. Nancy Andrighi, Terceira Turma, j. 22.5.2018. *DJe*, 28.5.2018)

j) Medicamento *off label* – RN ANS nº 338/2013 e caráter experimental

Em julgamento de um dos primeiros casos que versam sobre o uso de medicamento para finalidade não descrita na bula, a Terceira Turma do STJ distinguiu o tratamento experimental a que alude o inc. I do art. 10 da Lei nº 9.656/1998 do uso de medicamento *off label* a que se refere resolução normativa editada pela ANS:

> O propósito recursal consiste em definir se a operadora de plano de saúde está autorizada a negar tratamento prescrito por médico, sob o fundamento de que sua utilização em favor do paciente está fora das indicações descritas na bula/manual registrado na ANVISA (uso off-label).
> A Agência Nacional de Saúde Suplementar (ANS) editou a Resolução Normativa 338/2013, vigente ao tempo da demanda, disciplinando que consiste em tratamento experimental aquele que não possui as indicações descritas na bula/manual registrado na ANVISA (uso off-label).
> Quem decide se a situação concreta de enfermidade do paciente está adequada ao tratamento conforme as indicações da bula/manual da ANVISA daquele específico remédio é o profissional médico. Autorizar que a operadora negue a cobertura de tratamento sob a justificativa de que a doença do paciente não está contida nas indicações da bula representa inegável ingerência na ciência médica, em odioso e inaceitável prejuízo do paciente enfermo.
> *O caráter experimental a que faz referência o art. 10, I, da Lei 9.656 diz respeito ao tratamento clínico ou cirúrgico incompatível com as normas de controle sanitário ou, ainda, aquele não reconhecido como eficaz pela comunidade científica.*

A ingerência da operadora, além de não ter fundamento na Lei 9.656/98, consiste em ação iníqua e abusiva na relação contratual, e coloca concretamente o consumidor em desvantagem exagerada (art. 51, IV, do CDC). (REsp nº 1.721.705/SP. Rel. Min. Nancy Andrighi, Terceira Turma, j. 28.8.2018. *DJe*, 6.9.2018)

k) Custeio de exame no exterior – Exclusão

Em estrita observância da lei e do contrato, foi mantida exclusão de cobertura de procedimento realizado fora do Brasil:

> [...] 3. O propósito recursal consiste em definir se a operadora de plano de saúde deve fornecer cobertura para procedimento realizado fora do Brasil. [...]
> 8. Na hipótese em exame, a recorrida é beneficiária dependente de plano de saúde; o contrato estabelece expressamente a exclusão de tratamento realizado fora do território nacional e o exame Oncotype DX prescrito pela médica assistente é realizado apenas no exterior. Assim, não há se falar em abusividade da conduta da operadora de plano de saúde ao negar a cobertura e o reembolso do procedimento internacional, pois sua conduta tem respaldo na Lei 9.656/98 (art. 10) e no contrato celebrado com a Beneficiária. (REsp nº 1.762.313/MS. Rel. Min. Nancy Andrighi, Terceira Turma, j. 18.9.2018. *DJe*, 21.9.2018)

l) Limitação a 12 horas para atendimento em casos de urgência e emergência – RN ANS nº 428/2017 (arts. 21 e 22)

Com lastro em norma editada pela agência reguladora, reafirmou-se no STJ a distinção entre atendimento ambulatorial e internação hospitalar, confirmando a licitude de cláusula contratual que prevê limite de tempo para tratamento emergencial:

> 1. A controvérsia posta no presente recurso especial centra-se em saber se é lícita ou não a cláusula inserta em contrato de plano de saúde individual que estabelece, para o

tratamento emergencial ou de urgência, no segmento atendimento ambulatorial, o limite de 12 (doze) horas. [...]

7. O disposto no art. 12, II, a, da Lei n. 9.656/1998, que veda a limitação de tempo para a internação hospitalar, e o teor do enunciado n. 302 da Súmula do STJ, que dispõe ser abusiva a cláusula contratual de plano de saúde que limita no tempo a internação hospitalar do segurado, referem-se, expressamente, à segmentação hospitalar, e não à ambulatorial. (REsp nº 1.764.859/RS. Rel. Min. Marco Aurélio Bellizze, Terceira Turma, j. 6.11.2018. *DJe*, 8.11.2018)

III Manutenção de aposentado e demitido sem justa causa em plano coletivo (arts. 30 e 31 da Lei nº 9.656/1998)

a) Prazo para manifestação do usuário demitido permanecer no plano – RN ANS nº 275/2011 (art. 10)

Nos termos da norma expedida pela agência, o termo inicial da contagem do prazo para o usuário demitido permanecer no plano de saúde empresarial é a comunicação inequívoca ao ex-empregado sobre a possibilidade de optar por manter condição de beneficiário:

> Demanda proposta por empregada demitida, pouco mais de trinta dias após sua demissão, buscando manter a sua vinculação ao plano de saúde empresarial, mediante o pagamento das parcelas correspondentes.
>
> Decorre do princípio da boa-fé objetiva o dever de comunicação expressa ao ex-empregado do seu direito de optar pela manutenção da condição de beneficiário do plano de saúde, no prazo razoável de 30 dias a partir do seu desligamento da empresa.
>
> A contagem desse prazo somente inicia-se a partir da "comunicação inequívoca ao ex-empregado sobre a opção de manutenção da condição de beneficiário de que gozava quando da vigência do contrato de trabalho" (parágrafo único do art. 10 da RN 275/2011 da ANS).
>
> Não comprovação da efetiva comunicação à autora. (REsp nº 1.237.054/PR. Rel. Min. Paulo de Tarso Sanseverino, Terceira Turma, j. 22.4.2014. *DJe*, 19.5.2014)

b) Contribuição exclusiva do empregador – Inexistência do direito do aposentado

A coparticipação do ex-empregado aposentado ou demitido não se confunde com sua contribuição para o plano de saúde; sendo esta exclusiva do empregador, não há direito de permanência no plano, tal como determinado na lei de regência:

> O plano de assistência médica, hospitalar e odontológica concedido pelo empregador não pode ser enquadrado como salário indireto, sejam os serviços prestados diretamente pela empresa ou por determinada operadora (art. 458, §2º, IV, da CLT). Com efeito, o plano de saúde fornecido pela empresa empregadora, mesmo a título gratuito, não possui natureza retributiva, não constituindo salário-utilidade (salário in natura), sobretudo por não ser contraprestação ao trabalho. Ao contrário, referida vantagem apenas possui natureza preventiva e assistencial, sendo uma alternativa às graves deficiências do Sistema Único de Saúde (SUS), obrigação do Estado.

Nos planos de saúde coletivos custeados exclusivamente pelo empregador não há direito de permanência do ex-empregado aposentado ou demitido sem justa causa como beneficiário, salvo disposição contrária expressa, prevista em contrato ou em convenção coletiva de trabalho, sendo irrelevante a tão só existência de coparticipação, pois esta não se confunde com contribuição. (REsp nº 1.594.346/SP. Rel. Min. Ricardo Villas Bôas Cueva, Terceira Turma, j. 9.8.2016. *DJe*, 16.8.2016)

O tema foi objeto de recurso especial representativo de controvérsia na Segunda Seção do STJ:

RECURSO ESPECIAL REPETITIVO. CIVIL. PLANO DE SAÚDE COLETIVO EMPRESARIAL. EX-EMPREGADO APOSENTADO OU DEMITIDO SEM JUSTA CAUSA. ASSISTÊNCIA MÉDICA. MANUTENÇÃO. ARTS. 30 E 31 DA LEI Nº 9.656/1998. REQUISITOS NÃO PREENCHIDOS. CONTRIBUIÇÃO EXCLUSIVA DO EMPREGADOR. VIGÊNCIA DO CONTRATO DE TRABALHO. COPARTICIPAÇÃO DO USUÁRIO. IRRELEVÂNCIA. FATOR DE MODERAÇÃO. SALÁRIO INDIRETO. DESCARACTERIZAÇÃO.

1. Tese para os fins do art. 1.040 do CPC/2015: *Nos planos de saúde coletivos custeados exclusivamente pelo empregador não há direito de permanência do ex-empregado aposentado ou demitido sem justa causa como beneficiário, salvo disposição contrária expressa prevista em contrato ou em acordo/convenção coletiva de trabalho, não caracterizando contribuição o pagamento apenas de coparticipação, tampouco se enquadrando como salário indireto.*

2. No caso concreto, recurso especial provido. (REsps nºs 1.680.318 e 1.708.104/SP. Rel. Min. Ricardo Villas Bôas Cueva, Segunda Seção, j. 22.8.2018. *DJe*, 24.8.2018)

c) Planos de ativos e inativos distintos – Custeio pós-pagamento *x* pré-pagamento por faixas etárias

Com supedâneo na lei e na norma infralegal editada pela agência, a Terceira Turma fixou o entendimento de que não há, para os ex-empregados, direito adquirido ao modelo de custeio do plano de saúde, sendo admissível que o ex-empregador contrate plano de saúde exclusivo para os inativos, desde que mantidos os mesmos parâmetros de cobertura e qualidade:

Mantidos a qualidade e o conteúdo de cobertura assistencial do plano de saúde, não há direito adquirido a modelo de custeio, devendo-se evitar a onerosidade excessiva ao usuário e a discriminação ao idoso. Precedentes.

É possível ao ex-empregador (i) manter os seus ex-empregados - demitidos sem justa causa ou aposentados - no mesmo plano de saúde em que se encontravam antes do encerramento do contrato de trabalho ou (ii) contratar um plano de saúde exclusivo para eles (art. 13 da RN nº 279/2011 da ANS).

A opção da operadora por separar as categorias entre ativos e inativos também se mostra adequada para dar cumprimento às disposições legais, visto que há garantia ao empregado aposentado ou demitido de manutenção das mesmas condições de assistência à saúde, e, por princípio, em valores de mensalidade abaixo dos praticados no mercado, não havendo obrigatoriedade de que o plano de saúde coletivo seja uno, sobretudo com relação ao regime de custeio. (REsp nº 1.656.827/SP. Rel. Min. Ricardo Villas Bôas Cueva, Terceira Turma, j. 2.5.2017. *DJe*, 5.5.2017)

d) "Mesmas condições" e "pagamento integral" – Diferença quantitativa entre planos de ativos e inativos considerada ilegal

Posteriormente, em controle de legalidade da norma editada pela ANS, a Terceira Turma do STJ, por maioria, entendeu que o regulamento desbordou dos limites do art. 31 da Lei nº 9.656/1998, que não admitiria a criação de planos de saúde distintos para ativos e inativos nem a cobrança de preços diversos:

> [...] 2. O propósito recursal é definir o alcance da determinação legal "mesmas condições de cobertura assistencial de que gozava quando da vigência do contrato de trabalho, desde que assuma o seu pagamento integral", expressa no art. 31 da Lei 9.656/98, para o aposentado ou o demitido sem justa causa mantido no plano de saúde fornecido por seu ex-empregador. [...]
> 4. O art. 31 da Lei 9.656/98, regulamentado pela Resolução Normativa 279/2011 da ANS, não alude a possibilidade de um contrato de plano de saúde destinado aos empregados ativos e outro destinado aos empregados inativos. E, quanto ao ponto da insurgência recursal, não faz distinção entre "preço" para empregados ativos e empregados inativos.
> 5. O "pagamento integral" da redação do art. 31 da Lei 9.656/98 deve corresponder ao valor da contribuição do ex-empregado, enquanto vigente seu contrato de trabalho, e da parte antes subsidiada por sua ex-empregadora, pelos preços praticados aos funcionários em atividade, acrescido dos reajustes legais. Precedentes. (REsp nº 1.713.619/SP. Rel. Min. Nancy Andrighi, voto vencido: Min. Ricardo Villas Bôas Cueva, Terceira Turma, j. 16.10.2018. *DJe*, 12.11.2018)

IV Migração de plano de saúde e portabilidade de carência

a) Término do direito de prorrogação do plano coletivo empresarial para demitidos e portabilidade – RN ANS nº 279/2011 (art. 26, I) e RN ANS nº 186/2009 (art. 7º-C)

Aplicando normas editadas pela ANS, a Terceira Turma do STJ definiu que, decorrido o prazo legal de permanência temporária no plano de saúde coletivo, pode a operadora encerrar o contrato, não sendo obrigada a oferecer plano individual ao ex-empregado:

> Quando há a demissão imotivada do trabalhador, a operadora de plano de saúde deve lhe facultar a prorrogação temporária do plano coletivo empresarial ao qual havia aderido, contanto que arque integralmente com os custos das mensalidades, não podendo superar o prazo estabelecido em lei: período mínimo de 6 (seis) meses e máximo de 24 (vinte e quatro) meses. Incidência do art. 30, caput e §1º, da Lei nº 9.656/1998.
> A operadora de plano de saúde pode encerrar o contrato de assistência à saúde do trabalhador demitido sem justa causa após o exaurimento do prazo legal de permanência temporária no plano coletivo, não havendo nenhuma abusividade em tal ato ou ataque aos direitos do consumidor, sobretudo em razão da extinção do próprio direito assegurado pelo art. 30 da Lei nº 9.656/1998. Aplicação do art. 26, I, da RN nº 279/2011 da ANS.
> A operadora de plano de saúde não pode ser obrigada a oferecer plano individual a ex-empregado demitido ou exonerado sem justa causa após o direito de permanência temporária no plano coletivo esgotar-se (art. 30 da Lei nº 9.656/1998), sobretudo se ela não disponibilizar no mercado esse tipo de plano. Além disso, tal hipótese não pode ser

equiparada ao cancelamento do plano privado de assistência à saúde feito pelo próprio empregador, ocasião em que pode incidir os institutos da migração ou da portabilidade de carências. (REsp nº 1.592.278/DF. Rel. Min. Ricardo Villas Bôas Cueva, Terceira Turma, j. 7.6.2016. *DJe*, 20.6.2016)

b) Portabilidade da carência – Migração de categorias de planos na mesma operadora

É assegurada a portabilidade da carência, em observância à norma regulamentar, quando o ex-empregado migra para novo plano individual ou familiar ou coletivo por adesão, na mesma ou em outra operadora:

> Há hipóteses em que o prazo de carência já cumprido em um dado contrato pode ser aproveitado em outro, como geralmente ocorre na migração e na portabilidade de plano de saúde, para a mesma ou para outra operadora. Tais institutos possibilitam a mobilidade do consumidor, sendo essenciais para a estimulação da livre concorrência no mercado de saúde suplementar.
>
> Quanto ao ex-empregado demitido e seus dependentes, para não ficarem totalmente desprotegidos, e atendendo à função social do contrato de plano de saúde (art. 421 do Código Civil), foi assegurada, pela Agência Nacional de Saúde Suplementar (ANS), a portabilidade especial de carências.
>
> Nos termos do art. 7º-C da RN nº 186/2009 da ANS, o ex-empregado demitido ou exonerado sem justa causa ou aposentado ou seus dependentes vinculados ao plano ficam dispensados do cumprimento de novos períodos de carência na contratação de novo plano individual ou familiar ou coletivo por adesão, seja na mesma operadora seja em outra, desde que peçam a transferência durante o período de manutenção da condição de beneficiário garantida pelos arts. 30 e 31 da Lei nº 9.656/1998. Aplicação, no caso dos autos, a permitir a cobertura imediata dos serviços de assistência pré-natal e obstétrica. (REsp nº 1.525.109/SP. Rel. Min. Ricardo Villas Bôas Cueva, Terceira Turma, j. 4.10.2016. *DJe*, 18.10.2016)

c) Migração de plano coletivo extinto para individual – Descabimento da manutenção das mensalidades

Em interpretação sistemática das normas infralegais sobre o tema, decidiu a Terceira Turma do STJ que, na hipótese de migração de plano coletivo extinto para plano individual, não há direito à manutenção das mensalidades:

> A migração ou a portabilidade de carências na hipótese de rescisão de contrato de plano de saúde coletivo empresarial foi regulamentada pela Resolução CONSU nº 19/1999, que dispôs sobre a absorção do universo de consumidores pelas operadoras de planos ou seguros de assistência à saúde que operam ou administram planos coletivos que vierem a ser liquidados ou encerrados. A RN nº 186/2009 e a RN nº 254/2011 da ANS incidem apenas nos planos coletivos por adesão ou nos individuais.
>
> Não há falar em manutenção do mesmo valor das mensalidades aos beneficiários que migram do plano coletivo empresarial para o plano individual, haja vista as peculiaridades de cada regime e tipo contratual (atuária e massa de beneficiários), que geram preços diferenciados. O que deve ser evitado é a abusividade, tomando-se como referência o valor de mercado da modalidade contratual. (REsp nº 1.471.569/RJ. Rel. Min. Ricardo Villas Bôas Cueva, Terceira Turma, j. 1º.3.2016. *DJe*, 7.3.2016)

V Mensalidades e custeio dos planos de saúde

a) Regime de custeio e condições de cobertura assistencial (exceção da ruína)

Não demonstrada má-fé nem vantagem exagerada de uma das partes sobre a outra, é possível, observada a razoabilidade, alterar o modelo de custeio de plano de saúde para manter seu equilíbrio econômico-financeiro, desde que garantidas as mesmas condições de cobertura assistencial:

> Mantidos a qualidade e o conteúdo de cobertura assistencial do plano de saúde, não há direito adquirido a modelo de custeio, podendo o estipulante e a operadora redesenharem o sistema para evitar o seu colapso (exceção da ruína), desde que não haja onerosidade excessiva ao consumidor ou a discriminação ao idoso.
>
> Nos contratos cativos de longa duração, também chamados de relacionais, baseados na confiança, o rigorismo e a perenidade do vínculo existente entre as partes pode sofrer, excepcionalmente, algumas flexibilizações, a fim de evitar a ruína do sistema e da empresa, devendo ser respeitados, em qualquer caso, a boa-fé, que é bilateral, e os deveres de lealdade, de solidariedade (interna e externa) e de cooperação recíprocos.
>
> Não há como preservar indefinidamente a sistemática contratual original se verificada a exceção da ruína, sobretudo se comprovadas a ausência de má-fé, a razoabilidade das adaptações e a inexistência de vantagem exagerada de uma das partes em detrimento da outra, sendo premente a alteração do modelo de custeio do plano de saúde para manter o equilíbrio econômico-contratual e a sua continuidade, garantidas as mesmas condições de cobertura assistencial, nos termos dos arts. 30 e 31 da Lei nº 9.656/1998. (REsp nº 1.479.420/SP. Rel. Min. Ricardo Villas Bôas Cueva, Terceira Turma, j. 1º.9.2015. *DJe*, 11.9.2015)

b) Coparticipação em percentual sobre o custo de tratamento

Nos termos da lei e das normas regulatórias, admite-se a coparticipação do beneficiário em percentual sobre o custo do tratamento, sendo esta apenas vedada em casos de internação:

> Não há falar em ilegalidade na contratação de plano de saúde em regime de coparticipação, seja em percentual sobre o custo do tratamento seja em montante fixo, até mesmo porque "percentual de co-participação do consumidor ou beneficiário" (art. 16, VIII, da Lei nº 9.656/1998) é expressão da lei. Vedação, todavia, da instituição de fator que limite seriamente o acesso aos serviços de assistência à saúde, a exemplo de financiamentos quase integrais do procedimento pelo próprio usuário, a evidenciar comportamento abusivo da operadora.
>
> A coparticipação em percentual sobre o custo do tratamento é proibida apenas nos casos de internação, e somente para os eventos que não tenham relação com a saúde mental, devendo, no lugar, ser os valores prefixados (arts. 2º, VII e VIII, e 4º, VII, da Resolução CONSU nº 8/1998).
>
> O afastamento da cláusula de coparticipação equivaleria a admitir-se a mudança do plano de saúde para que o usuário arcasse com valores reduzidos de mensalidade sem a necessária contrapartida, o que causaria grave desequilíbrio contratual por comprometer a atuária e por onerar, de forma desproporcional, a operadora, a qual teria que custear a integralidade do tratamento. (REsp nº 1.566.062/RS. Rel. Min. Ricardo Villas Bôas Cueva, Terceira Turma, j. 21.6.2016. *DJe*, 1º.7.2016)

c) Reajuste de faixa etária (repetitivo)

Em recurso representativo de controvérsia, com eficácia vinculante, como consabido, a Segunda Seção do STJ fixou o entendimento de que é possível o reajuste das mensalidades do plano de saúde de acordo com a faixa de etária, desde que haja previsão contratual, que sejam observadas as normas editadas pelos entes reguladores e que os percentuais não sejam desarrazoados:

> No tocante aos contratos antigos e não adaptados, isto é, aos seguros e planos de saúde firmados antes da entrada em vigor da Lei nº 9.656/1998, deve-se seguir o que consta no contrato, respeitadas, quanto à abusividade dos percentuais de aumento, as normas da legislação consumerista e, quanto à validade formal da cláusula, as diretrizes da Súmula Normativa nº 3/2001 da ANS.
>
> Em se tratando de contrato (novo) firmado ou adaptado entre 2/1/1999 e 31/12/2003, deverão ser cumpridas as regras constantes na Resolução CONSU nº 6/1998, a qual determina a observância de 7 (sete) faixas etárias e do limite de variação entre a primeira e a última (o reajuste dos maiores de 70 anos não poderá ser superior a 6 (seis) vezes o previsto para os usuários entre 0 e 17 anos), não podendo também a variação de valor na contraprestação atingir o usuário idoso vinculado ao plano ou seguro saúde há mais de 10 (dez) anos.
>
> Para os contratos (novos) firmados a partir de 1º/1/2004, incidem as regras da RN nº 63/2003 da ANS.
>
> *O reajuste de mensalidade de plano de saúde individual ou familiar fundado na mudança de faixa etária do beneficiário é válido desde que (i) haja previsão contratual, (ii) sejam observadas as normas expedidas pelos órgãos governamentais reguladores e (iii) não sejam aplicados percentuais desarrazoados ou aleatórios que, concretamente e sem base atuarial idônea, onerem excessivamente o consumidor ou discriminem o idoso.* (REsp nº 1.568.244/RJ. Rel. Min. Ricardo Villas Bôas Cueva, Segunda Seção, j. 14.12.2016. *DJe*, 19.12.2016)

d) Reembolso nas situações de urgência e emergência – Limitação – Arts. 12, VI, e 35-C da Lei nº 9.656/1998 e Res. Consu nº 13/1998

O dever de reembolsar despesas médicas realizadas em situação de urgência não abarca tratamentos efetuados após a alta hospitalar:

> Afigura-se absolutamente eivada de nulidade a disposição contratual que excepciona o dever de reembolsar, mesmo nos casos de urgência ou de emergência, as despesas médicas efetuadas em hospital de tabela própria (compreendido como de alto custo). A lei de regência não restringe o reembolso nessas condições (de urgência ou emergência), levando-se em conta o padrão do hospital em que o atendimento/tratamento fora efetuado, até porque, como visto, a responsabilidade é limitada, em princípio, justamente aos preços praticados pelo produto contratado.
>
> *O tratamento médico percebido pelos demandantes no Hospital de alto custo, com renomada e especializada equipe médica, após a alta hospitalar e, portanto, quando não mais presente a situação de emergência ou de urgência do atendimento/tratamento, ainda que indiscutivelmente importante e necessário a sua recuperação, não se encontrava, nos termos legitimamente ajustados, coberto pelo plano de assistência à saúde em comento.* Improcede, por conseguinte, a pretensão de ressarcimento da totalidade das despesas expendidas. (REsp nº 1.286.133/MG. Rel. Min. Marco Aurélio Bellizze, Terceira Turma, j. 5.4.2016. *DJe*, 11.4.2016)

e) Plano coletivo com menos de 30 beneficiários (agrupamento de contratos) – RN ANS nº 309/2012

Os planos coletivos com menos de 30 beneficiários têm características híbridas e ensejam, na forma de norma editada pela ANS, agrupamento para fins de cálculo atuarial e reajuste anual. Sua rescisão unilateral pela operadora é possível, mas deve observar a legislação consumerista:

> Os contratos grupais de assistência à saúde com menos de 30 (trinta) beneficiários possuem características híbridas, pois ostentam alguns comportamentos dos contratos individuais ou familiares, apesar de serem coletivos. De fato, tais avenças com número pequeno de usuários contêm atuária similar aos planos individuais, já que há reduzida diluição do risco, além de possuírem a exigência do cumprimento de carências. Em contrapartida, estão sujeitos à rescisão unilateral pela operadora e possuem reajustes livremente pactuados, o que lhes possibilita a comercialização no mercado por preços mais baixos e atraentes.
>
> Diante da vulnerabilidade dos planos coletivos com quantidade inferior a 30 (trinta) usuários, cujos estipulantes possuem pouco poder de negociação em relação à operadora, sendo maior o ônus de mudança para outra empresa caso as condições oferecidas não sejam satisfatórias, e para dissipar de forma mais equilibrada o risco, a ANS editou a RN nº 309/2012, dispondo sobre o agrupamento desses contratos coletivos pela operadora para fins de cálculo e aplicação de reajuste anual.
>
> *Os contratos coletivos de plano de saúde com menos de 30 (trinta) beneficiários não podem ser transmudados em plano familiar, que não possui a figura do estipulante e cuja contratação é individual. A precificação entre eles é diversa, não podendo o CDC ser usado para desnaturar a contratação.*
>
> Em vista das características dos contratos coletivos, a rescisão unilateral pela operadora é possível, pois não se aplica a vedação do art. 13, parágrafo único, II, da Lei nº 9.656/1998, mas, *ante a natureza híbrida e a vulnerabilidade do grupo possuidor de menos de 30 (trinta) beneficiários, deve tal resilição conter temperamentos,* incidindo, no ponto, a legislação do consumidor para coibir abusividades, primando também pela conservação contratual (princípio da conservação dos contratos). (REsp nº 1.553.013/SP. Rel. Min. Ricardo Villas Bôas Cueva, Terceira Turma, j. 13.3.2018. *DJe*, 20.3.2018)

VI Outros temas

a) Morte do titular, cláusula de remissão e plano familiar – Súmula Normativa nº 13/2010 da ANS

A remissão de plano familiar não pode ser limitada ao cônjuge, estendendo-se também ao companheiro em união estável, sendo possível, ainda, que os dependentes já inscritos assumam, ao final do período de remissão, as mesmas obrigações e mantenham as mesmas condições contratuais:

> Cinge-se a controvérsia a saber se a esposa separada judicialmente, mas que retornou ao convívio conjugal na qualidade de companheira, faz jus à cobertura contratual do plano de saúde de remissão por morte do titular e se o dependente pode assumir a titularidade do plano de saúde após o período de remissão.
>
> A cláusula de remissão, pactuada em alguns planos de saúde, consiste em uma garantia de continuidade da prestação dos serviços de saúde suplementar aos dependentes inscritos após a morte do titular, por lapso que varia de 1 (um) a 5 (cinco) anos, sem a cobrança de

mensalidades. Objetiva, portanto, a proteção do núcleo familiar do titular falecido, que dele dependia economicamente, ao ser assegurada, por certo período, a assistência médica e hospitalar, a evitar o desamparo abrupto.

Embora a cláusula de remissão do plano de saúde se refira ao cônjuge como dependente, sendo omissa quanto à figura do companheiro, não deve haver distinção sobre esse direito, diante da semelhança de papéis e do reconhecimento da união estável como entidade familiar, promovido pela própria Constituição Federal (art. 226, §3º, da CF). Comprovação da autora, na hipótese dos autos, da condição de companheira.

O término da remissão não extingue o contrato de plano familiar, sendo assegurado aos dependentes já inscritos o direito à manutenção das mesmas condições contratuais, com a assunção das obrigações decorrentes, para os contratos firmados a qualquer tempo (Súmula Normativa nº 13/2010 da ANS). (REsp nº 1.457.254/SP. Rel. Min. Ricardo Villas Bôas Cueva, Terceira Turma, j. 12.4.2016. *DJe*, 18.4.2016)

b) Contrato de credenciamento de prestador e sistema de parceria para fins de responsabilização – RN ANS nº 363/2014

Nos termos de norma editada pela ANS, se as restrições não forem informadas ao beneficiário, o credenciamento de hospital abrange todas as especialidades médicas:

Cinge-se a controvérsia a saber se determinada especialidade médica, no caso, a de oncologia, disponibilizada em hospital credenciado por plano de saúde, mas cujo serviço é prestado por instituição parceira não credenciada, está abrangida pela cobertura contratual de assistência à saúde.

A operadora, ao divulgar e disponibilizar ao usuário a lista de prestadores conveniados, deve também providenciar a descrição dos serviços que cada um está apto a executar - pessoalmente ou por meio de terceiros -, segundo o contrato de credenciamento formalizado.

Se a prestação do serviço (hospitalar, ambulatorial, médico-hospitalar, obstétrico e de urgência 24h) não for integral, deve ser indicada a restrição e quais especialidades oferecidas pela entidade não estão cobertas, sob pena de se considerar todas incluídas no credenciamento, principalmente em se tratando de hospitais, já que são estabelecimentos de saúde vocacionados a prestar assistência sanitária em regime de internação e de não internação, nas mais diversas especialidades médicas.

O credenciamento, sem restrições, de hospital por operadora abrange, para fins de cobertura de plano de assistência à saúde, todas as especialidades médicas oferecidas pela instituição, ainda que prestadas sob o sistema de parceria com instituição não credenciada.

Eventual divergência de índole administrativa entre operadora e prestador quanto aos serviços de atenção à saúde efetivamente cobertos no instrumento jurídico de credenciamento não pode servir de subterfúgio para prejudicar o consumidor de boa-fé, que confiou na rede conveniada e nas informações divulgadas pelo plano de saúde. (REsp nº 1.613.644/SP. Rel. Min. Ricardo Villas Bôas Cueva, Terceira Turma, j. 20.9.2016. *DJe*, 30.9.2016)

c) Alienação de carteira de planos individuais entre operadores – RN ANS nº 112/2005

Observadas as condições fixadas em lei e em norma regulamentar, é possível a alienação de carteira de planos individuais entre operadoras, devendo, em regra, ser mantida a mesma rede de prestação de serviços de saúde, que só pode ser substituída se preenchidos certos requisitos:

A Resolução Normativa n. 112/2005, editada pela ANS, exige, na alienação voluntária de carteiras de plano de saúde, que a nova operadora mantenha em relação aos beneficiários da carteira transferida as mesmas condições contratuais vigentes, sem lhes restringir direitos ou causar-lhes prejuízos (art. 4º, caput).

O art. 4º, caput e §2º, da aludida resolução normativa estabelece que, em regra, deve ser mantida a mesma rede de serviços de assistência à saúde credenciados, referenciados ou contratados que a operadora alienante oferecia à época da transferência de carteiras, somente autorizando sua alteração se forem observadas as diretrizes estabelecidas no art. 17 da Lei 9.656/1998.

Em observância ao princípio da boa-fé objetiva e visando à proteção das legítimas expectativas do consumidor quanto à qualidade, à quantidade, à localização, entre outros critérios, dos serviços prestados pela operadora de plano de saúde no momento da contratação, tanto a operadora originariamente contratada pelo consumidor, por força do art. 17 da Lei 9.656/1998, como a nova operadora adquirente das carteiras alienadas, com base no disposto no art. 4º, §2º, da RN 112/2005-ANS, devem respeitar a regra de manutenção, durante a vigência dos contratos celebrados com os beneficiários, dos prestadores de serviço de saúde já credenciados, referenciados ou contratados.

A substituição do prestador de serviço de saúde em sentido amplo (incluindo hospitais, clínicas, profissionais de saúde, laboratórios e serviços correlatos), durante a vigência do contrato de plano de assistência à saúde, é legítima e possível, mas desde que observadas as seguintes condições: (I) substituição por profissional ou estabelecimento equivalente (art. 17, §1º, da Lei 9.656/1998); (II) comunicação à ANS e aos consumidores com, no mínimo, trinta dias de antecedência (art. 17, §1º, da Lei 9.656/1998); e (III) manutenção de eventual internação de beneficiário iniciada antes da substituição (art. 17, §2º, da Lei 9.656/1998). Tais requisitos devem ser observados tanto pelas operadoras de plano de saúde originariamente contratadas pelo consumidor como pelas operadoras adquirentes de carteiras alienadas (art. 4º, §2º, da RN n. 112/2005-ANS). (REsp nº 1.545.315/PE. Rel. Min. Marco Aurélio Bellizze, Terceira Turma, j. 25.10.2016. *DJe*, 10.11.2016)

d) Responsabilidade das administradoras de benefícios – RN ANS nº 196/2009

Interpretadas as normas regulamentares pertinentes, concluiu-se que a operadora de plano de saúde coletivo, ainda que não controle diretamente a adimplência dos beneficiários, tem o dever de informação que precisa ser demonstrado antes da negativa do tratamento pleiteado:

> O propósito recursal é definir: i) se a operadora de plano de saúde é parte legítima para figurar no polo passivo de demanda em que se discute cancelamento abusivo do contrato por falha administrativa acerca da inadimplência do usuário final de plano coletivo; ii) ultrapassada a questão relativa à legitimidade passiva ad causam, se subsiste a sua responsabilidade pelos danos causados ao usuário.
>
> A Resolução Normativa 195/09 da ANS estabelece que a operadora contratada não poderá efetuar a cobrança da contraprestação pecuniária diretamente aos beneficiários, porque a captação dos recursos das mensalidades dos usuários do plano coletivo é de responsabilidade da pessoa jurídica contratante (arts. 13 e 14). Essa atribuição pode ser delegada à administradora de benefícios, nos termos do art. 2º, parágrafo único, V, da RN 196/09 da ANS.
>
> Eventual inadimplemento dos beneficiários do plano coletivo autoriza que a pessoa jurídica contratante solicite a sua suspensão ou exclusão do contrato, nos termos do art. 18, da RN 195/09 da ANS. Entretanto, para que essa conduta esteja respaldada pelo ordenamento jurídico, o contrato do plano privado de assistência à saúde coletivo por adesão

deverá conter cláusula específica que discipline os casos de inadimplemento por parte dos beneficiários, bem como as condições e prazo de pagamento (art. 15, da RN 195/09).

A operadora de plano de saúde, embora não tenha obrigação para controlar individualmente a inadimplência dos usuários vinculados ao plano coletivo, tem o dever de informação previsto contratualmente antes da negativa de tratamento pleiteado pelo usuário.

A análise puramente abstrata da relação jurídica de direito material permite inferir que há obrigações exigíveis da operadora de plano de saúde que autorizam sua participação no processo, enquanto sujeito capaz de, em tese, violar direito subjetivo do usuário final do plano coletivo e, sob esta condição, passível de figurar no polo passivo de demanda. (REsp nº 1.655.130/RS. Rel. Min. Nancy Andrighi, Terceira Turma, j. 15.5.2018. *DJe*, 29.5.2018)

e) Autonomia da saúde suplementar – Competência da Justiça comum – Entidades de autogestão – RDC ANS nº 39/2000 e RN nº 137/2006

A competência para processar demanda de ex-trabalhador contra ex-empregadora que opera plano de saúde na modalidade de autogestão é da Justiça comum:

> Cinge-se a controvérsia a saber qual é a Justiça competente, se a Comum estadual ou a do Trabalho, para o exame e o julgamento de feito (fundado nos arts. 30 e 31 da Lei nº 9.656/1998) que discute direitos de ex-empregado aposentado ou demitido sem justa causa de permanecer em plano de saúde coletivo oferecido pela própria empresa empregadora aos trabalhadores ativos, na modalidade de autogestão.
>
> Após o surgimento da Lei nº 9.656/1998 (regulamentadora dos planos de saúde), da Lei nº 9.961/2000 (criadora da ANS) e da Lei nº 10.243/2001 (que deu nova redação ao §2º do art. 458 da CLT), a Saúde Suplementar, incluídas as autogestões, adquiriu autonomia em relação ao Direito do Trabalho, visto possuir campo temático, teorias e princípios e metodologias específicos.
>
> O art. 458, §2º, IV, da CLT, incluído pela Lei nº 10.243/2001, é expresso em dispor que a assistência médica, hospitalar e odontológica concedida pelo empregador, seja diretamente ou mediante seguro-saúde, não será considerada como salário.
>
> As entidades de autogestão, mesmo as empresariais, ou seja, aquelas que operam plano privado de assistência à saúde exclusivamente a seus empregados por intermédio de seu departamento de recursos humanos ou órgão assemelhado, passaram a ser enquadradas como operadoras de planos de saúde, de modo que passaram a ser objeto de regulação e fiscalização pelo Órgão regulador próprio da área: a ANS (arts. 1º da Lei nº 9.656/1998, 1º da RDC ANS nº 39/2000 e 2º, 9º e 21 da RN nº 137/2006).
>
> A pretensão do ex-empregado de manutenção no plano de assistência à saúde fornecido pela ex-empregadora não pode ser vista como simples relação de trabalho. Ao contrário, trata-se da busca de direito próprio de usuário contra a entidade gestora do plano de saúde, que pode ser a própria empresa antes empregadora, mas, para efeitos de atuação na Saúde Suplementar, necessita possuir tanto um registro independente de funcionamento no órgão regulador quanto a aprovação de seus produtos (planos) pelo setor técnico.
>
> A demanda de ex-trabalhador que discute a conduta da ex-empresa empregadora, na qualidade de operadora de plano de saúde (modalidade autogestão), como a negativa de mantê-lo no plano coletivo original, deverá tramitar na Justiça Comum estadual (e não na Justiça do Trabalho) em razão da autonomia da Saúde Suplementar, da não integração da referida utilidade no contrato de trabalho, do término da relação de emprego e do caráter cível do tema. (REsp nº 1.695.986/SP. Rel. Min. Ricardo Villas Bôas Cueva, Terceira Turma, j. 27.2.2018. *DJe*, 6.3.2018)

f) Cancelamento da Súmula nº 469/STJ e aprovação da Súmula nº 608/STJ

A Segunda Seção do STJ, reconhecendo a evolução jurisprudencial, cancelou a Súmula nº 469, que cuidava da aplicação indiscriminada do CDC aos planos de saúde, e aprovou a Súmula nº 608, que excepciona da incidência da lei consumerista os planos de saúde administrados por entidades de autogestão.

> Aplica-se o Código de Defesa do Consumidor aos contratos de plano de saúde. (Súmula nº 469, Segunda Seção, j. 24.11.2010. *DJe*, 6.12.2010 – *Cancelada*)
>
> Aplica-se o Código de Defesa do Consumidor aos contratos de plano de saúde, salvo os administrados por entidades de autogestão. (Súmula nº 608, Segunda Seção, j. 11.4.2018. *DJe*, 17.4.2018)

VII Considerações finais

Como se vê, o STJ, ao apreciar as questões relacionadas com o cumprimento da legislação federal nos contratos de plano de saúde, notadamente o Código de Defesa do Consumidor e a Lei nº 9.656/1998, tem observado o dever de deferência às normas editadas pela Agência Nacional de Saúde Suplementar. O fato de tais contratos sujeitarem-se à lei especial e à legislação consumerista não tem sido obstáculo a que essa alta Corte leve em conta a regulação setorial. Ao contrário, observa-se claramente dos julgados analisados que há sempre preocupação em estabelecer a indispensável relação entre os comandos legais e as prescrições regulamentares.

Esse diálogo com a atividade regulatória e sua detalhada produção normativa é constitutivo e indissociável da fundamentação das decisões do STJ sobre saúde suplementar, ainda que por vezes resulte em controle de legalidade da norma infralegal, que lhe restringe o alcance, e, por outras, leve à interpretação ampliativa. De todo modo, na imensa maioria dos casos examinados, constata-se estrita aderência das decisões judiciais às normas regulatórias.

Informação bibliográfica deste texto, conforme a NBR 6023:2018 da Associação Brasileira de Normas Técnicas (ABNT):

CUEVA, Ricardo Villas Bôas. A relevância do poder regulatório da Agência Nacional de Saúde Suplementar (ANS) nos litígios entre operadoras e beneficiários de planos de saúde, especialmente na jurisprudência do STJ. *In*: RIBEIRO, Paulo Dias de Moura; TOMELIN, Georghio Alessandro; KIM, Richard Pae (Coord.). *Direito humano e fundamental à saúde*: estudos em homenagem ao ministro Enrique Ricardo Lewandowski. Belo Horizonte: Fórum, 2023. p. 233-251. ISBN 978-65-5518-606-2.

A MEDIAÇÃO COMO SOLUÇÃO À EXCESSIVA JUDICIALIZAÇÃO DA SAÚDE[1]

MARCO AURÉLIO GASTALDI BUZZI

1 Introdução

A saúde suplementar é a atividade que envolve a operação de planos ou seguros ligados a essa área e é regulamentada pela Agência Nacional de Saúde Suplementar (ANS), abrangendo seguradoras especializadas, medicinas de grupo, cooperativas, instituições filantrópicas e autogestões.

Esse ramo de atividade surgiu no Brasil, por volta do ano 1960, em decorrência do crescimento dos postos de trabalhos formais, e tinha por finalidade fazer frente a reclamos advindos da rápida industrialização do país, ante a insatisfação então existente em relação ao IAPS (Instituto de Aposentadorias e Pensões).

Com a crescente demanda por esse tipo de serviço, por consequência quase lógica, as empresas que atuavam no setor de saúde suplementar acabaram liderando a lista de reclamações em órgãos de proteção e defesa do consumidor e, mais tarde, diversos desses conflitos acabaram chegando ao Judiciário, fenômeno que se convencionou chamar de "judicialização da saúde".

Conforme leciona a Professora e Juíza Federal Luísa Hickel Gamba, um número cada vez maior de ações aporta na justiça buscando a efetivação do direito à saúde, o que tem motivado o debate a respeito da própria caracterização dessa tutela, da possibilidade e limites de sua concretização via judicial (VAZ; SCHÄFER, 2008).

Esse cenário, assim como ocorre em diversos outros ramos do direito – com destaque para as relações de consumo –, revela a necessidade de se incrementar o uso dos métodos mais adequados de resolução de conflitos, mediante o recrudescimento de campanhas atinentes à desjudicialização de contendas.

---

[1] O presente artigo foi adaptado a partir do capítulo, com o mesmo título, publicado no livro *Judicialização de planos de saúde: conceitos, disputas e consequências* (BUZZI, 2020). Trata-se de texto produzido a partir da exposição feita pelo autor no evento *IX Congresso Jurídico de Saúde Suplementar*.

Vale dizer que os números do *site consumidor.gov.br*, plataforma que intermedeia reclamações de consumidores ante os fornecedores de bens de consumo, atualmente registra a obtenção de solução definitiva em mais de seis milhões de casos, os quais deixaram de ser levados ao Judiciário onde, certamente, teriam curso por longos anos para, somente após, encontrar resolução (BRASIL, 2023).

Por outro lado, é possível afirmar que, muito embora sejam expressivos os números citados, ainda assim, se comparados com a imensa densidade de processos em andamento nas varas e tribunais de todo o país, que hoje alcança mais de 523 mil ações em andamento, os índices de composições são tímidos em relação à conflituosidade do setor.

Em boa parte, tal fato se deve ao modelo jurídico adotado pelo Brasil, que preserva, até os dias atuais, raízes no direito romano, com grande influência do germânico, os quais, em que pese fomentem a previsibilidade e a segurança jurídica, geram resistência a tudo que não esteja disciplinado por uma norma legal, além de estimularem uma acentuada predileção pela cultura do litígio e a busca do seu desfecho pela sentença.

Como se constatará no decorrer do presente artigo, há números e fatos que corroboram a necessidade da desconstrução dessa cultura e, para que isso ocorra, é imprescindível colocar à disposição da sociedade mecanismos voltados à desjudicialização de conflitos de interesse.

Nesse ponto, não há como omitir referência ao Fonaje (Fórum Nacional dos Juizados Especiais), o qual, por intermédio de juízes mais ligados aos juizados especiais e ao antigo Juizado de Pequenas Causas, foi fundando, no Brasil, e conduzindo para o interior dos ambientes forenses diversas práticas e iniciativas embrionárias que hoje se convolaram em métodos simplificados de pacificação social, a exemplo do Movimento pela Conciliação e, mais tarde, a formalização da Política Pública do Poder Judiciário alusiva aos Mecanismos Mais Adequados de Solução de Conflitos, instituída pelo Conselho Nacional da Justiça, por intermédio da Resolução nº 125-CNJ/2010, idealizada pelo Professor Kazuo Watanabe.

No que se refere à ANS (Agência Nacional de Saúde Suplementar), observa-se uma tendência à mudança de mentalidade, pois gestores da instituição vêm promovendo a adaptação do empreendimento aos métodos alternativos, adotando práticas tendentes a contribuir para a diminuição de casos que ensejariam a judicialização da saúde.

Assim, o objetivo da presente missiva, portanto, é discorrer sobre as excelentes experiências já praticadas em determinados setores, com altos índices de sucesso obtidos nas sessões informais de mediação, e propor que o sistema da saúde suplementar, bem como o próprio Judiciário, intensifiquem, ainda mais, as práticas voltadas à concretização do direito fundamental à saúde.

2 A política nacional do tratamento mais adequado de conflitos

A implementação da Política Judiciária Nacional de Tratamento Adequado dos Conflitos de Interesses é uma conquista irreversível e representa um grande avanço da sociedade acerca das práticas consensuais de solução das controvérsias, pois, por intermédio de uma transformação de mentalidades, busca substituir a cultura da sentença pela da pacificação e, com isso, promover o que se cunhou de "acesso à ordem jurídica justa".

A referida expressão, consagrada e difundida pelo eminente Professor Kazuo Watanabe, traduz a ideia de que a tutela de direitos deve se dar de forma efetiva e eficiente, pois, na sociedade contemporânea, a simples previsão de um acesso formal não atende aos anseios de justiça. Por conta disso, exsurge a necessidade de uma tutela efetiva, mas para além disso, adequada a resolver os conflitos de interesse, por meio de instrumentos eficientes, em termos de acessibilidade e de funcionalidade.

Esses métodos mais adequados grassaram pela principal porta de entrada da Casa da Cidadania, o que também aconteceu com os juizados de pequenas causas, pois, muito antes da já superada Lei nº 7.244/1984, a sociedade, de fato, organizou atividades inerentes ao sistema posteriormente normatizado, verificando-se o mesmo fenômeno em relação à disciplina do uso do solo urbano, do acesso ao ensino, à saúde.

Porém, é importante ressaltar que a consolidação dessa política não foi alcançada do dia para a noite, mas sim após árduo trabalho de diversos operadores de direito, juristas, juízes, promotores de justiça, defensores públicos, advogados etc., os quais foram fundando, nas mais diversas cidades e regiões de todo o país, e conduzindo para o interior dos ambientes forenses, práticas e iniciativas (casas da cidadania, justiça itinerante, justiça cidadã, juizados dos aeroportos, posto de atendimento e conciliação), até que toda essa mobilização fundou a política pública institucional do Conselho Nacional de Justiça, concretizada na Resolução nº 125/2010.

Esse ato normativo, dada a sua importância, é considerado o marco legal dos métodos mais adequados de resolução de conflitos, tanto é que, já em seu artigo inaugural, estabelece incumbir aos órgãos judiciários, além da solução adjudicada mediante sentença, oferecer outros mecanismos de resolução de controvérsias, em especial os chamados meios consensuais, como a mediação e a conciliação.

Retrocedendo um pouco mais na história, resgata-se que, ao tempo da Constituição do Império de 1824, o seu art. 161 previa que fosse realizado, fora do Judiciário, o ajuste capaz de superar o litígio, por intermédio do Avindor, do Concertador e, por último, do Juiz de Paz, o que já era previsto, inclusive, ao tempo das Ordenações (Manuelinas e Filipinas), mas fora suprimido com a Constituição da República, não se podendo deixar de registrar que isso foi um lamentável retrocesso.

Atualmente, apesar de ainda não se ver restaurada a capilaridade da rede de serviços de mediação e conciliação montada ao tempo do Império – obviamente, não se trata de comparar densidades numéricas, mas apenas dados que indicam proporções –, o fato, no entanto, é que não se constatam resgatadas, nos moldes como outrora já houvera, as variadas modalidades de serviços alinhados para com o resguardo da "boa convivência" nas comunidades.

É que, após o decorrer de longos anos de intensos trabalhos, resultaram na instalação dos Centros Judiciários de Solução Consensual de Conflitos – CEJUSCs (art. 8º da Res. nº 125/2010-CNJ, e art. 165 do CPC/2015), hoje já espalhados por todo o território nacional.

Esses centros são locais nos quais são oferecidos serviços à população, e neles é possível viabilizar acordos antes mesmo do ingresso de eventual ação na justiça, inclusive, aquelas contendas relacionadas os contratos de saúde suplementar. E isto também é importante que seja divulgado à sociedade: qualquer pessoa, seja ela física seja jurídica, pode comparecer e solicitar, previamente à via judicial, o agendamento de uma sessão em que os envolvidos naquela relação material buscarão, consensualmente, compor a lide.

Apenas à guisa de esclarecimento, também se admite a realização de acordo referente a processo já levado ao Judiciário, ou seja, já em andamento, hipótese em que, na oportunidade da audiência de mediação ou conciliação expressamente prevista no art. 334, do CPC/2015, ou nos moldes referidos no art. 515, II, do mesmo diploma legal, viabiliza-se o ajuste entre os contendores, com a posterior prolação de sentença homologatória, encerrando-se a disputa.

Quanto aos agentes que atuam nesses atos, é salutar destacar que, não obstante o atual sistema normativo tenha indicado os operadores do direito como vetores da solução consensual de conflitos, conforme está no art. 3º, §3º, do Código de Processo Civil, qualquer profissional, desde que seja capaz e tenha a confiança das partes, pode atuar como mediador extrajudicial, nos termos do art. 9º, da Lei de Mediação (Lei nº 13.140/2015). Por outra vertente, para a mediação judicial, exige-se a capacidade civil, a colação de grau em curso superior por mais de dois anos e a certificação de curso balizado pelo Conselho Nacional da Justiça.

Não obstante a consolidação dessa política nacional, ainda persistem duas grandes preocupações: a primeira, persuadir ainda mais as pessoas acerca da viabilidade e oportunidade dos métodos alternativos e, nisso já se está indo bem, pois diversos segmentos econômicos já passaram a adotar os métodos mais adequados de solução de conflitos, conscientes que, nem sempre, é necessário seguir o caminho tradicional da judicialização para dirimir demandas.

A segunda, diz respeito ao convencimento dos demais operadores do direito, no sentido de que hoje, a Resolução nº 125/2010, com a modificação da Resolução nº 219/2016, ambas do Conselho Nacional da Justiça, estabelece que ao CEJUSC deve ser dada a mesma estrutura de pessoal e material (aparelhagem, instalações etc.) que é dispensada a uma vara, ou seja, deve ser ele dotado dos mesmos recursos destinados a qualquer unidade judicial. O CEJUSC deixou de ser mero instrumento de apoio para se converter em ferramenta da atividade-fim do Poder Judiciário.

Esses centros não podem mais ser aquele lugar onde é lotado o funcionário que nenhum cartório desejou. Não pode ser alocado em cômodo que equivalha à despensa judicial. Trata-se, neste caso, de uma grande tarefa que se apresenta para a gestão do Poder Judiciário, daí a necessidade de se convencer magistrados da relevância desses centros como verdadeira unidade judicial e, bem por isso, devem receber tratamento adequado, contando com funcionários próprios, recursos humanos e materiais, enfim, toda a estrutura necessária para fazer frente a esse grande desafio, de modo que estejam sempre em pleno funcionamento.

Então, deve-se, além de trazer as pessoas para os métodos mais adequados de solução de conflitos, convencê-las de que o CEJUSC possui autonomia de unidade judicial, conscientizando-as de que podem obter nesses locais a solução de problemas, estando ou não o conflito judicializado, como se extrai do conteúdo da Resolução nº 125-CNJ/2010 e da Lei de Mediação (Lei nº 13.140/2015), destacadamente nas relações de consumo, de família, e também de saúde, buscando-se evitar, quando na forma preventiva, o processo judicial.

3 Mediação e conciliação no sistema de saúde suplementar

A Constituição Federal de 1988 contempla os direitos fundamentais, alinhavados nos arts. 5º a 17, entre eles, a saúde, cuja proteção está contida no seu art. 196, nos seguintes termos: "A saúde é direito de todos e dever do Estado, garantido mediante *políticas sociais e econômicas* que visem à redução do risco de doença e de outros agravos e ao acesso universal e igualitário às ações e serviços para sua promoção, proteção e recuperação".

Porém, como advertem Ferreira, Silva e Pessoa (2019):

> Atribuir o status fundamental a um direito não significa apenas atribuir-lhe uma classificação doutrinária, destituída de qualquer consequência jurídica. Pelo contrário, confere-lhe força normativa, com inúmeros desdobramentos práticos daí advindos, sobretudo no que se refere à sua efetividade.

Dessa forma, o direito à saúde é concebido como uma norma programática, cujo princípio básico, enquanto objeto de política pública, é a sobrevalorização das medidas preventivas, todavia, sem prejuízo dos serviços assistenciais.

Para tanto, o Estado instituiu entidades públicas e criou mecanismos de cooperação entre estas e o setor privado, objetivando a execução de suas políticas, de maneira mais igualitária e universal, observadas as diferenças regionais e sociais existentes no país.

Aqui cabe bem recordar as lições proclamadas pelo lusitano Professor Canotilho, catedrático da Universidade de Coimbra, severo ao pontuar que os direitos, além de declarados e reconhecidos, necessitam ser prestados. Ou seja, na era dos direitos prestacionais, deseja-se fazer com que garantias já reconhecidas nos textos das leis sejam, agora, efetivamente materializadas, colocadas à disposição para desfrute do cidadão. Portanto, se a vida com dignidade (proteção à saúde) é reputada bem elementar, também o é o instrumento que pode concretizá-la, em caso de cerceamento.

Vale dizer que prestação de serviços relativos a direitos, destacadamente os de cunho social, envolve custos operacionais financiados pelos impostos e, ainda assim, mesmo quando viabilizados por entidade privada, são igualmente pagos pela sociedade civil, nesta hipótese, pelo beneficiário direto.

Na área da saúde pública, em que pese a verba orçamentária, no âmbito da União, observe, ano após ano, um alargamento substancial, mesmo assim é a iniciativa privada que responde por grande parcela dos serviços prestados. Em dezembro de 2022, havia no Brasil aproximadamente 933 (novecentos e trinta e três) operadoras de planos em pleno funcionamento, contando elas com 50 milhões de filiados (ANS, 2023), ou seja, um universo de titulares que corresponde à aproximadamente 1/4 (um quarto) da população do país. Isso demonstra que o Estado se utiliza da iniciativa privada para aumentar e complementar a sua atuação em benefício da saúde da população.

Por outro lado, é importante ressaltar que há segmento social, próximo de 20% (vinte por cento) da população, situado abaixo da linha da pobreza, o qual não possui mínimas condições financeiras para aderir a qualquer plano privado de assistência à saúde. Mesmo assim, situações aflitivas, como foi o estágio da pandemia da Covid-19, gerou um aumento de mais de 1 milhão de adesões aos planos de saúde, com destaque para os planos coletivos empresariais (2,48%) e, nessa categoria coletiva, a maior adesão foi de idosos (3,8%) (AGÊNCIA BRASIL, 2021).

Esse cenário, inevitavelmente, refletiu no aumento da judicialização de contendas referentes ao direito à saúde.

De modo geral, estatísticas do CNJ, o Programa Justiça em Números, revelam que o Poder Judiciário finalizou o ano de 2021 com cerca de 77,3 milhões de processos, representando um aumento de aproximadamente 2,6 milhões em comparação ao ano anterior (2020) (CNJ, 2022).

Outro ponto que gera preocupação é que, nesse mesmo ano de 2021, o número de processos que ingressaram nos tribunais chegou a 27,7 milhões, mas apenas 26,9 milhões de foram baixados, ou seja, o quantitativo de entrada foi maior que o de saída. Ademais, 74,2% dos casos do ano-base (2021) permaneceram pendentes de solução, o que representa uma "taxa de congestionamento" altíssima (CNJ, 2022).

A mesma base estatística revelou que, no Brasil, no ano de 2021, cada um dos 18.035 juízes de direito julgou em torno de 1.588 processos, resultando uma média de 6,3 decisões por dia útil (CNJ, 2022).

De acordo com dados do Painel de Estatísticas Processuais de Direito da Saúde, no âmbito dos serviços prestados pelo sistema suplementar e privado, o volume de demandas passou a ser muito significativo, atingindo um acervo de mais de 523 mil processos judiciais em tramitação na Justiça brasileira (CNJ, 2023).

Sobre esse fenômeno, Schulze (2020) discorre:

> A carência de serviços de saúde pública, os limites dos serviços prestados pela saúde suplementar e os elevados custos da saúde privada, ante a necessidade de cuidados de saúde da população em geral, ofertou um mercado, legítimo, à advocacia privada, que buscou, através da justiça, que esses serviços fossem custeados, ou pelo setor público, ou pelo setor suplementar.
>
> A escassez de informações sobre os critérios da política pública e da regulação da saúde suplementar fizeram com que decisões judiciais fossem indistintamente favoráveis ao cidadão, gerando uma expectativa de direito ilimitada, no que se referia à prestação de serviços de saúde.
>
> Com a divulgação do resultado dessas decisões judiciais, a população mais carente recorreu à Defensoria Pública que, muito eficiente, passou igualmente a postular a prestação desses serviços, tanto os de natureza pública como os decorrentes do sistema suplementar. O efeito dessas iniciativas foi o desencadear de um sem número de ações judiciais, que resultou no fenômeno denominado "judicialização da saúde".

Alia-se a esse fato a circunstância de que nem sempre a jurisdição é dotada de magistrados com especialização nesse setor de atividades, valendo mencionar que os temas mais judicializados ante os planos de saúde dizem respeito à exclusão de coberturas, à discussão sobre o valor das mensalidades, aos reajustes por mudança de faixa etária e aumento de sinistralidade.

Esses fatos, somados a outros de igual relevância, renderam ensejo a que o Judiciário e o setor da saúde suplementar buscassem meios para se enfrentar as dificuldades diagnosticadas.

Em decorrência desse panorama, o Supremo Tribunal Federal capitaneou a realização da primeira audiência pública direcionada à concretização do direito fundamental à saúde, ocorrida nos dias 27, 28 e 29 de abril, com conclusão em 4, 6 e 7 de maio do ano de 2009.

A partir dessa audiência, o CNJ constituiu um grupo de trabalho para elaborar estudos e propor medidas referentes às demandas judiciais envolvendo a assistência à saúde.

Na sequência, foi editada a Resolução nº 107/2010 – CNJ, que instituiu o Fórum Nacional do Judiciário para Monitoramento e Resolução das Demandas de Assistência à Saúde, entidade coordenada por um Comitê Executivo Nacional e integrado por comitês estaduais, todos dotados de núcleos de apoio técnico do Judiciário.

Destaca-se que os comitês executivos são integrados por magistrados, membros do Ministério Público, defensores públicos, representantes do Poder Executivo (ANS, Anvisa etc.) e médicos, sendo que tais profissionais e entidades integram o Fórum do Nacional Judiciário para a Saúde. Nele são propostos medidas de aperfeiçoamento dos procedimentos, reforço à efetividade dos processos judiciais, bem como prevenção de novos conflitos, tudo o que é promovido no âmbito de jornadas de direito à saúde, com o objetivo de emitirem enunciados e recomendações destinados a servir de orientação e uniformização dos entendimentos formados nesta área de atividade e de jurisdição.

Fruto dessas reuniões, foi expedida a Recomendação nº 31/2010, do Conselho Nacional da Justiça, que apontou para a necessidade de os tribunais subsidiarem os magistrados com competência nessa área específica, assegurando maior eficiência nas suas decisões, disponibilizando apoio especializado, por meio de médicos e técnicos, a fim de auxiliarem na formação de juízo de valor quanto à apreciação das questões eminentemente clínicas.

Na mesma linha, a Recomendação nº 36/2011 – CNJ orientou os tribunais a subsidiar os magistrados, de modo a assegurar maior eficiência na solução das demandas judiciais envolvendo a assistência à saúde suplementar (BRASIL, 2011). E, em 2013, por intermédio da Recomendação nº 43, o mesmo órgão recomendou a especialização de varas para ações relativas ao direito à saúde pública, bem como priorizar o julgamento dos processos relativos à saúde suplementar (BRASIL, 2019).

Como um insigne instrumento de auxílio ao Judiciário, o CNJ firmou com o Ministério da Saúde o Termo de Cooperação nº 21/2016 para instituir o NatJus Nacional, o qual consiste em um suporte técnico a distância (mediante sistema eletrônico disponível durante 24 horas, 7 dias por semana), e fornece consultoria para o procedimento decisório em tribunais de justiça e tribunais regionais federais, visando subsidiar, com embasamento médico-científico, as decisões judiciais dotadas de urgência (tutelas provisórias).

No mesmo escopo se encontra o e- NatJus (CNJ), consistente em um banco de dados que abriga pareceres técnico-científicos e notas técnicas elaboradas com base em evidências científicas na área da saúde, emitidos pelos núcleos de apoio técnico ao judiciário (NatJus) e pelos núcleos de avaliação de tecnologias em saúde (NATS).

E, dando continuidade ao aperfeiçoamento dessas ferramentas, em setembro de 2021, o CNJ apresentou nova versão da plataforma (e-NatJus), de modo a torná-la mais intuitiva, com maior customização e padronização para facilitar a coleta de dados. Assim, implementou mudanças nos formulários, com inclusão de filtros para pesquisas de dados mais fidedignos e adequados às necessidades atuais da rotina de trabalho dos NatJus estaduais e nacional (CNJ, 2021).

Sem dúvidas, como reflexo dessas acertadas medidas, o volume de demandas aforadas, decorrentes dos conflitos ligados ao sistema de saúde, passou a ser reduzido de modo substancial.

Entrementes, ainda assim, diante dos números anteriormente já referidos e das causas originadoras dos conflitos de interesses nesse setor, é também evidente o acerto do emprego da sistemática multiportas para a superação das divergências advindas das atividades dessa natureza, pois a sua utilização, nesse braço do Estado, gera impactos, como economia de tempo, de recursos financeiros e de estrutura pessoal e material.

Tendo em mira essas premissas, uma vez mais, o Conselho Nacional de Justiça firmou importante passo com vistas à solução consensual de conflitos referente a demandas que envolvem o direito à saúde, ao editar a Recomendação nº 100/2021, instruindo os tribunais a orientarem seus magistrados, com competência nessa temática, para que priorizem, sempre que possível, o uso da negociação, da conciliação ou da mediação (art. 1º), recomendando, ainda, a implementação de centros judiciários de solução de conflitos de saúde (CEJUSC), para o tratamento adequado de questões de atenção à saúde, inclusive aquelas decorrentes da crise da pandemia da Covid-19, na fase pré-processual ou em demandas já ajuizadas (art. 3º) (BRASIL, 2021).

Com efeito, o volume de ações envolvendo o setor de saúde suplementar só não é exponencialmente maior em razão dessa inteligente política institucional, tanto do Judiciário quanto do setor privado de saúde.

No âmbito da ANS, como já mencionado anteriormente, a mentalidade já vem sendo mudada, pois os gestores da instituição estão promovendo a adaptação do empreendimento aos métodos mais adequados de solução de conflitos.

Em 2003, a instituição criou o Programa Parceiros da Cidadania, com o objetivo de estabelecer parcerias com órgãos do Poder Judiciário, Defensoria Pública, Ministério Público e órgãos do Sistema Nacional de Defesa do Consumidor, tendo firmado, até 2022, 45 acordos de cooperação técnica nas cinco regiões do Brasil, incluindo o acordo com o Conselho Nacional de Justiça (CNJ). A iniciativa visa, entre outros objetivos, divulgar as decisões técnicas da ANS e as normas que as fundamentam, fornecer ao consumidor informações necessárias para a escolha de planos de saúde que mais se ajustem às suas expectativas e contribuir com ações para a redução da judicialização na saúde suplementar (ANS, 2022b).

E, como um importante passo rumo a esse último objetivo mencionado, a ANS implementou, em 2015, por intermédio da Instrução Normativa nº 338, o NIP – Notificação de Intermediação Preliminar, que consiste em uma plataforma para mediação de conflitos entre consumidores e operadoras. Conforme estabelecido no art. 5º do referido normativo:

> O procedimento da Notificação de Intermediação Preliminar – NIP consiste em um instrumento que visa à solução de conflitos entre beneficiários e Operadoras de planos privados de assistência à saúde – operadoras, inclusive as administradoras de benefícios, constituindo-se em uma fase pré-processual. (BRASIL, 2022)

Assim, valendo-se da NIP (Notificação de Investigação Preliminar), que permite um criterioso exame das circunstâncias comunicadas ao setor, é promovido estudo dos casos que envolvem as reclamações de natureza assistencial ou referentes a outros assuntos pertinentes ao ramo, com o intuito de se evitar a abertura de um processo administrativo contra a operadora, tornando menor a probabilidade de essa reclamação converter-se em demanda judicial.

Tal medida gera benefícios a todos os sujeitos envolvidos (consumidor, ANS e operadora do plano de saúde), já que, ao abrir um canal para o ajuste consensual, a ANS viabiliza uma resposta mais rápida ao problema do consumidor, ao mesmo tempo em que desempenha seu papel de agente fiscalizador às práticas de mercado, o que repercute de uma maneira coletivamente positiva.

De acordo com a ANS, o índice de resolutividade das demandas abertas pelos beneficiários dos planos chegou a 91,6%, o que comprova a efetividade da NIP.

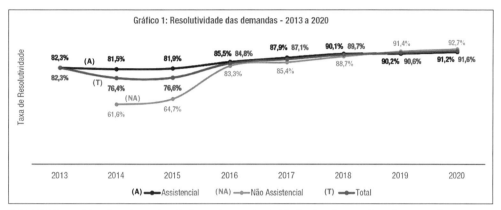

IMAGEM 1 – Série histórica dos índices de resolutividade das demandas abertas pelos beneficiários, separadas por demandas assistenciais e não assistenciais (2022).
Fonte: ANS (2022)

No Judiciário, evidentemente, há registros de diversas práticas voltadas à mediação de conflitos envolvendo as demandas do setor de saúde, a exemplo da iniciativa anunciada recentemente pelo Tribunal de Justiça de São Paulo, o qual, em dezembro de 2022, a partir de convênio entre Justiça Estadual, Justiça Federal, Ministério da Justiça, Governo do Estado, Prefeitura de São Paulo, Conselho de Secretarias Municipais de Saúde (Cosems-SP), Ministério Público do Estado de São Paulo, Defensoria Pública do Estado e Defensoria Pública da União, lançou o CEJUSC-Saúde, com vista a oferecer ao cidadão uma resposta célere – em até 72 horas – aos pedidos que envolvem fornecimento de medicamentos, para os casos em que já houve requerimento junto às unidades do governo (federal, estadual ou municipal) mas, por algum motivo, não foi atendido (TJSP, 2022).

Outra iniciativa que merece destaque é a do Tribunal de Justiça de Minas Gerais que, já no ano de 2016, firmou Termo de Cooperação Técnica com o Instituto Brasileiro para Estudo e Desenvolvimento do Setor de Saúde (IBEDESS), com o objetivo de favorecer a conciliação pré-processual nas demandas relacionadas à saúde, no Juizado Especial de Belo Horizonte (TJMG, 2016).

De igual modo, merece referência o Tribunal de Justiça do Rio Grande do Sul, que realizou, em dezembro de 2020, a primeira sessão virtual de mediação, do projeto-piloto do Centro Judiciário de Solução de Conflitos e Cidadania (CEJUSC) Saúde Pública e Suplementar (TJRS, 2020).

É possível concluir, sem esforços, que a busca pela solução de conflitos, por via de modalidades consensuais, é muito mais apropriada, racional, econômica e satisfatória, quando comparada com os tradicionais caminhos da judicialização de demandas, estes últimos que, além de importarem em altos custos para as partes e para o próprio Estado, restam eternizados nos escaninhos judiciais.

Portanto, assim como em outras áreas, a mediação nas demandas que envolvem o direito a saúde possibilita uma resposta mais rápida e efetiva ao seu beneficiário e, com o incremento e aperfeiçoamento de iniciativas como as narradas ao longo desta resenha, busca-se equacionar a lacuna existente entre a garantia constitucional do direito à saúde e a sua ausência – ou precária – efetivação pelo Poder Público.

4 Considerações finais

Como se viu, um dos grandes desafios enfrentados pelo sistema de saúde suplementar brasileiro é o elevado número de judicialização relativa à prestação de seus serviços, seja ela do âmbito público (SUS) ou privado.

Em que pese diversas iniciativas já sejam identificadas, tanto por parte do Poder Judiciário, como também pela própria ANS (Agência Nacional de Saúde), ainda assim se verifica a necessidade do incremento no que é pertinente ao uso de métodos alternativos de resolução de conflitos, mediante o recrudescimento de companhas atinentes à desjudicialização de contendas.

Vale dizer que, não obstante a formação acadêmica de muitas gerações de profissionais que aí estão militando tenha primado pela judicialização de demandas como forma exclusiva para a busca da composição da lide, quer seja do gosto ou não do operador do direito, a realidade concreta já proclamada é de que, atualmente, essa cultura já não é mais cabida. E a prova inequívoca dessa superação evidencia-se na conclusão capitaneada pela saudosa Professora Ada Pellegrini Grinover, segundo a qual já se reconhece um microssistema normativo que ampara a opção pela efetiva utilização dos métodos alternativos de pacificação social, alternativos ao sistema tradicional de jurisdição, como está sedimentado na Resolução nº 125-CNJ/2010, no atual Código de Processo Civil (Lei nº 13.105/2015) e na Lei de Mediação (Lei nº 13.140/2015).

Resta, pois, ampliar essa compreensão, de modo que, igualmente em sede de contendas oriundas da área da saúde privada (complementar), seja dado também, por tais profissionais, o mesmo preliminar andamento já estabelecido em âmbito interno do setor, evitando-se, assim, sejam encaminhados diretamente para a via judicial casos que sequer passaram pela busca da solução consensual.

Evidentemente, o Judiciário não pode nem deve se abster de garantir a concretização do direito fundamental à saúde, reconhecendo-se, na judicialização, um instrumento necessário diante do seu papel estatal de primar pela efetividade da Constituição. Todavia, não é o único caminho para a efetivação da saúde, tendo em vista que as medidas não contenciosas, como a instalação de CEJUSC-Saúde, em todos os estados da Federação, ajudam a reduzir a quantidade e os impactos das demandas envolvendo a referida temática, atingindo, com maior celeridade e menores custos, os mesmos objetivos da tutela jurisdicional, que é a concretização do direito fundamental à saúde.

Conclui-se recordando a fala da eminente Ministra Ellen Gracie, então Presidente do Conselho Nacional de Justiça e do Supremo Tribunal Federal, que, por ocasião da abertura da Semana Nacional da Conciliação do ano de 2007, realizada em São Paulo, afirmou que ficaria muito feliz caso algum dia a alertassem de que não mais seria pertinente realizar semanas nacionais ou mutirões de conciliação, isso ante a conclusão de que a mentalidade da sociedade teria se modificado, constatando-se que as práticas consensuais já estariam inseridas no cotidiano das pessoas.

Referências

AGÊNCIA BRASIL. *Planos individuais e familiares*: alta de 0,07% no número de novos beneficiários. Abr. 2021.

ANS. *ANS atinge maior índice de resolução de demandas de consumidores desde 2013*. Dez. 2022a. Disponível em: https://www.gov.br/ans/pt-br/assuntos/noticias/beneficiario/ans-atinge-maior-indice-de-resolucao-de-demandas-de-consumidores-desde-2013. Acesso em: fev. 2023.

ANS. Parceiros da Cidadania. *Gov.br*, set. 2022b. Disponível em: https://www.gov.br/ans/pt-br/acesso-a-informacao/transparencia-e-prestacao-de-contas/parceiros-da-cidadania. Acesso em: fev. 2023.

ANS. *Tabelas de beneficiários de planos de saúde, taxas de crescimento e cobertura*. Jan. 2023. Disponível em: https://www.gov.br/ans/pt-br/acesso-a-informacao/perfil-do-setor/dados-gerais. Acesso em: fev. 2023.

BRASIL. Agência Nacional de Saúde Suplementar. *Resolução Normativa – RN nº 483*. 29 mar. 2022. Disponível em: https://bvsms.saude.gov.br/bvs/saudelegis/ans/2022/res0483_31_03_2022.html. Acesso em: fev. 2023.

BRASIL. Conselho Nacional de Justiça. *Recomendação nº 100, de 16 de junho de 2021*. Jun. 2021. Disponível em: https://atos.cnj.jus.br/files/original1443552021061860ccb12b53b0d.pdf. Acesso em: fev. 2023.

BRASIL. Conselho Nacional de Justiça. *Recomendação nº 36 de 12/07/2011*. Jul. 2011.

BRASIL. Conselho Nacional de Justiça. *Recomendação nº 43 de 30/10/2019*. Out. 2019. Disponível em: https://atos.cnj.jus.br/atos/detalhar/3067. Acesso em: fev. 2023.

BRASIL. *Infográficos*. Fev. 2023. Disponível em: https://www.consumidor.gov.br/pages/indicador/infografico/abrir. Acesso em: fev. 2023.

BUZZI, M. A. G. A mediação como solução à excessiva judicialização da saúde. *In*: VILLAS BOAS, M.; CECHIN, J. *Judicialização de planos de saúde*: conceitos, disputas e consequências. Palmas: Esmat, 2020. p. 200-211.

CNJ. *Estatísticas Processuais de Direito à Saúde*. 2023. Disponível em: https://paineisanalytics.cnj.jus.br/single/?appid=a6dfbee4-bcad-4861-98ea-4b5183e29247&sheet=87ff247a-22e0-4a66-ae83-24fa5d92175a&opt=ctxmenu,currsel. Acesso em: fev. 2023.

CNJ. *Justiça em números 2022*. Brasília: CNJ, 2022. ISSN 978-65-5972-493-2.

CNJ. Nova versão do e-NatJus entra em operação no dia 16 com sistema mais intuitivo. *Agência CNJ de Notícias*, 13 set. 2021. Disponível em: https://www.cnj.jus.br/nova-versao-do-e-natjus-entra-em-operacao-no-dia-16-com-sistema-mais-intuitivo/. Acesso em: 26 fev. 2023.

CNJ. *Tribunal inaugura Cejusc exclusivo para demandas de saúde*. 2019. Disponível em: https://www.cnj.jus.br/tribunal-inaugura-cejusc-exclusivo-para-demandas-de-saude/. Acesso em: fev. 2023.

FERREIRA, P. R. A.; SILVA, E. M.; PESSOA, A. N. L. D. S. Direito à saúde: a câmara SUS como alternativa para a (des)judicialização. *Captura Críptica: Direito, Política, Atualidade*, Florianópolis, v. 8, n. 1, 2019.

SCHULZE, M. Métodos adequados de resolução de conflitos e sua aplicação nas relações entre atores da saúde suplementar como alternativa para reduzir a judicialização da saúde. *Revista de Direito da Saúde Suplementar*, São Paulo, v. 4, p. 117-130, 2020.

TJMG. *TJMG firma convênio para conciliação na área da saúde*. 2016. Disponível em: https://www.tjmg.jus.br/portal-tjmg/noticias/tjmg-firma-convenio-para-conciliacao-na-area-da-saude.htm#.ZAoo8XbMKUm. Acesso em: mar. 2023.

TJRS. Cejusc Saúde Pública e Suplementar realiza primeira sessão de mediação. *Imprensa TJRS*, 17 dez. 2020. Disponível em: https://www.tjrs.jus.br/novo/noticia/cejusc-saude-publica-e-suplementar-realiza-primeira-sessao-de-mediacao/. Acesso em: fev. 2023.

TJSP. TJSP lança Cejusc Saúde: sistema inédito para solicitação de medicamentos. *Comunicação Social TJSP*, 12 dez. 2022. Disponível em: https://www.tjsp.jus.br/Noticias/Noticia?codigoNoticia=88356. Acesso em: fev. 2023.

VAZ, P. A. B.; SCHÄFER, J. G. O direito à saúde e sua efetivação social. *In*: VAZ, P. A. B.; SCHÄFER, J. G. *Curso de direito constitucional modular*. Florianópolis: Conceito, 2008.

Informação bibliográfica deste texto, conforme a NBR 6023:2018 da Associação Brasileira de Normas Técnicas (ABNT):

BUZZI, Marco Aurélio Gastaldi. A mediação como solução à excessiva judicialização da saúde. *In*: RIBEIRO, Paulo Dias de Moura; TOMELIN, Georghio Alessandro; KIM, Richard Pae (Coord.). *Direito humano e fundamental à saúde*: estudos em homenagem ao ministro Enrique Ricardo Lewandowski. Belo Horizonte: Fórum, 2023. p. 253-264. ISBN 978-65-5518-606-2.

EM DEFESA DA JUDICIALIZAÇÃO: DOENÇAS RARAS E O EQUILÍBRIO DAS DIMENSÕES PÚBLICA E PRIVADA NA COMPLEXIDADE SOCIAL

MARCELO NAVARRO RIBEIRO DANTAS

RAMIRO FREITAS DE ALENCAR BARROSO[1]

A arte é longa, a vida é breve, a oportunidade é fugaz, a experiência é enganosa e o julgamento, difícil.

(Hipócrates – o "pai da medicina" –, em seus *Aforismos*)

1 Judicialização da saúde: um legado inevitável da modernidade

No Livro III de *A República*, as personagens Sócrates e Glauco travam um interessante diálogo sobre as virtudes de médicos e juízes, de onde Platão retira lições sobre os fundamentos de uma cidade bem governada, que dependerá antes da educação do corpo e da alma de seus cidadãos, que por sua constituição, não deveriam depender dos remédios jurídicos e terapêuticos típicos daqueles que já sucumbiram aos vícios. Afirma o pensador ateniense:

> Por consequência, estabelecerás em nossa cidade médicos e juízes tais como os descrevemos, para tratarem dos cidadãos que são bem constituídos de corpo e alma; quanto aos outros, deixaremos morrer os que têm o corpo enfermiço; os que têm a alma perversa por natureza e incorrigível serão condenados à morte.[2]

---

[1] Os autores agradecem ao acadêmico de Direito Gabriel Arruda Paiva, por seu auxílio na pesquisa realizada neste trabalho.

[2] PLATÃO. *A república*. São Paulo: Nova Cultural, 1997. p. 105.

Talvez extrema para uma sensibilidade contemporânea, a visão de que não seria papel da sociedade prover pelo bem-estar biológico dos fracos, enfermos habituais e dos moribundos é perfeitamente coerente com uma metafísica que tanto influenciou o pensamento político ocidental, da Antiguidade até tempos recentes, cujas premissas se assentavam na ontologia dialética do mundo físico e do mundo dos homens,[3] nas transições, intermediadas pelo direito, entre *phýsis* e *nómos*, *zoé* e *bios*, ou, como bem colocou Agamben,[4] entre a casa e a cidade. Antes de tocar os assuntos da vida pública, o cidadão deve ordenar a sua "casa", esse reduto de paixões, contingências e impulsos opacos às leis da razão e da ética política. Para as sociedades antigas, o corpo natural era "aquilo de mais mortal"[5] que havia, e suas demandas e necessidades básicas obedeciam a uma ordem de considerações diversa dos princípios ideais da vida comunitária. O que mais importava era a sobrevivência do corpo político, a saúde da *polis*.

Os Estados modernos seculares, a princípio refratários a fundamentalismos e grandes verdades metafísicas, passaram a operar sob uma ótica monista e radicalmente diversa, em que a vida humana perecível, o corpo e as suas necessidades biológicas, as doenças, as paixões, as relações privadas, as relações familiares etc., vieram a integrar as próprias engrenagens da ordem jurídica e política. O bom governo, nessa nova era, é o que serve ao cidadão, este considerado em sua unidade biológica básica, na qual se constitui o fundamento da igualdade política. Inicialmente fundada na proteção ao indivíduo e às suas liberdades negativas, as estruturas do Estado moderno progressivamente se diferenciam em capacidades de governança coletiva e controle social, incorporando práticas e saberes científicos à arte de governar populações.[6] Os cuidados não apenas com o corpo individual, mas coletivo, constituem o desafio diário das organizações políticas de nossos tempos.

Sob uma perspectiva interna à teoria dos direitos fundamentais e ao constitucionalismo, essa tensão entre a defesa da autonomia privada e a coletivização está no cerne da passagem dos Estados liberais ao paradigma do Estado democrático de direito. Se, de um lado, o liberalismo contratual dos primeiros Estados modernos fracassou em seu garantismo formalista, que resultou na incapacidade de assegurar o acesso material de grandes massas populacionais a bens, serviços e oportunidades de vida digna, os Estados sociais do início do século XX falharam justamente em seu viés de massificação, que terminou por reduzir os processos de inclusão social e fruição de direitos a projetos de governo, transformando cidadãos em clientes e permitindo a supressão do pluralismo e a corrosão das instituições democráticas por líderes carismáticos.[7]

A concepção de Estado democrático de direito, por sua vez, assume essa relação paradoxal entre a autonomia pública e a privada como dimensões co-originárias,[8] ambas constitutivas de uma comunidade política democrática e, como tais, reflexivas

---

[3] AGAMBEN, Giorgio. *The open*. Stanford: Stanford University Press, 2004; AGAMBEN, Giorgio. *Estado de exceção*. São Paulo: Boitempo, 2004. p. 22.

[4] AGAMBEN, Giorgio. *Homo Sacer*: o poder soberano e a vida nua. Belo Horizonte: UFMG, 2010. p. 91.

[5] ARENDT, Hannah. *A condição humana*. 10. ed. Rio de Janeiro: Forense Universitária, 2007. p. 327.

[6] FOUCAULT, Michel. *Security, territory, population*. New York: Palgrave Macmillan, 2007.

[7] CARVALHO NETTO, Menelick de. A hermenêutica constitucional e os desafios postos aos direitos fundamentais. *In*: SAMPAIO, José Adércio Leite (Org.). *Jurisdição constitucional e os direitos fundamentais*. Belo Horizonte: Del Rey, 2003. p. 141-163.

[8] HABERMAS, Jürgen. *Era das transições*. Rio de Janeiro: Tempo Brasileiro, 2003. p. 155.

da complexidade social, que é irredutível. Trata-se de uma equação insolúvel no plano abstrato. O sentido dos direitos fundamentais só é passível de apreensão em sua dimensão concreta, através de processos decisórios institucionais capazes de conferir racionalidade e transparência ao difícil trabalho de equilibrar ações governamentais voltadas à população (ao "corpo" social) com garantias individuais, inclusive a posições jurídicas minoritárias. É nesse cenário que o Poder Judiciário ocupa o papel relevante de exercer o controle contrafático das políticas públicas majoritárias desenhadas por governos e órgãos legislativos, produzindo uma racionalidade constitucional distinta da que orienta os cálculos estratégicos e oportunísticos do gestor público. Para muitas pessoas, o juiz é o último recurso contra o rolo compressor estatal, muitas vezes indiferente à recalcitrante concretude de suas vidas. Por outro lado, o excesso de intervenção judicial na garantia de situações jurídicas concretas em face das capacidades efetivas dos órgãos de gestão pública pode gerar desequilíbrios importantes, prejudicando a coletividade à guisa de se buscar proteger direitos subjetivos.

O direito à saúde está no cerne dessa complexidade tipicamente moderna, ou melhor, contemporânea. Na dogmática constitucional, inserem-se na categoria dos direitos sociais fundamentais e possuem dupla dimensão, uma subjetiva, no sentido de que são exigíveis individualmente, e outra objetiva, na medida em que demandam prestações continuadas, programas e políticas de atenção coletiva por parte do Estado. Nessa dualidade, funcionam como direitos negativos (de defesa) e positivos, também definidos como prestacionais,[9] de forma que cabe ao cidadão não apenas exigir a proteção contra intervenções nocivas, como também demandar ao Estado o acesso aos meios materiais, programas e medicamentos capazes de melhorar a sua condição de saúde.

Na Constituição Federal, o direito à saúde é garantido nos arts. 6º e 196 a 200. O acesso aos bens e serviços públicos é universal, igualitário e integral, operado pelo Sistema único de Saúde – SUS (Lei nº 8.080/90, Decreto nº 7.508/2011), de forma descentralizada, mediante a cooperação entre União, estados, Distrito Federal e municípios (CR/88, arts. 23, II, 195 e 198, §1º), sendo admitida a participação da iniciativa privada de forma complementar (CF/88 art. 199, §1º) ou suplementar, por meio de planos e operadoras de saúde, cuja atuação é regulamentada pela Lei nº 9.656/1998.

A sistematização infraconstitucional da saúde pública é complexa e se desdobra em vasto acervo normativo e políticas públicas, que atendem às inúmeras capacidades desse sistema. No aspecto específico do acesso a medicamentos, vale destacar a Lei nº 12.401/2011, que alterou a Lei do SUS para dispor sobre a assistência terapêutica e os métodos de incorporação de tecnologia em saúde no sistema público, conforme a sua eficácia, segurança, efetividade e custo-efetividade (Lei nº 8.080/90, art. 19-O, parágrafo único). Uma importante inovação desse marco legal foi a criação da Comissão Nacional de Incorporação de Tecnologias no Sistema Único de Saúde – Conitec, um órgão de assessoramento do Ministério da Saúde que tem sido instrumental na racionalização das avaliações de tecnologias em saúde (ATS) pelo SUS, conforme critérios da medicina baseada em evidência. Merecem destaque, também, a Portaria GM nº 3.916/98 e a Resolução nº 338/2004, que instituíram, respectivamente, a Política Nacional de Medicamentos (PNM) e Política Nacional de Assistência Farmacêutica

---

[9] SARLET, Ingo W.; MARINONI, Luiz G.; MITIDIERO, Daniel. *Curso de direito constitucional*. 11. ed. São Paulo: SaraivaJur, 2022. *E-book*. p. 288-289.

(PNAF), instrumentos de controle de qualidade e de distribuição controlada de fármacos e terapias essenciais, bem como de promoção do desenvolvimento de produtos e capacitação de serviços à população.

1.1 A "microjustiça" em ação: distorções e respostas institucionais

Um dos pontos de maior debate sobre gestão de políticas públicas no Brasil, nas últimas décadas, tem sido o fenômeno da judicialização do acesso a medicamentos e outros procedimentos clínicos ou cirúrgicos na rede pública. A celeuma reside exatamente sobre o viés prestacional[10] do direito à saúde, que contrapõe, de um lado, a demanda por concretização do art. 6º da Constituição na esfera individual de pessoas afetadas por moléstias cujas terapias lhe são inacessíveis e, de outro, as capacidades efetivas de atendimento pelo Estado, vinculadas a considerações orçamentárias, operacionais e contingências políticas de diversas ordens, frequentemente reunidas sob a alcunha da "reserva do possível".

Os números da judicialização da saúde no Brasil são, de fato, superlativos. Segundo informações colhidas no portal de acesso à informação do Governo Federal,[11] somente em 2021, os gastos da União com ações judiciais para aquisição de medicamentos visando ao atendimento às demandas judiciais somaram R$1.528.490,759,00. O ex-ministro da Saúde, em declaração de julho de 2022,[12] alertou para a escalada desses custos desde 2011, que passaram de cerca de R$200 milhões por ano para algo em torno de R$2 bilhões anuais, embora ressalve que a Justiça tem atuado para que a saúde "não seja uma mera promessa constitucional, e sim a manifestação da vontade do constituinte de 1988 e do povo brasileiro".

Como em qualquer conflito que envolva direitos fundamentais sociais, a litigância em saúde envolve, em linhas gerais, uma de duas situações: a) o descumprimento a uma regra de acesso estabelecida nas políticas públicas em vigor, da qual o indivíduo ou determinada coletividade se viram alijados, ou a invalidade de uma regra limitante desse acesso; b) a inexistência de política pública ou a omissão estatal no estabelecimento de regra de acesso específica, a negar o pleno gozo do direito fundamental em questão.[13] Não há tanta controvérsia quanto ao papel do Poder Judiciário na primeira hipótese, em que o juiz exerce função precípua de zelar pela aplicação isonômica de regras jurídicas estabelecidas. A celeuma se instala quando, no âmbito de uma causa individual, determina-se ao Estado que atenda a uma demanda que não aparenta estar prevista em uma política pública definida ou em ações governamentais planejadas, criando um

---

[10] MENDES, Gilmar F.; BRANCO, Paulo G. *Curso de direito constitucional*. 15. ed. São Paulo: Saraiva Educação, 2020. *E-book*. p. 707.

[11] JUDICIALIZAÇÃO/SAÚDE: Pedido 25072008164202286. Brasília, 2022. Acesso à informação. Disponível em: http://www.consultaesic.cgu.gov.br/busca/dados/Lists/Pedido/Item/displayifs.aspx?List=0c839f31%2D47d7% 2D4485%2Dab65%2Dab0cee9cf8fe&ID=1616519&Web=88cc5f44%2D8cfe%2D4964%2D8ff4%2D376b5ebb3bef. Acesso em: 17 jan. 2023.

[12] MARCELO Queiroga demonstra preocupação com judicialização da saúde. *Consultor Jurídico*, São Paulo, 2022. Disponível em: https://www.conjur.com.br/2022-jul-01/queiroga-demonstra-preocupacao-judicializacao-saude. Acesso em: 17 jan. 2023.

[13] SANTANA, Hector Valverde; FREITAS FILHO, Roberto. *Os limites da defesa de direitos fundamentais por meio de instrumentos processuais de cognição estreita*. Mandado de segurança e o caso da saúde. São Paulo: Saraiva, 2021. (Série IDP – Direito à saúde: questões teóricas e a prática dos tribunais). *E-book*. p. 14.

ruído sistêmico que afetará a alocação de recursos previamente destinados para atender à coletividade. Nestas situações, não há dúvidas de que o Judiciário irá estressar a tensão entre as autonomias pública e privada, testando os limites funcionais do princípio da separação entre os poderes.

Apesar do debate sobre a legitimidade e os limites do que se costuma denominar "ativismo" na área de saúde, parece haver razoável consenso, no Brasil, de que a ação judicial passível de impactar a coletividade e a alocação de recursos públicos deve ser precedida de uma cuidadosa análise dos efeitos agregados da decisão e da absoluta necessidade da medida em particular. Cautelas desse jaez foram recentemente inseridas na Lei de Introdução de Normas de Direito Brasileiro (LINDB), com a positivação dos arts. 20, 21 e 22, a denotar que, ao menos no plano normativo, elementos de ética consequencialista estão colocados na pauta decisória de juízes e administradores.

O problema é que a prática desse consenso, na realidade judicial, mostra-se extremamente difícil. Nos casos de direito à saúde, especialmente na dispensação de medicamentos, as denúncias de excessos judiciais são tantas e tão prevalentes ao longo do tempo, que seria possível afirmar que constituem área autônoma do conhecimento jurídico brasileiro. Um dos pontos mais destacados da crítica à judicialização é a massiva veiculação de demandas por assistência terapêutica e medicamentos por vias processuais de cognição estreita,[14] como o mandado de segurança, que exige prova pré-constituída e a existência de direito líquido e certo, ou através de tutelas antecipadas de urgência, em ambos os casos limitando significativamente a capacidade probatória e o contraditório, de modo que a necessidade do postulante e a sua situação de emergência terminam por preponderar sobre considerações técnicas do impacto daquela medida em seu contexto sistêmico.

Em muitos casos, o laudo do médico assistente do autor da causa é suficiente para determinar o tratamento postulado, independentemente dos custos para a sua aquisição (que envolvem considerações de disponibilidade, acesso, transporte, importação etc.), deixando em segundo plano considerações como: o tratamento buscado está inserido nas propostas terapêuticas emanadas pelos gestores de saúde pública? A medicação está registrada na Anvisa, foi incorporada pelo SUS ou existe alternativa a ela dentro do sistema público? Faz-se uma opção por salvar a vida, que é a realidade recalcitrante em frente ao juiz, a consideração primordial cuja solução lhe foi confiada.

Outra crítica prevalente é a de que a concepção "civilista" do direito à saúde manifestada por muitos juízes, ao sujeitar a autonomia pública a interesses privados imediatos, acaba por favorecer uma pequena elite de litigantes, aprofundando ainda mais as diferenças sociais que as políticas públicas tentam mitigar.[15] [16] Ademais, a precariedade cognitiva em que essas decisões são tomadas, além de criar imprevisibilidade e descontrole discursivo, favorece o surgimento de pretensões abusivas, em que

---

[14] SANTANA, Hector Valverde; FREITAS FILHO, Roberto. *Os limites da defesa de direitos fundamentais por meio de instrumentos processuais de cognição estreita*. Mandado de segurança e o caso da saúde. São Paulo: Saraiva, 2021. (Série IDP – Direito à saúde: questões teóricas e a prática dos tribunais). *E-book*. p. 13.

[15] NEVES, Marcelo. Judiciário intensifica privilégios no acesso à saúde. *Conjur*, 19 out. 2013. Disponível em: http://www.conjur.com.br/2013-out-19/observatorio-constitucional-judiciario-intensifica-privilegios-acesso-saude. Acesso em: 14 jan. 2023.

[16] LIMA, F. R. de S. Enomização da judicialização da saúde: provocações sistêmicas. *Revista Brasileira de Sociologia do Direito*, Niterói, v. 8, n. 3 p. 152-184, 2021. DOI: https://doi.org/10.21910/rbsd.v8i3.527.

advogados e médicos se unem para criar verdadeiros mercados de judicialização de remédios de alto custo, gerando despesas milionárias para os cofres públicos.[17]

A inconsistência entre julgados também é apontada como fonte de desigualdades sociais importantes. Por exemplo, no julgamento do REsp nº 1.721.705,[18] a 3ª Turma do Superior Tribunal de Justiça (STJ) entendeu pela possibilidade de a operadora de saúde ser obrigada a custear a utilização de medicamentos *off label*, isto é fora dos usos recomendados em bula, conforme registro na Anvisa, devendo prevalecer o tratamento prescrito pelo médico assistente. Pouco depois, em emblemático julgamento de recurso repetitivo (Tema nº 106), que tratava da obrigatoriedade do fornecimento, pela rede pública, de medicação não incorporada pelo SUS, uma das condicionantes estabelecidas pelo STJ, através de sua 1ª Seção, foi a necessidade de registro do fármaco na Anvisa. Em sede de embargos de declaração,[19] o Tribunal, saneando omissão apontada pelo ente público, esclareceu que o Estado não estaria obrigado a fornecer medicamento para uso *off label*. Para alguns autores,[20] essa decisão não apenas aplicou uma racionalidade incompatível com aquela utilizada no julgamento do REsp nº 1.721.705 (prevalência da autonomia do médico responsável), como criou uma situação anti-isonômica, pois os pacientes com recursos suficientes para contratar planos de saúde privados poderão obter acesso ao tratamento *off label* pela via judicial, enquanto os usuários da rede pública não teriam a mesma opção.

Aponta-se que a discricionariedade judicial tem tomado a dimensão prestacional do direito à saúde de forma absolutista, em desconsideração aos cálculos de conveniência e oportunidade dos agentes políticos, aos juízos estritamente técnicos elaborados por gestores públicos e às normas de acesso formadas em processo legislativo, o que denunciaria o déficit democrático dessas deliberações. Trata-se da prevalência da denominada "microjustiça",[21] em detrimento de interesses metaindividuais não considerados pelo julgador, seja pelos limites cognitivos próprios das demandas individuais a ele submetidas, seja por sua incapacidade técnica. Diante da ameaça de violação do princípio da separação dos poderes, é frequente a recomendação para que juízes e tribunais exerçam a "autocontenção",[22] evitando imiscuir-se na elaboração de políticas públicas de saúde sem o devido suporte técnico, de modo a atuar estritamente para a garantia do "mínimo existencial" de uma vida digna,[23] considerados padrões já

---

[17] MORAES, Thalita. *Direito à saúde no caso dos medicamentos off label*. São Paulo: Saraiva, 2021. (Série IDP – Direito à saúde: questões teóricas e a prática dos tribunais).

[18] BRASIL. Superior Tribunal de Justiça. 3ª Turma. *REsp n. 1.721.705/SP*. Rel. Min. Nancy Andrighi, j. 28.8.2018.

[19] BRASIL. Superior Tribunal de Justiça. 1ª Seção. *EDcl no REsp n. 1.657.156/RJ*. Rel. Min. Benedito Gonçalves, j. 12.9.2018.

[20] GUERRA, H. C. G.; SANTOS, M. C. C. L. dos. Judicialização da saúde: a aplicação do princípio da isonomia no acesso a medicamentos off label. *Revista Direito e Justiça: Reflexões Sociojurídicas*, v. 21, n. 41, p. 147-158, 2021. DOI: https://doi.org/10.31512/rdj.v21i41.633.

[21] FRAZÃO, Carlos Eduardo; SILVA, Raphael Carvalho da. Judicialização de políticas públicas: os desafios técnicos e jurídicos na justiciabilidade dos direitos sociais. *In*: MENDES, Gilmar; PAIVA, Paula (Coord.). *Políticas públicas no Brasil*: uma abordagem institucional. São Paulo: Saraiva, 2017.

[22] NASCIMENTO, Luane S. *Direito à saúde*: a limitação do intervencionismo judicial. São Paulo: Almedina, 2022. (Coleção Universidade Católica de Brasília). *E-book*.

[23] SARLET, Ingo W. Segurança social, dignidade da pessoa humana e proibição de retrocesso: revisitando o problema da proteção dos direitos fundamentais sociais. *In*: CANOTILHO, J. J. Gomes; CORREIA, Marcus Orione Gonçalves; CORREIA, Érica Paula Barcha (Coord.). *Direitos fundamentais sociais*. 2. ed. São Paulo: Saraiva, 2015. *E-book*. p. 33.

atingidos de civilidade, a ser protegidos contra retrocessos. A dificuldade, por certo, está em definir quais seriam os critérios objetivos capazes de, nas palavras de Luís Roberto Barroso,[24] "assegurar a Supremacia da constituição, mas não a hegemonia judicial".

É importante notar que a atividade crítica exercida por acadêmicos e autoridades governamentais tem encontrado eco no próprio Poder Judiciário, notadamente por parte dos tribunais superiores, que têm incorporado muitas dessas preocupações nas principais decisões sobre o tema na última década.[25] Precedente histórico do STF, firmado em julgamento do agravo regimental na STA nº 175, em 17.3.2010, no qual se fixaram diversos critérios para a adjudicação do direito à saúde, foi precedido de uma série de audiências públicas comandadas pelo Min. Gilmar Mendes, realizadas em 27, 28 e 29 de abril e 4, 6, e 7 de maio de 2009, que, além de fornecerem subsídios para os atos decisórios daquele tribunal, fomentaram, em âmbito administrativo, diversas outras ações implementadas pelo CNJ.

Entre os esforços do CNJ para aperfeiçoar as decisões judiciais que afetam as políticas públicas de saúde, destacam-se as recomendações nºs 31[26] e 100, a Resolução nº 107/2010, que instituiu o Fórum Nacional do Judiciário para Monitoramento e Resolução das Demandas de Assistência à Saúde, a Resolução nº 388/2021, que reestruturou os Comitês Estaduais de Saúde, fixados pela Resolução CNJ nº 238/2016, bem como a criação dos Núcleos de Apoio Técnico do Poder Judiciário – NATJUS,[27] que compõem um sistema de assessoramento a magistrados por profissionais de saúde para tomada de decisões com base em evidências científicas, integrado a um banco de dados (e-NATJUS) com milhares de notas técnicas e pareceres emitidos pelas equipes dos NATJUS estaduais e nacional.[28]

Propostas de autocontenção que vêm sendo desenvolvidas também apostam na ampliação dos diálogos institucionais, tanto para ampliação dos procedimentos conciliatórios, que podem se aplicar ao modo de instrução processual ou ao próprio mérito da demanda,[29] quanto para o enriquecimento discursivo, de forma a melhorar o arcabouço científico a ser observado pelo magistrado na decisão. Tem-se exigido que os magistrados cada vez mais incorporem em suas decisões uma racionalidade

---

[24] BARROSO, Luís Roberto. *Curso de direito constitucional contemporâneo*: os conceitos fundamentais e a construção do novo modelo. 2. ed. São Paulo: Saraiva, 2010. p. 387.

[25] Para referência, citam-se, no STF, os julgamentos do STA nº 175, do RE nº 566.471 (Tema nº 6 da Repercussão Geral); RE nº 657.718 (Tema nº 500) e RE nº 1.165.959 (Tema nº 1.161); no STJ, especificamente em relação ao fornecimento de fármacos na rede pública, o REsp nº 1.657.156 – Tema Repetitivo nº 106.

[26] Além de outras medidas visando a subsidiar os magistrados e demais operadores do direito na resolução de demandas de saúde, essa resolução recomendou a assinatura de convênios estaduais para a criação de núcleos de assistência técnica, conhecidos como NATs, hoje denominados Núcleos de Apoio Técnico do Poder Judiciário – NATJUS. Importante destacar o papel pioneiro do Tribunal de Justiça do Rio de Janeiro, que estruturou o primeiro NAT no Brasil, antes mesmo da recomendação do CNJ, projeto que serviu de modelo para as experiências posteriores. Ver: FERREIRA, Siddharta Legale; COSTA, Aline Matias da. Núcleos de Assessoria Técnica e Judicialização da Saúde: constitucionais ou inconstitucionais? *Rev. SJRJ*, Rio de Janeiro, v. 20, n. 36, p. 219-240, abr. 2013.

[27] Importante mencionar a experiência exitosa de tribunais na criação de seus próprios núcleos de assistência técnica antes mesmo das recomendações do CNJ.

[28] CONSELHO NACIONAL DE JUSTIÇA (Brasil). *Sistema do e-Natjus refina busca de notas e pareceres técnicos em saúde*. Brasília: CNJ, 2022. Disponível em: https://www.cnj.jus.br/sistema-do-e-natjus-refina-busca-de-notas-e-pareceres-tecnicos-em-saude/. Acesso em: 14 fev. 2023.

[29] MASCARENHAS, Caio Gama; RIBAS, Lídia Maria. Materializando diálogos institucionais na judicialização da saúde pública: propostas de convenções processuais coletivas, LINDB e transparência. *Revista de Investigações Constitucionais*, Curitiba, v. 7, n. 1, p. 285-317, jan./abr. 2020. DOI: 10.5380/rinc.v7i1.67088.

distributiva, mais próxima à do gestor público, e que se inteirem mais dos aspectos logísticos, operacionais e de custo-efetividade das medidas que pretendem adotar no curso do processo. Para isso, tem-se cobrado uma relação umbilical com os NATs,[30] cada vez mais integrados e ricos em suas bases de dados. Recentemente, o CNJ aprovou regulamentação para ampliação de uso do e-NATJUS em qualquer caso judicial, inclusive em situações de plantão, permitindo o acesso a magistrados tanto aos NATJUS estaduais como ao nacional.[31]

No julgamento do RE nº 566.471 (Tema nº 6 da repercussão geral), ainda em andamento, que trata da possibilidade de fornecimento, pelo Estado, de medicamento de alto custo não incorporado pelo SUS, a proposta de tese encaminhada pelo Min. Alexandre de Moraes parte de premissas similares, ao recomendar, entre outras condicionantes para o fornecimento excepcional do fármaco, que seja colhido "atestado emitido pelo Conitec, que afirme a eficácia segurança e efetividade do medicamento para as diferentes fases evolutivas da doença ou do agravo à saúde do requerente, no prazo máximo de 180 dias". Na mesma linha de aproximação do processo deliberativo judicial com a gestão de políticas públicas, o Min. Luís Roberto Barroso sugere:

> Ademais, deve-se observar um parâmetro procedimental: a realização de diálogo interinstitucional entre o Poder Judiciário e entes ou pessoas com expertise técnica na área da saúde tanto para aferir a presença dos requisitos de dispensação do medicamento, quanto, no caso de deferimento judicial do fármaco, para determinar que os órgãos competentes avaliem a possibilidade de sua incorporação no âmbito do SUS.[32]

Essa busca por objetividade e racionalização dos processos judiciais em saúde também gera uma pressão pela ampliação da eficácia decisória, com o manejo preferencial de ações coletivas,[33] o que favoreceria um ambiente discursivo mais plural e um maior controle dos efeitos das decisões. Obviamente, a mudança de cultura litigiosa não depende apenas do Poder Judiciário, mas também das defensorias públicas, do Ministério Público e dos advogados. Álvaro Ciarlini[34] defende que as demandas por prestações na saúde pública sejam preferencialmente veiculadas por meio de ações civis públicas, com ampla participação de especialistas e atores responsáveis pela elaboração de políticas públicas, de modo a conferir maior transparência e legitimidade democrática às decisões, chamando o Poder Judiciário a "compartilhar com os cidadãos os ônus de suas respectivas escolhas".[35]

---

[30] PELEGRINO, Mirian; VAL, Eduardo Manuel. Judicialização da saúde uma questão de ("in") justiça: experiência brasileira. *Revista Internacional Consinter de Direito*, v. 11, n. 11, p. 133-150, 2020.

[31] CONSELHO NACIONAL DE JUSTIÇA (Brasil). *Aprovada regulamentação de utilização do e-NatJus pela Justiça.* Brasília: CNJ, 2022. Disponível em: https://www.cnj.jus.br/aprovada-regulamentacao-de-utilizacao-do-e-natjus-pela-justica/. Acesso em 14 jan. 2023.

[32] BRASIL. Supremo Tribunal Federal. *Recurso Extraordinário 566.471 Rio Grande do Norte*. Rel. Min. Marco Aurélio. Disponível em: https://www.conjur.com.br/dl/re-566471-medicamentos-alto-custo.pdf. Acesso em: 14 jan. 2023. Em elaboração.

[33] MENDES, Gilmar F.; BRANCO, Paulo G. *Curso de direito constitucional*. 15. ed. São Paulo: Saraiva Educação, 2020. *E-book*. p. 751.

[34] CIARLINI, Alvaro Luis de A. S. *Direito à saúde*: paradigmas procedimentais e substanciais da Constituição. São Paulo: Saraiva, 2013. *E-book*. p. 236.

[35] CIARLINI, Alvaro Luis de A. S. *Direito à saúde*: paradigmas procedimentais e substanciais da Constituição. São Paulo: Saraiva, 2013. *E-book*. p. 238.

O apelo à ampliação cognitiva do contencioso civil em saúde pública, embora justificável, não é desprovido de riscos. Demandar que juízes estejam cada vez mais afinados com a racionalidade alocativa própria dos gestores de políticas públicas apresenta o risco de dessensibilizar o Judiciário para a complexidade irredutível de casos concretos e das circunstâncias extraordinárias, que podem acontecer em hipóteses especialíssimas, perdendo a perspectiva contramajoritária dos direitos fundamentais que lhe é própria. Esse risco se mostra especialmente importante nos casos em que as políticas públicas, embora bem-intencionadas, apresentem limitações estruturais, como acontece no caso das doenças raras e ultrarraras.

2 O problema das doenças raras

Direitos fundamentais têm custos, os recursos são escassos e a medicina é cara. Além disso, o acesso às tecnologias e aos programas de saúde é uma demanda imediatista. A morte é definitiva e a doença é uma contingência inegociável. Essa combinação de fatores coloca o gestor de saúde em uma posição muito distinta do governante platônico descrito por Sócrates. A vida biológica, antes tão perecível, tornou-se sagrada e a sua proteção é um dos pilares da nossa Constituição. Coloca-se o problema: como salvar tantas vidas com tão poucos recursos e com conhecimentos científicos tão limitados? A fundamentalidade do direito à saúde choca-se com a precariedade da condição humana e é nesse ambiente que decisões sobre políticas públicas devem ser tomadas: as denominadas "escolhas trágicas".[36] Se "fazer morrer" não é uma opção viável ao gestor de saúde, outra decisão igualmente trágica lhe resta: a de definir quem "merece viver".[37] Talvez não exista área de atuação em saúde pública em que esse dilema seja mais imponente do que no planejamento de políticas públicas para doenças raras.

O termo "doenças raras" se refere a uma multiplicidade de patologias de ordens variadas, normalmente aglutinadas por critérios epidemiológicos ou econômicos. Não há definição universal para o que constitui uma doença rara. No Brasil, adotou-se, em 2014, o critério de enfermidade que afeta até 65 em cada 100.000 pessoas, ou 1,3 para cada 2.000 indivíduos (Portaria MS nº 199/14). Embora individualmente acometam parcelas pequenas da população, em conjunto, essas enfermidades atingem centenas de milhões ao redor do mundo.[38] Segundo dados do Ministério da Saúde,[39] estima-se a existência de 6.000 a 8.000 diferentes tipos de doenças raras, sendo que, para absoluta maioria destas, não há tratamento médico identificado. Geralmente, são crônicas, progressivas, degenerativas e podem levar à incapacitação ou à morte. Possuem causa predominantemente genética (cerca de 80%), a maioria se manifestando nos primeiros

---

[36] LEAL, Mônia Clarissa Hennig; BOLESINA, Iuri. Três "por quês" à jurisdição constitucional brasileira diante do (aparente) conflito entre o mínimo existencial e a reserva do possível na garantia dos direitos fundamentais sociais e no controle de políticas públicas: há mesmo escolhas trágicas? *Revista do Direito*, n. 38, p. 6-25, jul./dez. 2012. DOI: https://doi.org/10.17058/rdunisc.v0i0.2686.

[37] FOUCAULT, Michel. *Em defesa da sociedade*: curso no Collège de France (1975-1976). São Paulo: Martins Fontes, 2005. p. 287.

[38] As estimativas variam entre 263 a 446 milhões de indivíduos afetados por ao menos uma doença rara no mundo (SÁ, João. O caso das doenças raras. *Medicina Interna*, Lisboa, v. 29, n. 2, p. 82-83, jun. 2022. DOI: https://doi.org/10.24950/rspmi.644).

[39] BRASIL. Ministério da Saúde. *Doenças raras*. Brasília: MS, [2023]. Disponível em: https://www.gov.br/saude/pt-br/assuntos/saude-de-a-a-z/d/doencas-raras. Acesso em: 15 jan. 2023.

anos de vida, sendo o restante decorrente de infecções bacterianas, virais, alérgicas ou ambientais, cânceres raros, doenças autoimunes etc.

Como problema de saúde pública, essas doenças, apesar de suas imensuráveis particularidades, se igualam em um fator: o abandono. Está em sua origem a ideia de "orfandade", associada aos denominados "medicamentos órfãos" (*orphan drugs*), como eram chamadas, nos Estados Unidos, aquelas drogas destinadas a um público consumidor extremamente reduzido, razão pela qual não despertavam o interesse econômico dos produtores de remédios. Visando a ampliar o acesso a esses produtos, o Congresso americano editou, em janeiro de 1982, o *Orphan Drug Act*, um pacote de medidas destinadas a incentivar a pesquisa e a produção de drogas para doenças raras,[40] legislação que veio a ser referência de diversas políticas em outros países do mundo nos anos seguintes.

Segundo a narrativa prevalente em torno das doenças raras, existe uma escassez de incentivos para o desenvolvimento de terapias em situações normais de mercado. Do ponto de vista técnico, a baixa prevalência dificulta a realização de grandes estudos aleatorizados e a pequena base comparativa, com dados biológicos confiáveis, limita o trabalho de pesquisadores. As pesquisas que acabam sendo feitas costumam demorar, e o processo é caro, de forma que, quando a medicação chega ao mercado, os laboratórios precisam buscar o retorno de um investimento alto, mas com a demanda reduzida, o que torna proibitivos os preços unitários do medicamento.[41] A intervenção governamental, nesse contexto, é vista como imperativa, no sentido de criar políticas públicas capazes de mitigar as falhas distributivas do mercado.

Se, de um lado, há um elevado custo a ser pago pela sociedade com a busca por terapias e tecnologias em saúde para doenças que, consideradas individualmente, atingem poucas pessoas, o fato é que o custo social pelo não tratamento das doenças raras é também exorbitante.[42] São moléstias difíceis de diagnosticar,[43] muito pelo desconhecimento generalizado a respeito delas e por não estarem inseridas no dia a dia da prática médica – e, na maioria dos casos, a demora no diagnóstico torna a progressão irreversível e incapacitante, o que tem efeitos agregados no contexto social daquele indivíduo afetado. Ele se torna improdutivo, demandando assistência social e intenso auxílio do núcleo familiar, o que não raro faz com que pais, cônjuges ou parentes próximos abandonem seus empregos para prestar atendimento ao ente querido, impactando a renda familiar, a educação de filhos e o agravamento da pobreza, sem falar nas consequências psicológicas muitas vezes irrecuperáveis para todos aqueles envolvidos no doloroso processo de degradação causado pela doença.

No Brasil, o despertar contra o abandono das doenças raras começa na segunda década do século XXI, quando é possível verificar uma intensificação das ações governamentais nessa área, na esteira da promulgação da Lei nº 12.401/2011, que definiu

---

[40] HAFFNER, Marlene E. Adopting orphan drugs: two dozen years of treating rare diseases. *New England Journal of Medicine*, New England, n. 354, p. 445-447, 2006. DOI: 10.1056/NEJMp058317.

[41] O'SULLIVAN, B. P.; ORENSTEIN, D. M.; MILLA, C. E. Pricing for orphan drugs: will the market bear what society cannot? *JAMA*, v. 310, n. 13, p. 1343-1344, 2013. DOI: 10.1001/jama.2013.278129.

[42] SMITH, Brian A. Unsolved mystery (diagnosis): treating rare diseases as a public health crisis. *University of Illinois Law Review*, Illinois, v. 1, p. 309-358, 2021.

[43] BENITO-LOZANO, Juan; LÓPEZ-VILLALBA, Blanca; ARIAS-MERINO, Greta; POSADA DE LA PAZ, Manuel; ALONSO-FERREIRA, Verónica. Diagnostic delay in rare diseases: data from the Spanish rare diseases patient registry. *Orphanet Journal of Rare Diseases*, v. 17, n. 418, 2022. DOI: https://doi.org/10.1186/s13023-022-02530-3.

critérios para a incorporação de tecnologia em saúde no âmbito do SUS. Outro marco fundamental é o lançamento da Política Nacional de Atenção Integral às Pessoas com Doenças Raras (Portaria MS nº 199/2014), que instituiu diretrizes para ampliação de cobertura em todas as fases da doença, meios diagnósticos, capacitação profissional e incentivos para criação de novas tecnologias. Em 2017, a Anvisa editou as RDCs nºs 204 e 205, regulamentando procedimentos especiais de registro de novos medicamentos e alteração pós-registro para tratamento de doenças raras. Merece destaque, também, projeto de lei em tramitação na Câmara dos Deputados (PL nº 1.606/2011), já aprovado pelo Senado, que cria condições para o fornecimento de medicação para doenças raras por fora do rol de medicamentos de dispensação excepcional. A demora na provação desse projeto, por outro lado, denota que, apesar do crescente interesse no aperfeiçoamento das políticas públicas em vigor, ainda existe carência de propostas inovadoras no âmbito do Poder Legislativo. Estudo recente[44] revela que, em 2020, apenas 18 parlamentares foram responsáveis por 50% de todos os projetos sobre doenças raras, inexistindo propostas do Poder Executivo no período, o que por si só reduz as chances de transformação de propostas para a área em lei, dada a dominância que o governo exerce sobre a pauta legislativa.[45]

A virtual falta de interesse majoritário no Congresso, entretanto, não impediu que, nos últimos anos, houvesse uma intensificação das ações governamentais a partir das políticas públicas já estabelecidas, com a melhoria da rede de atendimento e a aceleração do processo de incorporação de novas diretrizes terapêuticas e medicamentos nas listas oficiais. Um *locus* importante de contato entre os gestores públicos e membros da sociedade civil organizada, na forma de associações, federações e grupos de *advocacy* para doenças raras ao redor do mundo tem sido as agências de avaliações de tecnologias em saúde (ATS), que assumem papel de intermediadores entre as demandas particulares, o interesse público e o conhecimento científico disponível, o que não tem sido diferente no caso do Conitec. Estudo publicado em 2020[46] revela que, entre 2012 (início da publicação dos dados) e 2019, o Conitec recomendou 32 medicamentos/terapias de doenças raras para incorporação ao SUS, de um universo de 61 pedidos de avaliação.

Em que pese a importância do Conitec no aperfeiçoamento das metodologias de ATS no Brasil, há margem para maior especialização nos procedimentos de incorporação de novas terapias para doenças raras. Conforme estudo citado anteriormente,[47] investigaram-se os critérios utilizados por agências de ATS em sistemas próximos ao brasileiro. As agências consideradas foram o Conitec, a *Pharmaceutical Benefits Advisory*

---

[44] PASCARELLI, Dhiogo Bayma Nespolo; PEREIRA, Éverton Luís. Doenças raras no Congresso Nacional brasileiro: análise da atuação parlamentar. *Cadernos de Saúde Pública*, Rio de Janeiro, v. 38, n. 6, 2022.

[45] Vale mencionar que, em 2019, o Presidente Jair Bolsonaro, alegando razões orçamentárias, vetou, na íntegra, o PL nº 231/2012, que criava o Fundo Nacional de Pesquisa para Doenças Raras e Negligenciadas (FNPDRN), que tinha a finalidade de apoiar projetos de pesquisa e empreendimentos na área de doenças raras, mediante reserva de recursos do Programa de Fomento à Pesquisa em Saúde (BRASIL. Congresso Nacional. *Veto 36/2019*: Financiamento de pesquisas em doenças raras e negligenciadas. Brasília: Senado Federal, 2019. Disponível em: https://www.congressonacional.leg.br/materias/vetos/-/veto/detalhe/12625. Acesso em: 16 jan. 2023).

[46] BIGLIA, Luiza Vasconcelos; MENDES, Samara Jamile; LIMA, Tácio de Mendonça; AGUIAR, Patrícia Melo. Incorporações de medicamentos para doenças raras no Brasil: é possível acesso integral a estes pacientes? *Ciência e Saúde Coletiva*, v. 26, n. 11, p. 5547-5559, nov. 2021. DOI: 10.1590/1413-812320212611.26722020.

[47] BIGLIA, Luiza Vasconcelos; MENDES, Samara Jamile; LIMA, Tácio de Mendonça; AGUIAR, Patrícia Melo. Incorporações de medicamentos para doenças raras no Brasil: é possível acesso integral a estes pacientes? *Ciência e Saúde Coletiva*, v. 26, n. 11, p. 5547-5559, nov. 2021. DOI: 10.1590/1413-812320212611.26722020.

Committe (PBAC) da Austrália, a *Canadian Agency for Drugs and Technologies in Health* (CADTH) do Canadá, *The National Institute for Health and Care Excellence* (Nice) do Reino Unido e a *Haute Autorité de Santé* (HAS) da França. Entre essas, somente a Nice possuía, à época do estudo, um processo diferenciado de incorporação para doenças raras e um comitê específico de análise para esses processos. As demais, a exemplo do Conitec, submetiam o processo de aprovação aos mesmos parâmetros normativos aplicáveis a outras doenças, inclusive quanto à análise de custo-efetividade e impactos orçamentários.

Importante mencionar que o Decreto nº 11.161, de 5.8.2022, promoveu uma reformulação da estrutura organizacional e funcionamento do Conitec, entre as quais se destaca alteração do art. 18 do Decreto nº 7.646/2011, que introduz, no processo administrativo de incorporação, exclusão ou modificação de tecnologias em saúde, protocolos clínicos e diretrizes terapêuticas, a necessidade de observância de metodologia específica em ATS para doenças ultrarraras[48] (art. 18, §2º), com respeito à avaliação de eficácia, segurança e viabilidade econômica. A definição das metodologias a serem implementadas foi remetida a ato regulamentar do ministro de Estado da Saúde (Decreto nº 7.646/2011, art. 18, §3º).

Um dos grandes desafios das ATS para doenças raras é que a excepcional complexidade e reduzida prevalência dessas moléstias impõe considerações éticas que desafiam os limites da lógica distributiva aplicada a outros fármacos, normalmente focada em análises rígidas de custo-efetividade,[49] [50] ponto que é explorado pelos fabricantes de medicamento para justificar os preços elevados. Também não ajuda o fato de que a indústria farmacêutica, em países em desenvolvimento, é recalcitrante em aceitar acordos de pesquisa, que envolvam fornecimento de medicação na fase de pós-estudo, com intuito evidente de preservar um mercado consumidor mais lucrativo quando a droga atingir estágio de comercialização.[51] Além disso, a falta de transparência na formação de preços de fármacos e na divulgação dos custos de pesquisa e desenvolvimento por parte das companhias privadas é um problema sistêmico do mercado de saúde e tem sido apontado, pela ONU, como um fator limitante de acesso a terapias e medicamentos.[52]

Tudo isso dificulta demasiadamente o cálculo orçamentário e reduz as condições de negociação pelas agências governamentais. Com a intensificação do interesse governamental e da pressão da sociedade civil por maior velocidade de incorporação e diversificação de medicamentos para doenças raras, tem-se observado uma escalada dos preços "que preocupa os pagadores dos sistemas de saúde, que têm achado

---

[48] De acordo com a Resolução CNS nº 563/17, considera-se ultrarrara a doença crônica, debilitante ou que ameace a vida, com incidência menor ou igual a 1 (um) caso para cada 50.000 (cinquenta mil) habitantes (Resolução CNS nº 563/17).

[49] AMARAL, Marise Basso; REGO, Sergio. Doenças raras na agenda da inovação em saúde: avanços e desafios na fibrose cística. *Cadernos de Saúde Pública*, Rio de Janeiro, v. 36, n. 12, 2020.

[50] MICHEL, V. de F.; MARTINI, S. R. Rule of rescue e assistência farmacêutica no Brasil: o caso das doenças raras. *Revista Direitos Fundamentais & Democracia*, v. 25, n. 2, p. 28-53, 2020. DOI: 10.25192/ISSN.1982-0496.

[51] Ver: MOTA, Jefferson Westarb; HELLMANN, Fernando; GUEDERT, Jucélia Maria; VERDI, Marta; BITTENCOURT, Silvia Cardoso. Acesso a medicamentos para doenças raras no pós-estudo: revisão integrativa. *Revista Bioética*, v. 30, n. 3, p. 662-677, 2022.

[52] Ver relatório final: UNITED NATIONS. *Report of the United Nations Secretary-General's High-level Panel on Access to Medicines*: promoting innovation and access to health technologies. [s.l.]: UN, Sept. 2016. Disponível em: https://static1.squarespace.com/static/562094dee4b0d00c1a3ef761/t/57d9c6ebf5e231b2f02cd3d4/1473890031320/UNSG+HLP+Report+FINAL+12+Sept+2016.pdf. Acesso em: 17 jan. 2022.

extremamente difícil financiá-los".[53][54] Uma das opções mitigadoras, utilizada em países desenvolvidos, mas que ainda tem aplicação tímida no Brasil,[55] é a celebração de acordos de compartilhamento de risco, ou de entrada gerenciada, por meio dos quais os custos com a medicação a ser incorporada no sistema ficam atrelados à eficácia concreta do tratamento no público-alvo.[56]

Por outro lado, há quem defenda[57] que o foco restrito na relação doença-remédio e no processo de incorporação de drogas, sob o qual operam muitas associações e grupos de *advocacy*, muitas vezes capturados pelos interesses mercantis da indústria farmacêutica, termina por ofuscar a necessidade de uma série de outros cuidados indispensáveis aos portadores de doenças raras e que podem servir de foco para ações governamentais proveitosas. Esse é um ponto que não tem escapado aos gestores de saúde pública no Brasil, a justificar o crescente interesse estatal na promoção de outras técnicas de atendimento e cuidados, menos dependentes de drogas específicas, como a ampliação do acesso dos portadores de doenças raras aos centros especializados em reabilitação (CERs) e às equipes de atenção domiciliar, com foco em medidas preventivas, diagnósticas e ações multidisciplinares que possam prestar a esses pacientes uma assistência integral, dentro das capacidades existentes no sistema, mesmo quando não exista definição sobre a incorporação de determinado fármaco ao SUS.[58]

Outra fonte promissora de tecnologias para doenças raras que tem interessado os gestores públicos, acadêmicos e financiadores em geral são as denominadas "terapias avançadas", isto é, produtos biológicos que atuam diretamente no comportamento dos genes. Como a maioria das doenças raras são de origem genética, esses produtos podem representar uma nova frente terapêutica alternativa para enfermidades sem opções farmacológicas convencionais.[59][60] Em novembro de 2022, o Ministério da Saúde

---

[53] NOVAES, Hillegonda Maria Dutilh; SOÁREZ, Patrícia Coelho de. Doenças raras, drogas órfãs e as políticas para avaliação e incorporação de tecnologias nos sistemas de saúde. *Sociologias*, Porto Alegre, ano 21, n. 51, p. 332-364, maio/ago. 2019.

[54] COSTA, E.; GRIMALDI, G.; DEL GROSSO, V.; ISGRÒ, A.; GENAZZANI, A. L'accesso ai farmaci per malattie rare tra aspetti regolatori e priorità di salute pubblica: access to medicines for rare diseases: regulatory aspects and public health priorities. *Recenti Prog Med*, v. 113, n. 7, p. 415-424, jul./ago. 2022. DOI: 10.1701/3850.38335.

[55] VICENTE, Geison; CUNICO, Cássia; LEITE, Silvana Nair. Transformando incertezas em regulamentação legitimadora? As decisões das agências NICE e CONITEC para doenças raras. *Ciência & Saúde Coletiva*, v. 26, n. 11, p. 5533-5546, 2021.

[56] Em dezembro de 2022, o Governo Federal assinou um protocolo de intenções para elaboração do acordo de compartilhamento de risco para o fornecimento da medicação Zolgensma, utilizado para o tratamento de atrofia muscular espinhal (AME), após recomendação do Conitec para a sua incorporação (BRASIL. Ministério da Saúde. Comissão Nacional de Incorporação de Tecnologias no Sistema Único de Saúde. *MS e Novartis firmam compromisso para elaboração do acordo de compartilhamento de risco para AME*. Brasília: MS, 2022. Disponível em: https://www.gov.br/conitec/pt-br/assuntos/noticias/2022/dezembro/ms-e-novartis-firmam-compromisso-para-elaboracao-do-acordo-de-compartilhamento-de-risco-para-ame. Acesso em: 15 jan. 2022.).

[57] BARBOSA, Rogério Lima; PORTUGAL, Sílvia. O associativismo faz bem à saúde? O caso das doenças raras. *Ciência & Saúde Coletiva*, v. 23, n. 2, p. 417-430, 2018.

[58] MINISTRO diz que alto custo dificulta a incorporação de Zolgensma ao SUS: remédio é usado para tratar crianças com atrofia muscular espinhal. *Agência Brasil*, Brasília, 2022. Disponível em: https://agenciabrasil.ebc.com.br/saude/noticia/2022-10/ministro-diz-que-alto-custo-dificulta-incorporacao-de-zolgensma-ao-sus. Acesso em: 15 jan. 2023.

[59] FÉLIX, T. M. *et al*. Epidemiology of rare diseases in Brazil: protocol of the Brazilian Rare Diseases Network (RARAS-BRDN). *Orphanet Journal of Rare Diseases*, v. 17, n. 84, 2022. DOI: https://doi.org/10.1186/s13023-022-02254-4.

[60] FARKAS, Andreas M.; MARIZ, Segundo; STOYANOVA-BENINSKA, Violeta; CELIS, Patrick; VAMVAKAS, Spiros; LARSSON, Kristina; SEPODES, Bruno. Advanced therapy medicinal products for rare diseases: state

anunciou a abertura de chamada pública para a criação de um Centro de Pesquisa em Terapias Avançadas, projeto em parceria com Associação Brasileira de Pesquisa e Inovação Industrial (Embrapii).[61]

Uma necessidade premente para a pesquisa nessas áreas é a ampliação e a integração de bancos de dados e infraestrutura para pesquisa genômica,[62] de modo a facilitar o desenvolvimento de tecnologias diagnósticas e terapêuticas personalizadas. Informações biológicas para doenças raras e ultrarraras são escassas e apresentam dificuldades bioéticas importantes, o que demanda integração entre organizações públicas e privadas e cooperação internacional. Merece destaque, nesse contexto, o trabalho que vem sendo realizado pelo *International Rare Diseases Research Consortium* (IRDiRC),[63] um consórcio internacional integrado por várias instituições acadêmicas, laboratórios e associações de portadores de doenças e indústria da saúde que tem a visão ambiciosa de viabilizar que todas as pessoas vivendo com uma doença rara possam receber diagnóstico, cuidado e terapia disponível no prazo de um ano.

Nada obstante os esforços crescentes do governo, pesquisadores e da sociedade civil organizada em ampliar o alcance das políticas públicas e a capacitação dos atendimentos para portadores de doenças raras, a dimensão dos desafios impostos à saúde pública é imensa, dada a complexidade inerente a esse conjunto de enfermidades e o alcance continental da rede SUS. A contingência recalcitrante da vida real sempre criará distorções, esquecimentos e pontos cegos de atendimento, que causarão violações de direitos de indivíduos e coletividades,[64] sendo esperado que muitas dessas demandas continuem a desaguar no Poder Judiciário.

Não seria razoável ignorar, também, que o crescente interesse governamental pelas doenças raras e ultrarraras coincide, no Brasil, com a intensificação da judicialização em torno de drogas órfãs, a partir de 2011. Segundo levantamento realizado em 2016,[65] 10 dos 20 medicamentos mais demandados judicialmente estavam associados a doenças raras. Nesse sentido, pode-se conjecturar que a judicialização, como fenômeno social, exerceu um papel de conscientização dos poderes públicos sobre a necessidade de uma política pública mais eficaz de fornecimento de medicamentos de difícil acesso à população de atendimento aos portadores de doenças raras, a revelar a dinâmica constitucional dos

---

of play of incentives supporting development in Europe. *Frontiers in Medicine*, v. 16, p. 4-53, maio 2017. DOI: 10.3389/fmed.2017.00053.

[61] BRASIL. Ministério da Saúde. *Brasil terá centro de pesquisa em terapias avançadas da saúde*. Brasília: MS, 2022. Disponível em: https://www.gov.br/saude/pt-br/ assuntos/noticias/2022/agosto/brasil-tera-centro-de-pesquisa-em-terapias-avancadas-de-saude. Acesso em: 15 jan. 2022.

[62] THOMPSON, R. *et al*. RD-Connect: an integrated platform connecting databases, registries, biobanks and clinical bioinformatics for rare disease research. *Journal of General Internal Medicine*, n. 29, Suppl 3, p. 780-787, Aug. 2014. DOI: 10.1007/s11606-014-2908-8.

[63] ZANELLO, G. *et al*. Recommendations from the IRDiRC Working Group on methodologies to assess the impact of diagnoses and therapies on rare disease patients. *Orphanet Journal of Rare Diseases*, v. 17, n. 1, 2022. DOI: 10.1186/s13023-022-02337-2.

[64] Maria Angélica de Lima e outros afirmam, em 2018, que entre 32 e 52% dos processos judiciais contra estados e municípios tinham por objeto o fornecimento de medicações já incorporadas ao SUS (LIMA, Maria Angelica de Faria Domingues de; GILBERT, Ana Cristina Bohrer; HOROVITZ, Dafne Dain Gandelman. Redes de tratamento e as associações de pacientes com doenças raras. *Ciência & Saúde Coletiva*, v. 23, n. 10, p. 3247-3256, 2018. DOI: 10.1590/1413-812320182310.14762018).

[65] NOVAES, Hillegonda Maria Dutilh; SOÁREZ, Patrícia Coelho de. Doenças raras, drogas órfãs e as políticas para avaliação e incorporação de tecnologias nos sistemas de saúde. *Sociologias*, Porto Alegre, ano 21, n. 51, p. 332-364, maio/ago. 2019.

direitos fundamentais. O impacto da intervenção, pelo Judiciário, nas políticas públicas sobre direitos fundamentais gera distorções, mas também incentivos, *feedbacks* positivos e negativos, para o aperfeiçoamento das ações do governo, dinâmica que possui uma complexidade constitucional irredutível, ainda mais em casos tão extremos como o desse tipo de enfermidade.

3 Em defesa da judicialização (rara)

Imaginemos a vida de Maria.[66] Depois de muitos meses investigando uma progressiva perda de equilíbrio e fraqueza em diversas partes do corpo, ela recebe de um médico, finalmente, o diagnóstico definitivo, que lhe soa como uma sentença: ela sofre de esclerose lateral amiotrófica (ELA). O médico a informa de que essa doença, além de rara, acomete preferencialmente pessoas de sexo masculino, o que talvez explique ter sido descartada pelos colegas que o antecederam. Ele também detalha a Maria como será seu breve futuro.

Esclarece o doutor se tratar de doença incurável e progressiva, que começa a enfraquecer toda a musculatura do corpo, até o ponto de completa asfixia, o que pode levar poucos anos ou, em alguns casos, mais de uma década. Na fase aguda, os problemas de Maria se intensificarão, com o acometimento do diafragma, que dificultará a respiração espontânea, de modo que ela terá de passar a fazer uso de respiradores artificiais, favorecendo infecções oportunistas. Ela não conseguirá mais deglutir, sendo necessárias sondas nasais e gastrostomia para se alimentar. Maria perderá a capacidade de andar e de se comunicar com sua família e amigos, e passará os últimos momentos de sua vida deitada em camas de hospital ou em UTI domiciliar, em constante dor, à espera do dia em que seu corpo irá finalmente parar por completo. Por fim, arremata o médico, Maria permanecerá consciente durante todo esse processo, como uma expectadora impotente de seu próprio caminho à escuridão.

Maria é pobre e indaga ao médico sobre medicamentos que possam aliviar seu sofrimento. O médico lhe responde ser o riluzol o único fármaco oferecido pelo SUS, mas que, infelizmente, essa droga possui resposta pouco eficaz. Ele explica que o conforto familiar é de extrema importância, assim como o acompanhamento psicoterápico de todos os envolvidos em seus cuidados. Ela precisará do apoio irrestrito das pessoas que lhe são mais caras, as quais, por sua proximidade, sofrerão com ela até o fim, cada uma à sua maneira. Então é muito importante que esse núcleo se estruture financeiramente e emocionalmente, para evitar a destruição de todos.

Agora, imaginemos que o Nice – *National Institute for Health and Care Excellence*, agência de ATS do Reino Unido, acaba de incorporar, no sistema de saúde daquele país, uma nova droga contra a ELA que tem apresentado resultados promissores na contenção da doença. Maria tem uma chance. Contudo, o processo de incorporação dessa medicação ao SUS irá demorar, assim como a análise do pedido de registro na Anvisa. O remédio é proibitivamente caro, custa cerca de R$2 milhões por ano, e o período de uso é indeterminado. Não existe cenário em que Maria possa arcar com esse custo e ela não pode esperar, pois estudos apontam que o atraso no início do tratamento diminui

---

[66] Relato ficcional elaborado com auxílio do neurocirurgião Leonardo Abdala Giacomini (CRM-SP 137189).

exponencialmente as chances de sucesso. Maria, então, procura a defensoria pública, que ajuíza uma demanda para obter, do Estado, o fornecimento imediato da medicação. Agora, imaginemos que você, leitor, é o juiz dessa causa. Maria lhe pede que não seja deixada para trás. O que você faria?

O problema de saúde pública apresentado pelas doenças raras lança uma luz importante sobre as tensões entre autonomia pública e privada, interesses coletivos e direitos subjetivos, tão bem marcados na complexidade dos direitos fundamentais sociais em um Estado democrático de direito. Embora coletivamente tenham adquirido inequívoca visibilidade social, sob a categoria aglutinadora dos "raros", os portadores dessas enfermidades são, cada qual em seu nicho biossocial, invariavelmente minoritários, propensos ao esquecimento e ao abandono. Os cuidados de que necessitam, intensos, multidisciplinares e permanentes, impõem considerações de gastos muito acima das moléstias comuns, que atingem números incomparavelmente maiores de indivíduos. Como se costuma argumentar, a partir de uma racionalidade utilitarista, os custos milionários com o tratamento de uma pessoa podem servir para o atendimento integral de milhares de outras portadoras de doenças mais prevalentes. Por outro lado, o abandono dessas pessoas em favor de propostas terapêuticas com maior impacto numérico, muitas vezes, significa a sua condenação a uma vida de invalidez permanente, à morte prematura, frequentemente agonizante, com a destruição e empobrecimento de famílias inteiras, como no exemplo hipotético que apresentamos antes.

Por mais que as agências governamentais se especializem nos cuidados com pessoas portadoras de doenças raras e ultrarraras, melhorando as políticas públicas para seu atendimento, na medida das capacidades disponíveis, de acordo com os princípios da integralidade, universalidade e igualdade que orientam o SUS, nunca será possível ao gestor de saúde sublimar-se dessas "escolhas trágicas", e seu processo decisório eventualmente será levado para considerações éticas focadas em custo-efetividade, limitações orçamentárias e prioridades alocativas definidas por maiorias legislativas. Não se argumenta, aqui, que essa racionalidade distributiva seja inerentemente boa ou má. Ela é necessária, dadas as conformações constitucionais e objetivos traçados pela comunidade política. Porém, não é a única racionalidade disponível e está sujeita a imperfeições e apropriações abusivas na concretude da vida social.

Corrigir essas imperfeições, a partir de uma racionalidade focada em direitos e de acordo com a função contramajoritária que lhe é própria, constitui-se num dos papéis fundamentais do Poder Judiciário no controle das políticas públicas no Estado democrático de direito. O denuncismo prevalente sobre os problemas causados pela judicialização da saúde, embora tenha benefícios claros de apontar distorções no sistema e gerar incentivos ao aperfeiçoamento dos controles internos e externos da atividade dos juízes, corre o risco de, em sua exacerbação, invisibilizar a racionalidade própria da atividade jurisdicional, permitindo a sua colonização por uma lógica decisória própria dos gestores públicos, que pertence a outro foro discursivo. Compreender esse risco passa por identificar que as principais críticas formuladas em torno do excesso de judicialização se referem a problemas que transcendem o problema da litigância em saúde ou são incompreensões sobre outras condicionantes sociais que impactam o papel que juízes exercem na sociedade.

A ideia mesma de que o denominado ativismo judicial brasileiro é algo sem precedentes e que juízes no Brasil atuam fora de qualquer controle, frequentemente ultrapassando as suas competências para invadir as prerrogativas dos outros poderes da República, esconde, em si, um debate mais profundo sobre as razões que tornam tal fenômeno possível. O Poder Judiciário brasileiro é uma instituição arraigada e, sem dúvidas, muito influente. Ainda assim, a sua conformação, limites de atuação e escopo estão intrinsecamente associados a jogos políticos democráticos, barganhas institucionais e trocas exercidas com as demais instituições públicas e atores sociais.[67] É ingênuo pensar que a transferência das atribuições próprias do Executivo e do Legislativo para os tribunais possa ser efetivada sem a intenção ou a conivência dos grandes atores de cada um desses poderes. Como diria Hirschl,[68] a excessiva judicialização da política é antes de mais nada um fenômeno político e cada vez mais comum, principalmente em países com alta fragmentação e polaridade, como é o caso do Brasil. Há benefícios em se realocar a responsabilidade por decisões polêmicas ou impopulares em um poder estável e menos suscetível à opinião pública. Isso se observa claramente na importância exercida pelos tribunais superiores na complementação ou reformulação de políticas públicas que sempre geram insatisfação social e poucos dividendos eleitorais, a exemplo das relacionadas ao direito à saúde.

Outro ponto de debate se refere à falta de autocontenção dos juízes, seu voluntarismo e desapego aos entendimentos de tribunais hierarquicamente superiores ou às imposições legislativas aplicáveis. Esta linha crítica transcende as particularidades da judicialização da saúde e, de certo modo, toca discussões mais estruturais sobre a cultura judicial brasileira e premissas teóricas sobre o processo, as quais não cabem no escopo deste trabalho.[69] Vale ressaltar, no entanto, que a busca por maior integridade e coerência das decisões judiciais, bem como do controle decisório por meio de precedentes hierarquicamente vinculantes, é uma necessidade incorporada no sistema processual brasileiro, em especial com a promulgação do novo Código de Processo Civil, que para alguns, teria inaugurado um verdadeiro microssistema de precedentes em nosso ordenamento jurídico,[70] cujas bases se aplicam também ao processo penal, ousamos acrescentar.

Com relação à autocontenção nos casos específicos de direito à saúde, trata-se de imperativo ético que tem sido objeto de crescente reflexão por juízes e tribunais, a

---

[67] LEVINSON, D. J. Parchment and politics: the positive puzzle of constitutional commitment. *Harvard Law Review*, Cambridge, v. 124, n. 3, p. 657-756, 2010-2011.

[68] HIRSCHL, Ran. The new constitution and the judicialization of pure politics worldwide. *Fordham Law Review*, Austin, v. 75, n. 2, p. 721-754, 2006.

[69] Para referência sobre esse debate: RODRIGUEZ, José Rodrigo. *Como decidem as cortes?* Para uma crítica do direito (brasileiro). Rio de Janeiro: FGV, 2013; SILVA, Virgílio Afonso da. Deciding without deliberating. *I•CON*, v. 11, n. 3, p. 557-584, 2011; STRECK, Lenio. *O que é isto – Decido conforme a minha consciência?* Porto Alegre: Livraria do Advogado, 2013; STRECK, Lenio. *Precedentes judiciais e hermenêutica*: o sentido da vinculação no CPC/2015. Salvador: JusPodivm, 2018; TOMAZ, Mateus Rocha. *Fundamentação, precedentes e constituição*: panoramas e críticas sobre o Código de Processo Civil de 2015. Rio de Janeiro: Lumen Juris, 2018; ROSSI, Júlio César. *Precedente à brasileira*: a jurisprudência vinculante no CPC e no Novo CPC. São Paulo: Atlas, 2015.

[70] CAMARGO, Margarida Maria Lacombe; LEGALE, Siddharta. O microssistema de precedentes no Código de Processo Civil de 2015. *In*: VIEIRA, José Ribas; LACOMBE, Margarida; LEGALE, Siddharta (Coord.). *Jurisdição constitucional e direito constitucional internacional*. Belo Horizonte: Fórum, 2016; MELLO, Patrícia Perrone Campos; BARROSO, Luís Roberto. Trabalhando com uma nova lógica: a ascensão dos precedentes no direito brasileiro. *Revista da AGU*, Brasília, v. 15, n. 3, p. 9-52, jul./set. 2016; LEGALE, Siddharta. Superprecedentes. *Revista Direito GV*, São Paulo, v. 12, n. 3, 2016. Disponível em: https://www.academia.edu/. Acesso em: 13 jan. 2021; MARINONI, Luiz Guilherme. *A ética dos precedentes*: justificativa do novo CPC. 2. ed. rev., atual. e ampl. São Paulo: Revista dos Tribunais, 2016; MARINONI, Luiz Guilherme. *O julgamento nas cortes supremas*: precedentes e decisão do recurso diante do novo CPC. São Paulo: Revista dos Tribunais, 2015.

exemplo das obras de magistrados acima citadas. A formatação de critérios objetivos para a adjudicação de pleitos relativos ao acesso à medicação, inclusive com o estabelecimento de exceções para doenças raras, tem sido discutida e implementada pelos tribunais superiores, como se observa pelos julgamentos paradigmáticos proferidos pelo STJ e STF na última década. Embora a observância a esses precedentes, pelas instâncias inferiores, ainda seja um projeto em andamento, há um nítido esforço de aprimoramento por parte dos diversos atores envolvidos, como se destacou no primeiro tópico deste artigo, e os resultados ainda estão por ser observados de modo mais completo.

O que não se pode perder de vista, no entanto, é o risco de que a exigência de racionalização, uniformidade e objetividade dos processos judiciais em direito à saúde venha a transformar os gabinetes judiciais em uma espécie de segunda instância dos espaços deliberativos majoritários de agências governamentais e órgãos legiferantes, pondo-se a perder o referencial discursivo que fundamenta o acesso da população ao Poder Judiciário, muitas vezes o último recurso em longo processo de exclusões e esquecimento.

A ampliação da instrução processual, o uso preferencial de demandas coletivas, o apoio técnico de núcleos especializados, os instrumentos de composição sobre direitos e procedimentos, o respeito aos precedentes e a deferência às políticas públicas e orientações terapêuticas estabelecidas no sistema são todos considerações fundamentais para a melhoria da prestação jurisdicional, especialmente ao guiarem o julgador na identificação de pretensões abusivas e no correto dimensionamento do direito fundamental a ser adjudicado, em face das condicionantes sociais e limites materiais observados na realidade. Porém, ao fim e ao cabo, recairá no juiz conferir sentido à complexidade irredutível de cada caso concreto, através de uma interpretação das pretensões conflitantes que seja capaz de harmonizar a tensão entre a autonomia pública e privada em uma visão íntegra do direito e dos valores fundamentais da comunidade política, o que, por vezes, irá implicar o sacrifício de interesses coletivos para salvar uma vida ou dar conforto a uma família, garantindo-lhes o que se convencionou chamar de "mínimo existencial", ainda que isso venha a causar embaraços ao gestor na execução das políticas públicas.

De fato, como apontam alguns críticos, não cabe ao juiz fazer as tais "escolhas trágicas", afinal, o bom juiz não escolhe, mas, sim, revela o direito.

Referências

AGAMBEN, Giorgio. *Estado de exceção*. São Paulo: Boitempo, 2004.

AGAMBEN, Giorgio. *Homo Sacer*: o poder soberano e a vida nua. Belo Horizonte: UFMG, 2010.

AGAMBEN, Giorgio. *The open*. Stanford: Stanford University Press, 2004.

AMARAL, Marise Basso; REGO, Sergio. Doenças raras na agenda da inovação em saúde: avanços e desafios na fibrose cística. *Cadernos de Saúde Pública*, Rio de Janeiro, v. 36, n. 12, 2020.

ARENDT, Hannah. *A condição humana*. 10. ed. Rio de Janeiro: Forense Universitária, 2007.

BARBOSA, Rogério Lima; PORTUGAL, Sílvia. O associativismo faz bem à saúde? O caso das doenças raras. *Ciência & Saúde Coletiva*, v. 23, n. 2, p. 417-430, 2018.

BARROSO, Luís Roberto. *Curso de direito constitucional contemporâneo*: os conceitos fundamentais e a construção do novo modelo. 2. ed. São Paulo: Saraiva, 2010.

BENITO-LOZANO, Juan; LÓPEZ-VILLALBA, Blanca; ARIAS-MERINO, Greta; POSADA DE LA PAZ, Manuel; ALONSO-FERREIRA, Verónica. Diagnostic delay in rare diseases: data from the Spanish rare diseases patient registry. *Orphanet Journal of Rare Diseases*, v. 17, n. 418, 2022. DOI: https://doi.org/10.1186/s13023-022-02530-3.

BRASIL. Congresso Nacional. *Veto 36/2019*: Financiamento de pesquisas em doenças raras e negligenciadas. Brasília: Senado Federal, 2019. Disponível em: https://www.congressonacional.leg.br/materias/vetos/-/veto/detalhe/12625. Acesso em: 16 jan. 2023.

BRASIL. Ministério da Saúde. *Brasil terá centro de pesquisa em terapias avançadas da saúde*. Brasília: MS, 2022. Disponível em: https://www.gov.br/saude/pt-br/ assuntos/noticias/2022/agosto/brasil-tera-centro-de-pesquisa-em-terapias-avancadas-de-saude. Acesso em: 15 jan. 2022.

BRASIL. Ministério da Saúde. Comissão Nacional de Incorporação de Tecnologias no Sistema Único de Saúde. *MS e Novartis firmam compromisso para elaboração do acordo de compartilhamento de risco para AME*. Brasília: MS, 2022. Disponível em: https://www.gov.br/conitec/pt-br/assuntos/noticias/2022/dezembro/ms-e-novartis-firmam-compromisso-para-elaboracao-do-acordo-de-compartilhamento-de-risco-para-ame. Acesso em: 15 jan. 2022.

BRASIL. Ministério da Saúde. *Doenças raras*. Brasília: MS, [2023]. Disponível em: https://www.gov.br/saude/pt-br/assuntos/saude-de-a-a-z/d/doencas-raras. Acesso em: 15 jan. 2023.

BRASIL. Superior Tribunal de Justiça. 1ª Seção. *EDcl no REsp n. 1.657.156/RJ*. Rel. Min. Benedito Gonçalves, j. 12.9.2018.

BRASIL. Superior Tribunal de Justiça. 3ª Turma. *REsp n. 1.721.705/SP*. Rel. Min. Nancy Andrighi, j. 28.8.2018.

BRASIL. Supremo Tribunal Federal. *Recurso Extraordinário 566.471 Rio Grande do Norte*. Rel. Min. Marco Aurélio. Disponível em: https://www.conjur.com.br/dl/re-566471-medicamentos-alto-custo.pdf. Acesso em: 14 jan. 2023. Em elaboração.

CAMARGO, Margarida Maria Lacombe; LEGALE, Siddharta. O microssistema de precedentes no Código de Processo Civil de 2015. *In*: VIEIRA, José Ribas; LACOMBE, Margarida; LEGALE, Siddharta (Coord.). *Jurisdição constitucional e direito constitucional internacional*. Belo Horizonte: Fórum, 2016.

CARVALHO NETTO, Menelick de. A hermenêutica constitucional e os desafios postos aos direitos fundamentais. *In*: SAMPAIO, José Adércio Leite (Org.). *Jurisdição constitucional e os direitos fundamentais*. Belo Horizonte: Del Rey, 2003. p. 141-163.

CIARLINI, Alvaro Luis de A. S. *Direito à saúde*: paradigmas procedimentais e substanciais da Constituição. São Paulo: Saraiva, 2013. *E-book*.

CONSELHO NACIONAL DE JUSTIÇA (Brasil). *Aprovada regulamentação de utilização do e-NatJus pela Justiça*. Brasília: CNJ, 2022. Disponível em: https://www.cnj.jus.br/aprovada-regulamentacao-de-utilizacao-do-e-natjus-pela-justica/. Acesso em 14 jan. 2023.

CONSELHO NACIONAL DE JUSTIÇA (Brasil). *Sistema do e-Natjus refina busca de notas e pareceres técnicos em saúde*. Brasília: CNJ, 2022. Disponível em: https://www.cnj.jus.br/sistema-do-e-natjus-refina-busca-de-notas-e-pareceres-tecnicos-em-saude/. Acesso em: 14 fev. 2023.

COSTA, E.; GRIMALDI, G.; DEL GROSSO, V.; ISGRÒ, A.; GENAZZANI, A. L'accesso ai farmaci per malattie rare tra aspetti regolatori e priorità di salute pubblica: access to medicines for rare diseases: regulatory aspects and public health priorities. *Recenti Prog Med*, v. 113, n. 7, p. 415-424, jul./ago. 2022. DOI: 10.1701/3850.38335.

FARKAS, Andreas M.; MARIZ, Segundo; STOYANOVA-BENINSKA, Violeta; CELIS, Patrick; VAMVAKAS, Spiros; LARSSON, Kristina; SEPODES, Bruno. Advanced therapy medicinal products for rare diseases: state of play of incentives supporting development in Europe. *Frontiers in Medicine*, v. 16, p. 4-53, maio 2017. DOI: 10.3389/fmed.2017.00053.

FÉLIX, T. M. *et al*. Epidemiology of rare diseases in Brazil: protocol of the Brazilian Rare Diseases Network (RARAS-BRDN). *Orphanet Journal of Rare Diseases*, v. 17, n. 84, 2022. DOI: https://doi.org/10.1186/s13023-022-02254-4.

FERREIRA, Siddharta Legale; COSTA, Aline Matias da. Núcleos de Assessoria Técnica e Judicialização da Saúde: constitucionais ou inconstitucionais? *Rev. SJRJ*, Rio de Janeiro, v. 20, n. 36, p. 219-240, abr. 2013.

FOUCAULT, Michel. *Em defesa da sociedade*: curso no Collège de France (1975-1976). São Paulo: Martins Fontes, 2005.

FOUCAULT, Michel. *Security, territory, population*. New York: Palgrave Macmillan, 2007.

FRAZÃO, Carlos Eduardo; SILVA, Raphael Carvalho da. Judicialização de políticas públicas: os desafios técnicos e jurídicos na justiciabilidade dos direitos sociais. *In*: MENDES, Gilmar; PAIVA, Paula (Coord.). *Políticas públicas no Brasil*: uma abordagem institucional. São Paulo: Saraiva, 2017.

GUERRA, H. C. G.; SANTOS, M. C. C. L. dos. Judicialização da saúde: a aplicação do princípio da isonomia no acesso a medicamentos off label. *Revista Direito e Justiça: Reflexões Sociojurídicas*, v. 21, n. 41, p. 147-158, 2021. DOI: https://doi.org/10.31512/rdj.v21i41.633.

HABERMAS, Jürgen. *Era das transições*. Rio de Janeiro: Tempo Brasileiro, 2003.

HAFFNER, Marlene E. Adopting orphan drugs: two dozen years of treating rare diseases. *New England Journal of Medicine*, New England, n. 354, p. 445-447, 2006. DOI: 10.1056/NEJMp058317.

HIRSCHL, Ran. The new constitution and the judicialization of pure politics worldwide. *Fordham Law Review*, Austin, v. 75, n. 2, p. 721-754, 2006.

JUDICIALIZAÇÃO/SAÚDE: Pedido 25072008164202286. Brasília, 2022. Acesso à informação. Disponível em: http://www.consultaesic.cgu.gov.br/busca/dados/Lists/Pedido/Item/displayifs.aspx?List=0c839f31%2D47d7 %2D4485%2Dab65%2Dab0cee9cf8fe&ID=1616519&Web=88cc5f44%2D8cfe%2D4964%2D8ff4%2D376b5ebb3 bef. Acesso em: 17 jan. 2023.

LEAL, Mônia Clarissa Hennig; BOLESINA, Iuri. Três "por quês" à jurisdição constitucional brasileira diante do (aparente) conflito entre o mínimo existencial e a reserva do possível na garantia dos direitos fundamentais sociais e no controle de políticas públicas: há mesmo escolhas trágicas? *Revista do Direito*, n. 38, p. 6-25, jul./ dez. 2012. DOI: https://doi.org/10.17058/rdunisc.v0i0.2686.

LEGALE, Siddharta. Superprecedentes. *Revista Direito GV*, São Paulo, v. 12, n. 3, 2016. Disponível em: https:// www.academia.edu/. Acesso em: 13 jan. 2021.

LEVINSON, D. J. Parchment and politics: the positive puzzle of constitutional commitment. *Harvard Law Review*, Cambridge, v. 124, n. 3, p. 657-756, 2010-2011.

LIMA, F. R. de S. Enomização da judicialização da saúde: provocações sistêmicas. *Revista Brasileira de Sociologia do Direito*, Niterói, v. 8, n. 3 p. 152-184, 2021. DOI: https://doi.org/10.21910/rbsd.v8i3.527.

LIMA, Maria Angelica de Faria Domingues de; GILBERT, Ana Cristina Bohrer; HOROVITZ, Dafne Dain Gandelman. Redes de tratamento e as associações de pacientes com doenças raras. *Ciência & Saúde Coletiva*, v. 23, n. 10, p. 3247-3256, 2018. DOI: 10.1590/1413-812320182310.14762018.

MARCELO Queiroga demonstra preocupação com judicialização da saúde. *Consultor Jurídico*, São Paulo, 2022. Disponível em: https://www.conjur.com.br/2022-jul-01/queiroga-demonstra-preocupacao-judicializacao-saude. Acesso em: 17 jan. 2023.

MARINONI, Luiz Guilherme. *A ética dos precedentes*: justificativa do novo CPC. 2. ed. rev., atual. e ampl. São Paulo: Revista dos Tribunais, 2016.

MARINONI, Luiz Guilherme. *O julgamento nas cortes supremas*: precedentes e decisão do recurso diante do novo CPC. São Paulo: Revista dos Tribunais, 2015.

MASCARENHAS, Caio Gama; RIBAS, Lídia Maria. Materializando diálogos institucionais na judicialização da saúde pública: propostas de convenções processuais coletivas, LINDB e transparência. *Revista de Investigações Constitucionais*, Curitiba, v. 7, n. 1, p. 285-317, jan./abr. 2020. DOI: 10.5380/rinc.v7i1.67088.

MELLO, Patrícia Perrone Campos; BARROSO, Luís Roberto. Trabalhando com uma nova lógica: a ascensão dos precedentes no direito brasileiro. *Revista da AGU*, Brasília, v. 15, n. 3, p. 9-52, jul./set. 2016.

MENDES, Gilmar F.; BRANCO, Paulo G. *Curso de direito constitucional*. 15. ed. São Paulo: Saraiva Educação, 2020. *E-book*.

MICHEL, V. de F.; MARTINI, S. R. Rule of rescue e assistência farmacêutica no Brasil: o caso das doenças raras. *Revista Direitos Fundamentais & Democracia*, v. 25, n. 2, p. 28-53, 2020. DOI: 10.25192/ISSN.1982-0496.

MORAES, Thalita. *Direito à saúde no caso dos medicamentos off label*. São Paulo: Saraiva, 2021. (Série IDP – Direito à saúde: questões teóricas e a prática dos tribunais).

MOTA, Jefferson Westarb; HELLMANN, Fernando; GUEDERT, Jucélia Maria; VERDI, Marta; BITTENCOURT, Silvia Cardoso. Acesso a medicamentos para doenças raras no pós-estudo: revisão integrativa. *Revista Bioética*, v. 30, n. 3, p. 662-677, 2022.

NASCIMENTO, Luane S. *Direito à saúde*: a limitação do intervencionismo judicial. São Paulo: Almedina, 2022. (Coleção Universidade Católica de Brasília). *E-book*.

NEVES, Marcelo. Judiciário intensifica privilégios no acesso à saúde. *Conjur*, 19 out. 2013. Disponível em: http://www.conjur.com.br/2013-out-19/observatorio-constitucional-judiciario-intensifica-privilegios-acesso-saude. Acesso em: 14 jan. 2023.

NOVAES, Hillegonda Maria Dutilh; SOÁREZ, Patrícia Coelho de. Doenças raras, drogas órfãs e as políticas para avaliação e incorporação de tecnologias nos sistemas de saúde. *Sociologias*, Porto Alegre, ano 21, n. 51, p. 332-364, maio/ago. 2019.

O'SULLIVAN, B. P.; ORENSTEIN, D. M.; MILLA, C. E. Pricing for orphan drugs: will the market bear what society cannot? *JAMA*, v. 310, n. 13, p. 1343-1344, 2013. DOI: 10.1001/jama.2013.278129.

PASCARELLI, Dhiogo Bayma Nespolo; PEREIRA, Éverton Luís. Doenças raras no Congresso Nacional brasileiro: análise da atuação parlamentar. *Cadernos de Saúde Pública*, Rio de Janeiro, v. 38, n. 6, 2022.

PELEGRINO, Mirian; VAL, Eduardo Manuel. Judicialização da saúde uma questão de ("in") justiça: experiência brasileira. *Revista Internacional Consinter de Direito*, v. 11, n. 11, p. 133-150, 2020.

PLATÃO. *A república*. São Paulo: Nova Cultural, 1997.

RODRIGUEZ, José Rodrigo. *Como decidem as cortes?* Para uma crítica do direito (brasileiro). Rio de Janeiro: FGV, 2013.

ROSSI, Júlio César. *Precedente à brasileira*: a jurisprudência vinculante no CPC e no Novo CPC. São Paulo: Atlas, 2015.

SÁ, João. O caso das doenças raras. *Medicina Interna*, Lisboa, v. 29, n. 2, p. 82-83, jun. 2022. DOI: https://doi.org/10.24950/rspmi.644.

SANTANA, Hector Valverde; FREITAS FILHO, Roberto. *Os limites da defesa de direitos fundamentais por meio de instrumentos processuais de cognição estreita*. Mandado de segurança e o caso da saúde. São Paulo: Saraiva, 2021. (Série IDP – Direito à saúde: questões teóricas e a prática dos tribunais). *E-book*.

SARLET, Ingo W. Segurança social, dignidade da pessoa humana e proibição de retrocesso: revisitando o problema da proteção dos direitos fundamentais sociais. *In*: CANOTILHO, J. J. Gomes; CORREIA, Marcus Orione Gonçalves; CORREIA, Érica Paula Barcha (Coord.). *Direitos fundamentais sociais*. 2. ed. São Paulo: Saraiva, 2015. *E-book*.

SARLET, Ingo W.; MARINONI, Luiz G.; MITIDIERO, Daniel. *Curso de direito constitucional*. 11. ed. São Paulo: SaraivaJur, 2022. *E-book*.

SILVA, Virgílio Afonso da. Deciding without deliberating. *I•CON*, v. 11, n. 3, p. 557-584, 2011.

SMITH, Brian A. Unsolved mystery (diagnosis): treating rare diseases as a public health crisis. *University of Illinois Law Review*, Illinois, v. 1, p. 309-358, 2021.

STRECK, Lenio. *O que é isto – Decido conforme a minha consciência?* Porto Alegre: Livraria do Advogado, 2013.

STRECK, Lenio. *Precedentes judiciais e hermenêutica*: o sentido da vinculação no CPC/2015. Salvador: JusPodivm, 2018.

THOMPSON, R. *et al.* RD-Connect: an integrated platform connecting databases, registries, biobanks and clinical bioinformatics for rare disease research. *Journal of General Internal Medicine*, n. 29, Suppl 3, p. 780-787, Aug. 2014. DOI: 10.1007/s11606-014-2908-8.

TOMAZ, Mateus Rocha. *Fundamentação, precedentes e constituição*: panoramas e críticas sobre o Código de Processo Civil de 2015. Rio de Janeiro: Lumen Juris, 2018.

UNITED NATIONS. *Report of the United Nations Secretary-General's High-level Panel on Access to Medicines*: promoting innovation and access to health technologies. [s.l.]: UN, Sept. 2016. Disponível em: https://static1.squarespace.com/static/562094dee4b0d00c1a3ef761/t/57d9c6ebf5e231b2f02cd3d4/1473890031320/UNSG+HLP+Report+FINAL+12+Sept+2016.pdf. Acesso em: 17 jan. 2022.

VICENTE, Geison; CUNICO, Cássia; LEITE, Silvana Nair. Transformando incertezas em regulamentação legitimadora? As decisões das agências NICE e CONITEC para doenças raras. *Ciência & Saúde Coletiva*, v. 26, n. 11, p. 5533-5546, 2021.

ZANELLO, G. *et al*. Recommendations from the IRDiRC Working Group on methodologies to assess the impact of diagnoses and therapies on rare disease patients. *Orphanet Journal of Rare Diseases*, v. 17, n. 1, 2022. DOI: 10.1186/s13023-022-02337-2.

Informação bibliográfica deste texto, conforme a NBR 6023:2018 da Associação Brasileira de Normas Técnicas (ABNT):

DANTAS, Marcelo Navarro Ribeiro; BARROSO, Ramiro Freitas de Alencar. Em defesa da judicialização: doenças raras e o equilíbrio das dimensões pública e privada na complexidade social. *In*: RIBEIRO, Paulo Dias de Moura; TOMELIN, Georghio Alessandro; KIM, Richard Pae (Coord.). *Direito humano e fundamental à saúde*: estudos em homenagem ao ministro Enrique Ricardo Lewandowski. Belo Horizonte: Fórum, 2023. p. 265-287. ISBN 978-65-5518-606-2.

PARTE III

DIREITO MÉDICO E DIREITO À SAÚDE PÚBLICA E PRIVADA

MECANISMOS DE JURIDICÇÃO E VERIDICÇÃO NA ÁREA DA SAÚDE[1]

GEORGHIO ALESSANDRO TOMELIN

1 Introdução

A medicina faz parte de um sistema histórico e não apenas científico. O espírito pré-científico sobrevive em muitas das práticas atuais. Os protocolos em saúde – aplicados por clínicos, cirurgiões e terapeutas em geral – são filhos da chamada ciência pura, mas não são clones nem irmãos siameses desta. Isto porque nem todos estes operadores da saúde são treinados para serem cientistas. Ao estudarmos os *mecanismos de decisão* (juridicção) e de *seleção de fatos relevantes* (veridicção), precisamos colocar em questão o próprio proceder dos profissionais em saúde. O nascimento da clínica vem sim conectado a um refinamento descritivo, mas isto não implica uma perfeita neutralidade no discurso médico sobre a vida cotidiana.

Os protocolos aplicados na prática diária da saúde se conectam hoje a diversas especializações, que se subdividem entre médicos, dentistas, biomédicos, enfermeiros, fisioterapeutas, psicólogos, nutricionistas, engenheiros e tecnólogos da área da saúde, entre outros. São muitos os profissionais da saúde que aplicam os ganhos da ciência; alguns deles se equiparam a bem formados cientistas, com capacidade para refletir criteriosamente sobre cada ato empreendido. A maioria, todavia, é apenas treinada para aplicar os protocolos de saúde sem grandes questionamentos.

O tema se complica ainda mais se avaliarmos a multiplicidade de fatores ligados ao impacto efetivo da ciência para a generalidade da população. As áreas da saúde estão imersas no sistema político, no qual o poder exerce difusamente sua disciplina. Necessário considerar ainda o inafastável impacto do direito e da economia no jogo da saúde.

Tais fatores relacionados à força devem assim ser considerados nas reflexões e projetos que pretendam retificar e melhorar o modelo de serviços da área da saúde.

---

[1] Texto publicado na *Revista de Direito Comparado da Unisa*, v. 1, n. 1, 2022.

Só assim poderemos ampliar de modo efetivo o *primum non nocere* hipocrático: primeiro é imperioso não causar mal ao paciente. Mas a influência das forças extracientíficas é sim um fator importante, que pode colocar o "fazer mal" em posição de destaque.

Nessa perspectiva do poder, a medicina pode ser enquadrada como uma prática judiciária: um sistema de decisões e restrições que aplicam as regras em saúde de um modo nem sempre linear (interpretações diametralmente opostas podem ser validadas pelo mesmo sistema no mesmo tempo histórico). Os nosocômios operam por mecanismos muito semelhantes aos tribunais judiciais. Isto porque a medicina é um sistema de inclusões e exclusões não necessariamente organizado apenas por categorias nosográficas. A nosografia é o compêndio de descrições e classificações das doenças. Tanto na medicina quanto no direito não há fatos neutros: a facticidade ganha qualificação no momento da aplicação das regras e protocolos. Os fatos utilizados como antecedente lógico da produção dos regramentos (normogênese) não são necessariamente os mesmos selecionados no momento da aplicação.

É importante entender o sujeito produtor de decisões, seja no direito, seja na medicina. A prática da medicina cotidiana nunca decorreu da ciência entendida coetaneamente como a mais rigorosa, pois sua estrutura interna possui equilíbrio e coerência próprios (por vezes via mecanismos distintos da ciência médica pura). Assim também o direito analisa fatos e acontecimentos sem pretensão real de neutralidade. A imparcialidade do julgador é um mito. A análise dos fatos não é neutra. No momento da decisão, médicos e juristas aplicam cada um a sua interpretação pessoal.

2 Das pesquisas efetivas até uma prática eficaz

As pesquisas na área da saúde (promovidas por médicos pesquisadores e outros profissionais de áreas afins) vão mais fundo em termos de critérios de aferição das verdades de cada tempo histórico. Questionar os mecanismos de aferição visa refinar o estabelecimento de protocolos de saúde mais efetivos. Não se trata de negacionismo ou de questionamento da validade da ciência. Ninguém deseja a volta a um bucolismo paramédico ou antimédico, mas sim bem compreender as garantias concretas ofertadas pela ciência para a área da saúde.

Maior efetividade depende da mensuração de resultados, para evitar que os ganhos da ciência sofram desvios no momento da aplicação, justamente em desfavor da população mais carente. O impacto estatístico positivo das vacinas, por exemplo, na sanação das pandemias, pode ser medido. Há um jogo pesado de poderes e interesses que envolvem o tema, especialmente no concernente à utilização da ciência em benefício efetivo de todos. Aparte as teriagas de toda espécie, foram as vacinas que funcionaram, isso é inegável. Entretanto, da mesma forma em que é incontendível a evolução da ciência médica, é também incontestável a influência do poder em todos os setores da saúde. Influência esta que nem sempre é positiva para parcela importante da população. São inúmeros os exemplos nos quais as relações de poder sobrepujaram as conquistas da ciência. E nesses exemplos são os que têm menos poder que sofrem as piores consequências.

Vale dizer: a ciência funciona, mas talvez pudesse ter funcionado mais, ou ter funcionado antes e melhor, de modo mais eficiente, e ainda para um número mais ampliado de usuários. A depender (i) da gestão das relações de poder que envolvem os esquemas de tratamento, (ii) da posição social de quem recebe apoio médico, e (iii) da apropriação do lucro na exploração da vida humana, por exemplo, pensamos que a ciência chega de modo diferente no mundo da vida cotidiana. As práticas em saúde se estruturam em termos de estamentos sociais.

3 Os impactos da medicina sobre quando se vai morrer

Em *O nascimento da clínica*, Foucault nos mostra como a medicina é uma *ciência ocular*, do *olho que rege*, do *olhar calculador* que isola traços e reconhece diferenças.[2] Tais profissionais são preparados para a promoção da saúde por meio de decisões solitárias (as juntas médicas são a exceção em número de atendimentos). No final da linha de produção dos serviços em saúde, a "verdade" médica original talvez pudesse ter sido muito mais do que aquilo que se ofereceu para cada paciente individualmente. Ao lado da percepção individual da medicina ofertada para cada um de nós, existe a medição estatística dos impactos globais da ciência (cujos recortes numéricos podem também flutuar em um ou outro sentido).

A medicina baseada em evidência está aí para provar como contextos e procedimentos na área médica flexionam no tempo e no espaço. A melhor solução concreta depende das contingências do acontecimento médico, e não apenas do rigor científico que lhe serve de base. A aporofobia na medicina – aversão aos pobres – só não é amplamente debatida e rechaçada pois os humildes são a grande região amostral de testes para novas tecnologias.[3] Em todas as pandemias, os testes de vacinas e procedimentos pouco seguros começam em presídios e em moradores de rua, ao argumento de que eles estariam em maior situação de risco. Feitos os testes, o interesse em relação a eles desaparece das notícias.

As pandemias, ao longo da história, são momentos em que esse sistema de seleção e de exclusões de pacientes de renome se torna mais visível. Já dizia Foucault, em 1963:

> Contagiosa ou não, a epidemia tem uma espécie de individualidade histórica. Daí a necessidade de usarmos com ela um método complexo de observação. Fenômeno coletivo, ela exige um olhar múltiplo: processo único, é preciso descrevê-la no que tem de singular, acidental e imprevisto.[4]

Isso porque a medicina não é constituída apenas de tudo que se pode dizer de verdadeiro sobre as doenças, mas é certo que "por muito tempo, a história da medicina

---

[2] Ver FOUCAULT, Michel. *O nascimento da clínica*. 7. ed. Tradução de Roberto Machado. Rio de Janeiro: Forense Universitária, 2018. p. 96-97.

[3] Cf. PENNA, Moira Helena Maxwell. Aspectos éticos profissionais no âmbito da Enfermagem. *In*: COHEN, Claudio; OLIVEIRA, Reinaldo Ayer de (Ed.). *Bioética, direito e medicina*. Barueri: Manole, 2020. p. 451: "A evolução crescente dos hospitais não melhorou suas condições de salubridade. Foi a época em que estiveram sob piores condições, devido principalmente à predominância de doenças infectocontagiosas e à falta de pessoas preparadas para cuidar dos doentes. Os ricos continuavam a ser tratados em suas próprias casas, enquanto os pobres, além de não terem esta alternativa, tornavam-se objeto de instrução e experiências que resultariam em um maior conhecimento sobre as doenças em benefício da classe abastada".

[4] Ver FOUCAULT, Michel. *O nascimento da clínica*. 7. ed. Tradução de Roberto Machado. Rio de Janeiro: Forense Universitária, 2018. p. 26.

foi uma cronologia de descobertas".[5] Mas nem mesmo a história da ciência pode ser "a simples memória de seus erros passados ou de suas meias-verdades".[6] Hoje sabemos que a compreensão prática da medicina (esta sim que poderia atingir a todos) está "entre", no meio, pois o discurso descritivo sobre as moléstias vem muitas vezes recheado de prescrições que se alardeiam isentas de interesses extraclínicos ou extracientíficos. O discurso intersticial reflete melhor as dissimetrias: as inflexões e correlações de força que influenciam a implantação de novos protocolos em saúde.

4 O exercício da autoridade na medicina e no direito

A compreensão das ideias em dada área do conhecimento é mais intersticial do que linear. Nas áreas da saúde não é diferente. O que define o "deixar morrer" ou "fazer viver" é mais conectado às estruturas de poder do que a critérios científicos neutros. O normal e o patológico seguem parâmetros externos ao paciente, cujas funcionalidades são julgadas por medidas padronizadas, sendo certo que "não há, em tese e *a priori*, diferença ontológica entre uma forma viva perfeita e uma forma viva malograda".[7] O debate sobre ideologia científica envolve a discussão sobre a anticiência ou a falsaciência, e nele precisamos distinguir conteúdo e função.[8] O fato é que o conceito de *homem-médio* (utilizado para parametrizar a normal compreensão criminal do *bonus pater familias*) existe tanto na medicina quanto no direito, pois a saúde trabalha como se existissem *protótipos de formas perfeitas*.[9]

Por isso Foucault alerta, na conferência "As grandes funções da medicina em nossa sociedade" (1972), que é da prática da medicina também uma função judiciária: "A medicina define não somente o que é normal e o que não o é, mas, por fim, o que é lícito ou ilícito, criminal ou não criminal, o que é abuso ou prática maligna".[10] O pai de família diligente e o doente-médio (que discrepa do "normopata") são parâmetros presentes no momento da aplicação das condutas gerais em saúde. Definir o que é *normal ou não*, quem atua *com razão ou desrazão*, quem *infringiu ou não as regras sanitárias*,

---

[5] Cf. FOUCAULT, Michel. Médicos, juízes e bruxos no século XVII. *In*: FOUCAULT, Michel. *Ditos e Escritos VII* – Arte, epistemologia, filosofia e a história da medicina. Tradução de Vera Lúcia Avellar Ribeiro. Rio de Janeiro: Forense Universitária, 2016. p. 285.

[6] Cf. FOUCAULT, Michel. Médicos, juízes e bruxos no século XVII. *In*: FOUCAULT, Michel. *Ditos e Escritos VII* – Arte, epistemologia, filosofia e a história da medicina. Tradução de Vera Lúcia Avellar Ribeiro. Rio de Janeiro: Forense Universitária, 2016. p. 285.

[7] Cf. CANGUILHEM, Georges. *O normal e o patológico*. Tradução de Maria Thereza Redig de Carvalho Barrocas. 7. ed. 5. tir. Rio de Janeiro: [s.n.], 2011. p. 4.

[8] Nesse sentido, ver CANGUILHEM, Georges. *Idéologie et Rationalité* – Dans l'histoire des sciences de la vie – Nouvelles études d'histoire et de philosophie des sciences. 2. ed. Paris: Vrin, 2009. p. 45.

[9] Segundo Georges Canguilhem: «On a souvent noté l'ambigüité du terme normal qui désigne tantôt un fait capable de description par recensement statistique – moyenne des mesures opérées sur un caractère présenté par une espèce et pluralité des individus présentant ce caractère selon la moyenne ou avec quelques écarts jugés indifférents – et tantôt un idéal, principe positif d'appréciation, au sens de prototype ou de forme parfaite» (CANGUILHEM, Georges. *La connaissance de la vie*. 2. ed. Paris: Vrin, 1992. p. 200). Em tradução livre: "Muitas vezes notamos a ambiguidade do termo normal, que ora designa um fato capaz de descrição por meio de recenseamento estatístico – média das medidas operadas em um caráter apresentado para uma espécie e uma pluralidade de indivíduos que apresentam esse caráter de acordo com a média ou com alguns desvios considerados indiferentes – ora um ideal, princípio positivo de apreciação, no sentido de protótipo ou de forma perfeita".

[10] Cf. FOUCAULT, Michel. As grandes funções da medicina em nossa sociedade. *In*: FOUCAULT, Michel. *Ditos e Escritos VII* – Arte, epistemologia, filosofia e a história da medicina. Tradução de Vera Lúcia Avellar Ribeiro. Rio de Janeiro: Forense Universitária, 2016. p. 306.

estava ou não *em situação de potencial contaminação*, é função judicante que opera por mecanismo de juridicção e veridicção.

Tais julgamentos em saúde funcionam pela seleção de sintomas e fatos relevantes, adredemente escolhidos para obviar uma decisão em um ou outro sentido. Seja em saúde ou no sistema de aplicação de justiça, a subjetividade do intérprete pode pesar mais do que os critérios abstratos de aplicação de normas e imposição de condutas. Tal sistemática pode restringir e até obrigar. Segundo o Ministro Ricardo Lewandowski, em brilhante decisão judicial referendada à unanimidade pelo Plenário do STF:

> VI - Há fundamentos constitucionais relevantes para sustentar a compulsoriedade da vacinação, por tratar-se de uma ação governamental que pode contribuir significativamente para a imunidade coletiva ou, até mesmo, acelerá-la, de maneira a salvar vidas, impedir a progressão da doença e proteger, em especial, os mais vulneráveis. (ADPF nº 754 TPI, Pleno, j. 21.3.2022, p. 26.5.2022)

O direito individual sobre o próprio corpo cede diante de um valor coletivo maior que se levanta. A liberdade do cidadão perde força ante a autoridade da administração em favor de todos. Medicina e direito coadunam critérios de aplicação, obrigando a condutas individuais a partir de uma sintomatologia coletiva. A medicina social nasce assim com a clínica moderna, para o benefício de toda a coletividade. Mas o refinamento descritivo dos sintomas, aprimorado com o nascimento da clínica moderna,[11] não implica automática neutralidade dos discursos em saúde.

Não é porque foi descrito com precisão vocabular, que tais relatos e recortes sejam isentos de influências não nosográficas. Se o sistema de valoração da prova médica for alterado, ou modificada a luz que se coloca em um dado sintoma, teremos outro esquema de tratamento. Se *a saúde é a vida no silêncio dos órgãos* (René Leriche, 1879-1955), o refinamento dos métodos de ausculta de sintomas pode alocar ruídos em diferentes posições corporais, a depender da acuidade do método. Justo por isso, também quando se troca de profissional da saúde, a forma de gestão da "doença" modifica-se várias vezes. Assim é que a regulação social da saúde pública – que a medicina, a igreja, os tribunais e tantos outros aparelhos da sociedade punitiva fizeram com suas casas de internação (que foram de locais de penitência a penitenciárias) – sofre inflexões de percurso não apenas em razão dos ganhos da ciência. Muitas vezes, são os impactos do poder na ciência que qualificam uma ou outra solução.

Basta notar que até hoje as categorias do internamento não coincidem integralmente com categorias nosográficas exatas.[12] Ou seja, protocolos de tratamento, mensurados como esquemas de ataque a determinadas moléstias, geram diferentes sistemáticas de internação, a depender do sujeito-alvo qualificado como paciente. Em 17.11.2022, participamos do Painel "Saúde Mental e Desafios", por ocasião do I Fonajus (Fórum

---

[11] Segundo a médica Rosele Maria Branco: "a linguagem médica sofreria nova inflexão, as palavras tiveram que adquirir mais refinamento descritivo para traduzir inteiramente a percepção científica das lesões patológicas. A importância da cor, da consistência, do tamanho, das comparações, das referências etc. tudo o que pudesse apreender a singularidade dos casos deveria ser detalhado. Um trabalho da linguagem que fazia ver, fazia descobrir as percepções individualizadas da doença" (BRANCO, Rosele Maria. *Michel Foucault e a medicina*: sobre o nascimento da clínica moderna. São Paulo: Intermeios Casa de Arte e Livros, 2021. p. 92).

[12] Nesse sentido, ver MACHADO, Roberto. *Ciência e saber* – A trajetória da arqueologia de Foucault. Rio de Janeiro: Graal, 1981. p. 74.

Nacional do Judiciário para a Saúde – CNJ), juntamente com o ilustre médico Arthur Guerra de Andrade – professor associado do Departamento de Psiquiatria da FMUSP. Referido psiquiatra foi claríssimo ao apontar as desconexões entre teoria e prática nas internações, e os esforços pessoais que empreendeu para que os critérios científicos chegassem a todos (respeitando sempre os excelentes profissionais que atuam na linha de frente com os problemas concretos ligados à doença mental).

A mesma sistemática seletiva usada no sistema de decisões médicas é aplicada no direito para a internação de culpados. Em artigo publicado no Brasil, na *Revista Manchete*, sob o nome "O mundo é um grande hospício", Foucault afirma que "a terapia médica é uma forma de repressão".[13] A mesma ciência que liberta é a que oprime. Não se trata, portanto, de exortar os negacionismos, mas sim de conectar critérios científicos ao cotidiano, respeitando a realidade contextual. Sem o exercício da autoridade, muitas práticas médico-jurídicas limitadoras das liberdades seriam impossíveis. Calibrar o exercício desta autoridade é essencial para que se evitem abusos em nome de certos discursos científicos meramente conjunturais. A melhor ciência precisa chegar mais perto de todos; sem as boas práticas, as instituições poderiam acabar deslegitimadas.

5 Como legitimar as práticas médicas ante os usuários?

A aceitação das práticas médicas pode ser feita com ou sem a compreensão dos usuários do sistema. Todos os debates sobre *letramento em saúde*[14] vêm mostrando que o reconhecimento dos pacientes sobre o seu *lugar de fala*[15] melhora positivamente os resultados. Há momentos, é claro, que medidas de força ou restritivas de direitos acabam sendo aplicadas. Não é possível admitir que pessoas contaminadas espalhem deliberadamente moléstias contagiosas, o que é até crime em vários países (arts. 131, 259, 267 e 268 do Código Penal brasileiro).

Na via positiva, a medicina se legitimaria, em termos de impacto social, na medida em que seus protocolos se aplicassem de forma semelhante, pelo menos à maioria da população. Sua aceitação midiática cresce na medida em que o poder médico atende mais e melhor à sobrevida de determinada classe especial, por ser esse o estamento social com força para estabelecer "verdades" médicas. E podemos dizer que as práticas em saúde se solidificam economicamente quando suas estratégias de atuação estão apoiadas em fatores de otimização de produção e lucro. Claro que estas três formas de aceitação (social, midiática e econômica) estão interligadas, até porque isso é essencial para repartição de custos.

---

[13] Cf. FOUCAULT, Michel. O mundo é um grande hospício. *In*: FOUCAULT, Michel. *Ditos e Escritos VII* – Arte, epistemologia, filosofia e a história da medicina. Tradução de Vera Lúcia Avellar Ribeiro. Rio de Janeiro: Forense Universitária, 2016. p. 308.

[14] Segundo PIBER, Ronaldo Souza. A importância do letramento em saúde para o direito médico e da saúde. *In*: BARBOSA, Maria da Glória Virginio; BARBOSA, Regina Claudia Virginio (Org.). *Direito médico e da saúde*. João Pessoa: Ideia, 2022. p. 138: "Cabe aos profissionais da saúde, interpretar e comunicar conteúdos, utilizando meios gráficos e linguagem acessível para que os pacientes entendam as informações transmitidas e as utilizem para tomar sua decisão".

[15] Aplicamos aqui a expressão "lugar de fala" no sentido do excelente estudo de Djamila Ribeiro, para que tal locução não seja utilizada como meio de excluir, de quem quer que seja, o direito de apresentar suas condições, restrições e visões sobre determinado assunto (ainda que não seja por ele atingido diretamente). Nesse sentido, os pacientes precisam ter respeitada sua visão pessoal sobre a doença que enfrentam, ainda que não sejam especialistas no tema. Cf. RIBEIRO, Djamila. *O que é*: lugar de fala? Belo Horizonte: Letramento: Justificando, 2017.

Se não houver intervenção e regulação pelo poder público, as áreas da saúde sofrerão maior influência das forças econômicas (empurrando os maiores custos para o sistema público de saúde). É preciso regular o que podem e o que não podem os prestadores privados. Daí a importância de um sistema público de acesso universal. No Brasil, sem o SUS, não teríamos como manter a conciliação entre os vários sistemas complementares de atuação em saúde. A questão da seletividade na medicina fica mais aparente nas situações de crise, pois é nas epidemias que o impacto coletivo sobre o corpo social fica mais aparente.[16]

6 Os tratamentos médicos são prisão ou libertação?

A medicina prende e sequestra, pois ela "participa intrinsecamente da biopolítica".[17] Não sem razão há precedentes de *habeas corpus* impetrados em face da administração hospitalar e seu sistema próprio de altas e internações "compulsórias". No célebre caso Bonham de 1610 (*Thomas Bonham v. College of Physicians*), o Magistrado Lorde Coke julgou a autonomia do Dr. Bonham para exercer a medicina em Londres, contra uma ordem de prisão e multa expedidas pelo Colégio Real de Médicos. O poder de confinar dentro dos nosocômios e o poder de dizer quem pode confinar sempre estiveram em disputa.

A teoria geral do Estado mostra como temos caminhado de uma *teocracia* para uma *somatocracia*, e que a medicina avançou nesta parcela importante de poder buscando espaço. No momento teocrático, o poder real legitimava-se pela nomeação divina e se sustentava com apoio na religião de estado (*Cuius regio, eius religio*). Com a *somatocracia*,[18] o poder sobre os corpos se organiza de modo difuso, sem a necessidade de intervenção aberta do rei.

O fracionamento do poder sobre os corpos ampliou-se com a revolução industrial. A atomização dos poderes retirou do rei o controle direto sobre os corpos. Os corpos originalmente eram controlados individualmente pelos soberanos, com o poder de *fazer morrer*. Hoje a biopolítica nos mostra como o mesmo efeito de poder é obtido com a gestão dos mecanismos para *deixar viver*.[19] O governar pode se tornar destrutivo, e medicina e direito têm um papel relevante, validando atos de poder.

---

[16] Afirmam LOMBARD, Jean; VANDEWALLE, Bernard. *Philosophie de l'épidémie* – Le temps de l'émergence. Paris: L'Harmattan, 2020: «La question des épidémies suppose en effet que la médicine passe d'une clinique de l'individu à une biopolitique des populations» (p. 121). E mais adiante: «La situation épidémique constitue ici encore un révélateur de la mutation des procédures du pouvoir quand il s'agit de passer d'une discipline des corps individuels à une biopolitique de la population» (p. 127). Em tradução livre: "De fato, a questão das epidemias pressupõe que a medicina passa de uma clínica do indivíduo a uma biopolítica das populações" (p. 121). "Da mesma forma, a situação epidêmica constitui um revelador da mutação dos procedimentos do poder quando se trata de passar de uma disciplina dos corpos individuais a uma biopolítica da população" (p. 127).

[17] Cf. BRANCO, Rosele Maria. *Michel Foucault e a medicina*: sobre o nascimento da clínica moderna. São Paulo: Intermeios Casa de Arte e Livros, 2021. p. 136.

[18] Na *História da sexualidade 3 – O cuidado de si*, Foucault nos lembra a plurivocidade da palavra "soma", que pode representar ao mesmo tempo corpo, riqueza e adição (FOUCAULT, Michel. *História da sexualidade 3 – O cuidado de si*. Tradução de Maria Thereza da Costa Albuquerque. 6. ed. São Paulo: Paz e Terra, 2019. p. 34).

[19] A ideia de que *morrer* e *viver* se convolam é antiga. Sócrates repete a frase original atribuída a Heráclito, algumas vezes ridicularizada por Aristófanes: "e se viver for morrer e morrer for viver?". Vejamos o trecho específico no Górgias: "No me extrañaría que Eurípides dijera la verdad en estos versos: ¿quién sabe si vivir es morir y morir es vivir?, y que quizá en realidad nosotros estemos muertos. En efecto, he oído decir a un sabio que nosotros ahora estamos muertos, que nuestro cuerpo es un sepulcro y que la parte del alma en la que se encuentran las pasiones es de tal naturaleza que se deja seducir y cambia súbitamente de un lado a otro" (Górgias, 492e-493a).

7 Governar a saúde coletiva é uma arte estocástica

A gestão da saúde depende de uma série de fatores estatísticos. O probabilístico é o que organiza a prestação dos serviços médicos em larga escala. Entre o estocástico e o determinístico (em termos estatísticos) há uma diferença de conteúdo e de resultados. Fato é que na aplicação da ciência ao mundo da realidade há sim um vasto cenário de possibilidades e intercorrências. Assim é governar, dirigir, julgar, clinicar etc.

Diz Michel Foucault:

> Governar é justamente uma arte estocástica, uma arte de conjectura, como a medicina, como também a pilotagem: conduzir um navio, cuidar de um doente, governar os homens, governar a si mesmo pertencem à mesma tipologia de atividade que é ao mesmo tempo racional e incerta.[20]

Em que momento *o Estado a serviço dos indivíduos em boa saúde* (no caso, a nobreza) foi substituído pelo conceito de *indivíduo em boa saúde a serviço do Estado*? A medicina social surge quando existe o risco real de a doença contagiosa dos pobres atingir os nobres. Com o surgimento dos direitos trabalhistas, na sociedade industrial, é que se estabelece a necessidade de interromper o trabalho até a cura como um direito do indivíduo. Antes disso não havia interrupção de trabalho, pois o trabalhador poderia ser substituído. Práticas escravocratas persistem até os dias atuais. O direito à interrupção do contrato de trabalho surge quando passa a ser mais caro treinar outra pessoa para operar a máquina do que substituir o operador. Surge a partir daí o *direito de ficar doente* e de *utilizar parte do tempo* para o repouso que a cura exige.

No texto *Crise da medicina ou crise da antimedicina* de 1976, Michel Foucault nos mostra como

> a intervenção autoritária da medicina em um domínio cada vez mais amplo da existência individual ou coletiva é um fato absolutamente característico. Hoje, a medicina é dotada de um poder autoritário relativo às funções normalizadoras que vão muito além da existência dos doentes e das demandas dos doentes.[21]

O Plano Beveridge de 1942 (*Report on Social Insurance and Allied Services*) nada mais foi do que uma forma de inserir no valor do trabalho os custos coletivos de cuidar, tratar e medicar. Temos uma norma de direito-custo, pois este dinheiro será produzido por quem gera o risco de paralisar a produção por questão de saúde. Uma taxação específica sobre a renda de todos os trabalhadores será criada para fins de financiar a recuperação da saúde de quem precisar ser afastado.

Discursos políticos e judiciais passarão então a defender este modelo como prioritário e essencial (claro que no início houve resistências e enfrentamento à pressão dos trabalhadores). Com a vitória trabalhista na Inglaterra em 1945 e da CGT na França em 1947, estes valores são então incorporados. Percebe-se aí como *o governar é*

---

[20] Cf. FOUCAULT, Michel. *A hermenêutica do sujeito*. Tradução de Salma Tannus Muchail e Marcio Alves Fonseca. São Paulo: Martins Fontes, 2004. p. 489.

[21] Cf. FOUCAULT, Michel. Crise da medicina ou crise da antimedicina? *In*: FOUCAULT, Michel. *Ditos e Escritos VII* – Arte, epistemologia, filosofia e a história da medicina. Tradução de Vera Lúcia Avellar Ribeiro. Rio de Janeiro: Forense Universitária, 2016. p. 374 e segs.

uma arte estocástica e não meramente estatística. A pressão reorienta os governos: os trabalhadores aceitam a exploração da sua mão de obra, desde que *a vida* seja protegida em níveis basais. Os donos do poder aceitam a reorientação de rumo dos modos e meios para operar o sistema de saúde, mas forçam a repartição de custos via o estabelecimento de tributação específica para os setores de saúde e previdência.

8 Paradoxos e contrariedades deste modelo

O modelo parece simétrico em termos de rendimento, pois o lucro e a triagem do mercado deveriam garantir que a saúde chegasse a todos – com o arremate residual do sistema público de saúde para situações em que a cobertura privada não alcance. Mas o paradoxo econômico na área da saúde é justamente que o crescimento do consumo médico pelas classes mais abastadas não elimina desigualdades intra e inter-regionais, nem garante que os índices globais tenham o mesmo impacto nas regiões mais pobres.[22] O tema foi, em 1975, objeto do livro-denúncia de Ivan Illich, *A expropriação da saúde: Nêmesis da medicina*.[23] Diz Ivan Illich: assim como a melhoria da qualidade dos automóveis não se traduz em melhoria do trânsito, as invenções em saúde melhoram a qualidade de vida de uma classe superior de usuários, mas não de toda a população.[24] No Brasil, por exemplo, a população de baixa renda segue com a qualidade geral de saúde, transporte e educação[25] em condições ainda não ideais (reconhecendo-se, por outro lado, que o Sistema Único de Saúde foi transformado em modelo de sucesso e exemplo para o mundo a partir dos anos 2000, mas que pode ainda ser melhorado).

Sabemos por exemplo que o tempo de educação diminui a taxa de mortalidade mais do que o aumento do consumo de serviços médicos. Daí nosso sistema constitucional tratar educação e saúde como subsistemas simétricos, *obrigação de todos e do Estado* (arts. 196 e 205 da CF), e que os particulares podem explorar em regime privado, desde que atendam às condicionantes e autorizações exigidas em lei. Nosso sistema legal não exclui, portanto, a complementaridade do sistema privado de saúde, em adição ao sistema estatal. Estamos assim na busca de um meio-termo, para que a medicina privada produza efetivas melhorias, lucrando o essencial para seguir pesquisando e não para extrair toda a força vital dos pacientes.

---

[22] Segundo o *Boletim Epidemiológico*, v. 52, n. 37, out. 2021, da Secretaria de Vigilância em Saúde do Ministério da Saúde do Brasil: "Apesar da redução da taxa de mortalidade em todas as Regiões do País, as desigualdades intra e inter-regionais ainda subsistem. Em 2010, o Brasil registrou uma Taxa de Mortalidade Infantil (TMI) de 16,0 por mil nascidos vivos (NV); nas Regiões Norte e Nordeste eram, respectivamente, 21,0 e 19,1 por mil NV. Um estudo realizado em uma região do Nordeste mostrou que, embora tenha ocorrido uma redução da TMI em todos os estratos populacionais do município, a desigualdade no risco de morte infantil aumentou nos bairros com piores condições de vida em relação àqueles de melhores condições [cf. Carvalho RAS, Santos VS, Melo CM, Gurgel RQ, Oliveira CCC. Desigualdades em saúde: condições de vida e mortalidade infantil em região do Nordeste do Brasil. Rev Saúde Pública 2015;49:5]".

[23] ILLICH, Ivan. *A expropriação da saúde*: Nemesis da medicina. Tradução de José Kosinski de Cavalcanti. 3. ed. São Paulo: Nova Fronteira, 1975.

[24] Diz Ivan Illich: "o homem é explorado por um transporte cronófago que também anula o valor de uso da mobilidade que lhe dão os pés; o homem é explorado por uma medicina iatrogênica que também paralisa seu poder de reação" (ILLICH, Ivan. *A expropriação da saúde*: Nemesis da medicina. Tradução de José Kosinski de Cavalcanti. 3. ed. São Paulo: Nova Fronteira, 1975. p. 88).

[25] De acordo com Ivan Illich no livro *Sociedade sem escolas* (9. ed. Tradução de Lucia Mathilde Endlich Orth. São Paulo: Vozes, 2018. p. 24): "ao invés de igualar as oportunidades, o sistema escolar monopolizou sua distribuição".

Quais seriam os degraus automáticos para um sistema público-privado intercomplementar? Será que o nível sociocultural de vida eleva automaticamente o bem-estar coletivo? Para um bem-estar coletivo que só existirá com produtos industrializados? Fármacos privados cuja produção e fornecimento somente o mercado privado poderia garantir? Uma produção de medicamentos que depende do binômio escassez-desigualdade? Como o valor dos produtos dependente do valor-vida? Estes questionamentos em série visam trazer à reflexão o fato de que o sistema privado de saúde não pode extrair sua ofelimidade (vantagem econômica) do valor-vida, pois, ao se admitir a destruição de vidas para assegurar os preços altos, estar-se-ia admitindo competitividade apoiada não nos custos e na margem de lucro, mas no que vale a vida para cada classe de pacientes.

Temos um sistema econômico da saúde essencialmente desigualitário que torna necessária sua constante vigilância. Concordamos com a Médica Rosele Maria Branco quando afirma que os médicos são formados em uma visão essencialmente racionalista. E de que um discurso médico pautado apenas no positivismo científico pode ser insuficiente na relação com os pacientes. Uma visão apoiada em neutralidade das ciências cria distâncias e dificulta a identificação das estratégias de poder que penetram nas relações na área da saúde.[26] Colocar em debate a manipulação de profissionais do direito e da saúde na produção de verdades e julgamentos dirigidos torna-se imperioso como meio de colocar a ciência a serviço da maioria, que não pode ser minorizada por práticas destrutivas.

9 Conclusões e novos pontos de partida

A prática da medicina está hoje repartida em várias especialidades e ciências afins. A noção de paciente se conforma pela produção de um sujeito saudável em padrões médios, o que expõe relações que ultrapassam os limites da medicina. A produção científica em saúde precisa garantir ao mesmo tempo o lugar de fala dos pacientes, médicos e profissionais de áreas afins.

A produção de verdades científicas em saúde sofre impactos e influência das relações de poder para além das descrições nosográficas. A aplicação de protocolos médicos definidos por cientistas e outros pesquisadores pode também sofrer inflexões conjunturais. Um olhar atento para o modo de aplicação das regras em saúde irá refletir melhores resultados, para que as práticas mais atuais operem em favor de todos.

A evolução científica e o regime de descobertas não garantem que a medicina mais atual chegue a todos os que dela precisam. As decisões em saúde muito se assemelham ao sistema de julgamentos no direito. O recorte dos fatos relevantes para apoiar uma decisão correta depende de mecanismos de veridicção que não são integralmente livres e isentos. Assim também os modos de juridicção, em direito e saúde, podem sofrer inflexões pautadas em relações de poder. Somente um olhar voltado para dentro, para os mecanismos internos da produção científica, pode auxiliar o aprimoramento das práticas em saúde para o futuro. Somente uma releitura crítica do que vai sendo produzido e o modo como vai sendo aplicado é que poderá garantir que a técnica mais atual, produzida por todos, a todos atinja.

---

[26] Cf. BRANCO, Rosele Maria. *Michel Foucault e a medicina*: sobre o nascimento da clínica moderna. São Paulo: Intermeios Casa de Arte e Livros, 2021. p. 136.

Referências

BRANCO, Rosele Maria. *Michel Foucault e a medicina*: sobre o nascimento da clínica moderna. São Paulo: Intermeios Casa de Arte e Livros, 2021.

CANGUILHEM, Georges. *Idéologie et Rationalité* – Dans l'histoire des sciences de la vie – Nouvelles études d'histoire et de philosophie des sciences. 2. ed. Paris: Vrin, 2009.

CANGUILHEM, Georges. *La connaissance de la vie*. 2. ed. Paris: Vrin, 1992.

CANGUILHEM, Georges. *O normal e o patológico*. Tradução de Maria Thereza Redig de Carvalho Barrocas. 7. ed. 5. tir. Rio de Janeiro: [s.n.], 2011.

FOUCAULT, Michel. *A hermenêutica do sujeito*. Tradução de Salma Tannus Muchail e Marcio Alves Fonseca. São Paulo: Martins Fontes, 2004.

FOUCAULT, Michel. Crise da medicina ou crise da antimedicina? *In*: FOUCAULT, Michel. *Ditos e Escritos VII* – Arte, epistemologia, filosofia e a história da medicina. Tradução de Vera Lúcia Avellar Ribeiro. Rio de Janeiro: Forense Universitária, 2016.

FOUCAULT, Michel. *Ditos e Escritos VII* – Arte, epistemologia, filosofia e a história da medicina. Tradução de Vera Lúcia Avellar Ribeiro. Rio de Janeiro: Forense Universitária, 2016.

FOUCAULT, Michel. *História da sexualidade 3* – O cuidado de si. Tradução de Maria Thereza da Costa Albuquerque. 6. ed. São Paulo: Paz e Terra, 2019.

FOUCAULT, Michel. Médicos, juízes e bruxos no século XVII. *In*: FOUCAULT, Michel. *Ditos e Escritos VII* – Arte, epistemologia, filosofia e a história da medicina. Tradução de Vera Lúcia Avellar Ribeiro. Rio de Janeiro: Forense Universitária, 2016.

FOUCAULT, Michel. *Naissance de la Biopolitique*. Collection Hautes Études sous la direction de François Ewald, Alessandro Fontana et Michel Senellart, EHESS. Seuil: Gallimard, 2004.

FOUCAULT, Michel. *Nascimento da biopolítica*. Tradução de Eduardo Brandão. São Paulo: Martins Fontes, 2008.

FOUCAULT, Michel. *O nascimento da clínica*. 7. ed. Tradução de Roberto Machado. Rio de Janeiro: Forense Universitária, 2018.

ILLICH, Ivan. *A expropriação da saúde*: Nemesis da medicina. Tradução de José Kosinski de Cavalcanti. 3. ed. São Paulo: Nova Fronteira, 1975.

LOMBARD, Jean; VANDEWALLE, Bernard. *Philosophie de l'épidémie* – Le temps de l'émergence. Paris: L'Harmattan, 2020.

MACHADO, Roberto. *Ciência e saber* – A trajetória da arqueologia de Foucault. Rio de Janeiro: Graal, 1981.

PENNA, Moira Helena Maxwell. Aspectos éticos profissionais no âmbito da Enfermagem. *In*: COHEN, Claudio; OLIVEIRA, Reinaldo Ayer de (Ed.). *Bioética, direito e medicina*. Barueri: Manole, 2020.

PIBER, Ronaldo Souza. A importância do letramento em saúde para o direito médico e da saúde. *In*: BARBOSA, Maria da Glória Virginio; BARBOSA, Regina Claudia Virginio (Org.). *Direito médico e da saúde*. João Pessoa: Ideia, 2022.

RIBEIRO, Djamila. *O que é*: lugar de fala? Belo Horizonte: Letramento: Justificando, 2017.

Informação bibliográfica deste texto, conforme a NBR 6023:2018 da Associação Brasileira de Normas Técnicas (ABNT):

TOMELIN, Georghio Alessandro. Mecanismos de juridicção e veridicção na área da saúde. *In*: RIBEIRO, Paulo Dias de Moura; TOMELIN, Georghio Alessandro; KIM, Richard Pae (Coord.). *Direito humano e fundamental à saúde*: estudos em homenagem ao ministro Enrique Ricardo Lewandowski. Belo Horizonte: Fórum, 2023. p. 289-299. ISBN 978-65-5518-606-2.

FUNDAMENTOS DO DIREITO DA SAÚDE

ALYSSON LEANDRO MASCARO

1 Saúde, política e direito

A ocupação sobre a saúde é tão antiga quanto o cuidado do ser humano consigo próprio. No entanto, nos termos em que conhecemos hoje, o que se considera por saúde tem forma especificamente contemporânea – a arte da saúde é longa, mas sua técnica e sua sociabilidade são historicamente breves. O mesmo com o direito – vínculos de dominação e mesmo problemáticas sobre o justo são antigas, mas a forma social de subjetividade jurídica é algo só havido nas sociedades contemporâneas. Então, falar em algo como o direito da saúde – uma imbricação entre saúde e direito – é apenas possível na sociabilidade capitalista: a saúde se especifica e se torna jurídica no mesmo longo e contraditório processo histórico pelo qual as relações sociais se tornam capitalistas.

Até o século XVIII, por saúde identificavam-se modalidades de interações de bases voluntaristas, religiosas, místicas, políticas e/ou benemerentes, pouco afeitas a nexos que hoje se chamam especificamente médicos – tampouco jurídicos. A saúde medieval e a moderna operavam em marcos de um poder diretamente social: coerções políticas dos senhores aos corpos dos súditos, justificações religiosas da doença, da cura, da morte. A saúde contemporânea, por sua vez, separa relativamente os saberes e os poderes técnicos – reservados por excelência aos médicos – dos demais saberes e coerções sociais.[1] Do mesmo modo se deu com o direito e o Estado; apartados do jugo direto dos senhores feudais e monarcas absolutistas, o campo político e o campo jurídico tornam-se terceiros em face dos agentes da produção e dos governantes. O surgimento de uma forma política específica, estatal, e de uma forma relacional que constitui os sujeitos em sujeitos de direito é parelho do processo pelo qual a saúde também se torna específica, ganhando materialidade própria e, subsequentemente, passando a ser atravessada pelo Estado e pelo direito. É só ao cabo de todo esse processo que surgirá, enfim, um direito da saúde.

---

[1] Cf. MASCARO, Alysson Leandro. Direito e medicina, sociedade e natureza: Sobre a relação entre ciências humanas e naturais. *Revista de Direito da Saúde Comparado*, São Paulo, v. 1, n. 1, p. 98-103, 2022.

A especificidade técnico-científica da saúde não advém de um movimento de evolução natural ou de mera continuidade das práticas e referências anteriormente dadas. A medicina contemporânea não pode ser compreendida apenas como se fosse resultado de um aumento quantitativo de saberes e técnicas em relação ao passado. Sua natureza é qualitativamente distinta. Doença, saber e técnica se apartam dos antigos contextos da saúde, quase sempre controlados por ideologias e propósitos religiosos. Médico e doente também não são mais agentes ou pacientes de desígnios metafísicos; transformam-se em sujeitos de uma tecnicidade que se pretende científica. É Michel Foucault quem, em *O nascimento da clínica*, sustenta de modo mais cristalino a passagem qualitativa entre uma medicina de imediata determinação social para uma medicina que se legitima enquanto ciência.[2] Para Foucault, com a contemporaneidade, o paciente passa a ser tomado como objeto do olhar médico; o médico, como sujeito observante; o hospital e as instituições sanitárias localizam, constituem e regulam as relações da saúde. Decorre disso que surgimento de um saber médico tido por técnico, científico, é também a constituição de poderes em torno da saúde.

Ao se tornar específica historicamente, a medicina se aparta da religião e dos poderes sociais imediatos: o mesmo se dá com o Estado e o direito. As revoluções burguesas transformam o espaço da política para separá-lo daquele dos dominantes econômicos. Quando a filosofia moderna passa a chamar a sociedade por "sociedade civil", opera uma distinção entre esta e a chamada "sociedade política", o Estado. Sob o dístico do império das leis, não dos homens, as relações sociais vão se erigindo a partir de uma dominação política agora estatal, em cujo aparato buscar-se-á monopolizar a violência, organizando o espaço da reprodução social e do capital. No campo do direito, as relações de produção, deixando de lado os vínculos diretos feudais, passam a se tornar abstratas, mediante o trabalho assalariado. Compradores e vendedores genéricos de força de trabalho e mercadorias se relacionam obrigacionalmente, em posições formalmente de igualdade e de autonomia da vontade. Quando a mercantilização chegar à força de trabalho, com a subsunção real do trabalho ao capital, então os vínculos sociais tomam, materialmente, uma forma de relação jurídica: uma equivalência entre sujeitos. Pode-se ver aí, então, a constituição de uma subjetividade jurídica.[3]

Ocorre que o surgimento de uma forma política estatal e de uma forma de subjetividade jurídica se dá num processo recíproco, a que denomino conformação.[4] Com o estabelecimento de relações de produção de tipo capitalista, a dinâmica social se constitui em torno da mercadoria. Todos os bens deixam de girar em torno de seu valor de uso e passam a circular tendo por base seu valor de troca. Na produção, o trabalho se torna mercadoria, sob o vínculo do salariado. A subjetividade jurídica disso deriva diretamente – trocar mercadorias e vender força de trabalho se faz mediante contrato. O Estado daí também deriva diretamente – a garantia do capital não mais se faz pelas mãos dos próprios capitalistas, mas por um ente político terceiro. Entre Estado e direito, há relação próxima, mas não porque o Estado tenha forjado o direito ou o direito forjado o Estado – como as leituras juspositivistas assim o proclamam – e, sim, porque

---

[2] Cf. FOUCAULT, Michel. *O nascimento da clínica*. Rio de Janeiro: Forense Universitária, 2015.

[3] Cf. MASCARO, Alysson Leandro. *Filosofia do direito*. São Paulo: GEN-Atlas, 2023; MASCARO, Alysson Leandro. *Introdução ao estudo do direito*. São Paulo: GEN-Atlas, 2022.

[4] Cf. MASCARO, Alysson Leandro. *Estado e forma política*. São Paulo: Boitempo, 2013. Cap. 1.

tais duas formas sociais, derivadas ambas da forma mercadoria, se imbricam posteriormente numa conformação. Assim, os sujeitos que já se vinculavam materialmente passam a ter sua condição declarada como de sujeitos de direito. O mesmo se dá com o Estado, que, conformado posteriormente ao direito, passa a se restringir no que tange aos direitos do sujeito.

Na evolução das relações capitalistas, tal processo alcançará a própria saúde. Sujeitos que passam a se relacionar juridicamente assim também o farão no campo sanitário: o acesso aos bens e serviços será juridicizado porque intermediado pela mercadoria. Contratos de compra-e-venda de remédios e de prestação de serviços médicos são exemplares de uma lógica mercantil e jurídica na saúde. A forma política estatal também alcançará a saúde: o poder apartado dos agentes da produção organiza a infraestrutura social, impondo-se sobre a vida quotidiana dos sujeitos no que tange ao acesso ou não aos meios de salubridade – água, esgoto, qualidade do meio ambiente –, impondo padrões compulsórios de prevenção e tratamento – vacinas, internações hospitalares –, regulando vida e morte mediante declarações, procedimentos, registros. Além disso, a forma jurídica e a forma política estatal, conformando-se, implicarão o próprio Estado como sujeito atravessado por poderes, deveres e responsabilidades: cidadãos demandam acesso a remédios e serviços médicos por conta dos direitos e garantias que lhe são juridicamente declarados pelo Estado, empresas demandam judicialmente pagamento de créditos devidos pelos governos.

Tal processo de imbricação entre direito e Estado na saúde é devido menos a fatores morais ou de intrínseca necessidade funcional da regulação da saúde – porque, por todas as sociedades contemporâneas, as falhas da saúde perseveram estruturalmente – e mais, sim, devido à própria marcha da mercadoria e à dinâmica da acumulação. Porque mercantil, a saúde gera responsabilidades como as civis e as penais. Procedimentos se impõem não só por tecnicidade médica, mas, principalmente, por risco econômico, que é também jurídico. A saúde se torna um complexo industrial capitalista de acumulação: Estado e direito o atravessam contraditoriamente e, em especial, o constituem.[5]

2 A constituição do direito da saúde

As relações mais tradicionalmente ligadas à saúde foram se estabelecendo, já desde o surgimento do capitalismo, como relações jurídicas. A prestação de serviços médicos é seu caso exemplar: as velhas definições sobre os vínculos obrigacionais de meio ou de fim, que balizavam tanto o serviço de um artista quanto o de um advogado, passam a orientar a consulta, a prescrição, a cirurgia. Também a compra-e-venda, nos termos gerais de seu assentamento no direito civil, serviu de normatização para uma gama de contratos da saúde, como os que envolviam a produção e a circulação dos fármacos. Quando vai se estabelecendo o direito privado contemporâneo –[6] do *Code Napoléon* francês do início do século XIX à Consolidação das Leis Civis brasileiras do mesmo século –, a saúde e a medicina já se encontram albergadas sob os dísticos de tal

---

[5]   Cf. ILLICH, Ivan. *A expropriação da saúde*. Nêmesis da medicina. Rio de Janeiro: Nova Fronteira, 1981; BERLINGUER, Giovanni. *Medicina e política*. São Paulo: Hucitec, 1987; BREILH, Jaime; GRANDA, Edmundo. *Investigação da saúde na sociedade*. São Paulo: Instituto de Saúde/Abrasco, 1986.

[6]   Cf. ARNAUD, André-Jean. *Les origines doctrinales du Code civil français*. Paris: LGDJ, 1969.

estrutura jurídica, menos por conta da normatização específica de suas atividades mas, mais, porque a juridicidade alcança uma generalização contratual na qual o sanitário e o médico enfileiram-se junto de tantos outros vínculos obrigacionais indistintos. Tal processo de juridicização da saúde na esfera civil e privada, desde o século XIX até hoje, tem seu itinerário marcado pelo sentido de saída da generalidade contratual até chegar ao seu desdobramento em previsões normativas e modalidades relacionais decompostas e nomeadas.

De natureza diversa é o processo de constituição de um direito público da saúde. Se o direito privado da saúde se dilui no seio das genéricas relações contratuais, tendo por eixo a responsabilidade e por orientação o lucro, o direito público opera em outro diapasão. Em especial a partir do século XIX, os Estados tomam feições próprias e diversas daquelas dos governos absolutistas anteriores. Não mais se trata apenas de uma manifestação da vontade do soberano, tampouco da afirmação política exclusivamente mediante padrões socialmente dominantes, como o das religiões – tudo isso continuará existindo sob diversas doses e conexões – mas, sim, dar-se-á o estabelecimento de um campo institucionalmente distinto daquele da produção, embora materialmente vinculado a ele. Por isso, nos termos da saúde, o Estado, não sendo cada burguês individualmente, mas derivado da sociabilidade da acumulação, operará a saúde muitas vezes contra os burgueses em específico – e a favor da burguesia no geral. Medidas de higiene, de restrição da circulação, de regulação das condições de trabalho, de criação de infraestruturas médico-sanitárias – água, esgoto, hospitais, escolas de medicina e enfermagem – erigem um tecido social que, quase sempre, se opõe ao interesse imediato de cada capitalista – dado que tributos, desapropriações, limitações ao ir-e-vir e garantias trabalhistas, via de regra, encontram antagonismo da parte dos agentes capitalistas – mas, ao cabo, permite infraestruturas e forças produtivas melhores e/ou necessárias à reprodução do capital. Assim, o campo do direito público da saúde, ao contrário do campo do direito privado, revela-se pela característica da intervenção: uma governamentalidade ativa, dado que não é espelho apenas das relações privadas tradicionalmente reguladas mediante fórmulas obrigacionais gerais.

O processo de constituição de um direito público da saúde é derivado da própria força material da ação dos Estados. A forma política estatal tem autonomia relativa – e apenas isso – em face da forma mercadoria. Um direito público que operasse na saúde em termos de oposição à acumulação não lograria se sustentar, tanto pela força das classes exploradoras e dos seus interesses contrariados quanto, também, pela dependência do próprio Estado, capitalista que é em sua forma, da acumulação. Hospitais, remédios, equipamentos ou campanhas de vacinação, por exemplo, são empreendidos a partir de dinâmicas dependentes de uma materialidade econômica do capital. Daí, em sociedades de exploração, o limite do direito público da saúde é o limite do próprio talhe da acumulação: não haverá garantia estatal à salubridade do trabalho a não ser dentro do arco da reprodução da exploração do trabalho e do lucro. Todo direito público da saúde que excedeu ao interesse do capital em geral retrocedeu quando em confronto com ele: o teto constitucional de gastos e a reforma trabalhista e previdenciária brasileira dos tempos presentes são mostras de que o direito público da saúde não opera sob o dístico da imperiosidade da saúde ou de sua eticidade; seu limite é o interesse do capital.

O mesmo se dá ainda, dentro do campo do direito público da saúde, com aquelas que são as formações sociais específicas que enraízam a forma política estatal e a forma jurídica. Pensar a saúde no capitalismo é pensá-la em numerosas sociedades capitalistas, de formações sociais variadas entre si. Em suas peculiaridades, portam relações de dominação múltiplas que acabam por modular, limitar, estender e mesmo erigir muito do direito da saúde. Religiões dão, muitas vezes, o espaço ideológico no qual a saúde é pensada, almejada ou indesejada. Doenças são culturalmente tomadas como mais plausíveis de proteção pública que outras – câncer contra doenças sexualmente transmissíveis, por exemplo. Prevenções são bloqueadas ou combatidas – como as que envolvem a saúde sexual. Classes, grupos e frações sociais recebem distintas intervenções do direito público – investimentos de pesquisa menores em doenças tropicais que assolam o povo que em doenças de retorno econômico maior; restrições às mulheres no campo da concepção e da gestação; qualidade hospitalar divergente entre bairros periféricos e centrais; distinção entre planos de saúde para patrões, gerentes e trabalhadores de base. Assim, patriarcalismo, machismo, homofobia, xenofobia, além de dominações variadas ideológicas, culturais e religiosas, se somam e se imiscuem, em cada formação social, às distinções de classe que forjam o quadro geral de um direito público da saúde, operando então de modo contraditório com a própria sociabilidade de que é expressão. O campo estatal tanto erige os espaços necessários da reprodução do capital e de suas formações sociais quanto é erigido por eles.

No que tange ao direito público da saúde, o direito administrativo é historicamente um de seus ramos típicos e basilares. As sociedades capitalistas organizam-se em instituições públicas, sociais e privadas, em torno das quais levantam-se competências, responsabilidades, especializações de tarefas. A saúde, quando vai deixando de ser benemerência, como o fora tipicamente na Idade Média e Moderna, passa a se assentar numa organização burocrática, nucleada em torno do médico. As instituições, os aparelhos e a burocracia da saúde então constituem um direito administrativo da saúde. Os poderes médicos e os poderes administrativos – hospitalares, governamentais – passam a ser definidos, cadeias de procedimentos são normatizadas, órgãos governamentais são constituídos, até chegar aos atuais ministérios da saúde. A própria reprodução da sociabilidade faz com que os Estados, desde o século XIX e em especial no século XX, imponham, inexoravelmente, a organização dos direitos administrativos da saúde.

Nesse processo, o campo do direito penal da saúde, embora público, assenta-se mais como contraface do direito privado do que, propriamente, como articulação da governança estatal. A responsabilidade penal do médico é parelha e espelho da responsabilidade civil. Tradicionalmente, as sociedades capitalistas assentaram, ao lado dos códigos civis, os códigos penais – no Brasil, o Código Criminal do Império é de 1831, anterior mesmo aos códigos civis pátrios –, mas a lógica do campo penal guarda, nesse contexto, uma derivação direta do interesse privado. A propriedade privada, os contratos e a vida do indivíduo burguês são o núcleo da proteção penal. Por isso, em seu surgimento, o direito penal da saúde e da medicina é marcadamente aquele do desdobramento automático do campo civil: a intervenção médica esquadrinhada sob os termos da negligência, da imprudência e da imperícia passa a ser imediatamente implicada tanto no campo da responsabilidade civil quanto no da penal. Apenas mais tarde, no mesmo movimento geral da constituição do direito público da saúde e da medicina, é que se verificará uma ação penal estatal não mais reativa ou apenas consolidante do quadro social já estabelecido. No campo das repressões penais, as exclusões ditas científicas – segregação dos loucos, indesejáveis e viciados ou daqueles que atentassem contra a saúde pública – passam a ser manifestações penais diretivas, intervindo de modo comissivo-governativo, e não apenas nas modalidades socialmente tradicionais de exclusão.

O processo histórico de intervenção, planejamento e direcionamento do Estado na economia e na sociedade, no século XIX mas em especial no século XX, enseja o surgimento de constituições dirigentes, que não se limitam às garantias burguesas e às competências de organização das próprias instituições estatais, mas que avançam para campos como os dos direitos sociais. Cada vez mais, no século XX, ver-se-ão inscritas, nas constituições do mundo, princípios e regras que se relacionam àquilo que se poderia chamar de direito constitucional da saúde. Tal movimento tanto confere poderes ao Estado no plano sanitário quanto também pode lhe incumbir múnus e normas programáticas. O sentido da constitucionalização da saúde é o de forjar a competência do poder público para as questões sanitárias – submetendo a si as formas anteriores de controle, como a religiosa, ou mesmo as atuais, como aquelas das corporações médicas e das entidades científicas – e, ainda, estabelecer padrões pelos quais a saúde, sendo privada e mercadoria, atravessada pelo lucro, seja ao mesmo tempo albergada sob o poder estatal, fazendo com que o público se imiscua com o privado. Negócios e poder de intervenção e planejamento passam, de variados modos, a se conjugar.

Além disso, o mesmo contexto de surgimento de direitos constitucionais da saúde em correspondentes cartas normativas pelo mundo, que via de regra institui poderes e deveres aos Estados, enseja a interface da declaração dos direitos subjetivos em relação à saúde. Em constituições mais modernas, lê-se, direta ou indiretamente, a possibilidade de um direito à saúde. Inscrito entre os direitos humanos tidos por de geração mais nova – não aqueles de primeira geração, como os de liberdade, igualdade –, o direito à saúde envolveria não uma metafísica de que os cidadãos teriam a garantia em face do Estado de serem saudáveis, mas, sim, a relação dos cidadãos com o Estado, respaldados pela garantia de acesso a recursos, intervenções, serviços e medicamentos. O direito à saúde passa a ser proposto como a interface, no campo do direito subjetivo, do dever do Estado à promoção da saúde. Quando se estabelecerem grandes sistemas públicos de saúde, como em alguns países da Europa na segunda metade do século XX e no Brasil com o SUS, Sistema Único de Saúde, por exemplo, a relação entre dever do Estado e direito dos cidadãos será um de seus corolários.

As razões pelas quais se erige um direito público da saúde se devem tanto às necessidades de infraestrutura sanitária para a própria reprodução social quanto, também, da natureza específica da saúde como indústria econômica. O capitalismo tem na saúde um de seus plexos centrais, em uma teia industrial, comercial e de serviços de vastas proporções e implicações. Por conta disso, políticas como a de saúde pública são atravessadas por disputas econômicas e lutas que buscam destacar e/ou reservar parcial ou plenamente o circuito da saúde para mãos privadas. A fixação da saúde coletiva sob controle e responsabilidade estatal implica vastas e variadas dinâmicas de interação entre uma economia estatal e uma privada. Os planos de saúde privados, com contratos de massa utilizados por grandes parcelas das populações das sociedades capitalistas, demonstram o caráter industrial – no sentido de um maquinário econômico amplo e coeso – da saúde. Disso resultará um direito econômico da saúde e, ainda, um direito do consumidor da saúde. No campo do direito econômico da saúde, não apenas se trata de uma regulação das atividades econômicas já dadas, mas, também e fundamentalmente, do estabelecimento de uma economia política da saúde, envolvendo pesquisas em instituições universitárias e de tecnologia que induzam descobertas, avanços operacionais, substituições de importações e soberania sanitária. Além disso, no contexto geral de um direito envolvendo as questões econômicas da saúde, a tributação dos vastos setores industriais, de bens e serviços da saúde e a alocação de recursos para a saúde pública constituem o espaço no qual também surgirá um direito tributário da saúde e um direito financeiro da saúde. E, na sua base, enfim, o específico da atividade econômica privada em torno da saúde pode ser identificado como um direito empresarial da saúde.

No campo econômico da produção capitalista e de sua reprodução, é nuclear a regulação do trabalho. O salariado é a forma pela qual as relações laborais se organizam, separando os produtores dos meios de produção, permitindo ao capital a extração de mais-valor do trabalho assalariado. As condições de salubridade das classes trabalhadoras, seus direitos no que tange ao local de trabalho, ao deslocamento, à motricidade, à ergonomia, às disposições corporais e mentais revelam várias modalidades pelas quais se delineia um direito do trabalho da saúde. Tal campo é diretamente ligado à acumulação e à exploração, portando contradições estruturais – a saúde do trabalhador é para a exploração; os interesses dos capitais e dos trabalhadores erigem-se em antagonismo; políticas mais orientadas em favor da saúde dos trabalhadores são distintas do cálculo e da perspicácia de cada capitalista, opondo muitas vezes o imediato dos capitalistas ao geral do capitalismo. O âmbito juslaboral revela, como índice decisivo, a situação da saúde e do direito da saúde no capitalismo. E, ainda neste âmbito, mas como uma de suas internalidades, desdobram-se as questões juslaborais dos próprios trabalhadores da saúde.

Ao lado das condições de salubridade do trabalho, também se atrelam à produção e à reprodução capitalistas as condições de salubridade ambientais, envolvendo disponibilidade de recursos naturais, a utilização do solo, do ar, das águas. No que respeita ao meio natural e suas decorrentes relações humanas, identifica-se um direito ambiental da saúde. Também tal campo porta contradições estruturais. As forças produtivas – matérias-primas e tecnologias que envolvem extração, coleta, lavoura, colheita, criação, transporte, industrialização, poluição, descarte, tratamento, contenção de danos – são cálculos da acumulação capitalista. Assim, um direito ambiental da saúde é atravessado por relações contraditórias porque estas, em protegendo o meio ambiente, regulam de modo mais custoso a exploração e o lucro. A forma política estatal e a forma jurídica, derivadas da forma mercadoria, encontram limites materiais tanto na proteção do trabalho quanto na do meio ambiente, revelando-se tendencialmente opostas a padrões excelentes ou ideais de salubridade.

Os variados aspectos de um direito da saúde desdobram-se, ainda, para os campos que se possam chamar por direito internacional da saúde. As relações mercantis, tecnológicas, informacionais e de serviços da saúde operam em um espaço internacional – importações e exportações, consultas e cirurgias por tecnologia a distância, cooperações, coordenações, tratados, convênios, convenções entre Estados e organismos. No que tange às atividades relacionais tipicamente mercantis, pode-se verificar um direito internacional privado da saúde – em que, muitas vezes, os Estados são partes, em relações como as de compra-e-venda de remédios e equipamentos hospitalares. Já no que trata dos arranjos jurídicos da saúde em relações internacionais – seja entre Estados ou entre estes e organismos multilaterais como a Organização das Nações Unidas ou a Organização Mundial da Saúde e outras agências, ou em questões diretamente ligadas a pandemias ou mesmo guerras – está o campo identificado como de direito internacional público da saúde, também eivado de disputas, concorrências, interesses geopolíticos e imperialismo.

O estabelecimento histórico de variadas relações envolvendo a saúde, em torno dos seus sujeitos típicos tradicionais – médicos e demais profissionais da saúde, pacientes – e de uma miríade de outros sujeitos – Estados, agências, organismos, órgãos da burocracia, universidades e centros de pesquisa, indústrias, comércios, planos de saúde e demais empresas – constitui um agrupamento variável, e mesmo antagônico e contraditório, de relações jurídicas atravessadas por normatizações, regramentos, princípios, num amplo contexto de disputa, conflito de interesses. É desse quadro de efetivas relações sociais que resultará um direito da saúde.

3 Identidade e sistemática do direito da saúde

Em um processo histórico cada vez mais crescente, vai-se constituindo um âmbito de saber jurídico identificado como "direito da saúde", a ponto de se o intentar qualificar como ramo próprio do direito. A compreensão de uma possível identidade do direito da saúde – e sua tomada como ramo insigne e específico – passa por critérios teóricos que venham a balizar a própria noção do que seja um ramo do direito. Proponho que tais critérios operem mediante uma clivagem entre duas possíveis acepções. Na primeira delas, a identidade de um ramo do direito se deve à sua específica natureza relacional social. Assim, o direito civil, fundado mais na disposição que na imposição cogente, vinculado ao campo das relações privadas de coordenação a partir da autonomia da vontade, materialmente guarda distinção em face daquele que é o direito penal, fundado que é, via de regra, numa coercitividade intransigente e que tem o Estado como um de seus polos. É possível distinguir o direito civil do direito penal, tomando-os por dois ramos específicos do direito, por razões que se originam de suas materialidades relacionais próprias. No entanto, de outro modo são os ramos do direito que se originam apenas devido a acepções intelectivas ou científicas a respeito dos fenômenos jurídicos. Quando se utilizam expressões como "direito aeronáutico", "direito da internet", "direito marítimo" ou "direito desportivo", enfeixam-se, num procedimento intelectivo, relações variadas que se unificam apenas pelos objetos que as perspectivam. Múltiplos liames tanto públicos quanto privados, de acepções cogentes e dispositivas, com principiologias que podem inclusive ser conflitantes, são agrupados por razão de seus temas privilegiados ou destacados – o espaço, a internet, o mar, o esporte etc.

Proponho que o direito da saúde guarda identidade própria e é ramo do direito apenas quando tomado na acepção de uma intelecção unificadora de um objeto – a saúde – que se espraia por múltiplas relações sociais e normas jurídicas correspondentes. Tomado em seu conjunto, o direito da saúde não se revela a partir de uma unidade relacional, normativa ou principiológica própria. É tanto público quanto privado, tanto orientado à saúde coletiva quanto à lucratividade e à livre-iniciativa, tanto afirmando responsabilidades e direitos individuais quanto outros difusos e coletivos. Atravessando variados ramos do direito, o que se há de chamar por direito da saúde é um ramo sintético, cuja identidade advém da reunião e do agrupamento relacional, normativo, principiológico, institucional, valorativo e intelectivo de temáticas espraiadas. Assim, na classificação dos ramos jurídicos, o direito da saúde é resultado de uma postulação científica colecionadora e sistematizante de variadas relações socialmente dadas, unificadas apenas em razão do tema.

O campo do direito da saúde guarda distinções internas. Movimentos como o de demandar do Estado atuação comissiva, de organizar burocracias institucionais ou de mensurar responsabilidades em relações privadas como aquelas entre médico e paciente ou compra-e-venda de medicamentos dão demonstrações de que variados níveis de modulação normativa e de princípios aí se apresentam. Não se trata de um amálgama estável, coerente nem mesmo coeso entre relações sociais e jurídicas, regras e princípios. Verificam-se, sim, graus de divergência, antagonismo e contradição na miríade de temáticas, relações e dispositivos agrupados sob a alcunha de direito da saúde. O conflito entre quadrantes de direito público e de direito privado revela que uma almejada unidade principiológica idealizada ao direito da saúde carece de fundamento material. Apenas no plano científico, intelectivo, dá-se uma unificação, que, no entanto, aponta para as próprias dinâmicas reais contraditórias e devidas muito menos a um saber jurídico periclitante do que, certamente, à contradição na materialidade das relações da saúde no capitalismo.

Ocorre que o campo do direito da saúde não se assenta apenas em um elenco que constate as variadas relações, normas jurídicas, doutrinas e jurisprudências a respeito do tema. É, também, um campo de normatividades declaratórias, mandatórias, constituidoras de direitos subjetivos individuais e sociais, de tal sorte que institui, internamente, tensões sobre sua própria identidade. Por isso, o direito da saúde não se encerra naquele que seria um rol jurídico tradicional e fixamente assentado, mas, sim, opera expansões, contenções, conflitos e desdobramentos variados. O dever do Estado à saúde e o direito do cidadão à saúde se revelam em modalidades jurídicas em disputa. São parelhas de lutas sociais, econômicas, políticas e culturais, mas são também, em alguma medida, lutas jurídicas internas, dependentes da autonomia relativa do direito e do Estado. Assim, tanto o direito da saúde será tensionado pela sociedade quanto a recíproca também se o dará, ainda que sem o mesmo peso. Por resultado, a moldura do direito da saúde será dinâmica, delimitada externa e internamente em processos constantes de consolidação, tensionamento, qualificação e deslocamento.

Historicamente, o capitalismo necessitou da regulação jurídica da saúde como modo de prover o assentamento da infraestrutura e das forças produtivas necessárias às relações de produção que ensejassem a acumulação. Ainda que ao tempo não houvesse a identificação do ramo, já se manifesta um campo prático do direito da saúde desde o século XIX. No século XX, no entanto, com um regime de acumulação e um modo de regulação que se possam chamar de fordistas, a planificação social da saúde ganha força, procedendo a sistemas de direito da saúde normatizados e com aparelhos institucionais e burocráticos assentados. Dá-se também, pelas características do capitalismo fordista, o aparecimento de declarações de direitos subjetivos no plano constitucional e no plano internacional. Em decorrência, arguições jurídico-político-ideológicas de direitos humanos, em especial na segunda metade do século XX, permitem reclamar um direito à saúde – de natureza diretiva, contrastante com a realidade – que polarize a política, a economia e as sociedades. Tal movimento se apresenta ao lado da consolidação das tradicionais questões do direito da saúde, como as médicas, hospitalares e farmacêuticas, da indústria da saúde – de natureza constatadora, classificadora da realidade. Assim, direito da saúde (consolidante, descritivo) e direito à saúde (vetor, propositivo) se erigem, no capitalismo fordista do século XX, com uma sistemática que os aglutina de modo tensionado.

É também característico do direito da saúde ser um ramo que comporta tanto tradicionais relações e normas de direito quanto novos direitos, sejam estes resultantes de luta ou de alteração tecnológica. Os novos direitos da saúde resultantes de lutas, classes, grupos, indivíduos, em sociedades concorrenciais, disputam proteção, políticas, expansões ou retrações de saúde pública. No que tange aos novos direitos da saúde resultantes das alterações tecnológicas, marcos e normas são reclamados a se adaptar a mudanças e inovações. Quase sempre, a mudança tecnológica no direito da saúde gera impacto em suas molduras tradicionais – cobertura por planos de saúde, inabilidade médica etc. E, por sua vez, quase sempre a mudança do direito da saúde advinda da luta impacta seus quadrantes dinâmicos – universalização ou privatização da saúde sendo sua questão central.

O processo de identidade do direito da saúde como ramo é por intelecção, não por materialidade relacional unitária. Permite-se, daí, então, desdobrá-lo em sub-ramos. Estes podem ter nuclearidade material ou, também, ser apenas destacamentos intelectivos internos. Se se pensa em uma categoria como a do direito penal da saúde, há uma espécie de unidade a partir das estruturas relacionais das formas estatais de criminalização e pena no âmbito da saúde. Mas, se se pensa em uma categoria como a do direito médico, sua natureza, ainda que tradicionalmente mais voltada à relação privada e contratual entre médico-paciente, é entremeada de outras constituições, como as públicas: a habilitação do médico mediante órgãos oficiais – conselho profissional –, a deontologia médica etc. Então, de algum modo, dá-se uma natureza de identidade por intelecção do ramo que se possa chamar por direito médico, dado que atravessa boa parte do seu próprio ramo geral continente, o direito da saúde, por sua vez também identificado apenas por inteleção científica.

Tomando o direito da saúde em chave sistemática, ele pode ser pensado com base em três aspectos: a) a partir de sua *sistemática externa*, ou seja, sua posição específica dentro do quadro geral do direito; b) a partir de sua *sistemática interna reflexa*, em suas subdivisões que acompanham os próprios ramos do direito no geral – dado que é um ramo apenas por unificação científico-intelectual; c) a partir da sua *sistemática interna propositiva*, podendo ser classificado mediante outras nucleações temáticas intrínsecas que também atravessam os tantos ramos gerais de que esse ramo específico do direito se compõe.

No que tange à sistemática externa do direito da saúde – sua localização no quadro geral da sistemática jurídica –, ele pode ser tomado parcialmente como de direito público, parcialmente como de direito privado e, ainda, parcialmente como de direito social (a depender das leituras que tomam o social como algo destacado dos campos anteriores). Assim, as disputas em torno do caráter público-coletivo ou privado do direito da saúde acabam por buscar polarizá-lo, fixando-o mais como dependente dos quadrantes do direito público ou do direito privado. Ocorre que, sendo um ramo do direito apenas por intelecção unificadora, ele perpassa todos os grandes grupos classificatórios que formam os ramos do direito.

Tomado em sua sistemática interna reflexa, no que tange à identificação dos ramos jurídicos que o compõem e o atravessam (sistemática interna por composição), o direito da saúde virtualmente é formado por institutos de todos os demais ramos do direito. Num rol exemplificativo, o direito constitucional, o direito penal, o direito administrativo, o direito civil, o direito empresarial, o direito do trabalho, os direitos sociais, o direito ambiental, o direito econômico, o direito financeiro, o direito tributário, o direito internacional público, o direito internacional privado, entre outros, podem ter temáticas, objetos e relações destacados como sendo de direito da saúde.

No âmbito de sua sistemática interna propositiva, o direito da saúde pode ser pensado a partir de grupamentos temáticos que constituam seus sub-ramos (sistemática interna por subdivisão). Assim, pode-se falar tanto em direito médico quanto em direito hospitalar. E, se se quiser ainda proceder a subdivisões, pode-se até mesmo falar em direito da tecnologia médica – telemedicina por exemplo. Seus sub-ramos, via de regra, acabam por atravessar os mesmos ramos gerais do direito da saúde. Tais subdivisões do direito da saúde atendem a fins didáticos, mas também podem ser úteis para fins políticos, profissionais ou relacionais. Pensar um direito médico apartado de um direito da saúde permite tanto, didaticamente, isolar de modo mais imediato as dinâmicas profissionais da área, quanto, politicamente, descolar relativamente o papel do médico daqueles que são os reclames mais amplos – públicos, coletivos – do direito da saúde.

Perpassam a cientificidade do direito da saúde as contradições, os antagonismos, as disputas e as lutas históricas e sociais. Não se trata apenas de uma tensão no plano da teoria – dos juristas em suas ações e suas definições sistemáticas – mas, em especial, revela-se aqui o atrito da própria dinâmica material do direito da saúde. A subjetividade jurídica na saúde, a normatividade da saúde e o poder estatal na saúde se erigem numa sociabilidade exploratória e de dominações, ideologicamente estabelecida para a acumulação e para o capital. Saúde e mercadoria tanto se identificam – compra-se o remédio – quanto se anulam – vive-se para comprar o morrer. O campo do direito da saúde é atravessado pelas mesmas contradições sociais e históricas do capitalismo.

Referências

ARNAUD, André-Jean. *Les origines doctrinales du Code civil français*. Paris: LGDJ, 1969.

BERLINGUER, Giovanni. *Medicina e política*. São Paulo: Hucitec, 1987.

BREILH, Jaime; GRANDA, Edmundo. *Investigação da saúde na sociedade*. São Paulo: Instituto de Saúde/Abrasco, 1986.

FOUCAULT, Michel. *O nascimento da clínica*. Rio de Janeiro: Forense Universitária, 2015.

ILLICH, Ivan. *A expropriação da saúde*. Nêmesis da medicina. Rio de Janeiro: Nova Fronteira, 1981.

MASCARO, Alysson Leandro. Direito e medicina, sociedade e natureza: Sobre a relação entre ciências humanas e naturais. *Revista de Direito da Saúde Comparado*, São Paulo, v. 1, n. 1, 2022.

MASCARO, Alysson Leandro. *Estado e forma política*. São Paulo: Boitempo, 2013.

MASCARO, Alysson Leandro. *Filosofia do direito*. São Paulo: GEN-Atlas, 2023.

MASCARO, Alysson Leandro. *Introdução ao estudo do direito*. São Paulo: GEN-Atlas, 2022.

Informação bibliográfica deste texto, conforme a NBR 6023:2018 da Associação Brasileira de Normas Técnicas (ABNT):

MASCARO, Alysson Leandro. Fundamentos do direito da saúde. *In*: RIBEIRO, Paulo Dias de Moura; TOMELIN, Georghio Alessandro; KIM, Richard Pae (Coord.). *Direito humano e fundamental à saúde*: estudos em homenagem ao ministro Enrique Ricardo Lewandowski. Belo Horizonte: Fórum, 2023. p. 301-311. ISBN 978-65-5518-606-2.

A UTILIZAÇÃO DO PROCESSO ESTRUTURAL PARA CONCRETIZAÇÃO DO DIREITO FUNDAMENTAL À SAÚDE

ANNA CATHARINA MACHADO NORMANTON

Introdução

A efetividade e a concretização dos direitos fundamentais são alvo de significativos desafios no Brasil. O problema se agrava ainda mais no que se refere à faceta prestacional de tais direitos, comumente relacionada a políticas públicas. Quanto ao direito à saúde, o cenário não é diferente, pois, além de possuir especial importância, o direito à saúde está intimamente ligado ao direito à vida, que, por sua vez, é *conditio sine qua non* para o gozo de todos os demais direitos.

Diante da omissão ou falha na elaboração e na aplicação dessas políticas, a concretização do direito à saúde resta sistematicamente prejudicado, causando uma constante situação de inconstitucionalidade e de ilegalidade. Por isso, é frequente a judicialização na busca da garantia desse direito fundamental, seja de forma individual, seja de forma coletiva. Todavia, considerando que a falha na efetividade do direito à saúde no Brasil é uma questão estrutural e sistêmica, é preciso buscar soluções estruturais para saná-las. Nesse contexto, o presente artigo pretende analisar se, uma vez ocorrida a judicialização por via de ação coletiva, o processo estrutural é instrumento adequado para a solução do problema levado ao Poder Judiciário.

O artigo buscará na doutrina, em artigos científicos e na jurisprudência formas e fundamentos para analisar a relação entre direito fundamental à saúde e processo estrutural, a fim de verificar se esta modalidade de processo contribui na efetivação daquele direito fundamental.

Para tanto, o estudo examinará se e em que medida a garantia do direito à saúde é compatível com a técnica do processo estrutural e das decisões estruturantes, verificando se tais técnicas podem efetivamente contribuir para aprimorar o papel do Poder Judiciário na realização deste direito em sua faceta coletiva.

1 Breves considerações acerca da teoria geral dos direitos fundamentais

Primeiramente, cumpre fazer a observação de que o presente artigo não pretende esgotar a explanação acerca da teoria geral dos direitos fundamentais, mas tão somente traçar certas premissas teóricas necessárias ao desenvolvimento do tema central deste estudo.

1.1 Conceito e dupla dimensão dos direitos fundamentais

Os direitos fundamentais constituem o conjunto de direitos e liberdades constitucionalmente reconhecidos e garantidos pelo direito constitucional positivo de determinado Estado, sendo denominados *fundamentais* em razão de seu caráter básico e fundamentador do ordenamento jurídico do Estado de direito[1] e têm como finalidade limitar o exercício do poder estatal, bem como o exercício da liberdade de indivíduos em face de terceiros,[2] além de disporem também sobre obrigações positivas. Ingo Sarlet define a categoria dos direitos fundamentais como todas as posições jurídicas relativas às pessoas (naturais ou jurídicas, sob perspectiva individual ou transindividual) que, sob o prisma do direito constitucional positivo, foram, expressa ou implicitamente, inseridas na Constituição e, portanto, retiradas da esfera de disponibilidade dos poderes constituídos, assim como todas as posições jurídicas que, em função de seu conteúdo e significado, possam ser equiparadas às primeiras.[3] Ainda, em complemento, para Robert Alexy, os direitos fundamentais podem ser definidos como aqueles que são tão relevantes sob a perspectiva do direito constitucional que seu reconhecimento ou não reconhecimento não pode ser deixado à livre disposição do legislador.[4]

Tais direitos podem se manifestar tanto na forma de princípios, quanto na forma de regras, ou ainda podem ter até mesmo um duplo caráter (possuindo ao mesmo tempo caráter de regra *e* princípio),[5] e devem ser garantidos na maior medida possível.

A dupla dimensão dos direitos fundamentais, por sua vez, significa que tais direitos possuem uma dimensão subjetiva e uma dimensão objetiva. A clássica dimensão subjetiva é marcada pela possibilidade de o titular do direito fazer valer judicialmente os poderes, as liberdades ou o direito à ação ou às ações negativas ou positivas que lhe foram conferidas pelo direito fundamental a eles relacionado.[6] Trata-se da possibilidade de

---

[1] PÉREZ LUÑO, Antonio-Enrique. *Los derechos fundamentales*. 6. ed. Madrid: Tecnos, 1995. p. 46-47.

[2] Em razão da eficácia horizontal dos direitos fundamentais. Para Canotilho, "O mandamento de observância dos direitos fundamentais não ficou imposto apenas ao Estado, tal padrão deve se estender às relações privadas. Nesse caso, os particulares ao realizarem seus negócios devem submeter-se, bem assim, às exigências das garantias dos direitos fundamentais. A esse fato dá-se o nome de teoria da eficácia horizontal dos direitos fundamentais. É horizontal porque os particulares estão *pari passu* um do outro, e em tese, com poderes idênticos" (CANOTILHO, José Joaquim Gomes. *Direito constitucional e teoria da Constituição*. 5. ed. Coimbra: Coimbra editora, 2002. p. 1241).

[3] SARLET, Ingo Wolfgang; MARINONI, Luiz Guilherme; MITIDIERO, Daniel. *Curso de direito constitucional*. São Paulo: Saraiva, 2022. p. 147.

[4] ALEXY, Robert. *Teoria dos direitos fundamentais*. Tradução de Virgílio Afonso da Silva. São Paulo: Malheiros, 2008. p. 411.

[5] Cf. ALEXY, Robert. *Teoria dos direitos fundamentais*. Tradução de Virgílio Afonso da Silva. São Paulo: Malheiros, 2008. p. 144.

[6] SARLET, Ingo Wolfgang; MARINONI, Luiz Guilherme; MITIDIERO, Daniel. *Curso de direito constitucional*. São Paulo: Saraiva, 2022. p. 157.

impor judicialmente interesses juridicamente tutelados perante o destinatário obrigado, de modo que há uma relação *trilateral* formada por: titular, objeto (direito fundamental) e o destinatário do direito,[7] obrigado a cumpri-lo e/ou observá-lo.

Indo além, contemporaneamente se reconhece a dimensão objetiva dos direitos fundamentais, traduzida no conjunto de valores objetivos básicos e finalidades orientadoras da ação positiva dos poderes públicos, a exercer o papel de sistematizar o conteúdo valorativo objetivo do ordenamento jurídico constitucional. Conforme ensina Sarmento, tendo em vista que os direitos fundamentais exprimem valores nucleares de uma ordem democrática, os valores que tais direitos exprimem devem se irradiar para todos os campos do ordenamento jurídico, impulsionando e orientando a atuação dos três poderes.[8] Assim, os direitos fundamentais, mesmo aqueles de matriz liberal (ou de primeira dimensão), deixam de ser tão somente limites apara o Estado, convertendo-se em norte, diretriz de sua atuação. A aplicabilidade imediata dos direitos fundamentais (art. 5º, §1º da CRFB) aplica-se também à dimensão subjetiva desses direitos, impondo que a Administração atue de ofício para sua promoção otimizada.[9]

Nessa quadra, sob a perspectiva objetiva, os direitos fundamentais são vistos como normas cogentes e irradiantes, como norte e limite – de forma positiva e negativa – para a atuação estatal. Disto, resultam três principais consequências: (1) a eficácia irradiante dos direitos fundamentais a todo o ordenamento jurídico; (2) a imposição ao Estado do dever de proteção dos direitos fundamentais; (3) a definição de limites de interpretação e de aplicação de normas, com procedimentos formais que respeitem os direitos materiais.

A dimensão objetiva possui especial importância ao direito fundamental à saúde, tendo em vista que lhe confere o caráter de norma cogente, impondo ao Estado – e aos particulares, notadamente no contexto da eficácia diagonal dos direitos fundamentais – o dever de observar como norte e limite, de forma positiva e negativa, o direito à saúde em todos os âmbitos da atuação estatal. Assim, a concretização do direito à saúde passa a ser verdadeira diretriz de atuação do Estado.

1.2 Núcleo essencial dos direitos fundamentais

Certamente os direitos fundamentais podem ser restringidos pelo Estado até certa medida, desde que não seja ferido seu *núcleo essencial* e desde que haja relevante fundamento para tal restrição. Os direitos possuem um *conteúdo mínimo essencial* que decorre da própria ideia de que, sem a garantia de um mínimo, a garantia do próprio direito teria pouca utilidade.[10]

Em algumas constituições, a garantia de proteção ao núcleo essencial dos direitos fundamentais decorre de um princípio constitucional chamado *princípio da*

---

7   CANOTILHO, José Joaquim Gomes. *Direito constitucional*. Coimbra: Almedina, 1992. p. 544.

8   SARMENTO, Daniel. Dimensão objetiva dos direitos fundamentais: fragmentos de uma teoria. *In*: TORRES, Ricardo Lobo; MELLO, Celso Albuquerque (Org.). *Arquivos de direitos humanos*. Rio de Janeiro: Renovar, 2002. v. 4. p. 65.

9   HACHEM, Daniel Wunder. A discricionariedade administrativa entre as dimensões objetiva e subjetiva dos direitos fundamentais sociais. *Direitos Fundamentais & Justiça*, Belo Horizonte, ano 10, n. 35, p. 313-343, jul./dez. 2016. p. 318-319.

10 SILVA, Virgílio Afonso da. O conteúdo essencial dos direitos fundamentais e a eficácia das normas constitucionais. *RDE – Revista de Direito do Estado*, v. 4, p. 23-51, 2006. p. 23.

proteção ao núcleo essencial do direito fundamental. A Lei Fundamental da República Federal Alemã, por exemplo, dispõe em seu art. 19.2 que em nenhum caso um direito fundamental poderá ser afetado em sua essência. A principal razão de ser desta garantia expressamente prevista é que na Constituição alemã anterior tal princípio não era posto, de maneira que o legislador infraconstitucional se achou autorizado, no contexto da ascensão do regime nazista, a esvaziar totalmente o conteúdo dos direitos fundamentais sob o fundamento de que isso não violaria a Constituição, dando ensejo a todo tipo de barbárie resultante do período.

Então, a partir da segunda metade do século XX, diversas constituições passaram a prever o princípio de proteção ao núcleo essencial do direito fundamental, a fim estabelecer limites para a restrição dos direitos fundamentais, garantindo um núcleo essencial para tais direitos, de maneira a orientar a atuação dos agentes públicos, fixando-lhe certos limites. No Brasil, tal princípio se encontra explicitamente positivado.[11]

Resta saber, entretanto, no que consiste o núcleo essencial dos direitos fundamentais. Para a teoria absoluta, o conteúdo essencial consistiria em um núcleo fundamental determinável em abstrato, peculiar a cada direito, de maior intensidade valorativa,[12] que não poderia ser violado sob pena de aquele direito deixar existir de fato. A crítica que fazemos a esta teoria é que é um tanto quanto equivocado pensar ser possível pode conhecer o núcleo duro de um direito fundamental previamente, antes da ponderação perante um caso específico, ainda mais nos chamados *hard cases*.

Para a teoria relativa, o núcleo essencial de determinado direito fundamental só poderia ser determinado à luz do direito limitado, levando-se em consideração o caso concreto, haja vista que em razão das circunstâncias consideradas diante da situação fática, é que se poderá verificar se eventual restrição seria capaz de violar a essência do direito fundamental em questão. Assim, a teoria relativa rejeita o conteúdo essencial como um âmbito de contornos fixos, preestabelecidos e definíveis *a priori* para os direitos fundamentais.

A teoria sustenta que a definição daquilo que é essencial e, consequentemente não pode deixar de ser protegido, depende das condições fáticas e das colisões valorativas no caso concreto.[13] Assim, o conteúdo mínimo de um direito não será sempre o mesmo, mas depende de cada situação concreta que envolva restrições. Para Virgílio Afonso da Silva, as restrições a direitos fundamentais que passam no teste da proporcionalidade não ferem o conteúdo essencial dos direitos restringidos.[14] Infelizmente, porém, a teoria tende a admitir com certa facilidade que no processo de ponderação o direito fundamental, ainda que somente no caso concreto, seja esvaziado, justamente aquilo o que a razão de ser do núcleo essencial visa coibir.

---

[11] Conforme bem afirma Gilmar Ferreira Mendes "inequívoco que tal princípio decorre do modelo garantístico utilizado pelo constituinte. A não-admissão de um limite ao afazer legislativo tornaria inócua qualquer proteção fundamental" (MENDES, Gilmar Ferreira; COELHO, Inocêncio Mártires; BRANCO, Paulo Gustavo Gonet. *Curso de direito constitucional*. São Paulo: Saraiva, 2008. p. 319.)

[12] ALEXY, Robert. *Teoria dos direitos fundamentais.* Tradução de Virgílio Afonso da Silva. São Paulo: Malheiros, 2008. p. 296-298.

[13] ALEXY, Robert. *Teoria dos direitos fundamentais.* Tradução de Virgílio Afonso da Silva. São Paulo: Malheiros, 2008. p. 42.

[14] ALEXY, Robert. *Teoria dos direitos fundamentais.* Tradução de Virgílio Afonso da Silva. São Paulo: Malheiros, 2008. p. 43.

Por isso, o presente estudo entende que nenhuma das duas teorias é capaz de resolver por si só todos os problemas acerca da colisão de valores e consequentes restrições de direitos fundamentais que envolvem o tema do núcleo essencial. Por isso, adota-se uma terceira teoria – chamada teoria mista – que busca a conciliação entre as duas primeiras ao sustentar que a proteção contra as medidas arbitrárias, desproporcionais e desarrazoadas deve ser apurada no exame da ponderação do caso concreto (conforme defende a teoria relativa), porém, há uma parcela, um núcleo essencial dos direitos fundamentais, que não pode ser violado (conforme defende a teoria absoluta) nem sequer pelo exercício de ponderação,[15] ou seja, em determinadas situações se chega em um ponto no qual não mais se pondera. Nesse mesmo sentido, Peter Häberle sustenta que as restrições admissíveis aos direitos fundamentais devem ser determinadas por meio da ponderação orientada pelo sistema objetivo de valores da constituição, sendo que só se admite limitações conforme a essência de cada direito fundamental.[16]

Assim, cabe ao legislador realizar a edição de leis com certa discricionariedade, porém, tal discricionariedade não significa liberdade: o campo discricionário da atividade legislativa é limitado por todas as regras e princípios constitucionais implícitos e expressos – inclusive por aqueles que dizem respeito aos direitos fundamentais, bem como pelos postulados normativos. Isso significa que tal abertura não se trata de uma carta branca que permite ao legislador desconsiderar o imperativo de obediência à Constituição que lhe outorgou o dever-poder de sua função.

Da mesma forma, nas hipóteses fáticas em que o administrador público possui competência discricionária, este não possui liberdade, mas somente *discricionariedade* para a tomada de decisões e elaboração de políticas públicas, tendo em vista que sua atuação – tanto positiva, quanto negativa – se encontra conformada pelas normas constitucionais e pelas leis.

A Administração pode escolher os melhores e mais idôneos meios para garantir direitos, mas não se cabe optar por garanti-los ou não, ou quando o fará: há discricionariedade apenas para selecionar quais são as maneiras mais oportunas e convenientes de implementá-los.[17] [18] Conforme alerta Jaime Rodríguez-Arana Muñoz, o exercício abusivo da discricionariedade leva à arbitrariedades e autoritarismos,[19] de modo que a omissão estatal na garantia de direitos fundamentais, notadamente no que tange ao seu mínimo existencial, configura prática inconstitucional e arbitrária.

---

[15] Cf. GUERRA FILHO, Willis Santiago. O princípio da proporcionalidade e a teoria do direito. *In*: GUERRA FILHO, Willis Santiago; GRAU, Eros Roberto (Org.). *Direito constitucional*: estudos em homenagem a Paulo Bonavides. São Paulo: Malheiros, 2003. p. 269. Em sentido semelhante, v. SARLET, Ingo Wolfgang. *Dignidade da pessoa humana e direitos fundamentais na Constituição Federal de 1988*. 3. ed. Porto Alegre: Livraria do advogado, 2004. p. 59-60.

[16] HÄBERLE, Peter. *La garantía del contenido esencial de los derechos fundamentales*. Madrid: Dykinson, 2003. p. 52.

[17] HACHEM, Daniel Wunder. A discricionariedade administrativa entre as dimensões objetiva e subjetiva dos direitos fundamentais sociais. *Direitos Fundamentais & Justiça*, Belo Horizonte, ano 10, n. 35, p. 313-343, jul./dez. 2016. p. 321.

[18] Nesse sentido, assevera Celso Antônio Bandeira de Mello: "A discricionariedade existe, única e tão-somente para proporcionar em cada caso a escolha da providência ótima, isto é, daquela que realize superiormente o interesse público almejado pela lei aplicanda. Não se trata, portanto, de uma liberdade para a Administração decidir a seu talante, mas para decidir-se de modo que torne possível o alcance perfeito do desiderato normativo" (BANDEIRA DE MELLO, Celso Antônio. *Curso de direito administrativo*. 30. ed. São Paulo: Malheiros, 2013. p. 440).

[19] RODRÍGUEZ-ARANA MUÑOZ, Jaime. *Direito fundamental à boa Administração Pública*. Tradução de Daniel Wunder Hachem. Belo Horizonte: Fórum, 2012. p. 158.

Justamente por essa razão, o campo de discricionariedade de tais agentes não lhes permite violar o conteúdo essencial dos direitos fundamentais, sob pena de incidir em inconstitucionalidade e/ou ilegalidade, tendo em vista que a atuação pública deve necessariamente obedecer a uma das maiores vontades constitucionais, que é a proteção do núcleo essencial dos direitos. E, justamente por isso, a concretização do mínimo existencial do direito fundamental à saúde não se encontra no âmbito da discricionariedade estatal, devendo ser necessariamente observada, ainda que pela via judicial, como veremos. Ainda que o Estado tenha competência discricionária para eleger como e onde aplicar os recursos orçamentários, isso só pode ser feito dentro dos limites da lei e da Constituição, de maneira que a garantia ao menos do núcleo essencial dos direitos fundamentais trata-se de competência vinculada. Ademais, a alegação acerca da teoria da reserva do possível, configurada no caso em concreto, deve ser comprovada pelo Poder Público. Nessa linha, as normas definidoras de direitos sociais não possuem caráter meramente programático, de modo que não podem ser encaradas como "promessas constitucionais inconsequentes".[20]

2 Direito fundamental social à saúde e controle judicial de políticas públicas

O direito fundamental à saúde possui intrínseca relação com o direito à vida e com o princípio da dignidade da pessoa humana. Deveras, o direito à saúde possui como importante característica a interdependência com outros direitos fundamentais. Na Constituição da República Federativa do Brasil de 1988, encontra-se positivado notadamente nos arts. 6º, 186, 197, 198, 199 e 200. Neles, observa-se a consagração do direito tanto em sua faceta subjetiva (ao definir o direito à saúde como direito subjetivo, de todos, de titularidade universal),[21] quanto objetiva (definidora de deveres e tarefas ao Estado).

O art. 6º, *caput*, da CRFB elenca o direito fundamental à saúde como um direito social. Por sua vez, o art. 196 preceitua que a saúde é *direito de todos e dever do Estado*, a ser garantido mediante *políticas sociais e econômicas* que visem à redução do risco de doença e de outros agravos e ao acesso universal e igualitário às ações e serviços para sua promoção, proteção e recuperação. O art. 197 remete à regulamentação das ações e serviços de saúde ao legislador, enquanto o art. 198 estabelece diretrizes do Sistema Único de Saúde (SUS), suas vigas mestras, bem como sua forma de financiamento. O art. 199 possibilita a participação em nível complementar da iniciativa privada na prestação da assistência à saúde, estabelecendo determinadas condições para tanto. Por fim, o art. 200 fixa, em caráter exemplificativo, as atribuições do SUS.

Não obstante seu caráter de direito fundamental, na prática são frequentes a falta de efetividade de políticas públicas e a ausência/insuficiência de concretização do direito

---

[20] STF. RE-AgR nº 271.286 RS. Min. Rel. Celso de Mello, j. 12.9.2000.

[21] Conforme aponta Sarlet, o reconhecimento de um direito originário a prestações, enquanto direito subjetivo (individual ou coletivo), diretamente extraído da Constituição, é exigência da própria condição do direito à saúde como direito fundamental, ainda que o referido direito não seja ilimitado a qualquer tipo de prestação estatal (SARLET, Ingo Wolfgang; MARINONI, Luiz Guilherme; MITIDIERO, Daniel. *Curso de direito constitucional*. São Paulo: Saraiva, 2022. p. 301).

à saúde, o que culmina na crescente judicialização neste âmbito. Tal problemática, por ter origens estruturais, impõe ser tratada a partir de uma dimensão *coletiva* – ainda que, obviamente, não se negue ou se deslegitime a dimensão individual do direito fundamental subjetivo à saúde.

Conforme ensina Vitorelli, no tocante à saúde pública, o julgador não tem a opção de intervir ou não em políticas públicas: é seu dever intervir bem, de forma estrutural, sob pena de intervir mal, de forma desorganizada, a partir de várias decisões individuais desarmônicas,[22] ainda que em determinados casos demandas individuais possam ter efeitos coletivos, a beneficiar a totalidade de indivíduos que se encontram na mesma situação. Por isso, como se verá, na hipótese de judicialização do direito à saúde, esta deve se dar preferencialmente de forma coletiva e por meio de processos estruturais.

Não obstante a Constituição de 1988 confira aplicação imediata aos direitos fundamentais (art. 5º, §1º), em geral, os direitos sociais – tal como o direito à saúde – demandam intervenção do legislador e do administrador para produzirem seus principais efeitos, pois exigem prestações estatais positivas, isto é, um fazer. E, geralmente, tais prestações positivas são concretizadas por meio de políticas públicas, importantes e necessários instrumentos para a consecução de direitos fundamentais, notadamente sociais.

O conceito de políticas públicas envolve a relação entre governo, política e direito. Ele tem especial relevância para o direito porque é sobre o direito que se estrutura o quadro institucional de atuação das políticas públicas. Para Andréia Schneider Nunes, política pública pode ser conceituada como programa de ação governamental de que extrai a atuação estatal na elaboração de metas, definição de prioridades, bem como da definição de orçamento e meios de execução para o alcance de compromissos constitucionais, que se exterioriza por meio de arranjos institucionais.[23] A finalidade de tal ferramenta é justamente alcançar melhorias econômicas, políticas ou sociais da comunidade.[24]

Em arremate, Maria Paula Dallari Bucci define juridicamente política pública como programa de ação governamental resultante de um conjunto de processos juridicamente regulados (processo eleitoral, processo de planejamento, processo orçamentário, processo legislativo, processo de governo, processo administrativo, processo judicial), com a finalidade de coordenar os meios à disposição do Estado e as atividades privadas, a fim de concretizar objetivos socialmente relevantes e politicamente determinados.[25] Para que se caracterize como política *pública*, esta deve contemplar os interesses de uma *coletividade*.

Nessa quadra, as políticas públicas são instrumentos aptos a proporcionar, mediante a ação conjunta e coordenada dos poderes públicos, a concretização de direitos fundamentais, conferindo condições necessárias para se usufruir, em última instância, da dignidade humana.[26] Por tais razões, se determinada política pública não cumprir seu propósito de concretização e efetivação de direitos, pode ser submetida ao controle

---

[22] VITORELLI, Edilson. *Processo civil estrutural*: teoria e prática. Salvador: JusPodivm, 2021. p. 127.

[23] NUNES, Andréia R. Schneider. Políticas públicas. *In*: CAMPILONGO, Celso Fernandes; GONZAGA, Alvaro de Azevedo; FREIRE, André Luiz (Coord.). *Enciclopédia jurídica da PUC-SP*. 1. ed. São Paulo: Pontifícia Universidade Católica de São Paulo, 2017. Tomo: Direitos Difusos e Coletivos. p. 3. Disponível em: https://enciclopediajuridica. pucsp.br/verbete/376/edicao-1/politicas-publicas.

[24] DWORKIN, Ronald. *Levando os direitos a sério*. São Paulo: Martins Fontes, 2002. p. 36.

[25] BUCCI, Maria Paula Dallari. *Direito administrativo e políticas públicas*. São Paulo: Saraiva, 2002. p. 39.

[26] BUCCI, Maria Paula Dallari. *Fundamentos para uma teoria jurídica das políticas públicas*. São Paulo: Saraiva, 2013. p. 37.

judicial pela via de ações coletivas,[27] aptas a democratizar o acesso à justiça, ao envolver coletividades e grupos.

Tal como se viu no *tópico 1*, e conforme complementam Moreno Machado e Zanferdini, no ordenamento jurídico brasileiro, a implementação do Estado social não pode ser considerada mera escolha política de ocasião, mas dever imposto pelo texto constitucional,[28] a exigir ações governamentais coordenadas dos agentes públicos eleitos. Assim, a concretização de tais *finalidades* não está no âmbito de discricionariedade do poder público – o que comumente está dentro da margem de discricionariedade de tais agentes são os *meios* para a consecução de tais fins.

Por isso, as políticas públicas são um fator decisivo para uma constituição ser classificada como dirigente ou simbólica, pois se eficientes, realizadoras de direitos fundamentais, permitem um dirigismo possível, enquanto políticas públicas ineficientes transformam direitos fundamentais em mero simbolismo constitucional, a gerar um enfraquecimento da eficácia das normas constitucionais. A obrigatoriedade do Estado de bem executar políticas públicas está intrinsecamente relacionada à sua vinculação aos direitos fundamentais, traduzida em deveres estatais de tutela (desdobramento da dimensão objetiva dos direitos fundamentais).

Nesse sentido, o direito coletivo à saúde é concretizado notadamente a partir de políticas públicas, devendo-se buscar meios processuais adequados para a prestação coletiva da tutela jurisdicional, ao mesmo tempo que se mantém a deferência ao equilíbrio e separação entre os poderes (art. 2º da CRFB). Balizas orientadoras dessa atuação são satisfatoriamente propostas por Ana Paula Barcellos, para quem devem-se observar:[29] (1) os limites fixados pelo mínimo existencial a ser garantido a todo ser humano;[30] (2) a razoabilidade da pretensão deduzida em face do Poder Público; (3) a disponibilidade financeira do Estado para tornar efetivas as prestações positivas demandadas.[31] Assim, diante da omissão estatal, o Poder Judiciário é chamado a atuar para a efetividade das políticas públicas relacionadas ao direito fundamental à saúde, embora não seja primariamente responsável por elas. Nesse contexto, o Poder Judiciário exerce a função de garantidor da efetivação de direitos fundamentais. Surgem, assim, as demandas estruturais, como será visto a seguir.

Por fim, aqui, cabe menção à ADPF nº 822, na qual foi reconhecido pelo Supremo Tribunal Federal o chamado Estado de coisas inconstitucional no âmbito do Sistema Único de Saúde (SUS). Em seu voto, o Ministro Marco Aurélio de Melo, na condição de relator, reconheceu a ameaça ao mínimo existencial e violação da dignidade humana no tocante ao direito à vida e à saúde em decorrência da falta de recursos e ineficiência do Sistema Único de Saúde. Reconheceu-se também que os direitos sociais são plenamente judicializáveis, além de possuírem traços de fundamentalidade, inalienabilidade e essencialidade.

---

[27] BUCCI, Maria Paula Dallari. *Fundamentos para uma teoria jurídica das políticas públicas*. São Paulo: Saraiva, 2013. p. 31.

[28] MACHADO, Rafael Moreno Rodrigues Silva; ZANFERDINI, Flávia de Almeida Montingelli. Processo coletivo estrutural como método adequado de intervenção em políticas públicas. *Revista Direitos Culturais*, v. 17, n. 43, p. 163-176, 15 dez. 2022. p. 165.

[29] BARCELLOS, Ana Paula. *A eficácia jurídica dos princípios constitucionais*. Rio de Janeiro: Renovar, 2002. p. 245-246.

[30] Conforme aponta Laura Clérico, no âmbito relacionado ao mínimo existencial, não há que se falar em exercício de ponderação (CLÉRICO, Laura. *El examen de proporcionalidad en el derecho constitucional*. Buenos Aires: Eudeba, 2000. p. 363).

[31] Neste ponto, ressalta-se que, em regra, é do Estado o ônus da prova – de forma concreta e satisfatória – acerca de sua alegação de indisponibilidade financeira.

Ainda, vê-se que o maior quadro de violação de direitos fundamentais nessa seara ocorre nas hipóteses em que omissões ou falhas na execução desbordam na impossibilidade de acesso a tratamento integral da saúde, indispensável à existência digna, que compõe o núcleo essencial do direito fundamental à vida e à saúde.

Quanto ao contexto da pandemia de Covid-19, por exemplo, a Corte reconheceu a ocorrência de uma falha estatal *estrutural*, em que os poderes Executivo e Legislativo, titulares do condomínio legislativo sobre as matérias relacionadas, não se comunicaram e não orquestraram suas atuações durante a pandemia. Ainda, o STF reconheceu que as políticas públicas em vigor não se mostram capazes de reverter o quadro de inconstitucionalidades, por se tratar de violação generalizada e contínua dos direitos fundamentais, notadamente durante a crise sanitária – e que foi agravado em razão de falhas estruturais. Também se reconheceu a existência de violação generalizada de direitos fundamentais em relação à dignidade, à vida, à saúde, à integridade física e psíquica dos cidadãos brasileiros, considerada a condução da saúde pública durante a pandemia de Covid-19, em um contexto de verdadeira falência estrutural do sistema público de saúde brasileiro.

De toda forma, não é recente a instabilidade operacional do SUS, mediante ações e omissões estruturais: há décadas é possível observar o paulatino esvaziamento orçamentário de investimentos no Sistema Único de Saúde.[32] Por isso, diante de omissões estatais crônicas, processos e decisões estruturantes cumprem o papel de fornecer uma solução unitária e sistêmica a problemas estruturais envolvendo políticas públicas de sanitárias.

3 Processo estrutural

A política pública pressupõe planejamento e um conjunto de ações coordenadas para solução de um problema político-jurídico,[33] a fim de se efetivarem direitos fundamentais, razão pela qual requer um procedimento estruturado e escalonado. Por isso, uma vez judicializadas questões que envolvem políticas públicas, o procedimento judicial, tal como as decisões judiciais proferidas em seu bojo, deve ser adaptado, a fim de se garantir a tutela efetiva do acesso à justiça e a satisfação dos direitos ali defendidos.

O modelo jurídico tradicional de processo tem como finalidade a solução de disputas entre partes privadas a respeito de direitos privados,[34] razão pela qual em casos tais é necessário um novo modelo de litigância, a litigância de interesse público (*public law litigation*). Trata-se de um modelo de processo que serve a demandas judiciais que envolvam interesses relacionados notadamente à realização de objetivos constitucionais da sociedade e da comunidade, passíveis de serem veiculadas como situações jurídicas

---

[32] PINTO, Élida Graziane. Execução orçamentária do SUS durante a calamidade pública decorrente da Covid-19. *Revista Fórum de Direito Financeiro e Econômico – RFDFE*, Belo Horizonte, ano 10, n. 19, p. 33-91, mar./ago. 2021. p. 58-59.

[33] MACHADO, Rafael Moreno Rodrigues Silva; ZANFERDINI, Flávia de Almeida Montingelli. Processo coletivo estrutural como método adequado de intervenção em políticas públicas. *Revista Direitos Culturais*, v. 17, n. 43, p. 163-176, 15 dez. 2022. p. 168.

[34] CHAYES, Abram. The role of the judge in public law litigation. *Harvard Law Review*, v. 89, n. 7, p. 1281-1316, maio 1976. p. 1282.

coletivas merecedoras de tutela por meio de ações coletivas.[35] Nessa toada, conforme lecionam Didier e Zaneti, a defesa do interesse público primário a partir de processos cíveis – inclusive para controle e realização de políticas públicas – ocasiona verdadeira expansão da tradicional *judicial review* brasileira, aqui voltada para a defesa de direitos coletivos.[36]

Em casos tais, a litigância de interesse público visa a medidas estruturantes por meio de ações coletivas ou compromissos de ajustamento de conduta, a fim de coordenar as atividades pela intervenção de órgãos de garantia de direitos (Ministério Público, Defensoria Pública, Poder Judiciário), até a satisfação integral da tutela dos interesses coletivos.[37]

A complexidade e as particularidades que envolvem a implementação e a aplicação de políticas públicas exige um modelo de processo resolutivo e participativo, que inclusive pode anteceder a fatos lesivos e possibilitar a construção conjunta de soluções jurídicas adequadas[38] ante omissões estatais violadoras de direitos.

Nesse contexto, surge o processo estrutural, de origem norte-americana, na segunda metade do século XX. Em 1954, no bojo do caso *Brown v. Board of Education of Topeka*, a Suprema Corte dos Estados Unidos promoveu amplas mudanças no sistema público de educação do país, dando início às chamadas reformas estruturais. A partir de então, as reformas estruturais foram utilizadas para solucionar outras problemáticas que aportaram ao Poder Judiciário norte-americano, como prisões, manicômios, auxílio à moradia e agências de bem-estar social.[39] Em tais processos, se passou a impor reformas estruturais em instituições, com o fito de promoção do interesse público e de certos valores constitucionais.

Disto, surgem as decisões estruturais, que buscam implementar uma reforma estrutural em um ente, organização ou instituição, a fim de concretizar um direito fundamental e/ou realizar uma política pública e/ou resolver litígios complexos.[40]

O processo estrutural pressupõe um problema estrutural. Problema estrutural, por sua vez, é um estado de coisas de desconformidade estruturada, em regra – mas não necessariamente – uma situação de ilicitude contínua e permanente, que não corresponde ao estado de coisas considerado ideal,[41] necessitando de organização ou estruturação conforme o direito. Os problemas estruturais surgem do descompasso com um estado adequado de coisas e demandam intervenção estruturante, geralmente duradoura e continuada, para que sejam sanados. Assim, não raro essa modalidade de processo se destina a solucionar a falta ou o mau funcionamento de políticas públicas,

---

[35] DIDIER JR., Fredie; ZANETI JR., Hermes. *Curso de direito processual civil*: processo coletivo. 14. ed. Salvador: JusPodivm, 2020. p. 56.

[36] DIDIER JR., Fredie; ZANETI JR., Hermes. *Curso de direito processual civil*: processo coletivo. 14. ed. Salvador: JusPodivm, 2020. p. 57.

[37] DIDIER JR., Fredie; ZANETI JR., Hermes. *Curso de direito processual civil*: processo coletivo. 14. ed. Salvador: JusPodivm, 2020. p. 57.

[38] DIDIER JR., Fredie; ZANETI JR., Hermes. *Curso de direito processual civil*: processo coletivo. 14. ed. Salvador: JusPodivm, 2020. p. 59.

[39] FISS, Owen. Two models of adjudication. *In*: DIDIER JR., Fredie; JORDÃO, Eduardo Ferreira (Coord.). *Teoria do processo*: panorama doutrinário mundial. Salvador: JusPodivm, 2008. p. 761.

[40] DIDIER JR., Fredie; ZANETI JR., Hermes. *Curso de direito processual civil*: processo coletivo. 14. ed. Salvador: JusPodivm, 2020. p. 572.

[41] DIDIER JR., Fredie; ZANETI JR., Hermes. *Curso de direito processual civil*: processo coletivo. 14. ed. Salvador: JusPodivm, 2020. p. 574.

à medida que estas, muitas vezes, demandam medidas estruturais para adequação à ordem constitucional e legal vigentes.

Nessa ordem de ideias, o processo estrutural é espécie de processo que serve como instrumento para solução de um problema estrutural, a fim de alterar um estado de desconformidade para se chegar, então, a um estado de coisas ideal. Enquanto para Vitorelli o processo estrutural é *necessariamente* um processo coletivo,[42] para Didier e Zaneti, tratar-se de um processo coletivo é uma característica típica, mas não essencial desta espécie processual,[43] posição com a qual concordamos. Em seu bojo, a regularização do estado de desconformidade ocorre por meio de decisões de implementação escalonada, bem como é marcada por uma acentuada complexidade, maior flexibilidade das formalidades e maior tendência à consensualidade.

Em seu âmbito são proferidas decisões estruturais/estruturantes, que buscam nortear o meio pelo qual o resultado pretendido será alcançado. A decisão estrutural possui conteúdo complexo: em um primeiro momento, indica um resultado a ser alcançado e, em um segundo momento, estrutura a forma pela qual se deve alcançar o fim pretendido, por meio da determinação de condutas (comissivas ou omissivas) a serem observadas por certos destinatários.

O processo estrutural se desdobra em duas fases: a primeira se destina a constatar a existência de um problema estrutural, de modo que a instrução probatória se limita a essa verificação e se encerra com uma decisão de conteúdo programático, a estabelecer uma meta a ser atingida, bem como os meios para tanto, se possível. A segunda fase, por sua vez, busca implementar as medidas necessárias para o alcance das metas outrora estabelecidas, executando-as para lograr o resultado pretendido. Para tanto, é necessário que a decisão estabeleça ao menos:[44] (1) tempo, modo e grau da reestruturação almejada; (2) regime de transição (art. 23 da LINDB); (3) forma de avaliação/fiscalização permanente das medidas adotadas. Nesse sentido, é necessário que os sujeitos processuais, notadamente o magistrado, se envolvam na fiscalização do cumprimento das providências, sob pena de ineficácia da decisão. Inclusive, o julgador pode lançar mão de medidas típicas e atípicas (arts. 139, inc. IV e 536, §1º do CPC) para assegurar a eficácia de suas decisões.

Por isso, nos processos estruturais, são comuns as chamadas decisões em cascata,[45] tendo em vista que, após a decisão principal, são proferidas diversas outras que têm a finalidade de sanar problemas decorrentes das decisões anteriores, a fim de permitir a efetiva concretização do resultado pretendido pela decisão principal. Nesse sentido, tais decisões analisam as medidas tomadas até então e fixam ajustes para sanar problemas e questões pontuais surgidas durante a implementação da decisão núcleo.

Ademais, a estrutura de participação tende a não ser bilateral, mas sim multilateral, em razão da existência de mais de dois interesses, direitos ou grupos envolvidos,

---

[42] VITORELLI, Edilson. Levando os conceitos a sério: processo estrutural, processo coletivo, processo estratégico e suas diferenças. *Revista de Processo*, São Paulo, v. 284, p. 333-369, out. 2018.

[43] DIDIER JR., Fredie; ZANETI JR., Hermes. *Curso de direito processual civil*: processo coletivo. 14. ed. Salvador: JusPodivm, 2020. p. 576.

[44] DIDIER JR., Fredie; ZANETI JR., Hermes. *Curso de direito processual civil*: processo coletivo. 14. ed. Salvador: JusPodivm, 2020. p. 588.

[45] Termo cunhado por Sérgio Cruz Arenhart (ARENHART, Sérgio Cruz. Decisões estruturais no direito processual civil brasileiro. *Revista de Processo*, São Paulo, ano 38, v. 225, 2013. p. 400).

havendo múltiplos polos de interesse. A investigação fática não é retrospectiva, voltada ao passado, como no processo civil tradicional: é prospectiva, voltada à resolução de um problema que deve ser solucionado no futuro. Ainda, possui uma maior flexibilidade procedimental, notadamente no tocante à regra da congruência e ao procedimento, que é delineado de acordo com o caso fático.

Por fim, o processo estrutural é marcado por uma maior legitimidade democrática, decorrente da abertura do processo à participação de terceiros, o que se justifica pelo seu grau de complexidade, bem como da potencialidade de que suas decisões atinjam um considerável número de pessoas. Assim, é salutar a realização de audiências públicas, da presença de *amici curiae*, bem como a utilização de outros mecanismos aptos a dar voz a todos os grupos atingidos pelas decisões.

4 Processo estrutural como forma adequada de concretização do direito coletivo à saúde

Como se viu, a finalidade do processo estrutural é o reconhecimento, por parte do Poder Judiciário, da existência de uma situação de desconformidade duradoura e estrutural de uma instituição, de uma política pública ou de um estado de coisas. Após essa constatação, serão proferidas decisões em etapas/"em cascata", com o consequente estabelecimento de planos de ação e de um regime de transição, para que se possa sair de um cenário de violação sistêmica a direitos e a normas jurídicas, para uma situação mais próxima possível de um estado de coisas ideal.

Por se tratar de ferramenta de construção gradual de soluções para problemas complexos, trata-se de um importante instrumento a ser utilizado em ações relacionadas à faceta coletiva do direito fundamental à saúde, em especial nos casos que envolvam problemas estruturais e/ou falhas em políticas públicas sanitárias. Tal medida se revela como ferramenta adequada para o reconhecimento da existência de uma desconformidade sistêmica no âmbito do direito sanitário coletivo e da sua possível resolução por meio de soluções jurídicas consensuais ou jurisdicionais que deverão ser implementadas por etapas.

A partir da aplicação de um modelo de processo estrutural a situações envolvendo direito coletivo à saúde, é possível o reconhecimento de um problema estrutural sanitário. Posteriormente, haverá o estabelecimento de um regime de transição para a solução das irregularidades, bem como o proferimento de decisões em cascata, com a participação democrática dos grupos sociais envolvidos, além da possibilidade de resolução consensual com os atores políticos e sociais interessados na solução desse cenário de desorganização generalizado.

Caso verificado um estado de desconformidade estrutural no âmbito da saúde pública, com a presença de inconstitucionalidades e de ilicitudes contínuas e permanentes, visando a um estado de coisas constitucional (saúde pública de qualidade para a coletividade), busca-se a reestruturação de determinada política pública mediante um processo estrutural.

Cita-se como exemplo a concessão de leitos de unidade de terapia intensiva (UTI), a fim de reestruturar a gestão pública dos leitos, reorganizando oferta e demanda em estados ou municípios em que a falta destes leitos se tornou um problema estrutural. Nessa linha, durante a pandemia de Covid-19, o Supremo Tribunal Federal foi provocado a se manifestar acerca de demanda entre o Estado do Maranhão e da União, objetivando restabelecer imediatamente e de forma proporcional os leitos de UTI destinados ao tratamento da Covid-19 no referido estado, em que se reconheceu um estado de coisas inconstitucional no sistema de saúde pública brasileiro, determinando ainda que a União deve prestar suporte técnico e apoio financeiro para a expansão da rede de UTIs nos estados durante o período de emergência sanitária, bem como que a diminuição no número de leitos financiados pela União representa um retrocesso no direito à saúde, principalmente com a piora do quadro pandêmico.[46]

Sobretudo no que diz respeito ao direito fundamental à saúde, o tratamento não estrutural do problema tende a causar somente uma ilusão de solução e manutenção do estado de desordem, sem produzir resultados coletivos e sociais significativos – o que pode até mesmo aprofundar desigualdades, tendo em vista que causas do problema permanecem. Ao contrário, devem-se focar aspectos estruturais do problema, como deficiências prestacionais e falhas regulatórias que impactam a população como um todo. Assim, os benefícios da abordagem estrutural dos problemas relacionados à efetivação direito à saúde são tanto qualitativos, quanto quantitativos.

Não se nega que o desafio para o Poder Judiciário e demais atores do sistema de justiça seja relevante, notadamente em razão de não serem os responsáveis pela elaboração de políticas públicas, além de não possuírem conhecimento técnico suficiente sobre assuntos que tratam de questões complexas que exigem conhecimento de outras áreas do saber. Tal obstáculo pode ser solucionado a partir da participação de grupos e setores interessados no conflito, bem como da contribuição de especialistas e peritos de áreas relacionadas à questão, a fim de garantir visões externas técnicas acerca do problema, bem como de um verdadeiro diálogo institucional entre os poderes.

Considerações finais

Contemporaneamente, reconhece-se uma dimensão subjetiva e uma dimensão objetiva dos direitos fundamentais. A dimensão subjetiva é marcada pela possibilidade de o titular do direito fazer valer judicialmente os poderes, as liberdades ou o direito à ação ou às ações negativas ou positivas que lhe foram conferidas pelo direito fundamental a eles relacionado. Sob a perspectiva objetiva, os direitos fundamentais são vistos como normas cogentes e irradiantes, como norte e limite – de forma positiva e negativa – para a atuação estatal. A dimensão objetiva possui especial importância ao direito fundamental à saúde, tendo em vista que lhe confere o caráter de norma cogente, impondo ao Estado – e aos particulares, notadamente no contexto da eficácia diagonal dos direitos fundamentais – o dever de observar como norte e limite, de forma positiva e negativa, o direito à saúde em todos os âmbitos da atuação estatal. Assim, a concretização do direito à saúde passa a ser verdadeira diretriz de atuação do Estado.

A concretização do mínimo existencial do direito fundamental à saúde não se encontra no âmbito da discricionariedade estatal, devendo ser necessariamente observada, ainda que pela via judicial. As normas definidoras de direitos sociais não possuem caráter meramente programático, de modo que não podem ser encaradas como promessas constitucionais inconsequentes.

---

[46] STF. Plenário ACO nº 3.473/DF. Rel. Min. Rosa Weber, j. 10.11.2021.

O direito fundamental à saúde possui intrínseca relação com o direito à vida e com o princípio da dignidade da pessoa humana. Deveras, o direito à saúde possui como importante característica a interdependência com outros direitos fundamentais. Na Constituição da República Federativa do Brasil de 1988, encontra-se positivado notadamente nos arts. 6º, 186, 197, 198, 199 e 200. Neles, observa-se a consagração do direito tanto em sua faceta subjetiva (ao definir o direito à saúde como direito subjetivo, de todos, de titularidade universal), quanto objetiva (definidora de deveres e tarefas ao Estado).

Não obstante seu caráter de direito fundamental, na prática são frequentes a falta de efetividade de políticas públicas e a ausência/insuficiência de concretização do direito à saúde, o que culmina na crescente judicialização neste âmbito. Tal problemática, por ter origens estruturais, impõe ser tratada a partir de uma dimensão coletiva – ainda que, obviamente, não se negue ou se deslegitime a dimensão individual do direito fundamental subjetivo à saúde.

O direito coletivo à saúde é concretizado notadamente a partir de políticas públicas, devendo-se buscar meios processuais adequados para a prestação coletiva da tutela jurisdicional, ao mesmo tempo que se mantém a deferência ao equilíbrio e separação entre os poderes (art. 2º da CRFB). Diante da omissão estatal, o Poder Judiciário é chamado a atuar para a efetividade das políticas públicas relacionadas ao direito fundamental à saúde, embora não seja primariamente responsável por elas. Nesse contexto, o Poder Judiciário exerce a função de garantidor da efetivação de direitos fundamentais.

A política pública pressupõe planejamento e um conjunto de ações coordenadas para solução de um problema político-jurídico, a fim de se efetivarem direitos fundamentais, razão pela qual requer um procedimento estruturado e escalonado. Por isso, uma vez judicializadas questões que envolvem políticas públicas, o procedimento judicial, tal como as decisões judiciais proferidas em seu bojo, deve se adaptado, a fim de se garantir a tutela efetiva do acesso à justiça e a satisfação dos direitos ali defendidos. Nesse contexto, entra em cena o processo estrutural, espécie de processo que serve como instrumento para solução de um problema estrutural, a fim de alterar um estado de desconformidade para um estado de coisas ideal.

Assim, verificado um estado de desconformidade estruturada, de saúde pública insuficiente ou deficitária, em que existe uma situação de inconstitucionalidade e ilicitude contínua e permanente (a CRFB de 1988 tutela o direito fundamental à saúde, que se encontra violado em situações tais), visando a um estado de coisas constitucional e legal, lícito, qual seja saúde pública de qualidade satisfatória para a coletividade, busca-se a reestruturação de uma situação de determinada política pública mediante um processo estrutural, instrumento que se mostra legítimo e adequado para efetivação do direito à saúde em sua faceta coletiva, uma vez judicializado.

Referências

ALEXY, Robert. *Constitucionalismo discursivo*. 2. ed. Porto Alegre: Livraria do Advogado Editora, 2008.

ALEXY, Robert. Direitos fundamentais no Estado constitucional democrático: para a relação entre direitos do homem, direitos fundamentais, democracia e jurisdição constitucional. *Revista de Direito Administrativo*, Rio de Janeiro, v. 217, p. 55-66, 1999.

ALEXY, Robert. *Teoria dos direitos fundamentais*. Tradução de Virgílio Afonso da Silva. São Paulo: Malheiros, 2008.

ARENHART, Sérgio Cruz. Decisões estruturais no direito processual civil brasileiro. *Revista de Processo*, São Paulo, ano 38, v. 225, 2013.

BANDEIRA DE MELLO, Celso Antônio. *Curso de direito administrativo*. 30. ed. São Paulo: Malheiros, 2013.

BARCELLOS, Ana Paula. *A eficácia jurídica dos princípios constitucionais*. Rio de Janeiro: Renovar, 2002.

BARROSO, Luís Roberto. Neoconstitucionalismo e constitucionalização do direito (O triunfo tardio do direito constitucional no Brasil). *In*: QUARESMA, Regina; OLIVEIRA, Maria Lúcia de Paula; OLIVEIRA, Farlei Martins Riccio de (Org.). *Neoconstitucionalismo*. Rio de Janeiro: Forense, 2009. p. 51-91.

BASTOS, Celso Ribeiro. *Hermenêutica e interpretação constitucional*. São Paulo: Celso Bastos Editor, 1997.

BERCOVICI, Gilberto; MASSONETTO, Luís Fernando. A Constituição dirigente invertida: a blindagem da Constituição financeira e a agonia da Constituição econômica. *Boletim de Ciências Económicas*, v. XLIX, 2006.

BERNAL PULIDO, Carlos. *El principio de proporcionalidad y los derechos fundamentales*. Madrid: Centro de Estudios Constitucionales, 2003.

BUCCI, Maria Paula Dallari. *Direito administrativo e políticas públicas*. São Paulo: Saraiva, 2002.

BUCCI, Maria Paula Dallari. *Fundamentos para uma teoria jurídica das políticas públicas*. São Paulo: Saraiva, 2013.

CANOTILHO, José Joaquim Gomes. *Constituição dirigente e vinculação do legislador*: contributo para a compreensão das normas constitucionais programáticas. Coimbra: Almedina, 2001.

CANOTILHO, José Joaquim Gomes. *Direito constitucional e teoria da Constituição*. 5. ed. Coimbra: Coimbra editora, 2002.

CANOTILHO, José Joaquim Gomes. *Direito constitucional*. Coimbra: Almedina, 1992.

CHAYES, Abram. The role of the judge in public law litigation. *Harvard Law Review*, v. 89, n. 7, p. 1281-1316, maio 1976.

CLÉRICO, Laura. *El examen de proporcionalidad en el derecho constitucional*. Buenos Aires: Eudeba, 2000.

COSTA, Pietro. O Estado de direito: uma introdução histórica. *In*: COSTA, Pietro; ZOLO, Danilo (Org.). *O Estado de direito*: história, teoria, crítica. Tradução de Carlo Alberto Dastoli. São Paulo: Martins Fontes, 2006. p. 95-198.

DALLARI, Sueli Gandolfi. *Os estados brasileiros e o direito à saúde*. São Paulo: Hucitec, 1995.

DIDIER JR., Fredie; ZANETI JR., Hermes. *Curso de direito processual civil*: processo coletivo. 14. ed. Salvador: JusPodivm, 2020.

DWORKIN, Ronald. *Levando os direitos a sério*. São Paulo: Martins Fontes, 2002.

FISS, Owen. Two models of adjudication. *In*: DIDIER JR., Fredie; JORDÃO, Eduardo Ferreira (Coord.). *Teoria do processo*: panorama doutrinário mundial. Salvador: JusPodivm, 2008.

GUERRA FILHO, Willis Santiago. O princípio da proporcionalidade e a teoria do direito. *In*: GUERRA FILHO, Willis Santiago; GRAU, Eros Roberto (Org.). *Direito constitucional*: estudos em homenagem a Paulo Bonavides. São Paulo: Malheiros, 2003.

HÄBERLE, Peter. *La garantía del contenido esencial de los derechos fundamentales*. Madrid: Dykinson, 2003.

HABERMAS, Jürgen. *Direito e democracia*: entre facticidade e validade. Rio de Janeiro: Tempo Brasileiro, 2003. v. I.

HACHEM, Daniel Wunder. A discricionariedade administrativa entre as dimensões objetiva e subjetiva dos direitos fundamentais sociais. *Direitos Fundamentais & Justiça*, Belo Horizonte, ano 10, n. 35, p. 313-343, jul./dez. 2016.

LEWANDOWSKI, Enrique Ricardo. A formação da doutrina dos direitos fundamentais. *Revista da Faculdade de Direito da Universidade de São Paulo*, n. 98, p. 411-422, 2003.

LEWANDOWSKI, Enrique Ricardo. O protagonismo do poder judiciário na era dos direitos. *Revista de Direito Administrativo – RDA*, n. 251, p. 77-85, maio/ago. 2009.

MACHADO, Rafael Moreno Rodrigues Silva; ZANFERDINI, Flávia de Almeida Montingelli. Processo coletivo estrutural como método adequado de intervenção em políticas públicas. *Revista Direitos Culturais*, v. 17, n. 43, p. 163-176, 15 dez. 2022.

MARTINS, Ricardo Marcondes. Neoconstitucionalismo. *In*: CAMPILONGO, Celso Fernandes; GONZAGA, Alvaro de Azevedo; FREIRE, André Luiz (Coord.). *Enciclopédia jurídica da PUC-SP*. 1. ed. São Paulo: Pontifícia Universidade Católica de São Paulo, 2017. Tomo: Direito Administrativo e Constitucional.

MARTINS, Ricardo Marcondes. Proporcionalidade e boa administração. *In*: CAMMAROSANO, Flávia; ESTEFAM, Felipe Fawichow (Org.). *Direito público em debate*. Rio de Janeiro: Lumen Juris, 2014. p. 11-45.

MENDES, Gilmar Ferreira; COELHO, Inocêncio Mártires; BRANCO, Paulo Gustavo Gonet. *Curso de direito constitucional*. São Paulo: Saraiva, 2008.

MUSGRAVE, Richard A. *Finanza pubblica, equità, democrazia*. Bologna: Il Mulino, 1995.

NUNES, Andréia R. Schneider. Políticas públicas. *In*: CAMPILONGO, Celso Fernandes; GONZAGA, Alvaro de Azevedo; FREIRE, André Luiz (Coord.). *Enciclopédia jurídica da PUC-SP*. 1. ed. São Paulo: Pontifícia Universidade Católica de São Paulo, 2017. Tomo: Direitos Difusos e Coletivos. Disponível em: https://enciclopediajuridica.pucsp.br/verbete/376/edicao-1/politicas-publicas.

PÉREZ LUÑO, Antonio-Enrique. *Los derechos fundamentales*. 6. ed. Madrid: Tecnos, 1995.

PINTO, Élida Graziane. Execução orçamentária do SUS durante a calamidade pública decorrente da Covid-19. *Revista Fórum de Direito Financeiro e Econômico – RFDFE*, Belo Horizonte, ano 10, n. 19, p. 33-91, mar./ago. 2021.

RAWLS, John. *Justiça como equidade*: uma reformulação. Tradução de Claudia Berliner. São Paulo: Martins Fontes, 2003.

RODRÍGUEZ-ARANA MUÑOZ, Jaime. *Direito fundamental à boa Administração Pública*. Tradução de Daniel Wunder Hachem. Belo Horizonte: Fórum, 2012.

SARLET, Ingo Wolfgang. *Dignidade da pessoa humana e direitos fundamentais na Constituição Federal de 1988*. 3. ed. Porto Alegre: Livraria do advogado, 2004. p. 59-60.

SARLET, Ingo Wolfgang; MARINONI, Luiz Guilherme; MITIDIERO, Daniel. *Curso de direito constitucional*. São Paulo: Saraiva, 2022.

SARMENTO, Daniel. Dimensão objetiva dos direitos fundamentais: fragmentos de uma teoria. *In*: TORRES, Ricardo Lobo; MELLO, Celso Albuquerque (Org.). *Arquivos de direitos humanos*. Rio de Janeiro: Renovar, 2002. v. 4.

SCHNEIDER, Hans Peter. *Democracia y constitución*. Madrid: Centro de Estudios Constitucionales, 1991.

SILVA, Virgílio Afonso da. *A constitucionalização do direito: os direitos fundamentais nas relações entre particulares – Teoria & Direito público*. São Paulo: Malheiros, 2011.

SILVA, Virgílio Afonso da. O conteúdo essencial dos direitos fundamentais e a eficácia das normas constitucionais. *RDE – Revista de Direito do Estado*, v. 4, p. 23-51, 2006.

VITORELLI, Edilson. Levando os conceitos a sério: processo estrutural, processo coletivo, processo estratégico e suas diferenças. *Revista de Processo*, São Paulo, v. 284, out. 2018.

VITORELLI, Edilson. *Processo civil estrutural*: teoria e prática. Salvador: JusPodivm, 2021.

Informação bibliográfica deste texto, conforme a NBR 6023:2018 da Associação Brasileira de Normas Técnicas (ABNT):

NORMANTON, Anna Catharina Machado. A utilização do processo estrutural para concretização do direito fundamental à saúde. *In*: RIBEIRO, Paulo Dias de Moura; TOMELIN, Georghio Alessandro; KIM, Richard Pae (Coord.). *Direito humano e fundamental à saúde*: estudos em homenagem ao ministro Enrique Ricardo Lewandowski. Belo Horizonte: Fórum, 2023. p. 313-328. ISBN 978-65-5518-606-2.

PUBLICIDADE NA ÁREA MÉDICA E PROTEÇÃO AO CONSUMIDOR

ANTONIO CARLOS MORATO

Introdução

A publicidade na área médica está limitada em sua difusão pelas normas protetivas ao consumidor que vedam a clandestinidade,[1] enganosidade e abusividade de peças publicitárias, sendo que tais normas se sobrepõem às normas deontológicas que regulam a profissão do médico.

Há obstinada oposição quanto à incidência da Lei Federal nº 8.078/90 (Código de Defesa do Consumidor) na atividade médica, sendo paradigmática a recusa em aceitá-la por meio da edição da Resolução CFM nº 2.217, de 27.9.2018 (Código de Ética Médica) expressa no art. 1º, XX que estabeleceu – mesmo em norma infralegal e sem lastro algum em norma hierarquicamente superior – que "a natureza personalíssima da atuação profissional do médico não caracteriza relação de consumo".[2]

Em tal contexto, acreditamos que o tema continua a apresentar considerável relevância em obra voltada ao *direito médico e direito à saúde pública e privada* homenageando

---

[1] "Embora mais conhecidas, a enganosidade (objetiva) e a abusividade (subjetiva) não esgotam os vícios da publicidade, que também não pode ser clandestina. O art. 36, caput, do CDC acolheu o princípio da identificação da mensagem publicitária, variante da transparência e da boa-fé objetiva, por isso que ela só é lícita quando o consumidor puder, fácil (sem esforço ou capacitação técnica) e imediatamente (no momento da exposição), identificá-la como tal. A publicidade que não quer assumir a sua essência, de uma forma ou de outra, dolosa ou inocentemente, objetiva enganar o consumidor. A conhecida técnica do merchandising afronta, de modo direto, a vedação legal; contudo, apartada de uma forma aparentemente casual e/ou subliminar, se perceptível a sua prática não haverá clandestinidade ou ilicitude, pois 'a lei admite o assédio honesto e declarado ao consumidor, rechaçando a clandestinidade'. Entende a doutrina, no entanto, a ponderar a liberdade de criação (expressão) e o princípio da identificação, que o sistema de créditos – antes e depois – do programa em que se explorou a publicidade disfarçada, alertando o consumidor para o seu status de alvo de determinados anúncios, seria suficiente para elidir a clandestinidade, o que parece razoável" (cf. CRUZ, Guilherme Ferreira da. *Teoria geral das relações de consumo*. São Paulo: Saraiva, 2014. p. 97).

[2] CONSELHO FEDERAL DE MEDICINA (CFM). *Resolução CFM nº 2.217, de 27 de setembro de 2018, modificada pelas Resoluções CFM nº 2.222/2018 e 2.226/2019*. Aprova o Código de Ética Médica. Disponível em: https://portal.cfm. org.br/images/PDF/cem2019.pdf. Acesso em: 27 jan. 2023.

Enrique Ricardo Lewandowski, Ministro do Supremo Tribunal Federal, Professor Titular da Faculdade de Direito da Universidade de São Paulo (USP) e Coordenador Geral do Mestrado em Direito Médico da Universidade Santo Amaro (Unisa).

Cumpre destacar que temas difíceis – *que incluem questões relativas às políticas públicas de saúde –*[3] nortearam sua atuação profissional como professor, magistrado e advogado, até que ingressasse no Supremo Tribunal Federal – uma vez que anteriormente integrou o Tribunal de Justiça de São Paulo (TJ/SP) como desembargador pelo quinto constitucional representando a classe dos advogados, sendo igualmente expressiva sua atuação como advogado militante que honrou sua classe de origem.

I A proteção ao consumidor como direito fundamental e o tema da publicidade nas relações de consumo

O consumidor é protegido tanto por normas constitucionais como infraconstitucionais, devendo o Estado promover sua defesa na forma da lei em consonância com o art. 5º, XXXII da Constituição da República, sendo que tal dispositivo consagrou como cláusula pétrea no texto constitucional tal direito fundamental.

Reconhece-se, infraconstitucionalmente, a vulnerabilidade do consumidor como um princípio a reger não somente a Política Nacional das Relações de Consumo,[4] mas o direito do consumidor como um todo, sendo possível compreendê-lo como norma jurídica[5] e vetor de interpretação para quaisquer litígios decorrentes das relações jurídicas de consumo.[6]

---

[3] "AGRAVO REGIMENTAL NO RECURSO EXTRAORDINÁRIO COM AGRAVO. AÇÃO CIVIL PÚBLICA. POLÍTICAS PÚBLICAS. PREVISÃO EM PORTARIA MINISTERIAL. DESCUMPRIMENTO. REEXAME DO CONTEXTO FÁTICO-PROBATÓRIO E DA LEGISLAÇÃO INFRACONSTITUCIONAL PERTINENTE. SÚMULA 279/STF E OFENSA REFLEXA. IMPLEMENTAÇÃO POR DETERMINAÇÃO JUDICIAL. PRINCÍPIO DA SEPARAÇÃO DOS PODERES. VIOLAÇÃO. NÃO OCORRÊNCIA. AGRAVO REGIMENTAL A QUE SE NEGA PROVIMENTO, com APLICAÇÃO DE MULTA. I É inadmissível o recurso extraordinário quando sua análise implica rever a interpretação de normas infraconstitucionais que fundamentam a decisão a quo, bem como reexaminar o conjunto fático-probatório constante dos autos, o que atrai a incidência da Súmula 279 do STF ou porque a afronta à Constituição, se ocorrente, seria apenas indireta. II- É possível ao Poder Judiciário determinar a implementação pelo Estado, quando inadimplente, de políticas públicas constitucionalmente previstas, sem que haja ingerência em questão que envolve o poder discricionário do Poder Executivo. III -Agravo regimental a que se nega provimento, com aplicação da multa prevista no art. 1.021, §4º do CPC. [...] Ressalto que este Tribunal já reconheceu a legitimidade do poder judiciário em determinar a concretização de políticas públicas constitucionalmente previstas, quando houver omissão da administração pública, circunstância que não configura violação do princípio da separação dos poderes, haja vista não se tratar de ingerência ilegítima de um poder na esfera de outro. [...] Ainda, cumpre acentuar, quanto aos limites orçamentários aos quais está vinculada a recorrente, que o Poder Público, ressalvado a ocorrência de motivo objetivamente mensurável, não pode se furtar à observância de seus encargos constitucionais" (BRASIL. Supremo Tribunal Federal. AgR ARE: 964542 RJ - Rio de Janeiro 0115389-84.2007.8.19.0001. Rel. Min. Ricardo Lewandowski, Segunda Turma, j. 2.12.2016. *DJe*-266, 15.12.2016).

[4] Considerado – *no âmbito das políticas públicas* – como um conjunto de objetivos que norteiam que um programa de ação governamental voltado à proteção do consumidor.

[5] "Art. 4º A Política Nacional das Relações de Consumo tem por objetivo o atendimento das necessidades dos consumidores, o respeito à sua dignidade, saúde e segurança, a proteção de seus interesses econômicos, a melhoria da sua qualidade de vida, bem como a transparência e harmonia das relações de consumo, atendidos os seguintes princípios: I – *reconhecimento da vulnerabilidade do consumidor no mercado de consumo*" (BRASIL. *Lei Federal nº 8.078, de 11 de setembro de 1990.* Dispõe sobre a proteção do consumidor e dá outras providências. Disponível em: http://www.planalto.gov.br/ccivil_03/leis/l8078compilado.htm. Acesso em: 27 jan. 2023).

[6] Quanto aos princípios é importante a lição de Silvio Gabriel Serrano Nunes e Antonio Carlos Alves Pinto Serrano, no sentido de que "um passo importante para a doutrina jurídica foi estabelecer a conceituação de princípio, bem como a fórmula de sua aplicação diante do caso concreto. Os princípios jurídicos atravessaram três fases

A Política Nacional das Relações de Consumo estabeleceu diversos instrumentos (varas especializadas, juizados especiais, assistência jurídica ao consumidor carente, promotorias e delegacias especializadas) com o escopo de garantir o acesso do consumidor tanto ao Poder Judiciário como aos órgãos administrativos,[7] mas é cediço que atravessamos um momento difícil para a efetivação dos direitos dos consumidores quanto aos serviços prestados na área de saúde.

É penoso reconhecer que, mesmo que o Poder Judiciário assegure tal acesso, as políticas públicas voltadas à saúde são desarticuladas, ocasionando a judicialização da saúde, como frisou Maria Paula Dallari Bucci, pois a judicialização enseja mais judicialização[8] sem que as causas sejam efetivamente enfrentadas.

A respeito da judicialização na área de saúde, assinalou Maria Paula Dallari Bucci que "a ampliação das ações judiciais para a prestação do direito à saúde, permitam-me dizer, assumiu características epidêmicas", pois "se por um lado as demandas de massa realizam a derrubada, pelo menos parcial, de barreiras que impediam a reivindicação consequente do atendimento a direitos, por outro lado criaram um paradoxo, em que a judicialização gera mais judicialização".[9]

---

distintas: na primeira, o termo era empregado em seu senso comum, referindo-se aos grandes ou principais temas de uma disciplina, conformava o núcleo essencial de determinada disciplina, sua base de sustentação ou seus aspectos mais relevantes. Essa primeira fase foi superada pela doutrina, permanecendo validas e aplicáveis as duas fases subsequentes. Na segunda fase, assumindo o sentido técnico, os princípios passaram a implicar os 'mandamentos nucleares' de um sistema, servindo como diretrizes ou vetores de interpretação de todas as normas jurídicas que o compõe, compreendidos como enunciados lógicos, mas não como normas jurídicas autônomas. [...] Na terceira fase aos princípios jurídicos foi atribuído um novo papel: atualmente classificam-se como uma espécie do gênero norma jurídica (a outra espécie é a regra jurídica), assumindo se que possuem estrutura lógica, própria das normas jurídicas" (cf. NUNES, Silvio Gabriel Serrano; SERRANO, Antonio Carlos Alves Pinto. O impacto da Covid-19 na interpretação e aplicação do direito brasileiro: aspectos a serem considerados nas decisões tomadas pelos gestores públicos. *In*: SILVA, Marco Antonio Marques da; PINTO, Eduardo Vera-Cruz; RIBEIRO, Paulo Dias de Moura (Coord.). *Covid-19*: o mundo em transformação. São Paulo: Quartier Latin, 2022. p. 351-352).

7   "Art. 5º Para a execução da Política Nacional das Relações de Consumo, contará o poder público com os seguintes instrumentos, entre outros: I - manutenção de assistência jurídica, integral e gratuita para o consumidor carente; II - instituição de Promotorias de Justiça de Defesa do Consumidor, no âmbito do Ministério Público; III - criação de delegacias de polícia especializadas no atendimento de consumidores vítimas de infrações penais de consumo; IV - criação de Juizados Especiais de Pequenas Causas e Varas Especializadas para a solução de litígios de consumo [...]" (BRASIL. *Lei Federal nº 8.078, de 11 de setembro de 1990*. Dispõe sobre a proteção do consumidor e dá outras providências. Disponível em: http://www.planalto.gov.br/ccivil_03/leis/l8078compilado. htm. Acesso em: 27 jan. 2023).

8   Cf. BUCCI, Maria Paula Dallari. Contribuição para a redução da judicialização da saúde. Uma estratégia jurídico-institucional baseada na abordagem de direito e políticas públicas. *In*: BUCCI, Maria Paula Dallari; DUARTE, Clarice Seixas (Coord.). *Judicialização da saúde*: a visão do poder executivo. São Paulo: Saraiva, 2017. p. 34.

9   "Num primeiro momento, saudada como uma importante inovação institucional, filha da Constituição cidadã de 1988, que finalmente conferiria aos direitos, em particular os direitos sociais, uma garantia de efetividade, que deixasse para trás o tempo das enunciações meramente declaratórias, a judicialização da saúde no Brasil, desde o final da década de 1990, tornou-se um problema [...] Diante da rotina de liminares garantindo a entrega de praticamente todo e qualquer medicamento e providência requerido, qualquer medida oferecida no âmbito do sistema de saúde, ainda que célere e razoável, tende a ser vista como emulação acanhada do verdadeiro direito subjetivo do interessado. [...] o usuário que demanda um medicamento ou providência não está em contato com as abstrações da política pública, mas apenas com as medidas concretas que satisfazem ou não suas demandas por atendimento. A desarticulação não decorre apenas das características do federalismo brasileiro. A complexidade deste, é certo, explica, em parte, a dispersão de responsabilidades para a execução de uma política. O leque de competências legislativas e materiais, comuns e concorrentes, reclama um nível de organização federativa elevado, cuja ausência ou debilidade dificulta a execução das ações de longo prazo em que se traduzem as políticas" (cf. BUCCI, Maria Paula Dallari. Contribuição para a redução da judicialização da saúde. Uma estratégia jurídico-institucional baseada na abordagem de direito e políticas públicas. *In*: BUCCI, Maria Paula Dallari; DUARTE, Clarice Seixas (Coord.). *Judicialização da saúde*: a visão do poder executivo. São Paulo: Saraiva, 2017. p. 33-36).

Fragiliza-se assim a proteção ao consumidor assegurada como cláusula pétrea entre os direitos fundamentais pelo texto constitucional, mesmo que o Poder Judiciário atue incansavelmente em sua defesa,[10] bem como daqueles que não seriam considerados consumidores, uma vez que o Estado *somente é fornecedor quando oferecer serviços a título singular e não a título universal,* mas os usuários do Sistema Único de Saúde (SUS) utilizam a via judicial fundados no dever do Estado de garantir a saúde, o que foi exigido pelo texto constitucional em diversos dispositivos.[11]

José Geraldo Brito Filomeno explicou a distinção entre os serviços prestados pelo Estado a título singular e a título universal ao comentar o art. 4º, VII, da Lei Federal nº 8.078/90 (Código de Defesa do Consumidor) quando afirmou que "o alcance desse dispositivo é dúbio", pois "o que se tem em vista são os chamados serviços públicos 'uti singuli', ou seja, prestados e colocados à disposição dos consumidores de modo geral, pelo próprio Poder Público, ou então por empresas concessionárias ou permissionárias, mas remunerados mediante uma tarifa ou preço público (água e esgotos, transportes coletivos, energia elétrica, telecomunicações, gás, combustíveis etc.)", enquanto "os serviços públicos 'uti universi' são aqueles prestados diretamente pelo Poder Público (educação e saúde públicas, construção e manutenção de parques e praças de esportes públicos), e remunerados indiretamente mediante recolhimento de tributos, de formal geral (impostos) ou específica (taxas e contribuições de melhoria)".[12]

Seja qual for o enfoque adotado, nas relações de consumo é reconhecida a vulnerabilidade de natureza fática, informacional, jurídica ou técnica do consumidor –[13] *sendo a compreensão da última, na qual inexiste conhecimento quanto ao produto ou serviço contratado, essencial para questões relativas à saúde –,* existindo a necessidade de observá-la em todas as fases[14] de fornecimento de produtos ou serviços no mercado de consumo (fase pré-contratual, contratual e pós-contratual).[15]

---

[10] "Os direitos individuais, isto é, os direitos civis e políticos, institucionalizados há mais de trezentos anos, além de claramente exteriorizados, por meio de normas de eficácia plena e aplicabilidade imediata, encontram-se protegidos por uma série de garantias bem definidas, que pouco variam de um sistema jurídico para outro. De um modo geral, em que pesem essas diferenças, o indivíduo ofendido em seus direitos pode recorrer ao Judiciário, invocando um remédio jurídico-processual adequado que fará cessar a violação" (cf. LEWANDOWSKI, Enrique Ricardo. A formação da doutrina dos direitos fundamentais. *Revista da Faculdade de Direito*, São Paulo, v. 98, p. 411-422, 2003. p. 420).

[11] "Art. 6º São direitos sociais a educação, a saúde, a alimentação, o trabalho, a moradia, o transporte, o lazer, a segurança, a previdência social, a proteção à maternidade e à infância, a assistência aos desamparados, na forma desta Constituição; [...] Art. 23. É competência comum da União, dos Estados, do Distrito Federal e dos Municípios: [...] II - cuidar da saúde e assistência pública, da proteção e garantia das pessoas portadoras de deficiência; [...] Art. 196. A saúde é direito de todos e dever do Estado, garantido mediante políticas sociais e econômicas que visem à redução do risco de doença e de outros agravos e ao acesso universal e igualitário às ações e serviços para sua promoção, proteção e recuperação; [...] Art. 197. São de relevância pública as ações e serviços de saúde, cabendo ao Poder Público dispor, nos termos da lei, sobre sua regulamentação, fiscalização e controle, devendo sua execução ser feita diretamente ou através de terceiros e, também, por pessoa física ou jurídica de direito privado" (BRASIL. *Constituição da República Federativa do Brasil de 1988*. Disponível em: https://www.planalto.gov.br/ccivil_03/constituicao/constituicao.htm. Acesso em: 27 jan. 2023).

[12] Cf. FILOMENO, José Geraldo Brito. *Direitos do consumidor*. 15. ed. São Paulo: Atlas, 2018. p. 18.

[13] Cf. MARQUES, Cláudia Lima. *Contratos no Código de Defesa do Consumidor*. 5. ed. São Paulo: Revista dos Tribunais, 2005. p. 325.

[14] "A publicidade, portanto, não tem a obrigação de informar todas as qualidades e características dos bens e serviços ou de detalhar todas as condições para contratação. O dever de informar ampla e precisamente o consumidor é um dever muito maior, a ser observado em todas as fases contratuais (especialmente no atendimento pessoal e no momento da efetiva contratação), podendo, inclusive, comportar graus diversos (maior ou menor), conforme a situação em análise. O que se proíbe é que o fornecedor alegue algo (ex.: preço, qualidade, quantidade, benefício, vantagem etc.) que depois não se confirma no momento da contratação e/ou omita informação essencial à perfeita compreensão do alcance da oferta, configurando-se, nestes casos, a enganosidade comissiva e/ou omissiva" (cf. DIAS, Lucia Ancona Lopez de Magalhães. *Publicidade e direito*. 3. ed. São Paulo: Saraiva, 2018. p. 60).

Evidencia-se, na fase pré-contratual, a vulnerabilidade do consumidor diante da publicidade e é pertinente assinalar que as falhas da produção em massa e a inadequação na difusão das mensagens publicitárias estão na origem do reconhecimento aos direitos básicos aos consumidores.[16]

Guilherme Ferreira da Cruz explicou que "o fluxo informacional há de estar presente até na etapa do pós-contrato, sobretudo nos chamados contratos relacionais ou cativos de longa duração", identificando duas modalidades em tal processo (o *esclarecimento* e o *aconselhamento*) em que deve existir "ampla transparência no conduzir das partes, de modo que cada uma tenha a exata noção do sinalagma originário, única medida da legítima e esperada confiança".[17]

No esclarecimento há o dever de "informar sobre os riscos, a forma de utilização do objeto contratado e a qualidade da prestação", sendo uma "fonte de expectativas legítimas", enquanto o aconselhamento "é mais intenso e só existe nas relações entre um profissional e um não especialista, o que permite ao contratante despreparado optar, de modo mais consciente por um dos vários caminhos possíveis" sem que seja descaracterizada "a responsabilidade daquele que detém o domínio do processo produtivo e da técnica oferecida".[18]

Prosseguiu Guilherme Ferreira da Cruz alertando:

> no âmbito do direito à saúde esse inadimplemento formal, por assim dizer, a partir da falha de informação, representa gênese autônoma de culpa porque agride a liberdade e os direitos da personalidade do paciente, passível de reparação autônoma independentemente dos resultados, também lesivos, que venham a surgir do tratamento não esclarecido de modo satisfatório, por insuficiência total ou parcial, desde que vinculada à ocorrência de dano pela sua adoção, a ser demonstrada pela vítima ou desconstituída pelo médico.[19]

Na Argentina, o tema da publicidade dos profissionais liberais é a tal ponto significativo que, ainda que não sejam considerados fornecedores pela Lei nº 24.240/1993 (*Normas de Protección y Defensa de los Consumidores*), tal lei incidirá quanto às mensagens publicitárias que difundirem no exercício de sua profissão.[20]

---

[15] "Derivação próxima ou direta dos princípios da transparência, da confiança e da boa-fé objetiva, e, remota dos princípios da solidariedade e da vulnerabilidade do consumidor, bem como do princípio da concorrência leal, o dever de informação adequada incide nas fases pré-contratual, contratual e pós-contratual, e vincula tanto o fornecedor privado como o fornecedor público" (cf. THEODORO JÚNIOR, Humberto. *Direitos do consumidor*. 10. ed. Rio de Janeiro: Forense, 2021. p. 51).

[16] "Marketing is increasingly impersonal. Consumer choice is influenced by mass advertising utilizing highly developed arts of persuasion. The consumer typically cannot know whether drug preparations meet minimum standards of safety, quality, and efficacy. He usually does not know how much he pays for consumer credit; whether one prepared food has more nutritional value than another; whether the performance of a product will in fact meet his needs; or whether the 'large economy size' is really a bargain" (JOHN F. Kennedy Presidential Library and Museum. Papers of John F. Kennedy. Presidential Papers. President's Office Files. Speech Files. *Special message to Congress on protecting consumer interest*, 15 March 1962. Disponível em: https://www.jfklibrary. org/asset-viewer/archives/JFKPOF/037/JFKPOF-037-028. Acesso em: 2 fev. 2023).

[17] Cf. CRUZ, Guilherme Ferreira da. *Teoria geral das relações de consumo*. São Paulo: Saraiva, 2014. p. 69.

[18] Cf. CRUZ, Guilherme Ferreira da. *Teoria geral das relações de consumo*. São Paulo: Saraiva, 2014. p. 69.

[19] Cf. CRUZ, Guilherme Ferreira da. *Teoria geral das relações de consumo*. São Paulo: Saraiva, 2014. p. 69.

[20] "Artículo 2º - Proveedor. Es la persona física o jurídica de naturaleza pública o privada, que desarrolla de manera profesional, aun ocasionalmente, actividades de producción, montaje, creación, construcción, transformación, importación, concesión de marca, distribución y comercialización de bienes y servicios, destinados a consumidores o usuarios. Todo proveedor está obligado al cumplimiento de la presente ley.

No Brasil, o Código de Defesa do Consumidor não excluiu os profissionais liberais[21] de sua incidência, assegurando a estes somente a responsabilização mediante culpa,[22] o que não é pouco, considerando que a responsabilização subjetiva constitui uma exceção em tal diploma legal que responsabiliza objetivamente os fornecedores, sendo majoritário o posicionamento que reconhece a incidência de princípios e regras do Código de Defesa do Consumidor na atividade médica.[23]

Ainda quanto à responsabilização, Regina Beatriz Tavares da Silva frisou:

> é inevitável a aplicação da teoria subjetiva, em que cabe a verificação da existência da culpa, já que é preciso avaliar se o devedor utilizou ou não todos os meios disponíveis para atingir o resultado, isto é, se agiu ou não com negligência, imperícia ou imprudência em sua atuação ou atividade.[24]

No están comprendidos en esta ley los servicios de profesionales liberales que requieran para su ejercicio título universitario y matrícula otorgada por colegios profesionales reconocidos oficialmente o autoridad facultada para ello, pero sí la publicidad que se haga de su ofrecimiento. Ante la presentación de denuncias, que no se vincularen con la publicidad de los servicios, presentadas por los usuarios y consumidores, la autoridad de aplicación de esta ley informará al denunciante sobre el ente que controle la respectiva matrícula a los efectos de su tramitación" (grifos nossos) (ARGENTINA. *Ley nº 24.240/1993*. Normas de Protección y Defensa de los Consumidores. Disponível em: http://servicios.infoleg.gob.ar/infolegInternet/anexos/0-4999/638/texact.htm. Acesso em: 2 fev. 2023).

21. "Em seu sistema de responsabilidade objetiva, o Código do Consumidor abre exceção em favor dos profissionais liberais no §4º do seu art. 14 [...] No mais, submetem-se aos princípios do Código – informação, transparência, boa-fé etc. Quem é profissional liberal? É preciso ser portador de diploma superior (médico, advogado, dentista, engenheiro etc.) para ser considerado profissional liberal? Parte da doutrina inclina-se por um conceito restritivo, para o qual os profissionais liberais têm como marca característica o labor relacionado ao conhecimento técnico e intelectual, como definido no art. 1º, §2º, do Estatuto da Confederação Nacional das Profissões Liberais (CNPL): 'Profissional Liberal é aquele legalmente habilitado a prestar serviços de natureza técnico-científica de cunho profissional com a liberdade de execução que lhe é assegurada pelos princípios normativos de sua profissão, independentemente do vínculo da prestação de serviço [...] Corrente mais liberal, entretanto, na qual nos posicionamos, não exige formação universitária do profissional liberal. Profissional liberal, como o próprio nome indica, é aquele que exerce uma profissão livremente, com autonomia, sem subordinação. Em outras palavras, presta serviço pessoalmente, em caráter permanente e autônomo, por conta própria e sem vínculo de subordinação, independentemente do grau de intelectualidade ou escolaridade. Não só o médico, o advogado, o engenheiro, o psicólogo, o dentista, o economista, o professor, o enfermeiro, o consultor podem ser profissionais liberais, mas também o eletricista, o pintor, o sapateiro, o carpinteiro, o marceneiro, o mecânico, a costureira, desde que prestem serviço com autonomia, sem subordinação – enfim, por conta própria. Pela ótica do Código, o melhor caminho é definir o profissional liberal pelas características de sua prestação de serviços, e não pelo seu grau de escolaridade, ou pelo enquadramento na regulação legal" (cf. CAVALIERI FILHO, Sergio. *Programa de direito do consumidor*. 6. ed. Barueri: Atlas, 2022. p. 388-389).

22. "Art. 14. O fornecedor de serviços responde, independentemente da existência de culpa, pela reparação dos danos causados aos consumidores por defeitos relativos à prestação dos serviços, bem como por informações insuficientes ou inadequadas sobre sua fruição e riscos. [...] §4º *A responsabilidade pessoal dos profissionais liberais será apurada mediante a verificação de culpa*" (grifos nossos) (BRASIL. *Lei Federal nº 8.078, de 11 de setembro de 1990*. Dispõe sobre a proteção do consumidor e dá outras providências. Disponível em: http://www.planalto.gov.br/ccivil_03/leis/l8078compilado.htm. Acesso em: 27 jan. 2023).

23. "De modo amplo, a jurisprudência vem entendendo que a responsabilidade civil médica obedecerá às disposições das normas consumeristas e há inúmeros julgados nesse sentido. Para aqueles que defendem esse entendimento, a explicação estaria justificada em os médicos atuarem como profissionais liberais. O próprio CDC incluiu que a responsabilidade pessoal dos profissionais liberais será apurada mediante a verificação de culpa. Portanto, à luz do CDC, os médicos responderão culposamente pelos danos que causarem durante atendimento médico a paciente" (cf. SOUZA, Alessandra Varrone de Almeida Prado. *Direito médico*. 2. ed. Rio de Janeiro: Método, 2022. p. 196).

24. Cf. SILVA, Regina Beatriz Tavares da. Pressupostos da responsabilidade civil na área da saúde: ação, dano e nexo causal. Fundamentos da responsabilidade civil na área da saúde: culpa ou risco. A prova. *In*: SILVA, Regina Beatriz Tavares da (Coord.). *Responsabilidade civil na área da saúde*. São Paulo: Saraiva, 2007. p. 17.

É imperativo dissociar a concepção equivocada que existe na área médica quanto ao Código de Defesa do Consumidor, no sentido de nele existir um punitivismo exacerbado ou, ainda, no caso das mensagens publicitárias, uma espécie de censura ao exercício profissional.[25]

Ainda que em atividades nitidamente distintas, há um ponto convergente entre as agências de publicidade e os médicos, pois – *cada um a seu modo* – defendem a exclusiva responsabilização administrativa por seus pares, negando a incidência do Código de Defesa do Consumidor, recorrendo, as agências, ao Conselho Nacional de Autorregulamentação Publicitária (Conar), e os médicos, aos conselhos federais e regionais de medicina.

II A publicidade na área médica e danos decorrentes da incorreção da mensagem publicitária

A correção da mensagem publicitária é fundamental para o mercado de consumo e não se afasta tal exigência quando o fornecedor é um profissional liberal, sendo necessário recordar que mencionamos que, na Argentina, a publicidade dos profissionais liberais está sujeita à lei protetiva do consumidor.

A esse respeito, os comentários de Javier H. Wajntraub foram no sentido de não negligenciar o fato de existirem distorções tanto em uma mensagem publicitária que promove uma indústria como aquela que apresenta um profissional liberal, sendo a regulação legal plenamente compatível com a liberdade de expressão,[26] uma vez que é frequente tal alegação entre fornecedores tanto no Brasil como na Argentina.

Cumpre reconhecer que as contrariedades decorrentes das relações entre pacientes e médicos[27] não está limitada ao Brasil,[28] mas é necessário constatar que – *ao lado*

---

[25] Quanto à alegação de censura, Adalberto Pasqualotto relatou que "a regulação da publicidade, em última análise, suscita um debate ideológico em torno da liberdade e da autoridade do Estado. Esse debate é central no Brasil, onde parecem existir somente duas posições possíveis: ou a liberdade é garantida ou o oposto é censura – o que acaba por dificultar um debate proveitoso. Um dos polos desse debate é ocupado pelo CONAR, que expressamente proclama que 'repudia qualquer tipo e não exerce em nenhuma hipótese censura prévia sobre peças de propaganda' e 'não exerce censura prévia sobre peças publicitárias, já que se ocupa somente do que está sendo ou foi veiculado" (cf. PASQUALOTTO, Adalberto. Autorregulamentação da publicidade: um estudo de modelos europeus e norte-americano. *Revista de Direito do Consumidor*, São Paulo, ano 26, v. 112, p. 115-148, 2017. p. 135).

[26] "Mensajes publicitarios distorsivos. La publicidad es toda forma de comunicación realizada en el marco de una actividad comercial, industrial, artesanal o liberal con el fin de promover el suministro de bienes o la prestación de servicios, incluidos los bienes inmuebles, los derechos y las obligaciones, la que por el hecho de enmarcarse en una actividad comercial posibilita establecer limitaciones para los emisores de mensajes publicitarios, sin caer en limitaciones a la libertad de expresión, lo que sería calificado de inconstitucional" (cf. WAJNTRAUB, Javier H. La disciplina del derecho del consumidor. *In*: DARCY, Norberto C. (Comp.). *Normas de defensa del consumidor y del usuario aplicables en el ámbito de la CABA*. Ciudad Autónoma de Buenos Aires: Consejo de la Magistratura de la Ciudad Autónoma de Buenos Aires – Jusbaires, 2020. p. 29-35).

[27] "Dada a supremacia do bem que a saúde diretamente assegura (a vida), essa relação mantida entre médico e paciente não pode ser encarada como qualquer outra relação comercial. Muitas vezes, para a proteção da vida, mediante a preservação da saúde, alguns princípios serão flexibilizados ou mesmo postos de lado, para que se efetive, de fato, essa mencionada proteção. Obviamente, qualquer lesão à vida ou à saúde não poderá ser efetiva e completamente remediada por meio de reparação ou compensação. Eventual indenização recebida, apesar de atenuar a dor sofrida, não tem o condão de suplantar o dano causado à saúde, como, por exemplo, a perda de membro ou função. Daí a premência de sua proteção" (cf. BERGSTEIN, Gilberto. *A informação na relação médico-paciente*. São Paulo: Saraiva, 2013. p. 50).

[28] "Países como Canadá, Alemanha, Bélgica, entre tantos outros, enfrentam o crescente número de ações judiciais em face da negligência dos profissionais da saúde, fenômeno que provocou uma modificação na postura

da legítima expectativa de ressarcimento de danos causados pelos médicos – existe igualmente o receio de que a expansão da responsabilização prejudique atendimentos médicos em situações emergenciais.[29]

Todavia, tal receio não deve inviabilizar a aplicação do Código de Defesa do Consumidor, até porque os médicos estão cientes dos riscos inerentes ao exercício de sua profissão e da rede de interesses envolvidos,[30] sendo necessária a aplicação conjunta da lei mencionada e das normas deontológicas da profissão, uma vez que é cediço que "o médico não se compromete a curar, mas a proceder de acordo com as regras e os métodos da profissão", como acentuou Miguel Kfouri Neto,[31] o que inclui sua maneira de informar os pacientes.[32]

Não se quer, todavia, carrear ao médico a responsabilidade por toda e qualquer dificuldade que ocorra no tratamento que preconiza, até porque é frequente a recusa dos planos de saúde de custearem o tratamento que aquele indicou.[33]

---

do profissional da saúde diante do paciente, com a adoção de medidas preventivas de processos judiciais, acompanhada de contratação de um seguro de risco profissional, providências responsáveis pelo aumento dos honorários desse profissional. Segundo a União de Defesa Médica da Inglaterra, o crescente número de ações judiciais naquele país estaria ligado à negligência médica durante o atendimento e à falta de consentimento do paciente diante do ato médico, o que demonstra que a melhor estratégia para o médico evitar processos judiciais é estabelecer e manter uma boa relação com o paciente" (cf. SOUZA, Alessandra Varrone de Almeida Prado. *Direito médico*. 2. ed. Rio de Janeiro: Método, 2022. p. 186).

[29] "O maior prejuízo que pode ocorrer com a modificação dessa relação é a inibição na atuação emergencial do médico, porque o lapso temporal entre a condução do atendimento médico e a autorização do paciente visando a obtenção de sua anuência para a intervenção pode ser prejudicial ao caso, como pode ocorrer em um caso em que o paciente ingressa em uma determinada emergência hospitalar após sofrer grave acidente de carro. É certo que nesse caso o médico pode proceder à assistência médica tão logo avalie e constate a situação de emergência, sendo no mais das vezes dispensável a autorização dos familiares ou do próprio paciente para intervir. O receio de ser processado não deve impedir que os profissionais de saúde prestem auxílio aos enfermos" (cf. SOUZA, Alessandra Varrone de Almeida Prado. *Direito médico*. 2. ed. Rio de Janeiro: Método, 2022. p. 186).

[30] "Em razão do enorme dinamismo com que se apresentam as inovações na área da saúde, especialmente na seara de novas drogas, é desnecessário reafirmar o fato de que a indústria farmacêutica compreende a principal fonte de inovações, o que torna inevitável a interrelação entre ela e os médicos que buscam se atualizar desse conhecimento. Nesse diapasão, infere-se que a educação médica continuada carrega inúmeros benefícios ao setor de saúde, porém, não se pode olvidar que, no afã de potencialização de seus lucros, a indústria farmacêutica celebra contratos comerciais que desrespeitam leis e parâmetros de programas de compliance, em detrimento do equilíbrio do setor de saúde e da proteção dos interesses dos pacientes. E mais, os valores envolvidos nesses contratos são vultuosos, porquanto a projeção sugere que os gastos com medicamentos fiquem entre USD 38 e 42 bilhões em 2022 no Brasil e grande parte dessa quantia será destinada a eventos de educação médica continuada, por ser uma das principais estratégias de marketing à disposição diante da proibição de publicidade direta ao consumidor de produtos de prescrição médica. Uma solução apresentada frente aos mencionados dilemas tem sido a prévia e formal declaração de conflito de interesses, a qual tem se revelado um instrumento adequado para a preservação da confiança pública na Medicina. Não obstante, ainda não há regulamentação suficiente clara sobre como realizar a declaração de conflito de interesses. Cabe registrar que o Conselho Federal de Medicina (CFM), por intermédio da Resolução n. 1.595/2000, determina que 'os médicos, ao proferir palestras ou escrever artigos divulgando ou promovendo produtos farmacêuticos ou equipamentos para uso na medicina, declarem os agentes financeiros que patrocinam suas pesquisas e/ou apresentações'" (cf. LEUTÉRIO, Alex Pereira. Conflito de interesses na educação médica. *In*: COHEN, Claudio *et al*. (Ed.). *Bioética, direito e medicina*. Barueri: Manole, 2020. p. 495-496).

[31] Cf. KFOURI NETO, Miguel. *Responsabilidade civil do médico*. 8. ed. São Paulo: Revista dos Tribunais, 2013. p. 83.

[32] Débora Gozzo enfatizou o direito de pacientes receberem a informação do médico de maneira esclarecida e transparente, o que inclui a linguagem que utiliza para transmiti-la (elemento objetivo), bem como a possibilidade de sua compreensão (elemento subjetivo) (cf. GOZZO, Débora. Transparência, informação e a relação médico-paciente. *In*: GOZZO, Débora (Coord.). *Informação e direitos fundamentais*: a eficácia horizontal das normas constitucionais. São Paulo: Saraiva, 2012. p. 83).

[33] "RECURSO ESPECIAL. RITO DOS RECURSOS ESPECIAIS REPETITIVOS. PLANO DE SAÚDE. CONTROVÉRSIA ACERCA DA OBRIGATORIEDADE DE FORNECIMENTO DE MEDICAMENTO NÃO REGISTRADO PELA ANVISA. 1. Para efeitos do art. 1.040 do NCPC: 1.1. As operadoras de plano de saúde não estão obrigadas a

Quanto à publicidade na área médica, Genival Veloso de França ressaltou que há, inegavelmente, o direito do médico anunciar de "maneira sóbria, discreta e comedida", mas o mesmo autor reconhece que há, como exceção, "anúncios exagerados em tamanho e linguagem, títulos falsos e ambíguos, especialidades diversas, prestação de serviços gratuitos em determinados dias da semana ou em certos locais para os 'pobres', e a redução de honorários", sendo igualmente vedada a "a publicidade de êxitos terapêuticos, de cirurgias sensacionais, pois além de não levar nenhuma vantagem aos pacientes constitui-se numa forma de autopromoção".[34]

Fundando-se na Resolução CFM nº 1.974/2011 (modificada pelas resoluções CFM nºs 2.126/2015 e 2.133/2015), alertou quanto à proibição de anunciar a utilização de tecnologia que ofereça condições privilegiadas e de métodos não aceitos pela comunidade científica, acrescentando quanto ao art. 13 da resolução que as mídias sociais dos médicos devem obedecer à lei, às resoluções normativas e ao Manual da Comissão de Divulgação de Assuntos Médicos (Codame),[35] sendo vedada a publicação de autorretrato (*selfie*), imagens ou áudios que caracterizem autopromoção, sensacionalismo ou concorrência desleal visando coibir o que é denominado, seja presencialmente seja em meio eletrônico, de "mercado da personalidade".[36]

---

fornecer medicamento não registrado pela ANVISA. 2. Aplicação ao caso concreto: 2.1. Não há ofensa ao art. 535 do CPC/73 quando o Tribunal de origem enfrenta todas as questões postas, não havendo no acórdão recorrido omissão, contradição ou obscuridade. 2.2. É legítima a recusa da operadora de plano de saúde em custear medicamento importado, não nacionalizado, sem o devido registro pela ANVISA, em atenção ao disposto no art. 10, V, da Lei nº 9.656/98, sob pena de afronta aos arts. 66 da Lei nº 6.360/76 e 10, V, da Lei nº 6.437/76. Incidência da Recomendação nº 31/2010 do CNJ e dos Enunciados nº 6 e 26, ambos da I Jornada de Direito da Saúde, respectivamente, A determinação judicial de fornecimento de fármacos deve evitar os medicamentos ainda não registrados na Anvisa, ou em fase experimental, ressalvadas as exceções expressamente previstas em lei; e é lícita a exclusão de cobertura de produto, tecnologia e medicamento importado não nacionalizado, bem como tratamento clínico ou cirúrgico experimental. 2.3. Porém, após o registro pela ANVISA, *a operadora de plano de saúde não pode recusar o custeio do tratamento com o fármaco indicado pelo médico responsável pelo beneficiário*. 3. Recurso especial parcialmente provido. Acórdão sujeito ao regime do art. 1.040 do NCPC. [...] Conforme a fundamentação acima destacada, *a operadora de plano de saúde está, in principio, obrigada ao fornecimento de tratamento médico a que se comprometeu por contrato, razão pela qual deve fornecer os medicamentos prescritos pelo médico assistente, necessários à recuperação da saúde do beneficiário*" (grifos nossos) (BRASIL. Superior Tribunal de Justiça. REsp: 1726563 SP 2017/0120185-3. Rel. Min. Moura Ribeiro, S2 – Segunda Seção, j. 8.11.2018. *REPDJe*, 3.12.2018; *DJe*, 26.11.2018; *RSTJ*, v. 253, p. 389).

[34] Cf. FRANÇA, Genival Veloso de. *Direito médico*. 17. ed. Rio de Janeiro: Forense, 2021. p. 210-211.

[35] A Comissão de Divulgação de Assuntos Médicos (Codame) objetiva orientar os médicos – seja individual ou coletivamente – quanto à divulgação de matéria a eles relacionadas, evitando assim que pacientes sejam expostos ou que o médico de alguma forma se autopromova. Marcela Valério Braga relatou que "a Comissão de Divulgação de Assuntos Médicos (Codame) foi criada pelo Conselho Regional de Medicina do Estado de São Paulo (Cremesp) para avaliar os casos de publicidade e ética médica que figuram entre as dez queixas mais comuns feitas ao órgão. Tem por fim discutir e analisar os casos sob a perspectiva da ética médica na publicidade" (cf. BRAGA, Marcela Valério. Bioética e redes sociais. *In*: COHEN, Claudio *et al*. (Ed.). *Bioética, direito e medicina*. Barueri: Manole, 2020. p. 505-509. p. 506).

[36] "From, citado por Augusto Cechine (in Ética em medicina, Barcelona: Editorial Científico-Médica, 1973), chama de mercado da personalidade a orientação mercantilista, levada pelo exibicionismo inescrupuloso de alguém que faz apresentar uma competência inexistente ou uma forma de publicidade, nos diversos meios de comunicação. Isto, em última análise, constitui-se numa maneira de 'aparecer'. Assim, entre outras coisas, não pode o médico oferecer publicamente seus serviços profissionais gratuitos aos pobres, pois esse fato já é demasiadamente conhecido como uma forma vulgar para mostrar-se 'caridoso' e adquirir clientela. A caridade é necessária, mas deve ser exercida de maneira discreta e recatada, sem se fazer ostentação dessa filantropia, a fim de não torná-la um pretexto para a obtenção de fins escusos, através de uma 'nobre ação'. A publicação de trabalhos científicos ao público é também uma forma sutil de mercantilismo. Demonstra-se a capacidade médica é nas sociedades e academias médicas, ou nas revistas e órgãos de divulgação científica" (cf. FRANÇA, Genival Veloso de. *Direito médico*. 17. ed. Rio de Janeiro: Forense, 2021. p. 211).

Marcela Valério Braga constatou:

mesmo que sejam usados critérios rigorosos de autoavaliação e disciplina, é inegável o risco de o profissional ser seletivo ao julgar suas próprias publicações e, portanto, ele deve encarar a si próprio em relação à internet com muita cautela, pois o médico exerce grande poder de influência e opinião.[37]

Os aspectos positivos seriam a utilização da "mídia social como forma de educar seus pacientes" e o estabelecimento, com outros médicos, de "troca de informações sobre tratamentos e técnicas" e, mesmo que reconheça que "muitos profissionais utilizam a internet para publicidade", outros a utilizariam "como uma maneira de interação com grupos que antes da internet estariam incomunicáveis" e concluiu alertando quanto às "armadilhas no uso das redes sociais", uma vez que "não só médicos, como todos os usuários, devem estar cientes que a informação colocada na internet não tem prazo de validade e tudo aquilo que é escrito pode ser encontrado anos depois", mesmo com a edição ou eliminação do texto na rede social que o médico utiliza e, dessa forma, o médico deve ser "muito cuidadoso quando postar fotos, informações ou opiniões de caráter perene, que podem perdurar por toda a vida profissional, inclusive acarretando prejuízos à carreira". [38]

Tal alerta evidencia a necessidade de conscientização dos médicos (igualmente necessária para os demais profissionais liberais) de que as redes sociais[39] proporcionam benefícios e permitem a divulgação – com moderação – do trabalho que desenvolvem, mas simultaneamente tornam possível sua responsabilização pela utilização indevida.

A configuração contemporânea da profissão médica em áreas como a cirurgia plástica estética, *em que os médicos contam com diversos seguidores e com significativa exposição na mídia*, apresenta desdobramentos tão preocupantes que a própria Sociedade Brasileira de Cirurgia Plástica (SBCP) alerta continuamente quanto aos riscos de procedimentos de tal natureza realizados por médicos sem a necessária especialização para atuar na área.[40]

---

[37] Cf. BRAGA, Marcela Valério. Bioética e redes sociais. *In*: COHEN, Claudio *et al*. (Ed.). *Bioética, direito e medicina*. Barueri: Manole, 2020. p. 505-509. p. 508.

[38] Cf. BRAGA, Marcela Valério. Bioética e redes sociais. *In*: COHEN, Claudio *et al*. (Ed.). *Bioética, direito e medicina*. Barueri: Manole, 2020. p. 505-509. p. 508.

[39] "O médico deve estar atento ao conteúdo veiculado em suas mensagens publicitárias nas mídias sociais, sobretudo na sua relação com o paciente. Isso porque, às vezes, um anúncio publicitário pode passar ao paciente informação distorcida (publicidade enganosa), ou gerar nele expectativa inatingível, e, em regra, os médicos sabem disso. Ou seja, o profissional está consciente de que, ao expor determinado assunto ou procedimento, vai atrair número maior de pacientes, mesmo que essa exposição seja sensacionalista e inalcançável. Se observado, esse cenário não deixará dúvidas quanto ao caráter enganoso ou abusivo do conteúdo publicado, surgindo daí a potencial responsabilização do médico. Anúncios publicitários de serviços médicos não são proibidos ou ilícitos. O problema não reside nas publicações em si, mas no seu conteúdo, que será exposto a sociedade leiga, que não detém conhecimento técnico e suficiente acerca da medicina. Por isso, a publicidade deve dispor de informações claras e objetivas que serão determinantes para o paciente procurar ou não o profissional apresentado (princípio da transparência da fundamentação da publicidade)" (cf. ROMEIRO, Dandara Araruna; MASCARENHAS, Igor de Lucena; GODINHO, Adriano Marteleto. Descumprimento da ética médica em publicidade: impactos na responsabilidade civil. *Revista Bioética*, Brasília, v. 30, n. 4, p. 27-35, 2022. p. 30-31).

[40] Dênis Calazans, Secretário da Sociedade Brasileira de Cirurgia Plástica (SBCP), enfatizou que "embora a publicidade médica seja regulamentada pelo Conselho Federal de Medicina (Resoluções CFM nº 1974/2011 e 2126/2015), oportunistas se valem da má fiscalização, e se apresentem de modo midiático e teatral, promovendo tratamentos estéticos de modo comercial, onde desavisados pacientes se tornam mero objeto de mercancia. Via de regra, estes profissionais aéticos, se apresentam como de capacidade e condutas ilibadas, verdadeiramente vendendo resultados ilusórios. Agrava-se o fato de muitos destes profissionais de saúde, entre eles médicos,

Conclusão

Concluímos nosso estudo defendendo a inclusão da atividade médica nas relações de consumo, lastreados tanto no texto constitucional (e no relevo que este atribui à defesa do consumidor e à saúde) como na Lei Federal nº 8.078/90 (Código de Defesa do Consumidor).

Depreende-se que, tanto em uma interpretação gramatical, sistemática e teleológica, inexiste a possibilidade de afastar a aplicação do Código de Defesa do Consumidor da atividade desenvolvida por tais profissionais, o que inclui o critério hierárquico para sanar antinomias, por meio da prevalência de tal diploma legal quanto ao art. 1º, XX da Resolução CFM nº 2.217, de 27.9.2018 (Código de Ética Médica), pois a norma inferior é que deve ser adequada à imediatamente superior e não o contrário.

A proteção à saúde do consumidor constitui um direito básico deste, sendo imperativo destacar que os riscos à saúde do consumidor não estão limitados a alimentos e medicamentos, mas incluem serviços que podem colocar sua vida em risco quando existir erro decorrente de negligência, imprudência ou imperícia, o que pode ocorrer na prestação de serviços médicos, permitindo a aplicação do art. 14, §4º do Código de Defesa do Consumidor.

A publicidade de um médico, como profissional liberal, ensejaria somente sua responsabilização subjetiva,[41] o que não ocorreria se houvesse atividade econômica organizada como em uma clínica ou em um hospital.

A Resolução CFM nº 1.974/11 (alterada pela Resolução CFM nº 2.126/2015 e pela Resolução CFM nº 2.133/2015) vedou a autopromoção e o sensacionalismo mediante entrevistas, informações ao público e difusão de artigos com forma ou intenção de angariar clientes, sendo tais condutas, em nosso sentir, caracterizadas como publicidade clandestina nos termos do art. 36 do Código de Defesa do Consumidor.

Logo, quanto à publicidade, inexistiria divergência e sim convergência de objetivos entre o Código de Defesa do Consumidor, o Conselho Federal de Medicina e os Conselhos Regionais (assim como em relação às entidades como a Sociedade Brasileira de Cirurgia Plástica (SBCP)) no sentido de coibir a atuação de maus profissionais no mercado de consumo.

---

não possuírem qualificação (formação) atestados por Título de Especialista outorgado pela Associação Médica Brasileira (AMB), Conselho Federal de Medicina (CFM), Ministério da Educação, e Sociedades de Especialidade, no caso a Dermatologia (Sociedade Brasileira de Dermatologia) e Cirurgia Plástica (Sociedade Brasileira de Cirurgia Plástica (SBCP). Há uma inversão de valores, promovida por mídias sociais. Um médico não é admirado e procurado por sua competência científica, capacidade técnica, qualificação profissional e respeitabilidade, mas sim pelo número de 'likes' e seguidores de suas mídias sociais. É preciso repensar este comportamento social, em prol da segurança da população" (cf. REIS, Renata. Secretário da Sociedade Brasileira de Cirurgia Plástica afirma que há inversão de valores, promovida por mídias sociais. *Gazeta de Limeira*. Disponível em: http://www2. cirurgiaplastica.org.br/blog/2018/07/27/cirurgia-plastica-desconfie-de-propagandas-ostensivas/#completa. Acesso em: 6 fev. 2023).

[41] "Embora a responsabilidade seja subjetiva, a jurisprudência reconhece um dever de cooperação, por parte do médico, na comprovação da regularidade técnica dos serviços prestados, de modo a deixar demonstrada sua ausência de culpa" (cf. THEODORO JÚNIOR, Humberto. *Direitos do consumidor*. 10. ed. Rio de Janeiro: Forense, 2021. p. 105).

Referências

ARGENTINA. *Ley nº 24.240/1993*. Normas de Protección y Defensa de los Consumidores. Disponível em: http://servicios.infoleg.gob.ar/infolegInternet/anexos/0-4999/638/texact.htm. Acesso em: 2 fev. 2023.

BERGSTEIN, Gilberto. *A informação na relação médico-paciente*. São Paulo: Saraiva, 2013.

BRAGA, Marcela Valério. Bioética e redes sociais. *In*: COHEN, Claudio *et al.* (Ed.). *Bioética, direito e medicina*. Barueri: Manole, 2020. p. 505-509.

BRASIL. *Constituição da República Federativa do Brasil de 1988*. Disponível em: https://www.planalto.gov.br/ccivil_03/constituicao/constituicao.htm. Acesso em: 27 jan. 2023.

BRASIL. *Lei Federal nº 10.406, de 10 de janeiro de 2002*. Institui o Código Civil. Disponível em: http://www.planalto.gov.br/ccivil_03/leis/2002/l10406compilada.htm. Acesso em: 27 jan. 2023.

BRASIL. *Lei Federal nº 8.078, de 11 de setembro de 1990*. Dispõe sobre a proteção do consumidor e dá outras providências. Disponível em: http://www.planalto.gov.br/ccivil_03/leis/l8078compilado.htm. Acesso em: 27 jan. 2023.

BRASIL. Superior Tribunal de Justiça. REsp: 1726563 SP 2017/0120185-3. Rel. Min. Moura Ribeiro, S2 – Segunda Seção, j. 8.11.2018. *REPDJe*, 3.12.2018; *DJe*, 26.11.2018; *RSTJ*, v. 253, p. 389.

BRASIL. Supremo Tribunal Federal. AgR ARE: 964542 RJ - Rio de Janeiro 0115389-84.2007.8.19.0001. Rel. Min. Ricardo Lewandowski, Segunda Turma, j. 2.12.2016. *DJe*-266, 15.12.2016.

BUCCI, Maria Paula Dallari. Contribuição para a redução da judicialização da saúde. Uma estratégia jurídico-institucional baseada na abordagem de direito e políticas públicas. *In*: BUCCI, Maria Paula Dallari; DUARTE, Clarice Seixas (Coord.). *Judicialização da saúde*: a visão do poder executivo. São Paulo: Saraiva, 2017. p. 31-88.

CAVALIERI FILHO, Sergio. *Programa de direito do consumidor*. 6. ed. Barueri: Atlas, 2022.

CONSELHO FEDERAL DE MEDICINA (CFM). *Resolução CFM nº 1.974, de 14 de julho de 2011, modificada pelas Resoluções CFM 2.126/2015 e CFM 2.133/2015*. Disponível em: https://portal.cfm.org.br/publicidademedica/pubpropaganda.html. Acesso em: 27 jan. 2023.

CONSELHO FEDERAL DE MEDICINA (CFM). *Resolução CFM nº 2.217, de 27 de setembro de 2018, modificada pelas Resoluções CFM nº 2.222/2018 e 2.226/2019*. Aprova o Código de Ética Médica. Disponível em: https://portal.cfm.org.br/images/PDF/cem2019.pdf. Acesso em: 27 jan. 2023.

CRUZ, Guilherme Ferreira da. *Teoria geral das relações de consumo*. São Paulo: Saraiva, 2014.

DIAS, Lucia Ancona Lopez de Magalhães. *Publicidade e direito*. 3. ed. São Paulo: Saraiva, 2018.

FILOMENO, José Geraldo Brito. *Direitos do consumidor*. 15. ed. São Paulo: Atlas, 2018.

FRANÇA, Genival Veloso de. *Direito médico*. 17. ed. Rio de Janeiro: Forense, 2021.

GOZZO, Débora. Transparência, informação e a relação médico-paciente. *In*: GOZZO, Débora (Coord.). *Informação e direitos fundamentais*: a eficácia horizontal das normas constitucionais. São Paulo: Saraiva, 2012.

JOHN F. Kennedy Presidential Library and Museum. Papers of John F. Kennedy. Presidential Papers. President's Office Files. Speech Files. *Special message to Congress on protecting consumer interest*, 15 March 1962. Disponível em: https://www.jfklibrary.org/asset-viewer/archives/JFKPOF/037/JFKPOF-037-028. Acesso em: 2 fev. 2023.

KFOURI NETO, Miguel. *Responsabilidade civil do médico*. 8. ed. São Paulo: Revista dos Tribunais, 2013.

LEUTÉRIO, Alex Pereira. Conflito de interesses na educação médica. *In*: COHEN, Claudio *et al.* (Ed.). *Bioética, direito e medicina*. Barueri: Manole, 2020. p. 490-504.

LEWANDOWSKI, Enrique Ricardo. A formação da doutrina dos direitos fundamentais. *Revista da Faculdade de Direito*, São Paulo, v. 98, p. 411-422, 2003.

MARQUES, Cláudia Lima. *Contratos no Código de Defesa do Consumidor*. 5. ed. São Paulo: Revista dos Tribunais, 2005.

NUNES, Silvio Gabriel Serrano; SERRANO, Antonio Carlos Alves Pinto. O impacto da Covid-19 na interpretação e aplicação do direito brasileiro: aspectos a serem considerados nas decisões tomadas pelos gestores públicos. *In*: SILVA, Marco Antonio Marques da; PINTO, Eduardo Vera-Cruz; RIBEIRO, Paulo Dias de Moura (Coord.). *Covid-19*: o mundo em transformação. São Paulo: Quartier Latin, 2022. p. 349-360.

PASQUALOTTO, Adalberto. Autorregulamentação da publicidade: um estudo de modelos europeus e norte-americano. *Revista de Direito do Consumidor*, São Paulo, ano 26, v. 112, p. 115-148, 2017.

REIS, Renata. Secretário da Sociedade Brasileira de Cirurgia Plástica afirma que há inversão de valores, promovida por mídias sociais. *Gazeta de Limeira*. Disponível em: http://www2.cirurgiaplastica.org.br/blog/2018/07/27/cirurgia-plastica-desconfie-de-propagandas-ostensivas/#completa. Acesso em: 6 fev. 2023.

ROMEIRO, Dandara Araruna; MASCARENHAS, Igor de Lucena; GODINHO, Adriano Marteleto. Descumprimento da ética médica em publicidade: impactos na responsabilidade civil. *Revista Bioética*, Brasília, v. 30, n. 4, p. 27-35, 2022.

SILVA, Regina Beatriz Tavares da. Pressupostos da responsabilidade civil na área da saúde: ação, dano e nexo causal. Fundamentos da responsabilidade civil na área da saúde: culpa ou risco. A prova. *In*: SILVA, Regina Beatriz Tavares da (Coord.). *Responsabilidade civil na área da saúde*. São Paulo: Saraiva, 2007. p. 3-35.

SOUZA, Alessandra Varrone de Almeida Prado. *Direito médico*. 2. ed. Rio de Janeiro: Método, 2022.

THEODORO JÚNIOR, Humberto. *Direitos do consumidor*. 10. ed. Rio de Janeiro: Forense, 2021.

WAJNTRAUB, Javier H. La disciplina del derecho del consumidor. *In*: DARCY, Norberto C. (Comp.). *Normas de defensa del consumidor y del usuario aplicables en el ámbito de la CABA*. Ciudad Autónoma de Buenos Aires: Consejo de la Magistratura de la Ciudad Autónoma de Buenos Aires – Jusbaires, 2020. p. 29-35.

Informação bibliográfica deste texto, conforme a NBR 6023:2018 da Associação Brasileira de Normas Técnicas (ABNT):

MORATO, Antonio Carlos. Publicidade na área médica e proteção ao consumidor. *In*: RIBEIRO, Paulo Dias de Moura; TOMELIN, Georghio Alessandro; KIM, Richard Pae (Coord.). *Direito humano e fundamental à saúde*: estudos em homenagem ao ministro Enrique Ricardo Lewandowski. Belo Horizonte: Fórum, 2023. p. 329-341. ISBN 978-65-5518-606-2.

O LETRAMENTO EM SAÚDE COMO FERRAMENTA ESSENCIAL PARA UMA BOA COMUNICAÇÃO NO PROCESSO DE OBTENÇÃO DO CONSENTIMENTO INFORMADO

RONALDO PIBER

CLÓVIS FRANCISCO CONSTANTINO

Introdução

Do ponto de vista moral, social e jurídico vigentes, a noção de autonomia baseia-se na liberdade inerente à pessoa humana (ATKINS, 2006). A liberdade individual requer racionalidade, espontaneidade e capacidade de resolver seus próprios dilemas (MÜLLER; WALTER, 2010). É o que chamamos de nosso "livre arbítrio".

É fundamental notar que a preocupação com a autonomia aparece em temas que aludem à intimidade e privacidade do indivíduo (ZHANG *et al.*, 2021). Em outros termos, de acordo com seu próprio projeto, a pessoa é a líder de sua própria vida.

Um alto nível de proteção à pessoa e à sua dignidade, uma vez entendido como o valor máximo do Estado democrático de direito (BOBBIO, 2004), é exigido pela bioética do novo milênio (GARRAFA; COSTA; OSELKA, 2000), que está sintonizada com o crescente processo de humanização das ciências e procura dar ao indivíduo atenção e respeito especiais (POTTER, 1971), honrando a autonomia e a livre expressão de sua vontade.

Na área da saúde, a dignidade da pessoa é incorporada na exigência do médico de informar o paciente sobre os procedimentos aos quais será submetido e para os quais ele deve fornecer autorização (CONVIE *et al.*, 2020). Isso porque, seguindo a valoração axiológica das características e elementos existenciais da pessoa (MASCARO, 2022), a abordagem atual considera o paciente um sujeito de direitos, e não apenas um espectador da ação médica ou mesmo um objeto de pesquisa científica.

Competência, comunicação, compreensão, voluntariedade e consentimento são os cinco elementos distintos do CI (BREHAUT *et al.*, 2015). Isso significa que, são os requisitos que estabelecem a legitimidade do CI. Quando o CI de um paciente para o tratamento é o resultado de um processo de comunicação claro (BELIM; ALMEIDA, 2018), abrangente (CAMPOS; LEÃO; DOHMS, 2021) e envolvente (ATKINS, 2006), tanto os pacientes quanto as equipes de saúde se beneficiam.

Na relação médico-paciente de hoje, há uma série de problemas na obtenção do CI. Tanto os médicos quanto os pacientes muitas vezes veem o CI como uma mera formalidade – um obstáculo ao atendimento (ZAGANELLI; BORSELLINO, 2021). Mesmo após a assinatura do termo de consentimento livre e esclarecido (TCLE), quando existente, muitos pacientes não compreendem informações básicas sobre os benefícios, malefícios e riscos do tratamento proposto, incluindo a possibilidade de desfechos desfavoráveis (SOUZA *et al.*, 2013). Alguns pacientes também podem desconhecer seus direitos, incluindo a capacidade de recusar qualquer tratamento (ESHAM, 2019).

Uma melhor comunicação e compreensão são fundamentais para aumentar a qualidade de vida das pessoas por meio da LS, pois essa abordagem incentiva os pacientes a serem participantes ativos em suas próprias decisões de saúde, incluindo uma melhor compreensão de seus direitos, bem como a tomada de decisões com autonomia ao entender a CI (FREITAS FILHO *et al.*, 2022; ALMEIDA; PIBER, 2022). Portanto, uma parcela significativa da compreensão do paciente sobre a aquisição de informações e explicações do profissional de saúde depende de sua capacidade de compreender textos, desenhos, materiais visuais e animações que podem ser oferecidos durante toda a consulta (WEISS, 2009).

As pessoas, independentemente da idade ou grau de instrução, só conseguem se lembrar de cerca de metade do que ouvem em conversas clínicas (SHERIDAN *et al.*, 2011). Assim, não há autonomia sem conhecimento, e não há conhecimento sem comunicação eficaz. É isso que vamos abordar neste artigo.

Letramento em saúde (LS)

Letramento é um fenômeno que resulta do processo de aprendizagem da leitura e da escrita; é o estado ou condição que uma pessoa – ou um grupo social – alcança depois de se apropriar da escrita e de suas práticas sociais (SOARES, 2009).

Aplicando esse conceito ao domínio da saúde, chagamos no LS, que é a capacidade cognitiva de compreender, interpretar e aplicar informações escritas ou faladas em saúde (OKAN *et al.*, 2019). A Organização Mundial da Saúde (OMS) define o LS como o acúmulo de conhecimentos e habilidades pessoais por meio de atividades cotidianas, interações sociais e entre gerações. Os conhecimentos e habilidades individuais são mediados por estruturas organizacionais e pela disponibilidade de recursos que permitem aos indivíduos adquirir, compreender, avaliar e usar informações e serviços de maneiras que promovam e preservem a sua própria saúde e o bem-estar dos outros (WORLD HEALTH ORGANIZATION, 2021).

Indivíduos e comunidades podem tomar decisões mais informadas com a ajuda do LS. Baseia-se na ideia de que todos devem ter a oportunidade de participar e se beneficiar de uma educação de elevada qualidade e de uma formação contínua (WORLD HEALTH ORGANIZATION, 2022a). Pode ser quantificado como um resultado direto da função da educação em saúde nessa tentativa (WORLD HEALTH ORGANIZATION, 2022c). Variáveis culturais e ambientais influenciam a alfabetização em saúde de indivíduos, instituições e comunidades (WORLD HEALTH ORGANIZATION, 2022b). Não cabe apenas aos indivíduos agir, uma vez que todos os fornecedores de informação – incluindo o governo, a sociedade civil e os serviços de saúde – devem disponibilizar informações confiáveis de uma forma que seja compreensível e acessível por todas as pessoas (WORLD HEALTH ORGANIZATION, 2022c).

A verdade é que a educação formal não é o requisito essencial para que uma pessoa ou comunidade seja alfabetizada em saúde (CANGUSSÚ *et al.*, 2021). Os recursos sociais que contribuem para a LS incluem a regulação do ambiente de informação e da mídia (oral, impressa, radiodifundida e digital) por meio da qual os indivíduos obtêm e utilizam informações em saúde (PALLETT *et al.*, 2018).

O baixo nível de LS está associado a um declínio na qualidade de vida e refere-se à dificuldade em ler, absorver e aplicar recomendações de saúde (como informações em rótulos de alimentos e bulas de medicamentos), bem como a compreensão de diretrizes médicas e documentos de saúde, incluindo CI (KHAN *et al.*, 2018). Na realidade, os serviços de saúde muitas vezes superestimam o LS da população (para a implementação de procedimentos e decisões relacionadas ao comportamento do tratamento) (ROGERS; WALLACE; WEISS, 2006). Por isso, é natural que os profissionais de saúde assumam que as informações veiculadas já são conhecidas pelos pacientes, o que é incorreto.

De acordo com um dos principais estudos realizados nesse campo pela World Health Communication Associates – WHCA (2010), de 20% a 50% da população do Reino Unido, Estados Unidos, Austrália e Canadá tem baixo nível de LS, o que pode prejudicar a saúde individual e grupal. Outra pesquisa com mais de 10.000 indivíduos de 60 nações (incluindo Japão, Paquistão, Espanha e Estados Unidos) ouviu pacientes, médicos e estudantes de saúde. Os resultados indicam que a maioria dos participantes não possui as habilidades fundamentais necessárias para tomar decisões informadas baseadas em riscos à saúde (GARCIA-RETAMERO *et al.*, 2014).

Entre os anos de 2000 e 2019, as doenças não transmissíveis (DNT), muitas vezes conhecidas como doenças crônicas, foram a maior causa de mortalidade em todo o mundo, representando 277 milhões de mortes entre pessoas de 30 a 70 anos de idade (WORLD HEALTH ORGANIZATION, 2022c). A maioria dessas fatalidades ocorreu em países de baixa e média renda (WORLD HEALTH ORGANIZATION, 2022b). O LS previne e controla as DNTs, pois são influenciadas por variáveis genéticas, fisiológicas, ambientais, econômicas, comerciais, culturais e comportamentais nos níveis individual e comunitário (WORLD HEALTH ORGANIZATION, 2022b). Quando alternativas saudáveis não estão prontamente disponíveis, os esforços para mudar o comportamento são inúteis. Assim, as pessoas, as organizações, as circunstâncias sociais e as preocupações com as políticas públicas são cruciais para apoiar o LS (WORLD HEALTH ORGANIZATION, 2022b). É necessária uma estratégia de toda a sociedade que combine ações políticas multissetoriais e práticas convergentes para aumentar o LS para prevenção e controle das DNTs. Por esta razão, o objetivo do desenvolvimento do LS é ajudar os Estados-Membros da OMS a criarem e implementarem políticas, sistemas, serviços e profissionais de saúde públicos e/ou privados que possam atender aos requisitos de LS de suas respectivas populações e comunidades para a proteção e gestão das DNTs em todos os contextos (WORLD HEALTH ORGANIZATION, 2022c).

É fundamental ressaltar que o objetivo do LS não se limita às DNTs, uma vez que a educação em saúde pode, mas nem sempre, envolver o desenvolvimento de habilidades de LS para capacitar os indivíduos a buscar, analisar, avaliar e compartilhar informações relacionadas à saúde de modo geral. Assim, o LS seria o produto da educação em saúde (MORAES *et al.*, 2021). Os indivíduos podem aprender a tomar decisões saudáveis e alcançar excelentes resultados de saúde através da educação em saúde e o LS para qualquer patologia, o que também inclui CI (GLASER *et al.*, 2020), uma vez que o LS pode ajudar a promover a autonomia.

Uma visão global e brasileira do CI

Em várias nações ao redor do globo, o CI para consultas e tratamentos é exigido por razões éticas, morais e legais, uma vez que as obrigações administrativas, civis e criminais decorrentes da relação médico-paciente o determinam.

Eticamente, os profissionais que participam da relação médico-paciente são obrigados a escolher a terapia ideal para cada paciente com base em descobertas científicas conhecidas e informar os pacientes sobre os benefícios previstos e os riscos potenciais (PIETRZYKOWSKI; SMILOWSKA, 2021). Esta obrigação decorre da necessidade ética dos médicos de fornecer aos pacientes o melhor tratamento possível. O doente deve ser autorizado a fazer perguntas ao médico sobre os tratamentos, benefícios e perigos recomendados, e o médico deve responder com base na sua experiência profissional e na literatura médica relevante (TISELIUS, 2021). Essa troca de informações e ideias entre o paciente e o profissional de saúde é a base da relação médico-paciente e facilita a tomada de decisões informadas, mesmo nas condições médicas mais difíceis (MORAIN; JOFFE; LARGENT, 2019).

É fundamental reconhecer que o CI para consultas e procedimentos é um processo, não um ato único. Isso porque em uma boa relação médico-paciente, o conhecimento de informações passadas para adesão à terapia, a compreensão dos fatores de risco em procedimentos invasivos e o cumprimento das instruções pós-operatórias, têm influência direta no CI. O entendimento do paciente foi identificado como um componente importante do processo de CI; no entanto, isso também foi reconhecido como problemático porque a compreensão é uma noção altamente subjetiva (HEYWOOD; MACASKILL; WILLIAMS, 2010).

Certos países exigem formulários CI (escritos), particularmente para procedimentos invasivos. No entanto, não existe tal exigência no Brasil, pois, de acordo com a legislação, o CI é o registro em prontuário de uma decisão voluntária do paciente ou de seus responsáveis legais, tomada após um processo informativo e esclarecedor, para autorizar um tratamento ou procedimento médico específico, ciente de seus riscos, benefícios e potenciais consequências (HIRSCHHEIMER; CONSTANTINO; OSELKA, 2010).

Existem várias denominações utilizadas para se referir ao CI: "ciência e consentimento", "consentimento após informação", "consentimento livre e esclarecido", "consentimento pós-informação", "formulário de autorização de tratamento", "termo de aceitação do tratamento médico-cirúrgico ambulatorial", "termo de consentimento esclarecido", "termo de consentimento informado", "termo de esclarecimento e consentimento", "termo de esclarecimentos" e até o termo em inglês *informed consent* (HIRSCHHEIMER; CONSTANTINO; OSELKA, 2010).

Apesar de o termo de consentimento livre e esclarecido (TCLE) não estar expressamente previsto no ordenamento jurídico brasileiro, as referências a ele podem ser encontradas em diversos dispositivos, tanto constitucionais quanto infraconstitucionais, como os encontrados no Código Civil, no Código de Defesa do Consumidor e no Código de Ética Médica.

O princípio da dignidade humana já é mencionado no art. 1º, inc. III da Constituição da República (1988). Este conceito regula as conexões humanas, e percebemos o ser humano como o personagem principal nas relações como resultado. Adiante, no art. 5º, inc. II, encontramos que "ninguém será obrigado a fazer ou abster-se de fazer algo senão por força da lei" (REPÚBLICA FEDERATIVA DO BRASIL, 1988). Consideramos aqui o direito de cada indivíduo de tomar decisões, e aplicamos esse conceito à interação médico-paciente (CANOTILHO *et al.*, 2018). Como resultado, em termos constitucionais no Brasil, o CI é necessário para o exercício da medicina, e sua ausência pode até ser considerada um insulto ao direito à personalidade (SCHREIBER, 2013), que faz parte do princípio da dignidade humana.

O art. 5º, inc. X, da Constituição Federal do Brasil (1988) determina que "são invioláveis a privacidade, a vida privada, a honra e a imagem das pessoas, assegurado o direito à indenização por danos materiais ou morais decorrentes de sua violação". Mais uma vez, encontramos na lei superior o direito do paciente de ter sua privacidade, seu corpo mantido e de ter sua privacidade violada somente depois de concordar. Assim, depois de obter todas as informações necessárias, o paciente poderá selecionar a opção menos traumática e consentir em continuar a terapia. Essa cláusula também permite a restituição civil no caso de a integridade corporal do paciente não ser preservada (MENDES; BRANCO; GONET, 2018).

No inc. XXXII do mesmo art. 5º (1988), está prevista a obrigação do Estado de proteger os direitos do consumidor. Como a relação médico-paciente passou a ser vista como uma relação contratual de consumo, ela está contemplada pela Código de Defesa do Consumidor (NUNES, 2018). Por fim, os arts. XIV, XXXIII e LXII do art. 5º da Constituição Federal (1988) tratam do direito à informação de todo indivíduo, sendo razoável supor que esse direito também se refira ao paciente, uma vez que ele deve ter acesso irrestrito a informações sobre seu estado de saúde e, portanto, a liberdade de escolher a terapia que será menos invasiva para ele (BRANDÃO, 2021).

No Brasil, a relação médico-paciente é considerada contratual (DANTAS, 2021) e, por isso, alguns trechos do Código Civil brasileiro tratam dessa questão. A doutrina define a declaração de existência, ou seja, a manifestação da vontade de dois ou mais indivíduos, como a primeira necessidade subjetiva de qualquer contrato (CABRAL, 2018), seguida da capacidade das partes (TEPEDINO; KONDER; BANDEIRA, 2021). Outra característica distintiva é a capacidade de negociar (MELLO, 2019b, 2019a, 2019c) e, finalmente, consentir (BARROS JÚNIOR, 2019). É vital notar que a falta dessas normas tem um impacto na eficácia do negócio jurídico (MELLO, 2019c; SARLET, 2012).

O art. 13 do Código Civil brasileiro (REPÚBLICA FEDERATIVA DO BRASIL, 2002) afirma:

> salvo exigências médicas, é vedado o ato de descarte do próprio corpo, quando envolver diminuição permanente da integridade física, ou contrariar os bons costumes. Parágrafo único. O ato previsto neste artigo será admitido para fins de transplante, conforme estabelecido em lei especial.

E o art. 15 "Ninguém pode ser obrigado a submeter-se, em risco de morte, a tratamento médico ou cirurgia" (REPÚBLICA FEDERATIVA DO BRASIL, 2002). É fundamental destacar que o Código Civil codificou, nos arts. 13 e 15, a ideia de autonomia e disposição sobre o próprio corpo, que são aplicadas por meio do exercício do CI, reconhecendo a importância desses direitos para o pleno desenvolvimento do indivíduo (SCHREIBER, 2013). Quando há algum tipo de lesão ao paciente, mesmo que seja apenas no âmbito moral, o Código Civil brasileiro também permite diversas formas de reparação do dano (CORREIA-LIMA, 2012).

Por se tratar de uma relação de consumo (FILOMENO, 2018), a interação médico-paciente será regida pelo Código de Defesa do Consumidor (FRANÇA, 2017). Diante de tal ordem, o paciente será visto como um cliente, e o médico como um prestador de serviços (TARTUCE; NEVES, 2021). Nesse contexto, a figura do CI surge como um meio de assegurar ao paciente (consumidor) todas as informações necessárias sobre o "serviço" que ele está "adquirindo", ou seja, o médico tem o dever de informar o paciente, em detalhes, sobre todo o tratamento a que terá que se submeter, e esse serviço deve ser feito de forma adequada, garantindo assim a compreensão do paciente e evitando futuros desconfortos (BRANDÃO, 2021; DANTAS, 2021).

O art. 46 do Código de Defesa do Consumidor (1990) estabelece:

> os contratos que regulem as relações de consumo não obrigarão o consumidor, se não lhe for dada a oportunidade de conhecimento prévio de seu conteúdo, ou se os respectivos instrumentos forem redigidos de forma a dificultar a compreensão de seu significado e alcance.

Ou seja, o CI dá ao consumidor-paciente a possibilidade de conhecer o contrato que regerá os cuidados de saúde prestados. Se o cliente não tiver conhecimento das condições do seu contrato, não é obrigado a cumpri-las (NASCIMENTO; SANTOS, 2021). Trata-se, sem dúvida, de uma disposição legal que pode deixar de se aplicar se o CI for criado de acordo com as normas legais em vigor.

Desde o início, vemos no art. 4º do referido Código (REPÚBLICA FEDERATIVA DO BRASIL, 1990) a estipulação de que os contatos com os consumidores devem ser permeados pela abertura, que pode ser aqui vista como um direito fundamental do cliente ao conhecimento (BENJAMIN; MARQUES; BESSA, 2021). Além disso, de acordo com o art. 6º do Código de Defesa do Consumidor (1990), todo consumidor tem direito a informações adequadas e claras sobre diversos produtos e serviços, incluindo a correta especificação de quantidade, características, composição, qualidade e preço, bem como os riscos que apresentam (NUNES, 2018; TARTUCE; NEVES, 2021). Essa cláusula modifica a substância do CI, descrevendo como as informações devem ser fornecidas, deixando claro que o vocabulário deve ser agradável ao paciente e, também, dar ao paciente mais voz no processo de compreensão em relação ao tópico (DANTAS, 2021).

Outra noção abordada no Código de Defesa do Consumidor é que o paciente/cliente será sempre o lado mais fraco da conexão, o mais vulnerável, razão pela qual ele deve ser protegido (ROSA *et al.*, 2019). É o que chamamos de princípio da vulnerabilidade, em que todos são iguais perante a lei e trazendo essa máxima para o campo das relações de consumo, podemos entender o CI como um mecanismo que vem para restaurar o equilíbrio das relações, sendo um processo protetor tanto para o médico que tem certeza de que transmitiu adequadamente as informações necessárias, e também para o paciente, que tem certeza da possibilidade de ter seu direito restaurado se algum procedimento for realizado contra sua vontade (ARAÚJO; LINS-KUSTERER; VERDIVAL, 2022).

No art. 14 do Código de Defesa do Consumidor (1990), o parlamentar afirmou que o prestador deve ser responsabilizado pela insuficiência de informações fornecidas (GRINOVER *et al.*, 2019). Chegou ao ponto de pedir uma pena de prisão para os provedores que fornecem informações imprecisas ou distorcidas, conforme descrito no art. 66.

Além disso, é importante ressaltar que, no ordenamento jurídico brasileiro, a área médica possui uma série de regulamentos, sendo possível destacar a legislação que trata do CI em resoluções do Conselho Federal de Medicina, bem como nas regulamentações do Conselho Nacional de Saúde e do Código de Ética Médica.

O art. 22 do Código de Ética Médica brasileiro (2019) explica que é vedado ao médico deixar de obter o consentimento do paciente ou de seu representante legal após esclarecê-lo sobre o procedimento a ser realizado, exceto em casos de risco iminente de morte. Este conceito deve ser sempre seguido na relação médico-paciente em qualquer decisão médica, que nunca deve ser tomada sozinha pelo profissional, mas com o paciente ou um membro da família, neste último caso, se o paciente for incapaz (BARROS JÚNIOR, 2019).

O Código de Ética Médica ainda estabelece em seu art. 31 que os médicos estão proibidos de desrespeitar o direito do paciente ou de seu representante legal de decidir livremente sobre a realização de práticas diagnósticas ou terapêuticas, exceto em casos de risco iminente de morte (CONSELHO FEDERAL DE MEDICINA, 2019).

O Conselho Federal de Medicina também emitiu a Recomendação nº 1 (2016), que vê o CI como dever do médico e direito do paciente, e o processo de obtê-lo como etapa de comunicação entre ambos, com tripla função: a primeira é respeitar a liberdade de escolha do paciente, que se traduz em autonomia. Depois de receber as explicações necessárias sobre o diagnóstico, procedimentos indicados e terapia aconselhada, o paciente pode tomar uma decisão informada. O segundo papel é reforçar a ligação entre as duas partes, promovendo a sua relação intersubjetiva. Por fim, com base nessa comunicação, o papel final é determinar os parâmetros de desempenho do profissional (PAZINATTO, 2019).

No Brasil, a recomendação do Conselho Federal de Medicina é a diretriz mais abrangente sobre comunicação assertiva entre médico e paciente. Esta recomendação fornece informações sobre o processo de obtenção de CI em tratamento médico. Esta norma não se destina a promover a prática da medicina defensiva; em vez disso, destina-se a promover a comunicação eficaz e a relação intersubjetiva que existe entre ambas as partes. Além disso, é interessante notar que em nenhum momento é necessário que o CI seja escrito.

Utilizando as técnicas do LS no CI

No processo de CI, os fundamentos da LS podem levar a julgamentos mais bem informados. Isso porque, o erro mais frequente cometido durante o CI é o uso de termos técnicos, que estão além da compreensão do paciente comum. A discordância pode surgir por várias razões, incluindo as limitações intelectuais do paciente e a incapacidade do médico de explicar adequadamente o jargão da saúde (CASTRO *et al.*, 2020).

É vital considerar a comunicação verbal e textual neste contexto (OWNBY *et al.*, 2015). Em termos do primeiro, os pacientes com um baixo nível de LS tendem a lembrar apenas metade do que é falado e não se sentem preparados para fazer perguntas (SHERIDAN *et al.*, 2011). Como resultado, a linguagem básica é aconselhada (MOLINUEVO ALONSO, 2017), sem jargão médico ou terminologia técnica (FREITAS *et al.*, 2019), com vocabulário refletido no paciente, com fala clara, calma e informações separadas em pequenas seções (PIBER, 2022).

É benéfico usar uma linguagem simples, independentemente do nível de escolaridade e do tipo de paciente. Se o especialista usa "jargão técnico", ele deve explicar e exemplificar o que ele quer dizer em um processo de educação em saúde, porque, na maioria das vezes, o paciente gosta de aprender (ALMEIDA, 2020).

A abordagem do ensino-retorno (*teach-back*), que não utiliza as perguntas típicas "Você entendeu?" ou "Você tem alguma pergunta?", evitando respostas como "sim" ou "não", é uma estratégia para verificar se os pacientes receberam completamente a informação (GLASER *et al.*, 2020). A técnica busca o retorno do paciente com base na seguinte solicitação: "Quero ter certeza de que expliquei tudo corretamente. Você poderia explicar o que entendeu?". Dessa forma, o indivíduo descreve a informação com suas próprias palavras, permitindo que o profissional avalie sua compreensão (ALMEIDA; BRITO, 2020). Assim, a pergunta que deve ser feita para empregar a abordagem *teach-back* sugere que o "peso" da pergunta e do dever cabe ao profissional de saúde e não ao paciente (DONOVAN-KICKEN *et al.*, 2012). O profissional de saúde é aquele que quer saber se ele se comunicou efetivamente com o paciente e não o contrário.

Por sua vez, o conteúdo escrito, em conjunto com as informações vocais, deve reforçar a compreensão do paciente. Seja qual for o caso, a comunicação impressa deve corresponder ao nível de leitura do quinto ao sexto ano do ensino fundamental, no máximo, e deve ser confinada a temas vitais, evitando conteúdo supérfluo e desnecessário (CANGUSSÚ *et al.*, 2021).

Algumas pesquisas também analisaram novos métodos de obtenção de CI em pesquisas e serviços, onde pressupostos de alfabetização foram avaliados em um experimento clínico com pessoas de baixa renda. Foram utilizadas duas formas: uma reduzida e outra convencional. A forma simplificada tinha as mesmas informações da versão convencional, mas era dada de forma mais concisa, com menos jargão médico, na voz ativa, e com formatação e agrupamento mais simples de processos e informações, facilitando a compreensão (HUHTA; HIRVONEN; HUOTARI, 2018).

Dependendo das circunstâncias, os dados numéricos podem ser críticos para a tomada de decisões, particularmente quando se concorda com o tratamento de saúde. Espera-se que esses dados auxiliem a compreensão, incluindo estatísticas sobre as vantagens e os perigos das atividades preventivas, bem como a doença e o prognóstico. Muitas pessoas, no entanto, lutam com números, que é um componente crucial da alfabetização em saúde (CARTHERY-GOULART *et al.*, 2009). Portanto, é vital que o profissional de saúde utilize táticas criativas, desdobrando as estatísticas em visuais, frases, gráficos simples e dirigidos à população específica que deseja esclarecer. Para expressar o significado dos números, o conselho é ser visual e empregar uma série de imagens e formas claramente identificáveis (MORAES, 2020).

Auxílios visuais, como esquemas e fotografias, podem ajudar os pacientes a entender melhor as informações, especialmente quando riscos e probabilidades são apresentados (GARCIA-RETAMERO; GALESIC, 2010). Em certos casos, podem ser utilizadas abordagens complementares, incluindo iconografia e apresentação de representações gráficas de pessoas de um grupo demográfico específico de risco (NASCIMENTO, 2022). Representações visuais de informações podem provocar reações emocionais poderosas e, se facilmente lembradas, podem ter um impacto maior do que as informações transmitidas verbalmente. Algumas pessoas têm uma memória melhor para ver eventos e objetos, enquanto outras são mais auditivas e, portanto, memorizam mais oralmente e através dos sons que ouvem (WYER; SHRUM, 2015).

Os anseios dos pacientes são mais bem compreendidos quando entregues na língua materna, com palavras mais curtas, imagens, espaços em branco e o tamanho de fonte apropriado (MCCARTHY *et al.*, 2012). Para potencializar a discussão entre pesquisador e participante, esse formato, que torna os materiais acessíveis àqueles com pouca habilidade de leitura, deve ser estabelecido com o auxílio de profissionais de comunicação (FREITAS FILHO *et al.*, 2022). Além disso, os desenvolvedores devem ter uma sólida formação cultural, bem como experiência em pesquisa.

Ferramentas criativas, como filmes que destacam os riscos e benefícios de uma determinada abordagem clínica ou pesquisa, também podem ajudar as pessoas a entender o CI (PALLETT *et al.*, 2018). O médico sente que seus pacientes devem saber certas coisas e deseja compartilhar seu conhecimento com eles. No entanto, se as expectativas dos pacientes não forem satisfeitas, o especialista e o paciente podem ficar frustrados porque a estratégia de terapia provavelmente não funcionará (PASSAMAI; SAMPAIO; HENRIQUES, 2019). Diante dessa necessidade, é importante que o paciente participe ativamente na elaboração do seu plano de cuidado e das decisões referentes à sua saúde. É útil fornecer materiais escritos, esquemas, desenhos, filmes, vídeos, podcasts e outros meios para aumentar o entendimento do paciente e motivá-lo para aderir ao plano terapêutico (BARREIROS *et al.*, 2021).

Ask Me 3 é uma ferramenta eficaz de capacitação do paciente. A técnica *Ask Me 3* foi criada pela *Partnership for Clear Health Communication* da *National Patient Safety Foundation* como uma solução para a epidemia silenciosa de alfabetização em saúde da América (SIX-MEANS *et al.*, 2012). *Ask Me 3* "é um programa de educação do paciente projetado para aumentar a comunicação entre os prestadores de cuidados de saúde e os pacientes, a fim de melhorar os resultados de saúde", de acordo com o *site* (http://www.npsf.org/for-healthcare-professionals/programs/ask-me-3/). O programa promove aos pacientes a compreensão das três questões a seguir: *1. Qual é o meu principal problema? 2. O que preciso fazer? 3. Por que é importante para mim fazer isso?* (ALMEIDA; MORAES; BRASIL, 2020; GOSKE; BULAS, 2009; OKAN *et al.*, 2019; SAMERSKI, 2019).

A linguagem corporal dos profissionais revela muito sobre si mesmos e suas emoções. Como resultado, é fundamental atentar para a expressão não verbal durante a consulta, especificamente: fazer contato visual no início da entrevista; evitar olhar para a tela do computador ou para o registro muitas vezes; manter as mãos, os pés e os objetos em repouso ou sem movimentos repetidos, sem demonstrar apreensão; e manter uma expressão facial que demonstre cuidado, respeito e empatia (NUTBEAM; MCGILL, 2019; OKAN *et al.*, 2019). A satisfação do paciente com a consulta é muito influenciada pela combinação e interação da comunicação verbal e não verbal.

As informações coletadas em um resumo da estratégia médica melhoram a confiabilidade, a atualidade e a validade dos dados. Ao apresentar ao paciente um resumo dos dados, finalizar com as seguintes perguntas: Você acredita que este resumo reflete bem o que lhe ocorre? O que mais você acrescentaria? O que você deixaria de fora? A aplicação desta abordagem produz resultados inesperados (ALMEIDA; BRITO, 2020). O paciente se sente ouvido, mas também contribui ativamente na visão final que se constrói em nossos pensamentos (ANDRADE *et al.*, 2020). O fluxo de comunicação e a qualidade dos dados também são melhorados.

Quando o paciente é capaz de entender, a informação se torna comunicação. Tanto a CI quanto o LS incluem aspectos da resposta do paciente ao tratamento, bem como a compreensão do paciente sobre os riscos e benefícios da terapia e a adesão do paciente ao tratamento.

Considerações finais

Para aumentar a adesão ao tratamento e empoderar os cidadãos, o LS deve ser examinado desde o relacionamento interpessoal até a transmissão de informações, desde o cuidado individual até a comunidade. Como resultado, é fundamental internalizar efetivamente as informações apresentadas, particularmente durante a tomada de decisões.

Inúmeras maneiras foram desenvolvidas ao longo do tempo para ampliar o conhecimento dos participantes em serviços médicos, mas ainda existem muitas falhas e inconsistências na obtenção dessa permissão. Ao desenvolver essa abordagem, pesquisadores e profissionais devem incluir a LS.

É ideal conhecer o nível de LS do público-alvo; no entanto, como isso nem sempre é possível, a documentação acessível a todos, incluindo pessoas com baixo LS, pode ser desenvolvida para garantir a autonomia no CI.

Mais ideias e táticas operacionais surgirão à medida que as equipes absorverem os princípios da LS enquanto desenvolvem o CI, aprimorando e facilitando o processo.

Referências

ALMEIDA, Cristina Vaz de. Clareza de linguagem. *In*: ALMEIDA, Cristina Vaz de; MORAES, Katarinne Lima; BRASIL, Virginia Visconde (Org.). *50 técnicas de literacia em saúde*: um guia para a saúde. 1. ed. Beau Bassin: Novas Edições Acadêmicas, 2020. p. 36-37.

ALMEIDA, Cristina Vaz de; BRITO, Marisa. Teach-back. *In*: ALMEIDA, Cristina Vaz de; MORAES, Katarinne Lima; BRASIL, Virginia Visconde (Org.). *50 técnicas de literacia em saúde*: um guia para a saúde. 1. ed. Beau Bassin: Novas Edições Acadêmicas, 2020. p. 104-105.

ALMEIDA, Cristina Vaz de; MORAES, Katarinne Lima; BRASIL, Virginia Visconde. *50 técnicas de literacia em saúde na prática* – Um guia para a saúde. Alemanha: Novas Edições Acadêmicas, 2020. v. 2.

ALMEIDA, Cristina Vaz de; PIBER, Ronaldo Souza. Literacia em saúde: aspectos filosóficos, sociais e jurídicos. *Journal Health NPEPS*, v. 7, n. 1, p. e6235, 2022. Disponível em: https://doi.org/10.30681/252610106235.

ANDRADE, Áurea *et al. Literacia em saúde, um desafio emergente*: contributos para a mudança de comportamento. 1. ed. Coimbra: Centro Hospitalar e Universitário de Coimbra, 2020. Coletânea de Comunicações.

ARAÚJO, Ana Thereza Meireles; LINS-KUSTERER, Liliane; VERDIVAL, Rafael. Vulnerabilidade e compreensão como fundamentos do consentimento na relação médico-paciente. *Revista Brasileira de Direito Civil*, v. 31, n. 1, p. 275-295, 2022. Disponível em: https://doi.org/10.33242/rbdc.2022.01.011.

ATKINS, Kim. Autonomy and autonomy competencies: a practical and relational approach. *Nursing Philosophy*, v. 7, n. 4, p. 205-215, 2006. Disponível em: https://doi.org/10.1111/j.1466-769X.2006.00266.x.

BARREIROS, Barbara Cristina *et al.* Habilidades essenciais para a comunicação clínica efetiva. *In*: DOHMS, Marcela; GUSSO, Gustavo (Org.). *Comunicação clínica*: aperfeiçoando os encontros em saúde. 1. ed. Porto Alegre: Artmed, 2021. p. 1-16.

BARROS JÚNIOR, Edmilson de Almeida. *Código de ética médica*: comentado e interpretado – Resolução CFM 2217/2018. 1. ed. Timburi: Cia do eBook, 2019.

BELIM, Celia; ALMEIDA, Cristina Vaz de. Communication competences are the key! A Model of communication for the health professional to optimize the health literacy – Assertiveness, clear language and positivity. *Journal of Healthcare Communications*, v. 3, n. 3, 2018. Disponível em: https://doi.org/10.4172/2472-1654.100141.

BENJAMIN, Antonio Herman V.; MARQUES, Claudia Lima; BESSA, Leonardo Roscoe. *Manual de direito do consumidor*. 9. ed. São Paulo: Thomson Reuters Brasil, 2021. *E-book*.

BOBBIO, Norberto. *A era dos direitos*. 7. ed. Rio de Janeiro: Elsevier, 2004.

BRANDÃO, Luciano Correia Bueno. *A responsabilidade civil do médico pela falha no dever de informação*. 1. ed. Rio de Janeiro: GZ, 2021.

BREHAUT, Jamie C. *et al.* Elements of informed consent and decision quality were poorly correlated in informed consent documents. *Journal of Clinical Epidemiology*, v. 68, n. 12, p. 1472-1480, 2015. Disponível em: https://doi.org/10.1016/j.jclinepi.2015.03.002.

CABRAL, Hildeliza Lacerda Tinoco Boechat. *Consentimento informado no exercício da medicina e tutela dos direitos existenciais*: uma visão interdisciplinar direito e medicina. 2. ed. Curitiba: Appris, 2018.

CAMPOS, Carlos Frederico Confort; LEÃO, Jéssica; DOHMS, Marcela. Comunicação clínica efetiva. *In*: DOHMS, Marcela; GUSSO, Gustavo (Org.). *Comunicação clínica*: aperfeiçoando os encontros em saúde. 1. ed. Porto Alegre: Artmed, 2021. p. 25-33.

CANGUSSÚ, Luana Resende *et al.* Concordância entre dois instrumentos para avaliação do letramento em saúde. *Epidemiologia e Serviços de Saúde*, v. 30, n. 2, 2021. Disponível em: https://doi.org/10.1590/s1679-49742021000200004.

CANOTILHO, Jose Joaquim Gomes *et al. Comentários à Constituição do Brasil*. 2. ed. São Paulo: Saraiva Educação, 2018.

CARTHERY-GOULART, Maria Teresa *et al.* Performance of a Brazilian population on the test of functional health literacy in adults. *Revista de Saúde Pública*, v. 43, n. 4, p. 631-638, 2009. Disponível em: https://doi.org/10.1590/S0034-89102009005000031.

CASTRO, Carolina Fernandes de *et al.* Termo de consentimento livre e esclarecido na assistência à saúde. *Revista Bioética*, v. 28, n. 3, p. 522-530, 2020. Disponível em: https://doi.org/10.1590/1983-80422020283416.

CONSELHO FEDERAL DE MEDICINA. *Código de Ética Médica*: Resolução CFM nº 2.217, de 27 de setembro de 2018, modificada pelas Resoluções CFM nº 2.222/2018 e 2.226/2019. Brasília: Conselho Federal de Medicina, 2019.

CONSELHO FEDERAL DE MEDICINA. *Recomendação CFM nº 1/2016*. Dispõe sobre o processo de obtenção de consentimento livre e esclarecido na assistência médica. Brasília: Conselho Federal de Medicina, 2016. p. 1-33. Disponível em: https://portal.cfm.Org.br/images/Recomendacoes/1_2016.pdf. Acesso em: 26 set. 2021.

CONVIE, L. J. *et al.* The patient and clinician experience of informed consent for surgery: a systematic review of the qualitative evidence. *BMC Medical Ethics*, v. 21, n. 1, p. 58, 2020. Disponível em: https://doi.org/10.1186/s12910-020-00501-6.

CORREIA-LIMA, Fernando Gomes. *Erro médico e responsabilidade civil*. 1. ed. Brasília: Conselho Federal de Medicina, Conselho Regional de Medicina do Estado do Piauí, 2012.

DANTAS, Eduardo. *Direito médico*. 5. ed. Salvador: JusPodivm, 2021.

DONOVAN-KICKEN, Erin *et al.* Health literacy, self-efficacy, and patients' assessment of medical disclosure and consent documentation. *Health Communication*, v. 27, n. 6, p. 581-590, 2012. Disponível em: https://doi.org/10.1080/10410236.2011.618434.

ESHAM, Alyssa Dalila Badli. The doctrine of informed consent and duty of disclosure: a comparative essay between the US, UK, Australia and Malaysia with Indonesia. *Indonesian Comparative Law Review*, v. 2, n. 1, 2019. Disponível em: https://doi.org/10.18196/iclr.2113.

FILOMENO, José Geraldo Brito. *Direitos do consumidor*. 15. ed. São Paulo: Atlas, 2018.

FRANÇA, Genival Veloso de. *Direito médico*. 14. ed. Rio de Janeiro: Forense, 2017.

FREITAS FILHO, Walter de *et al*. Evidências científicas sobre a importância do letramento em saúde na obtenção do consentimento informado. *Revista Unimontes Científica*, v. 24, n. 2, p. 1-20, 2022. Disponível em: https://doi.org/10.46551/ruc.v24n2a4.

FREITAS, Maria da Graça *et al. Manual de boas práticas literacia em saúde*: capacitação dos profissionais de saúde. 1. ed. Lisboa: Direção-Geral da Saúde, 2019. Disponível em: https://doi.org/10.13140/RG.2.2.17763.30243.

GARCIA-RETAMERO, Rocio *et al*. Factors predicting surgeons' preferred and actual roles in interactions with their patients. *Health Psychology*, v. 33, n. 8, p. 920-928, 2014. Disponível em: https://doi.org/10.1037/hea0000061.

GARCIA-RETAMERO, Rocio; GALESIC, Mirta. Who profits from visual aids: Overcoming challenges in people's understanding of risks. *Social Science & Medicine*, v. 70, n. 7, p. 1019-1025, 2010. Disponível em: https://doi.org/10.1016/j.socscimed.2009.11.031.

GARRAFA, Volnei; COSTA, Sérgio Ibiapina Ferreira; OSELKA, Gabriel Wolf. A bioética no século XXI. *Revista Bioética*, v. 7, n. 2, 2000.

GLASER, Johanna *et al*. Interventions to improve patient comprehension in informed consent for medical and surgical procedures: an updated systematic review. *Medical Decision Making*, v. 40, n. 2, p. 119-143, 2020. Disponível em: https://doi.org/10.1177/0272989X19896348.

GOSKE, Marilyn J.; BULAS, Dorothy. Improving health literacy: informed decision-making rather than informed consent for CT scans in children. *Pediatric Radiology*, v. 39, n. 9, p. 901-903, 2009. Disponível em: https://doi.org/10.1007/s00247-009-1322-6.

GRINOVER, Ada Pellegrini *et al. Código Brasileiro de Defesa do Consumidor*: comentado pelos autores do anteprojeto: direito material e processo coletivo: volume único. 12. ed. Rio de Janeiro: Forense, 2019.

HEYWOOD, R.; MACASKILL, A.; WILLIAMS, K. Informed consent in hospital practice: health professionals' perspectives and legal reflections. *Medical Law Review*, v. 18, n. 2, p. 152-184, 2010. Disponível em: https://doi.org/10.1093/medlaw/fwq008.

HIRSCHHEIMER, Mário Roberto; CONSTANTINO, Clóvis Francisco; OSELKA, Gabriel Wolf. Consentimento informado no atendimento pediátrico. *Revista Paulista de Pediatria*, v. 28, n. 2, p. 128-133, 2010. Disponível em: https://doi.org/10.1590/S0103-05822010000200001.

HUHTA, Anna-Maija; HIRVONEN, Noora; HUOTARI, Maija-Leena. Health literacy in web-based health information environments: systematic review of concepts, definitions, and operationalization for measurement. *Journal of Medical Internet Research*, v. 20, n. 12, p. e10273, 2018. Disponível em: https://doi.org/10.2196/10273.

KHAN, Alisa *et al*. Patient safety after implementation of a coproduced family centered communication programme: multicenter before and after intervention study. *BMJ*, p. k4764, 2018. Disponível em: https://doi.org/10.1136/bmj.k4764.

MASCARO, Alysson Leandro. Direito e medicina, sociedade e natureza: sobre a relação entre ciências humanas e naturais. *Revista de Direito da Saúde Comparado*, v. 1, n. 1, p. 98-103, 2022.

MCCARTHY, Danielle M. *et al*. What did the doctor say? Health literacy and recall of medical instructions. *Medical Care*, v. 50, n. 4, p. 277-282, 2012. Disponível em: https://doi.org/10.1097/MLR.0b013e318241e8e1.

MELLO, Marcos Bernardes de. *Teoria do fato jurídico*: plano da existência. 22. ed. São Paulo: Saraiva Educação, 2019a.

MELLO, Marcos Bernardes de. *Teoria do fato jurídico*: plano da validade. 15. ed. São Paulo: Saraiva Educação, 2019b. *E-book*.

MELLO, Marcos Bernardes de. *Teoria do fato jurídico*: plano de eficácia. 11. ed. São Paulo: Saraiva Educação, 2019c.

MENDES, Gilmar Ferreira; BRANCO, Paulo Gustavo; GONET. *Curso de direito constitucional*. 13. ed. São Paulo: Saraiva Educação, 2018.

MOLINUEVO ALONSO, Beatriz. *La comunicación no verbal en la relación médico-paciente*. 1. ed. Barcelona: UOC, 2017. v. 5.

MORAES, Katarinne Lima *et al*. Validação do Health Literacy Questionnaire (HLQ) para o português brasileiro. *Acta Paulista de Enfermagem*, v. 34, n. eAPE02171, p. 1-10, 2021. Disponível em: https://doi.org/10.37689/acta-ape/2021AO02171.

MORAES, Katarinne Lima. Facilitar a numeracia. *In*: ALMEIDA, Cristina Vaz de; MORAES, Katarinne Lima; BRASIL, Virginia Visconde (Org.). *50 técnicas de literacia em saúde*: um guia para a saúde. 1. ed. Beau Bassin: Novas Edições Acadêmicas, 2020. p. 58-59.

MORAIN, Stephanie R.; JOFFE, Steven; LARGENT, Emily A. When is it ethical for physician-investigators to seek consent from their own patients? *The American Journal of Bioethics*, v. 19, n. 4, p. 11-18, 2019. Disponível em: https://doi.org/10.1080/15265161.2019.1572811.

MÜLLER, Sabine; WALTER, Henrik. Reviewing autonomy: implications of the neurosciences and the free will debate for the principle of respect for the patient's autonomy. *Cambridge Quarterly of Healthcare Ethics*, v. 19, n. 2, p. 205-217, 2010. Disponível em: https://doi.org/10.1017/S0963180109990478.

NASCIMENTO, Daniel Arruda; SANTOS, Edson Kretle dos. Vitória do animal laborans e o giro da máquina antropológica. *Cadernos Arendt*, v. 2, n. 4, p. 95-109, 2021. Disponível em: https://doi.org/10.26694/ca.v2i4.1631.

NASCIMENTO, Fernanda Layse da Silva. Visual law aplicado aos documentos médicos. *In*: BARBOSA, Maria da Glória Virginio; BARBOSA, Regina Cláudia Virginio (Org.). *Direito médico e da saúde*. 1. ed. João Pessoa: Ideia, 2022. p. 57-67.

NUNES, Rizzatto. *Curso de direito do consumidor*. 12. ed. São Paulo: Saraiva Educação, 2018.

NUTBEAM, Don; MCGILL, Bronwyn. Improving health literacy in clinical and community populations. *In*: OKAN, Orkan *et al*. (Org.). *International handbook of health literacy*: research, practice and policy across the lifespan. 1. ed. Bristol: Policy Press, 2019. p. 219-232.

OKAN, Orkan *et al*. *International handbook of health literacy*: research, practice and policy across the lifespan. 1. ed. Bristol: Policy Press, 2019.

OWNBY, R. L. *et al*. Health literacy predicts participant understanding of orally-presented informed consent information. *Clinical Research and Trials*, v. 1, n. 1, 2015. Disponível em: https://doi.org/10.15761/CRT.1000105.

PALLETT, Alicia C. *et al*. A randomized controlled trial to determine whether a video presentation improves informed consent for hysterectomy. *American Journal of Obstetrics and Gynecology*, v. 219, n. 3, p. 277.e1-277.e7, 2018. Disponível em: https://doi.org/10.1016/j.ajog.2018.06.016.

PASSAMAI, Maria da Penha Baião; SAMPAIO, Helena Alves de Carvalho; HENRIQUES, Eliane Mara Viana. *Letramento funcional em saúde*: as habilidades do usuário e o sistema único de saúde. [s.l.]: Editora CRV, 2019. Disponível em: https://doi.org/10.24824/978854443150.4.

PAZINATTO, Márcia Maria. A relação médico-paciente na perspectiva da Recomendação CFM 1/2016. *Revista Bioética*, v. 27, n. 2, p. 234-243, 2019. Disponível em: https://doi.org/10.1590/1983-80422019272305.

PIBER, Ronaldo Souza. A importância do letramento em saúde para o direito médico e da saúde. *In*: BARBOSA, Maria da Gloria Virginio; BARBOSA, Regina Cláudia Virginio (Org.). *Direito médico e da saúde*. 1. ed. João Pessoa: Ideia, 2022. p. 126-142.

PIETRZYKOWSKI, Tomasz; SMILOWSKA, Katarzyna. The reality of informed consent: empirical studies on patient comprehension – systematic review. *Trials*, v. 22, n. 1, p. 57, 2021. Disponível em: https://doi.org/10.1186/s13063-020-04969-w.

POTTER, Van Rensselaer. *Bioethics*: bridge to the future. 1. ed. Englewood Cliffs: Prentice-Hall, 1971.

REPÚBLICA FEDERATIVA DO BRASIL. *Código Civil* – Lei nº 10.406 de 10 de janeiro de 2002. Brasília, 2002. Disponível em: http://www.planalto.gov.br/ccivil_03/leis/2002/L10406.htm. Acesso em: 26 set. 2021.

REPÚBLICA FEDERATIVA DO BRASIL. *Código de Defesa do Consumidor* – Lei nº 8.078 de 11 de setembro de 1990. Brasília, 1990. Disponível em: http://www.planalto.gov.br/ccivil_03/leis/L8078.htm. Acesso em: 26 set. 2021.

REPÚBLICA FEDERATIVA DO BRASIL. *Constituição da República Federativa do Brasil de 1988*. Brasília, 1988. p. 1-139. Disponível em: http://www.planalto.gov.br/ccivil_03/constituicao/constituicao.htm. Acesso em: 26 set. 2021.

ROGERS, Edwin S.; WALLACE, Lorraine S.; WEISS, Barry D. Misperceptions of medical understanding in low-literacy patients: implications for cancer prevention. *Cancer Control*, v. 13, n. 3, p. 225-229, 2006. Disponível em: https://doi.org/10.1177/107327480601300311.

ROSA, Luiz Carlos Goiabeira *et al*. Consentimento informado defeituoso e presunção de culpa na relação entre médico e paciente. *RJLB*, v. 5, n. 5, p. 1143-1168, 2019.

SAMERSKI, Silja. Health literacy as a social practice: Social and empirical dimensions of knowledge on health and healthcare. *Social Science & Medicine*, v. 226, p. 1-8, 2019. Disponível em: https://doi.org/10.1016/j.socscimed.2019.02.024.

SARLET, Ingo Wolfgang. *A eficácia dos direitos fundamentais*: uma teoria geral dos direitos fundamentais na perspectiva constitucional. 11. ed. Porto Alegre: Livraria do Advogado Editora, 2012.

SCHREIBER, Anderson. *Direitos da personalidade*. 2. ed. São Paulo: Atlas, 2013.

SHERIDAN, Stacey L. *et al*. Interventions for individuals with low health literacy: a systematic review. *Journal of Health Communication*, v. 16, n. supl. 3, p. 30-54, 2011. Disponível em: https://doi.org/10.1080/1081 0730.2011.604391.

SIX-MEANS, Amy *et al*. Building a Foundation of Health Literacy with Ask Me 3TM. *Journal of Consumer Health On the Internet*, v. 16, n. 2, p. 180-191, 2012. Disponível em: https://doi.org/10.1080/15398285.2012.673461.

SOARES, Magda. *Letramento*: um tema em três gêneros. 3. ed. Belo Horizonte: Autêntica, 2009. ISSN 1413-2478.

SOUZA, Miriam Karine *et al*. Termo de consentimento livre e esclarecido (TCLE): fatores que interferem na adesão. *Arquivos Brasileiros de Cirurgia Digestiva*, v. 26, n. 3, p. 200-205, 2013. Disponível em: https://doi.org/10.1590/S0102-67202013000300009.

TARTUCE, Flávio; NEVES, Daniel Amorim Assumpção. *Manual de direito do consumidor*: direito material e processual, volume único. 10. ed. Rio de Janeiro: Forense; Método, 2021.

TEPEDINO, Gustavo; KONDER, Carlos Nelson; BANDEIRA, Paula Greco. *Fundamentos do direito civil –* Contratos. 2. ed. Rio de Janeiro: Forense, 2021. v. 3.

TISELIUS, Elisabet. Informed consent: an overlooked part of ethical research in interpreting studies. *INContext*, v. 1, n. 1, p. 83-100, 2021. Disponível em: https://doi.org/10.54754/incontext.v1i1.4.

WEISS, Barry D. *Removing barriers to better, safer care –* Health literacy and patient safety: Help patients understand – Manual for clinicians. 2. ed. Chicago: American Medical Association Foundation, 2009. v. 1. *E-book*. ISSN 0026556X.

WORLD HEALTH COMMUNICATION ASSOCIATES LTD. *Health Literacy Part 2 "Evidence and Case Studies"*. Birmingham: [s.n.], 2010.

WORLD HEALTH ORGANIZATION. *Health literacy development for the prevention and control of noncommunicable diseases*: A globally relevant perspective. Geneva: [s.n.], 2022a. v. 2.

WORLD HEALTH ORGANIZATION. *Health literacy development for the prevention and control of noncommunicable diseases*: Recommended actions. Geneva: [s.n.], 2022b. v. 3.

WORLD HEALTH ORGANIZATION. *Health literacy development for the prevention and control of noncommunicable diseases*: Case studies from WHO National Health Literacy Demonstration Projects. Geneva: [s.n.], 2022c. v. 4.

WORLD HEALTH ORGANIZATION. *Health Promotion Glossary of Terms 2021*. Geneva: [s.n.], 2021. Disponível em: https://www.who.int/publications/i/item/9789240038349.

WYER, Robert S.; SHRUM, L. J. The role of comprehension processes in communication and persuasion. *Media Psychology*, v. 18, n. 2, p. 163-195, 2015. Disponível em: https://doi.org/10.1080/15213269.2014.912584.

ZAGANELLI, Margareth Vetis; BORSELLINO, Patrizia. Regras sobre consentimento informado e disposições antecipadas: uma conquista para pacientes e profissionais da saúde. *Revista Jurídica da Presidência*, v. 23, n. 129, p. 47, 2021. Disponível em: https://doi.org/10.20499/2236-3645.RJP2021v23e129-2314.

ZHANG, Hui *et al*. Patient privacy and autonomy: a comparative analysis of cases of ethical dilemmas in China and the United States. *BMC Medical Ethics*, v. 22, n. 1, p. 8, 2021. Disponível em: https://doi.org/10.1186/s12910-021-00579-6.

Informação bibliográfica deste texto, conforme a NBR 6023:2018 da Associação Brasileira de Normas Técnicas (ABNT):

PIBER, Ronaldo; CONSTANTINO, Clóvis Francisco. O letramento em saúde como ferramenta essencial para uma boa comunicação no processo de obtenção do consentimento informado. *In*: RIBEIRO, Paulo Dias de Moura; TOMELIN, Georghio Alessandro; KIM, Richard Pae (Coord.). *Direito humano e fundamental à saúde*: estudos em homenagem ao ministro Enrique Ricardo Lewandowski. Belo Horizonte: Fórum, 2023. p. 343-357. ISBN 978-65-5518-606-2.

POLÍTICAS DE DESENCARCERAMENTO COMO QUESTÃO DE SAÚDE PÚBLICA

LEANDRO SARCEDO

Introdução

Ao recepcionar a mensagem eletrônica convidando-me para contribuir com um texto para a obra coletiva em homenagem ao Ministro Enrique Ricardo Lewandowski, não obstante toda a honra e alegria que senti, fui também tomado pelo receio e pela dúvida.

Receio de não ser capaz de produzir um texto à altura dessa figura pública gigante no desempenho de seus múltiplos deveres republicanos como ex-conselheiro da Secional São Paulo da Ordem dos Advogados do Brasil (OAB/SP), entidade fundamental à garantia da ordem democrática brasileira; ex-juiz do extinto e saudoso Tribunal de Alçada Criminal do Estado de São Paulo (TACrim-SP), onde chegou representando a advocacia pelo democrático instituto do Quinto Constitucional; ex-desembargador do Tribunal de Justiça de São Paulo (TJ-SP), para o qual foi promovido por merecimento; ministro do Supremo Tribunal Federal (STF), corte máxima do país, da qual também foi presidente, época em que cumulou o comando do Conselho Nacional de Justiça (CNJ).

Mas, principalmente, receio de não ser capaz de elaborar um texto que honrasse e agradecesse ao querido professor de Teoria Geral do Estado que, no ano de 1993, foi capaz de encantar, com sua clareza, sabedoria e gentileza, aquele garoto cheio de sonhos, recém-saído do interior do Estado, que acabava de aportar na grande metrópole para cursar direito no Largo de São Francisco.

A dúvida nascida à época do honroso convite para esta contribuição, formulado pelo eminente Ministro do Superior Tribunal de Justiça Paulo Dias Moura Ribeiro, decorria de eventual impropriedade técnica entre qualquer assunto que cercasse minha formação acadêmica e profissional, sempre ligada às ciências criminais, aos eixos da presente obra, que deveriam circundar o direito humano fundamental à saúde pública e privada e o direito médico.

Contudo, ao iniciar os levantamentos, estudos e reflexões daquilo que viria a se tornar o presente texto, ficou facilmente perceptível que a obra pública do Ministro

Ricardo Lewandowski, não só na condição de magistrado, mas também na condição de gestor máximo do CNJ, possibilitaria uma escolha certeira, que poderia colocar em relevo a grandiosidade da contribuição concreta do nosso homenageado à melhoria das condições de saúde de uma parcela significativa, mas historicamente marginalizada, de nossa população: a população prisional, com especial foco nas mulheres encarceradas e seus filhos.

Enfim, em breves palavras, pretende este texto homenagear, ainda que modestamente, mas de maneira fundamentada na prática e na teoria, a atuação do Ministro Ricardo Lewandowski em seus dezessete anos de atuação na máxima corte de justiça do país, período em que representou serenidade, capacidade de diálogo, preparo e resistência democrática em tempos muito turbulentos da história nacional.

Ministro Ricardo Lewandowski e a jurisprudência insurgente[1]

Com o intuito de entrelaçar um texto escrito em homenagem à obra do Ministro Ricardo Lewandowski com o tortuoso tema escolhido, faz-se imprescindível dar compreensão e sustentação teórica ao papel social desenvolvido por ele nessas quase duas décadas de judicatura na mais alta corte de justiça do país, bem como no exercício de posições administrativas de comando no topo do Poder Judiciário brasileiro.

Para tanto, buscam-se referências na clássica obra de Michael E. Tigar e Madeleine R. Levy, intitulada *O direito e a ascensão do capitalismo*, a qual trata do papel ideológico exercido pelo direito na manutenção da ordem jurídica e social, ao mesmo tempo em que problematiza a influência exercida pelos operadores do sistema jurídico nesse processo contínuo que é a evolução da jurisprudência, com a introjeção e o reconhecimento dos anseios populares, sem que haja a ruptura do arcabouço normativo preexistente na sociedade, isto é, sem que se rompa a ordem social estabelecida.[2]

Entre os atores que protagonizam a luta de classes em determinada sociedade, em determinado momento histórico, hão de ser diferidas duas situações distintas: a daqueles que rejeitam em absoluto a legitimidade do Estado e suas normas, buscando substituir o ordenamento jurídico e social preexistente como um todo, dentro de uma outra perspectiva ideológica, e daqueles que atuam em oposição a uma parte do sistema posto, buscando transformá-lo internamente, por meio dos órgãos representativos e de poder já existentes.

Dentro do grupo que não rejeita a legitimidade do Estado como um todo, afigura-se como fundamental o papel dos operadores do direito que, aos poucos, vão transformando a estrutura valorativa judicial dominante, por meio de um trabalho de convencimento racional e fundado nas próprias normas já existentes, transitando em seus espaços vazios e carecedores do reconhecimento de direitos que pareçam legítimos à organização social de um modo geral.

Essa atividade parte do pressuposto de que a lei e sua respectiva aplicação – a jurisprudência – não são fatos históricos consumados, não formam um sistema posto e

---

[1] Pedro Estevam Alves Pinto Serrano utilizou esse tema como mote da homenagem que prestou ao Ministro Ricardo Lewandowski na Escola Nacional Florestan Fernandes, do Movimento dos Trabalhadores Sem Terra (MST), ocorrida em 11.2.2023.

[2] TIGAR, Michael E.; LEVY, Madeleine R. *O direito e a ascensão do capitalismo*. Tradução de Ruy Jungmann. Rio de Janeiro: Zahar, 1978. Verificar, principalmente, páginas 298-315.

imutável, mas, sim, integram um processo em constante evolução – ainda que marcado por avanços e retrocessos –, construído cotidianamente pelo embate de valores e interesses das diversas classes sociais, que necessitam da palavra final dos juízes, os aplicadores das regras sociais em nome do Estado, para pôr fim às contendas com um mínimo de segurança e pacificação.

Num Estado de matriz jurídica de tradição liberal, como é o Brasil, a ideologia jurídica, como expressão da luta social, abrange dois princípios de vital importância para a própria estabilização do sistema: de um lado, a garantia do direito de propriedade e da previsibilidade dos contratos; enquanto de outro lado, ao mesmo passo, necessitam ser garantidas e afirmadas as liberdades públicas e a proteção da cidadania contra os arbítrios estatais.

É certo que a aplicação cotidiana desses dois princípios na prática do Poder Judiciário acaba propiciando a existência de decisões judiciais valorativamente díspares e/ou conflitantes, em vista do *locus* principiológico do qual partem os juízes que as proferiram.

Deve-se ter em consideração, também, que este embate de concepções principiológicas fica ainda mais agudo quando a atuação judicial incide sobre a gestão do sistema carcerário, porquanto sua concepção precípua volta-se justamente "(à) miséria governada através do sistema penal", como bem define o título da obra de Alessandro De Giorgi, fundamental à compreensão deste tema.[3] De um lado, perfilam-se os que dão primazia à preservação da propriedade privada e da ordem estabelecida como missão precípua do direito; de outro, aqueles que entendem que é possível avançar na regulação e na segurança da sociedade mesmo quando são colocados em relevo, respeitando-se e afirmando-se os direitos fundamentais conferidos constitucionalmente aos cidadãos.

Existe, neste ambiente social naturalmente conflituoso, verdadeira e legítima pressão para que sejam reinterpretados os princípios ideológicos dominantes sob a égide de outros critérios valorativos, a fim de que se possa dar respaldo às aspirações das classes vulnerabilizadas. Em outras palavras, nessa perspectiva, a ordem jurídica fica encarregada de garantir melhorias concretas na vida das pessoas submetidas ao poder estatal, transformando contínua e paulatinamente a ordem social, a partir de dentro de sua própria estrutura, sem que isso represente sua rejeição global ou sua própria desestabilização pela parte dissidente da sociedade, na qual se incluem enormes parcelas absolutamente carentes e vulnerabilizadas.

Dentro dessa construção teórica, Michael E. Tigar e Madeleine R. Levy conceituam que "é insurgente a decisão de não mais agir dentro da velha ideologia, de realizar o 'mecanicamente' possível. Tal decisão, embora tomada por uma *classe*, cristaliza-se em torno dos poucos líderes que dão os primeiros passos".[4]

---

[3] GIORGI, Alessandro De. *A miséria governada através do sistema penal*. Rio de Janeiro: Revan/ICC, 2006. *Passim*. Ilustrando o pensamento do autor exposto na obra referida, destaca-se o seguinte excerto a respeito da transição do "Estado social" ao "Estado penal": "[...] Todavia, é legítimo indagar até que ponto essa estratégia difere das práticas disciplinares que já conhecíamos. No fundo, o que examinamos não é outra coisa senão a progressiva centralidade alcançada pelo cárcere, isto é, pelo dispositivo penal *par excellence* na gestão da nova força de trabalho e dos grupos sociais marginais, grupos que, por sua vez, se ampliam cada vez mais em consequência do aumento do desemprego, da precarização do trabalho e do empobrecimento de massa que se seguiram à reestruturação do *welfare*. [...]" (GIORGI, Alessandro De. *A miséria governada através do sistema penal*. Rio de Janeiro: Revan/ICC, 2006. p. 97).

[4] TIGAR, Michael E.; LEVY, Madeleine R. *O direito e a ascensão do capitalismo*. Tradução de Ruy Jungmann. Rio de Janeiro: Zahar, 1978. p. 306.

O presente texto, portanto, busca exatamente aquilatar a importância dos "primeiros passos" dados internamente ao sistema jurídico pelo Ministro Ricardo Lewandowski, com vistas a efetivar garantias constitucionais e fazer cumprir tratados internacionais e a legislação ordinária naquilo que concerne à enorme população carcerária brasileira, com especial atenção à questão das mulheres em conflito com a lei penal.

Em verdade, trata-se, nesses "primeiros passos", de decisões grandiosas em sua dimensão de garantia da dignidade da pessoa humana, que se tornaram marcos transformadores de todo o sistema jurídico-penal brasileiro, as quais certamente exigiram muita coragem e independência funcional para serem tomadas e executadas.

O estado de coisas inconstitucional do sistema prisional brasileiro

Tendo sido nomeado para o Supremo Tribunal Federal em março de 2006, o Ministro Ricardo Lewandowski, já no ano de 2009, proferiu decisão monocrática considerada um marco muitíssimo importante para que se iniciasse uma série de posicionamentos firmes do órgão máximo do Poder Judiciário ante as mazelas do sistema prisional brasileiro.

O Recurso Extraordinário nº 592.581/RS foi interposto pelo Ministério Público do Rio Grande do Sul contra decisão exarada pelo Tribunal de Justiça daquele estado que, reformando sentença proferida em primeiro grau de jurisdição, entendeu indevida a intervenção do Poder Judiciário sobre a discricionariedade do Poder Executivo para determiná-lo a executar obras em estabelecimento prisional localizado no Município de Uruguaiana, que tinha condições absolutamente insalubres, colocando em perigo ou mesmo ofendendo de fato a integridade física e moral dos presos.

Ao reconhecer a repercussão geral naquele caso que aparentemente tratava exclusivamente de uma situação bastante específica, o Ministro Ricardo Lewandowski acentuou que o que se discutia, na realidade, era a prevalência e respectivo limite da prerrogativa constitucional do Poder Judiciário para determinar ao Poder Executivo obrigações de fazer, com a finalidade de garantir direitos constitucionais fundamentais aos indivíduos encarcerados.

Viu-se, ali, não só relevância jurídica, na medida em que a decisão poderia vir a servir como orientação jurisprudencial a todos os órgãos jurisdicionais do país, mas também repercussão econômica, uma vez que a decisão poderia impactar planejamentos orçamentários dos entes federativos, além da repercussão social, porquanto futura decisão certamente impactaria – positiva ou negativamente, a depender do seu teor – a vida dos milhares de cidadãos submetidos à tutela do Estado brasileiro.

A repercussão geral do tema foi também reconhecida pelo então presidente do STF, Ministro Marco Aurélio de Mello, afetando-o ao julgamento pelo Pleno do Tribunal, oportunidade em que reconheceu e afirmou a cronicidade do problema, bem como a necessidade de definir o papel do "Ministério Público visando à concretude da garantia constitucional do inciso XLIX do artigo 5º da Carta Federal, a prever, pedagogicamente, que o preso tem direito à integridade física e moral".

No ano de 2015, já sob a Presidência do próprio Ministro Ricardo Lewandowski, foi, então, pautado o julgamento do Recurso Extraordinário nº 592.581/RS. Em seu voto, na condição de relator, trouxe ele extenso relato a respeito da degradante situação em que se encontrava o sistema prisional brasileiro à época, da qual se extrai o seguinte pequeno excerto, com finalidade de demonstrar a preocupação já premente com as condições de saúde dos detentos que permeava o ideário de sua construção jurisprudencial:

> O senso comum não nega - ao contrário, reafirma - que o histórico das condições prisionais no Brasil é de insofismável precariedade.
>
> Nesse contexto, são recorrentes os relatos de sevícias, torturas físicas e psíquicas, abusos sexuais, ofensas morais, execuções sumárias, revoltas, conflitos entre facções criminosas, superlotação de presídios, ausência de serviços básicos de saúde, falta de assistência social e psicológica, condições de higiene e alimentação sub-humanas nos presídios.
>
> Esse evidente caos institucional, à toda evidência, compromete a efetividade do sistema prisional como instrumento de reabilitação social dos detentos, a começar pela carência crônica de vagas, que faz com que os estabelecimentos carcerários sejam verdadeiros "depósitos" de pessoas.[5]

Ainda no ano de 2015, também sob a Presidência do Ministro Ricardo Lewandowski, o CNJ iniciou o projeto-piloto de implantação das medidas necessárias à realização de audiências de custódia em todo o país, para respeitar regramento internacional e propiciar que os presos em flagrante delito fossem imediatamente apresentados a juízes, para que tivessem analisada a regularidade dos aspectos formais e materiais de sua prisão.

Naquele mesmo ano, com o Ministro Ricardo Lewandowski na Presidência do STF, foi pautada e julgada a Medida Cautelar na Arguição de Descumprimento de Preceito Fundamental (ADPF) nº 347/DF, de relatoria do Ministro Marco Aurélio, que trouxe, na sua ementa, um resumo da histórica condenação, pelo STF, do sistema carcerário brasileiro por suas notórias carências e histórico de abusos de direitos:

> Presente quadro de violação massiva e persistente de direitos fundamentais, decorrente de falhas estruturais e falência de políticas públicas e cuja modificação depende de medidas abrangentes de natureza normativa, administrativa e orçamentária, deve o sistema penitenciário nacional ser caraterizado como "estado de coisas inconstitucional".[6]

Ante a até então inoperância do Poder Legislativo sobre o tema, esse histórico julgamento do STF representou passo decisivo para a introdução e efetiva realização das audiências de custódia na prática jurídica nacional, instrumento essencial para combater ilegalidades principalmente em prisões em flagrante delito (mas também nas demais prisões cautelares).[7]

---

[5] Página 9 do voto do Ministro Relator Ricardo Lewandowski no Recurso Extraordinário nº 592.581/RS (Disponível em: www.stf.jus.br. Acesso em: 9 fev. 2023). Como defendem Dario Melossi e Massimo Pavarini, é por meio do tratamento penoso que o sistema carcerário busca transformar criminosos em proletários, isto é, por meio da retribuição coerciva, o cárcere historicamente tem a função de disciplinar sujeitos social e economicamente insubmissos (MELOSSI, Dario; PAVARINI, Massimo. *Cárcere e fábrica* – As origens do sistema penitenciário (séculos XVI-XIX). Rio de Janeiro: Revan/ICC, 2006. (Pensamento criminológico; v. 11). p. 211-217).

[6] No corpo de seu voto, página 2, o Ministro Marco Aurélio ressaltou a importância do precedente representado pelo caráter de repercussão geral concedido ao Recurso Extraordinário nº 592.581/RS: "Tem-se o Recurso Extraordinário nº 592.581/RS, da relatoria do ministro Ricardo Lewandowski, no qual o Tribunal assentou, sob o ângulo da repercussão geral, a possibilidade de o Poder Judiciário obrigar a União e os estados a realizarem obras em presídios para garantir a integridade física dos presos, independentemente de dotação orçamentária, constatada violação da dignidade da pessoa humana e inobservância do mínimo existencial dos presos".

[7] Trecho da ementa a respeito: "AUDIÊNCIA DE CUSTÓDIA – OBSERVÂNCIA OBRIGATÓRIA. Estão obrigados juízes e tribunais, observados os artigos 9.3 do Pacto dos Direitos Civis e Políticos e 7.5 da Convenção

Note-se que o Poder Legislativo só veio a suprir essa lacuna normativa em fins do ano de 2019, com a promulgação da Lei nº 13.964, o chamado "Pacote Anticrime", que alterou o texto do art. 287 e, principalmente, do art. 310 e incisos do Código de Processo Penal, passando a exigir que, "após receber o auto de prisão em flagrante, no prazo máximo de até 24 (vinte e quatro) horas após a realização da prisão, o juiz deverá promover audiência de custódia com a presença do acusado, seu advogado constituído ou membro da Defensoria Pública e o membro do Ministério Público", oportunidade em que poderá "relaxar a prisão ilegal"; "converter a prisão em flagrante em preventiva", fixar medidas cautelares diversas da prisão ou "conceder liberdade provisória, com ou sem fiança".

A estimativa publicada pela *UNODC – United Nations Office on Drugs and Crime* é de que, seis anos a partir de sua adoção em 2015, as audiências de custódia teriam reduzido em 10% o contingente de presos provisórios no Brasil, o que significa, em números absolutos, que "250 mil pessoas foram liberadas nas audiências de custódia, uma taxa que representa 31% do total de audiências realizadas".[8]

O sítio eletrônico do CNJ, em atualizadíssima matéria sobre o tema, publicada em 24.2.2023, traz a informação de que:

> Há oito anos, acontecia a primeira audiência de custódia no país, garantindo o direito de toda pessoa ser apresentada a um juiz ou juíza logo após a prisão. Desde então, são mais de 1,1 milhão de audiências realizadas, permitindo uma maior atenção do Judiciário à porta de entrada do sistema penal. Além disso, o instituto garante encaminhamento para serviços de proteção social – mais de 47,7 mil desde 2015 – e apuração de eventuais casos de tortura ou de maus-tratos no ato da prisão, com mais de 83,7 mil registros. Dados do Executivo Federal indicam que, desde o início da operação das audiências de custódia, houve redução do percentual de prisões provisórias no país – de 40,13% do total em 2014 para 26,48% em 2022.[9]

Por esse pequeno e singelo histórico, é possível perceber a importância dos "primeiros passos" dados internamente ao sistema jurídico por julgadores e administradores – como é o caso do Ministro Ricardo Lewandowski – que compreendem sua missão constitucional como sendo não só a de garantir direitos fundamentais do ponto de vista formal, mas também atuar para que sejam tais direitos operacionalizados e aplicados na prática. O que se verifica, depois de iniciado o caminho e com a paulatina implementação das medidas necessárias, é a efetiva transformação na vida das pessoas, principalmente as mais vulnerabilizadas, e a melhora nas condições de convivência em sociedade, sempre na incessante busca de redução da desigualdade social, como exige a cláusula transformadora de nossa Constituição, prevista em seu art. 3º.

Interamericana de Direitos Humanos, a realizarem, em até noventa dias, audiências de custódia, viabilizando o comparecimento do preso perante a autoridade judiciária no prazo máximo de 24 horas, contado do momento da prisão".

[8] Disponível em: https://www.unodc.org/lpo-brazil/pt/frontpage/2021/02/audiencia-de-custodia-completa-seis-anos-com-reducao-de-10-de-presos-provisorios.html. Acesso em: 23 fev. 2023.

[9] Disponível em: https://www.cnj.jus.br/audiencias-de-custodia-completam-oito-anos-com-mais-de-1-milhao-de-registros-no-pais/. Acesso em: 26 fev. 2023.

A tradução das Regras de Bangkok para a língua portuguesa

Corria o ano de 2012, quando a então Coordenadora da Pastoral Carcerária Nacional para a Questão da Mulher Presa do Instituto Terra, Trabalho e Cidadania (ITTC), Heidi Ann Cerneka, publicou no *Boletim do Instituto Brasileiro de Ciências Criminais* o texto denominado "Regras de Bangkok – está na hora de fazê-las valer!", no qual afirmava que, embora a Assembleia-Geral da ONU tivesse aprovado em 2010 a normativa contendo regras mínimas "para o tratamento da mulher presa e medidas não privativas de liberdade para as mulheres em conflito com a lei", imperava, no Brasil, um estado de coisas no qual "mulheres ainda dão a luz algemadas"; "crianças ainda ficam desamparadas quando a mãe está presa"; "mulheres ainda cumprem pena longe de suas famílias, sem visita e sem direito de telefonar para seus filhos"; "mulheres ainda estão recolhidas em unidades de segurança máxima quando seu delito poderia ser respondido em liberdade ou sua pena poderia ser uma pena alternativa à prisão". E, coroando a enumeração de mazelas às quais as mulheres eram (e, infelizmente, ainda são) submetidas quando encarceradas, "mulheres ainda são tratadas como homens nos presídios, mas que por acaso precisam de absorventes".[10]

De fato, a abordagem desumanizada das mulheres encarceradas, vistas como se homens fossem, uma vez que não têm o tratamento próprio de seu gênero, sendo invisibilizadas e vulnerabilizadas de maneira acintosa, levou a jornalista Nana Queiroz a publicar, no ano de 2015, a obra *Presos que menstruam – A brutal vida das mulheres – tratadas como homens – nas prisões brasileiras*, que denunciava a crueldade desta situação sob a forma de relatos colhidos junto a detentas durante quatro anos de atenta escuta e acurada pesquisa.[11]

Em agosto de 2014, novamente no *Boletim do Instituto Brasileiro de Ciências Criminais*, Heidi Ann Cerneka, Sônia Drigo e Raquel da Cruz Lima, representantes da Pastoral Carcerária e do Instituto Terra, Trabalho e Cidadania (ITTC), no texto denominado "Luta por direitos: a longa mobilização pelo fim da revista vexatória no Brasil", trouxeram novo manifesto a respeito da necessária implementação, na realidade brasileira, de mais um dos direitos reconhecidos internacionalmente pelas Regras de Bangkok.[12]

A gravidade e a persistência dessa prática ineficaz, humilhante e inconstitucional eram tamanhas que o assunto foi trazido, novamente, pelo *Boletim do Instituto Brasileiro de Ciências Criminais*, em fevereiro de 2015, agora sob a forma de editorial, no qual se

---

[10] CERNEKA, Heidi Ann. Regras de Bangkok – Está na hora de fazê-las valer! *Boletim do Instituto Brasileiro de Ciências Criminais*, ano 20, n. 232, p. 18-19, mar. 2012.

[11] QUEIROZ, Nana. *Presos que menstruam – A brutal vida das mulheres – tratadas como homens – nas prisões brasileiras*. 11. ed. Rio de Janeiro: Record, 2019. A temática da saúde da mulher encarcerada e do absoluto despreparo do sistema prisional para tratar do gênero feminino foi também tratada por Drauzio Varella em sua obra *Prisioneiras*, na qual o autor relata memórias do seu trabalho como médico voluntário na Penitenciária Feminina de São Paulo durante onze anos.

[12] Conforme aduzem as autoras, além de humilhante e inconstitucional, a prática da revista vexatória na entrada dos presídios revelava-se absolutamente ineficaz, pois, no Estado de São Paulo, menos de 0,03% das oportunidades tiveram algum resultado positivo, de maneira que "menos de três em cada 10.000 pessoas humilhadas foram flagradas portando algum objeto ilícito, sendo que este número é ainda menor se forem considerados os ilícitos que foram identificados dentro da genitália" (CERNEKA, Heidi Ann; DRIGO, Sônia; LIMA, Raquel da Cruz. Luta por direitos: a longa mobilização pelo fim da revista vexatória no Brasil. *Boletim do Instituto Brasileiro de Ciências Criminais*, ano 22, n. 261, p. 10-12, ago. 2014).

apoiava abertamente a promulgação de lei em âmbito federal ou estadual que pudesse pôr fim à nefasta prática.[13]

Diante desse estado de coisas, surgiu a iniciativa do Ministro Ricardo Lewandowski, enquanto presidente do CNJ, de determinar e comandar a tradução para o português, concluída em 2016, das chamadas *Regras de Bangkok – Regras das Nações Unidas para o tratamento de mulheres presas e medidas não privativas de liberdade para mulheres infratoras*, que haviam sido aprovadas pela Assembleia-Geral da ONU em 2010, mas que permaneciam ainda escritas somente em inglês.

Essa providência administrativa – que, num primeiro momento, pode parecer singela, quando se tem em consideração todo o poder que emana do CNJ –, representou, na verdade, o grande "primeiro passo" para uma enorme transformação não só no plano formal jurídico e normativo, mas também do ponto de vista material da realidade, na aflitiva situação vivida por milhares de mulheres encarceradas ou em conflito com a lei penal – gestantes, puérperas, mães – e por seus filhos, refreando e minimizando consequências denominadas pela criminologia de *vitimização terciária*, que é o sofrimento ilegal, desproporcional e desnecessário causado pelo sistema punitivo ao próprio envolvido no fato criminoso.[14]

Como exprime o jargão consagrado pelo uso popular, tratou-se, portanto, de verdadeiro "Ovo de Colombo", ou seja, de medida grandiosa que pareceu óbvia depois de realizada, mas que ninguém tinha pensado ou levado a cabo até ser empreendida, antes de serem dados os "primeiros passos".[15]

Parte dos princípios garantidos nas Regras de Bangkok foi reconhecida pelo legislador ordinário em 8.3.2016, data em que se comemora o Dia Internacional da Mulher, oportunidade em que foi promulgada a Lei nº 13.257, que "dispõe sobre políticas públicas para a primeira infância", trazendo alterações em diversos diplomas legais, inclusive o Código de Processo Penal, que teve os incs. IV e V incluídos no art. 318, transformando a gestação e a condição de mãe de filho de até 12 anos de idade incompletos em motivos para substituição de prisão domiciliar pela preventiva.

Logo na sequência, dentro dessa mesma compreensão do tema propiciado pelas Regras de Bangkok, foi promulgada, em 15.4.2016, a Lei nº 13.271, que "dispõe sobre a proibição de revista íntima de funcionárias nos locais de trabalho e trata da revista íntima em ambientes prisionais", objetivando pôr fim a essa nefanda prática disseminada pelos cárceres brasileiros.

Mais uma vez, é possível notar a influência da atuação interna ao sistema realizada pelo Ministro Ricardo Lewandowski, desta vez na condição de administrador de um importante organismo de poder (CNJ), que, com uma atuação voltada à afirmação de direitos fundamentais e sociais previstos internacionalmente, conseguiu trazer à realidade brasileira a existência de normativas da ONU a respeito do tratamento necessário a ser dispensado às mulheres aprisionadas ou em conflito com a lei penal, com vistas a fazer prevalecer uma política redutora da notória danosidade social do encarceramento.

---

[13] INSTITUTO BRASILEIRO DE CIÊNCIAS CRIMINAIS. Editorial. *Boletim do Instituto Brasileiro de Ciências Criminais*, ano 23, n. 267, p. 1, fev. 2015. p. 1.

[14] SHECAIRA, Sérgio Salomão. *Criminologia*. 7. ed. rev., atual. e ampl. São Paulo: Revista dos Tribunais, 2018. p. 56.

[15] Conforme definição anteriormente trazida de Michael E. Tigar e Madeleine R. Levy.

O julgamento do *Habeas Corpus* Coletivo nº 143.641

No ano de 2016, Ana Gabriela Braga e Naila Ingrid Chaves Franklin fizeram publicar importante artigo contendo dados que haviam sido coletados pelas autoras em pesquisa financiada pela FAPESP – Fundação de Amparo à Pesquisa do Estado de São Paulo, cujo foco foi "a aplicação do instituto da prisão domiciliar trazido pela lei 12.403/2011 em casos de gestação e maternidade", por meio da análise de acórdãos prolatados pelo Tribunal de Justiça do Estado de São Paulo (TJ-SP) selecionados a partir de alguns critérios de recorte propostos.[16]

Embora ainda calcados na lei anterior que tratava da questão da prisão domiciliar para gestantes e mães (do ano de 2011), a pesquisa publicada demonstrava os obstáculos enfrentados para o reconhecimento desse direito perante o Poder Judiciário paulista, que insistia em colocar a pretensão punitiva em plano superior de interesse aos direitos ínsitos à maternidade já então garantidos pela legislação às mulheres encarceradas.

A realidade jurisprudencial encontrada pelas autoras dava conta de que prisões domiciliares só eram concedidas quando houvesse riscos extremos de saúde para mulheres e/ou bebês, sempre se ressaltando o caráter excepcional da medida. Percebeu-se, também, que a existência de aparatos de saúde no interior das prisões, por mais precários que fossem, acabava militando contrariamente ao reconhecimento do direito das mulheres. Somente na absoluta ausência de qualquer aparelho de saúde no ambiente prisional é que se concedia a prisão domiciliar, sempre se frisando seu caráter excepcional.

Havia, também, argumentação de cunho moral, no sentido de que o crime de tráfico de drogas – responsável pela maior parte do contingente de aprisionamento feminino – mostrava-se inconciliável com o exercício da maternidade. Dizia-se serem incompatíveis as categorias de mãe e criminosa, inclusive que a mãe nesta condição poderia ser uma influência negativa para os filhos, numa evidente discriminação de gênero em relação à mulher.

Dessa forma, concluíram as autoras:

> a mulher selecionada pelas instâncias de controle formal possui, de forma geral (e partindo-se do pressuposto que irá romper com as expectativas de que a maternidade a salve) de cometer novas condutas problemáticas uma maternidade subalterna em relação às outras mulheres, estando na base da pirâmide reprodutiva hierárquica, tendo o comprometimento de seus direitos humanos pelo sistema de justiça criminal.[17]

Nesse panorama apontado pela pesquisa de Braga e Franklin, de negativas formais ao direito material conferido às mulheres no plano das decisões judiciais, foi necessário que o Ministro Ricardo Lewandowski novamente desse o "primeiro passo".

---

[16] BRAGA, Ana Gabriela; FRANKLIN, Naila Ingrid Chaves. Quando a casa é a prisão: uma análise de decisões de prisão domiciliar de grávidas e mães após a Lei 12.403/2011. *Quaestio Iuris*, Rio de Janeiro, v. 9, p. 349-375, 2016. Disponível em: https://www.e-publicacoes.uerj.br/index.php/quaestioiuris/article/view/18579. Acesso em: 25 fev. 2023.

[17] BRAGA, Ana Gabriela; FRANKLIN, Naila Ingrid Chaves. Quando a casa é a prisão: uma análise de decisões de prisão domiciliar de grávidas e mães após a Lei 12.403/2011. *Quaestio Iuris*, Rio de Janeiro, v. 9, p. 349-375, 2016. p. 370-373. Disponível em: https://www.e-publicacoes.uerj.br/index.php/quaestioiuris/article/view/18579. Acesso em: 25 fev. 2023.

No início de 2018, proporcionando concretude aos direitos garantidos pelas Regras de Bangkok e que tinham sido parcialmente reconhecidos pela legislação infraconstitucional, foi julgada, pela Segunda Turma do Supremo Tribunal Federal, a Ordem de *Habeas Corpus* nº 143.641/SP, de relatoria do Ministro Ricardo Lewandowski. Na esteira de outros julgamentos sobre a questão carcerária (tratados anteriormente neste texto), foi conferido caráter coletivo a essa ação constitucional, que representou não só um marco jurisprudencial valorativamente transformador sobre o tema, porquanto inverteu a lógica até então utilizada de sobreposição do interesse da persecução penal sobre os direitos da maternidade, mas também significou efetiva prestação jurisprudencial que alterou imediatamente a vida de um sem-número de mulheres que se encontravam encarceradas naquele momento.

Para que se tenha a dimensão da extensão concedida àquele histórico julgamento, basta mencionar que foram incluídas como pacientes daquela ação constitucional "todas as mulheres submetidas à prisão cautelar no sistema penitenciário nacional, que ostentem a condição de gestantes, de puérperas ou de mães com crianças com até 12 anos de idade sob sua responsabilidade".

Ainda na parte do conhecimento do caráter coletivo da ação constitucional, o Ministro Ricardo Lewandowski, para fundamentar o substrato de justiça de sua decisão, fez considerações de cunho sociológico e mesmo criminológico, afirmando que "o acesso à Justiça em nosso País, sobretudo das mulheres presas e pobres (talvez um dos grupos mais oprimidos do Brasil), por ser notoriamente deficiente, não pode prescindir da atuação dos diversos segmentos da sociedade civil em sua defesa".

Prosseguindo, com base empírica, ressaltou os "dados da pesquisa 'Panorama de Acesso à Justiça no Brasil, 2004 a 2009' (Brasília: Conselho Nacional de Justiça, Jul. 2011), os quais demonstram que, abaixo de determinado nível de escolaridade e renda, o acesso à Justiça praticamente não se concretiza".[18]

Ainda, ressalvou o Ministro Ricardo Lewandowski, em seu voto, que a situação das mulheres encarceradas é especialmente inquietante, pois "o Brasil não tem sido capaz de garantir cuidados relativos à maternidade nem mesmo às mulheres que não estão em situação prisional".[19]

Pouco mais à frente, o Ministro Ricardo Lewandowski enumera os fundamentos ligados à tutela e à concreção do direito fundamental e social à saúde pública que estavam em jogo naquele julgamento. Remontando à condenação internacional do Estado brasileiro pelo denominado "Caso Alyne Pimentel", enumerou seis das sete recomendações feitas ao país naquele pronunciamento:

> i. "assegurar o direito da mulher à maternidade saudável e o acesso de todas as mulheres a serviços adequados de emergência obstétrica;" ii. "realizar treinamento adequado de profissionais de saúde, especialmente sobre direito à saúde reprodutiva das mulheres;" iii. "reduzir as mortes maternas evitáveis, por meio da implementação do Pacto Nacional para a Redução da Mortalidade Materna e da instituição de comitês de mortalidade materna;" iv. "assegurar o acesso a remédios efetivos nos casos de violação dos direitos reprodutivos das mulheres e prover treinamento adequado para os profissionais do Poder Judiciário e operadores do direito;" v. "assegurar que os serviços privados de saúde sigam padrões

---

[18] Páginas 4 e 5 do voto condutor do HC nº 143.641/SP.

[19] Página 12 do voto condutor do HC nº 143.641/SP

nacionais e internacionais sobre saúde reprodutiva"; [...] vi. "assegurar que sanções sejam impostas para profissionais de saúde que violem os direitos reprodutivos das mulheres".[20]

Toda essa construção de cunho empírico-sociológico é trazida na argumentação que fundamenta o voto condutor do *Habeas Corpus* nº 143.641/SP com a finalidade de demonstrar a necessidade de o STF posicionar-se, naquele momento histórico, em consonância com as normas constitucionais que tutelam a saúde como direito fundamental da pessoa humana e os direitos das pessoas encarceradas:

> Na verdade, nada mais estará fazendo do que dar concreção ao que a Constituição, em sua redação original, já determinava:
>
> i. "art. 5º, II - ninguém será submetido a tortura nem a tratamento desumano ou degradante;
>
> ii. "art. 5º, XLI - a lei punirá qualquer discriminação atentatória dos direitos e liberdades fundamentais;
>
> iii. "art. 5º, XLV - nenhuma pena passará da pessoa do condenado [...];
>
> iv. "art. 5º, L - às presidiárias serão asseguradas condições para que possam permanecer com seus filhos durante o período de amamentação;
>
> v. "art. 5º, XLVIII - a pena será cumprida em estabelecimentos distintos, de acordo com a natureza do delito, a idade e o sexo do apenado;
>
> vi. "art. 5º, XLIX - é assegurado aos presos o respeito à integridade física e moral;".

Como se pode observar, a decisão proferida pelo STF no *Habeas Corpus* nº 143.641 é, acima de tudo, um provimento jurisdicional a respeito de aspectos do direito fundamental à saúde pública aplicáveis a mulheres e seus filhos.

Ademais, tratou-se de decisão que atentou para uma parcela da população que se situa socialmente na confluência das vulnerabilidades: mulheres encarceradas, pobres ou muito pobres, geralmente negras (pretas ou pardas), com baixo grau de escolaridade e quase nenhuma possibilidade de acesso ao sistema de justiça. Por consequência, seus filhos já nascem carregando todo o peso dessa seletividade social, absolutamente potencializada no ambiente prisional.[21]

Apesar das suas notórias deficiências, o Sistema Único de Saúde (SUS) é universal e atende de maneira razoavelmente uniforme em todo o território nacional. Por sua vez, o sistema penitenciário foi considerado inconstitucional pelo STF, dado o seu grau de precariedade e desumanização. Induvidosamente, a situação da mulher encarcerada faz com que se precarize esse atendimento pelo SUS, vulnerabilizando ainda a saúde da mulher e da criança, inseridas que estão no ambiente degradante da prisão.[22]

---

[20] Páginas 12 e 13 do voto condutor do HC nº 143.641/SP.

[21] Conferir a respeito: MONTES, Suzana Sant'Anna Alves. Reflexos da ocupação feminina nas penitenciárias brasileiras. *Boletim do Instituto Brasileiro de Ciências Criminais*, ano 28, n. 333, p. 12-14, ago. 2020; SANTA ROSA, Cristiane de Almeida; SENA JUNIOR, Edval de Oliveira; SANTOS, Renata Leão do Nascimento. Quem é a mulher encarcerada? O encarceramento feminino brasileiro à luz do labelling approach. *Boletim do Instituto Brasileiro de Ciências Criminais*, ano 28, n. 333, p. 17-20, ago. 2020.

[22] "As enfermarias responsáveis pelos atendimentos médicos das penitenciárias não suportam os cuidados especiais que uma gestante necessita, restringindo o atendimento pré-natal a meras consultas ambulatoriais. Não é difícil encontrar uma gestante que, no quinto mês de gravidez, ainda não realizou nenhuma ecografia, procedimento que, quando a gestante encontra-se em liberdade, normalmente se dá nas primeiras semanas subsequentes à descoberta do estado de gravidez" (ALMEIDA, Marina Nogueira; PEREIRA, Larissa Urruth. O julgamento do habeas corpus n. 143.641 a partir de uma perspectiva de direitos reprodutivos. *Revista de Direito Sanitário*, São Paulo, v. 20, n. 1, p. 263-282, mar./jun. 2019. p. 271. Disponível em: https://www.revistas.usp.br/rdisan/article/view/164220/157594. Acesso em: 25 fev. 2023).

Em vista disso, manter gestantes, puérperas e mães de crianças pequenas encarceradas gera a absoluta sobreposição de vulnerabilidades, a (re)vitimizar não só as eventuais autoras de fatos criminosos, mas também crianças que nada têm a ver com tais fatos, fazendo com que a reprimenda penal passe da pessoa do condenado, o que é vedado constitucionalmente pelo art. 5º, inc. XLV. Como já reconhecido pelo próprio STF quando do julgamento da ADPF nº 347/DF, o estado de coisas no sistema carcerário brasileiro é inconstitucional, de forma que esta situação se aprofunda e se agrava ainda mais diante de gestantes, puérperas e mães de crianças pequenas, na medida em que são submetidas "ao ambiente prisional, sem o convívio com os demais parentes, em locais de estrutura precária, geralmente inapropriados para alojarem até mesmo adultos, quanto mais crianças".[23]

Quando se fala em direitos reprodutivos como manifestação intrínseca do direito fundamental à saúde, faz-se primordial ter em vista que as responsabilidades sobre a gestação, criação de filhos e utilização de métodos anticonceptivos recaem quase exclusivamente sobre as mulheres, de maneira que é dever do Estado protegê-las formal e materialmente de maneira privilegiada, visando ao nivelamento das condições socialmente desiguais e assimétricas. Daí porque os direitos reprodutivos não são nem podem ser tratados como meramente individuais, mas sim dentro do âmbito dos direitos constitucionais e sociais à saúde e à educação, na medida em que envolvem, além do direito individual de escolha, também a possibilidade e a necessidade de realizar tal escolha de forma consciente e saudável.[24]

É certo que a Constituição da República, em seu art. 5º, inc. L, e o Estatuto da Criança e do Adolescente (Lei Federal nº 8.069/1990), em seu art. 9º, garantem o direito de aleitamento materno aos filhos das mulheres privadas de liberdade, embora não haja um período legalmente estabelecido durante o qual se garanta o direito de convivência entre o bebê a mãe, de modo que a situação acaba sendo regulada por portarias administrativas. Neste ponto, importante que se ressalte que esse direito é bidirecional, pois é direito da criança de ter o aleitamento materno na mesma medida em que é direito da mulher poder aleitar e cuidar seu filho recém-nascido.

A decisão do STF no *Habeas Corpus* nº 143.641, sob a relatoria do Ministro Ricardo Lewandowski, aproximou-se da "demanda de direitos reprodutivos pelo exercício de uma maternidade saudável e segura", sem dúvida alguma colocando o tema no rol dos direitos humanos fundamentais, porquanto demonstrou

> uma preocupação do Estado brasileiro com a maternidade, inclusive quando exercida por mulheres marginalizadas no discurso corrente de direitos reprodutivos, indo também ao encontro da doutrina de proteção integral para a garantia não só dos direitos reprodutivos das mulheres, como também do desenvolvimento pleno de seus filhos, o que, como visto, não pode ser garantido no cárcere.[25]

---

[23] ALMEIDA, Marina Nogueira; PEREIRA, Larissa Urruth. O julgamento do habeas corpus n. 143.641 a partir de uma perspectiva de direitos reprodutivos. *Revista de Direito Sanitário*, São Paulo, v. 20, n. 1, p. 263-282, mar./jun. 2019. p. 272. Disponível em: https://www.revistas.usp.br/rdisan/article/view/164220/157594. Acesso em: 25 fev. 2023.

[24] ALMEIDA, Marina Nogueira; PEREIRA, Larissa Urruth. O julgamento do habeas corpus n. 143.641 a partir de uma perspectiva de direitos reprodutivos. *Revista de Direito Sanitário*, São Paulo, v. 20, n. 1, p. 263-282, mar./jun. 2019. p. 265-267. Disponível em: https://www.revistas.usp.br/rdisan/article/view/164220/157594. Acesso em: 25 fev. 2023.

[25] ALMEIDA, Marina Nogueira; PEREIRA, Larissa Urruth. O julgamento do habeas corpus n. 143.641 a partir de uma perspectiva de direitos reprodutivos. *Revista de Direito Sanitário*, São Paulo, v. 20, n. 1, p. 263-282, mar./jun.

Em fins de 2018, ainda dentro do mesmo espírito consonante com as Regras de Bangkok e do julgamento do *Habeas Corpus* nº 143.641/SP, foi promulgada a Lei nº 13.769, que alterou o Código de Processo Penal, a Lei de Execução Penal (nº 7.210/1984) e a Lei de Crimes Hediondos (nº 8.072/1990), "para estabelecer a substituição da prisão preventiva por prisão domiciliar da mulher gestante ou que for mãe ou responsável por crianças ou pessoas com deficiência e para disciplinar o regime de cumprimento de pena privativa de liberdade de condenadas na mesma situação", ampliando e reforçando o reconhecimento legal dos direitos ínsitos à maternidade.

Em meados de 2022, o Superior Tribunal de Justiça (STJ), em acórdão relatado pelo Ministro João Otávio de Noronha, reforçando o reconhecimento do direito da maternidade ante os imperativos da persecução penal, entendeu legalmente presumida a "imprescindibilidade dos cuidados maternos" para concessão de prisão domiciliar a mães de crianças até doze anos.[26]

Conclusão

No presente texto, ao traçar um pequeno histórico de suas decisões judiciais e administrativas que demonstraram preocupação com a racionalização do sistema prisional e que incluíram medidas de efetivo desencarceramento, mais do que homenagear o Ministro Enrique Ricardo Lewandowski, buscou-se demonstrar o seu constante engajamento na promoção de políticas reafirmativas e concretizadoras dos direitos fundamentais, principalmente em relação às parcelas mais vulnerabilizadas da sociedade brasileira.

Sua atuação como ministro ou presidente do STF, ou como presidente do CNJ, abrangeu o impulsionamento de um espectro bastante grande de medidas, como a adoção das audiências de custódia, que visaram a garantir, na prática, os direitos de cidadãos e cidadãs submetidos e selecionados pelo sistema penal.

Do teor dos votos relatados pelo Ministro Ricardo Lewandowski ou mesmo das medidas administrativas que adotou no comando do CNJ – a tradução das Regras de Bangkok para o português e o *Habeas Corpus* nº 143.641/SP são exemplos disso –, percebe-se claramente sua perene preocupação em promover efetivas políticas sociais de saúde pública abarcadas em providências e julgamentos que, num primeiro momento, pareciam ater-se apenas à questão carcerária.

Em diversos momentos de sua caminhada de dezessete anos na mais alta corte do país, o Ministro Ricardo Lewandowski viu-se desafiado a dar o "primeiro passo", com vistas a começar a tocar em assuntos muito delicados, alguns inéditos na corte, conseguindo, com estas iniciativas, impulsionar mudanças internas ao próprio sistema de poder que integra, no sentido de conferir às decisões judiciais maior racionalidade e respeito aos direitos fundamentais constitucionalmente garantidos.

Esta obra notável, de homem público comprometido com a promoção do bem comum, não deixa caírem no vazio os ensinamentos do querido professor de Teoria

---

2019. p. 279-280. Disponível em: https://www.revistas.usp.br/rdisan/article/view/164220/157594. Acesso em: 25 fev. 2023.

[26] AgRg no HC nº 731.648/SC, cujo julgamento foi veiculado na sessão de comunicação do sítio eletrônico do STF: https://www.stj.jus.br/sites/portalp/Paginas/Comunicacao/Noticias/02082022-Regime-domiciliar-para-presa-com-filho-de-ate-12-anos-nao-exige-prova-da-necessidade-de-cuidados-maternos.aspx. Acesso em: 26 fev. 2023.

Geral do Estado, que vêm sendo proferidos durante tantos e tantos anos, formando muitos alunos e alunas, os quais podem ter no espelho de seu mestre o reflexo seguro do caminho a seguir, que inclui serenidade e independência, mas acima de tudo mostra a coragem para decidir pelos vetores valorativos da afirmação de uma sociedade mais democrática e menos desigual.

Referências

ALMEIDA, Marina Nogueira; PEREIRA, Larissa Urruth. O julgamento do habeas corpus n. 143.641 a partir de uma perspectiva de direitos reprodutivos. *Revista de Direito Sanitário*, São Paulo, v. 20, n. 1, p. 263-282, mar./jun. 2019. Disponível em: https://www.revistas.usp.br/rdisan/article/view/164220/157594. Acesso em: 25 fev. 2023.

BRAGA, Ana Gabriela; FRANKLIN, Naila Ingrid Chaves. Quando a casa é a prisão: uma análise de decisões de prisão domiciliar de grávidas e mães após a Lei 12.403/2011. *Quaestio Iuris*, Rio de Janeiro, v. 9, p. 349-375, 2016. Disponível em: https://www.e-publicacoes.uerj.br/index.php/quaestioiuris/article/view/18579. Acesso em: 25 fev. 2023.

CERNEKA, Heidi Ann. Regras de Bangkok – Está na hora de fazê-las valer! *Boletim do Instituto Brasileiro de Ciências Criminais*, ano 20, n. 232, p. 18-19, mar. 2012.

CERNEKA, Heidi Ann; DRIGO, Sônia; LIMA, Raquel da Cruz. Luta por direitos: a longa mobilização pelo fim da revista vexatória no Brasil. *Boletim do Instituto Brasileiro de Ciências Criminais*, ano 22, n. 261, p. 10-12, ago. 2014.

CONSELHO NACIONAL DE JUSTIÇA. *Regras de Bangkok*: regras das Nações Unidas para o tratamento de mulheres presas e medidas não privativas de liberdade para mulheres infratoras. Coordenação de Geraldo Sant'Ana Lanfredi. Brasília: CNJ, 2016.

GIORGI, Alessandro De. *A miséria governada através do sistema penal*. Rio de Janeiro: Revan/ICC, 2006.

INSTITUTO BRASILEIRO DE CIÊNCIAS CRIMINAIS. Editorial. *Boletim do Instituto Brasileiro de Ciências Criminais*, ano 23, n. 267, p. 1, fev. 2015.

MELOSSI, Dario; PAVARINI, Massimo. *Cárcere e fábrica* – As origens do sistema penitenciário (séculos XVI-XIX). Rio de Janeiro: Revan/ICC, 2006. (Pensamento criminológico; v. 11).

MONTES, Suzana Sant'Anna Alves. Reflexos da ocupação feminina nas penitenciárias brasileiras. *Boletim do Instituto Brasileiro de Ciências Criminais*, ano 28, n. 333, p. 12-14, ago. 2020.

QUEIROZ, Nana. *Presos que menstruam* – A brutal vida das mulheres – tratadas como homens – nas prisões brasileiras. 11. ed. Rio de Janeiro: Record, 2019.

SANTA ROSA, Cristiane de Almeida; SENA JUNIOR, Edval de Oliveira; SANTOS, Renata Leão do Nascimento. Quem é a mulher encarcerada? O encarceramento feminino brasileiro à luz do labelling approach. *Boletim do Instituto Brasileiro de Ciências Criminais*, ano 28, n. 333, p. 17-20, ago. 2020.

SHECAIRA, Sérgio Salomão. *Criminologia*. 7. ed. rev., atual. e ampl. São Paulo: Revista dos Tribunais, 2018.

TIGAR, Michael E.; LEVY, Madeleine R. *O direito e a ascensão do capitalismo*. Tradução de Ruy Jungmann. Rio de Janeiro: Zahar, 1978.

VARELLA, Drauzio. *Prisioneiras*. São Paulo: Companhia das Letras, 2017.

Informação bibliográfica deste texto, conforme a NBR 6023:2018 da Associação Brasileira de Normas Técnicas (ABNT):

SARCEDO, Leandro. Políticas de desencarceramento como questão de saúde pública. *In*: RIBEIRO, Paulo Dias de Moura; TOMELIN, Georghio Alessandro; KIM, Richard Pae (Coord.). *Direito humano e fundamental à saúde*: estudos em homenagem ao ministro Enrique Ricardo Lewandowski. Belo Horizonte: Fórum, 2023. p. 359-372. ISBN 978-65-5518-606-2.

SAÚDE PÚBLICA, CONTRATOS PRIVADOS E ONEROSIDADE EXCESSIVA: ANÁLISE DA PERDA DA CAPACIDADE FINANCEIRA DO CONTRATANTE E SUA RELEVÂNCIA NAS AÇÕES DE REVISÃO E RESOLUÇÃO CONTRATUAL

PAULO MAGALHÃES NASSER

1 Introdução

O presente artigo aborda aspectos da revisão dos contratos privados em razão de onerosidade excessiva superveniente, decorrente de fatos imprevisíveis e extraordinários, que impactem o equilíbrio contratual existente no momento da contratação. Especificamente, tratamos da onerosidade excessiva verificada em razão de fatos relacionados à saúde pública, tal como ocorreu durante a pandemia de Covid-19.

O Poder Judiciário brasileiro, com os impactos sociais e econômicos da pandemia, recebeu um número substancial de demandas cujo objetivo era a revisão de contratos privados em razão de uma suposta quebra do equilíbrio das prestações contratuais. Parte destas demandas tinha como argumento central a alteração abrupta da capacidade financeira de uma das partes, em particular sua situação de caixa, liquidez e outros aspectos relacionados à disponibilidade imediata de capital para cumprir as obrigações de pagamento do contrato.

Assim, tornou-se relevante revisitar os fundamentos da revisão e da resolução dos contratos por onerosidade excessiva superveniente e, especialmente, os requisitos autorizadores da intervenção judicial nos contratos privados para restabelecimento da matriz de equilíbrio que se verificava quando de sua celebração. Isso para que se possa responder, à luz do Código Civil e da jurisprudência, se a alteração das condições econômico-financeiras das partes pode ou não integrar a causa de pedir nas ações civis e empresariais que contenham pedido de reequilíbrio de prestações.

2 A onerosidade excessiva e o Supremo Tribunal Federal durante a pandemia de Covid-19

Os impactos catastróficos da pandemia de Covid-19 ensejaram ostensivas medidas do Poder Público que intervinham diretamente em pactos privados, alterando consequências ordinárias expressamente previstas em lei.

Pode ser destacada, por exemplo, a proibição à concessão de despejos por falta de pagamento. Nos termos da Lei nº 14.216/2021, o locatário que demonstrasse a ocorrência de alteração da situação econômico-financeira decorrente de medida de enfrentamento da pandemia, que resultasse em incapacidade de pagamento do aluguel e dos demais encargos sem prejuízo da subsistência familiar, não teria contra si concedida liminar para desocupação de imóvel em ação de despejo. A proteção se destinava a contratos cujo valor do aluguel não fosse superior a seiscentos reais, no caso de locação de imóvel residencial; e mil e duzentos reais, em caso de locação de imóvel não residencial.

Acerca desta matéria, ao decidir a Terceira Tutela Provisória Incidental na Arguição de Descumprimento de Preceito Fundamental nº 828, do Distrito Federal, o Min. Luís Roberto Barroso afirmou que, "embora possa caber ao STF a proteção da vida e da saúde durante a pandemia, não cabe a ele traçar a política fundiária e habitacional do país", de modo que suspensão das desocupações e despejos prevista na Lei nº 14.216/21 não poderia se dar de forma indefinida, e deveria obrigatoriamente respeitar os requisitos e limites estabelecidos na aludida lei federal.

De fato, a Lei nº 14.216/21 não generalizou a suspensão de determinadas medidas de preservação de direitos durante a pandemia, restringindo seu caráter excepcionalíssimo a situações bem delimitadas, em especial quando os aluguéis fixados em contrato estivessem dentro de valores que se presumiam compatíveis com aluguéis a pessoas de classes socioeconômicas menos favorecidas e, em contrapartida, mais expostas aos impactos da pandemia (com menos reservas financeiras acumuladas; em exercício de atividades profissionais autônomas ou informais; mais dependentes da saúde pública, entre outros aspectos).

O Estado do Rio de Janeiro, contudo, por seu turno, entendeu por bem editar a Lei nº 8.884, de 3.6.2020, que dispunha sobre a redução proporcional das mensalidades escolares em estabelecimentos de ensino da rede particular. Em seu art. 1º, a lei obrigou os estabelecimentos de educação infantil, de ensino fundamental, de ensino médio, inclusive técnico ou profissionalizante, ou de educação superior da rede particular, em atividade no Estado do Rio de Janeiro, a reduzir suas mensalidades, durante o período de vigência do estado de calamidade pública. Estabeleceu-se um percentual de desconto fixo de 30% em mensalidades acima de trezentos e cinquenta reais, independentemente da condição dos estudantes, das instituições de ensino ou dos impactos específicos que cada contrato de prestação de serviços educacionais especificamente sofreu.

A aludida Lei nº 8.884/20 foi objeto de ação direta de inconstitucionalidade, proposta pela Confederação Nacional dos Estabelecimentos de Ensino, distribuída à relatoria do Min. Ricardo Lewandowski. Ao analisar o tema, o ministro relator entendeu que a lei estadual em discussão, ao impor a redução das mensalidades na rede privada de ensino durante o estado de calamidade pública decorrente pandemia do coronavírus, adentrou na competência privativa da União, prevista no art. 22, I, da Constituição Federal, para legislar sobre direito civil. Consequentemente, havia patente inconstitucionalidade da norma estadual. Aqui, o Min. Lewandowski fixou importante baliza ligada à intervenção do Estado nos contratos privados em razão de onerosidade excessiva: somente a União Federal poderia legislar sobre o tema, sendo vedada aos estados, Distrito Federal e municípios a criação de normas que alterassem a disciplina legal da revisão e da resolução dos contratos, estabelecidas pelos Códigos Civil e do Consumidor.

Posteriormente, o Min. Lewandowski participou do julgamento da Arguição de Descumprimento de Preceito Fundamental nº 706, do Distrito Federal, proposta pelo Conselho de Reitores das Universidades Brasileiras, de relatoria da Min. Rosa Weber. A arguição de descumprimento de preceito fundamental foi ajuizada em face do conjunto de decisões judiciais que concederam "descontos lineares nas mensalidades das instituições de ensino superior privado no contexto das medidas de isolamento social adotadas para enfrentamento da pandemia da Covid-19".

O fundamento de cabimento da ADPF se deu em razão da pertinência da análise de lesão a preceitos fundamentais decorrente de interpretação judicial. Isso porque se defendeu que a imposição de descontos lineares estaria desconsiderando as particularidades de cada contrato individualmente considerado, violando-se a livre iniciativa, a isonomia de tratamento dos jurisdicionados, a autonomia universitária e a proporcionalidade.

O Min. Lewandowski, ao votar o mérito da arguição de descumprimento de preceito fundamental, assim se manifestou:

> entendo que os magistrados brasileiros, à medida que eventualmente julguem procedentes ações contra os estabelecimentos de ensino, de forma linear, fundados apenas na eclosão da pandemia, sem considerar as peculiaridades que envolvem os casos sob análise, não só estão vulnerando o princípio da legalidade, mas também o princípio da isonomia e - por que não? - também o do ato jurídico perfeito, compreendendo, como diz Sua Excelência a relatora, no entanto, que *todos os contratos, sejam eles públicos ou privados, estão submetidos à cláusula rebus sic stantibus. Ou seja, mantêm-se íntegros enquanto as condições subjacentes forem aquelas mesmas existentes quando os contratos foram inicialmente pactuados.* (Grifos nossos)

Destaca-se o excerto de seu voto pelo qual reafirma a sujeição dos contratos privados à cláusula *rebus sic stantibus*, que é basilar na compreensão da norma que estabelece que os contratos se mantêm vigentes e exigíveis em sua integralidade sempre e quando as condições subjacentes forem compatíveis com aquelas verificas quando da formação do vínculo contratual.

Disso resulta que a criação de exceções gerais, que partem da presunção de desequilíbrio para uma das partes, representa risco de tratamento anti-isonômico e, portanto, incompatível com o Estado democrático de direito.[1]

Mais diante, em seu voto, o Min. Lewandowski julga procedente o pedido para "afirmar a inconstitucionalidade das interpretações judiciais que, unicamente

---

[1] A esse respeito, leciona Celso Antônio Bandeira de Mello: "Discriminações que decorram de circunstâncias fortuitas, incidentais, conquanto correlacionadas com o tempo e a época da norma legal, não autorizam a se pretender que a lei almejou desigualar situações e categorias de indivíduos. E se este intento não foi professado inequivocamente pela lei, embora de modo implícito, é intolerável e inconstitucional qualquer desequiparação que se pretenda fazer" (BANDEIRA DE MELLO, Celso Antônio. *O conteúdo jurídico do princípio da igualdade.* 3. ed. 25. tir. São Paulo: Malheiros, 2017. p. 46).

fundamentadas na eclosão da pandemia da covid-19, concedam descontos lineares nas contraprestações dos contratos educacionais".

No trecho acima, verifica-se com clareza um fundamento essencial à compreensão da revisão dos contratos por onerosidade excessiva superveniente: a eclosão da pandemia de Covid-19 (ou de qualquer outro evento de saúde pública), isoladamente, não se presta a ensejar a intervenção judicial nos contratos.

É necessário que cada relação jurídica seja analisada quanto às suas particularidades, com o objetivo de verificar se, concretamente, estão presentes os requisitos autorizadores da revisão ou da resolução contratual. A análise deve ser dialética, concreta e crítica, repelindo-se, desde logo, análises genéricas e que deixam de avaliar o efetivo impacto do fato imprevisível superveniente no equilíbrio contratual entre as partes.

Dentro da análise específica dos impactos contratuais de um fato imprevisível e extraordinário – como a pandemia de Covid-19 –, deparam-se partes e juízes, constantemente, com a alegação de incapacidade econômica superveniente da parte, que reduziu sua capacidade financeira de arcar com as obrigações contratuais. Analisase, a seguir, se esta circunstância é ou não juridicamente relevante para a apreciação judicial da onerosidade excessiva e consequente revisão contratual.

3 A onerosidade excessiva e os requisitos autorizadores da revisão e da resolução dos contratos no Código Civil

3.1 A disciplina do art. 478 do Código Civil

O Código Civil, em seu art. 478, prevê a possibilidade de o devedor de determinada obrigação requerer a resolução do contrato por onerosidade excessiva por fato extraordinário e imprevisível superveniente à contratação:

> Art. 478. Nos contratos de execução continuada ou diferida, se a prestação de uma das partes se tornar excessivamente onerosa, com extrema vantagem para a outra, em virtude de acontecimentos extraordinários e imprevisíveis, poderá o devedor pedir a resolução do contrato. Os efeitos da sentença que a decretar retroagirão à data da citação.

Trata-se de artigo-chave para o presente estudo, que espelha situação de exceção à obrigatoriedade do contrato e, como tal, demanda a concorrência de requisitos específicos, cuja constatação deverá ser cuidadosamente analisada diante das peculiaridades do caso concreto e em cotejo com os princípios que dão sustentação ao sistema de normas contratuais.

O mencionado dispositivo faculta aos contratantes formular pleito de resolução do contrato quando (i) as obrigações que lhe cabem estejam eivadas de (a) onerosidade excessiva, (b) decorrente de fato imprevisível e extraordinário, (c) que gere extrema vantagem para o outro contratante, (ii) se tratar de contrato de execução continuada ou diferida, e (iii) não esteja em mora ou não tenha concorrido para o desencadeamento da onerosidade.

O art. 478 do Código Civil, não pode ser visto como uma disposição desgarrada do sistema em que está inserida. Com efeito, quando de sua aplicação ao caso concreto, partindo-se das peculiaridades deste, deve-se sopesar, de um lado, que os contratos obrigam os contratantes, os quais devem observar fielmente as disposições que livremente acordaram, bem como suportar os efeitos advindos da convenção firmada, uma vez que, objetivamente, os contratos hão de ser cumpridos, por ser o adimplemento satisfatório o primeiro objetivo colimado quando da contratação; e de outro lado, que devem também ser objeto de sopesamento a boa-fé objetiva, manifestada pelos deveres anexos de cooperação e lealdade, a função social do contrato, a equivalência material das prestações e a vedação ao enriquecimento sem causa.[2]

Em matéria contratual, o sistema brasileiro, em sendo possível manter o vínculo formado entre os contratantes, prefere a revisão dos termos da avença à sua extinção.[3] Trata-se do princípio da preservação dos pactos[4] ou conservação dos negócios jurídicos, que embasa, a propósito, o art. 479 do Código Civil, do qual se depreende que, embora haja onerosidade excessiva para um dos contratantes e estejam configurados os requisitos para a resolução do contrato previstos no art. 478, a resolução poderá ser evitada caso a outra parte se ofereça a modificar equitativamente as condições do contrato.

O Código Civil, assim, não reconhece a resolução por onerosidade excessiva como direito potestativo daquele que se vê em posição de desvantagem e desequilíbrio superveniente, porquanto a disposição da outra parte em reequilibrar materialmente o contrato afasta o direito à extinção.

A interpretação do art. 478 do Código Civil à luz do princípio da conservação dos pactos, ademais, corroborada pelo disposto no art. 317 do mesmo diploma, outorga ao contratante excessivamente onerado o direito de pleitear a revisão judicial do contrato, para que este continue em vigor, mas a partir de então equilibrado novamente. Com isso, preserva-se o contrato e, em paralelo, tutelam-se os princípios sociais, ou socializantes, do Código Civil.[5]

Para poder ser objeto de resolução ou de revisão, em virtude de onerosidade excessiva, o contrato deve ser de duração, ou seja, sua execução não pode ser imediata, mas sim continuada ou diferida ao longo do tempo.

É neste tempo que podem surgir eventos não previstos e extraordinários que alterem substancialmente o equilíbrio do contrato. Esta alteração substancial, por seu turno, deve gerar uma onerosidade excessiva, isto é, um encargo sobremaneira elevado para um dos contratantes, que lhe demande um esforço hercúleo para o cumprimento do contrato, que frustra o seu objetivo econômico e quebra a sua relação de custo e benefício. Como consequência, menciona a lei ser necessário que este encargo demasiado

---

[2] NASSER, Paulo Magalhães. *Onerosidade excessiva no contrato civil*. São Paulo: Saraiva, 2011.

[3] A preferência da revisão à resolução, em prol da manutenção dos contratos, foi ressaltada pelo Enunciado nº 176 da III Jornada de Direito Civil: "Art. 478: Em atenção ao princípio da conservação dos negócios jurídicos, o art. 478 do Código Civil de 2002 deverá conduzir, sempre que possível, à revisão judicial dos contratos e não à resolução contratual".

[4] A esse propósito, Cláudio Luiz Bueno de Godoy afirma que o princípio da conservação dos contratos impõe ao operador que opte pela interpretação que garanta a máxima eficácia do contrato (GODOY, Cláudio Luiz Bueno de. *Função social do contrato*: os novos princípios contratuais. 2. ed. São Paulo: Saraiva, 2007. p. 171-172).

[5] "Em resumo, as modificações supervenientes que atingem o contrato, sem que possam ser qualificadas como integrantes do seu risco natural ou determinantes de sua extinção 'ipso jure' (p. ex.: destruição da coisa, sem culpa), podem ensejar pedido judicial de revisão do negócio jurídico, se ainda possível manter o vínculo com modificação nas prestações (arts. 317 e 479 do Código Civil), ou de resolução, nos termos dos arts. 317 e 478, a ser apreciado tendo em conta as cláusulas gerais sobre enriquecimento injusto (art. 884), a boa-fé (art. 422) e o fim social do contrato (art. 421), se houver modificação da base do negócio que signifique quebra insuportável da equivalência ou a frustração definitiva da finalidade contratual objetiva" (AGUIAR JÚNIOR, Ruy Rosado. *A extinção dos contratos por incumprimento do devedor*. Rio de Janeiro: Aide, 1991. p. 151).

a um dos contratantes implique vantagem ao outro contratante, o que, como se verá oportunamente, dependendo da forma de interpretação, poderá restringir a aplicação do dispositivo, não tendo sido este o objetivo do legislador.[6]

A onerosidade não pode ser inserida na álea normal existente em qualquer contrato comutativo, a qual enseja pequenos e pontuais perdas e ganhos, advindos de flutuações ordinárias de jaez econômico, político, social etc.

O desequilíbrio material do contrato deve estar diretamente ligado, em relação causal, a um evento imprevisível, o qual, por suas características, não poderia ter sido razoavelmente antevisto pelas partes quando da contratação, frustrando a justa e legítima expectativa dos contratantes no êxito do processo obrigacional.[7]

3.2 Existência de contrato de execução continuada ou diferida – Primeiro requisito para intervenção judicial

Afigura-se como requisito para resolução ou revisão do contrato ser este um "contrato de duração",[8] no qual a completa execução não se dá em momento imediatamente posterior à conclusão do negócio. Dessa forma, aplica-se a resolução ou a revisão por onerosidade excessiva superveniente aos contratos de execução continuada ou periódica, bem como aos de execução diferida.[9]

Os contratos de execução continuada, igualmente tidos como de trato sucessivo ou de execução sucessiva, consistem em avenças que, conquanto deságuem em soluções periódicas, comportam a persistência de uma obrigação, até que se implemente uma dada condição ou decorra prazo de antemão estipulado.

Nos contratos de execução continuada, os pagamentos não têm o condão de extinguir totalmente a obrigação, pois esta vai periodicamente renascendo para ambas as partes. Pode-se citar, a título exemplificativo, os contratos de fornecimento, nos quais se verificam pagamentos periódicos de mercadorias entregues, persistindo para as partes a incumbência de direcionar novas e sucessivas remessas, que deverão ser seguidas do devido pagamento pela contraparte.

Nos contratos de execução diferida, a contraprestação se dá em momento posterior ao da celebração e da prestação de um dos contratantes, seja de uma única vez, seja em múltiplas parcelas. Nesses contratos, há um lapso temporal entre a celebração do negócio e a sua efetiva execução, durante o qual a economia originária do contrato pode ser abalada por circunstâncias inexistentes quando de sua celebração. Há, pois, antes da execução, uma perturbação ao equilíbrio outrora estabelecido pelas partes, que outorga à parte prejudicada o direito de buscar a intervenção do Estado para o restabelecimento da justiça contratual. Caso as ditas circunstâncias fossem contemporâneas à conclusão do contrato, não se poderia falar em onerosidade excessiva superveniente.

---

[6]   NASSER, Paulo Magalhães. *Onerosidade excessiva no contrato civil*. São Paulo: Saraiva, 2011.

[7]   ROSENVALD, Nelson. *In*: PELUSO, Cezar. *Código Civil comentado*: doutrina e jurisprudência. 2. ed. Barueri: Manole, 2008. p. 469.

[8]   ROPPO, Enzo. *O contrato*. Tradução de Ana Coimbra e M. Januário C. Gomes. Coimbra: Almedina, 2009. p. 260.

[9]   "L'eccessiva onerosità è una vicenda concernente prestazioni ad esecuzione futura, solo rispetto alle quali può rilevare una sproporzione economica non presente al momento del sorgere del vincolo" (BIANCA, C. Massimo. *Diritto civile*. La responsabilità. Milano: Giuffrè, 1994. p. 392. No mesmo sentido: GALGANO, Francesco. *Diritto privato*. 9. ed. Milano: Cedam, 1996. p. 336).

3.3 O evento imprevisível e extraordinário que afeta o equilíbrio contratual – Segundo requisito para intervenção judicial

O sistema contratual brasileiro busca gerar segurança às partes envolvidas em dado negócio jurídico. Esta segurança transita em uma via de mão dupla.

Em um sentido, preserva a obrigatoriedade do vínculo e a obrigação dos contratantes de cumprirem à risca aquilo que foi pactuado, sob pena de utilização de amplos meios coercitivos colocados à disposição dos particulares e manuseados pelo Estado-Juiz.

Em outro sentido, a segurança se manifesta pela possibilidade de modificação ou extinção do contrato em virtude de desarrazoado desequilíbrio que venha causar, a um dos contratantes, um gravame com o qual legitimamente não poderia contar quando da celebração. Isso porque obrigar o indivíduo a cumprir um contrato cujo balanceamento fora arrebatado por circunstâncias alheias ao seu âmbito de previsão certamente feriria a boa-fé, a função social do contrato e o equilíbrio material, gerando, por conseguinte, indesejável insegurança.

Atento a essa via de mão dupla, o legislador brasileiro estabeleceu alguns requisitos para que o pacto, dantes obrigatório em absoluto, pudesse ser alterado ou extinto. Para tanto, há a necessidade da superveniência de um evento imprevisível e extraordinário, isto é, um evento que refuja ao âmbito de previsibilidade do contratante diligente e acautelado, o qual, a despeito de sua prudência na celebração do negócio jurídico, não pôde antever um acontecimento futuro que interferiria diretamente no contrato firmado.

Concebido de forma objetiva, o imprevisível escapa do que poderia ser "legitimamente esperado"[10] pelos contratantes, levando-se em consideração aspectos como (i) os usos e costumes do local da celebração, nos termos do art. 113 do Código Civil; (ii) o conhecimento específico das partes acerca do tipo de contrato firmado; (iii) a natureza e as circunstâncias do negócio jurídico; bem como (iv) as regras de experiência comum, a serem levadas em conta pelo juiz, advindas da observação do que ordinariamente acontece.

Juan Terraza Martorell afirma que todo evento imprevisto que altere de modo permanente um estado de fato e, consequentemente, acarrete um desequilíbrio entre as prestações e uma anormalidade duradoura na relação entre os contratantes é exatamente a mutação que deve ser considerada para fins de modificação do contrato.[11] Na visão deste jurista catalão, o acontecimento que toma lugar após a celebração do contrato e altera sobremaneira o primitivo estado das coisas faz com que a equivalência venha a faltar, de sorte que, em razão da equidade e da justiça distributiva, exige-se do magistrado que restabeleça o equilíbrio legal entre as partes, suprimindo toda desigualdade e igualando entre as partes a vantagem comum que motivou a contratação.[12]

---

[10] MARTINS-COSTA, Judith. *Comentários ao novo Código Civil*. 2. ed. Rio de Janeiro: Forense, 2006. v. V. t. I. p. 309.

[11] TERRAZA MARTORELL, Juan. *Modificación y resolución de los contratos por excesiva onerosidad o impossibilidad en su ejecución*: teoría de la cláusula rebus sic stantibus. Barcelona: Bosch, 1951. p. 59.

[12] TERRAZA MARTORELL, Juan. *Modificación y resolución de los contratos por excesiva onerosidad o impossibilidad en su ejecución*: teoría de la cláusula rebus sic stantibus. Barcelona: Bosch, 1951. p. 60.

3.4 A onerosidade excessiva – Terceiro requisito para intervenção judicial

A onerosidade excessiva configura-se quando há a destruição da equivalência material das prestações a cargo dos contratantes, não permitindo a uma das partes – ou a todas – a realização da finalidade legitimamente esperada no processo obrigacional.[13]

Essa frustração do escopo contratual perseguido pelas partes é resultado de uma alteração brusca e arrebatadora da economia do contrato,[14] exigindo um sacrifício extremo do devedor para cumprimento da avença, de proporções que fogem à razoabilidade.

Nesse caso, não se tem uma impossibilidade superveniente da obrigação, uma vez que esta permanece possível.[15] Contudo, o cumprimento nos moldes avençados acarreta ao contratante uma dificuldade que foge ao normal, refletindo uma onerosidade que não é aquela ínsita aos contratos onerosos, mas sim uma faceta mais drástica que, se pudesse ser antevista, certamente conduziria o contratante à opção de não celebrar o contrato, ou celebrá-lo com uma contraprestação diferente.

O cerne da onerosidade excessiva, nesse passo, reside na desproporção entre prestação e contraprestação,[16] seja porque esta teve sua utilidade diminuída, seja porque aquela se tornou sobremaneira exagerada. Há, portanto, um descompasso material do contrato, que enseja sua resolução ou sua revisão.

O divisor de águas entre o equilíbrio e o desequilíbrio contratual, hábil a caracterizar a onerosidade excessiva, leva em consideração a superação do risco tolerável e esperado de um contrato de execução diferida ou continuada. Assim, se o agravamento não podia ser antevisto pelas partes, é razoável que estas absorvam equitativa e proporcionalmente o impacto causado pela mudança das circunstâncias, evitando-se a imposição unilateral do gravame sobre a obrigação da parte que não concorreu para o seu advento.

3.5 A extrema vantagem - Quarto requisito para intervenção judicial

O art. 478 do Código Civil dispõe que a resolução do contrato – e também sua revisão – terá cabimento se este causar onerosidade excessiva a um dos contratantes, com extrema vantagem para o outro.

---

[13] AGUIAR JUNIOR, Ruy Rosado. *A extinção dos contratos por incumprimento do devedor*. Rio de Janeiro: Aide, 1991; 2. ed. Rio de Janeiro: Aide, 2004. p. 155; Também, Von A. Tuhr: "[...] en los contratos bilaterales, cuando, por una alteración imprevisible y sustancial de las circunstancias (sobre todo al descender de la cotización de la moneda originando las consabidas flutuaciones de precios) se haya modificado de tal modo la relación proporcional de ambas prestaciones que la prestación contractual de uns de las partes contratantes no pueda considerarse ya razonablemente como retribuición de la prestación contractual que incumbe a la parte contraria. [...] En efecto, es contratio a la 'bona fides' obligar al deusdor a respetar el contrato cuando las condiciones se han modificado de tal manera, que caso de cumprirlo no obtendría contraprestación alguna u obtendría una contraprestación perfectamente insignificante" (TUHR, A. von. *Tratado de las obligaciones*. Madrid: Editorial Reus, 1934. t. II. p. 140).

[14] MARTINS-COSTA, Judith. *Comentários ao novo Código Civil*. 2. ed. Rio de Janeiro: Forense, 2006. v. V. t. I. p. 304.

[15] SILVA, Luís Renato Ferreira da. *Revisão dos contratos*: do Código Civil ao Código do Consumidor. Rio de Janeiro: Forense, 2001. p. 112; SANTOS, Antonio Jeová. *Função social*: lesão e onerosidade excessiva nos contratos. São Paulo: Método, 2004. p. 239.

[16] GALGANO, Francesco. *Diritto privato*. 9. ed. Milano: Cedam, 1996. p. 336-337.

A extrema vantagem consiste em presunção que se dessume do desequilíbrio contratual e da onerosidade excessiva.

Com efeito, se existe uma desproporção entre a prestação originalmente pactuada e o seu valor real, só há dois caminhos: ou o credor estaria a receber uma prestação onerosa, sem que sua contraprestação tenha sofrido alteração, ou o devedor está a cumprir prestação que equivale a menos do que a contraprestação recebida. Em ambas as hipóteses, quem recebe mais e se esforça menos aufere uma vantagem. Nesse passo, se a desproporção é "manifesta" e a onerosidade é "excessiva", a vantagem é diretamente proporcional, isto é, extrema.[17]

3.6 Ausência de mora – Quinto requisito para intervenção judicial

Mostra-se relevante examinar se o contratante poderá requerer a resolução ou a revisão do contrato quando a onerosidade excessiva se der em momento posterior à sua mora. Em outras palavras, a parte deixa de cumprir sua obrigação, entra em mora e, em seguida, surge um evento, que refugia ao seu âmbito de previsibilidade, e desequilibra o contrato.

4 Os impactos à capacidade econômico-financeira da parte e a onerosidade excessiva – Reflexões sobre sua relevância na formação da causa de pedir nas ações de revisão e resolução do contrato por desequilíbrio superveniente

A circunstância responsável pelo desequilíbrio contratual, com a consequente sobrecarga da prestação do devedor, há que ser alheia aos limites ordinários de previsibilidade, consistindo em fato que não se observa comumente e tampouco se deseja que aconteça.

Mostra-se necessária, também, a constatação do nexo de causalidade entre a onerosidade e os fatores supervenientes à contratação que não correspondiam às expectativas legítimas dos contratantes, consideradas de forma objetiva e sob o prisma da razoabilidade e da proporcionalidade.[18]

As circunstâncias supervenientes devem ter ingerência direta na prestação, para que se possa falar em intervenção judicial no contrato. Como alerta Carlos Alberto Ghersi, os acontecimentos imprevisíveis devem "incidir diretamente sobre a prestação tornando-a excessivamente onerosa".[19]

Não se admite, assim, que o fato inevitável influa apenas reflexamente na prestação, não sendo a causa direta e imediata de seu desequilíbrio. Da mesma forma, impactos na situação econômica de um dos contratantes, que prejudiquem sua atividade econômica como um todo ou que diminuam seus ativos, não autorizam, via de regra, a modificação ou a extinção do contrato, se não estiverem intimamente ligados a este.

---

[17] NASSER, Paulo Magalhães. *Onerosidade excessiva no contrato civil*. São Paulo: Saraiva, 2011.

[18] MARTINS-COSTA, Judith. *Comentários ao novo Código Civil*. 2. ed. Rio de Janeiro: Forense, 2006. v. V. t. I. p. 306-307.

[19] GHERSI, Carlos Alberto. *Contratos civiles y comerciales*. 5. ed. Buenos Aires: Astrea, 2002. t. 1. p. 311.

Nesse passo, para legitimar uma ação de revisão ou de resolução do contrato, o evento deverá ser a causa da desproporção no contrato e não mero fator de desestabilização da economia de um dos contratantes, que, por força da diminuição de seu capital ou de sua liquidez, sofre para honrar seus compromissos.

Otávio Luiz Rodrigues Jr., a esse respeito, reforça que "a superveniência de condições pessoais adversas, que dizem respeito ao patrimônio do devedor ou às condições de sua existência material, não pode ser invocada sob o calor de 'impossibilidade econômica', e, com base nisso, admitir-se a imprevisão".[20]

O evento deve ser extraordinário, de cunho imprevisível, que foge ao risco normal do contrato. Deve, ademais, ser a causa direta da onerosidade excessiva. A circunstância que surge ao longo da execução do contrato demanda conexão com as obrigações a cargo dos contratantes.

Não se admite que o desequilíbrio contratual seja mero efeito reflexo indireto do fato inevitável porque, nessa situação, ter-se-ia uma dificuldade de cumprimento advinda de motivos particulares da parte ou alheios à avença.

O Tribunal de Justiça do Estado de São Paulo, ao analisar a possibilidade de revisão dos contratos por onerosidade excessiva decorrente de impactos causados pela pandemia de Covid-19, decidiu:

> a mera alegação da recorrente no sentido de que os impactos gerados a partir da pandemia da COVID-19 impedem o cumprimento do contrato sub judice, em razão de onerosidade excessiva, não basta, por si só, para liberá-la de honrar seus compromissos financeiros, sob pena de transformar o surto da mencionada doença em moratória geral das obrigações previamente constituídas.[21]

O Superior Tribunal de Justiça, em recurso especial de relatoria do Min. Luís Felipe Salomão, ao analisar um caso envolvendo direito do consumidor, que autoriza a revisão dos contratos com fundamento na alteração da base do negócio (art. 6º, inc. V, do CDC), sem a necessidade de prova da imprevisibilidade do evento, decidiu por unanimidade que a mera existência da pandemia não autoriza automaticamente a intervenção judicial nos pactos.

No acórdão, decidiu-se:

> os princípios da função social e da boa-fé contratual devem ser sopesados [...] com especial rigor a fim de bem delimitar as hipóteses em que a onerosidade sobressai como fator estrutural do negócio – condição que deve ser reequilibrada tanto pelo Poder Judiciário quanto pelos envolvidos, – e aquelas que evidenciam ônus moderado ou mesmo situação de oportunismo para uma das partes.[22]

---

[20] RODRIGUES JUNIOR, Otávio Luiz. *Revisão judicial do contrato*. Autonomia da vontade e teoria da imprevisão. São Paulo: Atlas, 2002. p. 113.

[21] TJSP. Apelação Cível nº 1028411-67.2021.8.26.0562. Rel. Jonize Sacchi de Oliveira, 24ª Câmara de Direito Privado; Foro de Santos – 1ª Vara Cível, j. 21.11.2022; registro: 21.11.2022. No mesmo sentido, quanto à irrelevância da análise isolada da alteração da capacidade financeira da parte: TJSP. Agravo de Instrumento nº 2288186-15.2022.8.26.0000. Rel. Ramon Mateo Júnior, 15ª Câmara de Direito Privado; Foro de Osasco – 5ª Vara Cível, j. 2.3.2023; registro: 2.3.2023.

[22] REsp nº 1.998.206/DF. Rel. Min. Luis Felipe Salomão, Quarta Turma, j. 14.6.2022. *DJe*, 4.8.2022.

Parece-nos relevante ao presente estudo o ponto que trata da onerosidade como fator estrutural do negócio. Isso porque, como pensamos, a onerosidade demanda ser verificada nos pilares de divisão de riscos do contrato, ou seja, na essência das obrigações assumidas pelas partes e sua relação de equilíbrio estabelecida quando da formação do vínculo contratual.

Quando uma das partes tem sua capacidade financeira modificada, em razão de fatos alheios ao contrato e aos seus elementos estruturais, não se configura a onerosidade excessiva hábil a permitir a intervenção judicial com o objetivo de readequar as prestações.

A esse respeito, cita-se posição do Superior Tribunal de Justiça, em acórdão relatado pela Min. Nancy Andrighi, que assim decidiu:

> A intervenção judicial voltada à resolução do contrato por onerosidade excessiva pressupõe a ocorrência de fato superveniente que altere, substancialmente, as circunstâncias intrínsecas à formação do vínculo contratual, ou seja, a sua base objetiva, de modo a comprometer a equação econômica prevista pelos contratantes.
>
> Hipótese em que não se justifica a resolução do contrato por onerosidade excessiva em virtude da mudança na capacidade financeira dos adquirentes, causada por fatos que não se relacionam com as circunstâncias que envolveram a conclusão do contrato e que tampouco alteraram a onerosidade da prestação inicialmente assumida, sendo de rigor a incidência da Lei 9.514/1997.[23]

Com acuidade, o acórdão mencionado afasta a possibilidade de arguição de perda de capacidade financeira como elemento preenchedor do requisito da onerosidade excessiva, elemento essencial na formação da causa de pedir de ações que visam à revisão judicial dos contratos.

5 Conclusões

A resolução e a revisão dos contratos por onerosidade excessiva superveniente apresentam-se como exceções à regra geral de obrigatoriedade do contrato. Demonstra-se, com isso, o cuidado do legislador civil, na esteira constitucional, em integrar ao campo contratual valores sociais e humanos, que favoreçam a segurança do processo obrigacional e a igualdade das partes no âmbito privado.

O art. 478 do Código Civil faculta aos contratantes formular pleito de resolução do contrato: (i) quando as obrigações que lhes cabem estejam eivadas de (a) onerosidade excessiva, (b) decorrente de fato imprevisível e extraordinário, (c) que gere extrema vantagem para o outro contratante; (ii) quando se tratar de contrato de duração; e (iii) desde que não estejam em mora ou não tenham concorrido para o desencadeamento da onerosidade.

---

[23] REsp nº 1.930.085/AM. Rel. Min. Nancy Andrighi, Terceira Turma, j. 16.8.2022. *DJe*, 18.8.2022. A Min. Nancy Andrighi já havia participado do julgamento do Recurso Especial nº 447.336-SP, quando afirmou que "se o desequilíbrio contratual – fato objetivo que é – é o quanto basta para a intervenção judicial, não influi na hipótese a análise de fatos subjetivos, tais como a capacidade econômico-financeira do arrendatário ou a data específica em que foi proposta a demanda, se 1 mês, 6 meses ou 2 anos após a ocorrência do fato causador do desequilíbrio" (REsp nº 447.336/SP. Rel. Min. Carlos Alberto Menezes Direito, Rel. p/ acórdão Min. Nancy Andrighi, Terceira Turma, j. 11.4.2003. *DJ*, 26.5.2003, p. 360).

O primeiro requisito para a resolução ou a revisão do contrato por onerosidade excessiva, com base no art. 478 do Código Civil, é que este seja um contrato de duração, bilateral e oneroso, no qual a execução total das obrigações não ocorre imediatamente após a conclusão do negócio, mas sim ao longo do tempo de sua execução.

O segundo requisito é a superveniência de um evento imprevisível e extraordinário, que refuja ao âmbito de previsibilidade do contratante diligente e acautelado, o qual, conquanto tenha sido prudente na celebração do negócio jurídico, não pôde antever um acontecimento futuro que interferiria diretamente no contrato firmado e causaria onerosidade excessiva em sua prestação.

O fato imprevisível está ligado a uma circunstância que refoge à normalidade, ao risco normal do negócio, isto é, um fato extraordinário que se distancia do alcance de uma previsão razoável quando da celebração do contrato.

O terceiro requisito é a verificação de onerosidade excessiva nas prestações de um dos contratantes, com a destruição da equivalência material, impedindo-se, por conseguinte, o alcance do legitimamente esperado no processo obrigacional.

A extrema vantagem a um dos contratantes, expressamente prevista no art. 478 do Código Civil, consiste em presunção que se depreende do próprio desequilíbrio contratual e da onerosidade excessiva. Consiste no quarto requisito.

O devedor não poderá invocar a resolução ou a revisão do contrato se o evento causador da onerosidade excessiva for verificado após o vencimento da obrigação. Trata-se do quinto requisito para intervenção judicial.

A redução da capacidade financeira da parte contratante, isoladamente, não integra a causa de pedir nas ações cíveis e empresariais que têm como objetivo a revisão ou a resolução dos contratos por onerosidade excessiva.

Há necessidade de se constatar um desequilíbrio decorrente de impacto em elementos estruturais do contrato e na equivalência material das prestações, não sendo possível considerar, na análise da onerosidade excessiva, elementos externos que afetam a esfera jurídica das partes, sem afetar a proporcionalidade entre prestação e contraprestação.

Referências

AGUIAR JUNIOR, Ruy Rosado. *A extinção dos contratos por incumprimento do devedor*. Rio de Janeiro: Aide, 1991.

AGUIAR JUNIOR, Ruy Rosado. *A extinção dos contratos por incumprimento do devedor*. 2. ed. Rio de Janeiro: Aide, 2004.

BANDEIRA DE MELLO, Celso Antônio. *O conteúdo jurídico do princípio da igualdade*. 3. ed. 25. tir. São Paulo: Malheiros, 2017.

BIANCA, C. Massimo. *Diritto civile*. La responsabilità. Milano: Giuffrè, 1994.

GALGANO, Francesco. *Diritto privato*. 9. ed. Milano: Cedam, 1996.

GHERSI, Carlos Alberto. *Contratos civiles y comerciales*. 5. ed. Buenos Aires: Astrea, 2002. t. 1.

GODOY, Cláudio Luiz Bueno de. *Função social do contrato*: os novos princípios contratuais. 2. ed. São Paulo: Saraiva, 2007.

MARTINS-COSTA, Judith. *Comentários ao novo Código Civil*. 2. ed. Rio de Janeiro: Forense, 2006. v. V. t. I.

NASSER, Paulo Magalhães. *Onerosidade excessiva no contrato civil*. São Paulo: Saraiva, 2011.

RODRIGUES JUNIOR, Otávio Luiz. *Revisão judicial do contrato*. Autonomia da vontade e teoria da imprevisão. São Paulo: Atlas, 2002.

ROPPO, Enzo. *O contrato*. Tradução de Ana Coimbra e M. Januário C. Gomes. Coimbra: Almedina, 2009.

ROSENVALD, Nelson. *In*: PELUSO, Cezar. *Código Civil comentado*: doutrina e jurisprudência. 2. ed. Barueri: Manole, 2008.

SANTOS, Antônio Jeová. *Função social do contrato*: lesão e onerosidade excessiva nos contratos. São Paulo: Método, 2004.

SILVA, Luís Renato Ferreira da. *Revisão dos contratos*: do Código Civil ao Código do Consumidor. Rio de Janeiro: Forense, 2001.

TERRAZA MARTORELL, Juan. *Modificación y resolución de los contratos por excesiva onerosidad o impossibilidad en su ejecución*: teoría de la cláusula rebus sic stantibus. Barcelona: Bosch, 1951.

TUHR, A. von. *Tratado de las obligaciones*. Madrid: Editorial Reus, 1934. t. I; II.

Informação bibliográfica deste texto, conforme a NBR 6023:2018 da Associação Brasileira de Normas Técnicas (ABNT):

NASSER, Paulo Magalhães. Saúde pública, contratos privados e onerosidade excessiva: análise da perda da capacidade financeira do contratante e sua relevância nas ações de revisão e resolução contratual. *In*: RIBEIRO, Paulo Dias de Moura; TOMELIN, Georghio Alessandro; KIM, Richard Pae (Coord.). *Direito humano e fundamental à saúde*: estudos em homenagem ao ministro Enrique Ricardo Lewandowski. Belo Horizonte: Fórum, 2023. p. 373-385. ISBN 978-65-5518-606-2.

DIREITO HUMANO À SAÚDE: A ORGANIZAÇÃO DOS SERVIÇOS E A INTERSETORIALIDADE NAS POLÍTICAS COMO CONDIÇÃO DE EFETIVIDADE

REYNALDO MAPELLI JÚNIOR

1 Introdução

Na compreensão do fenômeno da saúde sob o ponto de vista filosófico, social e jurídico, especialmente em países como o Brasil que, acolhendo documentos político-jurídicos internacionais, o positivaram como direito humano a ser garantido por políticas de Estado, bem como por atividades particulares complementares ou suplementares intensamente regulamentadas e controladas, porque de relevância pública (arts. 196 a 200, CF) – consequentemente, passível de ação judicial para sua concretização, o que viabilizou a judicialização da saúde –, geralmente, se sobressai no campo acadêmico do direito médico e do direito sanitário e na prática jurisprudencial o debate sobre o real conteúdo da integralidade do SUS (art. 198, II, CF), numa avalição dos critérios para acesso a produtos e serviços e do custo-efetividade das tecnologias.

Certamente não haverá direito à saúde, se medicamentos, tratamentos e procedimentos necessários não estiverem disponibilizados aos pacientes, dizem os especialistas, mas não se desconhecem os limites dos recursos sanitários e a possibilidade de perniciosa intervenção do Poder Judiciário no sistema de saúde – o consequencialismo jurídico é reflexão que se impõe –, o que vem exigindo maior cautela do julgador, para que viabilize o direito de indivíduos e coletividades sem prejudicar o planejamento das políticas.[1]

---

[1] Nesse sentido, analisando casos concretos depois do aparecimento da Covid-19 e o papel do STF, alguns autores perceberam uma mudança da judicialização da saúde no cenário pós-pandêmico, mais coletivizada e preocupada em não desestruturar as regras do Sistema de Saúde: veja-se MAPELLI JR., Reynaldo. A saúde pública e sua judicialização na pandemia: reflexões em tempos de crise. *In*: SANTANA, Fabio Paulo Reis de; PSANQUEVICH, Paulo Kron; BRUZZESE, Camila Perissini (Coord.). *O SUS e a judicialização da saúde*: dos procedimentos clínicos à estrutura jurídica. Rio de Janeiro: CEEJ, 2022. t. 2. p. 607-628; SCHULZE, Clenio Jair. A judicialização da saúde pós-pandemia. *In*: SANTANA, Fabio Paulo Reis de; PSANQUEVICH, Paulo Kron; BRUZZESE, Camila Perissini

No fundo, compreende-se que a integralidade é condição sem a qual não existe direito à saúde, mas ela é sistêmica ou regulada no SUS dado o interesse de todos no atendimento do sistema de saúde, razão pela qual deve seguir as evidências científicas e as possibilidades fáticas do momento, inclusive financeiras, e respeitar as regras de direito administrativo sanitário, para que haja "igualdade da assistência à saúde, sem preconceitos ou privilégios de qualquer espécie" (art. 196, *in fine*, CF, e art. 7º, IV, LOS – Lei Orgânica da Saúde, a Lei Federal nº 8.080 de 19.9.1990).

Falta nesse debate sobre a integralidade, produzido com amadurecimento acadêmico e responsabilidade jurisprudencial, porém, a compreensão de outro aspecto essencial para a concretização deste direito fundamental, sem o qual não se pode entender em dimensão maior o direito humano à saúde: somente uma organização adequada das ações e serviços públicos da saúde, que potencialize o atendimento e use racionalmente os recursos disponíveis, pensada transversalmente com outras políticas públicas, é que permitirá ao SUS desenvolver corretamente suas funções institucionais a despeito da escassez dos recursos, segundo as diretrizes e os princípios de acesso universal e atendimento integral (arts. 196 e 198, inc. II, CF e art. 7º, LOS).

É essencial que se dominem, portanto, as formas de organização das ações e serviços de saúde no SUS tendentes a propiciar a integralidade da assistência, segundo os modelos e parâmetros estabelecidos pela legislação sanitária.

2 Concepção ampla do direito à saúde e sistemas de saúde

O desafio organizacional dos serviços de saúde, preocupação de todos os países do mundo por conta dos altos custos das tecnologias em saúde e da transição epidemiológica da população, tenham eles optado por um sistema de saúde baseado na seguridade social (saúde como direito social, a ser garantida solidariamente pelo Estado a todas as pessoas, como na Inglaterra, no Canadá, em Cuba, na Suécia e no Brasil), no seguro social (saúde para aqueles que contribuem para previdência social, em geral por pagamento parcial e reembolso posterior, ficando a população mais carente assistida por alguns serviços essenciais, como na Alemanha, na França e na Suíça) ou na assistência residual (saúde essencialmente privada ou por planos de saúde, com disponibilização de alguns remédios e tratamentos ao pobres, como nos Estados Unidos),[2] passa, sempre, pela dificuldade em estruturar ações e programas que devam concretizar um direito fundamental que, por definição, não se resume a questões médicas e pressupõe a satisfação da qualidade de vida das pessoas num sentido mais amplo.

Embora não seja nova a noção de que a saúde das pessoas não depende apenas do tratamento de patologias, podendo ser remontada pelo menos até o grego Hipócrates da ilha de Kós (460 a 370 a.C.), que propunha uma visão naturalista das doenças em uma prática clínica no leito que devia desvendar os hábitos e as limitações de cada paciente,[3] a verdade é que o marco legal de definição ampla da saúde somente foi

---

(Coord.). *O SUS e a judicialização da saúde*: dos procedimentos clínicos à estrutura jurídica. Rio de Janeiro: CEEJ, 2022. t. 2. p. 641-654; e SARLET, Ingo Wolfang; BARBOSA, Jeferson Ferreira, O direito fundamental à proteção da saúde na Constituição Federal de 1988 e o papel do Supremo Tribunal Federal do Brasil. *Revista de Direito à Saúde Comparado*, v. 1 n. 1, 2022. Edição virtual.

[2] PAIM, Jairnilson Silva. *O que é o SUS*. Rio de Janeiro: Editora Fiocruz, 2009. p. 18-19.

[3] BYNUM, William. *História da medicina*. Porto Alegre: L&PM Pocket Editores, 2008. Edição Oxford University Press. p. 15-28.

estabelecido pela Organização Mundial da Saúde, no preâmbulo de sua Constituição de 7.4.1948, com o afastamento da "mera ausência de doença ou enfermidade" como critério de definição, para conceituar a saúde como "um estado completo de bem-estar físico, mental e social".

Nesse sentido, foi essencial o Relatório Lalonde de 1974, produzido pelo ministro da saúde e bem-estar do Canadá da época, Marc Lalonde, que questionou a visão tradicional da saúde como a arte da medicina, difundida entre a população, e propôs um conceito de saúde condicionada por fatores biológicos, sociais e culturais – quatro componentes, a biologia humana, o meio ambiente, o estilo de vida e a organização da atenção à saúde, foram identificados no relatório –, convencendo a comunidade internacional da necessidade de se preparar os sistemas de saúde para cuidar de todas estas circunstâncias, com ênfase na responsabilidade de cada indivíduo em mudar seus comportamentos para melhorar sua saúde e no planejamento estratégico para garantir acesso mais rápido e priorizar a população de maior risco.[4]

Esse modelo biopsicossocial da saúde, que rejeita a concepção biomédica de doença e afirma a coexistência de condicionantes físicas, psicológicas e sociais no fenômeno sanitário, no Brasil foi amplamente acolhido pelos pensadores da reforma sanitária dos anos 70 e 80, que conseguiram positivar na Constituição Federal que esse direito fundamental deve ser garantido "mediante políticas sociais e econômicas" (art. 196) e, depois, na Lei Orgânica da Saúde (Lei Federal nº 8.080, de 19.9.1990), consagraram a visão ampla em dizeres magistrais:

> Art. 3º Os níveis de saúde expressam a organização social e econômica do País, tendo a saúde como determinantes e condicionantes, entre outros, a alimentação, a moradia, o saneamento básico, o meio ambiente, o trabalho, a renda, a educação, a atividade física, o transporte, o lazer e o acesso aos bens e serviços essenciais.[5]

Não cabe mais no Brasil, portanto, os modelos reducionistas anteriores que viam no médico especialista e no hospital o centro do sistema de saúde (modelo médico assistencial privatista) ou na higiene sanitária e nos sanitaristas auxiliares a principal atividade de saúde pública (modelo sanitarista), pois as políticas públicas de saúde devem ser intersetoriais, ou seja, além das atividades típicas de assistência, devem conter ações e programas que cuidam das determinantes sociais da saúde (DSS), como as condições de vida, trabalho e lazer, muitas vezes de responsabilidade de outros setores, para a redução dos riscos do adoecimento e a viabilização da qualidade de vida.[6]

A própria concepção moderna de saúde como bem-estar biopsicossocial e as complexidades que envolvem o fenômeno, portanto, revelam que o gestor do sistema de saúde deve ter por objetivo a promoção da qualidade de vida das pessoas no sentido mais amplo possível,[7] mediante a organização dos serviços em modelos de

---

[4] LALONDE, Marc. *A new perspective on the health of Canadians*: a working document. Ottawa: Government of Canada, 1974.

[5] A sentença inicial, que diz que os níveis de saúde expressam o desenvolvimento do país, foi alterada pela Lei Federal nº 12.864, de 2013, o que demonstra que a ideia apenas se fortaleceu ao longo do tempo.

[6] TEIXEIRA, Carmem Fontes; PAIM, Jairnilson Silva; VILASBOAS, Ana Luiza. SUS, modelos assistenciais e vigilância da saúde. *Informe Epidemiológico do SUS*, v. VII, n. 2, p. 7-28, 1998.

[7] Note-se que, no Pacto Internacional dos Direitos Econômicos, Sociais e Culturais de 1966, que entrou em vigor em 1976, o Brasil se comprometeu a garantir a todas as pessoas o gozo "do melhor estado de saúde física e mental possível de atingir" (art. 12, item 1).

atenção que melhor atendam às necessidades da população segundo os indicadores epidemiológicos, com priorização dos grupos sociais de maior risco e com enfrentamento das determinantes sociais da saúde (DSS), em obrigatório trabalho interdisciplinar com outras políticas públicas.

3 Modelos de atenção: níveis de complexidade e qualificação da doença

Como o Brasil, país de grandes desigualdades sociais e regionais,[8] fez sua transição epidemiológica nos últimos anos sem debelar típicas situações de saúde de países em desenvolvimento – persistência de doenças infecciosas e parasitárias (HIV, doença de chagas, tuberculose, hepatites virais), crescimento de doenças decorrentes da miséria e da desnutrição, inclusive pela falta de saneamento básico, existência de significativo quadro de violência e causas externas etc. – , enquanto enfrenta a escalada rápida das doenças crônicas (neoplasias, doenças cardiovasculares, doenças respiratórias crônicas, hipertensão, diabetes, obesidade), a busca por modelos de atenção em saúde adequados, que sejam racionais e competentes, é preocupação constante de diversos estudiosos.[9]

A definição de modelo de atenção à saúde, segundo Eugênio Vilaça Mendes, é a seguinte:

> O modelo de atenção à saúde é um sistema lógico que organiza o funcionamento das redes de atenção à saúde, articulando, de forma singular, as relações entre os componentes da rede e as intervenções sanitárias, definindo em função da visão prevalecente da saúde, das situações demográfica e epidemiológica e dos determinantes sociais da saúde, vigente em determinado tempo e em determinada sociedade.[10]

Essa ideia de modelos de atenção como sistema lógico de pontos de assistência e de apoios (diagnósticos, logísticos etc.) organizados em rede, no fundo, decorre do modelo jurídico do SUS, que é o de um sistema de saúde com obrigatoriedade de atendimento integral às necessidades do paciente-usuário, em um fluxo de assistência contínua e automática para quem está dentro do sistema, ou seja, na rede (art. 7º, *caput*, e inc. II, LOS). Em comentários clássicos à Lei Orgânica da Saúde, Lenir Santos e Guido Ivan de Carvalho já alertavam que a organização do SUS, para atender às diretrizes constitucionais, deve se dar pela estruturação de seus serviços e ações de forma regional e hierarquizada, mas destacavam que isso deve ocorrer *sempre em níveis de complexidade crescente*:

---

[8] Segundo a ONU, o Brasil regrediu em 2021 no *ranking* de desenvolvimento humano da 86ª para a 87ª posição (Disponível em: https://www.poder360.com.br/internacional/brasil-cai-para-87o-em-ranking-de-desenvolvi-mento-humano-da-onu/. Acesso em: 23 fev. 2023).

[9] BRASIL. CONASS (Conselho Nacional de Secretários de Saúde). *A atenção primária e as redes de atenção à saúde*. Brasília: CONASS, 2015. Coleção Para Entender a Gestão do SUS. Sobre a preponderância da epidemiologia nessa discussão, veja-se ESCRIVÃO JR., Alvaro. A epidemiologia e o processo de assistência à saúde. *In*: VECINA NETO, Gonzalo; MALIK, Ana Maria (Org.). *Gestão em saúde*. 2. ed. Rio de Janeiro: Guanabara Koogan, 2017. p. 13-31.

[10] MENDES, Eugênio Vilaça. *As redes de atenção à saúde*. Brasília: Organização Pan-Americana da Saúde, 2011.

A assistência à saúde exige que o estado disponha de todos os recursos, dos mais simples aos mais complexos, para recuperar a saúde do indivíduo. Até porque o direito à saúde (artigo 196 da Constituição) requer que se *previna* a saúde das pessoas de agravos evitáveis e que as doenças possam contar com um aparato de serviço que as cure ou minore o sofrimento. [...] Na assistência à saúde é que se deve tratar dos diferentes níveis de atenção, como o nível primário (unidades básicas de saúde, com determinadas especialidades e exames diagnósticos mais simples, tecnologicamente falando, e todo o conceito de promoção da saúde), secundário, terciário e quaternário (serviços de apoio diagnóstico, hospitais em que a grandeza é medida também, mas não somente pelo tamanho físico, mas pelo potencial de atendimento dos casos mais complexos de agravo à saúde. Há, pois, uma hierarquia de complexidade de serviços, que muitos chamam de densidade tecnológica, decorrente dos níveis de complexidade de atendimento.[11]

Dessa forma, e considerando os aperfeiçoamentos legislativos que ocorreram especialmente com a edição do Decreto Federal nº 7.508, de 28.6.2011, que regulamenta a Lei Orgânica da Saúde, *nas redes interfederativas de serviços construídas regionalmente –* nas regiões de saúde, como descritas detalhadamente no Decreto Federal nº 7.508/2011 (arts. 4º a 7º) –, *mediante pactuação porque há "direção única" em cada esfera de governo (art. 198, I, CF)* – leia-se: os serviços e equipamentos são administrados separadamente pelo Ministério da Saúde, pelas secretarias de estado e pelas secretarias de município, que portanto precisam negociar para criar o fluxo de atendimento –[12] *o gestor deve fazer o mapa da saúde (descrição geográfica da distribuição de recursos humanos e de ações e serviços de saúde ofertados pelo SUS e pela iniciativa privada, considerando-se a capacidade instalada existente, os investimentos e o desempenho aferido a partir dos indicadores de saúde do sistema) e identificar os indicadores epidemiológicos do território, para organizar a assistência a partir da atenção básica – em uma terminologia mais moderna, a APS – Atenção Primária à Saúde –, direcionando depois pelo sistema de regulação de vagas os usuários para os atendimentos de maior complexidade*, em um modelo de atenção que seja lógico, racional e eficiente.

Sobre a APS, não se pode esquecer que foi a Declaração de Alma-Ata, firmada no Cazaquistão, antiga URSS, em 1978, que consagrou a organização por complexidade *a partir da atenção básica* para todos os sistemas de saúde, pois financeiramente mais sustentável e com grande resolutividade se bem desempenhada. Isso porque, em resumo: a) os cuidados primários são aqueles essenciais para a saúde das pessoas, cientificamente válidos e ao alcance de todos a um custo sustentável; b) podem e devem ser construídos com participação da comunidade, ouvindo-se as pessoas que moram em determinado território; c) devem configurar o primeiro contato dos indivíduos e famílias no território e regular a assistência como um todo, que deve constituir em processo continuado; d) possibilitam a resolução de 80% a 90% dos problemas de saúde da população; e e) incluem, pelo menos, a promoção das condições ambientais e nutricionais adequadas, a educação em saúde, o saneamento básico, os cuidados maternais, o planejamento familiar, a imunização, a prevenção e o controle de doenças endêmicas, os exames preventivos, os medicamentos essenciais e a reabilitação das doenças mais comuns.[13]

---

[11] SANTOS, Lenir; CARVALHO, Guido Ivan. *SUS*: comentários à Lei Orgânica da Saúde. 5. ed. rev. e atual. Campinas: Saberes Editora, 2018. p. 179-180.

[12] PONTE, Antonio Carlos da; MAPELLI JR., Reynaldo. Redes interfederativas de serviços de saúde e o controle do Ministério Público: o papel dos Estados no SUS. *Revista de Direito Brasileiro*, v. 18, n. 7, p. 315-330, set./dez. 2017.

[13] Declaração de Alma-Ata sobre Cuidados Primários, URSS, 12.9.1978.

Essa questão é tão essencial, figurando mesmo como condição essencial de sustentabilidade dos sistemas de saúde, que a Declaração de Alma-Ata foi reafirmada durante a Conferência Global sobre Atenção Primária de Saúde, que ocorreu entre 25 e 26.10.2018, novamente em Astana, no Cazaquistão, por meio de um novo documento assinado por diversos países, inclusive o Brasil, a Declaração de Astana, que ratificou o compromisso de fortalecimento dos sistemas de atenção primária de saúde como um passo essencial para alcançar a cobertura universal de saúde, de forma sustentável, com escolhas políticas ousadas, capacitação de indivíduos e comunidades e alinhamento do apoio das partes interessadas às políticas, estratégias e planos nacionais.[14]

Assim, o modelo de atenção deve ser construído com "portas de entrada" para o acesso ao sistema de saúde – além da atenção primária, que é a porta de entrada principal, o Decreto Federal nº 7.508/2011 incluiu, também, a atenção de urgência e emergência, a atenção psicossocial e os serviços especiais de acesso aberto, pelas especificidades do atendimento em pronto-socorro e na rede psicossocial e por alguma decisão estratégica especial (art. 9º) – decorrência lógica do imperativo de igualdade, com cuidados iniciais e primários de alta resolutividade, para, mediante um sistema de regulação de vagas (referência e contrarreferência), encaminhar o paciente para equipamentos de maior complexidade,[15] se e onde for preciso, garantindo a integralidade da assistência *dentro* das redes de atenção (arts. 8º e 10, Decreto Federal nº 7.508/2011).

Registre-se que as diretrizes técnicas para a organização da atenção primária pelas UBS (unidades básicas de saúde) e pelo Programa de Saúde da Família estão positivadas na Portaria MS nº 2.436, de 21.9.2017, que instituiu a Política Nacional de Atenção Básica do SUS, enquanto a Portaria MS nº 4.279, de 30.12.2010, fixou as diretrizes para a organização das redes de atenção à saúde (RAS) escalonadamente, mediante parâmetros para acesso e fruição dos serviços de nível secundário e terciário.

Como consta da Portaria MS nº 4.279/2010, o gestor deve atentar para três elementos constitutivos das RAS, para que o arranjo institucional faça sentido e propicie na prática os cuidados em saúde: *uma população adstrita ao território*, que precisa ser identificada e acompanhada pela unidade de saúde, *uma estrutura operacional*, que possibilite o funcionamento dos serviços (sistemas de apoio diagnóstico e terapêutico, programas de medicamentos, sistema de regulação de vagas, de registro eletrônico, de transporte etc.) e *os modelos de atenção*, pensados à luz das condições agudas ou crônicas dos usuários-pacientes. Sobre isso, a orientação do CONASS (Conselho Nacional de Secretários de Estado da Saúde) aos gestores do SUS é bem ilustrativa:

> O primeiro elemento das RAS, e sua razão de ser, é uma população, colocada sob sua responsabilidade sanitária e econômica. [...] A população da responsabilidade da RAS não é a população dos centros demográficos, mas a população cadastrada e vinculada a uma unidade de APS. Essa população vive em territórios sanitários singulares, organiza-se socialmente em famílias e é cadastrada e registrada em subpopulações por riscos sociais e sanitários. [...]

---

[14] *Declaration on Primary Health Care of Astana*, Cazaquistão, 25 e 26.10.2018 (Disponível em https://www.who.int/teams/primary-health-care/conference/declaration).

[15] Alguns ex.: Política Nacional de Atenção Cardiovascular, Política Nacional de Procedimentos Eletivos de Média Complexidade, Política Nacional de Atenção Oncológica, Política Nacional de Atenção à Urgência e Política Nacional de Pessoas (Deficiência, Pessoa Idosa, Mulher, Homem etc.).

A estrutura operacional da RAS (segundo elemento constitutivo da RAS) compõe-se de cinco componentes: o centro de comunicação, APS; os pontos de atenção à saúde secundários e terciários; os sistemas de apoio (sistemas de apoio diagnóstico e terapêutico, sistemas de assistência farmacêutica, sistemas de teleassistência e sistemas de informação em saúde); os sistemas logísticos (registro eletrônico em saúde, sistemas de acesso regulado à atenção e sistemas de transporte em saúde); e o sistema de governança da RAS.

O terceiro elemento constitutivos das RAS são os modelos de atenção à saúde [...]. Os modelos de atenção à saúde são de dois tipos: os modelos de atenção aos eventos agudos e os modelos de atenção às condições crônicas.[16]

As RAS significam um novo olhar para os sistemas de saúde, frequentemente fragmentados e voltados para as condições agudas das doenças, segundo a diretriz ou o princípio da integralidade: os polos de atenção devem estar efetivamente integrados para uma assistência completa que, sem desconsiderar as situações de agudização, conhece e acompanha a população adstrita em um território, inclusive para identificar e cuidar de condições e doenças agudas prevalecentes no mundo moderno *continuamente*, em um modelo de atenção inovador. Lembrando que o modelo de atenção crônica foi originariamente desenvolvido como projeto-piloto de uma equipe do *MacCol Institute for Healthcare Innovation*, com apoio pela Fundação Robert Wood Johnson, nos Estados Unidos, depois testado e aprovado, Eugênio Vilaça Mendes ensina que vem se mostrando mais compatível com sistemas universais de saúde, e demonstra que o importante é conhecer a população e escalonar os fatores de risco, qualificando a assistência:

O modelo de atenção às condições crônicas estrutura-se em cinco níveis e em três componentes articulados: a população, os focos da intervenção em saúde e as intervenções de saúde.

No primeiro nível, opera-se com a população total de uma rede de atenção à saúde, com o foco nos determinantes sociais da saúde e por meio de intervenções de promoção da saúde. [...]

No segundo nível, opera-se com uma subpopulação da população total que está submetida a algum tipo de fator de risco, entendido como uma característica ou atributo cuja presença aumenta a possibilidade de apresentar uma condição de saúde. [...].

No terceiro nível, opera-se com uma subpopulação da população total que apresenta uma condição de saúde de baixo ou médio risco, em geral mais der 70% dos portadores da condição de saúde, por meio da tecnologia de gestão da condição de saúde. No quarto nível, opera-se com uma subpopulação de alto ou muito alto risco, também por meio da tecnologia de gestão da condição de saúde.

No nível 5, opera-se com uma subpopulação da população total que apresenta uma condição de saúde muito complexa [...] (que representa) 1 a 5% da população total e chega a consumir mais da metade dos recursos globais de um sistema de atenção à saúde.[17]

---

[16] BRASIL. CONASS (Conselho Nacional de Secretários de Saúde). *A atenção primária e as redes de atenção à saúde*. Brasília: CONASS, 2015. Coleção Para Entender a Gestão do SUS. p. 24-26.

[17] MENDES, Eugênio Vilaça. Redes de atenção à saúde: uma mudança na organização e na gestão dos sistemas de atenção à saúde. *In*: VECINA NETO, Gonzalo; MALIK, Ana Maria (Org.). *Gestão em saúde*. 2. ed. Rio de Janeiro: Guanabara Koogan, 2017. p. 32-49. Cf., com mais detalhamento sobre como se dá a implementação na atenção primária, MENDES, Eugênio Vilaça. *O cuidado das condições crônicas na atenção primária à saúde*: o imperativo da consolidação da estratégia da saúde da família. Brasília: Organização Pan-Americana da Saúde, 2012.

A construção do modelo de atenção do SUS, com a atenção primária como porta de acesso e regulação do cuidado e o atendimento integral dentro das RAS – não fora delas, sem regras, numa interpretação ampliada e equivocada da integralidade de parte da jurisprudência brasileira –, que devem ser instituídas para uma população adstrita no território e buscar atender a situações e doenças infeciosas e crônicas, em um fluxo contínuo de assistência em saúde – do mais simples para o mais complexo, retornando à atenção básica quando possível –, corresponde à definição de integralidade da Lei Orgânica da Saúde, como consta do art. 7º, inc. II:

> conjunto articulado e contínuo de ações e serviços preventivos e curativos, individuais e coletivos, exigidos para cada caso em todos os níveis de complexidade do sistema.

Assim, o *cuidado integral* (art. 198, I, CF), além dos aspectos que envolvem os esquemas de tratamento (protocolos clínicos e diretrizes terapêuticas, segundo evidências científicas), pressupõe, para que sejam otimizados os recursos disponíveis e respeitado o acesso igualitário, que o planejamento logístico e orçamentário do SUS, ascendente do nível local até o federal, segundo as pactuações nos órgãos colegiados (comissões intergestores) e os planos de saúde dos entes federados (art. 36, LOS), tenha como objetivo principal a organização do acesso e dos tratamentos em redes de atenção, nas regiões de saúde (art. 8º, LOS, e art. 7º, Decreto Federal nº 7.508/2011), para assistência contínua e resolutiva em todos os níveis de complexidade, contemplando modelos de atenção de condições e doenças infecciosas e crônicas segundo os indicadores epidemiológicos.

4 Organizando transversalmente: a intersetorialidade nas políticas sanitárias

O reconhecimento de que existem determinantes sociais da saúde (DSS), na medida em que esta consiste num bem-estar biopsicossocial muito mais completo do que mera ausência ou cura de doenças, leva à compreensão de que a organização dos serviços de *promoção, proteção e recuperação de doenças* (art. 196, *in fine*, CF), aos quais atualmente se junta a *reabilitação psicossocial* de doentes crônicos ou com sequelas, depende da intervenção de ações governamentais de outros setores, como os de assistência social, educação, geração de renda e segurança pública, em atividades construídas intersetorialmente pelo próprio sistema de saúde ou por outros agentes.

Assim, na construção das redes de atenção à saúde, frequentemente as ações e os programas dependem de articulação com outros setores, para o desenvolvimento do fluxo contínuo do atendimento.

A intersetorialidade na saúde, prevista constitucionalmente como um conjunto de políticas sociais e econômicas que visam à redução do risco de doença e de outros agravos (art. 196, CF), não pode significar, obviamente, que o SUS deva providenciar e financiar – esse um ponto crucial: quem financia o quê – todas as ações governamentais que condicionam ou determinam a saúde das pessoas: muito pelo contrário, segundo a Lei Complementar nº 141, de 13.1.2012, os recursos do sistema de saúde somente podem ser direcionados para as ações tipicamente sanitárias, como as de assistência terapêutica, capacitação do pessoal ativo e desenvolvimento científico e tecnológico, ou mesmo algumas atividades complementares, como a recuperação de deficiências nutricionais e o manejo ambiental vinculado diretamente ao controle de vetores de doenças (art. 3º), sob pena de violação do sistema de garantia dos valores mínimos a serem aplicados na saúde pública.

Outras ações governamentais que favorecem a saúde das pessoas, como os programas de alimentação e merenda escolar, a assistência social (renda e moradia, principalmente), o pagamento de aposentadorias e pensões, o saneamento básico, a limpeza urbana e a remoção de resíduos, bem como atividades de preservação ou recuperação do meio ambiente, devem colaborar com o sistema de saúde, cumprindo suas funções específicas, mas sempre mediante o financiamento das áreas correspondentes (art. 4º, LC nº 141/12).

Embora polissêmico, principalmente porque pode ser pensado como articulação com setores externos do Governo (ministérios ou secretarias de educação, emprego, assistência social etc.) ou com atores do terceiro setor (organizações sociais, organização da sociedade civil de interesse público, ONGs etc.) e da sociedade civil (comunidades, entidades de direitos humanos etc.) (*intersetorialidade externa*), ou articulação entre instituições ou entidades do próprio setor da saúde (*intersetorialidade interna*), o conceito de intersetorialidade, juntamente com o correlato intrassetorialidade, foi definido magistralmente na Política Nacional de Promoção da Saúde (PNPS), em que a sua proeminência é evidente. De fato, ao conceber a promoção da saúde como um conjunto de estratégias para produzir saúde e evitar o adoecimento, a Portaria MS nº 2.446, de 11.11.2014, que foi revogada mas incluída como Anexo I da Portaria de Consolidação nº 2, de 28.9.2017,[18] enfatizou a "articulação e cooperação intra e intersetorial" e a "formação da Rede de Atenção à Saúde (RAS)" na construção da política,[19] e estabeleceu, no art. 4º, como princípios da PNPS:

> V – a intersetorialidade, que se refere ao processo de articulação de saberes, potencialidades e experiências de sujeitos, grupos e setores na construção de intervenções compartilhadas, estabelecendo vínculos, corresponsabilidade e cogestão para objetivos comuns;
> VI – a intrassetorialidade, que diz respeito ao exercício permanente da desfragmentação das ações e serviços ofertados por um setor, visando à construção e articulação de redes cooperativas e resolutivas; [...].

Em termos práticos, não somente no campo da prevenção, mas também em todas as atividades sanitárias de proteção, recuperação e reabilitação, o gestor público deve construir as redes de saúde pensando em disponibilizar em todos os pontos de atenção, da porta de entrada na atenção primária (UBS, programas de saúde de família, consultório de rua, CAPs) ao atendimento de maior complexidade (ambulatórios especializados, centros de referência, hospitais), um cuidado multidisciplinar, que contenha ações como educação, assistência social e outros afazeres que complementam as ações de saúde. Para usar novamente o exemplo da PNPS, deve haver "estímulo à cooperação e à articulação intra e intersetorial para ampliar a atuação sobre determinantes e condicionantes da

---

[18] Trata-se de discutível técnica legislativa, em que se reúnem portarias afins (neste caso, de políticas de saúde) em uma norma de consolidação, nos anexos, revogando-se as anteriores.

[19] Como exemplo deste tipo de política de promoção da saúde, com intersetorialidade, costuma-se citar o sucesso da experiência do Estado do Paraná com a Resolução Sesa nº 228, de 7.4.2017.

saúde", bem como "organização dos processos de gestão e planejamento das variadas ações intersetoriais, como forma de fortalecer e promover a implantação da PNPS na RAS, de modo transversal e integrado, compondo compromissos e corresponsabilidades para reduzir a vulnerabilidade e os riscos à saúde vinculados aos determinantes sociais" (art. 5º, incs. I e VIII, Portaria MS nº 2.446/2014).

Leandro Martin Totaro Garcia *et al.*, em trabalho acadêmico que revisou a literatura científica sobre intersetorialidade na saúde no Brasil desde 2001, esclarece que as experiências desse tipo demandam a articulação dos setores e de seus saberes, a articulação com atores externos que precisam contribuir, como a sociedade civil organizada, os movimentos sociais, as universidades e a mídia, e a busca de soluções compartilhadas, cada um cumprindo o seu trabalho, para viabilizar um olhar mais amplo sobre a complexidade do fenômeno sanitário:

> A construção da intersetorialidade se dá a partir da articulação de vários setores e envolve distintos atores sociais, tais como: governo, sociedade civil organizada, movimentos sociais, universidades, autoridades locais, setor econômico e mídia, tendo como preceito a reunião de vários saberes e possiblidades de atuação, no sentido de viabilizar um olhar mais amplo sobre a complexidade do objeto, a fim de possibilitar a análise dos problemas e das necessidades, no âmbito de um dado território e contexto (JUNQUEIRA, 1997), bem como a busca de soluções compartilhadas. A intersetorialidade é operacionalizada por meio da criação de uma rede de compromisso social, estruturada por vínculos e uma 'presença viva', na qual instituições, organizações e pessoas se articulam em torno de uma questão da sociedade em um determinado território, programam e realizam ações integradas e articuladas, avaliam juntos os resultados e reorientam a ação.[20]

Na operacionalização das políticas de saúde com a complementação de outros setores e saberes, considerando os aspectos levantados e a experiência prática de gestão pública, pode-se, então, identificar as etapas desse processo de intersetorialidade na organização das ações e serviços de saúde:

- *Articulação interna e externa*: o trabalho deve se desenvolver com a articulação com outros setores governamentais, sejam próprios do SUS ou de outros campos da Administração Pública, e com agentes externos de colaboração, especialmente aqueles inseridos nas comunidades que podem influenciar o comportamento das pessoas, para compartilhamento de saberes e trabalho em rede durante o fluxo de atendimento do paciente-usuário, propiciando-lhe tudo o que for necessário para o cuidado.
- *Respeito aos saberes de cada setor*: é preciso respeitar, porém, os conhecimentos dos especialistas de cada setor, para não errar no cuidado das pessoas, como o exemplifica muito bem o caso das pessoas em situação de rua que buscam o SUS, que sabidamente precisam de moradia como base da assistência (modelo do *Housing First*), mas isso depende de planejamento urbano para criar casas e aluguéis de diferentes características, dado o perfil socioeconômico diferenciado desse grupo social.

---

[20] GARCIA, Leandro Martin Totaro; MAIO, Iadya Gama; SANTOS, Taynã Ishii dos; FOLHA, Catarina Bourlinova de Jesus Cunha; WATANABE, Helena Akemi Wada. Intersetorialidade na saúde no Brasil no início do século XXI: um retrato das experiências. *Saúde Debate*, Rio de Janeiro, v. 38, n. 103, out./dez. 2014. p. 967.

- *Coordenação administrativa*: seja no ministério e nas secretarias de saúde, seja em órgãos sanitários independentes (fundações, hospitais universitários etc.), seja em outros campos da Administração Pública, o essencial é que exista uma autoridade responsável pela coordenação dos setores, sob pena de fragmentação e falta de solução dos problemas que vão surgindo.
- *Recursos*: essencial a definição dos recursos humanos e financeiros que serão destinados ao projeto, definindo responsabilidades para o financiamento das atividades, que muitas vezes será compartilhado.
- *Formalização*: a formalização do projeto interdisciplinar em um ato jurídico, como portaria ou resolução, é fundamental para a institucionalização das parcerias, pois é preciso definir as ações e os setores que participarão, a responsabilidade de cada um, os recursos, a avaliação e o controle dos programas e os parâmetros para a continuidade ou a sustentabilidade da política, mesmo depois da mudança do governo, um ponto crítico frequentemente apontado nos estudos sobre a intersetorialidade.

Alguns exemplos de políticas públicas, avaliadas segundo metodologia científica, servem para indicar o quão importante e difícil é o trabalho interdisciplinar, sem o qual a assistência fica completamente comprometida.

Na Política Nacional para a Prevenção e Controle do Câncer, percebe-se claramente a preocupação com a articulação intersetorial e a promoção da saúde mediante ações estratégicas de diferentes níveis de complexidade e natureza, objetivando a prevenção, o cuidado – inclusive o autocuidado, que deve ser estimulado – , a educação e a comunicação sobre o conhecimento científico da patologia, inclusive para a identificação e a intervenção sobre os determinantes e condicionantes dos tipos de câncer e orientações para a qualidade de vida;[21] quando se analisam casos de pacientes no pós-tratamento, porém, como os que tiveram o agressivo câncer de cabeça e pescoço, se sobressaem necessidades físicas, emocionais e socioeconômicas que afetam os doentes e seus familiares e cuidadores e precisam ser sanadas, nem sempre pertencentes ao setor saúde, mas falhas são percebidas.[22]

Nas políticas de assistência à população em situação de rua, que se tornou um dos maiores problemas do Brasil, falta qualificação das portas de entrada dos serviços, como os centros de acolhida e os Centros Pop, que são equipamento de convivência com banho, refeição, lavanderia, sanitários e ajuda para emissão de documentos e atendimentos psicossociais, para escuta e encaminhamentos de saúde mental mediante articulação com CAPs e hospitais,[23] o que não surtirá efeito se a questão da moradia, que deve ser diversificada como o é o perfil dos indivíduos e famílias que vivem ou circulam pelas ruas, não for equacionada.

Nas políticas de atenção ao idoso, o atendimento geralmente começa na Atenção Primária à Saúde (APS) para cuidados em saúde pontuais, mas faltam serviços mais

---

[21] Portaria MS nº 874, de 16.5.2013 (arts. 2º, 5º, inc. IV, e 7º, inc. I).

[22] RABELLO, Carolina de Menezes; SILVA, Rildo Pereira da; SANTOS, Antonio Tadeu Cheriff dos; LIMA, Fernando Lopes Tavares de; ALMEIDA, Liz Maria de. Necessidades físicas, emocionais e socioeconômicas no pós-tratamento do câncer de cabeça e pescoço: um estudo qualitativo. *Revista Brasileira de Cancerologia*, v. 67, n. 3, jul./set. 2021.

[23] PEDROSA, Tacianna Bandim; CÁCERES-SERRANO, Pablo. Centro Pop e intersetorialidade: o problema da articulação com a rede de saúde mental. *Ciênc. Saúde Coletiva*, v. 27, n. 1, jan. 2022.

especializados que consideram a integralidade das necessidades da pessoa idosa, sociais e emocionais, e promovam efetivas ações para propiciar autonomia e qualidade de vida, mas a fragmentação dos servidos vem prejudicando a lógica da intersetorialidade, que é essencial pelas condições desse grupo social.[24]

Na atenção às mulheres que sofreram violência, a complexidade da situação demanda rápido cuidado psicológico, social e médico, devendo a unidade básica de saúde, geralmente a porta de entrada, buscar articulação com os serviços mais especializados no atendimento das mulheres vítimas da violência, como casas abrigo, instituições de segurança pública como as delegacias especializadas de atendimento à mulher e centros de referência, estes últimos com maior potencial para atuar em rede, especialmente na relação com o setor saúde.[25]

Como se vê, em qualquer política pública de saúde, pelas condições específicas do grupo social destinado e pela complexidade do fenômeno humano, o trabalho intersetorial para enfrentar as determinantes sociais da saúde (DSS) é imprescindível, pois não existe saúde sem bem-estar, devendo-se enfrentar as falhas apontadas por estudos científicos com mudança de cultura, vontade política e competência administrativa.

Sobre vontade política, espera-se, na verdade, que finalmente os gestores do SUS assumam a responsabilidade de enfrentar a intersetorialidade na construção das políticas e das RAS, inclusive cumprindo um dos objetos principais do SUS que vem sendo convenientemente esquecido, apesar da determinação legal, que é "a identificação e divulgação dos fatores condicionantes e determinantes da saúde" (art. 5º, inc. I, LOS), justamente para o conhecimento de todos e o aperfeiçoamento das estratégias.[26]

5 Aspecto organizacional na judicialização

A problemática da integralidade no SUS, considerando o aspecto organizacional das redes de atenção à saúde, essencial para a otimização dos recursos e o atendimento igualitário, deve ser objeto de uma avaliação mais qualificada dos juízes nos processos judiciais, que leve em consideração os níveis de atenção, a cronicidade ou agudização das doenças e a intersetorialidade do cuidado.

Nesse sentido, algumas sugestões podem ser apresentadas:

1 – São condições para os pedidos judicializados de medicamentos, produtos, procedimentos e serviços do SUS, inclusive os de caráter liminar e de tutela de urgência e de evidência (arts. 300 e 311, CPC), a prescrição e o relatório do caso por médico ou outro profissional da rede pública de saúde e a assistência do paciente-autor nos serviços públicos de saúde (art. 28, incs. I e II, Decreto

---

[24] OLIVEIRA, Tatiana Resende Prado Rangel de; MATTIOLI, Cristiane Delesporte Pereira; BARCELOS, Bárbara Jacome; HORTA, Natália de Cássia; LACERDA, Tatiana Teixeira Barral. Promoção da saúde e intersetorialidade na rede de atenção ao idoso. *Geriatr., Gerontol. Aging*, v. 11, n. 4, p. 182-188, out./dez. 2017.

[25] GONSALVES, Emmanuela; SCHRAIBER, Lilia Blima. Intersetorialidade e atenção básica à saúde: a atenção a mulheres em situação de violência. *Saúde em Debate*, v. 45, n. 131, out./dez. 2021.

[26] Nesse sentido, o Idisa (Instituto de Direito Sanitário Aplicado), na *Agenda Saúde 2023 – Uma contribuição para os debates eleitorais*, que foi apresentada aos candidatos à Presidência da República, propôs, entre outras medidas, a divulgação anual das condicionantes e determinantes da saúde, uma antiga reinvindicação dos sanitaristas.

Federal nº 7.508/11), porque a integralidade se inicia e se completa na Rede de Atenção à Saúde (art. 20, Decreto Federal nº 7.508/11), que é organizada regional e hierarquicamente por determinação constitucional (art. 198, *caput*, CF).

2 – O deferimento de pedidos de prestação sanitária do SUS para pacientes-autores que estão ou continuarão no atendimento privado, como exemplifica a hipótese de retirada de medicamentos da rede pública para tratamento com médico particular, em rede de saúde privada ou de saúde suplementar, fere o princípio constitucional do acesso igualitário (art. 197, CF) e o sistema de resguardo dos recursos mínimos da saúde pública, pois o orçamento sanitário não pode ser destinado para assistência que não atenda ao princípio de acesso igualitário e universal (arts. 2º, inc. I, e 4º, inc. III, LC nº 141/12).

3 – Antes de analisar pedidos instruídos com documentos particulares, deve o juiz determinar que o paciente-autor providencie prescrição e documentos públicos complementares porventura necessários ou, na impossibilidade demonstrada nos autos, dar oportunidade para que o SUS providencie o atendimento por médico ou outro profissional da rede pública, em prazo razoável.

4 – Em caráter excepcional, se comprovada a impossibilidade do atendimento público e demonstrado risco concreto de vida, depois do deferimento do pedido liminar o julgador deve determinar a inclusão do paciente-autor na rede pública para prosseguimento no atendimento segundo os regramentos administrativos, bem como que venham aos autos relatório médico e documentos complementares sobre o caso, para confirmar a assistência na Rede de Atenção à Saúde e o processo contínuo de cuidados que devem ser disponibilizados ao doente (art. 7º, inc. II, LOS).

5 – Em todas as situações, o juiz deve buscar a solução consensual da controvérsia (Recomendação CNJ nº 100/21), e deve promover intervenção mínima do Poder Judiciário, especialmente para que sejam respeitadas as regras de divisão das competências administrativas, os fluxos de atendimento, os protocolos clínicos, os critérios técnicos de priorização ou postergação de procedimentos, os arranjos regionais e os processos regulatórios (Recomendação CNJ nº 66/20), em audiência com os atores das três esferas de governo se possível.

6 – A instrução probatória, sempre necessária por conta da complexidade das demandas de saúde e do direito administrativo sanitário, deve contar com as versões do autor-paciente e dos réus, informações técnicas complementares do próprio Poder Judiciário (NatJus) e de associações de especialistas, conselhos regionais de profissões de saúde, universidades e centros de medicina baseada em evidências (Centro Cockrane do Brasil), e eventualmente perícia médica, e ter por objetivo central a garantia do direito à saúde do paciente-autor em um processo contínuo de cuidados, conforme suas necessidades, dentro da Rede de Atenção à Saúde. Em qualquer hipótese, especialmente porque há interesse público no respeito ao aspecto organizacional do SUS e na correta prestação dos serviços de saúde, a intervenção do Ministério Público como fiscal da ordem jurídica é obrigatória (art. 178, I, CPC), sob pena de nulidade absoluta.

7 – Em caso de condenação judicial, deve então ser determinada a inclusão do paciente-autor na Rede de Atenção à Saúde de seu território, vinculando-o à UBS (porta de entrada) para que seja deflagrado o processo continuado de assistência conforme os regramentos administrativos, para atendimento em todos os níveis de complexidade, seja seu adoecimento agudo ou crônico, incluindo serviços de outras áreas que condicionam ou determinam seu estado de saúde, mas sempre em serviços públicos ou privados complementares do Sistema de Saúde (art. 7º, inc. II, LOS), inclusive o referenciamento para ambulatórios especializados e hospitais (art. 10, Decreto Federal nº 7.508/11).

8 – Serviços de natureza diversa que complementam a assistência da saúde segundo os protocolos clínicos e as diretrizes terapêuticas, como os de recuperação de deficiências nutricionais e o apoio psicológico a pacientes e familiares, devem ser suportados pelo Sistema de Saúde, mas as ações governamentais que não são típicas do SUS (art. 4º, LC nº 141/12) devem ser direcionadas pelo julgador para a secretaria responsável pelo setor, como ocorre frequentemente com os serviços socioassistenciais (renda, moradia, alimentação), para financiamento e prestação ao paciente-autor.

9 – Em caráter excepcional e se houver prova da incapacidade operacional da rede pública de saúde, a condenação judicial para a contratação de serviços privados de saúde para pacientes-autores inseridos no SUS espontaneamente ou por determinação do juiz, possível porque o sistema de saúde já devia ter providenciado a complementação da cobertura por serviços privados nos termos art. 24 da Lei Orgânica da Saúde, deve ser acompanhada da possibilidade de atendimento pela rede pública quando possível e de providências para a solução da questão coletivamente, como a comunicação oficial ao Ministério e às Secretarias de Saúde para a correção da política e ao Ministério Público para a fiscalização.

10 – Se a demanda contiver pedido de medicamento sem registro na Anvisa, possível juridicamente se demonstradas a imprescindibilidade do tratamento e a mora da Anvisa, a inclusão do paciente-autor na Rede de Atenção à Saúde para o acompanhamento de sua doença também é necessária, mas a ação judicial deve obrigatoriamente correr na Justiça Federal, porque a obrigação legal de registro é de interesse da União (Tema nº 500, STF).

11 – Em caso de condenação com o reconhecimento da solidariedade passiva dos gestores do SUS, o juiz deve direcionar o cumprimento da decisão conforme as regras de repartição de competências e determinar o ressarcimento a quem suportou o ônus financeiro (Tema nº 793, STF), em razão da própria organização regional e hierárquica do Sistema de Saúde, que é construída por pactuação dos gestores (arts. 14-A e 14-B, LOS).

12 – Por fim, o juiz deve determinar que as compras públicas para atendimento das condenações judiciais sigam as regras de licitação pública e as regulamentações técnicas da CMED, especialmente o desconto CAP,[27]

---

[27] Atualmente, o Coeficiente de Adequação de Preços é regulamentado pela Resolução CMED nº 5, de 21.12.2020 e pela Resolução CTE-CMED nº 6, de 27.5.2021.

possibilitando ao administrador uma aquisição pública adequada ou, se houver recusa da indústria farmacêutica e hospitalar, a tomada das devidas providências legais cabíveis (comunicação ao Ministério da Saúde, requisição administrativa de medicamentos e ação judicial para exigir o desconto CAP), com prazo razoável de cumprimento da ordem judicial.

6 Conclusão

Integralidade na saúde, que é uma diretriz ou um princípio do SUS (arts. 198, inc. II, CF e 7º, inc. II, LOS), remete a uma atuação multiprofissional, interdisciplinar e intersetorial que considere a complexidade da atenção na construção de um fluxo de atendimento amplificado, das ações sanitárias preventivas aos serviços curativos de maior complexidade, acoplados a serviços de outra natureza e muitas vezes de responsabilidade de outras políticas públicas, em atuação de equipes de vários profissionais, com nova cultura de trabalho, para responder às necessidades sociais em saúde e às peculiaridades dos indivíduos.

Diante da escassez dos recursos, do custo das tecnologias e da transição epidemiológica da população, porém, somente modelos de atenção focados na agudização ou na cronicidade das doenças, que leve em consideração as determinantes sociais da saúde (DSS), construídos nas RAS (Redes de Atenção à Saúde) da porta de entrada, especialmente a atenção primária, até os ambulatórios de especialidades e os hospitais, de forma a assegurar que a integralidade comece e se complete por referenciamento aos serviços mais especializados dentro do Sistema de Saúde (art. 20, Decreto Federal nº 7.508/2011), é que viabilizam a efetividade da saúde, já que o que se busca é o bem-estar biopsicossocial de todos, universalmente.

Este, na verdade, é um dos grandes desafios do gestor do SUS, que precisa organizar a assistência corretamente, regionalmente e dentro das RAS para atender às demandas em saúde da população, mas também é objeto a ser perseguido na judicialização da saúde pois, se queremos um país com mais igualdade, não este em que uns acionam a Justiça e conseguem mais e outros ficam de fora, os juízes também têm que respeitar os modelos de atenção e determinar tratamento e acompanhamento do paciente nas RAS, fortalecendo a institucionalização das políticas e o compromisso de que todos tenham acesso e assistência.

A ausência ou o desrespeito à organização das ações e serviços do SUS, por mais orçamento que se destine à saúde pública, na realidade torna o conceito de integralidade meramente teórico ou uma diretriz inalcançável.

Referências

BRASIL. CMED (Câmara de Regulação de Mercado de Medicamentos). *Resolução CMED nº 5, de 21 de dezembro de 2020.*

BRASIL. CMED (Câmara de Regulação de Mercado de Medicamentos). *Resolução CTE-CMED nº 6, de 27 de maio de 2021.*

BRASIL. CNJ (Conselho Nacional de Justiça). *Recomendação CNJ no 100, de 16 de junho de 2021.*

BRASIL. CNJ (Conselho Nacional de Justiça). *Recomendação CNJ nº 66, de 13 de maio de 2020.*

BRASIL. CONASS (Conselho Nacional de Secretários de Saúde). *A atenção primária e as redes de atenção à saúde*. Brasília: CONASS, 2015. Coleção Para Entender a Gestão do SUS.

BRASIL. Ministério da Saúde. Política Nacional de Atenção Básica. *Portaria MS nº 2.436, de 21 de setembro de 2017*.

BRASIL. Ministério da Saúde. Política Nacional para a prevenção e controle do câncer na rede de atenção à saúde das pessoas com doenças crônicas no âmbito do Sistema Único de Saúde. *Portaria MS nº 874, de 16 de maio de 2013*.

BYNUM, William. *História da medicina*. Porto Alegre: L&PM Pocket Editores, 2008. Edição Oxford University Press.

ESCRIVÃO JR., Alvaro. A epidemiologia e o processo de assistência à saúde. *In*: VECINA NETO, Gonzalo; MALIK, Ana Maria (Org.). *Gestão em saúde*. 2. ed. Rio de Janeiro: Guanabara Koogan, 2017. p. 13-31.

GARCIA, Leandro Martin Totaro; MAIO, Iadya Gama; SANTOS, Taynã Ishii dos; FOLHA, Catarina Bourlinova de Jesus Cunha; WATANABE, Helena Akemi Wada. Intersetorialidade na saúde no Brasil no início do século XXI: um retrato das experiências. *Saúde Debate*, Rio de Janeiro, v. 38, n. 103, out./dez. 2014.

GONSALVES, Emmanuela; SCHRAIBER, Lilia Blima. Intersetorialidade e atenção básica à saúde: a atenção a mulheres em situação de violência. *Saúde em Debate*, v. 45, n. 131, out./dez. 2021.

IDISA (INSTITUTO DE DIREITO SANITÁRIO APLICADO). *Agenda Saúde 2023* – Uma contribuição para os debates eleitorais. Disponível em: http://idisa.org.br/files/Proposta_eleicoes22-Idisa-v8.pdf.

LALONDE, Marc. *A new perspective on the health of Canadians*: a working document. Ottawa: Government of Canada, 1974.

MAPELLI JR., Reynaldo. A saúde pública e sua judicialização na pandemia: reflexões em tempos de crise. *In*: SANTANA, Fabio Paulo Reis de; PSANQUEVICH, Paulo Kron; BRUZZESE, Camila Perissini (Coord.). *O SUS e a judicialização da saúde*: dos procedimentos clínicos à estrutura jurídica. Rio de Janeiro: CEEJ, 2022. t. 2. p. 607-628.

MENDES, Eugênio Vilaça. *As redes de atenção à saúde*. Brasília: Organização Pan-Americana da Saúde, 2011.

MENDES, Eugênio Vilaça. *O cuidado das condições crônicas na atenção primária à saúde*: o imperativo da consolidação da estratégia da saúde da família. Brasília: Organização Pan-Americana da Saúde, 2012.

MENDES, Eugênio Vilaça. Redes de atenção à saúde: uma mudança na organização e na gestão dos sistemas de atenção à saúde. *In*: VECINA NETO, Gonzalo; MALIK, Ana Maria (Org.). *Gestão em saúde*. 2. ed. Rio de Janeiro: Guanabara Koogan, 2017. p. 32-49.

OLIVEIRA, Tatiana Resende Prado Rangel de; MATTIOLI, Cristiane Delesporte Pereira; BARCELOS, Bárbara Jacome; HORTA, Natália de Cássia; LACERDA, Tatiana Teixeira Barral. Promoção da saúde e intersetorialidade na rede de atenção ao idoso. *Geriatr., Gerontol. Aging*, v. 11, n. 4, p. 182-188, out./dez. 2017.

OMS (ORGANIZAÇÃO MUNDIAL DA SAÚDE). *Declaração de Alma-Ata sobre Cuidados Primários*. 1978.

OMS (ORGANIZAÇÃO MUNDIAL DA SAÚDE). *Declaration on Primary Health Care of Astana*. 2018.

ONU (ORGANIZAÇÃO DAS NAÇÕES UNIDAS). *Pacto Internacional dos Direitos Econômicos, Sociais e Culturais*. 1966.

PAIM, Jairnilson Silva. *O que é o SUS*. Rio de Janeiro: Editora Fiocruz, 2009.

PARANÁ. Secretaria de Estado da Saúde. *Resolução SESA nº 228, de 7 de abril de 2017*.

PEDROSA, Tacianna Bandim; CÁCERES-SERRANO, Pablo. Centro Pop e intersetorialidade: o problema da articulação com a rede de saúde mental. *Ciênc. Saúde Coletiva*, v. 27, n. 1, jan. 2022.

PONTE, Antonio Carlos da; MAPELLI JR., Reynaldo. Redes interfederativas de serviços de saúde e o controle do Ministério Público: o papel dos Estados no SUS. *Revista de Direito Brasileira*, v. 18, n. 7, p. 315-330, set./dez. 2017.

RABELLO, Carolina de Menezes; SILVA, Rildo Pereira da; SANTOS, Antonio Tadeu Cheriff dos; LIMA, Fernando Lopes Tavares de; ALMEIDA, Liz Maria de. Necessidades físicas, emocionais e socioeconômicas no pós-tratamento do câncer de cabeça e pescoço: um estudo qualitativo. *Revista Brasileira de Cancerologia*, v. 67, n. 3, jul./set. 2021.

SANTOS, Lenir; CARVALHO, Guido Ivan. *SUS*: comentários à Lei Orgânica da Saúde. 5. ed. rev. e atual. Campinas: Saberes Editora, 2018.

SARLET, Ingo Wolfang; BARBOSA, Jeferson Ferreira, O direito fundamental à proteção da saúde na Constituição Federal de 1988 e o papel do Supremo Tribunal Federal do Brasil. *Revista de Direito à Saúde Comparado*, v. 1 n. 1, 2022. Edição virtual.

SCHULZE, Clenio Jair. A judicialização da saúde pós-pandemia. *In*: SANTANA, Fabio Paulo Reis de; PSANQUEVICH, Paulo Kron; BRUZZESE, Camila Perissini (Coord.). *O SUS e a judicialização da saúde*: dos procedimentos clínicos à estrutura jurídica. Rio de Janeiro: CEEJ, 2022. t. 2. p. 641-654.

TEIXEIRA, Carmem Fontes; PAIM, Jairnilson Silva; VILASBOAS, Ana Luiza. SUS, modelos assistenciais e vigilância da saúde. *Informe Epidemiológico do SUS*, v. VII, n. 2, p. 7-27, 1998.

Informação bibliográfica deste texto, conforme a NBR 6023:2018 da Associação Brasileira de Normas Técnicas (ABNT):

MAPELLI JÚNIOR, Reynaldo. Direito humano à saúde: a organização dos serviços e a intersetorialidade nas políticas como condição de efetividade. *In*: RIBEIRO, Paulo Dias de Moura; TOMELIN, Georghio Alessandro; KIM, Richard Pae (Coord.). *Direito humano e fundamental à saúde*: estudos em homenagem ao ministro Enrique Ricardo Lewandowski. Belo Horizonte: Fórum, 2023. p. 387-403. ISBN 978-65-5518-606-2.

FINANCIAMENTO DA SAÚDE PÚBLICA E O PERIGO DO RETROCESSO SOCIAL: OS ALERTAS DO MINISTRO RICARDO LEWANDOWSKI

RICHARD PAE KIM

Introdução

Como se sabe, o orçamento público não se constitui apenas em uma peça técnica, formal, em que as fontes de financiamento e as despesas apresentadas pelos órgãos e poderes públicos são descritas. Cuida-se, em verdade, de instrumento construído dentro de uma arena de embate político que envolve diversos interesses e forças políticas dos seus respectivos agentes que, ao final, interferem no destino dos recursos e, por consequência, na qualidade dos serviços públicos.

O financiamento do SUS, como concebido pela nossa Carta da República (CF, 1988), sob os parâmetros vinculantes da universalidade, integralidade e igualdade no acesso aos bens e serviços de saúde, tem se mostrado insuficiente para atender a todas as necessidades de saúde da população brasileira. É evidente que inúmeros são os problemas que decorrem não só do subfinanciamento do sistema, mas também pela gestão, ou melhor, pela gestão ineficiente de alguns dos órgãos que compõem os macro e microssistemas.

Importa salientar, no entanto, que racionalizar tão somente o uso adequado dos recursos e melhorar o desempenho de todos os componentes que integram o SUS – que é, aliás, uma obrigação perene da Administração Pública – não será só ela, a gestão eficiente, elemento suficiente para manter adequadamente o sistema. Milagres não existem quando se trata de gestão das coisas públicas. Não há política pública que subsista sem adequado financiamento, com investimentos em recursos humanos e na sua capacitação, na modernização de processos de trabalho, em sistemas digitais eficientes e seguros, e, no caso da saúde, em tecnologias e procedimentos atuais e modernos.

A nossa Constituição Federal, ao instituir um orçamento unificado, pretendeu racionalizar a alocação de recursos do Orçamento da Seguridade Social (OSS), evitando a pulverização no uso de receitas de fundos previamente existentes. Atualmente, cerca de 30% dos recursos do OSS,[1] que são de origem federal, têm sido destinados ao SUS e a estes devem ser acrescidas receitas provenientes dos estados e municípios, para que viabilizem o funcionamento adequado do SUS.

O nosso sistema de saúde pública, de acesso universal e integral, ostenta uma estrutura de financiamento e de gastos muito diferente dos outros sistemas alienígenas, denominado por alguns autores de sistema de natureza "welfariana", posto que no Brasil a participação do setor público no gasto nacional em saúde é de apenas 44% – igual à norte-americana, também de mesmo patamar, cujo sistema de saúde é tido como padrão do modelo liberal (CISLAGHI; TEIXEIRA, 2011). Isso significa que, no Brasil, o setor privado ainda participa em 56% dos gastos em saúde, em especial, com medicamentos.

Mesmo com a enorme participação da assistência à saúde suplementar e os gastos privados, a insuficiência de recursos para o financiamento do setor saúde pública vem exigindo constantes ajustes fiscais.[2]

Esses ajustes fiscais têm sido constantemente objeto de judicialização, em especial, perante a nossa Suprema Corte. Entre as inúmeras demandas julgadas ou em andamento, importa analisar o objeto da controvérsia posta na Ação Direta de Inconstitucionalidade (ADI) nº 5.595, em que se busca a anulação de dispositivos da Emenda Constitucional nº 86/2015, responsável por cortes de investimentos na área da saúde pública.

A ADI nº 5.595 pretendeu a anulação de dois artigos da referida emenda, a saber, o art. 2º, que instituiu uma redução do piso da União para a saúde para 13,2% da Receita Corrente Líquida (RCL); e o art. 3º, que retirou os recursos do pré-sal como fonte adicional de receitas para o SUS. Ainda, de acordo com a ADI, os arts. 2º e 3º da emenda reduzem progressivamente o financiamento federal para ações e serviços públicos de saúde (ASPS), e nele incluem parcela decorrente de participação no resultado e a compensação financeira devidos pela exploração de petróleo e gás natural (art. 20, §1º, da CF). Segundo a petição inicial, as alterações são intensamente prejudiciais ao financiamento do Sistema Único, em violação aos direitos à vida e à saúde e aos princípios da vedação de retrocesso social e da proporcionalidade e em descumprimento do dever de progressividade na concretização dos direitos sociais, assumido pelo Brasil em tratados internacionais.

O eminente Ministro Ricardo Lewandowski, relator da ação, decidiu em sede de liminar, em 31.1.2017, a tutela cautelar, e suspendeu a eficácia desses dispositivos da EC nº 86/2015, acolhendo o fundamento da petição inicial no sentido de que as alterações legislativas objurgadas "reduzem ilegitimamente o financiamento federal para as ações e serviços públicos de saúde".

---

[1] Lei Complementar nº 141, de 13.1.2012, que define os percentuais mínimos a serem aplicados anualmente pelos entes federativos em ações e serviços públicos de saúde anualmente: 12% para os municípios e o Distrito Federal; 15% para os estados; e, no caso da União, a quantia aplicada deve corresponder ao valor empenhado no exercício financeiro anterior com o acréscimo do percentual correspondente à variação nominal do Produto Interno Bruto (PIB) ocorrida no ano anterior ao da lei orçamentária anual.

[2] Em razão do problema de financiamento setorial, o Ministério da Saúde teve de enfrentar difícil processo no Congresso Nacional para aprovar um tributo adicional, *verbi gratia*, fora do OSS, e conseguiu instituir o então inédito e criticado Imposto Provisório sobre Movimentação Financeira (IPMF) em 1994 – com alíquota de 0,35% sobre movimentações financeiras, como pagamentos por meio de cheques e de cartão de crédito, e que passou a vigorar a partir de 23.1.1997 com nova denominação: CPMF – Contribuição Provisória sobre Movimentação Financeira, que teve vigência temporária de um ano, mas que restou renovada sucessivamente de 1998 a 2007 – legitimada até por uma emenda constitucional (EC nº 21/1999).

É fato notório que um movimento favorável à procedência da ADI nº 5.595 mobilizou diversos segmentos da sociedade,[3] defendendo a tese de que não se poderá aceitar cortes nos financiamentos e investimentos na saúde pública. O desfecho do julgamento do mérito da referida ADI não atendeu aos anseios desses segmentos. Entretanto, diversas lições e alertas do Ministro Ricardo Lewandowski, que está sendo merecidamente homenageado nesta obra coletiva, tem ecoado dentro das comunidades científicas e nos espaços de debate sobre as políticas de financiamento da saúde em nosso país.

O fato é que os dilemas levantados no contexto do julgamento da ADI continuam de pé. Em 2013, o IBGE publicou estudo de projeção da população do Brasil por sexo e idade para o período 2000-2060, mostrando que a população brasileira atingirá o seu ápice em 2042, com 228,4 milhões de habitantes, e passará, a partir de então, a decrescer, mas lentamente. No entanto, os investimentos *per capita* no SUS têm caído ano a ano, após a aprovação do teto de gastos em 2017.[4] Aliás, o gasto público *per capita* com saúde do Brasil é um dos mais baixos entre países que possuem sistema universal de saúde,[5] mesmo quando comparado ao de países vizinhos nos quais o direito à saúde não é um dever do Estado.

Neste trabalho, vamos nos lançar num voo de pássaro sobre o regime jurídico do financiamento do SUS; as consequências jurídicas e práticas das emendas constitucionais nºs 29 e 86; o primoroso voto de sua excelência, Ministro Ricardo Lewandowski, relator da ADI nº 5.595, que tratou com profundidade o regime constitucional que, no seu entender, impediria o retrocesso social imposto pelos dispositivos legais atacados; e avaliaremos suas consequências, entre elas, as perdas no financiamento da saúde pública com a aprovação da EC nº 95/2016.

1 Orçamento da Seguridade Social no sistema de saúde brasileiro

Como se sabe, a Seguridade Social na Constituição de 1988 é composta pelas políticas de saúde, previdência e assistência social, além da proteção ao trabalhador desempregado, incluindo o seguro-desemprego. O novo financiamento do Orçamento

---

[3]   Associação do Servidores da Oswaldo Cruz (Asfoc); Confederação Nacional dos Trabalhadores na Saúde (CNTS); e Conselho Federal de Nutricionistas (CFN).

[4]   *Vide* matéria da Federação RS: Disponível em: https://federacaors.org.br/para-2022-ministerio-da-saude-perde-20-do-orcamento-de-2021/#:~:text=Na%20%C3%BAltima%20d%C3%A9cada%2C%20o%20investimento,pela%20infla%C3%A7%C3%A3o%20%E2%80%93%20veja%20no%20gr%C3%A1fico. Acesso em: 27 fev. 2023.

[5]   "Para exemplificar, em 2013, este indicador para o país foi de R$946 (Brasil, 2015b), equivalentes a US$591,20. No mesmo ano, o gasto público per capita foi de US$3.696 para a Alemanha, US$2.766 para o Reino Unido, US$3.360 para a França, US$1.167 para a Argentina, US$795 para o Chile e US$4.307 para os Estados Unidos. Observa-se que o gasto público per capita do Brasil é de 4 a 7 vezes menor do que o de países que têm sistema universal de saúde, tais como o Reino Unido e a França, e mesmo inferior ao de países da América do Sul nos quais o direito à saúde não é universal (Argentina e Chile). O gasto público do Brasil como proporção do PIB foi de 3,6% no mesmo ano (Brasil, 2015b). Aqui vale a pena destacar o gasto dos Estados Unidos, país de tradição essencialmente privada em relação à oferta de bens e serviços de saúde, mas com forte participação do Estado na saúde, a fim de garantir acesso a serviços de saúde para os pobres e idosos, em razão das falhas de mercado no setor. Mesmo com esta entrada focalizada, o gasto público per capita dos EUA é o maior do mundo, correspondendo a 8% do PIB, sendo o gasto total de 16,4% do PIB em 2013. De longe o mais alto entre todos os países desenvolvidos. Em relação à composição do gasto com saúde nas três esferas de governo, a regra para a União de correção do valor da despesa empenhada com ASPS pela variação nominal do PIB manteve a proporção do gasto federal em relação ao PIB, conforme já mencionado" (VIEIRA; BENEVIDES, 2016, p. 17).

da Seguridade Social (OSS) trouxe inovações, ao reduzir a dependência das políticas de seguridade da arrecadação da receita previdenciária, comumente sujeita às oscilações da economia, e ao tributar o faturamento e o lucro constituído e por instituir a vinculação de receitas, constituindo os seguintes elementos: (i) as de caráter contributivo e individualizados, como os do regime geral de aposentadorias; (ii) as contribuições sobre a folha de salários (da empresa e do trabalhador), como aquelas que incidem sobre o lucro líquido (CSLL) e o faturamento (Cofins); e (iii) os recursos dos Tesouros – federal, estaduais, distrital e municipais – que se fizerem necessários, fixados pela legislação específica.

Não são todas as contribuições do art. 195 da CF que são direcionadas diretamente para os serviços de saúde. Excluem-se, por exemplo, as contribuições dos empregadores sobre a folha de pagamento e a contribuição dos empregados, eis que, em ambos os casos, os valores são destinados especificamente para o pagamento de benefícios previdenciários. Nessa conta, recentemente, nos últimos três anos, somaram-se, às controversas[6] emendas parlamentares, as emendas individuais ao projeto de lei orçamentária anual (PLOA) da União. Atualmente, essas emendas podem chegar ao patamar de 1,2% da receita corrente líquida executada no exercício anterior, e deste valor, metade serão obrigatoriamente destinados à saúde pública (art. 166, §9º, CF). Devem ser executadas nas mesmas condições dos recursos federais transferidos no Bloco de Custeio das Ações e Serviços de Saúde (Portaria MS nº 3.992/2017), exceto para pagamento de pessoal ou encargos sociais (art. 166, §§10, 11 e 12 da CF).

A Constituição prevê, pois, que, de acordo com as necessidades, o orçamento da seguridade social pode ser complementado pelos recursos do orçamento fiscal dos entes federados. Mas essa conta tem se mostrado injusta, principalmente na visão dos municípios e estados.

O financiamento do SUS encontra-se fundado em um complexo regime jurídico. A nossa Constituição Federal estabelece em seu art. 195 (com as alterações decorrentes da EC nº 20/1998) as fontes de custeio, e o art. 198 (com redação da EC nº 29/2000) fixa os recursos mínimos que devem ser investidos no SUS, organizado de acordo com regras de operacionalização do financiamento da saúde pela Lei nº 8.080/90, e que tomou densidade com a instituição dos fundos de saúde e especificação dos procedimentos operacionais pela Lei nº 8.142/90.

Por sua vez, a Lei Complementar nº 141/2012, em boa hora, regulamentou a transferência das verbas entre os fundos públicos e definiu os recursos mínimos a serem aplicados pelos entes federados, detalhando as despesas que são consideradas de saúde pública, evitando fraudes fiscais que muitas vezes importavam em desvios dos gastos públicos, com alguma frequência, dos serviços de saúde para outras áreas.

Esses fluxos restaram bem desenhados pela Portaria de Consolidação nº 6, de 28.9.2017 do Ministério da Saúde, que facilitou a compreensão de todos sobre o funcionamento procedimental do sistema de financiamento e a transferência dos recursos federais para as ações e os serviços de saúde do SUS.

---

6   Controversas, na medida em que não são poucas as críticas de que muitas vezes as verbas não são aplicadas para as reais necessidades da localidade ou da região, desvirtuando as políticas integrativas. Caso da aquisição de ambulâncias quando não há profissionais que possam se utilizar delas, ou quando esses equipamentos não conseguem ser mantidos pelas demais verbas públicas; ou quando equipamentos são adquiridos e obras são realizadas sem que haja sua efetiva necessidade para o SUS como um todo ou para determinada localidade.

A Norma Operacional Básica SUS – NOB nº 1/1993, que é um dos marcos na política de descentralização e de participação nesse financiamento compartilhado, embora tenha instrumentalizado a transferência regular e automática de recursos do Fundo Nacional de Saúde para os Fundos Municipais de Saúde, denominadas comumente como "transferências fundo-a-fundo", viabilizando certa autonomia de aplicação dos recursos aos municípios habilitados – desde que preenchidos requisitos técnicos como a existência de planos de saúde, conselhos municipais de saúde e relatórios de gestão – trouxe oneração aos municípios no financiamento do SUS, elevando sua participação de 17,2% em 1994 para 21,3% em 2001 (MARQUES; MENDES, 2005). Apesar de a esfera federal ter aplicado o maior montante de recursos no SUS – sua participação total em 2001 era de 56,4% do total de recursos – este foi o ente federado que menos ampliou a aplicação de recursos no período, infelizmente.

Não bastasse isso, as "transferências fundo-a-fundo" não garantiram a autonomia dos municípios na aplicação dos recursos. Este fenômeno tem atingido os estados federados. Pelo contrário, na medida em que houve um incremento pelo governo federal das "verbas carimbadas", isto é, destinadas a programas definidos previamente, que não podiam ser designados para outros fins, este procedimento impediu os municípios e estados de discutirem localmente a melhor utilização dos recursos (MARQUES; MENDES, 2005).

Importa salientar, ainda, que, conforme bem lembrou o Ministro Ricardo Lewandowski, em seu valioso voto da ADI nº 5.955:

> [O] constituinte originário também cuidou de estabelecer uma regra de proporcionalidade provisória no art. 55 do Ato das Disposições Constitucionais Transitórias – ADCT, no intuito de assegurar que 30% (trinta por cento) do orçamento da seguridade social (art. 165, §5º, III, da CF) fosse direcionado às políticas públicas do setor de saúde. Não é sem razão que as contribuições sociais (explicitadas nos arts. 149; 194, parágrafo único, V e VI, e 195, da CF, destinadas ao custeio da seguridade social, de cujo tripé substantivo a saúde participa), persistem constitucionalmente hígidas, a despeito das regras de desvinculação parcial de receitas que remontam à Emenda Constitucional de Revisão 1/19949 e que, desde então, têm sido sucessivamente prorrogadas no ADCT, até o advento da Emenda Constitucional 93/2016.
>
> O constituinte derivado, por meio da EC 29/2000, pretendeu mitigar a vulnerabilidade fiscal das ações e serviços públicos de saúde, estabelecendo o dever de observar um gasto mínimo em moldes análogos aos do piso da educação. A inserção dos citados §2º e §3º no art. 198, bem assim a redação conferida ao art. 77 do ADCT foi levada a efeito pela EC 29/2000 para conter o risco de retrocesso no financiamento do SUS, sobretudo após a segregação da fonte de custeio da previdência social no contexto do SUS.
>
> Ainda, o Fundo Social de Emergência, na forma do art. 71, acrescido ao ADCT pela ECR 1/1994, em tese, visava, dentre outras finalidades, o custeio da saúde pública, muito embora não tenha sido essa sua destinação efetiva, em face da demanda de estabilização monetária e conforme o caminho seguido ao longo das Emendas Constitucionais 10/1996, 17/1997, 27/2000, 42/2003, 56/2007, 68/2011 e 93/2016.

A despeito dos diversos instrumentos criados para se buscar adequar o financiamento para o serviço público de saúde, o fato é que a tendência de crescimento vegetativo no financiamento da seguridade social tem se estabilizado em torno de 12% do PIB, a despeito da carga tributária no país ter se elevado nos últimos vinte anos. Por exemplo, ela representava 13,8% do PIB em 2010, mas esse percentual chegou a 33,90% do PIB em 2021. Infelizmente este crescimento não tem importado em efetivo aumento do financiamento e investimento nessas políticas.

2 Financiamento da saúde e as emendas constitucionais nºs 29 e 86

Não é novidade o debate e os ajustes administrativos necessários que têm sido exigidos em função do subfinanciamento na área da saúde pública. Por exemplo, nos anos 90, o Ministério da Saúde chegou a contrair empréstimos de recursos do Fundo de Amparo ao Trabalhador (FAT) para pagar os atendimentos realizados por prestadores públicos e privados (MINISTÉRIO DA SAÚDE; ORGANIZAÇÃO PAN-AMERICANA DA SAÚDE, 2013, p. 48).

Não por outra razão, houve a aprovação da Emenda Constitucional nº 29, de 13.9.2000, que alterou os arts. 34, 35, 156, 160, 167 e 198 da Constituição Federal e acrescentou artigo ao Ato das Disposições Constitucional Transitórias, para assegurar recursos mínimos para o financiamento das ações e serviços públicos de saúde.

Assim, o art. 198 da CF dispôs sobre uma base de cálculo para a aplicação mínima em ações e serviços públicos de saúde (sigla ASPS), e o art. 77 dos Atos das Disposições Constitucionais Transitórias (ADCT) estabeleceu os percentuais mínimos a serem aplicados pela União, estados, Distrito Federal e municípios.

Para a União, restou estabelecido o seguinte: um valor mínimo, em 2000, não inferior ao montante empenhado em 1999, corrigido em 5%, e para os anos subsequentes, até 2004, o valor empenhado no ano imediatamente anterior, corrigido pela variação nominal do Produto Interno Bruto (PIB), regra que perdurou e foi mantida pela Lei Complementar nº 141, de 2012.

Esse preceito só foi regulamentado, muito tempo depois, pela referida Lei Complementar nº 141/2012, cujo art. 5º, §2º, ostenta a seguinte dicção:

Art. 5º A União aplicará, anualmente, em ações e serviços públicos de saúde, o montante correspondente ao valor empenhado no exercício financeiro anterior, apurado nos termos desta Lei Complementar, acrescido de, no mínimo, o percentual correspondente à variação nominal do Produto Interno Bruto (PIB) ocorrida no ano anterior ao da lei orçamentária anual. [...]

§2º Em caso de variação negativa do PIB, o valor de que trata o caput não poderá ser reduzido, em termos nominais, de um exercício financeiro para o outro.

Essa regulamentação, embora tardia, como lembrou o Ministro Ricardo Lewandowski durante o seu voto proferido como relator na ADI nº 5.595, robusteceu a ideia segundo a qual o custeio do direito à saúde é objeto de uma tutela legal, que integra determinado "bloco de constitucionalidade" (assim definido pelo Ministro Celso de Mello),[7] distanciando-se, então, das exigências inerentes ao positivismo jurídico – que a Constituição da República, muito mais do que o conjunto de normas e princípios nela formalmente positivados, há de ser também entendida em função do próprio espírito que a anima, afastando-se, desse modo, de uma concepção impregnada de evidente minimalismo conceitual.

---

[7] *Vide RTJ*, v. 71, p. 289-292 e *RTJ*, v. 77, p. 657.

Os estados federados passaram a destinar à saúde pelo menos 12% da arrecadação do Imposto sobre a Circulação de Mercadorias e Serviços (ICMS), do Imposto de Transmissão *Causa Mortis* (ITCM), do Imposto sobre a Propriedade de Veículos Automotores (IPVA) e das transferências constitucionais feitas pela União, deduzidas as parcelas destinadas aos respectivos municípios. Para o Distrito Federal, a aplicação obrigatória ficou definida como de 12% ou 15% do valor arrecadado, dependendo da competência do imposto, se estadual ou municipal.

Os municípios, por fim, passaram a ter de destinar, ao menos, 15% da arrecadação do Imposto Predial e Territorial Urbano (IPTU), do Imposto de Transmissão Intervivos (ITBI), do Imposto sobre Serviços (ISS) e das transferências constitucionais feitas pela União e pelos estados aos seus respectivos municípios.

Antes da entrada em vigor da EC nº 86/2015, ora impugnada, a Constituição estabelecia, em seu art. 198, §2º, I, que os percentuais mínimos aplicados anualmente pela União, em ações e serviços públicos de saúde, seriam definidos por meio de lei complementar.

A Emenda Constitucional nº 86, de 17.3.2015, alterou o método de cálculo do mínimo com ASPS da União, ao modificar os arts. 165, 166 e 198 da CF, vinculando a aplicação mínima a um percentual da Receita Corrente Líquida (RCL), de forma escalonada, sendo 13,2% da RCL em 2016, 13,7% em 2017, 14,2% em 2018, 14,7% em 2019 e 15,0% em 2020, só piorou a situação do financiamento, o que ocasionou a propositura da ADI nº 5.955, cujo julgamento será analisado em seguida.

Felizmente, houve a interrupção do fluxo de escalonamentos pela EC nº 95, de 2016, mas nem por isso a solução para a insuficiência de recursos para a saúde pública se resolveu, como veremos nos próximos capítulos.

3 O perigo do retrocesso e o voto do Ministro Ricardo Lewandowski no julgamento da ADI nº 5.595

Com a propositura da Ação Direta de Inconstitucionalidade nº 5.595 perante o Supremo Tribunal Federal, houve pedido de medida cautelar proposta pela Procuradoria-Geral da República, contra os arts. 2º e 3º da Emenda Constitucional nº 86 de 2015.[8] A parte autora, resumidamente, salientou que tais dispositivos: a) reduziam o financiamento federal para ações e serviços públicos de saúde mediante piso anual progressivo para custeio, pela União; b) atentam diretamente contra os direitos fundamentais à vida e à saúde (arts. 5º, *caput*; 6º e 196 a 198, *caput* e §1º), contra

---

[8] Os dispositivos impugnados tinham a seguinte redação: "Art. 2º O disposto no inciso I do §2º do art. 198 da Constituição Federal será cumprido progressivamente, garantidos, no mínimo: I - 13,2% (treze inteiros e dois décimos por cento) da receita corrente líquida no primeiro exercício financeiro subsequente ao da promulgação desta Emenda Constitucional; II - 13,7% (treze inteiros e sete décimos por cento) da receita corrente líquida no segundo exercício financeiro subsequente ao da promulgação desta Emenda Constitucional; III - 14,1% (quatorze inteiros e um décimo por cento) da Cópia ADI 5595 / DF receita corrente líquida no terceiro exercício financeiro subsequente ao da promulgação desta Emenda Constitucional; IV - 14,5% (quatorze inteiros e cinco décimos por cento) da receita corrente líquida no quarto exercício financeiro subsequente ao da promulgação desta Emenda Constitucional; V - 15% (quinze por cento) da receita corrente líquida no quinto exercício financeiro subsequente ao da promulgação desta Emenda Constitucional. Art. 3º As despesas com ações e serviços públicos de saúde custeados com a parcela da União oriunda da participação no resultado ou da compensação financeira pela exploração de petróleo e gás natural, de que trata o §1º do art. 20 da Constituição Federal, serão computadas para fins de cumprimento do disposto no inciso I do §2º do art. 198 da Constituição Federal".

o princípio da vedação de retrocesso social (art. 1º, *caput* e III) e contra o princípio do devido processo legal substantivo (art. 5º, LIV), violando, por consequência, cláusula pétrea inscrita no art. 60, §4º, IV, todos da Constituição da República; c) reduzem drasticamente o orçamento do SUS para ações e serviços públicos em saúde, o qual já é historicamente insuficiente; e d) embora aparentemente tenham aumentado o financiamento federal, as normativas estão a mascarar grave redução do custeio do sistema de saúde pública da nação, atingindo de morte os objetivos do Projeto de Lei Complementar nº 321, de 2013, fruto este de iniciativa popular.

Felizmente para o SUS, embora a AGU tenha se manifestado contrariamente à concessão da tutela cautelar, no dia 31.8.2017, o nobre relator, Ministro Ricardo Lewandowski, acabou por deferir o pedido cautelar e decidiu pela suspensão da eficácia dos arts. 2º e 3º da EC nº 86/2015.

Iniciado o julgamento do mérito da ADI em outubro de 2020, Sua Excelência julgou procedente para declarar a inconstitucionalidade dos arts. 2º e 3º da referida EC, resumidamente, sob os seguintes e judiciosos fundamentos:

(i)   A Constituição Federal prevê, ao lado do direito público subjetivo de todos à saúde, o dever do Estado de dar-lhe efetiva concreção, garantindo-o – segundo palavras do próprio legislador constituinte – "mediante políticas sociais e econômicas que visem à redução do risco de doença e de outros agravos e ao acesso universal e igualitário às ações e serviços para a sua promoção, proteção e recuperação" (art. 196, da CF). Para o cumprimento de tal obrigação, o Texto Magno instituiu fontes de receita permanentes para financiar a seguridade social e o sistema único de saúde (arts. 195 e 198, §1º, da CF) e estabeleceu investimentos mínimos em ações e serviços públicos de saúde (arts. 167, IV e 198, §2º e §3º, da CF), o que reserva uma dimensão objetiva ou institucional do direito fundamental à saúde num sistema denominado SUS.

(ii)   Essas verbas, estabelecidas constitucionalmente, destinadas à saúde pública, contam com a garantia de financiamento estável e progressivo, sobretudo tendo em conta que um dos principais pilares sobre os quais se assenta a República Federativa do Brasil consiste precisamente na dignidade da pessoa humana (art. 1º, III, da CF).

(iii) Esta ordem dirigida ao Estado no sentido de que a este incumbe a obrigação permanente de concretização e realização gera um direito à "proteção mediante a organização e o procedimento" (SARLET, 2009, p. 145-151), razão pela qual o orçamento público deve obediência (TORRES, 2014, p. 359) aos imperativos de tutela que amparam os direitos fundamentais, não se admitindo, portanto, tolerar-se qualquer atitude omissiva das autoridades estatais nesse campo, particularmente uma omissão abusiva, que se revela por uma descontinuidade proposital das ações e serviços públicos de saúde, por meio – como é o caso – da frustração de seu custeio, em clara ofensa aos mandamentos constitucionais.

(iv)   Para o eminente relator, a noção de custeio adequado obviamente inclui a compreensão de que ele se efetive em bases jurídica e financeiramente estáveis (conforme decorre dos princípios da segurança jurídica e da proibição do retrocesso) e fiscalmente progressivas (em consonância com os postulados da proporcionalidade, razoabilidade e eficiência).[9] "Esse, por sinal, foi o sentido da lição ministrada pelo Ministro Celso de Mello, decano desta Corte, na ADPF-MC 45/DF, em que asseverou não ser cabível a manipulação da atividade financeira do Estado de modo a inviabilizar a preservação do direito à saúde".

(v) No seu entender, caso o constituinte derivado tivesse a real intenção de estabelecer uma progressividade ascendente no tocante aos gastos em ações e serviços públicos de saúde, de maneira a observar o patamar constitucional de 15% da receita corrente líquida da União, por óbvio, não haveria, na norma impugnada, a previsão de subpisos correspondentes a 13,2% em 2016, 13,7% em 2017, 14,1% em 2018 e 14,5% em 2019. Ademais, não por outra razão, a Lei Complementar nº 141/2012 vedava, mesmo em hipótese de variação negativa do PIB, redução do valor nominal investido no ano precedente.

(vi) Existindo tensão entre a reserva do possível e a consecução progressiva do direito à saúde, na esteira da lição de Fernando Facury Scaff, possível concluir que "o direito à redução do risco de doença e de outros agravos e ao acesso universal e igualitário às ações e serviços para sua promoção, proteção e recuperação, constante do art. 196 da CF, não é algo que seja obtido de plano, plenamente finalizado em um dado momento histórico [...] Não há e nem haverá jamais recursos suficientes para implementar de forma completa e cabal o direito à saúde de modo a satisfazer plenamente todas as necessidades da sociedade – infelizmente. [...] Os recursos públicos são escassos, mas, a despeito disso, devem sempre ser utilizados de modo a ampliar as prestações sociais que implementem os direitos sociais previstos em nossa Constituição" (SCAFF, 2011, p. 99), daí não se admitir o retrocesso social, havendo-se de se respeitar o orçamento mínimo social.[10]

(vii) Pela pesquisa realizada pelo nobre relator, as perdas ao financiamento com a EC nº 86/2015 eram evidentes, lembrando que os seus efeitos passaram a ser produzidos já a partir da execução orçamentária do exercício de 2014 (art. 4º), pois, nada obstante os esforços por parte do legislador constitucional e ordinário, os valores nominais alocados no orçamento da União para saúde desde 2011 – de forma surpreendente e, mais do que isso, lamentável – sempre oscilaram ora para cima, ora para baixo, porém,

---

[9] A propósito do dever de implementação progressiva dos direitos no nível máximo de recursos disponíveis, veja-se o art. 2º, item 1, do Pacto Internacional sobre Direitos Econômicos, Sociais e Culturais (promulgado pelo Decreto nº 591/1992). Quanto à obrigação de adotar medidas até o máximo da disponibilidade orçamentária, consulte-se o art. 1º do Protocolo Adicional à Convenção Americana sobre Direitos Humanos em matéria de Direitos Econômicos, Sociais e Culturais, também conhecido como Protocolo de São Salvador (promulgado pelo Decreto nº 3.321/1999).

[10] Como consta do voto de Sua Excelência, o relator, sobre este ponto: "Convém insistir: a clara relação de garantia entre o direito fundamental à saúde e seu regime de financiamento mínimo encontra guarida não só na doutrina, mas também decorre da leitura integrada dos arts. 1º, caput, e III; 5º, §1º e §2º; 6º; 34, VII, e; 35, III, 160, parágrafo único, II; 167, IV; 193; 194, caput e parágrafo único, I, IV, V e VI; 195, §4º e §10; 196; 197; 198 e 200 do Texto Magno, bem como em fortes e reflexivos "imperativos de tutela" que regem a organização estrutural do SUS, acrescentando-se a isso, repita-se à exaustão, o dever do Estado correspondente à aplicação de um gasto mínimo - constitucionalmente previsto - nas ações e serviços públicos de saúde".

culminando numa rota descendente, a saber:[11] "2011 – R$71 bilhões 2012 – R$91,7 bilhões 2013 – R$99,8 bilhões 2014 – 106 bilhões 2015 – 91,5 bilhões (corte de 11,7 bi em relação à 2014) 2016 – 88,9 bilhões (corte de 2,5 bi em relação à 2015)".

(viii) Ainda, fundando o seu voto em estudo realizado por especialista,[12] no sentido de que "para manter o padrão de gasto de 2014 e incorporar os acréscimos de despesas obrigatórias, foi estimada uma insuficiência na peça orçamentária de 2016 de R$16,6 bilhões em 2016, se for destinado somente o valor mínimo de R$100,3 bilhões (calculado com base em 13,2% da RCL nos termos da EC nº 86/2015)" , concluiu o nobre relator que haveria retrocesso social, ainda que transitório, o que seria vedado sob o ponto de vista constitucional.

(ix) A referida EC, ao dispor que despesas com ações e serviços públicos de saúde custeados com os *royalties* do petróleo e do gás natural serão computadas para fins de cumprimento do piso de 15% destinado para investimento em saúde, "retirou o caráter de 'fonte adicional' dessas verbas, contrariando o que dispunha o art. 4º da Lei nº 12.858/2013, o qual estabelece que os recursos destinados para a área da saúde aplicados em 'acréscimo ao mínimo obrigatório previsto na Constituição Federal'", o que importou, igualmente, em retrocesso[13] "patente e cristalino" em face do regime anterior instituído pela EC nº 29/2000, sobretudo diante da destinação que se deu às receitas correspondentes aos recursos oriundos da exploração do petróleo e gás.

(x) Por fim, muito embora o art. 3º da EC nº 95/2016 tenha revogado o art. 2º da EC nº 86/2015, o percentual aplicado pela União em ações e serviços públicos de saúde foi inferior a 15% da sua receita corrente líquida em 2016, eis que o Governo federal invocou a incidência do art. 2º, I, da EC nº 86/2015, a pretexto de validar o subpiso de 13,2% para o exercício financeiro em comento, razão pela qual, inclusive, na visão do nobre relator, persiste a controvérsia apresentada a esta Suprema Corte, que está a merecer um julgamento de mérito, mesmo porque segue vigente o art. 3º da EC nº 86/2015 e há de se ter em conta os efeitos prospectivos das normas atacadas.

Sob esses importantes argumentos, bem votou Sua Excelência, o Ministro Ricardo Lewandowski, ao julgar procedente o pedido inicial para declarar a inconstitucionalidade dos arts. 2º e 3º da Emenda Constitucional nº 86/2015, e confirmar a liminar anteriormente deferida.

---

[11] Disponível em: www.orcamentofederal.gov.br. Acesso em: out. 2017.

[12] Entrevista com Francisco Funcia: A extensão da ameaça da EC 86/2015 sobre o SUS. Disponível em: http://dssbr,org/site/entrevistas/a-extensao-da-ameaca-da-ec-862015-sobre-osus/. Acesso em: 3 mar. 2023.

[13] Conforme Alessandra Gotti (2012, p. 171-174), "[...] o retrocesso social acarreta a presunção de invalidez ou inconstitucionalidade da medida adotada, bem como transfere ao Estado o ônus da prova quanto à sua razoabilidade [...] e proporcionalidade", e como relembrou em seu magistral voto o eminente relator, esta e outra consideração da autora, "[a]demais, não é ocioso registrar que o Comitê de Direitos Econômicos, Sociais e Culturais da ONU exige que cada Estado-parte, em caso de retrocesso constatado, demonstre 'que examinou todas as alternativas existentes e justificá-las em relação à totalidade dos direitos previstos no Pacto e no contexto da utilização do máximo dos recursos disponíveis'".

4 As perdas no financiamento de saúde com a aprovação da EC nº 95/2016

Tendo prosseguido o julgamento no Plenário Virtual (Sessão Virtual de 7.10.2022 a 17.10.2022), o Supremo Tribunal Federal, por maioria, conheceu integralmente da ação direta –[14] ADI nº 5.595, vencidos parcialmente os ministros Gilmar Mendes, Cármen Lúcia, Luiz Fux, Dias Toffoli e Nunes Marques, que conheciam da ação apenas quanto ao art. 3º da EC nº 86/2015, julgando-a prejudicada no tocante ao art. 2º da referida emenda. Superada essa preliminar, o Tribunal, no mérito, por maioria, julgou improcedente a ação direta, declarando a constitucionalidade dos arts. 2º e 3º da EC nº 86/2015, vencidos os ministros Ricardo Lewandowski (relator), Edson Fachin, Cármen Lúcia, Marco Aurélio, que votaram em assentada anterior, e Rosa Weber, que julgavam inconstitucionais os dispositivos.[15]

O voto do eminente Ministro Alexandre de Moraes acabou por prevalecer, motivo pelo qual se aguarda que o venerando acórdão seja redigido por Sua Excelência.[16] Seguem os principais argumentos do respeitável voto vencedor: a) o simples fato de ter sido editada a Lei Complementar nº 141/2012, que regulamentou uma disposição constitucional, não é argumento a autorizar o reconhecimento de que teria havido violação a uma cláusula pétrea, mesmo porque, a própria redação do art. 198, §2º, I, da CF, ao delegar ao legislador complementar a atribuição de fixar a fórmula de cálculo dos recursos mínimos a serem aplicados pela União em saúde, indica que tal matéria não se insere no rol dessas cláusulas; b) e medidas de vinculação orçamentária são excepcionais e devem ser fundadas direta e expressamente no texto constitucional, ante os efeitos que a rigidez na formulação das peças orçamentárias acarretam sobre a gestão fiscal das políticas públicas.

Ainda, na compreensão do Ministro Alexandre de Moraes e de todos os eminentes julgadores que o acompanharam, o constituinte derivado optou, ao aprovar a EC nº 86/15, por fixar patamar mínimo de investimento em ações de saúde por parte dos entes e admitir certa flexibilidade na sua definição, mediante a diferenciação de índices conforme o nível federativo.

Além disso, emenda atribuiu competência à União para edição de lei complementar estipulando esses patamares mínimos e estabeleceu a obrigatoriedade da reavaliação dessa disciplina normativa a cada 5 (cinco) anos, abrindo margem para a conciliação entre a exigência de investimento mínimo em ações de saúde pública e considerações relacionadas à administração financeira do orçamento público, com atribuição do exame desse mérito ao legislador ordinário (art. 198, §3º, CF). Portanto, se o legislador ordinário poderia o mais, não haveria ao legislador derivado impedimento jurídico a fazê-lo.

---

[14] Resultado já esperado, posto que o Supremo Tribunal Federal já reconheceu, em decisão unânime do seu Plenário, que não há falar em perda de objeto da ação de controle concentrado de constitucionalidade pela revogação superveniente da norma impugnada: "A revogação da norma objeto de controle abstrato de constitucionalidade não gera a perda superveniente do interesse de agir, devendo a Ação Direta de Inconstitucionalidade prosseguir para regular as relações jurídicas afetadas pela norma impugnada. Precedentes do STF: ADI nº 3.306, rel. Min. Gilmar Mendes, e ADI nº 3.232, rel. Min. Cezar Peluso" (Embargos de Declaração na Ação Direta de Inconstitucionalidade nº 3.106/MG, Rel. Min. Luiz Fux).

[15] Não participou do julgamento o Ministro André Mendonça, sucessor do Ministro Marco Aurélio.

[16] Até a data do fechamento e entrega deste artigo, 12.3.2023, ainda não havia sido publicado o v. acórdão.

Por fim, entendendo que a própria EC nº 86/15 garantiu a progressividade, o que se extrai pela leitura literal do seu art. 2º, e por não ter se convencido existir prova de que houve, com os dispositivos da emenda constitucional objurgados, qualquer regressão no direito fundamental à saúde, o respeitável voto vencedor foi no sentido da improcedência da ação direta de inconstitucionalidade.

A despeito dos judiciosos e profundos argumentos jurídicos utilizados no respeitável voto vencedor, alguns alertas feitos pelo nobre relator mostram-se dignos de análise neste modesto trabalho científico-acadêmico.

De proêmio, parece-nos que há a questão intertemporal, ainda, a ser resolvida por nossa Suprema Corte, pois remanesce a regra de que a União deve aplicar nunca menos do que 15% da receita corrente líquida do respectivo exercício financeiro (art. 198, §2º, I), razão pela qual seria importante o STF definir os efeitos jurídicos da decisão liminar que prevaleceu até 17.10.2022.

Também, como bem anotou o jurista Fernando Facury Scaff (2021), é conhecida a jurisprudência do STF acerca da prejudicialidade da declaração de inconstitucionalidade de normas revogadas:

> Todavia, *no caso concreto*, o art. 2º da EC 86, a despeito de ter sido expressamente revogado pela EC 95 (art. 3º), projeta seus efeitos para o futuro! *Eis a diferença*. Como a Emenda do Teto de Gastos *congelou por 20 anos* os valores a serem gastos com saúde (ADCT, art. 110, II), o *ponto de partida* desse congelamento é extremamente relevante, e deve ser apreciado e julgado. Uma coisa é congelar o valor inicial em R$100,00; outra coisa completamente diferente será o fazer em R$110,00. Há uma projeção intertemporal futura que deve ser apreciada e que impactará o financiamento da saúde até o futuro e remoto ano de 2036. (SCAFF, 2021)

Com o devido respeito aos que possam pensar em contrário, o fato é que a tutela cautelar da ADI nº 5.595 alcança o art. 2º da Emenda nº 86/2015 porque, a despeito de este dispositivo ter sido revogado pelo art. 3º da Emenda nº 95/2016, aquela decisão há de gerar efeito, pois amparado no art. 11, §1º da Lei nº 9.868/1999, vez que – motivadamente – impôs a suspensão da eficácia – com efeitos retroativos – dos dispositivos questionados da Emenda nº 86.

Nesse sentido, já há respeitosa defesa à tese no seguinte sentido:

> [A] eficácia *ex tunc* da cautelar especificamente no que se refere ao revogado art. 2º da Emenda 86 se projeta muito além do ano de 2016, pois a daí decorrente medida compensatória em 2017 incorporará a base de cálculo do piso federal em saúde para os próximos 19 anos, de modo a evitar o congelamento do déficit verificado, o que agravaria ainda mais a regressividade histórica da participação da União no custeio federativo do SUS. (PINTO, 2017)

Como alertou o nobre ministro relator, o argumento que vem sendo utilizado para justificar a desvinculação das despesas com saúde é o de que o Congresso Nacional, a cada ano, poderia destinar recursos adicionais acima da aplicação mínima, o que parece pouco provável e o que, infelizmente, não tem ocorrido.

Inicialmente porque, ao instituir um teto de gasto para as despesas primárias, congelando as despesas com saúde e educação, e com o já esperado aumento das despesas com benefícios previdenciários, o espaço para a ampliação do orçamento da saúde ficaria mais reduzido, pois isso implicaria o comprometimento das demais despesas, inclusive com outras políticas sociais.

Em segundo lugar, porque a história do financiamento público de saúde no Brasil revela que a sua estabilização somente ocorreu com a vinculação das despesas, estabelecida pela já referida EC nº 29, de 13.9.2000.

Com a Emenda Constitucional nº 95, em 15.12.2016, conhecida como "Emenda do Teto de Gastos", instituiu-se a regra que acabou por congelar os gastos públicos com saúde no patamar de 2017 (ADCT, art. 110, I). Pior, até o ano de 2036, esta despesa será apenas corrigida pelo IPCA (ADCT, art. 110, II), ainda que haja melhora na economia de nosso país.

Aliás, pelo que se extrai do novel normativo e confirmado por instituições oficiais,

> quanto melhor for o desempenho da economia, maior será a perda para a saúde em relação à regra de vinculação vigente. No cenário utilizado para projeções atuariais do RGPS, constante na Lei de Diretrizes Orçamentárias da União, a perda acumulada pode chegar a R$1 trilhão no período de 20 anos, partindo-se do limite mínimo de 13,2% da RCL de 2016, e até R$743 bilhões partindo-se do limite de 15,0% da RCL de 2016. A única certeza de que não haja perda em relação ao orçamento de 2016, na área do financiamento da saúde, é o de crescimento econômico zero, onde haveria perdas somente na comparação do valor *per capita*.[17]

Assim, parece-me inevitável que haverá sim, redução do financiamento do SUS, que afetará ainda mais os grupos sociais mais vulneráveis, diante da provável repercussão sobre os programas preventivos e de atendimento.

Não se está aqui a criticar a decisão de mérito adotada pela nossa mais alta Corte do país, mesmo porque, como anteriormente registrado, todos os argumentos apresentados no voto vencedor e pelos(as) demais julgadores(as) são densos e estão fundados na Constituição da República. Independentemente do resultado final (pois ainda pende de decisão sobre os efeitos que prevalecerão em virtude da liminar concedida na ADI), não há dúvida de que os poderes Executivo e Legislativo hão de buscar novas estratégias normativas para investir o necessário para realizar os ajustes decorrentes da decisão que vier a transitar em julgado.

Por fim, possível que ocorra outro efeito esperado em função da redução da parcela federal do financiamento do SUS: o aumento da judicialização da saúde. Isto é extremamente preocupante, na medida em que as concessões, por decisões judiciais, de remédios e procedimentos da atenção primária ou de média ou alta complexidade, e em especial, de medicamentos de alto custo e os procedimentos aprovados pela Anvisa, mas não incorporados ao SUS, efetivamente causarão desequilíbrio ao sistema, na medida em que despesas não previstas dentro do contexto orçamentário afetarão as contas públicas.

Entretanto, anoto que a judicialização, ainda que venha a causar maior desequilíbrio na distribuição da oferta de bens e serviços entre os grupos sociais, por outro lado, estará a garantir, efetivamente, os direitos fundamentais individuais ou transindividuais. Neste ponto, lembro as relevantes lições do Professor e Jurista Ricardo Lewandowski, mencionadas inclusive no referido voto:

---

[17] Conforme nota técnica do Ipec, publicada pelo CONASS (2016).

Na mesma linha, em trabalho doutrinário, tive a oportunidade de assentar, ao citar a valiosa obra "A Era dos Direitos", de Norberto Bobbio, o seguinte: "Na era dos direitos, o grande protagonista é, sem dúvida nenhuma, o Poder Judiciário. [...] E a principal atribuição do Poder Judiciário, hoje, no século XXI, muito mais do que resolver problemas intersubjetivos, conflitos interindividuais, é ter o papel fundamental de dar concreção, dar efetividade aos direitos fundamentais, direitos estes compreendidos evidentemente, em suas várias gerações, como patrimônio da humanidade". (LEWANDOWSKI, 2009, p. 78)

Ademais, para piorar o cenário futuro que se põe, o nosso país está a passar por um rápido processo de mudança na estrutura demográfica, em decorrência do aumento da expectativa de vida e da queda da taxa de natalidade. As projeções do IBGE para a estrutura etária indicam que a população brasileira com 60 anos ou mais, que hoje representa cerca de 13% do total, em 2036 representará 21,5%. Em termos absolutos, em 2036, a população com 60 anos ou mais representará praticamente o dobro da atual (+96%), passando de 24,9 milhões para 48,9 milhões de habitantes, e a população com 80 anos ou mais aumentará em mais de 150%, passando de 3,5 milhões para 8,8 milhões, o que pressionará o gasto público com saúde.[18]

E essa mudança na estrutura demográfica colocará, evidentemente, maior pressão sobre o SUS (LIMA-COSTA; BARRETO; GIATTI, 2003), pois o crescimento no número de idosos exigirá ainda mais medicamentos de uso contínuo e mais acesso a serviços de saúde e a medicamentos, em um contexto de rápida evolução na oferta de tecnologias e de aumento dos custos para tratamento e prevenção das doenças.

Considerações finais

A improcedência da ADI nº 5.595 pelo Supremo Tribunal Federal, cujo objeto seria a declaração de inconstitucionalidade dos arts. 2º e 3º da EC nº 86, de 2015, possivelmente acarretará, pelos fundamentos expostos neste singelo trabalho, sensível redução da forma de cômputo dos recursos mínimos da saúde, com perdas presentes e futuras.

Conforme especialistas na área, a cessação dos efeitos da decisão cautelar concedida pelo eminente Ministro Ricardo Lewandowski, afetando os recursos da exploração do petróleo ou gás natural (art. 20, §1º, CF) destinados à saúde, ao passarem a integrar os seus recursos mínimos, ensejarão perdas estimadas em mais de R$40 bilhões (2023-2031) (FUNCIA; MORETTI; OCKÉ-REIS; SANTOS, 2022), caso não haja novo ajuste pelos poderes e órgãos competentes.

O direito à saúde pública, delimitado constitucionalmente, sofre com recursos orçamentários reconhecidamente insuficientes, com reflexos desde a atenção primária até os serviços de alta complexidade. A pressão orçamentária, embora tenha sido garantido pelo legislador originário 30% dos recursos do orçamento da seguridade social (art. 55 do ADCT), não tem alcançado a universalidade e integralidade, situação que permanece desde os anos de 90, e as duas últimas emendas constitucionais, EC nº 86, de 2015, e EC nº 95, de 2016, a agravar a sustentabilidade do SUS.

Não há dúvida de que os governos deverão instituir suas políticas baseados na responsabilidade fiscal, tampouco que a raiz do problema fiscal de cada governo, seja

---

[18] *Vide* Ipea (2000, p. 121-122).

ela federal, estadual, distrital ou municipal, encontra-se no crescimento acelerado de suas despesas públicas primárias. No entanto, não há como deixar de compreender que existe uma primazia definida pela nossa Carta da República às políticas públicas nas áreas da educação e da saúde pública, com vinculações de receitas e de financiamentos, que há de ser respeitada.

O congelamento estabelecido pela EC nº 95/2016 efetivamente não garantirá o acesso e a qualidade dos bens e serviços de saúde à população brasileira, inclusive porque a população está crescendo e está "envelhecendo" de forma acelerada, havendo projeção oficial de que o número de idosos no país dobrará nos próximos 20 anos (VIEIRA; BENEVIDES, 2016).

Para concluir, importante salientar que o respeitável voto do Ministro Ricardo Lewandowski nessa ação direta de inconstitucionalidade apresenta ao país avultados alertas sobre possíveis prejuízos que ocorrerão ao financiamento na área da saúde e que envergam profundas reflexões – aliás, qualidades estas que são marca nos votos de Sua Excelência –, que fazem importante e adequada defesa da tese da proibição ao retrocesso social.

Embora para o desenvolvimento deste trabalho tenha sido escolhido um voto que ao final não prevaleceu no Plenário de nossa Suprema Corte,[19] a importância da liminar e do momento em que esta tutela cautelar foi concedida pelo nobre relator em favor das políticas de saúde pública em nosso país e o alentado voto apresentado por Sua Excelência não poderiam seus judiciosos e preciosos argumentos jurídicos e fáticos deixar de receber a adequada luz.

Registro, por derradeiro, com o orgulho de ter sido seu aluno durante o meu curso de graduação na Faculdade de Direito do Largo de São Francisco (USP), na velha Academia, a minha modesta homenagem a este homem de erudição vasta, detentor de importantes virtudes como sensatez, polidez, equilíbrio e moderação, àquele que vive para defender a cidadania plena e que inspira a todos como modelo de magistrado, professor, cultor da ciência do direito e grande humanista – *ex corde*.

Referências

ABRAHÃO, J.; MOSTAFA, J.; HERCULANO, P. Gastos com a política social: alavanca para o crescimento com distribuição de renda. *Comunicados do Ipea*, Brasília, v. 75, 2011.

CISLAGHI, J. F.; TEIXEIRA, S. O.; SOUZA, T. O. O financiamento do SUS: principais dilemas. *Anais do I Circuito de Debates Acadêmicos IPEA*, Brasília, 2011.

CONASS. *Os impactos do novo regime fiscal para o financiamento do sistema único de saúde e para a efetivação do direito à saúde no Brasil*. 2016. Disponível em: http://www.conass.org.br/wpcontent/uploads/2016/09/NOTA_TECNICA_IPEA241.pdf. Acesso em: 3 mar. 2023.

EVANS, David B.; ETIENNE, Carissa. Health systems financing and the path to universal coverage. *Bulletin of the World Health Organization*, v. 88, p. 402-403, 2010.

FUNCIA, Francisco R.; MORETTI, Bruno; OCKÉ-REIS, Carlos; SANTOS, Lenir. STF julga na ADI 5.595 destino de mais de R$40 bilhões para o SUS. *Conjur*, 2022. Disponível em https://www.conjur.com.br/2022-ago-02/opiniao-stf-julga-destino-40-bi-sus. Acesso em: 3 mar. 2023.

---

[19] Aliás, penso que o ideal teria sido, pela importância do tema, que o feito houvesse sido julgado no Plenário físico do STF, local onde os debates teriam sido ainda mais ricos.

GOTTI, Alessandra. *Direitos sociais*: fundamentos, regime jurídico, implementação e aferição de resultados. São Paulo: Saraiva, 2012.

GUERRA, Alceni Angelo; BERTOTTI, Barbara Mendonça; GUIDI, Silvio. *Comentários à Lei Orgânica da Saúde (LOS)*: Leis nºs 8.080/90 e 8.142/90 – Trinta anos da lei. São Paulo: Quartier Latin, 2021.

IPEA. *Políticas sociais*: acompanhamento e análise. Brasília: Ipea, 2000. v. 1.

KIM, Richard Pae. Separação de poderes e as teorias interna e externa dos direitos fundamentais: direitos sociais e a inaplicabilidade da teoria externa. *Cadernos Jurídicos da Escola Paulista da Magistratura*, São Paulo, v. 1, n. 1, p. 165-187, 2000.

KUTZIN, Joseph. Health financing for universal coverage and health system performance: concepts and implications for policy. *Bulletin of the World Health Organization*, v. 91, p. 602-611, 2013.

LEWANDOWSKI, Enrique Ricardo. O protagonismo do Poder Judiciário na era dos direitos. *Revista de Direito Administrativo*, Rio de Janeiro, v. 251, p. 77-85, 2009.

LIMA-COSTA, M. F.; BARRETO, S. M.; GIATTI, L. Condições de saúde, capacidade funcional, uso de serviços de saúde e gastos com medicamentos da população idosa brasileira: um estudo descritivo baseado na Pesquisa Nacional por Amostra de Domicílios. *Cad. Saúde Pública*, v. 19, n. 3, p. 735-743, 2003.

MARQUES, Rosa Maria M.; MENDES, Áquilas. Os dilemas do financiamento do SUS no interior da seguridade social. *Economia e Sociedade*, v. 14, n. 1, p. 159-175, 2005.

MINISTÉRIO DA SAÚDE. Departamento de Economia da Saúde, Investimentos e Desenvolvimento. *Gasto público em ações e serviços públicos de saúde (ASPS) em comparação ao PIB* – Período de 2002 – 2015. Brasília: Ministério da Saúde, 2016.

MINISTÉRIO DA SAÚDE; ORGANIZAÇÃO PAN-AMERICANA DA SAÚDE. *Financiamento público de saúde*. Brasília: Ministério da Saúde, 2013. Série Ecos – Economia da Saúde para a Gestão do SUS. Eixo 1. v. 1.

OLIVEIRA, Luciano Moreira de. Conteúdo normativo do direito à saúde: definição do núcleo essencial segundo a abordagem das capacidades. *RIL*, Brasília, ano 59, n. 234, p. 197-215, abr./jun. 2022.

PINTO, Élida Graziane. STF reconhece o "direito a ter o custeio adequado de direitos" na ADI 5.595. *Conjur*, 2017. Disponível em: http://www.conjur.com.br/2017-set-12/contas-vista-stf-reconhece-direito-custeio-adequado-direitos-adi-5595. Acesso em: 3 mar. 2023.

PIOLA, S. F.; PAIVA, A. B.; SÁ, E. B.; SERVO, L. M. S. Financiamento público da saúde: uma história à procura de rumo. *Texto para Discussão – Ipea*, Brasília, n. 1846, 2013.

SARLET, Ingo Wolfgang. *A eficácia dos direitos fundamentais*: uma teoria geral dos direitos fundamentais na perspectiva constitucional. Porto Alegre: Livraria do Advogado, 2009.

SCAFF, Fernando Facury. A ADI 5.595 e mais dinheiro para a saúde nas mãos do STF. *Conjur*, 2021. Disponível em https://www.conjur.com.br/2021-out-12/contas-vista-adi-5595-dinheiro-saude-maos-stf. Acesso em: 3 mar. 2023.

SCAFF, Fernando Facury. Direito à saúde e os tribunais. *In*: NUNES, António José Avelãs; SCAFF, Fernando Facury. *Os tribunais e o direito à saúde*. Porto Alegre: Livraria do Advogado, 2011.

TORRES, Heleno Taveira. *Direito constitucional financeiro*: teoria da Constituição financeira. São Paulo: Revista dos Tribunais, 2014.

VIEIRA, Fabíola Sulpino; BENEVIDES, Rodrigo Pucci de Sá e. *Nota Técnica nº 28*. Os impactos do novo Regime Fiscal para o financiamento do Sistema Único de Saúde e para a efetivação do direito à saúde no Brasil. Brasília: Instituto de Pesquisa Econômica Aplicada (Ipea), set. 2016.

Informação bibliográfica deste texto, conforme a NBR 6023:2018 da Associação Brasileira de Normas Técnicas (ABNT):

KIM, Richard Pae. Financiamento da saúde pública e o perigo do retrocesso social: os alertas do Ministro Ricardo Lewandowski. *In*: RIBEIRO, Paulo Dias de Moura; TOMELIN, Georghio Alessandro; KIM, Richard Pae (Coord.). *Direito humano e fundamental à saúde*: estudos em homenagem ao ministro Enrique Ricardo Lewandowski. Belo Horizonte: Fórum, 2023. p. 405-420. ISBN 978-65-5518-606-2.

O DIREITO À SAÚDE NAS CONSTITUIÇÕES DO BRASIL E O SISTEMA ÚNICO DE SAÚDE (SUS)

SILVIO GABRIEL SERRANO NUNES

JOÃO ANTONIO DA SILVA FILHO

Introdução

No Brasil, o direito constitucional à saúde apresenta um percurso histórico de avanços e retrocessos, inaugurado com uma menção superficial e bastante genérica na Constituição do Brasil Império, silenciado na segunda Constituição pátria e primeira republicana e profundamente associado aos direitos trabalhistas nas demais Constituições, a partir de 1934, sob a lógica dos direitos fundamentais de segunda geração preconizada pelas Constituições mexicana de 1917 e alemã de 1919. De qualquer forma, as Constituições pátrias republicanas, desde 1934, sempre o afirmaram. Em 1988, o texto constitucional enunciou sua universalização, caracterizando seu momento apoteótico, ao menos no plano formal.

Os reflexos das discussões econômicas e sociais da história do constitucionalismo ao redor do mundo, os chamados direitos de segunda geração, seriam albergados expressamente nos textos constitucionais brasileiros a partir da década de 1930 como uma diretriz do capitalismo no Brasil, que passa a assumir também um caráter social, conforme explica Eros Roberto Grau:

> Entre nós, a referência a uma "ordem econômica e social", nas Constituições de 1934 até a de 1967, com a Emenda n. 1, de 1969 – salvo a de 1937, que apenas menciona a "ordem econômica" – e as duas ordens, uma "econômica", outra "social", na Constituição de 1988, reflete de modo bastante nítido a afetação ideológica da expressão. O que se extrai da leitura despida de senso crítico, dos textos constitucionais, é a indicação de que o capitalismo se transforma na medida em que assume um novo caráter, *social*.[1]

---

[1] GRAU, Eros Roberto. *A ordem econômica na Constituição de 1988*. São Paulo: Malheiros, 2015. p. 62.

O Sistema Único de Saúde, fruto de lutas sociais e dos debates promovidos pelo movimento sanitarista brasileiro, permitiu a institucionalização do acesso universal ao direito à saúde, integrando amplos setores da sociedade que, por vulnerabilidade econômica e social, estariam marginalizados desse direito fundamental:

> A proposta do SUS está vinculada a uma ideia central: todas as pessoas têm direito à saúde. Este direito está ligado à condição de cidadania. Não depende do "mérito" de pagar previdência social (seguro social meritocrático), nem de provar condição de pobreza (assistência do sistema de proteção), nem do poder aquisitivo (mercado capitalista), muito menos da caridade (filantropia). Com base na concepção de seguridade social, o SUS supõe uma sociedade solidária e democrática, movida por valores de igualdade e de equidade, sem discriminações ou privilégios.[2]

1 A Constituição Política do Império do Brasil de 1824

A Constituição Política do Império do Brasil formatou o Estado brasileiro, centralizado e confessional, como uma monarquia, transitando entre aspectos liberais, com as singularidades da existência de um Poder Moderador, e uma ordem jurídica que "legitimava" a condição de indivíduos escravizados.

No inc. XXXI do art. 179 da Constituição de 1824, verifica-se genérica referência aos chamados "socorros públicos", sem que propriamente fosse elevado a princípio, mencionado expressamente, normatizado ou regulamentado o direito à saúde, conforme afirmam Claudine R. Rocha e Janaína M. Sturza:

> Tal situação tinha sua justificativa focada no fato da nação estar em processo de estruturação, principalmente das cidades, onde as reformas legislativas foram impulsionadas pela evolução sócio-econômica. Portanto, a saúde ainda não havia sido positivada como direito e era atribuída, essencialmente, aos deuses e ao catolicismo exacerbado da época.[3]

2 A Constituição da República dos Estados Unidos do Brasil de 1891

A primeira Constituição republicana e segunda do Brasil, de 1891, também referida como "literária", caracterizada por sua concisão, estabeleceu a tripartição dos poderes e a consolidação do federalismo no plano formal, conferindo uma ampla autonomia aos Estados (antigas províncias) nos seguintes termos, segundo Baleeiro:

> Cada Estado se regeria pela Constituição e leis que adotasse, "respeitados os princípios constitucionais da União". Estes estavam arrolados nos doze incisos do art. 6º, II (forma republicana e representativa; presidencialismo; independência e harmonia dos Poderes; temporariedade de funções eletivas; responsabilidade dos funcionários; autonomia dos Municípios; capacidade de ser eleitor ou elegível da Constituição; regime eleitoral com garantia das minorias; inamovibilidade e vitaliciedade dos juízes e irredutibilidade dos

---

[2] PAIM, Jairnilson Silva. *O que é o SUS*. Rio de Janeiro: Fiocruz, 2009. p. 43.

[3] ROCHA, Claudine Rodembusch; STURZA, Janaína Machado. *A história do constitucionalismo brasileiro sob a ótica do direito à saúde*: frustrações e conquistas constitucionais. Disponível em: http://www.publicadireito.com.br/artigos/?cod=67e103b0761e6068. Acesso em: 3 abr. 2021.

vencimentos deles; direitos políticos e individuais da Constituição a todos; não reeleição dos Presidentes e Governadores; possibilidade de o Legislativo reformar a Constituição Estadual).[4]

Esse texto constitucional silencia completamente no que diz respeito ao direito à saúde quando comparado à Constituição de 1824, sem nenhuma menção direta ou indireta ao assunto, sequer fazendo constar ao menos a expressão "socorros públicos", como na carta imperial:

> A Constituição Republicana de 1891, fruto de um pacto liberal-oligárquico, seguiu no mesmo sentido [da de 1824]: a não inclusão do direito à saúde no texto constitucional. Aliás, com relação aos direitos sociais pode-se afirmar que a Constituição de 1891 representou um retrocesso em relação ao tema, quando contraposta à Constituição do Império.[5]

A despeito desse pouco cuidado sobre o tema no âmbito constitucional, durante a República Velha ocorreu no Brasil um intenso debate sobre questões relacionadas à saúde e poder público, o chamado movimento sanitarista, motivado, entre outros fatores, pelas epidemias em áreas urbanas e pela conscientização da precariedade sanitária da população rural, o que mobilizou os poderes Legislativo e Executivo federais:

> Essas denúncias e críticas ocasionaram uma forte pressão da classe intelectual sobre os políticos e sobre o Governo, desdobrada em mobilização política, da qual a fundação da Liga Pró-Saneamento, em 1918, respondeu enquanto sua materialização. Exigia-se uma atuação enfática, precisa, responsável e eficaz do Governo na profilaxia das endemias rurais que assolavam o país, além da criação de um Ministério exclusivamente dedicado à saúde. No mesmo ano de 1918, houve a proposta da criação de um Ministério da Saúde, empreendida pelo médico e deputado Azevedo Sodré, que, no caso, não chegou a ir para votação. No entanto, nesse ano, houve a reformulação e ampliação dos serviços sanitários federais, a criação do Serviço de Profilaxia Rural e, em 1919, a instituição do Departamento Nacional de Saúde Pública (DNSP).[6]

3 A Constituição da República dos Estados Unidos do Brasil de 1934

Antes de adentrar a análise do texto constitucional de 1934, vale o registro de que, ainda no Governo Provisório, pós-Revolução de 1930, foi criado o "Ministério dos Negócios da Educação e Saúde Pública" pelo Decreto nº 19.402, de 14.11.1930,[7] amostra da preocupação crescente com a questão da saúde pública no Brasil.

A Constituição de 1934, a terceira Constituição brasileira e segunda do Brasil República, ainda que de efêmera vigência, deixou um importante legado sobre temas

---

[4]   BALEEIRO, Aliomar. *Constituições brasileiras*: 1891. Brasília: Senado Federal, 2012. p. 32-33.

[5]   ROCHA, Claudine Rodembusch; STURZA, Janaína Machado. *A história do constitucionalismo brasileiro sob a ótica do direito à saúde*: frustrações e conquistas constitucionais. Disponível em: http://www.publicadireito.com.br/artigos/?cod=67e103b0761e6068. Acesso em: 3 abr. 2021.

[6]   TAMANO, Luana Tieko Omena. O Movimento Sanitarista no Brasil: a visão da doença como mal nacional e a saúde como redentora. *Khronos – Revista de História da Ciência*, n. 4, 2017. Disponível em: https://www.revistas.usp.br/khronos/article/download/131909/133454/266980. Acesso em: 3 abr. 2021.

[7]   BRASIL. Câmara Legislativa. *Decreto nº 19.402, de 14 de novembro de 1930*. Disponível em: https://www2.camara.leg.br/legin/fed/decret/1930-1939/decreto-19402-14-novembro-1930-515729-publicacaooriginal-1-pe.html. Acesso em: 25 jan. 2023.

constitucionais na história do constitucionalismo republicano:[8] o reconhecimento dos direitos sociais de segunda geração. Além do direito à saúde, versou expressamente sobre o direito ao salário mínimo, à jornada de trabalho não superior a oito horas diárias, ao descanso semanal remunerado e a férias,[9] sob a influência das Constituições de Querétaro, de 1917, de Weimar, de 1919, e da II República Espanhola, de 1931.[10]

> O federalismo foi mantido, mas os Estados perderam, grosso modo, sua autonomia legislativa em matéria civil, penal, comercial, aérea, processual, juntas comerciais e registros públicos (art. 5º, XIX, a), ainda que se cogitasse a eventual vigência de leis estaduais que, de forma "supletiva" ou "regulamentar", tratassem de tais matérias, sempre buscando atender às necessidades e particularidades próprias de cada região.[11]

O direito à saúde foi atribuído sob competência comum à União e aos estados, como estabeleceu o inc. II do art. 10: "Art 10 - Compete concorrentemente à União e aos Estados: [...] II - cuidar da saúde e assistência públicas".

A positivação dos direitos de segunda geração, em 1934, impôs a formulação das normas de natureza previdenciária, trabalhista e de associações profissionais, cabendo também ao Estado brasileiro assegurar o auxílio, por meio da assistência social, à infância, aos desvalidos, à maternidade, à juventude e às famílias numerosas.

> Art. 138 - Incumbe à União, aos Estados e aos Municípios, nos termos das leis respectivas:
> a) assegurar amparo aos desvalidos, criando serviços especializados e animando os serviços sociais, cuja orientação procurarão coordenar;
> b) estimular a educação eugênica;[12]
> c) amparar a maternidade e a infância;
> d) socorrer as famílias de prole numerosa;
> e) proteger a juventude contra toda exploração, bem como contra o abandono físico, moral e intelectual;
> f) adotar medidas legislativas e administrativas tendentes a restringir a moralidade e a morbidade infantis; e de higiene social, que impeçam a propagação das doenças transmissíveis;
> g) cuidar da higiene mental e incentivar a luta contra os venenos sociais.

O *caput* do art. 113 também tratou de garantir a inviolabilidade do direito à subsistência, juntamente com outros direitos de primeira geração previstos no Capítulo II da Constituição de 1934, intitulado "Dos Direitos e das Garantias Individuais".

Apesar do avanço constitucional quanto ao reconhecimento do direito à saúde, este restava ainda profundamente associado ora aos direitos trabalhistas ora à assistência social, sombreados com perspectivas racistas de eugenia, como retratado na alínea "b" transcrita acima.

---

[8]   POLETTI, Ronaldo. *Constituições brasileiras*: 1934. Brasília: Senado Federal, 2012. p. 42.

[9]   PALMA, Rodrigo Freitas. *História do direito*. São Paulo: Saraiva, 2017. p. 422-423.

[10]   POLETTI, Ronaldo. *Constituições brasileiras*: 1934. Brasília: Senado Federal, 2012. p. 13.

[11]   PALMA, Rodrigo Freitas. *História do direito*. São Paulo: Saraiva, 2017. p. 422.

[12]   Sobre a natureza racista do texto constitucional e dos debates na constituinte, cf.: ROCHA, Simone. Educação eugênica na constituição brasileira de 1934. *X ANPED Sul*, Florianópolis, out. 2014. Disponível em: http://xanpedsul.faed.udesc.br/arq_pdf/1305-1.pdf. Acesso em: 3 abr. 2021.

4 A Constituição dos Estados Unidos do Brasil de 1937

Sob a suposta existência do chamado "Plano Cohen", um texto ficcional, Getúlio Vargas impôs um período ditatorial ao Brasil de 1937 a 1945. A Carta de 1937, que desenhou as "feições legais" do Estado Novo getulista – um produto da incumbência de Getúlio Vargas ao jurista Francisco Campos, com notável influência da Constituição da Polônia de 1935, o que a fez ser apelidada de "polaca" –,[13] apresenta evidentes proximidades com o modelo político polonês, "a começar pelo modo por que, sem dissimulação, é ressaltada a proeminência do Poder Executivo".[14] A Carta de 1937 delimitava a supremacia do Executivo em relação aos demais poderes e da União em relação aos demais entes federativos: "A maior prova da exacerbação das prerrogativas do Executivo alcança ressonância no art. 178, que determina a dissolução do Senado Federal, da Câmara dos Deputados, das Assembleias Legislativas e dos Estados-Membros e também das Câmaras Municipais".[15]

O Texto Constitucional de 1937 tratou o direito à saúde nos arts. 16, inc. XXVII, e 18, alíneas "c" e "e",[16] sendo que o inc. XXVII do art. 16 expressava a competência privativa da União para legislar sobre "defesa e proteção da saúde", com ênfase na saúde infantil, e o art. 18, em relação a determinados temas que incluíam a saúde, autorizava os Estados a legislar no silêncio ou na falta de suficiência normativa da União em questões de seu interesse.

Antes da outorga da Constituição de 1937, com a Lei nº 378, de 13.1.1937, o governo Vargas reformou a estrutura do "Ministério da Educação e Saúde", como passou a ser denominado, nos termos do art. 1º desse diploma. O art. 4º dividiu o território brasileiro em oito regiões para a gestão dos serviços públicos sob responsabilidade desse ministério:[17]

> Dessa forma, o Governo Federal pretendia ampliar a sua presença nas diversas regiões do país, implementando e supervisionando as ações de saúde pública. Cada delegacia federal de saúde funcionaria como um braço do Ministério em uma determinada região e estabelecia uma relação íntima com os serviços sanitários estaduais, inclusive com a nomeação dos seus chefes. A instauração da ditadura em 10 de novembro de 1937 facilitou a implementação de uma reforma que pretendia aumentar a presença dos serviços sanitários federais nos estados, reformulando a relação entre estes e a União. Essa preocupação parecia ser uma resposta aos que indicavam que os serviços sanitários, a despeito de seus objetivos nacionais, concentravam-se, na prática, no Distrito Federal. Em um balanço feito em 1942, Barros Barreto indicava que um número expressivo de estados estava organizando ou remodelando seus departamentos de saúde à luz das novas diretrizes federais. Um dado indicativo desse processo de reforma e a articulação dos estados com os serviços federais de saúde, apresentado neste balanço, é que 13, dos então 19 estados,

---

[13] PALMA, Rodrigo Freitas. *História do direito*. São Paulo: Saraiva, 2017. p. 425.

[14] PORTO, Walter Costa. *Constituições brasileiras*: 1937. Brasília: Senado Federal, 2012. p. 19.

[15] PALMA, Rodrigo Freitas. *História do direito*. São Paulo: Saraiva, 2017. p. 426.

[16] FIGUEIREDO, Mariana Filchtiner; SARLET, Ingo Wolfgang Sarlet. *Algumas considerações sobre o direito fundamental à proteção e promoção da saúde aos 20 anos da Constituição Federal de 1988*. [s.l.]: [s.n.], [s.d.]. Disponível em: https://www.stf.jus.br/arquivo/cms/processoAudienciaPublicaSaude/anexo/O_direito_a_saude_nos_20_anos_da_CF_coletanea_TAnia_10_04_09.pdf. Acesso em: 3 abr. 2021.

[17] BRASIL. Câmara Legislativa. *Decreto nº 19.402, de 14 de novembro de 1930*. Disponível em: https://www2.camara.leg.br/legin/fed/decret/1930-1939/decreto-19402-14-novembro-1930-515729-publicacaooriginal-1-pe.html. Acesso em: 25 jan. 2023.

tinham como diretores de seus departamentos de saúde, ou como assistentes de diretor, técnicos vinculados diretamente ao DNS/MÊS.[18]

5 A Constituição dos Estados Unidos do Brasil de 1946

No contexto de redemocratização do Brasil no pós-Segunda Guerra Mundial, a Constituição de 1946 foi arquitetada sob a racionalidade de restauração das diretrizes constitucionais do texto de 1891 com as inovações do constitucionalismo brasileiro de 1934, sobretudo quanto à proteção jurídica aos trabalhadores, temas de ordem econômica e preocupações no que tange ao direito à educação e proteção à família,[19] sem negligenciar, nesse contexto, o direito à saúde.

> O que mais contribuiu para a aproximação dos textos das Constituições de 1934 e 1946 foi a coincidência dos fatores políticos que inspiraram a elaboração das Cartas, orientadas, nos dois momentos, por uma reação contra os exageros do presidencialismo da República Velha ou contra as tendências ditatoriais que modelaram a Constituição de 1937.[20]

A Constituição de 1946 contemplou o direito à saúde no inc. XIV do art. 157, no âmbito dos direitos trabalhistas, sem lhe conferir a autonomia que as suas peculiaridades demandam:

> Art. 157 - A legislação do trabalho e a da previdência social obedecerão aos seguintes preceitos, além de outros que visem a melhoria da condição dos trabalhadores: [...]
> XIV - assistência sanitária, inclusive hospitalar e médica preventiva, ao trabalhador e à gestante.

Sob a égide da Constituição democrática de 1946, pela Lei nº 1.920, de 25.7.1953,[21] foi criado o Ministério da Saúde. Depois da Segunda Guerra Mundial, provavelmente devido a um ambiente de "otimismo sanitário" em razão dos avanços científicos de vacinas e antibióticos, em especial, da penicilina, fomentava-se a crença e a confiança quanto à erradicação das doenças infecciosas, formando-se então um consenso sobre a criação de uma pasta específica para a saúde pública.[22]

Já durante os trabalhos da Assembleia Constituinte na Comissão de Saúde da Câmara Federal, ocorreu uma forte mobilização para a criação do Ministério da Saúde. Em 1953, em meio à crise política do governo de Getúlio Vargas, o projeto apresentado na Câmara, que esperava ser votado em regime de urgência, foi aprovado pelo Senado, não obstante contrariasse o entendimento da Comissão Interpartidária.[23]

---

[18] HOCHMAN, Gilberto. Reformas, instituições e políticas de saúde no Brasil (1930-1945). *Educar*, Curitiba, n. 25, p. 127-151, 2005. p. 132.

[19] BALEEIRO, Aliomar; LIMA SOBRINHO, Barbosa. *Constituições brasileiras*: 1946. Brasília: Senado Federal, 2012. p. 43.

[20] BALEEIRO, Aliomar; LIMA SOBRINHO, Barbosa. *Constituições brasileiras*: 1946. Brasília: Senado Federal, 2012. p. 43.

[21] BRASIL. *Lei 1920, de 25 de julho de 1953*. Disponível em: http://www.planalto.gov.br/ccivil_03/leis/1950-1969/L1920.html. Acesso em: 25 jan. 2023.

[22] HAMILTON, Wanda; FONSECA, Cristina. Política, atores e interesses no processo de mudança institucional: a criação do Ministério da Saúde em 1953. *História, Ciências, Saúde, Manguinhos*, v. 10, n. 3, p. 791-825, set./dez. 2003. p. 793.

[23] HAMILTON, Wanda; FONSECA, Cristina. Política, atores e interesses no processo de mudança institucional: a criação do Ministério da Saúde em 1953. *História, Ciências, Saúde, Manguinhos*, v. 10, n. 3, p. 791-825, set./dez. 2003. p. 794.

A criação do Ministério da Saúde deve assim ser observada como um marco na história da política de saúde no Brasil. Não no sentido de que tenham havido mudanças institucionais significativas, com alteração no funcionamento dos organismos de saúde então existentes; ao contrário, tudo indica que as estruturas institucionais se mantiveram as mesmas, tendo ocorrido basicamente uma separação entre os serviços que diziam respeito à área da educação e os da saúde.

O que se apresenta como fator relevante de mudança é sua dimensão político-partidária, que de forma irreversível se incorporou à definição de políticas para o setor, interferindo sobre suas formas de gestão. A médio e longo prazos, ficaria evidente que esse campo de ação pública teria de aprender a lidar com a questão político-partidária e buscar formas de convivência e adequação entre a ação profissional com base na especialização do conhecimento e na excelência técnica e os interesses político-partidários que estariam presentes quando se tratava de definir formas de gestão de políticas públicas em um sistema democrático.[24]

6 A Constituição (da República Federativa) do Brasil de 1967/1969

Em razão do golpe de 1964, a Constituição de 1946, de cunho democrático, ficou esterilizada em suas características estruturais pelos Atos Institucionais da Ditadura Militar e, ao final, teve sua vigência formal liquidada pelo regime, com a outorga da Constituição do Brasil de 1967, que sofreria profundas alterações com a Emenda Constitucional nº 1, de 1969, que inclusive modificou o nome do texto para "Constituição da República Federativa do Brasil de 1969", a ponto de "alguns juristas considerarem-na ter não propriamente a natureza de uma 'emenda', mas, antes de uma 'nova Carta Magna'".[25]

O objetivo da ditadura militar com esse texto constitucional era concentrar poderes inflados no Executivo, apesar de manter no plano formal a tripartição de poderes, na intenção de que os membros no Poder Executivo "não se resignassem mais ao reconhecimento das atribuições e competências próprias do Legislativo ou do Judiciário e pudessem, assim, melhor ancorar suas futuras investidas, tendo por escusa a letra fria da lei".[26]

No que tange ao federalismo brasileiro, com a outorga de poderes desproporcionais ao Executivo da União, ficava comprometida seriamente a autonomia dos demais entes federativos:

> [...] a conformação e relações entre esferas de governo nacional, estaduais e municipais, ao tempo em que ratificam o condomínio das elites dominantes, também acasalam os reagentes internos ou exteriores a esse acordo. Portanto, de sua estrutura federativa emerge a coexistência de elementos antagônicos na Constituição de 1967.[27]

---

[24] HAMILTON, Wanda; FONSECA, Cristina. Política, atores e interesses no processo de mudança institucional: a criação do Ministério da Saúde em 1953. *História, Ciências, Saúde, Manguinhos*, v. 10, n. 3, p. 791-825, set./dez. 2003. p. 819.

[25] PALMA, Rodrigo Freitas. *História do direito*. São Paulo: Saraiva, 2017. p. 453.

[26] PALMA, Rodrigo Freitas. *História do direito*. São Paulo: Saraiva, 2017. p. 451-452.

[27] BALEEIRO, Aliomar; BRITTO, Luiz Augusto Fraga Navarro de; CAVALCANTI, Themístocles Brandão. *Constituições brasileiras*: 1967. Brasília: Senado Federal, 2012. p. 32-33.

Conforme Claudine R. Rocha e Janaína M. Sturza, nesse contexto de ditadura militar, no plano constitucional:

> [...] o direito à saúde não avançou significativamente, uma vez que é lembrado, rapidamente, apenas em seu artigo 8º, XIV, deixando de conquistar lugar de destaque no ordenamento.
> Junto à Carta de 1967 criou-se a Emenda Constitucional nº 1, de 1969. Esta, por sua vez, possuía o mesmo teor da Carta Constitucional, porém com algumas modificações e implementações de outros Atos Institucionais. Essa carta aprofundou o retrocesso político, se comparada a Constituição de 1967, pois incorporou a seu texto medidas autoritárias dos Atos Institucionais anteriores, consagrando a intervenção federal nos Estados, cassando a autonomia administrativa das capitais e outros municípios e impondo restrições ao Poder Legislativo, além de validar o regime dos decretos-leis e manter e ampliar as estipulações restritivas da Constituição de 1967, quer em matéria de garantias individuais, quer em matéria de direitos sociais, sem avançar significativamente no que diz respeito ao direito à saúde.[28]

Nesse período histórico ditatorial, o modelo restritivo de acesso à saúde passa a ser questionado pelas inconsistências no que tange às demandas de saúde coletiva, por enfatizar uma perspectiva meramente curativa, além do exaurimento do modelo econômico que repercutia no financiamento das políticas públicas em saúde:

> O modelo de saúde previdenciário começa a mostrar as suas fragilidades, por ter priorizado a Medicina curativa; o modelo proposto foi incapaz de solucionar os principais problemas de saúde coletiva, como as endemias e as epidemias, e os indicadores de saúde, principalmente o de mortalidade infantil, tinham aumentos significativo. O aumento constante dos custos da Medicina curativa, centrada na atenção médica hospitalar de complexidade e custo crescente, a diminuição do crescimento econômico com a respectiva repercussão na arrecadação do sistema previdenciário reduzindo as suas receitas, incapacidade do sistema em atender a uma população cada vez maior de marginalizados, que sem carteira assinada e contribuição previdenciária viam-se excluídos do sistema e desvios de verba do sistema previdenciário para cobrir despesas de outros setores e para realização de obras por parte do governo federal.[29]

7 A Constituição da República Federativa do Brasil de 1988

Em 5.10.1988 foi promulgada a Constituição também chamada de "A Cidadã", por seus irrenunciáveis compromissos com a defesa e proteção da dignidade humana, instaurando o Estado democrático e social de direito e aperfeiçoando as instituições com o objetivo de prestar serviços eficientes à sociedade.[30]

---

[28] ROCHA, Claudine Rodembusch; STURZA, Janaína Machado. *A história do constitucionalismo brasileiro sob a ótica do direito à saúde*: frustrações e conquistas constitucionais. Disponível em: http://www.publicadireito.com.br/artigos/?cod=67e103b0761e6068. Acesso em: 3 abr. 2021.

[29] KUCHARSKI, Karina Wahhab; BATTISTI, Iara Denise Endruweit; FERNANDES, Denise Medianeira Mariotti; ANASTÁCIO, Zélia Ferreira Caçador. Políticas públicas de saúde no Brasil: uma trajetória do Império à criação do SUS. *Revista Contexto & Educação*, v. 37, n. 117, p. 38-49, 2022. p. 46. DOI: 10.21527/2179-1309.2022.117.12871. Disponível em: https://www.revistas.unijui.edu.br/index.php/contextoeducacao/article/view/12871. Acesso em: 15 fev. 2023.

[30] SILVA FILHO, João Antonio da. *Tribunais de contas, Estado democrático de direito e os desafios do controle externo*. 1. ed. São Paulo: Contracorrente, 2019. v. 1.

Compreensível como um reflexo da reação contrária à experiência autoritária da ditadura militar, sua constituinte "traduz, em normas programáticas, o anseio de atendimento a aspirações populares de liberdade e de justiça social, segundo o movimento pendular próprio das fases de restauração democrática",[31] apresentando um amplo rol de direitos e garantias fundamentais em seu Título II, cujos capítulos I – "Dos Direitos e Deveres Individuais e Coletivos" e II – "Dos Direitos Sociais" bem mostram a preocupação de se arquitetar um Estado democrático e social de direito.

O direito constitucional social à saúde é afirmado de forma abstrata em seu art. 6º, em conjunto com outros direitos sociais, sugerindo alguma relevância, posto que:

> [...] se não houvesse qualquer outro dispositivo constitucional acerca da saúde, citado direito social somente seria garantido em prestações mínimas essenciais (mínimo existencial) diretamente extraídas da norma constitucional, e qualquer outro tipo de prestação dependeria da densificação realizada pelo legislador derivado, concomitantemente com a atividade do administrador em concretizar o desenho legislativo por meio da construção de uma política pública de saúde.[32]

Entretanto, vislumbra-se uma maior densidade normativa e atenção acerca do direito à saúde conferida por parte do constituinte originário na Seção II do Título VIII da Constituição da República Federativa do Brasil de 1988, em que se estabelece que todas as ações dos poderes constituídos, em suas respectivas competências, devem obediência aos quadrantes e diretrizes estabelecidos pelos dispositivos 196 e seguintes da Constituição de 1988.[33]

O art. 196 afirma ser a saúde um "direito de todos e dever do Estado". Um direito que deve ter seu acesso espraiado por toda a sociedade e garantido pelo poder público. Por seu turno, o art. 197 destaca a "relevância pública" das "ações e serviços de saúde", que configuram verdadeiras obrigações para o "Poder Público" e cujo cumprimento deve se atrelar às opções feitas pelo legislador no que tange à regulamentação, fiscalização e controle da saúde, possibilitando a execução direta pelo Estado ou por agentes privados devidamente habilitados pelo primeiro.[34]

O art. 198, incs. I a III, e o art. 200 da Constituição Federal de 1988 preveem a oferta do serviço público de saúde pelo SUS – Sistema Único de Saúde, além de estabelecerem um rol de diretrizes e atribuições constitucionais ao referido sistema, que devem ser seguidas pelos poderes constituídos, condicionantes para qualquer política pública de saúde no Brasil.[35]

As bases democráticas e sociais previstas na Constituição Cidadã de 1988 foram determinantes para a própria criação e estruturação do Sistema Único de Saúde, em um profundo diálogo com a sociedade brasileira, superando as sombras do período

---

[31] TÁCITO, Caio. *Constituições brasileiras*: 1988. Brasília: Senado Federal, 2012. p. 22.

[32] LEITE, Carlos Alexandre Amorim. *Direito fundamental à saúde*: efetividade, reserva do possível e o mínimo existencial. Curitiba: Juruá, 2014. p. 114.

[33] LEITE, Carlos Alexandre Amorim. *Direito fundamental à saúde*: efetividade, reserva do possível e o mínimo existencial. Curitiba: Juruá, 2014. p. 115.

[34] LEITE, Carlos Alexandre Amorim. *Direito fundamental à saúde*: efetividade, reserva do possível e o mínimo existencial. Curitiba: Juruá, 2014. p. 115-116.

[35] LEITE, Carlos Alexandre Amorim. *Direito fundamental à saúde*: efetividade, reserva do possível e o mínimo existencial. Curitiba: Juruá, 2014. p. 116.

ditatorial, e devem ser sempre preservadas como meios de garantia do acesso universal e igualitário:

> O Sistema Único de Saúde, como instrumento do direito à saúde, logrou alcançar a estruturação completa, solidamente fincada sob os princípios consagrados pela própria Constituição Federal, com destaque ao acesso universal e igualitário.
>
> Tais princípios orientadores é que demonstram a grande novidade de um modelo criado em um ambiente estritamente democrático, sendo certo que a universalização do Sistema Único implantado visa beneficiar toda a população brasileira, de forma igualitária. Há que se verificar que a saúde integra o Sistema de Seguridade Social, mas difere dos demais integrantes deste sistema, ou seja, da Previdência Social e da Assistência Social.[36]

8 O Sistema Único de Saúde (SUS)

A concretização do SUS na Constituição de 1988 ocorreu como resultado das lutas sociais pela saúde e das elaborações teóricas desenvolvidas por movimentos sanitaristas nas décadas de 1970 e 1980, consagradas em um movimento que passou a ser chamado de Reforma Sanitária Brasileira.

Construído de baixo para cima, o SUS permitiu a consolidação, na Constituição Cidadã de 1988, de "uma proposta solidária, generosa e engenhosa que articula o direito à saúde em dimensões amplas e abrangentes, inclusive considerando a existência dos serviços privados complementares e uma realidade federativa que precisa ser coordenada nacionalmente".[37]

Um marco histórico importante para o surgimento do referido sistema foi a VIII Conferência Nacional do SUS e o seu relatório final,[38] que concederam as bases para as atividades da Subcomissão de Saúde, Seguridade e do Meio Ambiente da Assembleia Constituinte (1987-1988), que culminou na Constituição de 1988.[39]

> Com efeito, em 28 de agosto de 1987, fora apresentada no plenário da Constituinte proposta de emenda popular, assinada por 54.133 (cinqüenta e quatro mil cento e trinta e três) eleitores, representando 168 (cento e sessenta e oito) entidades, congregadas na Plenária Nacional de Saúde. [...] Para a apresentação da emenda junto à Comissão de Sistematização da Assembléia, foram indicados o Dr. Sergio Arouca, Secretário Estadual de Saúde do Rio de Janeiro e presidente da Fundação Oswaldo Cruz; do Ministério da Saúde, o Dr. Guilherme Rodrigues dos Santos, professor catedrático da Faculdade de Medicina da Universidade de São Paulo; e o deputado Constituinte Eduardo Jorge, do PT/SP. Em seu pronunciamento, Sergio Arouca teceu uma retrospectiva do movimento sanitário e

---

[36] SERRANO, Mônica de Almeida. *O Sistema Único de Saúde e suas diretrizes constitucionais*. 2. ed. São Paulo: Verbatim, 2012. p. 108-109.

[37] TOMELIN, Georghio Alessandro; UEMA, Jean Keiji; NUNES, Silvio Gabriel Serrano. Preceitos fundamentais do SUS e o Poder Judiciário: um estudo da jurisprudência do STF. *In*: SANTANA; Fabio Paulo Reis de; PSANQUEVICH; Paulo Kron; BRUZZESE; Camila Perissini (Org.). *O SUS e a judicialização da saúde*: dos procedimentos clínicos à estrutura jurídica. 1. ed. Rio de Janeiro: CEEJ, 2022. v. 2. p. 49.

[38] BRASIL. Ministério da Saúde. *8ª Conferencia Nacional de Saúde*. Disponível em: https://bvsms.saude.gov.br/bvs/publicacoes/8_conferencia_nacional_saude_relatorio_final.pdf. Acesso em: 25 jan. 2023.

[39] TOMELIN, Georghio Alessandro; UEMA, Jean Keiji; NUNES, Silvio Gabriel Serrano. Preceitos fundamentais do SUS e o Poder Judiciário: um estudo da jurisprudência do STF. *In*: SANTANA; Fabio Paulo Reis de; PSANQUEVICH; Paulo Kron; BRUZZESE; Camila Perissini (Org.). *O SUS e a judicialização da saúde*: dos procedimentos clínicos à estrutura jurídica. 1. ed. Rio de Janeiro: CEEJ, 2022. v. 2. p. 49-50.

da 8ª Conferência Nacional de Saúde na construção de um ideário sobre o novo sistema de saúde "tropical, nacional, próprio". [...] Destaca, assim, o caráter suprapartidário do movimento que, se em um primeiro momento, avaliara não ser necessário apresentar emenda por se considerar contemplado na Comissão da Ordem Social (relatório do senador Almir Gabriel), posteriormente considerou que era preciso ir além no processo, a partir das conclusões da 8ª CNS e, depois, nas discussões de mais de 12 Encontros Nacionais de Saúde – da mulher, do trabalhador, de ciência e tecnologia, de formação em recursos humanos, dentre outros. [...] O texto constitucional incorporou as principais diretrizes da 8ª CNS, na seção II, mas o detalhamento e regulamentação de tais diretrizes foram remetidos para a legislação complementar. Quanto à questão da participação, o artigo 198 da referida seção II fixou: a descentralização, com direção única em cada esfera de governo; a integralidade de atendimento, priorizando-se ações preventivas sem prejuízo dos serviços assistenciais; e a participação da comunidade.[40]

Tais normas expressam a profunda dimensão democrática da Constituição de 1988, evocando um momento constituinte com efetiva participação popular, o que exige a interpretação constitucional do direito fundamental à saúde, em conformação às suas raízes históricas, como um projeto integral de uma vida digna, considerada individualmente, mas também inserido tal direito em um contexto que valoriza o coletivo e a igualdade de acesso e de prestação, numa lógica de universalidade, como sustentado na Reforma Sanitária Brasileira e sintetizado no relatório final da VIII Conferência Nacional de Saúde.[41]

Considerações finais

Paes de Andrade e Paulo Bonavides destacam a importância do estudo do percurso histórico do constitucionalismo brasileiro, nos seguintes termos:

> A história constitucional do Brasil, de conhecimento indispensável a quantos buscam estudar nossas instituições políticas e sociais, representa um dos mais profundos mergulhos na compreensão do passado nacional. O exame e análise aos sucessos políticos e às raízes institucionais do País há de trazer sempre luz para o entendimento da realidade contemporânea, onde os acontecimentos transcorrem com a velocidade da crise e fazem não raro extremamente difícil a percepção das causas que de imediato devem ser removidas, em escala prioritária, a fim de podermos fazer estável e seguro o destino da Nação e a preservação de sua unidade.[42]

A história constitucional brasileira apresenta-se como importante instrumento de compreensão do Brasil do século XIX e dos séculos XX e XXI, uma vez que o constitucionalismo brasileiro conheceu avanços e retrocessos nos valores democráticos,

---

[40] FALEIROS, Vicente de Paula; SILVA, Jacinta de Fátima Senna da; VASCONCELLOS, Luiz Carlos Fadel de; SILVEIRA, Rosa Maria Godoy. *A construção do SUS* – Histórias da reforma sanitária e do processo participativo. [s.l.]: [s.n.], 2006. p. 52-53. Disponível em: https://bvsms.saude.gov.br/bvs/publicacoes/construcao_do_SUS_2006.pdf. Acesso em: 7 ago. 2021.

[41] TOMELIN, Georghio Alessandro; UEMA, Jean Keiji; NUNES, Silvio Gabriel Serrano. Preceitos fundamentais do SUS e o Poder Judiciário: um estudo da jurisprudência do STF. *In*: SANTANA; Fabio Paulo Reis de; PSANQUEVICH; Paulo Kron; BRUZZESE; Camila Perissini (Org.). *O SUS e a judicialização da saúde*: dos procedimentos clínicos à estrutura jurídica. 1. ed. Rio de Janeiro: CEEJ, 2022. v. 2. p. 51.

[42] ANDRADE, Paes de; BONAVIDES, Paulo. *História constitucional do Brasil*. Rio de Janeiro: Paz e Terra, 1991. p. 5.

nos direitos e garantias fundamentais e na autonomia dos entes federativos. A consciência da experiência histórica nos permite conceber um futuro aperfeiçoamento das instituições e do modelo federativo para melhor atender aos valores republicanos e às demandas da democracia, sendo uma delas a luta da sociedade pela universalização do direito à saúde.

Certamente, os complexos desafios para a efetivação do direito constitucional à saúde no Brasil contemporâneo demandam, para a sua equação, uma perspectiva histórica da luta e construção de tal direito e o compromisso com a valorização do SUS.

Ingo Wolfgang Sarlet e Mariana Filchtiner Figueiredo, em *Algumas considerações sobre o direito fundamental à proteção e promoção da saúde aos 20 anos da Constituição Federal de 1988*, bem sintetizam o percurso constitucional brasileiro sobre o direito à saúde e a originalidade em seu tratamento pela "Constituição Cidadã" da seguinte forma:

> A consagração constitucional de um direito fundamental à saúde, juntamente com a positivação de uma série de outros direitos fundamentais sociais, certamente pode ser apontada como um dos principais avanços da Constituição da República Federativa do Brasil de 1988 (doravante designada CF), que a liga, nesse ponto, ao constitucionalismo de cunho democrático-social desenvolvido, sobretudo, a partir do pós-II Guerra. Antes de 1988, a proteção do direito à saúde ficava restrita a algumas normas esparsas, tais como a garantia de "socorros públicos" (Constituição de 1824, art. 179, XXXI) ou a garantia de inviolabilidade do direito à subsistência (Constituição de 1934, art. 113, caput). Em geral, contudo, a tutela (constitucional) da saúde se dava de modo indireto, no âmbito tanto das normas de definição de competências entre os entes da Federação, em termos legislativos e executivos (Constituição de 1934, art. 5º, XIX, "c", e art. 10, II; Constituição de 1937, art. 16, XXVII, e art. 18, "c" e "e"; Constituição de 1946, art. 5º, XV, "b" e art. 6º; Constituição de 1967, art. 8º, XIV e XVII, "c", e art. 8º, §2º, depois transformado em parágrafo único pela Emenda Constitucional nº 01/1969), quanto das normas sobre a proteção à saúde do trabalhador e das disposições versando sobre a garantia de assistência social (Constituição de 1934, art. 121, §1º, "h", e art. 138; Constituição de 1937, art. 127 e art. 137, item 1; Constituição de 1946, art. 157, XIV; Constituição de 1967, art. 165, IX e XV).[43]

A importância da construção histórica do direito à saúde e de sua contribuição efetiva na interpretação de tal direito como uma conquista civilizatória são apontadas por Sueli Gandolfi Dallari e Vidal Serrano Nunes Júnior, nos seguintes termos:

> Sem dúvida, o direito à saúde é o produto de uma evolução histórica, de conquistas civilizatórias, o que permite a qualquer um que se dedique à análise do tema identificar seu processo de gestação. Com efeito, depois de perpassar as preocupações dos revolucionários franceses, de encíclicas papais e mesmo de algumas Constituições, o direito à saúde acabou por ser objeto de um pacto, a Constituição da Organização Mundial da Saúde, em que foi sedimentada a noção da saúde como um direito humano universal, passo fundamental para que progressivamente fosse grassando constitucionalização em boa parte dos países do mundo. Mesmo no Brasil, o movimento foi lento: [...] de tal modo que a fundamentalidade explícita só adveio com a atual Constituição, que [...] grafou, de forma expressa, quer o caráter fundamental do direito à saúde, quer os contornos essenciais deste. A historicidade

---

[43] FIGUEIREDO, Mariana Filchtiner; SARLET, Ingo Wolfgang Sarlet. *Algumas considerações sobre o direito fundamental à proteção e promoção da saúde aos 20 anos da Constituição Federal de 1988*. [s.l.]: [s.n.], [s.d.]. Disponível em: https://www.stf.jus.br/arquivo/cms/processoAudienciaPublicaSaude/anexo/O_direito_a_saude_nos_20_anos_da_CF_coletanea_TAnia_10_04_09.pdf. Acesso em: 3 abr. 2021.

constitui um importante vetor interpretativo, possibilitando muitas vezes a análise do instituto jurídico a partir de sua gênese, o que não raro contribui, de forma decisiva, para que se desvende o verdadeiro sentido e alcance da norma jurídica analisada.[44]

Em suma, o direito à saúde, somente em 1988 adquire o *status* de bem primário inegociável, estabelecendo-se como um dos pilares de sustentação da lógica de primazia da justiça que, segundo John Rawls, deve permear todas as instituições sociais.[45] Com a fundamentalidade do direito à saúde normativamente reconhecida, resta lutar pela sua contínua e progressiva efetividade, além da valorização do Sistema Único de Saúde (SUS) como uma conquista da cidadania brasileira, que possibilita a universalidade de acesso à saúde e que, em períodos tormentosos como o da pandemia de Covid-19, mostrou sua imprescindibilidade.

Referências

ANDRADE, Paes de; BONAVIDES, Paulo. *História constitucional do Brasil*. Rio de Janeiro: Paz e Terra, 1991.

BALEEIRO, Aliomar. *Constituições brasileiras*: 1891. Brasília: Senado Federal, 2012.

BALEEIRO, Aliomar; BRITTO, Luiz Augusto Fraga Navarro de; CAVALCANTI, Themístocles Brandão. *Constituições brasileiras*: 1967. Brasília: Senado Federal, 2012.

BALEEIRO, Aliomar; LIMA SOBRINHO, Barbosa. *Constituições brasileiras*: 1946. Brasília: Senado Federal, 2012.

BRASIL. Câmara Legislativa. *Decreto nº 19.402, de 14 de novembro de 1930*. Disponível em: https://www2.camara.leg.br/legin/fed/decret/1930-1939/decreto-19402-14-novembro-1930-515729-publicacaooriginal-1-pe.html. Acesso em: 25 jan. 2023.

BRASIL. Câmara Legislativa. *Lei nº 378, de 13 de janeiro de 1937*. Disponível em: https://www2.camara.leg.br/legin/fed/lei/1930-1939/lei-378-13-janeiro-1937-398059-publicacaooriginal-1-pl.html. Acesso em: 25 jan. 2023.

BRASIL. *Lei 1920, de 25 de julho de 1953*. Disponível em: http://www.planalto.gov.br/ccivil_03/leis/1950-1969/L1920.html. Acesso em: 25 jan. 2023.

BRASIL. Ministério da Saúde. *8ª Conferencia Nacional de Saúde*. Disponível em: https://bvsms.saude.gov.br/bvs/publicacoes/8_conferencia_nacional_saude_relatorio_final.pdf. Acesso em: 25 jan. 2023.

COMPARINI, Julio de Souza. John Rawls e o direito à renda mínima. *Cadernos da Defensoria Pública do Estado de São Paulo*, São Paulo, n. 4, p. 17-25, jun. 2017.

DALLARI, Sueli Gandolfi; NUNES JÚNIOR, Vidal Serrano. *Direito sanitário*. São Paulo: Verbatim, 2010.

FALEIROS, Vicente de Paula; SILVA, Jacinta de Fátima Senna da; VASCONCELLOS, Luiz Carlos Fadel de; SILVEIRA, Rosa Maria Godoy. *A construção do SUS* – Histórias da reforma sanitária e do processo participativo. [s.l.]: [s.n.], 2006. Disponível em: https://bvsms.saude.gov.br/bvs/publicacoes/construcao_do_SUS_2006.pdf. Acesso em: 7 ago. 2021.

FIGUEIREDO, Mariana Filchtiner; SARLET, Ingo Wolfgang Sarlet. *Algumas considerações sobre o direito fundamental à proteção e promoção da saúde aos 20 anos da Constituição Federal de 1988*. [s.l.]: [s.n.], [s.d.]. Disponível em: https://www.stf.jus.br/arquivo/cms/processoAudienciaPublicaSaude/anexo/O_direito_a_saude_nos_20_anos_da_CF_coletanea_TAnia_10_04_09.pdf. Acesso em: 3 abr. 2021.

GARCIA, Lara Rocha; NUNES, Silvio Gabriel Serrano; SOUZA, Luiz Roberto Carboni; TOMELIN, Georghio Alessandro. A Lei Geral de Proteção de Dados e o Direito à Saúde na Pandemia. *Cadernos do ILP: Ensino – Pesquisa – Extensão Cultural*, São Paulo, v. 2, p. 72-74, 2021. Disponível em: https://www.al.sp.gov.br/repositorio/bibliotecaDigital/24668_arquivo.pdf. Acesso em: 3 dez. 2022.

---

[44] DALLARI, Sueli Gandolfi; NUNES JÚNIOR, Vidal Serrano. *Direito sanitário*. São Paulo: Verbatim, 2010. p. 67-68.

[45] COMPARINI, Julio de Souza. John Rawls e o direito à renda mínima. *Cadernos da Defensoria Pública do Estado de São Paulo*, São Paulo, n. 4, p. 17-25, jun. 2017.

GRAU, Eros Roberto. *A ordem econômica na Constituição de 1988*. São Paulo: Malheiros, 2015.

GROTTI, Dinorá Adelaide Musetti. Origem e evolução do município no Brasil. *In*: NASCIMENTO, Carlos Valder do; DI PIETRO, Maria Sylvia Zanella; MENDES, Gilmar Ferreira (Coord.). *Tratado de direito municipal*. Belo Horizonte: Fórum, 2018.

HAMILTON, Wanda; FONSECA, Cristina. Política, atores e interesses no processo de mudança institucional: a criação do Ministério da Saúde em 1953. *História, Ciências, Saúde, Manguinhos*, v. 10, n. 3, p. 791-825, set./ dez. 2003.

HOCHMAN, Gilberto. Reformas, instituições e políticas de saúde no Brasil (1930-1945). *Educar*, Curitiba, n. 25, p. 127-151, 2005.

KUCHARSKI, Karina Wahhab; BATTISTI, Iara Denise Endruweit; FERNANDES, Denise Medianeira Mariotti; ANASTÁCIO, Zélia Ferreira Caçador. Políticas públicas de saúde no Brasil: uma trajetória do Império à criação do SUS. *Revista Contexto & Educação*, v. 37, n. 117, p. 38-49, 2022. DOI: 10.21527/2179-1309.2022.117.12871. Disponível em: https://www.revistas.unijui.edu.br/index.php/contextoeducacao/article/view/12871. Acesso em: 15 fev. 2023.

LEITE, Carlos Alexandre Amorim. *Direito fundamental à saúde*: efetividade, reserva do possível e o mínimo existencial. Curitiba: Juruá, 2014.

NOGUEIRA, Octaciano. *Constituições brasileiras*: 1824. Brasília: Senado Federal, 2012.

NUNES, Silvio Gabriel Serrano. 30 Anos da Constituição da República Federativa do Brasil de 1988 e 40 Anos da Constituição Espanhola de 1978: Documentos Constitucionais de Transições Democráticas Pactuadas. *In*: ALCÁNTARA, Manuel; GARCÍA MONTERO, Mercedes; SÁNCHEZ LÓPEZ, Francisco (Coord.). *56º Congreso Internacional de Americanistas*, Salamanca, v. 11, p. 329-339, 2018.

NUNES, Silvio Gabriel Serrano. As Constituições do Brasil República (1891, 1934, 1937, 1946, 1967/1969 e 1988). *Cadernos do ILP: Ensino – Pesquisa – Extensão Cultural*, São Paulo, v. 2, p. 118-121, 2021.

NUNES, Silvio Gabriel Serrano. *As origens do constitucionalismo calvinista e o direito de resistência: a legalidade bíblica do profeta em John Knox e o contratualismo secular do jurista em Théodore de Bèze*. 2017. Tese (Doutorado em Filosofia) – Faculdade de Filosofia, Letras e Ciências Humanas, Universidade de São Paulo, São Paulo, 2017. DOI: 10.11606/T.8.2017.tde-12062017-105723.

NUNES, Silvio Gabriel Serrano. Constitucionalismo. *In*: CUNHA FILHO, Alexandre Jorge Carneiro da; ISSA, Rafael Hamze; SCHWIND, Rafael Wallbach Schwind (Org.). *Lei de Introdução às Normas do Direito Brasileiro –* Anotada: Decreto-Lei nº 4.657, de 04 de setembro de 1942. 1. ed. São Paulo: Quartier Latin, 2019. v. 1.

NUNES, Silvio Gabriel Serrano; COMPARINI, Julio de Souza. O direito à saúde na história das Constituições do Brasil. *In*: NIELSEN JÚNIOR, Diogenes (Org.). *Constituição e ordem social*: saúde, educação e meio ambiente. 1. ed. Londrina: Thoth, 2021. v. 1.

NUNES, Silvio Gabriel Serrano; COMPARINI, Julio de Souza. O direito constitucional à saúde: a ponderação entre o mínimo existencial e a reserva do possível. *In*: NIELSEN JÚNIOR, Diógenes (Org.). *Princípios constitucionais*: diretrizes e aplicabilidade no direito. 1. ed. Londrina: Toth, 2022. v. 1.

NUNES, Silvio Gabriel Serrano; FERREIRA, Caio Rioei Yamaguchi. A evolução histórica das políticas públicas de saneamento básico no Brasil e a Lei nº 14.026/2020. *In*: CUNHA FILHO, Alexandre Jorge Carneiro da; ARRUDA, Carmen Silvia Lima de; LIMA, Guilherme Corona Rodrigues; BERTOCCELLI, Rodrigo de Pinho (Org.). *Novo Marco Regulatório do Saneamento Básico*: estudos sobre a nova Lei nº 14.026/2020. 1. ed. São Paulo: Quartier Latin, 2021. v. 1.

NUNES, Silvio Gabriel Serrano; SERRANO, Antonio Carlos Alves Pinto. O município na história das constituições do Brasil de 1824 a 1988. *Cadernos Jurídicos – Escola Paulista da Magistratura*, São Paulo, v. 18, n. 52, p. 153-168, 2019.

NUNES, Silvio Gabriel Serrano; SERRANO, Antonio Carlos Alves Pinto. A intervenção do Estado na ordem econômica na história das constituições do Brasil (1824-1988) e a Declaração de Direitos de Liberdade Econômica. *In*: CUNHA FILHO, Alexandre Jorge Carneiro da; PICCELLI, Roberto Ricomini; MACIEL, Renata Mota (Org.). *Lei de Liberdade Econômica –* Anotada. 1. ed. São Paulo: Quartier Latin, 2020. v. 1.

NUNES, Silvio Gabriel Serrano; SERRANO, Antonio Carlos Alves Pinto. Ação Direta de Inconstitucionalidade 3.454/DF, em face do inciso XIII do artigo 15 da Lei 8.080/1990 (Lei Orgânica do Sistema Único de Saúde – SUS): o limite das requisições administrativas entre os entes federados. *Revista dos Tribunais*, São Paulo, v. 1045, p. 347-354, 2022.

PAIM, Jairnilson Silva. *O que é o SUS*. Rio de Janeiro: Fiocruz, 2009.

PALMA, Rodrigo Freitas. *História do direito*. São Paulo: Saraiva, 2017.

PIBER, Ronaldo Souza; NUNES, Silvio Gabriel Serrano. Medicina baseada em evidências e pandemia: reflexões acerca da autonomia médica e o ato médico. *Cadernos do ILP: Ensino – Pesquisa – Extensão Cultural*, São Paulo, v. 3, p. 76-80, 2022.

POLETTI, Ronaldo. *Constituições brasileiras*: 1934. Brasília: Senado Federal, 2012.

PORTO, Walter Costa. *Constituições brasileiras*: 1937. Brasília: Senado Federal, 2012.

ROCHA, Claudine Rodembusch; STURZA, Janaína Machado. *A história do constitucionalismo brasileiro sob a ótica do direito à saúde*: frustrações e conquistas constitucionais. Disponível em: http://www.publicadireito. com.br/artigos/?cod=67e103b0761e6068. Acesso em: 3 abr. 2021.

ROCHA, Silvio Luis Ferreira da; NUNES, Silvio Gabriel Serrano. Aspectos históricos da normatização jurídica das licitações e dos contratos administrativos. *In*: ALMEIDA, Fernando Dias Menezes de; TOMELIN, Georghio Alessandro; NUNES, Silvio Gabriel Serrano; COMPARINI, Julio de Souza Comparini (Org.). *Contratos, controle e procedimentos*: ensaios sobre a lei de licitações e contratos administrativos (lei 14.133/21). 1. ed. Rio de Janeiro: Lumen Juris, 2022. v. 1.

ROCHA, Simone. Educação eugênica na constituição brasileira de 1934. *X ANPED Sul*, Florianópolis, out. 2014. Disponível em: http://xanpedsul.faed.udesc.br/arq_pdf/1305-1.pdf. Acesso em: 3 abr. 2021.

SCLIAR, Moacyr. História do conceito de saúde. *Physis: Revista de Saúde Coletiva*, Rio de Janeiro, v. 17, 1, p. 29-41, 2007.

SERRANO, Mônica de Almeida Magalhães. *O sentido e o alcance do conceito de integralidade como diretriz constitucional do Sistema Único de Saúde*. Dissertação (Mestrado em Direito) – Pontifícia Universidade Católica de São Paulo, São Paulo, 2009.

SERRANO, Mônica de Almeida. *O Sistema Único de Saúde e suas diretrizes constitucionais*. 2. ed. São Paulo: Verbatim, 2012.

SILVA FILHO, João Antonio da. *A era do direito positivo*: reflexões sobre política, Estado, sociedade e direito. 2. ed. São Paulo: Contracorrente, 2019. v. 1.

SILVA FILHO, João Antonio da. *Tribunais de contas, Estado democrático de direito e os desafios do controle externo*. 1. ed. São Paulo: Contracorrente, 2019. v. 1.

SURYAN, Jaqueline. *O direito constitucional à saúde e o sistema de saúde complementar*. Dissertação (Mestrado em Direito) – Pontifícia Universidade Católica de São Paulo, São Paulo, 2014.

TÁCITO, Caio. *Constituições brasileiras*: 1988. Brasília: Senado Federal, 2012.

TAMANO, Luana Tieko Omena. O Movimento Sanitarista no Brasil: a visão da doença como mal nacional e a saúde como redentora. *Khronos – Revista de História da Ciência*, n. 4, 2017. Disponível em: https://www. revistas.usp.br/khronos/article/download/131909/133454/266980. Acesso em: 3 abr. 2021.

TOMELIN, Georghio Alessandro. *O Estado jurislador*. 1. ed. Belo Horizonte: Fórum, 2018.

TOMELIN, Georghio Alessandro; UEMA, Jean Keiji; NUNES, Silvio Gabriel Serrano. Preceitos fundamentais do SUS e o Poder Judiciário: um estudo da jurisprudência do STF. *In*: SANTANA; Fabio Paulo Reis de; PSANQUEVICH; Paulo Kron; BRUZZESE; Camila Perissini (Org.). *O SUS e a judicialização da saúde*: dos procedimentos clínicos à estrutura jurídica. 1. ed. Rio de Janeiro: CEEJ, 2022. v. 2.

Informação bibliográfica deste texto, conforme a NBR 6023:2018 da Associação Brasileira de Normas Técnicas (ABNT):

NUNES, Silvio Gabriel Serrano; SILVA FILHO, João Antonio da. O direito à saúde nas Constituições do Brasil e o Sistema Único de Saúde (SUS). *In*: RIBEIRO, Paulo Dias de Moura; TOMELIN, Georghio Alessandro; KIM, Richard Pae (Coord.). *Direito humano e fundamental à saúde*: estudos em homenagem ao ministro Enrique Ricardo Lewandowski. Belo Horizonte: Fórum, 2023. p.421-435. ISBN 978-65-5518-606-2.

PARTE IV

VOTOS HISTÓRICOS
DO MINISTRO RICARDO LEWANDOWSKI

AÇÃO DIRETA DE INCONSTITUCIONALIDADE 1.969
DISTRITO FEDERAL

RELATOR: MIN. RICARDO LEWANDOWSKI
REQTE.(S): PARTIDO DOS TRABALHADORES - PT
ADV.(A/S): ALBERTO MOREIRA RODRIGUES E OUTROS
REQTE.(S): CONFEDERAÇÃO NACIONAL DOS TRABALHADORES NA AGRICULTURA - CONTAG
ADV.(A/S): MARIA JOSÉ SOUZA SOARES E OUTROS
REQTE.(S): CONFEDERAÇÃO NACIONAL DOS TRABALHADORES EM EDUCAÇÃO - CNTE
REQTE.(S): CENTRAL ÚNICA DOS TRABALHADORES-CUT
ADV.(A/S): ALBERTO MOREIRA RODRIGUES E OUTRO
INTDO.(A/S): GOVERNADOR DO DISTRITO FEDERAL

EMENTA: AÇÃO DIRETA DE INCONSTITUCIONALIDADE. DECRETO 20.098/99, DO DISTRITO FEDERAL. LIBERDADE DE REUNIÃO E DE MANIFESTAÇÃO PÚBLICA. LIMITAÇÕES. OFENSA AO ART. 5º, XVI, DA CONSTITUIÇÃO FEDERAL.
I. A liberdade de reunião e de associação para fins lícitos constitui uma das mais importantes conquistas da civilização, enquanto fundamento das modernas democracias políticas.
II. A restrição ao direito de reunião estabelecida pelo Decreto distrital 20.098/99, a toda evidência, mostra-se inadequada, desnecessária e desproporcional quando confrontada com a vontade da Constituição (*Wille zur Verfassung*).
III. Ação direta julgada procedente para declarar a inconstitucionalidade do Decreto distrital 20.098/99.

RELATÓRIO

O Senhor Ministro *Ricardo Lewandowski* (Relator): Trata-se de ação direta, com pedido de medida cautelar, ajuizada pelo Partido dos Trabalhadores – PT, Confederação Nacional dos Trabalhadores na Agricultura – CONTAG, Confederação Nacional dos Trabalhadores em Educação – CNTE e a Central Única dos Trabalhadores – CUT, objetivando a declaração de inconstitucionalidade do Decreto distrital 20.089, de 15 de março de 1999 (fls. 15-16), que *"disciplina as manifestações públicas em locais que menciona"*.

Afirmam, na inicial, que, em 14 de janeiro de 1999, foi editado o Decreto distrital 20.007/99, que possui o seguinte teor (fl. 03):

"DECRETO Nº 20.007, DE 14 DE JANEIRO DE 1999.

Disciplina as manifestações públicas, em locais que menciona.

O GOVERNADOR DO DISTRITO FEDERAL, no uso de suas atribuições, que lhe confere o artigo 100, inciso VII, da Lei Orgânica do Distrito Federal, e

Considerando que o princípio constitucional que possibilita a livre reunião não autoriza a interferência da mesma no bom funcionamento dos órgãos públicos, advindo daí a necessidade de disciplinar o uso e manter a segurança em áreas e prédios públicos do Distrito Federal;

DECRETA:

Art. 1º - Fica vedada a realização de qualquer manifestação pública, exceto as de caráter cívico-militar, religioso e cultural, nos locais a seguir descritos:

I – Praça dos Três Poderes;

II – Esplanada dos Ministérios;

III – Praça do Buriti.

Art. 2º – Este decreto entra em vigor na data de sua publicação.

Art. 3º – Revogam-se as disposições em contrário."

Contra esse decreto, dizem, foi ajuizada a Ação Direta de Inconstitucionalidade 1.944, a qual teve como Relator o Ministro Celso de Mello.[1] Aduzem que, em 20 de janeiro de 1999, antes, portanto, da apreciação da referida ADI, o Governador do Distrito Federal editou novo decreto revogando o anterior, com o seguinte teor:

"DECRETO Nº 20.010, DE 20 DE JANEIRO DE 1999.

Disciplina as manifestações públicas, em locais que menciona.

O GOVERNADOR DO DISTRITO FEDERAL, no uso de suas atribuições, que lhe confere o artigo 100, inciso VII, da Lei Orgânica do Distrito Federal, e

Considerando que o disposto no art. 5º, XVI da Constituição Federal há que ser exercitado em conjunto com a legislação infraconstitucional;

Considerando, também, que a questão da livre reunião merece um disciplinamento, de molde a que esteja sempre presente o respeito mútuo, sem que seja agredido (sic) os postulados básicos da democracia;

Considerando, finalmente, que o Decreto nº 20.007, de 14 de janeiro de 1999, está a merecer uma revisão para que se possa adequá-la (sic) aos ditames dos supracitados considerandos;

DECRETA:

Art. 1º - Fica vedada, com a utilização de carros de som ou assemelhados, a realização de manifestações públicas, nos locais abaixo discriminados:

I – Praça dos Três Poderes;

II – Esplanada dos Ministérios;

III – Praça do Buriti.

Art. 2º – Este decreto entra em vigor na data de sua publicação.

Art. 3º – Revogam-se as disposições em contrário, e, em especial o Decreto nº 20.007, de 14 de janeiro de 1999."

---

[1] DJ 25/02/99.

Asseveram, mais, que o então Governador do Distrito Federal frustrou a decisão do Supremo Tribunal Federal ao revogar, em manobra casuística, o Decreto 20.007/99, por meio do segundo Decreto 20.010/99, tornando prejudicado o pedido da ADI 1.944.

Contra o segundo Decreto, foi ajuizada nova Ação Direta de Inconstitucionalidade, agora a de nº 1.947, distribuída ao Ministro MARCO AURÉLIO, que a submeteu à apreciação do Plenário, na sessão de 10 de março de 1999, transferida para a sessão de 17 de março de 1999.

Narram, ainda, que foi editado, em 15 de maio de 1999, um terceiro Decreto distrital, de nº 20.098, versando sobre a mesma matéria, que revogou o Decreto 20.010, prejudicando, pela segunda vez, a apreciação do tema na Ação Direta de Inconstitucionalidade 1.947, na qual se prolatou a decisão abaixo:

"AÇÃO DIRETA DE INCONSTITUCIONALIDADE - REVOGAÇÃO DO ATO NORMATIVO ATACADO - PERDA DE OBJETO.

1. Em verdadeiro círculo vicioso, a envolver a máquina judiciária, sobrecarregando-a desnecessariamente, tem-se a edição do terceiro decreto a versar sobre a disciplina de manifestações públicas. O primeiro, de nº 20.007, de 14 de janeiro de 1999, mereceu impugnação via Ação Direta de Inconstitucionalidade nº 1.944, que veio a perder o objeto. O segundo, o de nº 20.010, de 29 de janeiro de 1999, foi atacado mediante a Ação Direta de Inconstitucionalidade nº 1.947. A esta altura, veio à balha o Decreto nº 20.098, de 15 de março de 1999, revogando o imediatamente anterior e que também restou impugnado, no dia seguinte ao da publicação no Diário Oficial, mediante o ajuizamento de ação pelo Partido dos Trabalhadores, pela Confederação Nacional dos Trabalhadores na Agricultura (CONTAG), pela Confederação Nacional dos Trabalhadores em Educação (CNT) e pela Central Única dos Trabalhadores (CUT).

2. Constata-se a revogação do Decreto primitivo, vindo a nova regência a especificar, em substituição ao vocábulo 'assemelhados', os instrumentos proibidos por ocasião das manifestações públicas.

3. Diante do quadro, tenho por prejudicada esta ação direta de inconstitucionalidade.

4. Publique-se."

O Decreto 20.098, ora impugnado, possui o teor abaixo:

"DECRETO Nº 20.098, DE 15 DE MARÇO DE 1999.

Disciplina as manifestações públicas, em locais que menciona.

O GOVERNADOR DO DISTRITO FEDERAL, no uso de suas atribuições, que lhe confere o artigo 100, inciso VII, da Lei Orgânica do Distrito Federal, e

Considerando que o disposto no art. 5º, XVI da Constituição Federal há que ser exercitado em conjunto com a legislação infraconstitucional;

Considerando, também, que a questão da livre reunião merece um disciplinamento, de molde a que esteja sempre presente o respeito mútuo, sem que seja agredido (sic) os postulados básicos da democracia;

Considerando, finalmente, que a utilização de carros, aparelhos e objetos sonoros nas manifestações tende a causar incômodos à população em geral, em especial àqueles que se encontram exercendo atividade laboral;

DECRETA:

Art. 1º - Fica vedada a realização de manifestações públicas, com a utilização de carros, aparelhos e objetos sonoros na Praça dos Três poderes, Esplanada dos Ministérios e Praça do buriti e vias adjacentes.

Art. 2º – Este decreto entra em vigor na data de sua publicação.

Art. 3º – Revogam-se as disposições em contrário."

Sustentam os autores, preliminarmente, com base em precedente desta Corte,[2] que esse Decreto, por ser autônomo, está sujeito ao controle concentrado de constitucionalidade. Alegam, a seguir, que o referido diploma, a pretexto de regulamentar o direito de reunião, viola o art. 5º, XVI, da Constituição Federal.

Por fim, requerem a concessão de medida liminar para suspender a vigência do mencionado Decreto distrital.

Em 24 de março de 1999, o Plenário do Tribunal, por votação unânime, deferiu o pedido de medida cautelar para suspender a execução e a aplicabilidade do Decreto distrital 20.098, de 15 de março de 1999, até decisão final da ação direta (fl. 20), em acórdão assim ementado:

> "AÇÃO DIRETA DE INCONSTITUCIONALIDADE – OBJETO – DECRETO. Possuindo o decreto característica de ato autônomo abstrato, adequado é o ataque da medida na via da ação direta de inconstitucionalidade. Isso ocorre relativamente a ato do poder executivo que, a pretexto de compatibilizar a liberdade de reunião e de expressão com o direito ao trabalho em ambiente de tranquilidade, acaba por emprestar a carta regulamentação imprópria, sob os ângulos formal e material.
>
> LIBERDADE DE REUNIÃO E DE MANIFESTAÇÃO PÚBLICA – LIMITAÇÕES. De início, surge com relevância ímpar pedido de suspensão de decreto mediante o qual foram impostas limitações à liberdade de reunião e de manifestação pública, proibindo-se a utilização de carros de som e de equipamentos de veiculação de idéias" (fls.113-114).

O Advogado-Geral da União, Álvaro Augusto Ribeiro Costa, em sua manifestação, ressaltou o quanto segue:

> "O decreto executivo impugnado estabelece restrições aos direitos fundamentais quanto à localização da reunião e à forma dos reunidos se manifestarem. Ambas restrições só seriam plausíveis se tivessem sido postas para tutelar bem jurídico de igual relevância. Entretanto, percebe-se que reuniões realizadas na Praça dos Três Poderes, na Esplanada dos Ministérios, na Praça dos Buritis e nas vias adjacentes, mesmo que sonorizadas, não afetam direitos fundamentais de outrem" (fls. 120-125).

O Procurador-Geral da República, Cláudio Fonteles, por sua vez, opinando pela procedência da ação, aduziu o seguinte:

> "Por certo, a norma que veda o uso de carros, aparelhos e objetos sonoros em manifestações populares nos locais mencionados não pode ser considerada restrição razoável ao direito de reunião, pois reduz o exercício desse direito a ponto de efetivamente frustrar seu propósito".

Este é o relatório, do qual serão expedidas cópias aos Excelentíssimos Senhores Ministros.

---

[2] ADI 1.088/PI.

VOTO

O Sr. Ministro *RICARDO LEWANDOWSKI* (Relator): Preliminarmente, verifico que o primeiro autor, Partido dos Trabalhadores (PT), constitui agremiação política com representação no Congresso Nacional, o segundo e terceiro requerentes, Confederação Nacional dos Trabalhadores na Agricultura (CONTAG) e Confederação Nacional dos Trabalhadores em Educação (CNTE), configuram entidades sindicais de grau superior, possuindo todos legitimidade ativa *ad causam* para a propositura da ação direta.

Já a quarta requerente, a Central Única dos Trabalhadores (CUT), carece de legitimação ativa para o ajuizamento da presente ação, conforme entendimento desta Corte na ADI 1.442, Rel. Min. Celso de Mello. No mesmo sentido: ADI 271-MC, Rel. Min. Moreira Alves.

Em seguida, constato que o Decreto 20.098/99, objeto da presente ação, possui natureza autônoma, estando, portanto, sujeito ao controle concentrado de constitucionalidade, conforme precedentes deste Tribunal (veja-se, por exemplo, Acórdão de 24/03/1999, fls. 113-114).

O Decreto distrital impugnado foi editado a pretexto de regulamentar o inciso XVI do art. 5º da Constituição de 1988, que apresenta o seguinte teor:

> *"Todos podem reunir-se pacificamente, sem armas, em locais abertos ao público, independentemente de autorização, desde que não frustrem outra reunião anteriormente convocada para o mesmo local, sendo apenas exigido prévio aviso à autoridade competente".*

Ocorre que o mencionado Decreto, como se viu, veda a realização de manifestações públicas com a utilização de carros, aparelhos e objetos sonoros na Praça dos Três Poderes, Esplanada dos Ministérios, Praça do Buriti, bem assim nas vias adjacentes.

Ora, como se sabe, a liberdade de reunião e de associação para fins lícitos constitui uma das mais importantes conquistas da civilização, enquanto fundamento das modernas democracias políticas, encontrando expressão, no plano jurídico, a partir do século XVIII, no bojo das nas lutas empreendidas pela humanidade contra o absolutismo monárquico.

Recaséns Siches, estudando o tema, ressalta que essas liberdades, de caráter instrumental, possuem um duplo alcance: de um lado, asseguram a expressão de uma das mais importantes liberdades individuais; de outro, garantem espontaneidade à atuação dos distintos grupos sociais.[3] Não é por outra razão que Jean Rivero classifica a liberdade de reunião como uma das mais elementares de todas as liberdades coletivas.[4]

A liberdade de reunião, segundo a tradição, foi contemplada pela primeira vez no direito positivo na *Declaração de Direitos*, de 1776, do recém-criado Estado da Pensilvânia, que, na esteira do movimento de independência das treze colônias britânicas da América do Norte, assegurava ao povo, em seu art. 16, *"o direito de se reunir, de deliberar o bem comum, de dar instruções a seus representantes e de solicitar à legislatura, por meio de mensagens, de petições ou de representações, a emenda dos erros que considere por ela praticados".*[5]

---

[3] SICHES, Luis Recaséns. *Tratado General de Filosofia Del Derecho*. México: Editorial Porrua, 1978. p. 581.

[4] Jean Rivero. *Les Libertés Publiques*. Paris: Presses Universitaires de France, 1977. p. 356.

[5] "That the people have a right to assemble together, to consult for their common good, to instruct their representatives, and to apply to the legislature for redress of grievances, by address, petition, or remonstrance".

A incorporação dessa importante liberdade pública ao direito constitucional deu-se, logo em seguida, na Constituição Francesa de 1791, a qual, em seu Título 1º, §2º, consignou que: *"A Constituição garante, como direitos naturais e civis (...) a liberdade aos cidadãos de se reunirem pacificamente e sem armas, atendidas as leis de polícia"*.[6]

Desde então, a proteção dessa liberdade fundamental passou a constar de praticamente todos os textos constitucionais dos Estados Modernos, bem como das declarações e pactos internacionais de proteção dos direitos humanos.

Como documento pioneiro no plano internacional tem-se a *Declaração Universal dos Direitos do Homem*, de 1948, subscrita sob a égide da Organização das Nações Unidas, que estabelece, em seu art. 20, o seguinte: *"Todo homem tem direito à liberdade de reunião e associação pacíficas"*.

Inspirado nesse diploma, o art. 21 do *Pacto Internacional dos Direitos Civis e Políticos*, adotado pela Assembleia Geral das Nações Unidas em 1966, e ratificado pelo Brasil em 12 de dezembro de 1991,[7] é ainda mais explícito:

> *"O direito de reunião pacífica será reconhecido. O exercício desse direito estará sujeito apenas às restrições previstas em lei e que se façam necessárias, em uma sociedade democrática, no interesse da segurança nacional, da segurança ou da ordem pública, ou para proteger a saúde ou a moral pública ou os direitos e as liberdades das demais pessoas"*.[8]

Konrad Hesse, a propósito, observa que o direito dos cidadãos de se reunirem pacificamente e sem armas encontra-se intimamente ligado à liberdade de expressão, registrando que a *"formação de opinião ou formação preliminar de vontade política, pressupõe uma comunicação que se consuma, em parte essencial, em reuniões"*.[9]

O Ministro Marco Aurélio, nessa mesma linha, para fundamentar a concessão da medida liminar no presente caso, assentou que *"o direito de reunião previsto no inciso XVI está associado umbilicalmente a outro da maior importância em sociedades que se digam democráticas: o ligado à manifestação de pensamento"* (fl. 83).

No Brasil, a liberdade de reunião sempre foi contemplada pelas Constituições republicanas, entrevista como liberdade pública de caráter fundamental, encontrando lugar no capítulo relativo aos direitos e garantias individuais.[10]

A Constituição de 1891, vale lembrar, em seu art. 72, §8º, dispunha que: *"A todos é lícito associarem-se e reunirem-se livremente e sem armas; não podendo intervir a polícia*

---

6 "La Constitution garantit, comme droits naturels e civils (...) la liberté aux citoyens de s'assembler paisiblement et sans armes, en satisfaisant aux lois de police".

7 O Congresso Brasileiro aprovou o pacto por meio do Decreto-Legislativo 226, de 12/12/1991, depositando a *Carta de Adesão* na Secretaria-Geral da ONU em 24/01/1992, tendo entrado em vigor em 24/04/1992.

8 "Le droit de réunion pacifique est reconnu. L'exercice de ce droit ne Peut faire l'objet que des seules restrictions imposées conformément à la loi et qui sont nécessaires dans une société démocratique, dans l'intérêt de la sécurité nationale, de la sûreté publique, de l'ordre ou pour proteger la santé ou la moratité publiques, ou les droits et les libertes d'autrui."

9 HESSE, Konrad. Elementos de Direito Constitucional da República Federal da Alemanha. Porto Alegre: Fabris, 1998. p. 313.

10 A Constituição do Império assegurava, em seu art. 179, §4º, o direito de comunicar os pensamentos por palavras, escritos, e publicá-los, mas não mencionou expressamente a liberdade de reunião.

senão para manter a ordem pública". Esse texto, com algumas alterações, foi repetido nas Constituições de 1934,[11] 1937,[12] 1946[13] e 1967.[14]

A chamada *Constituição cidadã*, promulgada em 1988, na senda aberta pelas cartas anteriores, ao mesmo tempo em que garantiu a liberdade de reunião, no art. 5º, XVI, estabeleceu, no próprio texto magno, de forma parcimoniosa, os limites e condições para o seu exercício, quais sejam, *"reunir-se pacificamente"*, *"sem armas"*, *"que não frustrem outra reunião anteriormente convocada para o mesmo local"* e o *"prévio aviso à autoridade competente"*.

Não se ignora, é verdade, que liberdade de reunião não é um direito absoluto. Nenhum direito, aliás, o é. Até mesmo os direitos havidos como fundamentais encontram limites explícitos e implícitos no texto das constituições.

Canotilho, nesse sentido, ensina que a compreensão da problemática das restrições de direitos e garantias fundamentais exige uma *"sistemática de limites"*, classificando-os de acordo com a seguinte tipologia: *a) restrições constitucionais diretas ou imediatas*, que são aquelas traçadas pelas próprias normas constitucionais; *b) restrições estabelecidas por lei mediante autorização expressa da constituição*; e *c) restrições não expressamente autorizadas pela constituição*, que decorrem da resolução de conflitos entre direitos contrapostos.[15]

No presente caso, o Decreto impugnado veda a *"realização de manifestações públicas com a utilização de carros, aparelhos e objetos sonoros"* na Praça dos Três Poderes, Esplanada dos Ministérios, Praça do Buriti e vias adjacentes.

Ora, certo que uma manifestação sonora nas imediações de um hospital afetaria a tranquilidade necessária a esse tipo de ambiente, podendo, até mesmo, causar prejuízos irreparáveis aos pacientes. Ter-se-ia, nesse caso, uma hipótese de colisão entre direitos fundamentais, na qual o direito dos pacientes à recuperação da saúde certamente prevaleceria sobre o direito de reunião com tais características. Numa situação como essa, a restrição ao uso de carros, aparelhos e objetos sonoros mostrar-se-ia perfeitamente razoável.

O Ministro Nelson Jobim, perfilhando o mesmo entendimento, registrou, em voto proferido no julgamento da cautelar o quanto segue:

> *"(...) não vejo nenhum problema em se realizar uma reunião pública, imensa, perante o Hospital de Base, mas, silenciosa. Isso não teria nenhum problema. Agora, seria absolutamente contrário à possibilidade desta reunião ser sonora, porque, aí, é um direito que deve ser assegurado, o direito dos internados(...)"* (fl. 98).

---

[11] Constituição de 1934, art. 113, §11: "A todos é lícito se reunirem sem armas, não podendo intervir a autoridade senão para assegurar ou restabelecer a ordem pública. Com este fim, poderá designar o local onde a reunião deve se realizar, contanto que isso não impossibilite ou frustre".

[12] Constituição de 1937, art. 122, §10: "Todos têm direito de reunir-se pacificamente e sem armas. As reuniões a céu aberto podem ser submetidas à formalidade de declaração, podendo ser interditadas em caso de perigo imediato para a segurança pública".

[13] Constituição de 1946, art. 141, §11: "Todos podem reunir-se, sem armas, não intervindo a polícia senão para assegurar a ordem pública. Com esse intuito, poderá a polícia designar o local para a reunião, contanto que, assim procedendo, não a frustre ou impossibilite".

[14] Constituição de 1967, art. 150, §27: "Todos podem reunir-se sem armas, não intervindo a autoridade senão para manter a ordem. A lei poderá determinar os casos em que será necessária a comunicação prévia à autoridade, bem como a designação, por esta, do local da reunião".

[15] CANOTILHO, J. J. Gomes. *Direito Constitucional e Teoria da Constituição*. 7. ed. Coimbra: Almedina, 2003. p. 1276.

A questão sob exame, no entanto, não guarda qualquer semelhança com tal hipótese. Na verdade, o Decreto distrital 20.098/99 simplesmente inviabiliza a liberdade de reunião e de manifestação, logo na Capital Federal, em especial na emblemática Praça dos Três Poderes, *"local aberto ao público"*,[16] que, na concepção do genial arquiteto que a esboçou, constitui verdadeiro símbolo de liberdade e cidadania do povo brasileiro.

Proibir a utilização *"de carros, aparelhos e objetos sonoros"*, nesse e em outros espaços públicos que o Decreto vergastado discrimina, inviabilizaria por completo a livre expressão do pensamento nas reuniões levadas a efeito nesses locais, porque as tornaria emudecidas, sem qualquer eficácia para os propósitos pretendidos.

Não por outra razão, é que o Ministro Sepúlveda Pertence, em seu pronunciamento inicial, asseverou:

> *"Daí a rombuda inconstitucionalidade – que não tenho cerimônia de proclamar de logo neste juízo liminar – de um decreto que na cidade moderna – e numa das cidades de maiores espaços urbanos do mundo – com vistas a uma praça projetada na esperança de que um dia o povo a enchesse, a reunião fosse permitida, desde, porém, que silenciosa"* (fls. 104-105).

Ademais, analisando-se a questão sob uma ótica pragmática, cumpre considerar que as reuniões devem ser, segundo a dicção constitucional, previamente comunicadas às autoridades competentes, que haverão de organizá-las de modo a não inviabilizar o fluxo de pessoas e veículos pelas vias públicas. Há que se ter em conta, por outro lado, que a utilização aparelhos de som nas reuniões, que são limitadas no tempo, certamente não causará prejuízo irreparável àqueles que estão nas imediações da manifestação.

Correta, pois, a manifestação do Advogado-Geral da União no sentido de que *"a utilização de aparelhos sonoros por um certo período de tempo, bem como a limitação parcial de acesso a determinadas vias, não ensejam restrições ao exercício de legítimos direitos públicos subjetivos"*.

Vale trazer à colação, ainda, precioso estudo do Ministro Celso de Mello, intitulado *O Direito Constitucional de Reunião*, em que afirma:

> *"a) O direito de reunião constitui faculdade constitucionalmente assegurada a todos os brasileiros e estrangeiros residentes no País; b) os agentes públicos não podem, sob pena de responsabilidade criminal, intervir, restringir, cercear ou dissolver reunião pacífica, sem armas, convocada para fim lícito; c) o Estado tem o dever de assegurar aos indivíduos o livre exercício do direito de reunião, protegendo-os, inclusive, contra aqueles que são contrários à assembléia; d) o exercício do direito de reunião independe e prescinde de licença da autoridade policial; e) a interferência do Estado nas reuniões legitimamente convocadas é excepcional, restringindo-se, em casos particularíssimos, à prévia comunicação do ato à autoridade ou à prévia comunicação designação, por ela, do local da assembléia; (...) h) o direito de reunião, permitindo o protesto, a crítica e a manifestação de idéias e pensamento, constitui instrumento de liberdade dentro do Estado Moderno."*[17]

Relacionando os princípios da razoabilidade e da proporcionalidade, o Ministro Gilmar Mendes, de seu turno, consigna que a legitimidade de eventual medida restritiva a direitos fundamentais *"há de ser aferida no contexto de uma relação meio-fim (Zweck-Mittel*

---

[16] Expressão conforme o art. 5º, XVI, da CF/88

[17] MELLO, Celso de. *O Direito Constitucional de Reunião*. RJTJSP, São Paulo: Lex Editora, 1978. p. 23.

Zusammenhang), devendo ser pronunciada a inconstitucionalidade que contenha limitações inadequadas, desnecessárias ou desproporcionais (não-razoáveis)".[18]

A restrição ao direito de reunião estabelecida pelo Decreto distrital 20.098/99, a toda a evidência, mostra-se inadequada, desnecessária e desproporcional quando confrontada com a vontade da Constituição *(Wille zur Verfassung)*, que é, no presente caso, a permitir que todos os cidadãos possam reunir-se pacificamente para fins lícitos, expressando as suas opiniões livremente.

Não vejo, portanto, à luz dos princípios da razoabilidade e da proporcionalidade, e em face do próprio texto da Carta Magna, como considerar hígida, do ponto de vista constitucional, a vedação a manifestações públicas que utilizem com a utilização de carros, aparelhos ou objetos sonoros na Praça dos Três Poderes, Esplanada dos Ministérios, Praça do Buriti e vias adjacentes.

Isso posto, pelo meu voto, julgo procedente a presente ação direta para declarar a inconstitucionalidade do Decreto distrital 20.098, de 15 de março de 1999.

---

[18] MENDES, Gilmar Ferreira. *Direitos Fundamentais e Controle de Constitucionalidade:* Estudos de Direito Constitucional. São Paulo: Celso Bastos, 1998. p. 39.

08/08/2022 – PLENÁRIO

AÇÃO DIRETA DE INCONSTITUCIONALIDADE 6.230
DISTRITO FEDERAL

RELATOR: MIN. RICARDO LEWANDOWSKI
REQTE.(S): PROCURADORA-GERAL DA REPÚBLICA
INTDO.(A/S): PRESIDENTE DA REPÚBLICA
PROC.(A/S)(ES): ADVOGADO-GERAL DA UNIÃO
INTDO.(A/S): CONGRESSO NACIONAL
PROC.(A/S)(ES): ADVOGADO-GERAL DA UNIÃO
AM. CURIAE: DEMOCRATAS - DEM NACIONAL
ADV.(A/S): FABRICIO JULIANO MENDES MEDEIROS
AM. CURIAE: PARTIDO LIBERAL - PL
ADV.(A/S): MARCELO LUIZ AVILA DE BESSA
AM. CURIAE: MOVIMENTO DEMOCRÁTICO BRASILEIRO - MDB
ADV.(A/S): RENATO OLIVEIRA RAMOS
AM. CURIAE: PARTIDO DEMOCRÁTICO TRABALHISTA - PDT
ADV.(A/S): IAN RODRIGUES DIAS
AM. CURIAE: PARTIDO SOCIALISTA BRASILEIRO – PSB NACIONAL
ADV.(A/S): RAFAEL DE ALENCAR ARARIPE CARNEIRO

EMENTA: AÇÃO DIRETA DE INCONSTITUCIONALIDADE. LEI 13.831/2019, QUE ALTERA A LEI 9.096/1995. OLIGARQUIZAÇÃO DOS PARTIDOS POLÍTICOS. IDEAL DEMOCRÁTICO. PRINCÍPIO REPUBLICANO. ART. 3º, §2º. AUTONOMIA ASSEGURADA ÀS AGREMIAÇÕES PARTIDÁRIAS PARA DEFINIR O PRAZO DE DURAÇÃO DOS MANDATOS DOS MEMBROS DOS SEUS ÓRGÃOS PERMANENTES OU PROVISÓRIOS. INTERPRETAÇÃO CONFORME A CONSTITUIÇÃO. ALTERNÂNCIA DO PODER. REALIZAÇÃO DE ELEIÇÕES PERIÓDICAS EM PRAZO RAZOÁVEL. ART. 3º, §3º. PRAZO DE VIGÊNCIA DOS ÓRGÃOS PROVISÓRIOS DOS PARTIDOS POLÍTICOS DE ATÉ 8 (OITO) ANOS. PROVISORIEDADE QUE NÃO SE CONFUNDE COM PERPETUIDADE. PROCEDÊNCIA QUANTO AO PONTO. ART. 55-D. ANISTIA. DEVOLUÇÕES, COBRANÇAS OU TRANSFERÊNCIAS AO TESOURO NACIONAL QUE TENHAM COMO CAUSA AS DOAÇÕES OU CONTRIBUIÇÕES FEITAS EM ANOS ANTERIORES POR SERVIDORES PÚBLICOS QUE EXERÇAM FUNÇÃO OU CARGO PÚBLICO DE LIVRE NOMEAÇÃO E EXONERAÇÃO, DESDE

QUE FILIADOS A PARTIDO POLÍTICO. IMPROCEDÊNCIA QUANTO AO PONTO. MODULAÇÃO DA DECISÃO. PRODUÇÃO DE EFEITOS EXCLUSIVAMENTE A PARTIR DE JANEIRO DE 2023, PRAZO POSTERIOR AO ENCERRAMENTO DO PRESENTE CICLO ELEITORAL, APÓS O QUAL O TRIBUNAL SUPERIOR ELEITORAL PODERÁ ANALISAR A COMPATIBILIDADE DOS ESTATUTOS COM O PRESENTE ACÓRDÃO.

I - O §2º do art. 3º da Lei dos Partidos Políticos garante às agremiações autonomia para definir o tempo de mandato dos membros dos órgãos partidários permanentes ou provisórios, estabelecendo norma de competência que pode ser lida, ao menos em tese, no sentido que estes mandatos tenham duração indefinida, sem restrições de nenhuma ordem.

II - O §3º dos art. 3º da Lei dos Partidos Políticos prevê que órgãos provisórios de partidos políticos possam perdurar por até 8 (oito) anos.

III - Vocação dos partidos políticos para a autocracia que não é particularidade da política brasileira contemporânea. Estudos clássicos de Robert Michels e Maurice Duverger que explicam essa paradoxal propensão.

IV - Da tensão entre interesses de eleitores, filiados e dirigentes partidários podem resultar abalos na representação política que afetam a qualidade da democracia e a própria sobrevivência do regime, que o Supremo Tribunal Federal, guardião da Constituição, tem o dever de tutelar.

V - Importância de reforçar as tendências democráticas dos partidos políticos, os quais são peças fundamentais para a construção de uma legítima e robusta democracia representativa, amplificando os movimentos políticos que engajam os cidadãos na política.

VI - Ideal democrático que se firma na temporalidade dos mandatos, na renovação. O voto direto, secreto, universal e periódico constitui cláusula pétrea da nossa República (art. 60, §4º, II, da Constituição).

VII - A periodicidade dos mandatos reforça e garante o princípio republicano, o qual configura "o núcleo essencial da Constituição", a lhe garantir certa identidade e estrutura, estando abrigado no art. 1º da Carta Magna.

VIII - Concessão de interpretação conforme à Constituição ao §2º do art. 3º da Lei 9.096/1995, na redação dada pela Lei 13.831/2019, para assentar que os partidos políticos podem, no exercício de sua autonomia constitucional, estabelecer a duração dos mandatos de seus dirigentes desde que compatível com o princípio republicano da alternância do poder concretizado por meio da realização de eleições periódicas em prazo razoável.

IX - Inconstitucionalidade do art. 3º, §3º, da Lei 9.096/1995, na redação dada pela Lei 13.831/2019, ao fixar o prazo de duração de até 8 (oito) anos das comissões provisórias. Período durante o qual podem ser realizadas distintas eleições (gerais e municipais), para todos os níveis federativos. O que é provisório não é eterno; o que é temporário, não pode ser permanente; o que é efêmero, não é duradouro.

X - Improcedência do pedido quanto ao art. 55-D da Lei 9.096/1995, na redação dada pela Lei 13.831/2019.

XI - Modulação para que a decisão, no trecho em que reconhece a inconstitucionalidade da norma, produza efeitos exclusivamente a partir de janeiro de 2023, prazo posterior ao encerramento do presente ciclo eleitoral, após o qual o

Tribunal Superior Eleitoral poderá analisar a compatibilidade dos estatutos com o presente acórdão.

ACÓRDÃO

Acordam os Ministros do Supremo Tribunal Federal, em sessão virtual do Plenário, na conformidade da ata de julgamentos, por unanimidade, i) reconhecer o prejuízo da presente ação direta de inconstitucionalidade quanto aos arts. 55-A, 55-B e 55-C da Lei 9.096/1995, na redação dada pela Lei 13.831/2019; ii) dar interpretação conforme à Constituição ao §2º do art. 3º da Lei 9.096/1995, na redação dada pela Lei 13.831/2019, para assentar que os partidos políticos podem, no exercício de sua autonomia constitucional, estabelecer a duração dos mandatos de seus dirigentes desde que compatível com o princípio republicano da alternância do poder concretizado por meio da realização de eleições periódicas em prazo razoável; iii) julgar procedente o pedido quanto ao §3º do art. 3º da Lei 9.096/1995, na redação dada pela Lei 13.831/2019; iv) julgar improcedente o pedido quanto ao art. 55-D da Lei 9.096/1995, na redação dada pela Lei 13.831/2019; e v) determinar que a decisão, no trecho em que reconhece a inconstitucionalidade da norma, produza efeitos exclusivamente a partir de janeiro de 2023, prazo após o qual o Tribunal Superior Eleitoral poderá analisar a compatibilidade dos estatutos com o presente acórdão, tudo nos termos do voto do Relator.

Brasília,

RICARDO LEWANDOWSKI – RELATOR

RELATÓRIO

O Senhor Ministro *Ricardo Lewandowski* (Relator): Trata-se de ação direta de inconstitucionalidade com pedido de medida cautelar ajuizada pela Procuradoria-Geral da República – PGR em face dos seguintes dispositivos da Lei 13.831/2019, que altera a Lei dos Partidos Políticos (Lei 9.096/1995):

"Art. 1º A Lei nº 9.096, de 19 de setembro de 1995 (Lei dos Partidos Políticos), passa a vigorar com as seguintes alterações:

> Art. 3º [...]
> §2º É assegurada aos partidos políticos autonomia para definir o prazo de duração dos mandatos dos membros dos seus órgãos partidários permanentes ou provisórios.
> §3º O prazo de vigência dos órgãos provisórios dos partidos políticos poderá ser de até 8 (oito) anos. [...]
> Art. 2º A Lei nº 9.096, de 19 de setembro de 1995 (Lei dos Partidos Políticos), passa a vigorar acrescida dos seguintes arts. 55-A, 55-B, 55-C e 55-D:
> Art. 55-A. Os partidos que não tenham observado a aplicação de recursos prevista no inciso V do caput do art. 44 desta Lei nos exercícios anteriores a 2019, e que tenham utilizado esses recursos no financiamento das candidaturas femininas até as eleições de 2018, não poderão ter suas contas rejeitadas ou sofrer qualquer outra penalidade.
> Art. 55-B. Os partidos que, nos termos da legislação anterior, ainda possuam saldo em conta bancária específica conforme o disposto no §5º-A do art. 44 desta Lei poderão utilizá-lo na criação e na manutenção de programas de promoção e difusão da participação política das mulheres até o exercício de 2020, como forma de compensação.

Art. 55-C. A não observância do disposto no inciso V do caput do art. 44 desta Lei até o exercício de 2018 não ensejará a desaprovação das contas.

Art. 55-D. Ficam anistiadas as devoluções, as cobranças ou as transferências ao Tesouro Nacional que tenham como causa as doações ou contribuições feitas em anos anteriores por servidores públicos que exerçam função ou cargo público de livre nomeação e exoneração, desde que filiados a partido político (dispositivo inicialmente vetado pelo Presidente, mas com veto derrubado pelo Congresso Nacional)

[...]".

A autora alega, em suma, violação dos arts. 1º, 2º, 3º, 5º, I, II, XXXV, XXXVI, XLI, LV, LIV, 17, III, e 37 da Constituição, além do art. 113 do Ato das Disposições Constitucionais Transitórias - ADCT.

Sustenta, em síntese, que

"Em atenção ao princípio republicano, o legislador constituinte originário adotou a periodicidade de quatro anos para os mandatos eletivos, mormente para os cargos de Chefe do Executivo, Prefeitos, Governadores e Presidente da República, os quais gozam de um mandato de quatro anos apenas (passível de reeleição), nos termos dos arts. 29, I, 28 e 82 da Constituição Federal, respectivamente.

Mesmo no âmbito do Poder Legislativo, o mandato de oito anos, atribuído aos senadores, é uma exceção, já que vereadores, deputados estaduais e federais têm um mandato de quatro anos, consoante dispõem os arts. 29, I, 27, §1º e 44, parágrafo único, do Texto Constitucional.

[...]

Nessa toada, o período de duração dos mandatos para cargos eletivos no Poder Executivo fixado na Constituição Federal também deve ser observado pelos partidos políticos." (págs. 3-4 do doc. Eletrônico 1).

Afirma, também, que, em relação aos arts. 55-A, 55-B, 55-C e 55-D, incluídos na Lei 9.096/1995 pela Lei 13.831/2019,

'o legislador tenta modular novamente os efeitos da decisão proferida pelo Supremo Tribunal Federal nos embargos de declaração na ADIn 56171, a fim de postergar, uma vez mais, a destinação de recursos para o incremento da participação da mulher na política brasileira. Mesmo se sabendo que o efeito vinculante não alcança o Legislativo impedir o fenômeno da fossilização da Constituição, certo é que o legislador não é livre para legislar, mas, sim, livre para concretizar e realizar a Constituição' (pág. 6 do doc. Eletrônico 1).

Afirma, mais, que,

"Sendo inegável que a igualdade formal entre homens e mulheres, no que toca aos direitos políticos, ainda não atingiu padrões minimamente visíveis no protagonismo da cena política brasileira, é irretocável o financiamento público indutor de ampliação da democracia pelo incentivo à atuação política feminina.

Com essa preocupação, o legislador nacional, inspirando- se em experiências estrangeiras, promoveu relevante intervenção legislativa, determinando que, nas candidaturas proporcionais às Casas Legislativas, cada partido apresente um máximo de 70% e um mínimo de 30% de postulantes de cada sexo (art. 3º da Lei nº 12.034/09).

Não bastasse isso, em 2015, houve por bem obrigar a destinação, para promoção e difusão de participação política feminina, até o ano de 2024, de percentuais de 20% e 15% do tempo de acesso gratuito dos partidos políticos ao rádio e à televisão. Desde 1995, a lei previa que os órgãos nacionais de direção partidária fixassem o tempo, respeitado o piso de 10%.

Como se pode notar, têm sido adotadas medidas afirmativas de promoção da participação feminina na política. É dizer, a produção de igualdade material nos conduziu a medidas assecuratórias, *a priori*, de espaços mínimos para a participação política de mulheres.

Essas medidas, contudo, não produziram mudanças efetivas na ampliação da representação feminina na política brasileira. Mulheres obtiveram 30% de candidaturas, mas apenas 5% de financiamento e 10% de tempo na propaganda, na medida em que a prática política transformou os pisos mínimos legais em tetos.

Restaurando a autoridade da Constituição sobre esse cenário, o Supremo Tribunal Federal, na ADIn 5617, alinhou a proporção do financiamento público à proporção de gênero nas candidaturas, respeitados os pisos e tetos de cada gênero.

Segundo a Corte Constitucional, descabe a possibilidade de os partidos políticos resistirem ao princípio da igualdade, mesmo sendo entes privados.

É a melhor síntese do que patenteado pelo Supremo Tribunal Federal, então, a assertiva de que não há como deixar de reconhecer como sendo a única interpretação constitucional admissível aquela que determina aos partidos políticos a distribuição dos recursos públicos destinados à campanha eleitoral na exata proporção das candidaturas de ambos os sexos, sendo, em vista do disposto no art. 10, §3º, da Lei de Eleições, o patamar mínimo de 30%. [...]

Para afastar os partidos políticos da aplicação de decisões como essa, o legislador criou a Lei nº 13.831, de 2019, adicionando à Lei nº 9.096, de 1995, os arts. 55-A, 55-B,55-C e 55-D.

Em verdade, jamais o legislador está autorizado a anistiar, a perdoar valores, rendas que não lhe pertencem. Mesmo eventual renúncia fiscal deve sempre ser feita mediante a comprovação de contrapartidas. Isso sem se ater à moralidade de eventual ato de anistiar, perdoar.

Representa, portanto, uma afronta à Justiça Eleitoral a anistia das devoluções, das cobranças ou das transferências ao Tesouro Nacional que tenham como causa as doações ou contribuições feitas em anos anteriores por servidores públicos que exerçam função ou cargo público de livre nomeação e exoneração, desde que filiados a partido político (conforme dispõe o art. 55-D). É que há aí renúncia de receita da União. Tendo em vista o enorme impacto dos benefícios fiscais na receita pública, o legislador dotou a renúncia de receitas de rígidos controles, desde requisitos de natureza tributária a outros de natureza de direito financeiro: art. 14 da Lei de Responsabilidade Fiscal e art. 113 do ADCT. Isso sem falar que a renúncia de receitas é passível de controle externo (CF/88, art. 70)" (págs. 13-15 do doc. eletrônico 1).

Pede, ao final, a

"concessão de medida cautelar, até julgamento definitivo desta ação, para suspender a eficácia do art. 1º da Lei nº 13.831, na parte em que altera os §§2º e 3º do art. 3º da Lei nº 9.096 de 1995 e o art. 2º da Lei nº 13.831, na parte que acrescenta os arts. 55-A, 55-B, 55-C e 55-D na Lei nº 9.096, de 1995" (pág. 16 do doc. eletrônico 1).

Quanto ao mérito, requer seja julgado

"procedente o pedido, para, reconhecendo a inconstitucionalidade art. 1º da Lei nº 13.831, na parte em que altera os §§2º e 3º do art. 3º da Lei nº 9.096, de 1995, e o art. 2º da Lei nº 13.831, na parte que acrescenta os arts. 55-A, 55-B, 55- C e 55-D na Lei nº 9.096, de 1995, retirá-los do ordenamento jurídico" (pág. 17 do doc. eletrônico 1).

Tendo em conta a relevância da matéria, determinei a aplicação do rito previsto no art. 12 da Lei 9.868/1999 (documento eletrônico 14).

O Presidente da República apresenta informações elaboradas pela Advocacia-Geral da União em que sustenta a inépcia da inicial, bem como a sua manifesta improcedência, porque a ação teria sido ajuizada com o intuito de impedir o livre exercício do Poder Legislativo, pretendendo-se que o Supremo Tribunal Federal passe a atuar como legislador positivo.

Enfatiza que os partidos políticos detêm elevado grau de autonomia na organização partidária, sobretudo após a alteração levada a efeito pela Emenda Constitucional 97/2017 na redação do art. 17, §1º, da Constituição, e que não há limitação constitucional ao prazo de duração dos mandatos de seus dirigentes.

Esclarece, ainda, que a Resolução 23.571/2018 do Tribunal Superior Eleitoral – TSE, que limitou o prazo de duração das comissões provisórias a 180 dias, foi um dos elementos motivadores da edição da lei impugnada, por causar dificuldades ao livre funcionamento dos partidos políticos.

Nesses termos, pugna pelo não conhecimento da ação direta de inconstitucionalidade e, no mérito, pela improcedência do pedido inicial (documentos eletrônicos 28 e 29).

Na sequência, o Advogado-Geral da União oferta parecer no sentido da procedência parcial da ação, conforme ementa transcrita abaixo:

"Eleitoral. Artigos 3º, §§2º e 3º; 55-A; 55-B; 55-C e 55- D, da Lei nº 9.096/1995. Alegação de violação aos artigos 1º; 2º; 3º; 5º, incisos I, II, XXXV, XXXVI, XLI, LIV e LV; 17, inciso III; e 37 da Constituição Federal, bem como ao artigo 113, do ADCT. Impugnação à atual redação do artigo 3º, §§2º e 3º, da Lei nº 9.096/1995: A Constituição confere liberdade ao legislador infraconstitucional para disciplinar a atuação dos partidos políticos, limitando-a, tão somente, por meio de postulados de carga normativa aberta, tais como os princípios democrático, republicano e da igualdade. A opção legislativa consagrada nas normas em exame está em precisa harmonia com o artigo 17, §1º, do texto constitucional. Impugnação à atual redação dos artigos 55-A, 55-B e 55-C da Lei nº 9.096/1995: inexistência de vinculação do Congresso Nacional a decisões proferidas em controle concentrado. As disposições questionadas representam a incorporação ao ordenamento jurídico de medidas transitórias que possibilitem adaptação das rotinas partidárias ao quanto decidido por esse STF quando do julgamento da ADI nº 5617. Impugnação à atual redação do artigo 55- D da Lei nº 9.096/1995: por não ter sido acompanhada de estimativa de seu impacto financeiro e orçamentário, a medida de renúncia de receita não se compatibiliza com o artigo 113 do ADCT. Manifestação pela procedência parcial dos pedidos" (documento eletrônico 32).

Em suas informações, a Câmara dos Deputados limita-se a comunicar que o Projeto que deu ensejo à Lei ora impugnada seguiu os trâmites constitucionais e regimentais inerentes à espécie (documento eletrônico 34), ao passo que o Senado Federal defende a constitucionalidade da lei (documento eletrônico 35).

Por sua vez, o Procurador-Geral da República apresenta manifestação em que reitera, substancialmente, os termos da inicial, defendendo a sua procedência, em parecer assim ementado:

"CONSTITUCIONAL. ELEITORAL. AÇÃO DIRETA DE INCONSTITUCIONALIDADE. PARTIDOS POLÍTICOS. AUTONOMIA. ÓRGÃOS PERMANENTES E PROVISÓRIOS. DURAÇÃO DE MANDATO. REGIME DEMOCRÁTICO. PRESTAÇÃO DE CONTAS.

INAFASTABILIDADE.

Os §§2º e 3º do art. 3º da Lei 9.096/1995 afrontam a Constituição, na medida em que dão aos partidos políticos irrestrita autonomia para definir o prazo de duração, sem nenhum limite, dos mandatos dos membros dos seus órgãos partidários permanentes ou provisórios.

O prazo de oito anos para vigência dos órgãos provisórios dos partidos políticos, previsto no §3º do art. 3º da Lei 9.096/1995, desnatura a inerente provisoriedade do órgão, motivo pelo qual há de prevalecer limite de prazo razoável, fixado pelo Tribunal Superior Eleitoral na Resolução 23.571/2018, correspondente a 180 dias.

A inexistência de limite temporal para vigência de órgãos partidários provisórios — uma vez que se pressupõe a precariedade da existência do órgão executivo em organização, passível de desfazimento a qualquer tempo — promove a ditadura intrapartidária, inclusive porque obsta a aquisição de direitos subjetivos aos dirigentes e filiados, estimulando viciosas dissoluções, intervenções e destituição de lideres da agremiação.

4. Os arts. 55-A, 55-B e 55-C da Lei 9.096/1995 são inconstitucionais por pretenderem ampliar modulação de efeitos decidida pelo Supremo Tribunal Federal na ADI 5.617, além de irem de encontro ao objetivo da política afirmativa em favor das mulheres.

A lei não pode suprimir o dever dos partidos políticos de prestação de contas nem afastar da Justiça Eleitoral a competência para apreciá-las.

O art. 55-D da Lei 9.096/1995 viola o art. 113 do ADCT, pois implica renúncia de receita da União sem que a proposição legislativa trouxesse a estimativa de impacto orçamentário e financeiro.

— Parecer pela procedência dos pedidos para que seja declarada a inconstitucionalidade dos §§2º e 3º do art. 3º e dos arts. 55-A, 55-B, 55-C e 55-D, todos da Lei 9.096, de 19.9.1995, com a redação dada pela Lei 13.831, de 17.5.2019, bem como para que se fixem os prazos de quatro anos e de cento e oitenta dias como limites para a duração dos mandatos dos membros dos órgãos partidários permanentes e provisórios, respectivamente" (documento eletrônico 37).

Admiti, na qualidade de *amici curiae*, os partidos políticos Democratas, Partido Liberal, MDB, PDT e PSB, e determinei a oitiva da Procuradoria-Geral da República sobre a entrada em vigor da Emenda Constitucional 117/2022, tendo esta se manifestado no sentido do "não conhecimento da ação quanto aos arts. 55-A, 55-B e 55- C da Lei 9.096/1995, por perda superveniente de objeto".

É o relatório.

VOTO

O Senhor Ministro *Ricardo Lewandowski* (Relator): Bem examinados os autos, constato, inicialmente, a perda parcial de objeto da ação, pela superveniência da Emenda Constitucional – EC 117/2022 após o ajuizamento. Dispõem os artigos impugnados o seguinte:

"Art. 55-A. Os partidos que não tenham observado a aplicação de recursos prevista no inciso V do *caput* do art. 44 desta Lei nos exercícios anteriores a 2019, e que tenham utilizado esses recursos no financiamento das candidaturas femininas até as eleições de 2018, não poderão ter suas contas rejeitadas ou sofrer qualquer outra penalidade.

Art. 55-B. Os partidos que, nos termos da legislação anterior, ainda possuam saldo em conta bancária específica conforme o disposto no §5º-A do art. 44 desta Lei poderão utilizá-lo na criação e na manutenção de programas de promoção e difusão da participação política das mulheres até o exercício de 2020, como forma de compensação.

Art. 55-C. A não observância do disposto no inciso V do *caput* do art. 44 desta Lei até o exercício de 2018 não ensejará a desaprovação das contas".

A seu turno, a EC 117/2022 determina que:

"Art. 2º Aos partidos políticos que não tenham utilizado os recursos destinados aos programas de promoção e difusão da participação política das mulheres ou cujos valores destinados a essa finalidade não tenham sido reconhecidos pela Justiça Eleitoral é assegurada a utilização desses valores nas eleições subsequentes, vedada a condenação pela Justiça Eleitoral nos processos de prestação de contas de exercícios financeiros anteriores que ainda não tenham transitado em julgado até a data de promulgação desta Emenda Constitucional.

Art. 3º Não serão aplicadas sanções de qualquer natureza, inclusive de devolução de valores, multa ou suspensão do fundo partidário, aos partidos que não preencheram a cota mínima de recursos ou que não destinaram os valores mínimos em razão de sexo e raça em eleições ocorridas antes da promulgação desta Emenda Constitucional".

Corretamente ponderou a PGR que:

"Como se vê, enquanto o art. 1º da Emenda Constitucional 117/2022 constitucionalizou a política afirmativa em prol da participação política das mulheres (política que, até então, tinha seus contornos definidos apenas na lei), os arts. 2º e 3º constitucionalizaram a anistia aos partidos políticos que, até a data de promulgação da emenda constitucional, 'não [tinham] utilizado os recursos destinados aos programas de promoção e difusão da participação política das mulheres ou cujos valores destinados a essa finalidade não [tinham] sido reconhecidos pela Justiça Eleitoral'.

Nos mesmos moldes do art. 55-B da Lei 9.096/1995, o art. 2º da EC 117/2022 permitiu utilização desses valores nas eleições subsequentes. Assim como os arts. 55-A e 55-C da Lei 9.096/1995, os arts. 2º e 3º da referida emenda vedaram 'a condenação pela Justiça Eleitoral nos processos de prestação de contas de exercícios financeiros anteriores que ainda não tenham transitado em julgado', isentando os partidos políticos das 'sanções de qualquer natureza, inclusive de devolução de valores, multa ou suspensão do fundo partidário', em razão do não preenchimento da "cota mínima de recursos ou [da não destinação dos] valores mínimos em razão de sexo e raça em eleições ocorridas antes da promulgação" da Emenda Constitucional 117/2022.

Diante da substancial alteração do parâmetro constitucional, esta ação direta de inconstitucionalidade perdeu, em parte, seu objeto. Os arts. 2º e 3º da Emenda Constitucional 117/2022 trataram do mesmo assunto versado nos arts. 55-A, 55- B e 55-C da Lei 9.096/1995, revogando-os tacitamente. Nesse sentido é a jurisprudência do Supremo Tribunal Federal: ADI 1.691, Rel. Min. Moreira Alves, DJ de 4.4.2003; ADI 2.197, Rel. Min. Maurício Corrêa, DJ de 2.4.2004; ADI 2.475, Rel. Min. Maurício Corrêa, DJ de 2.8.2002.

[...]

Ocorre que, no caso dos autos, os arts. 2º e 3º da EC 117/2022 alcançam atos passados. Mais do que isso, alcançam somente os atos passados, uma vez tratar-se de anistia limitada no tempo. O que se quer dizer com isso é que, diferentemente de outros casos, em que uma emenda constitucional altera o parâmetro normativo dali para frente, mas deixa aberta a controvérsia relativamente ao período anterior, os arts. 2º e 3º da EC 117/2022 encerram toda e qualquer controvérsia infraconstitucional acerca da anistia veiculada.

Quis o constituinte derivado inserir, na Constituição Federal, normas excepcionais (e com eficácia temporalmente limitada) para salvaguardar os atos jurídicos de que cuidam os dispositivos impugnados. Daí por que a ação direta de inconstitucionalidade perdeu, nesta parte, seu objeto" (documento eletrônico 52).

Verifico, portanto, que a Emenda Constitucional em questão promoveu uma anistia mais ampla do que aquela constante dos artigos legais supracitados, decorrendo, por isso, a perda parcial de objeto desta ação.

Resta, portanto, pendente de apreciação a alegada inconstitucionalidade dos §2º e §3º do art. 3º da Lei dos Partidos Políticos, bem como do art. 55-D do mesmo diploma legal, todos com a redação dada pela Lei 13.831/2019.

Com relação aos mencionados parágrafos, interessante, em primeiro lugar, transcrevê-los:

> "§2º É assegurada aos partidos políticos autonomia para definir o prazo de duração dos mandatos dos membros dos seus órgãos partidários permanentes ou provisórios.
>
> §3º O prazo de vigência dos órgãos provisórios dos partidos políticos poderá ser de até 8 (oito) anos".

Como se vê, o §2º supratranscrito garante às agremiações autonomia para definir o tempo de mandato dos membros dos órgãos partidários permanentes ou provisórios, estabelecendo norma de competência que pode ser lida, ao menos em tese, no sentido que estes mandatos tenham duração indefinida, sem restrições de nenhuma ordem. Já o §3º prevê que órgãos provisórios de partidos políticos possam perdurar por até 8 anos.

Ambas as previsões, conforme é evidente, prestigiam enormemente o princípio da autonomia partidária, o qual, robustecido pelas disposições da Emenda Constitucional 97/2017, milita a favor da constitucionalidade de ambos.[1] A esse argumento, somam-se aqueles relativos à personalidade jurídica de direito privado das agremiações.

Especificamente quanto ao §3º, alega-se, a favor da constitucionalidade, a justificativa prática de que há elevado número de comissões provisórias relevantes na atual cena partidária, as quais estariam sujeitas a caducar se observados os exíguos prazos de vigência regulamentados pelas sucessivas Resoluções do Tribunal Superior Eleitoral – TSE relativas à matéria (Resolução 23.465/2015 e, posteriormente, Resolução 23.571/2018, que previram, respectivamente, os prazos de 120 e 180 dias de validade de tais comissões).

Invoca-se, ainda, em defesa do prazo de 8 anos das comissões provisórias, a duração do mandato de Senador da República, sob o argumento de que a Constituição Federal considera, sim, esse lapso temporal como provisório, não se justificando a analogia para com o prazo de duração da Medida Provisória de autoria do Presidente da República.

Em oposição a esses argumentos, a PGR insiste em que os princípios republicano e democrático devem necessariamente informar a organização interna dos partidos, os quais, longe de serem pessoas jurídicas de direito privado quaisquer, consistem em pilares essenciais da democracia brasileira, devendo sua atuação coadunar-se com tais alicerces.

---

[1] "Art. 17. É livre a criação, fusão, incorporação e extinção de partidos políticos, resguardados a soberania nacional, o regime democrático, o pluripartidarismo, os direitos fundamentais da pessoa humana e observados os seguintes preceitos: [...] §1º É assegurada aos partidos políticos autonomia para definir sua estrutura interna e estabelecer regras sobre escolha, formação e duração de seus órgãos permanentes e provisórios e sobre sua organização e funcionamento e para adotar os critérios de escolha e o regime de suas coligações nas eleições majoritárias, vedada a sua celebração nas eleições proporcionais, sem obrigatoriedade de vinculação entre as candidaturas em âmbito nacional, estadual, distrital ou municipal, devendo seus estatutos estabelecer normas de disciplina e fidelidade partidária".

A PGR assevera, ainda, que a despeito de o acesso gratuito a rádio, televisão e financiamento público não transmudar a natureza dos partidos políticos, impõe-lhes a observância, com maior rigor, dos postulados constitucionais supracitados.

Em suma, a autora entende que essa corporação humana que devota sua existência à democracia não pode se organizar internamente de maneira despótica. Assim, se a lei deu aos partidos irrestrita autonomia para definir o prazo de duração dos mandatos dos membros de seus órgãos partidários, sem cominar nenhum tipo de parâmetro razoável, o Judiciário deverá fazê-lo, a fim de que a Lei dos Partidos Políticos possa, nesse aspecto, compatibilizar-se com a Carta Magna. No ponto, o limite sugerido pela PGR é de 4 anos, tal como a generalidade dos mandatos políticos.

Contra o termo máximo de duração das comissões provisórias de 8 anos pesaria, ainda, o fato de que são constituídas por órgão hierarquicamente superior, concentrando desmesuradamente o poder nas oligarquias partidárias reinantes e acentuando a nociva tendência à centralização de poder nas agremiações.

Feita essa recapitulação, observo que a mencionada vocação dos partidos políticos para a autocracia não é particularidade da política brasileira contemporânea. Pelo contrário, os estudos clássicos de Robert Michels e Maurice Duverger dedicam-se a explicar essa paradoxal propensão.

Segundo a obra seminal de Robert Michels, uma série de fatores – tais como a profissionalização dos quadros partidários, a burocratização progressiva dos organismos democráticos, a gratidão das massas, a experiência empírica dos comandantes, a necessidade de estabilidade das organizações, o poder financeiro dos chefes, entre outros – acaba por contribuir para que se confirme constantemente a lei sociológica fundamental dos partidos políticos, segundo a qual a organização consiste numa potência oligárquica inserida na base democrática, que confere poder quase ilimitado aos eleitos, abafando, assim, o princípio democrático fundamental.[2] Essa tendência à formação de aristocracias partidárias – a "lei férrea da oligarquia" – segundo Michels, tem o potencial de trair o espírito e corromper as democracias.[3]

Crítica similar foi desenvolvida por Maurice Duverger, para quem a direção dos partidos tende à oligarquização, formando-se a classe de chefes de difícil acesso, que acaba por representar um risco à consolidação democrática, haja vista que, para esse pensador, "a democracia não está ameaçada pelo regime dos partidos, mas pelo rumo contemporâneo das suas estruturas internas; o perigo não se acha na própria existência dos partidos, mas na índole militar, religiosa e totalitária que, às vezes, revestem".[4]

Embora os estudos de Michels e Duverger tenham sido objeto de infinitos debates na academia,[5] o fato é que dessa propensão à oligarquização decorrem variadas dificuldades. Algumas são mais singelas, como aquelas relacionadas ao desafio do rejuvenescimento dos quadros; outras, mais graves, implicam crises de representatividade que podem desaguar em severas instabilidades democráticas.

---

[2] MICHELS, Robert, *Sociologia dos Partidos Políticos*, trad. Arthur Chaudon. Brasília: Universidade de Brasília, 1982, p. 238.

[3] DUVERGER, Maurice. *Os Partidos Políticos*, trad. Cristiano Monteiro Oiticica e Gilberto Velho, 2. ed. Brasília: Universidade de Brasília, 1980, p. 188.

[4] Ibid, p. 459.

[5] Cf. v.g. BRAGA, Maria do Socorro Sousa. Democracia e organização nos partidos políticos: revisitando os microfundamentos de Michels, *Revista de Sociologia e Política 20*, n. 44 (novembro de 2012), p. 83–95, nov. 2012. Acesso: jun. 2022.

Em nosso País, penso que esse risco é particularmente preocupante devido a outras fragilidades do Estado Democrático de Direito brasileiro, o qual, segundo Guillermo O'Donnell, pode ser melhor descrito como uma democracia delegativa do que representativa.[6] De acordo com tal análise, essa condição peculiar derivaria da incompleta transição do autoritarismo para um sistema plenamente democrático, i.e., dotado de instituições democráticas que constituam importantes pontos decisórios a serem considerados no fluxo do poder político. Para o mencionado pensador, ainda que duradoura, a democracia delegativa não conduz, pelo seu natural desenvolvimento, a uma democracia representativa. Ao contrário, embora pertença ao gênero democrático, a democracia delegativa seria distinta e até mesmo hostil ao fortalecimento de instituições políticas democráticas.[7]

As conclusões de O'Donnell são corroboradas por dados da recente pesquisa Latinobarómetro, que aponta o regime democrático brasileiro como vulnerável no cenário da América Latina, destacando que para 71% dos brasileiros os grupos poderosos governam o País em seu próprio benefício, distribuindo de forma injusta a riqueza, bem como o acesso a educação, justiça e saúde.[8]

Diante de tais dados, Marco Antonio Martin Vargas observa a ausência de excepcionalidade na formação de uma vontade partidária alheia e eventualmente até contraditória com o ponto de vista dos cidadãos, bem como a imperiosidade de aprimoramento de ferramentas da democracia intrapartidária, estimulando-se o elo entre os eleitores e seus representantes para fins de superação da crise de representatividade, fortalecendo-se a democracia e a cidadania.[9]

Tenho que da tensão entre interesses de eleitores, filiados e dirigentes partidários podem resultar abalos na representação política que afetam a qualidade da democracia e a própria sobrevivência do regime, que o Supremo Tribunal Federal, guardião da Constituição, tem o dever de tutelar. Considero, portanto, que é preciso reforçar as tendências democráticas dos partidos políticos, os quais são peças fundamentais para a construção de uma legítima e robusta democracia representativa, amplificando os movimentos políticos que engajam os cidadãos na política.

Efetivamente, resgatando a lição clássica de Duverger, não restam dúvidas da essencialidade dos partidos políticos para a democracia, pois eles restituem à noção de representação o seu sentido verdadeiro. Se todo governo é oligárquico por natureza, a elite deve ser composta por pessoas do povo que se destacam por seus méritos políticos, e não por critérios de nascimento, do dinheiro ou da função. Um regime de partidos políticos propicia essa escolha por mérito político. Por isso Duverger conclui que

> "[u]m regime sem partidos é, necessariamente, um regime conservador. Corresponde ao sufrágio censitário, ou traduz um esforço pela paralisia do sufrágio universal, impondo ao povo dirigentes que dele não emanam; está mais longe ainda da democracia que o regime dos partidos. Historicamente, os partidos nasceram quando as massas populares começaram a entrar, realmente, na vida política: formaram eles o quadro necessário que lhes permitia recrutar nessas próprias massas as suas próprias elites".[10]

---

[6] O'DONNELL, Guillermo, Democracia Delegativa?, *Novos Estudos CEBRAP* 31, p. 25- 40, out. 1991.

[7] Ibid, p. 33.

[8] Latinobarómetro Informe 2021, p. 39–43. Disponível em: www.latinbarómetro.org. Acesso: jun. 2022.

[9] VARGAS, Marco Antonio Martin Vargas. *A Crise Democrática na Atividade 'Interna Corporis' dos Partidos Políticos: a voz dos filiados partidários é ouvida?* São Paulo: Universidade Presbiteriana Mackenzie, 2018, p. 53.

[10] DUVERGER, Maurice. *Os Partidos Políticos*, trad. Cristiano Monteiro Oiticica e Gilberto Velho, 2. ed. Brasília: Universidade de Brasília, 1980. p. 458–59.

Daí a sabedoria do constituinte brasileiro, que, conforme José Afonso da Silva, explicitou na Constituição, como decorrência do princípio da soberania popular, expresso pela regra de que todo o poder emana do povo, a norma de que a participação do povo no poder pode se concretizar de forma direta ou indireta, caso em que surge um princípio derivado ou secundário: o da representação.[11] Para esse autor, os partidos políticos "constituem modos de realização da democracia representativa".[12]

A partir da atual Constituição, os partidos políticos foram fortalecidos pela assunção da personalidade jurídica de direito privado,[13] pelo estabelecimento da filiação partidária como condição de elegibilidade e pela autonomia que lhes foi conferida e, posteriormente, reforçada pela EC 97/2017. A redação atual do art. 17 da Constituição é a seguinte:

"DOS PARTIDOS POLÍTICOS

Art. 17. É livre a criação, fusão, incorporação e extinção de partidos políticos, resguardados a soberania nacional, o regime democrático, o pluripartidarismo, os direitos fundamentais da pessoa humana e observados os seguintes preceitos:

I - caráter nacional;

II - proibição de recebimento de recursos financeiros de entidade ou governo estrangeiros ou de subordinação a estes;

III - prestação de contas à Justiça Eleitoral;

IV - funcionamento parlamentar de acordo com a lei.

§1º É assegurada aos partidos políticos autonomia para definir sua estrutura interna e estabelecer regras sobre escolha, formação e duração de seus órgãos permanentes e provisórios e sobre sua organização e funcionamento e para adotar os critérios de escolha e o regime de suas coligações nas eleições majoritárias, vedada a sua celebração nas eleições proporcionais, sem obrigatoriedade de vinculação entre as candidaturas em âmbito nacional, estadual, distrital ou municipal, devendo seus estatutos estabelecer normas de disciplina e fidelidade partidária.

§2º Os partidos políticos, após adquirirem personalidade jurídica, na forma da lei civil, registrarão seus estatutos no Tribunal Superior Eleitoral.

§3º Somente terão direito a recursos do fundo partidário e acesso gratuito ao rádio e à televisão, na forma da lei, os partidos políticos que alternativamente:

I - obtiverem, nas eleições para a Câmara dos Deputados, no mínimo, 3% (três por cento) dos votos válidos, distribuídos em pelo menos um terço das unidades da Federação, com um mínimo de 2% (dois por cento) dos votos válidos em cada uma delas; ou

II - tiverem elegido pelo menos quinze Deputados Federais distribuídos em pelo menos um terço das unidades da Federação.

§4º É vedada a utilização pelos partidos políticos de organização paramilitar.

§5º Ao eleito por partido que não preencher os requisitos previstos no §3º deste artigo é assegurado o mandato e facultada a filiação, sem perda do mandato, a outro partido que os

---

[11] DA SILVA, José Afonso. *Curso de Direito Constitucional Positivo*, 43. ed. São Paulo: Malheiros, 2020, p. 133.

[12] Idem. *Comentário Contextual à Constituição*, 9. ed. São Paulo: Malheiros, 2014, p. 242.

[13] 13 No Brasil, até a promulgação da Constituição de 1988, os partidos políticos, de acordo com a Lei 5.682/71, eram considerados pessoas jurídicas de direito público. Dessa forma, nasciam com a lavratura de seus respectivos registros no TSE, sem a necessidade de inscrição nos modelos da legislação civil. A partir da publicação da Carta atual – no particular inspirada pela Constituição portuguesa de 1976 -, passou-se a reconhecer nos partidos políticos a natureza de pessoas jurídicas de direito privado, o que se extrai de seu art. 17 §2º, posteriormente acompanhado pelo art. 44, V, do Código Civil." ALVIM, Frederico Franco. *Curso de Direito Eleitoral*, 2. ed. Curitiba: Juruá Editora, 2016, p. 216.

tenha atingido, não sendo essa filiação considerada para fins de distribuição dos recursos do fundo partidário e de acesso gratuito ao tempo de rádio e de televisão.

§6º Os Deputados Federais, os Deputados Estaduais, os Deputados Distritais e os Vereadores que se desligarem do partido pelo qual tenham sido eleitos perderão o mandato, salvo nos casos de anuência do partido ou de outras hipóteses de justa causa estabelecidas em lei, não computada, em qualquer caso, a migração de partido para fins de distribuição de recursos do fundo partidário ou de outros fundos públicos e de acesso gratuito ao rádio e à televisão.

§7º Os partidos políticos devem aplicar no mínimo 5% (cinco por cento) dos recursos do fundo partidário na criação e na manutenção de programas de promoção e difusão da participação política das mulheres, de acordo com os interesses intrapartidários.

§8º O montante do Fundo Especial de Financiamento de Campanha e da parcela do fundo partidário destinada a campanhas eleitorais, bem como o tempo de propaganda gratuita no rádio e na televisão a ser distribuído pelos partidos às respectivas candidatas, deverão ser de no mínimo 30% (trinta por cento), proporcional ao número de candidatas, e a distribuição deverá ser realizada conforme critérios definidos pelos respectivos órgãos de direção e pelas normas estatutárias, considerados a autonomia e o interesse partidário".

A autonomia partidária consiste em direito e garantia fundamental dos partidos políticos.[14] Tal autonomia é limitada pelos princípios que constam da segunda parte do *caput* do art. 17, a saber: "a soberania nacional, o regime democrático, o pluripartidarismo, os direitos fundamentais da pessoa humana". Estes princípios constituem condicionamentos à liberdade partidária.[15] Assim, para José Afonso da Silva,

> "A ideia que sai do texto constitucional é a de que os partidos hão que se organizar e funcionar em harmonia com o regime democrático e que sua estrutura interna também fica sujeita ao mesmo princípio. A autonomia é conferida na suposição de que cada partido busque, de acordo com suas concepções, realizar uma estrutura interna democrática. Não é compreensível que uma instituição resguarde o regime democrático se internamente não observa o mesmo regime".[16]

Em sentido semelhante, Orides Mezzaroba leciona que a democracia intrapartidária é condição de formação e expressão racional da vontade partidária e base para que o pluralismo político possa ser vivenciado internamente. Segundo ele, a legislação e a jurisprudência constitucionais devem garantir com igual vigor a liberdade de criação, organização e funcionamento dos partidos políticos, de um lado, e a plena realização da democracia intrapartidária, de outro.[17]

Em sede doutrinária, também o Ministro Dias Toffoli enfatizou a importância da democracia interna, ressaltando que sua ausência "em partidos políticos acarreta graves consequências para o regime democrático e representativo, uma vez que impossibilita as agremiações de cumprirem com sua função mediadora, aumentando o abismo entre o Estado e a sociedade".[18]

---

[14] ALVES, Mariza Santos Pereira. *A autonomia partidária em face do princípio democrático*. Brasília: Instituto Legislativo Brasileiro – ILB, 2020, p. 44.

[15] DA SILVA, José Afonso. *Comentário Contextual à Constituição*, 9. ed. São Paulo: Malheiros, 2014. p. 242.

[16] DA SILVA, José Afonso. *Curso de Direito Constitucional Positivo*, 43. ed. São Paulo: Malheiros, 2020, p. 409.

[17] MEZZAROBA, Orides. *Teoria Geral do Direito Partidário e Eleitoral*. Florianópolis: Qualis Editora, 2018, p. 309–10.

[18] TOFFOLI, José Antonio Dias. Prefácio em *O Controle Judicial da Autonomia Partidária*, por Rafael Moreira Mota.

O que se nota, em verdade, é que a democracia intrapartidária vem sendo reconhecida como pilar de uma sociedade democrática, tanto na jurisprudência do STF quanto do TSE.

No julgamento da ADI 5.617/DF, Rel. Min. Edson Fachin, esta Suprema Corte sublinhou que a autonomia partidária não exime o partido do respeito incondicional aos direitos fundamentais, bem como da observância ao princípio democrático (art. 1º, II, V e parágrafo único). Observou, ainda, que a imposição de política afirmativa de gênero não tem o condão de tisnar a autonomia partidária, porque sua implementação não retira do partido político o poder de escolha de diretrizes, gestão, direção e condução das atividades e estrutura organizacional – raciocínio que, a meu sentir, se aplica às inteiras ao presente caso.

Outrossim, esta Corte, no julgamento da ADI 5.311/DF, decidiu, conforme o voto vencedor da relatora, Ministra Cármen Lúcia, que:

> "A liberdade na formação dos partidos há de se conformar ao respeito aos princípios democráticos, competindo à Justiça Eleitoral a conferência dos pressupostos constitucionais legitimadores desse processo, sem os quais o partido político, embora tecnicamente criado, não se legitima.
>
> [...]
>
> A digressão sobre as características históricas do sistema representativo ajuda a identificar a necessidade sempre crescente de legitimação do exercício do poder político, sob pena de se fragilizar a democracia.
>
> Nesse sentido, a atuação do legislador conferindo coerência a sistema partidário historicamente frágil, na acepção sociológico-jurídica, e esgarçado pelo distanciamento e pela parca participação cidadã, contribui para a densificação dos princípios constitucionais da democracia representativa.
>
> Partidos não são apenas siglas aglutinadas ou cingidas segundo momentâneas circunstâncias ou pelo querer de alguns que se arvoram, não poucas vezes, em seus donos. A Constituição formula-os como instrumentos depositários de ideologias nacionais, consagradas pelo legítimo exercício do poder político, tendo antes anotado:
>
> 'Se bastasse ter uma sigla para que se desse por atendida a exigência constitucional e legal ter-se-ia construído ou estar-se-ia a esboçar uma democracia na letra, mas não no espírito do sistema jurídico, e uma Constituição formal, mas não eficaz e eficiente em sua materialidade e em sua essência, enfim, não um sistema normativo tendente a se efetivar. [...]
>
> Ter-se-ia desenhado, então, no sistema normativo uma armadilha para o eleitor, pois o que se tem no sistema como democracia representativa partidária não seria nem democracia, nem representativa, nem partidária.
>
> [...]
>
> Assim, os fundamentos e as formas da representação política do povo conformam todos os institutos e as instituições que a tornam efetiva. Daí porque, ao se acolher o sistema de democracia representativa, impondo- se a obrigatória participação dos partidos políticos como instituições destinadas a canalizar as ideias e ideologias que os cidadãos entendam ser realizáveis no espaço da política estatal, todos os institutos que respeitam à formação, conformação e atuação dos partidos políticos e dos seus membros dizem respeito, diretamente, à qualidade e verdade da representação popular.

Rio de Janeiro: Lumen Juris, 2018, p. 13.

Todos esses fatores, portanto, têm de ser interpretados e aplicados em estrita consonância com os princípios constitucionais informadores do sistema.

A equação política da fórmula constitucional 'democracia representativa partidária' mantém no centro do sistema de direitos e garantias políticos fundamentais o cidadão e sua qualificação de titular, juntamente com todos os outros, da soberania popular (arts. 1º, incs. I e III, e 14, *caput*, da Constituição brasileira)' (MS n. 26.604, de minha relatoria, Plenário, DJ 3.10.2008).

No regime democrático, incumbe ao Poder estatal, máxime ao Poder Legislativo e, quando provocado, ao Poder Judiciário atuar para conferir densidade às normas constitucionais, garantindo-se a estabilidade das instituições democráticas e o direito do cidadão a se fazer representar legitimamente pelos meios constitucionalmente assegurados.

[...]

Formalizam-se, não raro, agremiações intituladas partidos políticos, e assim são objetivamente, mas sem substrato eleitoral consistente e efetivo, que atuam como subpartidos ou organismos de sustentação de outras pessoas partidárias, somando ou subtraindo votos para se chegar a resultados eleitorais pouco claros ou até mesmo fraudadores da vontade dos eleitores.

Tais legendas habilitam-se a receber parcela do fundo partidário, disputam tempo de televisão, mas não para difundir ideias e programas. Restringem-se a atuar como nomes sob os quais atuam em deferência a outros interesses partidários, mas, pior e mais grave, para obter vantagens particulares, em especial para os seus dirigentes.

[...]

O direito à oposição partidária interna, a ser garantido aos filiados como corolário da plena cidadania, há que ser exercido em benefício e segundo o ideário, o fortalecimento e o cumprimento do programa do partido, ainda que circunstancialmente contrária a determinados dirigentes ou pautas.

[...]

A Constituição da República garante a liberdade para a criação, fusão, incorporação e extinção de partidos políticos, a eles assegurando a autonomia. Mas não há liberdade absoluta, como tantas vezes repetido na doutrina e na jurisprudência deste Supremo Tribunal. Também não se tem autonomia sem limitação".

O TSE também já teve oportunidade de afirmar que

"A autonomia partidária não revela um direito absoluto. Não há direito absoluto. Se os partidos constituem inegáveis instrumentos de concretização da democracia e atores fundamentais no processo de escolha dos representantes para o exercício dos mandatos eletivos, a autonomia partidária não pode ser invocada para justificar uma atuação sem limites e regras quanto à definição de seus órgãos, em detrimento do Estado Democrático de Direito" (Instrução 3, Classe 12, Processo 0000750-72.1995.6.00.0000, Rel. Min. Henrique Neves).

De maneira mais específica em relação a um dos aspectos de que trata esta ADI – duração dos mandatos dos dirigentes partidários – o TSE manifestou-se, com percuciência, no sentido de que "[t]anto a Constituição Federal (art. 17, *caput*) como a Lei nº 9.096/95 (arts. 1º, 2º, 4 e 15, IV) estabelecem regras que obrigam os partidos políticos a respeitar o regime democrático e realizar eleições para a escolha de seus dirigentes, sendo assegurado a todos os filiados iguais direitos e deveres".

Assim, é com toda a razão que Mariza Santos Pereira Alves afirma que os partidos políticos devem observar todas as disposições constitucionais e legais que dão concretude ao princípio democrático, tanto em suas relações internas como externas. Para ela, a garantia da autonomia assegura aos partidos políticos o desempenho, sem interferências ilegítimas, da função de intermediários necessários entre a sociedade civil e os representantes eleitos, sem descurar da já mencionada concretização do princípio democrático, sendo

> "constitucionalmente legítimo esperar que os estatutos partidários tenham regras que estabeleçam eleições livres e periódicas para a escolha de seus dirigentes, que os dirigentes partidários tenham os mandatos limitados a um determinado período de tempo e que haja alternância de poder dentro das agremiações, pois essas são as regras que regem as eleições e o exercício dos mandatos eletivos nos poderes Legislativo e Executivo da República Federativa do Brasil".[19]

O ideal democrático firma-se na temporalidade dos mandatos, na renovação. Não é por acaso que o voto direto, secreto, universal e periódico constitui cláusula pétrea da nossa República (art. 60, §4º, II, da Constituição).

Sob o ângulo do princípio democrático, parece-me inelutável que o §2º do art. 3º da Lei impugnada necessita passar pelo filtro da Constituição Federal.

Para além do princípio democrático, outro prisma adequado para analisar a questão posta nos autos é por meio das lentes do princípio republicano, o qual configura "o núcleo essencial da Constituição",[20] a lhe garantir certa identidade e estrutura, estando abrigado no art. 1º da Carta Magna.

Em trecho que se amolda com perfeição à questão posta nos autos, Geraldo Ataliba ensina que "todos os mandamentos que cuidam da mecânica de 'check and balances', que tratam da *periodicidade*, da representatividade, das responsabilidades dos mandatários e do relacionamento entre os poderes, asseguram, viabilizam, equacionam, reiteram, reforçam e garantem o princípio republicano, realçando sua função primacial no sistema jurídico".[21]

Segundo já tive oportunidade de afirmar em sede doutrinária,

> "[...] A ideia moderna de republica, a partir da Declaração dos Direitos do Homem e do Cidadão, aprovada pela Assembleia francesa em 1789, encontra-se indissoluvelmente ligada à concepção de que os indivíduos são titulares de direitos em face do Estado, em especial à vida, à liberdade, à propriedade e à participação política. [...] Mais tarde, com a Revolução Industrial e as lutas operarias desencadeadas em seu bojo, surgiram os chamados 'direitos sociais' [...], além de uma nova geração de direitos, desenvolvidos em meados do século passado, no contexto de um mundo globalizado, aos quais se denominou de 'direitos de solidariedade ou fraternidade' com destaque para a proteção do meio ambiente. Essas considerações, porém, não arredam a questão básica, sempre recorrente na teoria política, relativa à *political obligation*, quer dizer, aos deveres dos cidadãos em face do Estado e da sociedade. Com efeito, se as pessoas numa república são titulares de direitos, hão de ter também, em contrapartida, obrigações para com a comunidade,

---

[19] ALVES, Mariza Santos Pereira. *A autonomia partidária em face do princípio democrático*. Brasília: Instituto Legislativo Brasileiro – ILB, 2020, p. 55.

[20] CANOTILHO, J. J. G. *Direito Constitucional*. Coimbra: Almedina, 1992, p. 349.

[21] ATALIBA, Geraldo. Clima republicano e Estado de Direito. *Revista de Informação Legislativa*. Brasília e. 21 n. 84 out./dez. 1984. p. 98, grifei.

como ocorria em Roma antiga ou, mais recentemente, na Alemanha, sob a Constituição de Weimar, que enunciava um rol de deveres fundamentais. Mas ainda que hoje os textos constitucionais, como regra, não façam menção a obrigações, e possível deduzi-las a partir da multisecular tradição republicana, a exemplo do dever de tolerância, de solidariedade, de respeitar os outros, de superar o egoísmo pessoal, de defender a liberdade, de observar os direitos das pessoas e de servir o bem comum".[22]

Trago à baila esta reflexão para fundamentar o meu voto por entender que o princípio republicano não só constitui um "mandamento de otimização", ou seja, um preceito que determina "que algo seja realizado na maior medida possível, dentro das possibilidades jurídicas e fáticas existentes",[23] como também, um complexo axiológico-normativo situado no ápice de nossa hierarquia constitucional, a ser expandido em sua extensão máxima.

Os partidos políticos devem, por serem instituições republicanas, contribuir para a deliberação e para o fortalecimento democráticos. Por isso, é grave o risco de crise de representatividade e de perda do assentimento do povo àqueles que o representam.

Pois bem.

Diante de toda a fundamentação até aqui exposta, constato a que o art. 3º, §2º, da nova redação da Lei dos Partidos Políticos, ao assegurar às agremiações partidárias autonomia para definir o prazo de duração dos mandatos dos membros dos seus órgãos partidários permanentes ou provisórios, poderá, conforme sustentado pela PGR e pelos *amici curiae*, ser interpretado de forma contrária à Constituição, como se tal norma de competência autorizasse a perpetuação dos mandatos das lideranças partidárias. Como já expus, os princípios democrático e republicano não autorizam tal leitura enviesada da norma, que tenho por prudente esclarecer.

Em outras palavras, verifico que a norma apresenta mais de um significado, havendo, portanto, o denominado "espaço de decisão (= espaço de interpretação)".[24] A utilização de regra interpretativa da "interpretação conforme" possibilita a manutenção no ordenamento jurídico da espécie normativa editada, desde que guarde valor interpretativo compatível com o texto constitucional (ADI 1.344/ES, Rel. Min. Moreira Alves; ADI 3046/SP, Rel. Min. Sepúlveda Pertence; ADI 3.368-9/DF, Rel. Min. Eros Grau; ADI 5971/DF, Rel. Min. Alexandre de Moraes). Na hipótese tratada na presente ADI, a interpretação correta da norma é no sentido de que os partidos políticos podem, no exercício de sua autonomia constitucional, estabelecer a duração dos mandatos de seus dirigentes desde que compatível com o princípio republicano da alternância do poder concretizado por meio da realização de eleições periódicas em prazo razoável.

Resposta mais tormentosa diz respeito à possível inconstitucionalidade do art. 3º, §3º, do mesmo diploma legal, ao prever que o prazo de vigência dos órgãos provisórios dos partidos políticos poderá ser de até 8 (oito) anos.

Observo, porém, que a questão não é nova nesta Corte.

---

[22] LEWANDOWSKI, Enrique. Ricardo. Reflexões em torno do princípio republicano. *Revista da Faculdade de Direito*, Universidade de São Paulo, v. 100, 2005, p. 506.526.

[23] ALEXY, Robert. *Teoria de los Derechos Fundamentales*. Madrid: Centro de Estudios Politicos y Constitucionales, 2002. p. 86.

[24] JJ. GOMES CANOTILHO. Direito constitucional. Coimbra: Almedina, 1993. p. 230.

No julgamento da ADI 5.617/DF, pude participar do seguinte debate, que auxiliou na formação de meu convencimento neste caso:

"O SENHOR MINISTRO GILMAR MENDES – [...]

Nós sabemos - Vossa Excelência sabe muito bem - que nós não temos, até agora, diretórios constituídos na maioria dos partidos, os diretórios definitivos. Tanto é que partidos tradicionalíssimos que estão no poder há muitos anos - em alguns Estados já, talvez, há mais de uma ou duas décadas - e que só têm diretórios provisórios.

O SENHOR MINISTRO DIAS TOFFOLI: Comissões provisórias.

O SENHOR MINISTRO GILMAR MENDES – As chamadas comissões provisórias. *A comissão provisória é um exemplo, todos sabem, de um partido que se carrega na pasta. A partir daí, não há militância, não há atividade geral*. E, sem militância, Presidente, não se tem candidato viável. Por isso, essa seleção que se faz *ad hod* em momentos específicos. [...]

O SENHOR MINISTRO GILMAR MENDES – Nós fizemos, no TSE, uma exigência, em resolução, para que gradativamente se atingisse os diretórios em caráter definitivo. A resposta veio na emenda constitucional - que agora foi objeto até ajuizamento de uma ADI pela Procuradora-Geral - tornando definitivas as chamadas comissões provisórias. Então, nós temos aqui realidades às quais precisamos prestar a devida atenção.

O SENHOR MINISTRO DIAS TOFFOLI: *Pois é, mas uma emenda constitucional dessa, que eterniza as comissões provisórias, não estaria ofendendo o art. 17, o princípio democrático que não é só externo, como interno?*

O SENHOR MINISTRO GILMAR MENDES – Esse é o debate que a Procuradora-Geral colocou. E nós já havíamos suscitado esse debate, inclusive, no Tribunal Superior Eleitoral – precisamos apreciar, nem sei quem é o relator desse processo.

O SENHOR MINISTRO RICARDO LEWANDOWSKI – Ou seja, Ministro Gilmar, Vossa Excelência está levantando um ponto, parece-me absolutamente essencial. *A decisão que nós estamos tomando hoje - já temos maioria de votos nesse sentido -, na verdade é uma decisão necessária, mas não suficiente para resolver o problema da deficiência da participação da mulher no plano da política. Vossa Excelência está levantando um problema extremamente sério e diria até grave que vivemos no Brasil que é a falta de autenticidade dos partidos políticos; a falta de diretórios generalizada significa exatamente que essas agremiações políticas não atraem os quadros necessários, nem ao menos para se estruturar internamente.*

[...]

O SENHOR MINISTRO GILMAR MENDES - Então, precisamos olhar nessa perspectiva, porque, *sem a participação na vida partidária, continuaremos a ter candidatos designados fora da convenção. Veja, toda hora há notícias de intervenção nos diretórios, modelo extremamente autoritário.*

[...]

O SENHOR MINISTRO DIAS TOFFOLI: E o que aconteceu? Os partidos começaram a registrar seus estatutos no TSE e, invariavelmente, o que o TSE fez e faz? Agora, recentemente, começou a mudar - Vossa Excelência estava lá quando eu propus isso -, nós passamos a ter que olhar se o estatuto do partido está cumprindo os princípios colocados na cabeça do art. 17. E glosar os dispositivos que os partidos apresentem que não estão de acordo com o que está no art. 17 da Constituição Federal. O que se fazia antes? Olha, o estado interveio nos partidos políticos e, então, isso passou a gerar as dificuldades de liberdade democrática dentro deles. Então, vamos torná-los pessoas jurídicas de direito privado, com ampla liberdade. O TSE apenas e tão somente contava assinaturas. Era, historicamente, um cartório de contar assinaturas. Isso mudou e tem que mudar mesmo. Nós temos que analisar todas as cláusulas e verificar se as cláusulas estão respeitando as garantias individuais, se estão respeitando a participação feminina. E veja, Ministro Gilmar Mendes, Vossa Excelência, em sua manifestação, foi um tanto quanto cético em relação ao sucesso de uma eventual maior participação feminina diante dessa situação, que é a realidade, triste realidade dos partidos políticos que temos em nosso País. Mas é fato que aqueles partidos que, em seus estatutos, colocaram um mínimo de participação de mulheres, em seus órgãos de direção, e, antes da lei, já exigiam a participação feminina de 30% nas candidaturas, são os partidos que, inegavelmente, hoje, no Parlamento, têm o maior número de representação feminina, porque abriram espaços internos para a participação das mulheres. Isso é um processo histórico, não é um processo de mágica. É um processo que vai exatamente numa mudança cultural, como já foi dito aqui. [...]. Nós temos que ir além de contar assinatura e verificar se os princípios da República brasileira, da soberania, da democracia estão inseridos nos estatutos do partido. [...] Tanto é que, como Vossa Excelência disse, não houve mais partidos criados a partir daí. *Porque nós temos que sindicar essas cláusulas. Isso não é intervenção na autonomia dos partidos. Por quê? Porque isso está autorizado pela Constituição, pelo art. 17. Expressamente autorizado.* Os partidos têm que respeitar aqueles princípios que estão ali elencados" (grifei).

Conforme expressei na ocasião, considero grave a ausência de diretórios eleitos, bem como sua substituição por comissões provisórias.

Em termos práticos, tais comissões consistem em órgãos de direção temporária atuantes numa determinada circunscrição, que servem ao propósito de organização dos partidos políticos em seus diversos níveis de atuação, seja para expandir o alcance partidário para circunscrições não contempladas quando de sua criação, ou para permitir a reorganização da presença partidária naquelas cujo diretório fora dissolvido.

Dada sua temporariedade, como o próprio nome indica, as comissões provisórias normalmente são compostas por pessoas indicadas pela direção do partido, por vezes mediante sucessivas e intermináveis reconduções, e não eleitas por seus pares. Sua permanência no tempo produz o efeito prático de minar a democracia interna. Em última análise, como já expliquei acima, acarreta a falta de autenticidade dos partidos políticos, tudo isso com sérios reflexos na legitimidade do nosso sistema político.

A autonomia partidária foi concedida aos partidos políticos com a intenção de fortalecer o regime democrático e o princípio republicano, não de enfraquecê-los. E aqui se coloca a problemática das comissões provisórias que se perpetuam. O que é provisório não é eterno; o que é temporário, não pode ser permanente; o que é efêmero, não é duradouro. As palavras têm significado, e o intérprete constitucional não pode ignorar o léxico.

Nem mesmo durante o período autoritário que vivenciamos após 1965, com restrição ao livre exercício dos direitos políticos, suprimiu-se o direito dos filiados de eleger seus diretórios – o que, na prática, acontece hoje, devido à perpetuação de comissões provisórias cujos membros são indicados por órgãos partidários superiores. Nem o regramento da Lei 4.740/1965 nem o da Lei 5.681/1971 admitiam a supressão da democracia intrapartidária no processo de escolha dos dirigentes.

Na legislação atual, o art. 8º, §3º, da Lei 9.096/1995 prevê que feito o requerimento do registro de partido político, dirigido ao cartório competente do Registro Civil das Pessoas Jurídicas do local de sua sede, e adquirida a personalidade jurídica, cabe ao partido realizar "os atos necessários para a *constituição definitiva* de seus órgãos e designação dos dirigentes, na forma do seu estatuto" (grifei). De outra parte, o art. 15 do mesmo diploma legal dispõe que o Estatuto do partido deve conter normas sobre "modo como se organiza e administra, com a definição de sua estrutura geral e *identificação, composição e competências dos órgãos partidários nos níveis municipal, estadual e nacional, duração dos mandatos e processo de eleição dos seus membros"* (grifei).

Assim, não só a Constituição é clara ao determinar que a autonomia partidária condiciona-se ao respeito ao postulado da democracia. Também a Lei dos Partidos Políticos estabelece a necessidade de constituição definitiva dos órgãos partidários e, ao mencionar a duração dos mandatos dos integrantes dos órgãos partidários de todos os níveis – municipal, estadual e nacional – conduz o intérprete à conclusão de que o poder não pode ser exercido por tempo indeterminado ou excessivo, sendo imprescindível a apuração democrática da vontade dos filiados. Estes, por sinal, têm iguais direitos e deveres, nos termos do art. 4º da Lei 9.096/1995, e a legitimidade das agremiações, que exercem a intermediação entre o detentor do poder soberano (o povo) e seus representantes temporários, e que recebem inúmeros subsídios públicos para o bom exercício dessa mediação, depende da observância do princípio da isonomia e do princípio democrático.

Assim, observado prazo razoável de provisoriedade, as greis terão plena autonomia para regular como, quando e de que forma as eleições serão realizadas, como são compostas as comissões provisórias, como se dará sua atuação, tudo no mais pleno exercício da autonomia partidária.

Dessa forma, tenho por premissa que padece de inconstitucionalidade a legislação que pretenda distorcer o significado claro de "provisoriedade". E é assim que vejo a fixação do prazo de duração de até 8 anos das comissões provisórias, pois em tal período podem ser realizadas distintas eleições, para todos os níveis federativos.

Assim, evidente a inconstitucionalidade da norma aqui impugnada, que produz reflexos da maior gravidade em todas as searas de atuação da agremiação, inclusive na participação feminina na política, uma vez que a direção partidária tem papel de extrema relevância na confecção das chapas e mesmo na apuração de denúncias de violência de gênero, podendo cristalizar ou, pelo contrário, erradicar "políticas de lei do silêncio".[25]

Acrescento, ainda, pertinente observação do Ministro Henrique Neves na votação, perante o TSE, da Instrução nº 3 (750- 72.1995.6.00.0000)/DF, *verbis*:

> "De igual forma, não se desconhece a possibilidade de a outorga da titularidade das comissões provisórias ser utilizada com meio de barganha. A história brasileira demonstra que em muitas situações, determinadas lideranças políticas são atraídas para o âmbito partidário, mediante promessa de entrega do controle da agremiação em determinada circunscrição, sem maior preocupação com os direitos dos filiados.
>
> Essa prática, por sua vez, resulta no próprio comprometimento da normalidade e legitimidade das eleições, pois a escolha dos candidatos, em determinadas situações, não reflete exatamente a vontade dos filiados do partido político, mas apenas a preferência pessoal daqueles que o comandam".

Enfim, não se pode conceber que partidos políticos sejam enclaves cujos filiados devem se conformar a ser regidos pela vontade soberana de seus dirigentes, sem remédio que não o abandono da grei partidária. A propósito, como bem ponderou a Ministra

---

[25] FREIDENBERG, Flavia. GILAS, Karolina Mónika. "¿Normas Poco Exigentes? Los Niveles de Exigencia Normativa de Las Leyes Contra La Violencia Política En Razón de Género En América Latina." *Política y Sociedad*, vol. 59, no. 1, Mar. 2022, p. e77802. DOI.org (Crossref), https://doi.org/10.5209/poso.77802.

Rosa Weber quando do julgamento da ADI 5.311/MC, descabe "confundir autonomia com liberdade irrestrita ou imunidade à imposição de parâmetros legais mínimos, sob pena, nessa hipótese, de afronta aos princípios constitucionais informadores do modelo partidário brasileiro".

Penso, ainda, ter razão o Ministro Dias Toffoli – citado no diálogo supratranscrito, travado na ADI 5.617/DF – ao sugerir que as cláusulas dos estatutos dos partidos políticos sejam sindicadas pelo TSE para que se verifique, caso a caso, a compatibilidade dos prazos de duração dos mandatos dos dirigentes partidários e das comissões provisórias, sem definição apriorística do prazo por parte desta Suprema Corte.

Embora a baliza proposta pela PGR – de 120 dias – seja plausível, porquanto correspondente ao prazo máximo de duração de medida que leva o título de provisória em seu nome, considero que ao estabelecer um único prazo, aplicável indistintamente a todas as agremiações e em todos os cenários, estaria agindo este Supremo Tribunal Federal como legislador positivo, o que não seria recomendado.

Cabe, portanto, aos partidos políticos adaptar seus estatutos partidários para atender aos ditames constitucionais, os quais serão posteriormente escrutinados pelo TSE. Assim, a solução ora proposta reconhece o fato de que os partidos políticos, que possuem personalidade jurídica de direito privado, devem, nos termos do mesmo dispositivo da Constituição (§2º do art. 17 da Constituição), registrar "seus estatutos no Tribunal Superior Eleitoral", cabendo-lhes, ainda, atender às exigências do regime democrático.

A este respeito, bem pontuou o Ministro Sepúlveda Pertence ao relatar, no TSE, o Recurso Especial Eleitoral 9.467/RS:

> "Não obstante, porque os partidos não são apenas titulares de direitos subjetivos, mas por imposição da natureza de suas prerrogativas, são, também e simultaneamente, órgãos de função pública no processo eleitoral, ao mesmo passo em que a liberdade e a autonomia constituem os princípios reitores de sua organização e de sua vida interna, é imperativo que se submetam ao controle da Justiça Eleitoral, na extensão em que o determine a lei, sobre a existência e a validade dos atos de sua vida de relação, cuja eficácia invertem no desenvolvimento do processo das eleições.
>
> Sob esse prisma é que se legitima a exigência de registro nos Tribunais Eleitorais da composição de órgãos dirigentes dos partidos políticos: o registro e sua publicidade visam primacialmente a propiciar à Justiça Eleitoral e a terceiros interessados a verificação da imputabilidade a cada partido dos atos de repercussão externa que, em seu nome, pratiquem os que se pretendam órgãos de manifestação da vontade partidária".

Em conclusão, reconheço a inconstitucionalidade do §3º do art. 3º da Lei dos Partidos Políticos, na redação dada pela Lei 13.831/2019, estabelecendo caber à Justiça Eleitoral a análise, seja na apreciação do registro dos estatutos, seja quando trazida a questão em casos concretos, da constitucionalidade e legalidade do prazo de vigência dos órgãos provisórios dos partidos políticos.

Finalmente, a controvérsia relativa à constitucionalidade do art. 55-D da Lei 13.831/2019 foi recentemente apreciada pelo Tribunal Superior Eleitoral no REspEl 0600003-52.2019.6.21.0128, Rel. Min. Edson Fachin, que, com percuciência, assim se manifestou:

"O mencionado art. 55-D, introduzido pela Lei nº 13.831/2019, dispõe sobre a concessão de anistia às cobranças, devoluções ou transferências ao Tesouro Nacional que tenham como causa as doações ou contribuições feitas em anos anteriores por servidores públicos que exerçam função ou cargo público de livre nomeação e exoneração, desde que filiados a partido político.

No caso, o juízo eleitoral declarara, de ofício, a inconstitucionalidade incidental do indigitado dispositivo, entendimento que foi mantido na decisão da Corte regional, cujo supedâneo foi a própria jurisprudência que reconhece a incompatibilidade material da norma com a Constituição Federal sob o viés de que, para a concessão do benefício, seria necessário prévio estudo do impacto financeiro e orçamentário, consoante exigência do art. 113 do ADCT.

[...]

A questão em debate, portanto, consiste na análise jurídica da conformidade ou desconformidade do art. 55-D da Lei dos Partidos Políticos com a Constituição Federal, cingida à análise da necessidade de prévio estudo do impacto financeiro e orçamentário, previsto no art. 113 do ADCT, na ocasião da elaboração da norma introduzida pela Lei nº 13.488/2017, matéria devolvida à análise desta Corte Superior em sede da cognoscibilidade restrita do recurso especial.

O art. 113 do ADCT foi incluído pela EC nº 95/2016, que instituiu o novo regime fiscal e ficou comumente conhecida como Emenda do Teto de Gastos.

Esse dispositivo elevou a *status* constitucional regramentos que já constavam na Lei de Responsabilidade Fiscal acerca de necessidade de estimativa prévia das implicações financeiras e orçamentárias decorrentes de concessão ou ampliação de incentivos ou benefícios fiscais, bem como de aumento de despesas (arts. 14 e 16 da Lei Complementar nº 101/2000).

A Emenda do Teto de Gastos foi promulgada em meio a um contexto de profunda recessão econômica e instabilidade fiscal, em que o Governo Federal buscava a adoção de medidas prementes de contenção dos gastos primários e de manutenção e incremento das receitas arrecadadas a fim de alcançar o equilíbrio das contas públicas e retomar o crescimento econômico do país.

Esse cenário econômico consubstanciou razão de relevância para a proposta da emenda constitucional que tramitava no Congresso Nacional, consoante registrado na Exposição de Motivos Interministerial (EMI nº 83/2016) a ela anexada, confira-se:

1. Temos a honra de submeter à elevada consideração de Vossa Excelência Proposta de Emenda à Constituição que visa criar o Novo Regime fiscal no âmbito da União. Esse instrumento visa reverter, no horizonte de médio e longo prazo, o quadro de agudo desequilíbrio fiscal em que nos últimos anos foi colocado o Governo Federal.

2. Faz-se necessária mudança de rumos nas contas públicas, para que o País consiga, com a maior brevidade possível, restabelecer a confiança na sustentabilidade dos gastos e da dívida pública. É importante destacar que, dado o quadro de agudo desequilíbrio fiscal que se desenvolveu nos últimos anos, esse instrumento é essencial para recolocar a economia em trajetória de crescimento, com geração de renda e empregos. Corrigir o desequilíbrio das contas públicas é condição necessária para retirar a economia brasileira da situação crítica que Vossa Excelência recebeu ao assumir a Presidência da República.

[...]

Note-se que, entre as consequências desse desarranjo fiscal, destacam-se os elevados prêmios de risco, a perda de confiança dos agentes econômicos e as altas taxas de juros, que, por sua vez, deprimem os investimentos e comprometeram a capacidade de crescimento e geração de empregos da economia. Dessa forma, ações para dar sustentabilidade às despesas públicas não são um fim em si mesmas, mas o único caminho para a recuperação da confiança, que se traduzirá na volta do crescimento.

[...]

18. Tal limitação levanta importante questão a respeito do Novo Regime Fiscal. Ele não é um instrumento que resolverá todos os problemas das finanças públicas federais. As regras aqui propostas só funcionarão se forem bem utilizadas por um governo imbuído de responsabilidade fiscal. A experiência do passado recente mostra que não há regra de conduta fiscal que seja blindada contra intenções distorcidas, mas o desenho institucional desta PEC dificultará no período de sua vigência o aumento da despesa primária do governo central.

Depreende-se que a emenda à Constituição da República visou amparar a gestão financeira de ente federado, notadamente do Governo Federal, de sorte que se haure a compreensão de que as limitações impostas nos processos legislativos de criação de despesa e de renúncia de receitas relacionam-se a orçamento público, gastos e receitas de caráter fiscal da Administração Pública.

Ao definir o conceito de tributo, Paulsen leciona:

'Cuida-se de prestação em dinheiro exigida compulsoriamente, pelos entes políticos ou por outras pessoas jurídicas de direito público, de pessoas físicas ou jurídicas, com ou sem promessa de devolução, forte na ocorrência de situação estabelecida por lei que revele sua capacidade contributiva ou que consubstancie atividade estatal a elas diretamente relacionada, com vista a obtenção de recursos para o financiamento geral do Estado, para o financiamento de fins específicos realizados e promovidos pelo próprio Estado ou por terceiros em prol do interesse público.' (PAULSEN, Leandro. Curso de Direito Tributário completo. 11. ed. São Paulo: Saraiva Educação, 2020. Grifo nosso)

Nessa ordem de ideias, infere-se que o art. 55-D da Lei dos Partidos Políticos refoge do campo de abrangência do comando plasmado no art. 113 do ADCT, notadamente porque a pecúnia a ser anistiada não ostenta caráter de tributo.

Deveras, no caso, as sanções pecuniárias decorrentes de desaprovação de contas partidárias em que se reconheceu a realização de doação de recursos provenientes de fontes vedadas têm finalidade precípua de reprimir condutas contrárias à lei e não de arrecadar recursos para compor o orçamento público e fazer frente aos gastos da Administração Pública, como sói ocorrer na instituição de tributos.

Reforça o entendimento pela natureza não tributária das penalidades pecuniárias eleitorais, o enunciado da Súmula nº 56/TSE, que preconiza: a multa eleitoral constitui dívida ativa de natureza não tributária, submetendo-se ao prazo prescricional de 10 (dez) anos, nos moldes do art. 205 do Código Civil.

Pontue-se que as penalidades legais que decorrem de decisão de desaprovação de contas são: (i) a devolução da quantia apontada como irregular e (ii) a cominação de multa no montante de até 20% da irregularidade, nos termos dos arts. 37 da Lei nº 9.096/1995 e 49 da Res.- TSE nº 23.464/2015, a ser aplicadas mediante descontos nos futuros repasses de cotas do Fundo Partidário (art. 37, §3º, da Lei dos Partidos Políticos).

No que tange à multa, no montante de até 20%, acrescida à devolução de recursos irregulares, observa-se que, ainda que em um primeiro momento seja repassada ao Tesouro Nacional, o destinatário final previsto em lei é o Fundo Partidário e, consequentemente, as agremiações políticas, nos termos dos arts. 38, I, e 40, §2º, da Lei dos Partidos Políticos, a seguir transcritos:

'Art. 38. O Fundo Especial de Assistência Financeira aos Partidos Políticos (Fundo Partidário) é constituído por:

I - multas e penalidades pecuniárias aplicadas nos termos do Código Eleitoral e leis conexas;

[...]

Art. 40. A previsão orçamentária de recursos para o Fundo Partidário deve ser consignada, no Anexo do Poder Judiciário, ao Tribunal Superior Eleitoral.

§1º O Tesouro Nacional depositará, mensalmente, os duodécimos no Banco do Brasil, em conta especial à disposição do Tribunal Superior Eleitoral.

§2º Na mesma conta especial serão depositadas as quantias arrecadadas pela aplicação de multas e outras penalidades pecuniárias, previstas na Legislação Eleitoral.' Nesse ponto, evidencia-se a inaplicabilidade do art. 113 do ADCT, visto que recurso financeiro decorrente de multa eleitoral não comporá o orçamento público, mas fundo de assistência financeira às greis políticas, pessoas jurídicas de natureza privada, de modo que as proposições legislativas que o renunciem prescindem de prévia estimativa acerca de impacto financeiro e orçamentário.

Por outro lado, quanto à devolução dos recursos oriundos de fonte vedada, a Res.-TSE nº 23.464/2015, ao regulamentar a Lei dos Partidos Políticos, dispôs que os recursos dessa natureza não podem ser utilizados pela agremiação partidária, devendo ser devolvidos ao doador quando identificado, consoante se extrai do art. 11, §5º, da aludida resolução.

Esse entendimento também é perfilhado pela jurisprudência desta Corte, confiram-se:

[...]

Desse modo, norteando-se pela mesma racionalidade anteriormente exposta, afigura-se inaplicável a exigência descrita no multicitado dispositivo constitucional transitório, visto que a devolução da verba irregular à origem pelo donatário, sem que se destine ao Tesouro Nacional, denota que o valor não integra o orçamento público, objeto de proteção do art. 113 da Constituição Federal.

Todavia, outra situação jurídica se descortina quando o doador originário não pode ser identificado, caso em que se verifica o repasse do valor dos recursos tidos por irregulares ao Tesouro Nacional (art. 14, *caput* e §1º, da Res.-TSE nº 23.464/2015), mas, ainda nesse particular, não se revela desconformidade da norma disposta no art. 55-D com parâmetro constitucional.

Isso porque, consoante exposto alhures, a quantia transferida aos cofres públicos não possui cariz tributária, ou seja, não foi ontologicamente criada para compor o orçamento público e se destinar à gestão de gastos da Administração Pública, mas ostenta natureza de reprimenda judicial à prática de irregularidade atinente ao recebimento de recursos pelos partidos políticos.

Nesse pormenor, haure-se a distinção entre a penalidade judicial de caráter pecuniário e a verba pública fiscal protegida pelo comando constitucional em comento, constante no ato das disposições constitucionais transitórias.

Diverso também é o critério de previsibilidade entre esses dois tipos de recursos financeiros: a penalidade pecuniária, como consequência de decisão judicial punitiva, tem caráter eventual e, sendo o caso, passa a integrar receita não recorrente da Administração Pública, já as receitas fiscais são ordinariamente criadas para cobrir as despesas públicas e são regidas pela garantia da anterioridade tributária, tanto a de exercício financeiro (art. 150, III, b, da CF) quanto a nonagesimal (art. 150, III, c, da CF).

Certo é que, ainda que a regra da anterioridade tributária vise pôr a salvo o contribuinte da surpresa da instituição ou majoração de tributos, a faceta oposta dessa proteção é a possibilidade de conhecimento pelo ente público do aporte de créditos futuros nos cofres públicos.

A anterioridade de exercício financeiro descrita no art. 150, III, b, da CF denota, aliás, que a previsibilidade de crédito tributário possibilita melhor gestão financeira pela Administração Pública dos recursos já existentes e os que vierem a existir, identificando-se o orçamento público que fará frente aos gastos do exercício financeiro seguinte.

Por tudo o que ficou consignado quanto às características dos tributos é que se entende que o objeto de proteção constitucional do art. 113 do ADCT é a receita de caráter fiscal, cuja renúncia demonstra probabilidade palpável de desequilíbrio das contas públicas.

Constata-se, então, que a receita fiscal não poderá ser renunciada por proposição legislativa em que o legislador se furte à apresentação de estimativa de impacto financeiro e orçamentário à Administração Pública.

Destarte, não estando os recursos financeiros previstos no art. 55-D abrangidos por esse comando constitucional, seja em relação ao destinatário da receita, seja quanto à sua natureza jurídica, afasta-se a inconstitucionalidade declarada *incidenter tantum* nas instâncias inferiores".

À tão substanciosa análise não é preciso acrescentar palavra.

Reconheço a constitucionalidade do art. 55-D da 13.831/2019.

Por derradeiro, e a fim de conferir segurança jurídica ao pleito que se avizinha, entendo cabível a aplicação do disposto no art. 27 da Lei 9.868/1999, que admite que, ao declarar a inconstitucionalidade de lei, esta Corte decida que ela só tenha eficácia a partir de momento que venha a ser fixado. Assim, proponho que esta Corte module a decisão para o fim de que o reconhecimento da inconstitucionalidade ora levada a efeito produza efeitos exclusivamente a partir de janeiro de 2023 – data posterior ao encerramento do presente ciclo eleitoral – prazo após o qual o TSE poderá analisar a compatibilidade dos estatutos partidários com a presente decisão.

Ante o exposto, voto por:

i) reconhecer o prejuízo da presente ação direta de inconstitucionalidade quanto aos arts. 55-A, 55-B e 55-C da Lei 9.096/1995, na redação dada pela Lei 13.831/2019;

ii) dar interpretação conforme à Constituição ao §2º do art. 3º da Lei 9.096/1995, na redação dada pela Lei 13.831/2019, para assentar que os partidos políticos podem, no exercício de sua autonomia constitucional, estabelecer a duração dos mandatos de seus dirigentes desde que compatível com o princípio republicano da alternância do poder concretizado por meio da realização de eleições periódicas em prazo razoável;

iii) julgar procedente o pedido quanto ao §3º do art. 3º da Lei 9.096/1995, na redação dada pela Lei 13.831/2019;

iv) julgar improcedente o pedido quanto ao art. 55-D da Lei 9.096/1995, na redação dada pela Lei 13.831/2019.

v) determinar que a decisão, no trecho em que reconhece a inconstitucionalidade da norma, produza efeitos exclusivamente a partir de janeiro de 2023, prazo após o qual o Tribunal Superior Eleitoral poderá analisar a compatibilidade dos estatutos com o presente acórdão.

É como voto.

PLENÁRIO

EXTRATO DE ATA

AÇÃO DIRETA DE INCONSTITUCIONALIDADE 6.230

PROCED.: DISTRITO FEDERAL

RELATOR: MIN. RICARDO LEWANDOWSKI

REQTE.(S): PROCURADORA-GERAL DA REPÚBLICA INTDO.(A/S): PRESIDENTE DA REPÚBLICA PROC.(A/S)(ES): ADVOGADO-GERAL DA UNIÃO INTDO.(A/S): CONGRESSO NACIONAL PROC.(A/S)(ES): ADVOGADO-GERAL DA UNIÃO AM. CURIAE.: DEMOCRATAS - DEM NACIONAL

ADV.(A/S): FABRICIO JULIANO MENDES MEDEIROS (70179/BA, 27581/DF, 395289/SP)

AM. CURIAE.: PARTIDO LIBERAL - PL

ADV.(A/S): MARCELO LUIZ AVILA DE BESSA (12330/DF, 1565A/MG, 474139/SP)

AM. CURIAE.: MOVIMENTO DEMOCRÁTICO BRASILEIRO - MDB ADV.(A/S): RENATO OLIVEIRA RAMOS (20562/DF)

AM. CURIAE.: PARTIDO DEMOCRÁTICO TRABALHISTA - PDT ADV.(A/S): IAN RODRIGUES DIAS (10074/DF)

AM. CURIAE.: PARTIDO SOCIALISTA BRASILEIRO - PSB NACIONAL ADV.(A/S): RAFAEL DE ALENCAR ARARIPE CARNEIRO (68951/BA, 25120/DF, 409584/SP, 4958/TO)

Decisão: O Tribunal, por unanimidade, i) reconheceu o prejuízo da presente ação direta de inconstitucionalidade quanto aos arts. 55-A, 55-B e 55-C da Lei 9.096/1995, na redação dada pela Lei 13.831/2019; ii) deu interpretação conforme à Constituição ao §2º do art. 3º da Lei 9.096/1995, na redação dada pela Lei 13.831/2019, para assentar que os partidos políticos podem, no exercício de sua autonomia constitucional, estabelecer a duração dos mandatos de seus dirigentes desde que compatível com o princípio republicano da alternância do poder concretizado por meio da realização de eleições periódicas em prazo razoável; iii) julgou procedente o pedido quanto ao §3º do art. 3º da Lei 9.096/1995, na redação dada pela Lei 13.831/2019; iv) julgou improcedente o pedido quanto ao art. 55-D da Lei 9.096/1995, na redação dada pela Lei 13.831/2019; e v) determinou que a decisão, no trecho em que reconhece a inconstitucionalidade da norma, produza efeitos exclusivamente a partir de janeiro de 2023, prazo após o qual o Tribunal Superior Eleitoral poderá analisar a compatibilidade dos estatutos com o presente acórdão, tudo nos termos do voto do Relator. Plenário, Sessão Virtual de 1.7.2022 a 5.8.2022.

Composição: Ministros Luiz Fux (Presidente), Gilmar Mendes, Ricardo Lewandowski, Cármen Lúcia, Dias Toffoli, Rosa Weber, Roberto Barroso, Edson Fachin, Alexandre de Moraes, Nunes Marques e André Mendonça.

Carmen Lilian Oliveira de Souza
Assessora-Chefe do Plenário

02/09/2020 – PLENÁRIO

AÇÃO DIRETA DE INCONSTITUCIONALIDADE 6.362
DISTRITO FEDERAL

RELATOR: MIN. RICARDO LEWANDOWSKI
REQTE.(S): CONFEDERAÇÃO NACIONAL DE SAÚDE - HOSPITAIS, ESTABELECIMENTOS E SERVIÇOS - CNS
ADV.(A/S): SERGIO BERMUDES E OUTRO(A/S)
INTDO.(A/S): PRESIDENTE DA REPÚBLICA
PROC.(A/S)(ES): ADVOGADO-GERAL DA UNIÃO
INTDO.(A/S): CONGRESSO NACIONAL
PROC.(A/S)(ES): ADVOGADO-GERAL DA UNIÃO
AM. CURIAE: FEDERAÇÃO BRASILEIRA DE HOSPITAIS
ADV.(A/S): LIDIA HATSUMI YOSHIKAWA
AM. CURIAE: ABRAMED
ADV.(A/S): RENATO GUILHERME MACHADO NUNES
AM. CURIAE.: ASSOCIAÇÃO BRASILEIRA DE SAÚDE COLETIVA (ABRASCO)
ADV.(A/S): DANIEL ANTONIO DE MORAES SARMENTO
AM. CURIAE: COLÉGIO NACIONAL DE PROCURADORES GERAIS DOS ESTADOS E DO DISTRITO FEDERAL
ADV.(A/S): ULISSES SCHWARZ VIANA

EMENTA: AÇÃO DIRETA DE INCONSTITUCIONALIDADE. LEI 13.979/2020, QUE DISPÕE SOBRE MEDIDAS PARA O ENFRENTAMENTO DA EMERGÊNCIA DE SAÚDE PÚBLICA DECORRENTE DA COVID-19. COMPETÊNCIA COMUM DOS ENTES FEDERADOS PARA CUIDAR DA SAÚDE. ARTS. 23, II, E 196 DA CF. FEDERALISMO COOPERATIVO. REQUISIÇÃO ADMINISTRATIVA VOLTADA PARA O CONFRONTO DA PANDEMIA DO CORONAVÍRUS. DESNECESSIDADE DE AUTORIZAÇÃO PRELIMINAR DO MINISTÉRIO DA SAÚDE. INDISPENSABILIDADE, TODAVIA, DO PRÉVIO SOPESAMENTO DE EVIDÊNCIAS CIENTÍFICAS E ANÁLISES SOBRE INFORMAÇÕES ESTRATÉGICAS. MEDIDA QUE, ADEMAIS, DEVE OBSERVAR OS CRITÉRIOS DE RAZOABILIDADE E PROPORCIONALIDADE. FIXAÇÃO DE NOVOS REQUISITOS PARA A REQUISIÇÃO PELO JUDICIÁRIO. IMPOSSIBILIDADE EM FACE DO PRINCÍPIO DA SEPARAÇÃO DOS PODERES. AÇÃO DIRETA DE INCONSTITUCIONALIDADE JULGADA IMPROCEDENTE.

I - A Constituição Federal prevê, ao lado do direito subjetivo público à saúde, a obrigação de o Estado dar-lhe efetiva concreção, por meio de "políticas sociais e econômicas que visem à redução do risco de doença e de outros agravos e ao acesso universal e igualitário às ações e serviços para a sua promoção, proteção e recuperação" (art. 196).

II – Esse dever abrange todos os entes federados, inclusive as comunas, os quais, na seara da saúde, exercem uma competência administrativa comum, nos termos do art. 23, II, do Texto Constitucional.

III - O federalismo cooperativo, adotado entre nós, exige que a União e as unidades federadas se apoiem mutuamente no enfrentamento da grave crise sanitária e econômica decorrente da pandemia desencadeada pelo novo coronavírus.

IV- O Plenário do STF já assentou que a competência específica da União para legislar sobre vigilância epidemiológica, da qual resultou a Lei 13.979/2020, não inibe a competência dos demais entes da federação no tocante à prestação de serviços da saúde (ADI 6.341-MC-Ref/DF, redator para o acórdão Ministro Edson Fachin).

V – Dentre as medidas de combate à pandemia, a Lei 13.979/2020 estabelece que qualquer ente federado poderá lançar mão da "requisição de bens e serviços de pessoas naturais e jurídicas, hipótese em que será garantido o pagamento posterior de indenização justa" (art. 3°, VII).

VI – Tais requisições independem do prévio consentimento do Ministério da Saúde, sob pena de invasão, pela União, das competências comuns atribuídas aos Estados, Distrito Federal e Municípios, os quais, todavia, precisam levar em consideração evidências científicas e análises sobre as informações estratégicas antes de efetivá-las (art. 3°, §1°).

VII – Como todas as ações estatais, as requisições administrativas precisam balizar-se pelos critérios da razoabilidade e da proporcionalidade, só podendo ser levadas a cabo após a constatação de que inexistem outras alternativas menos gravosas.

VIII- Essa fundamentação haverá de estar devidamente explicitada na exposição de motivos dos atos que venham a impor as requisições, de maneira a permitir o crivo judicial.

IX – Ao Judiciário, contudo, é vedado substituir-se ao Executivo ou ao Legislativo na definição de políticas públicas, especialmente aquelas que encontrem previsão em lei, considerado o princípio da separação dos poderes.

X - A requisição administrativa configura ato discricionário, que não sofre qualquer condicionamento, tendo em conta o seu caráter unilateral e autoexecutório, bastando que fique configurada a necessidade inadiável da utilização de um bem ou serviço pertencente a particular numa situação de perigo público iminente, sendo por isso inexigível a aquiescência da pessoa natural ou jurídica atingida ou a prévia intervenção do Judiciário.

XI - A criação de novos requisitos para as requisições administrativas por meio da técnica de interpretação conforme à Constituição (art. 3°, *caput*, VII, da CF e §7°, III, da Lei 13.979/2020), não se aplica à espécie, dada a clareza e univocidade da disposição legal impugnada.

XII - Ação direta de inconstitucionalidade julgada improcedente.

RELATÓRIO

O Senhor Ministro *Ricardo Lewandowski* (Relator): Trata-se de ação direta de inconstitucionalidade com pedido de cautelar ajuizada pela Confederação Nacional de Saúde – CNS, com o objetivo de conferir interpretação conforme à Constituição Federal ao art. 3º, *caput*, VII, e §7º, III, da Lei 13.979/2020.

A requerente sustenta, em síntese, que cabe ao Ministério da Saúde coordenar as medidas de requisições administrativas previstas no art. 3º, VII, da Lei 13.979/2020, as quais não podem ser levadas a efeito pelos entes subnacionais antes da realização de estudos e do consentimento daquela Pasta.

Informa, na sequência, que inúmeros são os relatos

> "[...] de fornecedores de equipamentos médicos que recebem múltiplas requisições, oriundas de diversos entes da Administração Pública, de maneira caótica e desordenada, muitas vezes recaindo mais de uma delas sobre os mesmos bens e comprometendo todos os equipamentos em estoque. Em casos extremos, requisitam-se ate mesmo bens ainda a serem produzidos ou importados.
>
> [...] Ainda pior e mais grave, nos últimos dias, variados entes da Administração Publica tem ensaiado a requisição de leitos de UTI e de hospitais da iniciativa privada, como ocorre com o Decreto Estadual da Paraíba de no 40.155, de 30 de março de 2020, que confere permissão ampla e genérica ao Secretario de Estado da Saúde para 'requisitar as unidades de saúde e leitos', bem como de 'serviços de profissionais de saúde'" (art. 2º, *caput* e §2º, doc. 2, pág. 8 da inicial).

Nesse diapasão, assevera que "e impensável [...] que os hospitais privados, já sobrecarregados com o tratamento de infectados pelo COVID-19, sejam obrigados a lidar com múltiplas requisições de seus leitos de UTI, sem qualquer controle ou planejamento, tudo tendendo a esvaziar por completo sua capacidade de lidar com a pandemia" (pág. 8 da inicial).

Para corroborar sua argumentação, a requerente enumera uma série de eventos que evidenciariam "[...] o quadro de balburdia federativa que a leitura equivocada da Lei n° 13.979/2020 tem gerado" (pág. 9 da inicial), aduzindo o seguinte:

> "Essa batalha de requisiçoes, a olhos vistos, e causa de enorme insegurança juridica, afeta o direito de iniciativa econômica, nao respeita as condicionantes necessarias do exercicio do poder de requisiçao e desarruma a convivência ordenada das entidades que compoem a Federaçao" (pag. 12 da inicial).

A seguir, assinala que

> "[o] poder de requisiçao, no contexto pandemico, para se obviarem quadros caoticos, deve ser exercido de modo ordenado pelas tres esferas da Federaçao. Se os Estados e Municipios podem se valer desse poder, nao lhes e dado exercita-lo de modo dessincronizado com a autoridade central que coordena o esforço nacional.
>
> [...] Com efeito, as tres esferas da Federaçao ganharam competencia concorrente do constituinte 'para cuidar da saude e da assistencia publica' (art. 23, II, CR). É caracteristico, porem, da atribuiçao vertical de competencias que se reserve para a esfera central da Federaçao a atribuiçao de coordenaçao e de supremacia, em face do interesse maior que representa" (pág. 14 da inicial).

Sublinha, mais, que

"[...] a predominância do interesse geral da Uniao em coordenar as requisiçoes administrativas realizadas no territorio do pais e indisputavel. O combate à pandemia do COVID-19 e as medidas necessarias para lidar com a crise de oferta de equipamentos e insumos medicos formam questao de interesse eminentemente nacional, razao por que deve prevalecer o papel centralizador da autoridade federal, no âmbito da Saude, para coordenar os atos de requisiçao desejados pelos gestores locais.
[...] a atuaçao descentralizada dos 5.571 Municipios, do Distrito Federal e dos 26 Estados da Federaçao para atender às suas necessidades locais nao tem como levar em conta os diversos interesses afetados pela limitaçao nacional da oferta de equipamentos medicos para o combate da pandemia" (pag. 18 da inicial).

Afirma, ainda, que a Lei 13.979/2020, no art. 3°, §1°, admite que as requisições administrativas são excepcionais e, por isso, "[...] devem ser tomadas em contexto estratégico de combate à pandemia que abarca todo o território nacional" (pag. 20 da inicial).

Para a requerente, referido dispositivo legal abonaria a pretendida interpretação conforme à Constituição, já que,

"[s]e todas as medidas do art. 3° da Lei no 13.979/2020 devem-se basear em informaçoes estrategicas e devem afetar os atingidos em grau minimo necessario, e indispensavel que respondam à coordenaçao estrategica da entidade central, incumbida de enfrentar a pandemia alastrada por todo o pais. So assim garante-se a sua efetividade no plano da engenharia administrativa que a preservaçao da saude em todo o pais demanda" (págs. 20-21 da inicial).

Desse modo, argumenta que

"[...] a Lei n° 13.979/2020 menciona o Ministerio da Saude como orgao federal incumbido de atuar em nome da Uniao no combate ao coronavirus. Dai que medidas de requisiçao nao podem ser tomadas antes de ouvi-lo e sem o seu assentimento. Nao se trata de impedir que essas requisiçoes sejam feitas por diferentes gestores de saude, mas apenas de assegurar a organizaçao do processo e a fundamentaçao dos pedidos" (pag. 21 da inicial).

Outrossim, entende que, dado o aspecto gravoso para a propriedade privada, o ato de requisição deve, mesmo quando consentido pela autoridade federal, "[...] estar robustamente amparado numa situação de fato, apropriadamente descrita, que indique ser a medida conforme ao principio da proporcionalidade" (pag. 28 da inicial), comprovando-se a necessidade e adequação da medida, de modo que não concorra com outras menos gravosas que poderiam dar ensejo a resultado análogo.
Para a requerente, o ato precisa, ainda,

"[...] explicitar que a decisao de requisitar levou em conta os prejuizos que suscita para os afetados por ela, para o principio da liberdade da iniciativa privada no campo da saude, para a viabilidade concreta desses serviços e para os pacientes que acorrem a tais entidades particulares. Para que a decisao seja constitucionalmente correta, cumpre que se demonstre que o interesse concreto que comandou o ato de requisição sobreleva os interesses afetados.
[...] Evidentemente, a requisiçao deve ser utilizada como ultimo recurso apenas" (pags. 28-29 da inicial).

Acrescenta que o Supremo Tribunal Federal precisa esclarecer, levando em consideração as exigências de adequação à finalidade e o postulado da proporcionalidade, "[...] que a interpretaçao constitucionalmente conforme à Constituiçao da Lei n° 13.979/2020 nao isenta a Administraçao, nas tres esferas da Federaçao, de contempla-las e de atendê-las" (pág. 30 da inicial).

Pondera, mais, que as requisições administrativas não poderiam "[...] limitar o acesso de outros prestadores de serviços publicos e privados de saude a bens necessarios para o serviço medico, ja que nao cabe a apropriaçao de bem ja destinado à consecuçao da mesma finalidade a que se vincula a requisiçao, o combate à pandemia do COVID-19" (pág. 31 da inicial).

Ademais, entende que, para a operacionalização das requisições administrativas, ha de ser comprovado "[...] o previo esgotamento de todos os meios disponíveis à Administração Pública para adquirir os bens requisitados" (pág. 34 da inicial), não podendo recair sobre leitos e profissionais já destacados para o combate à pandemia ou outras doenças, nem inviabilizar o funcionamento de entidades privadas, assegurando-se a oitiva para oportunizar a prévia impugnação ou sugestão de alternativas.

Ao final, requer que o Supremo Tribunal Federal - STF deve:

"(i) fixar ser inconstitucional a leitura desses dispositivos da Lei nº 13.979/2020, objeto da demanda, que não conduza a que todas as requisições administrativas projetadas para serem exercidas por gestores de saúde estaduais ou municipais sejam submetidas ao prévio exame e autorização do Ministério da Saúde para serem, só depois disso, implementadas;
(ii) [...] determinar a imediata suspensão da eficácia dos atos de requisição administrativa realizados por gestores de saúde estaduais ou municipais que não foram submetidos ao prévio exame e autorização do Ministério da Saúde; e
(iii) fixar o entendimento de que os mesmos dispositivos da Lei nº 13.979/2020, para serem tidos como constitucionais, devem ser compreendidos como a não prescindir da observância, em cada ato de requisição, da prévia oitiva do atingido pela medida, bem como da fundamentação explícita, realizada com atenção aos requisitos do princípio da proporcionalidade. Daí decorrendo a imperiosa necessidade de comprovação do prévio esgotamento de todos os meios disponíveis à Administração Pública para adquirir os bens requisitados, comprovação de que os bens requisitados não inviabilizarão a prestação de serviço de saúde por parte da instituição que tenha previamente adquirido os mesmos bens e comprovação da necessidade concreta e específica da obtenção do bem ou serviço na quantidade requisitada" (págs. 36-37 da inicial).

As informações prestadas pelos Presidentes da República (documentos eletrônicos 53-54), da Câmara dos Deputados (documento eletrônico 62) e do Senado Federal (documento eletrônico 64) foram juntadas aos autos.

O Advogado-Geral da União ofertou parecer pela procedência parcial do pedido, nos termos da ementa abaixo:

"Constitucional. Lei nº 13.979/2020, que dispõe sobre as medidas para enfrentamento da emergência de saúde pública de importância internacional decorrente do novo coronavírus. Impugnação a normas que tratam da requisição de bens e serviços de pessoas naturais e jurídicas, mediante posterior indenização, e atribuem a respectiva competência administrativa aos gestores locais. Pretensão de atribuir interpretação conforme à Constituição para condicionar requisições estaduais e municipais ao prévio exame e autorização do

Ministério da Saúde. A Lei Orgânica do SUS atribui à União relevante papel de coordenação no controle epidemiológico (artigo 16, inciso X e §único, da Lei nº 8.080/1990). *Essa função não pode minimizar, porém, a autonomia federativa. Via de regra, a requisição administrativa de bens e serviços para o enfrentamento da pandemia pode ser implementada por todos os entes federados*, através de ato motivado que demonstre suficientemente o atendimento aos pressupostos constitucionais e legais para a adoção da medida, sem necessidade de prévio consentimento do Ministério da Saúde. Todavia, nas hipóteses de sobreposição de requisições oriundas de diferentes unidades federativas, eventuais conflitos devem observar, ordinariamente, o critério da precedência da contratação; e, *em casos de superescassez de âmbito nacional, em que esteja configurada defasagem regionalmente desproporcional de suprimento dos bens requisitados, deve ser assegurada primazia à iniciativa federal*. Manifestação pela procedência parcial do pedido formulado na petição inicial" (pág. 1 do documento eletrônico 71, grifei).

Por sua vez, o Procurador-Geral da República manifestou-se pela improcedência do pedido, em parecer assim ementado:

"AÇÃO DIRETA DE INCONSTITUCIONALIDADE. ART. 3º, *CAPUT*, VII, E §7º, III, DA LEI 13.979/2020. REQUISIÇÃO ADMINISTRATIVA DE BENS E SERVIÇOS DE SAÚDE. ENFRENTAMENTO DA EPIDEMIA DE COVID-19. COMPETÊNCIA MATERIAL COMUM DE TODOS OS ENTES FEDERATIVOS. PRODUTOS EM ESCASSEZ NO MERCADO OU DE AQUISIÇÃO DIFICULTADA. EXIGÊNCIA DE ATUAÇÃO LINEAR EM TODO O TERRITÓRIO NACIONAL. PAPEL DE COORDENAÇÃO DO ENTE CENTRAL. ATRIBUIÇÃO DO MINISTÉRIO DA SAÚDE – DIREÇÃO NACIONAL DO SISTEMA ÚNICO DE SAÚDE. *AUSÊNCIA DE EXIGÊNCIA DE AUTORIZAÇÃO DO MINISTÉRIO DA SAÚDE PARA REQUISIÇÕES SOLICITADAS POR GESTORES DE SAÚDE ESTADUAIS E MUNICIPAIS. SILÊNCIO ELOQUENTE.* INSERÇÃO DA EXIGÊNCIA PELO PODER JUDICIÁRIO. IMPOSSIBILIDADE.

1 A requisição administrativa de bens e serviços de saúde como medida de enfrentamento da epidemia do novo coronavírus pode ser implementada por gestores de saúde de todos os entes da Federação (CF, art. 23, II) . Precedente: ADI 6.341-MC-Ref/DF.

2 A gestão coordenada das medidas de enfrentamento da epidemia que demandem atuação linear em todo território nacional há de ser realizada pelo ente central, no Ministério da Saúde, por meio da direção nacional do Sistema Único de Saúde (Lei 8.080/1990, art. 16).

3 O não estabelecimento de condição especial para a adoção da medida de enfrentamento da epidemia no art. 3º, caput, VII, e §7º, III, da Lei 13.979/2020 configura silêncio eloquente que não pode ser suprido pelo Judiciário, sob pena de criação de norma diversa e não desejada pelo legislador, com afronta ao princípio da divisão funcional de Poder.

4 A logística de distribuição de equipamentos de saúde superescassos no mercado e de aquisição dificultada, em caso de defasagem regionalmente desproporcional dos suprimentos, há de ser realizada pela direção nacional do SUS, a fim de reduzir desigualdades regionais e de assegurar igualdade no acesso ao sistema de saúde.

6. A via regulamentar do art. 16, parágrafo único, da Lei 8.080/1990 abre espaço para delimitação da forma pela qual a União poderá coordenar nacionalmente e executar diretamente requisições de bens e insumos escassos e de demorada e difícil aquisição.

Parecer pela improcedência dos pedidos" (págs. 1-2 do documento eletrônico 78, grifei).

Registro, por fim, que deferi a habilitação, como *amici curiae*, das seguintes entidades: Associação Brasileira de Saúde Coletiva – Abrasco, Colégio Nacional de Procuradores Gerais dos Estados e do Distrito Federal – Conpeg, Federação Brasileira de Hospitais – FBH e Associação Brasileira de Medicina Diagnóstica – Abramed (documento eletrônico 80).

É o relatório.

VOTO

O Senhor Ministro *Ricardo Lewandowski* (Relator): Bem examinados os autos, entendo que o caso é de improcedência desta ação direta de inconstitucionalidade.

Na espécie, pretende-se, em síntese, que o Ministério da Saúde coordene as medidas de requisições administrativas previstas no art. 3°, VII, da Lei 13.979/2020, as quais não poderiam ser levadas a efeito pelos entes subnacionais, antes de estudos e do consentimento do órgão federal.

Mas não só. A requerente quer, ainda, que o STF assente que o precitado dispositivo legal, para ser havido como constitucional, pressupõe a prévia audiência do atingido pela requisição, sempre acompanhado de motivação, a qual leve em conta o princípio da proporcionalidade e a inexistência de outra alternativa menos gravosa.

Em conclusão, a requerente almeja que a Suprema Corte confira interpretação conforme à Constituição ao art. 3º, *caput*, VII, e §7º, III, da Lei 13.979/2020.

Para melhor compreensão daquilo que se discute na presente ADI, transcrevo abaixo o teor dos dispositivos impugnados:

> "Art. 3º Para enfrentamento da emergência de saúde pública de importância internacional decorrente do coronavírus, as autoridades poderão adotar, no âmbito de suas competências, dentre outras, as seguintes medidas:
>
> [...]
>
> VII - requisição de bens e serviços de pessoas naturais e jurídicas, hipótese em que será garantido o pagamento posterior de indenização justa; e
>
> [...]
>
> §7º As medidas previstas neste artigo poderão ser adotadas:
>
> [...]
>
> III - pelos gestores locais de saúde, nas hipóteses dos incisos III, IV e VII do *caput* deste artigo".

Apenas para lembrar, a Lei 13.979/2020 "dispõe sobre as medidas para enfrentamento da emergência de saúde pública de importância internacional decorrente do coronavírus responsável pelo surto de 2019".

Visto isso, constato, inicialmente, que a pandemia desencadeada pelo novo coronavírus, que em poucos meses infectou e vitimou dezenas de milhares de pessoas no País e em todo o mundo, revelou, dentre outras coisas, as fraquezas e virtudes das diferentes formas de governança. Entre nós, serviu para testar os limites do federalismo adotado pela Constituição de 1988.[1]

A federação, a rigor, é uma novidade histórica, que resultou da associação das treze ex-colônias britânicas na América do Norte, tornadas independentes em 1776. Foi

---

[1] Cf. meu artigo "Covid-19 e Federalismo", publicado pela Folha de São Paulo em 22/4/2020 (Disponível em: <https://www1.folha.uol.com.br/opiniao/2020/04/covid-19-e- federalismo.shtml>. Acesso em: jun. 2020).

concebida, inicialmente, para assegurar aos associados as vantagens da unidade, sem prejuízo da preservação das distintas particularidades. Mais tarde, constatou-se que essa forma de Estado também contribui para fortalecer a democracia, pois promove a desconcentração do poder e facilita a aproximação do povo com os governantes.

Por isso, o Ministro Alexandre de Moraes, em sede acadêmica, ressaltou que a adoção da forma "[...] federal de Estado gravita em torno do princípio da autonomia e da participação política."[2]

Inspirado na experiência dos Estados Unidos, o Brasil adotou o modelo em 1891, na primeira Constituição republicana. A partir de então, todas as cartas políticas subsequentes o incorporaram, exceto a de 1937, sob a qual vicejou a ditadura getulista.

A trajetória do federalismo brasileiro, porém, ao longo de sua história, viveu uma espécie de movimento pendular, com momentos de grande concentração de poderes no âmbito da União e outros, mais raros, nos quais houve uma certa desconcentração em favor dos entes federados. Nessa disputa, o governo central acabou sempre prevalecendo sobre as autoridades regionais e locais o que levou alguns analistas a vaticinar que estaríamos, pouco a pouco, nos encaminhando para um Estado unitário descentralizado, em franca contradição com a própria natureza da federação.

O Estado Federal, ademais, repousa sobre dois valores importantes. O primeiro deles refere-se à inexistência de hierarquia entre os seus integrantes, de modo a não permitir que se cogite da prevalência da União sobre os Estados ou, destes, sobre os Municípios, consideradas as competências que lhe são próprias. Já o segundo, consubstanciado no princípio da subsidiariedade, significa, em palavras simples, o seguinte: tudo aquilo que o ente menor puder fazer de forma mais célere, econômica e eficaz não deve ser empreendido pelo ente maior.

Para superar as fraquezas históricas de nossa federação, os constituintes de 1988 adotaram o denominado "federalismo cooperativo" ou "federalismo de integração", no qual "se registra um entrelaçamento de competências e atribuições dos diferentes níveis governamentais [...], aliado à partilha dos recursos financeiros",[3] exatamente para que se possa alcançar um desenvolvimento nacional mais harmônico e inclusivo.

Dentro dos quadros desse novo federalismo, compete concorrentemente à União, aos Estados e ao Distrito Federal legislar sobre a "proteção e defesa da saúde" (art. 24, XII), limitando-se a primeira a editar normas gerais sobre o tema (art. 24, XII, §1°). Além disso, constitui competência comum a todos eles e também aos Municípios "cuidar da saúde e assistência pública" (art. 23, II).

Aqui vale lembrar que a Constituição prevê, ao lado do direito subjetivo público à saúde, o dever estatal de dar-lhe efetiva concreção, mediante "políticas sociais e econômicas que visem à redução do risco de doença e de outros agravos e ao acesso universal e igualitário às ações e serviços para a sua promoção, proteção e recuperação" (art. 196, CF).

Trata-se da dimensão objetiva ou institucional do direito fundamental à saúde, que também se revela na sua organização administrativa por meio do Sistema Único de Saúde - SUS, concebido como uma rede regionalizada e hierarquizada de ações e

---

[2] MORAES, Alexandre de. *Direito constitucional.* 35. ed. São Paulo: Atlas, 2019, p. 311.

[3] LEWANDOWSKI, Enrique Ricardo. *Pressupostos materiais e formais da Intervenção Federal no Brasil.* São Paulo: Revista dos Tribunais, 1994, pp. 20-21.

serviços públicos nessa área, que prima pela descentralização, pelo atendimento integral e pela participação da comunidade em sua gestão e controle (art. 198, *caput*).

A partir do arcabouço constitucional acima descrito, é possível concluir que a defesa da saúde compete a qualquer das unidades federadas, seja por meio da edição de normas legais, seja mediante a realização de ações administrativas, sem que dependam da autorização de outros níveis governamentais para levá-las a efeito, cumprindo-lhes, apenas, consultar o interesse público que têm o dever de preservar.

Esse é precisamente o entendimento da mais abalizada doutrina.

Confira-se:

> "[a] norma do art. 196 é perfeita, porque estabelece explicitamente uma relação jurídica constitucional em que, de um lado, se acham o direito que ela confere, pela cláusula 'a saúde é direito de todos', assim como os sujeitos desse direito, expressos pelo signo todos', que é o signo de universalização, mas com destinação precisa aos brasileiros e estrangeiros residentes - aliás, a norma reforça esses sentido ao prever o acesso universal e igualitário às ações de e serviços de saúde -, e, de outro lado, *a obrigação correspondente, na cláusula 'a saúde é dever do Estado', compreendendo aqui a União, os Estados, o Distrito Federal e os Municípios, que podem cumprir o dever diretamente ou por via de entidade da Administração indireta*"[4] (grifei).

Como se percebe, o federalismo cooperativo, longe de ser mera peça retórica, exige que os entes federativos se apoiem mutuamente, deixando de lado eventuais divergências ideológicas ou partidárias dos respectivos governantes, sobretudo diante da grave crise sanitária e econômica decorrente do coronavírus, responsável pelo surto de 2019. Bem por isso, os entes regionais e locais, não podem ser alijados do combate à Covid-19, sobretudo porque estão investidos do poder-dever de empreender as medidas necessárias para o enfrentamento da emergência de saúde pública decorrente da pandemia.

Em outras palavras, a Constituição outorgou a todas as unidades federadas a competência comum de cuidar da saúde, compreendida nela a adoção de quaisquer medidas que se mostrem necessárias para salvar vidas e restabelecer a saúde das pessoas acometidas pelo novo coronavírus, incluindo-se nelas o manejo da requisição administrativa.

Ao analisar a ADI 6.341-MC-Ref/DF, de relatoria do Ministro Marco Aurélio, em 15/4/2020, esta Suprema Corte referendou a cautelar por ele deferida, assentando que os entes federados possuem competência concorrente para adotar as providências normativas e administrativas necessárias ao combate da pandemia em curso, dentre as quais se inclui a requisição administrativa de bens e serviços constante do art. 3°, VII, da Lei 13.979/2020. O acórdão, redigido pelo Ministro Edson Fachin, foi assim ementado:

> "REFERENDO EM MEDIDA CAUTELAR EM AÇÃO DIRETA DA INCONSTI-TUCIONALIDADE. DIREITO CONSTITUCIONAL. DIREITO À SAÚDE. EMERGÊNCIA SANITÁRIA INTERNACIONAL. *LEI 13.979 DE 2020. COMPETÊNCIA DOS ENTES FEDERADOS PARA LEGISLAR E ADOTAR MEDIDAS SANITÁRIAS DE COMBATE À EPIDEMIA INTERNACIONAL. HIERARQUIA DO SISTEMA ÚNICO DE SAÚDE. COMPETÊNCIA COMUM.* MEDIDA CAUTELAR PARCIALMENTE DEFERIDA.

---

4   SILVA, José Afonso da. *Comentário contextual à Constituição*. 6. ed. São Paulo: Malheiros, 2009, p. 768.

1 A emergência internacional, reconhecida pela Organização Mundial da Saúde, não implica nem muito menos autoriza a outorga de discricionariedade sem controle ou sem contrapesos típicos do Estado Democrático de Direito. As regras constitucionais não servem apenas para proteger a liberdade individual, mas também o exercício da racionalidade coletiva, isto é, da capacidade de coordenar as ações de forma eficiente. O Estado Democrático de Direito implica o direito de examinar as razões governamentais e o direito de criticá-las. Os agentes públicos agem melhor, mesmo durante emergências, quando são obrigados a justificar suas ações.

2 O exercício da competência constitucional para as ações na área da saúde deve seguir parâmetros materiais específicos, a serem observados, por primeiro, pelas autoridades políticas. Como esses agentes públicos devem sempre justificar suas ações, é à luz delas que o controle a ser exercido pelos demais poderes tem lugar.

3 *O pior erro na formulação das políticas públicas é a omissão, sobretudo para as ações essenciais exigidas pelo art.*

23 *da Constituição Federal. É grave que, sob o manto da competência exclusiva ou privativa, premiem-se as inações do governo federal, impedindo que Estados e Municípios, no âmbito de suas respectivas competências, implementem as políticas públicas essenciais. O Estado garantidor dos direitos fundamentais não é apenas a União, mas também os Estados e os Municípios.*

4 *A diretriz constitucional da hierarquização, constante do caput do art. 198 não significou hierarquização entre os entes federados, mas comando único, dentro de cada um deles.*

5 É preciso ler as normas que integram a Lei 13.979, de 2020, como decorrendo da competência própria da União para legislar sobre vigilância epidemiológica, nos termos da Lei Geral do SUS, Lei 8.080, de 1990. *O exercício da competência da União em nenhum momento diminuiu a competência própria dos demais entes da federação na realização de serviços da saúde, nem poderia, afinal, a diretriz constitucional é a de municipalizar esses serviços.*

6 O direito à saúde é garantido por meio da obrigação dos Estados Partes de adotar medidas necessárias para prevenir e tratar as doenças epidêmicas e os entes públicos devem aderir às diretrizes da Organização Mundial da Saúde, não apenas por serem elas obrigatórias nos termos do Artigo 22 da Constituição da Organização Mundial da Saúde (Decreto 26.042, de 17 de dezembro de 1948), mas sobretudo porque contam com a expertise necessária para dar plena eficácia ao direito à saúde.

7 *Como a finalidade da atuação dos entes federativos é comum, a solução de conflitos sobre o exercício da competência deve pautar-se pela melhor realização do direito à saúde, amparada em evidências científicas e nas recomendações da Organização Mundial da Saúde.*

8 Medida cautelar parcialmente concedida para dar interpretação conforme à Constituição ao §9º do art. 3º da Lei 13.979, a fim de explicitar que, preservada a atribuição de cada esfera de governo, nos termos do inciso I do artigo 198 da Constituição, o Presidente da República poderá dispor, mediante decreto, sobre os serviços públicos e atividades essenciais" (grifei).

Além disso, o Plenário do STF assentou também que o exercício da competência específica da União para legislar sobre vigilância epidemiológica, a qual deu, repito, ensejo à elaboração da Lei 13.979/2020, não restringiu a competência própria dos demais entes da federação para a implementação de ações no campo da saúde. Pelo contrário, tal diploma normativo incluiu, expressamente, a possibilidade de qualquer ente federado lançar mão da "requisição de bens e serviços de pessoas naturais e jurídicas, hipótese em que será garantido o pagamento posterior de indenização justa" (art. 3º, VII).

No concernente à requisição administrativa, cumpre lembrar que tal instituto possui fundamento nos arts. 5º, XXIII e XXV, e 170, III, da Constituição. Mais especificamente, "no caso de iminente perigo público, a autoridade competente poderá usar de propriedade particular, assegurada ao proprietário indenização ulterior, se houver dano" (art. 5º, XXV, da CF).

Isso quer dizer que a medida pode ser desencadeada por qualquer dos entes federados, com base no art. 23, II, da mesma Carta Magna, o qual, como já visto, estabelece que é da competência comum destes "cuidar da saúde e assistência pública".

O Código Civil, de igual forma, prevê que "o proprietário pode ser privado da coisa, nos casos de [...] requisição, em caso de perigo público iminente" (art. 1.228, §3º). Ademais, apenas a título de exemplo, permanece em pleno vigor o Decreto-lei 4.812/1942, que dispõe sobre a requisição de bens imóveis e móveis, necessários às forças armadas e à defesa passiva da população.

No âmbito das atribuições comuns, vale ressaltar, por oportuno, que a Lei 8.080/1990 consigna que: "para atendimento de necessidades coletivas, urgentes e transitórias, decorrentes de situações de perigo iminente, de calamidade pública ou de irrupção de epidemias, a autoridade competente da esfera administrativa correspondente poderá requisitar bens e serviços, tanto de pessoas naturais como de jurídicas, sendo-lhes assegurada justa indenização" (art. 15, XIII).

Como se vê, mesmo antes do advento da novel legislação, aqui contestada, nosso ordenamento jurídico já era pródigo em prever a possibilidade de acionamento da requisição administrativa.

Reputo importante destacar que o desencadeamento dessa medida apresenta um caráter eminentemente discricionário, vindicando para sua efetivação, tão somente, a inequívoca caracterização de perigo público iminente, cuja avaliação cabe, de forma exclusiva, às diferentes autoridades administrativas, consideradas as respectivas esferas de competência, depois de sopesadas as distintas situações emergentes na realidade fática.

O art. 5º, XXV, da Constituição, exige apenas a configuração de iminente perigo público, que "[...] só pode ser avaliada pelo administrador, e, nessa avaliação não há como deixar de se lhe reconhecer o poder jurídico de fixá-la como resultado de valoração de caráter eminentemente administrativo".[5]

Isso significa que a requisição, embora constitua ato discricionário, é também, de certa maneira, vinculado, pois o administrador não pode praticá-lo se ausente o pressuposto do iminente perigo público iminente.[6]

Nesse passo, cumpre trazer à baila a opinião de importante especialista acerca do instrumento em análise:

> "Em qualquer das modalidades, *a requisição caracteriza- se por ser um instrumento unilateral e autoexecutório*, pois independe da aquiescência do particular e da prévia intervenção do Poder Judiciário; e em regra oneroso, sendo a indenização *a posteriori*".[7] (grifei)

Semelhante é o ponto de vista de outro grande jurista, o qual afirma que a requisição administrativa retrata hipótese de sacrifício de direito por meio do qual o ente estatal "[...] *em proveito de um interesse público*, constitui alguém, *de modo unilateral*

---

[5] CARVALHO FILHO, José dos Santos. *Manual de Direito Administrativo*, 30. ed. São Paulo: Atlas, 2016, p. 844.

[6] *Idem, loc. cit.*

[7] DI PIETRO, Maria Sylvia Zanella. *Direito Administrativo*. 29. ed. Rio de Janeiro: Forense, 2016. p. 176, grifei.

e autoexecutório, na obrigação de prestar-lhe um serviço ou ceder-lhe transitoriamente o uso de uma coisa *in natura*, obrigando-se a indenizar os prejuízos que tal medida efetivamente acarretar ao obrigado".[8] (grifei).

Como se percebe, a requisição administrativa foi concebida para arrostar situações urgentes e inadiáveis, de modo que a própria indenização, acaso devida, será sempre posterior.

E a medida, convém ressaltar, também abrange bens e serviços médico-hospitalares, conforme atesta a doutrina:

> "Numa situação de iminente calamidade pública, por exemplo, o Poder Público pode requisitar o uso do imóvel, dos equipamentos e dos serviços médicos de determinado hospital privado. A requisição só não será legitima se não estiver configurada a situação de perigo mencionada na Constituição. Nesse caso, pode o proprietário recorrer ao Judiciário para invalidar o ato de requisição".[9]

Por isso, o ato de requisição não dispensa a sua apropriada motivação. A comprovação do atendimento do interesse coletivo, consubstanciado na necessidade inadiável do uso do bem ou do serviço do particular em decorrência de perigo público iminente, será contemporânea à execução do ato, possibilitando, assim, o seu posterior questionamento na justiça, se for o caso.

Dito isso, vale ressaltar, porque conveniente, quanto ao papel da União no combate à pandemia, que o art. 21, XVIII, da Constituição, lhe defere a atribuição de "planejar e promover a defesa contra as calamidades públicas, especialmente as secas e inundações".

E quando o referido dispositivo é lido em conjunto com o art. 198 da mesma Carta - o qual dispõe que o sistema único de saúde é organizado de maneira hierarquizada - percebe-se que compete à União assumir *coordenação* das atividades desse setor, incumbindo-lhe, especialmente, "executar ações de vigilância epidemiológica e sanitária em circunstâncias especiais, como na ocorrência de agravos inusitados à saúde, que possam escapar do controle da direção estadual do Sistema Único de Saúde (SUS) ou que representem risco de disseminação nacional", conforme o disposto no art. 16, III, *a*, e parágrafo único, da Lei Orgânica da Saúde (Lei 8.080/1990).

Nessa linha, lanço mão de informações prestadas pela União, nos autos da ADPF 671/DF - processo que deu ensejo à distribuição dos presentes autos a este Relator, por prevenção -, nas quais ela circunscreveu os limites de suas atribuições no combate à pandemia, *verbis*:

> "[...] *a atuação da União é efetuada no plano normatizador*, com a realização de *repasse de incentivos financeiros* destinados à execução das políticas de saúde, incluindo-se a de Média e Alta Complexidade, a *elaboração de políticas públicas e o gerenciamento dos sistemas de informações*. Nesse sentido foram publicadas a *Portaria n.º 237, de 18 de março de 2020*, a qual inclui leitos e procedimentos na Tabela de Procedimentos, Medicamentos Órteses, Próteses e Materiais Especiais (OPM) do Sistema Único de Saúde (SUS), para atendimento exclusivo

---

[8] MELLO, Celso Antônio Bandeira de. *Curso de direito administrativo*. 32. ed. São Paulo: Malheiros, 2015, p. 929; grifei.

[9] CARVALHO FILHO, José dos Santos. *op. cit.* p. 843.

dos pacientes com COVID-19; a *Portaria n.º 414, de 18 de março de 2020*, que autoriza a habilitação de leitos de Unidade de Terapia Intensiva Adulto e Pediátrico, para atendimento exclusivo dos pacientes COVID-19; e a *Portaria n.º 568, de 26 de março de 2020*, que autoriza a habilitação de leitos de Unidade de Terapia Intensiva Adulto e Pediátrica para atendimento exclusivo dos pacientes com a COVID-19.

De acordo com a Portaria n.º 414, ficou autorizada a *habilitação de até 2.540 (dois mil e quinhentos e quarenta) leitos de Unidade de Terapia Intensiva Adulto e Pediátrico, financiados pelo Ministério da Saúde para atendimento exclusivo dos pacientes COVID-19* (art. 1º). E acrescenta:

[...]

Cumpre destacar que o Ministério da Saúde *dobrou o valor do custeio diário dos leitos em Unidades de Terapia Intensiva (UTI) Adulto e Pediátrica*. Os leitos habilitados anteriormente eram custeados pelo Ministério no valor de R$ 800 por dia, valor que, como visto acima, *passou para R$ 1,600,00.*

Ademais, conforme dispõe a *Portaria n.º 568* (art. 1º, §1º), *a habilitação temporária dos leitos de UTI ocorrerá a partir da solicitação do Gestor de Saúde Estadual e Municipal*, devendo as solicitações estarem em consonância com as reais necessidades dos seus territórios" (págs. 10-11 do documento eletrônico 21 da ADPF 671/DF; grifei).

O papel de coordenação, delineado no art. 16, III, *a* e parágrafo único, da Lei Orgânica da Saúde, de acordo com as informações acima transcritas, tem sido exercido pela União de maneira parcimoniosa, no que diz respeito às requisições administrativas.

Sim, porque consideradas as consequências práticas da aplicação literal da lei, a teor do art. 20 da Lei de Introdução às Normas do Direito Brasileiro,[10] não há evidências de que o Ministério da Saúde, embora competente para coordenar, em âmbito nacional, as ações de vigilância epidemiológica e sanitária, tenha a capacidade de analisar e solucionar tempestivamente a multifacetadas situações emergenciais que eclodem em cada uma das regiões ou localidades do País.

De maneira muito elucidativa, o Advogado-Geral da União assentou, em sua manifestação, que não caberia ao Ministério da Saúde avalizar todas as requisições administrativas de bens e serviços de saúde privados, levadas a efeito por gestores estaduais e municipais, pois:

"Embora a União atue como órgão centralizador, coordenador e regulador de políticas públicas de saúde – e nessa amplitude promova o mapeamento nacional das demandas relacionadas à pandemia do Covid-19, identificando urgências, monitorando as redes regionais/locais de saúde e distribuindo bens e serviços às diversas unidades do País – ela não pode funcionar como receptador de todas as requisições administrativas formuladas por gestores de saúde estaduais e municipais.

A interpretação sugerida pela autora, além de não estar contemplada pela literalidade das normas impugnadas, retiraria dos governos locais o poder de gestão autônoma que lhes é inerente e acarretaria a absoluta ineficiência das medidas emergenciais previstas pela Lei nº 13.979/2020, as quais são indispensáveis ao pronto atendimento da sociedade" (págs. 13-19 do documento eletrônico 71, grifei).

---

[10] Art. 20. Nas esferas administrativa, controladora e judicial, não se decidirá com base em valores jurídicos abstratos sem que sejam consideradas as consequências práticas da decisão.

Não obstante, é possível concluir, sem que tal importe na procedência dos pedidos formulados pela requerente, que o papel da direção nacional do SUS, exercido pelo Ministério da Saúde, poderá dar ensejo àquilo que o Procurador-Geral da República denominou de *"coordenação nacional da distribuição de bens de saúde escassos, de alta procura e de pouquíssima disponibilidade"*, com a requisição direta desses insumos pelo ente central, uma vez que "o tratamento linear na distribuição de equipamentos de saúde de demorada e dificílima aquisição é medida que escapa do controle da direção estadual e reclama a atuação direta da direção nacional do SUS" (pág. 20 do documento eletrônico 78, grifei).

Observo, nessa esteira, que as requisições levadas a efeito pelos entes subnacionais não podem ser limitadas ou frustradas pela falta de consentimento do Ministério da Saúde, sob pena de indevida invasão de competências que são comuns à União e aos entes federados, conforme já se viu acima, bem assim diante do risco de se revelarem ineficazes ou extemporâneas.

Por isso, entendo incabível, nesse contexto, a exigência de autorização do Ministério da Saúde no concernente às requisições administrativas decretadas pelos Estados, Distrito Federal e Municípios no exercício das respectivas competências constitucionais. Nesse sentido, inclusive, foi a deliberação do Plenário desta Suprema Corte, na ADI 6.343-MC-Ref/DF, redator para o acórdão Ministro Alexandre de Moraes.

Naquele julgamento, o Colegiado maior da Suprema Corte concedeu parcialmente a cautelar para suspender, em parte, sem redução de texto, o disposto no art. 3°, VI, *b*, e §§6° e 7°, II, da Lei 13.979/2020, *a fim de excluir Estados e Municípios da necessidade de autorização ou observância ao ente federal*, e conferir interpretação conforme aos referidos dispositivos para estabelecer que *as medidas neles previstas devem ser precedidas de recomendação técnica e fundamentada*, devendo ainda ser resguardada a locomoção dos produtos e serviços essenciais definidos por decreto da respectiva autoridade federativa, sempre respeitadas as definições no âmbito da competência constitucional de cada ente federativo.

Essa exigência de fundamentação adequada encontra-se prevista no art. 3°, §1°, da Lei 13.979/2020, o qual dispõe que as requisições e outras medidas de emergência para combater a Covid-19 *"somente poderão ser determinadas com base em evidências científicas e em análises sobre as informações estratégicas em saúde e deverão ser limitadas no tempo e no espaço ao mínimo indispensável à promoção e à preservação da saúde pública"* (grifei).

Tal apreciação, todavia, é atribuição exclusiva de cada uma das autoridades públicas integrantes dos três níveis político-administrativos da federação brasileira, consideradas as situações concretas com as quais são defrontadas, sempre com observância dos princípios da razoabilidade e proporcionalidade que devem nortear todos os atos administrativos.

No mais, apesar do natural protagonismo da União no combate à pandemia, forçoso é concluir, assim como o fez o Procurador-Geral da República, que *"o fato de competir ao ente central da Federação, por meio da direção nacional do SUS, a coordenação e linearidade no trato de medidas que se façam necessárias em todo o território nacional não implica exigência de prévia autorização do Ministério da Saúde em toda e qualquer medida de enfrentamento da epidemia adotada pelos estados e pelos municípios"* (pág. 21 do documento eletrônico 78, grifei).

O órgão ministerial, nessa linha, prossegue afirmando que o art. 3°, VII *"propositalmente não estabeleceu nenhum condicionamento para sua realização, tendo em vista a autonomia administrativa dos entes da Federação para promover requisições e a dinâmica que permite a cada ente, em função de sua realidade e de suas particularidades"* (pág. 22 do documento eletrônico 78, grifei).

A esse respeito, consta das informações fornecidas pelo Presidente do Senado Federal que:

> *"[...] o autor da legislação, o Ministério da Saúde, preferiu não condicionar as requisições ao seu crivo prévio. E o fez intencionalmente, caso contrário teria incluído tal procedimento no corpo legislativo. Tal escolha foi referendada pelo Presidente da República ao enviar o projeto de lei para debate e pelo Congresso Nacional ao aprovar tal projeto.* Permitir que tal burocracia seja instituída pelo Poder Judiciário, sem a concordância da autoridade responsável pela última palavra, violaria notoriamente a separação de Poderes, que determina que a implementação de políticas públicas de saúde e o funcionamento do Sistema de Saúde são tarefas do Poder Executivo" (pág. 8 do documento eletrônico 64; grifei).

Dito isso, fica claro, a meu sentir, que vulneraria frontalmente o princípio da separação dos poderes a incursão do Judiciário numa seara de atuação, por todos os títulos, privativa do Legislativo e Executivo, substituindo-os na tomada de decisões de cunho eminentemente normativo e político-administrativo.

Por isso, entendo que não cabe ao STF suprir ou complementar a vontade conjugada dos demais Poderes, que deu origem aos dispositivos legais aqui contestados - claramente unívocos, porquanto despidos de qualquer ambiguidade - de maneira a criar - por meio da técnica de interpretação conforme à Constituição - uma obrigação não cogitada por seus legítimos criadores.

Anoto, para uma reflexão adicional, que o Senado da República, em 26/5/2020, aprovou um substitutivo ao PL 2.324/2020 - que objetiva alterar a Lei 13.979/2020 - de modo a que os leitos vagos de hospitais particulares possam ser usados para a internação de pacientes do SUS com síndrome respiratória aguda grave ou suspeita ou diagnóstico de Covid-19. Referida proposta ainda precisará tramitar na Câmara dos Deputados.[11]

A mencionada propositura contempla a necessidade de negociação entre os gestores do SUS e as entidades privadas, por meio de chamamento público, para a contratação emergencial de leitos como providência anterior à requisição compulsória de que trata o art. 3°, VII, da Lei 13.979/2020. Cogita-se, ainda, da indispensabilidade de prévia comunicação aos hospitais.

Já na Câmara dos Deputados tramita o Projeto de Lei 1.256/2020, que busca dar nova redação ao art. 3° da Lei 13.979/2020, revogando todo o seu §7°, de forma a assentar que "as requisições administrativas de que trata o *caput* do art. 3° da Lei 13.979, de 6 de fevereiro de 2020, serão centralizadas e executadas exclusivamente pelo Ministério da Saúde".[12]

Como se vê, a pretensão da requerente já está sendo debatida no Congresso Nacional, que é a seara adequada para contemplar aquilo que ela pretende nesta ADI, mediante alterações legislativas. Por mais esses motivos, penso que cumpre a esta

---

[11] Disponível em: <https://www12.senado.leg.br/noticias/videos/2020/05/vai-a-camara-proposta-que-permite-uso-de-leitos-de-hospitais-privados-para-tratar-covid-19>. Acesso: jun. 2020.

[12] Disponível em: <https://www.camara.leg.br/proposicoesWeb/fichadetramitacao?idProposicao=2242372>. Acesso: jun. 2020).

Suprema Corte aguardar - exercendo a autocontenção que lhe convém nessas situações – que os representantes da soberania popular reunidos no Parlamento solucionem a questão.

De resto, agasalhar a pretensão da requerente, no sentido de exigir que, na fundamentação do ato requisitório, a autoridade administrativa, primeiro comprove o esgotamento de outros recursos e, mais, que os serviços prestados pelo particular não serão embaraçados ou, ainda, que ouça previamente o atingido pela medida, tornaria inexequível "[...] a estratégia de combate ao vírus, inviabilizando qualquer solução de logística adotada pelas autoridades de saúde em qualquer âmbito de atuação" (pág. 9 do documento eletrônico 64; trecho da manifestação do Senado Federal).

Nessa linha, também, foi a manifestação do Procurador-Geral da República, para o qual

> "[...] não há falar em oitiva prévia do particular ou qualquer *outra condicionante para a requisição administrativa, sob pena de desvirtuamento do instituto, que reclama pronta atuação do poder público ante iminente perigo* ocasionado 'não apenas por ações humanas, mas, de igual maneira, por fatos da natureza, como inundações, epidemias, catástrofes e outros fatos do mesmo gênero" (págs. 26-27 do documento eletrônico 78, grifei).

Assim, concluo que a criação de novos requisitos para a implementação de requisições administrativas, por meio da técnica de interpretação conforme à Constituição, relativamente ao art. 3°, *caput*, VII, e §7º, III, da Lei 13.979/2020, não se coaduna com a natureza expedita do instituto, para cujo acionamento o texto constitucional exige apenas que esteja configurada uma situação de iminente perigo público.

Saliento, por fim, que a Constituição, ao tratar da Ordem Econômica, albergou o postulado da função social da propriedade (art. 170, III), significando que esta, por vezes, pode revelar um interesse não coincidente com o do próprio titular do direito, ensejando o seu uso pela coletividade, independentemente da vontade deste.[13]

Assim como assinalou o Presidente do Senado Federal, também entendo que, ante o quadro de uma pandemia reconhecida pela Organização Mundial de Saúde e pelo próprio Estado brasileiro, o qual, por meio do Decreto Legislativo 6/2020, reconheceu a ocorrência de estado de calamidade pública, está "[...] demonstrado que *no conflito entre os princípios da proporcionalidade, do livre exercício de atividade privada e da transparência com o direito universal à saúde, este deve prevalecer na medida exata para evitar mortes*" (pág. 13 do documento eletrônico 64, grifei).

Não bastassem todos os argumentos acima expendidos, registro que o Plenário desta Suprema Corte, em matéria de cunho semelhante, ao julgar o agravo regimental na ADPF 671/DF, interposto pelo Partido Socialismo e Liberdade - PSOL, *sufragou, por unanimidade, a tese consubstanciada na ementa abaixo*:

> "CONSTITUCIONAL. AGRAVO REGIMENTAL NA ARGUIÇÃO DE DESCUMPRIMENTO DE PRECEITO FUNDAMENTAL. DIREITOS À SAÚDE, À VIDA, À IGUALDADE E À DIGNIDADE DA PESSOA HUMANA ALEGADAMENTE VIOLADOS. ATINGIMENTO DE UMA SOCIEDADE JUSTA E IGUALITÁRIA COMO META CONSTITUCIONAL.

---

[13] SILVA, José Afonso da, *op. cit.*, p. 121.

PANDEMIA ACARRETADA PELA COVID-19. PRETENÇÃO DE REQUISITAR ADMINISTRATIVAMENTE BENS E SERVIÇOS DE SAÚDE PRIVADOS. ADPF QUE CONFIGURA VIA PROCESSUAL INADEQUADA. INSTRUMENTO JÁ PREVISTO EM LEIS AUTORIZATIVAS. INOBSERVÂNCIA DO PRINCÍPIO DA SUBSIDIARIEDADE. EXISTÊNCIA DE OUTROS INSTRUMENTOS APTOS A SANAR A ALEGADA LESIVIDADE. DEFERIMENTO DA MEDIDA QUE VIOLARIA A SEPARAÇÃO DOS PODERES. ATUAÇÃO PRIVATIVA DO PODER EXECUTIVO. MEDIDA QUE PRESSUPÕE EXAME DE EVIDÊNCIAS CIENTÍFICAS E CONSIDERAÇÕES DE CARÁTER ESTRATÉGICO. OMISSÃO NÃO EVIDENCIADA. AGRAVO REGIMENTAL A QUE SE NEGA PROVIMENTO.

I – O princípio da subsidiariedade, previsto no art. 4°, §1°, da Lei 9.882/1999, pressupõe, para a admissibilidade da ADPF, a inexistência de qualquer outro meio juridicamente idôneo apto a sanar, com real efetividade, o estado de lesividade eventualmente causado pelo ato impugnado.

II - O sistema jurídico nacional dispõe de outros instrumentos judiciais capazes de reparar de modo eficaz e adequado a alegada ofensa a preceito fundamental, especialmente quando os meios legais apropriados para viabilizar a requisição administrativa de bens e serviços já estão postos (art. 5°, XXV, da Constituição Federal; art. 15, XIII, da Lei 8.080/1990; art. 1.228, §3°, do Código Civil; e art. 3°, VII, da Lei 13.979/2020).

III – A presente ação não constitui meio processual hábil para acolher a pretensão nela veiculada, pois não cabe ao Supremo Tribunal Federal substituir os administradores públicos dos distintos entes federados na tomada de medidas de competência privativa destes, até porque não dispõe de instrumentos adequados para sopesar os diversos desafios que cada um deles enfrenta no combate à Covid-19.

IV – Vulneraria frontalmente o princípio da separação dos poderes a incursão do Judiciário numa seara de atuação, por todos os títulos, privativa do Executivo, substituindo-o na deliberação de cunho político-administrativo, submetidas a critérios de conveniência e oportunidade, sobretudo tendo em conta a magnitude das providências pretendidas nesta ADPF, cujo escopo é a requisição compulsória e indiscriminada de todos os bens e serviços privados voltados à saúde, antes mesmo de esgotadas outras alternativas cogitáveis pelas autoridades federais, estaduais e municipais para enfrentar a pandemia.

V - O §1° do art. 3° da Lei 13.979/2020 dispõe que as requisições e outras medidas de emergência para combater a Covid-19 "somente poderão ser determinadas com base em evidências científicas e em análises sobre as informações estratégicas em saúde e deverão ser limitadas no tempo e no espaço ao mínimo indispensável à promoção e à preservação da saúde pública".

VI - Essa apreciação, à toda a evidência, compete exclusivamente às autoridades públicas, caso a caso, em face das situações concretas com as quais são defrontadas, inclusive à luz dos princípios da razoabilidade e proporcionalidade, sem prejuízo do posterior controle de constitucionalidade e legalidade por parte do Judiciário.

VII - Não está evidenciada a ocorrência de omissão dos gestores públicos, de modo que não é possível concluir pelo descumprimento dos preceitos fundamentais apontados na inicial da ADPF ou no presente recurso.

VIII - Agravo regimental a que se nega provimento".

Isso posto, julgo improcedente a presente ação direta de inconstitucionalidade, mostrando-se, em consequência, inexequível o pedido de suspensão imediata de todos as requisições administrativas já realizadas.

17/12/2020 – PLENÁRIO

AÇÃO DIRETA DE INCONSTITUCIONALIDADE 6.586
DISTRITO FEDERAL

RELATOR: MIN. RICARDO LEWANDOWSKI
REQTE.(S): PARTIDO DEMOCRÁTICO TRABALHISTA
ADV.(A/S): WALBER DE MOURA AGRA
INTDO.(A/S): PRESIDENTE DA REPÚBLICA
PROC.(A/S)(ES): ADVOGADO-GERAL DA UNIÃO
INTDO.(A/S): CONGRESSO NACIONAL
PROC.(A/S)(ES): ADVOGADO-GERAL DA UNIÃO

EMENTA: AÇÕES DIRETAS DE INCONSTITUCIONALIDADE. VACINAÇÃO COMPULSÓRIA CONTRA A COVID-19 PREVISTA NA LEI 13.979/2020. PRETENSÃO DE ALCANÇAR A IMUNIDADE DE REBANHO. PROTEÇÃO DA COLETIVIDADE, EM ESPECIAL DOS MAIS VULNERÁVEIS. DIREITO SOCIAL À SAÚDE. PROIBIÇÃO DE VACINAÇÃO FORÇADA. EXIGÊNCIA DE PRÉVIO CONSENTIMENTO INFORMADO DO USUÁRIO. INTANGIBILIDADE DO CORPO HUMANO. PREVALÊNCIA DO PRINCÍPIO DA DIGNIDADE HUMANA. INVIOLABILIDADE DO DIREITO À VIDA, LIBERDADE, SEGURANÇA, PROPRIEDADE, INTIMIDADE E VIDA PRIVADA. VEDAÇÃO DA TORTURA E DO TRATAMENTO DESUMANO OU DEGRADANTE. COMPULSORIEDADE DA IMUNIZAÇÃO A SER ALCANÇADA MEDIANTE RESTRIÇÕES INDIRETAS. NECESSIDADE DE OBSERVÂNCIA DE EVIDÊNCIAS CIENTÍFICAS E ANÁLISES DE INFORMAÇÕES ESTRATÉGICAS. EXIGÊNCIA DE COMPROVAÇÃO DA SEGURANÇA E EFICÁCIA DAS VACINAS. LIMITES À OBRIGATORIEDADE DA IMUNIZAÇÃO CONSISTENTES NA ESTRITA OBSERVÂNCIA DOS DIREITOS E GARANTIAS FUNDAMENTAIS. COMPETÊNCIA COMUM DA UNIÃO, ESTADOS, DISTRITO FEDERAL E MUNICÍPIOS PARA CUIDAR DA SAÚDE E ASSISTÊNCIA PÚBLICA. ADIS CONHECIDAS E JULGADAS PARCIALMENTE PROCEDENTES.

I – A vacinação em massa da população constitui medida adotada pelas autoridades de saúde pública, com caráter preventivo, apta a reduzir a morbimortalidade de doenças infecciosas transmissíveis e a provocar imunidade de rebanho, com vistas a proteger toda a coletividade, em especial os mais vulneráveis.

II – A obrigatoriedade da vacinação a que se refere a legislação sanitária brasileira não pode contemplar quaisquer medidas invasivas, aflitivas ou coativas, em decorrência direta do direito à intangibilidade, inviolabilidade e integridade do corpo humano, afigurando-se flagrantemente inconstitucional toda determinação legal, regulamentar ou administrativa no sentido de implementar a vacinação sem o expresso consentimento informado das pessoas.

III – A previsão de vacinação obrigatória, excluída a imposição de vacinação forçada, afigura-se legítima, desde que as medidas às quais se sujeitam os refratários observem os critérios constantes da própria Lei 13.979/2020, especificamente nos incisos I, II, e III do §2º do art. 3º, a saber, o direito à informação, à assistência familiar, ao tratamento gratuito e, ainda, ao "pleno respeito à dignidade, aos direitos humanos e às liberdades fundamentais das pessoas", bem como os princípios da razoabilidade e da proporcionalidade, de forma a não ameaçar a integridade física e moral dos recalcitrantes.

IV – A competência do Ministério da Saúde para coordenar o Programa Nacional de Imunizações e definir as vacinas integrantes do calendário nacional de imunização não exclui a dos Estados, do Distrito Federal e dos Municípios para estabelecer medidas profiláticas e terapêuticas destinadas a enfrentar a pandemia decorrente do novo coronavírus, em âmbito regional ou local, no exercício do poder-dever de "cuidar da saúde e assistência pública" que lhes é cometido pelo art. 23, II, da Constituição Federal.

V - ADIs conhecidas e julgadas parcialmente procedentes para conferir interpretação conforme à Constituição ao art. 3º, III, *d*, da Lei 13.979/2020, de maneira a estabelecer que: (A) a vacinação compulsória não significa vacinação forçada, por exigir sempre o consentimento do usuário, podendo, contudo, ser implementada por meio de medidas indiretas, as quais compreendem, dentre outras, a restrição ao exercício de certas atividades ou à frequência de determinados lugares, desde que previstas em lei, ou dela decorrentes, e (i) tenham como base evidências científicas e análises estratégicas pertinentes, (ii) venham acompanhadas de ampla informação sobre a eficácia, segurança e contraindicações dos imunizantes, (iii) respeitem a dignidade humana e os direitos fundamentais das pessoas; (iv) atendam aos critérios de razoabilidade e proporcionalidade, e (v) sejam as vacinas distribuídas universal e gratuitamente; e (B) tais medidas, com as limitações expostas, podem ser implementadas tanto pela União como pelos Estados, Distrito Federal e Municípios, respeitadas as respectivas esferas de competência.

RELATÓRIO

O Senhor Ministro *Ricardo Lewandowski* (Relator): O Partido Democrático Trabalhista – PDT ajuíza ação direta de inconstitucionalidade com pedido de cautelar para que seja dada interpretação conforme os arts. 6º, 22, 23, 24, 26, 30, 196 e 198, da Constituição Federal, ao art. 3º, III, *d*, da Lei 13.979/2020.

Sustenta, em suma, que o Presidente da República tem afirmado publicamente que a vacina contra a Covid-19 não será obrigatória no Brasil, contrariando a opinião de médicos infectologistas, que consideram que o seu emprego é fundamental para a preservar vidas e atingir a denominada "imunidade de rebanho", a qual se afigura especialmente importante para a proteção daqueles que têm alguma contraindicação relativamente ao imunizante.

Alega que o art. 3º, III, *d*, da Lei 13.979/2020, prevê a possibilidade de vacinação compulsória, desde que, como dispõe o §1º do mencionado dispositivo, seja determinada "com base em evidências científicas e em análises sobre as informações estratégicas em saúde e deverão ser limitadas no tempo e no espaço ao mínimo indispensável à promoção e à preservação da saúde pública", ressaltando a competência dos gestores locais de saúde para tanto.

Afirma, mais, que a melhor interpretação desse diploma legal é no sentido de que

> "[...] compete aos Estados e Municípios determinar a realização compulsória de vacinação e outras medidas profiláticas no combate à pandemia da COVID-19 (art. 3º, III, 'd', Lei 13.979/2020), desde que as medidas adotadas, amparadas em evidências científicas, acarretem maior proteção ao bem jurídico transindividual.
> [...]
> Na hipótese dos autos, reverberando o entendimento encampado em sede da MC-ADI 6341/DF e da ADI 6362/DF, pretende-se a interpretação conforme do art. 3º, III, 'd' c/c §7º, III, da Lei 13.979/2020 - com a nova redação dada pela Lei 14.035/2020 -, assegurando a competência dos Estados e Municípios para decidir acerca da imunização compulsória contra a COVID-19" (documento eletrônico 1, págs. 7-8).

Ressalta, ainda, que a forma federativa do Estado implica a descentralização de poder entre os distintos entes políticos, sendo, portanto, necessário repelir eventual interpretação no sentido de que o Ministério da Saúde deteria a competência exclusiva para dispor acerca da compulsoriedade da imunização, devendo ser admitida a atuação supletiva dos gestores locais.

Enfatiza, também, que se deve aplicar a doutrina conhecida como *presumption against preemption*, desenvolvida pela Suprema Corte dos Estados Unidos da América e adotada em precedente do Supremo Tribunal Federal, na ADI 3.110/SP, de que foi relator Ministro Edson Fachin, segundo a qual a atuação legislativa dos Estados-membros é possível, a menos que haja manifesta e deliberada atuação do Congresso Nacional para restringi-la, ou seja, a *clear statement rule*.

Repele, na sequência, a interpretação de que o art. 3º da Lei 6.259/1975, ao dispor que cabe ao Ministério da Saúde "a elaboração do Programa Nacional de Imunizações, que definirá as vacinações, inclusive as de caráter obrigatório", corresponderia a um *clear statement rule*, porque esse texto normativo disciplina a "organização das ações de Vigilância Epidemiológica", ao passo que todas "as medidas para enfrentamento da emergência de saúde pública de importância internacional decorrente do coronavírus responsável pelo surto de 2019" são, por sua vez, disciplinadas pelo art. 3º, §7º, III, da Lei 13.979/2020, o qual afastou, explicitamente, a aplicação daquelas disposições centralizadoras. Nesse sentido, invoca, como precedentes, julgados do Supremo Tribunal Federal a saber: a ADPF 672-MC/DF, relator Ministro Alexandre de Moraes; a ADI 6.341-MC/DF, relator Ministro Marco Aurélio; e a ADI .6362/DF, de minha relatoria.

Afirma, depois, que o princípio da prevenção incide na tutela da saúde pública, conforme art. 6º da Lei 8.080/1990, pois "a importância e a eficácia da vacinação em massa são consenso científico" (documento eletrônico 1, p. 22).

Em face disso, sustenta o seguinte:

"[...] se a União, no exercício da competência concorrente, fixa parâmetros suficientemente protetivos em matéria de vacinação e outras medidas profiláticas, não pode o Estado- membro adotar a proteção deficiente. Contudo, omitindo-se a União em seu dever constitucional de proteção e prevenção pela imunização em massa, não pode ser vedado aos Estados a empreitada em sentido oposto, isto é, da maior proteção, desde que amparado em evidências científicas seguras" (documento eletrônico 1, p. 23).

Assim, requer:

"[...] seja a presente Ação Direta de Inconstitucionalidade conhecida e julgada procedente para conferir interpretação conforme à Constituição ao art. 3º, III, "d", Lei nº 13.979/2020, estabelecendo que 'compete aos Estados e Municípios determinar a realização compulsória de vacinação e outras medidas profiláticas no combate à pandemia da COVID-19 (art. 3º, III, 'd', Lei nº 13.979/2020), desde que as medidas adotadas, amparadas em evidências científicas, acarretem maior proteção ao bem jurídico transindividual'".

Tendo em conta a importância da matéria e a emergência de saúde pública decorrente do surto do coronavírus, determinei a aplicação do rito previsto no art. 12 da Lei 9.868/1999.

O Presidente da República apresentou informações elaboradas pela Advocacia-Geral da União (documento eletrônico 14), em que afirma que não poderia o Judiciário decidir sobre medidas necessárias ao enfrentamento da pandemia da Covid-19, não apenas porque tal ofenderia o princípio da separação dos poderes, como também porque não há nenhuma inconstitucionalidade no dispositivo questionado, cabendo, exclusivamente, ao Executivo, por meio do Programa Nacional de Imunização do Sistema Único de Saúde (detentor da *expertise* e dos meios institucionais corretos), definir a necessidade ou não da obrigatoriedade da vacinação.

Ressalta, ainda, que, à luz do princípio da predominância de interesses e do interesse nacional envolvido na vacinação para imunização de doenças, o art. 16 da Lei 8.080/1990 estabelece que compete à direção nacional do Sistema Único da Saúde -SUS definir e coordenar os sistemas de vigilância epidemiológica e vigilância sanitária.

Segue tecendo elogios ao Programa Nacional de Imunizações - PNI, considerado uma referência mundial pelos êxitos alcançados. Cita, ainda, a Portaria 1.378/2013, por meio da qual foram regulamentadas as responsabilidades e definidas as diretrizes para execução e financiamento das ações de Vigilância em Saúde pela União, Estados, Distrito Federal e Municípios.

Sublinha, mais, que a coordenação-geral pelo Ministério da Saúde é essencial para a uniformização da vacinação, bem como para a segurança dos procedimentos e sua padronização no território nacional.

Registra, também, que, no processo de incorporação da vacina no SUS, diversos atores, inclusive os representantes dos entes federados, participam da decisão.

Destaca, ainda, que as vacinas ainda estão em fase de testes, de maneira que a União não tem condições de definir quais delas integrarão o plano nacional de vacinação, e, ainda, se serão ou não obrigatórias.

Sustenta que tanto a Lei 6.259/1975, quanto o Decreto 78.231/1976, que regulamentou a referida lei, previram que a definição da obrigatoriedade das vacinas cabe ao Ministério da Saúde, por ser ele o coordenador-geral do Programa Nacional de Imunizações.

Aduz que, embora a compulsoriedade da vacinação esteja prevista na legislação, a cobertura vacinal mínima necessária pode ser alcançada por meio de outros incentivos, como campanhas de vacinação, sendo prematura a discussão sobre a obrigatoriedade da vacina contra a Covid- 19.

Enfatiza que foi criado, no âmbito do Ministério da Saúde, o Plano de Operacionalização da Vacina da Covid-19 para contribuir com as discussões necessárias à elaboração de um Plano Nacional de Vacinação, eis que o processo de incorporação de um novo fármaco no Programa Nacional da Imunização do SUS é complexo, e depende da análise de diversos órgãos, entidades e especialistas no assunto, de maneira a garantir a sua eficácia e segurança, com base em estudos e critérios técnico-científicos.

Nesses termos, pugna pelo não conhecimento da ação direta de inconstitucionalidade e, no mérito, pela improcedência do pedido inicial.

O Advogado-Geral da União também ofertou parecer no sentido do não conhecimento e da improcedência da arguição, conforme ementa transcrita abaixo:

> "Constitucional. Artigo 3º, inciso III, *d*, da Lei nº 13.979/2020, que dispõe sobre as medidas para enfrentamento da emergência de saúde pública decorrente do novo coronavírus. Determinação de realização compulsória de vacinação. Pretensão de interpretação conforme à Constituição para autorizar Estados e Municípios a impor a medida. Preliminar. Impugnação deficiente do complexo normativo. Mérito. As ações promovidas pelas autoridades federais revelam engajamento em projetos de desenvolvimento de vacinas, mas a ausência de produtos registrados torna prematuro qualquer debate sobre obrigatoriedade. Os artigos 196, 198 e 200 da Lei Maior dão suporte à competência desempenhada pela União na elaboração e coordenação do Programa Nacional de Imunizações (PNI), bem como na definição das estratégias e normatizações técnicas de vacinação, inclusive acerca seu caráter obrigatório ou não. A amplitude, a dinamicidade e a complexidade técnica das ações de vacinação demandam coordenação efetiva por autoridade administrativa central. A compulsoriedade da vacinação deve se dar de forma harmônica com a legislação que rege o PNI (Lei nº 6.259/1975) e em consonância com o relevante papel de coordenação no controle epidemiológico atribuído à União, que envolve também a competência para a incorporação pelo SUS de novos medicamentos, produtos e procedimentos (artigos 16, incisos III, alínea "c", VI e §único e 19-Q, todos da Lei nº 8.080/90). O deferimento do pedido, antes mesmo da avaliação técnica das vacinas disponíveis, fragiliza a separação dos Poderes (artigo 2º da CF). Manifestação pelo não conhecimento da ação e, no mérito, pela improcedência do pedido formulado" (documento eletrônico 18).

Por sua vez, o Procurador-Geral da República apresentou, igualmente, manifestação no sentido do não conhecimento da ação, porém, no mérito, defende a sua procedência parcial, em parecer assim ementado:

> "AÇÃO DIRETA DE INCONSTITUCIONALIDADE. VACINAÇÃO COMPULSÓRIA E OUTRAS MEDIDAS PROFILÁTICAS PARA ENFRENTAMENTO DA EPIDEMIA DE COVID-19. IMPUGNAÇÃO DEFICITÁRIA DO COMPLEXO NORMATIVO. FALTA DE INTERESSE DE AGIR. ART. 3º, CAPUT, III, D, §7º, III, DA LEI 13.979/2020. COMPETÊNCIA MATERIAL COMUM DOS ENTES FEDERATIVOS. OBSERVÂNCIA À LEI GERAL

EDITADA PELA UNIÃO NO EXERCÍCIO DE COMPETÊNCIA CONCORRENTE. LEI NACIONAL QUE ESTABELECE PROGRAMA DE IMUNIZAÇÕES (LEI 6.259/1975) E CONFERE AO MINISTÉRIO DA SAÚDE COMPETÊNCIA PARA ESTABELECER A OBRIGATORIEDADE DE VACINAÇÃO. EXIGÊNCIA DE ATUAÇÃO LINEAR EM TODO O TERRITÓRIO NACIONAL. POSSIBILIDADE DE OS ESTADOS-MEMBROS DETERMINAREM A OBRIGATORIEDADE QUANDO HOUVER INAÇÃO DO ENTE CENTRAL, OBSERVADAS AS REALIDADES ESTADUAIS NOS CRITÉRIOS ADOTADOS PELO MINISTÉRIO DA SAÚDE PARA EVENTUAL DISPENSA DA IMUNIZAÇÃO COMPULSÓRIA.

1. Não se conhece ação direta de inconstitucionalidade por não impugnação de todo o complexo normativo, quando subsistente a situação reputada inconstitucional em diploma não integrante do pedido, haja vista o comprometimento do interesse de agir decorrente da inutilidade do provimento judicial. Precedentes.

2. A competência material comum dos entes federativos para implementação de medidas de enfrentamento da Covid- 19, ditada pelo art. 23, II, da CF e reafirmada pelo art. 3º, *caput*, III, §7º, II e III, da Lei 13.979/2020, faz-se em harmonia com a competência legislativa da União em matéria de proteção e defesa da saúde (CF, art. 24, XI, §1º), à qual incumbe a edição de norma geral que há de preservar a competência comum dos demais entes federativos na execução de ações e serviços de vigilância e controle da epidemia de Covid-19.

3. A obrigatoriedade de vacinação em contexto de calamidade pública ocasionada por epidemia viral sem precedentes, cujos agravos à saúde escapam das esferas locais, há de partir do órgão responsável pela direção e coordenação das ações de vigilância epidemiológica e pelo Programa Nacional de Imunizações – PNI: o Ministério da Saúde (arts. 1º e 3º da Lei 6.259/1975 c/c arts. 16 a 19 da Lei 8.080/1990). Precedente: Rp 945/SP, Rel. Min. Cunha Peixoto, RTJ 91/383.

4. *A observância da atribuição cometida ao Ministério da Saúde para tornar obrigatórias as vacinações no PNI não impede que os estados-membros, diante de inação do ente central ou da inadequação dos critérios (técnicos e científicos) eventualmente adotados, e tendo em conta a realidade local, estabeleçam, por lei, a obrigatoriedade da imunização no âmbito do respectivo território.*

5. Da diretriz constitucional de municipalização da prestação dos serviços de saúde não resulta a possibilidade de municípios disporem sobre política de segurança sanitária que reclama tratamento linear, seja em âmbito nacional ou regional (CF, art. 30, I, II e VI).

Parecer pelo não conhecimento da ação e, no mérito, pela parcial procedência do pedido" (documento eletrônico 21, grifei).

É o relatório.

VOTO

O Senhor Ministro *Ricardo Lewandowski* (Relator): Primeiramente, anoto que me foi distribuída a ADI 6.587/DF por dependência à ADI 6.586/DF, ambas concernentes à constitucionalidade, ao alcance e à correta interpretação do art. 3º, III, *d*, da Lei 13.979/2020, de modo que, diante da *causa petendi* aberta, característica das ações de controle concentrado, procederei ao julgamento conjunto de ambos os feitos.

Na sequência, rejeito a alegação segundo a qual os requerentes não teriam impugnado todo o complexo normativo aplicável à temática em questão, o que levaria ao não conhecimento da ação. E o faço porque não há falar em complexo normativo incindível relativo ao tema da vacinação obrigatória, eis que, a meu ver, nada impede que o dispositivo impugnado nesta ação, o qual trata especificamente de uma das várias medidas concebidas pelo legislador para o "enfrentamento da emergência de saúde pública de importância internacional decorrente do coronavírus", seja analisado, isoladamente, quanto à sua higidez constitucional.

Tampouco se pode cogitar de prematuridade do pedido, porquanto a prévia avaliação técnica das vacinas disponíveis não constitui pré-requisito para a análise da constitucionalidade do preceito normativo sob exame. Cumpre notar, ademais, que o pedido dos requerentes situa-se, estritamente, dentro dos limites do exame técnico-jurídico do tema. Por isso, entendo que não há qualquer risco de ingerência do Judiciário na esfera de atribuições do Executivo, com potencial de vulnerar o princípio da separação dos poderes.

Superadas as objeções preliminares, que rejeito, passo à análise do mérito, principiando pela transcrição do dispositivo legal objeto da controvérsia:

> "Art. 3º *Para enfrentamento da emergência de saúde pública* de importância internacional de que trata esta Lei, as *autoridades poderão adotar, no âmbito de suas competências*, entre outras, as seguintes medidas:
> [...]
> III - determinação de *realização compulsória de*: [...]
> d) vacinação e outras medidas profiláticas;" (grifei).

O PDT argumenta que o mencionado preceito comporta interpretação conforme à Constituição, de maneira a estabelecer que compete aos Estados e Municípios determinar a vacinação obrigatória e outras medidas profiláticas no combate à pandemia causada pela Covid- 19, desde que amparados em evidências científicas.

Diversamente, o PTB sustenta que se mostra imperioso estabelecer, desde já, que a aplicação da vacina, se e quando vier a ser aprovada, será facultativa, e não compulsória, acoimando de inconstitucional a possibilidade de um ente federativo determinar a imunização impositiva, sob pena de violação de direitos fundamentais.

Feita esta recapitulação, observo que a vacinação obrigatória, desde há muito, é uma realidade no Brasil, estando prevista em diversos diplomas legais. O Plano Nacional de Imunizações – PNI, implantado em

18 de setembro de 1973,[1] cuja disciplina legal contempla a tal compulsoriedade,[2] é considerado exemplar por autoridades sanitárias de todo o mundo, jamais tendo sido objeto de contestações judiciais significativas.

Registro, todavia, que, muitos anos antes da edição daquele diploma legal, no infausto episódio conhecido como "Revolta da Vacina", essa obrigatoriedade materializou-se por meio de uma série de medidas coercitivas por parte do Poder Público, algumas delas com caráter extremamente incisivo, as quais causaram um enorme descontentamento popular.

---

[1] Programa Nacional de Imunizações: 30 anos. Disponível em: https://bvsms.saude.gov.br/bvs/publicacoes/livro_30_anos_pni.pdf>. Acesso em: nov. 2020.

[2] A Lei 6.259/1975, que institucionalizou a prática, dispõe o seguinte: "Art. 3º Cabe ao Ministério da Saúde a elaboração do Programa Nacional de Imunizações, que definirá as *vacinações*, inclusive as de *caráter obrigatório*. Parágrafo único. *As vacinações obrigatórias serão praticadas de modo sistemático e gratuito pelos órgãos e entidades públicas*, bem como pelas entidades privadas, subvencionadas pelos Governos Federal, Estaduais e Municipais, em todo o território nacional" (grifei).

Fazendo um breve escorço histórico, recordo que, no início do século passado, o médico Oswaldo Cruz, então Diretor do Serviço de Saúde Pública, após combater com sucesso a febre amarela e a peste bubônica que grassavam no Rio de Janeiro, à época Capital da República, voltou-se ao enfrentamento da varíola, implementando uma série de ações para tornar efetiva a obrigatoriedade da vacina descoberta por Edward Jenner em 1798, algumas delas de cunho draconiano, como o recolhimento dos refratários a um prédio destinado a seu isolamento.[3] A implementação dessas providências, tidas como profiláticas, foi tachada de "despotismo sanitário" pelos críticos da vacina e por aqueles que faziam oposição ao Governo, os quais passaram a desencadear verdadeiro "terrorismo ideológico", espalhando que o imunizante causava "inúmeros perigos para a saúde, tais como convulsões, diarreias, gangrenas, otites, difteria, sífilis, epilepsia, meningite, tuberculose", segundo anota o historiador José Murilo de Carvalho.[4]

Embora muitas justificativas tenham sido apresentadas para a Revolta da Vacina, a sua explicação mais óbvia reside na repulsa generalizada à obrigatoriedade da imunização, tal como levada a efeito, especialmente mediante a invasão das casas e o internamento dos recalcitrantes.[5] Lembro que, já naquele tempo, tal como ocorre agora, o Supremo Tribunal Federal foi instado a entrar no debate, ao conceder ordem de *habeas corpus* preventivo em favor de Manoel Fortunato de Araújo Costa para afastar ameaça de constrangimento ilegal representada pela intimação de inspetor sanitário para ingressar em sua residência e proceder a uma desinfecção. A Corte considerou inconstitucional a disposição regulamentar que facultava "às autoridades sanitárias penetrar, até com o auxílio da força pública, em casa de particular para levar a efeito operações de expurgo" (RHC 2.244/DF, Redator para Acórdão Ministro Manoel Murtinho, DJ 31.1.1905).

O citado Murilo de Carvalho, após constatar que a rejeição à obrigatoriedade da vacina e o repúdio às ações repressivas provocaram uma redução drástica no número de pessoas vacinadas, nos meses subsequentes à adoção das medidas governamentais, debita o fenômeno ao caráter moralista empregado na campanha antivacina, cujo mote central foi a ideia segundo a qual a invasão das casas por ficais sanitários representava uma ofensa aos respectivos chefes de família. Nas palavras do autor:

---

[3] Neste sentido, o Decreto 5.156, de 8 de março de 1904, dispunha, em seu art. 99, *litteris*: "Nas visitas que a autoridade sanitaria fizer aos hoteis, casas de pensão, decommodos, hospedarias, albergues, avenidas, estalagens e outras habitações do mesmo genero, aos hospitaes casa de saude, maternidades, enfermarias particulares, asylos, pensões, collegios, escolas, theatros, casas de divertimentos, fabricas, officinas, etc., ser-lhe-ha facultada a entrada immediata, sempre que o exigir o interesse da saude pública". Já o art. 128 do mesmo diploma legal estipulava *verbis*: "Nos casos de opposição ás visitas a que se referem os regulamentos da Directoria Geral de Saude Publica, o inspector sanitario intimará o proprietario ou seu procurador, arrendatario, locatario, morador ou administração, a facilitar a visita no prazo de 24 horas, recorrendo, quando a intimação não fôr cumprida, á respectiva autoridade policial, afim de ser realizada a visita, e impondo, ao mesmo tempo, a multa de 200$, por desobediencia a ordem legal". As medidas relativas à varíola eram ainda mais duras: "Art. 208. O inspector sanitario munir-se-ha de vaccina anti-variolica e convidará todas as pessôas residentes no fóco a submetterem-se á vaccinação e á revaccinação. Art. 209. As pessôas que não quizerem aceitar as medidas prophylaticas constantes do artigo antecedente serão recolhidas, em observação, a um edificio apropriado, durante doze dias, correndo as despezas do estadia por conta das pessôas isoladas, pelas quaes ficará responsavel o chefe da familia ou quem suas vezes fizer, depositando este a somma correspondente á estadia das pessôas na casa de observação". Devido ao recrudescimento dos casos de varíola ao longo do ano de 1904, foi aprovada a Lei 1.261, de 31 de outubro de 1904, logo depois revogada em decorrência da Revolta da Vacina (PAULA, Rodrigo Francisco de. *Estado de emergencia na saude publica*. São Paulo: Editora Fórum, 2017, p. 135.

[4] CARVALHO, José Murilo de. *Os bestializados: o Rio de Janeiro e a Republica que não foi*. São Paulo: Cia. das Letras, 1987, p. 98.

[5] *Idem*, p. 130.

"Ao decretar a obrigatoriedade da vacina pela forma como o fizera, o governo violava o domínio sagrado da liberdade individual e da honra pessoal. [...] A Revolta da Vacina permanece como exemplo quase único na história do país de movimento popular de êxito baseado na defesa do direito dos cidadãos de não serem arbitrariamente tratados pelo governo. Mesmo que a vitória não tenha sido traduzida em mudanças políticas imediatas além da interrupção da vacinação, ela certamente deixou entre os que dela participaram um sentimento profundo de orgulho e de autoestima, passo importante na formação da cidadania."[6]

Recordar esses eventos do passado, bem como o vetusto acórdão proferido no RHC 2.244/DF, não tem apenas o escopo de reforçar as premissas sobre as quais se pauta este voto, mas serve também como um alerta, porque, segundo a célebre frase de um polêmico filósofo alemão do século XIX, "todos os fatos e personagens de grande importância na história do mundo ocorrem, por assim dizer, duas vezes: [...] a primeira como tragédia, a segunda como farsa". Em alguma medida, os receios e inconformismos veiculados naquele momento histórico também se manifestam nos dias atuais.

Valores fundamentais em jogo

Atualmente, não pairam dúvidas acerca do alcance de *duas garantias essenciais asseguradas às pessoas: a intangibilidade do corpo humano e a inviolabilidade do domicílio*. Tais franquias, bem sopesadas, por si sós, já *excluem, completamente, a possibilidade de que alguém possa ser compelido a tomar uma vacina à força, contra a sua vontade, manu militari*, no jargão jurídico. Isso porque elas decorrem, assim como outros direitos e liberdades fundamentais, do necessário e incontornável respeito à dignidade humana, que constitui um dos fundamentos da República Federativa do Brasil, a teor do art. 1º, III, da Constituição de 1988.

A dignidade humana, segundo ensina José Afonso da Silva: "[...] não é apenas um princípio da ordem jurídica, mas o é também da ordem política, social, econômica e cultural. Daí sua natureza de valor supremo, porque está na base de toda a vida nacional".[7] Ainda na lição do renomado mestre, a Lei Fundamental da Alemanha foi o primeiro ordenamento jurídico a abrigar tal postulado como valor basilar. Isso porque a ordem jurídica pretérita, por ela derrogada, deu ensejo a que fossem perpetrados gravíssimos delitos contra a humanidade, sob o pretexto de atender a razões de Estado.

No caso brasileiro, os conhecidos abusos e crimes cometidos contra cidadãos e estrangeiros durante o regime de exceção, que durou aproximadamente 21 anos, a saber, de 1964 a 1985, ensejaram a inclusão do valor dignidade humana logo no artigo vestibular da denominada "Constituição-Cidadã" como um dos pilares de nosso regime republicano e democrático que ela institui e consagra.

De acordo com o Ministro Alexandre de Moraes, que enfrentou a temática em sede acadêmica:

"*A dignidade da pessoa humana é um valor espiritual e moral inerente a pessoa, que se manifesta singularmente na autodeterminação consciente e responsável da própria vida e que traz consigo a*

---

[6] *Idem*, pp. 136-139.

[7] DA SILVA, José Afonso. A dignidade da pessoa humana com valor supremo da democracia. *Revista de Direito Administrativo* v. 212 (1998), p. 92.

pretensão ao respeito por parte das demais pessoas, que constituindo-se um mínimo invulnerável que todo estatuto jurídico deve assegurar, de modo que, somente excepcionalmente, possam ser feitas limitações ao exercício dos direitos fundamentais, mas sempre sem menosprezar a necessária estima que merecem todas as pessoas enquanto seres humanos. O direito à vida privada, à intimidade, à honra, à imagem, dentre outros, aparecem como consequência imediata da consagração da dignidade da pessoa humana como fundamento da República Federativa do Brasil." (grifei)[8]

Da mesma forma, "Portugal é uma República soberana baseada na dignidade da pessoa humana", segundo consta do art. 1º de sua Carta Política, surgida da "Revolução dos Cravos" de 1974, que colocou fim à autocracia salazarista. Na precisa síntese do jurista lusitano Gomes Canotilho:

"Perante as experiências históricas de aniquilação do ser humano (inquisição, escravatura, nazismo, stalinismo, polpotismo, genocídios étnicos) *a dignidade da pessoa humana* como base da República *significa*, sem transcendências ou metafísicas, *o reconhecimento* do *homo noumenon*, ou seja, *do indivíduo como limite e fundamento do domínio político da República.*" (grifei)[9]

Com efeito, a partir das incontáveis barbáries cometidas em nome do Estado, em especial no século passado, indelevelmente tisnado por dois terríveis conflitos mundiais, que resultaram em dezenas de milhões de pessoas mortas, feridas, mutiladas e desenraizadas de seus locais de origem, a comunidade internacional encetou um esforço hercúleo para elevar o princípio da dignidade humana à estatura de um paradigma universal a ser observado por todos os países civilizados.[10] O Preâmbulo da Carta da Organização das Nações Unidas, adotada em 26 de junho de 1945, nessa linha, significativamente anuncia que os povos congregados em torno da criação dessa nova entidade, "resolvidos a preservar as gerações vindouras do flagelo da guerra, que por duas vezes, no espaço da nossa vida, trouxe sofrimentos indizíveis à humanidade, e a reafirmar a fé nos direitos fundamentais do homem, na dignidade e no valor do ser humano [...]", decidiram conjugar seus esforços para a "consecução desses objetivos".[11]

Assim, *passou-se a compreender a dignidade humana como um verdadeiro sobreprincípio*, concebido para inspirar a convivência pacífica e civilizada entre as pessoas de todo o mundo e, mais precisamente, para impor limites à atuação do Estado e de seus agentes, cujo alcance apresenta inequívocos reflexos na discussão da temática aqui tratada. É que, como assinala o Ministro Gilmar Mendes, em trabalho doutrinário, "*a dignidade da pessoa humana, porque sobreposta a todos os bens, valores ou princípios, em nenhuma hipótese é suscetível de confrontar-se com eles, mas tão-somente consigo mesma*" (grifei).[12]

---

[8] MORAES, Alexandre de. *Direitos Humanos Fundamentais:* Teoria Geral. Comentários aos arts. 1º ao 5º da Constituição da República Federativa do Brasil. Doutrina e jurisprudência. 10. ed. São Paulo: Atlas, 2013, p. 48.

[9] CANOTILHO, Joaquim José Gomes. *Direito Constitucional e Teoria da Constituição.* 7. ed. Coimbra: Almedina, 2006, p. 225.

[10] Confira-se: SOHN, Louis B. e BUERGENTAL, Thomas. *International Protection of Human Rights.* New York: Bobbd-Merryll, s.d., p. 505 e segs.

[11] Sobre a importância da Carta da ONU, veja-se: LEWANDOWSKI, Enrique Ricardo. *Proteção dos Direitos Humanos na Ordem Interna e Internacional.* Rio de Janeiro: Forense, 1984, p. 82-84.

[12] MENDES, Gilmar Ferreira. *Curso de Direito Constitucional.* 2. ed.. São Paulo: Editora Saraiva, 2008, p 151.

E, para dar concreção ao mencionado valor, anoto que o direito internacional e a nossa Constituição desdobram-no, particularmente, no direito à vida, à liberdade, à segurança, à propriedade, à intimidade e à vida privada, vedando, ainda, a tortura e o tratamento desumano ou degradante (art. 5º, *caput*, III e X, da CF). De fato, inúmeros tratados internacionais, dos quais o Brasil é signatário, estabelecem os parâmetros jurídicos e mesmo éticos que precisam ser levados em consideração no debate acerca dos limites da obrigatoriedade da vacinação, a exemplo do Pacto Internacional sobre Direitos Civis e Políticos, internalizado pelo Decreto 592/1992, que garante o quanto segue:

"Art. 7º. Ninguém será submetido à tortura, nem a penas ou tratamentos cruéis ou degradantes, em todas as suas formas. *Será proibido, sobretudo, submeter uma pessoa, sem seu livre consentimento a experiências médicas ou científicas*" (grifei).

O direito à incolumidade física também é assegurado pelo Pacto de San José da Costa Rica, o qual integra o ordenamento jurídico pátrio, por força do Decreto 678/1992, cujo art. 5º, 1, consigna que "*toda pessoa tem direito a que se respeite sua integridade física, psíquica e moral*" (grifei).

Especificamente no âmbito da biomedicina, a reverência à integridade física, psíquica e moral das pessoas tem sido objeto de particular atenção por parte da comunidade internacional, com foco nos procedimentos médicos e experimentos científicos, desenvolvendo-se o conceito do "livre convencimento informado". No âmbito europeu, a Convenção para a Proteção dos Direitos do Homem e da Dignidade do Ser Humano face às Aplicações da Biologia e da Medicina, a qual reflete o que há de mais avançado na doutrina sobre ao assunto, estabelece, naquilo que interessa à discussão ora travada, o seguinte:

"Artigo 1.º Objeto e finalidade
As Partes na presente Convenção *protegem o ser humano na sua dignidade* e na sua identidade e *garantem a toda a pessoa*, sem discriminação, *o respeito pela sua integridade e pelos seus outros direitos e liberdades fundamentais face às aplicações da biologia e da medicina.*
[...]
Artigo 2.º - Primado do ser humano
O interesse e o bem-estar do ser humano devem prevalecer sobre o interesse único da sociedade ou da ciência.
Artigo 3.º - Acesso equitativo aos cuidados de saúde
As Partes tomam, tendo em conta as necessidades de saúde e os recursos disponíveis, as medidas adequadas com vista a assegurar, sob a sua jurisdição, *um acesso equitativo aos cuidados de saúde de qualidade apropriada.*
Artigo 5.º - Consentimento
Qualquer intervenção no domínio da saúde só pode ser efetuada após ter sido prestado pela pessoa em causa o seu consentimento livre e esclarecido.
Esta pessoa deve receber previamente a informação adequada quanto ao objetivo e à natureza da intervenção, bem como às suas consequências e riscos.
A pessoa em questão pode, em qualquer momento, revogar livremente o seu consentimento" (grifei).

A jurisprudência do Supremo Tribunal Federal também tem se revelado enfática na defesa da intangibilidade do corpo das pessoas, decorrente da dignidade com que devem ser tratados todos os seres humanos. Constitui importante precedente, nesse sentido, o julgamento que culminou na proibição de exame de DNA compulsório, cuja ementa transcrevo abaixo:

> "INVESTIGAÇÃO DE PATERNIDADE – EXAME DNA – CONDUÇÃO DO RÉU 'DEBAIXO DE VARA'. *Discrepa, a mais não poder, de garantias constitucionais implícitas e explícitas*
> *- preservação da dignidade humana, da intimidade, da intangibilidade do corpo humano, do império da lei e da inexecução específica e direta de obrigação de fazer - provimento judicial que, em ação civil de investigação de paternidade, implique determinação no sentido de o réu ser conduzido ao laboratório, 'debaixo de vara', para coleta de matéria indispensável à feitura de exame de DNA.* A recusa resolve-se no plano jurídico-instrumental, consideradas a dogmática, a doutrina e a jurisprudência, no que voltadas ao deslinde de questões ligadas à prova dos fatos" (HC 71.373- 4/RS, Redator para o acórdão Ministro Marco Aurélio, grifei).

Lembro, ainda, que esta Suprema Corte, no julgamento das ADPFs 395/DF e 444/DF, de relatoria do Ministro Gilmar Mendes, declarou inconstitucional a condução coercitiva de suspeitos indiciados ou acusados para interrogatório e outros atos processuais, julgado do qual se destaca o quanto segue:

> "*A condução coercitiva representa restrição temporária da liberdade de locomoção* mediante condução sob custódia por forças policiais, em vias públicas, não sendo tratamento normalmente aplicado a pessoas inocentes. [...] *O indivíduo deve ser reconhecido como um membro da sociedade dotado de valor intrínseco*, em condições de igualdade e com direitos iguais. *Tornar o ser humano mero objeto no Estado, consequentemente, contraria a dignidade humana*" (grifei)

Seguindo a mesma *ratio decidendi*, qual seja, a afirmação de que as pessoas não podem sofrer qualquer violência física ou constrangimento corporal por parte do Estado e de seus representantes, o STF editou a Súmula Vinculante 11, com o seguinte teor:

> "*Só é lícito o uso de algemas em casos de resistência e de fundado receio de fuga ou de perigo à integridade física própria ou alheia*, por parte do preso ou de terceiros, justificada a excepcionalidade por escrito, sob pena de responsabilidade disciplinar, civil e penal do agente ou da autoridade e de nulidade da prisão ou do ato processual a que se refere, sem prejuízo da responsabilidade civil do Estado".

Tal verbete foi editado a partir do julgamento do HC 91.952/SP, no qual o relator, Ministro Marco Aurélio, assentou:

> "É certo que foi submetida ao veredicto dos jurados *pessoa acusada da prática de crime doloso contra a vida, mas que merecia tratamento devido aos humanos, aos que vivem em um Estado Democrático de Direito. [...] Ora, estes preceitos*
> *- a configurarem garantias dos brasileiros e dos estrangeiros residentes no País - repousam no inafastável tratamento humanitário do cidadão, na necessidade de lhe ser preservada a dignidade*" (grifei).

Dos dispositivos constitucionais e precedentes acima citados, forçoso é concluir que *a obrigatoriedade a que se refere a legislação sanitária brasileira quanto a determinadas vacinas não pode contemplar quaisquer medidas invasivas, aflitivas ou coativas*, em decorrência direta do direito à intangibilidade, inviolabilidade e integridade do corpo humano, bem como das demais garantias antes mencionadas. Em outras palavras, *afigura-se flagrantemente inconstitucional toda determinação legal, regulamentar ou administrativa no sentido de implementar a vacinação forçada das pessoas, quer dizer, sem o seu expresso consentimento.*

Disciplina legal e infralegal

Aprofundando o exame do tema, observo que *a Lei 13.979/2020 não prevê em nenhum de seus dispositivos a vacinação forçada.* Não consta sequer que tal medida tenha sido cogitada pelo legislador. Esse esclarecimento é necessário para pontuar, desde logo, que o mencionado diploma legal não estabeleceu qualquer consequência para o eventual descumprimento da imunização compulsória, limitando-se a consignar, no art. 3º, §4º, que as *"pessoas deverão sujeitar-se ao cumprimento das medidas previstas neste artigo, e o descumprimento delas acarretará responsabilização, nos termos previstos em lei".*

Interessantemente, o autor da ADI 6.587/DF não impugna a vacinação compulsória prevista em outras leis ou atos infralegais (*vg*, Lei 6.259/1975, arts. 3º e 5º; Lei 8.069/1990, art. 14, §1º; Portaria 597/2004, do Ministério da Saúde) restringindo-se a arguir a inconstitucionalidade da imunização obrigatória para o enfrentamento da Covid-19.

Dito isso, ao iniciar a análise da existência de possível mácula de inconstitucionalidade veiculada nestas ações diretas, anoto que a Lei 13.979/2020, nos distintos parágrafos do art. 3º, cuidou de estabelecer limites bem definidos à vacinação compulsória, em consonância, diga-se, com as regras estabelecidas no direito interno e internacional, conforme se vê abaixo:

> "§1º As medidas previstas neste artigo *somente poderão ser determinadas com base em evidências científicas e em análises sobre as informações estratégicas em saúde* e deverão ser limitadas no tempo e no espaço ao mínimo indispensável à promoção e à preservação da saúde pública.
>
> §2º *Ficam assegurados às pessoas* afetadas pelas medidas previstas neste artigo:
>
> I - o *direito de serem informadas* permanentemente sobre o seu estado de saúde e a assistência à família conforme regulamento;
>
> II – *o direito de receberem tratamento gratuito;*
>
> III - *o pleno respeito à dignidade, aos direitos humanos e às liberdades fundamentais das pessoas,* conforme preconiza o Artigo 3 do Regulamento Sanitário Internacional, constante do Anexo ao Decreto nº 10.212, de 30 de janeiro de 2020 Anexo ao Decreto nº 10.212, de 30 de janeiro de 2020" (grifei).

Disso decorre que as autoridades públicas quando forem dispensar as vacinas contra a Covid-19, depois de aprovadas pela Agência Nacional de Vigilância Sanitária - ANVISA,[13] não só deverão observar escrupuloso respeito à intangibilidade do corpo humano, nos termos acima afirmados, como também as demais cautelas estabelecidas na própria Lei 13.979/2020, além de outras adiante explicitadas.

---

[13] Art. 12 da Lei 6.360/1976.

Por tais razões não vejo, *a priori*, nenhuma inconstitucionalidade no dispositivo legal impugnado nas presentes ações, a exigir sua retirada do ordenamento jurídico, sobretudo quando considerado em abstrato. Não se pode excluir, todavia, a possibilidade de surgirem situações nas quais o Texto Magno venha a ser vulnerado, especialmente no momento em que o Poder Público decidir colocar em prática a "determinação de realização compulsória" da "vacinação e outras medidas profiláticas" (art. 3º, III, *d*).

Sim, porque que as ações das autoridades sanitárias, nesse campo, podem suscitar possíveis conflitos entre direitos ligados à liberdade individual e aqueles relacionados à saúde coletiva. Esses conflitos, embora não sejam novos, revestem-se agora de uma roupagem original, diante dos inusitados desafios surgidos no enfrentamento da pandemia desencadeada pela Covid-19.

Recordo que, no Brasil, o marco legal da vacinação obrigatória foi institucionalizado pela Lei 6.259/1975, regulamentada pelo Decreto 78.231/1976, diplomas normativos que detalharam a forma como o Programa Nacional de Imunizações seria implementado no País. Dentre outras disposições, o Regulamento estabeleceu que é "dever de todo o cidadão submeter-se e os menores dos quais tenha a guarda ou responsabilidade, à vacinação obrigatória", ficando dela dispensadas apenas as pessoas que apresentassem atestado médico de contraindicação explícita (art. 29 e parágrafo único). Em complemento, o Ministério da Saúde, por intermédio da Portaria 597/2004, que instituiu os calendários de vacinação em todo o território nacional, definiu como se daria, na prática, a compulsoriedade das imunizações neles previstas. Confira-se:

> "Art. 4º *O cumprimento da obrigatoriedade das vacinações será comprovado por meio de atestado de vacinação* a ser emitido pelos serviços públicos de saúde ou por médicos em exercício de atividades privadas, devidamente credenciadas pela autoridade de saúde competente [...]
>
> Art. 5º Deverá ser concedido prazo de 60 (sessenta) dias para apresentação do atestado de vacinação, nos casos em que ocorrer a inexistência deste ou quando forem apresentados de forma desatualizada.
>
> §1º *Para efeito de pagamento de salário-família será exigida do segurado a apresentação dos atestados de vacinação* obrigatórias estabelecidas nos Anexos I, II e III desta Portaria.
>
> §2º *Para efeito de matrícula em creches, pré-escola, ensino fundamental, ensino médio e universidade o comprovante de vacinação deverá ser obrigatório*, atualizado de acordo com o calendário e faixa etária estabelecidos nos Anexos I, II e III desta Portaria.
>
> §3º *Para efeito de Alistamento Militar será obrigatória apresentação de comprovante de vacinação* atualizado.
>
> §4º *Para efeito de recebimento de benefícios sociais concedidos pelo Governo, deverá ser apresentado comprovante de vacinação*, atualizado de acordo com o calendário e faixa etária estabelecidos nos Anexos I, II e III desta Portaria.
>
> §5º *Para efeito de contratação trabalhista, as instituições públicas e privadas deverão exigir a apresentação do comprovante de vacinação*, atualizado de acordo com o calendário e faixa etária estabelecidos nos Anexos I, II e III desta Portaria".

Como se constata, a *obrigatoriedade da vacinação*, mencionada nos textos normativos supra, *não contempla a imunização forçada, porquanto é levada a efeito por meio de sanções indiretas*, consubstanciadas, basicamente, em vedações ao exercício de determinadas atividades ou à frequência de certos locais. No entanto, de forma diversa, o Estatuto da Criança e do Adolescente (Lei 8.069/1990) prevê a obrigatoriedade da "vacinação de crianças nos casos recomendados pelas autoridades", estabelecendo penas pecuniárias àqueles que, dolosa ou culposamente, descumprirem "os deveres inerentes ao poder familiar ou decorrente de tutela ou guarda" dos menores (arts. 14, §1º e 249). Há, também, outros encargos específicos previstos em atos infralegais, *vg* na Portaria 1.986/2001, do Ministério da Saúde, que abrangem algumas categorias profissionais, como trabalhadores das áreas portuárias e aeroportuárias ou tripulantes e pessoal dos meios de transportes.

Ressalto, ainda, que *constitui crime*, segundo o art. 269 do Código Penal "*infringir determinação do poder público, destinada a impedir introdução ou propagação de doença contagiosa*". Entretanto, segundo a doutrina, a aplicação desse preceito encontra limitações, eis que, "em face dos princípios da proporcionalidade e ofensividade, [...] para a caracterização deste crime exige-se prova do perigo concreto, não bastando, pois a simples infração".[14]

Diante desse quadro, penso que, a rigor, a previsão de vacinação compulsória contra a Covid-19, determinada na Lei 13.979/2020, não seria sequer necessária, porquanto a legislação sanitária, em particular a Lei 6.259/1975 (arts. 3º e 5º), já contempla a possibilidade da imunização com caráter obrigatório. De toda a sorte, entendo que o mais recente diploma normativo, embora não traga nenhuma inovação nessa matéria, representa um reforço às regras sanitárias preexistentes, diante dos inusitados desafios colocados pela pandemia.

Importância da vacinação obrigatória

É consenso, atualmente, entre as autoridades sanitárias, que a vacinação em massa da população constitui uma intervenção preventiva, apta a reduzir a morbimortalidade de doenças infeciosas transmissíveis e provocar imunidade de rebanho, fazendo com que os indivíduos tornados imunes protejam indiretamente os não imunizados.[15] Com tal providência, reduz-se ou elimina-se a circulação do agente infeccioso no ambiente e, por consequência, protege-se a coletividade, notadamente os mais vulneráveis.[16] A legitimação tecnológica e científica dos imunizantes contribuiu para o seu emprego generalizado e intensivo em diversos países, pois os programas de vacinação são considerados a segunda intervenção de saúde mais efetiva hoje existente, figurando o saneamento básico na primeira posição.[17]

Alcançar a imunidade de rebanho mostra-se deveras relevante, sobretudo para pessoas que, por razões de saúde, não podem ser imunizadas, dentre estas as crianças que ainda não atingiram a idade própria ou indivíduos cujo sistema imunológico não responde bem às vacinas.[18] Por isso, *a saúde coletiva não pode ser prejudicada por pessoas que deliberadamente se recusam a ser vacinadas*, acreditando que, ainda assim, serão beneficiárias da imunidade de rebanho.[19]

---

[14] DELMANTO, Celso *et al.* 7. ed. *Código Penal comentado*. Rio de Janeiro: Renovar, 2007, p. 681.

[15] BARBIERI, Carolina Luisa Alves; COUTO, Márcia Thereza e AITH, Fernando Mussa Abujamra. A (não) vacinação infantil entre a cultura e a lei: os significados atribuídos por casais de camadas médias de São Paulo, Brasil. *Cad. Saúde Pública* [*on-line*]. 2017, vol. 33, n. 2, p. 2.

[16] Idem, ibidem.

[17] BALL, Leslie K., EVANS, Geoffrey, e BOSTROM, Ann. Risky Business: Challenges in Vaccine Risk Communication. *Pediatrics* 101, n. 3, 1998, p. 453.

[18] VAN DEN HOVEN, Mariëtte, Why One Should Do One's Bit: Thinking about Free Riding in the Context of Public Health Ethics, *Public Health Ethics*, v. 5, n. 2, 2012. pp. 154–160.

[19] Idem, ibidem.

Os sintomas decorrentes da contaminação pelo vírus da Covid-19, assim como de outra virose semelhante, a *influenza, são particularmente sérios, podendo revelar-se fatais*, sobretudo para as pessoas idosas.[20] Aproximadamente 90% dos óbitos decorrentes da *influenza* ocorrem em indivíduos com mais de 65 anos de idade, cujo sistema imune enfraquecido é mais propenso a complicações decorrentes da doença - tais como a pneumonia -, além de apresentarem uma resposta insuficiente do organismo à vacina, contribuindo para que os idosos, mesmo imunizados, sejam mais suscetíveis à morte em decorrência da contração desse vírus.[21]

É certo que a imunidade de rebanho talvez possa ser alcançada independentemente da vacinação obrigatória, a depender do número resultante da soma de pessoas imunes, em razão de prévia infecção, com aqueles que aderiram voluntariamente à imunização. Não obstante exista, em tese, essa possibilidade, entendo que, ainda assim, há fundamentos constitucionais relevantes para sustentar a compulsoriedade da vacinação, por tratar-se de uma ação governamental que pode contribuir significativamente para a imunidade de rebanho ou, até mesmo, acelerá- la, de maneira a salvar vidas, impedir a progressão da doença e proteger, em especial, os mais vulneráveis.

Aqui, vale rememorar que, *dentre os objetivos fundamentais da República Federativa do Brasil*, listados art. 3º da Constituição, *sobressai o propósito de construir uma sociedade livre, justa e solidária, capaz de promover o bem de todos*. Essa é a razão pela qual se admite que o Estado, atendidos os pressupostos de segurança e eficácia das vacinas, restrinja a autonomia individual das pessoas com o fito de cumprir o dever de dar concreção ao direito social à saúde, previsto no art. 196 da Lei Maior, fazendo-o por meio de "políticas sociais e econômicas que visem à redução do risco de doença e de outros agravos e ao acesso universal e igualitário às ações e serviços para sua promoção, proteção e recuperação". O art. 197, ademais, preconiza que são "de relevância pública as ações e serviços de saúde, cabendo ao Poder Público dispor, nos termos da lei, sobre sua regulamentação, fiscalização e controle".

Para o já mencionado José Afonso da Silva, tal

> "dever se cumpre pelas prestações de saúde, que, por sua vez, se concretizam mediante políticas sociais e econômicas *que visem à redução dos riscos de doença e de outros agravos –* políticas essas, que, por seu turno, se efetivam pela execução de ações e serviços de saúde, *não apenas visando à cura de doenças*".[22]

Na mesma linha são as observações de Kildare Gonçalves Carvalho, para quem o direito à saúde não se resume apenas à medicina curativa, mas inclui a medicina preventiva, a qual *exige a execução de uma política social e econômica* adequada, *que esclareça e eduque a população*, além de promover a "higiene, saneamento básico, condições dignas de moradia e de trabalho, lazer, alimentação saudável na quantidade necessária, campanhas de vacinação, dentre outras ações" (grifei).[23]

---

[20] BAMBERY, Ben *et al*, Influenza Vaccination Strategies Should Target Children, *Public Health Ethics*, v. 11, n. 2, 2018. pp. 221–234.

[21] Idem, ibidem.

[22] SILVA, José Afonso da. *Comentário contextual à Constituição*. 6.ed. São Paulo: Malheiros, 2009, p. 768, grifei.

[23] CARVALHO, Kildare Gonçalves. *Direito constitucional* 13. ed., Belo Horizonte: Del Rey, 2007, p. 1.167.

É nesse contexto, amplificado pela magnitude da pandemia decorrente da Covid-19, *que se exige, mais do que nunca, uma atuação fortemente proativa dos agentes públicos de todos os níveis governamentais*, sobretudo mediante a implementação de programas universais de vacinação, pois, como adverte o professor da Universidade de São Paulo antes referido, "o *direito é garantido por* aquelas *políticas indicadas, que hão de ser estabelecidas, sob pena de omissão inconstituciona*l" (grifei).[24]

Nesse passo, cumpre lembrar que o Preâmbulo, datado do já longínquo ano 1946, da Constituição da Organização Mundial de Saúde - OMS, agência internacional pertencente à Organização das Nações Unidas, integrada pelo Brasil, traz à lume um generoso conceito de saúde, enquanto bem coletivo e dever do Estado.[25] Nesse sentido, Sueli Gandolfi Dallari e Vital Serrano Nunes Júnior, assinalam que

> "[...] o *bem-estar do indivíduo supõe aspectos sanitários, ambientais e comunitários que só podem ser concebidos a partir de uma perspectiva coletiva*, donde resulta que *uma concepção jurídica de saúde há de envolver não só direitos, mas também deveres, e não só por parte dos Estados, mas também das pessoas e da sociedade*" (grifei).[26]

Essa noção encontra amparo também no art. 12 do Pacto Internacional sobre Direitos Econômicos, Sociais e Culturais, internalizado pelo Decreto 591/1992, que assim dispõe:

> "1. *Os Estados Partes do presente Pacto reconhecem o direito de toda pessoa de desfrutar o mais elevado nível possível de saúde física e mental.*
> 2. As medidas que os *Estados Partes do presente Pacto deverão adotar* com o fim de assegurar o pleno exercício desse direito incluirão *as medidas que se façam necessárias para assegurar*:
> a) A diminuição da mortinatalidade e da mortalidade infantil, bem como o desenvolvimento é das crianças;
> b) A melhoria de todos os aspectos de higiene do trabalho e do meio ambiente;
> c) *A prevenção e o tratamento das doenças epidêmicas, endêmicas,* profissionais *e outras*, bem como a luta contra essas doenças;
> d) A criação de condições que assegurem a todos assistência médica e serviços médicos em caso de enfermidade" (grifei).

Resta claro, portanto, que configura obrigação do Estado brasileiro proporcionar a toda a população interessada o acesso à vacina para prevenção da Covid-19, devendo comprometer-se com a sua gratuidade e universalização, para os grupos indicados, assim que houver comprovação científica acerca de respectiva eficácia e segurança. Cumpre-lhe, ademais, atentar para outras recomendações da Organização Mundial de Saúde, notadamente aquelas decorrentes do disposto no art. 18, 1, e anexo 6 do Regulamento Sanitário Internacional, aprovado pelo recente Decreto 10.212/2020.

---

[24] SILVA, José Afonso da. *Op. cit.*, p. 768, grifei.

[25] Íntegra em inglês disponível em: <https://www.who.int/about/who-we-re/constitution>. Acesso: nov. 2020.

[26] DALLARI, Sueli Gandolfi; NUNES JÚNIOR, Vidal Serrano. *Direito sanitário.* São Paulo: Verbatim, 2010, p. 9.

Dever de sopesar, motivar e informar

No caso específico da Covid-19, não se poderia mesmo descartar a ocorrência de reações desfavoráveis à imunização obrigatória, não só diante da intensa politização que envolveu - e ainda envolve - o enfrentamento da pandemia, como também porque não são conhecidos os efeitos de longo prazo das vacinas que estão sendo desenvolvidas para a prevenção da doença.

Por isso, campanhas de conscientização e divulgação, para estimular o consentimento informado da população, podem revelar-se eficazes para "conquistar corações e mentes", sobretudo em tempos de intensa desinformação como os que vivemos. Nessa linha, vale assentar que o próprio sucesso da imunização, uma vez desencadeada, tal como tem ocorrido com as demais vacinas, poderá reforçar a sua credibilidade social. Por oportuno, lembro que, no Brasil, outras estratégias alternativas de mobilização em massa da população já foram empregadas com êxito, notadamente quando da erradicação da varíola, permitindo o desenvolvimento de uma verdadeira "cultura de imunização" entre nós.[27]

A decisão política sobre a obrigatoriedade da vacinação deve, obviamente, levar em consideração os consensos científicos, a segurança e eficácia das vacinas, a possibilidade de uma distribuição universal, os possíveis efeitos colaterais, sobretudo aqueles que possam implicar risco de vida, além de outras ponderações da alçada do administrador público. Esse sopesamento é especialmente relevante porque existem preocupações legítimas com o ritmo acelerado com que as vacinas contra a Covid-19 vem sendo desenvolvidas e testadas.[28]

A decisão deve ainda levar em consideração, por mandamento legal expresso, as evidências científicas e as análises sobre as informações estratégicas em saúde, conforme consta do art. 3º, §1º, da Lei 13.979/2020, a respeito de cuja constitucionalidade já tive oportunidade de me debruçar no julgamento da ADI 6.343-MC-Ref, de relatoria do Ministro Alexandre de Moraes. Naquela ocasião, afirmei que "nada é mais razoável e harmônico com o que consta na Constituição do que as decisões sejam tomadas com base em evidências científicas e em análises sobre as informações estratégicas em saúde". Aliás, as mesmas diretrizes serão úteis na definição dos grupos prioritários para recebimento da vacina.

---

[27] Confira-se HOCHMAN, Gilberto. Vacinação, varíola e uma cultura da imunização no Brasil. *Ciência. Saúde coletiva [on-line].* 2011, vol.16, n.2, p. 382. Para o autor: "[...] a estratégia para vacinação em massa nas áreas urbanas, ou com significativa concentração de pessoas, foi a de mobilização da população para grandes encontros em lugares públicos, que marcavam a chegada dos vacinadores e o início da vacinação. Os líderes políticos locais foram envolvidos no processo de mobilização e convocação da população e se tornavam aliados dos coordenadores estaduais da CEV. Festas populares, romarias, encontros religiosos, feiras, manifestações artísticas populares, quartéis, escolas públicas, paradas de ônibus e grandes empresas foram locais utilizados para vacinação em massa. As equipes deveriam estar preparadas para estender a vacinação até a noite para dar conta de todos os que compareciam. Fazia parte dessa estratégia explícita e deliberada de vacinação em lugares públicos tanto o treinamento de novos vacinadores como seu efeito demonstração para a população e autoridades. Tudo isso potencializado pela presença da imprensa. Fosse qualquer o método e estratégia de vacinação, considerava-se imprescindível obter suficiente motivação da comunidade, trabalhando seus líderes naturais e utilizando meios de divulgação e demonstração adequados ao nível educacional das referidas comunidades. A convocação era feita pelos jornais, alto-falantes, cartazes e filmes nas escolas. O efeito demonstração se fazia também com a vacinação em público de autoridades, líderes políticos, artistas e esportistas, o que tinha repercussão na imprensa e na população convocada a se vacinar voluntariamente. Essa inovação foi reproduzida depois nos 'Dias Nacionais de Vacinação' utilizados para a campanha antipoliomielite no Brasil".

[28] SAVULESCU, Julian. Good reasons to vaccinate: mandatory or payment for risk?. *Journal of Medical Ethics*, 2020, p. 2.

Reputo oportuno, ainda, ressaltar o recente acordão prolatado pelo Plenário do STF no julgamento conjunto das ADIs 6.421-MC/DF, 6.422- MC, 6.424-MC, 6.425-MC, 6.427- MC, 6.428-MC e 6.431-MC, todas de relatoria do Ministro Roberto Barroso, no qual esta Suprema Corte assentou que "decisões administrativas relacionadas à proteção à vida, à saúde e ao meio ambiente devem observar *standards*, normas e critérios científicos e técnicos, tal como estabelecidos por organizações e entidades internacional e nacionalmente reconhecidas". Esses, com efeito, constituem parâmetros mínimos que devem guiar o Poder Público na decisão de implementar eventual obrigatoriedade de imunização, se e quando a vacina estiver disponível.

Requisitos das medidas governamentais

A compulsoriedade da imunização não é, contudo, como muitos pensam, a medida mais restritiva de direitos para o combate do novo coronavírus. Na verdade, ela pode acarretar menos restrições de direitos do que outras medidas mais drásticas, a exemplo do isolamento social.

Sim, porque as medidas alternativas tendem a limitar outros direitos individuais, relacionados, por exemplo, à liberdade de ir e vir ou de reunião, dentre outros, que têm o potencial de gerar efeitos negativos para as atividades públicas e privadas, afetando, em especial, a economia. Ademais, como ponderam Wang, Moribe e Arruda, a ausência ou a insuficiência de intervenção estatal na tutela e promoção de saúde coletiva também provocam indevida restrição de direitos.[29]

Feitas tais considerações, volto a assentar que, sob o ângulo estritamente constitucional, a previsão de vacinação obrigatória, excluída a imposição de vacinação forçada, afigura-se legítima, desde que as medidas a que se sujeitam os refratários observem, em primeiro lugar, os critérios que constam da própria Lei 13.979/2020, especificamente nos incisos I, II, e II do §2º do art. 3º, a saber, o direito à informação, à assistência familiar, ao tratamento gratuito e, ainda, ao "pleno respeito à dignidade, aos direitos humanos e às liberdades fundamentais das pessoas." E, como não poderia deixar de ser, assim como ocorre com os atos administrativos em geral, precisam respeitar os princípios da razoabilidade e da proporcionalidade.

A razoabilidade, equivale ao emprego de "critérios aceitáveis do ponto de vista racional, em sintonia com o senso normal das pessoas equilibradas e respeitosa das finalidades que presidiram a outorga da competência exercida", ao passo que a proporcionalidade exige que aquela seja exercida "na extensão e intensidade" correspondente ao estrito cumprimento da finalidade pública à qual esteja atrelada.[30] Esse último princípio, em sentido estrito, "exige a comparação entre a importância da realização do fim e a intensidade da restrição aos direitos fundamentais",[31] significando, em última análise, a proibição de excesso (*Übermassverbot*, na literatura jurídica alemã).

---

[29] Folha de São Paulo: Daniel Wei Liang Wang, Gabriela Moribe e Ana Luiza Arruda. Vacina obrigatória contra Covid pode ser a medida com menos restrição de direitos. Disponível em: <https://www1.folha.uol.com.br/ilustrissima/2020/10/vacina-obrigatoria-contra-covid-pode-ser-a-   medida-com-menos-restricao-de-direitos.shtml>. Acesso em: out. 2020.

[30] MELLO, Celso Antônio Bandeira de. *Curso de Direito Administrativo*. 30. ed. São Paulo: Malheiros, 2013, p. 111-113.

[31] ÁVILA, Humberto. *Teoria dos princípios*: da definição à aplicação dos princípios jurídicos. 2. Ed. São Paulo: Malheiros, 2003, p. 116.

Essas medidas destinadas a colocar em prática a vacinação compulsória, evidentemente, não são de fácil equacionamento, porquanto envolvem divergências religiosas e filosóficas, bem assim questões práticas, como as relativas ao desenho de um eventual sistema de autoexclusão[32] ou à disponibilização generalizada de testagens e possíveis isenções para as pessoas que já receberam um diagnóstico positivo para a Covid-19, a depender da duração da imunidade adquirida.

Em suma, ainda que a vacinação não seja forçada, *a imunização compulsória jamais poderá ostentar tal magnitude a ponto de ameaçar a integridade física e moral dos recalcitrantes.* Afinal, é perfeitamente possível a adoção de uma política de saúde pública que dê ênfase na educação e na informação, ao invés de optar pela imposição de restrições ou sanções, como instrumento mais adequado para atingir os fins pretendidos. De fato, diante dos riscos existentes, ou mesmo daqueles simplesmente percebidos como tais pela população,[33] seria eticamente discutível encarar a obrigatoriedade como a primeira opção governamental para lograr a imunização da população ou, pelo menos, de sua maior parte.[34]

Papel da União e dos entes federados

O dever irrenunciável do Estado brasileiro de zelar pela saúde de todos aqueles sob sua jurisdição apresenta uma dimensão objetiva e institucional que se revela, no plano administrativo, pelo Sistema Único de Saúde - SUS, concebido como uma rede regionalizada e hierarquizada de ações e serviços públicos, qualificada pela descentralização, pelo atendimento integral e pela participação da comunidade em sua gestão e controle (art. 198, I, II e III, da CF).

Ao SUS compete, dentre outras atribuições, "controlar e fiscalizar procedimentos, produtos e substâncias de interesse para a saúde e participar da produção de medicamentos, equipamentos, imunobiológicos, hemoderivados e outros insumos", assim como "executar as ações de vigilância sanitária e epidemiológica, bem como as de saúde do trabalhador" (art. 200, I e II, da CF).

Tal sistema é compatível com o nosso "federalismo cooperativo" ou "federalismo de integração", adotado pelos constituintes de 1988, no qual "se registra um entrelaçamento de competências e atribuições dos diferentes níveis governamentais",[35] que encontra expressão, no concernente à temática aqui tratada, na competência concorrente partilhada pela União, Estados e Distrito Federal para legislar sobre a "proteção e defesa da saúde" (art. 24, XII, da CF), bem assim na competência comum a todos eles e também aos Municípios de "cuidar da saúde e assistência pública" (art. 23, II, da CF).

---

[32] Veja-se EHRENREICH, William. Toward a Twenty-First Century Jacobson v. Massachusetts. *Harv. L. Rev.* 121 (2008): 1820-1838 . Segundo o autor, nos EUA, existem Estados que adotam o sistema de obrigatoriedade de determinadas vacinas, mas preveem possibilidades amplas e vagas de autoexclusão, a serem requeridas pelos pais pela internet.

[33] Confira-se, *vg* CNN Brasil. "Vacinas são seguras, mas muitos não tomariam a contra Covid- 19; entenda". Acessado nov. de 2020. https://www.cnnbrasil.com.br/saude/2020/08/15/vacinas-sao- seguras-mas-muita-gente-em-todo-o-mundo-diz-que-nao-tomaria-uma-con.

[34] Incentivos atraentes vêm sendo estudados pela comunidade científica, especialmente a respeito da disponibilização de incentivos financeiros ou comportamentais, Veja-se sobre o assunto SAVULESCU, Julian. Good Reasons to Vaccinate: Mandatory or Payment for Risk?. *Journal of Medical Ethics*, 9 de novembro de 2020.

[35] LEWANDOWSKI, Enrique Ricardo. *Pressupostos materiais e formais da Intervenção Federal no Brasil.* 2. ed. Belo Horizonte: Fórum, 2018, p. 23.

Esse compartilhamento de competências entre os entes federados na área da saúde, por óbvio, *não exime a União de exercer aquilo que a doutrina denomina de "competência de cooperação"* (grifei),[36] traduzida na obrigação constitucional de *"planejar e promover a defesa permanente contra as calamidades públicas*, especialmente as secas e as inundações" (art. 21, XVIII, CF, grifei).

Ora, logo depois do reconhecimento pela OMS, em 11/3/2020,[37] de que o mundo passava por uma pandemia desencadeada pela disseminação incontrolada do novo coronavírus, *o Congresso Nacional* editou o Decreto Legislativo 6/2020, no qual *reconheceu a ocorrência de calamidade pública*, com efeito até 31/12/2020, nos termos - sublinhe-se - da Mensagem 93/2020 encaminhada pelo Presidente da República ao Legislativo.

Visto isso, assento que o principal papel da União no combate à pandemia encontra-se delineado no mencionado art. 21, XVIII, da Constituição, o qual corresponde à magna e indeclinável tarefa de *planejar e promover, em caráter permanente*, ou seja, constantemente e sem solução de continuidade, a *defesa* de todos os brasileiros e estrangeiros residentes no País - ou mesmo outros que nele se encontrem de passagem -, *contra as calamidades públicas*.

E quando o referido dispositivo é lido em conjunto com o precitado art. 198 do Texto Magno, percebe-se que compete à União assumir a *coordenação* das atividades do setor, *incumbindo-lhe*, em especial, *"executar ações de vigilância epidemiológica e sanitária em circunstâncias especiais, como na ocorrência de agravos inusitados à saúde, que possam escapar do controle da direção estadual do Sistema Único de Saúde (SUS) ou que representem risco de disseminação nacional"* (grifei), conforme estabelece o disposto no art. 16, III, *a*, e parágrafo único, da Lei 8.080/1990 (Lei Orgânica da Saúde).[38]

De outro lado, a já referida Lei 6.259/1975[39] estabelece que *cabe ao Ministério da Saúde a elaboração do Programa Nacional de Imunizações – PNI, com a definição das vacinações, inclusive as de caráter obrigatório* (art. 3º, *caput*), prescrevendo, ainda, que *aquela Pasta coordenará e apoiará tal atividade - técnica, material e financeiramente - em âmbito nacional e regional*, cuja responsabilidade cabe às Secretarias de Saúde das unidades federadas (art. 4º, *caput* e §1º). Ademais, consigna que "o Ministério da Saúde poderá participar, em caráter supletivo, das ações previstas no programa e *assumir sua execução, quando o interesse nacional ou situações de emergência o justifiquem*" (art. 4º, §2º, grifei).

Não obstante, ressalto que o fato de o Ministério da Saúde coordenar o Programa Nacional de Imunizações e definir as vacinas integrantes do calendário nacional de vacinação não exclui a competência dos Estados, Municípios, e do Distrito Federal para adaptá-los às peculiaridades locais, no típico exercício da competência comum para "cuidar da saúde e assistência pública" (art. 23, II, da CF).

---

[36] CARVALHO, Kildare Gonçalves. O*p. cit.*, p. 774.

[37] Disponível em: <https://www.paho.org/bra/index.php?option=com_content&view=article&id=6120: oms-afirma-que-covid-19-e-agora-caracterizada-como- pandemia&Itemid=812>. Acesso em: nov. 2020.

[38] A Lei 8.080/1990 prevê, ainda, que estão incluídas no campo de atuação do SUS a execução de vigilância sanitária e epidemiológica, bem como a "formulação a política de medicamentos, imunobiológicos e outro insumos de interesse para a saúde e a participação na sua produção" (art. 6º, I, *a* e *b*, e VI).

[39] "Dispõe sobre a organização das ações de Vigilância Epidemiológica, sobre o Programa Nacional de Imunizações, estabelece normas relativas à notificação compulsória de doenças, e dá outras providências".

Na prática, aliás, essa prerrogativa já vem sendo exercida pelos entes federados, ainda que o sucesso de estratégias fragmentadas seja bastante discutível.[40] Na realidade, a iniciativa dos entes locais nada tem de excepcional, uma vez que determinadas moléstias podem ser endêmicas na região de um Estado, Município, ou do Distrito Federal, verificando- se, a propósito, que as medidas empreendidas em âmbito estadual encontram arrimo no art. 6º da Lei 6.259/1975.

Embora o ideal, em se tratando de uma moléstia que atinge o País por inteiro, seja a inclusão de vacinas seguras e eficazes no Programa Nacional de Imunizações, sob a coordenação da União, de forma a atender toda a população, sem qualquer distinção, o certo é que, nos diversos precedentes relativos à pandemia causada pela Covid-19, o Supremo Tribunal Federal tem ressaltado a possibilidade de atuação das autoridades locais para o enfrentamento dessa emergência de saúde pública de importância internacional, em especial na hipótese de omissão por parte do governo central.

Com efeito, conforme tive a oportunidade de afirmar em meu voto na ADI 6.362/DF, a pandemia desencadeada pelo novo coronavírus, que em poucos meses infectou e vitimou dezenas de milhares de pessoas no País e em todo o mundo, revelou, dentre outras coisas, as fraquezas e as virtudes das diferentes formas de governança. Entre nós, serviu para testar os limites do federalismo adotado pela Constituição de 1988.[41]

Uma das principais virtudes dos Estados federais, inclusive do nosso, consiste em que repousam sobre dois valores importantes. O primeiro deles refere-se à inexistência de hierarquia entre os seus integrantes, de modo a não permitir que se cogite da prevalência da União sobre os Estados ou, destes, sobre os Municípios, consideradas as competências que lhe são próprias. Já o segundo, consubstanciado no princípio da subsidiariedade, significa, em palavras simples, o seguinte: tudo aquilo que o ente menor puder fazer de forma mais célere, econômica e eficaz não deve ser empreendido pelo ente maior.

Ora, partir do arcabouço constitucional acima descrito, é possível concluir que a defesa da saúde compete a qualquer das unidades federadas, seja por meio da edição de normas legais, seja mediante a realização de ações administrativas, sem que, como regra, dependam da autorização de outros níveis governamentais para levá-las a efeito, cumprindo-lhes, apenas, consultar o interesse público que têm o dever de preservar.

Esse é precisamente o entendimento da mais abalizada doutrina.

Veja-se:

> "[...] norma do art. 196 é perfeita, porque estabelece explicitamente uma relação jurídica constitucional em que, de um lado, se acham o direito que ela confere, pela cláusula 'a saúde é direito de todos', assim como os sujeitos desse direito, expressos pelo signo todos', que é o signo de universalização, mas com destinação precisa aos brasileiros e estrangeiros residentes - aliás, a norma reforça esses sentidos ao prever o acesso universal e igualitário às ações de e serviços de saúde -, e, de outro lado, a obrigação correspondente, na cláusula *'a saúde é dever do Estado', compreendendo aqui a União, os Estados, o Distrito Federal e os Municípios, que podem cumprir o dever diretamente ou por via de entidade da Administração indireta*" (grifei).[42]

---

[40] Veja-se, a propósito, Sociedade Brasileira de Imunizações, Vacina dengue: A experiência pioneira do Paraná, *Revista Imunizações*, vol. 9, n. 3, 2016, pp. 6-8.

[41] Confira-se meu artigo Covid-19 e Federalismo, publicado pela Folha de São Paulo em 22/4/2020 (Disponível em: <https://www1.folha.uol.com.br/opiniao/2020/04/covid-19-e- federalismo.shtml>. Acesso em: jun. 2020).

[42] SILVA, José Afonso da. *Comentário contextual à Constituição*. 6.ed. São Paulo: Malheiros, 2009, p. 768.

Como se percebe, o federalismo cooperativo, antes mencionado, longe de ser mera peça retórica, exige que os entes federativos se apoiem mutuamente, deixando de lado eventuais divergências ideológicas ou partidárias dos respectivos governantes, sobretudo diante da grave crise sanitária e econômica decorrente da pandemia desencadeada pelo novo coronavírus. Bem por isso, os entes regionais e locais não podem ser alijados do combate à Covid-19, notadamente porque estão investidos do poder-dever de empreender as medidas necessárias para o enfrentamento da emergência de saúde pública decorrente do alastramento incontido da doença.

Em outros termos, a Constituição outorgou a todas as unidades federadas a competência comum de cuidar da saúde, compreendida nela a adoção de quaisquer medidas que se mostrem necessárias para salvar vidas e garantir a higidez das pessoas ameaçadas ou acometidas pela nova moléstia. No âmbito dessa autonomia insere-se, inclusive, a importação e distribuição, em caráter excepcional e temporário, por autoridades dos Estados, Distrito Federal e Municípios, de "quaisquer materiais, medicamentos e insumos da área de saúde sujeitos à vigilância sanitária sem registro na Anvisa considerados essenciais para auxiliar no combate à pandemia do coronavírus", observadas as condições do art. 3º, VIII e §7º-A, da Lei 13.979/2020, alterada pela Lei 14.006/2020.[43] Digo isso apenas *en passant*, como reforço da argumentação, pois tal matéria não foi suscitada nas iniciais das ações de inconstitucionalidade sob exame.

Ao analisar a ADI 6.341-MC-Ref/DF, de relatoria do Ministro Marco Aurélio, em 15/4/2020, esta Suprema Corte referendou a cautelar por ele deferida, assentando que os entes federados possuem competência concorrente para adotar as providências normativas e administrativas necessárias ao combate da pandemia em curso. O acórdão, redigido pelo Ministro Edson Fachin, foi assim ementado:

"REFERENDO EM MEDIDA CAUTELAR EM AÇÃO DIRETA DA INCONSTI-TUCIONALIDADE. DIREITO CONSTITUCIONAL. DIREITO À SAÚDE. EMERGÊNCIA SANITÁRIA INTERNACIONAL. LEI 13.979 DE 2020. COMPETÊNCIA DOS ENTES FEDERADOS PARA LEGISLAR E ADOTAR MEDIDAS SANITÁRIAS DE COMBATE À EPIDEMIA INTERNACIONAL. HIERARQUIA DO SISTEMA ÚNICO DE SAÚDE. COMPETÊNCIA COMUM. MEDIDA CAUTELAR PARCIALMENTE DEFERIDA.
1. A emergência internacional, reconhecida pela Organização Mundial da Saúde, não implica nem muito menos autoriza a outorga de discricionariedade sem controle ou sem contrapesos típicos do Estado Democrático de Direito. As regras constitucionais não servem apenas para proteger a liberdade individual, mas também o exercício da

---

[43] Lei 13.979/2020: "Art. 3º Para enfrentamento da emergência de saúde pública de importância internacional de que trata esta Lei, as autoridades poderão adotar, no âmbito de suas competências, entre outras, as seguintes medidas: [...] VIII – autorização excepcional e temporária para a importação e distribuição de quaisquer materiais, medicamentos, equipamentos e insumos da área de saúde sujeitos à vigilância sanitária sem registro na Anvisa considerados essenciais para auxiliar no combate à pandemia do coronavírus, desde que: a) registrados por pelo menos 1 (uma) das seguintes autoridades sanitárias estrangeiras e autorizados à distribuição comercial em seus respectivos países: Food and Drug Administration (FDA); European Medicines Agency (EMA); Pharmaceuticals and Medical Devices Agency (PMDA); National Medical Products Administration (NMPA); [...] §7º-A. A autorização de que trata o inciso VIII do *caput* deste artigo deverá ser concedida pela Anvisa em até 72 (setenta e duas) horas após a submissão do pedido à Agência, dispensada a autorização de qualquer outro órgão da administração pública direta ou indireta para os produtos que especifica, sendo concedida automaticamente caso esgotado o prazo sem manifestação" (observo que o veto presidencial a este parágrafo foi derrubado pelo Congresso Nacional na Sessão de 19/8/2020).

racionalidade coletiva, isto é, da capacidade de coordenar as ações de forma eficiente. O Estado Democrático de Direito implica o direito de examinar as razões governamentais e o direito de criticá-las. Os agentes públicos agem melhor, mesmo durante emergências, quando são obrigados a justificar suas ações.

2. O exercício da competência constitucional para as ações na área da saúde deve seguir parâmetros materiais específicos, a serem observados, por primeiro, pelas autoridades políticas. Como esses agentes públicos devem sempre justificar suas ações, é à luz delas que o controle a ser exercido pelos demais poderes tem lugar.

3. O pior erro na formulação das políticas públicas é a omissão, sobretudo para as ações essenciais exigidas pelo art. 23 da Constituição Federal. *É grave que, sob o manto da competência exclusiva ou privativa, premiem-se as inações do governo federal, impedindo que Estados e Municípios, no âmbito de suas respectivas competências, implementem as políticas públicas essenciais.* O Estado garantidor dos direitos fundamentais não é apenas a União, mas também os Estados e os Municípios.

4. A diretriz constitucional da hierarquização, constante do caput do art. 198 não significou hierarquização entre os entes federados, mas comando único, dentro de cada um deles.

5. É preciso ler as normas que integram a Lei 13.979, de 2020, como decorrendo da competência própria da União para legislar sobre vigilância epidemiológica, nos termos da Lei Geral do SUS, Lei 8.080, de 1990. *O exercício da competência da União em nenhum momento diminuiu a competência própria dos demais entes da federação na realização de serviços da saúde,* nem poderia, afinal, a diretriz constitucional é a de municipalizar esses serviços.

6. O direito à saúde é garantido por meio da obrigação dos Estados Partes de adotar medidas necessárias para prevenir e tratar as doenças epidêmicas e os entes públicos devem aderir às diretrizes da Organização Mundial da Saúde, não apenas por serem elas obrigatórias nos termos do Artigo 22 da Constituição da Organização Mundial da Saúde (Decreto 26.042, de 17 de dezembro de 1948), mas sobretudo porque contam com a expertise necessária para dar plena eficácia ao direito à saúde.

7. *Como a finalidade da atuação dos entes federativos é comum, a solução de conflitos sobre o exercício da competência deve pautar-se pela melhor realização do direito à saúde,* amparada em evidências científicas e nas recomendações da Organização Mundial da Saúde.

8. Medida cautelar parcialmente concedida para dar interpretação conforme à Constituição ao §9º do art. 3º da Lei 13.979, a fim de explicitar que, preservada a atribuição de cada esfera de governo, nos termos do inciso I do artigo 198 da Constituição, o Presidente da República poderá dispor, mediante decreto, sobre os serviços públicos e atividades essenciais" (grifei).

Além disso, o Plenário do STF assentou que o exercício da competência específica da União para legislar sobre vigilância epidemiológica, a qual deu, repito, ensejo à elaboração da Lei 13.979/2020, não restringiu a competência própria dos demais entes da Federação para a implementação de ações no campo da saúde. Nesse sentido, cito acórdão unânime do Plenário do Supremo Tribunal Federal na ADPF 672/DF, de relatoria do Ministro Alexandre de Moraes:

"EMENTA: CONSTITUCIONAL. PANDEMIA DO CORONAVÍRUS (COVID-19). RESPEITO AO FEDERALISMO. LEI FEDERAL 13.979/2020. MEDIDAS SANITÁRIAS DE CONTENÇÃO À DISSEMINAÇÃO DO VÍRUS. ISOLAMENTO SOCIAL. PROTEÇÃO À SAÚDE, SEGURANÇA SANITÁRIA E EPIDEMIOLÓGICA. COMPETÊNCIAS COMUNS E CONCORRENTES E RESPEITO AO PRINCÍPIO DA PREDOMINÂNCIA DO INTERESSE (ARTS. 23, II, 24, XII, E 25, §1º, DA CF). COMPETÊNCIAS DOS ESTADOS PARA IMPLEMENTAÇÃO DAS MEDIDAS PREVISTAS EM LEI FEDERAL. ARGUIÇÃO JULGADA PARCIALMENTE PROCEDENTE.

1. Proposta de conversão de referendo de medida cautelar em julgamento definitivo de mérito, considerando a existência de precedentes da CORTE quanto à matéria de fundo e a instrução dos autos, nos termos do art. 12 da Lei 9.868/1999.

2. A gravidade da emergência causada pela pandemia do coronavírus (COVID-19) exige das autoridades brasileiras, em todos os níveis de governo, a efetivação concreta da proteção à saúde pública, com a adoção de todas as medidas possíveis e tecnicamente sustentáveis para o apoio e manutenção das atividades do Sistema Único de Saúde, sempre com o absoluto respeito aos mecanismos constitucionais de equilíbrio institucional e manutenção da harmonia e independência entre os poderes, que devem ser cada vez mais valorizados, evitando- se o exacerbamento de quaisquer personalismos prejudiciais à condução das políticas públicas essenciais ao combate da pandemia de COVID-19.

3. Em relação à saúde e assistência pública, a Constituição Federal consagra a existência de competência administrativa comum entre União, Estados, Distrito Federal e Municípios (art. 23, II e IX, da CF), *bem como prevê competência concorrente entre União e Estados/Distrito Federal para legislar sobre proteção e defesa da saúde* (art. 24, XII, da CF), permitindo aos Municípios suplementar a legislação federal e a estadual no que couber, desde que haja interesse local (art. 30, II, da CF); e prescrevendo ainda a descentralização político-administrativa do Sistema de Saúde (art. 198, CF, e art. 7º da Lei 8.080/1990), com a consequente descentralização da execução de serviços, inclusive no que diz respeito às atividades de vigilância sanitária e epidemiológica (art. 6º, I, da Lei 8.080/1990).

4. O Poder Executivo federal exerce o papel de ente central no planejamento e coordenação das ações governamentais em prol da saúde pública, mas nem por isso pode afastar, unilateralmente, as decisões dos governos estaduais, distrital e municipais que, no exercício de suas competências constitucionais, adotem medidas sanitárias previstas na Lei 13.979/2020 no âmbito de seus respectivos territórios, como a imposição de distanciamento ou isolamento social, quarentena, suspensão de atividades de ensino, restrições de comércio, atividades culturais e à circulação de pessoas, entre outros mecanismos reconhecidamente eficazes para a redução do número de infectados e de óbitos, sem prejuízo do exame da validade formal e material de cada ato normativo específico estadual, distrital ou municipal editado nesse contexto pela autoridade jurisdicional competente.

5. Arguição julgada parcialmente procedente" (grifei).

Conforme bem expôs o relator, Ministro Alexandre de Moraes,

"Na verdade, *a competência material para o desenvolvimento de ações governamentais de saúde pública fornece um dos mais elaborados exemplos de repartição vertical de competências e de federalismo cooperativo no texto da Constituição Federal de 1988.*
O constituinte, muito além de prever a hipótese como competência concorrente, tomou ele próprio a iniciativa de estabelecer, no próprio texto constitucional, o condomínio de responsabilidades e encargos entre os diversos níveis federativos. Essa circunstância já foi reiteradamente realçada pela CORTE em diversos julgamentos, em situações em que estabelecido conflito entre normas federais e estaduais sobre proteção à saúde, vigilância sanitária e serviços de saúde pública em geral [...]" (grifei).

Não se olvide, ademais, que a Constituição, em se tratando de competências concorrentes entre a União, Estados e Distrito Federal, as quais incluem "a proteção e defesa da saúde", prevê a "competência suplementar" desses últimos, sendo-lhes lícito, inexistindo lei federal sobre normas gerais, exercer "a competência legislativa plena, para atender a suas peculiaridades" (art. 24, §§2º e 3º, da CF).

Interessantemente, o próprio Procurador-Geral da República, em seu parecer, anotou que

"A observância da atribuição cometida ao Ministério da Saúde para tornar obrigatórias as vacinações no PNI não impede que os estados-membros, diante de inação do ente central ou da inadequação dos critérios (técnicos e científicos) eventualmente adotados, e tendo em conta a realidade local, estabeleçam, por lei, a obrigatoriedade da imunização no âmbito do respectivo território" (grifei).

Não obstante a densidade jurídica da manifestação ofertada pelo Chefe do Ministério Público Federal, penso que, à luz da rica doutrina que se sedimentou sobre o federalismo, instituído pela primeira vez na Constituição dos Estados Unidos da América de 1789 e, mais tarde, adotado em vários países, bem assim considerada a farta jurisprudência desta Suprema Corte produzida sobre o tema, especialmente após o advento da pandemia, não há como, *data venia*, aguardar-se eventual inércia da União para, só então, permitir que os Estados, o Distrito Federal e os Municípios exerçam as respectivas competências em matéria de saúde. *A atuação do governo central e das autoridades estaduais, distritais e locais há de ser, obrigatoriamente, concomitante para o enfrentamento exitoso da Covid-19, sem prejuízo da necessária coordenação exercida pela União.*

Adoto, porém, o parecer da PGR no sentido de que *todas as medidas que vierem a ser implementadas, em qualquer nível político- administrativo da Federação, para tornar obrigatória a vacinação, devem derivar, direta ou indiretamente, da lei,* tendo em conta a incontornável taxatividade do *princípio da legalidade,* estampado no art. 5º, I, de nossa Constituição.

Conclusão

Isso posto, voto pela parcial procedência das ADIs 6.586/DF e 6.587/DF, para conferir interpretação conforme à Constituição ao art. 3º, III, *d*, da Lei 13.979/2020, de maneira a estabelecer que:

(I) a vacinação compulsória não significa vacinação forçada, por exigir sempre o consentimento do usuário, podendo, contudo, ser implementada por meio de medidas indiretas, as quais compreendem, dentre outras, a restrição ao exercício de certas atividades ou à frequência de determinados lugares, desde que previstas em lei, ou dela decorrentes, e (i) tenham como base evidências científicas e análises estratégicas pertinentes, (ii) venham acompanhadas de ampla informação sobre a eficácia, segurança e contraindicações dos imunizantes, (iii) respeitem a dignidade humana e os direitos fundamentais das pessoas; (iv) atendam aos critérios de razoabilidade e proporcionalidade, e (v) sejam as vacinas distribuídas universal e gratuitamente; e

(II) tais medidas, com as limitações acima expostas, podem ser implementadas tanto pela União como pelos Estados, Distrito Federal e Municípios, respeitadas as respectivas esferas de competência.

17/12/2020 – PLENÁRIO

AÇÃO DIRETA DE INCONSTITUCIONALIDADE 6.587
DISTRITO FEDERAL

RELATOR: MIN. RICARDO LEWANDOWSKI
REQTE.(S): PARTIDO TRABALHISTA BRASILEIRO - PTB
ADV.(A/S): LUIZ GUSTAVO PEREIRA DA CUNHA
INTDO.(A/S): PRESIDENTE DA REPÚBLICA
PROC.(A/S)(ES): ADVOGADO-GERAL DA UNIÃO
INTDO.(A/S): CONGRESSO NACIONAL
PROC.(A/S)(ES): ADVOGADO-GERAL DA UNIÃO

EMENTA: AÇÕES DIRETAS DE INCONSTITUCIONALIDADE. VACINAÇÃO COMPULSÓRIA CONTRA A COVID-19 PREVISTA NA LEI 13.979/2020. PRETENSÃO DE ALCANÇAR A IMUNIDADE DE REBANHO. PROTEÇÃO DA COLETIVIDADE, EM ESPECIAL DOS MAIS VULNERÁVEIS. DIREITO SOCIAL À SAÚDE. PROIBIÇÃO DE VACINAÇÃO FORÇADA. EXIGÊNCIA DE PRÉVIO CONSENTIMENTO INFORMADO DO USUÁRIO. INTANGIBILIDADE DO CORPO HUMANO. PREVALÊNCIA DO PRINCÍPIO DA DIGNIDADE HUMANA. INVIOLABILIDADE DO DIREITO À VIDA, LIBERDADE, SEGURANÇA, PROPRIEDADE, INTIMIDADE E VIDA PRIVADA. VEDAÇÃO DA TORTURA E DO TRATAMENTO DESUMANO OU DEGRADANTE. COMPULSORIEDADE DA IMUNIZAÇÃO A SER ALCANÇADA MEDIANTE RESTRIÇÕES INDIRETAS. NECESSIDADE DE OBSERVÂNCIA DE EVIDÊNCIAS CIENTÍFICAS E ANÁLISES DE INFORMAÇÕES ESTRATÉGICAS. EXIGÊNCIA DE COMPROVAÇÃO DA SEGURANÇA E EFICÁCIA DAS VACINAS. LIMITES À OBRIGATORIEDADE DA IMUNIZAÇÃO CONSISTENTES NA ESTRITA OBSERVÂNCIA DOS DIREITOS E GARANTIAS FUNDAMENTAIS. COMPETÊNCIA COMUM DA UNIÃO, ESTADOS, DISTRITO FEDERAL E MUNICÍPIOS PARA CUIDAR DA SAÚDE E ASSISTÊNCIA PÚBLICA. ADIS CONHECIDAS E JULGADAS PARCIALMENTE PROCEDENTES.

I – A vacinação em massa da população constitui medida adotada pelas autoridades de saúde pública, com caráter preventivo, apta a reduzir a morbimortalidade de doenças infeciosas transmissíveis e a provocar imunidade de rebanho, com vistas a proteger toda a coletividade, em especial os mais vulneráveis.

II – A obrigatoriedade da vacinação a que se refere a legislação sanitária brasileira não pode contemplar quaisquer medidas invasivas, aflitivas ou coativas, em decorrência direta do direito à intangibilidade, inviolabilidade e integridade do corpo humano, afigurando-se flagrantemente inconstitucional toda determinação legal, regulamentar ou administrativa no sentido de implementar a vacinação sem o expresso consentimento informado das pessoas.

III – A previsão de vacinação obrigatória, excluída a imposição de vacinação forçada, afigura-se legítima, desde que as medidas às quais se sujeitam os refratários observem os critérios constantes da própria Lei 13.979/2020, especificamente nos incisos I, II, e III do §2º do art. 3º, a saber, o direito à informação, à assistência familiar, ao tratamento gratuito e, ainda, ao "pleno respeito à dignidade, aos direitos humanos e às liberdades fundamentais das pessoas", bem como os princípios da razoabilidade e da proporcionalidade, de forma a não ameaçar a integridade física e moral dos recalcitrantes.

IV – A competência do Ministério da Saúde para coordenar o Programa Nacional de Imunizações e definir as vacinas integrantes do calendário nacional de imunização não exclui a dos Estados, do Distrito Federal e dos Municípios para estabelecer medidas profiláticas e terapêuticas destinadas a enfrentar a pandemia decorrente do novo coronavírus, em âmbito regional ou local, no exercício do poder-dever de "cuidar da saúde e assistência pública" que lhes é cometido pelo art. 23, II, da Constituição Federal.

V - ADIs conhecidas e julgadas parcialmente procedentes para conferir interpretação conforme à Constituição ao art. 3º, III, *d*, da Lei 13.979/2020, de maneira a estabelecer que: (A) a vacinação compulsória não significa vacinação forçada, por exigir sempre o consentimento do usuário, podendo, contudo, ser implementada por meio de medidas indiretas, as quais compreendem, dentre outras, a restrição ao exercício de certas atividades ou à frequência de determinados lugares, desde que previstas em lei, ou dela decorrentes, e (i) tenham como base evidências científicas e análises estratégicas pertinentes, (ii) venham acompanhadas de ampla informação sobre a eficácia, segurança e contraindicações dos imunizantes, (iii) respeitem a dignidade humana e os direitos fundamentais das pessoas; (iv) atendam aos critérios de razoabilidade e proporcionalidade, e (v) sejam as vacinas distribuídas universal e gratuitamente; e (B) tais medidas, com as limitações expostas, podem ser implementadas tanto pela União como pelos Estados, Distrito Federal e Municípios, respeitadas as respectivas esferas de competência.

RELATÓRIO

O Senhor Ministro *Ricardo Lewandowski* (Relator): O Partido Trabalhista Brasileiro – PTB ajuíza ação direta de inconstitucionalidade com pedido de medida cautelar arguindo a inconstitucionalidade do art. 3º, III, *d*, da Lei 13.979/2020, por entender que tal dispositivo violaria os arts. 5º, *caput*, 6º e 196 e seguintes, todos da Constituição Federal. Subsidiariamente, espera que seja aplicada a técnica da interpretação conforme à Constituição Federal, evitando-se que a vacinação seja compulsória, eis que, atualmente, subsiste insegurança quanto à eficácia e eventuais efeitos colaterais das vacinas.

Aduz o seguinte:

"[...] apresentado um risco que, sem dúvida alguma, é irreparável, já que os efeitos a curto, médio e longo prazo da vacina são desconhecidos, a obrigatoriedade de ser vacinado se mostra inconstitucional, já que colocará milhões de vidas em risco.

O direito à vida e à liberdade, extraídos do *caput* do artigo 5º da Carta Republicana, necessitam de maior proteção do que os demais direitos, em especial o primeiro, pois sem a vida, de nada adianta ter liberdade ou propriedade ou qualquer outro direito assegurado.

Da mesma forma que o direito fundamental à vida é colocado em risco com a implementação de uma política de vacinação compulsória quando a vacina a ser utilizada carece de estudos científicos que demonstrem a sua eficácia e atestem a sua segurança para uma vacinação em massa, o direito fundamental à saúde também é colocado em risco.

[...]

E diante desse cenário de insegurança, que pode colocar não só a saúde, mas como a própria vida em risco, é imperioso que a vacinação seja facultativa, e não compulsória, como determina o dispositivo legal arguido. A vacinação compulsória nesse caso será um verdadeiro teste em massa, conduzido com a população brasileira, que servirá, na essência, como grupo de cobaias, expostas a riscos potenciais e irreparáveis, em violação aos mais elementares direitos fundamentais assegurados pela Constituição Federal de 1988" (documento eletrônico 1, fls. 6/9).

Assim, requer:

"(a) em caráter antecipatório e liminar, a concessão de medida cautelar, *ad referendum* do Plenário, a fim de suspender a eficácia da alínea 'd' do inciso III do artigo 3º da Lei no 13.979, de 6 de fevereiro de 2020, até que o mérito da presente ADI seja julgado pelo Plenário;

(b) no mérito, que seja julgado procedente o pedido desta ADI, para declarar, em definitivo, a inconstitucionalidade da alínea 'd' do inciso III do artigo 3º da Lei no 13.979, de 6 de fevereiro de 2020, nos termos do pedido cautelar;

(c) caso não seja esse o entendimento dessa c. Corte, que seja a alínea 'd' do inciso III do artigo 3º da Lei no 13.979, de 6 de fevereiro de 2020 interpretada conforme a Constituição Federal de 1988, para impedir que seja realizada vacinação compulsória nos casos em que as vacinas careçam de comprovação científica quanto a sua eficácia e segurança".

Recebi a inicial e determinei, à vista da importância da matéria e a emergência de saúde pública decorrente do surto do coronavírus, a aplicação do rito previsto no art. 12 da Lei 9.868/1999.

Ato contínuo, o PTB pleiteou a realização de audiência pública "para debater a compulsoriedade de vacinação contra a COVID19", bem como o deferimento da "participação da Sra. Nise H. Yamaguchi em eventual realização de Audiência Pública, vez ser membro da sociedade científica, que vem acompanhando a COVID-19 desde o início, de forma a contribuir com o debate" (documento eletrônico 21, p. 5).

O Chefe do Poder Executivo apresentou informações elaboradas pela Advocacia-Geral da União (documento eletrônico 31), afirmando que não poderia o Poder Judiciário decidir sobre medidas necessárias ao enfrentamento da pandemia da Covid-19, especialmente no que tange à compulsoriedade da imunização, por não haver nenhuma inconstitucionalidade no ato normativo questionado. Isso porque cabe ao Poder Executivo, por meio do Programa Nacional de Imunização do Sistema Único de Saúde, detentor da *expertise* e dos meios institucionais corretos, definir sobre a necessidade ou não da obrigatoriedade da vacinação.

Ressalta que as possíveis vacinas ainda estão em fase de testes, de maneira que o Poder Executivo ainda não tem condições de definir quais vacinas estarão aptas a integrar um eventual plano nacional de vacinação, bem como a necessidade ou não de sua obrigatoriedade, relembrando que a definição somente poderá ser alcançada com base em evidências científicas relativas à sua eficácia e segurança.

Tece elogios ao Programa Nacional de Imunizações – PNI, considerado uma referência mundial pelos seus êxitos, sendo que, por meio da Portaria 1.378/2013 foram regulamentadas as responsabilidades e definidas as diretrizes para execução e financiamento das ações de Vigilância em Saúde pela União, Estados, Distrito Federal e Municípios.

Sustenta que tanto a Lei 6.259/1975 quanto o Decreto 78.231/1976, que regulamentou a referida lei, previram que a definição da compulsoriedade cabe ao Ministério da Saúde, por ser o coordenador- geral do Programa Nacional de Imunizações.

Aduz que, embora a obrigatoriedade da vacina seja permitida, a cobertura vacinal mínima necessária pode ser alcançada por meio de outros incentivos, como as campanhas de vacinação, sendo prematura a discussão sobre a obrigatoriedade da vacina contra a Covid-19.

Enfatiza que foi criado, no âmbito do Ministério da Saúde, o Plano de Operacionalização da Vacina da Covid-19, visando contribuir nas discussões necessárias para a proposição de um Plano Nacional de Vacinação, eis que o processo de incorporação de uma nova vacina no Programa Nacional de Imunizações do SUS é complexo, e depende da análise de diversos órgãos, entidades e autoridades especialistas no assunto, com o fim de garantir a sua eficácia e segurança, com base em estudos e critérios técnico-científicos.

Requer o não conhecimento da presente Ação Direta de Inconstitucionalidade e, no mérito, pugna pela improcedência do pedido inicial.

Já o Advogado-Geral da União ofertou parecer pelo não conhecimento da arguição e, quanto ao mérito, pela improcedência, conforme ementa transcrita abaixo:

> "Constitucional. Artigo 3º, inciso III, *d*, da Lei nº 13.979/2020, que dispõe sobre as medidas para enfrentamento da emergência de saúde pública decorrente do novo coronavírus. Determinação de realização compulsória de vacinação. Alegação de inconstitucionalidade por ofensa aos direitos à vida, à saúde e às liberdades individuais. Preliminar. Impugnação deficiente do complexo normativo. Mérito. As ações promovidas pelas autoridades federais revelam engajamento em projetos de desenvolvimento de vacinas, mas a ausência de produtos registrados torna prematuro qualquer debate sobre obrigatoriedade. Os artigos 196, 198 e 200 da Lei Maior dão suporte à competência desempenhada pela União na elaboração e coordenação do Programa Nacional de Imunizações (PNI), bem como na definição das estratégias e normatizações técnicas de vacinação, inclusive acerca seu caráter obrigatório ou não. A amplitude, a dinamicidade e a complexidade técnica das ações de vacinação demandam coordenação efetiva por autoridade administrativa central. A compulsoriedade da vacinação, como possibilidade legal cuja implementação não é automática, somente poderá ser definida mediante o devido processo técnico-científico, de forma harmônica com a legislação que rege o PNI (Lei nº 6.259/1975) e em consonância com o relevante papel de coordenação no controle epidemiológico atribuído à União, que envolve também a competência para a incorporação pelo SUS de novos medicamentos,

produtos e procedimentos (artigos 16, incisos III, alínea 'c', VI e §único e 19-Q, todos da Lei nº 8.080/90). O deferimento do pedido, antes mesmo da avaliação técnica das vacinas disponíveis, fragiliza a separação dos Poderes (artigo 2º da CF). Manifestação pelo não conhecimento da ação e, no mérito, pela improcedência do pedido formulado" (documento eletrônico 35).

Por sua vez, o Procurador-Geral da República apresentou manifestação no sentido do não conhecimento da ADPF, em parecer assim ementado:

"AÇÃO DIRETA DE INCONSTITUCIONALIDADE. ART. 3º, III, D, DA LEI 13.979/2020. MEDIDAS DE ENFRENTAMENTO DA EPIDEMIA DE COVID-19. VACINAÇÃO COMPULSÓRIA. AUSÊNCIA DE IMPUGNAÇÃO INUTILIDADE DO DO COMPLEXO PROVIMENTO NORMATIVO. JURISDICIONAL. ALEGADA AFRONTA AOS DIREITOS À VIDA, À SAÚDE E À LIBERDADE. PRETENSÃO DE EXAME DE SITUAÇÃO HIPOTÉTICA. INADEQUAÇÃO DA VIA ELEITA. RISCO AFASTADO PELA LEGISLAÇÃO DE REGÊNCIA. PROCEDIMENTO DIRECIONADO A GARANTIR A EFICÁCIA E A SEGURANÇA DA VACINA. POSSIBILIDADE DE MITIGAÇÃO DE DIREITOS INDIVIDUAIS EM PROL DE DIREITOS COLETIVOS DE IGUAL ESTATURA. VALIDADE. PROTEÇÃO DA SAÚDE PÚBLICA. LIMITAÇÃO DA ATUAÇÃO COERCITIVA DO PODER PÚBLICO. RAZOABILIDADE E DA PROPORCIONALIDADE. 1. Não se conhece ação direta de inconstitucionalidade por não impugnação de todo o complexo normativo, quando subsistente a situação reputada inconstitucional em diploma não integrante do pedido, haja vista o comprometimento do interesse de agir decorrente da inutilidade do provimento judicial. Precedentes. 2. Não é objetivo, sendo por isso incabível na via do controle concentrado de constitucionalidade, o exame da validade da imposição de vacinação obrigatória contra a Covid- 19 ao argumento de não possuir embasamento técnico e científico, situação hipotética e subjetiva que não ressai do conteúdo abstrato da norma impugnada. 3. A legislação sanitária brasileira condiciona a liberação de vacinas a procedimento direcionado a garantir segurança e eficácia, o que reduz o espaço para intervenção jurisdicional para mera aplicabilidade de normas legais vigentes. 4. A redução do espaço de autodeterminação do indivíduo recomenda que haja limitação à atuação coercitiva do poder público caso adotada a vacinação compulsória, não sendo compatíveis com os princípios da proporcionalidade e da razoabilidade medidas que ultrapassem a aplicação de sanções pelo descumprimento da obrigação ou condicionamentos para o exercício de direitos como modo de constranger o indivíduo à condutada pretendida. — Parecer pelo não conhecimento da ação e, no mérito, pela improcedência do pedido".

É o relatório.

VOTO

O Senhor Ministro *Ricardo Lewandowski* (Relator): Primeiramente, anoto que me foi distribuída a ADI 6.587/DF por dependência à ADI 6.586/DF, ambas concernentes à constitucionalidade, ao alcance e à correta interpretação do art. 3º, III, *d*, da Lei 13.979/2020, de modo que, diante da *causa petendi* aberta, característica das ações de controle concentrado, procederei ao julgamento conjunto de ambos os feitos.

Na sequência, rejeito a alegação segundo a qual os requerentes não teriam impugnado todo o complexo normativo aplicável à temática em questão, o que levaria ao não conhecimento da ação. E o faço porque não há falar em complexo normativo incindível relativo ao tema da vacinação obrigatória, eis que, a meu ver, nada impede que o dispositivo impugnado nesta ação, o qual trata especificamente de uma das várias medidas concebidas pelo legislador para o "enfrentamento da emergência de saúde pública de importância internacional decorrente do coronavírus", seja analisado, isoladamente, quanto à sua higidez constitucional.

Tampouco se pode cogitar de prematuridade do pedido, porquanto a prévia avaliação técnica das vacinas disponíveis não constitui pré-requisito para a análise da constitucionalidade do preceito normativo sob exame. Cumpre notar, ademais, que o pedido dos requerentes situa-se, estritamente, dentro dos limites do exame técnico-jurídico do tema. Por isso, entendo que não há qualquer risco de ingerência do Judiciário na esfera de atribuições do Executivo, com potencial de vulnerar o princípio da separação dos poderes.

Superadas as objeções preliminares, que rejeito, passo à análise do mérito, principiando pela transcrição do dispositivo legal objeto da controvérsia:

> "Art. 3º *Para enfrentamento da emergência de saúde pública* de importância internacional de que trata esta Lei, as *autoridades poderão adotar, no âmbito de suas competências*, entre outras, as seguintes medidas:
> [...]
> III - determinação de *realização compulsória de*: [...]
> d) vacinação e outras medidas profiláticas;" (grifei).

O PDT argumenta que o mencionado preceito comporta interpretação conforme à Constituição, de maneira a estabelecer que compete aos Estados e Municípios determinar a vacinação obrigatória e outras medidas profiláticas no combate à pandemia causada pela Covid- 19, desde que amparados em evidências científicas.

Diversamente, o PTB sustenta que se mostra imperioso estabelecer, desde já, que a aplicação da vacina, se e quando vier a ser aprovada, será facultativa, e não compulsória, acoimando de inconstitucional a possibilidade de um ente federativo determinar a imunização impositiva, sob pena de violação de direitos fundamentais.

Feita esta recapitulação, observo que a vacinação obrigatória, desde há muito, é uma realidade no Brasil, estando prevista em diversos diplomas legais. O Plano Nacional de Imunizações – PNI, implantado em 18 de setembro de 1973,[1] cuja disciplina legal contempla a tal compulsoriedade,[2] é considerado exemplar por autoridades sanitárias de todo o mundo, jamais tendo sido objeto de contestações judiciais significativas.

---

[1] Programa Nacional de Imunizações: 30 anos. Disponível em: https://bvsms.saude.gov.br/bvs/publicacoes/livro_30_anos_pni.pdf>. Acesso em: nov. 2020.

[2] A Lei 6.259/1975, que institucionalizou a prática, dispõe o seguinte: "Art. 3º Cabe ao Ministério da Saúde a elaboração do Programa Nacional de Imunizações, que definirá as *vacinações*, inclusive as de *caráter obrigatório*. Parágrafo único. *As vacinações obrigatórias serão praticadas de modo sistemático e gratuito pelos órgãos e entidades públicas*, bem como pelas entidades privadas, subvencionadas pelos Governos Federal, Estaduais e Municipais, em todo o território nacional" (grifei).

Registro, todavia, que, muitos anos antes da edição daquele diploma legal, no infausto episódio conhecido como "Revolta da Vacina", essa obrigatoriedade materializou-se por meio de uma série de medidas coercitivas por parte do Poder Público, algumas delas com caráter extremamente incisivo, as quais causaram um enorme descontentamento popular.

Fazendo um breve escorço histórico, recordo que, no início do século passado, o médico Oswaldo Cruz, então Diretor do Serviço de Saúde Pública, após combater com sucesso a febre amarela e a peste bubônica que grassavam no Rio de Janeiro, à época Capital da República, voltou-se ao enfrentamento da varíola, implementando uma série de ações para tornar efetiva a obrigatoriedade da vacina descoberta por Edward Jenner em 1798, algumas delas de cunho draconiano, como o recolhimento dos refratários a um prédio destinado a seu isolamento.[3] A implementação dessas providências, tidas como profiláticas, foi tachada de "despotismo sanitário" pelos críticos da vacina e por aqueles que faziam oposição ao Governo, os quais passaram a desencadear verdadeiro "terrorismo ideológico", espalhando que o imunizante causava "inúmeros perigos para a saúde, tais como convulsões, diarreias, gangrenas, otites, difteria, sífilis, epilepsia, meningite, tuberculose", segundo anota o historiador José Murilo de Carvalho.[4]

Embora muitas justificativas tenham sido apresentadas para a Revolta da Vacina, a sua explicação mais óbvia reside na repulsa generalizada à obrigatoriedade da imunização, tal como levada a efeito, especialmente mediante a invasão das casas e o internamento dos recalcitrantes.[5] Lembro que, já naquele tempo, tal como ocorre agora, o Supremo Tribunal Federal foi instado a entrar no debate, ao conceder ordem de *habeas corpus* preventivo em favor de Manoel Fortunato de Araújo Costa para afastar ameaça de constrangimento ilegal representada pela intimação de inspetor sanitário para ingressar em sua residência e proceder a uma desinfecção. A Corte considerou inconstitucional a disposição regulamentar que facultava "às autoridades sanitárias penetrar, até com o auxílio da força pública, em casa de particular para levar a efeito operações de expurgo" (RHC 2.244/DF, Redator para Acórdão Ministro Manoel Murtinho, DJ 31.1.1905).

---

[3] Neste sentido, o Decreto 5.156, de 8 de março de 1904, dispunha, em seu art. 99, *litteris*: "Nas visitas que a autoridade sanitaria fizer aos hoteis, casas de pensão, decommodos, hospedarias, albergues, avenidas, estalagens e outras habitações do mesmo genero, aos hospitaes casa de saude, maternidades, enfermarias particulares, asylos, pensões, collegios, escolas, theatros, casas de divertimentos, fabricas, officinas, etc., ser-lhe-ha facultada a entrada immediata, sempre que o exigir o interesse da saude pública". Já o art. 128 do mesmo diploma legal estipulava *verbis*: "Nos casos de opposição ás visitas a que se referem os regulamentos da Directoria Geral de Saude Publica, o inspector sanitario intimará o proprietario ou seu procurador, arrendatario, locatario, morador ou administração, a facilitar a visita no prazo de 24 horas, recorrendo, quando a intimação não fôr cumprida, á respectiva autoridade policial, afim de ser realizada a visita, e impondo, ao mesmo tempo, a multa de 200$, por desobediencia a ordem legal". As medidas relativas à varíola eram ainda mais duras: "Art. 208. O inspector sanitario munir-se-ha de vaccina anti-variolica e convidará todas as pessôas residentes no fóco a submetterem-se á vaccinação e á revaccinação. Art. 209. As pessôas que não quizerem aceitar as medidas prophylaticas constantes do artigo antecedente serão recolhidas, em observação, a um edificio apropriado, durante doze dias, correndo as despezas do estadia por conta das pessôas isoladas, pelas quaes ficará responsavel o chefe da familia ou quem suas vezes fizer, depositando este a somma correspondente á estadia das pessôas na casa de observação". Devido ao recrudescimento dos casos de varíola ao longo do ano de 1904, foi aprovada a Lei 1.261, de 31 de outubro de 1904, logo depois revogada em decorrência da Revolta da Vacina (PAULA, Rodrigo Francisco de. *Estado de emergencia na saude publica*. São Paulo: Editora Fórum, 2017, p. 135.

[4] CARVALHO, José Murilo de. *Os bestializados: o Rio de Janeiro e a Republica que nao foi*. Sao Paulo: Cia. das Letras, 1987, p. 98.

[5] *Idem*, p. 130.

O citado Murilo de Carvalho, após constatar que a rejeição à obrigatoriedade da vacina e o repúdio às ações repressivas provocaram uma redução drástica no número de pessoas vacinadas, nos meses subsequentes à adoção das medidas governamentais, debita o fenômeno ao caráter moralista empregado na campanha antivacina, cujo mote central foi a ideia segundo a qual a invasão das casas por ficais sanitários representava uma ofensa aos respectivos chefes de família. Nas palavras do autor:

> "Ao decretar a obrigatoriedade da vacina pela forma como o fizera, o governo violava o domínio sagrado da liberdade individual e da honra pessoal. [...] A Revolta da Vacina permanece como exemplo quase único na história do país de movimento popular de êxito baseado na defesa do direito dos cidadãos de não serem arbitrariamente tratados pelo governo. Mesmo que a vitória não tenha sido traduzida em mudanças políticas imediatas além da interrupção da vacinação, ela certamente deixou entre os que dela participaram um sentimento profundo de orgulho e de autoestima, passo importante na formação da cidadania".[6]

Recordar esses eventos do passado, bem como o vetusto acórdão proferido no RHC 2.244/DF, não tem apenas o escopo de reforçar as premissas sobre as quais se pauta este voto, mas serve também como um alerta, porque, segundo a célebre frase de um polêmico filósofo alemão do século XIX, "todos os fatos e personagens de grande importância na história do mundo ocorrem, por assim dizer, duas vezes: [...] a primeira como tragédia, a segunda como farsa". Em alguma medida, os receios e inconformismos veiculados naquele momento histórico também se manifestam nos dias atuais.

Valores fundamentais em jogo

Atualmente, não pairam dúvidas acerca do alcance de *duas garantias essenciais asseguradas às pessoas: a intangibilidade do corpo humano e a inviolabilidade do domicílio.* Tais franquias, bem sopesadas, por si sós, já *excluem, completamente, a possibilidade de que alguém possa ser compelido a tomar uma vacina à força, contra a sua vontade, manu militari,* no jargão jurídico. Isso porque elas decorrem, assim como outros direitos e liberdades fundamentais, do necessário e incontornável respeito à dignidade humana, que constitui um dos fundamentos da República Federativa do Brasil, a teor do art. 1º, III, da Constituição de 1988.

A dignidade humana, segundo ensina José Afonso da Silva: "[...] não é apenas um princípio da ordem jurídica, mas o é também da ordem política, social, econômica e cultural. Daí sua natureza de valor supremo, porque está na base de toda a vida nacional".[7] Ainda na lição do renomado mestre, a Lei Fundamental da Alemanha foi o primeiro ordenamento jurídico a abrigar tal postulado como valor basilar. Isso porque a ordem jurídica pretérita, por ela derrogada, deu ensejo a que fossem perpetrados gravíssimos delitos contra a humanidade, sob o pretexto de atender a razões de Estado.

No caso brasileiro, os conhecidos abusos e crimes cometidos contra cidadãos e estrangeiros durante o regime de exceção, que durou aproximadamente 21 anos, a saber, de 1964 a 1985, ensejaram a inclusão do valor dignidade humana logo no artigo

---

6   *Idem*, pp. 136-139.
7   DA SILVA, José Afonso. A dignidade da pessoa humana com valor supremo da democracia. *Revista de Direito Administrativo* v. 212 (1998), p. 92.

vestibular da denominada "Constituição-Cidadã" como um dos pilares de nosso regime republicano e democrático que ela institui e consagra.

De acordo com o Ministro Alexandre de Moraes, que enfrentou a temática em sede acadêmica:

> *"A dignidade da pessoa humana é um valor espiritual e moral inerente a pessoa, que se manifesta singularmente na autodeterminação consciente e responsável da própria vida e que traz consigo a pretensão ao respeito por parte das demais pessoas, que constituindo-se um mínimo invulnerável que todo estatuto jurídico deve assegurar,* de modo que, somente excepcionalmente, possam ser feitas limitações ao exercício dos direitos fundamentais, mas sempre sem menosprezar a necessária estima que merecem todas as pessoas enquanto seres humanos. O direito à vida privada, à intimidade, à honra, à imagem, dentre outros, aparecem como consequência imediata da consagração da dignidade da pessoa humana como fundamento da República Federativa do Brasil" (grifei).[8]

Da mesma forma, "Portugal é uma República soberana baseada na dignidade da pessoa humana", segundo consta do art. 1º de sua Carta Política, surgida da "Revolução dos Cravos" de 1974, que colocou fim à autocracia salazarista. Na precisa síntese do jurista lusitano Gomes Canotilho:

> "Perante as experiências históricas de aniquilação do ser humano (inquisição, escravatura, nazismo, stalinismo, polpotismo, genocídios étnicos) *a dignidade da pessoa humana* como base da República *significa,* sem transcendências ou metafísicas, *o reconhecimento* do *homo noumenon,* ou seja, *do indivíduo como limite e fundamento do domínio político da República"* (grifei).[9]

Com efeito, a partir das incontáveis barbáries cometidas em nome do Estado, em especial no século passado, indelevelmente tisnado por dois terríveis conflitos mundiais, que resultaram em dezenas de milhões de pessoas mortas, feridas, mutiladas e desenraizadas de seus locais de origem, a comunidade internacional encetou um esforço hercúleo para elevar o princípio da dignidade humana à estatura de um paradigma universal a ser observado por todos os países civilizados.[10] O Preâmbulo da Carta da Organização das Nações Unidas, adotada em 26 de junho de 1945, nessa linha, significativamente anuncia que os povos congregados em torno da criação dessa nova entidade, "resolvidos a preservar as gerações vindouras do flagelo da guerra, que por duas vezes, no espaço da nossa vida, trouxe sofrimentos indizíveis à humanidade, e a reafirmar a fé nos direitos fundamentais do homem, na dignidade e no valor do ser humano [...]", decidiram conjugar seus esforços para a "consecução desses objetivos".[11]

---

[8] MORAES, Alexandre de. *Direitos Humanos Fundamentais:* Teoria Geral. Comentários aos arts. 1º ao 5º da Constituição da República Federativa do Brasil. Doutrina e jurisprudência. 10. ed. São Paulo: Atlas, 2013, p. 48.

[9] CANOTILHO, Joaquim José Gomes. *Direito Constitucional e Teoria da Constituição.* 7. ed. Coimbra: Almedina, 2006, p. 225.

[10] Confira-se: SOHN, Louis B. e BUERGENTAL, Thomas. *International Protection of Human Rights.* New York: Bobbd-Merryll, s.d., p. 505 e segs.

[11] Sobre a importância da Carta da ONU, veja-se: LEWANDOWSKI, Enrique Ricardo. *Proteção dos Direitos Humanos na Ordem Interna e Internacional.* Rio de Janeiro: Forense, 1984, p. 82-84.

Assim, *passou-se a compreender a dignidade humana como um verdadeiro sobreprincípio*, concebido para inspirar a convivência pacífica e civilizada entre as pessoas de todo o mundo e, mais precisamente, para impor limites à atuação do Estado e de seus agentes, cujo alcance apresenta inequívocos reflexos na discussão da temática aqui tratada. É que, como assinala o Ministro Gilmar Mendes, em trabalho doutrinário, *"a dignidade da pessoa humana, porque sobreposta a todos os bens, valores ou princípios, em nenhuma hipótese é suscetível de confrontar-se com eles, mas tão-somente consigo mesma"* (grifei).[12]

E, para dar concreção ao mencionado valor, anoto que o direito internacional e a nossa Constituição desdobram-no, particularmente, no direito à vida, à liberdade, à segurança, à propriedade, à intimidade e à vida privada, vedando, ainda, a tortura e o tratamento desumano ou degradante (art. 5º, *caput*, III e X, da CF). De fato, inúmeros tratados internacionais, dos quais o Brasil é signatário, estabelecem os parâmetros jurídicos e mesmo éticos que precisam ser levados em consideração no debate acerca dos limites da obrigatoriedade da vacinação, a exemplo do Pacto Internacional sobre Direitos Civis e Políticos, internalizado pelo Decreto 592/1992, que garante o quanto segue:

> "Art. 7º. Ninguém será submetido à tortura, nem a penas ou tratamentos cruéis ou degradantes, em todas as suas formas. *Será proibido, sobretudo, submeter uma pessoa, sem seu livre consentimento a experiências médicas ou científicas*" (grifei).

O direito à incolumidade física também é assegurado pelo Pacto de San José da Costa Rica, o qual integra o ordenamento jurídico pátrio, por força do Decreto 678/1992, cujo art. 5º, 1, consigna que *"toda pessoa tem direito a que se respeite sua integridade física, psíquica e moral"* (grifei).

Especificamente no âmbito da biomedicina, a reverência à integridade física, psíquica e moral das pessoas tem sido objeto de particular atenção por parte da comunidade internacional, com foco nos procedimentos médicos e experimentos científicos, desenvolvendo-se o conceito do "livre convencimento informado". No âmbito europeu, a Convenção para a Proteção dos Direitos do Homem e da Dignidade do Ser Humano face às Aplicações da Biologia e da Medicina, a qual reflete o que há de mais avançado na doutrina sobre ao assunto, estabelece, naquilo que interessa à discussão ora travada, o seguinte:

> "Artigo 1.º Objeto e finalidade
> *As Partes* na presente Convenção *protegem o ser humano na sua dignidade* e na sua identidade e *garantem a toda a pessoa*, sem discriminação, *o respeito pela sua integridade e pelos seus outros direitos e liberdades fundamentais face às aplicações da biologia e da medicina.*
> [...]
> Artigo 2.º - Primado do ser humano
> O interesse e o bem-estar do ser humano devem prevalecer sobre o interesse único da sociedade ou da ciência.
> Artigo 3.º - Acesso equitativo aos cuidados de saúde
> As Partes tomam, tendo em conta as necessidades de saúde e os recursos disponíveis, as medidas adequadas com vista a assegurar, sob a sua jurisdição, *um acesso equitativo aos cuidados de saúde de qualidade apropriada.*

---

[12] MENDES, Gilmar Ferreira. *Curso de Direito Constitucional*. 2. ed. São Paulo: Editora Saraiva, 2008, p 151.

Artigo 5.º - Consentimento

Qualquer intervenção no domínio da saúde só pode ser efetuada após ter sido prestado pela pessoa em causa o seu consentimento livre e esclarecido.

Esta pessoa deve receber previamente a informação adequada quanto ao objetivo e à natureza da intervenção, bem como às suas consequências e riscos.

A pessoa em questão pode, em qualquer momento, revogar livremente o seu consentimento" (grifei).

A jurisprudência do Supremo Tribunal Federal também tem se revelado enfática na defesa da intangibilidade do corpo das pessoas, decorrente da dignidade com que devem ser tratados todos os seres humanos. Constitui importante precedente, nesse sentido, o julgamento que culminou na proibição de exame de DNA compulsório, cuja ementa transcrevo abaixo:

"INVESTIGAÇÃO DE PATERNIDADE – EXAME DNA – CONDUÇÃO DO RÉU 'DEBAIXO DE VARA'. *Discrepa, a mais não poder, de garantias constitucionais implícitas e explícitas*
- preservação da dignidade humana, da intimidade, da intangibilidade do corpo humano, do império da lei e da inexecução específica e direta de obrigação de fazer - provimento judicial que, em ação civil de investigação de paternidade, implique determinação no sentido de o réu ser conduzido ao laboratório, 'debaixo de vara', para coleta de matéria indispensável à feitura de exame de DNA. A recusa resolve-se no plano jurídico-instrumental, consideradas a dogmática, a doutrina e a jurisprudência, no que voltadas ao deslinde de questões ligadas à prova dos fatos" (HC 71.373- 4/RS, Redator para o acórdão Ministro Marco Aurélio, grifei).

Lembro, ainda, que esta Suprema Corte, no julgamento das ADPFs 395/DF e 444/DF, de relatoria do Ministro Gilmar Mendes, declarou inconstitucional a condução coercitiva de suspeitos indiciados ou acusados para interrogatório e outros atos processuais, julgado do qual se destaca o quanto segue:

"*A condução coercitiva representa restrição temporária da liberdade de locomoção* mediante condução sob custódia por forças policiais, em vias públicas, não sendo tratamento normalmente aplicado a pessoas inocentes. [...] *O indivíduo deve ser reconhecido como um membro da sociedade dotado de valor intrínseco,* em condições de igualdade e com direitos iguais. *Tornar o ser humano mero objeto no Estado, consequentemente, contraria a dignidade humana*" (grifei)

Seguindo a mesma *ratio decidendi,* qual seja, a afirmação de que as pessoas não podem sofrer qualquer violência física ou constrangimento corporal por parte do Estado e de seus representantes, o STF editou a Súmula Vinculante 11, com o seguinte teor:

"*Só é lícito o uso de algemas em casos de resistência e de fundado receio de fuga ou de perigo à integridade física própria ou alheia,* por parte do preso ou de terceiros, justificada a excepcionalidade por escrito, sob pena de responsabilidade disciplinar, civil e penal do agente ou da autoridade e de nulidade da prisão ou do ato processual a que se refere, sem prejuízo da responsabilidade civil do Estado".

Tal verbete foi editado a partir do julgamento do HC 91.952/SP, no qual o relator, Ministro Marco Aurélio, assentou:

"É certo que foi submetida ao veredicto dos jurados *pessoa acusada da prática de crime doloso contra a vida, mas que merecia tratamento devido aos humanos, aos que vivem em um Estado Democrático de Direito.* [...] Ora, *estes preceitos*
- a configurarem garantias dos brasileiros e dos estrangeiros residentes no País - repousam no inafastável tratamento humanitário do cidadão, na necessidade de lhe ser preservada a dignidade" (grifei).

Dos dispositivos constitucionais e precedentes acima citados, forçoso é concluir que *a obrigatoriedade a que se refere a legislação sanitária brasileira quanto à determinadas vacinas não pode contemplar quaisquer medidas invasivas, aflitivas ou coativas,* em decorrência direta do direito à intangibilidade, inviolabilidade e integridade do corpo humano, bem como das demais garantias antes mencionadas. Em outras palavras, *afigura-se flagrantemente inconstitucional toda determinação legal, regulamentar ou administrativa no sentido de implementar a vacinação forçada das pessoas, quer dizer, sem o seu expresso consentimento.*

Disciplina legal e infralegal

Aprofundando o exame do tema, observo que *a Lei 13.979/2020 não prevê em nenhum de seus dispositivos a vacinação forçada.* Não consta sequer que tal medida tenha sido cogitada pelo legislador. Esse esclarecimento é necessário para pontuar, desde logo, que o mencionado diploma legal não estabeleceu qualquer consequência para o eventual descumprimento da imunização compulsória, limitando-se a consignar, no art. 3º, §4º, que as *"pessoas deverão sujeitar-se ao cumprimento das medidas* previstas neste artigo, e *o descumprimento delas acarretará responsabilização, nos termos previstos em lei".*

Interessantemente, o autor da ADI 6.587/DF não impugna a vacinação compulsória prevista em outras leis ou atos infralegais (*vg,* Lei 6.259/1975, arts. 3º e 5º; Lei 8.069/1990, art. 14, §1º; Portaria 597/2004, do Ministério da Saúde) restringindo-se a arguir a inconstitucionalidade da imunização obrigatória para o enfrentamento da Covid-19.

Dito isso, ao iniciar a análise da existência de possível mácula de inconstitucionalidade veiculada nestas ações diretas, anoto que a Lei 13.979/2020, nos distintos parágrafos do art. 3º, cuidou de estabelecer limites bem definidos à vacinação compulsória, em consonância, diga-se, com as regras estabelecidas no direito interno e internacional, conforme se vê abaixo:

"§1º As medidas previstas neste artigo *somente poderão ser determinadas com base em evidências científicas e em análises sobre as informações estratégicas em saúde* e deverão ser limitadas no tempo e no espaço ao mínimo indispensável à promoção e à preservação da saúde pública.
§2º *Ficam assegurados às pessoas* afetadas pelas medidas previstas neste artigo:
I - *o direito de serem informadas* permanentemente sobre o seu estado de saúde e a assistência à família conforme regulamento;
II - *o direito de receberem tratamento gratuito;*
III - *o pleno respeito à dignidade, aos direitos humanos e às liberdades fundamentais das pessoas,* conforme preconiza o Artigo 3 do Regulamento Sanitário Internacional, constante do Anexo ao Decreto nº 10.212, de 30 de janeiro de 2020 Anexo ao Decreto nº 10.212, de 30 de janeiro de 2020" (grifei).

Disso decorre que as autoridades públicas quando forem dispensar as vacinas contra a Covid-19, depois de aprovadas pela Agência Nacional de Vigilância Sanitária

- ANVISA,[13] não só deverão observar escrupuloso respeito à intangibilidade do corpo humano, nos termos acima afirmados, como também as demais cautelas estabelecidas na própria Lei 13.979/2020, além de outras adiante explicitadas.

Por tais razões não vejo, *a priori*, nenhuma inconstitucionalidade no dispositivo legal impugnado nas presentes ações, a exigir sua retirada do ordenamento jurídico, sobretudo quando considerado em abstrato. Não se pode excluir, todavia, a possibilidade de surgirem situações nas quais o Texto Magno venha a ser vulnerado, especialmente no momento em que o Poder Público decidir colocar em prática a "determinação de realização compulsória" da "vacinação e outras medidas profiláticas" (art. 3º, III, *d*).

Sim, porque que as ações das autoridades sanitárias, nesse campo, podem suscitar possíveis conflitos entre direitos ligados à liberdade individual e aqueles relacionados à saúde coletiva. Esses conflitos, embora não sejam novos, revestem-se agora de uma roupagem original, diante dos inusitados desafios surgidos no enfrentamento da pandemia desencadeada pela Covid-19.

Recordo que, no Brasil, o marco legal da vacinação obrigatória foi institucionalizado pela Lei 6.259/1975, regulamentada pelo Decreto 78.231/1976, diplomas normativos que detalharam a forma como o Programa Nacional de Imunizações seria implementado no País. Dentre outras disposições, o Regulamento estabeleceu que é "dever de todo o cidadão submeter-se e os menores dos quais tenha a guarda ou responsabilidade, à vacinação obrigatória", ficando dela dispensadas apenas as pessoas que apresentassem atestado médico de contraindicação explícita (art. 29 e parágrafo único). Em complemento, o Ministério da Saúde, por intermédio da Portaria 597/2004, que instituiu os calendários de vacinação em todo o território nacional, definiu como se daria, na prática, a compulsoriedade das imunizações neles previstas. Confira-se:

> "Art. 4º *O cumprimento da obrigatoriedade das vacinações será comprovado por meio de atestado de vacinação* a ser emitido pelos serviços públicos de saúde ou por médicos em exercício de atividades privadas, devidamente credenciadas pela autoridade de saúde competente [...]
>
> Art. 5º Deverá ser concedido prazo de 60 (sessenta) dias para apresentação do atestado de vacinação, nos casos em que ocorrer a inexistência deste ou quando forem apresentados de forma desatualizada.
>
> §1º *Para efeito de pagamento de salário-família será exigida do segurado a apresentação dos atestados de vacinação* obrigatórias estabelecidas nos Anexos I, II e III desta Portaria.
>
> §2º *Para efeito de matrícula em creches, pré-escola, ensino fundamental, ensino médio e universidade o comprovante de vacinação deverá ser obrigatório*, atualizado de acordo com o calendário e faixa etária estabelecidos nos Anexos I, II e III desta Portaria.
>
> §3º *Para efeito de Alistamento Militar será obrigatória apresentação de comprovante de vacinação* atualizado.
>
> §4º *Para efeito de recebimento de benefícios sociais concedidos pelo Governo, deverá ser apresentado comprovante de vacinação*, atualizado de acordo com o calendário e faixa etária estabelecidos nos Anexos I, II e III desta Portaria.
>
> §5º *Para efeito de contratação trabalhista, as instituições públicas e privadas deverão exigir a apre-sentação do comprovante de vacinação*, atualizado de acordo com o calendário e faixa etária estabelecidos nos Anexos I, II e III desta Portaria".

---

[13] Art. 12 da Lei 6.360/1976.

Como se constata, a *obrigatoriedade da vacinação*, mencionada nos textos normativos supra, *não contempla a imunização forçada, porquanto é levada a efeito por meio de sanções indiretas*, consubstanciadas, basicamente, em vedações ao exercício de determinadas atividades ou à frequência de certos locais. No entanto, de forma diversa, o Estatuto da Criança e do Adolescente (Lei 8.069/1990) prevê a obrigatoriedade da "vacinação de crianças nos casos recomendados pelas autoridades", estabelecendo penas pecuniárias àqueles que, dolosa ou culposamente, descumprirem "os deveres inerentes ao poder familiar ou decorrente de tutela ou guarda" dos menores (arts. 14, §1º e 249). Há, também, outros encargos específicos previstos em atos infralegais, *vg* na Portaria 1.986/2001, do Ministério da Saúde, que abrangem algumas categorias profissionais, como trabalhadores das áreas portuárias e aeroportuárias ou tripulantes e pessoal dos meios de transportes.

Ressalto, ainda, que *constitui crime*, segundo o art. 269 do Código Penal "*infringir determinação do poder público, destinada a impedir introdução ou propagação de doença contagiosa*". Entretanto, segundo a doutrina, a aplicação desse preceito encontra limitações, eis que, "em face dos princípios da proporcionalidade e ofensividade, [...] para a caracterização deste crime exige-se prova do perigo concreto, não bastando, pois a simples infração".[14]

Diante desse quadro, penso que, a rigor, a previsão de vacinação compulsória contra a Covid-19, determinada na Lei 13.979/2020, não seria sequer necessária, porquanto a legislação sanitária, em particular a Lei 6.259/1975 (arts. 3º e 5º), já contempla a possibilidade da imunização com caráter obrigatório. De toda a sorte, entendo que o mais recente diploma normativo, embora não traga nenhuma inovação nessa matéria, representa um reforço às regras sanitárias preexistentes, diante dos inusitados desafios colocados pela pandemia.

Importância da vacinação obrigatória

É consenso, atualmente, entre as autoridades sanitárias, que a vacinação em massa da população constitui uma intervenção preventiva, apta a reduzir a morbimortalidade de doenças infeciosas transmissíveis e provocar imunidade de rebanho, fazendo com que os indivíduos tornados imunes protejam indiretamente os não imunizados.[15] Com tal providência, reduz-se ou elimina-se a circulação do agente infeccioso no ambiente e, por consequência, protege-se a coletividade, notadamente os mais vulneráveis.[16] A legitimação tecnológica e científica dos imunizantes contribuiu para o seu emprego generalizado e intensivo em diversos países, pois os programas de vacinação são considerados a segunda intervenção de saúde mais efetiva hoje existente, figurando o saneamento básico na primeira posição.[17]

Alcançar a imunidade de rebanho mostra-se deveras relevante, sobretudo para pessoas que, por razões de saúde, não podem ser imunizadas, dentre estas as crianças

---

[14] DELMANTO, Celso *et al*. 7. ed. *Código Penal comentado*. Rio de Janeiro: Renovar, 2007, p. 681.

[15] BARBIERI, Carolina Luisa Alves; COUTO, Márcia Thereza e AITH, Fernando Mussa Abujamra. A (não) vacinação infantil entre a cultura e a lei: os significados atribuídos por casais de camadas médias de São Paulo, Brasil. *Cad. Saúde Pública* [*on-line*]. 2017, vol. 33, n. 2, p. 2.

[16] Idem, ibidem.

[17] BALL, Leslie K., EVANS, Geoffrey, e BOSTROM, Ann. Risky Business: Challenges in Vaccine Risk Communication. *Pediatrics* 101, n. 3, 1998, p. 453.

que ainda não atingiram a idade própria ou indivíduos cujo sistema imunológico não responde bem às vacinas.[18] Por isso, *a saúde coletiva não pode ser prejudicada por pessoas que deliberadamente se recusam a ser vacinadas*, acreditando que, ainda assim, serão beneficiárias da imunidade de rebanho.[19]

Os sintomas decorrentes da contaminação pelo vírus da Covid-19, assim como de outra virose semelhante, a *influenza, são particularmente sérios, podendo revelar-se fatais*, sobretudo para as pessoas idosas.[20] Aproximadamente 90% dos óbitos decorrentes da *influenza* ocorrem em indivíduos com mais de 65 anos de idade, cujo sistema imune enfraquecido é mais propenso a complicações decorrentes da doença - tais como a pneumonia -, além de apresentarem uma resposta insuficiente do organismo à vacina, contribuindo para que os idosos, mesmo imunizados, sejam mais suscetíveis à morte em decorrência da contração desse vírus.[21]

É certo que a imunidade de rebanho talvez possa ser alcançada independentemente da vacinação obrigatória, a depender do número resultante da soma de pessoas imunes, em razão de prévia infecção, com aqueles que aderiram voluntariamente à imunização. Não obstante exista, em tese, essa possibilidade, entendo que, ainda assim, há fundamentos constitucionais relevantes para sustentar a compulsoriedade da vacinação, por tratar-se de uma ação governamental que pode contribuir significativamente para a imunidade de rebanho ou, até mesmo, acelerá-la, de maneira a salvar vidas, impedir a progressão da doença e proteger, em especial, os mais vulneráveis.

Aqui, vale rememorar que, *dentre os objetivos fundamentais da República Federativa do Brasil*, listados art. 3º da Constituição, *sobressai o propósito de construir uma sociedade livre, justa e solidária, capaz de promover o bem de todos*. Essa é a razão pela qual se admite que o Estado, atendidos os pressupostos de segurança e eficácia das vacinas, restrinja a autonomia individual das pessoas com o fito de cumprir o dever de dar concreção ao direito social à saúde, previsto no art. 196 da Lei Maior, fazendo-o por meio de "políticas sociais e econômicas que visem à redução do risco de doença e de outros agravos e ao acesso universal e igualitário às ações e serviços para sua promoção, proteção e recuperação". O art. 197, ademais, preconiza que são "de relevância pública as ações e serviços de saúde, cabendo ao Poder Público dispor, nos termos da lei, sobre sua regulamentação, fiscalização e controle".

Para o já mencionado José Afonso da Silva, tal

> "dever se cumpre pelas prestações de saúde, que, por sua vez, se concretizam mediante políticas sociais e econômicas *que visem à redução dos riscos de doença e de outros agravos* – políticas essas, que, por seu turno, se efetivam pela execução de ações e serviços de saúde, *não apenas visando à cura de doenças*".[22]

---

[18] VAN DEN HOVEN, Mariëtte, Why One Should Do One's Bit: Thinking about Free Riding in the Context of Public Health Ethics, *Public Health Ethics*, v. 5, n. 2, 2012. pp. 154–160.

[19] Idem, ibidem.

[20] BAMBERY, Ben *et al*, Influenza Vaccination Strategies Should Target Children, *Public Health Ethics*, v. 11, n. 2, 2018. pp. 221–234.

[21] Idem, ibidem.

[22] SILVA, José Afonso da. *Comentário contextual à Constituição*. 6.ed. São Paulo: Malheiros, 2009, p. 768, grifei.

Na mesma linha são as observações de Kildare Gonçalves Carvalho, para quem o direito à saúde não se resume apenas à medicina curativa, mas inclui a medicina preventiva, a qual *exige a execução de uma política social e econômica* adequada, *que esclareça e eduque a população*, além de promover a "higiene, saneamento básico, condições dignas de moradia e de trabalho, lazer, alimentação saudável na quantidade necessária, campanhas de vacinação, dentre outras ações" (grifei).[23]

É nesse contexto, amplificado pela magnitude da pandemia decorrente da Covid-19, *que se exige, mais do que nunca, uma atuação fortemente proativa dos agentes públicos de todos os níveis governamentais*, sobretudo mediante a implementação de programas universais de vacinação, pois, como adverte o professor da Universidade de São Paulo antes referido, "*o direito é garantido por* aquelas *políticas indicadas, que hão de ser estabelecidas, sob pena de omissão inconstitucional*" (grifei).[24]

Nesse passo, cumpre lembrar que o Preâmbulo, datado do já longínquo ano 1946, da Constituição da Organização Mundial de Saúde - OMS, agência internacional pertencente à Organização das Nações Unidas, integrada pelo Brasil, traz à lume um generoso conceito de saúde, enquanto bem coletivo e dever do Estado.[25] Nesse sentido, Sueli Gandolfi Dallari e Vital Serrano Nunes Júnior, assinalam que

> "[...] o *bem-estar do indivíduo supõe aspectos sanitários, ambientais e comunitários que só podem ser concebidos a partir de uma perspectiva coletiva*, donde resulta que *uma concepção jurídica de saúde há de envolver não só direitos, mas também deveres, e não só por parte dos Estados, mas também das pessoas e da sociedade*" (grifei).[26]

Essa noção encontra amparo também no art. 12 do Pacto Internacional sobre Direitos Econômicos, Sociais e Culturais, internalizado pelo Decreto 591/1992, que assim dispõe:

> "1. *Os Estados Partes do presente Pacto reconhecem o direito de toda pessoa de desfrutar o mais elevado nível possível de saúde física e mental.*
> 2. As medidas que os *Estados Partes do presente Pacto deverão adotar* com o fim de assegurar o pleno exercício desse direito incluirão *as medidas que se façam necessárias para assegurar*:
> a) A diminuição da mortinatalidade e da mortalidade infantil, bem como o desenvolvimento é das crianças;
> b) A melhoria de todos os aspectos de higiene do trabalho e do meio ambiente;
> c) *A prevenção e o tratamento das doenças epidêmicas, endêmicas,* profissionais *e outras,* bem como a luta contra essas doenças;
> d) A criação de condições que assegurem a todos assistência médica e serviços médicos em caso de enfermidade" (grifei).

Resta claro, portanto, que configura obrigação do Estado brasileiro proporcionar a toda a população interessada o acesso à vacina para prevenção da Covid-19, devendo comprometer-se com a sua gratuidade e universalização, para os grupos indicados, assim

---

[23] CARVALHO, Kildare Gonçalves. *Direito constitucional* 13. ed., Belo Horizonte: Del Rey, 2007, p. 1.167.

[24] SILVA, José Afonso da. *Op. cit.*, p. 768, grifei.

[25] Íntegra em inglês disponível em: <https://www.who.int/about/who-we-re/constitution>. Acesso: nov. 2020.

[26] DALLARI, Sueli Gandolfi; NUNES JÚNIOR, Vidal Serrano. *Direito sanitário*. São Paulo: Verbatim, 2010, p. 9.

que houver comprovação científica acerca de respectiva eficácia e segurança. Cumpre-lhe, ademais, atentar para outras recomendações da Organização Mundial de Saúde, notadamente aquelas decorrentes do disposto no art. 18, 1, e anexo 6 do Regulamento Sanitário Internacional, aprovado pelo recente Decreto 10.212/2020.

Dever de sopesar, motivar e informar

No caso específico da Covid-19, não se poderia mesmo descartar a ocorrência de reações desfavoráveis à imunização obrigatória, não só diante da intensa politização que envolveu - e ainda envolve - o enfrentamento da pandemia, como também porque não são conhecidos os efeitos de longo prazo das vacinas que estão sendo desenvolvidas para a prevenção da doença.

Por isso, campanhas de conscientização e divulgação, para estimular o consentimento informado da população, podem revelar-se eficazes para "conquistar corações e mentes", sobretudo em tempos de intensa desinformação como os que vivemos. Nessa linha, vale assentar que o próprio sucesso da imunização, uma vez desencadeada, tal como tem ocorrido com as demais vacinas, poderá reforçar a sua credibilidade social. Por oportuno, lembro que, no Brasil, outras estratégias alternativas de mobilização em massa da população já foram empregadas com êxito, notadamente quando da erradicação da varíola, permitindo o desenvolvimento de uma verdadeira "cultura de imunização" entre nós.[27]

A decisão política sobre a obrigatoriedade da vacinação deve, obviamente, levar em consideração os consensos científicos, a segurança e eficácia das vacinas, a possibilidade de uma distribuição universal, os possíveis efeitos colaterais, sobretudo aqueles que possam implicar risco de vida, além de outras ponderações da alçada do administrador público. Esse sopesamento é especialmente relevante porque existem preocupações legítimas com o ritmo acelerado com que as vacinas contra a Covid-19 vem sendo desenvolvidas e testadas.[28]

A decisão deve ainda levar em consideração, por mandamento legal expresso, as evidências científicas e as análises sobre as informações estratégicas em saúde, conforme consta do art. 3º, §1º, da Lei 13.979/2020, a respeito de cuja constitucionalidade já tive oportunidade de me debruçar no julgamento da ADI 6.343-MC-Ref, de relatoria do

---

[27] Confira-se HOCHMAN, Gilberto. Vacinação, varíola e uma cultura da imunização no Brasil. *Ciência. Saúde coletiva [on-line]*. 2011, vol. 16, n. 2, p. 382. Para o autor: "[...] a estratégia para vacinação em massa nas áreas urbanas, ou com significativa concentração de pessoas, foi a de mobilização da população para grandes encontros em lugares públicos, que marcavam a chegada dos vacinadores e o início da vacinação. Os líderes políticos locais foram envolvidos no processo de mobilização e convocação da população e se tornavam aliados dos coordenadores estaduais da CEV. Festas populares, romarias, encontros religiosos, feiras, manifestações artísticas populares, quartéis, escolas públicas, paradas de ônibus e grandes empresas foram locais utilizados para vacinação em massa. As equipes deveriam estar preparadas para estender a vacinação até a noite para dar conta de todos os que compareciam. fazia parte dessa estratégia explícita e deliberada de vacinação em lugares públicos tanto o treinamento de novos vacinadores como seu efeito demonstração para a população e autoridades. Tudo isso potencializado pela presença da imprensa. Fosse qualquer o método e estratégia de vacinação, considerava-se imprescindível obter suficiente motivação da comunidade, trabalhando seus líderes naturais e utilizando meios de divulgação e demonstração adequados ao nível educacional das referidas comunidades. A convocação era feita pelos jornais, alto-falantes, cartazes e filmes nas escolas. O efeito demonstração se fazia também com a vacinação em público de autoridades, líderes políticos, artistas e esportistas, o que tinha repercussão na imprensa e na população convocada a se vacinar voluntariamente. Essa inovação foi reproduzida depois nos 'Dias Nacionais de Vacinação' utilizados para a campanha antipoliomielite no Brasil".

[28] SAVULESCU, Julian. Good reasons to vaccinate: mandatory or payment for risk?. *Journal of Medical Ethics*, 2020, p. 2.

Ministro Alexandre de Moraes. Naquela ocasião, afirmei que "nada é mais razoável e harmônico com o que consta na Constituição do que as decisões sejam tomadas com base em evidências científicas e em análises sobre as informações estratégicas em saúde". Aliás, as mesmas diretrizes serão úteis na definição dos grupos prioritários para recebimento da vacina.

Reputo oportuno, ainda, ressaltar o recente acordão prolatado pelo Plenário do STF no julgamento conjunto das ADIs 6.421-MC/DF, 6.422- MC, 6.424-MC, 6.425-MC, 6.427- MC, 6.428-MC e 6.431-MC, todas de relatoria do Ministro Roberto Barroso, no qual esta Suprema Corte assentou que "decisões administrativas relacionadas à proteção à vida, à saúde e ao meio ambiente devem observar *standards*, normas e critérios científicos e técnicos, tal como estabelecidos por organizações e entidades internacional e nacionalmente reconhecidas". Esses, com efeito, constituem parâmetros mínimos que devem guiar o Poder Público na decisão de implementar eventual obrigatoriedade de imunização, se e quando a vacina estiver disponível.

Requisitos das medidas governamentais

A compulsoriedade da imunização não é, contudo, como muitos pensam, a medida mais restritiva de direitos para o combate do novo coronavírus. Na verdade, ela pode acarretar menos restrições de direitos do que outras medidas mais drásticas, a exemplo do isolamento social.

Sim, porque as medidas alternativas tendem a limitar outros direitos individuais, relacionados, por exemplo, à liberdade de ir e vir ou de reunião, dentre outros, que têm o potencial de gerar efeitos negativos para as atividades públicas e privadas, afetando, em especial, a economia. Ademais, como ponderam Wang, Moribe e Arruda, a ausência ou a insuficiência de intervenção estatal na tutela e promoção de saúde coletiva também provocam indevida restrição de direitos.[29]

Feitas tais considerações, volto a assentar que, sob o ângulo estritamente constitucional, a previsão de vacinação obrigatória, excluída a imposição de vacinação forçada, afigura-se legítima, desde que as medidas a que se sujeitam os refratários observem, em primeiro lugar, os critérios que constam da própria Lei 13.979/2020, especificamente nos incisos I, II, e II do §2º do art. 3º, a saber, o direito à informação, à assistência familiar, ao tratamento gratuito e, ainda, ao "pleno respeito à dignidade, aos direitos humanos e às liberdades fundamentais das pessoas." E, como não poderia deixar de ser, assim como ocorre com os atos administrativos em geral, precisam respeitar os princípios da razoabilidade e da proporcionalidade.

A razoabilidade, equivale ao emprego de "critérios aceitáveis do ponto de vista racional, em sintonia com o senso normal das pessoas equilibradas e respeitosa das finalidades que presidiram a outorga da competência exercida", ao passo que a proporcionalidade exige que aquela seja exercida "na extensão e intensidade" correspondente ao estrito cumprimento da finalidade pública à qual esteja atrelada.[30] Esse último princípio, em sentido estrito, "exige a comparação entre a importância da

---

[29] Folha de São Paulo: Daniel Wei Liang Wang, Gabriela Moribe e Ana Luiza Arruda. Vacina obrigatória contra Covid pode ser a medida com menos restrição de direitos. Disponível em: <https://www1.folha.uol.com.br/ilustrissima/2020/10/vacina-obrigatoria-contra-covid-pode-ser-a-medida-com-menos-restricao-de-direitos.shtml>. Acesso em: out. 2020.

[30] MELLO, Celso Antônio Bandeira de. *Curso de Direito Administrativo*. 30. ed. São Paulo: Malheiros, 2013, p. 111-113.

realização do fim e a intensidade da restrição aos direitos fundamentais",[31] significando, em última análise, a proibição de excesso (*Übermassverbot*, na literatura jurídica alemã).

Essas medidas destinadas a colocar em prática a vacinação compulsória, evidentemente, não são de fácil equacionamento, porquanto envolvem divergências religiosas e filosóficas, bem assim questões práticas, como as relativas ao desenho de um eventual sistema de autoexclusão[32] ou à disponibilização generalizada de testagens e possíveis isenções para as pessoas que já receberam um diagnóstico positivo para a Covid-19, a depender da duração da imunidade adquirida.

Em suma, ainda que a vacinação não seja forçada, *a imunização compulsória jamais poderá ostentar tal magnitude a ponto de ameaçar a integridade física e moral dos recalcitrantes.* Afinal, é perfeitamente possível a adoção de uma política de saúde pública que dê ênfase na educação e na informação, ao invés de optar pela imposição de restrições ou sanções, como instrumento mais adequado para atingir os fins pretendidos. De fato, diante dos riscos existentes, ou mesmo daqueles simplesmente percebidos como tais pela população,[33] seria eticamente discutível encarar a obrigatoriedade como a primeira opção governamental para lograr a imunização da população ou, pelo menos, de sua maior parte.[34]

Papel da União e dos entes federados

O dever irrenunciável do Estado brasileiro de zelar pela saúde de todos aqueles sob sua jurisdição apresenta uma dimensão objetiva e institucional que se revela, no plano administrativo, pelo Sistema Único de Saúde - SUS, concebido como uma rede regionalizada e hierarquizada de ações e serviços públicos, qualificada pela descentralização, pelo atendimento integral e pela participação da comunidade em sua gestão e controle (art. 198, I, II e III, da CF).

Ao SUS compete, dentre outras atribuições, "controlar e fiscalizar procedimentos, produtos e substâncias de interesse para a saúde e participar da produção de medicamentos, equipamentos, imunobiológicos, hemoderivados e outros insumos", assim como "executar as ações de vigilância sanitária e epidemiológica, bem como as de saúde do trabalhador" (art. 200, I e II, da CF).

Tal sistema é compatível com o nosso "federalismo cooperativo" ou "federalismo de integração", adotado pelos constituintes de 1988, no qual "se registra um entrelaçamento de competências e atribuições dos diferentes níveis governamentais",[35] que encontra expressão, no concernente à temática aqui tratada, na competência concorrente partilhada pela União, Estados e Distrito Federal para legislar sobre a "proteção

---

[31] ÁVILA, Humberto. *Teoria dos princípios*: da definição à aplicação dos princípios jurídicos.

[32] Veja-se EHRENREICH, William. Toward a Twenty-First Century Jacobson v. Massachusetts. *Harv. L. Rev.* 121 (2008): 1820-1838. Segundo o autor, nos EUA, existem Estados que adotam o sistema de obrigatoriedade de determinadas vacinas, mas preveem possibilidades amplas e vagas de autoexclusão, a serem requeridas pelos pais pela internet.

[33] Confira-se, *vg* CNN Brasil. "Vacinas são seguras, mas muitos não tomariam a contra Covid- 19; entenda". Acessado nov. de 2020. https://www.cnnbrasil.com.br/saude/2020/08/15/vacinas-sao- seguras-mas-muita-gente-em-todo-o-mundo-diz-que-nao-tomaria-uma-con.

[34] Incentivos atraentes vêm sendo estudados pela comunidade científica, especialmente a respeito da disponibilização de incentivos financeiros ou comportamentais, Veja-se sobre o assunto SAVULESCU, Julian. Good Reasons to Vaccinate: Mandatory or Payment for Risk?. *Journal of Medical Ethics*, 9 de novembro de 2020.

[35] LEWANDOWSKI, Enrique Ricardo. *Pressupostos materiais e formais da Intervenção Federal no Brasil*. 2. ed. Belo Horizonte: Fórum, 2018, p. 23.

e defesa da saúde" (art. 24, XII, da CF), bem assim na competência comum a todos eles e também aos Municípios de "cuidar da saúde e assistência pública" (art. 23, II, da CF).

Esse compartilhamento de competências entre os entes federados na área da saúde, por óbvio, *não exime a União de exercer aquilo que a doutrina denomina de "competência de cooperação"* (grifei),[36] traduzida na obrigação constitucional de *"planejar e promover a defesa permanente contra as calamidades públicas,* especialmente as secas e as inundações" (art. 21, XVIII, CF, grifei).

Ora, logo depois do reconhecimento pela OMS, em 11/3/2020,[37] de que o mundo passava por uma pandemia desencadeada pela disseminação incontrolada do novo coronavírus, *o Congresso Nacional* editou o Decreto Legislativo 6/2020, no qual *reconheceu a ocorrência de calamidade pública,* com efeito até 31/12/2020, nos termos - sublinhe-se - da Mensagem 93/2020 encaminhada pelo Presidente da República ao Legislativo.

Visto isso, assento que o principal papel da União no combate à pandemia encontra-se delineado no mencionado art. 21, XVIII, da Constituição, o qual corresponde à magna e indeclinável tarefa de *planejar e promover, em caráter permanente,* ou seja, constantemente e sem solução de continuidade, a *defesa* de todos os brasileiros e estrangeiros residentes no País - ou mesmo outros que nele se encontrem de passagem -, *contra as calamidades públicas.*

E quando o referido dispositivo é lido em conjunto com o precitado art. 198 do Texto Magno, percebe-se que compete à União assumir a *coordenação* das atividades do setor, *incumbindo-lhe,* em especial, *"executar ações de vigilância epidemiológica e sanitária em circunstâncias especiais, como na ocorrência de agravos inusitados à saúde, que possam escapar do controle da direção estadual do Sistema Único de Saúde (SUS) ou que representem risco de disseminação nacional"* (grifei), conforme estabelece o disposto no art. 16, III, *a,* e parágrafo único, da Lei 8.080/1990 (Lei Orgânica da Saúde).[38]

De outro lado, a já referida Lei 6.259/1975[39] estabelece que *cabe ao Ministério da Saúde a elaboração do Programa Nacional de Imunizações – PNI, com a definição das vacinações, inclusive as de caráter obrigatório* (art. 3º, *caput*), prescrevendo, ainda, que *aquela Pasta coordenará e apoiará tal atividade - técnica, material e financeiramente - em âmbito nacional e regional,* cuja responsabilidade cabe às Secretarias de Saúde das unidades federadas (art. 4º, *caput* e §1º). Ademais, consigna que "o Ministério da Saúde poderá participar, em caráter supletivo, das ações previstas no programa e a*ssumir sua execução, quando o interesse nacional ou situações de emergência o justifiquem"* (art. 4º, §2º, grifei).

Não obstante, ressalto que o fato de o Ministério da Saúde coordenar o Programa Nacional de Imunizações e definir as vacinas integrantes do calendário nacional de vacinação não exclui a competência dos Estados, Municípios, e do Distrito Federal para adaptá-los às peculiaridades locais, no típico exercício da competência comum para "cuidar da saúde e assistência pública" (art. 23, II, da CF).

---

[36] CARVALHO, Kildare Gonçalves. *Op. cit.,* p. 774.

[37] Disponível em: <https://www.paho.org/bra/index.php?option=com_content&view=article&id=6120:oms-afirma-que-covid-19-e-agora-caracterizada-como-pandemia&Itemid=812>. Acesso em: nov. 2020.

[38] A Lei 8.080/1990 prevê, ainda, que estão incluídas no campo de atuação do SUS a execução de vigilância sanitária e epidemiológica, bem como a "formulação a política de medicamentos, imunobiológicos e outro insumos de interesse para a saúde e a participação na sua produção" (art. 6º, I, *a* e *b,* e VI).

[39] "Dispõe sobre a organização das ações de Vigilância Epidemiológica, sobre o Programa Nacional de Imunizações, estabelece normas relativas à notificação compulsória de doenças, e dá outras providências".

Na prática, aliás, essa prerrogativa já vem sendo exercida pelos entes federados, ainda que o sucesso de estratégias fragmentadas seja bastante discutível.[40] Na realidade, a iniciativa dos entes locais nada tem de excepcional, uma vez que determinadas moléstias podem ser endêmicas na região de um Estado, Município, ou do Distrito Federal, verificando- se, a propósito, que as medidas empreendidas em âmbito estadual encontram arrimo no art. 6º da Lei 6.259/1975.

Embora o ideal, em se tratando de uma moléstia que atinge o País por inteiro, seja a inclusão de vacinas seguras e eficazes no Programa Nacional de Imunizações, sob a coordenação da União, de forma a atender toda a população, sem qualquer distinção, o certo é que, nos diversos precedentes relativos à pandemia causada pela Covid-19, o Supremo Tribunal Federal tem ressaltado a possibilidade de atuação das autoridades locais para o enfrentamento dessa emergência de saúde pública de importância internacional, em especial na hipótese de omissão por parte do governo central.

Com efeito, conforme tive a oportunidade de afirmar em meu voto na ADI 6.362/DF, a pandemia desencadeada pelo novo coronavírus, que em poucos meses infectou e vitimou dezenas de milhares de pessoas no País e em todo o mundo, revelou, dentre outras coisas, as fraquezas e as virtudes das diferentes formas de governança. Entre nós, serviu para testar os limites do federalismo adotado pela Constituição de 1988.[41]

Uma das principais virtudes dos Estados federais, inclusive do nosso, consiste em que repousam sobre dois valores importantes. O primeiro deles refere-se à inexistência de hierarquia entre os seus integrantes, de modo a não permitir que se cogite da prevalência da

União sobre os Estados ou, destes, sobre os Municípios, consideradas as competências que lhe são próprias. Já o segundo, consubstanciado no princípio da subsidiariedade, significa, em palavras simples, o seguinte: tudo aquilo que o ente menor puder fazer de forma mais célere, econômica e eficaz não deve ser empreendido pelo ente maior.

Ora, partir do arcabouço constitucional acima descrito, é possível concluir que a defesa da saúde compete a qualquer das unidades federadas, seja por meio da edição de normas legais, seja mediante a realização de ações administrativas, sem que, como regra, dependam da autorização de outros níveis governamentais para levá-las a efeito, cumprindo-lhes, apenas, consultar o interesse público que têm o dever de preservar.

Esse é precisamente o entendimento da mais abalizada doutrina.

Veja-se:

> "[...] norma do art. 196 é perfeita, porque estabelece explicitamente uma relação jurídica constitucional em que, de um lado, se acham o direito que ela confere, pela cláusula 'a saúde é direito de todos', assim como os sujeitos desse direito, expressos pelo signo todos', que é o signo de universalização, mas com destinação precisa aos brasileiros e estrangeiros residentes - aliás, a norma reforça esses sentidos ao prever o acesso universal e igualitário às ações de e serviços de saúde -, e, de outro lado, a obrigação correspondente, na cláusula *'a saúde é dever do Estado', compreendendo aqui a União, os Estados, o Distrito Federal e*

---

[40] Veja-se, a propósito, Sociedade Brasileira de Imunizações, Vacina dengue: A experiência pioneira do Paraná, *Revista Imunizações*, vol. 9, n. 3, 2016, pp. 6-8.

[41] Confira-se meu artigo Covid-19 e Federalismo, publicado pela Folha de São Paulo em 22/4/2020 (Disponível em: <https://www1.folha.uol.com.br/opiniao/2020/04/covid-19-e-federalismo.shtml>. Acesso em: jun. 2020).

os Municípios, que podem cumprir o dever diretamente ou por via de entidade da Administração indireta" (grifei).[42]

Como se percebe, o federalismo cooperativo, antes mencionado, longe de ser mera peça retórica, exige que os entes federativos se apoiem mutuamente, deixando de lado eventuais divergências ideológicas ou partidárias dos respectivos governantes, sobretudo diante da grave crise sanitária e econômica decorrente da pandemia desencadeada pelo novo coronavírus. Bem por isso, os entes regionais e locais não podem ser alijados do combate à Covid-19, notadamente porque estão investidos do poder-dever de empreender as medidas necessárias para o enfrentamento da emergência de saúde pública decorrente do alastramento incontido da doença.

Em outros termos, a Constituição outorgou a todas as unidades federadas a competência comum de cuidar da saúde, compreendida nela a adoção de quaisquer medidas que se mostrem necessárias para salvar vidas e garantir a higidez das pessoas ameaçadas ou acometidas pela nova moléstia. No âmbito dessa autonomia insere-se, inclusive, a importação e distribuição, em caráter excepcional e temporário, por autoridades dos Estados, Distrito Federal e Municípios, de "quaisquer materiais, medicamentos e insumos da área de saúde sujeitos à vigilância sanitária sem registro na Anvisa considerados essenciais para auxiliar no combate à pandemia do coronavírus", observadas as condições do art. 3º, VIII e §7º-A, da Lei 13.979/2020, alterada pela Lei 14.006/2020.[43] Digo isso apenas *en passant*, como reforço da argumentação, pois tal matéria não foi suscitada nas iniciais das ações de inconstitucionalidade sob exame.

Ao analisar a ADI 6.341-MC-Ref/DF, de relatoria do Ministro Marco Aurélio, em 15/4/2020, esta Suprema Corte referendou a cautelar por ele deferida, assentando que os entes federados possuem competência concorrente para adotar as providências normativas e administrativas necessárias ao combate da pandemia em curso. O acórdão, redigido pelo Ministro Edson Fachin, foi assim ementado:

"REFERENDO EM MEDIDA CAUTELAR EM AÇÃO DIRETA DA INCONSTITU-CIONALIDADE. DIREITO CONSTITUCIONAL. DIREITO À SAÚDE. EMERGÊNCIA SANITÁRIA INTERNACIONAL. LEI 13.979 DE 2020. COMPETÊNCIA DOS ENTES FEDERADOS PARA LEGISLAR E ADOTAR MEDIDAS SANITÁRIAS DE COMBATE À EPIDEMIA INTERNACIONAL. HIERARQUIA DO SISTEMA ÚNICO DE SAÚDE. COMPETÊNCIA COMUM. MEDIDA CAUTELAR PARCIALMENTE DEFERIDA.

---

[42] SILVA, José Afonso da. *Comentário contextual à Constituição.* 6. ed. São Paulo: Malheiros, 2009, p. 768.

[43] Lei 13.979/2020: "Art. 3º Para enfrentamento da emergência de saúde pública de importância internacional de que trata esta Lei, as autoridades poderão adotar, no âmbito de suas competências, entre outras, as seguintes medidas: [...] VIII – autorização excepcional e temporária para a importação e distribuição de quaisquer materiais, medicamentos, equipamentos e insumos da área de saúde sujeitos à vigilância sanitária sem registro na Anvisa considerados essenciais para auxiliar no combate à pandemia do coronavírus, desde que: a) registrados por pelo menos 1 (uma) das seguintes autoridades sanitárias estrangeiras e autorizados à distribuição comercial em seus respectivos países: Food and Drug Administration (FDA); European Medicines Agency (EMA); Pharmaceuticals and Medical Devices Agency (PMDA); National Medical Products Administration (NMPA); [...] §7º-A. A autorização de que trata o inciso VIII do *caput* deste artigo deverá ser concedida pela Anvisa em até 72 (setenta e duas) horas após a submissão do pedido à Agência, dispensada a autorização de qualquer outro órgão da administração pública direta ou indireta para os produtos que especifica, sendo concedida automaticamente caso esgotado o prazo sem manifestação" (observo que o veto presidencial a este parágrafo foi derrubado pelo Congresso Nacional na Sessão de 19/8/2020).

1. A emergência internacional, reconhecida pela Organização Mundial da Saúde, não implica nem muito menos autoriza a outorga de discricionariedade sem controle ou sem contrapesos típicos do Estado Democrático de Direito. As regras constitucionais não servem apenas para proteger a liberdade individual, mas também o exercício da racionalidade coletiva, isto é, da capacidade de coordenar as ações de forma eficiente. O Estado Democrático de Direito implica o direito de examinar as razões governamentais e o direito de criticá-las. Os agentes públicos agem melhor, mesmo durante emergências, quando são obrigados a justificar suas ações.

2. O exercício da competência constitucional para as ações na área da saúde deve seguir parâmetros materiais específicos, a serem observados, por primeiro, pelas autoridades políticas. Como esses agentes públicos devem sempre justificar suas ações, é à luz delas que o controle a ser exercido pelos demais poderes tem lugar.

3. O pior erro na formulação das políticas públicas é a omissão, sobretudo para as ações essenciais exigidas pelo art. 23 da Constituição Federal. *É grave que, sob o manto da competência exclusiva ou privativa, premiem-se as inações do governo federal, impedindo que Estados e Municípios, no âmbito de suas respectivas competências, implementem as políticas públicas essenciais.* O Estado garantidor dos direitos fundamentais não é apenas a União, mas também os Estados e os Municípios.

4. A diretriz constitucional da hierarquização, constante do caput do art. 198 não significou hierarquização entre os entes federados, mas comando único, dentro de cada um deles.

5. É preciso ler as normas que integram a Lei 13.979, de 2020, como decorrendo da competência própria da União para legislar sobre vigilância epidemiológica, nos termos da Lei Geral do SUS, Lei 8.080, de 1990. *O exercício da competência da União em nenhum momento diminuiu a competência própria dos demais entes da federação na realização de serviços da saúde,* nem poderia, afinal, a diretriz constitucional é a de municipalizar esses serviços.

6. O direito à saúde é garantido por meio da obrigação dos Estados Partes de adotar medidas necessárias para prevenir e tratar as doenças epidêmicas e os entes públicos devem aderir às diretrizes da Organização Mundial da Saúde, não apenas por serem elas obrigatórias nos termos do Artigo 22 da Constituição da Organização Mundial da Saúde (Decreto 26.042, de 17 de dezembro de 1948), mas sobretudo porque contam com a expertise necessária para dar plena eficácia ao direito à saúde.

7. *Como a finalidade da atuação dos entes federativos é comum, a solução de conflitos sobre o exercício da competência deve pautar-se pela melhor realização do direito à saúde,* amparada em evidências científicas e nas recomendações da Organização Mundial da Saúde.

8. Medida cautelar parcialmente concedida para dar interpretação conforme à Constituição ao §9º do art. 3º da Lei 13.979, a fim de explicitar que, preservada a atribuição de cada esfera de governo, nos termos do inciso I do artigo 198 da Constituição, o Presidente da República poderá dispor, mediante decreto, sobre os serviços públicos e atividades essenciais" (grifei).

Além disso, o Plenário do STF assentou que o exercício da competência específica da União para legislar sobre vigilância epidemiológica, a qual deu, repito, ensejo à elaboração da Lei 13.979/2020, não restringiu a competência própria dos demais entes da Federação para a implementação de ações no campo da saúde. Nesse sentido, cito acórdão unânime do Plenário do Supremo Tribunal Federal na ADPF 672/DF, de relatoria do Ministro Alexandre de Moraes:

"EMENTA: CONSTITUCIONAL. PANDEMIA DO CORONAVÍRUS (COVID-19). RESPEITO AO FEDERALISMO. LEI FEDERAL 13.979/2020. MEDIDAS SANITÁRIAS DE CONTENÇÃO À DISSEMINAÇÃO DO VÍRUS. ISOLAMENTO SOCIAL. PROTEÇÃO

À SAÚDE, SEGURANÇA SANITÁRIA E EPIDEMIOLÓGICA. COMPETÊNCIAS COMUNS E CONCORRENTES E RESPEITO AO PRINCÍPIO DA PREDOMINÂNCIA DO INTERESSE (ARTS. 23, II, 24, XII, E 25, §1º, DA CF). COMPETÊNCIAS DOS ESTADOS PARA IMPLEMENTAÇÃO DAS MEDIDAS PREVISTAS EM LEI FEDERAL. ARGUIÇÃO JULGADA PARCIALMENTE PROCEDENTE.

1. Proposta de conversão de referendo de medida cautelar em julgamento definitivo de mérito, considerando a existência de precedentes da CORTE quanto à matéria de fundo e a instrução dos autos, nos termos do art. 12 da Lei 9.868/1999.

2. *A gravidade da emergência causada pela pandemia do coronavírus (COVID-19) exige das autoridades brasileiras, em todos os níveis de governo, a efetivação concreta da proteção à saúde pública,* com a adoção de todas as medidas possíveis e tecnicamente sustentáveis para o apoio e manutenção das atividades do Sistema Único de Saúde, sempre com o absoluto respeito aos mecanismos constitucionais de equilíbrio institucional e manutenção da harmonia e independência entre os poderes, que devem ser cada vez mais valorizados, evitando- se o exacerbamento de quaisquer personalismos prejudiciais à condução das políticas públicas essenciais ao combate da pandemia de COVID-19.

3. *Em relação à saúde e assistência pública, a Constituição Federal consagra a existência de competência administrativa comum entre União, Estados, Distrito Federal e Municípios* (art. 23, II e IX, da CF), *bem como prevê competência concorrente entre União e Estados/Distrito Federal para legislar sobre proteção e defesa da saúde* (art. 24, XII, da CF), permitindo aos Municípios suplementar a legislação federal e a estadual no que couber, desde que haja interesse local (art. 30, II, da CF); e prescrevendo ainda a descentralização político-administrativa do Sistema de Saúde (art. 198, CF, e art. 7º da Lei 8.080/1990), com a consequente descentralização da execução de serviços, inclusive no que diz respeito às atividades de vigilância sanitária e epidemiológica (art. 6º, I, da Lei 8.080/1990).

4. *O Poder Executivo federal exerce o papel de ente central no planejamento e coordenação das ações governamentais em prol da saúde pública, mas nem por isso pode afastar, unilateralmente, as decisões dos governos estaduais, distrital e municipais que, no exercício de suas competências constitucionais, adotem medidas sanitárias previstas na Lei 13.979/2020 no âmbito de seus respectivos territórios,* como a imposição de distanciamento ou isolamento social, quarentena, suspensão de atividades de ensino, restrições de comércio, atividades culturais e à circulação de pessoas, entre outros mecanismos reconhecidamente eficazes para a redução do número de infectados e de óbitos, sem prejuízo do exame da validade formal e material de cada ato normativo específico estadual, distrital ou municipal editado nesse contexto pela autoridade jurisdicional competente.

5. Arguição julgada parcialmente procedente" (grifei).

Conforme bem expôs o relator, Ministro Alexandre de Moraes,

"Na verdade, *a competência material para o desenvolvimento de ações governamentais de saúde pública fornece um dos mais elaborados exemplos de repartição vertical de competências e de federalismo cooperativo no texto da Constituição Federal de 1988.*
O constituinte, muito além de prever a hipótese como competência concorrente, tomou ele próprio a iniciativa de estabelecer, no próprio texto constitucional, o condomínio de responsabilidades e encargos entre os diversos níveis federativos. Essa circunstância já foi reiteradamente realçada pela CORTE em diversos julgamentos, em situações em que estabelecido conflito entre normas federais e estaduais sobre proteção à saúde, vigilância sanitária e serviços de saúde pública em geral [...]" (grifei).

Não se olvide, ademais, que a Constituição, em se tratando de competências concorrentes entre a União, Estados e Distrito Federal, as quais incluem "a proteção e defesa da saúde", prevê a "competência suplementar" desses últimos, sendo-lhes lícito, inexistindo lei federal sobre normas gerais, exercer "a competência legislativa plena, para atender a suas peculiaridades" (art. 24, §§2º e 3º, da CF).

Interessantemente, o próprio Procurador-Geral da República, em seu parecer, anotou que

> *"A observância da atribuição cometida ao Ministério da Saúde para tornar obrigatórias as vacinações no PNI não impede que os estados-membros, diante de inação do ente central ou da inadequação dos critérios (técnicos e científicos) eventualmente adotados, e tendo em conta a realidade local, estabeleçam, por lei, a obrigatoriedade da imunização no âmbito do respectivo território"* (grifei).

Não obstante a densidade jurídica da manifestação ofertada pelo Chefe do Ministério Público Federal, penso que, à luz da rica doutrina que se sedimentou sobre o federalismo, instituído pela primeira vez na Constituição dos Estados Unidos da América de 1789 e, mais tarde, adotado em vários países, bem assim considerada a farta jurisprudência desta Suprema Corte produzida sobre o tema, especialmente após o advento da pandemia, não há como, *data venia*, aguardar-se eventual inércia da União para, só então, permitir que os Estados, o Distrito Federal e os Municípios exerçam as respectivas competências em matéria de saúde. *A atuação do governo central e das autoridades estaduais, distritais e locais há de ser, obrigatoriamente, concomitante para o enfrentamento exitoso da Covid-19, sem prejuízo da necessária coordenação exercida pela União.*

Adoto, porém, o parecer da PGR no sentido de que *todas as medidas que vierem a ser implementadas, em qualquer nível político- administrativo da Federação, para tornar obrigatória a vacinação, devem derivar, direta ou indiretamente, da lei,* tendo em conta a incontornável taxatividade do *princípio da legalidade,* estampado no art. 5º, I, de nossa Constituição.

Conclusão

Isso posto, voto pela parcial procedência das ADIs 6.586/DF e 6.587/DF, para conferir interpretação conforme à Constituição ao art. 3º, III, *d*, da Lei 13.979/2020, de maneira a estabelecer que:

(I) a vacinação compulsória não significa vacinação forçada, por exigir sempre o consentimento do usuário, podendo, contudo, ser implementada por meio de medidas indiretas, as quais compreendem, dentre outras, a restrição ao exercício de certas atividades ou à frequência de determinados lugares, desde que previstas em lei, ou dela decorrentes, e (i) tenham como base evidências científicas e análises estratégicas pertinentes, (ii) venham acompanhadas de ampla informação sobre a eficácia, segurança e contraindicações dos imunizantes, (iii) respeitem a dignidade humana e os direitos fundamentais das pessoas; (iv) atendam aos critérios de razoabilidade e proporcionalidade, e (v) sejam as vacinas distribuídas universal e gratuitamente; e

(II) tais medidas, com as limitações acima expostas, podem ser implementadas tanto pela União como pelos Estados, Distrito Federal e Municípios, respeitadas as respectivas esferas de competência.

ARGUIÇÃO DE DESCUMPRIMENTO DE PRECEITO FUNDAMENTAL 186 DISTRITO FEDERAL

RELATOR: MIN. RICARDO LEWANDOWSKI
REQTE.(S): DEMOCRATAS - DEM
ADV.(A/S): ROBERTA FRAGOSO MENEZES KAUFMANN
INTDO.(A/S): CONSELHO DE ENSINO, PESQUISA E EXTENSÃO DA UNIVERSIDADE DE BRASÍLIA - CEPE
INTDO.(A/S): REITOR DA UNIVERSIDADE DE BRASÍLIA
INTDO.(A/S): CENTRO DE SELEÇÃO E DE PROMOÇÃO DE EVENTOS DA UNIVERSIDADE DE BRASÍLIA - CESPE/UNB
AM. CURIAE.: EDUCAFRO - EDUCAÇÃO E CIDADANIA DE AFRO-DESCENDENTES E CARENTES
ADV.(A/S): JOÃO MANOEL DE LIMA JUNIOR E OUTRO(A/S)
AM. CURIAE.: FUNDAÇÃO CULTURAL PALMARES
PROC.(A/S)(ES): PROCURADOR-GERAL FEDERAL
AM. CURIAE.: MOVIMENTO NEGRO UNIFICADO - MNU
ADV.(A/S): GUSTAVO TRANCHO DE AZEVEDO
AM. CURIAE.: MOVIMENTO PARDO-MESTIÇO BRASILEIRO - MPMB
ADV.(A/S): JULIANA FERREIRA CORRÊA
AM. CURIAE.: FUNDAÇÃO NACIONAL DO INDIO - FUNAI
PROC.(A/S)(ES): PROCURADOR-GERAL FEDERAL
AM. CURIAE.: INSTITUTO DE ADVOCACIA RACIAL E AMBIENTAL - IARA E OUTRO(A/S)
ADV.(A/S): SHIRLEY RODRIGUES RAMOS E OUTRO(A/S)
AM. CURIAE.: DEFENSORIA PUBLICA DA UNIÃO
ADV.(A/S): DEFENSOR PÚBLICO-GERAL FEDERAL
AM. CURIAE.: MOVIMENTO CONTRA O DESVIRTUAMENTO DO ESPÍRITO DA POLÍTICA DE AÇÕES AFIRMATIVAS NAS UNIVERSIDADES FEDERAIS
ADV.(A/S): WANDA MARISA GOMES SIQUEIRA E OUTRO(A/S)
AM. CURIAE.: INSTITUTO DE DIREITO PÚBLICO E DEFESA COMUNITÁRIA POPULAR - IDEP
AM. CURIAE.: ASSOCIAÇÃO NACIONAL DOS ADVOGADOS AFRODESCENDENTES - ANAAD

ADV.(A/S): MÁRCIO THOMAZ BASTOS E OUTRO(A/S)
AM. CURIAE.: CONSELHO FEDERAL DA ORDEM DOS ADVOGADOS DO BRASIL - CFOAB
ADV.(A/S): OSWALDO PINHEIRO RIBEIRO JÚNIOR E OUTRO(A/S)
AM. CURIAE.: ASSOCIAÇÃO DIREITOS HUMANOS EM REDE - CONECTAS DIREITOS HUMANOS
ADV.(A/S): DANIELA IKAWA E OUTRO(A/S)

EMENTA: ARGUIÇÃO DE DESCUMPRIMENTO DE PRECEITO FUNDAMENTAL. ATOS QUE INSTITUÍRAM SISTEMA DE RESERVA DE VAGAS COM BASE EM CRITÉRIO ÉTNICO-RACIAL (COTAS) NO PROCESSO DE SELEÇÃO PARA INGRESSO EM INSTITUIÇÃO PÚBLICA DE ENSINO SUPERIOR. ALEGADA OFENSA AOS ARTS. 1º, *CAPUT*, III, 3º, IV, 4º, VIII, 5º, I, II XXXIII, XLI, LIV, 37, *CAPUT*, 205, 206, *CAPUT*, I, 207, *CAPUT*, E 208, V, TODOS DA CONSTITUIÇÃO FEDERAL. AÇÃO JULGADA IMPROCEDENTE.

I – Não contraria - ao contrário, prestigia – o princípio da igualdade material, previsto no *caput* do art. 5º da Carta da República, a possibilidade de o Estado lançar mão seja de políticas de cunho universalista, que abrangem um número indeterminados de indivíduos, mediante ações de natureza estrutural, seja de ações afirmativas, que atingem grupos sociais determinados, de maneira pontual, atribuindo a estes certas vantagens, por um tempo limitado, de modo a permitir-lhes a superação de desigualdades decorrentes de situações históricas particulares.

II – O modelo constitucional brasileiro incorporou diversos mecanismos institucionais para corrigir as distorções resultantes de uma aplicação puramente formal do princípio da igualdade.

III – Esta Corte, em diversos precedentes, assentou a constitucionalidade das políticas de ação afirmativa.

IV – Medidas que buscam reverter, no âmbito universitário, o quadro histórico de desigualdade que caracteriza as relações étnico- raciais e sociais em nosso País, não podem ser examinadas apenas sob a ótica de sua compatibilidade com determinados preceitos constitucionais, isoladamente considerados, ou a partir da eventual vantagem de certos critérios sobre outros, devendo, ao revés, ser analisadas à luz do arcabouço principiológico sobre o qual se assenta o próprio Estado brasileiro.

V - Metodologia de seleção diferenciada pode perfeitamente levar em consideração critérios étnico-raciais ou socioeconômicos, de modo a assegurar que a comunidade acadêmica e a própria sociedade sejam beneficiadas pelo pluralismo de ideias, de resto, um dos fundamentos do Estado brasileiro, conforme dispõe o art. 1º, V, da Constituição.

VI - Justiça social, hoje, mais do que simplesmente redistribuir riquezas criadas pelo esforço coletivo, significa distinguir, reconhecer e incorporar à sociedade mais ampla valores culturais diversificados, muitas vezes considerados inferiores àqueles reputados dominantes.

VII – No entanto, as políticas de ação afirmativa fundadas na discriminação reversa apenas são legítimas se a sua manutenção estiver condicionada à persistência, no tempo, do quadro de exclusão social que lhes deu origem. Caso contrário, tais políticas poderiam converter-se benesses permanentes, instituídas em prol de determinado grupo social, mas em detrimento da coletividade como um todo, situação – é escusado dizer

– incompatível com o espírito de qualquer Constituição que se pretenda democrática, devendo, outrossim, respeitar a proporcionalidade entre os meios empregados e os fins perseguidos.

VII – Arguição de descumprimento de preceito fundamental julgada improcedente.

RELATÓRIO

ARGUMENTOS E PLEITOS DA INICIAL

O SENHOR MINISTRO *RICARDO LEWANDOWSKI* (RELATOR): Trata-se de arguição de descumprimento de preceito fundamental, ajuizada pelo Partido Democratas - DEM, com pedido de liminar, que visa à declaração de inconstitucionalidade de atos da Universidade de Brasília – UnB, do Conselho de Ensino, Pesquisa e Extensão da Universidade de Brasília – CEPE e do Centro de Promoção de Eventos da Universidade de Brasília – CESPE, os quais instituíram o sistema de reserva de vagas com base em critério étnico-racial (20% de cotas étnico-raciais) no processo de seleção para ingresso de estudantes.

Pretende, em síntese, com esta ADPF, desconstituir os seguintes atos: a Ata de Reunião Extraordinária do Conselho de Ensino, Pesquisa e Extensão da Universidade de Brasília - CEPE; a Resolução 38, de 18 de julho de 2003, do Conselho de Ensino Pesquisa e Extensão da Universidade de Brasília; o Plano de Metas para Integração Social Étnica e Racial da UnB; o Item 2, subitens 2.2, 2.2.1, 2.3, o item 3, subitem 3.9.8 e o item 7, todos do Edital 2, de 20 de abril de 2009, do 2º vestibular de 2009 dessa instituição federal de ensino superior.

O arguente alega, em suma, que tais atos ofendem os arts. 1º, *caput*, III, 3º, IV, 4º, VIII, 5º, I, II, XXXIII, XLI, LIV, 37, *caput*, 205, 206, *caput*, I, 207, *caput*, e 208, V, todos da Constituição Federal. Sustenta, em síntese, que a discriminação supostamente existente no Brasil é uma questão social e não racial.

Entre as disposições contestadas, destaca as diretrizes do Plano de Metas para a Integração Social, Étnica e Racial da UnB, a seguir listadas:

> "1- Disponibilizar *durante 10 anos, 20% das vagas* do vestibular *para estudantes negros*, em todos os cursos oferecidos pela universidade;
>
> 2 - Disponibilizar, por um *período de 10 anos, um pequeno número de vagas para índios* de todos os Estados brasileiros (...);
>
> 3 - Alocará *bolsas para negros e indígenas em situação de carê*ncia, segundo os critérios usados pela Secretaria de Assistência da UnB;
>
> 4 - Propiciará *moradia para estudantes indígenas* e *concederá preferência nos critérios de moradia para estudantes negros carentes"* (grifos meus).

Primeiramente, alega que o pedido observou o requisito da subsidiariedade para a propositura da ADPF, uma vez que não haveria outro meio eficaz para sanar a alegada lesão constitucional.

Afirma, a seguir, que a constitucionalidade do sistema de cotas raciais nas universidades brasileiras tem sido objeto de decisões contraditórias por parte da magistratura de primeira e segunda instâncias, nos âmbitos estadual e federal, com resultados contraditórios.

Argumenta, mais, que,

"(...) considerando a pluralidade de decisões divergentes sobre o tema; considerando que os atos (normativos e administrativos) emanados da Universidade de Brasília são autônomos e infralegais; e considerando a jurisprudência consolidada na Carta Maior no sentido de não cabimento de Ação Direta de Inconstitucionalidade contra atos normativos de caráter secundário, afigura-se fora de dúvidas o cabimento da ADPF" (fl. 24).

Quanto ao mérito, assevera, de início, o seguinte:

"a) não se discute, na ADPF, sobre a constitucionalidade de ações afirmativas, como gênero e como política necessária para inclusão de minorias;
b) não se discute acerca do reconhecimento de que o Brasil adota o modelo de Estado Social;
c) não se discute sobre a existência de racismo, de preconceito e de discriminação na sociedade brasileira; (...)".

Na sequência, alega que

"a) na ADPF, discute-se se a implementação de um 'Estado racializado' ou do 'racismo institucionalizado', nos moldes praticados nos Estados Unidos, África do Sul ou Ruanda, seria adequada para o Brasil (...);
b) pretende demonstrar que a adoção de políticas afirmativas racialistas não é necessária no país (...);
c) o conceito de minoria apta a ensejar uma ação positiva estatal difere em cada país. Depende da análise de valores históricos, culturais, sociais, econômicos, políticos e jurídicos de cada povo (...);
d) discute tão somente a constitucionalidade da implementação, no Brasil, de ações afirmativas baseadas na raça (...);
e) ninguém é excluído, no Brasil, pelo simples fato de ser negro
(...);
f) cotas para negros nas universidades geram a consciência estatal de raça, promovem a ofensa arbitrária ao princípio da igualdade, gerando discriminação reversa em relação aos brancos pobres, além de favorecerem a classe média negra" (fls. 26-29).

Sustenta, ainda, que se institucionalizou na UnB um verdadeiro tribunal racial para definir quem é negro e quem não é, questionando os critérios utilizados para esse fim.

Assevera, também, que os defensores dos programas afirmativos adotam a *Teoria da Justiça Compensatória*", a qual

"(...) se lastreia na retificação de injustiças ou de falhas cometidas contra indivíduos no passado, ora por particulares, ora pelo governo. (...) Por meio dessa teoria, assevera-se que o objetivo seria o de promover o resgate da dívida histórica que os homens brancos possuem com relação aos negros" (fl. 32).

Afirma, contudo, que não se mostra factível a adoção dessa teoria, seja porque não se pode responsabilizar as gerações presentes por erros cometidos no passado, seja porque é impossível identificar quais seriam os legítimos beneficiários dos programas de natureza compensatória.

Aduz, ainda, que *"se não se pode definir objetivamente, sem margem de dúvidas, os verdadeiros beneficiários de determinada política pública, então sua eficácia será nula e meramente simbólica"*.

Consta, também, da inicial a assertiva de que inexiste o conceito de raça, argumento que, segundo o arguente, teria sido olvidado nas discussões sobre as ações afirmativas. Alega, ademais, que as desigualdades entre brancos e negros não têm origem na cor e, mais, que a opção pela escravidão destes ocorreu em razão dos lucros auferidos com o tráfico negreiro e não por qualquer outro motivo de cunho racial.

Alerta, assim, para o *"perigo"* de importar-se modelos de outros países, salientando que em Ruanda e nos Estados Unidos a adoção de teorias de classificação racial teria promovido uma verdadeira segregação entre os distintos grupos sociais.

O arguente, de resto, aponta para uma *"manipulação"* dos dados estatísticos, asseverando que ora os pardos são incluídos entre os negros, para se afirmar, por exemplo, que estes representam metade da população, ora aqueles são excluídos para se dizer que apenas 3% dos negros estão na universidade.

Além disso, critica o sistema *"birracial"* de classificação norte-americano", o qual só admitiria duas *"raças"*, brancos e negros, inaplicável, no seu entender, à realidade multirracial brasileira, caracterizada por intensa miscigenação, que inviabilizaria os programas afirmativos, entre nós, baseados nesse critério.

Argumenta, por fim, ser necessária a análise dos programas instituídos pela UnB sob o prisma da proporcionalidade.

Nesses termos, em caráter liminar, postula

"a) que se suspenda a realização do registro dos alunos aprovados no vestibular de julho de 2009, mediante o sistema universal e o sistema de cotas para negros, na UnB;
b) que o CESPE divulgue nova listagem de aprovados, considerando todos os candidatos como se todos estivessem sido inscritos no sistema universal de ingresso na universidade, a partir das notas de cada candidato, independentemente do critério racial;
c) que o CESPE se abstenha de publicar quaisquer editais para selecionar e/ou classificar candidatos para ingresso na UnB com acesso diferenciado;
d) que os juízes e Tribunais de todo país suspendam todos os processos que envolvam a aplicação do tema cotas raciais para ingresso nas universidades" (fl. 77).

Depois, requer

"(...) que a Ação seja julgada procedente, declarando a inconstitucionalidade, com efeitos erga omnes, ex tunc e vinculante, dos seguintes atos administrativos e normativos:
a) Ata de Reunião Extraordinária do CEPE da UnB;
b) Resolução 38 do CEPE;
c) Plano de Metas para a Integração Social, Étnica e Racial da UnB;
d) Os itens do edital do vestibular da UnB de 2009 que tratam da reserva de cotas" (fls. 78-79).

Caso esta ADPF não seja conhecida, pede seja ela recebida, alternativamente, como Ação Direta de Inconstitucionalidade (fl. 80).

À fl. 613, o Ministro Gilmar Mendes, então no exercício da Presidência do Supremo Tribunal Federal, requisitou informações ao Reitor da UnB, ao Diretor do CESPE e ao

Presidente do CEPE, bem assim as manifestações do Advogado Geral da União e do Procurador Geral da República.

INFORMAÇÕES DOS ARGUIDOS
Às fls. 628-668, constam as informações do Reitor da UnB, do Diretor do CESPE e do Presidente do CEPE.

Estas consignaram, em resumo, que

"(...) o combate à discriminação por si só é medida insuficiente à implementação da igualdade; é fundamental conjugar a vertente repressivo-punitiva com a vertente promocional, combinando proibição da discriminação com políticas que promovam a igualdade" (fl. 644).

Acrescentaram, ainda, que

"(...) o fato de não haver lei estabelecendo o racismo no Brasil, mas, ao contrário, vedando-o, não foi suficiente para que não houvesse discriminação, apenas fez com que essa fosse velada, camuflada" (fl. 649).

Contestando ideia segundo a qual, do ponto de vista científico, não existiria raça, os arguidos alegaram que a discriminação é resultante da cor e da aparência do indivíduo e não de sua identidade genética (fl. 652).

Afirmaram, ademais, que o sistema de reserva de cotas raciais é importante para a democratização do ensino superior, e que só deve ser abandonado quando forem eliminadas todas as restrições ao acesso de certas categorias sociais à universidade, esclarecendo que, hoje, os negros correspondem a apenas 2% do contingente de universitários no País, apesar de representarem 45% da população brasileira.

Quanto ao método de seleção, aduziram o seguinte:

"Ao contrário do afirmado pelo requerente, a comissão não é secreta, havendo, inclusive, entrevista pessoal com os candidatos. O que acontece é a inexistência de comunicação prévia informando qual será a comissão, a fim de evitar que sofra pressões e constrangimentos indevidos, exatamente como é reiteradamente feito há décadas não apenas no próprio certame vestibular, mas também em numerosos concursos para cargos públicos federais conduzidos no país" (fl. 664).

Por fim, pleitearam que não se conheça desta ADPF ou, então, seja ela julgada improcedente, haja vista a plena constitucionalidade do sistema de cotas adotado pela Universidade de Brasília (fl. 662).

PARECER DA PROCURADORIA GERAL DA REPÚBLICA
Às fls. 713 e seguintes, a Vice-Procuradora-Geral da República, Débora Duprat, em nome do *Parquet* Federal, manifestou-se pela improcedência desta ADPF, com a rejeição do pedido de liminar.

No parecer, destacou, em resumo, que

"(...) a Constituição de 1988 insere-se no modelo do constitucionalismo social, no qual não basta, para a observância da igualdade, que o Estado se abstenha de instituir privilégios ou discriminações arbitrárias. Pelo contrário, parte-se da premissa de que a igualdade é um objetivo a ser perseguido por meio de ações ou políticas públicas, que, portanto, ela demanda iniciativas concretas em proveito dos grupos desfavorecidos" (fls. 714-715).

Aduziu, mais, que

"(...) a justiça compensatória não é o único nem mesmo o principal argumento em favor da ação afirmativa para negros no acesso ao ensino superior. Ao lado dela, há a justiça distributiva, a promoção do pluralismo nas instituições de ensino e a superação de estereótipos negativos sobre o afrodescendente, com o conseguinte fortalecimento da sua autoestima e combate ao preconceito" (fl. 722).

Acrescentou, ainda, que a medida cautelar na jurisdição constitucional não deve ser deferida quando existe *periculum in mora* inverso, como ocorre no caso sob exame, pois

"(...) a concessão da medida liminar reclamada não apenas atingiria um amplo universo de estudantes negros como também geraria graves efeitos sobre as políticas de ação afirmativas de corte racial promovidas por outras universidades" (fl.732).

MANIFESTAÇÃO DA ADVOCACIA GERAL DA UNIÃO

À fl. 751, a AGU observou que a discriminação racial na sociedade brasileira é evidente, constituindo fato notório que não pode ser ignorado, o qual compeliu os arguidos a instituir a reserva de vagas em favor dos estudantes negros e índios.

Em resumo, opinou pela integral constitucionalidade do estabelecimento de distinções jurídicas entre os candidatos às universidades, baseadas em critérios étnico-raciais, para facilitar o ingresso de estudantes pertencentes a grupos socialmente discriminados.

Esclareceu, nesse sentido, que

"(...) a reserva de vagas não é medida excludente de outras com semelhantes finalidades, que podem com ela conviver. A mera existência de outros meios mais brandos de possível adoção não é argumento apto a qualificar o sistema de cotas como desnecessário ou desmedido" (fl. 761).

Pugnou, ademais, tal como a PGR, pelo indeferimento da cautelar, por ausência de seus pressupostos, especialmente porque estaria caracterizado, na espécie, o perigo na demora inverso, vez que a concessão da medida poderia causar dano a todos os estudantes aprovados no exame vestibular da UnB realizado em 2009 (fls. 764/765).

APRECIAÇÃO DA LIMINAR PELA PRESIDÊNCIA

Às fls. 767-794, o Ministro Gilmar Mendes, Presidente do STF à época, indeferiu o pedido de liminar, nos termos abaixo:

"Embora a importância dos temas em debate mereça a apreciação célere desta Suprema Corte, neste momento não há urgência a justificar a sua concessão. O sistema de cotas raciais da UnB tem sido adotado desde o vestibular de 2004, renovando-se a cada semestre.

A interposição da presente arguição ocorreu após a divulgação do resultado final do vestibular 2/2009, quando já encerrados os trabalhos da comissão avaliadora do sistema de cotas.

Assim, por ora, não vislumbro qualquer razão para a medida cautelar de suspensão do registro (matrícula) dos alunos que foram aprovados no último vestibular da UnB ou para qualquer interferência no andamento dos trabalhos da universidade" (fl. 793).

PEDIDOS DE INGRESSO COMO AMICUS CURIAE

A Central Única dos Trabalhadores do Distrito Federal – CUT/DF requereu a sua participação no processo na qualidade de *amicus curiae*. Afirmou ostentar, dentre suas finalidades estatutárias, a luta contra a discriminação racial, além de ser a favor de medidas tendentes ao desenvolvimento cultural, social e econômico dos grupos sociais discriminados (fl. 821).

A Defensoria Pública da União - DPU também solicitou sua admissão no feito nessa mesma condição. Sustentou que tem como missão precípua a assistência jurídica gratuita a pessoas carentes. Asseverou, mais, que os eventuais beneficiários das cotas coincidem com aqueles que merecem o seu atendimento e cuidado.

Ademais, pretendeu ser ouvida por versarem os autos sobre matéria que, abstratamente considerada, enquadra-se entre as suas atividades institucionais (fl. 879).

Também o Instituto de Advocacia Racial e Ambiental - IARA, a AFROBRAS – Sociedade Afro-brasileira de Desenvolvimento Sócio Cultural, o ICCAB – Instituto Casa da Cultura Afro-brasileira, o IDDH – Instituto de Defensores dos Direitos Humanos, e a organização não governamental CRIOLA requereram o seu ingresso nesta ADPF como *amici curiae*.

Em preliminar, alegaram a conexão da presente ADPF com a Ação Direta de Inconstitucionalidade - ADI 3.197/RJ, Rel. Min. Dias Toffoli, já que a causa de pedir é a inconstitucionalidade do sistema de cotas para negros.

Além disso, requereram seja esta ação inadmitida, de plano, porquanto não houve exaurimento das instâncias jurisdicionais (fl. 897), defendendo, outrossim, a manutenção do indeferimento da liminar (fl. 900).

Alegaram, ainda, que possuem

"(...) poderes estatutários de se oporem a quaisquer formas de atos que possam concorrer para o prejuízo dos cidadãos por motivos de ordem social, econômica, racial, religiosa e sexual em todo o território nacional ou não, em especial, os afro-brasileiros" (fl. 898).

Acrescentaram, no mérito, que não há, no caso, qualquer violação ao princípio da isonomia, porquanto

"a intenção de dar-se um tratamento mais favorável a quem está em situação de desvantagem, em razão de serem grupos débeis econômica e socialmente, não caracteriza arbítrio ou violação do princípio da igualdade, pelo contrário, pretende viabilizar a isonomia material" (fl. 906).

Por fim, pugnaram fosse: (i) indeferida a liminar; (ii) afastada a pretensão de receber-se, alternativamente, esta ADPF como ADI; (iii) julgada improcedente a ação; (iv) declarada a constitucionalidade da reserva de vagas em favor dos grupos mencionados no ato impugnado; (v) autorizada a produção de provas documentais, especialmente pareceres de especialistas; e (vi) deferida a realização de audiências públicas (fl. 925).

Igualmente, o Movimento Pardo-Mestiço Brasileiro – MPMB pediu a sua admissão no feito na qualidade de *amicus curiae* (flS. 1.167-1.168), ao argumento de que é

> "(...) a primeira associação de mestiços (pardos) do país, atuando desde 2001, embora seu registro tenha ocorrido somente em 2006" (fl. 1.171).

Sustentou, em resumo, a inconstitucionalidade da reserva de vagas para o acesso ao ensino superior de candidatos considerados negros pela comissão julgadora da UnB, por entender que o referido sistema, ao exigir uma autodeclaração dos candidatos,

> "(...) mostra-se incompatível com o dever do Estado de proteger todos os grupos parti-cipantes do processo civilizatório nacional e de valorizar a diversidade étnica e regional que não se limita às culturas indígenas e afro-brasileiras" (fl. 1.171).

A Fundação Nacional do Índio – FUNAI, da mesma forma, requereu o seu ingresso nesta ADPF na condição de *amicus curiae*, asseverando que

> "(...) o sistema de cotas da UnB alcança também os indígenas e que a Ação visa acabar com qualquer sistema de cotas e não somente a dos negros" (fl. 1.265).

Entendeu que esta ação não pode ser conhecida, pois,

> "(...) levando em consideração que a Resolução do CEPE não se baseia em nenhuma lei, mas deriva diretamente da autonomia universitária prevista no art. 206 da Constituição Federal, uma Ação Direta de Inconstitucionalidade poderia ter sido ajuizada, e seria eficaz para sanar eventual lesividade" (fl. 1.271).

Consignou, ainda, que a afirmação feita pelo arguente de que *"não existe racismo"* desqualifica a experiência de vida da pessoa discriminada, negando a sua realidade (fl. 1.279).

Afirmou, também, que *"a ausência de ódio racial não significa ausência de racismo"*, o qual não se manifesta apenas por meio desse sentimento extremo, mas revela-se igualmente sob a forma de desprezo e exclusão (fl. 1.282).

Alegou, em acréscimo, que no Brasil não há necessidade de empregar-se o critério de ancestralidade para definir quem é negro ou índio, tampouco utilizar exames genéticos, eis que aqui *"o preconceito é de marca e não de origem"* (fl. 1.310).

Às fls. 1.741-1.806, a Fundação Cultural Palmares também pleiteou a respectiva habilitação na condição de *amicus curiae*. Argumentou que a sua representatividade e seu interesse em integrar o processo tem como base o art. 2º, IX, do respectivo Estatuto (Decreto 6.853/2009), qual seja, o de

> "(...) apoiar e desenvolver políticas de inclusão da população negra no processo de desen-volvimento político, social e econômico dessa população" (fls. 1.742-1.744).

Destacou, ademais, que

"(...) o sistema de cotas previsto para o acesso aos cursos superiores contém uma nota de corte, ou seja, os candidatos, independentemente de estarem ou não incluídos no programa de cotas, devem atingir uma nota mínima, nota que poderia habilitar todos para o ingresso na universidade, caso o Brasil dispusesse de um sistema de ensino superior que ofertasse mais vagas nas instituições públicas. Portanto, não se trata de colocar cotistas sem condições de aprendizado, que possa afetar a qualidade de ensino da universidade e muito menos vitimizar ou preterir candidatos não optantes das cotas. Esse é um grande equívoco que o debate público das cotas não aborda. As pessoas, em geral, acham que os cotistas, independentemente da nota, ingressarão na universidade, o que é errado" (fls. 1.764-1.765).

À fl. 1.776, afirmou que a

"(...) reserva de vagas no processo seletivo da UnB e de outras universidades apresenta um juízo de adequação de diversos aspectos que cercam o tema: (i) trata-se de uma política pública que não está em sentido contrário à Constituição sendo, portanto, legítima e parte da esfera de discriminação política; (ii) o exame de seleção, que é realizado por todos os candidatos inscritos, atendeu ao princípio da proporcionalidade, compatibilizando o princípio do art. 208, V, da Carta Magna, com o princípio da igualdade material de acesso à universidade (art. 206, I, da CF/88) e o princípio da redução das desigualdades sociais (art. 3º, III, CF/88)."

O Movimento Negro Unificado também solicitou sua habilitação nos autos como *amicus curiae*. Enfatizou que é

"(...) um dos movimentos sociais com mais sólida atuação no combate ao racismo e que, em seu espírito de formação e em sua experiência, congrega diversas organizações afro-brasileiras" (fl. 1.854).

Deferi os pleitos de ingresso, como *amicus curiae*, das seguintes entidades: Defensoria Pública da União – DPU; Instituto de Advocacia Racial e Ambiental (IARA); AFROBRAS – Sociedade Afro-brasileira de Desenvolvimento Sócio Cultural; ICCAB – Instituto Casa da Cultura Afro-brasileira; IDDH – Instituto de Defensores dos Direitos Humanos; Movimento Pardo-Mestiço Brasileiro – MPMB; Fundação Nacional do Índio – FUNAI; Fundação Cultural Palmares; Movimento Negro Unificado – MNU; EDUCAFRO – Educação e Cidadania de Afro- descendentes e Carentes, CONECTAS Direitos Humanos e Conselho Federal da Ordem dos Advogados do Brasil - CFOAB.

PRONUNCIAMENTOS VEICULADOS NA AUDIÊNCIA PÚBLICA

Às fls. 871-876, 1.202 e 1.203, no uso das atribuições conferidas pelo art. 21, inciso XVII, do Regimento Interno do Supremo Tribunal Federal, e nos termos do Despacho Convocatório de 15 de setembro de 2009, determinei a realização de Audiência Pública sobre políticas de ação afirmativa para o acesso ao ensino superior público, que se realizou nos dias 3, 4 e 5 de março de 2010.

No dia 3 de março, falaram os representantes das instituições estatais responsáveis pela regulação e organização das políticas nacionais de educação e de combate à discriminação étnica e racial, bem como do Instituto de Pesquisa Econômica Aplicada – IPEA, órgão responsável por mensurar os resultados dessas políticas públicas, além das partes relacionadas aos processos.

A Procuradoria Geral da República, representada pela Vice- Procuradora Geral da República, Débora Duprat, defendendo as ações afirmativas, sustentou, em suma, que a política de cotas raciais, diferentemente do discurso que cria castas, inclui os grupos que, historicamente, tiveram seus direitos ignorados.

Explicou que: *"o direito, rigorosamente, nunca foi alheio às diferenças. Pelo contrário, tratou delas cuidadosamente"*. Disse, ainda, que a Constituição de 1988, nos arts. 215 e 216, reconhece e protege, expressamente, o caráter plural da sociedade brasileira, recuperando o espaço ontológico da diferença. Para a Vice-Procuradora Geral, *"as cotas, antes de atentar contra o princípio da igualdade, elas realizam a igualdade material"*.

O representante do Conselho Federal da Ordem dos Advogados do Brasil, Miguel Ângelo Cançado, registrou que a questão resume-se em saber se as ações afirmativas, como as estabelecidas pela Universidade de Brasília, estão ou não em sintonia com a Constituição Federal, tendo em conta temas como o racismo e a exclusão social. Asseverou, no entanto, que a entidade que representa não adotou uma posição definitiva sobre o assunto.

Já o Advogado-Geral da União, Luís Inácio Lucena Adams, defendeu as políticas de cotas raciais. Argumentou que elas *"revelam uma atuação estatal amplamente consentânea com a Constituição Federal, pois foram elaboradas a partir da autonomia universitária"*. Acrescentou que os programas de inclusão estabelecidos não desbordaram das balizas da proporcionalidade.

Ademais, alvitrou o estabelecimento de medidas compensatórias para amenizar o quadro de discriminação no País, por meio de ações distributivas, sobretudo para integrar na sociedade as comunidades negras e indígenas.

Aduziu, ainda, que

> "(...) o comando do art. 208, V, da Constituição Federal deve ser lido a partir do influxo dos valores de igualdade, de fraternidade e pluralismo, que, somados, impõem a desigualação dos candidatos a uma vaga no ensino superior de modo a compensar as injustiças históricas cometidas contra os negros, permitindo a concretização do primado da igualdade material".

O Ministro de Estado Edson Santos de Souza, da Secretaria Especial de Políticas de Promoção de Igualdade Racial, por sua vez, salientou que a Constituição oferece os instrumentos para a atuação do Estado no campo da redução da discriminação racial e da promoção da igualdade no País. Ressaltou que, em 2002, o Brasil participou da Conferência contra o Racismo, realizada em Durban, na África do Sul, comprometendo-se com a criação de políticas e instrumentos de promoção da igualdade racial e combate ao racismo.

De sua parte, o Coordenador-Geral de Educação em Direitos Humanos da Secretaria Especial de Direitos Humanos - SEDH, Erasto Fortes de Mendonça, consignou ser justo que se pratiquem

> "(...) ações afirmativas de instituição de cotas raciais para o ingresso no ensino superior, uma vez que as políticas universais de acesso não lograram êxito no sentido de incluir essa parcela da sociedade".

Acrescentou que ser branco pobre e ser negro pobre são conceitos muito diferentes. Este último é discriminado duplamente, tanto por sua situação econômica, quanto pela sua condição racial. De acordo com ele, *"o racismo não pergunta a suas vítimas a quantidade de sua renda mensal"*.

Representando o Ministério da Educação e a Secretaria de Educação Superior, Maria Paula Dallari Bucci sustentou a ideia de que as ações afirmativas são procedimentos adotados para promover uma maior equidade no acesso à educação. Elas reduzem as diferenças de oportunidades e possibilitam que a composição multirracial da sociedade brasileira esteja representada em todos os níveis e esferas de poder e autoridade. Observou, também, que os estudantes cotistas têm desempenho igual ou até superior ao dos alunos que ingressaram pelo sistema universal.

Carlos Frederico de Souza Mares, representante da Fundação Nacional do Índio, defendeu a política de cotas raciais nas universidades brasileiras. Assegurou que seria não só inconstitucional e ilegal a extinção do sistema de cotas, como também militaria contra o próprio desenvolvimento da ciência e do conhecimento no País. Em seu entender, para que haja igualdade efetiva, é necessário que existam políticas públicas e leis que transformem em iguais os desiguais.

Por seu lado, o Diretor de Cooperação e Desenvolvimento do Instituto de Pesquisa Econômica Aplicada - IPEA, Mário Lisboa Theodoro, afirmou que estudos realizados constataram que a desigualdade racial no Brasil é patente e que a política de cotas no ensino superior constitui o principal mecanismo para superar esse problema. O pesquisador apresentou dados estatísticos por meio dos quais procurou demonstrar: (i) a ocorrência de um racismo institucionalizado; (ii) a persistência da exclusão dos negros do mercado de trabalho e do ensino em geral; e (iii) a existência de uma desigualdade social de cunho racial.

O Partido Democratas - DEM, que ajuizou esta ADPF, representado pela advogada Roberta Fragoso Menezes Kaufmann, sustentou a inconstitucionalidade do sistema de cotas nas universidades públicas.

Disse que esta Ação de Descumprimento de Preceito Fundamental apenas questiona as cotas para negros nas universidades, mas que, em nenhum momento, se insurge contra as políticas de inclusão dos indígenas. Alegou, mais, que, por meio desta ação, busca *"identificar o que, em cada sociedade, deva ser considerada minoria apta a proteção estatal"*.

Já a Universidade de Brasília, representada por José Jorge de Carvalho, esclareceu, inicialmente, as razões da adoção do sistema de cotas raciais para o ingresso na instituição, lembrando que ele foi adotado no ano de 2003, *"em resposta a uma constatação de que o espaço acadêmico da universidade era altamente segregado racialmente"*.

Sugeriu, ademais, que as universidades deveriam estudar formas de promover ações afirmativas não só para os cursos de graduação, mas também para o mestrado e o doutorado.

Caetano Cuervo Lo Pumo, advogado do recorrente no RE 597.285/RS, com repercussão geral reconhecida, destacou que seu cliente, Giovane Pasqualito Fialho, foi o 132º colocado no vestibular para o preenchimento de 160 vagas na Universidade Federal do Rio Grande do Sul, observando que, se a UFRGS tivesse utilizado exclusivamente o critério de mérito, ele teria sido classificado.

Registrou, ainda, que a relativização do critério de mérito para o acesso ao ensino superior brasileiro pode trazer graves consequências ao País, em especial no âmbito internacional, já que este é signatário do Protocolo de São Salvador, o qual que garante o acesso ao ensino superior com base no citado critério.

Representando a recorrida Universidade Federal do Rio Grande do Sul, Denise Fagundes Jardim explicou que o sistema de cotas implantado naquela instituição resultou de um amplo debate realizado em 2004, quando se discutiu a reforma universitária. Anotou que tal sistema tem alcançado resultados positivos, porquanto trouxe para a academia a questão étnico-racial, possibilitando, ao longo do tempo, a inclusão de *"cidadãos diversos em diferentes campos de conhecimento"*. Asseverou, mais, que

> "(...) a adoção de ações afirmativas, além de reverter os preconceitos raciais que causam impacto na estrutura social, constituem importante contribuição às políticas públicas de promoção à cidadania por sinalizarem direitos constitucionais da coletividade que foram relegados às margens da dignidade humana".

No dia 4 de março, iniciou-se o contraditório entre os defensores da tese da constitucionalidade e da inconstitucionalidade das políticas de reserva de vagas para o acesso ao ensino superior, fazendo uso da palavra cinco representantes de cada lado.

A primeira expositora do segundo dia, Wanda Marisa Gomes Siqueira, que falou em nome dos estudantes alegadamente prejudicados pelo programa de ação afirmativa adotado na UFRGS, disse que é a favor da implantação de ações afirmativas, mas não da forma como o faz a referida instituição de ensino, já que ela não exige a comprovação de renda dos alunos egressos de escolas públicas e nem dos negros.

Afirmou, ainda, que nem todas as vagas destinadas aos autodeclarados negros foram preenchidas, o que acarretou sérios prejuízos aos alunos que se prepararam para o vestibular, e que alcançaram as notas exigidas, pois se viram impedidos de preencher os lugares sobejantes.

O especialista em genética humana Sérgio Danilo Pena, ao usar da tribuna, apresentou o resultado de suas pesquisas, mediante as quais pretendeu comprovar que o conceito de raça não é aplicável aos brasileiros, uma vez que, sob a perspectiva da ancestralidade e da genética, não existiria qualquer diferenciação entre eles. Segundo o pesquisador,

> "(...) do ponto de vista científico, raças humanas não existem e (...) não é apropriado falar de raça, mas sim de características de pigmentação da pele. E a cor da pele não está geneticamente associada a nenhuma habilidade intelectual, física e emocional".

Habilitada para falar contra às ações afirmativas, Yvonne Maggie não compareceu à Audiência Pública em decorrência de problemas de saúde. No entanto, enviou uma carta, lida por terceiros, na qual defendeu a inconstitucionalidade do sistema de cotas raciais, em particular por instituírem, no seu entender, uma espécie de *apartheid* social.

Segundo ela, setores do governo e certas organizações não governamentais, na busca de atalhos para a justiça social, querem impor ao Brasil políticas já experimentadas em outras partes do mundo, as quais trouxeram mais dor do que alívio. Acrescentou que leis raciais não têm o condão de combater as desigualdades, mas apenas estimulam a ideia de que as pessoas são desiguais e possuem direitos distintos conforme a raça.

Também George de Cerqueira Leite Zarur, da Faculdade Latino-Americana de Ciências Sociais, criticou os programas de ações afirmativas baseados em cotas raciais, para acesso ao ensino superior. Ressaltou que as pessoas não podem ser diferenciadas pela aparência ou pela raça, não se mostrando válida, no caso, a regra de tratar-se desigualmente os desiguais, pois seres humanos, pretos ou brancos, não são desiguais.

Aduziu, mais, haver manipulação estatística quando se fala no número de negros no Brasil. Esse número teria sido multiplicado por 10, ao se dividir a população brasileira entre negros e brancos. Isso porque se incluiu naquele universo 5% autodeclarados negros, 45% de pardos e mestiços, que se transformaram, à força, em afrodescendentes, quando na verdade são afro, índio e eurodescendentes.

Eunice Ribeiro Durham, que também não pode comparecer à Audiência Pública, teve sua manifestação lida pela procuradora do DEM. De acordo com o texto que enviou, a adoção de cotas nas universidades apresenta vários aspectos negativos, a exemplo da avaliação e seleção de estudantes não por mérito, mas por questões que não influenciam o seu desempenho, como a cor da pele, tipo de cabelo, feições faciais e origem étnica.

Acrescentou, mais, que o vestibular é uma forma de neutralizar a manifestação de discriminações, visto que alunos de qualquer raça, renda, sexo são reprovados ou aprovados exclusivamente em função de seu desempenho. Nesse sentido, registrou que

> "(...) isso significa que os descendentes de africanos não são barrados no acesso ao ensino superior por serem negros, mas por deficiência em sua formação escolar anterior".

O representante da Associação de Procuradores do Estado - ANAPE, Ibsen Noronha ressaltou, em síntese, que, com a instituição do sistema de cotas nas universidades, há um real perigo de se cometer injustiças tendo- se em conta uma suposta dívida histórica, pois, desde o século XVI, há registro de negros libertos no Brasil que prosperaram economicamente.

Luiz Felipe de Alencastro, representante da Fundação Cultural Palmares, defendeu as ações afirmativas destinadas a reservar vagas nas universidades públicas. Lembrou que, a partir de 2010, os afrodescendentes, quais sejam, os autodeclarados negros e os pardos, passaram a formar a maioria da população no País.

De acordo ele, a redução das discriminações que ainda pesam sobre os negros contribuirá para consolidar a democracia brasileira. Além disso, recordou que a comunidade universitária e científica se beneficia com a presença dos estudantes cotistas.

Representando a CONECTAS, Oscar Vilhena posicionou-se favoravelmente às cotas raciais. Afirmou que os programas de ações afirmativas que incluem os critérios raça, pobreza e origem escolar, entre outros, não apenas são compatíveis com o princípio constitucional da igualdade, como também representam um meio eficaz para dar-lhe concreção. Nessa linha, aduziu que

> "(...) as ações afirmativas ajustam aquelas condições que não foram dadas a determinados setores, para que todos possam concorrer em igualdade de condições. O acesso à educação universitária deve ser segundo a capacidade, mas o nosso vestibular não mede a capacidade, mede o investimento".

Falando pelo Centro de Estudos Africanos da Universidade de São Paulo - USP, Kabengele Munanga também se colocou a favor dos programas de cotas raciais por serem políticas de integração de setores discriminados da sociedade, esclarecendo que

"(...) o que se busca pela política de cotas para negros e indígenas não é para terem direito às migalhas, mas sim para terem acesso ao topo em todos os setores de responsabilidade e de comando na vida nacional em que esses dois segmentos não são devidamente representados, como manda a verdadeira democracia".

Leonardo Avritzer, da Universidade Federal de Minas Gerais – UFMG, sublinhou a importância da diversidade dentro das instituições acadêmicas, defendendo a adoção do critério de raça para a sua ampliação, embora não como único fator para justificar as ações afirmativas. Em sua opinião, essas políticas transcendem o âmbito da universidade, pois também contribuem para a diversificação do mercado de trabalho.

Em nome da Sociedade Afro-Brasileira de Desenvolvimento Sócio- Cultural - AFROBRAS, José Vicente lembrou que ações afirmativas e reserva de vagas vêm sendo adotadas há muito tempo no País, enfatizando que,

"(...) onde houver desigualdade, é obrigação e dever moral, ético e constitucional do Estado agir de modo próprio, ainda que de forma extraordinária e excepcional, para a equalização das oportunidades".

Destacou, ainda, que o papel do sistema de cotas da Universidade de Brasília, além de promover e homenagear a justiça, *tem a capacidade de calcinar a profunda fratura exposta que mantêm separados e desiguais negros e brancos em nosso País*.

No dia 5 de março, pela manhã, deu-se continuidade ao contraditório entre os defensores das teses da constitucionalidade e da inconstitucionalidade das políticas de reserva de vagas. Nessa oportunidade, aqueles que se colocaram ao lado da constitucionalidade iniciaram o debate, seguidos pelos que se posicionaram contra a medida.

Fábio Konder Comparato, representante da EDUCAFRO, assinalou que a Constituição de 1988 adotou o chamado Estado Social, que tem a obrigação de atuar positivamente no combate às desigualdades de qualquer natureza. Tal dever, segundo o mencionado professor, estaria estampado, em especial, no art. 3º, III e IV, do Texto Magno. O descumprimento desse comando representaria completa desconfiguração do perfil do Estado brasileiro desenhado pelos constituintes, cuja principal missão seria promover a justiça social.

Anotou, por fim, que ao Supremo Tribunal Federal competiria apenas decidir sobre a constitucionalidade ou não das políticas públicas submetidas a seu exame, não cabendo à Corte emitir qualquer juízo de valor acerca da eventual eficiência ou ineficiência delas.

Flávia Piovesan, por seu turno, manifestou-se pela constitucionalidade do sistema de cotas, sustentando que, ao lado do direito à igualdade, existe o direito à diferença, o qual não pode ser utilizado para aniquilar direitos, devendo, ao revés, servir para afirmá-los e promovê-los.

Acrescentou que a Convenção sobre a Eliminação de todas as Formas de Preconceito, ratificada pelo Brasil, proíbe qualquer tipo de discriminação, prevendo, em seu art. 1º, §4º, a adoção de ações afirmativas. Preconizou, ainda, a busca da igualdade material a que se refere a Constituição vigente, em particular nos arts. 3º, 206, III, e 215, os quais reconhecem, expressamente, a importância das comunidades indígenas e afro-brasileiras na formação da cultura nacional.

Por derradeiro, assentou que o sistema de cotas raciais adotado nas universidades brasileiras está em plena harmonia com a ordem jurídica interna e internacional.

Denise Carreira, representante da organização não governamental Ação Educativa, posicionou-se a favor das políticas afirmativas. Sustentou que não se pode esperar mais 67 anos para que os indicadores educacionais de brancos e negros se igualem. Isso significaria o sacrifício de *"mais de três gerações, além de dezenas que ao longo da história brasileira foram penalizadas pelo racismo"*.

Assentou, ainda, que

"(...) a experiência das ações afirmativas não constitui modismo ou imposição de um modelo fechado como dos Estados Unidos, da Índia ou de qualquer outro país. Isso seria negar que o país já possui uma história de ações afirmativas desde a década de 1930".

O representante da Coordenação Nacional de Entidades Negras - CONEN, Marcos Antônio Cardoso, disse acreditar que as ações afirmativas no Brasil, baseadas no sistema de cotas raciais, objetivam, basicamente, tornar explícito o racismo e os conflitos étnico-raciais entre nós, buscando romper com a aceitação tácita das desigualdades raciais. Ressaltou, mais, que as ações afirmativas e o sistema de cotas são medidas necessárias para promover o acesso da juventude negra e pobre ao ensino superior público. Concluiu, assentando que *"essas medidas têm um efeito muito mais agregador sobre a nacionalidade"*.

No mesmo sentido, manifestou-se Sueli Carneiro, do Instituto da Mulher Negra de São Paulo – GELEDÉS, para quem as medidas compensatórias em favor dos negros não representam apenas uma etapa da luta contra a discriminação, mas o fim de uma era de desigualdade e exclusão social. Afirmou, mais, que *"o mito da democracia racial é fundamentado em uma sensação unilateral e branca de conforto nas relações inter-raciais"*.

Defendendo a tese da inconstitucionalidade do sistema acolhido nas universidades públicas, como meio de ingresso no ensino superior, o Juiz da 2ª Vara Federal de Florianópolis-SC, Carlos Alberto Dias, asseverou que a reserva de vagas não resolve a questão do racismo no Brasil. Segundo o magistrado,

"(...) a adoção de cotas transforma o judiciário em árbitro, segundo um critério absolutamente artificial, o fenótipo, para conceder direitos".

Por sua vez, o representante da Comissão de Assuntos Antidiscriminatórios da Ordem dos Advogados do Brasil – Seccional do Estado de São Paulo – OAB/SP, José Roberto Ferreira Militão registrou que defende as ações afirmativas, mas acredita que o Estado não pode impor uma identidade racial. Questionou se seria correto criar *"um racialismo estatal"* com o escopo de beneficiar um pequeno percentual de pessoas.

José Carlos Miranda, representante do Movimento Negro Socialista, asseverou que o sistema de cotas deveria ser direcionado aos estudantes de baixa renda e sem considerar a raça, já que os excluídos das universidades são filhos de trabalhadores pobres, independentemente de sua cor. Afirmou, também, que a aplicação das cotas raciais só pode ser um atestado de incompetência do Estado brasileiro, que não logrou alcançar a universalização dos serviços públicos gratuitos de qualidade.

A última a defender a inconstitucionalidade das cotas raciais, Helderli Fideliz Castro, representante do Movimento Pardo-Mestiço Brasileiro - MPMB, alegou que o sistema de cotas adotado pela Universidade de Brasília não configura ação afirmativa, pois tem por base

> "(...) uma elaborada ideologia de supremacismo racial que visa à eliminação política e ideológica da identidade mestiça brasileira".

De acordo com ela, o sistema não se destina a proteger pretos e pardos em si, mas apenas defende aqueles que se autodeclaram negros, excluindo os que se identificam como mestiços, mulatos, caboclos e, ainda, aqueles que, embora se autodeclarem negros, são de cor branca.

No período da tarde do dia 5 de maio foram apresentadas as experiências das universidades públicas relativas à aplicação das políticas de ação afirmativa destinadas a ampliar o acesso de estudantes ao ensino superior. Depois dessas exposições, a Associação dos Juízes Federais - AJUFE esclareceu como têm sido julgados os litígios decorrentes da aplicação dessas medidas, fazendo menção a decisões conflitantes acerca do assunto.

Alan Kardec Martins Barbiero, representante da Associação Nacional dos Diretores de Instituições Federais de Ensino Superior - ANDIFES, em seguida, afirmou que as universidades, com base no art. 207 da Constituição, possuem autonomia para adotar o sistema de cotas que julgarem mais apropriado para cada instituição, levando em conta a realidade de cada região. Asseverou, mais, que a sociedade brasileira ainda desconhece a sua realidade, caracterizada por elevados índices de desigualdade socioeconômica, em particular os fundados em razões étnico-raciais.

O Presidente da União Nacional dos Estudantes, Augusto Canizella Chagas, posicionou-se favoravelmente à adoção de políticas de ação afirmativa. Argumentou que a universidade brasileira é excludente, elitizada e branca, pois os jovens que têm acesso a ela são, em regra, aqueles que fizeram cursinhos pré-vestibulares ou estudaram em escolas particulares. Sustentou, ainda, que, para mudar esse cenário, são necessárias políticas afirmativas de inclusão e democratização no tocante ao acesso às instituições de ensino superior.

João Feres, representante do Instituto Universitário de Pesquisas do Rio de Janeiro - IUPERJ, ao defender o sistema de cotas, afirmou que o argumento segundo o qual, no Brasil, o preconceito é de classe, e não de raça, afigura-se falso. Os não brancos sofrem desvantagens crescentes ao tentarem subir na escala social, em todas as fases do processo de transição de um *status* social para outro.

Representando a Universidade de Campinas, o Coordenador da Comissão de Vestibulares, Renato Hyuda de Luna Pedrosa, explicou que a UNICAMP direcionou a sua política antidiscriminatória para o processo seletivo dos estudantes de graduação, criando Programa de Ação Afirmativa e Inclusão Social - PAAIS, no qual levou em consideração o princípio da autonomia universitária, a busca da excelência acadêmica e a necessidade de promover a inclusão social de grupos desfavorecidos.

Explicou que o referido programa, aplicado pela primeira vez para a turma ingressante de 2005, adota os seguintes critérios:

"1) Bonificação de pontos: a) +30 pontos na nota final se candidato cursou todo o Ensino Médio na rede pública, b) +10 pontos na nota final se, além do acima, declarou-se preto, pardo ou indígena.

2) Isenção da taxa de inscrição do vestibular (R$115,00): a) o candidato deve ter cursado toda a Educação Básica na rede pública (Ensinos Fundamental e Médio) e b) deve ter renda familiar mensal de no máximo 5 salários mínimos.

3) Ampliação do programa de apoio estudantil, para garantir a permanência dos candidatos de baixa renda, visando a atender os cerca de 250 novos alunos nessa condição que seriam admitidos pela Unicamp".

Destacou, ainda, que, antes da adoção dessa política, o porcentual de estudantes matriculados e oriundos de escola pública era de 29%, passando para 32%, depois da implementação do programa (2005-2009). Já o porcentual de pretos, pardos e indígenas era de 11%, elevando-se para 15%. Ao final, observou que os alunos egressos de escola pública e os que se autodeclararam pretos, pardos ou indígenas tiveram bom desempenho ao longo do curso e não o abandonaram antes de concluí-lo.

Por seu turno, Eduardo Magrone, Pró-reitor de Graduação da Universidade Federal de Juiz de Fora, explicou que nela são reservadas 50% das vagas de cada curso de graduação para egressos das escolas públicas e 25% dessas vagas para candidatos autodeclarados negros.

A distribuição das vagas é feita da seguinte maneira: Grupo A - vagas do sistema de cotas para os candidatos que tenham cursado, pelo menos, sete séries do ensino fundamental ou médio em escolas públicas e se autodeclararem negros; Grupo B - vagas do sistema de cotas para os candidatos que tenham cursado, pelo menos, sete séries do ensino fundamental ou médio em escolas públicas; e Grupo C - vagas destinadas aos candidatos não optantes pelo sistema de cotas.

Registrou, ademais, que: (i) as vagas não preenchidas pelos candidatos do grupo A são reservadas aos do grupo B; (ii) as vagas não preenchidas pelos candidatos dos grupos A e B são destinadas aos do grupo C; e (iii) as vagas não preenchidas no grupo C são consideradas remanescentes.

Por fim, constatou, avaliando a política de ação afirmativa adotada na Universidade, que:

"a) candidatos cotistas têm resultados mais modestos do que os que ingressaram na universidade pelo sistema de cotas universal. Mas, sem a política de cotas, alunos que hoje estão estudando em cursos de alta demanda não estariam na universidade.

b) os alunos cotistas deveriam ser submetidos a um processo de nivelamento mínimo, em especial quanto aos conhecimentos básicos de ciências exatas, visto que todos os cursos com índice de rendimento acadêmico mediano inferior a 70 concentram-se nesta área.

c) a condição 'escola pública', tomada de forma geral, não se revela suficiente para favorecer o ingresso de alunos socialmente desfavorecidos;

d) o apoio estudantil ao aluno cotista deve ir além das garantias materiais para a sua permanência nos cursos, abrangendo também os aspectos pedagógicos, psicológicos e de socialização no meio universitário".

Jânia Saldanha, representante da Universidade Federal de Santa Maria, anotou que o impacto da adoção de políticas afirmativas para lograr uma maior democratização do acesso à universidades publicas, tem sido positiva, sustentando que

"(...) falar em ações afirmativas é falar em luta por reconhecimento, que é a luta contra qualquer violação à dignidade e a honra".

Disse, mais, que, do seu quadro de aproximadamente 1.200 docentes, menos de 1% são negros, e que o porcentual, no conjunto de alunos, historicamente, foi muito diminuto, praticamente, igual a zero, sobretudo nos cursos considerados *"nobres"* como Medicina, Direito e Engenharia.

O Programa de Cotas da UFSM, segundo ela, consiste em reservar 10% a 15% das vagas para negros, de forma progressiva, 5% para pessoas com necessidades especiais, 20% para oriundos de escolas públicas e um número de 5 a 10 vagas, também progressivamente, para índios, pelo período de 10 anos. Além disso, para atingir a finalidade do sistema de cotas, foram instituídos pontos de corte específicos por categoria, que se divide em: A (cotas raciais); B (cotas de pessoas com necessidades especiais); C (cotas para alunos integralmente procedentes de escolas públicas); D (cotas para os índios); e E (vagas para os demais vestibulandos).

O Vice-Reitor da Universidade do Estado do Amazonas, Carlos Eduardo de Souza Gonçalvez, por sua vez, afirmou que o sistema de cotas ajudou a ampliar o acesso ao ensino superior em todo o Estado. Lembrou que a Universidade foi criada em 2001, exatamente, com o objetivo de interiorizar o ensino superior.

A referida instituição estabeleceu um sistema de cotas para ingresso na universidade assim dividido: 20% das vagas para estudantes de qualquer Estado e 80% delas para candidatos que cursaram o ensino médio no Amazonas, sendo que, desses 80%, 40% são reservadas para egressos de qualquer escola e 60% para os que vêm de estabelecimentos públicos.

Por derradeiro, salientou que o sistema de cotas adotado na Universidade possibilitou a diplomação de 17 mil estudantes do interior do Amazonas, de um total de 22 mil graduados.

O representante da Universidade Federal de Santa Catarina, Marcelo Tragtenberg, defendeu a seguinte ideia:

"(...) as ações afirmativas de recorte sócio econômico são essenciais para garantir direitos universais, que políticas universalistas não garantem, e possibilitar a diversidade e a convivência de diferentes. Não adianta reservar vagas para escola pública, que isso, não necessariamente, não automaticamente, inclui o negro".

O Programa de Ação Afirmativa da Universidade de Santa Catarina consiste em reservar 20% das vagas para estudantes oriundos do ensino fundamental e do ensino médio públicos, 10% para negros, prioritariamente do ensino fundamental e do ensino médio estatal, e vagas suplementares para indígenas.

Quanto ao porcentual de reprovações, explicou que, tomando por base o primeiro semestre do ano de 2008, 18,8% correspondeu a alunos que ingressaram pelo sistema de classificação geral, 19,4% a egressos de escola pública e 27,7% a negros.

O índice de evasão escolar da Universidade, no entanto, considerados os dados do mesmo ano, é maior entre aqueles que ingressaram pelo sistema de classificação geral (9%, ou seja, 261 estudantes), seguido pelos egressos de escola pública (5,5%, isto é, 48 estudantes) e, por último, pelos autodeclarados negros (4,2%, a saber, apenas 14 estudantes).

Isso significa, segundo ele, que alunos que ingressaram na Universidade Federal de Santa Catarina pelo Programa de Ação Afirmativa possuem o menor índice de evasão, aduzindo que o porcentual diminui ainda mais em relação aos alunos negros, mesmo que estes figurem entre os mais reprovados. Além disso, anotou que as vagas perdidas pelo sistema de classificação geral são aproximadamente iguais às reservadas para estudantes negros.

Finalmente, a Juíza Federal Fernanda Duarte, representante da AJUFE, assentou que a questão ainda foi pouco analisada pelos magistrados da União e que não há um consenso sobre o tema. Por esse motivo, a Associação não aprova, nem condena o sistema de cotas. Registrou, porém, que a tendência do Tribunal Regional Federal da 1ª Região é a de referendar tal política, assim como ocorre no Tribunal Regional Federal da 4ª Região, ao passo que o Tribunal Regional Federal da 2ª Região vem entendendo que a matéria carece de disciplina legal. Já no Tribunal Regional Federal da 3ª Região não há registro de julgamentos sobre o tema. Por fim, observou que o Tribunal Regional Federal da 5ª Região, em um único caso julgado, assentou que a matéria está sujeita à reserva legal.

ALEGAÇÕES DOS ARGUIDOS ACERCA DO MÉRITO

Após a Audiência Pública, os arguidos aportaram sua manifestação acerca do mérito da presente ADPF. Nela, afirmaram que a Universidade de Brasília adotou o sistema de cotas porque hoje o meio acadêmico brasileiro constitui um espaço de formação de profissionais de maioria esmagadoramente branca (fl. 10 da petição).

Aduziram, ainda, que

> "(...) a ausência, no serviço público, de negros e índios em profissões tais como médicos, juízes, procuradores, psicólogos, diplomatas, para citar exemplos, enfraquece a capacidade de o Estado lidar não apenas com a sua própria diversidade étnica interna, mas com a mundial diferença das populações.
>
> A discriminação no Brasil e a necessidade de ações afirmativas para a população negra no âmbito da educação são reconhecidas inclusive pelo próprio Estado, como se vê no documento oficial brasileiro apresentado à Conferência das Nações Unidas contra o racismo" (fls. 11-12 da petição).

Acrescentaram, em seguida, que

> "(...) compreender a igualdade de acesso ao ensino como simples igualdade formal de processos seletivos representa consagrar e perpetuar a desigualdade que desafia a Constituição e requer a adoção de políticas públicas compensatórias, em face da completa 'irrazoabilidade' da desigualdade que atinge negros no Brasil" (fls. 29- 30 da petição).

Continuaram dizendo que, com base em estudos do Instituto Brasileiro de Geografia e Estatística - IBGE, existe no País uma flagrante desigualdade de oportunidades entre os brancos e os negros (pretos e pardos). Ademais, notaram que a dificuldade de acesso dos negros à universidade não diminui com a expansão de vagas. Registraram, também, que, segundo dados IBGE, colhidos em pesquisa realizada no ano de 2000, somente 19,55% dos universitários eram negros (pretos e pardos), enquanto a população negra correspondia a 44,66% do total da população brasileira.

Quanto à alegada ofensa ao art. 208, V, da CF, sustentaram que o vestibular é só mais um dos instrumentos que se emprega para medir o conhecimento, a capacidade e o mérito acadêmico dos candidatos a uma vaga no ensino superior, não existindo um método único para a apuração do saber de cada estudante. Afirmaram, ainda, que

> "(...) desde o 2º Vestibular de 2004 já ingressaram na UnB 3.980 alunos cotistas, sendo o percentual de já formados muito semelhante aos alunos da graduação que ingressaram pelo sistema universal (7,1% dos cotistas frente a 7,9% dos que ingressaram pelo sistema universal). Da mesma forma, o rendimento dos alunos cotistas é semelhante aos dos alunos que ingressaram pelo sistema universal (Índice de Rendimento dos cotistas é de 3,6%, enquanto daqueles que ingressaram pelo sistema universal é de 3,7%, em escala que varia de 0 a 5)" (fls. 73-74 da petição).

No tocante à Comissão de Verificação da Condição de Negro, esclareceram que ela não é secreta, havendo inclusive entrevista pessoal com os candidatos. Por fim, ressaltaram o seguinte:

> "O que acontece é a inexistência de comunicação prévia informando qual será a comissão, a fim de evitar que sofra pressões e constrangimento indevido, exatamente como é reiteradamente feito há décadas não apenas no próprio certame vestibular, mas também em numerosos concursos para cargos públicos federais conduzidos no país.
> Obviamente, os critérios utilizados na seleção são o do Edital vinculante, como o do fenótipo, em que se observa se a pessoa é negra (preto ou pardo), pois como já suscitado na presente peça, é essa a característica que leva à discriminação ou ao preconceito contra eles" (fls. 75-76 da petição).

É o *RELATÓRIO*, do qual deverão ser extraídas cópias para os Ministros desta Suprema Corte.

VOTO

QUESTÕES PRELIMINARES
O SENHOR MINISTRO *RICARDO LEWANDOWSKI* (RELATOR):
Inicialmente, assento o cabimento desta ação, uma vez que não há outro meio hábil de sanar a lesividade (art. 4º, §1º, da Lei 9.882/1999).
Saliento, nessa linha, que o entendimento desta Corte é o de que, para aferir-se a subsidiariedade, é preciso ter em conta a inexistência ou não de instrumentos processuais alternativos capazes de oferecer provimento judicial com eficácia ampla, irrestrita e imediata para solucionar o caso concreto sob exame, conforme deflui do julgamento da ADPF 33/PA, Rel. Min. Gilmar Mendes, assim ementada:

> "Arguição de Descumprimento de Preceito Fundamental - ADPF. Medida Cautelar. 2. Ato regulamentar. Autarquia estadual. Instituto de Desenvolvimento Econômico-Social do Pará - IDESP. Remuneração de pessoal. Vinculação do quadro de salários ao salário mínimo. 3. Norma não recepcionada pela Constituição de 1988. Afronta ao princípio federativo e ao direito social fundamental ao salário mínimo digno (arts. 7º, inciso IV, 1º e 18 da Constituição). 4. Medida liminar para impedir o comprometimento da ordem jurídica e das finanças do Estado. 5. Preceito Fundamental: parâmetro de controle a indicar os

preceitos fundamentais passíveis de lesão que justifiquem o processo e o julgamento da argüição de descumprimento. Direitos e garantias individuais, cláusulas pétreas, princípios sensíveis: sua interpretação, vinculação com outros princípios e garantia de eternidade. Densidade normativa ou significado específico dos princípios fundamentais. 6. Direito pré-constitucional. Cláusulas de recepção da Constituição. Derrogação do direito pré-constitucional em virtude de colisão entre este e a Constituição superveniente. Direito comparado: desenvolvimento da jurisdição constitucional e tratamento diferenciado em cada sistema jurídico. A Lei nº 9.882, de 1999, e a extensão do controle direto de normas ao direito pré- constitucional. 7. *Cláusula da subsidiariedade ou do exaurimento das instâncias. Inexistência de outro meio eficaz para sanar lesão a preceito fundamental de forma ampla, geral e imediata. Caráter objetivo do instituto a revelar como meio eficaz aquele apto a solver a controvérsia constitucional relevante. Compreensão do princípio no contexto da ordem constitucional global. Atenuação do significado literal do princípio da subsidiariedade quando o prosseguimento de ações nas vias ordinárias não se mostra apto para afastar a lesão a preceito fundamental.* 8. Plausibilidade da medida cautelar solicitada. 9. Cautelar confirmada" (grifos meus).

Esse também foi o entendimento da Procuradoria-Geral da República, que transcrevo abaixo:

"A presente ADPF é cabível, pois se trata de arguição de natureza autônoma, e, no âmbito do controle abstrato de constitucionalidade, não haveria qualquer outro meio apto para sanar as supostas lesões a preceitos fundamentais apontados na inicial. Com efeito, diante da natureza infralegal dos atos normativos e administrativos impugnados, a ADIn não seria o instrumento idôneo para o enfrentamento da questão, ou tampouco qualquer das ações que compõe o sistema brasileiro de jurisdição constitucional abstrata. Assim, está satisfeito o pressuposto da subsidiariedade da arguição".

Afasto, igualmente, o argumento de que haveria conexão entre esta ADPF e a ADI 3.197/RJ, Rel. Min. Dias Toffoli, por ostentarem ambos os feitos a mesma causa de pedir, qual seja, a inconstitucionalidade do sistema de cotas para negros nas universidades públicas.

É que, conforme remansosa jurisprudência desta Corte, as ações de índole abstrata, por definição, não tratam de fatos concretos, razão pela qual nelas não se deve, como regra, cogitar de conexão, dependência ou prevenção relativamente a outros processos ou julgadores.

Com efeito, ao decidir sobre hipótese semelhante, em 6/10/2004, envolvendo a ADI 3.259/PA, Rel. Min. Eros Grau, e a Rcl 2.687/PA, Rel. Min. Marco Aurélio, o Min. Nelson Jobim, então Presidente do STF, assim se pronunciou:

"Ocorre que a ação direta de inconstitucionalidade é um processo objetivo, que visa declarar a inconstitucionalidade de lei ou de um ato normativo, abstratamente, prescinde, portanto, da existência de um fato concreto. Não há que se falar aqui, em face da natureza desta ação, em dependência, prevenção, em relação a outros processos".

Ademais, a questão relativa às ações afirmativas insere-se entre os temas clássicos do controle de constitucionalidade, aqui e alhures, sendo de toda a conveniência que a controvérsia exposta nesta ação seja definitivamente resolvida por esta Suprema Corte, de maneira a colocar fim a uma controvérsia que já se arrasta, sem solução definitiva, por várias décadas nas distintas instâncias jurisdicionais do País.

Feito esse breve introito de ordem instrumental, passo ao exame da questão de fundo discutida nesta ADPF.

ABRANGÊNCIA DO TEMA EM DISCUSSÃO

A questão fundamental a ser examinada por esta Suprema Corte é saber se os programas de ação afirmativa que estabelecem um sistema de reserva de vagas, com base em critério étnico-racial, para acesso ao ensino superior, estão ou não em consonância com a Constituição Federal.

Para enfrentar a questão da constitucionalidade dos programas de ação afirmativa instituídos pela Universidade de Brasília e outros estabelecimentos de ensino superior no País, penso que cumpre ao Supremo Tribunal Federal discutir esse relevante tema do modo mais amplo possível, fazendo-o, em especial, à luz dos princípios e valores sobre quais repousa a nossa Carta Magna.

O primeiro passo, para tanto, a meu sentir, consiste em revisitar o princípio da igualdade agasalhado na Lei Maior, examinando-o em seu duplo aspecto, ou seja, no sentido formal e material.

IGUALDADE FORMAL VERSUS MATERIAL

De acordo com o artigo 5º, *caput*, da Constituição, *"todos são iguais perante a lei, sem distinção de qualquer natureza"*. Com essa expressão o legislador constituinte originário acolheu a ideia – que vem da tradição liberal, especialmente da Declaração do Homem e do Cidadão francesa de 1789 - de que ao Estado não é dado fazer qualquer distinção entre aqueles que se encontram sob seu abrigo.

É escusado dizer que o constituinte de 1988 – dada toda a evolução política, doutrinária e jurisprudencial pela qual passou esse conceito - não se restringiu apenas a proclamar solenemente, em palavras grandiloquentes, a igualdade de todos diante da lei.

À toda evidência, não se ateve ele, simplesmente, a proclamar o princípio da isonomia no plano formal, mas buscou emprestar a máxima concreção a esse importante postulado, de maneira a assegurar a igualdade material ou substancial a todos os brasileiros e estrangeiros que vivem no País, levando em consideração – é claro - a diferença que os distingue por razões naturais, culturais, sociais, econômicas ou até mesmo acidentais, além de atentar, de modo especial, para a desequiparação ocorrente no mundo dos fatos entre os distintos grupos sociais.

Para possibilitar que a igualdade material entre as pessoas seja levada a efeito, o Estado pode lançar mão seja de políticas de cunho universalista, que abrangem um número indeterminado de indivíduos, mediante ações de natureza estrutural, seja de ações afirmativas, que atingem grupos sociais determinados, de maneira pontual, atribuindo a estes certas vantagens, por um tempo limitado, de modo a permitir-lhes a superação de desigualdades decorrentes de situações históricas particulares.

Nesse sentido, assenta Daniela Ikawa:

> "O princípio formal de igualdade, aplicado com exclusividade, acarreta injustiças (...) ao desconsiderar diferenças em identidade.
> (...)
> Apenas o princípio da igualdade material, prescrito como critério distributivo, percebe tanto aquela igualdade inicial, quanto essa diferença em identidade e contexto. Para

respeitar a igualdade inicial em dignidade e a diferença, não basta, portanto, um princípio de igualdade formal.

(...)

O princípio da universalidade formal deve ser oposto, primeiro, a uma preocupação com os resultados, algo que as políticas universalistas materiais abarcam. Segundo deve ser oposto a uma preocupação com os resultados obtidos hoje, enquanto não há recursos suficientes ou vontade política para a implementação de mudanças estruturais que requerem a consideração do contexto, e enquanto há indivíduos que não mais podem ser alcançados por políticas universalistas de base, mas que sofreram os efeitos, no que toca à educação, da insuficiência dessas políticas. São necessárias, por conseguinte, também políticas afirmativas.

(...)

As políticas universalistas materiais e as políticas afirmativas têm (...) o mesmo fundamento: o princípio constitucional da igualdade material. São, contudo, distintas no seguinte sentido. Embora ambas levem em consideração os resultados, as políticas universalistas materiais, diferentemente das ações afirmativas, não tomam em conta a posição relativa dos grupos sociais entre si".[1]

A adoção de tais políticas, que levam à superação de uma perspectiva meramente formal do princípio da isonomia, integra o próprio cerne do conceito de democracia, regime no qual, para usar as palavras de Boaventura de Sousa Santos,

"(...) temos o direito a ser iguais quando a nossa diferença nos inferioriza; e temos o direito a ser diferentes quando a nossa igualdade nos descaracteriza. Daí a necessidade de uma igualdade que reconheça as diferenças e de uma diferença que não produza, alimente ou reproduza as desigualdades ".[2]

Aliás, Dalmo de Abreu Dallari, nessa mesma linha, adverte que a ideia de democracia, nos dias atuais, exige a superação de uma concepção mecânica, estratificada, da igualdade, a qual, no passado, era definida apenas como um *direito*, sem que se cogitasse, contudo, de convertê-lo em uma *possibilidade*, esclarecendo o quanto segue:

"O que não se admite é a desigualdade no ponto de partida, que assegura tudo a alguns, desde a melhor condição econômica até o melhor preparo intelectual, negando tudo a outros, mantendo os primeiros em situação de privilégio, mesmo que sejam socialmente inúteis ou negativos".[3]

JUSTIÇA DISTRIBUTIVA

É bem de ver, contudo, que esse desiderato, qual seja, a transformação do direito à isonomia em igualdade de possibilidades, sobretudo no tocante a uma participação equitativa nos bens sociais, apenas é alcançado, segundo John Rawls, por meio da aplicação da denominada *"justiça distributiva"*.

---

[1] IKAWA, Daniela. *Ações Afirmativas em Universidades.* Rio de Janeiro: Lúmen Júris, 2008. pp. 150-152.

[2] SANTOS, Boaventura de Sousa Santos. *Reconhecer para libertar: os caminhos do cosmopolitanismo multicultural.* Rio de Janeiro: Civilização Brasileira, 2003. p. 56.

[3] DALLARI, Dalmo de Abreu. *Elementos da Teoria Geral do Estado.* 25. ed. São Paulo: Saraiva 2005. p. 309.

Só ela permite superar as desigualdades que ocorrem na realidade fática, mediante uma intervenção estatal determinada e consistente para corrigi-las, realocando-se os bens e oportunidades existentes na sociedade em benefício da coletividade como um todo. Nesse sentido, ensina que

> "As desigualdades sociais e econômicas devem ser ordenadas de tal modo que sejam ao mesmo tempo (a) consideradas como vantajosas para todos dentro dos limites do razoável, e (b) vinculadas a posições e cargos acessíveis a todos ".[4]

O modelo constitucional brasileiro não se mostrou alheio ao princípio da justiça distributiva ou compensatória, porquanto, como lembrou a PGR em seu parecer, incorporou diversos mecanismos institucionais para corrigir as distorções resultantes de uma aplicação puramente formal do princípio da igualdade.

Como sabem os estudiosos do direito constitucional, o nosso Texto Magno foi muito além do plano retórico no concernente aos direitos e garantias fundamentais, estabelecendo diversos instrumentos jurídicos para conferir-lhes plena efetividade.

Esse novo modo de encarar os direitos básicos da pessoa humana – isto é, para além do plano do mero discurso –, como é evidente, não avança sem resistências, pois, como adverte Michel Rosenfeld,

> "(...) a adoção de um novo princípio de justiça distributiva possivelmente criará conflitos entre reivindicações baseadas nos velhos e nos novos princípios".[5]

No que interessa ao presente debate, a aplicação do princípio da igualdade, sob a ótica justiça distributiva, considera a posição relativa dos grupos sociais entre si. Mas, convém registrar, ao levar em conta a inelutável realidade da estratificação social, não se restringe a focar a categoria dos brancos, negros e pardos. Ela consiste em uma técnica de distribuição de justiça, que, em última análise, objetiva promover a inclusão social de grupos excluídos ou marginalizados, especialmente daqueles que, historicamente, foram compelidos a viver na periferia da sociedade.

POLÍTICAS DE AÇÃO AFIRMATIVA

Passo, a seguir, ao exame do conceito de ação afirmativa, recorrentemente empregado nesta ADPF, em torno da qual gira grande parte da discussão nela travada.

Sob uma ótica acadêmica e de modo conciso, Myrl Duncan explica que uma ação afirmativa configura

> "(...) um programa público ou privado que considera aquelas características as quais vêm sendo usadas para negar [aos excluídos] tratamento igual".[6]

---

[4] RAWLS, John. *Uma Teoria da Justiça*. São Paulo: Martins Fontes, 1997. p. 3.

[5] ROSENFELD, Michel. Affirmative Action, justice, and equalities: a philosophical and constitutional appraisal. *Ohio State Law Journal*, nº 46. p. 861.

[6] DUNCAN, Myrl L. The future of affirmative action: A Jurisprudential/legal critique. *Harvard Civil Rights – Civil Liberties Law Review*, Cambridge: Cambridge Press, 1982. p. 503.

Outra definição – um pouco mais elaborada – é a que consta do art. 2°, II, da Convenção para a Eliminação de Todas as Formas de Discriminação Racial, da Organização das Nações Unidas, ratificada pelo Brasil em 1968, segundo o qual ações afirmativas são

"(...) medidas especiais e concretas para assegurar como convier o desenvolvimento ou a proteção de certos grupos raciais de indivíduos pertencentes a estes grupos com o objetivo de garantir-lhes, em condições de igualdade, o pleno exercício dos direitos do homem e das liberdades fundamentais ".

É necessário ressaltar, porém, que o mencionado dispositivo contém uma ressalva importante acerca da transitoriedade desse tipo de política, assim explicitada:

"Essas medidas não deverão, em caso algum, ter a finalidade de manter direitos desiguais ou distintos para os diversos grupos raciais, depois de alcançados os objetivos em razão dos quais foram tomadas ".

Dentre as diversas modalidades de ações afirmativas, de caráter transitório, empregadas nos distintos países destacam-se: (i) a consideração do critério de raça, gênero ou outro aspecto que caracteriza certo grupo minoritário para promover a sua integração social; (ii) o afastamento de requisitos de antiguidade para a permanência ou promoção de membros de categorias socialmente dominantes em determinados ambientes profissionais; (iii) a definição de distritos eleitorais para o fortalecimento minorias; e (iv) o estabelecimento de cotas ou a reserva de vagas para integrantes de setores marginalizados.

Interessantemente, ao contrário do que se costuma pensar, as políticas de ações afirmativas não são uma criação norte-americana. Elas, em verdade, têm origem na Índia, país marcado, há séculos, por uma profunda diversidade cultural e étnico-racial, como também por uma conspícua desigualdade entre as pessoas, decorrente de uma rígida estratificação social.

Com o intuito de reverter esse quadro, politicamente constrangedor e responsável pela eclosão de tensões sociais desagregadoras - e que se notabilizou pela existência de uma casta *"párias"* ou *"intocáveis"* -, proeminentes lideranças políticas indianas do século passado, entre as quais o patrono da independência do país, Mahatma Gandhi, lograram aprovar, em 1935, o conhecido *Government of India Act*.

A motivação que levou à edição desse diploma legal, cuja espinha dorsal consiste no combate à exclusão social, é assim explicada por Partha Gosh:

"A necessidade de discriminar positivamente em favor dos socialmente desprivilegiados foi sentida pela primeira vez durante o movimento nacionalista. Foi Mahatma Gandhi (...) o primeiro líder a se dar conta da importância do tema e a chamar a atenção das castas mais altas para esse antiquado sistema social que relega comunidades inteiras à degradante posição de 'intocáveis'.
(...)
A Constituição de Independência da Índia, que de modo geral seguiu o modelo do 'Government of India Act', de 1935, dispôs sobre discriminações positivas em favor das Scheduled Castes e das Scheduled Tribes (Scs & STs) que constituíam cerca de 23% da população estratificada da Índia. Além disso, reservou, a eles, vagas no Parlamento,

foram dadas vantagens em termos de admissão nas escolas, faculdades e empregos no setor público, vários benefícios para atingir seu total desenvolvimento e assim por diante. A Constituição, em verdade, garantiu o direito fundamental à igualdade entre todos os cidadãos perante a lei, mas categoricamente também estabeleceu que nada na Constituição 'impediria o Estado de adotar qualquer disposição especial para promover o avanço social e educativo de qualquer classe desfavorecida, das Scheduled Castes ou das Scheduled Tribes'.

Algumas dessas disposições constitucionais que objetivam as discriminações positivas são:

Artigo 17: Abolição da 'intocabilidade' e fazer desse tipo de discriminação uma prática punível por lei.

Artigo 46: Promoção da educação e do interesse econômico.

Artigos 16 e 335: Tratamento preferencial na questão do emprego no setor público.

Artigos 330 e 332: Reserva de vagas no 'Lok Sabha' (Parlamento da Índia) e nas Assembleias Estaduais".[7]

Lembro, por oportuno, que o Supremo Tribunal Federal, em diversas oportunidades, admitiu a constitucionalidade das políticas de ação afirmativa. Entre os vários precedentes, menciono a MC-ADI 1.276-SP, Rel. Min. Octávio Gallotti, a ADI 1.276/SP, Rel. Min. Ellen Gracie, o RMS 26.071, Rel. Min. Ayres Britto e a ADI 1.946/DF, Rel. Min. Sydnei Sanches e a MC-ADI 1.946/DF, Rel. Min. Sydnei Sanches.

Por seu caráter ilustrativo, reproduzo, aqui, trecho do voto proferido pelo Min. Nelson Jobim, na ADI 1.946-MC/DF, Rel. Min. Sydnei Sanches:

"Levantamentos feitos, principalmente por um grande economista americano, Prêmio Nobel, Paul Samuelson, em seu famoso livro, 'Macro Economia', são incisivos.

Verificou-se, no levantamento feito pelo MIT, que, no mercado de trabalho, em relação às mulheres, havia uma discriminação.

Observou-se que as fontes de discriminação, consistentes na diferença, para maior, dos rendimentos dos homens em relação às mulheres, havia uma discriminação.

Observou-se que as fontes de discriminação, consistentes na diferença, para maior, dos rendimentos dos homens em relação às mulheres têm razões complexas: hábitos sociais; expectativas; fatores econômicos; educação; formação e experiência profissional.

Mas registrou-se outro fato: as mulheres tendem a interromper suas carreiras para terem filhos, o que provoca essa situação específica.

Em face disso, são discriminadas. Ou, não se emprega mulher, para se empregar homens. Ou, ao empregar a mulher, paga-se um salário aquém do salário médio para o homem. A diferença financiaria os ônus decorrentes do gozo do benefício.

Ora, isso tem como consequência uma baixa equalização, entre homens e mulheres, no mercado de trabalho.

Nos Estados Unidos da América, com o governo Johnson, iniciou-se um processo curioso de discriminação positiva que recebeu a denominação de 'ricos ônus johnsonianos'.

Começou com o problema racial do negro americano e estabeleceram-se cotas.

Eram as 'affirmative actions'.

Para a questão feminina havia leis de referência: o 'Civil Rights Act' (1964) e o 'Equal Pay Act' (1963).

---

[7] GOSH, Partha S. *Positive Discrimination in Índia: A Political Analysis.* Disponível em: scribd.com/doc/21581589/Positive-Discrimination-in-India. Acessado em 22 de março de 2010.

Todo um conjunto de regras ajudou a desmantelar, nos Estados Unidos, as práticas discricionárias mais evidentes.

No nosso sistema, temos algumas regras fundamentais que devem ser explicitadas.

Não vou entrar na questão relativa ao tratado internacional. A CF dispõe:

'Art. 3°. Constituem objetivos fundamentais da República Federativa do Brasil:

(...)

III – erradicar a pobreza e a marginalização e reduzir as desigualdades sociais e regionais;'

Leio o inciso IV:

IV – promover o bem de todos, sem preconceitos de origem, raça, sexo, cor idade e quaisquer outras formas de discriminação'.

(...)

O Tribunal tem que examinar as consequências da legislação para constatar se estão, ou não, produzindo resultados contrários à Constituição.

A discriminação positiva introduz tratamento desigual para produzir, no futuro e em concreto, a igualdade.

É constitucionalmente legítima, porque se constitui em instrumento para obter a igualdade real".

Examinado o conceito de ação afirmativa e depois de revisitados os precedentes da Corte sobre o tema, passo, a seguir, ao exame das demais questões suscitadas nestes autos.

CRITÉRIOS PARA INGRESSO NO ENSINO SUPERIOR

A Constituição Federal preceitua, em seu art. 206, I, III e IV, que o acesso ao ensino será ministrado com base nos seguintes princípios: *"igualdade de condições para acesso e permanência na escola"*; *"pluralismo de ideias"*; e *"gestão democrática do ensino público"*.

Registro, por outro lado, que a Carta Magna, em seu art. 208, V, consigna que o acesso aos níveis mais elevados do ensino, da pesquisa e da criação artística será efetivado *"segundo a capacidade de cada um"*.

Vê-se, pois, que a Constituição de 1988, ao mesmo tempo em que estabelece a igualdade de acesso, o pluralismo de ideias e a gestão democrática como princípios norteadores do ensino, também acolhe a meritocracia como parâmetro para a promoção aos seus níveis mais elevados.

Tais dispositivos, bem interpretados, mostram que o constituinte buscou temperar o rigor da aferição do mérito dos candidatos que pretendem acesso à universidade com o princípio da igualdade material que permeia todo o Texto Magno.

Afigura-se evidente, de resto, que o mérito dos concorrentes que se encontram em situação de desvantagem com relação a outros, em virtude de suas condições sociais, não pode ser aferido segundo uma ótica puramente linear, tendo em conta a necessidade de observar-se o citado princípio.

Com efeito, considerada a diversidade dos atores e interesses envolvidos, o debate sobre os critérios de admissão não se resume a uma única ótica, devendo ser travado sob diversas perspectivas, eis que são distintos os objetivos das políticas antidiscriminatórias.

Essa é, por exemplo, a visão de Katherine Smits, segundo a qual

"Os argumentos a favor da ação afirmativa podem ser divididos em argumentos deontológicos, ação afirmativa é equitativa e justa como um remédio para um passado injusto.

Seus defensores argumentam que preferências de grupos não equivalem à discriminação de grupos, e isso deve ser levado em consideração no vasto contexto em que as preferências raciais e de gênero são aplicadas. Ademais, as preferências de grupos não comprometem a equidade, pois os indivíduos não têm direitos automáticos a quaisquer benefícios em decorrência de seus talentos naturais e habilidades. É tarefa da sociedade distribuir benefícios de acordo com critérios razoáveis e publicamente justificados conforme objetivos sociais mais amplos. De acordo com os consequencialistas ou utilitaristas, a ação afirmativa enseja um número considerável de resultados positivos – a qual ou fortalece a justiça dessa política ou supera quaisquer injustiças que possa envolver".[8]

Na presente ação, o que se questiona, basicamente, é a metodologia de reserva de vagas, empregada para superar a desigualdade étnico-racial ou social dos candidatos à universidade pública, em especial os fundamentos sobre os quais ela se assenta.

Ora, as políticas que buscam reverter, no âmbito universitário, o quadro histórico de desigualdade que caracteriza as relações étnico- raciais e sociais em nosso País, não podem ser examinadas apenas sob a ótica de sua compatibilidade com determinados preceitos constitucionais, isoladamente considerados, ou a partir da eventual vantagem de certos critérios sobre outros.

Elas devem, ao revés, ser analisadas à luz do arcabouço principiológico sobre o qual se assenta o próprio Estado brasileiro, desconsiderando-se os interesses contingentes e efêmeros que envolvem o debate.

Não raro a discussão que aqui se trava é reduzida à defesa de critérios objetivos de seleção - pretensamente isonômicos e imparciais -, desprezando-se completamente as distorções que eles podem acarretar quando aplicados sem os necessários temperamentos.

De fato, critérios ditos objetivos de seleção, empregados de forma linear em sociedades tradicionalmente marcadas por desigualdades interpessoais profundas, como é a nossa, acabam por consolidar ou, até mesmo, acirrar as distorções existentes.

Os principais espaços de poder político e social mantém-se, então, inacessíveis aos grupos marginalizados, ensejando a reprodução e perpetuação de uma mesma elite dirigente. Essa situação afigura-se ainda mais grave quando tal concentração de privilégios afeta a distribuição de recursos públicos.

Como é evidente, toda a seleção, em qualquer que seja a atividade humana, baseia-se em algum tipo de discriminação. A legitimidade dos critérios empregados, todavia, guarda estreita correspondência com os objetivos sociais que se busca atingir com eles.

No campo acadêmico, segundo Ronald Dworkin,

> "(...) qualquer critério adotado colocará alguns candidatos em desvantagem diante dos outros, mas uma política de admissão pode, não obstante isso, justificar-se, caso pareça razoável esperar que o ganho geral da comunidade ultrapasse a perda global e caso não exista uma outra política que, não contendo uma desvantagem comparável, produza, ainda que aproximadamente, o mesmo ganho ".[9]

---

[8]   SMITS, Katherine. *Applying Political Theory – Issues and Debates*. London: Macmillan, 2009. p. 71.

[9]   DWORKIN, Ronald. *Levando os direitos a sério*. São Paulo: Martins Fontes, 2002. pp. 350-351.

O critério de acesso às universidades públicas, entre nós, deve levar em conta, antes de tudo, os objetivos gerais buscados pelo Estado Democrático de Direito, consistentes, segundo o Preâmbulo da Constituição de 1988, em

"(...) assegurar o exercício dos direitos sociais e individuais, a liberdade, a segurança, o bem-estar, o desenvolvimento, a igualdade e a justiça como valores supremos de uma sociedade fraterna, pluralista e sem preconceitos, fundada na harmonia social (...) ".

Deve, ademais, no particular, levar em conta os postulados constitucionais que norteiam o ensino público. Nos termos do art. 205 da Carta Magna, a educação será *"promovida e incentivada com a colaboração da sociedade, visando ao pleno desenvolvimento da pessoa, seu preparo para o exercício da cidadania e sua qualificação para o trabalho"*. Já o art. 207 garante às universidades, entre outras prerrogativas funcionais, a autonomia didático-científica e administrativa, fazendo-as repousar, ainda, sobre o tripé ensino, pesquisa e extensão.

Com esses dispositivos pretendeu o legislador constituinte assentar que o escopo das instituições de ensino vai muito além da mera transmissão e produção do conhecimento em benefício de alguns poucos que logram transpor os seus umbrais, por partirem de pontos de largada social ou economicamente privilegiados.

De fato, como assenta Oscar Vilhena Vieira,

"(...) os resultados do vestibular, ainda que involuntários, são discriminatórios, na medida em que favorecem enormemente o ingresso de alunos brancos, oriundos de escolas privadas, em detrimento de alunos negros, provenientes das escolas públicas.

Esta exclusão – especialmente no que diz respeito aos cursos mais competitivos – faz com que a Universidade se torne de fato um ambiente segregado. Isto gera três problemas distintos:

Em primeiro lugar, viola o direito dos membros dos grupos menos favorecidos de se beneficiar do 'bem público educação' em igualdade de condições com aqueles que tiveram melhor fortuna durante seus anos de formação.

Esta Universidade predominantemente branca, em segundo lugar, falha na sua missão de constituir um ambiente passível de favorecer a cidadania, a dignidade humana, a construção de uma sociedade livre, justa (...).

Uma Universidade que não integra todos os grupos sociais dificilmente produzirá conhecimento que atenda aos excluídos, reforçando apenas a hierarquias e desigualdades que tem marcado nossa sociedade desde o início de nossa história.

Por fim, a terceira consequência está associada ao resultado deste investimento público, chamado sistema universitário, em termos de erradicação da pobreza e da marginalização. (...) pelos dados do MEC, o número de negros que conquistam o diploma universitário limita-se a 2%. Isto significa que os postos de comando, seja no setor público, seja no setor privado, (...), ficarão necessariamente nas mãos dos não negros, confirmando mais uma vez nossa estrutura racial estratificada".[10]

Diante disso, parece-me ser essencial calibrar os critérios de seleção à universidade para que se possa dar concreção aos objetivos maiores colimados na Constituição.

---

[10] VIEIRA, Oscar Vilhena. *Direitos Fundamentais – uma leitura da jurisprudência do STF*. São Paulo: Direito GV/ Malheiros, 2006. p. 376.

Nesse sentido, as aptidões dos candidatos devem ser aferidas de maneira a conjugar-se seu conhecimento técnico e sua criatividade intelectual ou artística com a capacidade potencial que ostentam para intervir nos problemas sociais.

Essa metodologia de seleção diferenciada pode perfeitamente levar em consideração critérios étnico-raciais ou socioeconômicos, de modo a assegurar que a comunidade acadêmica e a própria sociedade sejam beneficiadas pelo pluralismo de ideias, de resto, um dos fundamentos do Estado brasileiro, conforme dispõe o art. 1º, V, da Constituição.

Ademais, essa metodologia parte da premissa de que o princípio da igualdade não pode ser aplicado abstratamente, pois procede a escolhas voltadas à concretização da justiça social. Em outras palavras, cuida-se, em especial no âmbito das universidades estatais, de utilizar critérios de seleção que considerem uma distribuição mais equitativa dos recursos públicos.

Admitida a licitude dessa calibragem entre os diversos critérios seletivos, passo agora ao exame da constitucionalidade do uso do critério étnico-racial como elemento de discrímen.

ADOÇÃO DO CRITÉRIO ÉTNICO-RACIAL

Outra importante questão a ser enfrentada neste debate consiste em saber se a inexistência, cientificamente comprovada, do conceito biológico ou genético de raça no concernente à espécie humana impede a utilização do critério étnico-racial para os fins de qualquer espécie seleção de pessoas.

Relembro que o Supremo Tribunal Federal enfrentou essa questão no HC 82.424-QO/RS, Rel. Min. Maurício Corrêa, conhecido como *"Caso Ellwanger"*.

Em setembro de 2003, o Plenário desta Suprema Corte confirmou, por maioria de votos, a condenação de Siegfried Ellwanger, autor de livros de conteúdo anti-semita, pelo crime de racismo.

Nesse precedente, o STF debateu o significado jurídico do termo *"racismo"* abrigado no art. 5°, XLII, da Constituição.

De acordo com o Relator do feito, Min. Maurício Corrêa:

> "Embora hoje não se reconheça mais, sob o prisma científico, qualquer subdivisão da raça humana, o racismo persiste enquanto fenômeno social, o que quer dizer que a existência das diversas raças decorre da mera concepção histórica, política e social e é ela que deve ser considerada na aplicação do direito".

Essa também foi a conclusão do Min. Gilmar Mendes, que assim se pronunciou:

> "Parece ser pacífico hoje o entendimento segundo o qual a concepção a respeito da existência de raças assentava-se em reflexões pseudo-científicas (...). É certo, por outro lado, que, historicamente, o racismo prescindiu até mesmo daquele conceito pseudo-científico para estabelecer suas bases, desenvolvendo uma ideologia lastreada em critérios outros ".

Tal ideia foi desenvolvida, em sede acadêmica, por António Manuel Hespanha, da seguinte maneira:

"(...) a questão étnica apresenta analogias muito fortes com a questão de gênero. Em ambos os casos, o argumento relativamente ao direito (ocidental) é o mesmo. Ele está pensado por brancos (...), fundado na sua cultura (na sua visão do mundo, na sua racionalidade, na sua sensibilidade, nos seus ritmos de trabalho, nos seus mapas do espaço, nos seus conceitos de ordem, de belo, de apropriado, etc.) e prosseguindo, portanto, os seus interesses. Conceitos jurídicos formados na tradição cultural e jurídica ocidental (...) foram exportados como se fossem categorias universais e aplicadas a povos a que eles eram completamente estranhos, desagregando as suas instituições e modos de vida e aplicando-lhes os modelos de convívio jurídico e político do ocidente. Isto não teria a ver apenas com as diferenças culturais originais, mas também com a conformação da mentalidade ocidental e nativa por séculos de experiência colonial europeia. Esta teria começado por *'construir' os conceitos de raça (como a história prova que aconteceu) e, depois, teria habituado a cultura ocidental a relações desiguais com as outras culturas, consideradas como culturas inferiores,* sujeitas à tutela educadora dos europeus" (grifos meus).[11]

Cumpre afastar, para os fins dessa discussão, o conceito biológico de raça para enfrentar a discriminação social baseada nesse critério, porquanto se trata de um conceito histórico-cultural, artificialmente construído, para justificar a discriminação ou, até mesmo, a dominação exercida por alguns indivíduos sobre certos grupos sociais, maliciosamente reputados inferiores.

Ora, tal como os constituintes de 1988 qualificaram de inafiançável o crime de racismo, com o escopo de impedir a *discriminação negativa* de determinados grupos de pessoas, partindo do conceito de raça, não como fato biológico, mas enquanto categoria histórico-social, assim também é possível empregar essa mesma lógica para autorizar a utilização, pelo Estado, da *discriminação positiva* com vistas a estimular a inclusão social de grupos tradicionalmente excluídos.

É o que afirma a já citada Daniela Ikawa:

"O uso do termo raça é justificável nas políticas afirmativas (...) por ser o mesmo instrumento de categorização utilizado para a construção de hierarquias morais convencionais não condizentes com o conceito de ser humano dotado de valor intrínseco ou com o princípio de igualdade de respeito (...). *Se a raça foi utilizada para construir hierarquias, deverá também ser utilizada para desconstruí-las.* Trata-se de um processo de três diferentes fases: i. a construção histórica de hierarquias convencionais que inferiorizaram o indivíduo quanto ao status econômico e de reconhecimento pela mera pertença a determinada raça (...); ii. a reestruturação dessas hierarquias com base em políticas afirmativas que considerem a raça, voltando-se agora à consolidação do princípio de dignidade; iii. A descaracterização do critério raça como critério de inferiorização e o estabelecimento de políticas universalistas materiais apenas" (grifos meus).[12]

CONSCIÊNCIA ÉTNICO-RACIAL COMO FATOR DE EXCLUSÃO

Outro aspecto da questão consiste em que os programas de ação afirmativa tomam como ponto de partida a consciência de raça existente nas sociedades com o escopo final de eliminá-la. Em outras palavras, a finalidade última desses programas é colocar um fim àquilo que foi seu termo inicial, ou seja, o sentimento subjetivo de pertencer a determinada raça ou de sofrer discriminação por integrá-la.

---

[11] HESPANHA, António Manuel. *O Caleidoscópio do Direito – O Direito e a Justiça nos dias e no mundo de hoje.* Coimbra: Almedina, 2007. pp. 238-239.

[12] IKAWA, Daniela. *Ações Afirmativas em Universidades,* cit. pp. 105-106.

Para as sociedades contemporâneas que passaram pela experiência da escravidão, repressão e preconceito, ensejadora de uma percepção depreciativa de raça com relação aos grupos tradicionalmente subjugados, a garantia jurídica de uma igualdade meramente formal sublima as diferenças entre as pessoas, contribuindo para perpetuar as desigualdades de fato existentes entre elas.

Como é de conhecimento geral, o reduzido número de negros e pardos que exercem cargos ou funções de relevo em nossa sociedade, seja na esfera pública, seja na privada, resulta da discriminação histórica que as sucessivas gerações de pessoas pertencentes a esses grupos têm sofrido, ainda que na maior parte das vezes de forma camuflada ou implícita.

Os programas de ação afirmativa em sociedades em que isso ocorre, entre as quais a nossa, são uma forma de compensar essa discriminação, culturalmente arraigada, não raro, praticada de forma inconsciente e à sombra de um Estado complacente.

A necessidade de superar essa atitude de abstenção estatal foi enfatizada pelo Min. Marco Aurélio, em sede doutrinária, da forma abaixo:

"Pode-se afirmar, sem receio de equívoco, que se passou de uma igualização estática, meramente negativa, no que se proíbe a discriminação, para uma igualização eficaz, dinâmica, já que os verbos 'construir', 'garantir', 'erradicar' e 'promover' implicam, em si, mudança de ótica, ao denotar 'ação'. Não basta não discriminar. É preciso viabilizar – e encontrar, na Carta como página virada o sistema simplesmente principiológico. A postura deve ser, acima de tudo, afirmativa. E é necessário que essa seja a posição adotada pelos nossos legisladores. (...). É preciso buscar-se a ação afirmativa. A neutralidade estatal mostrou-se nesses anos um grande fracasso; é necessário fomentar-se o acesso à educação (...). Deve-se reafirmar: toda e qualquer lei que tenha por objetivo a concretude da Constituição Federal não pode ser acusada de inconstitucionalidade.

(...)

A prática comprova que, diante de currículos idênticos, prefere- se a arregimentação do branco e que, sendo discutida uma relação locatícia, dá-se preferência - em que pese a igualdade de situações, a não ser pela cor - aos brancos. Revelam-nos também, no cotidiano, as visitas aos shoppings centers que, nas lojas de produtos sofisticados, raros são os negros que se colocam como vendedores, o que se dirá como gerentes. Em restaurantes, serviços que impliquem contato direto com o cliente geralmente não são feitos por negros".[13]

Thomas Skidmore, a propósito, baseado em estudo histórico sobre o tema, lembra o seguinte:

"(...) tornava-se evidente que quanto mais escura fosse a pele de um brasileiro, mais probabilidades ele teria de estar no limite inferior da escala socioeconômica, e isso de acordo com todos os indicadores – renda, ocupação, educação. Os jornalistas não tardaram em aderir, dando provas circunstanciais de um modelo de discriminação sutil mas indisfarçável nas relações sociais. Já não era possível afirmar que o Brasil escapara da discriminação racial, embora ela nunca tenha sido oficializada, desde o período colonial. O peso cada vez maior das evidências demonstrava justamente o contrário, mesmo sendo um tipo de discriminação muito mais complexo do que o existente na sociedade birracial americana.

---

[13] MELLO, Marco Aurélio. Ótica Constitucional – a igualdade e as ações afirmativas. In MARTINS, Ives Gandra da Silva. *As vertentes do direito constitucional contemporâneo: estudos em homenagem a Manoel Gonçalves Ferreira Filho.* Rio de Janeiro: América Jurídica, 2002. p. 41.

As novas conclusões levaram alguns cientistas sociais a atacar a 'mitologia' que predominava na elite brasileira a respeito das relações raciais em sua sociedade. Florestan Fernandes acusava seus compatriotas de 'ter o preconceito de não ter preconceito' e de se aferrar ao 'mito da democracia racial'. Ao acreditar que a cor da pele nunca fora barreira para a ascensão social e econômica dos não brancos pudesse ser atribuída a qualquer outra coisa além do relativo subdesenvolvimento da sociedade ou da falta de iniciativa individual".[14]

Essas assertivas teóricas são constatadas empiricamente pelo Instituto Brasileiro de Geografia e Estatística – IBGE, nos seguintes termos:

"Os dados da Pesquisa Nacional por Amostra de Domicílios – PNAD mostram um crescimento da proporção da população que se declara preta ou parda nos últimos dez anos: respectivamente, 5,4% e 40,0% em 1999; e 6,9% e 44,2% em 2009 (Gráfico 8.2 e Tabela 8.1). Provavelmente, um dos fatores para esse crescimento é uma recuperação da identidade racial, já comentada por diversos estudiosos do tema.

(...)

No entanto, independentemente desse possível resgate da identidade racial por parte da população de cor preta, parda ou de indígenas, a situação de desigualdade que sofrem os grupos historicamente desfavorecidos subsiste. Uma série de indicadores revelam essas diferenças, dentre os quais: analfabetismo; analfabetismo funcional; acesso à educação; aspectos relacionados aos rendimentos; posição na ocupação; e arranjos familiares com maior risco de vulnerabilidade. Por se tratar de uma pesquisa por amostragem, como já destacado, na PNAD, as categorias com menor representação não são incluídas nas tabelas desagregadas por Unidade da Federação.

(...)

Quando se observam as taxas de analfabetismo, de analfabetismo funcional e de frequência escolar, verifica-se uma persistente diferença entre os níveis apresentados pela população branca, por um lado, e as populações preta ou parda, por outro.

A taxa de analfabetismo diminuiu na última década, passando de 13,3%, em 1999, para 9,7%, em 2009, para o total da população, o que representa ainda um contingente de 14,1 milhões de analfabetos. Apesar de avanços, tanto a população de cor preta quanto a de cor parda ainda têm o dobro da incidência de analfabetismo observado na população branca: 13,3% dos pretos e 13,4% dos pardos, contra 5,9% dos brancos, são analfabetos.

Outro indicador importante é o analfabetismo funcional, que engloba as pessoas de 15 anos ou mais de idade com menos de quatro anos completos de estudo, ou seja, que não concluíram a 4ª série do ensino fundamental. Essa taxa diminuiu mais fortemente nos últimos dez anos, passando de 29,4%, em 1999, para 20,3%, em 2009, o que representa ainda 29,5 milhões de pessoas. O analfabetismo funcional concerne mais fortemente aos pretos (25,4%) e aos pardos (25,7%) do que aos brancos (15,0%). São 2,7 milhões de pretos e 15,9 milhões de pardos que frequentaram escola, mas têm, de forma geral, dificuldade de exercer a plena cidadania através da compreensão de textos, indo além de uma rudimentar decodificação.

A média de anos de estudo é uma outra maneira de se avaliar o acesso à educação e as consequentes oportunidades de mobilidade social. A população branca de 15 anos ou mais de idade tem, em média, 8,4 anos de estudo em 2009, enquanto pretos e pardos têm, igualmente, 6,7 anos. Em 2009, os patamares são superiores aos de 1999 para todos os grupos, mas o nível atingido tanto pela população de cor preta quanto pela de cor parda, com relação aos anos de estudo, é atualmente inferior àquele alcançado pelos brancos em 1999, que era, em média, 7,0 anos de estudos.

---

[14] SKIDMORE, Thomas E. *Preto no branco: raça e nacionalidade no pensamento brasileiro (1870-1930)*. São Paulo: Companhia das Letras, 2012. p. 296.

A proporção de estudantes de 18 a 24 anos de idade que cursam o ensino superior também mostra uma situação em 2009 inferior para os pretos e para os pardos em relação à situação de brancos em 1999. Enquanto cerca de 2/3, ou 62,6%, dos estudantes brancos estão nesse nível de ensino em 2009, os dados mostram que há menos de 1/3 para os outros dois grupos: 28,2% dos pretos e 31,8% dos pardos (Gráfico 8.3 e Tabela 8.4). Em 1999, eram 33,4% de brancos, contra 7,5% de pretos e 8,0% de pardos. (...)

Em relação à população de 25 anos ou mais de idade com ensino superior concluído, a PNAD 2009 mostra que há um crescimento notório na proporção de pretos e de pardos graduados, com a ressalva de que o ponto de partida na comparação é 1999, com 2,3% tanto para pretos quanto para pardos. Isso posto, observa-se que a quantidade de pessoas que têm curso superior completo é hoje cerca de 1/3 em relação a brancos, ou seja: 4,7% de pretos e 5,3% de pardos contra 15,0% de brancos têm curso superior concluído nessa faixa etária (Gráfico 8.4).

(...)

Além das diferenças educacionais, a PNAD desvenda fortes diferenças nos rendimentos. Considerando os anos de estudo (Gráfico 8.5), vê-se que as disparidades concernem a todos os níveis. Faixa a faixa, os rendimentos-hora de pretos e de pardos são, pelo menos, 20% inferiores aos de brancos e, no total, cerca de 40% menores. Comparando com a situação de dez anos atrás, houve melhora concentrada na população com até 4 anos de estudo, pois, em 1999, os rendimentos-hora de pretos e de pardos com esse nível de escolaridade representavam, respectivamente, 47,0% e 49,6% do rendimento-hora de brancos, passando a 57,4% para os dois grupos em 2009.

(...)

A desigualdade entre brancos, pretos e pardos se exprime também na observação do "empoderamento", relacionado ao número de pessoas em posições privilegiadas na ocupação. Na categoria de empregadores, estão 6,1% dos brancos, 1,7% dos pretos e 2,8% dos pardos em 2009. Ao mesmo tempo, pretos e pardos são, em maior proporção, empregados sem carteira e representam a maioria dos empregados domésticos (Gráfico 8.8 e Tabela 8.15).

(...)

A proteção das famílias e o desenvolvimento das crianças e adolescentes são pontos fundamentais de atenção para as políticas públicas. Vale destacar que famílias com pessoa de referência de cor preta ou parda, seja homem ou mulher, compõem, em maior proporção, casais com fi lhos menores de 14 anos. Além disso, um tipo de família considerado mais vulnerável – mulher sem cônjuge com fi lhos pequenos - é também composto, em maior proporção, por pessoa de referência de cor preta, 23,3%, e parda, 25,9%, enquanto a proporção para brancas é de 17,7% (Tabela 8.14). Essas configurações poderiam explicar os efeitos, em termos de melhoria da situação econômica tanto para pretos quanto para pardos na base da pirâmide de rendimentos, a partir de políticas aplicadas nos últimos anos e que merecem aprofundamento para combater não só a miséria, mas também a pobreza, e melhorar a coesão social.".[15]

Nessa mesma linha de raciocínio é possível destacar outro resultado importante no que concerne às políticas de ação afirmativa, qual seja: a criação de lideranças dentre esses grupos discriminados, capazes de lutar pela defesa de seus direitos, além de servirem como paradigmas de integração e ascensão social.

---

[15] Síntese de Indicadores Sociais – 2010: http://www.ibge.gov.br/home/estatistica/populacao/condicaodevida/indicadoresminimos/sinteseindicsociais2010/SIS_2010.pdf.

Tais programas trazem, pois, como um bônus adicional a aceleração de uma mudança na atitude subjetiva dos integrantes desses grupos, aumentando a autoestima que prepara o terreno para a sua progressiva e plena integração social.

Ainda sob essa ótica, há que se registrar uma drástica transformação na própria compreensão do conceito de justiça social, nos últimos tempos. Com efeito, para além das políticas meramente redistributivas surgem, agora, as políticas de reconhecimento e valorização de grupos étnicos e culturais.

De acordo com Nancy Fraser e Axel Honneth:

> "Atualmente, as reivindicações por justiça social parecem, cada vez mais, divididas entre dois tipos. A primeira, e a mais comum, é a reivindicação redistributiva, que almeja uma maior distribuição de recursos e riqueza. Exemplos incluem reivindicações por redistribuição de recursos do Norte para o Sul, do rico para o pobre, e (não há muito tempo atrás) do empregador para o empregado. Certamente, o recente ressurgimento do pensamento do livre-mercado pôs os proponentes da redistribuição na defensiva. Contudo, reivindicações redistributivas igualitárias forneceram o caso paradigmático para a maioria das teorias de justiça social nos últimos 150 anos.
>
> Hoje, entretanto, estamos orientados cada vez mais a encontrar um segundo tipo de reivindicação por justiça social nas 'políticas de reconhecimento'. Aqui o objetivo, na sua forma mais plausível, é um mundo diversificado, onde a assimilação da maioria ou das normas culturais dominantes não é mais o preço do respeito mútuo. Exemplos incluem reivindicações por reconhecimento de perspectivas distintas das minorias étnicas, 'raciais' e sexuais, assim como de diferença de gênero. Esse tipo de reivindicação tem atraído recentemente o interesse de filósofos políticos, aliás, alguns deles estão procurando desenvolver um novo paradigma de justiça social que coloca o reconhecimento no centro da discussão.
>
> De modo geral, então, estamos sendo confrontados com uma nova constelação. O discurso sobre justiça social, uma vez centrado na distribuição, está agora cada vez mais dividido entre reivindicações por redistribuição, de um lado, e reivindicações por reconhecimento do outro. Cada vez mais, as reivindicações por reconhecimento tendem a predominar".[16]

Dito de outro modo, justiça social, hoje, mais do que simplesmente redistribuir riquezas criadas pelo esforço coletivo, significa distinguir, reconhecer e incorporar à sociedade mais ampla valores culturais diversificados, muitas vezes considerados inferiores àqueles reputados dominantes.

Esse modo de pensar revela a insuficiência da utilização exclusiva do critério social ou de baixa renda para promover a integração social de grupos excluídos mediante ações afirmativas, demonstrando a necessidade de incorporar-se nelas considerações de ordem étnica e racial.

É o que pensa, por exemplo, Zygmunt Bauman, ao afirmar que

> "(...) a identificação é também um fator poderoso na estratificação, uma de suas dimensões mais divisivas e fortemente diferenciadoras. Num dos pólos da hierarquia global emergente estão aqueles que constituem e desarticulam as suas identidades mais ou menos à própria vontade, escolhendo-as no leque de ofertas extraordinariamente amplo, de abrangência planetária. No outro polo se abarrotam aqueles que tiveram negado o acesso

---

[16] FRASER, Nancy and HONNETH, Axel. *Redistribution or Rocognition? A politica- philosophical exchange.* London/ NewYork: Verso, 2003. pp. 7-8.

à escolha da identidade, que não tem o direito de manifestar as suas preferências e que no final se vêem oprimidos por identidades aplicadas e impostas por outros – identidades de que eles próprios se ressentem, mas não tem permissão de abandonar nem das quais conseguem se livrar. Identidades que estereotipam, humilham, desumanizam, estigmatizam".[17]

As ações afirmativas, portanto, encerram também um relevante papel simbólico. Uma criança negra que vê um negro ocupar um lugar de evidência na sociedade projeta-se naquela liderança e alarga o âmbito de possibilidades de seus planos de vida. Há, assim, importante componente psicológico multiplicador da inclusão social nessas políticas.

A histórica discriminação dos negros e pardos, em contrapartida, revela igualmente um componente multiplicador, mas às avessas, pois a sua convivência multisecular com a exclusão social gera a perpetuação de uma consciência de inferioridade e de conformidade com a falta de perspectiva, lançando milhares deles, sobretudo as gerações mais jovens, no trajeto sem volta da marginalidade social. Esse efeito, que resulta de uma avaliação eminentemente subjetiva da pretensa inferioridade dos integrantes desses grupos repercute tanto sobre aqueles que são marginalizados como naqueles que, consciente ou inconscientemente, contribuem para a sua exclusão.

Valho-me novamente de um texto de Bauman, segundo o qual:

"Quanto mais as pessoas permanecem num ambiente uniforme – na companhia de outras 'como elas' com as quais podem ter superficialmente uma 'vida social' praticamente sem correrem o risco da incompreensão e sem enfrentarem a perturbadora necessidade de traduzir diferentes universos de significado –, mais é provável que 'desaprendam' a arte de negociar significados compartilhados e um modus operandi agradável. Uma vez que esqueceram ou não se preocuparam em adquirir as habilidades para uma vida satisfatória em meio à diferença, não é de esperar que os indivíduos que buscam e praticam a terapia da fuga encarem com horror cada vez maior a perspectiva de se confrontarem cara a cara com estranhos. Estes tendem a parecer mais e mais assustadores à medida que se tornam cada vez mais exóticos, desconhecidos e incompreensíveis, e conforme o diálogo e a interação que poderiam acabar assimilando sua 'alteridade' ao mundo de alguém se desvanecem, ou sequer conseguem ter início. A tendência a um ambiente homogêneo, territorialmente isolado, pode ser deflagrada pela mixofobia. Mas praticar a separação territorial é colete salva-vidas e o abastecedor da mixofobia; e se torna gradualmente seu principal reforço. (...)
A 'fusão' exigida pela compreensão mútua só pode resultar da experiência compartilhada. E compartilhar a experiência é inconcebível sem um espaço comum."[18]

Eis, aqui, demonstrada a importância da aplicação das políticas de ação afirmativa nas universidades e no ensino superior de modo geral. Tais espaços não são apenas ambientes de formação profissional, mas constituem também locais privilegiados de criação dos futuros líderes e dirigentes sociais.

---

[17] BAUMAN, Zygmunt. *Identidade*. Entrevista a Benedetto Vecchi. Rio de Janeiro: Zahar, 2005. p. 44.

[18] BAUMAN, Zygmunt. *Tempos Líquidos*. Rio de Janeiro: Jorge Zahar, 2007. pp. 94-97.

O PAPEL INTEGRADOR DA UNIVERSIDADE

Todos sabem que as universidades, em especial as universidades públicas, são os principais centros de formação das elites brasileiras. Não constituem apenas núcleos de excelência para a formação de profissionais destinados ao mercado de trabalho, mas representam também um celeiro privilegiado para o recrutamento de futuros ocupantes dos altos cargos públicos e privados do País.

O relevante papel dos estabelecimentos de ensino superior para a formação de nossas elites tem, aliás, profundas raízes históricas.

Ao analisar a composição social da elite imperial brasileira, José Murilo de Carvalho conclui que, diferentemente do que ocorreu em outros países da América Latina, nos quais a composição da elite local refletia com relativa fidelidade a sua origem social, no Brasil, a formação das lideranças, sobretudo no âmbito político, deveu-se predominantemente seu ao treinamento acadêmico.[19]

É certo afirmar, ademais, que o grande beneficiado pelas políticas de ação afirmativa não é aquele estudante que ingressou na universidade por meio das políticas de reserva de vagas, mas todo o meio acadêmico que terá a oportunidade de conviver com o *diferente* ou, nas palavras de Jürgen Habermas, conviver com o *outro*.

Segundo esse integrante da famosa *Escola de Frankfurt*,

"(...) as minorias étnicas e culturais (...) se defendem da opressão, marginalização e desprezo, lutando, assim, pelo reconhecimento de identidades coletivas, seja no contexto de uma cultura majoritária, seja em meio à comunidade dos povos. São (...) movimentos de emancipação cujos objetivos políticos coletivos se definem culturalmente, em primeira linha, ainda que as dependências políticas e desigualdades sociais e econômicas também estejam sempre em jogo.

(...)

Como esses movimentos de emancipação também visam à superação de uma cisão ilegítima da sociedade, a autocompreensão da cultura majoritária pode não sair ilesa. De sua perspectiva, no entanto, a interpretação modificada das realizações e interesses dos *outros* não precisa modificar tanto seu papel como a reinterpretação da relação entre os gêneros modificou o papel do homem. (...) Quanto mais profundas forem as diferenças (...) raciais ou étnicas, ou quanto maiores forem os assincronismos histórico-culturais a serem superados, tanto maior será o desafio; e tanto mais ele será doloroso, quanto mais as tendências de auto-afirmação assumirem um caráter fundamentalista-delimitador, ora porque ela precise primeiro despertar a consciência em prol da articulação de uma nova identidade nacional, gerada por uma construção através da mobilização de massa" (grifos meus).[20]

---

[19] *"O produto dessa formação da elite política foi de certa maneira a adoção de algumas soluções que estiveram direitamente ligadas à fundação do Estado brasileiro, tais como a opção monárquica, a manutenção da unidade da ex-colônia e a construção de um governo civil estável. Aliada a essas consequências, constatava-se a íntima relação dessa elite política com a burocracia estatal, de tal modo que embora existisse distinção formal e institucional entre as tarefas judiciárias, executivas e legislativas, essas, em grande parte do tempo, estiveram confundidas na pessoa dos mesmos executantes, e a carreira judiciária se tornava parte integrante do itinerário que levava ao Congresso e aos conselhos de governo".* CARVALHO, José Murilo de. *A Construção da Ordem: a elite política imperial. Teatro de Sombras: a política imperial*. Rio de Janeiro: Civilização Brasileira, 2003. p. 197.

[20] HABERMAS, Jürgen. *A Inclusão do Outro – estudos de teoria política. (Die Einbeziehung des Anderen – Studien zur politischen Theorie)*. São Paulo: Loyola, 1997. pp. 246-247.

ARGUIÇÃO DE DESCUMPRIMENTO DE PRECEITO FUNDAMENTAL 186 DISTRITO FEDERAL | 583

É preciso, portanto, construir um espaço público aberto à inclusão do outro, do *outsider* social. Um espaço que contemple a alteridade. E a universidade é o espaço ideal para a desmistificação dos preconceitos sociais com relação ao *outro* e, por conseguinte, para a construção de uma consciência coletiva plural e culturalmente heterogênea, aliás, consentânea com o mundo globalizado em que vivemos.

Foi exatamente a percepção de que a diversidade é componente essencial da formação universitária que pautou as decisões da Suprema Corte dos Estados Unidos da América nos casos em que ela examinou a constitucionalidade das políticas de ação afirmativa, a exemplo de *Bakke* v. *Regents of the University of Califórnia* (1978), *Gratz* v. *Bollinger* (2003) e *Grutter v. Bollinger* (2003).

Em tais julgados, a Suprema Corte daquele país avaliou, antes de tudo, a forma pela qual as instituições que adotaram ações afirmativas promoviam a diversidade étnico-racial. O Tribunal não examinou simplesmente se o critério adotado era constitucional ou inconstitucional em si mesmo. Exigiu, em cada caso, a demonstração de que o fundamento da discriminação positiva adotado pela instituição levaria a uma maior integração e igualdade entre as pessoas, segundo o critério denominado *narrowly tailored*.

AS AÇÕES AFIRMATIVAS NOS ESTADOS UNIDOS DA AMÉRICA

No caso *Grutter v. Bollinger* (2003), a Faculdade de Direito da Universidade de Michigan, representada por seu reitor, Lee Bollinger, venceu a disputa por cinco votos (*Justices* Sandra Day O'Connor, John Paul Stevens, David Souter, Ruth Bader Ginsburg e Stephen Breyer) a quatro (*Justices* William Rehnquist, Antonin Scalia, Anthony Kennedy e Clarence Thomas).

Nessa decisão, manteve-se em grande medida o entendimento do *Justice* Powell no caso *Regents of the University of Califórnia v. Bakke*, que permitia que a raça fosse considerada como um elemento da política de admissão para as instituições de ensino superior. As universidades foram, assim, autorizadas a utilizar o critério racial como um elemento a mais na seleção de seus alunos.

A contenda originou-se em 1996, quando Barbara Grutter, uma mulher branca, moradora de Michigan, com notas relativamente altas no teste de admissão para faculdades de direito norte-americanas (*Law School Admission Test* - LSAT), não foi aceita como aluna da Faculdade de Direito da Universidade daquele Estado.

Em dezembro de 1997, Barbara Grutter ingressou em juízo contra a Universidade, sob o argumento de que havia sofrido discriminação racial, o que violaria a cláusula de proteção da igualdade prevista tanto na XIV Emenda à Constituição dos Estados Unidos como no Título VI da Lei de Proteção aos Direitos Civis de 1964 (*Civil Rights Act*).

Em 2001, o juiz Bernard A. Friedman decidiu que a política de admissão da Faculdade de Direito da Universidade de Michigan era inconstitucional porque considerava a raça como fator de escolha, o que a tornaria praticamente indistinguível de um sistema de quotas.

Em 2002, o Tribunal de Apelação reformou a decisão, citando o caso *Bakke* para autorizar o critério racial. Diante dessa decisão, Grutter apelou à Suprema Corte. O *certiorari* conferido ao pleito significou que, depois de 25 anos do julgamento do paradigmático caso *Bakke*, a Suprema Corte reexaminaria a constitucionalidade da utilização das políticas de ação afirmativa pelas universidades norte-americanas.[21]

---

[21] FERES, João Júnior. *Comparando Justificativas das Políticas de Ação Afirmativa*. Rio de Janeiro: IUPERJ, 2007. p. 9.

A Suprema Corte acabou assentando que os meios utilizados pela Faculdade de Direito de Michigan haviam respeitados os ditames constitucionais, pois a instituição não tinha feito uma mera reserva de vagas, visto que cada candidato foi avaliado individualmente.

Consta do voto condutor do caso *Grutter* v. *Bollinger* 539 U.S. 306 (2003), proferido pela *Justice* Sandra Day O'Connor, o seguinte:

> "Como parte de seus objetivos de 'reunir uma turma que seja ao mesmo tempo excepcionalmente qualificada, do ponto de vista acadêmico, e amplamente diversificada' a Escola de Direito procura 'matricular uma massa crítica de estudantes que provém de minorias'. (...). O interesse da Escola de Direito não é simplesmente 'assegurar que seu corpo discente seja integrado por um determinado porcentual de membros de um grupo específico meramente em razão de sua raça ou etnia (...). Ao revés, o conceito de 'massa crítica' da Escola de Direito é definido em face dos benefícios educacionais que a diversidade pode produzir.
>
> Esses benefícios são substanciais. Como o juiz da Corte Distrital enfatizou, a política de admissão da Escola de Direito promove 'compreensão interracial', ajuda a romper com os estereótipos raciais e 'permite que os estudantes aceitem melhor as pessoas de raças diferentes. (...). Esses benefícios são importantes e louváveis, porquanto 'a discussão em sala de aula é tanto mais viva, inspirada, esclarecida e interessante' quanto 'mais diversificados forem os seus estudantes'".[22]
>
> "Universidades (...) representam o local de treinamento de um grande número de nossos líderes (...).
>
> A fim de conferir legitimidade a nossos líderes aos olhos da comunidade, é necessário que o caminho para a liderança seja visivelmente aberto a indivíduos qualificados e talentosos de todas as raças e etnias. Todos os membros de nossa sociedade heterogênea devem ter confiança na abertura e integridade das instituições de ensino que fornecem esse treinamento (...). O acesso (...) à educação (...) deve estar aberto a indivíduos talentosos e qualificados de todas as raças e etnias, de modo a que todos os membros de nossa sociedade heterogênea possam ingressar nas instituições de ensino que fornecem o treinamento e a educação necessária ao êxito na América"[23]
>
> (...)
>
> "(...) a Equal Protection Clause não proíbe que a Escola de Direito utilize a ideia de raça nas decisões de admissão dos estudantes, desde que especificamente concebida para alcançar os benefícios educacionais que advém de um corpo discente plural".[24]

Assim, a política de seleção de estudantes da Faculdade de Direito da Universidade de Michigan, segundo constou do voto vencedor, não conflita com a Lei de Direitos Civis de 1964 e tampouco com a XIV Emenda da Constituição, pois atenderia a um interesse imperativo do Estado, que é justamente o de assegurar a diversidade cultural.

Verifica-se, assim, que a Suprema Corte dos Estados Unidos, ao assegurar certa discricionariedade às universidades no tocante à seleção de seu corpo discente, o fez tendo em conta a necessidade de que a busca da heterogeneidade esteja pautada pela correção de distorções histórico- sociais que atuam como obstáculo à concretização dos valores constitucionais da igualdade substancial.

---

[22] *Grutter v. Bollinger* 539 U.S. 306 (2003). pp. 329-330.

[23] *Grutter v. Bollinger* 539 U.S. 306 (2003). p. 333.

[24] *Grutter v. Bollinger* 539 U.S. 306 (2003). p. 343.

Em análise específica sobre a temática das ações afirmativas, Ronald Dworkin assentou:[25]

"Além de irônico, será triste se a Corte inverter agora seu veredicto tão antigo, pois acabam de tornar-se disponíveis provas impressionantes do valor da ação afirmativa nas instituições universitárias de elite. Os críticos da política há muito argumentam que, entre outras coisas, ela faz mais mal do que bem, pois exacerba, em vez de reduzir, a hostilidade racial, e porque prejudica os alunos oriundos de minorias que são selecionados pra escolas de elite, nas quais precisam competir com outros alunos cujas notas nos exames e outras qualificações acadêmicas são muito mais altas. Mas um novo estudo – The Shape of the River (A forma do rio), de William G. Bowen e Derek Bok – analisa uma grande base de dados sobre fichas e os históricos dos alunos e, com requintadas técnicas estatísticas, além de refutar essas afirmativas, demonstram o contrário. Segundo o estudo de River, a ação afirmativa alcançou um êxito impressionante: produziu notas mais altas de formatura entre os alunos universitários negros, mais líderes negros na indústria, nas profissões, na comunidade e nos serviços comunitários, bem como uma interação e amizade mais duradouras entre as raças do que, caso contrário, teria sido possível".

E conclui:

"O estudo afirma que, *se a Suprema Corte declarar inconstitucional a ação afirmativa, o número de negros nas universidades e nas faculdades de elite diminuirá muito*, e raros serão os negros aceitos pela melhores faculdades de Direito e Medicina. *Isso seria uma grande derrota para a harmonia e a justiça raciais.* Será que a Suprema Corte decretará que a Constituição exige que aceitemos essa derrota?" (grifos meus).

Quanto ao mencionado estudo - O Curso do Rio,[26] em edição traduzida para o português - realizado por dois ex-reitores das Universidades de Princenton e Harvard, William Bowen e Derek Bok, é relevante, ainda, destacar de suas conclusões:

"A últimas perguntas a serem ponderadas concernem a uma curva mais longa do rio. Qual é o nosso objetivo supremo? Quanto se conseguiu avançar? Até onde ainda teremos que ir? Ao lado de muitos outros, ansiamos pelo dia em que os argumentos a favor das políticas de admissão sensíveis à raça não mais serão necessários. *Em todos os lados desse debate, quase todos concordariam em que, num mundo ideal, a raça seria uma consideração irrelevante.* (...) *Sem dúvidas, houve erros e decepções. Certamente, há muito trabalho a ser feito pelas faculdades e universidades para descobrir meios mais eficazes de melhorar o desempenho acadêmico dos estudantes vindos das minorias. Mas, no cômputo geral, concluímos que as faculdades e universidades academicamente seletivas tiveram extremo sucesso no uso da política de admissão sensível à raça, no intuito de promover metas educacionais que eram importantes para elas e metas sociais que são importantes para todos.* (...) Houve e continua a haver progresso. Estamos descendo a correnteza, embora ainda possa haver quilômetros a percorrer antes que o rio enfim desague no mar" (grifos meus).

---

[25] DWORKIN, Ronald. *A Virtude Soberana: a teoria e a prática da igualdade.* São Paulo: Martins Fontes, 2005. p. 582-583.

[26] BOWEN, William G.; BOK, Derek. *O Curso do Rio: um estudo sobre a ação afirmativa no acesso à universidade.* Rio de Janeiro: Garamond, 2004. p. 410-411.

HETERO E AUTOIDENTIFICAÇÃO

Além de examinar a constitucionalidade das políticas de ação afirmativa, é preciso verificar também se os instrumentos utilizados para a sua efetivação enquadram-se nos ditames da Carta Magna.

Em outras palavras, tratando-se da utilização do critério étnico-racial para o ingresso no ensino superior, é preciso analisar ainda se os mecanismos empregados na identificação do componente étnico-racial estão ou não em conformidade com a ordem constitucional.

Como se sabe, nesse processo de seleção, as universidades têm utilizado duas formas distintas de identificação, quais sejam: a *autoidentificação* e a *heteroidentificação* (identificação por terceiros).

Essa questão foi estudada pela mencionada Daniela Ikawa, nos seguintes termos:

"A identificação deve ocorrer primariamente pelo próprio indivíduo, no intuito de evitar identificações externas voltadas à discriminação negativa e de fortalecer o reconhecimento da diferença. Contudo, tendo em vista o grau mediano de mestiçagem (por fenótipo) e as incertezas por ela geradas – há (...) um grau de consistência entre autoidentificação e identificação por terceiros no patamar de 79% -, essa identificação não precisa ser feita exclusivamente pelo próprio indivíduo. Para se coibir possíveis fraudes na identificação no que se refere à obtenção de benefícios e no intuito de delinear o direito à redistribuição da forma mais estreita possível (...), alguns mecanismos adicionais podem ser utilizados como: (1) a elaboração de formulários com múltiplas questões sobre a raça (para se ave-riguar a coerência da autoclassificação); (2) o requerimento de declarações assinadas; (3) o uso de entrevistas (...); (4) a exigência de fotos; e (5) a formação de comitês posteriores à autoidentificação pelo candidato.

A possibilidade de seleção por comitês é a alternativa mais controversa das apresentadas (...). Essa classificação pode ser aceita respeitadas as seguintes condições: (a) a classificação pelo comitê deve ser feita posteriormente à autoidentificação do candidato como negro (preto ou pardo), para se coibir a predominância de uma classificação por terceiros; (b) o julgamento deve ser realizado por fenótipo e não por ascendência; (c) o grupo de can-didatos a concorrer por vagas separadas deve ser composto por todos os que se tiverem classificado por uma banca também (por foto ou entrevista) como pardos ou pretos, nas combinações: pardo-pardo, pardo-preto ou preto-preto; (d) o comitê deve ser composto tomando-se em consideração a diversidade de raça, de classe econômica, de orientação sexual e de gênero e deve ter mandatos curtos".[27]

Tanto a autoidentificação, quanto a heteroidentificação, ou ambos os sistemas de seleção combinados, desde que observem, o tanto quanto possível, os critérios acima explicitados e *jamais deixem de respeitar a dignidade pessoal dos candidatos*, são, a meu ver, plenamente aceitáveis do ponto de vista constitucional.

A seguir, após analisar a constitucionalidade das ações afirmativa, dos critérios étnico-raciais e dos distintos métodos de identificação dos candidatos para o acesso diferenciado ao ensino superior público, passo ao exame das políticas de reserva de vagas ou estabelecimento de cotas.

---

[27] IKAWA, Daniela. *Ações Afirmativas em Universidades*, cit. pp. 129-130.

RESERVA DE VAGAS OU ESTABELECIMENTO DE COTAS

Principio afirmando que a política de reserva de vagas não é, de nenhum modo, estranha à Constituição, a qual, em seu art. 37, VIII, consigna o seguinte:

"(...) a lei reservará percentual dos cargos e empregos públicos para as pessoas portadoras de deficiência e definirá os critérios de sua admissão ".

Esta Suprema Corte, ao enfrentar a questão da reserva de vagas para portadores de deficiência, extraiu as mais amplas consequências do Texto Constitucional, no RMS 26.071, tendo o Relator, Min. Ayres Britto, asseverado, por ocasião do julgamento, que

"(...) nunca é demasiado lembrar que o preâmbulo da Constituição de 1988 erige a igualdade e a justiça, entre outros, 'como valores supremos de uma sociedade fraterna, pluralista e sem preconceitos', sendo certo que *reparar ou compensar os fatores de desigualdade factual com medidas de superioridade jurídica é política de ação afirmativa que se inscreve, justamente, nos quadros da sociedade fraterna que a nossa Carta Republicana idealiza a partir de suas disposições preambulares*" (grifos meus).

O acórdão referente a este julgado recebeu a seguinte ementa:

"Concurso público. Candidato portador de deficiência visual. Ambliopia. Reserva de vaga. Inciso VIII do art. 37 da Constituição Federal. §2º do art. 5º da Lei n. 8.112/90. Lei n. 7.853/89. Decretos n.s 3.298/99 e 5.296/2004. O candidato com visão monocular padece de deficiência que impede a comparação entre os dois olhos para saber- se qual deles é o 'melhor'. A visão univalente - comprometedora das noções de profundidade e distância – implica limitação superior à deficiência parcial que afete os dois olhos. *A reparação ou compensação dos fatores de desigualdade factual com medidas de superioridade jurídica constitui política de ação afirmativa que se inscreve nos quadros da sociedade fraterna que se lê desde o preâmbulo da Constituição de 1988*" (RMS 26.071, Rel. Min. Ayres Britto, julgamento em 13/11/2007, 1ª Turma, DJ de 1º/2/2008 - grifos meus).

Nesse voto, referendado pela Primeira Turma deste Supremo Tribunal Federal, o Min. Britto afastou a ideia de que o Texto Constitucional somente autorizaria as políticas de ação afirmativa nele textualmente mencionadas, tais como a reserva de vagas para deficientes físicos ou para as mulheres.

Naquele acórdão, definiu-se que as políticas de ação afirmativa, compreendidas como medidas que tem como escopo *"reparar ou compensar os fatores de desigualdade factual com medidas de superioridade jurídica"*, *não configuram meras concessões* do Estado, mas *consubstanciam deveres* que se extraem dos princípios constitucionais.

A Constituição brasileira – é importante notar - permite que se faça uma abordagem das políticas afirmativas muito mais abrangente daquela feita pela Suprema Corte dos Estados Unidos. Nos três principais precedentes daquele Tribunal - *Bakke v. Regents of the University of California, Gratz v. Bollinger e Grutter v. Bollinger* – entendeu-se que o uso de critérios étnico-racias seria constitucional desde que (i) não configurasse reserva de vagas ou o estabelecimento de cotas; e (ii) fossem empregados em conjunto com outros fatores de aferição do mérito.

No Brasil, entretanto, diferentemente do debate que se travou na Suprema Corte daquele país, não há dúvidas, a meu sentir, quanto à constitucionalidade da política de reserva de vagas ou do estabelecimento de cotas nas universidades públicas, visto que a medida encontra amparo no próprio Texto Magno, conforme salientado anteriormente.

Nesse sentido, Roger Raupp Rios assevera o quanto segue:

"Tomando como ponto de partida o conceito de ações afirmativas como medidas que se valem de modo deliberado de critérios raciais, étnicos ou sexuais com o propósito específico de beneficiar um grupo em situação de desvantagem prévia ou de exclusão, em virtude de sua respectiva condição racial, étnica ou sexual, deve-se registrar, de início, que tais iniciativas não são desconhecidas no direito brasileiro.

Com efeito, diversamente do direito estadunidense, onde não há menção constitucional explícita a respeito desta possibilidade, o direito constitucional brasileiro contempla sua adoção. A proteção do mercado de trabalho da mulher, mediante incentivos especiais, configura medida que se utiliza deliberadamente de critério sexual objetivando beneficiar um grupo que experimenta situação desvantajosa (basta considerar os níveis de desigualdade salarial entre homens e mulheres no exercício dos mesmos postos de trabalho ou os índices de escolaridade). Com relação aos deficientes físicos, a redação constitucional é ainda mais clara: dispõe sobre reserva percentual de cargos e empregos públicos para pessoas portadoras de deficiência.

Nesta linha, pode-se ainda vislumbrar a determinação constitucional de medidas conscientes do ponto de vista étnico e racial relacionadas com a proteção das manifestações de culturas indígenas e afro-brasileiras, de modo expresso, merecendo tais grupos, portanto, atenção especial em virtude de suas situações de desvantagem histórica.

A preocupação, registrada no capítulo da Comunicação Social, com a veiculação das culturas regionais na produção e radiodifusão sonora e televisiva, também pode ser considerada, ainda que com alguma atenuação, modalidade de ação afirmativa voltada para a situação de desvantagem ou até mesmo exclusão relativa à origem regional".[28]

Essa posição, aliás, encontra ressonância em diversos trabalhos acadêmicos produzidos por integrantes desta Suprema Corte.

O Min. Joaquim Barbosa, *verbi gratia*, em sede doutrinária, destaca o quanto segue:

"Além do ideal de concretização da igualdade de oportunidades, figuraria entre os objetivos almejados com as políticas afirmativas o de induzir transformações de ordem cultural, pedagógica e psicológica, aptas a subtrair do imaginário coletivo a idéia de supremacia e de subordinação de uma raça em relação à outra, (...).

As ações afirmativas têm como objetivo não apenas coibir a discriminação do presente, mas, sobretudo, eliminar os 'efeitos persistentes' da discriminação do passado, que tendem a se perpetuar.

Esses efeitos se revelam na chamada 'discriminação estrutural', espelhada nas abismais desigualdades sociais entre grupos dominantes e grupos dominados".[29]

---

[28] RIOS, Roger Raupp. *Direito da Antidiscriminação – discriminação direta, indireta e ações afirmativas.* Porto Alegre: Livraria do Advogado, 2008. pp. 191-192.

[29] GOMES, Joaquim Barbosa. *A recepção do instituto da ação afirmativa pelo direito constitucional brasileiro.* In: SANTOS, Sales Augusto. *Ações Afirmativas e o combate ao racismo nas Américas.* Brasília: ONU, BID e MEC, 2007. pp. 55-56.

Para esse membro do STF,

"(...) no plano estritamente jurídico (...), o Direito Constitucional vigente no Brasil é perfeitamente compatível com o princípio da ação afirmativa. Melhor dizendo, o Direito brasileiro já contempla algumas modalidades de ação afirmativa, inclusive em sede constitucional ".[30]

Trago também a lição da Min. Cármen Lúcia, segundo a qual

"(...) a Constituição brasileira tem, no seu preâmbulo, uma declaração que apresenta um momento novo no constitucionalismo pátrio: a ideia de que não se tem a democracia social, a justiça social, mas que o direito foi ali elaborado para que se chegue a tê-los (...). Verifica-se, na Constituição de 1988, que os verbos utilizados na expressão normativa – construir, erradicar, reduzir, promover – são verbos de ação, vale dizer, designam um comportamento ativo. (...) Somente a ação afirmativa, vale dizer, a atuação transformadora, igualadora pelo e segundo o Direito, possibilita a verdade do princípio da igualdade que a Constituição Federal assegura como direito fundamental de todos".[31]

Admitida, pois, a constitucionalidade: (i) das políticas de ação afirmativa, (ii) da utilização destas na seleção para o ingresso no ensino superior, especialmente nas escolas públicas, (iii) do uso do critério étnico-racial por essas políticas e (iv) da modalidade de reserva de vagas ou do estabelecimento de cotas, passo, então, a examinar a necessária *modulação* desse entendimento, acentuando, em especial, a sua *natureza transitória* e a *necessidade de observância da proporcionalidade entre os meios empregados e os fins a serem alcançados.*

TRANSITORIEDADE DAS POLÍTICAS DE AÇÃO AFIRMATIVA

É importante ressaltar a natureza transitória das políticas de ação afirmativa, já que as desigualdades entre negros e brancos não resultam, como é evidente, de uma desvalia natural ou genética, mas decorrem de uma acentuada inferioridade em que aqueles foram posicionados nos planos econômico, social e político em razão de séculos de dominação dos primeiros pelos segundos.

Assim, na medida em que essas distorções históricas forem corrigidas e a representação dos negros e demais excluídos nas esferas públicas e privadas de poder atenda ao que se contém no princípio constitucional da isonomia, não haverá mais qualquer razão para a subsistência dos programas de reserva de vagas nas universidades públicas, pois o seu objetivo já terá sido alcançado.

Voltando, novamente, ao direito comparado, ressalto que esse também foi o entendimento da Suprema Corte norte-americana ao julgar o caso *Grutter* v. *Bollinger* (2003). Para aquele Tribunal

"(...) políticas de admissão baseadas na consciência racial devem ser limitadas no tempo. Esse requisito reflete que classificações raciais, embora agindo nessa qualidade, são

---

[30] GOMES, Joaquim Barbosa. *Instrumentos e Métodos de Mitigação da Desigualdade em Direito Constitucional e Internacional.* Rio de Janeiro, 2000. www.mre.gov.br

[31] ROCHA, Cármen Lúcia. *Ação Afirmativa: O Conteúdo Democrático do Princípio da Igualdade Jurídica.* In: *Revista Trimestral de Direito Público*, nº 15, 1996. pp. 93-94.

potencialmente perigosas tanto que não devem ser empregadas mais amplamente que o necessário. Consagrar uma justificativa permanente para preferências raciais ofenderia o princípio fundamental da igualdade. Não vemos razões para dispensar tais programas do requisito de que toda ação governamental que usa a raça deve ter um termo final lógico. A Escola de Direito também admite que 'programas raciais devem ter um tempo de duração limitado'.

(...)

A necessidade de que todo programa afirmativo baseado na raça deve ter termo final 'assegura a todos os cidadãos que o desvio na igualdade de tratamento entre todas as raças e grupos é uma medida temporária, uma medida tomada a serviço do próprio objetivo de igualdade'".[32]

Assim, as políticas de ação afirmativa fundadas na discriminação reversa apenas são legítimas se a sua manutenção estiver condicionada à persistência, no tempo, do quadro de exclusão social que lhes deu origem. Caso contrário, tais políticas poderiam converter-se benesses permanentes, instituídas em prol de determinado grupo social, mas em detrimento da coletividade como um todo, situação – é escusado dizer – incompatível com o espírito de qualquer Constituição que se pretenda democrática.

No caso da Universidade de Brasília, que figura como arguida nesta ADPF, o critério da temporariedade foi cumprido, uma vez que o Programa de Ações Afirmativas instituído pelo Conselho Superior Universitário - COSUNI daquela instituição estabeleceu a necessidade de sua reavaliação após o transcurso do período de 10 anos.

Visto isso, passo, então, à verificação do último pressuposto para a constitucionalidade das políticas de ação afirmativa, qual seja, a proporcionalidade entre os meios empregados e os fins colimados.

PROPORCIONALIDADE ENTRE MEIOS E FINS

Como bem observa Paulo Lucena de Menezes, o controle de constitucionalidade do tratamento diferenciado que se impõe às pessoas, nos termos da conhecida fórmula de Ruy Barbosa,[33] é sempre casuístico, embora não se esgote no exame do fator de diferenciação utilizado pela regra discriminadora, incluindo, ainda, necessariamente,

"(...) a análise da correspondência existente entre este e as disparidades adotadas (...), que deve ser considerada tanto no que se refere ao quesito pertinência (ou finalidade) da norma, como também no que tange à sua razoabilidade ou proporcionalidade. Esse exame, à evidência, não admite um grau elevado de abstração, pois ele só é factível quando definidos vários elementos que podem – e costumam – variar de caso para caso ".[34]

Não basta, pois, como já adiantei acima, que as políticas de reserva de vagas sejam constitucionais sob o ponto de vista da nobreza de suas intenções. É preciso também que elas, além de limitadas no tempo, respeitem a proporcionalidade entre os meios empregados e os fins colimados, em especial que sejam pautadas pela razoabilidade.

---

[32] *Grutter v. Bollinger* 539 U.S. 306 (2003). pp 342-343.

[33] Conhecida fórmula proposta por Ruy Barbosa em sua *Oração dos Moços: "A regra da igualdade não consiste senão em aquinhoar desigualdade os desiguais, na medida em que se desigualam".*

[34] MENEZES, Paulo Lucena de. *A ação afirmativa* (affirmative action*) no direito norte-americano.* São Paulo: Revista dos Tribunais, 2001. pp. 153-154.

As experiências submetidas ao crivo desta Suprema Corte têm como propósito a correção de desigualdades sociais, historicamente determinadas, bem como a promoção da diversidade cultural na comunidade acadêmica e científica. No caso da Universidade de Brasília, a reserva de 20% de suas vagas para estudantes negros e de *um pequeno número* delas para *índios de todos os Estados brasileiros*, pelo prazo de 10 anos, constitui providência adequada e proporcional ao atingimento dos mencionados desideratos. Dito de outro modo, a política de ação afirmativa adotada pela UnB não se mostra desproporcional ou irrazoável, afigurando-se, também sob esse ângulo, compatível com os valores e princípios da Constituição.

PARTE DISPOSITIVA

Isso posto, considerando, em especial, que as políticas de ação afirmativa adotadas pela Universidade de Brasília (i) têm como objetivo estabelecer um ambiente acadêmico plural e diversificado, superando distorções sociais historicamente consolidadas, (ii) revelam proporcionalidade e a razoabilidade no concernente aos meios empregados e aos fins perseguidos, (iii) são transitórias e prevêem a revisão periódica de seus resultados, e (iv) empregam métodos seletivos eficazes e compatíveis com o princípio da dignidade humana, julgo *improcedente* esta ADPF.

05/10/2020 – PLENÁRIO

REFERENDO NA MEDIDA CAUTELAR NA ARGUIÇÃO DE DESCUMPRIMENTO DE PRECEITO FUNDAMENTAL 738 DISTRITO FEDERAL

RELATOR: MIN. RICARDO LEWANDOWSKI
REQTE.(S): PARTIDO SOCIALISMO E LIBERDADE (P-SOL)
ADV.(A/S): IRAPUA SANTANA DO NASCIMENTO DA SILVA
INTDO.(A/S): TRIBUNAL SUPERIOR ELEITORAL
ADV.(A/S): SEM REPRESENTAÇÃO NOS AUTOS

EMENTA: REFERENDO NA MEDIDA CAUTELAR EM ARGUIÇÃO DE DESCUMPRIMENTO DE PRECEITO FUNDAMENTAL. POLÍTICAS PÚBLICAS DE CARÁTER AFIRMATIVO. INCENTIVO A CANDIDATURAS DE PESSOAS NEGRAS PARA CARGOS ELETIVOS. VALORES CONSTITUCIONAIS DA CIDADANIA E DA DIGNIDADE DA PESSOA HUMANA. IGUALDADE EM SENTIDO MATERIAL. ORIENTAÇÕES CONSTANTES DE RESPOSTA DO TRIBUNAL SUPERIOR ELEITORAL À CONSULTA FORMULADA POR PARLAMENTAR FEDERAL. APLICAÇÃO IMEDIATA PARA AS PRÓXIMAS ELEIÇÕES. NÃO INCIDÊNCIA DO PRINCÍPIO DA ANTERIORIDADE OU ANUALIDADE (ART. 16 DA CF/1988). MERO PROCEDIMENTO QUE NÃO ALTERA O PROCESSO ELEITORAL. PRECEDENTES. MEDIDA CAUTELAR REFERENDADA.

I - Políticas públicas tendentes a incentivar a apresentação de candidaturas de pessoas negras aos cargos eletivos nas disputas eleitorais que se travam em nosso País, já a partir deste ano, prestam homenagem aos valores constitucionais da cidadania e da dignidade humana, bem como à exortação, abrigada no preâmbulo do texto magno, de construirmos, todos, uma sociedade fraterna, pluralista e sem preconceitos, fundada na harmonia social, livre de quaisquer formas de discriminação.

II - O princípio da igualdade (art. 5º, *caput*, da CF), considerado em sua dimensão material, pressupõe a adoção, pelo Estado, seja de políticas universalistas, que abrangem um número indeterminado de indivíduos, mediante ações de natureza estrutural, seja de políticas afirmativas, as quais atingem grupos sociais determinados, de maneira pontual, atribuindo-lhes certas vantagens, por um tempo definido, com vistas a permitir que superem desigualdades decorrentes de situações históricas particulares (ADPF 186/DF, de minha relatoria). Precedentes.

III – O entendimento do Supremo Tribunal Federal é no sentido de que só ocorre ofensa ao princípio da anterioridade nas hipóteses de: (i) rompimento da igualdade de participação dos partidos políticos ou candidatos no processo eleitoral; (ii) deformação que afete a normalidade das eleições; (iii) introdução de elemento perturbador do pleito; ou (iv) mudança motivada por propósito casuístico (ADI 3.741/DF, de minha relatoria). Precedentes.

IV - No caso dos autos, é possível constatar que o TSE não promoveu qualquer inovação nas normas relativas ao processo eleitoral, concebido em sua acepção estrita, porquanto não modificou a disciplina das convenções partidárias, nem os coeficientes eleitorais e nem tampouco a extensão do sufrágio universal. Apenas introduziu um aperfeiçoamento nas regras relativas à propaganda, ao financiamento das campanhas e à prestação de contas, todas com caráter eminentemente procedimental, com o elevado propósito de ampliar a participação de cidadãos negros no embate democrático pela conquista de cargos políticos.

V – Medida cautelar referendada.

ACÓRDÃO

Acordam os Ministros do Supremo Tribunal Federal, em sessão virtual do Plenário, na conformidade da ata de julgamentos, por maioria, referendar a liminar concedida para determinar a imediata aplicação dos incentivos às candidaturas de pessoas negras, nos exatos termos da resposta do TSE à Consulta 600306-47, ainda nas eleições de 2020, nos termos do voto do Relator, vencido o Ministro Marco Aurélio.

Brasília, 5 de outubro de 2020.

RICARDO LEWANDOWSKI – RELATOR

RELATÓRIO

Senhor Ministro Ricardo Lewandowski (Relator): Trata-se de referendo de medida cautelar deferida nos seguintes termos:

"Trata-se de ação de descumprimento de preceito fundamental proposta pelo Partido Socialismo e Liberdade - PSOL, por meio da qual pretende 'seja reconhecida a imediata aplicação dos efeitos do julgamento realizado pelo E. Tribunal Superior Eleitoral na Consulta nº 0600306-47.2019.6.00.0000', assim respondida:

'[...]

Primeiro quesito respondido afirmativamente nos seguintes termos: os recursos públicos do Fundo Partidário e do FEFC e o tempo de rádio e TV destinados às candidaturas de mulheres, pela aplicação das decisões judiciais do STF na ADI nº 5617/DF e do TSE na Consulta nº 0600252-18/DF, devem ser repartidos entre mulheres negras e brancas na exata proporção das candidaturas apresentadas pelas agremiações.

[...]

Segundo quesito é respondido negativamente, não sendo adequado o estabelecimento, pelo TSE, de política de reserva de candidaturas para pessoas negras no patamar de 30%. Terceiro e quarto quesitos respondidos afirmativamente, nos seguintes termos: os recursos públicos do Fundo Partidário e do FEFC e o tempo de rádio e TV devem ser destinados ao custeio das candidaturas de homens negros na exata proporção das candidaturas apresentadas pelas agremiações' (págs.1-5 documento eletrônico 11, grifei).

No entanto, na sequência, o TSE decidiu, por maioria de votos, vencidos, no ponto, os Ministros Luís Roberto Barroso (Relator), Edson Fachin e Alexandre de Moraes, que aquilo que se continha na Consulta nº 0600306-47.2019.6.00.0000 só seria aplicável a partir das eleições de 2022, mediante a edição de resolução, nos termos do voto vencedor do Ministro Og Fernandes, acompanhado pelos Ministros Luís Felipe Salomão, Tarcísio Vieira de Carvalho Neto e Sérgio Banhos.

Daí o inconformismo do PSOL, o qual, na exordial da presente ADPF, sustenta, em síntese, que,

'[...] diante de uma situação em que se verifica manifesta violação a princípios e direitos constitucionalmente previstos, inclusive atendidos os critérios já estabelecidos por este próprio E. Supremo Tribunal no que se refere à configuração do estado de coisas inconstitucional, é plenamente possível admitir que os incentivos às candidaturas de pessoas negras, nos termos delimitados pelo E. Tribunal Superior Eleitoral, sejam aplicados desde já, visando à alteração do cenário de subrepresentatividade o quanto antes.

Admitir outro raciocínio seria, com a devida vênia, esvaziar o conteúdo dos primorosos precedentes criados tanto por esta Suprema Corte como pelo próprio E. Tribunal Superior Eleitoral, que tanto contribuíram para a busca de uma sociedade mais igualitária no sentido material' (pág. 50 da petição inicial)

Aduz, ainda, o quanto segue:

'[...] considerando (i) a caracterização da sub- representatividade de pessoas negras como estado de coisas inconstitucional, (ii) a necessidade de alteração do cenário para garantir a distribuição proporcional de recursos a candidaturas de pessoas negras e (iii) o dever do Poder Judiciário de impedir que ações afirmativas perpetuem a desigualdade racial, imperiosa se faz a aplicação imediata dos incentivos às candidaturas de negros e negras para as eleições de 2020.'

Com base nesses argumentos, ao final, pede:

'a) [...] seja concedida de medida cautelar para que seja determinada a imediata aplicação dos incentivos às candidaturas de pessoas negras ainda nas eleições de 2020;

b) [...] seja confirmada a medida cautelar, para reconhecer a contrariedade ao artigo 16 da Constituição Federal e a necessidade imediata da implementação de medidas visando à alteração do reconhecido estado de coisas inconstitucional. c) [...] a intimação do Procurador-Geral da República, para emitir seu parecer no prazo legal, nos termos da Lei 9.882; d) [...] que se colham informações do Tribunal Superior Eleitoral e que se ouça a Advocacia- Geral da União, nos termos do art. 103, §3º, da Constituição Federal; e) [...] prazo para manifestação do Partido Autor (art. 5º, §2º, da Lei 9.882); e f) [...] a adoção das providências do §1º do art. 6º da Lei 9.882; e g) [...] a permissão de sustentação oral na Sessão de julgamento da medida cautelar e na sessão de julgamento do mérito da arguição.'

É o relatório. Decido.

Em um exame perfunctório do pleito formulado pelo requerente, próprio desta fase processual, verifico, sem maiores dificuldades, que se encontram presentes, como se verá adiante, o *periculum in mora* e o *fumus boni iuris* ensejadores da concessão de medida cautelar, *ad referendum* do Plenário do Supremo Tribunal Federal, autorizada pelo art. 5º, §1º, da Lei 9.882/1999, *verbis*:

'Art. 5º O Supremo Tribunal Federal, por decisão da maioria absoluta de seus membros, poderá deferir pedido de medida liminar na arguição de descumprimento de preceito fundamental.

§1º Em caso de extrema urgência ou perigo de lesão grave, ou ainda, em período de recesso, poderá o relator conceder a liminar, *ad referendum* do Tribunal Pleno.'

Pois bem. Para mim, não há nenhuma dúvida de que políticas públicas tendentes a incentivar a apresentação de candidaturas de pessoas negras aos cargos eletivos, nas disputas eleitorais que se travam em nosso País, prestam homenagem aos valores constitucionais da cidadania e da dignidade humana, bem como à exortação, abrigada no preâmbulo do texto magno, de construirmos, todos, uma sociedade fraterna, pluralista e sem preconceitos, fundada na harmonia social, livre de quaisquer formas de discriminação.

Nesse aspecto, a Corte Eleitoral, corretamente, assentou que '[...] o imperativo constitucional da igualdade e a noção de democracia participativa plural justificam a criação de ações afirmativas voltadas à população negra. No entanto, o campo de atuação para a efetivação do princípio da igualdade e o combate ao racismo não se limita às ações afirmativas. Se o racismo no Brasil é estrutural, é necessário atuar sobre o funcionamento das normas e instituições sociais, de modo a impedir que elas reproduzam e aprofundem a desigualdade racial. Um desses campos é a identificação de casos de discriminação indireta, em que normas pretensamente neutras produzem efeitos práticos sistematicamente prejudiciais a grupos marginalizados, de modo a violar o princípio da igualdade em sua vertente material.'

Essa compreensão vem ao encontro do entendimento da Suprema Corte, que, ao julgar a ADPF 186, de minha relatoria, pelo voto unânime de seus membros, afirmou a constitucionalidade da fixação de cotas raciais para o ingresso de estudantes em universidades públicas.

Naquele julgado, que está próximo de completar uma década, afirmei que a justiça social, hoje, mais do que simplesmente redistribuir riquezas criadas pelo esforço coletivo, significa distinguir, reconhecer e incorporar à sociedade valores culturais diversificados, não raro considerados inferiores àqueles reputados dominantes, *litteris*:

'É bem de ver [...] que esse desiderato, qual seja, a transformação do direito à isonomia em igualdade de possibilidades, sobretudo no tocante a uma participação equitativa nos bens sociais, apenas é alcançado, segundo John Rawls, por meio da aplicação da denominada "justiça distributiva".

Só ela permite superar as desigualdades que ocorrem na realidade fática, mediante uma intervenção estatal determinada e consistente para corrigi-las, realocando-se os bens e oportunidades existentes na sociedade em benefício da coletividade como um todo. Nesse sentido, ensina que

'As desigualdades sociais e econômicas devem ser ordenadas de tal modo que sejam ao mesmo tempo (a) consideradas como vantajosas para todos dentro dos limites do razoável, e (b) vinculadas a posições e cargos acessíveis a todos.'

Thomas Skidmore, a propósito, baseado em estudo histórico sobre o tema, lembra o seguinte:

'[...] tornava-se evidente que quanto mais escura fosse a pele de um brasileiro, mais probabilidades ele teria de estar no limite inferior da escala socioeconômica, e isso de acordo com todos os indicadores – renda, ocupação, educação. Os jornalistas não tardaram em aderir, dando provas circunstanciais de um modelo de discriminação sutil mas indisfarçável nas relações sociais. Já não era possível afirmar que o Brasil escapara da discriminação racial, embora ela nunca tenha sido oficializada, desde o período colonial. O peso cada vez maior das evidências demonstrava justamente o contrário, mesmo sendo um tipo de discriminação muito mais complexo do que o existente na sociedade birracial americana. As novas conclusões levaram alguns cientistas sociais a atacar a "mitologia" que predominava na elite brasileira a respeito das relações raciais em sua sociedade.

Florestan Fernandes acusava seus compatriotas de 'ter o preconceito de não ter preconceito' e de se aferrar ao 'mito da democracia racial'. Ao acreditar que a cor da pele nunca fora barreira para a ascensão social e econômica dos não brancos pudesse ser atribuída a qualquer outra coisa além do relativo subdesenvolvimento da sociedade ou da falta de iniciativa individual'

A histórica discriminação dos negros e pardos, em contrapartida, revela igualmente um componente multiplicador, mas às avessas, pois a sua convivência multissecular com a exclusão social gera a perpetuação de uma consciência de inferioridade e de conformidade com a falta de perspectiva, lançando milhares deles, sobretudo as gerações mais jovens, no trajeto sem volta da marginalidade social. Esse efeito, que resulta de uma avaliação eminentemente subjetiva da pretensa inferioridade dos integrantes desses grupos repercute tanto sobre aqueles que são marginalizados como naqueles que, consciente ou inconscientemente, contribuem para a sua exclusão.'

Assim, o Plenário da Supremo Tribunal Federal decidiu que não contraria - ao contrário, prestigia - o princípio da igualdade (art. 5º, *caput*, da CF), considerado em sua dimensão material, a adoção, pelo Estado, seja de políticas universalistas, que abrangem um número indeterminado de indivíduos, mediante ações de natureza estrutural, seja de políticas afirmativas, as quais atingem grupos sociais determinados, de maneira pontual, atribuindo-lhes certas vantagens, por um tempo definido, com vistas a permitir que superem desigualdades decorrentes de situações históricas particulares.

Esse também foi o propósito do TSE, ao responder a indagação formulada pela Deputada Federal Benedita Souza da Silva Sampaio, valendo destacar, nessa linha, o trecho abaixo do voto do Relator, Ministro Luís Roberto Barroso:

'[...] trata-se aqui do racismo que é incorporado nas estruturas políticas, sociais e econômicas e no funcionamento das instituições. Essa forma de racismo se reflete na institucionalização, naturalização e legitimação de um sistema e modo de funcionamento social que reproduz as desigualdades raciais e afeta, em múltiplos setores, as condições de vida, as oportunidades, a percepção de mundo e a percepção de si que pessoas, negras e brancas, adquirirão ao longo de suas vidas.'

No mesmo sentido foi a manifestação do Ministro Edson Fachin, a saber:

`Cabe, nessa linha, reforçar a perspectiva de que a Constituição de 1988 marca a institucionalização dos direitos humanos no Brasil, perspectiva essa que se insere no contexto de reconhecimento da igualdade de gênero e igualdade racial como elementos essenciais para uma sociedade democrática. Assim, ações em prol da igualdade racial e de gênero devem ser respeitadas e buscadas como um fim preconizado pela ordem constitucional vigente.

Assim, e como bem pontua o Min. Relator em seu voto, o imperativo constitucional da igualdade preconizado na Constituição da República é densificado pela Lei nº 12.288/2010, que Institui o Estatuto da Igualdade Racial.

Ademais, a igualdade é elemento basilar do princípio democrático` (págs. 3-4 do documento eletrônico 10).

Destaco, ainda, em idêntico diapasão, o pronunciamento do Ministro Alexandre de Morais, que, ao acompanhar o voto do Relator, consignou o quanto segue:

'[...] não tenho dúvidas de que a sub-representação das pessoas negras nos poderes eleitos, ao mesmo tempo que é derivada do racismo estrutural existente no Brasil, acaba sendo um dos principais instrumentos de perpetuação da gravíssima desigualdade social entre brancos e negros. Trata-se de um círculo extremamente vicioso, que afeta diretamente a igualdade proclamada na Constituição Federal e fere gravemente a dignidade das pessoas negras.

Em outras palavras, o histórico funcionamento do sistema político eleitoral brasileiro perpetua a desigualdade racial, pois, tradicionalmente, foi estruturado nas bases de uma sociedade ainda, e lamentavelmente, racista. O mesmo sempre ocorreu em relação à questão de gênero, cuja legislação vem avançando em busca de uma efetiva e concreta igualdade de oportunidades com a adoção de mecanismos de ações afirmativas.

O princípio da igualdade consagrado pela constituição opera em dois planos distintos. De uma parte, frente ao legislador ou ao próprio executivo, na edição, respectivamente, de leis e atos normativos, impedindo que possam criar tratamentos abusivamente diferenciados a pessoas que se encontram em situações idênticas. Em outro plano, na obrigatoriedade ao intérprete, basicamente, a autoridade pública, de aplicar a lei e atos normativos de maneira igualitária, sem estabelecimento de diferenciações em razão de sexo, religião, convicções filosóficas ou políticas, raça, classe social.

A desigualdade inconstitucional na lei, também se produz quando, mesmo sem expressa previsão, a aplicação da norma acarreta uma distinção de tratamento não razoável ou arbitrária especificamente a determinadas pessoas, como na presente hipótese' (págs. 10-11, do documento eletrônico 10).

Não obstante a coincidência de pontos de vista quanto à necessidade da adoção de políticas afirmativas para promover candidaturas de pessoas negras no âmbito eleitoral, o TSE cindiu-se no tocante ao momento da entrada em vigor das medidas propugnadas. Como visto, prevaleceu, por maioria de votos, o entendimento segundo o qual os incentivos propostos não seriam colocados em prática nas próximas eleições, mas somente naquelas realizadas a partir de 2022.

Preponderou o argumento segundo o qual o art. 16 da Constituição, que abriga o denominado 'princípio da anterioridade', determina que 'a lei que alterar o processo eleitoral entrará em vigor na data de sua publicação, não se aplicando à eleição que ocorra até um ano da data de sua vigência'.

É certo que o STF, em alguns precedentes, emprestou uma interpretação extensiva ao mencionado dispositivo constitucional, assentando que mudanças jurisprudenciais, que alterem o processo eleitoral, somente se aplicam às eleições que ocorrerem após o transcurso de um ano. Não obstante, parece- me, pelo menos nesse juízo provisório ao qual ora procedo, que a resposta formulada pelo TSE não pode ser compreendida como uma alteração do processo eleitoral.

Isso porque o Supremo Tribunal Federal, na ADI 3.741, também de minha relatoria, julgada em 6/9/2006, estabeleceu, por votação unânime, que só ocorre ofensa ao princípio da anterioridade nas hipóteses de: (i) rompimento da igualdade de participação dos partidos políticos ou candidatos no processo eleitoral; (ii) deformação que afete a normalidade das eleições;

(iii) introdução de elemento perturbador do pleito; ou (iv) mudança motivada por propósito casuístico.

No caso dos autos, é possível constatar que o TSE não promoveu qualquer inovação nas normas relativas ao processo eleitoral, concebido em sua acepção mais estrita, porquanto não modificou a disciplina das convenções partidárias, nem os coeficientes eleitorais e nem tampouco a extensão do sufrágio universal. Apenas introduziu um aperfeiçoamento nas regras relativas à propaganda, ao financiamento das campanhas e à prestação de contas, todas com caráter eminentemente procedimental, com o elevado propósito de ampliar a participação de cidadãos negros no embate democrático pela conquista de cargos políticos.

O incentivo proposto pelo TSE, ademais, não implica qualquer alteração das 'regras do jogo' em vigor. Na verdade, a Corte Eleitoral somente determinou que os partidos políticos procedam a uma distribuição mais igualitária e equitativa dos recursos públicos que lhe são endereçados, quer dizer, das verbas resultantes do pagamento de tributos por todos os brasileiros indistintamente. E, é escusado dizer, que, em se tratando de verbas públicas, cumpre às agremiações partidárias alocá-las rigorosamente em conformidade com os ditames constitucionais, legais e regulamentares pertinentes.

De resto, a obrigação dos partidos políticos de tratar igualmente, ou melhor, equitativamente os candidatos decorre da incontornável obrigação que têm de resguardar o regime democrático e os direitos fundamentais (art. 16, *caput*, da CF) e do inarredável dever de dar concreção aos objetivos fundamentais da República, dentre os quais se destaca o de 'promover o bem de todos, sem preconceitos de origem, raça, sexo, cor, idade' (art. 3o, IV, CF).

Sublinho, por oportuno, que, segundo o calendário eleitoral, ainda se está no período das convenções partidárias, qual seja, de 31/8 a 16/9, em que as legendas escolhem os candidatos, cujo registro deve ser feito até o dia 26/9. Tal cronograma evidencia que a implementação dos incentivos propostos pelo TSE, discriminados na resposta à Consulta, desde já, não causará nenhum prejuízo às agremiações políticas, sobretudo porque a propaganda eleitoral ainda não começou, iniciando-se apenas em 27/9. Mas não é só isso: os referidos prazos também deixam claro o perigo na demora, a revelar que uma decisão *initio litis* ou de mérito proferida nestes autos, pelo STF, após essas datas, à toda a evidência, perderia o seu objeto por manifesta intempestividade.

Isso posto, defiro a medida cautelar, *ad referendum* do Plenário do STF, para determinar a imediata aplicação dos incentivos às candidaturas de pessoas negras, nos exatos termos da resposta do TSE à Consulta 600306-47, ainda nas eleições de 2020.

[...]"

É o relatório.

VOTO

Senhor Ministro *Ricardo Lewandowski* (Relator): Renovando o entendimento adotado como fundamento para o deferimento da cautelar, no sentido de que políticas públicas tendentes a incentivar a apresentação de candidaturas de pessoas negras aos cargos eletivos nas disputas eleitorais que se travam em nosso País, já a partir deste ano, prestam homenagem aos valores constitucionais da cidadania e da dignidade humana, bem como à exortação, abrigada no preâmbulo do texto magno, de construirmos, todos, uma sociedade fraterna, pluralista e sem preconceitos, fundada na harmonia social, livre de quaisquer formas de discriminação.

Voto pelo referendo da medida cautelar.

21/03/2022 PLENÁRIO

REFERENDO DÉCIMA SEXTA EM TUTELA PROVISÓRIA INCIDENTAL NA ARGUIÇÃO DE DESCUMPRIMENTO DE PRECEITO FUNDAMENTAL 754 DISTRITO FEDERAL

RELATOR: MIN. RICARDO LEWANDOWSKI
REQTE.(S): REDE SUSTENTABILIDADE
ADV.(A/S): FLAVIA CALADO PEREIRA
REQDO.(A/S): PRESIDENTE DA REPÚBLICA
PROC.(A/S)(ES): ADVOGADO-GERAL DA UNIÃO
AM. CURIAE.: SINDICATO DOS MÉDICOS NO ESTADO DO PARANÁ
ADV.(A/S): LUIZ GUSTAVO DE ANDRADE
ADV.(A/S): LUIZ FERNANDO ZORNIG FILHO

EMENTA: TUTELA DE URGÊNCIA EM ARGUIÇÃO DE DESCUMPRIMENTO DE PRECEITO FUNDAMENTAL. CONCESSÃO MONOCRÁTICA PARCIAL. EMERGÊNCIA DE SAÚDE PÚBLICA DECORRENTE DA COVID-19. NOTAS TÉCNICAS 2/2022- SECOVID/GAB/SECOVID/MS E 1/2022/COLIB/CGEDH/SNPG/ MMFDH. ATOS DO PODER PÚBLICO QUE PODEM, EM TESE, AGRAVAR A DISSEMINAÇÃO DO NOVO COTRONAVÍRUS. CONHECIMENTO DO PEDIDO. ATUAÇÃO DA SUPREMA CORTE EM DEFESA DOS DIREITOS FUNDAMENTAIS DA VIDA E DA SAÚDE DE CRIANÇAS E ADOLESCENTES. COMPROVAÇÃO CIENTÍFICA ACERCA DA EFICÁCIA E SEGURANÇA DAS VACINAS. REGISTRO NA ANVISA. CONSTITUCIONALIDADE DA VACINAÇÃO OBRIGATÓRIA. SANÇÕES INDIRETAS. COMPETÊNCIA DE TODOS ENTES FEDERATIVOS. ADIS 6.586/DF e 6.587/ DF E ARE 1.267.879/SP. PRINCÍPIOS DA PREVENÇÃO E PRECAUÇÃO. ABSTENÇÃO DE ATOS QUE VISEM DESESTIMULAR A IMUNIZAÇÃO. NECESSIDADE DE ESCLARECIMENTO SOBRE O ENTENDIMENTO DO STF. DESVIRTUAMENTO DO CANAL DE DENÚNCIAS 'DISQUE 100'. MEDIDA CAUTELAR REFERENDADA PELO PLENÁRIO.

I - Trata-se da Décima Sexta Tutela Provisória Incidental – TPI formulado por agremiação política no bojo da presente ADPF, que merece ser conhecido por dizer respeito a atos do Poder Executivo Federal praticados no contexto do período excepcional da emergência sanitária decorrente da disseminação ainda incontida da Covid-19, os quais têm o condão de, em tese, fragilizar o direito fundamental à saúde e à vida abrigados nos arts. 5°, 6° e 196 da Lei Maior, configurando atos derivados de autoridades públicas, passíveis, portanto, de impugnação por meio do controle concentrado de constitucionalidade.

II - As crianças e adolescentes, sujeitos de direitos, são pessoas em condição peculiar de desenvolvimento e destinatários do postulado constitucional da "prioridade absoluta", de maneira que a esta Corte cabe preservar essa diretriz, garantindo a proteção integral dos menores segundo o seu melhor interesse, em especial de sua vida e saúde, de forma a evitar que contraiam ou que transmitam a outras crianças – além das conhecidas doenças infectocontagiosas como o sarampo, caxumba e rubéola – a temível Covid-19.

III – Como os menores não tem autonomia, seja para rejeitar, seja para consentir com a vacinação, revela-se indiscutível que, havendo consenso cientifico demonstrando que os riscos inerentes à opção de não vacinar são significativamente superiores àqueles postos pela vacinação, cumpre privilegiar a defesa da vida e da saúde, em prol não apenas desses sujeitos especialmente protegidos pela lei, mas também de toda a coletividade.

IV - Constitui obrigação do Estado, inclusive à luz dos compromissos internacionais assumidos pelo Brasil, proporcionar à toda a população indicada o acesso à vacina para prevenção da Covid-19, de forma universal e gratuita, em particular às crianças de 5 a 11 anos de idade, potenciais vítimas - aliás, indefesas -, e propagadoras dessa insidiosa virose, sobretudo porquanto já há comprovação científica acerca de sua eficácia e segurança atestada pelo órgão governamental encarregado de tal mister, qual seja, a Agencia Nacional de Vigilância Sanitária – Anvisa.

V - Com a vacinação em massa reduz-se ou elimina-se a circulação do agente infeccioso no ambiente e, por consequência, protege-se a coletividade, notadamente os mais vulneráveis. Além disso, a legitimação tecnológica e cientifica dos imunizantes contribuiu para o seu emprego generalizado e intensivo em diversos países, pois os programas de vacinação são considerados a segunda intervenção de saúde mais efetiva hoje existente, figurando o saneamento básico na primeira posição.

VI - Há fundamentos constitucionais relevantes para sustentar a compulsoriedade da vacinação, por tratar-se de uma ação governamental que pode contribuir significativamente para a imunidade coletiva ou, até mesmo, acelerá-la, de maneira a salvar vidas, impedir a progressão da doença e proteger, em especial, os mais vulneráveis.

VII - A obrigatoriedade da vacinação é levada a efeito por meio de sanções indiretas, consubstanciadas, basicamente, em vedações ao exercício de determinadas atividades ou a frequência de certos locais por pessoas que não possam comprovar a sua imunização ou, então, que não são portadoras do vírus, conforme, decidido pelo Supremo Tribunal Federal no julgamento das ADIs 6.586/DF e 6.587/DF.

VIII - A defesa da saúde compete a qualquer das unidades federadas, seja por meio da edição de normas legais, seja mediante a realização de ações administrativas, sem que, como regra, dependam da autorização de outros níveis governamentais para levá-las a efeito, cumprindo-lhes, apenas, consultar o interesse público que tem o dever de preservar. Precedentes.

IX - Neste momento de enorme sofrimento coletivo, não é dado aos agentes públicos tergiversar no tocante aos rumos a seguir no combate à doença, cumprindo-lhes pautar as respectivas condutas pelos parâmetros estabelecidos na legislação aplicável, com destaque para o rigoroso respeito às evidências cientificas e às informações estratégicas em saúde, conforme determina o art. 3°, §1°, da Lei 13.979/2020, cuja constitucionalidade o STF já reconheceu no julgamento da ADI 6.343-MC- Ref/DF, de relatoria do Ministro Alexandre de Moraes.

X - Estando em jogo a saúde das crianças brasileiras, afigura-se mandatório que os princípios da prevenção e da precaução sirvam de norte aos tomadores de decisões no âmbito sanitário. E, neste aspecto, as orientações e os consensos da Organização Mundial de Saúde – OMS, bem assim as recomendações de outras autoridades médicas nacionais e estrangeiras, têm destacada importância, representando - conforme entendimento jurisprudencial do STF - diretrizes aptas a guiar os agentes públicos na difícil tarefa de tomada de decisão diante dos riscos a saúde colocados pela pandemia, que não poderão ser ignoradas quando da elaboração e execução de políticas no combate à Covid-19, sob pena de configuração de dolo ou, quando menos, de erro grosseiro.

XI - Constata-se que, conquanto tenha havido um decréscimo relativo de mortes causadas pela Covid-19, a situação, de modo geral, ainda é preocupante, justificando a tomada de medidas enérgicas para debelar a doença, que tem imposto um pesado ônus para a sociedade, sobretudo em termos da perda de preciosas vidas humanas.

XII - Não é possível admitir qualquer recuo no tocante a vacinação, já de longa data rotineiramente assegurada pelo Estado a todas as crianças, exigindo-se do Poder Público que aja com lealdade, transparência e boa-fé, sendo-lhe vedado modificar a conduta de forma inesperada, anômala ou contraditória, de maneira a surpreender o administrado ou frustrar as suas legítimas expectativas.

XIII - Não se mostra admissível que o Estado, representado pelos Ministérios da Saúde e da Mulher, da Família e dos Direitos Humanos, agindo em contradição ao pronunciamento da Anvisa, a qual garantiu formalmente a segurança da Vacina Comirnaty (Pfizer/Whyet) para crianças, além de contrariar a legislação de regência e o entendimento consolidado do Supremo Tribunal Federal, venha, agora, adotar postura que desprestigia o esforço de vacinação contra a Covid- 19, sobretudo porque, com tal proceder, gerará dúvidas e perplexidades tendentes a impedir que um número considerável de menores sejam beneficiados com a imunização.

XIV - Embora ainda em uma análise preambular, as Notas Técnicas emitidas pelo Ministério da Saúde e pelo Ministério da Mulher, da Família e dos Direitos Humanos - considerada a ambiguidade com que foram redigidas no tocante a obrigatoriedade da vacinação -, podem ferir, dentre outros, os preceitos fundamentais que asseguram o direito à vida e à saúde, além de afrontarem entendimento consolidado pelo Plenário do STF no julgamento das ADIs 6.586/DF e 6.587/DF e do ARE 1.267.879/SP.

XV - De uma leitura mesmo superficial da Nota Técnica do Ministério da Mulher, da Família e dos Direitos Humanos, percebe-se que a Pasta trata como violação de direitos humanos justamente aquilo que esta Suprema Corte, em data recentíssima, reputou constitucional, a saber: "a restrição ao exercício de certas atividades ou à frequência de determinados lugares" imposta àqueles que se negam, sem justificativa médica ou científica, a tomar o imunizante ou a comprovar que não estão infectadas.

XVI - Afigura-se ainda mais grave a possibilidade de desvirtuamento do canal de denúncias "Disque 100", que, de acordo com as informações colhidas no sítio eletrônico do Governo Federal, "é um serviço disseminação de informações sobre direitos de grupos vulneráveis e de denúncias de violações de direitos humanos."

XVII - Medida cautelar referendada pelo Plenário do Supremo Tribunal Federal para, considerando, especialmente, a necessidade de esclarecer-se, adequadamente, os agentes públicos e a população brasileira quanto à obrigatoriedade da imunização contra a Covid-19, determinar ao Ministério da Saúde e ao Ministério da Mulher, da Família e dos Direitos Humanos que façam constar, tão logo intimados, das Nota Técnicas 2/2022-SECOVID/GAB/SECOVID/MS e 1/2022/COLIB/CGEDH/SNPG/ MMFDH, a interpretação conferida pelo Supremo Tribunal Federal ao art. 3º, III, *d*, da Lei 13.979/2020, no sentido de que (i) "a vacinação compulsória não significa vacinação forçada, por exigir sempre o consentimento do usuário, podendo, contudo, ser implementada por meio de medidas indiretas, as quais compreendem, dentre outras, a restrição ao exercício de certas atividades ou a frequência de determinados lugares, desde que previstas em lei, ou dela decorrentes", esclarecendo, ainda, que (ii) "tais medidas, com as limitações expostas, podem ser implementadas tanto pela União como pelos Estados, Distrito Federal e Municípios, respeitadas as respectivas esferas de competência", dando ampla publicidade a retificação ora imposta.

XVIII - O Plenário também determinou ao Governo Federal que se abstenha de utilizar o canal de denúncias "Disque 100" fora de suas finalidades institucionais, deixando de estimular, por meio de atos oficiais, o envio de queixas relacionadas às restrições de direitos consideradas legítimas por esta Suprema Corte no julgamento das ADIs 6.586/DF e 6.587/DF e do ARE 1.267.879/SP.

RELATÓRIO

O Senhor Ministro *Ricardo Lewandowski* (Relator): Trata-se de pedido de tutela de urgência formulado em arguição de descumprimento de preceito fundamental ajuizada pelo partido Rede Sustentabilidade, que questiona condutas do Governo Federal atinentes à política de vacinação contra a Covid-19.

A agremiação partidária afirma, em síntese, que "o Ministério da Mulher, da Família e dos Direitos Humanos, de Damares Alves [...], produziu uma nota técnica em que se opõe ao passaporte vacinal e à obrigatoriedade de vacinação de crianças contra a Covid [...]." (pág. 6 do documento eletrônico 650)

Prossegue asseverando que, "[e]m outra frente negacionista, o Ministério da Saúde divulgou em seu *site*, no início da semana, uma extensa nota técnica dedicada unicamente a fornecer argumentos jurídicos para sustentar que a vacinação de crianças não é obrigatória e que cabe aos governos estaduais atuar 'na medida de suas competências'." (pág. 8 do documento eletrônico 650)

Argumenta, assim, que "a posição do Governo Federal durante todo o enfrentamento da pandemia, e mais especificamente na vacinação de crianças, afronta princípios basilares da Constituição Federal, a Lei devidamente aprovada pelo Congresso Nacional e precedentes do Supremo Tribunal Federal." (pág. 13 do documento eletrônico 650)

Ao final, requer que:

> "(i) o Poder Executivo Federal apresente uma campanha de comunicação institucional compatível com a obrigatoriedade de vacinação para crianças e adolescentes – que não se confunde, como se sabe, com compulsoriedade --, nos termos do entendimento desta Eg. Corte, do Estatuto da Criança e do Adolescente e da própria Constituição Federal, devendo excluir postagens anteriores incompatíveis. Tal campanha deve ser alusiva à segurança e à eficácia da imunização infanto-juvenil;

(ii) que os integrantes do Poder Executivo Federal se abstenham de contrariar o entendimento desta Eg. Corte em suas manifestações institucionais, sob pena de multa pessoal em valor a ser arbitrado por Vossa Excelência e de outras consequências atinentes à responsabilização administrativa, civil ou penal, na medida em que tais comportamentos configuram erro grosseiro ou dolo, nos termos do decidido pela Corte no bojo da ADI-MC nº 6.421/DF;

(iii) o Ministério da Saúde e o Ministério da Mulher, da Família e dos Direitos Humanos juntem as referidas notas técnicas aos presentes autos no prazo de 24 horas, na medida em que os documentos não foram encontrados publicamente nos respectivos sítios eletrônicos institucionais; e

(iv) o afastamento dos signatários das referidas notas de seus cargos públicos, com o encaminhamento dos fatos ao Ministério Público para a devida apuração das condutas" (págs. 13-14 do documento eletrônico 650).

As informações solicitadas foram juntadas aos autos, conforme documentos eletrônicos 680-689, constando, em suma, o seguinte:

"Por sua vez, conforme já mencionado, após o deferimento do pedido de ampliação de uso do imunizante *Cominarty* para crianças de 05 a 11 anos de idade, cuja segurança e eficácia foi atestada pela ANVISA, a SECOVID/MS editou a NOTA TÉCNICA Nº 2/2022- SECOVID/GAB/SECOVID/MS, também disponibilizada em sítio eletrônico oficial, recomendando a inclusão da vacina Comirnaty, de forma não obrigatória, para esta faixa etária, naqueles que não possuam contraindicações, no Plano Nacional de Operacionalização da Vacinação contra a COVID-19 (PNO), priorizando:

[...]

Com relação à obrigatoriedade da vacinação de crianças e adolescentes, verifica-se que as notas técnicas mencionadas não estabelecem a obrigatoriedade de imunização. Nesse contexto, destaca-se a NOTA TÉCNICA Nº 4/2022- SECOVID/GAB/SECOVID/MS9, que trata da diferenciação dos imunizantes previstos no Programa Nacional de Imunização (PNI), regido pela Lei nº 6.259/1975; e no Plano Nacional de Operacionalização da Vacinação (PNO), regido pela Lei no 14.124/2021.

[…]

Portanto, segundo as recomendações técnicas até aqui subscritas pelo Ministério da Saúde, a campanha de vacinação de crianças de 5 a 11 é não obrigatória. Diante disso, não há que se falar em campanha de desinformação contra a imunização desse grupo. Pelo contrário, o Ministério da Saúde vem cumprindo as metas a que se propôs nesse sentido, por meio das seguidas pautas de distribuição de vacinas.

[…]

Por sua vez, também carecem de respaldo fático as afirmações do autor acerca da Nota Técnica do Ministério da Mulher, da Família e dos Direitos Humanos, que teria veiculado objeção ao passaporte vacinal e à obrigatoriedade de vacinação de crianças contra a Covid-19.

O mencionado documento – Nota Técnica 1/2022/COLIB/CGEDH/DEPEDH/SNPG/MMFDH11 – foi

enviado oficialmente aos gestores públicos a título de colaboração, tendo sido publicado no sítio institucional (no endereço eletrônico https://www.gov.br/mdh/pt- br/assuntos/noticias/2022/janeiro/NotaTcnicaSEI_MDH2723962. pdf) como medida de transparência, frente a publicações na imprensa nacional que distorciam o seu conteúdo, pretendendo-lhe atribuir caráter contrário à vacinação.

Infere-se da simples leitura da Nota que esta se limita a tratar da eventual violação de direitos humanos decorrentes da obrigatoriedade de apresentação do Certificado Nacional de Vacinação e da não obrigatoriedade de vacinação infantil contra a Covid-19. O próprio documento deixa claro que aquela Pasta não é contrária às campanhas de vacinação, as quais sequer compõem o seu espectro de competência.

Noutros termos, a Nota Técnica é o ato mediante o qual técnicos informaram à autoridade superior acerca das situações que poderiam ensejar violação de direitos humanos decorrentes da obrigatoriedade de apresentação do Certificado Nacional de Vacinação e da obrigatoriedade de vacinação infantil contra a Covid-19. O documento está em estrita consonância com as competências estabelecidas no Decreto nº 10.883, de 6 de dezembro de 2021.

[...]

Em que pese a irresignação do ora requerente, em nenhum momento se vislumbra uma suposta tentativa de desqualificar ou deslegitimar a vacinação de crianças contra a covid-19. O documento em questão limitou-se a orientar a atuação dos gestores quanto a situações de potencial violação de direitos humanos, na linha das recomendações expedidas pela ANVISA e pelo Ministério da Saúde sobre os cuidados e condições a serem observados na imunização desse público-alvo.

Trata-se, portanto, de manifestação de cunho não decisório, de circulação interna à Administração Pública e voltado a compor o processo de reflexão sobre as políticas públicas em andamento" (págs. 8-17 do documento eletrônico 680).

Em 14/2/2022, deferi parcialmente a cautelar requerida, *ad referendum* do Plenário desta Suprema Corte, para determinar ao Ministério da Saúde e ao Ministério da Mulher, da Família e dos Direitos Humanos que façam constar das Nota Técnicas 2/2022-SECOVID/GAB/SECOVID/MS e 1/2022/COLIB/CGEDH/SNPG/MMFDH, a interpretação conferida pelo Supremo Tribunal Federal ao art. 3°, III, d, da Lei 13.979/2020, no sentido de que (i) "a vacinação compulsória não significa vacinação forçada, por exigir sempre o consentimento do usuário, podendo, contudo, ser implementada por meio de medidas indiretas, as quais compreendem, dentre outras, a restrição ao exercício de certas atividades ou à frequência de determinados lugares, desde que previstas em lei, ou dela decorrentes", esclarecendo, ainda, que (ii) "tais medidas, com as limitações expostas, podem ser implementadas tanto pela União como pelos Estados, Distrito Federal e Municípios, respeitadas as respectivas esferas de competência", dando ampla publicidade à retificação ora imposta.

Naquela mesma decisão, também determinei ao Governo Federal que se abstenha de utilizar o canal de denúncias "Disque 100" fora de suas finalidades institucionais, deixando de estimular, por meio de atos oficiais, o envio de queixas relacionadas às restrições de direitos consideradas legítimas por esta Suprema Corte no julgamento das ADIs 6.586/DF e 6.587/DF e do ARE 1.267.879/SP.

Posteriormente, a Ministra de Estado da Mulher, da Família e dos Direitos Humanos, Damares Regina Alves, por meio do Ofício 1332/2022/GM.MMFDH/MMFDH, de 18 de fevereiro de 2022, *deu ciência do cumprimento da decisão* por mim proferida, nos seguintes termos:

"Em atenção ao determinado no bojo da ADPF 754, retificou-se a Nota Técnica n° 1/2022/ COLIB/CGEDH/DEPEDH/SNPG/MMFDH (2782058), dando origem a Nota Técnica n2 3/2022/DEPEDH/SNPG/MMFDH (2779469), que se apresenta, no seguinte formato:

I - Supressão do item 5.4 da Nota Técnica n2 1/2022/COLIB/CGEDH/DEPEDH/SNPG/MMFDH;

II - Inclusão do item 3.1:

'3.1. Ademais, considerando a decisão proferida na Décima Sexta Tutela Provisória Incidental n2 754 que se determinou a inclusão na Nota Técnica n2 01/2022/COLIB/DEPEDH/SNPG/MMFDH do

entendimento firmado pelo Plenário do Supremo Tribunal Federal no julgamento das ADIs 6.586/DF e 6.587/DF e do ARE 1.267.879/SP, traz a colação a síntese dos referidos julgados, a saber:

V - ADIs conhecidas e julgadas parcialmente procedentes para conferir interpretação conforme à Constituição ao art. 32, III, d, da Lei 13.979/2020, de maneira a estabelecer que: (A) a vacinação compulsória não significa vacinação forçada, por exigir sempre o consentimento do usuário, podendo, contudo, ser implementada por meio de medidas indiretas, as quais compreendem, dentre outras, a restrição ao exercício de certas atividades ou à frequência de determinados lugares, desde que previstas em lei, ou dela decorrentes, e (i) tenham como base evidências científicas e análises estratégicas pertinentes, (ii) venham acompanhadas de ampla informação sobre a eficácia, segurança e contraindicações dos imunizantes, (iii) respeitem a dignidade humana e os direitos fundamentais das pessoas; (iv) atendam aos critérios de razoabilidade e proporcionalidade, e (v) sejam as vacinas distribuídas universal e gratuitamente; e (B) tais medidas, com as limitações expostas, podem ser implementadas tanto pela União como pelos Estados, Distrito Federal e Municípios, respeitadas as respectivas esferas de competência'.

III - Inclusão de nova conclusão, conforme o item 5.3: '5.3. O Ministério da Mulher, da Família e dos Direitos Humanos, como órgão promotor dos direitos humanos e fundamentais, entende que a exigência de apresentação de certificado de vacina pode, em tese, acarretar em violação de direitos humanos e fundamentais. Neste sentido, faz bem o Poder Público em atuar no sentido de promover o acesso à informação para que cada cidadão capaz, no exercício de sua autonomia e, quando for o caso de crianças e adolescentes, do poder familiar, tenha condições de decidir de forma livre e esclarecida, buscando-se meios razoáveis para a continuidade do combate à pandemia para a consecução do bem comum, respeitando-se o entendimento jurisprudencial adotado pelo STF no julgamento 6586/DF e 6587/DF e do ARE 1.267.879/SP e aplicado pela Décima Sexta Tutela Provisória Incidental na Arguição de Descumprimento de Preceito Fundamental nº 754 Distrito Federal.'

Do mesmo modo, a Ouvidoria Nacional de Direitos Humanos providenciou as alterações e adequações no funcionamento do Disque 100, consoante o teor do Ofício nº 127/2022/ONDH/MMFDH (2780536), a saber:

'Foi inserida a mensagem 'Por necessidade de dar cumprimento à Decisão do Supremo Tribunal Federal, estamos impossibilitados de receber quaisquer denúncias relacionadas à restrição do exercício de atividades ou à restrição de acesso a locais em decorrência da não vacinação para C0VID-19' na URA dos Canais telefônicos Disque 100 e Ligue 180, assim como no *Whatsapp* e no Telegram; Se mesmo diante da informação constante na URA o usuário aguardar o atendimento humano e insistir no registro da denúncia, o atendente foi orientado a dizer a seguinte frase: 'Por necessidade de dar cumprimento à Decisão do Supremo Tribunal Federal, os canais de atendimento estão impossibilitados de receber e encaminhar quaisquer denúncias relacionadas à restrição do exercício de atividades ou à restrição de acesso a locais em decorrência da não vacinação para COVID-19'; Da mesma forma, a mensagem padrão baseará a resposta a ser enviada ao usuário que busque a Ouvidoria Nacional de Direitos Humanos por e-mail, visando realizar denúncia sobre o tema em comento; Solicitou-se ainda a inclusão da referida mensagem padrão no site da ONDH. Tal procedimento não é imediato, razão pela qual ainda está em fase de implementação; Após a implementação do protocolo, não estão sendo registradas denúncias relacionadas à restrição do exercício de atividades ou à restrição de acesso a locais em decorrência da não vacinação para COVID-19; As denúncias que haviam sido registradas antes da notificação, mas não haviam sido encaminhadas foram suspensas e receberão o seguinte status: 'tratamento suspenso por decisão judicial - ADPF nº 754.'

Considerando a necessidade de ampla divulgação imposta pela decisão já mencionada, esta Pasta divulgou o inteiro teor da Nota Técnica nº 3/2022/DEPEDH/SNPG/MMFDH (2779469) em seu sítio eletrônico (Ministério divulga nota técnica sobre a obrigatoriedade da vacinação infantil contra a Covid-19), bem como a enviou aos mesmos destinatários do documento técnico retificado (anexo SEI nº 2782111)." (págs. 1-3 do documento eletrônico 710)

O Ministro de Estado da Saúde substituto, Raphael Câmara Medeiros Parente, também juntou aos autos informações a respeito do cumprimento da decisão proferida em 14/2/2022 (documento eletrônico 713).

É o relatório.

VOTO

O Senhor Ministro *Ricardo Lewandowski* (Relator): Inicialmente, observo que, nos termos do art. 1°, parágrafo único, da Lei 9.882/1999, a ADPF é cabível para evitar ou reparar lesão a preceito fundamental, resultante de ato do Poder Público, e, também, quando for relevante o fundamento de controvérsia constitucional sobre lei ou ato normativo federal, estadual ou municipal, inclusive anteriores à Constituição.

Esta é a Décima Sexta Tutela Provisória Incidental - TPI apresentada nesta ADPF 754/DF. O presente pedido incidental, assim como os demais que o antecederam, diz respeito a atos e omissões do Poder Executivo Federal relacionados à preservação do direito à vida à saúde no contexto do período excepcional da emergência sanitária, de abrangência mundial, decorrente da disseminação ainda incontida da Covid-19.

Tanto na inicial deste pleito, quanto nos pedidos incidentais antecedentes, o cerne da questão trazida a juízo sempre foi a necessidade de explicitação e de planejamento das ações estatais relativas ao enfrentamento do novo coronavírus, responsável pelo surto pandêmico iniciado no ano de 2019.

Assim, entendendo que o pleito ora formulado é compatível com o objeto desta ADPF e com as decisões que já foram proferidas em seu bojo, passo ao respectivo exame. Nesse proceder, bem analisado - embora ainda em um exame perfunctório, de mera delibação, próprio desta fase embrionária da demanda - penso que o pedido merece ser parcialmente contemplado.

Direito constitucional à vida e à saúde

A pandemia desencadeada pelo novo coronavírus que, em menos de dois anos, infectou e vitimou fatalmente centenas de milhares de pessoas no País e no mundo, revelou a essencialidade da atuação do Estado na proteção do direito à vida e à saúde contemplados nos arts. 5°, 6° e 196 da Constituição Federal.

O direito à vida, sabe-se hoje, corresponde ao direito, universalmente reconhecido à pessoa humana, de viver e permanecer vivo, livre de quaisquer agravos, materiais ou morais.

Já a saúde, de acordo com o art. 196 da Lei Maior, "é um direito de todos e dever do Estado, garantido mediante políticas sociais e econômicas que visem à redução do risco de doença e de outros agravos e ao acesso universal e igualitário às ações e serviços para sua promoção, proteção e recuperação".

Nesse contexto, amplificado pela magnitude da pandemia decorrente do novo coronavírus, exige-se, mais do que nunca, uma atuação fortemente proativa dos agentes públicos de todos os níveis governamentais, sobretudo mediante a implementação de programas universais e abrangentes de vacinação, pois, como adverte José Afonso da Silva, *"o direito é garantido por aquelas políticas indicadas, que hão de ser estabelecidas, sob pena de omissão inconstitucional"* (SILVA, José Afonso da. *Comentário contextual à Constituição*. 6. ed. São Paulo: Malheiros, 2009, p. 768, grifei).

Para dar concreção ao direito social à saúde, previsto no citado art. 196 da Constituição Federal, o Estado deve lançar mão de "políticas sociais e econômicas que visem à redução do risco de doença e de outros agravos e ao acesso universal e igualitário às ações e serviços para sua promoção, proteção e recuperação". O art. 197, de sua parte, preconiza que são "de relevância pública as ações e serviços de saúde, cabendo ao Poder Público dispor, nos termos da lei, sobre sua regulamentação, fiscalização e controle".

Direito das crianças e adolescentes
O direito à saúde de adultos e crianças, cuja implementação se dá por meio de políticas sociais e econômicas adequadas, encontra amparo também no art. 12 do Pacto Internacional sobre Direitos Econômicos, Sociais e Culturais, internalizado pelo Decreto 591/1992, que assim dispõe:

> "1. Os Estados Partes do presente Pacto reconhecem o direito de toda pessoa de desfrutar o mais elevado nível possível de saúde física e mental.
> 2. *As medidas que os Estados Partes do presente Pacto deverão adotar com o fim de assegurar o pleno exercício desse direito incluirão* as medidas que se façam necessárias para assegurar:
> *a) A diminuição da mortinatalidade e da mortalidade infantil*, bem como o desenvolvimento das crianças;
> b) A melhoria de todos os aspectos de higiene do trabalho e do meio ambiente;
> *c) A prevenção e o tratamento das doenças epidêmicas, endêmicas,* profissionais *e outras*, bem como a luta contra essas doenças;
> d) A criação de condições que assegurem a todos assistência médica e serviços médicos em caso de enfermidade" (grifei).

Lembro, ainda, que a Constituição Federal, bem assim o Estatuto da Criança e do Adolescente (Lei 8.069/1990), que lhe sobreveio, incorporaram importantes instrumentos de defesa dos menores, que têm por base a denominada "Doutrina da Proteção Integral". Trata-se de um conjunto de princípios e iniciativas, discutido no âmbito das Nações Unidas por cerca de uma década, ao longo do processo de elaboração da Convenção Internacional dos Direitos da Criança, que veio a ser o pacto de direitos humanos mais ratificado no mundo, tendo apenas um país se recusado a fazê-lo.

Como corolário da adoção dessa Doutrina, o art. 227 da Constituição dispõe que é

> "[...] *dever da família, da sociedade e do Estado assegurar à criança, ao adolescente e ao jovem, com absoluta prioridade, o direito à vida, à saúde,* à alimentação, à educação, ao lazer, à profissionalização, à cultura, à dignidade, ao respeito, à liberdade e à convivência familiar e

comunitária, *além de colocá-los a salvo de toda forma de negligência, discriminação, exploração, violência, crueldade e opressão"* (grifei).

Crianças e adolescentes são, portanto, sujeitos de direitos, pessoas em condição peculiar de desenvolvimento e destinatários do postulado constitucional da "prioridade absoluta". A esta Corte, evidentemente, cabe preservar essa diretriz, garantindo a proteção integral dos menores segundo o seu melhor interesse, em especial de sua vida e saúde, de forma a evitar que contraiam ou que transmitam a outras crianças – além das conhecidas doenças infectocontagiosas como o sarampo, caxumba e rubéola – a temível Covid-19.

Tal tarefa é especialmente delicada porque os menores não têm autonomia, seja para rejeitar, seja para consentir com a vacinação. Assim, parece-me inelutável que, havendo consenso científico demonstrando que os riscos inerentes à opção de não vacinar são significativamente superiores àqueles postos pela vacinação, cumpre privilegiar a defesa da vida e da saúde dos menores, em prol não apenas desses sujeitos especialmente protegidos pela lei, mas também de toda a coletividade.

Resta claro, portanto, que *constitui obrigação do Estado*, inclusive à luz dos compromissos internacionais assumidos pelo Brasil, *proporcionar à toda a população indicada o acesso à vacina para prevenção da Covid- 19, de forma universal e gratuita, em particular às crianças de 5 a 11 anos de idade, potenciais vítimas - aliás, indefesas -, e propagadoras dessa insidiosa virose, sobretudo porquanto já há comprovação científica acerca de sua eficácia e segurança,* como se verá adiante, atestada pelo órgão governamental encarregado de tal mister, qual seja, a Agência Nacional de Vigilância Sanitária – Anvisa.

Obrigatoriedade da vacinação

Recordo que, no Brasil, o marco legal da vacinação obrigatória foi institucionalizado pela Lei 6.259/1975, regulamentada pelo Decreto 78.231/1976, diplomas normativos que detalharam a forma como o Programa Nacional de Imunizações seria implementado no País, dentre outras disposições.

É digno de registro que o citado diploma legal estabelece, por exemplo, que cabe ao Ministério da Saúde a elaboração do Programa Nacional de Imunizações - PNI, no qual são definidas as vacinações, *inclusive as de caráter obrigatório*, praticadas sempre "de modo sistemático e gratuito", *cuja comprovação se dará mediante atestado próprio*, "emitido pelos serviços públicos de saúde ou por médicos no exercício de suas atividades privadas, devidamente credenciados para tal fim" (arts. 3°, parágrafo único, e 5°, §1°).

Já o Regulamento definiu que é *"dever de todo o cidadão submeter- se e os menores dos quais tenha a guarda ou responsabilidade, à vacinação obrigatória"*, ficando dela dispensadas apenas as pessoas que apresentassem atestado médico de contraindicação explícita (art. 29 e parágrafo único).

Em complemento, o Ministério da Saúde, por intermédio da Portaria 597/2004, que instituiu os calendários de vacinação em todo o território nacional, em obediência ao disposto na Lei 6.259/1975, explicitou como se dá, na prática, a compulsoriedade das imunizações previstas, *verbis*:

"Art. 4º *O cumprimento da obrigatoriedade das vacinações será comprovado por meio de atestado de vacinação* a ser emitido pelos serviços públicos de saúde ou por médicos em exercício de atividades privadas, devidamente credenciadas pela autoridade de saúde competente

[...]

Art. 5º Deverá ser concedido prazo de 60 (sessenta) dias para apresentação do atestado de vacinação, nos casos em que ocorrer a inexistência deste ou quando forem apresentados de forma desatualizada.

§1º Para efeito de pagamento de salário-família será exigida do segurado a apresentação dos atestados de vacinação obrigatórias estabelecidas nos Anexos I, II e III desta Portaria.

§2º Para efeito de matrícula em creches, pré-escola, ensino fundamental, ensino médio e universidade o comprovante de vacinação deverá ser obrigatório, atualizado de acordo com o calendário e faixa etária estabelecidos nos Anexos I, II e III desta Portaria.

§3º Para efeito de Alistamento Militar será obrigatória apresentação de comprovante de vacinação atualizado.

§4º Para efeito de recebimento de benefícios sociais concedidos pelo Governo, deverá ser apresentado comprovante de vacinação, atualizado de acordo com o calendário e faixa etária estabelecidos nos Anexos I, II e III desta Portaria.

§5º Para efeito de contratação trabalhista, as instituições públicas e privadas deverão exigir a apresentação do comprovante de vacinação, atualizado de acordo com o calendário e faixa etária estabelecidos nos Anexos I, II e III desta Portaria".

Como é possível constatar, a *obrigatoriedade da vacinação,* mencionada nos textos normativos supra *é levada a efeito por meio de sanções indiretas,* consubstanciadas, basicamente, em vedações ao exercício de determinadas atividades ou à frequência de certos locais por pessoas que não possam comprovar a sua imunização ou, então, que não são portadoras do vírus, conforme, aliás, decidido pelo Supremo Tribunal Federal na ADI 6.586/DF e 6.587/DF, das quais fui relator.

Especificamente no que tange ao tema da vacinação infantil, o Estatuto da Criança e do Adolescente – ECA (Lei 8.069/1990) é textual ao prever *a obrigatoriedade da "vacinação de crianças nos casos recomendados pelas autoridades",* estabelecendo penas pecuniárias àqueles que, dolosa ou culposamente, descumprirem "os deveres inerentes ao poder familiar ou decorrente de tutela ou guarda" dos menores (arts. 14, §1° e 249).

Não foi por outra razão, inclusive, que, nestes mesmos autos, determinei que fossem oficiados os "Procuradores-Gerais de Justiça dos Estados e do Distrito Federal de modo que, nos termos do art. 129, II, da Constituição Federal, e do art. 201, VIII e X, do Estatuto da Criança e do Adolescente (Lei 8.069/1990), empreendam as medidas necessárias para o cumprimento do disposto nos referidos preceitos normativos quanto à vacinação de menores contra a Covid-19."

Cumpre rememorar, ainda, por oportuno, que Lei 13.979/2020 autorizou a vacinação compulsória contra a Covid-19. Veja-se:

"Art. 3º *Para enfrentamento da emergência de saúde pública* de importância internacional de que trata esta Lei, as *autoridades poderão adotar, no âmbito de suas competências,* entre outras, as seguintes medidas:
[...]
III - determinação de *realização compulsória de*: [...]
d) *vacinação e outras medidas profiláticas;"* (grifei).

A rigor, a previsão de vacinação compulsória contra a Covid-19, determinada na Lei 13.979/2020, cuja vigência, no tocante a alguns de seus dispositivos, foi estendida até o final da pandemia, pelo Supremo Tribunal Federal, na ADI 6.625-MC/DF, de minha relatoria, não seria sequer necessária, porquanto a legislação sanitária, em particular a mencionada Lei 6.259/1975 (arts. 3° e 5°), já contempla, repita-se, a possibilidade da imunização com caráter obrigatório.

De toda a sorte, entendo que *a Lei 13.979/2020, último diploma legal editado sobre o assunto*, embora não traga nenhuma inovação substancial acerca da matéria, *representa um importante reforço às regras sanitárias preexistentes - de observância incontornável pelas autoridades e por particulares -*, diante dos inusitados riscos e desafios inaugurados pela pandemia.

Posição do STF sobre a vacinação obrigatória

Além dos argumentos acima expostos, cumpre mencionar, ainda, que esta Suprema Corte fixou a seguinte tese no julgamento do Tema 1.103, da Repercussão Geral: *"É constitucional a obrigatoriedade de imunização por meio de vacina que, registrada em órgão de vigilância sanitária, (i) tenha sido incluída no Programa Nacional de Imunizações, ou (ii) tenha sua aplicação obrigatória determinada em lei ou (iii) seja objeto de determinação da União, Estado, Distrito Federal ou Município, com base em consenso médico-científico"* (grifei). Em tais casos, não se caracteriza violação à liberdade de consciência e de convicção filosófica dos pais ou responsáveis, nem tampouco ao poder familiar." (ARE 1.267.879-RG/SP, Rel. Min. Roberto Barroso).

Constou da ementa daquele julgamento que

> "[...] *o Direito brasileiro prevê a obrigatoriedade da vacinação*. Atualmente, *ela está prevista em diversas leis vigentes, como, por exemplo, a Lei n° 6.259/1975 (Programa Nacional de Imunizações) e a Lei n° 8.069/90 (Estatuto da Criança e do Adolescente). Tal previsão jamais foi reputada inconstitucional. Mais recentemente, a Lei n° 13.979/2020 (referente às medidas de enfrentamento da pandemia da Covid-19), de iniciativa do Poder Executivo, instituiu comando na mesma linha.* 5. *É legítimo impor o caráter compulsório de vacinas que tenha registro em órgão de vigilância sanitária e em relação à qual exista consenso médico-científico.* Diversos fundamentos justificam a medida, entre os quais: a) o Estado pode, em situações excepcionais, proteger as pessoas mesmo contra a sua vontade (dignidade como valor comunitário); b) a vacinação é importante para a proteção de toda a sociedade, não sendo legítimas escolhas individuais que afetem gravemente direitos de terceiros (necessidade de imunização coletiva); e c) o poder familiar não autoriza que os pais, invocando convicção filosófica, coloquem em risco a saúde dos filhos (CF/1988, arts. 196, 227 e 229) (melhor interesse da criança)" (grifei).

Vale lembrar, também, que este Supremo Tribunal Federal, no julgamento das já citadas ADIs 6.586/DF e 6.587/DF, em acórdão de minha relatoria, assim se pronunciou sobre a exigência de comprovação de vacinação para exercício de determinados direitos:

> "AÇÕES DIRETAS DE INCONSTITUCIONALIDADE. *VACINAÇÃO COMPULSÓRIA CONTRA A COVID-19 PREVISTA NA LEI 13.979/2020.* PRETENSÃO DE ALCANÇAR A IMUNIDADE DE REBANHO. PROTEÇÃO DA COLETIVIDADE, EM ESPECIAL DOS MAIS VULNERÁVEIS. DIREITO SOCIAL À SAÚDE. PROIBIÇÃO DE VACINAÇÃO FORÇADA. EXIGÊNCIA DE PRÉVIO CONSENTIMENTO INFORMADO DO USUÁRIO. INTANGIBILIDADE DO CORPO HUMANO. PREVALÊNCIA DO PRINCÍPIO DA DIGNIDADE HUMANA. INVIOLABILIDADE DO DIREITO À VIDA, LIBERDADE, SEGURANÇA, PROPRIEDADE, INTIMIDADE E VIDA PRIVADA.

VEDAÇÃO DA TORTURA E DO TRATAMENTO DESUMANO OU DEGRADANTE. *COMPULSORIEDADE DA IMUNIZAÇÃO A SER ALCANÇADA MEDIANTE RESTRIÇÕES INDIRETAS.* NECESSIDADE DE OBSERVÂNCIA DE EVIDÊNCIAS CIENTÍFICAS E ANÁLISES DE INFORMAÇÕES ESTRATÉGICAS. EXIGÊNCIA DE COMPROVAÇÃO DA SEGURANÇA E EFICÁCIA DAS VACINAS. LIMITES À OBRIGATORIEDADE DA IMUNIZAÇÃO CONSISTENTES NA ESTRITA OBSERVÂNCIA DOS DIREITOS E GARANTIAS FUNDAMENTAIS. COMPETÊNCIA COMUM DA UNIÃO, ESTADOS, DISTRITO FEDERAL E MUNICÍPIOS PARA CUIDAR DA SAÚDE E ASSISTÊNCIA PÚBLICA. ADIS CONHECIDAS E JULGADAS PARCIALMENTE PROCEDENTES.

I - A vacinação em massa da população constitui medida adotada pelas autoridades de saúde pública, com caráter preventivo, apta a reduzir a morbimortalidade de doenças infeciosas transmissíveis e a provocar imunidade de rebanho, com vistas a proteger toda a coletividade, em especial os mais vulneráveis.

II - A obrigatoriedade da vacinação a que se refere a legislação sanitária brasileira não pode contemplar quaisquer medidas invasivas, aflitivas ou coativas, em decorrência direta do direito à intangibilidade, inviolabilidade e integridade do corpo humano, afigurando-se flagrantemente inconstitucional toda determinação legal, regulamentar ou administrativa no sentido de implementar a vacinação sem o expresso consentimento informado das pessoas.

III - *A previsão de vacinação obrigatória, excluída a imposição de vacinação forçada, afigura-se legítima, desde que as medidas às quais se sujeitam os refratários observem os critérios constantes da própria Lei 13.979/2020, especificamente nos incisos I, II, e III do §2º do art. 3º,* a saber, o direito à informação, à assistência familiar, ao tratamento gratuito e, ainda, ao pleno respeito à dignidade, aos direitos humanos e às liberdades fundamentais das pessoas, bem como os princípios da razoabilidade e da proporcionalidade, de forma a não ameaçar a integridade física e moral dos recalcitrantes.

IV - *A competência do Ministério da Saúde para coordenar o Programa Nacional de Imunizações e definir as vacinas integrantes do calendário nacional de imunização não exclui a dos Estados, do Distrito Federal e dos Municípios para estabelecer medidas profiláticas e terapêuticas destinadas a enfrentar a pandemia decorrente do novo coronavírus, em âmbito regional ou local,* no exercício do poder-dever de cuidar da saúde e assistência pública que lhes é cometido pelo art. 23, II, da Constituição Federal.

V - ADIs conhecidas e julgadas parcialmente procedentes para conferir interpretação conforme à Constituição ao art. 3º, III, *d*, da Lei 13.979/2020, de maneira a estabelecer que: (A) *a vacinação compulsória não significa vacinação forçada, por exigir sempre o consentimento do usuário, podendo, contudo, ser implementada por meio de medidas indiretas, as quais compreendem, dentre outras, a restrição ao exercício de certas atividades ou à frequência de determinados lugares, desde que previstas em lei, ou dela decorrentes,* e (i) tenham como base evidências científicas e análises estratégicas pertinentes, (ii) venham acompanhadas de ampla informação sobre a eficácia, segurança e contraindicações dos imunizantes, (iii) respeitem a dignidade humana e os direitos fundamentais das pessoas; (iv) atendam aos critérios de razoabilidade e proporcionalidade, e (v) sejam as vacinas distribuídas universal e gratuitamente; e (B) *tais medidas, com as limitações expostas, podem ser implementadas tanto pela União como pelos Estados, Distrito Federal e Municípios, respeitadas as respectivas esferas de competência*" (grifei).

Importância da vacinação obrigatória

Como o STF já registrou nas mencionadas ADIs 6.586/DF e 6.587/DF, é consenso, atualmente, entre as autoridades sanitárias, que a vacinação em massa da população constitui uma intervenção preventiva, apta a reduzir a morbimortalidade de doenças infeciosas transmissíveis e provocar imunidade de rebanho, fazendo com que os indivíduos tornados imunes protejam indiretamente os não imunizados.

Com tal providência, reduz-se ou elimina-se a circulação do agente infeccioso no ambiente e, por consequência, protege-se a coletividade, notadamente os mais vulneráveis. A legitimação tecnológica e científica dos imunizantes contribuiu para o seu emprego generalizado e intensivo em diversos países, pois os programas de vacinação são considerados a segunda intervenção de saúde mais efetiva hoje existente, figurando o saneamento básico na primeira posição.

Alcançar a chamada "imunidade de rebanho" mostra-se, pois, assaz relevante, sobretudo para pessoas que, por razões de saúde, não podem ser imunizadas, dentre estas as crianças que ainda não atingiram a idade própria ou indivíduos cujo sistema imunológico não responde bem às vacinas. Por isso, *a saúde coletiva não pode ser prejudicada por pessoas que deliberadamente se recusam ser vacinadas*, acreditando que, ainda assim, serão beneficiárias da imunidade coletiva.

É certo que a imunidade de rebanho talvez possa ser alcançada independentemente da vacinação obrigatória, a depender do número resultante da soma de pessoas imunes, em razão de prévia infecção, com aqueles que aderiram voluntariamente à imunização. Não obstante exista, em tese, essa possibilidade, entendo que, ainda assim, *há fundamentos constitucionais relevantes para sustentar a compulsoriedade da vacinação, por tratar-se de uma ação governamental que pode contribuir significativamente para a imunidade coletiva* ou, até mesmo, acelerá-la, de maneira a salvar vidas, impedir a progressão da doença e proteger, em especial, os mais vulneráveis.

Papel da União e dos entes federados

O dever irrenunciável do Estado brasileiro de zelar pela saúde de todos aqueles sob sua jurisdição apresenta uma dimensão objetiva e institucional que se revela, como já se viu, no plano administrativo, pelo Sistema Único de Saúde - SUS, concebido como uma rede regionalizada e hierarquizada de ações e serviços públicos, qualificada pela descentralização, pelo atendimento integral e pela participação da comunidade em sua gestão e controle (art. 198, I, II e III, da CF).

Ao SUS compete, dentre outras atribuições, "controlar e fiscalizar procedimentos, produtos e substâncias de interesse para a saúde e participar da produção de medicamentos, equipamentos, imunobiológicos, hemoderivados e outros insumos", assim como "executar as ações de vigilância sanitária e epidemiológica, bem como as de saúde do trabalhador" (art. 200, I e II, da CF).

Esse sistema é compatível com o nosso "federalismo cooperativo" ou "federalismo de integração", adotado pelos constituintes de 1988, caracterizado "pelo entrelaçamento das esferas de poder central e local" (LEWANDOWSKI, Enrique Ricardo. *Pressupostos Materiais e Formais da Intervenção Federal no Brasil*. 2. ed. Belo Horizonte, Forense, 2018, p. 33).

Essa modalidade de federalismo encontra expressão, no concernente à temática aqui tratada, na competência concorrente partilhada pela União, Estados e Distrito Federal para legislar sobre a "proteção e defesa da saúde" (art. 24, XII, da CF), bem assim na competência material comum a todos eles e também aos Municípios de "cuidar da saúde e assistência pública" (art. 23, II, da CF).

A já referida Lei 6.259/1975, estabelece, como já se assentou, que *cabe ao Ministério da Saúde a elaboração do Programa Nacional de Imunizações – PNI, com a definição das vacinações, inclusive as de caráter obrigatório* (art. 3º, *caput*), prescrevendo, ainda, que *aquela*

Pasta coordenará e apoiará tal atividade - técnica, material e financeiramente - em âmbito nacional e regional, cuja responsabilidade cabe às Secretarias de Saúde das unidades federadas (art. 4°, *caput* e §1°). Ademais, consigna que "o Ministério da Saúde poderá participar, em caráter supletivo, das ações previstas no programa e *assumir sua execução, quando o interesse nacional ou situações de emergência o justifiquem*" (art. 4°, §2°, grifei).

Não obstante, ressalto que o fato de *o Ministério da Saúde coordenar o Programa Nacional de Imunizações e definir as vacinas integrantes do calendário nacional de vacinação não exclui a competência dos Estados, Municípios, e do Distrito Federal para adaptá-los às peculiaridades locais,* no típico exercício da competência comum para "cuidar da saúde e assistência pública" (art. 23, II, da CF).

Observe-se, inclusive, que a Lei 6.259/1975 autoriza que "os governos estaduais, com audiência" - a qual, nos termos da Constituição, não pode ser entendida como aquiescência prévia - "do Ministério da Saúde, poderão propor medidas legislativas complementares visando ao cumprimento das vacinações, obrigatórias por parte da população, no âmbito dos seus territórios" (*caput*, do art. 6°), as quais "serão observadas pelas entidades federais, estaduais e municipais, públicas e privadas, no âmbito do respectivo Estado." (parágrafo único do art. 6°)

Embora o ideal, em se tratando de uma moléstia que atinge o País por inteiro, seja a inclusão de vacinas seguras e eficazes no Programa Nacional de Imunizações, sob a coordenação da União, de forma a atender toda a população, sem qualquer distinção, o certo é que, nos diversos precedentes relativos à pandemia causada pela Covid-19, *o Supremo Tribunal Federal tem ressaltado a possibilidade de atuação autônoma das autoridades locais para o enfrentamento dessa emergência de saúde pública de importância internacional, em especial* na hipótese de omissão do governo central ou em situações que exijam medidas de caráter urgente.

Ora, a partir do arcabouço constitucional acima descrito, é possível concluir que a defesa da saúde compete a qualquer das unidades federadas, seja por meio da edição de normas legais, seja mediante a realização de ações administrativas, sem que, como regra, dependam da autorização de outros níveis governamentais para levá-las a efeito, cumprindo-lhes, apenas, consultar o interesse público que têm o dever de preservar.

Esse é precisamente o entendimento da mais abalizada doutrina, para a qual, ao comentar o art. 196 da CF, "[...] a obrigação correspondente, na cláusula '*a saúde é dever do Estado', compreendendo aqui a União, os Estados, o Distrito Federal e os Municípios, que podem cumprir o dever diretamente ou por via de entidade da Administração indireta*" (SILVA, José Afonso da. *Comentário contextual à Constituição,* cit. p. 768, grifei).

Observe-se, inclusive, que nas precitadas ADIs 6.586/DF e 6.587/DF, o Plenário desta Suprema Corte assentou que a vacinação obrigatória, implementada por medidas indiretas, pode ser levada a efeito, com as limitações expostas naquele acórdão, "tanto pela União como pelos Estados, Distrito Federal e Municípios, respeitadas as respectivas esferas de competência."

Não se olvide, ademais, que a Constituição, em se tratando de competências concorrentes entre a União, Estados e Distrito Federal, as quais incluem "a proteção e defesa da saúde", prevê a "competência suplementar" desses últimos, sendo-lhes lícito, inexistindo lei federal sobre normas gerais, exercer "a competência legislativa plena, para atender a suas peculiaridades" (art. 24, §§2° e 3°, da CF).

Em suma, *os entes federados não podem ficar de braços cruzados na hipótese de eventual omissão ou de comportamento contraditório da União no concernente à vacinação das crianças -* repito, vítimas e transmissoras da Covid-19 -, *assistindo inertes à propagação da pandemia entre a população local.*

Princípios da razoabilidade e da proporcionalidade

Os princípios da razoabilidade e da proporcionalidade, apesar de não encontrarem uma definição explícita no texto constitucional, são hoje bem conhecidos. Foram desenvolvidos pela doutrina anglo-saxônica e alemã, respectivamente. O primeiro, deduzido a partir do conceito basilar do *substantive due process of law*, serviu, inicialmente, para o controle de constitucionalidade das leis. Já o segundo foi empregado, no direito administrativo, como um instrumento de controle dos atos do Executivo. Para Luís Roberto Barroso, os dois princípios são fungíveis, porque encerram valores assemelhados, quais sejam: "racionalidade, justiça, medida adequada, senso comum, rejeição aos atos arbitrários ou caprichosos" (BARROSO, Luís Roberto. *Interpretação e aplicação da Constituição.* 6ª ed. São Paulo: Saraiva, 2004, p. 37e-374, nota 62).

Embora não tenham sido definidos explicitamente na Constituição vigente, não há dúvida de que os dois postulados - como regra intercambiáveis - decorrem do preceito abrigado em seu art. 5°, LIV, segundo o qual "ninguém será privado de sua liberdade ou de seus bens sem o devido processo legal", estando, ademais, positivados no art. 2° da Lei 9.784/1999, o qual estabelece que a Administração Pública obedecerá, dentre outros, aos princípios da razoabilidade e da proporcionalidade.

Para o Supremo Tribunal Federal, tais princípios exercem o importante papel de coibir atos administrativos ou legislativos extravagantes. Veja-se, nesse sentido, a decisão proferida no RE 374.981/RS, de relatoria do Ministro Celso de Mello, *verbis*:

> "*O princípio da proporcionalidade* - que extrai a sua justificação dogmática de diversas cláusulas constitucionais, notadamente aquela que veicula a garantia do *substantive due process of law - acha-se vocacionado a inibir e a neutralizar os abusos do poder público no exercício de suas funções, qualificando-se como parâmetro de aferição da própria constitucionalidade material dos atos estatais.* A norma estatal, que não veicula qualquer conteúdo de irrazoabilidade, presta obséquio ao postulado da proporcionalidade, ajustando-se à cláusula que consagra, em sua dimensão material, o princípio do *substantive due process of law* (art. 5º, LIV). Essa cláusula tutelar, ao inibir os efeitos prejudiciais decorrentes do abuso de poder legislativo, enfatiza a noção de que a prerrogativa de legislar outorgada ao Estado constitui atribuição jurídica essencialmente limitada, ainda que o momento de abstrata instauração normativa possa repousar em juízo meramente político ou discricionário do legislador" (grifei).

Em sede acadêmica, mais especificamente, no âmbito do Direito Administrativo, Celso Antônio Bandeira de Mello, traz relevante aporte para a compreensão desses conceitos, afirmando que *a razoabilidade, corresponde ao emprego de "critérios aceitáveis do ponto de vista racional, em sintonia com o senso normal das pessoas equilibradas e respeitosa das finalidades que presidiram a outorga da competência exercida"*; já a *proporcionalidade*, de seu turno, *exige que determinada ação seja exercida "na extensão e intensidade" condizente com o cumprimento da finalidade pública à qual está atrelada* (MELLO, Celso Antônio Bandeira de. *Curso de Direito Administrativo.* 30ª ed. São Paulo: Malheiros, 2013, p. 111-113, grifei).

É por essa razão que Hely Lopes Meirelles, com o costumeiro acerto, assenta que *se mostra completamente destoante da ordem jurídica, "a conduta do administrador decorrente de seus critérios personalíssimos ou de seus standards pessoais que, não obstante aparentar legalidade, acabe, por falta daquela razoabilidade média, contrariando a finalidade, a moralidade ou a própria razão de ser da norma em que se apoiou"* (MEIRELLES, Hely Lopes. *Direito Administrativo Brasileiro*, 39ª ed. São Paulo: Malheiros, 2013, p. 97, grifei).

Isso quer dizer que, *no tocante à vacinação, seja de adultos, seja de crianças, não podem prevalecer critérios pessoais, políticos ou, quiçá, ideológicos, não raro extravagantes, em detrimento de considerações científicas e análises estratégicas em saúde*, segundo consta, expressamente, do art. 3°, §1°, da Lei 13.979/2020.

Vale lembrar, a propósito, que esta Suprema Corte assentou que decisões administrativas relacionadas *à proteção à vida, à saúde* e ao meio ambiente *devem observar standards, normas e critérios científicos e técnicos, tal como estabelecidos por organizações e entidades internacional e nacionalmente reconhecidas* (ADIs 6.421-MC/DF, 6.422- MC, 6.424-MC/DF, 6.425-MC/DF, 6.427-MC/DF, 6.428-MC/DF e 6.431-MC/DF, todas de relatoria do Ministro Roberto Barroso).

Responsabilidade dos agentes públicos

Neste momento de enorme sofrimento coletivo, em que o mundo bate recordes de infectados pela Covid-19, sobretudo em face da disseminação de novas cepas do vírus, tal como a variante Ômicron, *não é dado aos agentes públicos tergiversar no tocante aos rumos a seguir no combate à doença*, cumprindo-lhes pautar as respectivas condutas pelos parâmetros estabelecidos na legislação aplicável, com destaque para o rigoroso respeito às evidências científicas e às informações estratégicas em saúde, conforme determina o art. 3°, §1°, da Lei 13.979/2020, cuja constitucionalidade o STF já reconheceu no julgamento da ADI 6.343-MC- Ref/DF, de relatoria do Ministro Alexandre de Moraes.

Devem pautar-se, ademais, *pelos princípios da prevenção e da precaução.* O primeiro tem incidência nas hipóteses de certeza (relativa) de danos e riscos, ao passo que o princípio da precaução, diversamente, emerge nas hipóteses de riscos e danos incertos. Quanto a este último, Álvaro Mirra acentua o seguinte:

> "Cuida-se de um princípio com *status* de princípio constitucional, dotado de valor jurídico autônomo, a ser aplicado direta e obrigatoriamente por todos aqueles que se encontram na posição de tomadores de decisões, sejam agentes públicos, sejam pessoas privadas.
>
> Se assim é, ou seja, se o princípio da precaução está consagrado no ordenamento jurídico brasileiro, torna-se imprescindível uma tutela jurisdicional que permita a sua implementação concreta" (MIRRA, Álvaro Luiz Valery. Ação civil pública ambiental: aspectos da tutela jurisdicional de precaução relacionada à questão das mudanças climáticas. In: PALMA, Carol Manzoli; SACCOMANO NETO, Francisco; OLIVEIRA, Taísa Cristina Sibinelli de (org.). *Direito ambiental*: efetividade e outros desafios: estudos em homenagem a Paulo Affonso Leme Machado. São Paulo: Lex Magister, 2012. p 41- 47).

Assim, estando em jogo a saúde das crianças brasileiras, em tempos de grandes incertezas, *afigura-se mandatório que os princípios da prevenção e da precaução sirvam de norte aos tomadores de decisões no âmbito sanitário.* E, neste aspecto, *as orientações e os consensos da Organização Mundial de Saúde – OMS, bem assim as recomendações de outras autoridades médicas nacionais e estrangeiras*, têm destacada importância, *representando* - conforme entendimento jurisprudencial do STF - *diretrizes* aptas a guiar os agentes públicos na difícil tarefa de tomada de decisão diante dos riscos à saúde colocados pela pandemia, *que não poderão ser ignoradas pelos agentes públicos responsáveis quando da elaboração e execução de políticas para o combate à Covid- 19, sob pena de configuração de dolo ou, quando menos, de erro grosseiro.*

A propósito vale recordar que o texto constitucional dispõe, acerca da responsabilidade civil do Estado, que "*as pessoas jurídicas de direito público* e as de direito privado prestadoras de serviços públicos *responderão pelos danos que seus agentes,* nessa qualidade, *causarem a terceiros, assegurado o direito de regresso contra o responsável nos casos de dolo ou culpa*" (art. 37, §6°, da CF), *isso sem prejuízo de incorrerem em eventuais sanções políticas ou criminais.*

Parecer técnico da GGMED da ANVISA

O Parecer Público de Avaliação de Medicamentos emitido pela Gerência-Geral de Medicamentos e Produtos Biológicos (GGMED), da Anvisa, culminou com o deferimento do pedido de ampliação do uso da vacina *Comirnaty*, na apresentação 130 µg SUS DIL INJ CT 10 FA VD INC X 1,3 ML, por atender aos seguintes textos normativos: Lei 6.360/1976, Decreto 8.077/2013, RDC 413/2020, IN 65/2020 e RDC 415/2020.

Trata-se de uma manifestação conclusiva do órgão estatal responsável, com exclusividade, nos termos da mencionada Lei 9.782/1999, pela aprovação e registro de fármacos no País, sendo, portanto, as suas manifestações vinculantes, quanto aos aspectos técnicos, para as ações governamentais na área da saúde. Confira-se, abaixo, trecho relevante do Parecer:

Balanço benefícios x riscos

"Com base na totalidade das evidências científicas disponíveis, incluindo dados de estudos adequados e bem controlados descritos na Seção 7 desta revisão, a vacina Pfizer- BioNTech COVID-19, quando administrada como uma série primária de 2 doses em crianças de 5 a 11 anos de idade, pode ser eficaz na prevenção de doenças graves ou potencialmente fatais ou condições que podem ser causadas pelo SARS-CoV-2. A eficácia da vacina foi inferida por *immunobridging* com base em uma comparação dos títulos de anticorpos neutralizantes de 50% do SARS-CoV-2, um mês após a dose 2 em participantes de 5-11 anos de idade, com aqueles de adultos jovens de 16 a 25 anos de idade, o mais clinicamente relevante subgrupo da população do estudo em que a VE foi demonstrada. Na análise de *immunobridging* planejada, a proporção de GMT dos títulos de anticorpos neutralizantes (crianças para adultos jovens) foi de 1,04% (IC de 95%: 0,93, 1,18) atendendo ao critério de sucesso (limite inferior do IC de 95% para a proporção de GMT> 0,67 e a estimativa pontual ≥1). Em uma análise descritiva de imunogenicidade, as taxas de resposta sorológica entre participantes sem evidência anterior de infecção por SARS-CoV-2 foram observadas em 99,2% por cento das crianças e 99,2% por cento dos adultos jovens, com uma diferença nas taxas de soroconversão de 0 (IC 95% -2,0 , 2,2), atendendo aos critérios de sucesso pré-especificados do limite inferior do IC de 95% para a diferença na resposta sorológica maior que -10%, os resultados de imunogenicidade foram consistentes entre os subgrupos demográficos. Análises descritivas de um subconjunto de participantes selecionados aleatoriamente (34 indivíduos vacinados com BNT162b2, 4 tratados com placebo) sem evidência de infecção até 1 mês após a dose 2 demonstraram que uma série primária de 10 µg induziu títulos neutralizantes de PRNT contra a cepa de referência e a variante Delta. Em uma análise de eficácia suplementar, a VE após 7 dias após a Dose 2 foi de 90,7% (IC de 95%: 67,7%, 98,3%); 3 casos de COVID-19 ocorreram em participantes de 5 a 11 anos de idade sem histórico prévio de infecção por SARS-CoV-2, e a maioria ocorreu durante julho-agosto de 2021. Embora com base em um pequeno número de casos e análise descritiva suplementar da VE, os dados fornecem evidências diretas convincentes de benefício clínico, além dos dados de *immunobridging.*

Com base nos dados resumidos do estudo de eficácia e nos benefícios e riscos descritos nessa revisão, os benefícios conhecidos e potenciais da vacina superam os riscos conhecidos e potenciais, quando usada para imunização ativa para prevenir COVID-19 causado por SARS-CoV-2 em indivíduos de 5 a 11 anos de idade. Os benefícios conhecidos e potenciais incluem a redução do risco de COVID-19 sintomático e sequelas graves associadas. Os benefícios potenciais incluem a prevenção de COVID- 19 em indivíduos com infecção prévia de SARS-CoV-2, redução da infecção assintomática por SARS-CoV-2 e redução da transmissão de SARS-CoV-2. Os riscos conhecidos e potenciais incluem reações adversas locais e sistêmicas comuns (notadamente reações no local da injeção, fadiga, dor de cabeça, dor muscular, calafrios, febre e dor nas articulações), menos comumente linfadenopatia e reações de hipersensibilidade (por exemplo, erupção cutânea, prurido, urticária, angio-edema) e, raramente, anafilaxia e miocardite / pericardite (com base na experiência em indivíduos vacinados com Pfizer-BioNTech COVID-19 com 12 anos de idade ou mais). Os riscos que devem ser avaliados adicionalmente incluem a quantificação da taxa de miocardite/pericardite associada à vacina nessa faixa etária e a vigilância de outras reações adversas que podem se tornar aparentes com o uso mais disseminado da vacina e com maior duração de acompanhamento. Reconhecendo as incertezas atuais sobre benefícios e riscos, uma análise quantitativa usando suposições conservadoras prevê que os benefícios gerais da vacinação superam os riscos em crianças de 5 a 11 anos de idade.

Assim, considerando todas as informações disponíveis até o momento, conclui-se que o benefício-risco é favorável." (Disponível em: <https://www.gov.br/anvisa/pt- br/assuntos/ noticias-anvisa/2021/anvisa-divulga-pareceres- completos-sobre-a-vacina-da-pfizer-para-criancas>. Acesso: fev.2022)

Portanto, com base nas evidências científicas disponíveis, bem assim nos exemplos de outros países, e levando em consideração os riscos associados às doenças para as crianças e também para aqueles que com elas convivem, além do impacto na vacinação no retorno à frequência escolar presencial, a *Anvisa autorizou e recomendou a utilização da Pfizer-BioNTech Covid-19 na imunização das crianças entre 5 e 11 anos*, com as cautelas explicitadas.

Tal diretriz volta-se, inequivocamente, a reduzir a transmissão do Sars-CoV-2 nesta faixa etária e também em todas as demais, além de propiciar a educação presencial das crianças e manter seu bem-estar geral, saúde e segurança.

Apoio do CONASS e da CTAI à decisão da Anvisa

O Conselho Nacional de Secretários de Saúde - CONASS, de sua parte, reforçou a importância da vacinação de crianças de 5 a 11 anos contra a Covid-19, salientando o abaixo transcrito:

"O Conass (Conselho Nacional de Secretários de Saúde) manifesta apoio à decisão técnica da Anvisa em aprovar a indicação da vacina desenvolvida pela Pfizer/Wyeth para crianças da faixa etária de 5 a 11 anos. Destaca-se que o imunizante já foi aprovado para esta faixa etária pela Agência Europeia de Medicamentos (EMA), pela Agência Americana *Food and Drug Administratio*n (FDA) e pelo governo de Israel.

[...]

É importante destacar o alerta da Organização Mundial da Saúde (OMS), que aponta que o público entre 05 e 14 anos é o mais afetado pela nova onda de Covid-19 na Europa e, apesar do menor risco em relação a outras faixas etárias, nenhuma outra doença imunoprevenível causou tantos óbitos em crianças e adolescentes no Brasil em 2021 como a Covid-19. A pandemia ainda não acabou e a completa vacinação de toda a população brasileira é urgente." (Indicação da vacina desenvolvida pela Pfizer/Wyeth para crianças da faixa etária de 5 a 11 anos. Disponível em: <https://www.conass.org.br/indicacao-da-vacina-desenvolvida-pela-pfizer-wyeth-para-criancas-da-faixa-etaria-de-05-a-11-anos/>. Acesso em: jan. 2022)

Em sentido semelhante, também as entidades que compõem a Câmara Técnica de Assessoramento em Imunização da Covid-19 publicaram a seguinte Nota Pública:

"Tendo em vista o recente parecer favorável por parte da ANVISA em relação ao pedido de autorização para aplicação da vacina desenvolvida pela fabricante Pfizer na população pediátrica entre 5 e 11 anos de idade no Brasil, a CTAI COVID- 19 manifestou-se unanimemente favorável à sua incorporação na campanha nacional de vacinação, em reunião ordinária realizada no dia 17 de dezembro de 2021, alicerçada, ainda, nos fundamentos técnicos destacados abaixo: Fundamentação técnica: A decisão baseia-se nos dados epidemiológicos nacionais e internacionais sobre o impacto da COVID-19 nas diferentes faixas etárias, considerando o risco de infecção, transmissão, e agravamento (hospitalização e morte); dados de ensaios clínicos, sobre imunogenicidade, reatogenicidade, segurança e eficácia das vacinas de diferentes fabricantes na população pediátrica em distintos países do mundo, além de informações sobre a segurança desses imunizantes em larga escala, entre outros. Sobre os dados epidemiológicos nacionais relevantes, destacamos a notificação de síndrome respiratória aguda grave (SRAG) no sistema nacional SIVEP-Gripe, atualizados até o dia 6 de dezembro de 2021, de onde se extrai que 1: - Em 2020, 10.356 crianças entre 0-11 anos foram notificadas com diagnóstico de SRAG por COVID-19, das quais 722 evoluíram para óbito. Em 2021, as notificações se elevaram para 12.921 ocorrências na mesma população, com 727 mortes, totalizando 23.277 casos de SRAG por COVID-19 e 1.449 mortes desde o início da epidemia; - Dentre esses casos, 2.978 ocorreram em crianças de 5-11 anos, com 156 mortes, em 2020. E em 2021, já foram registrados 3.185 casos nessa faixa etária, com 145 mortes, totalizando 6.163 casos e 301 mortes desde o início da epidemia. 1 Os dados do SIVEP-Gripe são constantemente atualizados e podem sofrer alterações futuras. Além dos casos de SRAG por COVID-19, foram notificados até o dia 27 de novembro de 2021 (SE 47), 2.435 casos suspeitos da SIM-P associada à covid-19 em crianças e adolescentes de zero a 19 anos no território nacional, desses, 1.412 (58%) casos foram confirmados, com 85 óbitos (SECRETARIA DE VIGILÂNCIA EM SAÚDE; MINISTÉRIO DA SAÚDE, 2021). Destacamos aqui o fato de que no Brasil, a experiência com os casos de SIM-P mostrou que 64% das crianças/adolescentes acometidos tinham entre 1 e 9 anos de idade (mediana: 5 anos). Entre as crianças hospitalizadas, a necessidade de internação em UTI ocorreu em 44,5% dos casos e a letalidade foi de 6% (cerca de 5 vezes superior à relatada nos Estados Unidos) (RELVAS-BRANDT et al., 2021). Destacamos, também, que as agências regulatórias e de saúde pública do Canadá, Estados Unidos da América, Israel, União Européia, dentre outras, já aprovaram o uso da vacina pediátrica da Pfizer/BioNTech em sua população, baseadas na eficácia, segurança e cenário epidemiológico local. Diversos outros países da Ásia, África, e América do Sul têm utilizado vacinas de vírus inativado (Sinopharm ou Sinovac/Coronavac) em milhões de crianças menores de 12 anos, a partir de 3 ou 5 anos. Até o momento, os dados disponibilizados apontam para a manutenção da avaliação favorável à vacinação dessas crianças. Nos EUA, até a data de 9 de dezembro, 7.141.428 doses da vacina pediátrica da Pfizer já foram administradas em crianças de 5 a 11 anos (5.126.642 destas como primeira dose e 2.014.786 como segunda dose). A vacina demonstrou um perfil de reatogenicidade adequado, sendo a quase totalidade dos eventos adversos classificados como não sérios (97%), caracterizados basicamente por febre, dor de cabeça, vômitos, fadiga e inapetência. Houve apenas 8 casos de miocardite em mais de 7 milhões de doses administradas (2 casos após a primeira dose e 6 casos após a segunda dose), todos eles classificados como de evolução clínica favorável. Estes dados preliminares mostram, portanto, um risco substancialmente menor deste evento adverso comparado com o risco previamente observado em adolescentes e adultos jovens após a vacinação (VACCINE SAFETY TEAM; CDC COVID-19 VACCINE TASK FORCE, 2021). Ou seja, os benefícios são muito maiores do que os riscos, pilar central de avaliação de qualquer vacina incorporada pelos diversos programas de vacinação, seja no Brasil ou no mundo. Conclusão: Diante do exposto, a CTAI COVID-19 espera que o Ministério da Saúde acate o posicionamento obtido por unanimidade e defina as estratégias para a operacionalização mais adequada da vacinação desse grupo etário, a fim de alcançar a maior cobertura, no menor tempo possível. [...]. Destacamos ainda, que a chegada de uma nova variante como a Omicron, com maior transmissibilidade, faz das crianças (ainda não vacinadas) um grupo com maior risco de infecção, conforme vem sendo observado em outros países onde houve transmissão comunitária desta variante. Neste contexto epidemiológico, torna-se oportuno e urgente ampliarmos o benefício da vacinação a este grupo etário." (Disponível em: <https://www.conasems.org.br/wp- content/uploads/2021/12/Nota-vacinacao-de-criancas.pdf,>. Acesso em: jan. 2022)

Recrudescimento da pandemia

No último dia 20 de janeiro de 2022, noticiou-se que o número de novos casos de Covid-19, em todo mundo, bateu recorde, chegando a 4,2 milhões em 24 horas, de acordo com a plataforma de dados *Our World in Data*, que reúne números globais. A média móvel de óbitos naquele momento estava no mesmo patamar da primeira onda da pandemia, ocorrida em abril de 2020 (apresentando um pico de 7,1 mil), quando o mundo registrava uma média de 87 mil casos por dia. (Disponível em: <https://g1.globo.com/mundo/noticia/2022/01/20/mundo-tem-379-milhoes-de-casos-de-covid-e-bate-novo-recorde-diario.ghtml>. Acesso: fev.2022).

Segundo alertou a OMS no relatório epidemiológico divulgado às vésperas do ano de 2022, o risco sanitário geral relacionado à Ômicron, nova variante do coronavírus, continua bastante elevado, com vantagem de crescimento em relação à variante Delta, precisando apenas de um período de dois a três dias para duplicar-se. (Disponível em: <https://www1.folha.uol.com.br/equilibrioesaude/2021/12/omicron-deixa-sistemas-de-saude-a-beira-do-colapso-alerta-oms.shtml>. Acesso: jan.2022).

Tal cenário fez com que diversos países retomassem restrições, suspendessem as festas de final de ano e reforçassem a vacinação. Houve um aumento significativo de novas infecções na América Latina e Caribe, locais em que a pandemia parecia estar relativamente controlada. Os contágios aceleram-se na região, que acumula 47 milhões de infecções e quase 1,6 milhão de mortes. A propagação coincide com o aumento de casos da variante Ômicron no Panamá, Colômbia, Chile, Argentina, Brasil, Paraguai, Venezuela, México, Cuba e Equador. (Disponível em: <https://www1.folha.uol.com.br/equilibrioesaude/2021/12/omicron-deixa-sistemas-de-saude-a-beira-do-colapso-alerta-oms.shtml>. Acesso: jan.2022).

No dia 9/2/2022, revelou-se que o Brasil registrou 1.298 mortes por Covid-19 e bateu novo recorde com mais de 184 mil casos conhecidos em 24 horas, totalizando 635.189 óbitos desde o início da pandemia. Com isso, a média móvel de mortes nos últimos 7 dias foi de 873 - a maior registrada em quase 6 meses. Em reportagem do portal G1, constou que, "em comparação à média de 14 dias atrás, a variação foi de +109%, indicando tendência de alta nos óbitos decorrentes da doença." (Disponível em: <https://g1.globo.com/saude/coronavirus/noticia/2022/02/09/brasil-registra-1295-mortes-por-covid-em-24-horas-pior-marca-desde- julho.ghtml>. Acesso: fev.2022).

De acordo com números constantes do Boletim do Observatório Covid-19 Fiocruz, também divulgado em 9/2/2022, "a mortalidade por covid-19 no Brasil equivaleu a quatro vezes a média mundial por milhão de habitantes: 2.932 mortes contra 720. O País teve 6,7% dos registros da doença no planeta, mas concentrou 11% das mortes." (Disponível em: <https://epocanegocios.globo.com/Brasil/noticia/2022/02/epoca-negocios-covid-19-matou-no-brasil-quatro-vezes-mais-do-que-media-mundial-diz-fiocruz.html>. Acesso: fev.2022).

Ademais, desde o início da pandemia, 1.148 crianças de 0 a 9 anos morreram de Covid-19 no país, número que, apesar de representar apenas 0,18% dos óbitos pela doença, supera o total de mortes por doenças preveníveis com vacinação ocorridas entre 2006 e 2020 no país. (Disponível em: <https://noticias.uol.com.br/saude/ultimas- noticias/redacao/2021/12/19/covid-matou-mais-criancas-no-pais-que-doencas-imunopreveniveis-em-15-anos.htm>. Acesso em: fev.2022).

Por isso os especialistas da área asseguram que

> "[...] o processo de avaliação da Anvisa confirma que é seguro imunizar crianças com a vacina da Pfizer e que isso trará enormes benefícios à população - como a redução da transmissibilidade do vírus. Durante o seu voto a favor da aprovação na reunião da Anvisa, o pediatra Renato Kfouri - presidente do departamento de imunizações da SBP (Sociedade Brasileira de Pediatria) e diretor da SBIm (Sociedade Brasileira de Imunizações) — disse que a vacina contra a covid-19 é fundamental para proteger os menores do novo coronavírus. 'A carga da doença não é desprezível, e a mortalidade das crianças nessa faixa etária é elevada. Falo isso não só em número absoluto, mas a mortalidade também é superior a qualquer outra doença com vacina do calendário infantil —e que não hesitamos em recomendar a vacinação nessa mesma faixa etária', afirma. 'Somem-se aí os casos de síndrome inflamatória multissistêmica associada à covid-19, de covid longa, de hospitalizações. Toda a carga da doença não é negligenciável para as crianças'" (Disponível em: <https://noticias. uol.com.br/saude/ultimas- noticias/redacao/2021/12/19/covid-matou-mais-criancas-no-pais-que-doencas-imunopreveniveis-em-15-anos.htm>. Acesso em: fev.2022).

A prestigiosa Fiocruz, segundo o jornal Folha de São Paulo, considera, também, que "há uma 'janela de oportunidades' para bloquear coronavírus", já que, "em momento em que há muitas pessoas imunes à doença [*por causa da explosão de casos*], se houver uma alta cobertura vacinal completa, há a possibilidade de, tanto reduzir o número de casos, internações e óbitos, como de bloquear a circulação do vírus" (Disponível em: <https://www1.folha.uol.com.br/equilibrioesaude/2022/02/fiocruz- diz-que-ha-janela-de-oportunidades-para-bloquear-coronavirus.shtml>. Acesso em: fev.2022).

Como se vê, a moléstia causada pelo novo coronavírus segue infectando e matando pessoas, em ritmo acelerado, inclusive as crianças de tenra idade. Por isso, a prudência - amparada nos princípios da prevenção e da precaução, que devem reger as decisões em matéria de saúde pública - aconselha que, além das medidas profiláticas excepcionais abrigadas na Lei 13.979/2020, a vacinação, como instrumento eficaz no combate à Covid-19, seja ampliada - sem amarras - para alcançar também, além da população adulta, também os pequenos brasileiros.

Constata-se, assim, que, embora tenha havido um decréscimo relativo de mortes causadas pela Covid-19, a situação, de modo geral, ainda é preocupante, justificando a tomada de medidas enérgicas para debelar a doença, que tem imposto um pesado ônus para a sociedade, sobretudo em termos da perda de preciosas vidas humanas.

Da proibição do retrocesso

Embora de desenvolvimento relativamente recente, um dos princípios mais importantes que sustenta a integridade dos direitos fundamentais, em particular dos sociais, corresponde à *"proibição do retrocesso"*. Foi positivado, de forma pioneira, no art. 30 da Declaração Universal dos Direitos do Homem, de 1948, promulgada sob a égide da Organização das Nações Unidas, pouco depois do fim da Segunda Guerra Mundial, com a seguinte redação:

> "Nenhuma disposição da presente Declaração pode ser interpretada como o reconhecimento a qualquer Estado, grupo ou pessoa, do direito de exercer qualquer atividade ou praticar qualquer ato destinado à destruição de quaisquer dos direitos e liberdades aqui estabelecidos."

O jurista português Gomes Canotilho, debruçando-se sobre o tema, explica que

> "[...] *o princípio em análise limita a reversibilidade dos direitos adquiridos* (ex: segurança social, subsídio desemprego, prestações de saúde), em clara violação do princípio da proteção da confiança e da segurança dos cidadãos no âmbito econômico, social e cultural e do núcleo essencial da existência mínima inerente ao respeito pela dignidade da pessoa humana" (CANOTILHO, J.J. Gomes. *Direito Constitucional e Teoria da Constituição*. 7 ed. Coimbra: Almedina, 1988, p. 339-340, grifei).

Aprofundando o raciocínio, aduz que

> "O princípio da proibição do retrocesso social pode formular-se assim: o núcleo essencial dos direitos já realizado e efectivado [...] deve considerar-se constitucionalmente garantido sendo inconstitucionais quaisquer medidas estaduais que, sem a criação de outros esquemas alternativos ou compensatórios, se traduzam na prática numa 'anulação', 'revogação' ou 'aniquilação' pura e simples desse núcleo essencial" (*idem, loc. cit.*).

Essa é a razão pela qual o Ministro Celso de Mello, consignou, em sede jurisdicional, o seguinte:

> "*O desrespeito à Constituição tanto pode ocorrer mediante ação estatal quanto mediante inércia governamental*. A situação de inconstitucionalidade pode derivar de um comportamento ativo do Poder Público, que age ou edita normas em desacordo com o que dispõe a Constituição, ofendendo-lhe, assim, os preceitos e os princípios que nela se acham consignados. Essa conduta estatal, que importa em um '*facere*' (atuação positiva) gera a inconstitucionalidade por ação.
> *Se o Estado deixar de adotar as medidas necessárias à realização concreta dos preceitos da Constituição, em ordem em ordem a torná-los efetivos, operantes, exequíveis, abstendo-se, em*

consequência, de cumprir o dever de prestação que a Constituição lhe impôs, incidirá em violação negativa do texto constitucional. Desse *'non facere'* ou *'non paestare'* resultará a inconstitucionalidade por omissão, que pode ser total, quando é nenhuma a providência adotada, ou parcial, quando é insuficiente a medida efetivada pelo Poder Público (AI 598.212-ED/PR, Rel. Min. Celso de Mello; grifei).

Por isso mesmo não é possível admitir, em meio à terrível pandemia em que nos debatemos, qualquer recuo no tocante à vacinação, já de longa data rotineiramente assegurada pelo Estado a todas as crianças, sejam elas ricas, remediadas ou pobres, para protegê-las contra a hepatite, difteria, tétano, coqueluche, meningite, poliomielite, dentre outras doenças, e agora, de modo especial, contra a Covid-19.

Segurança jurídica e proteção da confiança legítima
Os publicistas de todo o mundo vêm reconhecendo, nos últimos tempos, a crescente importância - para a manutenção da paz e harmonia social - de dois princípios fundamentais, a saber, segurança jurídica e proteção da legítima confiança, desenvolvidos pela doutrina alemã, sobretudo com base na jurisprudência da Corte Constitucional Federal (*Bundesverfassungsgericht*), a partir de meados do século passado, denominados, respectivamente, de *Reschtssicherheit* e *Vertrauensshutz*, identificando, no primeiro, um aspecto objetivo e, no segundo, uma dimensão subjetiva.
O supra referido Gomes Canotilho explica essa distinção nos seguintes termos:

"Estes dois princípios – segurança jurídica e proteção da confiança – andam estreitamente associados, a ponto de alguns autores considerarem o princípio da proteção de confiança como um subprincípio ou como uma dimensão específica da segurança jurídica. Em geral, considera-se que *a segurança jurídica está conexionada com elementos objetivos da ordem jurídica – garantia de estabilidade jurídica, segurança de orientação e realização do direito* – enquanto a *proteção da confiança se prende mais com as componentes subjectivas da segurança*, designadamente a *calculabilidade e previsibilidade dos indivíduos* em relação aos efeitos jurídicos dos acto dos poderes públicos". (CANOTILHO, Joaquim José Gomes Canotilho, *op cit.*, p. 257).

Ambos são deduzidos da própria ideia de Estado de Direito, o qual, mais do que qualquer outra forma de organização político-jurídica, enseja a autodeterminação das pessoas pela previsibilidade das consequências de suas ações. Isso porque, como pontua Odete Medauar, todas as ações e iniciativas públicas já empreendidas no passado constituem "compromissos da Administração que geraram, no cidadão, esperanças fundadas", impedindo mudanças normativas ou procedimentais abruptas ou radicais cujas "consequências revelam-se chocantes" (MEDAUAR, Odete. *Direito Administrativo em evolução*. 2ª ed. São Paulo: Revista dos Tribunais, 2003, p. 246-247).
Heleno Torres, nesse sentido, reforça "que o Estado está obrigado a garantir a todos a persistência de um ordenamento jurídico com elevado grau de segurança e de confiabilidade permanente" (TORRES, Heleno Taveira. *Direito Constitucional Tributário e segurança jurídica*: metódica da segurança jurídica no Sistema Constitucional Tributário. São Paulo: Revista dos Tribunais, 2011, p. 22).
Esse é o motivo pelo qual *se exige do Poder Público que aja com lealdade, transparência e boa-fé, sendo-lhe vedado modificar a conduta de forma inesperada, anômala ou contraditória, de maneira a surpreender o administrado ou frustrar as suas legítimas expectativas.*

Tal regra de conduta, válida para as relações entre particulares e também entre estes e o Estado, deriva, mais remotamente, do vetusto brocardo jurídico, hoje alçado à categoria de um princípio universal do Direito, segundo o qual *nemo potest venire contra factum proprio*, que, livremente traduzido, significa que "ninguém pode agir contra os seus próprios atos". Tal quer dizer que não pode uma parte, engajada em um negócio jurídico, adotar um comportamento diverso daquele empreendido anteriormente, de modo a tomar de surpresa a outra, induzindo-a ao erro.

Interessantemente, em recentíssima entrevista, o conhecido intelectual conservador estadunidense Francis Fukuyama, da Universidade de Stanford, solicitado a comentar a discussão em torno da vacinação de crianças contra a Covis-19 no Brasil ofertou uma resposta que merece reflexão. Confira-se:

> "É legítima a preocupação dos pais em o Estado usar a emergência sanitária para interferir em decisões que afetam as famílias. Mas a realidade é bem outra e mais sinistra. Cultua-se a desconfiança do conhecimento científico e há a invenção e divulgação de teorias de conspiração sobre agências de vigilância e a indústria farmacêutica" (*'A decadência dos EUA vai aumentar nos próximos anos', diz cientista político Francis Fukuyama.* Época. Disponível em: <https://oglobo.globo.com/mundo/epoca/a-decadencia-dos-eua-vai-aumentar-nos--proximos-anos-diz-cientista-politico-francis-fukuyama-25337453>. Acesso em: jan.2022.)

Ora, conforme assentei na análise da ACO 3.518-MC/SP, "mudanças abruptas de orientação que têm o condão de interferir nesse planejamento acarretam uma indesejável descontinuidade das políticas públicas de saúde dos entes federados, levando a um lamentável aumento no número de óbitos e de internações hospitalares de doentes infectados pelo novo coronavírus, aprofundando, com isso, o temor e o desalento das pessoas [...]."

Não se mostra admissível, pois, que o Estado, representado pelos Ministérios da Saúde e da Mulher, da Família e dos Direitos Humanos, *agindo em contradição com o pronunciamento da Anvisa, a qual garantiu formalmente a segurança da Vacina Comirnaty (Pfizer/Whyet) para crianças, além de contrariar a legislação de regência e o entendimento consolidado do Supremo Tribunal Federal, venha, agora, adotar postura que desprestigia o esforço de vacinação contra a Covid- 19,* sobretudo porque, com *tal proceder, gerará dúvidas e perplexidades tendentes a impedir que um número considerável de menores sejam beneficiados com a imunização.*

Equivocidade das Notas Técnicas impugnadas

Na Nota Técnica 2/2022-SECOVID/GAB/SECOVID/MS, elaborada pela Secretaria Extraordinária de Enfrentamento à Covid-19 do Ministério da Saúde, além de relevantíssimas informações concernentes à vacinação de crianças de 5 a 11 anos, encontra-se explicitada *a recomendação* da "inclusão da vacina Comirnaty, *porém de forma não obrigatória,* para esta faixa etária, naqueles que não possuam contra-indicações, no Plano Nacional de Operacionalização da Vacinação contra a COVID-19 (PNO) [...]" (pág. 9 do documento eletrônico 681, grifei).

Por sua vez, da Nota Técnica 1/2022/COLIB/CGEDH/SNPG/MMFDH, produzida pelo Ministério da Mulher, da Família e dos Direitos Humanos, apesar da assertiva de que a referida Pasta não seria contrária a qualquer campanha vacinal, consta que a imunização infantil contra a Covid-19 por não ser obrigatória, seria dispensável "*a exigência de apresentação de certificado de vacina pode acarretar em violação de direitos humanos e fundamentais*" (grifei).

Com efeito, a Nota em questão (documento eletrônico 682), logo em seu início, antecipando a conclusão, assinala que:

"[...] a apresentação do Certificado Nacional de Vacinação Covid-19 como condição para acesso a direitos humanos e fundamentais pode ferir dispositivos constitucionais e infraconstitucionais, princípios e diretrizes internacionais das quais o Brasil é signatário [...]" (grifei).

Prossegue consignando o seguinte:

"Medidas de imposição de certificado de vacinação podem vir a colocar os indivíduos em status de restrição de diversos direitos fundamentais constitucionalmente garantidos, aos quais ficariam proibidos de exercer plenamente, tais como liberdade de locomoção (direito de ir e vir), de se reunir pacificamente, de trabalhar em seu emprego ou exercer sua profissão autônoma em muitos casos, *o direito de desfrutar de lazer em determinados locais e o direito à educação,* ao serem impedidos de realizar matrículas em escolas e demais instituições de ensino" (grifei).

E continua assentando que

"[...] a exigência de um certificado de vacina nessas circunstâncias pode gerar segregação social, o que, se ocorrer, colocaria as pessoas à margem da cidadania. Isso deve ser evitado, tendo em vista ser contrário ao espírito da Constituição [...].
Logo, *sendo exigido tal certificado, a cidadania,* tal qual fundamento da República, *poderá restar impraticável, visto que o indivíduo seria destituído de vários de seus direitos fundamentais"* (grifei).

Na sequência destaca que

"[m]edidas imperativas de vacinação, tal qual a exigência do certificado de vacina como condição para o exercício a direitos humanos e fundamentais, podem configurar-se em afronta à cidadania e à dignidade da pessoa humana, distanciando-se do bem comum que almeja como interesse público e *violando os direitos fundamentais erigidos na Constituição e consagrados nos Direito Internacional"* (grifei).

Termina registrando o quanto segue:

"[...] as medidas imperativas de vacinação como condição para acesso a direitos humanos e fundamentais podem ferir dispositivos constitucionais, diretrizes internacionais das quais o Brasil é signatário, *contrapor-se fortemente a princípios bioéticos, ferir a dignidade humana e diversos valores constitucionais relacionados ao direito de livre consciência e outras liberdades, pilares da democracia [...].*
O Ministério da Mulher, da Família e dos Direitos Humanos, como órgão promotor dos direitos humanos e fundamentais, entende que a exigência de apresentação de certificado de vacina pode acarretar em violação de direitos humanos e fundamentais.
Por fim, para todo cidadão que por ventura se encontrar em situação de violação de direitos, por qualquer motivo, bem como por conta de atos normativos ou outras medidas de autoridades e gestores públicos, ou, ainda, por discriminação em estabelecimentos particulares, *está disponível o canal de denúncias, que pode ser acessado por meio do Disque 100,* com discagem gratuita de telefone fixo ou celular, bem como por *WhatsApp* e aplicativo de mensagens instantâneas, *as denúncias serão encaminhadas para os órgãos competentes, a fim de que os direitos humanos de cada cidadão possam ser protegidos e defendidos"* (grifei).

Como é possível constatar, embora ainda em uma análise preambular, típica das tutelas de urgência, as Notas Técnicas emitidas pelo Ministério da Saúde e pelo Ministério da Mulher, da Família e dos Direitos Humanos, considerada a ambiguidade com que foram redigidas no tocante à obrigatoriedade da vacinação, podem ferir, dentre outros, os preceitos fundamentais que asseguram o direito à vida e à saúde, além de afrontarem entendimento consolidado pelo Plenário do STF no julgamento das ADIs 6.586/DF e 6.587/DF e do ARE 1.267.879/SP.

Com efeito, a mensagem equívoca que transmitem quanto a esse ponto, em meio a uma das maiores crises sanitárias da história do País, acaba por desinformar a população, desestimulando-a de submeter-se à vacinação contra a Covid-19, o que redunda em um aumento do número de infectados, hospitalizados e mortos em razão da temível moléstia.

As referidas Notas Técnicas, ao disseminarem informações matizadas pela dubiedade e ambivalência, no concernente à compulsoriedade da imunização, prestam um desserviço ao esforço de imunização empreendido pela autoridades sanitárias dos distintos níveis político-administrativas da Federação, contribuindo para a manutenção do ainda baixo índice de comparecimento de crianças e adolescentes aos locais de vacinação, cujo reflexo é o incremento do número de internações de menores em unidades de terapia intensiva – UTIs em 61% em São Paulo (Disponível em: <https://www.correiobraziliense.com.br/brasil/2022/01/4978749-internacao-de-criancas-e-adolescentes-na-uti-por-covid-aumenta-61-em-sao-paulo.html>. Acesso: jan.2022) e 850% no Rio de Janeiro, quando comparado a dezembro do ano passado. (Disponível em: <https://www.cnnbrasil.com.br/saude/internacoes-de-criancas-em-utis-aumentaram-quase-10-vezes-no-rj-em-dezembro/>. Acesso: jan.2022).

Afigura-se ainda mais grave a possibilidade de desvirtuamento do canal de denúncias "Disque 100", que, de acordo com as informações colhidas no sítio eletrônico do Governo Federal, "é um serviço disseminação de informações sobre *direitos de grupos vulneráveis e de denúncias de violações de direitos humanos.*" (Disponível em: <https://www.gov.br/pt-br/servicos/denunciar-violacao-de-direitos-humanos>. Acesso: fev.2022; grifei).

Acresce, ainda, que, de uma leitura mesmo superficial da Nota Técnica do Ministério da Mulher, da Família e dos Direitos Humanos, percebe-se que a Pasta trata como violação de direitos humanos justamente aquilo que esta Suprema Corte, em data recentíssima, reputou constitucional, a saber: "*a restrição ao exercício de certas atividades ou à frequência de determinados lugares*" imposta àqueles que se negam, sem justificativa médica ou científica, a tomar o imunizante ou a comprovar que não estão infectados.

Considerações finais

Tendo em vista o avanço ainda incontido da pandemia, mostra-se até intuitivo perceber que o acesso desigual ou aleatório às vacinas estimula o aparecimento de novas variantes do coronavírus, cada vez mais contagiosas, com ocorre com a Ômicron, atualmente predominante.

Ademais, é praticamente unânime a opinião dos epidemiologistas e educadores de que a vacinação da população em geral, particularmente das crianças e adolescentes é essencial para a retomada segura das atividades escolares, sobretudo em escolas públicas situadas nos rincões mais remotos do território nacional, onde não são oferecidas, de forma adequada, aulas *on-line*, seja porque não existem condições técnicas para tanto, seja porque os alunos simplesmente não têm acesso à internet, computadores e *smartphones*.

Havendo respaldo técnico e científico – como se viu acima - , e tendo em conta que a vacinação da população é hoje o principal instrumento de controle da pandemia, levando, comprovadamente, a uma significativa redução das infecções e óbitos, *penso que cabe ao Governo Federal*, além de disponibilizar os imunizantes e incentivar a vacinação em massa, *evitar a adoção de atos, sem embasamento técnico-científico ou destoantes do ordenamento jurídico nacional, que tenham o condão de desestimular a vacinação de adultos e crianças contra a Covid-19*, sobretudo porque o Brasil ainda apresenta uma situação epidemiológica distante do que poderia ser considerada confortável, inclusive em razão do surgimento de novas variantes do vírus.

Por isso, embora ainda em um exame prefacial, forçoso é concluir que decisão mais condizente com gravidade da problemática aqui exposta consiste em determinar ao Ministério da Saúde e ao Ministério da Mulher, da Família e dos Direitos Humanos que incluam nas Notas Técnicas acima referidas, com a necessária presteza e fidelidade, o entendimento firmado pelo Plenário desta Suprema Corte no julgamento das ADIs 6.586/DF e 6.587/DF e o ARE 1.267.879/SP, dando à corrigenda a mesma publicidade que conferiram aos atos originalmente divulgados.

Convém, ademais, ordenar ao Governo Federal que se abstenha de utilizar o canal de denúncias "Disque 100" fora de suas finalidades institucionais, deixando de estimular, por meio de atos oficiais, o envio de queixas relacionadas à regular exigência de comprovante de vacinas contra a Covid-19.

Parte dispositiva

Isso posto, com fundamento nas razões acima expendidas, e considerando, especialmente, a necessidade de esclarecer-se, adequadamente, os agentes públicos e a população brasileira quanto à obrigatoriedade da imunização contra a Covid-19, voto por referendar a medida cautelar pleiteada para determinar ao Ministério da Saúde e ao Ministério da Mulher, da Família e dos Direitos Humanos que façam constar, tão logo intimados desta decisão, das Nota Técnicas 2/2022- SECOVID/GAB/SECOVID/MS e 1/2022/COLIB/CGEDH/SNPG/MMFDH, a interpretação conferida pelo Supremo Tribunal Federal ao art. 3°, III, d, da Lei 13.979/2020, no sentido de que (i) "a vacinação compulsória não significa vacinação forçada, por exigir sempre o consentimento do usuário, podendo, contudo, ser implementada por meio de medidas indiretas, as quais compreendem, dentre outras, a restrição ao exercício de certas atividades ou à frequência de determinados lugares, desde que previstas em lei, ou dela decorrentes", esclarecendo, ainda, que (ii) "tais medidas, com as limitações expostas, podem ser implementadas tanto pela União como pelos Estados, Distrito Federal e Municípios, respeitadas as respectivas esferas de competência", dando ampla publicidade à retificação ora imposta.

Ainda, voto para referendar a determinação ao Governo Federal para que se abstenha de utilizar o canal de denúncias "Disque 100" fora de suas finalidades institucionais, deixando de estimular, por meio de atos oficiais, o envio de queixas relacionadas às restrições de direitos consideradas legítimas por esta Suprema Corte no julgamento das ADIs 6.586/DF e 6.587/DF e do ARE 1.267.879/SP.

24/02/2021 – PLENÁRIO

REFERENDO NA MEDIDA CAUTELAR NA ARGUIÇÃO DE DESCUMPRIMENTO DE PRECEITO FUNDAMENTAL 770 DISTRITO FEDERAL

RELATOR: MIN. RICARDO LEWANDOWSKI
REQTE.(S): CONSELHO FEDERAL DA ORDEM DOS ADVOGADOS DO BRASIL - CFOAB
INTDO.(A/S): PRESIDENTE DA REPÚBLICA
PROC.(A/S)(ES): ADVOGADO-GERAL DA UNIÃO
INTDO.(A/S): MINISTRO DE ESTADO DA SAÚDE
PROC.(A/S)(ES): ADVOGADO-GERAL DA UNIÃO

EMENTA: TUTELA DE URGÊNCIA EM ARGUIÇÃO DE DESCUMPRIMENTO DE PRECEITO FUNDAMENTAL. CONCESSÃO MONOCRÁTICA. COMPETÊNCIA COMUM DOS ENTES FEDERADOS PARA CUIDAR DA SAÚDE. ARTS. 23, II, E 196 DA CF. FEDERALISMO COOPERATIVO. LEI 13.979/2020, QUE DISPÕE SOBRE MEDIDAS PARA O ENFRENTAMENTO DA EMERGÊNCIA DE SAÚDE PÚBLICA DECORRENTE DA COVID-19. VACINAÇÃO. MEDIDA CAUTELAR REFERENDADA PELO PLENÁRIO.

I - A Constituição Federal prevê, ao lado do direito subjetivo público à saúde, a obrigação de o Estado dar-lhe efetiva concreção, por meio de "políticas sociais e econômicas que visem à redução do risco de doença e de outros agravos e ao acesso universal e igualitário às ações e serviços para a sua promoção, proteção e recuperação" (art. 196).

II – Esse dever abrange todos os entes federados, inclusive as comunas, os quais, na seara da saúde, exercem uma competência administrativa comum, nos termos do art. 23, II, do Texto Constitucional.

III - O federalismo cooperativo, adotado entre nós, exige que a União e as unidades federadas se apoiem mutuamente no enfrentamento da grave crise sanitária e econômica decorrente da pandemia desencadeada pelo novo coronavírus.

IV - Embora o ideal, em se tratando de uma moléstia que atinge o País por inteiro, seja a inclusão de todas as vacinas seguras e eficazes no PNI, de maneira a imunizar uniforme e tempestivamente toda a população, o certo é que, nos diversos precedentes relativos à pandemia causada pela Covid-19, o Supremo Tribunal Federal tem ressaltado a possibilidade de atuação conjunta das autoridades estaduais e locais para o enfrentamento dessa emergência de saúde pública, em particular para suprir lacunas ou omissões do governo central.

V- O Plenário do STF já assentou que a competência específica da União para legislar sobre vigilância epidemiológica, da qual resultou a Lei 13.979/2020, não inibe a competência dos demais entes da federação no tocante à prestação de serviços da saúde (ADI 6.341-MC-Ref/DF, redator para o acórdão Ministro Edson Fachin).

VI - A Constituição outorgou a todos aos integrantes da Federação a competência comum de cuidar da saúde, compreendida nela a adoção de quaisquer medidas que se mostrem necessárias para salvar vidas e garantir a higidez física das pessoas ameaçadas ou acometidas pela nova moléstia, incluindo-se nisso a disponibilização, por parte dos governos estaduais, distrital e municipais, de imunizantes diversos daqueles ofertados pela União, desde que aprovados pela Anvisa, caso aqueles se mostrem insuficientes ou sejam ofertados a destempo.

ACÓRDÃO

Acordam os Ministros do Supremo Tribunal Federal, em sessão virtual do Plenário, na conformidade da ata de julgamentos, por unanimidade, referendar a medida liminar pleiteada para assentar que que os Estados, Distrito Federal e Municípios (i) no caso de descumprimento do Plano Nacional de Operacionalização da Vacinação contra a Covid-19, recentemente tornado público pela União, ou na hipótese de que este não proveja cobertura imunológica tempestiva e suficiente contra a doença, poderão dispensar às respectivas populações as vacinas das quais disponham, previamente aprovadas pela Anvisa, ou (ii) se esta agência governamental não expedir a autorização competente, no prazo de 72 horas, poderão importar e distribuir vacinas registradas por pelo menos uma das autoridades sanitárias estrangeiras e liberadas para distribuição comercial nos respectivos países, conforme o art. 3º, VIII, a, e §7º-A, da Lei 13.979/2020, ou, ainda, quaisquer outras que vierem a ser aprovadas, em caráter emergencial, nos termos da Resolução DC/ANVISA 444, de 10/12/2020, nos termos do voto do Relator.

Brasília, 24 de fevereiro de 2021.

RICARDO LEWANDOWSKI – RELATOR

RELATÓRIO

O Senhor Ministro *Ricardo Lewandowski* (Relator): Trata-se de arguição de descumprimento de preceito fundamental com pedido de liminar, proposta pelo Conselho Federal da Ordem de Advogados do Brasil, "em face de ações e omissões do Poder Público Federal, especialmente da Presidência da República e do Ministério da Saúde, consubstanciadas na mora em fornecer à população um plano definitivo nacional de imunização e o registro e acesso à vacina contra a covid-19", em afronta aos arts. 1º, III, art. 5º, *caput*, 6º, e 196 da Constituição Federal (pág. 1 da inicial).

O requerente sustenta que a omissão e a desarticulação do Executivo Federal em relação à vacinação da população brasileira é tão preocupante que "desde agosto, o Ministério da Saúde não se reúne com fabricantes de seringas. A indústria ainda não recebeu encomendas, tampouco um cronograma para a produção em grande escala" (pág. 3 da inicial).

Prossegue asseverando o seguinte:

"Segundo reportagem publicada no Estadão,
'A demora na apresentação de um plano definitivo para a aplicação da vacina contra a covid-19 por parte do Ministério da Saúde pode colocar o Brasil na posição de ter o imunizante, mas não ter seringas em número suficiente para vacinação em massa'.

Na reportagem, o superintendente da Associação Brasileira de Artigos e Equipamentos Médicos (Abimo) afirmou que o setor não tem estoque de seringas e precisa de três a cinco meses para atender a grandes demandas.

Somente no dia 1º/12/2020, quando apresentou um plano preliminar para vacinação contra a covid, o Ministério da Saúde afirmou que seria realizado processo de licitação para a compra de 331 milhões de seringas.

[...]

Enquanto o Reino Unido já iniciou seu plano de imunização em 8 de dezembro deste ano, no Brasil, as tratativas para autorização e aquisição dos imunizantes são lentas e incertas. O governo brasileiro firmou acordo para aquisição da vacina de Oxford/AstraZeneca, porém, o cronograma de entrega da vacina está atrasado e a solicitação de registro da vacina sequer foi submetida à Anvisa.

No dia 2/12/2020, o presidente Jair Bolsonaro declarou em suas redes sociais que o governo brasileiro irá oferecer a vacina contra covid-19 para toda a população 'de forma gratuita e não obrigatória'. Segundo afirmou em publicação no seu perfil do Facebook, 'em havendo certificação da ANVISA (orientações científicas e os preceitos legais) o governo brasileiro ofertará a vacina a toda a população de forma gratuita e não obrigatória'.

Em reunião com governadores no dia 8/12/2020, o Ministro Eduardo Pazuello afirmou que a AstraZeneca fará a solicitação do registro da vacina contra Covid-19 à Anvisa ainda em dezembro. Segundo informou o ministro, a Agência deve concluir a análise do pedido em 60 dias. Todavia, tomando-se por base referido prazo, o início da vacinação somente ocorrerá no fim de fevereiro ou início de março.

[...]

O Brasil espera ter mais de 300 milhões de doses de vacinas contra Covid-19 em 2021. Seriam 100 milhões de doses importadas da AstraZeneca, outra 160 milhões produzidas na Fiocruz, com a tecnologia importada de Oxford, e mais 42 milhões do consórcio Covax Facility. O ministro explicou aos governadores que as vacinas da AstraZeneca começarão a chegar em janeiro, com a importação de 15 milhões de doses por mês.

Ocorre que, mesmo com a chegada da vacina no Brasil em janeiro, a efetiva imunização da população somente será iniciada após o registro das vacinas na Anvisa, o que, segundo as declarações ministeriais somente ocorrerá no final de fevereiro, iniciando-se o plano de vacinação, na mais otimista das hipóteses, em março de 2021.

Nota-se, pois, a mora do Poder Executivo Federal não somente em estabelecer um plano definitivo de vacinação em âmbito nacional, como também em garantir o efetivo acesso da população à vacina"(págs. 4-5 da inicial).

Aduz, ainda, que

"Esta Egrégia Suprema Corte concluiu, em sede de Repercussão Geral, pela possibilidade de o Estado em fornecer medicamentos, em casos excepcionais, sem o registro na Anvisa (Tema 500 - Dever do Estado de fornecer medicamento não registrado pela ANVISA).

[...]

Na ocasião, a Corte entendeu que, como regra, é necessário o registro do medicamento no órgão de controle, contudo, em casos excepcionais, pode haver a aquisição e fornecimento pelo governo dispensado referido registro.

[...]

Ressalte-se, ainda, que não se está tratando, aqui, de vacinas experimentais, desprovidas de comprovação científica a respeito da sua eficácia, mas sim da permissão de fornecimento de vacinas que já concluíram todas as etapas ou estão em fase final de testes, já foram aprovadas e registradas em órgãos de controle estrangeiros reconhecidos por sua especialidade técnica, mas que ainda se encontram sem registro na Anvisa.

Cumpre destacar a alteração legislativa promovida pela Lei nº 14.006, de 28 de maio de 2020, na redação da lei de enfrentamento ao coronavírus (Lei 13.979/2020), a qual passou a dispor: [...]que no enfrentamento ao coronavírus, é possível prescindir do registro na Anvisa, em casos excepcionais" (págs. 19-24 da inicial).

Enfatiza, também, que devem ser utilizados os recursos do Fundo de Universalização dos Serviços de Telecomunicações - FUST "para o investimento no enfrentamento da Covid-19 e para a devida estruturação de um plano de vacinação nacional destinado à imunização em massa de toda a população brasileira" (pág. 30 da inicial).

Por essas razões, requer que seja concedida liminar para:

"a.1) *permitir, excepcionalmente, a aquisição e fornecimento de vacinas contra a covid-19 desde que já possuam registro em renomadas agências de regulação no exterior, independente de registro na Anvisa,* considerando a urgência humanitária na prevenção a novas ondas de coronavírus;

a.2) *declarar a plena vigência e aplicabilidade do art. 3º, VIII e §7º- A da Lei 13.979/2020, no sentido de se permitir que as vacinas já aprovadas por pelo menos uma das autoridades sanitárias ali elencadas sejam utilizadas no Brasil em caso de omissão da Anvisa em apreciar o pedido em até 72h,* nos expressos termos da lei.

a.3) determinar que o Poder Executivo Federal paute os memorandos de entendimento relativos à aquisição de vacinas na comprovação estritamente técnica e científica, independentemente da origem nacional do imunizante, possibilitando a oferta aos brasileiros de todas as vacinas que já tenham atingido fases avançadas de testes e demonstrado a segurança e eficácia necessárias.

a.4) determinar que os fundos provenientes de recuperação financeira decorrentes de operações como a Lava- Jato e similares, bem assim outros fundos nacionais que não estejam tendo destinação ou aplicação sejam destinados ao plano nacional de imunização contra o coronavírus; (págs. 31- 32 da inicial, grifei).

No mérito, pede a procedência da ação, com a confirmação da liminar.

A Associação Nacional dos Servidores Públicos, da Previdência e Seguridade Social - Anasps (documento eletrônico 23) e o Partido Trabalhista Brasileiro - PTB (documento eletrônico 30) pediram o ingresso como *amicus curiae*.

Posteriormente, argumentando que o Plano Nacional de Vacinação contra a Covid-19, apresentado no dia 12/12/2020 pela União não possui datas de início e encerramento, o CFOAB reiterou "o pedido liminar constante da exordial, a fim de que seja dispensado o [...] registro na Anvisa, em havendo registro por autoridades sanitárias de outros países" (pág. 3 do documento eletrônico 37).

Em 17/12/2020, deferi "em parte a cautelar, *ad referendum* do Plenário do Supremo Tribunal Federal, para assentar que os Estados, Distrito Federal e Municípios (i) no caso de descumprimento do Plano Nacional de Operacionalização da Vacinação contra a Covid-19, recentemente tornado público pela União, ou na hipótese de que este não proveja cobertura imunológica tempestiva e suficiente contra a doença, poderão dispensar às respectivas populações as vacinas das quais disponham, previamente aprovadas pela Anvisa, ou (ii) se esta agência governamental não expedir a autorização competente, no prazo de 72 horas, poderão importar e distribuir vacinas registradas por pelo menos uma das autoridades sanitárias estrangeiras e liberadas para distribuição comercial nos respectivos países, conforme o art. 3º, VIII, *a*, e §7º-A, da Lei 13.979/2020, ou, ainda, quaisquer outras que vierem a ser aprovadas, em caráter emergencial, nos termos da Resolução DC/ANVISA 444, de 10/12/2020" (págs. 14-15 do documento eletrônico 40).

É o relatório.

VOTO

O Senhor Ministro *Ricardo Lewandowski* (Relator): Como se nota, a requerente formula diversos pedidos cautelares na inicial da ADPF. No entanto, num exame ainda perfunctório, de mera delibação, próprio desta fase ainda embrionária da demanda, entendo que, por ora, apenas um deles merece ser contemplado.

De início observo que pandemia desencadeada pelo novo coronavírus, que, em menos de um ano, infectou e vitimou fatalmente centenas de milhares de pessoas no País e no mundo, revelou, dentre outras coisas, as fraquezas e virtudes de nossa forma de governança, em especial do sistema público responsável por assegurar os direitos fundamentais à vida e à saúde contemplados nos arts. 5º, 6º e 196 da Constituição Federal.

O direito à vida, é escusado dizer, corresponde ao direito, universalmente reconhecido à pessoa humana, de viver e permanecer vivo, livre de quaisquer agravos, materiais ou morais, significando, especialmente, sob pena de ficar esvaziado de seu conteúdo essencial, o direito a uma "existência digna", conceito mencionado no art. 170 de nossa Lei Maior.

Já a saúde, de acordo com o supra mencionado art. 196, "*é um direito de todos e dever do Estado, garantido mediante políticas sociais e econômicas que visem à redução do risco de doença e de outros agravos* e ao acesso universal e igualitário às ações e serviços para sua promoção, proteção e recuperação" (grifei).

José Afonso da Silva, ao comentar o referido dispositivo constitucional, assevera que ele abriga uma verdadeira garantia, a qual deve ser cumprida "pelas prestações de saúde, que [...] se concretizam mediante políticas sociais e econômicas que visem à redução dos riscos de doença e de outros agravos – *políticas* essas, *que,* por seu turno, *se efetivam pela execução de ações e serviços de saúde, não apenas visando à cura de doenças*".[1]

Na mesma linha são as observações de Kildare Gonçalves Carvalho, para quem *o direito à saúde não se resume apenas à medicina curativa, mas inclui a medicina preventiva, a qual exige a execução de uma política social e econômica adequada, que esclareça e eduque a*

---

[1] SILVA, José Afonso da. *Comentário contextual à Constituição*. 6. ed. São Paulo: Malheiros, 2009, p. 768.

população, além de promover a "higiene, saneamento básico, condições dignas de moradia e de trabalho, lazer, alimentação saudável na quantidade necessária, *campanhas de vacinação,* dentre outras ações".[2]

É nesse contexto, amplificado pela magnitude da pandemia decorrente da Covid-19, que *se exige,* mais do que nunca, *uma atuação fortemente proativa dos agentes públicos de todos os níveis governamentais, sobretudo mediante a implementação de programas universais de vacinação,* pois, como adverte o professor da Universidade de São Paulo antes referido, *"o direito é garantido por aquelas políticas indicadas, que hão de ser estabelecidas, sob pena de omissão inconstitucional".*[3]

E aqui cumpre lembrar que o Preâmbulo da Constituição da Organização Mundial de Saúde - OMS, datado de 22/7/1946, agência internacional pertencente à Organização das Nações Unidas – ONU, integrada pelo Brasil, traz à lume um generoso *conceito de saúde, caracterizado como um bem coletivo e dever do Estado.*[4]

Essa noção encontra amparo também no art. 12 do Pacto Internacional sobre Direitos Econômicos, Sociais e Culturais, internalizado pelo Decreto 591/1992, o qual dispõe que *"os Estados Partes* do presente Pacto reconhecem o *direito de toda pessoa de desfrutar o mais elevado nível possível de saúde* física e mental", *de modo a adotar* as medidas necessárias para assegurar *"a prevenção e o tratamento das doenças epidêmicas, endêmicas,* profissionais e outras, bem como a luta contra essas doenças".

É por isso que inexiste qualquer dúvida de que o *direito social à saúde coloca-se acima da autoridade de governantes episódicos, pois configura, como visto, um dever cometido ao Estado,* compreendido como uma "ordem jurídica soberana que tem por fim o bem comum de um povo situado em determinado território".[5] Vale lembrar, por oportuno, que *o Brasil,* segundo a Constituição de 1988, *adotou a forma federal de Estado,* "formada pela união indissolúvel dos Estados e Municípios e Distrito Federal" (art. 1º, *caput,* da CF).

O dever irrenunciável do Estado brasileiro de zelar pela saúde de todos que se encontrem sob sua jurisdição - brasileiros e estrangeiros residentes no País - *apresenta uma dimensão objetiva e institucional, que se revela, no plano administrativo, pelo Sistema Único de Saúde - SUS* (art. 198, I, II e III, da CF), ao qual compete, dentre outras atribuições, "controlar e fiscalizar procedimentos, produtos e substâncias de interesse para a saúde e participar da produção de medicamentos, equipamentos, imunobiológicos, hemoderivados e outros insumos", como também "executar as ações de vigilância sanitária e epidemiológica, bem como as de saúde do trabalhador" (art. 200, I e II, da CF).

Esse sistema é compatível com o nosso *"federalismo cooperativo"* ou *"federalismo de integração",* adotado pelos constituintes de 1988, no qual *"se registra um entrelaçamento de competências e atribuições dos diferentes níveis governamentais",*[6] que encontra expressão, quanto à temática aqui tratada, na competência concorrente partilhada pela União, Estados e Distrito Federal para legislar sobre a "proteção e defesa da saúde"

---

[2]   CARVALHO, Kildare Gonçalves. *Direito constitucional.* 13. ed., rev. atual. e ampl. Belo Horizonte: Del Rey, 2007, p. 1.167.

[3]   SILVA, José Afonso da. *Op. cit.,* p. 768, grifei.

[4]   Íntegra em inglês disponível em: <https://www.who.int/about/who-we-re/constitution>. Acesso: nov. 2020.

[5]   DALLARI, Dalmo de Abreu. Elementos de Teoria Geral do Estado. 22. ed. São Paulo: Saraiva, 2001, p. 118.

[6]   LEWANDOWSKI, Enrique Ricardo. *Pressupostos materiais e formais da Intervenção Federal no Brasil.* 2. ed. Belo Horizonte: Fórum, 2018, p. 23, grifei.

(art. 24, XII, da CF), bem assim na competência comum a todos eles e também aos Municípios de "cuidar da saúde e assistência pública" (art. 23, II, da CF).

Esse compartilhamento de competências entre os entes federados na área da saúde não exime a União de exercer aquilo que a doutrina denomina de "competência de cooperação",[7] traduzida na obrigação constitucional de "planejar e promover a defesa permanente contra as calamidades públicas, especialmente as secas e as inundações" (art. 21, XVIII, CF). E aqui cumpre anotar que, logo depois do reconhecimento pela OMS, em 11/3/2020,[8] de que o mundo passava por uma pandemia desencadeada pelo novo coronavírus, *o Congresso Nacional* editou o Decreto Legislativo 6/2020, no qual *reconheceu a ocorrência de uma calamidade pública*, aliás, sem precedentes em nossa história.

Quando o art. 21, XVIII é lido em conjunto com o precitado art. 198, também do Texto Magno, percebe-se que *compete à União assumir a coordenação das atividades do setor*, incumbindo-lhe, em especial, "*executar ações de vigilância epidemiológica e sanitária em circunstâncias especiais, como na ocorrência de agravos inusitados à saúde*, que possam escapar do controle da direção estadual do Sistema Único de Saúde (SUS) ou *que representem risco de disseminação nacional*" (grifei), conforme estabelece o disposto no art. 16, III, a, e parágrafo único, da Lei 8.080/1990 (Lei Orgânica da Saúde).[9]

De outro lado, a já antiga Lei 6.259/1975[10] estabelece que *cabe ao Ministério da Saúde a elaboração do Programa Nacional de Imunizações - PNI, com a definição das vacinações, inclusive as de caráter obrigatório* (art. 3º, *caput*), prescrevendo, ainda, que aquela Pasta coordenará e apoiará tal atividade - técnica, material e financeiramente - em âmbito nacional e regional, cuja responsabilidade cabe às Secretarias de Saúde das unidades federadas (art. 4º, *caput* e §1º). Ademais, consigna que "o Ministério da Saúde poderá participar, em caráter supletivo, das ações previstas no programa e assumir sua execução, quando o interesse nacional ou situações de emergência o justifiquem" (art. 4º, §2º).

Não obstante constitua incumbência do Ministério da Saúde coordenar o PNI e definir as vacinas integrantes do calendário nacional de imunizações, *tal atribuição não exclui a competência dos Estados, do Distrito Federal e dos Municípios para adaptá-los às peculiaridades locais*, no típico exercício da competência comum de que dispõem para "cuidar da saúde e assistência pública" (art. 23, II, da CF).

Embora o ideal, em se tratando de uma moléstia que atinge o País por inteiro, seja a inclusão de todas as vacinas seguras e eficazes no PNI, de maneira a imunizar uniforme e tempestivamente toda a população, o certo é que, nos diversos precedentes relativos à pandemia causada pela Covid-19, *o Supremo Tribunal Federal tem ressaltado a possibilidade de atuação conjunta das autoridades estaduais e locais para o enfrentamento dessa emergência de saúde pública, em particular para suprir lacunas ou omissões do governo central.*

Com efeito, ao analisar a ADI 6.341-MC-Ref/DF, Redator para o acórdão o Ministro Edson Fachin, esta Suprema Corte assentou que os entes federados possuem

---

[7] CARVALHO, Kildare Gonçalves. *Op. cit.*, p. 774.

[8] Disponível em: <https://www.paho.org/bra/index.php?option=com_content&view=article&id=6120:oms-afirma-que-covid-19-e-agora-caracterizada-como-pandemia&Itemid=812>. Acesso em: nov. 2020.

[9] A Lei 8.080/1990 prevê, ainda, que estão incluídas no campo de atuação do SUS a execução de vigilância sanitária e epidemiológica, bem como a "formulação a política de medicamentos, imunobiológicos e outro insumos de interesse para a saúde e a participação na sua produção" (art. 6º, I, *a* e *b*, e VI).

[10] "Dispõe sobre a organização das ações de Vigilância Epidemiológica, sobre o Programa Nacional de Imunizações, estabelece normas relativas à notificação compulsória de doenças, e dá outras providências".

competência concorrente para adotar as providências normativas e administrativas necessárias ao combate da pandemia. O Plenário do STF também decidiu, na ADPF 672-MC-Ref/DF, de relatoria do Ministro Alexandre de Moraes, que o exercício da competência específica da União para legislar sobre vigilância epidemiológica, a qual deu ensejo à elaboração da Lei 13.979/2020, não restringiu a competência própria dos demais entes da Federação para implementarem ações no campo da saúde.

Nesse sentido, conforme asseverei ao analisar a ADI 6.362/DF, de minha relatoria, *o federalismo cooperativo*, antes mencionado, longe de ser mera peça retórica, *exige que os entes federativos se apoiem mutuamente, deixando de lado eventuais divergências ideológicas ou partidárias dos respectivos governantes*, sobretudo *diante da grave crise sanitária e econômica decorrente da calamidade pública causada pelo novo coronavírus*. Bem por isso, *os entes regionais e locais não podem ser alijados do combate à Covid-19*, notadamente porque estão investidos do poder-dever de empreender as medidas necessárias para o enfrentamento da emergência sanitária resultante do alastramento incontido da doença.

Assim, considerado o arcabouço constitucional acima descrito, e tendo em conta a jurisprudência desta Suprema Corte sobre o tema, é possível concluir que *a defesa da saúde incumbe não apenas à União, mas também a qualquer das unidades federadas*, seja por meio da edição de normas legais, respeitadas as suas competências, seja mediante a realização de ações administrativas, sem que, como regra, dependam da autorização de outros níveis governamentais para levá-las a efeito, cumprindo-lhes, apenas, consultar o interesse público que têm a obrigação de preservar.

Em outros termos, a Constituição outorgou a todos os entes federados a competência comum de cuidar da saúde, compreendida nela a adoção de quaisquer medidas que se mostrem necessárias para salvar vidas e garantir a higidez física das pessoas ameaçadas ou acometidas pela nova moléstia, *incluindo-se nisso a disponibilização, por parte dos governos estaduais, distrital e municipais, de imunizantes diversos daqueles ofertados pela União, desde que aprovados pela Anvisa, caso aqueles se mostrem insuficientes ou sejam ofertados a destempo.*

No âmbito dessa autonomia insere-se, inclusive, a importação e distribuição, em caráter excepcional e temporário, por autoridades dos Estados, Distrito Federal e Municípios, de "quaisquer materiais, medicamentos e insumos da área de saúde sujeitos à vigilância sanitária sem registro na Anvisa considerados essenciais para auxiliar no combate à pandemia do coronavírus", observadas as condições do art. 3º, VIII, *a*, e §7º-A, da Lei 13.979/2020, alterada pela Lei 14.006/2020.

Como se vê, a própria Lei 13.979/2020, nos precitados dispositivos, encaminha uma solução para a questão, ao assinalar que as "autoridades" – sem fazer qualquer distinção entre os diversos níveis político- administrativos da federação – poderão lançar mão do uso de medicamentos e insumos na área de saúde sem registro na Anvisa. Confira-se:

> "Art. 3º Para enfrentamento da emergência de saúde pública de importância internacional [...]. as autoridades poderão adotar, no âmbito de suas competências, entre outras, as seguintes medidas:
> [...]
> VIII - autorização excepcional e temporária para importação e distribuição de quaisquer materiais, medicamentos e insumos da área da saúde sujeitos à vigilância sanitária sem registro na Anvisa considerados essenciais para auxiliar no combate à pandemia do coronavírus, desde que:

a) registrados por pelo menos 1 (uma) das seguintes autoridades sanitárias estrangeiras e autorizados à distribuição comercial em seus respectivos países:

1. Food and Drug Administration (FDA);

2. European Medicines Agency (EMA);

3. Pharmaceuticals and Medical Devices Agency (PMDA);

4. National Medical Products Administration (NMPA);"

Aqui cumpre sublinhar que a mencionada Lei também estabelece que *autorização excepcional e temporária "deverá ser concedida pela Anvisa em até 72 (setenta e duas) horas após a submissão do pedido à Agência, dispensada a autorização de qualquer outro órgão da administração pública direta ou indireta para os produtos que especifica, sendo concedida automaticamente caso esgotado o prazo sem manifestação"* (art. 3º, §7º-A). No ponto, ressalto, por oportuno, que o veto do Presidente da República a este parágrafo foi derrubado pelo Congresso Nacional na Sessão de 19/8/2020.

Não desconheço a aprovação da Resolução DC/ANVISA 444 de 10/12/2020, a qual "estabelece a autorização temporária de uso emergencial, *em caráter experimental*, de vacinas Covid-19 para o enfrentamento da emergência de saúde pública de importância nacional decorrente do surto do novo coronavírus (SARS-CoV-2)".

No entanto, a publicação da referida Resolução emanada de Diretoria Colegiada, ao propiciar mais uma maneira de aprovação das vacinas contra a Covid-19 – em caráter experimental -, não exclui, até porque não poderia fazê-lo, as formas já existentes, de modo que remanescem, tanto o registro previsto no art. 12 da Lei 6.360/1976, como a autorização excepcional e temporária estabelecida no art. 3º, VIII, da Lei 13.979/2020.

A dispensação excepcional de medicamentos sem registro na Anvisa, de resto, não constitui matéria nova nesta Suprema Corte, já tendo sido apreciada no RE 657.718/ MG-RG, de relatoria do Ministro Marco Aurélio, de cuja tese ressalto o seguinte trecho:

"[...] *É possível, excepcionalmente, a concessão judicial de medicamento sem registro sanitário, em caso de mora irrazoável da ANVISA em apreciar o pedido* (prazo superior ao previsto na Lei nº 13.411/2016), quando preenchidos três requisitos: (i) a existência de pedido de registro do medicamento no Brasil (salvo no caso de medicamentos órfãos para doenças raras e ultrarraras); (ii) *a existência de registro do medicamento em renomadas agências de regulação no exterior*; e (iii) a inexistência de substituto terapêutico com registro no Brasil" (grifei).

Seja como for, *as disposições constantes do art. 3º, VIII, a, e §7º-A, da Lei 13.979/2020, gozam da presunção de plena constitucionalidade*, revelando, portanto, a solução encontrada pelos representantes do povo reunidos no Congresso Nacional para superar, emergencialmente, a carência de vacinas contra o novo coronavírus.

Por aí já se vê que merece acolhida parcial a pretensão agasalhada na inicial de "permitir, excepcionalmente, a aquisição e fornecimento de vacinas contra a covid-19 desde que já possuam registro em renomadas agências de regulação no exterior, independente de registro na Anvisa, considerando a urgência humanitária na prevenção a novas ondas de coronavírus" (pág. 31 da inicial), sobretudo por estar em jogo a saúde de toda a população brasileira, em tempo de grande angústia e perplexidade, agravado por uma inusitada falta de confiança nas autoridades sanitárias com o nefasto potencial de abalar a coesão e harmonia social.

Não se olvide, todavia, que qualquer que seja a decisão dos entes federados no concernente ao enfrentamento da pandemia deverá levar em consideração, por expresso mandamento legal, as evidências científicas e análises estratégicas em saúde, nos termos do art. 3º, §1º, da Lei 13.979/2020. Essa apreciação, sempre explícita e fundamentada, compete exclusivamente às autoridades públicas estaduais, distritais e locais, consideradas as situações concretas que vierem a enfrentar.

Isso posto, com fundamento nas razões acima expendidas, voto por referendar a medida cautelar pleiteada para assentar que os Estados, Distrito Federal e Municípios (i) no caso de descumprimento do Plano Nacional de Operacionalização da Vacinação contra a Covid-19, recentemente tornado público pela União, ou na hipótese de que este não proveja cobertura imunológica tempestiva e suficiente contra a doença, poderão dispensar às respectivas populações as vacinas das quais disponham, previamente aprovadas pela Anvisa, ou (ii) se esta agência governamental não expedir a autorização competente, no prazo de 72 horas, poderão importar e distribuir vacinas registradas por pelo menos uma das autoridades sanitárias estrangeiras e liberadas para distribuição comercial nos respectivos países, conforme o art. 3º, VIII, *a*, e §7º-A, da Lei 13.979/2020, ou, ainda, quaisquer outras que vierem a ser aprovadas, em caráter emergencial, nos termos da Resolução DC/ANVISA 444, de 10/12/2020.

PLENÁRIO

EXTRATO DE ATA

REFERENDO NA MEDIDA CAUTELAR NA ARGUIÇÃO DE DESCUMPRIMENTO DE PRECEITO FUNDAMENTAL 770

PROCED.: DISTRITO FEDERAL
RELATOR: MIN. RICARDO LEWANDOWSKI
REQTE.(S): CONSELHO FEDERAL DA ORDEM DOS ADVOGADOS DO BRASIL - CFOAB
INTDO.(A/S): PRESIDENTE DA REPÚBLICA PROC.(A/S)(ES): ADVOGADO-GERAL DA UNIÃO
INTDO.(A/S): MINISTRO DE ESTADO DA SAÚDE
PROC.(A/S)(ES): ADVOGADO-GERAL DA UNIÃO

Decisão: O Tribunal, por unanimidade, referendou a medida cautelar pleiteada para assentar que os Estados, Distrito Federal e Municípios (i) no caso de descumprimento do Plano Nacional de Operacionalização da Vacinação contra a Covid-19, recentemente tornado público pela União, ou na hipótese de que este não proveja cobertura imunológica tempestiva e suficiente contra a doença, poderão dispensar às respectivas populações as vacinas das quais disponham, previamente aprovadas pela Anvisa, ou (ii) se esta agência governamental não expedir a autorização competente, no prazo de 72 horas, poderão importar e distribuir vacinas registradas por pelo menos uma das autoridades sanitárias estrangeiras e liberadas para distribuição comercial nos respectivos países, conforme o art. 3º, VIII, a, e §7º-A, da Lei nº 13.979/2020, ou, ainda, quaisquer outras que vierem a ser aprovadas, em caráter emergencial (Resolução DC/ANVISA 444, de 10/12/2020), nos termos do voto do Relator. Plenário, Sessão Virtual de 12.2.2021 a 23.2.2021.

Composição: Ministros Luiz Fux (Presidente), Marco Aurélio, Gilmar Mendes, Ricardo Lewandowski, Cármen Lúcia, Dias Toffoli, Rosa Weber, Roberto Barroso, Edson Fachin, Alexandre de Moraes e Nunes Marques.

Carmen Lilian Oliveira de Souza
Assessora-Chefe do Plenário

HABEAS CORPUS 135.564 RIO GRANDE DO SUL

RELATOR: MIN. EDSON FACHIN
PACTE.(S): CARINA DUARTE DE SOUZA
IMPTE.(S): VLADIMIR DE AMORIM SILVEIRA
COATOR(A/S)(ES): RELATOR DO HC Nº 362.493 DO SUPERIOR TRIBUNAL DE JUSTIÇA

Trata-se de *habeas corpus*, com pedido de liminar, impetrado por Vladimir de Amorim Silveira em favor de Carina Duarte de Souza, a qual foi presa em flagrante pelo cometimento, em tese, do crime previsto no art. 33, *caput*, da Lei 11.343/2006.

O juiz originário, nos autos do Processo 0004934-19.2016.8.21.0086, indeferiu o pedido de revogação da prisão preventiva da paciente sob o fundamento de que, em razão da gravidade do crime de tráfico, a liberação da paciente apresentaria risco à ordem, à segurança e à saúde pública.

O Tribunal de Justiça do Estado do Rio Grande do Sul denegou a ordem, corroborando o entendimento do juízo originário. O acórdão foi assim ementado:

"HABEAS CORPUS. TRÁFICO DE DROGAS. PRISÃO CAUTELAR. NECESSIDADE. PRISÃO MANTIDA.

1. O decreto prisional encontra-se suficientemente fundamentado. Presentes prova da materialidade e indícios suficientes de autoria do delito de tráfico de drogas. A prisão preventiva foi decretada para a garantia da ordem pública. A droga apreendida e as informações específicas quanto ao tráfico perpetrado no local apontam grau de envolvimento com o tráfico de drogas a demonstrar que, possivelmente, não se trata de traficância ocasional. Evidenciado, assim, o *periculum libertatis* a exigir, ainda que em um juízo de ponderação, a preponderância da proteção do coletivo, o que justifica, neste caso concreto, a medida constritiva para a garantia da ordem pública, em que pese a primariedade da paciente.

2. A Lei nº 13.257/2016 acresceu ao artigo 318 do Código de Processo Penal o inciso V, que possibilita a concessão de prisão domiciliar a mulheres com filho de até doze anos de idade incompletos, a fim de assegurar os interesses do menor.

3. A viabilidade da medida, entretanto, deve ser sopesada com elementos do caso concreto, a fim de verificar a suficiência da medida para garantia da ordem pública.

4. No caso, há indicativo de que o tráfico de drogas ocorria na residência da paciente, bem como há informação de que ela seria responsável por fornecer drogas a outros traficantes da região, circunstâncias que demonstram não ser adequada a concessão da prisão domiciliar. ORDEM DENEGADA" (pág. 116 do documento eletrônico 2).

Interposto *habeas corpus* perante o Superior Tribunal de Justiça (HC 362.493-RS), o pedido liminar foi denegado pelo Ministro Ribeiro Dantas em 28/6/2016. Confira-se:

> "Decido.
>
> A concessão de liminar em habeas corpus constitui medida excepcional, uma vez que somente pode ser deferida quando demonstrada, de modo claro e indiscutível, ilegalidade no ato judicial.
>
> Na espécie, sem qualquer adiantamento do mérito da demanda, não vislumbro, ao menos neste instante, a presença de pressuposto autorizativo da tutela de urgência pretendida. Assim, indefiro o pedido de liminar" (documento eletrônico 4).

O impetrante alega que, pelo fato de o crime ter sido praticado sem violência ou grave ameaça, a paciente ser primária, ter bons antecedentes, residência fixa, além da necessidade de prestar atendimento especial ao seu filho de 4 anos, a prisão cautelar foi decretada e mantida com fundamento exclusivamente na gravidade em abstrato do crime de tráfico de drogas, fato que contraria a entendimento desta Corte sobre a matéria, autorizando o afastamento da Súmula 691/STF e a concessão da ordem em favor da paciente.

É o relatório necessário. Decido.

Estão presentes os elementos que autorizam o afastamento da Súmula 691/STF e a concessão da ordem.

Cumpre ressaltar que esta Corte firmou entendimento jurisprudencial, no HC 105.270/SP, no sentido de ser flagrantemente ilegal a manutenção de prisão cautelar com fundamento na gravidade em abstrato do crime praticado:

> "'HABEAS CORPUS' - DENEGAÇÃO DE MEDIDA LIMINAR - SÚMULA 691/ STF - SITUAÇÕES EXCEPCIONAIS QUE AFASTAM A RESTRIÇÃO SUMULAR - PRISÃO EM FLAGRANTE MANTIDA POR DECISÃO QUE INDEFERE PEDIDO DE LIBERDADE PROVISÓRIA - FALTA DE ADEQUADA FUNDAMENTAÇÃO - CARÁTER EXTRAORDINÁRIO DA PRIVAÇÃO CAUTELAR DA LIBERDADE INDIVIDUAL - UTILIZAÇÃO, PELO MAGISTRADO, NO INDEFERIMENTO DO PEDIDO DE LIBERDADE PROVISÓRIA, DE CRITÉRIOS INCOMPATÍVEIS COM A JURISPRUDÊNCIA DO SUPREMO TRIBUNAL FEDERAL - LEI DE DROGAS (ART. 44) - PRISÃO CAUTELAR "EX LEGE" - INADMISSIBILIDADE (HC 100.742/SC, REL. MIN. CELSO DE MELLO) - SITUAÇÃO DE INJUSTO CONSTRANGIMENTO CONFIGURADA - PRECEDENTES - "HABEAS CORPUS" CONCEDIDO DE OFÍCIO. DENEGAÇÃO DE MEDIDA LIMINAR - SÚMULA 691/STF - SITUAÇÕES EXCEPCIONAIS QUE AFASTAM A RESTRIÇÃO SUMULAR. -
>
> A jurisprudência do Supremo Tribunal Federal, sempre em caráter extraordinário, tem admitido o afastamento, 'hic et nunc', da Súmula 691/STF, em hipóteses nas quais a decisão questionada divirja da jurisprudência predominante nesta Corte ou, então, veicule situações configuradoras de abuso de poder ou de manifesta ilegalidade. Precedentes. Hipótese ocorrente na espécie. A PRISÃO CAUTELAR CONSTITUI MEDIDA DE NATUREZA EXCEPCIONAL. – A privação cautelar da liberdade individual reveste-se de caráter excepcional, somente devendo ser decretada ou mantida em situações de absoluta necessidade. A prisão cautelar, para legitimar-se em face do sistema jurídico, impõe - além da satisfação dos pressupostos a que se refere o art. 312 do CPP (prova da existência material do crime e presença de indícios suficientes de autoria) - que se evidenciem, com fundamento em base empírica idônea, razões justificadoras da imprescindibilidade dessa

extraordinária medida cautelar de privação da liberdade do indiciado ou do réu. - A questão da decretabilidade ou manutenção da prisão cautelar. Possibilidade excepcional, desde que satisfeitos os requisitos mencionados no art. 312 do CPP. Necessidade da verificação concreta, em cada caso, da imprescindibilidade da adoção dessa medida extraordinária. Precedentes. A MANUTENÇÃO DA PRISÃO EM FLAGRANTE - ENQUANTO MEDIDA DE NATUREZA CAUTELAR - NÃO PODE SER UTILIZADA COMO INSTRUMENTO DE PUNIÇÃO ANTECIPADA DO INDICIADO OU DO RÉU. - A prisão cautelar não pode - nem deve - ser utilizada, pelo Poder Público, como instrumento de punição antecipada daquele a quem se imputou a prática do delito, pois, no sistema jurídico brasileiro, fundado em bases democráticas, prevalece o princípio da liberdade, incompatível com punições sem processo e inconciliável com condenações sem defesa prévia. A prisão cautelar - que não deve ser confundida com a prisão penal - não objetiva infligir punição àquele que sofre a sua decretação, mas destina-se, considerada a função cautelar que lhe é inerente, a atuar em benefício da atividade estatal desenvolvida no processo penal. A GRAVIDADE EM ABSTRATO DO CRIME NÃO CONSTITUI FATOR DE LEGITIMAÇÃO DA PRIVAÇÃO CAUTELAR DA LIBERDADE. - A natureza da infração penal não constitui, só por si, fundamento justificador da decretação da prisão cautelar daquele que sofre a persecução criminal instaurada pelo Estado. Precedentes. AUSÊNCIA DE DEMONSTRAÇÃO, NO CASO, DA NECESSIDADE CONCRETA DE MANTER-SE A PRISÃO EM FLAGRANTE DO PACIENTE. - Sem que se caracterize situação de real necessidade, não se legitima a privação cautelar da liberdade individual do indiciado ou do réu. Ausentes razões de necessidade, revela-se incabível, ante a sua excepcionalidade, a decretação ou a subsistência da prisão cautelar. - Presunções arbitrárias, construídas a partir de juízos meramente conjecturais, porque formuladas à margem do sistema jurídico, não podem prevalecer sobre o princípio da liberdade, cuja precedência constitucional lhe confere posição eminente no domínio do processo penal."

Compulsando os autos, verifico que a prisão preventiva da paciente foi decretada com base na gravidade em abstrato do crime de tráfico de entorpecentes, inexistentes elementos concretos a justificar a necessidade de confinamento.

Conforme precedente citado, a flagrante ilegalidade verificada na manutenção da prisão cautelar no presente caso autoriza o afastamento da Súmula 691/STF e a concessão de ofício da ordem em favor da paciente.

Desse modo, aplica-se, ante a pertinência temática, a decisão proferida pelo Ministro Celso de Mello no julgamento do HC 132.615/SP, do qual colho o seguinte trecho:

"Impõe-se repelir, por inaceitáveis, discursos judiciais consubstanciados *em tópicos sentenciais* meramente retóricos, *eivados* de generalidade, *destituídos* de fundamentação substancial *e reveladores*, muitas vezes, *de linguagem típica* dos partidários do 'direito penal simbólico' *ou*, até mesmo, do 'direito penal do inimigo', *e que, manifestados* com o intuito de decretar *indevidas* prisões cautelares *ou* de proceder *a inadequadas* exacerbações punitivas, *culminam por vulnerar*, gravemente, os grandes princípios liberais *consagrados* pela ordem democrática *na qual se estrutura* o Estado de Direito, *expondo*, com esse comportamento, *uma inadmissível visão autoritária e nulificadora* do regime das liberdades fundamentais em nosso País" (grifos no original).

Finalmente, há que se destacar o fato de que a paciente possui um filho de 4 anos, que recebe tratamento médico contínuo para enfermidade que o acomete no Hospital Cristo Redentor (CID Q743 – Artrogripose Congênita Múltipla), sendo portador de necessidades especiais, conforme comprovado pela farta documentação acostada (pág. 44-66 do documento eletrônico 2).

Não por outro motivo que a Previdência Social deferiu o pagamento de benefício de assistência social ao filho especial, situação que justificaria a ausência de comprovação de emprego fixo, uma vez que o menor necessita de atendimento integral por parte de sua genitora.

Observo, ainda, que o filho da paciente, embora esteja sob os cuidados de sua cunhada, não está recebendo o atendimento médico necessário ao seu tratamento, conforme declaração juntada aos autos:

> "Eu Michele Ribeiro da Silva cunhada de Carina Duarte de Souza declaro estar cuidando do filho dela que tem problemas nas pernas e necessita de estar sempre indo no médico, *mas declaro não ter condição de estar levando ele pro médico*" (grifei; pág. 94 do documento eletrônico).

São as peculiaridades do presente caso, que o fazem merecer destaque.

As mulheres em situação de prisão têm demandas e necessidades muito específicas, o que não raro é agravado por históricos de violência familiar e outros fatores, como a maternidade, a nacionalidade estrangeira, a perda financeira ou o uso de drogas. Não é possível desprezar, nesse cenário, a distinção dos vínculos e relações familiares estabelecidos pelas mulheres, bem como sua forma de envolvimento com o crime, quando comparados com a população masculina, o que repercute de forma direta nas condições de encarceramento a que estão submetidas.

Nesse sentido, o principal marco normativo internacional a abordar essa problemática são as chamadas Regras de Bangkok – Regras das Nações Unidas para o tratamento de mulheres presas e medidas não privativas de liberdade para mulheres infratoras. Essas Regras propõem um olhar diferenciado para as especificidades de gênero no encarceramento feminino, tanto no campo da execução penal como também na priorização de medidas não privativas de liberdade, ou seja, que evitem a entrada de mulheres no sistema carcerário.

Apesar de o Governo Brasileiro ter participado ativamente das negociações para a elaboração das Regras de Bangkok e a sua aprovação na Assembleia Geral das Nações Unidas, até o momento elas não foram plasmadas em políticas públicas consistentes em nosso país, sinalizando, ainda, o quanto carecem de fomento a implementação e a internalização eficazes pelo Brasil das normas de direito internacional dos direitos humanos.

E cumprir essas regras é um compromisso internacional assumido pelo Brasil. Embora se reconheça a necessidade de impulsionar a criação de políticas públicas de alternativas à aplicação de penas de prisão às mulheres, é estratégico abordar o problema primeiramente sob o viés da redução do encarceramento feminino provisório. De acordo com as Regras de Bangkok, deve ser priorizada solução judicial que facilite a utilização de alternativas penais ao encarceramento, principalmente para as hipóteses em que ainda não haja decisão condenatória transitada em julgado, como se verifica no presente caso. Nesse sentido, o item 2 da Regra 2 das Regras de Bangkok estabelece que:

"Regra 2 (...)

2. Antes ou no momento de seu ingresso, deverá ser permitido às mulheres responsáveis pela guarda de crianças tomar as providências necessárias em relação a elas, *incluindo a possibilidade de suspender por um período razoável a medida privativa de liberdade, levando em consideração o melhor interesse das crianças*" (grifei).

Portanto, dadas as peculiaridades do caso, somadas à constatação da generalidade do decreto prisional e da ausência de suficiente fundamento a justificar a sua manutenção, entendo cabível a concessão da ordem de ofício para revogá-lo, uma vez que a substituição da prisão preventiva por prisão domiciliar implicaria a impossibilidade de a paciente atender plenamente todas as necessidades de seu filho especial.

Isso posto, concedo a ordem de ofício para revogar a prisão preventiva decretada e determinar a imediata expedição do competente alvará de soltura, a fim de garantir à paciente o direito de responder ao processo em liberdade, sem prejuízo de que o Tribunal de Justiça do Estado do Rio Grande do Sul fixe outras medidas cautelares, previstas no art. 319 do CPP, conforme entender necessário e suficiente.

Comunique-se. Publique-se.

Brasília, 29 de julho de 2016.

Ministro **RICARDO LEWANDOWSKI**
Presidente

20/02/2018 – SEGUNDA TURMA

HABEAS CORPUS 143.641 SÃO PAULO

RELATOR: MIN. RICARDO LEWANDOWSKI
PACTE.(S): TODAS AS MULHERES SUBMETIDAS À PRISÃO CAUTELAR NO SISTEMA PENITENCIÁRIO NACIONAL, QUE OSTENTEM A CONDIÇÃO DE GESTANTES, DE PUÉRPERAS OU DE MÃES COM CRIANÇAS COM ATÉ 12 ANOS DE IDADE SOB SUA RESPONSABILIDADE, E DAS PRÓPRIAS CRIANÇAS
IMPTE.(S): DEFENSORIA PÚBLICA DA UNIÃO
ADV.(A/S): DEFENSOR PÚBLICO-GERAL FEDERAL
ASSIST.(S): TODOS OS MEMBROS DO COLETIVO DE ADVOGADOS EM DIREITOS HUMANOS - CADHU
ASSIST.(S): ELOISA MACHADO DE ALMEIDA
ASSIST.(S): HILEM ESTEFANIA COSME DE OLIVEIRA
ASSIST.(S): NATHALIE FRAGOSO E SILVA FERRO
ASSIST.(S): ANDRE FERREIRA
ASSIST.(S): BRUNA SOARES ANGOTTI BATISTA DE ANDRADE
COATOR(A/S)(ES): JUÍZES E JUÍZAS DAS VARAS CRIMINAIS ESTADUAIS
COATOR(A/S)(ES): TRIBUNAIS DOS ESTADOS E DO DISTRITO FEDERAL E TERRITÓRIOS
COATOR(A/S)(ES): JUÍZES E JUÍZAS FEDERAIS COM COMPETÊNCIA CRIMINAL
COATOR(A/S)(ES): TRIBUNAIS REGIONAIS FEDERAIS
COATOR(A/S)(ES): SUPERIOR TRIBUNAL DE JUSTIÇA
AM. CURIAE.: DEFENSORIA PUBLICA DO ESTADO DO CEARA
ADV.(A/S): DEFENSOR PÚBLICO-GERAL DO ESTADO DO CEARÁ
AM. CURIAE.: DEFENSORIA PUBLICA DO ESTADO DO PARANÁ
ADV.(A/S): DEFENSOR PÚBLICO-GERAL DO ESTADO DO PARANÁ
AM. CURIAE.: DEFENSORIA PÚBLICA DO ESTADO DO AMAPÁ
ADV.(A/S): DEFENSOR PÚBLICO-GERAL DO ESTADO DO AMAPÁ
AM. CURIAE.: DEFENSORIA PÚBLICA DO ESTADO DO ESPÍRITO SANTO
ADV.(A/S): DEFENSOR PÚBLICO-GERAL DO ESTADO DO ESPÍRITO SANTO
AM. CURIAE.: DEFENSORIA PUBLICA DO ESTADO DE GOIÁS
ADV.(A/S): DEFENSOR PÚBLICO-GERAL DO ESTADO DE GOIÁS
AM. CURIAE.: DEFENSORIA PÚBLICA DO ESTADO DO MARANHÃO
ADV.(A/S): DEFENSOR PÚBLICO-GERAL DO ESTADO DO MARANHÃO

AM. CURIAE.: DEFENSORIA PUBLICA DO ESTADO DO PARÁ
ADV.(A/S): DEFENSOR PÚBLICO-GERAL DO ESTADO DO PARÁ
AM. CURIAE.: DEFENSORIA PUBLICA DO ESTADO DA PARAÍBA
ADV.(A/S): DEFENSOR PÚBLICO-GERAL DO ESTADO DA PARAÍBA
AM. CURIAE.: DEFENSORIA PÚBLICA DO ESTADO DE PERNAMBUCO
ADV.(A/S): DEFENSOR PÚBLICO-GERAL DO ESTADO DE PERNAMBUCO
AM. CURIAE.: DEFENSORIA PÚBLICA DO ESTADO DO PIAUÍ
ADV.(A/S): DEFENSOR PÚBLICO-GERAL DO ESTADO DO PIAUÍ
AM. CURIAE.: DEFENSORIA PÚBLICA DO ESTADO DO RIO GRANDE DO NORTE
ADV.(A/S): DEFENSOR PÚBLICO-GERAL DO ESTADO DO RIO GRANDE DO NORTE
AM. CURIAE.: DEFENSORIA PÚBLICA DO ESTADO DE RONDÔNIA
ADV.(A/S): DEFENSOR PÚBLICO-GERAL DO ESTADO DE RONDÔNIA
AM. CURIAE.: DEFENSORIA PÚBLICA DO ESTADO DE RORAIMA
ADV.(A/S): DEFENSOR PÚBLICO-GERAL DO ESTADO DE RORAIMA
AM. CURIAE.: DEFENSORIA PÚBLICA DO ESTADO DO RIO GRANDE DO SUL
ADV.(A/S): DEFENSOR PÚBLICO-GERAL DO ESTADO DO RIO GRANDE DO SUL
AM. CURIAE.: DEFENSORIA PÚBLICA DO ESTADO DE SERGIPE
ADV.(A/S): DEFENSOR PÚBLICO-GERAL DO ESTADO DE SERGIPE
AM. CURIAE.: DEFENSORIA PÚBLICA DO ESTADO DE SÃO PAULO
ADV.(A/S): DEFENSOR PÚBLICO-GERAL DO ESTADO DE SÃO PAULO
AM. CURIAE.: DEFENSORIA PUBLICA DO ESTADO DO TOCANTINS
ADV.(A/S): DEFENSOR PÚBLICO-GERAL DO ESTADO DO TOCANTINS
AM. CURIAE.: DEFENSORIA PÚBLICA DO ESTADO DA BAHIA
ADV.(A/S): DEFENSOR PÚBLICO-GERAL DO ESTADO DA BAHIA
AM. CURIAE.: DEFENSORIA PÚBLICA DO DISTRITO FEDERAL
ADV.(A/S): DEFENSOR PÚBLICO-GERAL DO DISTRITO FEDERAL
AM. CURIAE.: DEFENSORIA PÚBLICA DO ESTADO DE MINAS GERAIS
ADV.(A/S): DEFENSOR PÚBLICO-GERAL DO ESTADO DE MINAS GERAIS
AM. CURIAE.: DEFENSORIA PUBLICA DO ESTADO DO RIO DE JANEIRO
ADV.(A/S): DEFENSOR PÚBLICO-GERAL DO ESTADO DO RIO DE JANEIRO
AM. CURIAE.: DEFENSORIA PÚBLICA DO ESTADO DE MATO GROSSO
ADV.(A/S): DEFENSOR PÚBLICO-GERAL DO ESTADO DE MATO GROSSO
AM. CURIAE.: INSTITUTO BRASILEIRO DE CIÊNCIAS CRIMINAIS - IBCCRIM
AM. CURIAE.: INSTITUTO TERRA TRABALHO E CIDADANIA ITTC
AM. CURIAE.: PASTORAL CARCERÁRIA
ADV.(A/S): MAURICIO STEGEMANN DIETER E OUTRO(A/S)
AM. CURIAE.: DEFENSORIA PÚBLICA DO ESTADO DE MATO GROSSO DO SUL
ADV.(A/S): DEFENSOR PÚBLICO-GERAL DO ESTADO DE MATO GROSSO DO SUL
AM. CURIAE.: INSTITUTO ALANA
ADV.(A/S): GUILHERME RAVAGLIA TEIXEIRA PERISSE DUARTE E OUTRO(A/S)
AM. CURIAE.: ASSOCIAÇÃO BRASILEIRA DE SAÚDE COLETIVA (ABRASCO)
ADV.(A/S): MARCIA BUENO SCATOLIN E OUTRO(A/S)
AM. CURIAE.: INSTITUTO DE DEFESA DO DIREITO DE DEFESA - MÁRCIO THOMAZ BASTOS (IDDD)
ADV.(A/S): GUSTAVO DE CASTRO TURBIANI E OUTRO(A/S)

EMENTA: *HABEAS CORPUS* COLETIVO. ADMISSIBILIDADE. DOUTRINA BRASILEIRA DO *HABEAS CORPUS*. MÁXIMA EFETIVIDADE DO *WRIT*. MÃES E GESTANTES PRESAS. RELAÇÕES SOCIAIS MASSIFICADAS E BUROCRATIZADAS. GRUPOS SOCIAIS VULNERÁVEIS. ACESSO À JUSTIÇA. FACILITAÇÃO. EMPREGO DE REMÉDIOS PROCESSUAIS ADEQUADOS. LEGITIMIDADE ATIVA. APLICAÇÃO ANALÓGICA DA LEI 13.300/2016. MULHERES GRÁVIDAS OU COM CRIANÇAS SOB SUA GUARDA. PRISÕES PREVENTIVAS CUMPRIDAS EM CONDIÇÕES DEGRADANTES. INADMISSIBILIDADE. PRIVAÇÃO DE CUIDADOS MÉDICOS PRÉ- NATAL E PÓS-PARTO. FALTA DE BERÇÁRIOS E CRECHES. ADPF 347 MC/DF. SISTEMA PRISIONAL BRASILEIRO. ESTADO DE COISAS INCONSTITUCIONAL. CULTURA DO ENCARCERAMENTO. NECESSIDADE DE SUPERAÇÃO. DETENÇÕES CAUTELARES DECRETADAS DE FORMA ABUSIVA E IRRAZOÁVEL. INCAPACIDADE DO ESTADO DE ASSEGURAR DIREITOS FUNDAMENTAIS ÀS ENCARCERADAS. OBJETIVOS DE DESENVOLVIMENTO DO MILÊNIO E DE DESENVOLVIMENTO SUSTENTÁVEL DA ORGANIZAÇÃO DAS NAÇÕES UNIDAS. REGRAS DE BANGKOK. ESTATUTO DA PRIMEIRA INFÂNCIA. APLICAÇÃO À ESPÉCIE. ORDEM CONCEDIDA. EXTENSÃO DE OFÍCIO.

I – Existência de relações sociais massificadas e burocratizadas, cujos problemas estão a exigir soluções a partir de remédios processuais coletivos, especialmente para coibir ou prevenir lesões a direitos de grupos vulneráveis.

II – Conhecimento do *writ* coletivo homenageia nossa tradição jurídica de conferir a maior amplitude possível ao remédio heroico, conhecida como doutrina brasileira do *habeas corpus*.

III – Entendimento que se amolda ao disposto no art. 654, §2º, do Código de Processo Penal - CPP, o qual outorga aos juízes e tribunais competência para expedir, de ofício, ordem de *habeas corpus*, quando no curso de processo, verificarem que alguém sofre ou está na iminência de sofrer coação ilegal.

IV – Compreensão que se harmoniza também com o previsto no art. 580 do CPP, que faculta a extensão da ordem a todos que se encontram na mesma situação processual.

V - Tramitação de mais de 100 milhões de processos no Poder Judiciário, a cargo de pouco mais de 16 mil juízes, a qual exige que o STF prestigie remédios processuais de natureza coletiva para emprestar a máxima eficácia ao mandamento constitucional da razoável duração do processo e ao princípio universal da efetividade da prestação jurisdicional VI - A legitimidade ativa do *habeas corpus* coletivo, a princípio, deve ser reservada àqueles listados no art. 12 da Lei 13.300/2016, por analogia ao que dispõe a legislação referente ao mandado de injunção coletivo.

VII – Comprovação nos autos de existência de situação estrutural em que mulheres grávidas e mães de crianças (entendido o vocábulo aqui em seu sentido legal, como a pessoa de até doze anos de idade incompletos, nos termos do art. 2º do Estatuto da Criança e do Adolescente - ECA) estão, de fato, cumprindo prisão preventiva em situação degradante, privadas de cuidados médicos pré-natais e pós-parto, inexistindo, outrossim berçários e creches para seus filhos.

VIII – "Cultura do encarceramento" que se evidencia pela exagerada e irrazoável imposição de prisões provisórias a mulheres pobres e vulneráveis, em decorrência de excessos na interpretação e aplicação da lei penal, bem assim da processual penal, mesmo diante da existência de outras soluções, de caráter humanitário, abrigadas no ordenamento jurídico vigente.

IX – Quadro fático especialmente inquietante que se revela pela incapacidade de o Estado brasileiro garantir cuidados mínimos relativos à maternidade, até mesmo às mulheres que não estão em situação prisional, como comprova o "caso Alyne Pimentel", julgado pelo Comitê para a Eliminação de todas as Formas de Discriminação contra a Mulher das Nações Unidas.

X – Tanto o Objetivo de Desenvolvimento do Milênio nº 5 (melhorar a saúde materna) quanto o Objetivo de Desenvolvimento Sustentável nº 5 (alcançar a igualdade de gênero e empoderar todas as mulheres e meninas), ambos da Organização das Nações Unidas, ao tutelarem a saúde reprodutiva das pessoas do gênero feminino, corroboram o pleito formulado na impetração.

X – Incidência de amplo regramento internacional relativo a Direitos Humanos, em especial das Regras de Bangkok, segundo as quais deve ser priorizada solução judicial que facilite a utilização de alternativas penais ao encarceramento, principalmente para as hipóteses em que ainda não haja decisão condenatória transitada em julgado.

XI – Cuidados com a mulher presa que se direcionam não só a ela, mas igualmente aos seus filhos, os quais sofrem injustamente as consequências da prisão, em flagrante contrariedade ao art. 227 da Constituição, cujo teor determina que se dê prioridade absoluta à concretização dos direitos destes.

XII – Quadro descrito nos autos que exige o estrito cumprimento do Estatuto da Primeira Infância, em especial da nova redação por ele conferida ao art. 318, IV e V, do Código de Processo Penal.

XIII – Acolhimento do *writ* que se impõe de modo a superar tanto a arbitrariedade judicial quanto a sistemática exclusão de direitos de grupos hipossuficientes, típica de sistemas jurídicos que não dispõem de soluções coletivas para problemas estruturais.

XIV – Ordem concedida para determinar a substituição da prisão preventiva pela domiciliar - sem prejuízo da aplicação concomitante das medidas alternativas previstas no art. 319 do CPP - de todas as mulheres presas, gestantes, puérperas ou mães de crianças e deficientes, nos termos do art. 2º do ECA e da Convenção sobre Direitos das Pessoas com Deficiências (Decreto Legislativo 186/2008 e Lei 13.146/2015), relacionadas neste processo pelo DEPEN e outras autoridades estaduais, enquanto perdurar tal condição, excetuados os casos de crimes praticados por elas mediante violência ou grave ameaça, contra seus descendentes ou, ainda, em situações excepcionalíssimas, as quais deverão ser devidamente fundamentadas pelos juízes que denegarem o benefício.

XV – Extensão da ordem de ofício a todas as demais mulheres presas, gestantes, puérperas ou mães de crianças e de pessoas com deficiência, bem assim às adolescentes sujeitas a medidas socioeducativas em idêntica situação no território nacional, observadas as restrições acima.

ACÓRDÃO

Vistos, relatados e discutidos estes autos, acordam os Ministros da Segunda Turma do Supremo Tribunal Federal, sob a Presidência do Senhor Ministro Edson Fachin, na conformidade da ata de julgamentos e das notas taquigráficas, preliminarmente, por votação unânime, entender cabível a impetração coletiva e, por maioria, conhecer do pedido de *habeas corpus*, vencidos os Ministros Dias Toffoli e Edson Fachin, que dele conheciam em parte. Prosseguindo no julgamento, por maioria, conceder a ordem para determinar a substituição da prisão preventiva pela domiciliar - sem prejuízo da aplicação concomitante das medidas alternativas previstas no art. 319 do CPP - de todas as mulheres presas, gestantes, puérperas, ou mães de crianças e deficientes sob sua guarda, nos termos do art. 2º do ECA e da Convenção sobre Direitos das Pessoas com Deficiências (Decreto Legislativo 186/2008 e Lei 13.146/2015), relacionadas nesse processo pelo DEPEN e outras autoridades estaduais, enquanto perdurar tal condição, excetuados os casos de crimes praticados por elas mediante violência ou grave ameaça, contra seus descendentes ou, ainda, em situações excepcionalíssimas, as quais deverão ser devidamente fundamentadas pelos juízes que denegarem o benefício.

Estender a ordem, de ofício, às demais mulheres presas, gestantes, puérperas ou mães de crianças e de pessoas com deficiência, bem assim às adolescentes sujeitas a medidas socioeducativas em idêntica situação no território nacional, observadas as restrições previstas acima. Quando a detida for tecnicamente reincidente, o juiz deverá proceder em atenção às circunstâncias do caso concreto, mas sempre tendo por norte os princípios e as regras acima enunciadas, observando, ademais, a diretriz de excepcionalidade da prisão. Se o juiz entender que a prisão domiciliar se mostra inviável ou inadequada em determinadas situações, poderá substituí-la por medidas alternativas arroladas no já mencionado art. 319 do CPP. Para apurar a situação de guardiã dos filhos da mulher presa, dever-se-á dar credibilidade à palavra da mãe. Faculta-se ao juiz, sem prejuízo de cumprir, desde logo, a presente determinação, requisitar a elaboração de laudo social para eventual reanálise do benefício. Caso se constate a suspensão ou destituição do poder familiar por outros motivos que não a prisão, a presente ordem não se aplicará. A fim de se dar cumprimento imediato a esta decisão, deverão ser comunicados os Presidentes dos Tribunais Estaduais e Federais, inclusive da Justiça Militar Estadual e Federal, para que prestem informações e, no prazo máximo de 60 dias a contar de sua publicação, implementem de modo integral as determinações estabelecidas no presente julgamento, à luz dos parâmetros ora enunciados. Com vistas a conferir maior agilidade, e sem prejuízo da medida determinada acima, também deverá ser oficiado ao DEPEN para que comunique aos estabelecimentos prisionais a decisão, cabendo a estes, independentemente de outra provocação, informar aos respectivos juízos a condição de gestante ou mãe das presas preventivas sob sua custódia. Deverá ser oficiado, igualmente, ao Conselho Nacional de Justiça - CNJ, para que, no âmbito de atuação do Departamento de Monitoramento e Fiscalização do Sistema Carcerário e do Sistema de Execução de Medidas Socioeducativas, avalie o cabimento de intervenção nos termos preconizados no art. 1º, §1º, II, da Lei 12.106/2009, sem prejuízo de outras medidas de reinserção social para as beneficiárias desta decisão. O CNJ poderá ainda, no contexto do Projeto Saúde Prisional, atuar junto às esferas competentes para que o protocolo de entrada no ambiente prisional seja precedido de exame apto a verificar a situação de gestante da mulher. Tal diretriz está de acordo com o Eixo 2 do referido programa, que prioriza a saúde das mulheres privadas de liberdade. Os juízes responsáveis pela realização das audiências de custódia, bem como aqueles perante os quais se processam ações penais em que há mulheres presas preventivamente, deverão proceder à análise do cabimento da prisão, à luz das diretrizes ora firmadas, de ofício. Embora a provocação por meio de advogado não seja vedada para o cumprimento desta decisão, ela é dispensável, pois o que se almeja é, justamente, suprir falhas estruturais de acesso à Justiça da população presa. Cabe ao Judiciário adotar postura ativa ao dar pleno cumprimento a esta ordem judicial. Nas hipóteses de descumprimento da presente decisão, a ferramenta a ser utilizada é o recurso, e não a reclamação, como já explicitado na ADPF 347. Tudo nos termos do voto do Relator, vencido o Ministro Edson Fachin.

Brasília, 20 de fevereiro de 2018.

RICARDO LEWANDOWSKI – RELATOR

RELATÓRIO

O Senhor Ministro *Ricardo Lewandowski* (Relator): Eloísa Machado de Almeida, Bruna Soares Angotti, André Ferreira, Nathalie Fragoso e Hilem Oliveira, membros do Coletivo de Advogados em Direitos Humanos, impetraram *habeas corpus* coletivo, com pedido de medida liminar, em favor de todas as mulheres presas preventivamente que ostentem a condição de gestantes, de puérperas ou de mães de crianças sob sua responsabilidade, bem como em nome das próprias crianças.

Afirmaram que a prisão preventiva, ao confinar mulheres grávidas em estabelecimentos prisionais precários, subtraindo-lhes o acesso a programas de saúde pré-natal, assistência regular na gestação e no pós- parto, e ainda privando as crianças de condições adequadas ao seu desenvolvimento, constitui tratamento desumano, cruel e degradante, que infringe os postulados constitucionais relacionados à individualização da pena, à vedação de penas cruéis e, ainda, ao respeito à integridade física e moral da presa.

Asseveraram que a política criminal responsável pelo expressivo encarceramento feminino é discriminatória e seletiva, impactando de forma desproporcional as mulheres pobres e suas famílias.

Enfatizaram o cabimento de *habeas corpus* coletivo na defesa da liberdade de locomoção de determinados grupos de pessoas, com fulcro na garantia de acesso à Justiça, e considerado o caráter sistemático de práticas que resultam em violação maciça de direitos. Nesse sentido, invocaram o art. 25, I, da Convenção Americana de Direitos Humanos, que garante o direito a um instrumento processual simples, rápido e efetivo, apto a tutelar direitos fundamentais lesionados ou ameaçados.

Salientaram o caráter sistemático das violações, no âmbito da prisão cautelar a que estão sujeitas gestantes e mães de crianças, em razão de falhas estruturais de acesso à Justiça, consubstanciadas em obstáculos econômicos, sociais e culturais.

Aduziram que a competência para julgamento do feito é do Supremo Tribunal Federal, tanto pela abrangência do pedido quanto pelo fato de o Superior Tribunal de Justiça figurar entre as autoridades coatoras.

Ressaltaram que os estabelecimentos prisionais não são preparados de forma adequada para atender à mulher presa, especialmente a gestante e a que é mãe.

Relataram que, com a entrada em vigor da Lei 13.257/2016, a qual alterou o Código de Processo Penal para possibilitar a substituição da prisão preventiva por prisão domiciliar para gestantes e mães de crianças, o Poder Judiciário vem sendo provocado a decidir sobre a substituição daquela prisão por esta outra, nos casos especificados pela Lei, porém, em aproximadamente metade dos casos, o pedido foi indeferido.

Informaram que as razões para o indeferimento estariam relacionados à gravidade do delito supostamente praticado pelas detidas e também à necessidade de prova da inadequação do ambiente carcerário no caso concreto.

Aduziram que esses argumentos não têm consistência, uma vez que a gravidade do crime não pode ser, por si só, motivo para manutenção da prisão, e que, além disso, o Supremo Tribunal Federal já reconheceu o estado de coisas inconstitucional do sistema prisional brasileiro.

Disseram que se faz necessário reconhecer a condição especial da mulher no cárcere, sobretudo da mulher pobre que, privada de acesso à Justiça, vê-se também destituída do direito à substituição da prisão preventiva pela domiciliar.

Insistiram em que essa soma de privações acaba por gerar um quadro de excessivo encarceramento preventivo de mulheres pobres, as quais, sendo gestantes ou mães de criança, fariam jus à substituição prevista em lei.

Asseveraram que a limitação do alcance da atenção pré-natal, que já rendeu ao Brasil uma condenação pelo Comitê para a Eliminação de todas as Formas de Discriminação contra a Mulher (caso Alyne da Silva Pimentel *versus* Brasil), atinge, no sistema prisional, níveis dramáticos, ferindo direitos não só da mulher, mas também de seus dependentes, ademais de impactar o quadro geral de saúde pública, bem como infringir o direito à proteção integral da criança e o preceito que lhe confere prioridade absoluta.

Citaram casos graves de violações dos direitos das gestantes e de seus filhos, e realçaram que esses males poderiam ser evitados, porque muitas das pessoas presas preventivamente no Brasil são, ao final, absolvidas, ou têm a pena privativa de liberdade substituída por penas alternativas.

Acrescentaram que, segundo dados oficiais, faltam berçários e centros materno-infantis e que, em razão disso, as crianças se ressentem da falta de condições propícias para seu desenvolvimento, o que não só afeta sua capacidade de aprendizagem e de socialização, como também vulnera gravemente seus direitos constitucionais, convencionais e legais.

Arguiram que, embora a Lei de Execução Penal (LEP) determine como obrigatória, nos estabelecimentos penais, a presença de instalações para atendimento a gestantes e crianças, essas disposições legais vêm sendo sistematicamente desrespeitadas.

Argumentaram que, embora a substituição da prisão preventiva pela domiciliar não seja direito subjetivo da gestante e da mãe, elas têm outros direitos que estão sendo desrespeitados, não se podendo penalizá-las pela falta de estrutura estatal adequada para fazê-los valer.

Nesses casos, disseram, é o direito de punir, e não o direito à vida, à integridade e à liberdade individual, que deve ser mitigado, como se decidiu quando a Suprema Corte declarou ser inadmissível que presos cumpram pena em regime mais gravoso do que aquele ao qual foram condenados, ou em contêineres, aduzindo que, em tais casos, a ordem de *habeas corpus* foi estendida aos presos na mesma situação.

Destacaram também a vulnerabilidade socioeconômica das mulheres presas preventivamente no Brasil.

Requereram, por fim, a concessão da ordem para revogação da prisão preventiva decretada contra todas as gestantes puérperas e mães de crianças, ou sua substituição pela prisão domiciliar.

A Defensoria Pública do Estado do Ceará pleiteou seu ingresso como *custos vulnerabilis* ou, subsidiariamente, como *amicus curiae* (documento eletrônico 7).

Enfatizou ser órgão interveniente na execução penal para a defesa das pessoas presas, que formam um grupo extremamente vulnerável, e que sua atuação como guardiã dos vulneráveis tem por fundamento o art. 134 da Constituição e o art. 4º, XI, da Lei Complementar 80/1994.

Afirmou que, caso assim não se entenda, deve ser aceita para atuar como *amicus curiae*, na medida em que o presente *habeas corpus* é coletivo.

No mérito, postulou a aplicação do princípio da intranscendência, segundo o qual a pena não pode passar da pessoa do condenado, e do princípio da primazia dos direitos da criança, asseverando que tais postulados têm sido ofendidos sistematicamente pela manutenção de prisão preventiva de mulheres e de suas crianças em ambiente inadequado e superlotado.

Insistiu em que a leitura correta da Lei 13.257/2016 é a de que não há necessidade de satisfazer-se outras condições, salvo as expressas na própria lei, para a substituição da prisão preventiva pela domiciliar.

Na sequência, a Procuradoria-Geral da República opinou pelo não conhecimento do *writ*, sob alegação de que é manifestamente incabível o *habeas corpus* coletivo, ante a impossibilidade de concessão de ordem genérica, sem individualização do seu beneficiário e de expedição de salvo-conduto a um número indeterminado de pessoas (documento eletrônico 12).

Ressaltou, ainda, que não cabe ao Supremo Tribunal o julgamento do feito, haja vista não terem sido indicados atos coatores específicos imputáveis ao Superior Tribunal de Justiça.

Ato contínuo, houve nova manifestação da Defensoria Pública do Estado do Ceará juntando documentos que permitem identificar, no que tange às presas do Instituto Penal Feminino Desembargadora Auri Moura Costa, aquelas que são mães de crianças e que estão presas provisoriamente em unidade superlotada (documento eletrônico 13).

Persistiu assentando que deve ser superado o prisma individualista do *habeas corpus* por meio de uma leitura constitucional e sistêmica, de modo a admitir-se a identificação das beneficiárias da ordem durante a tramitação ou ao final do *writ*, ou mesmo na oportunidade da execução da ordem, tendo em consideração a transitoriedade da condição de presas preventivas e a fim de garantir tratamento isonômico a estas.

O acolhimento do HC, tal como impetrado, ponderou, ensejará economia de recursos e maior celeridade para o julgamento de feitos criminais e ampliará o espectro de abrangência de tal instrumento, permitindo evitar a multiplicação de processos semelhantes.

Citou exemplos de *writs* que tramitaram no Supremo Tribunal Federal nos quais não houve a identificação dos pacientes, e que nem por isso tiveram seu andamento interrompido ou suspenso (*Habeas Corpus* 118.536 MC/SP e o *Habeas Corpus* 119.753/SP), bem como aqueles em que a ordem foi estendida a outras pessoas sofrendo o mesmo tipo de coação ilegal.

Asseverou ser inequívoca a competência do Supremo Tribunal Federal para o julgamento do feito, diante da existência de inúmeros acórdãos proferidos pelo Superior Tribunal de Justiça em que aquela Corte exigiu o cumprimento de requisitos outros, além dos constantes do art. 318 do Código de Processo Penal, para a substituição de preventiva por domiciliar. Listou como exemplificativos dessa postura do Superior

Tribunal de Justiça os *Habeas Corpus* 352.467, 399.760, 397.498, em que figuram como pacientes presas preventivas devidamente identificadas.

Ressaltou que, no Supremo Tribunal Federal, também estaria se firmando a tese segundo a qual a mera de inocorrência dos requisitos do art. 312 do Código de Processo Penal seria suficiente para deferimento da substituição.

Acrescentou que o acolhimento deste *habeas corpus* coletivo constituiria uma possibilidade para se repensar e dar aplicabilidade ao espírito democrático dessa alteração legislativa, a qual concretiza diretrizes constitucionais de proteção à infância.

Reiterou, de resto, seus pleitos anteriores, sobretudo quanto à admissão de sua participação como *custos vulnerabilis*.

Na sequência, peticionou a Defensoria Pública do Estado do Paraná, requerendo sua habilitação nos autos como *custos vulnerabilis* ou, subsidiariamente, como *amicus curiae* (documento eletrônico 19).

Invocou a aplicação de dispositivos constitucionais e convencionais que justificariam o acolhimento dos pleitos deste *habeas corpus*, requerendo a concessão da ordem, bem assim a intimação do Defensor Público-Geral Federal de maneira a provocar a sua atuação como guardião das pessoas vulneráveis.

Posteriormente, determinei a expedição de ofício ao Departamento Penitenciário Nacional (DEPEN) para que: (i) indicasse, dentre a população de mulheres presas preventivamente, quais se encontram em gestação ou são mães de crianças e (ii) informasse, com relação às unidades prisionais onde estiverem custodiadas, quais dispõem de escolta para garantia de cuidados pré-natais, assistência médica adequada, inclusive pré-natal e pós-parto, berçários e creches, e quais delas estão funcionando com número de presas superior à sua capacidade.

Deferi, na mesma oportunidade, a intimação do Defensor Público- Geral Federal, para que esclarecesse sobre seu interesse em atuar neste feito (documento eletrônico 21).

A Defensoria Pública da União ingressou no feito, ponderando ser essencial sua participação, seja pelos reflexos da decisão nos direitos de um grupo vulnerável, seja por sua *expertise* nos temas objeto do presente *habeas corpus* (documento eletrônico 29).

Quanto às questões de fundo, sustentou, primeiramente, a possibilidade de impetração de *habeas corpus* coletivo, invocando para tanto o histórico da doutrina brasileira do *habeas corpus*, a existência do mandado de segurança e do mandado de injunção coletivos e a legitimação da Defensoria Pública para a propositura deste último, tudo a demonstrar (i) a caminhada das ações constitucionais em direção às soluções coletivas e (ii) o reconhecimento da representatividade da Defensoria Pública.

Acrescentou que, embora seja indiscutível que várias situações tuteláveis por *habeas corpus* dependam de análises individuais pormenorizadas, outras há em que os conflitos podem ser resolvidos coletivamente. Citou como exemplo o caso do *Habeas Corpus* 118.536, em cujo bojo a Procuradoria-Geral da República ofertou parecer pelo conhecimento do *writ* e pela concessão da ordem.

Ademais, defendeu o direito que assiste às mães de crianças sob sua responsabilidade e às gestantes de não se verem recolhidas à prisão preventiva, ressaltando ser comum a situação da mulher presa cautelarmente que é, ao final, condenada à pena restritiva de direito, o que não reverte os danos sofridos pela mãe e pela criança.

Enfatizou que são vários os precedentes do Supremo Tribunal Federal em prol da tese constante da inicial, requerendo sua admissão para atuar no feito, para ao final, pleitear, no mérito, a concessão da ordem.

O Departamento Penitenciário do Estado do Paraná apresentou os dados de mulheres presas na Penitenciária Feminina daquele Estado, cumprindo a decisão anterior de minha lavra (documento eletrônico 31).

A seguir, afirmei o cabimento do *habeas corpus* coletivo mas estabeleci algumas premissas para seu conhecimento, mormente no que tange à legitimação ativa, que entendi, por analogia à legislação referente ao mandado de injunção coletivo, ser da Defensoria Pública da União, por tratar-se de ação cujos efeitos podem ter abrangência nacional (documento eletrônico 32).

O DEPEN apresentou parte das informações que lhe foram requisitadas por mim em 27 de junho de 2017 (documento eletrônico 36).

A Procuradoria-Geral da República reiterou sua manifestação anterior no sentido de não conhecimento do *habeas corpus* (documento eletrônico 37).

As Defensorias Públicas de São Paulo, Bahia, Distrito Federal, Espírito Santo, Minas Gerais, Pernambuco, Rio de Janeiro, Rio Grande do Sul e Tocantins requereram a respectiva habilitação na qualidade de *amici curiae* (documento eletrônico 42).

Já a Defensoria Pública do Estado de Mato Grosso requereu sua admissão no processo como *custos vulnerabilis* ou, subsidiariamente, como assistente (documento eletrônico 44). Pleiteou, ainda, o acolhimento dos pedidos iniciais.

Na sequência, por analogia ao art. 80 do Código de Processo Penal, determinei o desmembramento do feito quanto aos Estados do Amapá, Ceará, Espírito Santo, Goiás, Maranhão, Pará, Paraíba, Pernambuco, Piauí, Rio Grande do Norte, Rondônia, Roraima, Rio Grande do Sul, Sergipe, São Paulo e Tocantins, tendo em conta que estes ainda não haviam prestado as informações requisitadas (documento eletrônico 53).

O desmembramento deu origem ao *Habeas Corpus* 149.521/2017. Na mesma oportunidade, acolhi a argumentação das Defensorias Públicas Estaduais para atribuir-lhes a condição de *amici curiae* nestes autos.

A Procuradoria-Geral da República apresentou parecer final, em que insistiu no descabimento do *habeas corpus* coletivo, por cuidar-se de direitos de coletividades indeterminadas e indetermináveis, com reflexos inclusive futuros, bem como pela imprescindibilidade de exame da eventual situação de constrangimento no caso concreto (documento eletrônico 73)

Argumentou que o *habeas corpus* serve à proteção direta e imediata do direito individual à liberdade de locomoção, não podendo ser concedido de forma genérica, sob pena de converter-se em súmula vinculante ou instrumento de política pública criminal.

Asseverou, mais, que não foi apontado ato concreto da corte *ad quem*, e que o Superior Tribunal de Justiça não pode ser considerado autoridade coatora apenas pelo fato de haver negado, no passado, o benefício a algumas mulheres, haja vista que este tem apreciado cada pedido de forma individualizada, inclusive com o deferimento de inúmeros pedidos de cumprimento de prisão preventiva em regime domiciliar com fundamento no Estatuto da Primeira Infância.

Aduziu que a maternidade não pode ser uma garantia contra a prisão, porque o art. 318 do Código de Processo Penal não estabelece direito subjetivo automático, asseverando que o objetivo da norma é tutelar direitos da criança, e não da mãe, cuja liberdade pode até representar um risco para esta.

Ao final, o Instituto Alana requereu sua admissão como *amicus curiae*, enfatizando a importância deste *habeas corpus* coletivo para assegurar os direitos dos menores, especialmente para dar concreção à norma que confere prioridade absoluta aos direitos de crianças e adolescentes, na medida em que o art. 227 da Constituição ser compreendido como norma de eficácia plena e aplicabilidade imediata.

Requereu, assim, a procedência do pedido inicial, bem como a "a concessão, de ofício, de *habeas corpus* às adolescentes que estão em situação análoga, ou seja, gestantes ou mães internadas provisoriamente, para colocá-las em liberdade, uma vez que as violações impostas aos direitos das crianças são essencialmente as mesmas".

O Instituto de Defesa do Direito de Defesa – Márcio Thomaz Bastos (IDDD) requereu sua admissão como *amicus curiae,* a qual deferi. No mérito, manifestou-se pela concessão da ordem.

É o relatório.

VOTO

O Senhor Ministro *Ricardo Lewandowski* (Relator): Bem examinados os autos, ressalto, de início, que os argumentos que envolvem a preliminar de não conhecimento de *habeas corpus* coletivo têm sido objeto de reflexão nesta Casa e na própria Procuradoria-Geral da República. E estes, bem sopesados, levam-me a concluir, com a devida vênia dos que entendem diversamente, pelo cabimento do *habeas corpus* coletivo.

Com efeito, segundo constatei no Recurso Extraordinário 612.043- PR, os distintos grupos sociais, atualmente, vêm se digladiando, em defesa de seus direitos e interesses, cada vez mais, com organizações burocráticas estatais e não estatais (Cf. FISS, O. *Um Novo Processo Civil: Estudos Norte-Americanos sobre Jurisdição, Constituição e Sociedade.* São Paulo: Editora Revista dos Tribunais, 2004). Dentro desse quadro, a ação coletiva emerge como sendo talvez a única solução viável para garantir o efetivo acesso destes à Justiça, em especial dos grupos mais vulneráveis do ponto de vista social e econômico.

De forma coerente com essa realidade, o Supremo Tribunal Federal tem admitido, com crescente generosidade, os mais diversos institutos que logram lidar mais adequadamente com situações em que os direitos e interesses de determinadas coletividades estão sob risco de sofrer lesões graves. A título de exemplo, vem permitindo a ampla utilização da Ação de Descumprimento de Preceito Fundamental (ADPF), assim como do Mandado de Injunção coletivo. Este último, convém lembrar, foi aceito corajosamente por esta Corte já em 1994, muito antes, portanto, de sua expressa previsão legal, valendo lembrar o Mandado de Injunção 20-4 DF, de relatoria do Ministro Celso de Mello, em que este afirmou:

> "A orientação jurisprudencial adotada pelo Supremo Tribunal Federal prestigia (...) a doutrina que considera irrelevante, para efeito de justificar a admissibilidade de ação injuncional coletiva, a circunstância de inexistir previsão constitucional a respeito (...)".

Com maior razão, penso eu, deve-se autorizar o emprego do presente *writ* coletivo, dado o fato de que se trata de um instrumento que se presta a salvaguardar um dos bens mais preciosos do homem, que é a liberdade. Com isso, ademais, estar-se-á honrando a venerável tradição jurídica pátria, consubstanciada na doutrina brasileira do *habeas corpus*, a qual confere a maior amplitude possível ao remédio heroico, e que encontrou em Ruy Barbosa quiçá o seu maior defensor. Segundo essa doutrina, se existe um direito fundamental violado, há de existir no ordenamento jurídico um remédio processual à altura da lesão.

À toda a evidência, quando o bem jurídico ofendido é o direto de ir e vir, quer pessoal, quer de um grupo pessoas determinado, o instrumento processual para resgatá-lo é o *habeas corpus* individual ou coletivo.

É que, na sociedade contemporânea, burocratizada e massificada, as lesões a direitos, cada vez mais, assumem um caráter coletivo, sendo conveniente, inclusive por razões de política judiciária, disponibilizar-se um remédio expedito e efetivo para a proteção dos segmentos por elas atingidos, usualmente desprovidos de mecanismos de defesa céleres e adequados.

Como o processo de formação das demandas é complexo, já que composto por diversas fases - nomear, culpar e pleitear, na ilustrativa lição da doutrina norte-americana (Cf. FELSTINER, W. L. F.; ABEL, R. L.; SARAT, A. *The Emergence and Transformation of Disputes: Naming, Blaming, Claiming.* Law & Society Review, v. 15, n. 3/4, 1980), é razoável supor que muitos direitos deixarão de ser pleiteados porque os grupos mais vulneráveis - dentre os quais estão os das pessoas presas - não saberão reconhecê-las nem tampouco vocalizá-los.

Foi com semelhante dilema que se deparou a Suprema Corte argentina no famoso "caso Verbitsky". Naquele país, assim como no Brasil, inexiste previsão constitucional expressa de *habeas corpus* coletivo, mas essa omissão legislativa não impediu o conhecimento desse tipo de *writ* pela Corte da nação vizinha. No julgamento em questão, o *habeas corpus* coletivo foi considerado, pela maioria dos membros do Supremo Tribunal, como sendo o remédio mais compatível com a natureza dos direitos a serem tutelados, os quais, tal como na presente hipótese, diziam respeito ao direito de pessoas presas em condições insalubres.

É importante destacar que a Suprema Corte argentina recorreu não apenas aos princípios constitucionais da dignidade da pessoa humana e do acesso universal à Justiça, como também ao direito convencional, sobretudo às Regras Mínimas das Nações Unidas para o Tratamento de Presos, de maneira a fundamentar a decisão a que chegou, na qual determinou tanto aos tribunais que lhe são hierarquicamente inferiores quanto aos Poderes Executivo e Legislativo a tomada de medidas para sanar a situação de inconstitucionalidade e inconvencionalidade a que estavam sujeitos os presos.

Vale ressaltar que, para além de tradições jurídicas similares, temos com a República Argentina também um direito convencional comum, circunstância que deve fazer, a meu juízo, com que o STF chegue a conclusões análogas àquela Corte de Justiça, de modo a excogitar remédios processuais aptos a combater as ofensas maciças às normas constitucionais e convencionais relativas aos direitos das pessoas, sobretudo aquelas que se encontram sob custódia do Estado.

No Brasil, ao par da já citada doutrina brasileira do *habeas corpus*, que integra a épica história do instituto em questão, e mostra o quanto ele pode ser maleável diante de lesões a direitos fundamentais, existem ainda dispositivos legais que encorajam a superação do posicionamento que defende o não cabimento do *writ* na forma coletiva.

Nessa linha, destaco o art. 654, §2º, do Código de Processo Penal, que preconiza a competência de juízes e os tribunais para expedir, de ofício, ordem de *habeas corpus*, quando, no curso de processo, verificarem que alguém sofreu ou está na iminência de sofrer coação ilegal. A faculdade de concessão, ainda que de ofício, do *writ*, revela o quanto o remédio heroico é flexível e estruturado de modo a combater, de forma célere e eficaz, as ameaças e lesões a direitos relacionados ao *status libertatis*.

Indispensável destacar, ainda, que a ordem pode ser estendida a todos que se encontram na mesma situação de pacientes beneficiados com o *writ*, nos termos do art. 580 do Código de Processo Penal.

A impetração coletiva vem sendo conhecida e provida em outras instâncias do Poder Judiciário, tal como ocorreu no *Habeas Corpus* 1080118354-9, do Tribunal de Justiça do Rio Grande do Sul, e nos *Habeas Corpus* 207.720/SP e 142.513/ES, ambos do Superior Tribunal de Justiça. Neste último, a extensão da ordem a todos os que estavam na mesma situação do paciente transformou o *habeas corpus* individual em legítimo instrumento processual coletivo, por meio do qual se determinou a substituição da prisão em contêiner pela domiciliar.

A existência de outras ferramentas disponíveis para suscitar a defesa coletiva de direitos, notadamente, a ADPF, não deve ser óbice ao conhecimento deste *habeas corpus*. O rol de legitimados dos instrumentos não é o mesmo, sendo consideravelmente mais restrito nesse tipo de ação de cunho objetivo. Além disso, o acesso à Justiça em nosso País, sobretudo das mulheres presas e pobres (talvez um dos grupos mais oprimidos do Brasil), por ser notoriamente deficiente, não pode prescindir da atuação dos diversos segmentos da sociedade civil em sua defesa.

Nesse diapasão, ressalto dados da pesquisa "Panorama de Acesso à Justiça no Brasil, 2004 a 2009" (Brasília: Conselho Nacional de Justiça, Jul. 2011), os quais demonstram que, abaixo de determinado nível de escolaridade e renda, o acesso à Justiça praticamente não se concretiza.

Tal pesquisa, dentre outras revelações, ressalta o quanto esse acesso, como direito de segunda geração ou dimensão, tem encontrado dificuldades para se realizar no Brasil, esbarrando, sobretudo, no desalento, ou seja, nas dificuldades relacionadas a custo, distância e desconhecimento que impedem as pessoas mais vulneráveis de alcançar o efetivo acesso à Justiça.

Assim, penso que se deve extrair do *habeas corpus* o máximo de suas potencialidades, nos termos dos princípios ligados ao acesso à Justiça previstos na Constituição de 1988 e, em particular, no art. 25 do Pacto de São José da Costa Rica.

Não vinga, *data venia*, a alegação da Procuradoria-Geral da República no sentido de que as pacientes são indeterminadas e indetermináveis. Tal assertiva ficou superada com a apresentação, pelo DEPEN e por outras autoridades estaduais, de listas contendo nomes e dados das mulheres presas preventivamente, que estão em gestação ou são mães de crianças sob sua guarda. O fato de que a ordem, acaso concedida, venha a ser estendida a todas aquelas que se encontram em idêntica situação, não traz nenhum acento de excepcionalidade ao desfecho do julgamento do presente *habeas corpus*, eis que tal providência constitui uma das consequências normais do instrumento.

Em face dessa listagem, ainda que provisória, de mulheres presas, submetidas a um sistemático descaso pelo Estado responsável por sua custódia, não se está mais diante de um grupo de pessoas indeterminadas e indetermináveis como assentou a PGR, mas em face de uma situação em que é possível discernir *direitos individuais homogêneos* - para empregar um conceito hoje positivado no art. 81, parágrafo único, III, do Código de Defesa do Consumidor - perfeitamente identificáveis e "cujo objeto é divisível e cindível", para empregar a conhecida definição de Nelson Nery Júnior e Rosa Maria de Andrade Nery.

Considero fundamental, ademais, que o Supremo Tribunal Federal assuma a responsabilidade que tem com relação aos mais de 100 milhões de processos em tramitação no Poder Judiciário, a cargo de pouco mais de 16 mil juízes, e às dificuldades estruturais de acesso à Justiça, passando a adotar e fortalecer remédios de natureza abrangente, sempre que os direitos em perigo disserem respeito às coletividades socialmente mais vulneráveis. Assim, contribuirá não apenas para atribuir maior isonomia às partes envolvidas nos litígios, mas também para permitir que lesões a direitos potenciais ou atuais sejam sanadas mais celeremente. Ademais, contribuirá decisivamente para descongestionar o enorme acervo de processos sob responsabilidade dos juízes brasileiros.

Por essas razões, somadas ao reconhecimento, pela Corte, na ADPF 347 MC/DF, de que nosso sistema prisional encontra-se em um estado de coisas inconstitucional, e ainda diante da existência de inúmeros julgados de todas as instâncias judiciais nas quais foram dadas interpretações dissonantes sobre o alcance da redação do art. 318, IV e V, do Código de Processo Penal (*v.g.*, veja-se, no Superior Tribunal de Justiça: HC 414674, HC 39444, HC 403301, HC 381022), não há como deixar de reconhecer, segundo penso, a competência do Supremo Tribunal Federal para o julgamento deste *writ*, sobretudo tendo em conta a relevância constitucional da matéria.

Reconhecidos, assim, o cabimento do *habeas corpus* coletivo e a competência desta Corte para julgá-lo, cumpre assentar certos parâmetros no tocante à legitimidade ativa para ingressar com a ação em comento, como, aliás, é a regra em se tratando de ações de natureza coletiva.

Com efeito, apesar de ser digna de encômios a iniciativa do Coletivo de Advocacia em Direitos Humanos e dos impetrantes Eloísa Machado de Almeida, Bruna Soares Angotti, André Ferreira, Nathalie Fragoso e Hilem Oliveira, que trouxeram à apreciação desta Suprema Corte os fatos narrados na inicial, parece-me que a legitimidade ativa deve ser reservada aos atores listados no art. 12 da Lei 13.300/2016, por analogia ao que dispõe a legislação referente ao mandado de injunção coletivo.

No caso sob exame, portanto, incidiria o referido dispositivo legal, de maneira a reconhecer-se a legitimidade ativa a Defensoria Pública da União, por tratar-se de ação de abrangência nacional, admitindo-se os impetrantes como *amici curiae*. Dessa forma, e sem demérito nenhum aos demais impetrantes, os quais realizaram um proficiente trabalho, garante- se que os interesses da coletividade estejam devidamente representados.

Pois bem, superada a questão do conhecimento do *habeas corpus* coletivo, passo à analise do mérito da impetração.

Aqui, é preciso avaliar, primeiramente, se há, de fato, uma deficiência de caráter estrutural no sistema prisional que faz com que mulheres grávidas e mães de crianças, bem como as próprias crianças (entendido o vocábulo aqui em seu sentido legal, como a pessoa de até doze anos de idade incompletos, nos termos do art. 2º do Estatuto da Criança e do Adolescente - ECA), estejam experimentando a situação retratada na exordial. Ou seja, se as mulheres estão efetivamente sujeitas a situações degradantes na prisão, em especial privadas de cuidados médicos pré-natal e pós-parto, bem como se as crianças estão se ressentindo da falta de berçários e creches.

Nesse aspecto, a resposta é lamentavelmente afirmativa, tal como deflui do julgamento da ADPF 347 MC/DF, na qual os fatos relatados no presente *habeas corpus* – retratando gravíssima deficiência estrutural, especificamente em relação à situação da mulher presa – foi expressamente abordada.

Por oportuno, transcrevo trechos mais relevantes daquele julgado, nesse aspecto, que extraio do voto do Relator, Ministro Marco Aurélio, e que devem ser necessariamente levados em consideração para análise do caso *sub judice*:

"A ausência de medidas legislativas, administrativas e orçamentárias eficazes representa falha estrutural a gerar tanto a violação sistemática dos direitos, quanto a perpetuação e o agravamento da situação. A inércia, como dito, não é de uma única autoridade pública – do Legislativo ou do Executivo de uma particular unidade federativa –, e sim do funcionamento deficiente do Estado como um todo. Os poderes, órgãos e entidades federais e estaduais, em conjunto, vêm se mantendo incapazes e manifestando verdadeira falta de vontade em buscar superar ou reduzir o quadro objetivo de inconstitucionalidade. Faltam sensibilidade legislativa e motivação política do Executivo.

É possível apontar a responsabilidade do Judiciário no que 41% desses presos, aproximadamente, estão sob custódia provisória. Pesquisas demonstram que, julgados, a maioria alcança a absolvição ou a condenação a penas alternativas, surgindo, assim, o equívoco da chamada 'cultura do encarceramento'.

[...]

Com relação aos problemas causados pela chamada 'cultura do encarceramento', do número de prisões provisórias decorrente de possíveis excessos na forma de interpretar-se e aplicar-se a legislação penal e processual, cabe ao Tribunal exercer função típica de racionalizar a concretização da ordem jurídico-penal de modo a minimizar o quadro, em vez de agravá-lo, como vem ocorrendo.

A forte violação de direitos fundamentais, alcançando a transgressão à dignidade da pessoa humana e ao próprio mínimo existencial justifica a atuação mais assertiva do Tribunal. Trata-se de entendimento pacificado, como revelado no julgamento do aludido Recurso Extraordinário nº 592.581/RS, da relatoria do ministro Ricardo Lewandowski, no qual assentada a viabilidade de o Poder Judiciário obrigar a União e estados a realizarem obras em presídios para garantir a integridade física dos presos, independentemente de dotação orçamentária. Inequivocamente, a realização efetiva desse direito é elemento de legitimidade do Poder Público em geral.

Há mais: apenas o Supremo revela-se capaz, ante a situação descrita, de superar os bloqueios políticos e institucionais que vêm impedindo o avanço de soluções, o que significa cumprir ao Tribunal o papel de retirar os demais Poderes da inércia, catalisar os debates e novas políticas públicas, coordenar as ações e monitorar os resultados" (grifei).

Há, como foi reconhecido no voto, referendado por todos os ministros da Corte, uma falha estrutural que agrava a "cultura do encarceramento", vigente entre nós, a qual se revela pela imposição exagerada de prisões provisórias a mulheres pobres e vulneráveis. Tal decorre, como já aventado por diversos analistas dessa problemática seja por um proceder mecânico, automatizado, de certos magistrados, assoberbados pelo excesso de trabalho, seja por uma interpretação acrítica, matizada por um ultrapassado viés punitivista da legislação penal e processual penal, cujo resultado leva a situações que ferem a dignidade humana de gestantes e mães submetidas a uma situação carcerária degradante, com evidentes prejuízos para as respectivas crianças.

As evidências do que se afirmou na prefacial são várias.

Inicialmente, cabe observar que, segundo o Levantamento Nacional de Informações Penitenciárias - INFOPEN Mulheres (Brasília: Departamento Penitenciário Nacional – Ministério da Justiça, Junho/2017), "a população absoluta de mulheres encarceradas no sistema penitenciário cresceu 567% entre os anos 2000 e 2014", incremento muito superior ao da população masculina, que ainda assim aumentou exagerados 220% no mesmo período, a demonstrar a tendência geral de aumento do encarceramento no Brasil (INFOPEN Mulheres, p. 10).

Especificamente no tocante à prisão provisória, "enquanto 52% das unidades masculinas são destinadas ao recolhimento de presos provisórios, apenas 27% das unidades femininas têm esta finalidade", apesar de 30,1% da população prisional feminina ser provisória (INFOPEN Mulheres, p. 18-20).

Mais graves, porém, são os dados sobre infraestrutura relativa à maternidade no interior dos estabelecimentos prisionais, sobre os quais cabe apontar que:

    (i)   nos estabelecimentos femininos, apenas 34% dispõem de cela ou dormitório adequado para gestantes, apenas 32% dispõem de berçário ou centro de referência materno infantil e apenas 5% dispõem de creche (INFOPEN Mulheres, p. 18-19);

    (ii) nos estabelecimentos mistos, apenas 6% das unidades dispõem de espaço específico para a custódia de gestantes, apenas 3% dispõem de berçário ou centro de referência materno infantil e nenhum dispõe de creche (INFOPEN Mulheres, p. 18-19).

Esses números são ainda mais preocupantes se considerarmos que 89% das mulheres presas têm entre 18 e 45 anos (INFOPEN Mulheres, p. 22), ou seja, em idade em que há grande probabilidade de serem gestantes ou mães de crianças. Infelizmente, o INFOPEN Mulheres não informa quantas apresentam, efetivamente, tal condição.

Outro dado de fundamental interesse diz respeito ao fato de que 68% das mulheres estão presas por crimes relacionados ao tráfico de entorpecentes, delitos que, na grande maioria dos casos, não envolvem violência nem grave ameaça a pessoas, e cuja repressão recai, não raro, sobre a parcela mais vulnerável da população, em especial sobre os pequenos traficantes, quase sempre mulheres, vulgarmente denominadas de "mulas do tráfico" (SOARES, B. M. e ILGENFRITZ, I. *Prisioneiras: vida e violência atrás das grades*. Rio de Janeiro: Garamond, 2002). Nesses casos, quase sempre, como revelam os estudos especializados, a prisão preventiva se mostra desnecessária, já que a prisão domiciliar prevista no art. 318 pode, com a devida fiscalização, impedir a reiteração criminosa.

Conforme constou da inicial,

> "O encarceramento provisório de mulheres no Brasil, com suas nefastas consequências, nada tem, assim, de excepcional. Selecionadas a este modo para o cárcere brasileiro, elas possuem baixa escolaridade, originam-se de extratos sociais economicamente desfavorecidos e, antes da prisão, desempenhavam atividades de trabalho no mercado informal (INFOPEN Mulheres - Junho de 2014).
>
> O retrato que ora se vai delineando em tudo coincide com os documentos produzidos no âmbito do sistema universal de direitos humanos sobre o tema (Vide, em especial, o texto destinado a orientar os trabalhos da Força-Tarefa do Sistema ONU sobre o Crime Organizado e o Tráfico De Drogas, como Ameaças à Segurança e Estabilidade. UN Women. *A gender perspective on the impact of drug use, the drug trade, and drug control regimes*, 2014): o envolvimento das mulheres no uso e tráfico de drogas reflete seu déficit de oportunidades econômicas e *status* político.
>
> Quando se engajam em atividades ilícitas são relegadas às mesmas posições vulneráveis que pavimentaram o caminho deste engajamento. Quando alvos da persecução penal, deparam-se com um sistema judiciário que desacredita seus testemunhos e com a atribuição

de penas ou medidas cautelares que negligenciam suas condições particulares como mulheres (UN Women, 2014, p. 34-35)".

Todas essas informações são especialmente inquietantes se levarmos em conta que o Brasil não tem sido capaz de garantir cuidados relativos à maternidade nem mesmo às mulheres que não estão em situação prisional. Nesse sentido, relembre-se o "caso Alyne Pimentel", que representou a "primeira denúncia sobre mortalidade materna acolhida pelo Comitê para a Eliminação de todas as Formas de Discriminação contra a Mulher (...) incumbido de monitorar o cumprimento pelos Estados-parte da Convenção relativa aos Direitos das Mulheres, adotada pelas Nações Unidas em 1979", tratando-se da "única 'condenação' do Estado brasileiro proveniente de um órgão do Sistema Universal de Direitos Humanos" (ALBUQUERQUE, Aline S. de Oliveira; BARROS, Julia Schirmer. Caso Alyne Pimentel: uma análise à luz da abordagem baseada em direitos humanos. *Revista do Instituto Brasileiro de Direitos Humanos*, Fortaleza, n. 12, jul. 2016, p. 11)

Foram sete as recomendações feitas ao Brasil naquele pronunciamento, sendo seis delas de caráter geral. Dessas, cinco delas disseram respeito a políticas públicas de saúde, conforme segue:

i. "assegurar o direito da mulher à maternidade saudável e o acesso de todas as mulheres a serviços adequados de emergência obstétrica;

ii. "realizar treinamento adequado de profissionais de saúde, especialmente sobre direito à saúde reprodutiva das mulheres;"

iii. "reduzir as mortes maternas evitáveis, por meio da implementação do Pacto Nacional para a Redução da Mortalidade Materna e da instituição de comitês de mortalidade materna;"

iv. "assegurar o acesso a remédios efetivos nos casos de violação dos direitos reprodutivos das mulheres e prover treinamento adequado para os profissionais do Poder Judiciário e operadores do direito;"

v. "assegurar que os serviços privados de saúde sigam padrões nacionais e internacionais sobre saúde reprodutiva" (CEDAW/C/BRA/CO/6).

Uma última referia-se à responsabilização de pessoas envolvidas com a problemática, nos seguintes termos: vi. "assegurar que sanções sejam impostas para profissionais de saúde que violem os direitos reprodutivos das mulheres".

Convém ressaltar que o cuidado com a saúde maternal é considerado como uma das prioridades que deve ser observada pelos distintos países no que concerne ao seu compromisso com a promoção de desenvolvimento, conforme consta do Objetivo de Desenvolvimento do Milênio - ODM nº 5 (melhorar a saúde materna) e do Objetivo de Desenvolvimento Sustentável - ODS nº 5 (alcançar a igualdade de gênero e empoderar todas as mulheres e meninas), ambos documentos subscritos no âmbito da Organização das Nações Unidas.

Aliás, a reiteração da ênfase conferida pela ONU sobre o tema foi reforçada nos ODSs justamente porque, durante o tempo em que vigeram os ODMs (2000-2015), foi possível constatar "a falta de avanço em algumas áreas, particularmente aquelas relacionadas com saúde materna, neonatal e infantil e saúde reprodutiva" (MACHADO FILHO, H. União Europeia, Brasil e os desafios da agenda do desenvolvimento sustentável. In: *Dos objetivos do milênio aos objetivos do desenvolvimento sustentável: lições aprendidas e desafios*. Rio de Janeiro: Konrad Adenauer Stiftung, 2016, p. 88).

Ao tutelarem a saúde reprodutiva da mulher, tais objetivos corroboram o pleito inicial, reforçando a importância de, num crescente cenário de uma maior igualdade de gênero, se conferir atenção especial à saúde reprodutiva das mulheres.

O Brasil, ademais, na medida em que dá concretude a tais compromissos, honra o lugar de destaque que ocupou nos últimos grandes eventos internacionais voltados à promoção do desenvolvimento social, notadamente no congresso Rio + 20, bem como os compromissos assumidos ao subscrever os supra mencionados Objetivos Globais, que se voltam especialmente à tutela das mulheres e crianças em situação de maior vulnerabilidade.

Na verdade, nada mais estará fazendo do que dar concreção ao que a Constituição, em sua redação original, já determinava:

i. "art. 5º, II - ninguém será submetido a tortura nem a tratamento desumano ou degradante;

ii. "art. 5º, XLI - a lei punirá qualquer discriminação atentatória dos direitos e liberdades fundamentais;

iii. "art. 5º, XLV - nenhuma pena passará da pessoa do condenado (...);

iv. "art. 5º, L - às presidiárias serão asseguradas condições para que possam permanecer com seus filhos durante o período de amamentação;

v. "art. 5º, XLVIII - a pena será cumprida em estabelecimentos distintos, de acordo com a natureza do delito, a idade e o sexo do apenado;

vi. "art. 5º, XLIX - é assegurado aos presos o respeito à integridade física e moral;".

Além disso, respeitará a Lei 11.942/2009, que promoveu mudanças na Lei de Execução Penal, que prevê:

i. "acompanhamento médico à mulher, principalmente no pré-natal e no pós-parto, extensivo ao recém-nascido."

ii. "os estabelecimentos penais destinados a mulheres serão dotados de berçário, onde as condenadas possam cuidar de seus filhos, inclusive amamentá-los, no mínimo, até 6 (seis) meses de idade." e

iii. "a penitenciária de mulheres será dotada de seção para gestante e parturiente e de creche para abrigar crianças maiores de 6 (seis) meses e menores de 7 (sete) anos, com a finalidade de assistir a criança desamparada cuja responsável estiver presa", inclusive à presa provisória (art. 42 da LEP).

Não obstante, nem a Constituição, nem a citada Lei, passados tantos anos da respectiva edição, vem sendo respeitadas pelas autoridades responsáveis pelo sistema prisional, conforme registra o próprio DEPEN nas informações que constam do já referido INFOPEN Mulheres – 2014.

O cuidadoso trabalho de pesquisa de Eloísa Machado de Almeida, Bruna Soares Angotti, André Ferreira, Nathalie Fragoso e Hilem Oliveira, constante da inicial, revela, inclusive por meio de exemplos, a duríssima - e fragorosamente inconstitucional - realidade em que vivem as mulheres presas, a qual já comportou partos em solitárias sem nenhuma assistência médica ou com a parturiente algemada ou, ainda, sem a comunicação e presença de familiares. A isso soma-se a completa ausência de cuidado pré-natal (acarretando a transmissão evitável de doenças graves aos filhos, como sífilis, por exemplo), a falta de escolta para levar as gestantes a consultas médicas, não sendo raros partos em celas, corredores ou nos pátios das prisões, sem contar os abusos no ambiente hospitalar, o isolamento, a ociosidade, o afastamento abrupto de mães e filhos, a manutenção das crianças em celas, dentre outras atrocidades. Tudo isso de forma absolutamente incompatível com os avanços civilizatórios que se espera tenham se concretizado neste século XXI.

Vale transcrever, nesse sentido, mais um trecho da contundente exordial:

"Para além da incapacidade de oferecer um ambiente confortável, alimentação adequada e viabilizar outros fatores condicionantes de um desenvolvimento gestacional saudável, estudos dedicados à investigação das condições de maternidade no cárcere constataram ainda que as mulheres experimentam – e denunciam – gestações ora mal, ora completa-mente desassistidas.

Tome-se, por exemplo, o impacto desta privação no tocante à sífilis, enfermidade à qual as mulheres privadas de liberdade estão especialmente vulneráveis, conforme os dados do INFOPEN já mencionados (Consta do levantamento que, das 1.204 mulheres com agravos transmissíveis, 35% são portadoras de sífilis. Cf. do Levantamento Nacional de Informações Penitenciárias – Infopen – junho de 2014.) A bactéria causadora da doença é capaz de atravessar a barreira placentária. Em consequência, fica a criança vulnerável à sífilis congênita, cuja incidência tem aumentado nos últimos anos (4,7 para cada 1.000 nascidos vivos em 2013, segundo o Ministério da Saúde); incrementa-se o risco de aborta-mentos precoces, tardios, trabalhos de parto prematuros e do óbito da criança (O índice de mortalidade infantil por sífilis congênita no Brasil cresceu de 2,2 a cada 100.000 nascidos vivos em 2004 para 5,5 em 2013). As crianças sobreviventes ainda podem desenvolver malformações cerebrais, alterações ósseas, cegueira e lábio leporino.

Os partos de mulheres sob custódia do Estado, realizados nas celas ou nos pátios prisionais, são expressão máxima da indiferença do sistema prisional aos direitos reprodutivos de mulheres presas. Parto, afinal, não é acidente ou evento incerto. Entretanto, o sistema de justiça criminal, em aparente estado de negação, desconsidera as condições do cárcere na determinação de prisões preventivas a gestantes, bem como as necessidades inescapáveis destas. O sistema prisional, por sua vez, falha persistentemente no reconhecimento, pla-nejamento e no encaminhamento tempestivo de suas demandas. O Estado, portanto, cria e incrementa o perigo, a potencialidade de dano, a previsibilidade de perdas às mulheres e seus filhos. Não são menores os desafios enfrentados após o nascimento das crianças.

O período de garantia do aleitamento não é uniforme nas diferentes unidades federativas. Em tese, após o parto e como garantia do convívio e do aleitamento materno, o recém--nascido permanece junto à mãe por um período mínimo de seis meses. Esse padrão não é, no entanto, obedecido em todos os estabelecimentos prisionais. Em algumas unidades, o prazo mínimo de seis meses é desrespeitado, noutras converte-se em parâmetro máximo.

Quanto à saída da criança do cárcere, seu elemento mais problemático é o caráter abrupto, o descompromisso com um período de adaptação e a desconsideração de seus impactos sobre a saúde psicológica das mulheres encarceradas. Após um período de convívio com suas crianças, durante o qual permanecem isoladas dos demais espaços de convivência das unidades de privação de liberdade, dedicando-se exclusivamente ao cuidado dos recém--nascidos, mães e filhos são bruscamente apartados. BRAGA e ANGOTTI denominam hiper-hipo-maternidade este constructo da disciplina prisional, caracterizado por uma intensa e regulada convivência, seguida de uma brusca e cruel separação. Importante ainda mencionar que, caso não seja bem-sucedida a tentativa de contato com a família ou não haja familiares dispostos a assumir o cuidado da criança durante o período de privação de liberdade da mãe, as crianças são encaminhadas a um abrigo. Não raro, são adotadas e as mães são destituídas de poder familiar sem que tenham tido oportunidade de se manifestar e defender-se amplamente diante do Juizado da Infância e Juventude (Conectas. 'Penitenciárias são feitas por homens para homens'. Disponível em:http://carceraria.org.br/wpcontent/uploads/2012/09/relatorio-mulherese-presas_versaofinal1.pdf). Outro persistente obstáculo, incidente nos casos das crianças que ficam com parentes e poderiam prestar visitas às mães, mantendo assim, ainda que precariamente, os vínculos afetivo-familiares, consiste na sujeição das crianças e seus guardiões à prática da revista íntima vexatória" (Petição inicial, notas de rodapé incorporadas ao corpo do texto, p. 18-26).

Em 2015, o Ministério da Justiça e o IPEA promoveram uma pesquisa sobre a maternidade na prisão em seis Estados da Federação (*Dar a luz na sombra: condições atuais e possibilidades futuras para o exercício da maternidade por mulheres em situação de prisão*. Brasília: Ministério da Justiça, Secretaria de Assuntos Legislativos, IPEA, 2015). A realidade que descrevem é, em geral, de indiferença estatal para com a maternidade no cárcere. Especificamente no Estado de São Paulo, chama a atenção o fato de que a Secretaria de Administração Penitenciária não autorizou o ingresso das pesquisadoras nas novas unidades que seriam "projetadas especialmente para atendimento das necessidades das mulheres" (p. 64) e, mesmo em unidades cuja visita foi autorizada, como no Centro Hospitalar do Sistema Penitenciário, a pesquisa foi severamente restringida, o que levou as pesquisadoras a indagar: "se nós, professoras universitárias (com o aval do Ministério da Justiça e autorização do Secretario de Administração Penitenciária) estávamos recebendo aquele tratamento por parte do pessoal penitenciário, imagina as pessoas presas e suas famílias?" (p. 66).

Constatou-se ainda a precariedade do acesso à Justiça das mulheres presas, separação precoce de mães e filhos, internação das crianças mesmo quando há família extensa disponível, concluindo-se que:

"Uma das saídas desse (falso) paradoxo, entre institucionalizar a criança ou separá-la da mãe, seria a prisão domiciliar, essa opção choca com a cultura do encarceramento e a priorização do 'combate ao crime' presente nos discursos e práticas do sistema de justiça. O aumento do encarceramento feminino, e logo do número de gestantes, puérperas e mães encarceradas demonstra que o sistema de justiça criminal vem ignorando recomendações de organizações internacionais contra o uso de prisão para essas mulheres.

Concluímos que uma melhor possibilidade de exercício de maternidade ocorrerá sempre fora da prisão e, se a legislação for cumprida, tanto em relação à excepcionalidade da prisão preventiva como no tangente à aplicação da prisão domiciliar, grande parte dos problemas que afetam a mulher no ambiente prisional estarão resolvidos".

Recentemente o Conselho Nacional de Justiça noticiou em seu sítio eletrônico na Internet dados sobre a "Saúde materno-infantil nas prisões", que corroboram os dramáticos relatos citados acima:

"A vulnerabilidade social do grupo das mulheres presas, especialmente as mães que tiveram filhos na cadeia, também foi constatada pelo fato de 30% delas chefiarem suas famílias – 23% delas tinham famílias chefiadas pelas próprias mães. Praticamente metade delas (48%) não tinha concluído o ensino fundamental, ou seja, uma em cada duas mulheres presas entrevistadas estudou sete anos ou menos.

De acordo com os resultados do estudo, a vulnerabilidade social delas foi agravada durante a experiência da parição. Embora a maioria delas (60%) tenha sido atendida em até meia hora após o início do trabalho de parto, apenas 10% das famílias das presas foram avisadas. Uma em cada três mulheres foi levada ao hospital em viatura policial. A estadia na maternidade também foi problemática, uma vez que 36% das mulheres ouvidas relataram que foram algemadas em algum momento da internação. Maus-tratos ou violência – verbal e psicológica – foram praticadas por profissionais da saúde em 16% dos casos e por agentes penitenciários em 14% dos relatos.

Sete mulheres das 241 ouvidas (8% do total) alegaram ter sido algemadas enquanto davam à luz. Apenas 3% das mulheres entrevistadas tinham acompanhantes na sala de operação e as visitas pós-nascimento foram autorizadas em somente 11% dos casos. De acordo com os relatos colhidos durante a pesquisa, a intimidade das mulheres parturientes foi respeitada por 10,5% dos profissionais de saúde e por 11,3% dos agentes prisionais.

Para analisar a experiência pré-parto e o atendimento prestado às gestantes, foi considerada recomendação do Ministério da Saúde, segundo a qual o pré-natal adequado tem de ser iniciado antes da 16ª semana da gestação. A distribuição das consultas é trimestral: uma no primeiro trimestre, duas no segundo e três, no terceiro. *Apenas 32% das mulheres ouvidas tiveram um atendimento pré-natal adequado.*" (Disponível em: http://www.cnj.jus.br/index.php?option=com_content&view=article&id=85402:jovem-negra-e-mae-solteira-a-dramatica-situacao-de-quem-da-a-luz-na-prisao&catid=813:cnj&Itemid=4640, acesso em 12 de novembro de 2017, grifei).

As narrativas acima evidenciam que há um descumprimento sistemático de regras constitucionais, convencionais e legais referentes aos direitos das presas e de seus filhos. Por isso, não restam dúvidas de que "cabe ao Tribunal exercer função típica de racionalizar a concretização da ordem jurídico-penal de modo a minimizar o quadro" de violações a direitos humanos que vem se evidenciando, na linha do que já se decidiu na ADPF 347, bem assim em respeito aos compromissos assumidos pelo Brasil no plano global relativos à proteção dos direitos humanos e às recomendações que foram feitas ao País

A atuação do Tribunal, nesse ponto, é plenamente condizente com os textos normativos que integram o patrimônio mundial de salvaguarda dos indivíduos colocados sob a custódia do Estado, tais como a Declaração Universal dos Direitos Humanos, o Pacto Internacional de Direitos Civis e Políticos, a Convenção Americana de Direitos Humanos, os Princípios e Boas Práticas para a Proteção de Pessoas Privadas de Liberdade nas Américas, a Convenção das Nações Unidas contra Tortura e Outros Tratamentos ou Penas Cruéis, Desumanos ou Degradantes e as Regras Mínimas para o Tratamento de Prisioneiros (Regras de Mandela).

Essa posição é consentânea, ainda, com o entendimento do Supremo Tribunal Federal em temas correlatos, como o revelado na Repercussão Geral de número 423, por meio do julgamento do RE 641.320/RS, de relatoria do Ministro Gilmar Mendes, no qual o Plenário desta Casa assentou que a falta de estabelecimento penal adequado não autoriza a manutenção do condenado em regime prisional mais gravoso. A tese ficou assim redigida:

"I - A falta de estabelecimento penal adequado não autoriza a manutenção do condenado em regime prisional mais gravoso;

II - Os juízes da execução penal poderão avaliar os estabelecimentos destinados aos regimes semiaberto e aberto, para qualificação como adequados a tais regimes. São aceitáveis estabelecimentos que não se qualifiquem como 'colônia agrícola, industrial' (regime semiaberto) ou 'casa de albergado ou estabelecimento adequado' (regime aberto) (art. 33, §1º, alíneas 'b' e 'c');

III - Havendo déficit de vagas, deverá determinar-se:

(i) a saída antecipada de sentenciado no regime com falta de vagas;

(ii) a liberdade eletronicamente monitorada ao sentenciado que sai antecipadamente ou é posto em prisão domiciliar por falta de vagas;

(iii) o cumprimento de penas restritivas de direito e/ou estudo ao sentenciado que progride ao regime aberto.

Até que sejam estruturadas as medidas alternativas propostas, poderá ser deferida a prisão domiciliar ao sentenciado".

Cumpre invocar, mais, as Regras das Nações Unidas para o Tratamento de Mulheres Presas e Medidas Não Privativas de Liberdade para Mulheres Infratoras, também conhecidas como Regras de Bangkok, que, durante minha presidência no Conselho Nacional de Justiça, fiz questão de ver traduzidas e publicadas na Série "Tratados Internacionais de Direitos Humanos", com o intuito de promover maior vinculação à pauta de combate à desigualdade e violência de gênero (Regras de Bangkok: Regras das Nações Unidas para o Tratamento de Mulheres Presas e Medidas Não Privativas de Liberdade para Mulheres Infratoras/ Conselho Nacional de Justiça, Departamento de Monitoramento e Fiscalização do Sistema Carcerário e do Sistema de Execução de Medidas Socioeducativas, Conselho Nacional de Justiça – 1. Ed – Brasília: Conselho Nacional de Justiça, 2016).

Na apresentação das referidas Regras, tive a oportunidade de afirmar que:

"Historicamente, a ótica masculina tem sido tomada como regra para o contexto prisional, com prevalência de serviços e políticas penais direcionados para homens, deixando em segundo plano as diversidades que compreendem a realidade prisional feminina, que se relacionam com sua raça e etnia, idade, deficiência, orientação sexual, identidade de gênero, nacionalidade, situação de gestação e maternidade, entre tantas outras nuanças. Há grande deficiência de dados e indicadores sobre o perfil de mulheres em privação de liberdade nos bancos de dados oficiais governamentais, o que contribui para a invisibilidade das necessidades dessas pessoas.

O principal marco normativo internacional a abordar essa problemática são as chamadas Regras de Bangkok – Regras das Nações Unidas para o tratamento de mulheres presas e medidas não privativas de liberdade para mulheres infratoras. Essas Regras propõem olhar diferenciado para as especificidades de gênero no encarceramento feminino, tanto no campo da execução penal, como também na priorização de medidas não privativas de liberdade, ou seja, que evitem a entrada de mulheres no sistema carcerário.

Apesar de o Governo Brasileiro ter participado ativamente das negociações para a elaboração das Regras de Bangkok e a sua aprovação na Assembleia Geral das Nações Unidas, até o momento elas não foram plasmadas em políticas públicas consistentes, em nosso país, sinalizando, ainda, o quanto carece de fomento a implementação e a internalização eficaz pelo Brasil das normas de direito internacional dos direitos humanos.

E cumprir esta regra é um compromisso internacional assumido pelo Brasil.

Embora se reconheça a necessidade de impulsionar a criação de políticas públicas de alternativas à aplicação de penas de prisão às mulheres, é estratégico abordar o problema primeiramente sob o viés da redução do encarceramento feminino provisório. De acordo com as Regras de Bangkok, deve ser priorizada solução judicial que facilite a utilização de alternativas penais ao encarceramento, principalmente para as hipóteses em que ainda não haja decisão condenatória transitada em julgado" (grifei).

Algumas regras específicas merecem especial destaque neste julgamento, estando abaixo transcritas:

"6.23.1. Nos estabelecimentos penitenciários para mulheres devem existir instalações especiais para o tratamento das reclusas grávidas, das que tenham acabado de dar à luz e das convalescentes. Desde que seja possível, devem ser tomadas medidas para que o parto tenha lugar num hospital civil. Se a criança nascer num estabelecimento penitenciário, tal fato não deve constar do respectivo registro de nascimento.

6.23.2. Quando for permitido às mães reclusas conservar os filhos consigo, devem ser tomadas medidas para organizar um berçário dotado de pessoal qualificado, onde as crianças possam permanecer quando não estejam ao cuidado das mães.

6.b.10. Serão oferecidos às presas serviços de atendimento médico voltados especificamente para mulheres, no mínimo equivalentes àqueles disponíveis na comunidade.

7.c.24. Instrumentos de contenção jamais deverão ser usados em mulheres em trabalho de parto, durante o parto e nem no período imediatamente posterior.

56. As autoridades competentes reconhecerão o risco específico de abuso que enfrentam as mulheres em prisão cautelar e adotarão medidas adequadas, de caráter normativo e prático, para garantir sua segurança nessa situação.

57. As provisões das Regras de Tóquio deverão orientar o desenvolvimento e a implementação de respostas adequadas às mulheres infratoras. Deverão ser desenvolvidas, dentro do sistema jurídico do Estado membro, opções específicas para mulheres de medidas despenalizadoras e alternativas à prisão e à prisão cautelar, considerando o histórico de vitimização de diversas mulheres infratoras e suas responsabilidades de cuidado.

58. Considerando as provisões da regra 2.3 das Regras de Tóquio, mulheres infratoras não deverão ser separadas de suas famílias e comunidades sem que se considere devidamente a sua história e laços familiares. Formas alternativas de lidar com mulheres infratoras, tais como medidas despenalizadoras e alternativas à prisão, inclusive à prisão cautelar, deverão ser empregadas sempre que apropriado e possível.

59. Em geral, serão utilizadas medidas protetivas não privativas de liberdade, como albergues administrados por órgãos independentes, organizações não governamentais ou outros serviços comunitários, para assegurar proteção às mulheres que necessitem. Serão aplicadas medidas temporárias de privação da liberdade para proteger uma mulher unicamente quando seja necessário e expressamente solicitado pela mulher interessada, sempre sob controle judicial ou de outras autoridades competentes. Tais medidas de proteção não deverão persistir contra a vontade da mulher interessada".

A jurisprudência desta Suprema Corte tem sido firme na observância do amplo cabedal normativo ora citado, como pode ser visto no HC 147.322-MC/SP, HC 142.279/CE, HC 130.152-MC/SP, de relatoria do
Ministro Gilmar Mendes, HC 134.979/DF, HC 134.130/DF, HC 133.179/DF e HC 129.001/SP, de relatoria do Ministro Roberto Barroso, HC 133.532/DF, de relatoria do Ministro Marco Aurélio, HC 134.734-MC/SP, de relatoria do Ministro Celso de Mello, dentre muitos outros.

Os cuidados que devem ser dispensados à mulher presa direcionam- se também aos seus filhos, que sofrem injustamente as consequências da prisão da mãe, em flagrante contrariedade ao art. 227 da Constituição, o qual estabelece a prioridade absoluta na consecução dos direitos destes:

> "Art. 227. É dever da família, da sociedade e do Estado assegurar à criança, ao adolescente e ao jovem, com absoluta prioridade, o direito à vida, à saúde, à alimentação, à educação, ao lazer, à profissionalização, à cultura, à dignidade, ao respeito, à liberdade e à convivência familiar e comunitária, além de colocá-los a salvo de toda forma de negligência, discriminação, exploração, violência, crueldade e opressão".

Aqui, não é demais relembrar, por oportuno, que o nosso texto magno estabelece, taxativamente, em seu art. 5º, XLV, que "nenhuma pena passará da pessoa do condenado", sendo escusado anotar que, no caso das mulheres presas, a privação de liberdade e suas nefastas consequências estão sendo estendidas às crianças que portam no ventre e àquelas que geraram.

São evidentes e óbvios os impactos perniciosos da prisão da mulher, e da posterior separação de seus filhos, no bem-estar físico e psíquico das crianças. Recentemente a *Revista Época* publicou reportagem sobre o tema, que bem ilustra o tipo de dano a que estão sujeitas as crianças:

> "O estrondo do portão de ferro que se fecha marca o fim de mais um dia. Na cela, com não mais de 10 metros quadrados, apertam-se objetos cobertos por mantas, uma cama protegida por um mosquiteiro e um guarda-roupa aberto com roupas de bebê dobradas. Adesivos infantis decoram a parede e mantas em tons pastel ocultam as grades de ferro. Ali, na ala da amamentação na Penitenciária Feminina de Pirajuí, em São Paulo, dormem Rebeca, de 7 meses, e sua mãe, Jaquelina Marques, de 23 anos. *A menina só vê o mundo exterior – árvores, carros, cachorros, homens – ao ser levada para consultas pediátricas.* Normalmente, passa o tempo todo com a mãe, ocupante temporária de uma das 12 celas no pavilhão.
> [...]
> Os sintomas da separação se manifestaram nas crianças. Midiã, quando saiu da cadeia com poucos meses, não aceitava mais ser amamentada. *O irmão dela, Adryan, estava aprendendo a falar quando a mãe foi presa pela segunda vez. Simplesmente parou no meio do caminho. Com 3 anos, ele se expressa mais com acenos de cabeça do que com palavras.*
> Na primeira visita à mãe, colocou o braço no rosto para tapar os olhos - e nada o fez mudar de ideia. 'Não me deu um abraço. Fui tentar pegar e ele bateu em mim. Não quis ficar comigo de jeito nenhum', diz Jaquelina. Agora em regime semiaberto, ela visita a família no interior, a cerca de duas horas de Pirajuí, durante a 'saidinha' nos feriados. Aos poucos, reaproximou-se dos filhos. Em uma dessas saídas, ao terminar a visita à família, despediu-se do filho. O menino correu atrás dela - queria ir junto. 'Ele ficou chorando tanto que deu dó. Fiquei com a cabeça atordoada de deixar ele daquele jeito', diz.
> [...]
> Em 30 de novembro, o Seminário Nacional sobre Crianças e Adolescentes com Familiares Encarcerados inaugurou uma articulação nacional, a fim de promover apoio a esse grupo. A articulação, que reúne ONGs, associações, movimentos e redes, fez contato com 200 crianças e adolescentes nessa situação. Apenas 36 aceitaram participar. *Detectou-se um quadro previsível e trágico. A prisão de familiares (geralmente mãe ou pai) acarreta fragilidade econômica e social. As crianças muitas vezes precisam assumir tarefas domésticas e ganhar dinheiro. Seis apresentaram depressão"* (Presos ao nascer, *Revista Época*, 18 de dezembro de 2017, grifei).

Em sua manifestação como *amicus curiae*, o Instituto Alana, cujo ingresso nessa condição autorizei, apontou as incontáveis violações a que estão sujeitas as crianças que nascem no cárcere, a demonstrar que as violações a seus direitos começam antes mesmo do nascimento:

"É fundamental ter em mente que o período gestacional e o momento do nascimento refletem no desenvolvimento infantil: 'O embrião ou feto reage não só às condições físicas da mãe, aos seus movimentos psíquicos e emocionais, como também aos estímulos do ambiente externo que a afetam. O cuidado com o bem-estar emocional da mãe repercute no ser que ela está gestando. (...) Quando a mulher grávida recebe apoio emocional e material do parceiro e de outros que lhe são próximos durante todo o processo, seus sentimentos de bem-estar comunicam-se ao embrião e ao feto, favorecendo o desenvolvimento saudável do bebê' (SANTOS, Marcos Davi dos *et al*. Formação em pré-natal, puerpério e amamentação: práticas ampliadas. São Paulo: Fundação Maria Cecilia Souto Vidigal, 2014, p. 19). Assim, é importante considerar a relevância da atenção pré-natal e do cuidado com o parto, para além do acompanhamento pediátrico, e entender que violações aos direitos da mulher gestante, parturiente e mãe violam também os direitos de crianças. É preciso destacar também que, nos casos de separação entre a criança e a mãe, há impactos na saúde decorrentes desse rompimento, os quais se agravam em casos de institucionalização [...] Um dos principais fatores responsáveis por esse dano é o estresse tóxico, fruto de situações que envolvem um sofrimento grave, frequente, ou prolongado, no qual a crianças não têm o apoio adequado da mãe, pai ou cuidadores. No caso de crianças com mães encarceradas, o estresse tóxico decorre do ambiente prisional, que não é capaz de acolher a criança, e da situação precária que a mulher encarcerada vivencia. Também nos casos de separação da mãe e consequente institucionalização, o rompimento do vínculo gera estresse à criança" (documento eletrônico 148, p. 18/19).

Professores da Universidade de Harvard demonstraram que a privação, na infância, de suporte psicológico e das experiências comuns às pessoas, produz danos ao desenvolvimento da criança (NELSON, Charles A., FOX, Nathan A. e ZEANAH, Charles H. *Romania's Abandoned Children: Deprivation, Brain Development, and the Struggle for Recovery*. Cambridge: Harvard Univ. Press, 2014).

Conforme explicam, existe uma "experiência compartilhada" pela qual todos os seres humanos devem passar. E tal experiência é de suma importância para o desenvolvimento sensorial e emocional. Sem ela, os órgãos, assim como o sistema nervoso, podem, sobretudo em épocas críticas do desenvolvimento infantil, sofrer danos permanentes. A consistência do afeto que recebem é da máxima relevância para a formação de pessoas saudáveis e capazes de estabelecer relações sociais profundas.

Trazendo tais reflexões para o caso concreto, não restam dúvidas de que a segregação, seja nos presídios, seja em entidades de acolhimento institucional, terá grande probabilidade de causar dano irreversível e permanente às crianças filhas de mães presas.

Nos cárceres, habitualmente estão limitadas em suas experiências de vida, confinadas que estão à situação prisional. Nos abrigos, sofrerão com a inconsistência do afeto, que, numa entidade de acolhimento, normalmente, restringe-se ao atendimento das necessidades físicas imediatas das crianças.

Finalmente, a entrega abrupta delas à família extensa, como regra, em seus primeiros meses de vida, privando-as subitamente da mãe, que até então foi uma de suas únicas referências afetivas, é igualmente traumática. Ademais, priva-as do aleitamento materno numa fase em que este é enfaticamente recomendado pelos especialistas.

Por tudo isso, é certo que o Estado brasileiro vem falhando enormemente no tocante às determinações constitucionais que dizem respeito à prioridade absoluta dos direitos das crianças, prejudicando, assim, seu desenvolvimento pleno, sob todos os aspectos, sejam eles físicos ou psicológicos.

Pesquisas empíricas realizadas no Brasil vêm corroborando o que se consignou acima. Uma delas, realizada na casa de acolhimento Nova Semente, extensão do complexo Penitenciário situado na cidade de Salvador – BA, revelou que "com relação ao desenvolvimento infantil e seus aspectos cognitivo, motor, afetivo e social, todas as crianças apresentavam seu desenvolvimento comprometido, o que foi revelado no atraso em desenvolver a leitura, contagem de numerais, identificação de cores, além do atraso social" (SANTOS, Denise *et al. Crescimento e Desenvolvimento de Crianças na Casa de Acolhimento no Contexto Prisional. 6º Congresso Ibero-Americano de Pesquisa Qualitativa em Saúde*).

As privações narradas, além das inaceitáveis consequências pessoais que provocam, prejudicam a sociedade como um todo. Não se ignora, aliás, que, para se desenvolver plenamente, é preciso, antes de tudo, priorizar o bem-estar de suas crianças. Neste sentido, James Heckman, prêmio Nobel de Economia, ressalta que os menores que nascem em ambientes desvantajosos apresentam maiores riscos de não se desenvolverem adequadamente, além de enfrentarem mais problemas do que outras pessoas ao longo das respectivas vidas, sendo grande a possibilidade de virem a cometer crimes (HECKMAN, J. *Giving Kids a Fair Chance*. Cambridge: The MIT Press, 2013). Para ele, as principais habilidades cognitivas e sócio-emocionais dependem do ambiente que encontram na primeira infância.

Essa é a razão pela qual, acrescenta, políticas públicas voltadas à correção precoce desses problemas podem redundar em melhores oportunidades para as pessoas e no incremento de sua qualidade de vida. Disso resultará, finaliza, uma economia mais robusta e uma sociedade mais saudável.

Em suma, quer sob o ponto de vista da proteção dos direitos humanos, quer sob uma ótica estritamente utilitarista, nada justifica manter a situação atual de privação a que estão sujeitas as mulheres presas e suas crianças, as quais, convém ressaltar, não perderam a cidadania, em razão da deplorável situação em que se encontram.

É importante sublinhar, também, que o legislador tem se revelado sensível a essa triste realidade. Não por acaso, recentemente foi editado o Estatuto da Primeira Infância (Lei 13.257/2016), que modificou alguns aspectos do Estatuto da Criança e do Adolescente, o qual tem implicações da maior relevância para o julgamento do presente *writ*. A redação atual dos dispositivos que interessam é a seguinte:

> "Art. 7º A criança e o adolescente têm direito a proteção à vida e à saúde, mediante a efetivação de políticas sociais públicas que permitam o nascimento e o desenvolvimento sadio e harmonioso, em condições dignas de existência.
>
> Art. 8º É assegurado a todas as mulheres o acesso aos programas e às políticas de saúde da mulher e de planejamento reprodutivo e, às gestantes, nutrição adequada, atenção humanizada à gravidez, ao parto e ao puerpério e atendimento pré-natal, perinatal e pós-natal integral no âmbito do Sistema Único de Saúde.

§1º O atendimento pré-natal será realizado por profissionais da atenção primária.

§2º Os profissionais de saúde de referência da gestante garantirão sua vinculação, no último trimestre da gestação, ao estabelecimento em que será realizado o parto, garantido o direito de opção da mulher.

§3º Os serviços de saúde onde o parto for realizado assegurarão às mulheres e aos seus filhos recém-nascidos alta hospitalar responsável e contrarreferência na atenção primária, bem como o acesso a outros serviços e a grupos de apoio à amamentação.

§4º Incumbe ao poder público proporcionar assistência psicológica à gestante e à mãe, no período pré e pós-natal, inclusive como forma de prevenir ou minorar as consequências do estado puerperal.

§5º A assistência referida no §4º deste artigo deverá ser prestada também a gestantes e mães que manifestem interesse em entregar seus filhos para adoção, bem como a gestantes e mães que se encontrem em situação de privação de liberdade.

§6º A gestante e a parturiente têm direito a 1 (um) acompanhante de sua preferência durante o período do pré-natal, do trabalho de parto e do pós-parto imediato.

§7º A gestante deverá receber orientação sobre aleitamento materno, alimentação complementar saudável e crescimento e desenvolvimento infantil, bem como sobre formas de favorecer a criação de vínculos afetivos e de estimular o desenvolvimento integral da criança.

§8º A gestante tem direito a acompanhamento saudável durante toda a gestação e a parto natural cuidadoso, estabelecendo-se a aplicação de cesariana e outras intervenções cirúrgicas por motivos médicos.

§9º A atenção primária à saúde fará a busca ativa da gestante que não iniciar ou que abandonar as consultas de pré-natal, bem como da puérpera que não comparecer às consultas pós-parto.

§10º Incumbe ao poder público garantir, à gestante e à mulher com filho na primeira infância que se encontrem sob custódia em unidade de privação de liberdade, ambiência que atenda às normas sanitárias e assistenciais do Sistema Único de Saúde para o acolhimento do filho, em articulação com o sistema de ensino competente, visando ao desenvolvimento integral da criança.

Art. 9º O poder público, as instituições e os empregadores propiciarão condições adequadas ao aleitamento materno, inclusive aos filhos de mães submetidas a medida privativa de liberdade.

§1º Os profissionais das unidades primárias de saúde desenvolverão ações sistemáticas, individuais ou coletivas, visando ao planejamento, à implementação e à avaliação de ações de promoção, proteção e apoio ao aleitamento materno e à alimentação complementar saudável, de forma contínua.

§2º Os serviços de unidades de terapia intensiva neonatal deverão dispor de banco de leite humano ou unidade de coleta de leite humano".

O Estatuto da Primeira Infância regulou, igualmente, no âmbito da legislação interna, aspectos práticos relacionados à prisão preventiva da gestante e da mãe encarcerada, ao modificar o art. 318 do Código de Processo Penal, que assim ficou redigido:

"Art. 318. Poderá o juiz substituir a prisão preventiva pela domiciliar quando o agente for: (...)
II - gestante;
III - mulher com filho de até 12 (doze) anos de idade incompletos;".

Diante desse teor normativo, pergunta-se: quais devem ser os parâmetros para a substituição de que trata a lei?

A resposta, segundo as autoras e as *amici curiae*, está em que o "poderá", constante do *caput* do artigo deve ser lido como "deverá", para evitar que a discricionariedade do magistrado seja, na prática, usada de forma a reforçar a cultura do encarceramento.

Já para a Procuradoria-Geral da República, a resposta deve formulada caso a caso, sempre à luz da particularidade do feito em análise. Essa abordagem, contudo, parece ignorar as falhas estruturais de acesso à Justiça que existem no País.

Diante dessas soluções díspares, e para evitar tanto a arbitrariedade judicial quanto a sistemática supressão de direitos, típica de sistemas jurídicos que não dispõem de soluções coletivas para problemas estruturais, a melhor saída, a meu ver, no feito sob exame, consiste em conceder a ordem, estabelecendo parâmetros a serem observados, sem maiores dificuldades, pelos juízes, quando se depararem com a possibilidade de substituir a prisão preventiva pela domiciliar.

Em face de todo o exposto, concedo a ordem para determinar a substituição da prisão preventiva pela domiciliar - sem prejuízo da aplicação concomitante das medidas alternativas previstas no art. 319 do CPP - de todas as mulheres presas, gestantes, puérperas ou mães de crianças e deficientes, nos termos do art. 2º do ECA e da Convenção sobre Direitos das Pessoas com Deficiências (Decreto Legislativo 186/2008 e Lei 13.146/2015), relacionadas neste processo pelo DEPEN e outras autoridades estaduais, enquanto perdurar tal condição, excetuados os casos de crimes praticados por elas mediante violência ou grave ameaça, contra seus descendentes ou, ainda, em situações excepcionalíssimas, as quais deverão ser devidamente fundamentadas pelos juízes que denegarem o benefício.

Estendo a ordem, de ofício, às demais mulheres presas, gestantes, puérperas ou mães de crianças e de pessoas com deficiência, bem assim às adolescentes sujeitas a medidas socioeducativas em idêntica situação no território nacional, observadas as restrições previstas no parágrafo acima.

Quando a detida for tecnicamente reincidente, o juiz deverá proceder em atenção às circunstâncias do caso concreto, mas sempre tendo por norte os princípios e as regras acima enunciadas, observando, ademais, a diretriz de excepcionalidade da prisão.

Se o juiz entender que a prisão domiciliar se mostra inviável ou inadequada em determinadas situações, poderá substituí-la por medidas alternativas arroladas no já mencionado art. 319 do CPP.

Para apurar a situação de guardiã dos filhos da mulher presa, dever-se-á dar credibilidade à palavra da mãe. Faculta-se ao juiz, sem prejuízo de cumprir, desde logo, a presente determinação, requisitar a elaboração de laudo social para eventual reanálise do benefício. Caso se constate a suspensão ou destituição do poder familiar por outros motivos que não a prisão, a presente ordem não se aplicará.

A fim de se dar cumprimento imediato a esta decisão, deverão ser comunicados os Presidentes dos Tribunais Estaduais e Federais, inclusive da Justiça Militar Estadual e Federal, para que prestem informações e, no prazo máximo de 60 dias a contar de sua publicação, implementem de modo integral as determinações estabelecidas no presente julgamento, à luz dos parâmetros ora enunciados.

Com vistas a conferir maior agilidade, e sem prejuízo da medida determinada acima, também deverá ser oficiado ao DEPEN para que comunique aos estabelecimentos prisionais a decisão, cabendo a estes, independentemente de outra provocação, informar aos respectivos juízos a condição de gestante ou mãe das presas preventivas sob sua custódia.

Deverá ser oficiado, igualmente, ao Conselho Nacional de Justiça - CNJ, para que, no âmbito de atuação do Departamento de Monitoramento e Fiscalização do Sistema Carcerário e do Sistema de Execução de Medidas Socioeducativas, avalie o cabimento de intervenção nos termos preconizados no art. 1º, §1º, II, da Lei 12.106/2009, sem prejuízo de outras medidas de reinserção social para as beneficiárias desta decisão.

O CNJ poderá ainda, no contexto do Projeto Saúde Prisional, lançado durante o período em que exerci a presidência do referido órgão, atuar junto às esferas competentes para que o protocolo de entrada no ambiente prisional seja precedido de exame apto a verificar a situação de gestante da mulher. Tal diretriz está de acordo com o Eixo 2 do referido programa, que prioriza a saúde das mulheres privadas de liberdade.

Os juízes responsáveis pela realização das audiências de custódia, bem como aqueles perante os quais se processam ações penais em que há mulheres presas preventivamente, deverão proceder à análise do cabimento da prisão, à luz das diretrizes ora firmadas, de ofício.

Embora a provocação por meio de advogado não seja vedada para o cumprimento desta decisão, ela é dispensável, pois o que se almeja é, justamente, suprir falhas estruturais de acesso à Justiça da população presa. Cabe ao Judiciário adotar postura ativa ao dar pleno cumprimento a esta ordem judicial.

Nas hipóteses de descumprimento da presente decisão, a ferramenta a ser utilizada é o recurso, e não a reclamação, como já explicitado na ADPF 347.

É como voto.

PETIÇÃO 7.265 – DISTRITO FEDERAL

RELATOR: MIN. RICARDO LEWANDOWSKI
REQTE.(S): MINISTÉRIO PÚBLICO FEDERAL
PROC.(A/S)(ES): PROCURADOR-GERAL DA REPÚBLICA

Trata-se de pedido de homologação de acordo de colaboração premiada apresentado pela Procuradoria-Geral da República, nos seguintes termos:

"O Ministério Público Federal traz ao conhecimento do Supremo Tribunal Federal conteúdo de acordo de colaboração firmado com RENATO BARBOSA RODRIGUES PEREIRA (fls. 5/21), em conformidade com o art. 129, I, da Constituição da República, os arts. 4º, 5º, 6º, 7º e 8º da Lei n. 12.850/13, os arts. 13, 14 e 15 da Lei n. 9.807/99 e o art. 1º, §5º, da Lei n. 9.613/98.

Por meio de advogados regularmente constituídos, fazendo uso de meio legalmente posto à sua defesa, RENATO BARBOSA RODRIGUES PEREIRA dispôs-se a colaborar com as investigações, confessando delitos por ele cometidos, e declinando fatos ilícitos que ainda não eram do conhecimento das autoridades, corroborando-os com provas em seu poder ou a seu alcance.

O ajuste possibilita a investigação e futuras ações penais por crimes praticados contra a administração pública, a ordem tributária, lavagem e ocultação de bens, direitos ou valores e organização criminosa, além de auxiliar a apuração da repercussão desses crimes nas esferas administrativa, civil, tributária e disciplinar.

Foram revelados fatos ilícitos relacionados a diversas autoridades públicas, entre elas a Senadora da República MARTA SUPLICY, autoridade detentora de prerrogativa de foro perante o Supremo Tribunal Federal.

Para a definição das obrigações previstas no ajuste foram considerados o fato de o colaborador ter integrado uma organização criminosa, a extrema gravidade e repercussão social dos eventos relatados, além da utilidade da colaboração prestada, inclusive em face do tempo e da dificuldade em se alcançar as provas das condutas.

A situação patrimonial do colaborador foi considerada para a previsão do valor financeiro do ajuste e os impactos econômicos da atividade criminosa que ajudou a implementar, conforme declarações prestadas.

O acordo de colaboração ora submetido à homologação foi redigido de modo a garantir, simultaneamente, o interesse público e os direitos do colaborador, que, após devidamente esclarecido, assumiu compromisso voluntário de cumprir as sanções ajustadas no instrumento, a serem editadas no julgamento de ação penal pública a ser ajuizada proximamente. As cláusulas do ajuste não constituem novidade no direito pátrio, existindo algumas dezenas de instrumentos com as mesmas disposições homologados pelo Supremo Tribunal Federal.

A homologação do acordo escrito, antes de ser prevista na Lei 12.850/2013, desenvolveu-se como prática judicial vinculada a um sistema de justiça consensual. Enquanto as cláusulas e o conteúdo do acordo são estabelecidas em perfeito ajuste de vontades entre as partes envolvidas (Ministério Público e o réu, com seus advogados), incumbe ao Poder Judiciário avaliar a legalidade dos termos fixados.

Essa prática guarda paralelismo com os institutos da transação penal e da suspensão condicional do processo, regidas pelo princípio do devido processo legal consensual.

Conforme bem reconheceu este Supremo Tribunal Federal em precedentes que resultaram na Súmula n. 696, o oferecimento desses benefícios consensuais se inserem no âmbito da análise inicial do Ministério Público. Analogicamente, o mesmo entendimento é aplicável a casos de acordo de colaboração.

Existindo voluntariedade das partes, o conteúdo das cláusulas pactuadas se insere no âmbito da discricionariedade, resguardados os limites previstos em lei. Pelo acordo, como no caso, o colaborador não renuncia aos direitos e garantias constitucionais, mas, voluntariamente, movido pelo desejo de obter benefícios legais em colaboração à justiça, deixa de exercê-los.

O acordo é acompanhado dos anexos e termos de declarações correspondentes, tudo lavrado em uma única via. Segue também mídia com o registro audiovisual da colheita das declarações e provas de corroboração das declarações.

Como será possível verificar na análise das informações que o colaborador voluntariamente se compromete a prestar, grande parte dos dados sobre condutas praticadas por diversos agentes públicos e terceiros não era do conhecimento dos investigadores. Em outras situações, os esclarecimentos deram contornos mais nítidos ao que já estava sendo apurado, inclusive ampliando o espectro sobre os eventos.

Necessário registrar que o colaborador apresentou detalhes sobre sua própria conduta e de terceiros, inserindo-se na narrativa dos crimes nos quais se envolveu.

Diante de tudo o que foi exposto, o Procurador-Geral da República requer:

a) a autuação do presente requerimento, apresentado em conjunto com os autos da NF-PGR-1.00.000.016338/2017-84, contendo a via original do acordo de colaboração, com os respectivos anexos, registrando-se "em segredo de Justiça;

b) autorização para, se for o caso, compartilhar com os Juízos competentes, após eventual cisão solicitada, cópias dos documentos que o colaborador apresente, autorizando-se que a Procuradoria Geral da República diretamente as providencie;

c) que, caso entenda necessário, realize a oitiva do colaborador, nos termos do art. 4º, §7º, da Lei 12.850/2013;

d) nos termos do disposto no art. 4º, §7º, da Lei n. 12.850/2013, a homologação do acordo de colaboração firmado com RENATO BARBOSA RODRIGUES PEREIRA" (fls. 2-6).

O acordo em apreço contém as seguintes cláusulas e condições:

"O MINISTÉRIO PÚBLICO FEDERAL, pelo Vice-Procurador-Geral da República, pelos Procuradores Regionais da República, pelos Procuradores da República e Promotores de Justiça signatários, e RENATO BARBOSA RODRIGUES PEREIRA, brasileiro, separado, publicitário, filho de Anny de Almeida R. Pereira, nascido em 22.11.1959, RG 08057080-7 IFP/RJ, CPF 550.022.267-87, residente e domiciliado na Rua Joaquim Nabuco, nº 190, apto 401, Bairro Ipanema, no Rio de Janeiro, devidamente assistido por seus advogados constituídos, Dr. Igor Sant'Anna Tamasauskas, OAB/SP nº 173.163, Danyelle da Silva Galvão, OAB/PR 40.508 e João Antônio Sucena Fonseca, OAB/DF 35.302, os quais assinam o presente termo, firmam este ACORDO DE COLABORAÇÃO PREMIADA, conforme cláusulas que se seguem:

CLÁUSULA 1ª - O presente acordo funda-se no artigo 129, inciso I, da Constituição da República, nos artigos 4º a 8º da Lei 12.850/2013, nos artigos 13 a 15 da Lei n. 9.807/99, no art. 1º, §5º, da Lei 9.613/98, no art. 26 da Convenção de Palermo e no art. 37 da Convenção de Mérida.

CLÁUSULA 2ª - O presente acordo atende aos interesses do COLABORADOR, nos termos do art. 5º, LIV e LV, da Constituição Federal, dos artigos 5º e 6º, ambos da Lei nº 12.850/2013, e das cláusulas a seguir alinhavadas. Atende, de igual modo, ao interesse público, na medida em que confere efetividade à persecução criminal de outros suspeitos, além de permitir a ampliação e o aprofundamento de investigações de crimes contra a Administração Pública, a Administração da Justiça, a Fé Pública, o Sistema Financeiro Nacional, a Ordem Tributária e de Lavagem de Dinheiro, relacionados nos anexos. O presente acordo auxilia, ainda, na apuração da repercussão desses ilícitos penais nas esferas civil, tributária, administrativa, inclusive administrativa sancionadora e disciplinar.

CLÁUSULA 3ª - Estão abrangidos no presente acordo os crimes que tenham sido praticados pelo COLABORADOR até a data de sua assinatura, assim como todos os fatos ilícitos que sejam de seu conhecimento, que estão tratados nos anexos e depoimentos colhidos, que compõem e integram o presente acordo.

CLÁUSULA 4ª - São objeto dos anexos e depoimentos condutas que consubstanciam os crimes previstos na lei de licitação, formação de quadrilha, organização criminosa, corrupção ativa e passiva, evasão de divisas e lavagem ou ocultação de bens, direitos ou valores, dentre outros.

CLÁUSULA 5ª - Considerando os antecedentes e a personalidade do COLABORADOR, bem como a gravidade dos fatos por ele praticados, a repercussão social dos fatos criminosos, a utilidade da colaboração prestada, inclusive em face do tempo e da dificuldade em se alcançar as provas das condutas uma vez cumpridas integralmente as condições impostas neste acordo para o recebimento dos benefícios, desde que efetivamente sejam obtidos os resultados previstos nos incisos I, II, III ou IV do art. 4º da Lei Federal nº 12.850/2013, o Ministério Público Federal proporá, nos feitos já objeto de investigação criminal e naqueles que serão instaurados em decorrência dos fatos revelados por intermédio da presente colaboração, os seguintes benefícios legais, cumulativamente:

1) a premiação legal desde logo aceita pelo COLABORADOR, considerando que ele integrou uma organização criminosa, mas não possui antecedentes criminais, foi o primeiro a prestar efetiva contribuição sobre a maioria dos fatos ilícitos revelados, uma vez cumpridas integralmente as condições impostas neste acordo para recebimento dos benefícios, será, na ação penal correspondente aos fatos, o perdão judicial de todos os crimes, à exceção daqueles praticados por ocasião da campanha eleitoral para o Governo do Estado do Rio de Janeiro no ano de 2014, consubstanciados nos tipos penais descritos no art. 350 do Código Eleitoral, no art. 1º, §2º, inciso I, da Lei no 9.613/98 e art. 22, parágrafo único, da Lei no 7.492/86, pelos quais a pena acordada é a condenação à pena unificada de 4 anos de reclusão, nos processos penais que vierem a ser instaurados com esteio nos fatos objetos deste acordo, em regime fechado, a ser cumprido, em estabelecimento prisional, nos termos da lei penal;

2) A pena de reclusão prevista no item 1 acima, será cumprida da seguinte forma:

a) recolhimento noturno, pelo prazo de 1 ano, consubstanciado no recolhimento domiciliar de segunda-feira a domingo, a partir das 20:00 até as 06:00, reservada a possibilidade da realização de viagens nacionais e internacionais a trabalho mediante prévia autorização do juízo competente;

b) prestação de serviços à comunidade traduzida no atendimento por 20 horas semanais em entidade filantrópica pelo prazo de 03 anos, devendo, esta pena ser executada no prazo máximo de 04 anos. O cumprimento da pena será no seguinte regime:

b.1) o COLABORADOR deverá prestar relatórios trimestrais, ao Juízo de execução, de suas atividades profissionais;

b.2) o COLABORADOR deverá prestar serviços à comunidade, à razão de 20 (vinte) horas semanais, em local determinado pelo Juízo da execução, facultando-se distribuir as horas de prestação de serviços comunitários, dentro de cada mês, de forma não homogênea ou concentrada, inclusive nos finais de semana e feriados quando necessário para compatibilizar com a jornada de trabalho semanal de RENATO BARBOSA RODRIGUES PEREIRA, em comum acordo com a entidade assistencial ou que vier a ser designada pelo Juízo de execução;

b.3) o COLABORADOR poderá realizar viagens internacionais por motivo de trabalho ou para visita de parentes de até 3º grau residentes no exterior, com a comunicação prévia ao Juízo de execução, ou por outro motivo relevante previamente autorizado pelo Juízo de execução, com antecedência mínima de uma semana.

3) Após o cumprimento integral da pena de prestação de serviços à comunidade indicada na cláusula acima, o tempo restante de pena a que tenha sido condenado o COLABORADOR ficará com o cumprimento suspenso, nos termos da cláusula 6ª, e considerar-se-á adimplido desde que, ao término do prazo referido na cláusula 6ª, não haja fato imputável ao COLABORADOR que justifique a rescisão do acordo;

4) o COLABORADOR compromete-se ao pagamento de R$ 1.500.000,00 (hum milhão e quinhentos mil reais) mediante depósito em conta judicial, cuja destinação será definida posteriormente, a título de multa penal e reparação de danos.

a) essa quantia deverá ser recolhida em até 18 meses, com correção monetária pelo IPCA e juros remuneratórios equivalentes à caderneta de poupança, ambos contados a partir do mês seguinte ao da homologação judicial do acordo, incidentes sobre o valor restante ao que tiver sido depositado.

b) o COLABORADOR poderá antecipar o pagamento de qualquer parcela, sem que isto implique novação ou automática antecipação das parcelas subsequentes, oportunidade em que o valor eventualmente antecipado será atualizado pelo índice acordado para o dia do pagamento e descontado das parcelas vincendas;

c) o não pagamento da multa acarretará na rescisão do acordo celebrado;

d) não será considerado atraso no pagamento da multa eventual divergência no cálculo do valor corrigido, oportunidade em que o COLABORADOR se obriga a saldar o montante devido no prazo de uma semana da comunicação que lhe fará o MPF ou o Juízo;

Parágrafo único. O COLABORADOR iniciará o cumprimento das penas, na forma acima estipulada, após a homologação judicial desse acordo.

CLÁUSULA 6ª - Uma vez homologado este acordo e tão logo alcançado o teto máximo de condenação previsto no item "1" da Cláusula 5ª, o Ministério Público Federal proporá a suspensão de ações penais, inquéritos policiais e procedimentos investigatórios criminais em desfavor do COLABORADOR que estejam em curso, bem como a suspensão dos respectivos prazos prescricionais pelo lapso temporal de 10 (dez) anos.

Parágrafo 1º. Transcorrido o prazo de dez anos sem a prática de fato imputável ao COLABORADOR que justifique a rescisão deste acordo, voltarão a fluir os prazos prescricionais de todos os procedimentos suspensos até a extinção da punibilidade.

Parágrafo 2º. Durante o transcorrer do prazo prescricional previsto no parágrafo acima, o Ministério Público Federal não proporá nenhuma ação penal contra o COLABORADOR decorrente dos fatos objeto deste acordo, salvo em caso de rescisão por responsabilidade exclusiva do COLABORADOR.

CLÁUSULA 7ª Ocorrendo rescisão do acordo por fato imputável a COLABORADOR, voltará a fluir, contra aquele que der causa ao rompimento, todas as ações penais, inquéritos policiais e procedimentos investigatórios suspensos em razão do presente acordo.

Parágrafo único. A qualquer tempo, uma vez rescindido este acordo por responsabilidade exclusiva do COLABORADOR, o regime da pena regredirá para o fixado originalmente em sentença ou decisão de unificação de penas, de acordo com o art. 33 do Código Penal.

CLÁUSULA 8ª A qualquer tempo, uma vez rescindido o acordo por responsabilidade exclusiva do COLABORADOR, todos os benefícios nele previstos, inclusive os pactuados nas cláusulas 5ª e 6ª, deixarão de ter efeito, sem prejuízo do aproveitamento integral das provas produzidas pelo COLABORADOR.

CLÁUSULA 9ª - O Ministério Público Federal compromete-se a empreender gestões junto aos entes e órgãos públicos que suportaram os prejuízos decorrentes dos atos ilícitos praticados, bem como perante qualquer outro órgão público com competência para ações de ressarcimento.

CLÁUSULA 10ª - Não obstante a proposta prevista na cláusula 5ª do presente termo, o COLABORADOR fica ciente de que, nos termos do art. 4º, §2º, da Lei 12.850/2013, considerada a relevância da colaboração prestada, o Ministério Público Federal, a qualquer tempo, poderá, a seu exclusivo critério, requerer maior redução da pena imposta ou mesmo a concessão do perdão judicial ao COLABORADOR, aplicando-se no que couber o art. 28 do Código de Processo Penal.

CLÁUSULA 11ª - Caso o COLABORADOR, por si ou por seu procurador, solicite medidas para garantia da sua segurança ou da segurança da sua família, a Polícia Federal, o Ministério Público Federal e o Juízo competente adotarão as providências necessárias para a sua inclusão imediata no programa federal de proteção ao depoente especial, com as garantias previstas nos artigos 8 e 15 da Lei nº 9.807/99.

CLÁUSULA 12ª - As partes poderão recorrer da sentença apenas no que toca à fixação da pena, ao regime de seu cumprimento, à pena de multa e à multa cível, limitadamente ao que extrapolar os parâmetros deste acordo.

III – Condições da Proposta

CLÁUSULA 13ª - Para que o presente acordo possa produzir os benefícios nele relacionados, especialmente os constantes na cláusula 5ª, a colaboração deve ser voluntária, ampla, efetiva, eficaz e conducente aos seguintes resultados:

a) a identificação dos autores, coautores, partícipes das diversas organizações criminosas de que tenha ou venha a ter conhecimento, notadamente aquelas sob investigação em decorrência de crimes relacionados nos anexos e à organização criminosa, bem como à identificação e à comprovação das infrações penais por eles praticadas, que sejam ou que venham a ser do seu conhecimento, inclusive agentes políticos que tenham praticado ilícitos penais ou deles participado;

b) a revelação da estrutura hierárquica e a divisão de tarefas das organizações criminosas de que tenha ou venha a ter conhecimento;

c) a recuperação total ou parcial do produto e/ou do proveito das infrações penais praticadas pela organização criminosa de que tenha ou venha a ter conhecimento, tanto no Brasil quanto no exterior;

d) a identificação de pessoas físicas e jurídicas utilizadas pelas organizações criminosas supramencionadas para a prática de ilícitos penais;

e) ao fornecimento de documentos e outras provas materiais, notadamente em relação aos fatos referidos nos anexos deste acordo;

f) a entrega de extratos bancários de contas no exterior até a presente data, salvo impossibilidade material de acesso a essas informações devidamente comprovada pelo COLABORADOR;

g) em razão da celebração do acordo de colaboração, e, especialmente durante o período de cumprimento de pena previsto na cláusula 5ª o COLABORADOR obriga-se a, no que lhe for aplicável, colaborar com as medidas preconizadas nos incisos II a VII do art. 3 da Lei nº 12.850/2013.

CLÁUSULA 14ª - Para tanto, o COLABORADOR obriga- se, sem malícia ou reservas mentais, a:

a) esclarecer espontaneamente todos os esquemas criminosos de que tenha conhecimento, especialmente aqueles apontados nos anexos deste acordo, fornecendo todas as informações e evidências que estejam ao seu alcance, bem como indicando provas potencialmente alcançáveis;

b) falar a verdade incondicionalmente, em todas as investigações criminais, cíveis, administrativas, disciplinares e tributárias, além de ações penais em que doravante venha a ser chamado a depor na condição de testemunha ou interrogado, nos limites deste acordo;

c) cooperar sempre que solicitado, mediante comparecimento pessoal sob suas expensas a qualquer das sedes do Ministério Público Federal, do Departamento de Polícia Federal ou da Receita Federal do Brasil, para analisar documentos e provas, reconhecer pessoas, prestar depoimentos e auxiliar peritos na análise pericial que sejam objeto da presente colaboração;

d) entregar todos os documentos, papéis, escritos, fotografias, banco de dados, arquivos eletrônicos, etc., de que disponha, quer estejam em seu poder, quer sob a guarda de terceiros sob suas ordens, e que possam contribuir a juízo do Ministério Público Federal, para a elucidação dos crimes que são objeto da presente colaboração;

e) indicar o nome e todas as informações de contato de quaisquer pessoas de seu relacionamento que tenham a guarda de elementos de informação ou prova que se mostrem, a critério do MPF, relevantes ou úteis;

f) não impugnar, por qualquer meio, este acordo, em qualquer dos inquéritos policiais ou ações penais nos quais esteja envolvido, no Brasil ou no exterior, salvo por fato superveniente à homologação judicial, decorrente do descumprimento do acordo ou da lei pelo Ministério Público Federal ou pelo Poder Judiciário;

g) afastarem-se completamente de atividades criminosas, especificamente não vindo mais a contribuir, de qualquer forma, com as atividades das organizações criminosas ora investigadas ou de outros partícipes ou co-autores objeto deste acordo;

h) comunicar imediatamente o Ministério Público Federal caso seja contatado por qualquer dos demais integrantes das organizações criminosas acima referidas ou por outros partícipes ou co-autores dos ilícitos objeto deste acordo;

i) guardar decoro pessoal durante o cumprimento da pena restritiva de direitos, bem como comportamento condizente com as normas morais e sociais e a natureza penal das restrições que lhe foram impostas;

j) informar, quando requerido, senhas, logins, contas e outros dados necessários para acessar contas de correio eletrônico e dispositivos eletrônicos utilizado pelo COLABORADOR, nos fatos objeto do presente acordo, inclusive fornecendo autorização para autoridades nacionais ou estrangeiras acessarem essas contas e dispositivos;

k) indicar em anexo próprio e manter atualizado números de telefone e endereços eletrônicos próprio e de seu advogado constituído, nos quais o COLABORADOR poderá ser notificado para atender no prazo estabelecido pelo MPF a qualquer finalidade visando ao pleno cumprimento do acordo;

l) fornecer ao Ministério Público Federal, quando requerido, informações e documentação acerca de todas as contas bancárias e telefônicas, bem como, no último caso, autorizações necessárias para que o Ministério Público Federal as obtenha diretamente;

m) colaborar amplamente com o MPF e com outros Órgãos e autoridades públicas, inclusive a Receita Federal do Brasil e autoridades estrangeiras indicadas pelo MPF no que diga respeito aos fatos do presente acordo.

CLÁUSULA 15ª - A enumeração de casos específicos nos quais se reclama a colaboração do COLABORADOR não tem caráter exaustivo, tendo ele o dever genérico de cooperar com o Ministério Público Federal para o esclarecimento de quaisquer fatos relacionados ao objeto deste acordo.

CLÁUSULA 16ª - Cada anexo deste acordo, assinado pelas partes, diz respeito a um fato típico, ou a um grupo de fatos típicos, em relação ao qual o COLABORADOR prestará depoimento, bem como fornecerá provas em seu poder e indicarão diligências que possam ser empregadas para a sua apuração.

CLÁUSULA 17ª - O sigilo estrito das declarações será mantido enquanto necessário à efetividade das investigações em curso, inclusive quanto ao teor do próprio anexo, a juízo do Ministério Público Federal do Poder Judiciário, nos termos do enunciado sumular vinculante de nº 14 do SUPREMO TRIBUNAL FEDERAL.

CLÁUSULA 18ª - Os depoimentos colhidos serão registrados em três vias, uma das quais será entregue à defesa técnica do COLABORADOR somente após o oferecimento da denúncia.

IV - Validade da Prova.

CLÁUSULA 19ª - A prova obtida mediante o presente acordo, após devidamente homologada, será utilizada validamente para a instrução de inquéritos policiais, procedimentos administrativos criminais, ações penais, ações cíveis e de improbidade administrativa e inquéritos civis, podendo ser emprestada também aos Ministérios Públicos dos Estados, à Receita Federal, à Procuradoria da Fazenda Nacional, ao Banco Central do Brasil, à Controladoria-Geral da União, ao Conselho Administrativo de Defesa da Concorrência - CADE e a outros órgãos, inclusive de países e entidades estrangeiras, para a instrução de procedimentos e ações fiscais, cíveis, administrativos, inclusive disciplinares, de responsabilidade bem como qualquer outro procedimento público de apuração dos fatos, mesmo que rescindido este acordo, salvo se essa rescisão se der por descumprimento desta avença por exclusiva responsabilidade do Ministério Público Federal.

Parágrafo Único - As provas produzidas em razão do presente acordo não poderão ser utilizadas contra o COLABORADOR, salvo a adesão da Autoridade competente aos termos do presente acordo, inclusive no tocante à concessão de benefícios ao COLABORADOR.

V - Renúncia à Garantia contra a Autoincriminação e ao Direito ao Silêncio.

CLÁUSULA 20ª - Ao assinar o acordo de colaboração premiada, na presença de seu advogado, ciente do direito constitucional ao silêncio e da garantia contra a autoincriminação, o COLABORADOR a eles renuncia, nos termos do art. 4º, §14º, da Lei nº 12.850/2013, em especial no que tange aos depoimentos que vier a prestar no âmbito da colaboração ora pactuada, estando ele sujeito ao compromisso legal de dizer a verdade sobre o que vier a lhe ser perguntado.

VI - Imprescindibilidade de defesa técnica.

CLÁUSULA 21ª - Este acordo de colaboração somente terá validade se aceito, integralmente, sem ressalvas, no momento da assinatura, pelo COLABORADOR, assistido por seus defensores IGOR SANT'ANNA TAMASAUKAS - OAB/SP 173.163, DANYELLE DA SILVA GALVÃO, OAB/PR 40.508 e JOÃO ANTÔNIO SUCENA FONSECA, OAB/DF 35.302.

Parágrafo único. Nos termos do art. 4º, §15º, da Lei 12.850/2013, em todos os atos de confirmação e execução da presente colaboração, o COLABORADOR deverá estar assistido por seu defensor.

VII - Cláusula de Sigilo.

CLÁUSULA 22ª - Nos termos do art. 7º, §3º, da Lei nº 12.850/2013, as partes comprometem-se a preservar o sigilo sobre o presente acordo e seus anexos, bem como sobre os depoimentos e as provas obtidos em sua execução, o qual será levantado por ocasião do recebimento ou, a critério do tribunal originariamente competente (ou juízo competente, na hipótese de superveniente desmembramento), para os fins do art. 4º, §1º, da Lei n. 8.038, de 28 de maio de 1990, do oferecimento de denúncia que tenha respaldo no acordo, exclusivamente em relação aos fatos nela contemplados.

Parágrafo único. O Ministério Público Federal poderá requerer o levantamento imediato do sigilo sobre o acordo e sobre anexo específico para reforçar, se assim recomendarem as circunstâncias, a segurança do COLABORADOR e de seus familiares ou, independentemente de motivação, com a anuência escrita do COLABORADOR, manifestada por seu defensor constituído.

CLÁUSULA 23ª - A critério do juízo competente, para os fins do art. 4º, §1º, da Lei n. 8.038/90, aqueles que forem incriminados em razão da colaboração poderão ter vista dos termos do ajuste, bem como dos respectivos anexos e depoimentos que tenham embasado investigação ou denúncia, sem prejuízo dos direitos assegurados ao COLABORADOR previstos neste acordo e no art. 5º da Lei n. 12.850/13.

Parágrafo 1º. Tal vista será concedida apenas e tão-somente às partes e seus procuradores devidamente constituídos.

Parágrafo 2º. Demais anexos, não relacionados com a denúncia, serão mantidos em sigilo enquanto for necessário para a preservação da efetividade das investigações, nos termos do enunciado sumular vinculante de no 14 do SUPREMO TRIBUNAL FEDERAL.

CLÁUSULA 24ª - As partes signatárias se comprometem a preservar o sigilo do presente acordo e de seus anexos perante qualquer autoridade distinta do Ministério Público Federal, do Poder Judiciário e do Departamento de Polícia Federal, enquanto o primeiro entender que a publicidade prejudicará a efetividade das investigações.

Cláusula 25ª - Dentre os defensores do COLABORADOR, somente terão acesso ao presente acordo e às informações dele decorrentes os signatários do presente termo ou os advogados que forem por estes substabelecidos com esta específica finalidade.

VIII - Homologação Judicial

CLÁUSULA 26ª - Para ter eficácia, o presente termo de colaboração será submetido ao Supremo Tribunal Federal, competente para a apreciação dos fatos relatados em função do acordo, acompanhado das declarações do COLABORADOR e de cópia das principais peças da investigação até então existentes, nos temos do art. 4º, §7º, da Lei nº 12.850/2013, para homologação.

IX - Rescisão

CLÁUSULA 27ª - O acordo perderá efeito, considerando- se rescindido, nas seguintes hipóteses:

a) se o COLABORADOR descumprir, sem justificativa, qualquer das cláusulas, parágrafos, alíneas ou itens em relação aos quais se obrigou;

b) se o COLABORADOR sonegar a verdade ou mentir em relação a fatos em apuração, em relação aos quais se obrigou a cooperar;

c) se o COLABORADOR vier a recusar-se a prestar qualquer informação relacionada ao objeto deste acordo de que tenha conhecimento;

d) se o COLABORADOR recusar-se a entregar documento ou prova que tenha em seu poder ou sob a guarda de pessoa de suas relações ou sujeito a sua autoridade ou influência, salvo se, diante da eventual impossibilidade de obtenção direta de tais documentos ou provas, o COLABORADOR indicar ao Ministério Público Federal a pessoa que o guarda e o local onde poderá ser obtido para a adoção das providências cabíveis;

e) se ficar provado que, após a celebração do acordo, o COLABORADOR sonegou, adulterou, destruiu ou suprimiu provas que tinha em seu poder ou sob sua disponibilidade;

f) se o COLABORADOR vier a praticar qualquer outro crime doloso da mesma natureza dos fatos em apuração após a homologação judicial da avença;

g) se o COLABORADOR fugir ou tentar furtar-se à ação da Justiça Criminal;

h) se o Ministério Público Federal não pleitear em favor do COLABORADOR os benefícios legais aqui acordados;

i) se o sigilo a respeito deste acordo for quebrado por parte do COLABORADOR ou de sua defesa técnica;

PETIÇÃO 7.265 – DISTRITO FEDERAL | 685

j) se o COLABORADOR, direta ou indiretamente, impugnar os termos deste acordo, ressalvadas as hipóteses da cláusula 11, acima;

k) se não forem assegurados ao COLABORADOR os direitos previstos no art. 5º da Lei 12.850/2013.

Parágrafo 1º. O Ministério Público Federal somente prestará cooperação jurídica internacional de qualquer natureza que envolva acesso a qualquer informação ou elemento de prova diretamente resultante da colaboração ora pactuada, bem como ao próprio COLABORADOR, se a autoridade estrangeira celebrar com o COLABORADOR acordo ou lhe fizer proposta formal de acordo cujo efeito exoneratório seja, no mínimo, equivalente ao do presente acordo.

Parágrafo 2º. O acordo mencionado no *caput* poderá ser dispensado caso a autoridade estrangeira se comprometa, por escrito, de forma válida segundo a lei brasileira, a respeitar integralmente os termos deste acordo.

Parágrafo 3º. O COLABORADOR terá um prazo de 120 (cento e vinte) dias contados a partir de 4/9/17 para narrativa, no âmbito desta colaboração, de detalhes não contemplados nos anexos já apresentados e depoimentos colhidos sem que isso constitua para o MINISTÉRIO PÚBLICO FEDERAL causa de rescisão do acordo ou alteração dos benefícios ajustados.

CLÁUSULA 28ª - Em caso de rescisão do acordo por sua responsabilidade exclusiva, o COLABORADOR que lhe der causa perderá automaticamente direito aos benefícios que lhe forem concedidos em virtude da cooperação com o Ministério Público Federal, permanecendo hígidas e válidas todas as provas produzidas, inclusive depoimentos que houver prestado e documentos que houver apresentado, bem como válidos quaisquer valores pagos a título de multa penal e/ou multa compensatória cível.

CLÁUSULA 29ª - Se a rescisão for imputável ao Ministério Público Federal ou ao Poder Judiciário, o COLABORADOR poderá, a seu critério, fazer cessar a cooperação, preservados os benefícios já concedidos e as provas já produzidas.

CLÁUSULA 30ª - O COLABORADOR fica ciente de que, caso venha a imputar falsamente, sob pretexto de colaboração com a justiça, a prática de infração penal a pessoa que sabe inocente, ou revelar informações sobre a estrutura de organização criminosa que sabe inverídicas, poderá ser responsabilizado pelo crime previsto no art. 19 da Lei 12.850/2013, cuja pena é de reclusão, de l (um) a 4 (quatro) anos de prisão, e multa, além da rescisão deste acordo.

CLÁUSULA 31ª -Não ocasionará a rescisão do presente acordo de colaboração a comprovada impossibilidade de pagamento pelo COLABORADOR da multa penal prevista na cláusula 5ª, inciso VI, a qual se executará nos termos da lei.

X - Declaração de aceitação.

CLÁUSULA 32ª - Nos termos do art. 6º, inc. III, da Lei 12.850/2013, o COLABORADOR, assistido por seus defensores, declara a aceitação do presente acordo de livre e espontânea vontade e, por estar concorde, firmam as partes o presente acordo de colaboração premiada" (fls. 12-28).

Ato contínuo, determinei a realização da audiência prevista no art. 4º, §7º, da Lei 12.850/2013, para aferição da voluntariedade da colaboração (fls. 3.707-3.708).

Devidamente realizados os atos delegados ao Magistrado Instrutor do meu gabinete (fls. 3.715-3.716), os autos vieram-me conclusos para a apreciação dos demais pedidos.

É o relatório. Decido.

Bem examinados os autos, ressalto, na esteira do voto que proferi há quase uma década no HC 90.688/PR, que a colaboração premiada constitui um meio de obtenção de prova introduzido na legislação brasileira por inspiração do sistema anglo-saxão de justiça negociada.

No entanto, deve-se ponderar que o arcabouço processual penal brasileiro, de matriz romano-germânica, guarda profundas diferenças estruturais em comparação com seu equivalente anglo-saxão.

Relembro, inicialmente, que a estruturação dos sistemas romano- germânico e anglo-saxão remonta, historicamente, ao século XIII, quando a Inglaterra e a Europa continental desenvolveram diferentes sistemas jurídicos no lugar das práticas prevalentes no Império Romano do Ocidente (LANGER, Máximo. From legal transplants to legal translations: the globalization of plea bargaining and the Americanization thesis in criminal procedure. Cambridge: *Harvard International Law Journal*, v. 45, 2004, p. 18).

Segundo Langer, com a evolução separada, e também sob o influxo de diferentes colonizações, esses sistemas passaram a se diferenciar não apenas quanto à distribuição de poderes e responsabilidades entre seus principais atores, o juiz ou júri, o promotor e o defensor, mas, de forma diametralmente opostas, como duas culturas legais diversas, com concepções distintas sobre como os casos criminais devem ser processados e julgados, além de apresentarem diferentes estruturas de interpretação e significado (LANGER, M., *op.cit.*, p. 10).

Uma das diferenças centrais desses sistemas consiste em que o anglo-saxão concebe o processo criminal como um instrumento para reger disputas entre duas partes (a acusação e a defesa), perante um juiz, cujo papel é eminentemente passivo, ao passo que o romano-germânico entende a ação penal como uma forma de apuração oficial dos fatos, a qual tem por finalidade lograr a apuração da verdade. Neste último, tradicionalmente, o responsável pela acusação também é visto como um guardião da lei e do interesse público, e não como mero agente estatal interessado na condenação (DAMASKA, Miriam R. *The faces os justice and state authority: a comparative approach to the legal process*. New Haven: Yale University Press, 1986, p. 3).

Tal modelo estruturou-se sobre uma profunda crença no papel do juiz como responsável pela busca da verdade real. Por isso, institutos arraigados no sistema anglo-saxão, como a admissão de culpa (*guilty plea*) não encontram amparo no sistema romano-germânico, no qual a confissão do acusado é possível, porém não sua admissão de culpa, como forma de finalização do processo (DAMASKA, Miriam R., *op.cit.*, p. 2).

Em razão disso, a ampla discricionariedade do titular da ação penal mostra-se mais compatível com o sistema anglo-saxão do que com o modelo romano-germânico, porque, naquele, a acusação, como parte interessada, pode entender que determinada controvérsia não é digna de uma persecução penal.

De outro lado, na metodologia romano-germânica, o núcleo essencial do processo consiste em apurar, por meio de uma investigação oficial e imparcial, se um determinado crime ocorreu e se o acusado foi o responsável por sua prática. Nesta sistemática, não há lugar para a ampla discricionariedade por parte do órgão acusador (LANGER, Máximo, *op.cit.*, p. 21-22).

Ressalto, por conveniente, que as crenças e disposições individuais ou coletivas de determinado sistema jurídico têm papel importante quando se analisa um instituto de inspiração estrangeira, porquanto existem interações de tais elementos, no interior de cada sistema, que não podem ser ignoradas, sob pena de prejuízo à sua coerência. Os fundamentos de um dado sistema equivalem, portanto, a verdadeiras lentes hermenêuticas, mediante as quais os seus institutos jurídicos devem ser interpretados.

Feita essa brevíssima digressão, relembro que é do Supremo Tribunal Federal a competência para a homologação de acordo de colaboração premiada quando envolver autoridade com foro por prerrogativa de função (art. 102, I, *b*, da CF), uma vez que se trata, como salientado no acórdão do ano de 2007 referido acima, de um meio de obtenção de prova.

No caso sob exame, o relatório supra e os documentos que instruem a presente PET indicam o envolvimento, em tese, de congressista em ilícitos penais. Reconhecida, portanto, a competência desta Corte, examino o pedido de homologação do acordo de colaboração.

Com efeito, em conformidade com o art. 4º, §7º, da Lei 12.850/2013, realizado o acordo na forma do §6º, o respectivo termo, acompanhado das declarações do colaborador, assim como de cópia da investigação, será remetido ao juiz para homologação, o qual deverá verificar sua regularidade, legalidade e voluntariedade, podendo, para este fim, ouvir, sigilosamente, o colaborador, na presença de seu defensor.

Pois bem, a voluntariedade do acordo originário foi devidamente atestada pelo colaborador, perante o Magistrado Instrutor que designei para a realização da audiência de que trata o art. 4º, §7º, da Lei 12.850/2013, cumprindo registrar que aquele afirmou, com segurança, que tomou, livremente, a iniciativa de propor o acordo de colaboração, e que não sofreu qualquer coação ou ameaça para firmá-lo.

Ademais, a referida voluntariedade pode ser inferida dos documentos que instruem os autos, particularmente porque o colaborador contou com a permanente assistência de defensor constituído.

Já no que se refere aos requisitos de regularidade e legalidade, e mais especificamente quanto ao conteúdo das cláusulas acordadas, vale lembrar que ao Poder Judiciário cabe apenas o juízo de compatibilidade entre a avença pactuada entre as partes com o sistema normativo vigente, conforme decidido na PET 5.952/DF, de relatoria do Ministro Teori Zavascki.

Nesse sentido, após realizar um exame perfunctório, de mera delibação, único possível nesta fase embrionária da persecução penal, identifiquei, a partir do confronto mencionado acima, que se mostra inviável homologar o presente acordo tal como entabulado, pelas razões a seguir deduzidas.

Inicialmente, observo que não é lícito às partes contratantes fixar, em substituição ao Poder Judiciário, e de forma antecipada, a pena privativa de liberdade e o perdão de crimes ao colaborador. No caso, o Ministério Público ofereceu ao colaborador os seguintes prêmios legais:

> "[...] o perdão judicial de todos os crimes, à exceção daqueles praticados por ocasião da campanha eleitoral para o Governo do Estado do Rio de Janeiro no ano de 2014, consubstanciados nos tipos penais descritos no art. 350 do Código Eleitoral, no art. 1º, §2º, inciso I, §2º, inciso I da Lei 9.613/98 e art. 22, parágrafo único da Lei nº 7.492/86, pelos quais a pena acordada é a condenação à pena unificada de 4 anos de reclusão, nos processos penais que vierem a ser instaurados [...]" (fl. 14).

No entanto, como é de conhecimento geral, o Poder Judiciário detém, por força de disposição constitucional, o monopólio da jurisdição, sendo certo que somente por meio de sentença penal condenatória, proferida por magistrado competente, afigura-se possível fixar ou perdoar penas privativas de liberdade relativamente a qualquer jurisdicionado.

Sublinho, por oportuno, que a Lei 12.850/2013 confere ao juiz a faculdade de, a requerimento das partes, conceder o perdão judicial, reduzir em até 2/3 a pena privativa de liberdade ou substituí-la por restritiva de direitos daquele que tenha colaborado efetiva e voluntariamente com a investigação e com o processo criminal, desde que dessa colaboração advenha um ou mais dos resultados descritos nos incisos do art. 4º do diploma legal em questão.

Saliento, a propósito, que a própria Constituição Federal estabelece que ninguém será privado da liberdade ou de seus bens sem o devido processo legal, assim como ninguém será preso senão em flagrante delito ou por ordem escrita e fundamentada de autoridade judiciária competente (art. 5º, LIV e LXI, da CF).

O mesmo se diga em relação ao regime de cumprimento da pena, o qual deve ser estabelecido pelo magistrado competente, nos termos do disposto no art. 33 e seguintes do Código Penal, como também no art. 387 do Código de Processo Penal, os quais configuram normas de caráter cogente, que não admitem estipulação em contrário por obra da vontade das partes do acordo de colaboração.

Aliás, convém ressaltar que sequer há processo judicial em andamento, não sendo possível tratar-se, desde logo, dessa matéria, de resto disciplinada no acordo de colaboração de maneira incompatível com o que dispõe a legislação aplicável. Sim, porque o regime acordado pelas partes é o fechado (cláusula 5ª, item 1), mitigado, conforme pretendem estas, pelo recolhimento domiciliar noturno (cláusula 5ª, item 2, a), acrescido da prestação de serviços à comunidade (cláusula 5ª, item 2, b).

Ora, validar tal aspecto do acordo, corresponderia a permitir ao Ministério Público atuar como legislador. Em outras palavras, seria permitir que o órgão acusador pudesse estabelecer, antecipadamente, ao acusado, sanções criminais não previstas em nosso ordenamento jurídico, ademais de caráter híbrido.

Com efeito, no limite, cabe ao *Parquet*, tão apenas – e desde que observadas as balizas legais - deixar de oferecer denúncia contra o colaborador, na hipótese de não ser ele o líder da organização criminosa e se for o primeiro a prestar efetiva colaboração, nos termos do que estabelece o §4º do art. 4º da Lei de regência.

Não há, portanto, qualquer autorização legal para que as partes convencionem a espécie, o patamar e o regime de cumprimento de pena. Em razão disso, concluo que não se mostra possível homologar um acordo com tais previsões, uma vez que o ato jamais poderia sobrepor-se ao que estabelecem a Constituição Federal e as leis do País, cuja interpretação e aplicação - convém sempre relembrar - configura atribuição privativa dos magistrados integrantes do Judiciário, órgão que, ao lado do Executivo e Legislativo, é um dos Poderes do Estado, conforme consigna expressamente o art. 3º do texto magno.

Simetricamente ao que ocorre com a fixação da pena e o seu regime de cumprimento, penso que também não cabe às partes contratantes estabelecer novas hipóteses de suspensão do processo criminal ou fixar prazos e marcos legais de fluência da prescrição diversos daqueles estabelecidos pelo legislador, sob pena de o negociado passar a valer mais do que o legislado na esfera penal.

Igualmente não opera nenhum efeito perante o Poder Judiciário a renúncia geral e irrestrita à garantia contra a autoincriminação e ao direito ao silêncio. O mesmo se diga quanto à desistência antecipada de apresentação de recursos, uma vez que tais renúncias, à toda evidência, vulneram direitos e garantias fundamentais do colaborador.

Nessa direção, reproduzo, abaixo, o entendimento exarado pelo Ministro Teori Zavascki, na PET 5.245/DF, ao homologar o respectivo acordo de colaboração:

> "[...] com exceção do compromisso assumido pelo colaborador, constante da Cláusula 10, *k*, exclusivamente no que possa ser interpretado como renúncia, de sua parte, ao pleno exercício, no futuro, do direito fundamental de acesso à Justiça, assegurado pelo art. 5º, XXXV, da Constituição.
>
> É dizer: não há, na ressalva, nada que possa franquear ao colaborador descumprimento do acordado sem sujeitar-se à perda dos benefícios nele previstos. O contrário, porém, não será verdadeiro: as cláusulas do acordo não podem servir como renúncia, prévia e definitiva, ao pleno exercício de direitos fundamentais."

No que se refere à autorização para viagens internacionais, noto que incumbe exclusivamente ao magistrado responsável pelo caso avaliar, consoante o seu prudente arbítrio, e diante da realidade dos autos, se deve ou não autorizar a saída do investigado do Brasil. Aliás, como o regime de cumprimento de pena, acordado entre as partes, corresponde ao fechado, segundo visto acima, se válida fosse a respectiva cláusula, a permissão para a saída do investigado do estabelecimento prisional somente poderia ocorrer em caso de falecimento ou doença grave do cônjuge, companheira, ascendente, descendente ou irmão ou, ainda, de necessidade de tratamento médico, conforme estabelece o art. 120 da Lei de Execução Penal.

Quanto à fixação de multa, consigno que, às partes, apenas é lícito sugerir valor que, a princípio, lhes pareça adequado para a reparação das ofensas perpetradas, competindo exclusivamente ao magistrado responsável pela condução do feito apreciar se o montante estimado é suficiente para a indenização dos danos causados pela infração, considerados os prejuízos sofridos pelo ofendido, a teor do art. 387, IV, do Código de Processo Penal.

Verifico, ainda, que há outras cláusulas frontalmente conflitantes com o art. 7º, §3º, da Lei 12.850/2013, o qual estabelece a regra aplicável para a preservação do sigilo sobre o acordo, seus anexos, depoimentos e provas obtidas durante a sua execução até o recebimento da denúncia.

Com efeito, o levantamento do sigilo dependerá, em todos os casos, de provimento judicial motivado, na esteira de diversos precedentes desta Suprema Corte, dentre os quais, destaco a PET 6.164-AgR, cuja ementa reproduzo abaixo:

> "Ementa: PENAL. PROCESSO PENAL. COLABORAÇÃO PREMIADA. PEDIDO DE ACESSO AO CONTEÚDO DE DEPOIMENTOS COLHIDOS. DECLARAÇÕES RESGUARDADAS PELO SIGILO NOS TERMOS DA LEI 12.850/2013.
>
> 1. O conteúdo dos depoimentos prestados em regime de colaboração premiada está sujeito a regime de sigilo, nos termos da Lei 12.850/2013, que visa, segundo a lei de regência, a dois objetivos básicos: (a) preservar os direitos assegurados ao colaborador, dentre os quais o de *ter nome, qualificação, imagem e demais informações pessoais preservados* (art. 5º, II) e o de *não ter sua identidade revelada pelos meios de comunicação, nem ser fotografado ou filmado, sem sua prévia autorização por escrito* (art. 5º, V, da Lei 12.850/2013); e (b) *garantir o êxito das investigações* (arts. 7º, §2º).

2. O sigilo perdura, em princípio, enquanto não (...) *recebida a denúncia* (art. 7º, §3º) e especialmente no período anterior à formal instauração de inquérito. Entretanto, instaurado formalmente o inquérito propriamente dito, o acordo de colaboração e os correspondentes depoimentos permanecem sob sigilo, mas com a ressalva do art. 7º, §2º da Lei 12.850/2013, a saber: *o acesso aos autos será restrito ao juiz, ao Ministério Público e ao delegado de polícia, como forma de garantir o êxito das investigações, assegurando-se ao defensor, no interesse do representado, amplo acesso aos elementos de prova que digam respeito ao exercício do direito de defesa, devidamente precedido de autorização judicial, ressalvados os referentes às diligências em andamento* (Rcl 22009-AgR, Relator(a): Min. TEORI ZAVASCKI, Segunda Turma, DJe de 12.5.2016).

3. Assegurado o acesso do investigado aos elementos de prova carreados na fase de inquérito, o regime de sigilo consagrado na Lei 12.850/2013 guarda perfeita compatibilidade com a Súmula Vinculante 14, que garante ao defensor legalmente constituído o direito de pleno acesso ao inquérito (parlamentar, policial ou administrativo), mesmo que sujeito a regime de sigilo (sempre excepcional), desde que se trate de provas já produzidas e formalmente incorporadas ao procedimento investigatório, excluídas, consequentemente, as informações e providências investigatórias ainda em curso de execução e, por isso mesmo, não documentados no próprio inquérito ou processo judicial (HC 93.767, Relator(a): Min. CELSO DE MELLO, Segunda Turma, DJe de 1º.4.2014).

4. É certo, portanto, que a simples especulação jornalística a respeito da existência de acordo de colaboração premiada ou da sua homologação judicial ou de declarações que teriam sido prestadas pelo colaborador não é causa juridicamente suficiente para a quebra do regime de sigilo, sobretudo porque poderia comprometer a investigação.

5. Agravo regimental a que se nega provimento."

A propósito, embora o feito esteja tramitando em segredo de justiça desde o seu nascedouro, diversos "vazamentos" ocorreram no tocante ao conteúdo da presente tratativa de colaboração, como se pode constatar a partir de matérias jornalísticas que veicularam trechos substanciais dela, tendo sido a primeira publicada, diga-se de passagem, antes mesmo de o feito ter aportado nesta Suprema Corte.

Ademais, observo que o compartilhamento e a remessa de informações sigilosas decorrentes da presente colaboração somente poderão ser autorizados mediante decisão judicial (veja-se, nesse sentido, a PET 6.938/DF, de relatoria do Ministro Dias Toffoli).

Por essa razão e arrimado no referido precedente, assento que permitir ao colaborador que entregue documentos reveladores de dados sigilosos referentes a terceiros, configura, em tese, burla à necessidade de ordem judicial para tanto, razão pela qual também esse tópico do acordo não pode ser ratificado, porquanto tal desiderato é inalcançável mediante simples acordo entre as partes.

E, para que não pairem dúvidas, registro que o Ministério Público pode, a qualquer momento, requerer, fundamentadamente, ao juiz competente o levantamento do sigilo de quaisquer informações ou documentos de terceiros.

Na linha do quanto assentado acima, reproduzo trecho paradigmático da decisão do Ministro Dias Toffoli, na PET 5.897/DF:

"O colaborador tem legitimidade para renunciar ao sigilo bancário ou de operações com cartões de crédito relativamente às contas ou aos cartões de que seja titular ou representante legal.

Dito de outro modo, não pode o colaborador, validamente, abrir mão do sigilo de contas bancárias ou de cartões de titularidade de terceiros, quando não for seu representante."

Isso posto, com fundamento art. 4º, §8º, da Lei 12.850/2013, deixo de homologar, por ora, o acordo de colaboração premiada de fls. 12-28, devolvendo os autos à Procuradoria-Geral da República para que esta, em querendo, adeque o acordo de colaboração ao que dispõem a Constituição Federal e as leis que disciplinam a matéria (cf. PET. 5.879/DF e PET. 7.244/DF, ambas de relatoria do Ministro Dias Toffoli).

Constato, por derradeiro, que, diante da ampla divulgação, pela imprensa, de considerável parte daquilo que foi encartado no presente feito, não mais se justifica a manutenção do sigilo do acordo de colaboração até o momento entabulado, sem prejuízo de tramitarem em segredo de justiça eventuais inquéritos que, no futuro, dele derivem, com o objetivo de preservar o bom êxito das investigações.

À Secretaria Judiciária para as providências cabíveis. Intimem-se.

Comunique-se à Procuradora-Geral da República. Brasília, 14 de novembro de 2017.

Ministro *Ricardo Lewandowski*
Relator

RECLAMAÇÃO 32.035 – PARANÁ

RELATOR: MIN. RICARDO LEWANDOWSKI
RECLTE.(S): EMPRESA FOLHA DA MANHA S.A. E OUTRO(A/S)
ADV.(A/S): LUIS FRANCISCO DA SILVA CARVALHO FILHO E OUTRO(A/S)
RECLDO.(A/S): JUÍZA FEDERAL DA 12ª VARA FEDERAL DE CURITIBA
ADV.(A/S): SEM REPRESENTAÇÃO NOS AUTOS
BENEF.(A/S): NÃO INDICADO

Trata-se de reclamação ajuizada em favor de Empresa Folha da Manhã e Mônica Bergamo contra ato da Juíza Federal da 12ª Vara Federal de Curitiba que teria afrontado a decisão do Supremo Tribunal Federal na Arguição de Descumprimento de Preceito Fundamental 130/DF, de relatoria do Ministro Ayres Britto.

As reclamantes informam que

"[e]m 30.7.2018, a Empresa Folha da Manhã e Mônica Bergamo apresentaram perante a 12ª Vara Criminal Federal de Curitiba, nos autos da Execução Provisória nº 5014411-33.2018.4.04.7000, pedido para realização de entrevista jornalística com o ex-Presidente da República, Luiz Inácio Lula da Silva, que se encontra preso na carceragem da Polícia Federal em Curitiba/PR. O ex-Presidente concordou expressamente com o pedido de entrevista. Não obstante, o pedido não foi conhecido pelo r. Juízo reclamado sob a alegação (i) de que 'não há previsão constitucional ou legal que embase direito do preso à concessão de entrevistas ou similares'; (ii) de suposta ilegitimidade dos reclamantes para requererem realização de entrevista com o ex- Presidente; (iii) e de já ter sido anteriormente indeferido pedido similar, supostamente formulado pelos próprios reclamantes nos mesmos autos " (pág. 2 do documento eletrônico 1).

No entanto, sustenta que

"[a] decisão que indeferiu o pedido de entrevista das reclamantes constitui inegável ato de censura, violando a Constituição Federal (artigos 5º, incisos IV, IX e XIV, e 220) e os princípios estabelecidos pelo Supremo Tribunal Federal no julgamento da ADPF 130, que asseguram o acesso da jornalista à fonte da informação" (pág. 2 do documento eletrônico 1).

Aduzem, ainda, que,

"[a]o decidir de tal maneira, o i. Juízo da 12ª Vara Federal de Curitiba/PR afrontou claramente a autoridade da decisão do c. Pleno do e. STF no julgamento da ADPF nº 130, impondo censura à atividade de crítica jornalística do Reclamante e, assim, mitigando sobremaneira a liberdade de expressão garantida pela e. Corte" (pág. 18 do documento eletrônico 1).

Requerem, por fim, a procedência da reclamação para que a jornalista Mônica Bergamo seja autorizada a entrevistar o ex-presidente Luiz Inácio Lula da Silva, que se encontra preso na sede da Polícia Federal em Curitiba/PR.

É o relatório. Decido.

Inicialmente, destaco que a reclamação perante este Supremo Tribunal Federal será sempre cabível para: (i) preservar a competência do Tribunal; (ii) garantir a autoridade de suas decisões e (iii) garantir a observância de enunciado de Súmula Vinculante e de decisão desta Corte em controle concentrado de constitucionalidade, nos termos do art. 988 do Código de Processo Civil de 2015.

No presente caso, as reclamantes requerem que lhes seja garantida a observância de decisão desta Corte em controle concentrado de constitucionalidade, qual seja, a ADPF 130/DF, de relatoria do Ministro Ayres Britto.

Bem examinados os autos, entendo que a reclamação merece prosperar.

Isso porque, ao julgar a citada arguição, o Plenário do Supremo Tribunal Federal garantiu "a 'plena' liberdade de imprensa como categoria jurídica proibitiva de qualquer tipo de censura prévia".

Consignou, ainda, que

"[...] A imprensa como plexo ou conjunto de 'atividades' ganha a dimensão de instituição--ideia, de modo a poder influenciar cada pessoa de *per se* e até mesmo formar o que se convencionou chamar de opinião pública. Pelo que ela, Constituição, destinou à imprensa o direito de controlar e revelar as coisas respeitantes à vida do Estado e da própria socie- dade" (ADPF 130/DF, Rel. Min. Ayres Britto).

Ademais, esta Corte firmou o entendimento de que

"[...] O corpo normativo da Constituição brasileira sinonimiza liberdade de informação jornalística e liberdade de imprensa, rechaçante de qualquer censura prévia a um direito que é signo e penhor da mais encarecida dignidade da pessoa humana, assim como do mais evoluído estado de civilização" (ADPF 130/DF, Rel. Min. Ayres Britto).

Registro, por oportuno, a relação de mútua causalidade entre liberdade de imprensa e democracia, proclamada no voto do Ministro Relator, *verbis*:

"Pelo seu reconhecido condão de vitalizar por muitos modos a Constituição, tirando-a mais vezes do papel, a Imprensa passa a manter com a democracia a mais entranhada relação de mútua dependência ou retroalimentação. Assim visualizada como verdadeira irmã siamesa da democracia, a imprensa passa a desfrutar de uma liberdade de atuação ainda maior que a liberdade de pensamento, de informação e de expressão dos indivíduos em si mesmos considerados. O §5º do art. 220 apresenta-se como norma constitucional de concretização de um pluralismo finalmente compreendido como fundamento das socie- dades autenticamente democráticas; isto é, o pluralismo como a virtude democrática da respeitosa convivência dos contrários" (ADPF 130/DF, Rel. Min. Ayres Britto).

"Logo, não cabe ao Estado, por qualquer dos seus órgãos, definir previamente o que pode ou o que não pode ser dito por indivíduos e jornalistas", disse o relator ao concluir pela impossibilidade de qualquer tipo de censura estatal à imprensa, citando na sequência o decano da Suprema Corte: "Ou, nas palavras do Ministro Celso de Mello, 'a censura governamental, emanada de qualquer um dos três Poderes, é a expressão odiosa da face autoritária do poder público'".

Dessa forma, não há como se chegar a outra conclusão, senão a de que a decisão reclamada, ao censurar a imprensa e negar ao preso o direito de contato com o mundo exterior, sob o fundamento de que "não há previsão constitucional ou legal que embase direito do preso à concessão de entrevistas ou similares" (pág. 8 do documento eletrônico 13), viola frontalmente o que foi decidido na ADPF 130/DF.

Transcrevo, ainda, outros trechos da decisão reclamada, violadores da jurisprudência deste Supremo Tribunal, *verbis*:

> "[...]
> Nos termos previstos no artigo 41, XV, da Lei de Execução Penal, o contato do preso com o mundo exterior se dá 'por meio de correspondência escrita, da leitura e de outros meios de informação que não comprometam a moral e os bons costumes'.
> A regra legal não contempla ampliação do direito, mas tão somente possibilidade de restrição, consoante expressamente disposto no parágrafo único do artigo 41.
> Não há nessa disciplina legal inconstitucionalidade sob a ótica do direito à liberdade de expressão, invocado pela defesa. A limitação se justifica.
> O preso se submete a regime jurídico próprio, não sendo possível, por motivos inerentes ao encarceramento, assegurar-lhe direitos na amplitude daqueles exercidos pelo cidadão em pleno gozo de sua liberdade.
> Conforme já exposto em decisão anterior proferida por este Juízo (evento 75), a prisão do apenado implica diretamente a privação do seu direito à liberdade de locomoção. Contudo, limitam-se, também, os direitos cujo exercício tenha por pressuposto essa liberdade de ir e vir (limitações implícitas, inerentes à pena de prisão). E, ademais, há restrições justificadas pela própria execução da pena, em especial ante as peculiaridades ínsitas ao ambiente carcerário (limitações implícitas, inerentes à execução da pena). É nesse quadro que se inserem os limites à liberdade de expressão.
> O contato do preso com o mundo exterior não é total e absoluto, como não é seu direito à liberdade de manifestação, seja quanto aos meios de expressão, seja quanto ao seu conteúdo. Cite-se, exemplificativamente, a vedação legal expressa à utilização de meios eletrônicos de comunicação (art. 50, VII, LEP).
> [...]
> A situação fica bastante clara ao se notar, por exemplo, a evidente inviabilidade, por questões de segurança pública e de administração penitenciária, de universalização aos demais detentos da possibilidade de comunicação com o mundo exterior mediante acesso de veículos de comunicação para reiteradas sabatinas ou entrevistas. Alie-se a isso a ausência de qualquer peculiaridade na custódia do executado que autorize tratamento diverso quanto a essa questão. [...]" (pág. 8 do documento eletrônico 13).

Note-se que, como assinalado pela Magistrada de primeiro grau, a Lei de Execuções determina que o contato do preso com o mundo exterior se dá "por meio de correspondência escrita, da leitura e de outros meios de informação que não comprometam a moral e os bons costumes".

Na decisão reclamada, todavia, não há qualquer menção à forma como a concessão de entrevista jornalística comprometeria a moral e os bons costumes.

O STF, em inúmeros precedentes, mesmo antes do julgamento da ADPF 130/DF, já garantiu o direito de pessoas custodiadas pelo Estado, nacionais e estrangeiros, de concederem entrevistas a veículos de imprensa, sendo considerado tal ato como uma das formas do exercício da autodefesa. Confira-se: Ext 906-ED-ED/República da Coreia, Rel. Min. Marco Aurélio; Ext 1.008/Colômbia, Rel. Min. Gilmar Mendes; Pet 2.681/Argentina, Rel. Min. Sydney Sanches; Ext 785 terceira/México, Rel. Min. Néri da Silveira.

Ressalto, ainda, que não raro, diversos meios de comunicação entrevistam presos por todo o país, sem que isso acarrete problemas maiores ao sistema carcerário, das quais cito algumas: ex-Senador, Luiz Estevão, concedeu entrevista ao "SBT Repórter" em 28/5/2017; Suzane Von Richthofen concedeu entrevista ao programa "Fantástico" da TV Globo em abril de 2006; Luiz Fernando da Costa (Fernandinho Beira-Mar) concedeu entrevista ao "Conexão Repórter" do SBT em 28/8/2016; Márcio dos Santos Nepomuceno (Marcinho VP) concedeu entrevista ao "Domingo Espetacular" da TV Record em 8/4/2018; Gloria Trevi concedeu entrevista ao "Fantástico" da TV Globo em 4/11/2001, entre outros inúmeros e notórios precedentes.

Observo, também, que a Magistrada responsável pela execução penal alegou questões de segurança pública e outras atinentes à administração penitenciária para indeferir o pedido de entrevista com o ex-Presidente da República Luiz Inácio Lula da Silva.

Neste ponto, impende relembrar que o custodiado encontra-se na carceragem da Polícia Federal em Curitiba e não em estabelecimento prisional, em que pode existir eventual risco de rebelião. Também não se encontra sob o regime de incomunicabilidade e nem em presídio de segurança máxima. Ademais, em 3/5/2018, a Revista Veja publicou que, na tarde de 27/4/2018, "teve acesso com exclusividade ao local onde o petista está detido e reconstituiu o cotidiano de seu primeiro mês na prisão" (disponível em: - https://veja.abril.com.br/politica/exclusivo-a- vida-de-lula-no-carcere/ - acessado em 24/9/2018).

Portanto, permitir o acesso de determinada publicação e impedir o de outros veículos de imprensa configura nítida quebra no tratamento isonômico entre eles, de modo a merecer a devida correção de rumos por esta Suprema Corte.

A suposta falta de segurança no local da custódia como fundamento para negar o direito de o preso conceder entrevista à imprensa, caso seja procedente, demanda uma análise mais acurada sobre a necessidade da prisão do ex-presidente Luiz Inácio Lula da Silva, para execução provisória da pena, haja vista tratar-se de pessoa com mais de 70 anos de idade (idosa segundo a legislação específica) e que já enfrentou tratamento para combater câncer na laringe.

Não é crível, portanto, que a realização de entrevista jornalística com o custodiado, ex-Presidente da República, ofereça maior risco à segurança do sistema penitenciário do que aquelas já citadas, concedidas por condenados por crimes de tráfico, homicídio ou criminosos internacionais, sendo este um argumento inidôneo para fundamentar o indeferimento do pedido de entrevista.

Isso posto, julgo procedente a reclamação para cassar a decisão reclamada, nos termos do art. 992 do CPC, restabelecendo-se a autoridade do STF exarada da decisão no acórdão da ADPF 130/DF, determinando que seja franqueado ao reclamante e à equipe técnica, acompanhada dos equipamentos necessários à captação de áudio, vídeo e fotojornalismo, o acesso ao ex-Presidente Luiz Inácio Lula da Silva a fim de que possa entrevistá-lo, caso seja de seu interesse.

Comunique-se ao Tribunal Regional Federal da 4ª Região, à Juíza Federal da 12ª Vara Federal de Curitiba/PR.

Expeça-se ofício ao Superintendente da Polícia Federal no Paraná informando-o desta decisão e com a determinação de que marque, em comum acordo com o reclamante, dia e hora para a realização da entrevista, condicionada à anuência do custodiado.

Publique-se.

Brasília, 28 de setembro de 2018.

Ministro *Ricardo Lewandowski*
Relator

RECURSO EXTRAORDINÁRIO 579.951 – RIO GRANDE DO NORTE

RELATOR: MIN. RICARDO LEWANDOWSKI
RECTE.(S): MINISTÉRIO PÚBLICO DO ESTADO DO RIO GRANDE DO NORTE
RECDO.(A/S): MUNICÍPIO DE ÁGUA NOVA E OUTRO(A/S)
ADV.(A/S): FRANCISCO DE ASSIS CORREIA RÊGO E OUTRO(A/S)

EMENTA: ADMINISTRAÇÃO PÚBLICA. VEDAÇÃO NEPOTISMO. NECESSIDADE DE LEI FORMAL. INEXIGIBILIDADE. PROIBIÇÃO QUE DECORRE DO ART. 37, CAPUT, DA CF. RE PROVIDO EM PARTE.
I - Embora restrita ao âmbito do Judiciário, a Resolução 7/2005 do Conselho Nacional da Justiça, a prática do nepotismo nos demais Poderes é ilícita.
II - A vedação do nepotismo não exige a edição de lei formal para coibir a prática.
III - Proibição que decorre diretamente dos princípios contidos no art. 37, *caput*, da Constituição Federal.
IV - Precedentes.
V - RE conhecido e parcialmente provido para anular a nomeação do servidor, aparentado com agente político, ocupante, de cargo em comissão.

RELATÓRIO

O Sr. Ministro *RICARDO LEWANDOWSKI*: - Cuida-se de recurso extraordinário interposto contra acórdão do Tribunal de Justiça do Rio Grande do Norte que, julgando apelação em ação declaratória de nulidade de ato administrativo, entendeu não existir qualquer inconstitucionalidade ou ilegalidade na nomeação de Elias Raimundo de Souza e Francisco Souza do Nascimento para o exercício, respectivamente, dos cargos em comissão de Secretário Municipal de Saúde e de motorista, embora sejam, o primeiro, irmão de vereador, e, o segundo, do Vice-Prefeito do Município de Água Nova daquele Estado.

O aresto atacado considerou inaplicável a Resolução 7/2005 do Conselho Nacional de Justiça ao Executivo e ao Legislativo, assentando que a vedação à pratica do nepotismo no âmbito desses poderes exige a edição de lei formal.

Consignou, ainda, o acórdão recorrido que a nomeação de parentes de agentes políticos para o exercício de cargos de confiança ou em comissão não viola qualquer dispositivo constitucional.

Neste RE, fundado no art. 102, III, *a*, da Constituição da República, o Ministério Público local, que subscreve as razões recursais, alega, em suma, que a decisão do TJ/RN contraria o princípio da moralidade abrigado no art. 37 da mesma Carta, não sendo lícito dar-se aos seus incisos II e V uma interpretação isolada, dissociada do que se contém no *caput* do mencionado dispositivo.

O recorrente sustenta, também, que a proibição ao nepotismo decorre diretamente do referido princípio constitucional, sendo dispensável a edição de lei expressa nesse sentido, segundo decidiu esta Corte na ADC 12-MC/DF.

Com esses fundamentos, e assinalando que *"não há controvérsia acerca da existência da relação de parentesco"*, requer

> *"o conhecimento e provimento do presente recurso extraordinário, a fim de que se reforme o acórdão e, por conseqüência, exonere os Srs. Elias Raimundo de Souza e Francisco Souza do Nascimento dos cargos em comissão até então ocupados. Na mesma linha de raciocínio, que o Município de Água Nova se abstenha de contratar ou nomear qualquer pessoa física que seja parente daquele ocupante de mandato eletivo ou cargo em comissão, estendendo-se a vedação também às pessoas jurídicas, cujos sócios mantenham alguma relação de parentesco com as citadas pessoas"* (fls. 366-367).

Em 28/3/2008, submeti à Corte manifestação reconhecendo a existência de repercussão geral do tema constitucional debatido nos autos, a qual foi por ela sufragado, conforme publicação no DJe de 15/5/2008.

Solicitei, em 20/5/2008, a manifestação do Procurador-Geral da República (fl. 390). Após o decurso do prazo regimental (art. 50, §1º, RISTF), encontrando-se o processo em pauta para o julgamento, e tendo em conta que o Ministério Público já havia se manifestado anteriormente sobre matéria idêntica, em especial na ADC 12-MC/DF, requisitei a devolução dos autos.

Naquele processo, em parecer subscrito pelo ilustre Procurador-Geral da República, Antonio Fernando Barros e Silva de Souza, o *Parquet* Federal consignou que os princípios da moralidade e da impessoalidade expressos no art. 37 da Constituição, apresentam ampla normatividade, *"dando imediata direção aos agentes públicos"*, razão pela qual a concreção de seu conteúdo *"não está a depender de veiculação de lei formal"*.

É o relatório.

VOTO

O Sr. Ministro *RICARDO LEWANDOWSKI* (Relator): Bem examinada a questão em debate, penso que o entendimento agasalhado no acórdão recorrido não merece prosperar.

Com efeito, o aresto impugnado, após constatar *"que, de fato, no Município-apelado há funções gratificadas e cargos comissionados ocupados por parentes de agentes públicos do referido Município, prática esta denominada de nepotismo"*, consigna, com todas as letras, que *"não há qualquer ilegalidade ou inconstitucionalidade na referida prática"* (fl. 337).

Assenta, mais, que a Carta Magna, em se tratando de cargos públicos de livre nomeação, não estabelece *"qualquer limitação relacionada ao grau de parentesco porventura existente entre a pessoa nomeada e algum agente público"* (fl. 338).

Dentre outros argumentos, afirma, ainda, que

> "(...) é a Constituição que permite o chamado 'nepotismo', na medida em que dá ao administrador público liberdade para ocupar parte dos cargos que tem à sua disposição com pessoas de sua confiança, independentemente do fato de serem ou não seus parentes" (fl. 338).

Em conclusão, atesta *"que somente uma lei específica"* - inexistente no caso – *"poderia estabelecer restrições à investidura de parentes nos cargos de confiança do Município apelado"* (fls. 338).

Consta dos autos, contudo, um voto vencido, que dava provimento ao recurso de apelação, por entender que, não obstante a inexistência de lei local impeditiva da prática do nepotismo, a contratação de parentes é ilícita, porquanto a Administração Pública deve pautar-se em conformidade com o princípio da moralidade, que corresponde à obrigação de agir *"segundo os padrões éticos de probidade, decoro, honradez, dignidade e boa-fé."* (fl. 344).

Pois bem. Como se sabe, do ponto de vista etimológico, a palavra "nepotismo" tem origem no latim, derivando da conjugação do termo nepote, significando sobrinho ou protegido, com o sufixo "ismo", que remete à ideia de ato, prática ou resultado. A utilização desse termo, historicamente, advém da autoridade exercida pelos sobrinhos e outros aparentados dos Papas na administração eclesiástica, nos séculos XV e XVI de nossa era, ganhando, atualmente, o significado pejorativo do favorecimento de parentes por parte de alguém que exerce o poder na esfera pública ou privada.

Ora, no julgamento da ADC 12-MC/DF, em que foi relator o Ministro Carlos Britto, esta Corte reconheceu, em sede cautelar, a constitucionalidade da Resolução 7/2005 do CNJ, que *"disciplina o exercício de cargos, empregos e funções por parentes, cônjuges e companheiros de magistrados e servidores investidos em cargos de direção e assessoramento, no âmbito dos órgãos do Poder Judiciário e dá outras providências"*.

E, muito embora haja então o STF estabelecido que a eficácia vinculante daquele texto normativo estaria circunscrito à seara da magistratura,[1] o pronunciamento de vários de seus Ministros foi no sentido de que a sua força normativa deriva diretamente dos princípios abrigados no art. 37, *caput*, da Constituição, tendo a dita Resolução apenas disciplinado, em maior detalhe, aspectos da vedação ao nepotismo que são próprios à atuação dos órgãos jurisdicionais.

Tal entendimento encontrou expressão inclusive na ementa da medida cautelar deferida pelo Plenário, da qual destaco o seguinte trecho:

> "(...) as restrições constantes do ato normativo do CNJ são, no rigor dos termos, as mesmas restrições já dedutíveis dos princípios republicanos da impessoalidade, da eficiência, da igualdade e da moralidade".

Dentre tais pronunciamentos, ressalto a manifestação do Ministro Gilmar Mendes, nos seguintes termos:

---

[1] Cf. também Rcl 4.547/MA, Rel. Min. Joaquim Barbosa e Rcl 4.512/MA, Rel. Min. Carlos Brito.

"Essa moralidade não é elemento do ato administrativo, como ressalta GORDILLO, mas compõe-se dos valores éticos compartilhados culturalmente pela comunidade e que fazem parte, por isso, da ordem jurídica vigente.

A indeterminação semântica dos princípios da moralidade e da impessoalidade não podem ser um obstáculo à determinação da regra da proibição ao nepotismo. Como bem anota GARCÍA DE ENTERRIA, na estrutura de todo conceito indeterminado é identificável um 'núcleo fixo' (Begriffkern) ou 'zona de certeza', que é configurada por dados prévios e seguros, dos quais pode ser extraída uma regra aplicável ao caso. *A vedação ao nepotismo é regra constitucional que está na zona de certeza dos princípios da moralidade e da impessoalidade*" (grifei).

Apesar de não ter participado daquele julgamento, a Ministra Cármen Lúcia perfilha o mesmo entendimento, veiculado em sede doutrinária:

"O princípio da moralidade administrativa tem uma primazia sobre os outros princípios constitucionalmente formulados, por constituir-se, em sua exigência, de elemento interno a fornecer a substância válida do comportamento público. Toda atuação administrativa parte deste princípio e a ele se volta. Os demais princípios constitucionais, expressos ou implícitos, somente podem ter a sua leitura correta no sentido de admitir a moralidade como parte integrante do seu conteúdo. Assim, o que se exige, no sistema de Estado Democrático de Direito no presente, é a legalidade moral, vale dizer, a legalidade legítima da conduta administrativa".[2]

Já o Ministro Carlos Britto, relator da mencionada ADC 12-MC/DF, referindo-se aos princípios em tela, afirmou o seguinte:

"[São] Conceitos que se contrapõem à multissecular cultura do patrimonialismo e que se vulnerabilizam, não há negar, com a prática do chamado 'nepotismo'. Traduzido este no mais renitente vezo da nomeação ou da designação de parentes não-concursados para trabalhar, comissionadamente ou em função de confiança, debaixo da aba familiar dos seus próprios nomeantes. Seja ostensivamente, seja pela fórmula enrustida do 'cruzamento' (situação em que uma autoridade recruta o parente de um colega para ocupar cargo ou função de confiança, em troca do mesmo favor)".

E acrescenta:

"(...) as restrições constantes do ato normativo do CNJ são (...) as mesmas restrições já impostas pela Constituição de 1988, dedutíveis dos republicanos princípios da impessoalidade, da eficiência e da igualdade (...). Quero dizer: o que já era constitucionalmente proibido permanece com essa tipificação, porém, agora, mais expletivamente positivado. Não se tratando, então, de discriminar o Poder Judiciário perante os outros dois Poderes Orgânicos do Estado, sob a equivocada proposição de que o Poder Executivo e o Poder Legislativo estariam inteiramente libertos de peias jurídicas para prover seus cargos em comissão e funções de confiança, naquelas situações em que os respectivos ocupantes não hajam ingressado na atividade estatal por meio de concurso público" (grifos no original).

---

[2] ROCHA, Cármen Lúcia Antunes. *Princípios constitucionais da administração pública*. Belo Horizonte: Del Rey, 1994. pp. 213-214.

O historiador Sérgio Buarque de Holanda, em sua clássica obra *Raízes do Brasil*, ao dissertar sobre as origens da dificuldade de separação entre o público e o privado pelos detentores do poder em nossa sociedade, afirmou:

> "Para o funcionário 'patrimonial', a própria gestão política apresenta-se como assunto de seu interesse particular; as funções, os empregos e os benefícios que deles se aufere relacionam-se a direitos pessoais do funcionário e não a interesses objetivos, como sucede no verdadeiro Estado burocrático, em que prevalecem a especialização das funções e o esforço para se assegurarem garantias jurídicas aos cidadãos. A escolha dos homens que irão exercer funções públicas faz-se de acordo com a confiança pessoal que mereçam os candidatos e muito menos de acordo com suas capacidades próprias. Falta a tudo ordenação impessoal que caracteriza a vida no Estado burocrático".[3]

Claro está que o notável historiador brasileiro empregou a expressão *"Estado burocrático"* no sentido que lhe emprestava Max Weber, qual seja, uma forma de organização estatal própria das sociedades modernas, em que o poder dos governantes e do funcionalismo público deriva sua legitimidade do ordenamento legal e não da tradição ou do carisma do líder político.[4]

Aliás, essa mesma perspectiva foi trazida a debate pelo Ministro Cezar Peluso, no julgamento da ADC 12-MC/DF, ao lembrar que

> "As necessidades da administração pública dependem daquilo que WEBER denominava a 'dominação burocrática de impessoalidade formalística', cujo conteúdo relevava bem com a expressão latina sine ira et studio, ou seja, regida pelo dever jurídico estrito de não se deixar guiar, não se deixar conduzir, na tutela da coisa pública, nem por ódio, nem por amor."

Retomando o ponto nodal da controvérsia debatida neste RE, recordo, por oportuno, que o Plenário desta Corte já se manifestou a respeito da proibição ao nepotismo, antes mesmo do advento da Resolução 7/2005 do CNJ, conforme se depreende da ementa do julgamento do MS 23.780/MA, em que foi Relator o Ministro Joaquim Barbosa, *verbis*:

> "MANDADO DE SEGURANÇA. NEPOTISMO. CARGO EM COMISSÃO. IMPOSSIBILIDADE. PRINCÍPIO DA MORALIDADE ADMINISTRATIVA.
>
> Servidora pública da Secretaria de Educação nomeada para cargo em comissão no Tribunal Regional do Trabalho da 16ª Região à época em que o vice-presidente do Tribunal era parente seu. Impossibilidade.
>
> A proibição do preenchimento de cargos em comissão por cônjuges e parentes de servidores públicos é medida que homenageia e concretiza o princípio da moralidade administrativa, o qual deve nortear toda a Administração Pública, em qualquer esfera do poder.
>
> Mandado de segurança denegado" (grifei).

---

[3] HOLANDA, Sérgio Buarque de. *Raízes do Brasil*. 26ª ed. São Paulo: Companhia das Letras, 1995, p. 146.

[4] WEBER, Max. *Economy and society: an outline of interpretative sociology*. vol. 1. New York: Bedminster, 1968, pp. 212-254.

De fato, embora existam diversos atos normativos no plano federal que vedam o nepotismo,[5] inclusive no âmbito desta Corte,[6] tal não significa que apenas leis em sentido formal ou outros diplomas regulamentares sejam aptos a coibir a nefasta e anti-republicana prática do nepotismo. É que os princípios constitucionais, longe de configurarem meras recomendações de caráter moral ou ético, consubstanciam regras jurídicas de caráter prescritivo, hierarquicamente superiores às demais e *"positivamente vinculantes"*, como ensina Gomes Canotilho.[7]

A sua inobservância, ao contrário do que muitos pregavam até recentemente, atribuindo-lhes uma natureza apenas programática, deflagra sempre uma consequência jurídica, de maneira compatível com a carga de normatividade que encerram. Independentemente da preeminência que ostentam no âmbito do sistema ou da abrangência de seu impacto sobre a ordem legal, os princípios constitucionais, como se reconhece atualmente, são sempre dotados de eficácia, cuja materialização pode ser cobrada judicialmente se necessário.

Por oportuna, relembro aqui a conhecida e sempre atual lição de Celso Antônio Bandeira de Mello, segundo a qual

> "(...) violar um princípio é muito mais grave que transgredir uma norma qualquer. A desatenção ao princípio implica ofensa não apenas a um específico mandamento obrigatório mas a todo sistema de comandos. É a mais grave forma de ilegalidade ou inconstitucionalidade, conforme o escalão do princípio atingido, porque representa insurgência contra todo o sistema, subversão de seus valores fundamentais, contumélia irremissível a seu arcabouço lógico e corrosão de sua estrutura mestra. Isto porque, com ofendê-lo, abatem-se as vigas que o sustêm e alui-se toda estrutura nelas esforçada".[8]

Ora, tendo em conta a expressiva densidade axiológica e a elevada carga normativa que encerram os princípios abrigados no *caput* do art. 37 da Constituição, não há como deixar de concluir que a proibição do nepotismo independe de norma secundária que obste formalmente essa reprovável conduta. Para o expurgo de tal prática, que lamentavelmente resiste incólume em alguns "bolsões" de atraso institucional que ainda existem no País, basta contrastar as circunstâncias de cada caso concreto com o que se contém no referido dispositivo constitucional.

Em estudo sobre as modalidades de eficácia jurídica, Ana Paula de Barcelos, ao afirmar que uma dessas modalidades, a negativa, é uma construção doutrinária especialmente relacionada com os princípios constitucionais, observa, com pertinência,

---

[5]   Ver Lei 8.112/90, art. 117, VIII; Lei 9.421/96, art. 10; e Lei 9.953/00, art. 22.

[6]   Resolução 246 do STF de 18/12/2002, alterada pela resolução 249 de 5/2/2003, art. 7º: "É vedado ao servidor do Supremo Tribunal Federal: I – usar cargo ou função, facilidades, amizades, tempo, posição e influências para obter favorecimento para si ou para outrem; (...) XVIII – manter sob sua subordinação hierárquica cônjuge ou parente, em linha reta ou colateral, até o 3º grau". Regimento Interno do STF: Art. 355, § 7º: "Salvo se funcionário efetivo do Tribunal, não poderá ser nomeado para cargo em Comissão, ou designado para função gratificada, cônjuge ou parente (arts. 330 a 336 do Código Civil), em linha reta ou colateral, até terceiro grau, inclusive, de qualquer dos Ministros em atividade" (Novo Código Civil, Lei 10.406/02: arts. 1.591 a 1.595). Art. 357, parágrafo único: "Não pode ser designado Assessor, Assistente Judiciário ou Auxiliar, na forma deste artigo, cônjuge ou parente, em linha reta ou colateral, até o terceiro grau, inclusive, de qualquer dos Ministros em atividade".

[7]   CANOTILHO, José Joaquim Gomes. *Direito Constitucional*, Coimbra: Almedina, 1992, p. 352.

[8]   MELLO, Celso Antônio Bandeira de. *Curso de direito administrativo*. 25 ed. São Paulo: Malheiros, 2008. p. 943.

que *"a eficácia negativa autoriza que sejam declaradas inválidas todas as normas (em sentido amplo) ou atos que contravenham os efeitos pretendidos pelo enunciado".*[9]

Desse modo, admitir que apenas ao Legislativo ou ao Executivo é dado exaurir, mediante ato formal, todo o conteúdo dos princípios constitucionais em questão, seria mitigar os efeitos dos postulados da supremacia, unidade e harmonização da Constituição, subvertendo-se a hierarquia entre a Lei Maior e ordem jurídica em geral, *"como se a Carta Magna fosse formada por um conjunto de cláusulas vazias e o legislador ou o administrador pudessem livremente dispor a respeito de seu conteúdo".*[10]

A Constituição de 1988, em seu art. 37, *caput*, preceitua que a Administração Pública rege-se por princípios destinados a resguardar o interesse público na tutela dos bens da coletividade.

Esses princípios, dentre os quais destaco o da moralidade e o da impessoalidade, exigem que o agente público paute a sua conduta por padrões éticos que têm como fim último lograr a consecução do bem comum, seja qual for a esfera de poder ou o nível político-administrativo da Federação em que atue.

Nesse contexto, verifica-se que o legislador constituinte originário, bem assim o derivado, especialmente a partir do advento da Emenda Constitucional 19/1998, que levou a cabo a chamada "Reforma Administrativa", instituiu balizas de natureza cogente para coibir quaisquer práticas, por parte dos administradores públicos que, de alguma forma, pudessem buscar finalidade diversa do interesse público. Uma dessas práticas, não é demais repisar, consiste na nomeação de parentes para cargos em comissão ou de confiança, segundo uma interpretação equivocada ou, até mesmo, abusiva dos incisos II e V, do art. 37 da Constituição.

Convém notar que o constituinte de um modo geral, sobretudo a partir da EC 19/1998, procurou reduzir ao máximo a discricionariedade do administrador público no tocante ao preenchimento dos cargos em comissão e de confiança, restringindo o provimento destes últimos exclusivamente aos servidores ocupantes de cargo efetivo. Quanto aos primeiros, estabeleceu que eles se destinam apenas a *"atribuições de chefia, assessoramento e direção"*, determinando, ainda, que um percentual deles fosse preenchido por servidores de carreira.

De fato, em se tratando de gestão da *res publica*, como ensina Maria Sylvia Zanella Di Pietro, a atuação do administrador, ainda que, em muitos casos, esteja em consonância com o sentido literal da lei, caso se revele ofensiva à moral, aos bons costumes, ao poder-dever de probidade, às ideias de justiça e equidade e ao senso comum de honestidade, estará em evidente confronto com o princípio da moralidade administrativa.[11] Afinal, como diziam os antigos romanos, *non omne quod licet honestum est.*

Sim, porque como ensina Humberto Ávila, *"o princípio da moralidade administrativa estabelece um estado de confiabilidade, honestidade, estabilidade e continuidade nas relações entre o poder público e o particular, para cuja promoção são necessários comportamentos sérios, motivados, leais e contínuos".*[12]

---

[9] BARCELOS, Ana Paula de. A eficácia jurídica dos princípios constitucionais: o princípio da dignidade da pessoa humana. Rio de Janeiro: Renovar, 2008, pp. 82-83.

[10] *Idem*, p. 224.

[11] DI PIETRO, Maria Sylvia Zanella. *Direito administrativo*. 20ª ed. São Paulo: Atlas, 2007. p. 70.

[12] ÁVILA, Humberto. *Sistema constitucional tributário*. 2ª. ed. São Paulo: Saraiva, 2006, p. 38.

Além de ofensiva à moralidade administrativa, a nomeação de parentes para cargos e funções que não exigem concurso público, como já se viu acima, fere o princípio da impessoalidade e, por extensão, o basilar princípio da isonomia, porque prevalece o nefasto "QI", o popular *"quem indica"*, mencionado pelo Ministro Marco Aurélio em seu voto pioneiro sobre o nepotismo, na ADI 1.521/RS, em que o Plenário indeferiu pedido de medida cautelar para suspender a eficácia de dispositivos da Constituição do Estado do Rio Grande do Sul, que traziam normas vedando a contratação de parentes de autoridades públicas.

E no mais das vezes, a nomeação de parentes, dada absoluta inapetência destes para o trabalho e o seu completo despreparo para o exercício das funções que alegadamente exercem, vulnera também o princípio da eficiência, introduzido pelo constituinte derivado no *caput* do art. 37 da Carta Magna, por meio da EC 19/1998, num evidente desvio de finalidade, porquanto permite que o interesse privado, isto é, patrimonial, no sentido sociológico e também vulgar da expressão, prevaleça sobre o interesse coletivo.

Em suma, como afirmou o Ministro Celso de Mello, no julgamento da citada ADI 1.521/RS:

> "(...) quem tem o poder e a força do Estado em suas mãos, não tem o direito de exercer, em seu próprio benefício, a autoridade que lhe é conferida pelas leis da República. O nepotismo, além de refletir um gesto ilegítimo de dominação patrimonial do Estado, desrespeita os postulados republicanos da igualdade, da impessoalidade e da moralidade administrativa".

Como se vê, as restrições impostas à atuação do administrador público pelo princípio da moralidade e demais postulados contidos no referido dispositivo da Constituição são auto-aplicáveis, visto que trazem em si carga de normatividade apta a produzir efeitos jurídicos, permitindo, em consequência, ao Judiciário exercer o controle dos os atos que vulnerem os valores fundantes do texto constitucional.

Não se olvide, ademais, que o estrito respeito a esses postulados, em especial ao da moralidade, por parte do administrador público, configura pressuposto de validade de seus atos, como se decidiu na ADI 2.661/MA, que teve como relator o Ministro Celso de Mello, a saber:

> "O PRINCÍPIO DA MORALIDADE ADMINISTRATIVA – *ENQUANTO* VALOR CONSTITUCIONAL REVESTIDO DE CARÁTER ÉTICO-JURÍDICO – *CONDICIONA* A LEGITIMIDADE E A VALIDADE DOS ATOS ESTATAIS.
>
> – A atividade estatal, qualquer que seja o domínio institucional de sua incidência está necessariamente subordinada à observância de parâmetros ético-jurídicos que se refletem na consagração constitucional do princípio da moralidade administrativa. Esse postulado fundamental, que rege a atuação do Poder Público, confere substância e dá expressão a uma pauta de valores éticos sobre os quais se funda a ordem positiva do Estado.
>
> – O princípio constitucional da moralidade administrativa, ao impor limitações ao exercício do poder estatal, legitima o controle jurisdicional de todos os atos do Poder Público que transgridam os valores éticos que devem pautar o comportamento dos agentes e órgãos governamentais" (grifos no original).

Sobre a questão da sindicabilidade dos atos administrativos pelo Poder Judiciário, quando contrários à moral pública refletida no texto constitucional, extraio, ainda, da sobredita ADC 12-MC/DF, significativo trecho do voto do Ministro Joaquim Barbosa, assim redigido:

> "O Direito não pode dissociar-se da Moral, isto é, de uma *moral coletiva*, pois ele reflete um conjunto de *crenças e valores* profundamente arraigados, que emanam da *autoridade soberana*, ou seja, do *povo*. Quando, em determinada sociedade, há sinais de dissociação entre esses valores comunitários e certos padrões de conduta de alguns segmentos do aparelho estatal, tem-se *grave sintoma* de anomalia, a requerer a intervenção da justiça constitucional como força intermediadora e corretiva" (grifos no original).

É que, na lição de Konrad Hesse, a interpretação da Constituição deve amoldar-se à realidade em que está imersa, daí decorrendo a sua pretensão de eficácia.[13] Essa pretensão, diz o mestre germânico,

> "não pode ser separada das condições históricas de sua realização, que estão, de diferentes formas, numa relação de interdependência, criando regras próprias que não podem ser desconsideradas. Devem ser contempladas aqui as condições naturais, técnicas, econômicas e sociais.
> (...)
> Há de ser, igualmente, contemplado o substrato espiritual que se consubstancia num determinado povo, isto é, as concepções sociais concretas e o baldrame axiológico que influenciaram decisivamente a conformação, o entendimento e a autoridade das proposições normativas".[14]

Não se ignora que a sociedade brasileira padece do mal da descrença em suas instituições, reflexo, sobretudo, das recorrentes manchetes da imprensa escrita, falada e televisionada sobre corrupção, desvios de verbas públicas, tráfico de influências, utilização dos cargos públicos para favorecimento pessoal etc.

Mas a sociedade, em contrapartida, dispõe, atualmente, de toda sorte de informações, cada vez mais acessíveis ao conjunto dos cidadãos, que lhes permite acompanhar e fiscalizar os agentes responsáveis pelo trato e gestão da coisa pública.

É bem verdade que não é de hoje o consenso social acerca da reprovabilidade do nepotismo e de todas as condutas que, mesmo travestidas de uma aparência de legalidade, contrariem o direito público subjetivo dos cidadãos ao trato honesto dos bens que a todos pertencem. Como já dizia Rui Barbosa, nos idos de 1919:

> "O Brasil não é isso. É isto. (...) O Brasil é este comício imenso de almas livres. Não são os comensais do erário. Não são as ratazanas do Tesoiro. Não são os mercadores do Parlamento. Não são as sanguessugas da riqueza pública. (...) Não são os corruptores do sistema republicano. São as células ativas da vida nacional. É a multidão que não adula, não teme, não corre, não recua, não deserta, não se vende. É o povo, em um desses movimentos seus, em que se descobre toda a sua majestade".[15]

---

[13] HESSE, Konrad. *A força normativa da constituição*. Tradução de Gilmar Ferreira Mendes. Porto Alegre: Sergio Antônio Fabris Editor, 1991, pp. 14-15.

[14] Idem, loc. cit.

[15] BARBOSA, Rui. A questão social e política no Brasil. Disponível em <http://www.casaruibarbosa.gov.br/dados/DOC/artigos/rui_barbosa/p_a5.pdf> Acesso em 7/5/2008.

Essa mesma sociedade, com o progressivo amadurecimento da democracia registrado no País, sobretudo nas duas últimas décadas, exige hoje dos administradores públicos uma conduta inequivocamente ilibada e, sabendo-os ímprobos, não mais aceita contemplá-los com qualquer condescendência.

Assim, o argumento, *data venia* falacioso, de que, se a Carta Magna não vedou expressamente a ocupação de cargos em comissão ou de confiança por parentes, essa prática seria lícita, não merece prosperar, pois totalmente apartada do *ethos* que permeia a "Constituição-cidadã" a que se referia o saudoso Ulisses Guimarães.

De repelir-se, também, a artificiosa alegativa constante do acórdão recorrido segundo o qual *"não há nos autos qualquer particularidade que desqualifique os servidores ocupantes dos cargos apontados, ou mesmo referência de que os nomeados não estejam desempenhando suas funções de forma correta e capacitada, o que gera uma presunção de que o princípio da eficiência está sendo respeitado"* (fl. 341).

É que o que está causa em não é o trabalho desempenhado por esses "servidores-parentes", mesmo porque a obrigação de bem trabalhar constitui dever de todos os ocupantes de cargos públicos, sejam eles concursados ou não. O que está em debate, com efeito, não é a qualidade do serviço por eles realizado, mas a forma do provimento dos cargos que ocupam, que se deu em detrimento de outros cidadãos igualmente ou mais capacitados para o exercício das mesmas funções, gerando a presunção de dano à sociedade como um todo.

E aqui surge mais um relevante aspecto a ser sublinhado, qual seja: o fato de que essa prática atenta não apenas contra o princípio da impessoalidade, como também o da eficiência, ambos inseridos no rol daqueles que devem nortear a ação dos agentes públicos. E o Ministro Cezar Peluso, interessantemente, no julgamento da ADC 12–MC/DF, evidenciou a íntima relação entre esses dois conceitos, ao afirmar:

"(...) o princípio da impessoalidade está ligado à idéia de eficiência, porque constitui condição ou requisito indispensável da eficiência operacional da administração pública."

Eficiência, tal como ensina Odete Medauar, *"contrapõe-se a lentidão, o descaso, a negligência, a omissão"*, segundo a professora, *"características habituais da Administração Pública brasileira"*,[16] e que permanecerão, permito-me acrescentar, enquanto perdurar a histórica confusão que os administradores públicos, com honrosas exceções, têm feito entre patrimônio público e privado.

Por fim, observo que não se mostra razoável admitir que uma conveniente interpretação literal dos incisos II e V do art. 37 da Lei Maior possa contrariar o sentido lógico e teleológico do que se contém no *caput* do referido dispositivo, em flagrante dissonância com a idéia de unidade e harmonização que deve nortear a hermenêutica constitucional.[17]

Por tudo quanto até aqui exposto, entendo que carece de plausibilidade a exegese segundo a qual que o nepotismo seria permitido simplesmente porque não há lei que o proíba.

---

[16] MEDAUAR, Odete. *Direito administrativo moderno*. 4ª. ed. São Paulo: Revista dos Tribunais, 2000, p. 152.

[17] Sobre o tema: BARROSO, Luís Roberto. *Interpretação e aplicação da Constituição*. São Paulo: Saraiva, 1996, p. 181-198.

Não vejo como, todavia, dar provimento integral ao pedido do recorrente, em especial quanto à segunda parte do pedido formulado no recurso extraordinário, ou seja, *"que o Município de Água Nova se abstenha de contratar ou nomear qualquer pessoa física que seja parente daquele ocupante de mandato eletivo ou cargo em comissão, estendendo-se a vedação também às pessoas jurídicas, cujos sócios mantenham alguma relação de parentesco com as citadas pessoas"*.

Isso porque não cabe a esta Corte, conforme pacífica jurisprudência, atuar como legislador positivo, sendo-lhe vedado inovar o sistema normativo, função reservada ao Poder Legislativo.

O provimento integral do RE, com efeito, revelaria flagrante extravasamento de competências, com ofensa ao princípio constitucional da separação dos poderes.[18]

Por todo o exposto, pelo meu voto, conheço do recurso extraordinário, dando-lhe parcial provimento, declarando nulo o ato de nomeação de Francisco Souza do Nascimento. Considero hígida a nomeação do agente político Elias Raimundo de Souza, em especial por não ter ficado evidenciada a prática do nepotismo cruzado, acompanhando, nesse aspecto, o entendimento da douta maioria.

---

[18] RE 322.348-AgR/SC, Rel. Min. Celso de Mello; HC 76.371/SP, Rel. Mini. Sydney Sanches, e RE 264.884/DF, Rel. Min. Cármen Lúcia.

13/08/2015 – PLENÁRIO

RECURSO EXTRAORDINÁRIO 592.581 – RIO GRANDE DO SUL

RELATOR: MIN. RICARDO LEWANDOWSKI
RECTE.(S): MINISTÉRIO PÚBLICO DO ESTADO DO RIO GRANDE DO SUL
PROC.(A/S)(ES): PROCURADOR-GERAL DE JUSTIÇA DO ESTADO DO RIO GRANDE DO SUL
RECDO.(A/S): ESTADO DO RIO GRANDE DO SUL
PROC.(A/S)(ES): PROCURADOR-GERAL DO ESTADO DO RIO GRANDE DO SUL
INTDO.(A/S): UNIÃO
ADV.(A/S): ADVOGADO-GERAL DA UNIÃO
INTDO.(A/S): ESTADO DO ACRE
PROC.(A/S)(ES): PROCURADOR-GERAL DO ESTADO DO ACRE
INTDO.(A/S): ESTADO DO AMAZONAS
PROC.(A/S)(ES): PROCURADOR-GERAL DO ESTADO DO AMAZONAS
INTDO.(A/S): ESTADO DO ESPÍRITO SANTO
PROC.(A/S)(ES): PROCURADOR-GERAL DO ESTADO DO ESPÍRITO SANTO
INTDO.(A/S): ESTADO DE MINAS GERAIS
ADV.(A/S): ADVOGADO-GERAL DO ESTADO DE MINAS GERAIS
INTDO.(A/S): ESTADO DO PIAUÍ
PROC.(A/S)(ES): PROCURADOR-GERAL DO ESTADO DO PIAUÍ
INTDO.(A/S): ESTADO DE RONDÔNIA
PROC.(A/S)(ES): PROCURADOR-GERAL DO ESTADO DE RONDÔNIA
INTDO.(A/S): ESTADO DA BAHIA
PROC.(A/S)(ES): PROCURADOR-GERAL DO ESTADO DA BAHIA
INTDO.(A/S): ESTADO DE RORAIMA
PROC.(A/S)(ES): PROCURADOR-GERAL DO ESTADO DE RORAIMA
INTDO.(A/S): ESTADO DO AMAPÁ
PROC.(A/S)(ES): PROCURADOR-GERAL DO ESTADO DO AMAPÁ
INTDO.(A/S): ESTADO DE SANTA CATARINA
PROC.(A/S)(ES): PROCURADOR-GERAL DO ESTADO DE SANTA CATARINA
INTDO.(A/S): ESTADO DE MATO GROSSO DO SUL
PROC.(A/S)(ES): PROCURADOR-GERAL DO ESTADO DE MATO GROSSO DO SUL

INTDO.(A/S): DISTRITO FEDERAL
PROC.(A/S)(ES): PROCURADOR-GERAL DO DISTRITO FEDERAL
AM. CURIAE.: ESTADO DE SÃO PAULO
PROC.(A/S)(ES): PROCURADOR-GERAL DO ESTADO DE SÃO PAULO
AM. CURIAE.: ESTADO DO PARÁ
PROC.(A/S)(ES): PROCURADOR-GERAL DO ESTADO DO PARÁ

EMENTA: REPERCUSSÃO GERAL. RECURSO DO MPE CONTRA ACÓRDÃO DO TJRS. REFORMA DE SENTENÇA QUE DETERMINAVA A EXECUÇÃO DE OBRAS NA CASA DO ALBERGADO DE URUGUAIANA. ALEGADA OFENSA AO PRINCÍPIO DA SEPARAÇÃO DOS PODERES E DESBORDAMENTO DOS LIMITES DA RESERVA DO POSSÍVEL. INOCORRÊNCIA. DECISÃO QUE CONSIDEROU DIREITOS CONSTITUCIONAIS DE PRESOS MERAS NORMAS PROGRAMÁTICAS. INADMISSIBILIDADE. PRECEITOS QUE TÊM EFICÁCIA PLENA E APLICABILIDADE IMEDIATA. INTERVENÇÃO JUDICIAL QUE SE MOSTRA NECESSÁRIA E ADEQUADA PARA PRESERVAR O VALOR FUNDAMENTAL DA PESSOA HUMANA. OBSERVÂNCIA, ADEMAIS, DO POSTULADO DA INAFASTABILIDADE DA JURISDIÇÃO. RECURSO CONHECIDO E PROVIDO PARA MANTER A SENTENÇA CASSADA PELO TRIBUNAL.

I - É lícito ao Judiciário impor à Administração Pública obrigação de fazer, consistente na promoção de medidas ou na execução de obras emergenciais em estabelecimentos prisionais.

II - Supremacia da dignidade da pessoa humana que legitima a intervenção judicial.

III - Sentença reformada que, de forma correta, buscava assegurar o respeito à integridade física e moral dos detentos, em observância ao art. 5º, XLIX, da Constituição Federal.

IV - Impossibilidade de opor-se à sentença de primeiro grau o argumento da reserva do possível ou princípio da separação dos poderes.

V - Recurso conhecido e provido.

RELATÓRIO

O SENHOR MINISTRO RICARDO LEWANDOWSKI (PRESIDENTE): Trata-se de recurso extraordinário interposto contra acórdão que, ao reformar a sentença de primeiro grau, concluiu não competir ao Judiciário determinar ao Executivo a realização de obras em estabelecimento prisional, sob pena de indevida e invasão de campo decisório reservado à Administração Pública.

Tal entendimento, assentado pelo Tribunal de Justiça do Estado do Rio Grande do Sul, foi definido não obstante o reconhecimento, por parte deste, de que a precariedade das condições a que estão submetidos os detentos do Albergue Estadual de Uruguaiana, constitui violação de sua integridade física e moral, vedada, como se sabe, pela Constituição da República.

Destaco da ementa o resumo do julgado:

"APELAÇÃO CÍVEL. *AÇÃO CIVIL PÚBLICA. DETERMINAÇÃO AO PODER EXECUTIVO DE REALIZAÇÃO DE OBRAS EM PRESÍDIO. DESCABIMENTO. PODER DISCRICIONÁRIO DA ADMINISTRAÇÃO.*

(...)

O texto constitucional dispõe sobre os direitos fundamentais do preso, *sendo certo que as precárias condições dos estabelecimentos prisionais importam ofensa à sua integridade física e moral. A dificuldade está na técnica de efetivação desses direitos fundamentais.*

(...)

Aqui o ponto: saber se a obrigação imposta ao Estado atende norma constitucional programática, ou norma de natureza impositiva. *Vê-se às claras, que mesmo não tivesse ficado no texto constitucional senão que também na Lei das Execuções Criminais, cuida-se de norma de cunho programático. Não se trata de disposição auto-executável, apenas traça linha geral de ação ditada ao poder público.* (...)

Pois a 'reserva do possível', no que respeita aos direitos de natureza programática, tem a ver não apenas com a possibilidade material para sua efetivação (econômica, financeira, orçamentária), mas também, e por consequência, com o poder de disposição de parte do Administrador, o que imbrica na discricionariedade, tanto mais que não se trata de atividade vinculada.

Ao Judiciário não cabe determinar ao Poder Executivo a realização de obras, como pretende o Autor Civil, mesmo pleiteadas a título de direito constitucional do preso, sob pena de fazer as vezes de administrador, imiscuindo-se indevidamente em seara reservada à Administração.

Falta aos Juízos, porque situados fora do processo político- administrativo, capacidade funcional de garantir a efetivação de direitos sociais prestacionais, sempre dependentes de condições de natureza econômica ou financeira que longe estão dos fundamentos jurídicos. (...)" (fls. 377-378 – grifei).

Neste RE, o Ministério Público gaúcho, fundado no art. 102, III, *a*, da Constituição Federal, alega que houve ofensa aos arts. 1º, III, e 5º, XLIX, desta mesma Carta, sustentando, em suma, que a decisão recorrida desconsiderou

"(...) a aplicabilidade imediata dos direitos fundamentais, bem como a impossibilidade de questões de ordem orçamentária impedirem ou postergarem políticas públicas vocacionadas à implementação dos direitos de natureza fundamental, assim como a vinculação do Poder Público quanto à implementação das políticas públicas necessárias à sua efetivação" (fl. 402).

Aduz, mais, o *Parquet*, que a integridade física e moral dos presos configura interesse de natureza geral, consubstanciando direito fundamental de observância obrigatória pelo Estado, que tem como um de seus pilares constitucionais a dignidade da pessoa humana.

Por fim, requer que o Governo do Rio Grande do Sul seja obrigado a realizar, "*no prazo de seis meses, obras de reforma geral no Albergue Estadual de Uruguaiana*", em conformidade com a sentença proferida pelo juízo de primeiro grau (fls. 410-411).

Em 22/10/2009, o Supremo Tribunal Federal reconheceu a existência de repercussão geral da questão constitucional suscitada. Esta a ementa da decisão:

"CONSTITUCIONAL. INTEGRIDADE FÍSICA E MORAL DOS PRESOS. DETERMINAÇÃO AO PODER EXECUTIVO DE REALIZAÇÃO DE OBRAS EM PRESÍDIO. LIMITES DE ATUAÇÃO DO PODER JUDICIÁRIO. RELEVÂNCIA JURÍDICA, ECONÔMICA E

SOCIAL DA QUESTÃO CONSTITUCIONAL. EXISTÊNCIA DE REPERCUSSÃO GERAL. CONSTITUCIONAL" (fl. 435).

O Ministério Público Federal opinou pelo provimento do recurso extraordinário, em parecer de lavra da Subprocuradora-Geral da República Ela Wiecko de Castilho, cuja síntese transcrevo a seguir:

> "RECURSO EXTRAORDINÁRIO. Ação civil pública. Reforma de estabelecimento prisional. Direito à integridade física e moral dos presos. Alegada violação aos arts. 1º, III, e 5º, XLIX, da CF.
> Questão capaz de influir concretamente e de maneira generalizada numa grande quantidade de casos que dizem respeito a garantia de direito fundamental.
> A reserva do possível não constitui justificativa para que o Poder Executivo possa se eximir das obrigações impostas pela Constituição e pela Lei de Execução Penal. A referida cláusula apenas é aplicável em decorrência de justo motivo, objetivamente aferido, devendo ser prontamente afastada quando a sua adoção implique violação ao núcleo essencial dos direitos constitucionais fundamentais.
> Não contestados o péssimo estado de conservação do albergue ou a morte de um sentenciado devido às más condições das instalações elétricas, nem demonstrada a inexistência de recursos orçamentários.
> Parecer pelo provimento" (fl. 420).

Deferi os pleitos de ingresso na presente relação processual, na qualidade de *amicus curiae*, dos seguintes entes políticos: União Federal, Estados do Acre, Amazonas, Espírito Santo, Minas Gerais, Piauí, Rondônia, Bahia, Roraima, Amapá, Santa Catarina, Mato Grosso do Sul, Rio de Janeiro, São Paulo e Pará, bem como o Distrito Federal.

É o relatório.

VOTO

O SENHOR MINISTRO RICARDO LEWANDOWSKI (PRESIDENTE):

1. Resumo da controvérsia

A controvérsia central deste recurso extraordinário está em saber se cabe ao Judiciário impor à Administração Pública a obrigação de fazer, consistente na execução de obras em estabelecimentos prisionais, a fim de garantir a observância dos direitos fundamentais de pessoas sob custódia temporária do Estado.

Em palavras distintas, indaga-se a esta Suprema Corte se, tendo em conta as precárias condições materiais em que se encontram as prisões brasileiras, de um lado, e, de outro, considerada a delicada situação orçamentária na qual se debatem a União e os entes federados, estariam os juízes e tribunais autorizados a determinar ao administrador público a tomada de medidas ou a realização de ações para fazer valer, com relação aos presos, o princípio da dignidade humana e os direitos que a Constituição Federal lhes garante, em especial o abrigado em seu art. 5º, XLIX.[1]

---

[1] Art. 5º, XLIX: "é assegurado aos presos o respeito à sua integridade física e moral."

2. Situação fática e jurídica sob exame

Como é cediço, uma vez submetido algum recurso extraordinário à sistemática da repercussão geral, as teses nele fixadas servirão de baliza à atuação das demais instâncias do Judiciário em casos análogos. Daí a necessidade de analisar-se a questão nele debatida de forma abrangente, abordando, tanto quanto possível, todos os seus aspectos fáticos e legais.

Consta dos autos, de forma inconteste, que a situação em que se acha o Albergue Estadual de Uruguaiana é efetivamente atentatória à integridade física e moral de seus detentos.

Com efeito, não foi objeto de qualquer disputa, ao longo de toda a tramitação do feito, o precário estado de conservação das instalações do referido estabelecimento prisional.

Da mesma forma não foi rebatida, em nenhum momento processual, a afirmação segundo a qual os detentos estão permanentemente expostos a risco de morte em razão das péssimas condições da fiação elétrica do citado Albergue, havendo notícia, inclusive, de que um dos presos perdeu a vida por eletrocussão.

A fim de ilustrar tal conjuntura, colho das contrarrazões à apelação, apresentadas pelo Ministério Público gaúcho, em 22/10/2007, a seguinte assertiva:

> "O quadro geral do Albergue de Uruguaiana está descrito no relatório elaborado pelo Conselho Penitenciário (doravante CP) da própria Secretaria Estadual da Justiça e Segurança, juntado no Inquérito Civil Público. O CP inspecionou o local no dia *04 de outubro de 2004*. O relatório destaca os seguintes problemas estruturais do prédio:
>
> 1. O local é visivelmente inapropriado para habitação, pois possui umidade exacerbada e há grande concentração de pós, o que o torna insalubre;
> 2. O banheiro do alojamento encontra-se em péssimo estado, necessitando de reforma urgente;
> 3. As instalações elétricas estão visíveis, porque não existe teto;
> 4. Parte do telhado está cedendo.
> O CP conclui que as condições estruturais do Albergue 'não podem perdurar' porque 'põem em risco a vida de funcionários e apenados'.
> *Alguns desses problemas já haviam sido detectados na inspeção realizada pela Corregedoria-Geral do Sistema Penitenciário em fevereiro de 2004.* No relatório dos corregedores consta a avaliação do então promotor de Justiça que atuava na Vara de Execuções Criminais a respeito de sua 'péssima impressão quanto aos aspectos físicos dos alojamentos do albergue, ocasionando precárias condições para o convívio humano', *existindo inclusive menção sobre a intenção de promover a interdição da casa prisional*" (fls. 353-354 – grifei).

Nesse contexto, após regular instrução do feito, o juiz da 2ª Vara Cível da Comarca de Uruguaiana/RS, em 2/7/2007, condenou o Estado do Rio Grande do Sul a

> "(...) realizar, no prazo de 06 (seis) meses, obras de reforma geral no Albergue Estadual de Uruguaiana, de modo a adequá-lo aos requisitos básicos da habitalidade e salubridade dos estabelecimentos penais, quais sejam:
> a) conserto dos telhados onde há infiltração e umidade;
> b) instalação de forro sob o telhado em todos os dormitórios;

c) conserto de janelas e substituição de vidros quebrados;

d) conserto das instalações hidrossanitárias, especialmente de canos com vazamentos, e dos esgotos abertos no pátio;

e) adequação das instalações elétricas, especialmente dos fios e tomadas aparentes;

f) revestimento das áreas molhadas (paredes dos banheiros, etc.) de maneira que fiquem lisos, laváveis e impermeáveis" (fl. 333).

Cumpre registrar, por oportuno, que o próprio Tribunal de Justiça gaúcho, reconheceu, em seu acórdão, que a situação degradante a que estão submetidos os detentos do Albergue Estadual importa em patente desrespeito à sua dignidade pessoal.

Apesar de haver constatado tal atentado aos direitos dos presos, por ocasião da análise do mérito da questão, entendeu aquela Corte ser

"(...) diversa a carga de eficácia quando se trata de direito fundamental prestacional proclamado em norma de natureza eminentemente programática, ou quando sob forma que permita, de logo, com ou sem interposição legislativa, o reconhecimento de direito subjetivo do particular (no caso do preso), como titular de direito fundamental.

(...)

Para além disso, sua efetiva realização apresenta dimensão econômica que faz depender da conjuntura; em outras palavras, das condições que o Poder Público, como destinatário da norma, tenha de prestar. *Daí que a limitação de recursos constitui, na opinião de muitos, no limite fático à efetivação das normas de natureza programática. É a denominada 'reserva do possível'* (...)" (fl. 377 - grifei).

Tal é a situação fática e jurídica sujeita à apreciação desta Suprema Corte.

3. Pena como medida de ressocialização

A regra geral que comanda a vida nas sociedades democráticas é a mais plena liberdade de agir dos indivíduos. Tudo aquilo que o ordenamento legal não proíbe é lícito realizar, especialmente no campo dos negócios entre particulares. Esse postulado encontra-se consubstanciado, dentre outros, no art. 5º, II, da Constituição Federal, de acordo com o qual *"ninguém é obrigado a fazer ou deixar de fazer alguma coisa senão em virtude de lei"*.

Existem, todavia, certos comportamentos que colocam em risco o relacionamento harmônico entre os membros de uma comunidade, botando em xeque a própria paz social. São ações que podem causar – e não raro causam efetivamente – lesões graves e, até mesmo, irreparáveis à vida, à incolumidade física e à honra das pessoas. Outras vezes acarretam danos ao patrimônio público ou privado. São atitudes que, evidentemente, não podem ser toleradas pela sociedade sob nenhum pretexto.

Alguns desses ilícitos são, eventualmente, remediados mediante ressarcimento pecuniário ou, quiçá, por um pedido público de desculpas. Mas nem sempre isso é possível. Existem transgressões tão sérias que ameaçam a própria consecução do bem comum, fundamento último do Estado de Direito, as quais só podem ser coibidas ou reparadas com a aplicação de penas restritivas de liberdade, combinadas eventualmente com sanções pecuniárias.

Surge nesse caso o denominado *jus puniendi* estatal, que representa *"a justa reação do Estado contra o autor da infração penal, em nome da defesa da ordem e da boa convivência entre os cidadãos"*.[2]

Ocorre que o direito de punir do Estado não é ilimitado e muito menos arbitrário, pois, entre nós, como nos demais países civilizados, ele se encontra circunscrito pelo princípio da reserva legal, cuja dicção constitucional é a seguinte: *"não há crime sem lei anterior, nem pena sem prévia cominação legal"*.[3]

Em outras palavras, uma conduta, para que possa ser considerada criminosa, precisa estar tipificada em lei formal anteriormente editada. Do mesmo modo, a sanção correspondente deve constar do preceito secundário da norma penal incriminadora, não podendo ser aplicada, em nenhuma hipótese, em limites superiores àqueles previstos pelo legislador.

Longe estamos, hoje, das teorias absolutistas do passado, que consideravam as sanções penais uma exigência de justiça, um imperativo categórico, à moda de Kant, punindo-se alguém como simples consequência do cometimento de um delito. A pena, então, explicava-se como mera retribuição jurídica por um mal cometido (*punitur quia peccatum est*).[4] Ao mal do crime revidava-se com o mal da punição em escala correspondente, como uma mensagem dissuasória aos futuros delinquentes.

A pena, nos dias atuais, sobretudo no Estado Democrático de Direito sob o qual vivemos, tem uma função eminentemente ressocializadora, ou seja, tem o escopo de reintroduzir o egresso do sistema penitenciário no convívio social, de torná-lo um cidadão prestante, após ter ele saldado seu débito para com a sociedade. Veja-se o que tem a dizer Claus Roxin a propósito do tema:

> "(...) servindo a pena exclusivamente a fins racionais e devendo possibilitar a vida humana em comum e sem perigos, a execução da pena apenas se justifica se prosseguir esta meta na medida do possível, isto é, tendo como conteúdo a reintegração do delinquente na comunidade. Assim, apenas se tem em conta uma execução ressocializadora. O facto da idéia de educação social através da execução da pena ser de imediato tão convincente, deve-se a que nela coincidem prévia e amplamente os direitos e deveres da colectividade e do particular, enquanto na cominação e aplicação da pena eles apenas se podem harmonizar através de um complicado sistema de recíprocas limitações".[5]

Da lição do mestre alemão, destaca-se não apenas a ideia de que a sanção tem como fim último a reintegração do delinquente na coletividade, mas também que ela deve conferir à retribuição pelo crime cometido um sentido de racionalidade e proporcionalidade, quer dizer, seu escopo é fazer com que a pena não passe de limites prévia e expressamente previstos em lei, de modo a que as penitenciárias não sejam instituições que exacerbem o natural sentido de revolta ou mesmo de injustiça daqueles que delas saem, para logo depois – como é comum – retornarem como reincidentes na prática do mesmo ou de outros crimes.

---

[2] MIRABETE, Julio Fabbbrini. *Processo Penal*. São Paulo: Atlas, 1991, p. 24.

[3] Art. 5º, XXXIX, da CF.

[4] NORONHA, Magalhães Edgard. *Direito Penal*. 1º vol. 6 ed. São Paulo: Saraiva, 1970. p. 28.

[5] ROXIN, Claus. *Problemas Fundamentais do Direito Penal*. Lisboa: Veja, 1986. p. 40.

4. Algumas notas históricas

Como se descreve na obra *História das prisões no Brasil*, que toma de empréstimo expressão de Olavo Bilac, as primeiras prisões então consideradas "modernas" já nasceram "tortas e quebradas",[6] constituindo, pois, um problema mais do que secular no Brasil.

Muito embora a Constituição de 1824, bem como o Código Criminal de 1830, tenham introduzido uma concepção mais *aggiornata* acerca da pena de prisão em nosso País,[7] o que se percebeu ao longo do tempo foi uma completa ausência de propostas no sentido de criar-se estabelecimentos prisionais adequados, que pudessem, ainda que minimamente, dar efetividade aos comandos legais previstos naqueles textos normativos.

Interessantemente, a Constituição Política do Império já consignava, em seu art. 179, XXI, que as cadeias seriam seguras, limpas e bem arejadas e que haveria diversas casas para separação dos apenados, conforme suas circunstâncias e a natureza de seus crimes, além de ter abolido, no inciso XIX daquele mesmo dispositivo, "*os açoites, a tortura, a marca de ferro quente, e todas as mais penas cruéis*".

Por sua vez, o Código Criminal do Império trouxe a previsão de pena privativa de liberdade, acrescida de atividades laborais para a maior parte dos crimes, redefinindo a função das prisões, que passariam, a partir de então, a ser

> "(...) não mais um lugar de passagem à espera da sentença final, decretada geralmente em forma de multa, degredo, morte ou trabalhos públicos, mas [passariam a adquirir] um papel importante na organização da sociedade brasileira na primeira metade do século XIX".[8]

Partindo-se da premissa de que a pena teria a função de separar temporariamente o criminoso da sociedade e, depois de cumprida, requalificá-lo para que nela pudesse regressar, foram construídas, desde a metade do século XIX, "Casas de Correção" nas principais cidades brasileiras, pensadas como estabelecimentos fechados, voltados para disciplina, educação e trabalho, "*já que o desvio do indivíduo era interpretado, muitas vezes, como falta de instrução e ignorância*".[9]

Ocorre que, mesmo naquela época, os problemas carcerários já se mostravam preocupantes, porquanto as manchetes dos jornais noticiavam, com frequência, rebeliões, fugas em massa, maus-tratos de detentos, além de denúncias de corrupção por parte de administradores das prisões, escancarando a desorganização e o abandono dessas Casas de Correção.

O relatório elaborado por uma comissão designada pelo Ministro da Justiça e Negócios Interiores, nos idos de 1905, após visita à Casa de Correção do Estado do Rio de Janeiro, além de veicular críticas às condições físicas e de higiene daqueles estabelecimentos, explicitava ainda o seguinte:

> "O que a Comissão encontrou, e denuncia a V. Ex., foi um depósito de presos, onde tudo é primitivo e desordenado, praticado sem plano, sem conhecimento do que seja sistema

---

[6] MAIA, Clarissa Nunes *et al* (org.). *História das prisões no Brasil*. Volume I. Rio de Janeiro: Rocco, 2009. p. 9.

[7] Idem, ibidem. p. 287.

[8] Idem, ibidem. p. 288.

[9] Idem, ibidem. p. 310.

penitenciário que tem de ser executado em todas as suas partes, sem discrepância, harmonicamente, para poder atingir seus elevados e humanitários fins (...) E para que fique bem firmado na memória de V. Ex. o que a Comissão pensa, em resumo, ela dirá: A Casa de Correção não tem administração, não tem sistema, não tem moralidade ou melhor: Não há Casa de Correção".[10]

Essa era no passado, e continua sendo no presente, só que em escala ampliada, a situação de nosso sistema prisional.

5. Panorama atual das prisões brasileiras

Ouso assinalar, desde logo, que até o mais desinformado dos cidadãos possui algum conhecimento acerca do quadro de total falência do sistema carcerário brasileiro, o que faz com que tal problema ultrapasse as fronteiras do Rio Grande do Sul, constituindo, de resto, antiga mazela nacional.

O senso comum não nega - ao contrário, reafirma - que o histórico das condições prisionais no Brasil é de insofismável precariedade.

Nesse contexto, são recorrentes os relatos de sevícias, torturas físicas e psíquicas, abusos sexuais, ofensas morais, execuções sumárias, revoltas, conflitos entre facções criminosas, superlotação de presídios, ausência de serviços básicos de saúde, falta de assistência social e psicológica, condições de higiene e alimentação sub-humanas nos presídios.

Esse evidente caos institucional, à toda evidência, compromete a efetividade do sistema prisional como instrumento de reabilitação social dos detentos, a começar pela carência crônica de vagas, que faz com que os estabelecimentos carcerários sejam verdadeiros "depósitos" de pessoas.

De acordo com o relatório elaborado pelo Departamento Penitenciário Nacional – DEPEN, em junho de 2014, o déficit de espaço nas prisões brasileiras ultrapassou a soma de 230 mil vagas,[11] fato que constitui uma das principais causas que contribuem para o agravamento da crise no sistema.

Os fatores negativos acima descritos, fartamente veiculados pelos meios de comunicação, longe de representarem qualquer sensacionalismo midiático, revelam o cenário dantesco a que são submetidos os presidiários em nosso País.

Abundam relatos de detentos confinados em contêineres expostos ao sol, sem instalações sanitárias; de celas previstas para um determinado número de ocupantes nas quais se instalam diversos "andares" de redes para comportar o dobro ou o triplo da lotação prevista; de total promiscuidade entre custodiados primários e reincidentes e, ainda, entre presos provisórios e condenados definitivamente; de rebeliões em que agentes penitenciários e internos são feridos ou assassinados com inusitada crueldade, não raro mediante decapitações.

Ressalto que, longe de buscar escandalizar, o escopo dessa abordagem é apenas contextualizar a discussão travada nestes autos e evidenciar uma realidade que deve ser enfrentada com medidas efetivas, não só por esta Suprema Corte, em particular, e

---

[10] *Idem, ibidem*. pp. 284-285.

[11] Disponível em: <http://www.justica.gov.br/seus-direitos/politica-penal/relatorio-depen-versao-web.pdf/view>. Acesso em 12.08.15. Acesso em 29/06/15.

pelo Judiciário, como um todo, mas também pelas demais instituições públicas e mesmo privadas, direta ou indiretamente, envolvidas na questão.

6. Descida ao Inferno de Dante

Esse terrível panorama vem sendo reiteradamente realçado em documentos elaborados pelo Conselho Nacional de Justiça - CNJ, por ocasião de inspeções realizadas em presídios nos distintos Estados brasileiros. A partir delas, esse cenário de horror começou a ser melhor conhecido dentro e fora do Judiciário, especialmente depois da realização dos denominados "Mutirões Carcerários", instituídos em 2008 pelo referido órgão.[12]

Permito-me extrair, a título ilustrativo, excerto do relatório de inspeções realizadas em estabelecimentos penais e socioeducativos no Estado do Espírito Santo, em maio de 2009, abaixo transcrito:

"(...) *No Departamento de Polícia Judiciária de Vila Velha há apenas uma grande cela, na qual se amontoavam 256 presos (a capacidade é para apenas 36) e apenas um sanitário.* Não há qualquer separação de presos doentes ou presos idosos – todos dividem o mesmo espaço.
O Centro de Detenção de Novo Horizonte, também conhecido como Cadeia Modular ou, ainda, Cadeia dos Contêineres, tampouco estabelece qualquer divisão entre os presos.
(...)
No Presídio Modular de Novo Horizonte há infestação de ratos e grande quantidade de lixo e entulho acumulados no pátio.
Em Novo Horizonte *há presos que têm marca de mordidas de roedores e a quantidade de lixo é tanta que há permanente chorume no piso do estabelecimento. A caixa de água tem vazamento que inunda o local para banho de sol e mistura lixo e esgoto a céu aberto.*
Em Argolas as embalagens em que são servidas as refeições servem também para depósito de fezes, pois não há vaso sanitário na cela improvisada que fica no corredor que dá acesso a outras duas celas do estabelecimento.
Na DPJ de Vila Velha há sete fileiras de redes amarradas na cela e os presos ficam apenas deitados, pois não têm espaço para ficarem de pé, sendo que alguns estão nessas condições há mais de um ano, e sem espaço apropriado para banho de sol.
(...)
Na DPJ de Jardim América há tanta gente que o agente carcerário é obrigado a solicitar ajuda de outros agentes e dos próprios presos para poder trancar as celas. Literalmente os presos são socados dentro das celas.
(...)
Ainda na mesma DPJ [Vila Velha] havia um preso seriamente ferido que sangrava muito. O sangue escorria no chão por baixo dos demais presos.
(...)
No Presídio Modular, embora afirme o diretor que o direito à visitação era permitido, as visitas só ocorriam no parlatório, um espaço entre grades de segurança destinado a receber visitas para os detentos. A dificuldade, contudo, era que essas grades só permitem o contato visual, sem ao um menos (sic) um cumprimento, aperto de mão, etc.
(...)

---

[12] Sobre o tema: <http://www.cnj.jus.br/sistema-carcerario-e-execucaopenal/pj-mutirao-carcerario>. Acesso em 12/8/2015.

Com tais restrições e sem acesso à televisão, rádio ou jornal, os presos não têm contato com o mundo exterior. Muitos não acompanham notícia alguma. Os presos provisórios não votam. Em nenhum estabelecimento havia biblioteca – não lêem, não estudam, não têm atividade recreativa, ficam o tempo todo ociosos.

A frase mais ouvida dos diretores dos estabelecimentos era a de que os presos apenas permaneciam presos porque eles (os presos) assim o desejavam. As condições para fugas e rebeliões são sempre renovadas"[13] (grifei).

Relativamente aos estabelecimentos destinados à internação de menores da mencionada unidade da federação, segue o relato:

"É grave a situação das instituições sócio-educacionais, sem qualquer separação de idade e compleição física. Não há separação entre educandos maiores e menores. *Na Unidade de Internação Sócio-Educativa alguns deles dividiam o mesmo espaço em contêineres a céu aberto.*
(...)
Duas dessas caixas metálicas estavam expostas ao sol, sem banheiros e sem água encanada. Nessas condições, eram obrigados a defecar e urinar dentro do próprio contêiner e, ao início do dia, o piso era lavado e os excrementos depositados ao lado das caixas metálicas. O cheiro é repulsivo. Uma das celas estava fora de prumo e os excrementos dos adolescentes ficavam acumulados como um córrego no canto sulcado do caixote. Alguns adolescentes vomitavam.
(...)
Falta-lhes, ainda, tratamento condigno. Vários menores estão em contêineres. Dois desses módulos estão expostos às intempéries climáticas. Sob o sol, o calor dentro da caixa chega a 50°" (grifei).

A propósito, notícia de 17/11/2009, veiculada em portal da rede mundial de computadores, registrou que duas celas do Departamento de Polícia Judiciária – DPJ, de Vila Velha, tiveram de ser temporariamente interditadas, pois estavam cheias de fezes, sujeira e muito lixo.[14]

7. Excursionando pelo Hades

Tomo ainda como exemplo dessa verdadeira chaga institucional a situação descrita no relatório das visitas de inspeção realizadas pelo Conselho Nacional de Política Criminal e Penitenciária – CNPCP, no Estado do Rio Grande do Sul, entre os dias 13 e 14 de julho e 10 e 11 de agosto de 2009:[15]

"(...) O *Presídio Central de Porto Alegre – PCPA - destina-se à custódia de presos em regime fechado e provisórios, do sexo masculino, contendo 4.807 presos na data da inspeção (13 de julho). A capacidade do estabelecimento é de 2.069 presos,* sendo que as celas possuem diferentes metragens (6 a 19,96 m²).
(...)

---

[13] Disponível em: <http://www.vepema.com.br/novosite/wa_files/relatrio-es-cnj.pdf>. Acesso em 12.8.2015.

[14] Disponível em: <http://noticias.terra.com.br/brasil/noticias/0,,OI4106806-EI5030,00-Sujeira+e+superlotacao+inte rditam+celas+de+DP+em+Vitoria.html#tarticle>. Acesso em 12.8.2015.

[15] Disponível em: <http://portal.mj.gov.br/data/Pages/MJE9614C8CITEMIDA5701978080B47B798B690E484B49285 PTBRIE.htm>. Relatório de inspeção em estabelecimentos prisionais do Rio Grande do Sul na data de 24 de agosto de 2009. Acesso em 12.8.2015.

A estrutura predial dos estabelecimentos visitados está em péssimas condições, necessitando de reformas estruturais, hidráulicas, elétricas e sanitárias.

(...)

As infiltrações nas paredes são visíveis, inclusive nas alas recentemente inauguradas. O presídio possui extensa área onde é lançado o lixo a céu aberto, onde escorre água e esgoto o dia todo, contribuindo para a proliferação de insetos e pragas. *Durante a inspeção, foram vistas várias ratazanas percorrendo o pátio e as paredes externas das galerias.* Os Promotores de Justiça que nos acompanhavam relataram que o Ministério Público já propôs ação civil pública em face do Estado visando à retirada do lixo do local, mas as decisões judiciais ainda não haviam sido cumpridas. Ademais, os quatro novos pavilhões construídos no final do ano de 2008, com capacidade para 492 vagas, não resolveram a questão da superlotação carcerária. Presos provisórios e condenados dividem mesmas celas e pátio de banho de sol, em flagrante descumprimento ao disposto no artigo 84, da Lei de Execução Penal.

(...)

Visita ao Albergue Padre Pio Buck: (...)

As condições são subumanas, constatando-se uma desagradável superlotação, péssimas instalações físicas (especialmente elétricas e hidráulicas), que, inclusive, põem em iminente risco a vida, a incolumidade física e a saúde dos que ali se encontram 'enjaulados'. É comum ver 'gambiarras' em todos os alojamentos visitados, já que toda a parte elétrica está descoberta e possui ligações indevidas. Os internos têm por costume usar fogões elétricos, que além de serem ligados por fios descoberto, cruzam a cela, ficam muito próximos das colchas, toalhas e roupas, o que, por um mínimo descuido, pode ocasionar uma tragédia" (grifei).

Embora tenha pinçado como exemplos os relatórios de inspeções referentes aos Estados do Espírito Santo e do Rio Grande do Sul, é de sabença geral que a realidade do sistema prisional brasileiro, como um todo, não difere substancialmente do que neles foi constatado.

8. Olhar do Fiscal da Lei

Da mesma forma, o relatório intitulado "A Visão do Ministério Público sobre o Sistema Prisional Brasileiro", elaborado pelo Conselho Nacional do *Parquet*, divulgado em 2013, expõe outros dados alarmantes. Confira-se:

"Os 1.598 estabelecimentos inspecionados possuem capacidade para 302.422 pessoas, mas abrigavam, em março de 2013, um total de 448.969 presos. O déficit é de 146.547 ou 48%. *A superlotação é registrada em todos as regiões do país e em todos os tipos de estabelecimento (penitenciárias, cadeias públicas, casas do albergado, etc).* O déficit de vagas é maior para os homens. O sistema tem capacidade para 278.793 pessoas do sexo masculino, mas abrigava 420.940 homens presos em março de 2013. Para as mulheres, são 23.629 vagas para 28.029 internas.

Separações

As inspeções verificaram que a maior parte dos estabelecimentos não faz as separações dos presos previstas na Lei de Execuções Penais. Segundo o relatório, 1.269 (79%) estabelecimentos não separam presos provisórios de definitivos; 1.078 (67%) não separam pessoas que estão cumprindo penas em regimes diferentes (aberto, semiaberto, fechado); 1.243 (quase 78%) não separam presos primários dos reincidentes. Em 1.089 (68%) locais, não há separação por periculosidade ou conforme o delito cometido; em

1.043 (65%), os presos não são separados conforme facções criminosas. Há grupos ou facções criminosos identificados em 287 estabelecimentos inspecionados (17%).

Fugas, integridade física dos presos e disciplina

Entre março de 2012 e fevereiro de 2013, foram registradas

121 rebeliões, 23 das quais com reféns. Ao todo, houve 769 mortes, das quais 110 foram classificadas como homicídios e

83 como suicídios. Foram registradas 20.310 fugas, com a recaptura de 3.734 presos e o retorno espontâneo de 7.264. Os casos em que presos, valendo-se de saída temporária não vigiada, não retornam na data marcada, são computados como fuga ou evasão. *Houve apreensão de drogas em 654 locais, o que representa cerca de 40% dos estabelecimentos inspecionados.*

No quesito disciplina, o relatório mostra que 585 estabelecimentos (37%) não observam o direito de defesa do preso na aplicação de sanção disciplinar. Em 613 locais (38%), o ato do diretor da unidade que determina a sanção não é motivado ou fundamentado; em 934 (5), nem toda notícia de falta disciplinar resulta em instauração de procedimento. As sanções coletivas foram registradas em 116 estabelecimentos (7%). Em 211 (13%) locais não é proporcionada assistência jurídica e permanente; *em 1.036 (quase 65%), não há serviço de assistência jurídica no próprio estabelecimento.*

Assistência material, saúde e educação

Quase metade dos estabelecimentos (780) não possui cama para todos os presos e quase um quarto (365) não tem colchão para todos. A água para banho não é aquecida em dois terços dos estabelecimentos (1.009). Não é fornecido material de higiene pessoal em 636 (40%) locais e não há fornecimento de toalha de banho em 1.060 (66%). A distribuição de preservativo não é feita em 671 estabelecimentos (42%). As visitas íntimas são garantidas em cerca de dois terços do sistema (1.039 estabelecimentos).

Cerca de 60% dos estabelecimentos (968) não contam com biblioteca; falta espaço para prática esportiva em 756 locais (47%) e para banho de sol (solário) em 155 (10%)"[16] (grifei).

Essa é a cruel realidade dos presídios confirmada, desta feita, pelo Ministério Público.

9. Fábricas de criminosos

Passada a Idade Média, em pleno Iluminismo, Cesare Beccaria, já no século XVIII, em seu clássico *Dei delliti e delle penne*, formulava a seguinte indagação:

> "É concebível que um corpo político, que, bem longe de agir por paixão, é o moderador tranquilo das paixões particulares, possa abrigar essa inútil crueldade, instrumento do furor e do fanatismo, ou dos fracos tiranos? Poderiam os gritos de um infeliz trazer de volta do tempo sem retorno as ações já consumadas?".[17]

Desde então continua inalterada a condição das prisões tidas como "modernas". Segundo veio a descrever, tempos depois, Michel Foulcault, em sua conhecida obra *Vigiar e punir*, elas, ao invés de devolver os egressos à sociedade plenamente recuperados, na verdade contribuem para exacerbar ainda mais o seu sentimento de revolta pela existência indigna que o Estado lhes impõe para o cumprimento das respectivas penas. Nesse sentido, acrescenta o pensador francês que

---

[16] Disponível em:<http://www.cnmp.mp.br/portal/noticia/3486-dados-ineditos-do-cnmp-sobre-sistema-prisional>. Acesso em 12/8/2015.

[17] BECCARIA, Cesare. *Dos delitos e das penas*. 3. ed. São Paulo: Martins Fontes, 2005. p. 93.

"(...) 'o sentimento de injustiça que um prisioneiro experimenta é uma das causas que mais podem tornar indomável seu caráter. Quando se vê assim *exposto a sofrimentos que a lei não ordenou nem mesmo previu, ele entra num estado habitual de cólera contra tudo o que o cerca; só vê carrascos em todos os agentes da autoridade: não pensa mais ter sido culpado; acusa a própria justiça'"[18] (grifei).

Nos dias atuais, as preocupações de Beccaria e de Foucault, lançadas em períodos históricos tão distintos, continuam plenamente válidas. Creio que, depois, a situação das prisões tenha até mesmo piorado sensivelmente, sobretudo no Brasil.

Segundo os dados constantes do Sistema Integrado de Informações Penitenciárias – InfoPen,[19] do Ministério da Justiça, a população carcerária, no final de junho de 2014, era integrada por mais de 600 mil detentos, expostos, em sua maior parte, às já mencionadas agruras do sistema, em colisão frontal, dentre outros dispositivos legais, com o disposto nos arts. 1º, III, e 5º, XLIX, da Carta Magna, que tratam, respectivamente, da dignidade da pessoa humana e das garantias asseguradas aos presos, em especial ao respeito à sua integridade física e moral.

Buscando a origem desse fenômeno, que revela verdadeira patologia institucional, Yolanda Catão e Elizabeth Sussekind, de há muito, aventaram que ele se deve, em grande parte, a uma indisfarçável discriminação social contra os detentos em nosso País, especialmente em razão do

"(...) fato de o preso provir de meio social pobre. Como forma de descarregar tensões e agressividades sociais, ele torna-se um 'bode expiatório' no sentido de que todas as culpas da violência estrutural e os ódios existentes entre as classes recaem sobre essa minoria desprotegida e que não tem como se defender contra um sistema institucionalizado e bem organizado."[20]

Isso, continuam as citadas autoras, faz com que nem os estratos sociais mais baixos e muito menos as classes médias e altas queiram identificar-se com os presos, predominando uma visão maniqueísta relativamente a eles, de maneira a dividir a sociedade entre pessoas "inofensivas" e "perigosas". Essa perspectiva distorcida, fundada em indisfarçável preconceito de classe, leva a que ninguém se anime a dar voz às necessidades e carências desses seres humanos entregues à sua miserável sorte.[21]

10. Prisões e dignidade da pessoa humana

Sejam quais forem os motivos que deram causa a essa situação, cumpre ressaltar que o postulado da dignidade da pessoa humana, nas palavras de José Afonso da Silva, *"não é apenas um princípio da ordem jurídica, mas o é também da ordem política, social, econômica e cultural. Daí sua natureza de valor supremo, porque está na base de toda a vida nacional"*.[22]

---

[18] FOUCAULT, Michel. *Vigiar e punir*. Rio de Janeiro: Vozes, 2009. p. 62.

[19] Disponível em: <http://www.justica.gov.br/seus-direitos/politica-penal/relatorio-depen-versao-web.pdf/view>. Acesso em 12/8/2015.

[20] FRAGOSO, Heleno et al. *Direitos dos Presos*. Rio de Janeiro: Forense, 1980. p. 81.

[21] Idem, *loc.cit.*

[22] SILVA, José Afonso da. *Comentário contextual à constituição*. 6. ed. São Paulo: Malheiros, 2009. p. 38.

Ainda na lição do renomado mestre, o primeiro ordenamento jurídico a abrigar o princípio da dignidade da pessoa humana como valor basilar, foi o alemão, em sua Lei Fundamental, em razão de haver o Estado Nazista protagonizado gravíssimos delitos contra a humanidade invocando, com desabrido despudor, fatídicas "razões de Estado".

No caso brasileiro, os conhecidos abusos e crimes cometidos contra cidadãos e estrangeiros durante o regime de exceção, que durou aproximadamente de 1964 a 1985, ensejaram a inclusão da dignidade da pessoa humana no corpo da denominada "Constituição-Cidadã" como um dos pilares do Estado Democrático de Direito que ela institui e consagra.[23]

Na precisa síntese de J. J. Gomes Canotilho:

> "Perante as experiências históricas de aniquilação do ser humano (inquisição, escravatura, nazismo, stalinismo, polpotismo, genocídios étnicos) a dignidade da pessoa humana como base da República significa, sem transcendências ou metafísicas, o reconhecimento do homo *noumenon*, ou seja, do indivíduo como limite e fundamento do domínio político da República".[24]

Com efeito, a partir das incontáveis barbáries cometidas em nome do Estado, especialmente no século passado, indelevelmente tisnado por duas terríveis guerras mundiais, que resultaram em milhões de pessoas mortas, feridas, mutiladas e desenraizadas de seus locais de origem, realizou-se um enorme esforço da comunidade internacional para elevar o princípio da dignidade humana à estatura de um paradigma universal a ser observado por todos os Estados civilizados.

Na precisa recapitulação de Ingo Sarlet, ele consubstancia

> "(...)a qualidade intrínseca e distintiva de cada ser humano que o faz merecedor do mesmo respeito e consideração por parte do estado e da comunidade, implicando, neste sentido, um complexo de direitos e deveres fundamentais que assegurem a pessoa tanto contra todo e qualquer ato de cunho degradante e desumano, como venham a lhe garantir as condições existenciais mínimas para uma vida saudável, além de propiciar e promover sua participação ativa co-responsável nos destinos da própria existência e da vida em comunhão dos demais seres humanos".[25]

Nessa linha, erigiu-se a dignidade da pessoa humana à categoria de um "sobre-princípio" justamente para impor limites expressos à atuação do Estado e de seus agentes, com reflexo direto no *jus puniendi* que ele detém como *ultima ratio* para garantir a convivência pacífica das pessoas em sociedade.

Mas o que se verifica, hoje, relativamente às prisões brasileiras, é uma completa ruptura com toda a doutrina legal de cunho civilizatório construída no pós-guerra. Trata-se de um processo de verdadeira "coisificação" de seres humanos presos, amontoados em verdadeiras "masmorras medievais", que indica claro retrocesso relativamente a essa nova lógica jurídica.

---

[23] Idem, ibidem. p. 37.

[24] CANOTILHO, José Joaquim Gomes. *Direito constitucional*. 7ª ed. Coimbra: Almedina. p. 225.

[25] SARLET, Ingo Wolfgang. *Dignidade da pessoa humana e direitos fundamentais*. Porto Alegre: Livraria do Advogado, 2001, p. 60.

O fato é que a sujeição dos presos às condições até aqui descritas mostra, com clareza meridiana, que o Estado os está sujeitando a uma pena que ultrapassa a mera privação da liberdade prevista na sentença, porquanto acresce a ela um sofrimento físico, psicológico e moral, o qual, além de atentar contra toda a noção que se possa ter de respeito à dignidade humana, retira da sanção qualquer potencial de ressocialização.

Sim, porque tais pessoas, muito embora submetidas à guarda e vigilância do Estado, devem merecer dele a necessária proteção, inclusive e especialmente contra violências perpetradas por parte de agentes carcerários e outros presos.

O tratamento dispensado aos detentos no sistema prisional brasileiro, com toda a certeza, rompe com um dogma universal segundo o qual eles conservam todos os direitos não afetados pelo cerceamento de sua liberdade de ir e vir, garantia, de resto, expressa, com todas as letras, no art. 3º de nossa Lei de Execução Penal.[26]

11. Inafastabilidade da jurisdição

A centralidade do valor da dignidade da pessoa humana em nosso sistema constitucional permite a intervenção judicial para que seu conteúdo mínimo seja assegurado aos jurisdicionados em qualquer situação em que estes se encontrem.

Basta lembrar, nesse sentido, que uma das garantias basilares para a efetivação dos direitos fundamentais é o princípio da inafastabilidade da jurisdição, abrigado no art. 5º, XXXV, de nossa Constituição, segundo o qual *"a lei não subtrairá à apreciação do poder judiciário qualquer lesão ou ameaça de lesão a direito"*.

A partir dessa cláusula, é possível deduzir, de forma complementar, o direito à plena cognição da lide pelo Estado-juiz, definido como um *"ato de inteligência, consistente em considerar, analisar e valorar as alegações e as provas produzidas pelas partes, vale dizer, as questões de fato e as de direito que são deduzidas no processo e cujo resultado é o alicerce, o fundamento do judicium, do julgamento do objeto litigioso do processo"*.[27]

No juízo criminal, convém ressaltar, a cognição é a mais ampla possível, pois nele se busca a "verdade real", bem distinta daquela "verdade formal", que, muitas vezes, basta para encerrar um litígio cível.

Outro aspecto a sublinhar é que os juízes são adotados do poder geral de cautela consistente em uma competência, mediante o qual lhes é permitido conceder medidas cautelares atípicas, que não estão explicitadas em lei, sempre que estas se mostrarem necessárias para assegurar, nos casos concretos submetidos à jurisdição, a efetividade do direito buscado. Em outros termos, elas são cabíveis, no dizer de Vicente Greco Filho, *"quando houver, nos termos da lei, fundado receio de lesão grave e de difícil reparação"*.[28]

O postulado da inafastabilidade da jurisdição é um dos principais alicerces do Estado Democrático de Direito, pois impede que lesões ou ameaças de lesões a direitos sejam excluídas da apreciação do Judiciário, órgão que, ao lado do Legislativo e do Executivo, expressa a soberania popular.

Trata-se de um verdadeiro marco civilizatório, que prestigia a justiça contra o força, sobretudo a moderação diante do arbítrio, na solução dos litígios individuais e

---

[26] LEP - Art. 3º Ao condenado e ao internado serão assegurados todos os direitos não atingidos pela sentença ou pela lei.

[27] WATANABE, Kazuo. *Da cognição no processo civil*. 2. ed. Campinas: Bookseller, 2000. pp. 58-59.

[28] GRECO FILHO, Vicente. *Direito Processual Civil Brasileiro*. Volume 3. 20ª ed. São Paulo: Editora Saraiva, 2009. p. 171.

sociais. Resulta de uma longa evolução histórica, em que se superou a concepção bíblica resumida na expressão "olho por olho, dente por dente", materializada já no vetusto Código de Hamurabi.

A autotutela dos pretensos direitos dos ofendidos imperou durante séculos, até que se passou a entender que o exercício arbitrário das próprias razões constitui um ilícito quiçá mais grave do que aquele que se pretende remediar pela força.

Já na época dos antigos romanos, os litígios privados passaram a ser resolvidos pelos pretores, agentes do Estado especialmente preparados para tal função, tendo em conta a lei, a tradição e a jurisprudência.

Mesmo na Idade Média, os senhores feudais chamaram para si a solução dos litígios, de maneira a impedir que os envolvidos buscassem fazer "justiça" com as próprias mãos, causando a ruptura da paz social.

Mas a noção da inafastabilidade de uma jurisdição estatal independente surgiu apenas na Idade Contemporânea, momento em que se percebeu que o poder, inclusive o de dizer o direito, não é mais exercido em nome do monarca, segundo seus desígnios e interesses pessoais, por intermédio de aristocratas ou agentes reais, discricionariamente escolhidos.

Os magistrados, a partir de então, legalistas e independentes, escolhidos por processos mais transparentes, que se foram objetivando com o passar do tempo, começam a dizer o direito em nome do povo, aplicando, aos casos concretos, normas legais aprovadas *in abstracto* pelos representantes deste nos Parlamentos.

Desde esse momento os juízes passam a exercer, com exclusividade, *"a função jurisdicional, sendo o seu compromisso ético somente com a justiça, envolvida por seus escopos e voltada para o bem comum"*.[29]

12. Eficácia dos direitos fundamentais

Sabe-se hoje, que os princípios constitucionais, longe de configurarem meras recomendações de caráter moral ou ético, consubstanciam regras jurídicas de caráter prescritivo, hierarquicamente superiores às demais e *"positivamente vinculantes"*, como ensina Gomes Canotilho.[30]

A sua inobservância, ao contrário do que muitos pregavam até recentemente, atribuindo-lhes uma natureza apenas programática, deflagra sempre uma consequência jurídica, de maneira compatível com a carga de normatividade que encerram.

Independentemente da preeminência que ostentam no âmbito do sistema ou da abrangência de seu impacto sobre a ordem legal, os princípios constitucionais, como se reconhece atualmente, são sempre dotados de eficácia, cuja materialização pode ser cobrada judicialmente, se necessário.

Segundo assentei em sede acadêmica, os direitos individuais, institucionalizados há mais de trezentos anos, além de claramente exteriorizados, por meio de normas de eficácia plena e aplicabilidade imediata, encontram-se protegidos por uma série de garantias bem definidas, que pouco variam de um sistema jurídico para outro.[31]

---

[29] RULLI JÚNIOR, Antônio. *Universalidade da jurisdição*. São Paulo: Oliveira Mendes, 1998, p. 141.

[30] CANOTILHO, José Joaquim Gomes. *Direito Constitucional*. Coimbra: Almedina, 1992. p. 352.

[31] LEWANDOWSKI, Enrique Ricardo. *A proteção dos direitos humanos na ordem interna e internacional*. Rio de Janeiro: Forense, 1984. p. 177.

Assim, *contrariamente ao sustentado pelo acórdão recorrido*, penso que *não se está diante de normas meramente programáticas. Tampouco é possível cogitar de hipótese na qual o Judiciário estaria ingressando indevidamente em seara reservada à Administração Pública.*

No caso dos autos, está-se diante de clara violação a direitos fundamentais, praticada pelo próprio Estado contra pessoas sob sua guarda, cumprindo ao Judiciário, por dever constitucional, oferecer-lhes a devida proteção.

Nesse contexto, *não há falar em indevida implementação, por parte do Judiciário, de políticas públicas* na seara carcerária, circunstância que sempre enseja discussão complexa e casuística acerca dos limites de sua atuação, à luz da teoria da separação dos poderes.

13. Regras infraconstitucionais violadas

As condições escandalosamente degradantes em que se acham os presos em nosso País, não apenas revelam situação incompatível com diversos preceitos da Carta Magna, em especial os contidos nos arts. 1º, III, e 5º, XLIX, conforme já apontei acima, como também se contrapõem a dispositivos legais específicos sobre o assunto, a saber: os arts. 3º, 40, e 85, da Lei 7.210/1984 (Lei de Execução Penal - LEP). Confira-se:

> "Art. 3º *Ao condenado e ao internado serão assegurados todos os direitos não atingidos pela sentença ou pela lei.*
>
> Parágrafo único. Não haverá qualquer distinção de natureza racial, social, religiosa ou política.
>
> (...)
>
> Art. 40 - *Impõe-se a todas as autoridades o respeito à integridade física e moral dos condenados e dos presos provisórios.*
>
> (...)
>
> Art. 85. *O estabelecimento penal deverá ter lotação compatível com a sua estrutura e finalidade.*
>
> Parágrafo único. O Conselho Nacional de Política Criminal e Penitenciária determinará o limite máximo de capacidade do estabelecimento, atendendo a sua natureza e peculiaridades" (grifei).

Como se vê, a LEP, por meio dos dispositivos acima referidos, assegura aos condenados e internados em geral todos os direitos não atingidos pela sentença ou pela lei. Impõe, ademais, a todas as autoridades o respeito à integridade física e moral dos custodiados, inclusive, dos presos provisórios.

De outra banda, a Lei de Execução Penal prescreve, no *caput* de seu art. 88, que o condenado será alojado em cela individual integrada por dormitório, aparelho sanitário e lavatório. E, em seu parágrafo único, estabelece os requisitos mínimos de cada alojamento prisional, quais sejam: salubridade do ambiente pela concorrência dos fatores de aeração, insolação e condicionamento térmico adequado à existência humana, compreendendo uma área mínima de 6,00 m² (seis metros quadrados).

Mas não é só!

A LEP prevê, ainda, que os estabelecimentos prisionais deverão ter lotação compatível com a respectiva estrutura e finalidade, assentando, mais, que o Conselho Nacional de Política Criminal e Penitenciária – CNPCP/MJ estabelecerá o limite máximo da capacidade destes.

Além disso, existem normas regulamentares constantes da Resolução nº 14 de 1994, do CNPCP/MJ, cuja competência encontra-se definida no art. 64 da LEP,[32] as quais devem ser obrigatoriamente respeitadas quanto aos presos.

A mencionada Resolução fixa as regras mínimas para o tratamento de presos no Brasil em seus arts. 1º, 3º, 7º, 8º, 9º, 10 e 13. Eis a sua redação:

"Art. 1º. As normas que se seguem obedecem aos princípios da Declaração Universal dos Direitos do Homem e daqueles inseridos nos Tratados, Convenções e regras internacionais de que o Brasil é signatário devendo ser aplicadas sem distinção de natureza racial, social, sexual, política, idiomática ou de qualquer outra ordem.

(...)

Art. 3º. *É assegurado ao preso o respeito à sua individualidade, integridade física e dignidade pessoal.*

(...)

Art. 7º. Presos pertencentes a categorias diversas devem ser *alojados em diferentes estabelecimentos prisionais ou em suas seções, observadas características pessoais* tais como: sexo, idade, situação judicial e legal, quantidade de pena a que foi condenado, regime de execução, natureza da prisão e o tratamento específico que lhe corresponda, atendendo ao princípio da individualização da pena.

Art. 8º. Salvo razões especiais, os presos deverão ser alojados individualmente.

§1º. Quando da utilização de dormitórios coletivos, estes deverão ser ocupados por presos cuidadosamente selecionados e reconhecidos como aptos a serem alojados nessas condições.

§2º. *O preso disporá de cama individual provida de roupas, mantidas e mudadas correta e regularmente, a fim de assegurar condições básicas de limpeza e conforto.*

Art. 9º. *Os locais destinados aos presos deverão satisfazer as exigências de higiene, de acordo com o clima, particularmente no que ser refere à superfície mínima, volume* de ar, calefação e ventilação.

Art. 10. *O local onde os presos desenvolvam suas atividades deverá apresentar:*

I – janelas amplas, dispostas de maneira a possibilitar circulação de ar fresco, haja ou não ventilação artificial, para que o preso possa ler e trabalhar com luz natural;

II – quando necessário, luz artificial suficiente, para que o preso possa trabalhar sem prejuízo da sua visão;

III – instalações sanitárias adequadas, para que o preso possa satisfazer suas necessidades naturais de forma higiênica e decente, preservada a sua privacidade;

IV – *instalações condizentes, para que o preso possa tomar banho à temperatura adequada ao clima e com a frequência que exigem os princípios básicos de higiene.*

---

[32] Art. 64. Ao Conselho Nacional de Política Criminal e Penitenciária, no exercício de suas atividades, em âmbito federal ou estadual, incumbe: I - propor diretrizes da política criminal quanto à prevenção do delito, administração da Justiça Criminal e execução das penas e das medidas de segurança; II - contribuir na elaboração de planos nacionais de desenvolvimento, sugerindo as metas e prioridades da política criminal e penitenciária; III - promover a avaliação periódica do sistema criminal para a sua adequação às necessidades do País; IV - estimular e promover a pesquisa criminológica; V - elaborar programa nacional penitenciário de formação e aperfeiçoamento do servidor; *VI - estabelecer regras sobre a arquitetura e construção de estabelecimentos penais e casas de albergados;* VII - estabelecer os critérios para a elaboração da estatística criminal; VIII - inspecionar e fiscalizar os estabelecimentos penais, bem assim informar-se, mediante relatórios do Conselho Penitenciário, requisições, visitas ou outros meios, acerca do desenvolvimento da execução penal nos Estados, Territórios e Distrito Federal, propondo às autoridades dela incumbida as medidas necessárias ao seu aprimoramento; - representar ao Juiz da execução ou à autoridade administrativa para instauração de sindicância ou procedimento administrativo, em caso de violação das normas referentes à execução penal; - representar à autoridade competente para a interdição, no todo ou em parte, de estabelecimento penal (grifei).

(...)

Art. 13. *A administração do estabelecimento fornecerá água potável e alimentação aos presos.*

Parágrafo Único – *A alimentação será preparada de acordo com as normas de higiene e de dieta, controlada por nutricionista, devendo apresentar valor nutritivo suficiente para manutenção da saúde e do vigor físico do preso"* (grifei).

Essas regras, como se sabe, jamais foram cumpridas.

14. Normas internacionais

Não se ignora, por outro lado, que o art. 5º, §2º, da Carta Magna consigna que os direitos e garantias nela previstos não excluem outros decorrentes do regime e dos princípios adotados em seu texto, ou dos tratados internacionais em que o Brasil seja parte.

Isso porque o sistema normativo de proteção aos direitos humanos contempla a complementariedade entre direito interno e o internacional. Conforme explica Fábio Comparato,

"(...) o sistema integrado de direitos humanos, nacional e internacional, comporta dois níveis: o do direito positivo e o do direito suprapositivo.

No primeiro, situam-se os chamados direitos fundamentais, isto é, os direitos humanos declarados pelos estados, seja internamente em suas Constituições, seja internacionalmente por via de tratados, pactos ou convenções. A integração ao ordenamento nacional dos direitos fundamentais, declarados em tratados ou convenções internacionais, tende hoje a generalizar-se. A Constituição brasileira de 1988, como sabido, seguiu essa tendência, com a disposição constante de seu art. 5º, §2º.

No nível suprapositivo, encontramos os direitos humanos que ainda não chegaram a positivar-se, mas que vigem, efetivamente, na consciência jurídica coletiva, nacional ou internacional".[33]

Nesse ponto, observo que tampouco os direitos assegurados aos presos pelas normas internacionais são respeitadas.

Cito, brevemente, a título exemplificativo, algumas delas, a saber:

"DECLARAÇÃO UNIVERSAL DOS DIREITOS
HUMANOS, de 10 de dezembro de 1948. (...)

Artigo 5

Ninguém será submetido a tortura, nem a tratamento ou castigo cruel, desumano ou degradante.

Artigo 6

Todo homem tem o direito de ser, em todos os lugares, reconhecido como pessoa perante a lei.

(...)

---

[33] Disponível em: <http://www.egov.ufsc.br/portal/conteudo/o-papel-do-juiz-na-efetiva%C3%A7%C3%A3o-dos-direitos-humanos>. Acesso em: 12/8/2015.

Artigo 8

Todo o homem tem direito a receber dos tribunais nacionais competentes remédio efetivo para os atos que violem os direitos fundamentais que lhe sejam reconhecidos pela constituição ou pela lei" (grifei).

"PACTO INTERNACIONAL SOBRE DIREITOS CIVIS E POLÍTICOS de 19 de dezembro de 1966, internalizado pelo DECRETO 592 de 6 julho de 1992

(...)

Artigo 7

Ninguém poderá ser submetido à tortura, nem *a penas ou tratamentos cruéis, desumanos ou degradantes.*

(...)

Artigo 10

1. *Toda pessoa privada de sua liberdade deverá ser tratada com humanidade e respeito à dignidade inerente à pessoa humana"* (grifei).

"CONVENÇÃO AMERICANA SOBRE DIREITOS HUMANOS, de 22 de novembro de 1969, internalizado pelo DECRETO 678 DE 6/11/1992

(...)

Artigo 5

Direito à Integridade Pessoal

1. *Toda pessoa tem o direito de que se respeite sua integridade física, psíquica e moral.*

2. *Ninguém deve ser submetido* a torturas, nem *a penas ou tratos cruéis, desumanos ou degradantes. Toda pessoa privada da liberdade deve ser tratada com o respeito devido à dignidade inerente ao ser humano."* (grifei).

Convém lembrar que *essas normas,* conforme decisão desta Suprema Corte, tomada no julgamento conjunto dos Recursos Extraordinários 466.343/SP, Rel. Min. Cezar Peluso, e 349.703/RS, Rel. Min. Ayres Britto, e dos *Habeas Corpus* 87.585/TO e 92.566/SP, ambos de relatoria do Min. Marco Aurélio, *possuem natureza supralegal.* Do trecho da ementa de um desses acórdãos consta peremptoriamente o seguinte:

> "(...) o caráter especial desses diplomas internacionais sobre direitos humanos lhes reserva lugar específico no ordenamento jurídico, estando abaixo da Constituição, porém acima da legislação interna".[34]

Menciono, ainda, a existência das Resoluções 663 C (XXIV) e 2076 (LXII),[35] aprovadas pelo Conselho Econômico e Social das Nações Unidas em 1957 e 1977, respectivamente, após a realização, em Genebra, do Primeiro Congresso das Nações Unidas sobre a Prevenção do Crime e o Tratamento dos Delinquentes, em 1955, que estabelecem Regras Mínimas para o Tratamento de Reclusos, dentre as quais:

> "(...) 9.
>
> 1) *As celas ou locais destinados ao descanso noturno não devem ser ocupados por mais de um recluso.* Se, por razões especiais, tais como excesso temporário de população prisional,

---

[34] RE 349.703/RS.

[35] Íntegra do documento disponível em <http://www.direitoshumanos.usp.br/index.php/Direitos-Humanos-na-Administra%C3%A7%C3%A3o-da-Justi%C3%A7a.-Prote%C3%A7%C3%A3o-dos-Prisioneiros-e-Detidos.-Prote%C3%A7%C3%A3o-contra-a-Tortura-Maus-tratos-e-Desaparecimento/regras-minimas-para-o-tratamento-dos-reclusos.html> Acesso em 12/8/2015.

for necessário que a administração penitenciária central adote exceções a esta regra, deve evitar-se que dois reclusos sejam alojados numa mesma cela ou local.

(...)

10) As acomodações destinadas aos reclusos, especialmente dormitórios, *devem satisfazer todas as exigências de higiene e saúde*, tomando-se devidamente em consideração as condições climatéricas e especialmente a cubicagem de ar disponível, o espaço mínimo, a iluminação, o aquecimento e a ventilação.

11) Em todos os locais destinados aos reclusos, para viverem ou trabalharem:

A) As janelas devem ser suficientemente amplas de modo a que os reclusos possam ler ou trabalhar com luz natural, e devem ser construídas de forma a permitir a entrada de ar fresco, haja ou não ventilação artificial;

B) A luz artificial deve ser suficiente para permitir aos reclusos ler ou trabalhar sem prejudicar a vista.

12) As instalações sanitárias devem ser adequadas, de modo a que os reclusos possam efetuar as suas necessidades quando precisarem, de modo limpo e decente.

13) As instalações de banho e ducha devem ser suficientes para que todos os reclusos possam, quando desejem ou lhes seja exigido, tomar banho ou ducha a uma temperatura adequada ao clima, tão frequentemente quanto necessário à higiene geral, de acordo com a estação do ano e a região geográfica, mas pelo menos uma vez por semana num clima temperado.

14) Todas as zonas de um estabelecimento penitenciário usadas regularmente pelos reclusos devem ser mantidas e conservadas sempre escrupulosamente limpas.

15) Deve ser exigido a todos os reclusos que se mantenham limpos e, para este fim, ser-lhes-ão fornecidos água e os artigos de higiene necessários à saúde e limpeza.

16) A fim de permitir aos reclusos manter um aspecto correto e preservar o respeito por si próprios, ser-lhes-ão garantidos os meios indispensáveis para cuidar do cabelo e da barba; os homens devem poder barbear-se regularmente.

1) Deve ser garantido vestuário adaptado às condições climatéricas e de saúde a todos os reclusos que não estejam autorizados a usar o seu próprio vestuário. Este vestuário não deve de forma alguma ser degradante ou humilhante.

2) Todo o vestuário deve estar limpo e ser mantido em bom estado. As roupas interiores devem ser mudadas e lavadas tão frequentemente quanto seja necessário para manutenção da higiene.

(...)

19. *A todos os reclusos*, de acordo com padrões locais ou nacionais, *deve ser fornecido um leito próprio e roupa de cama suficiente e própria, que estará limpa quando lhes for entregue, mantida em bom estado de conservação e mudada com a frequência suficiente para garantir a sua limpeza".*

Da mesma maneira como ocorre com as regras internas, nenhuma dessas normas internacionais às quais o Brasil aderiu no exercício de sua soberania vem sendo observadas pelas autoridades penitenciárias em nosso País.

15. Sanções da CIDH contra o Brasil

Recordo, ainda, que, em consequência da reiterada violação aos direitos humanos dos presos no Brasil, já foram ajuizados contra o País diversos processos perante a Comissão e a Corte Interamericana de Direitos Humanos.[36] Dentre eles, o de maior repercussão é aquele que envolve a denúncia de mortes e maus-tratos de detentos no Presídio José Mário Alves da Silva, conhecido como "Urso Branco", situado em Porto Velho/RO.

---

[36] Disponível em: <http://www.corteidh.or.cr>. Acesso em 12.08.2015.

Tal caso é considerado internacionalmente um verdadeiro paradigma do descaso com que as autoridades brasileiras tratam do sistema penitenciário. No âmbito interno, rememoro, ele deu ensejo a pedido de intervenção federal no Estado nesta Suprema Corte.[37] Lamentavelmente, a situação do Urso Branco não é o único exemplo de crítica internacional à violação de direitos dos reclusos em nossas penitenciárias

A Corte Interamericana apreciou também a situação do Complexo do Tatuapé – FEBEM, em São Paulo/SP, da Penitenciária Dr. Sebastião Martins Silveira, em Araraquara/SP, e da Unidade de Internação Socioeducativa, em Cariacica/ES, determinando medidas a serem cumpridas pelo Estado brasileiro voltadas à proteção da vida e da integridade física dos reclusos e daqueles que trabalham ou frequentam aqueles estabelecimentos.[38]

Vale sublinhar, nesse passo, que, a partir do momento em que o Brasil adere a um tratado ou a uma convenção internacional, sobretudo àqueles que dizem respeito aos direitos humanos, a União assume as obrigações neles pactuadas, sujeitando-se, inclusive, à supervisão dos órgãos internacionais de controle, porquanto somente ela possui personalidade jurídica no plano externo.

Quanto a tal ponto vale trazer à baila a seguinte lição de Flávia Piovesan:

"(...) os princípios federativo e da separação dos Poderes não podem ser invocados para afastar a responsabilidade da União em relação à violação de obrigações contraídas no âmbito internacional. Como leciona Louis Henkin: 'A separação dos poderes no plano nacional afeta a forma de responsabilização do Estado? No que se refere à atribuição de responsabilidade, não faz qualquer diferença se o órgão é parte do Executivo, Legislativo ou Judiciário. Não importa ainda se o órgão tem, ou não, qualquer responsabilidade em política internacional.

(...)

Estados Federais, por vezes, têm buscado negar sua responsabilidade em relação a condutas praticadas por Estados ou Províncias. *Um Estado Federal é também responsável pelo cumprimento das obrigações decorrentes de tratados no âmbito de seu território inteiro, independentemente das divisões internas de poder.* Exceções a esta regra podem ser feitas pelo próprio tratado ou em determinadas circunstâncias'".[39] (grifei).

A própria possibilidade de federalização de violações aos direitos fundamentais, introduzida em nosso ordenamento jurídico pela Emenda Constitucional 45/2004,[40] tem como escopo evitar a impunidade no combate às ofensas mais graves a esses valores, ao mesmo tempo em que reafirma o primado da dignidade humana como um dos pilares da República.[41]

---

[37] IF 5.129/RO.

[38] Para informações mais detalhadas ver: <http://www.corteidh.or.cr/index.php/en/jurisprudencia>.

[39] PIOVESAN, Flávia. *Direitos humanos e o Direito Constitucional Internacional.* 9. ed. rev., ampl. e atual. São Paulo: Saraiva, 2008. pp. 299-300.

[40] "Art. 109 – (...) §5º - Nas hipóteses de grave violação de direitos humanos, o Procurador-Geral da República, com a finalidade de assegurar o cumprimento de obrigações decorrentes de tratados internacionais de direitos humanos dos quais o Brasil seja parte, poderá suscitar, perante o Superior Tribunal de Justiça, em qualquer fase do inquérito ou processo, incidente de deslocamento de competência para a Justiça Federal.

[41] Sobre o tema vide: CAZETTA, Ubiratan. Direitos humanos e federalismo: o incidente de deslocamento de competência. São Paulo: Atlas, 2009.

16. Sujeição da matéria ao Judiciário

Forçoso é concluir, que, diante do panorama até aqui exposto, o arcabouço normativo interno (Constituição Federal, Lei de Execução Penal e demais atos normativos legais e regulamentares) e internacional (tratados e pactos assinados e internalizados pelo Brasil), na prática, configuram letra morta, ao menos com relação àqueles infelizes trancafiados nos cárceres de todo o País.

Assim, mostra-se no mínimo paradoxal a assertiva que consta do acórdão proferido pelo TJRS abaixo reproduzida:

> "(...) fundado no princípio da discricionariedade, o Estado tem liberdade de dispor das verbas orçamentárias, de escolher onde devem ser aplicadas e quais obras deve realizar.
> E o Poder Judiciário, pergunto, cabe intrometer-se nas questões de governo, de programa de governo, de gestão, e impor ao Poder Executivo obrigação de fazer que importe gastos sem previsão orçamentária?
> Respondo pela negativa".

Ora, salta aos olhos que, ao contrário do que conclui o mencionado aresto, existe todo um complexo normativo de índole interna e internacional, que exige a pronta ação do Judiciário para recompor a ordem jurídica violada, em especial para fazer valer os direitos fundamentais - de eficácia plena e aplicabilidade imediata - daqueles que se encontram, temporariamente, repita-se, sob a custódia do Estado.

A hipótese aqui examinada não cuida, insisto, de implementação direta, pelo Judiciário, de políticas públicas, amparadas em normas programáticas, supostamente abrigadas na Carta Magna, em alegada ofensa ao princípio da reserva do possível. Ao revés, trata-se do cumprimento da obrigação mais elementar deste Poder que é justamente a de dar concreção aos direitos fundamentais, abrigados em normas constitucionais, ordinárias, regulamentares e internacionais.[42]

A reiterada omissão do Estado brasileiro em oferecer condições de vida minimamente digna aos detentos exige uma intervenção enérgica do Judiciário para que, pelo menos, o núcleo essencial da dignidade da pessoa humana lhes seja assegurada, não havendo margem para qualquer discricionariedade por parte das autoridades prisionais no tocante a esse tema.

Sim, porque, como já assentou o Ministro Celso de Mello, não pode o Judiciário omitir-se "*se e quando os órgãos estatais competentes, por descumprirem os encargos político-jurídicos que sobre eles incidem, vierem a comprometer, com tal comportamento, a eficácia e a integridade direitos individuais e/ou coletivos impregnados de estatura constitucional*".[43]

---

[42] SCAFF, Fernando Facury. Sentenças aditivas, Direitos Sociais e Reserva do Possível. *In: Revista Dialética de Direito Processual*, n. 51, p. 90, jun. 2007.

[43] ADPF 45-MC/DF, Rel. Min. Celso de Mello. Confira-se, a propósito, a ementa dessa decisão monocrática: "ARGÜIÇÃO DE DESCUMPRIMENTO DE PRECEITO FUNDAMENTAL. A QUESTÃO DA LEGITIMIDADE CONSTITUCIONAL DO CONTROLE E DA INTERVENÇÃO DO PODER JUDICIÁRIO EM TEMA DE IMPLEMENTAÇÃO DE POLÍTICAS PÚBLICAS, QUANDO CONFIGURADA HIPÓTESE DE ABUSIVIDADE GOVERNAMENTAL. DIMENSÃO POLÍTICA DA JURISDIÇÃO CONSTITUCIONAL ATRIBUÍDA AO SUPREMO TRIBUNAL FEDERAL. INOPONIBILIDADE DO ARBÍTRIO ESTATAL À EFETIVAÇÃO DOS DIREITOS SOCIAIS, ECONÔMICOS E CULTURAIS. CARÁTER RELATIVO DA LIBERDADE DE CONFORMAÇÃO DO LEGISLADOR. CONSIDERAÇÕES EM TORNO DA CLÁUSULA DA 'RESERVA DO POSSÍVEL'. NECESSIDADE DE PRESERVAÇÃO, EM FAVOR DOS INDIVÍDUOS, DA INTEGRIDADE E DA INTANGIBILIDADE DO

Nessa senda, entendo ser de todo imprópria a alegação – no mínimo bizarra - veiculada pela União, na petição de fls. 455-485, segundo a qual

> "(...) a distribuição de recursos entre as diferentes ações prestacionais realizadas pelo Estado reflete não apenas a sua situação econômica em determinado momento histórico, mas também as diretrizes políticas definidas pelo governo da maioria.
> (...)
> O que se percebe é que, ao mesmo tempo em que assegurou aos presos o direito ao tratamento íntegro, a Carta Republicana negou-lhes o acesso direto ao embate democrático. Essa negativa parece assomar como o principal motivo pelo qual os condenados não conseguem influir nas decisões orçamentárias. E o alheamento desse momento decisório possivelmente está a penalizá-los com a falta de recursos para investimento na modernização do sistema carcerário. Forma-se, em torno do destino dos encarcerados, um círculo vicioso, a sentenciá-los não apenas com a segregação física, mas também com o exílio político, social e econômico".

Essa assertiva, penso, dispensa maiores comentários. Felizmente, as minorias, nas sociedades democráticas, embora nem sempre contem com adequada representação política para a tutela de seus direitos e interesses, têm assegurado, em maior ou menor extensão, o acesso ao Judiciário, em que possam torná-los efetivos.

17. Intervenção judicial impostergável

Como acredito haver exposto, ainda que em singelas pinceladas, o nosso histórico de inércia administrativa com relação à caótica situação dos estabelecimentos prisionais, bem como o lastimável desinteresse ou, até mesmo, a franca hostilidade da sociedade quanto a essa temática, permanentemente insuflada por uma mídia sensacionalista, permitem concluir que, se não houver uma decisiva ação judicial para corrigir tal situação, ela só tenderá a agravar-se, de maneira a tornar-se insustentável em poucos anos, como já antecipam as sangrentas rebeliões de presos, as quais de repetem, com macabra regularidade, em todas as unidades da federação.

Aqui vale consignar a pertinente provocação lançada por Rogério Greco, em obra destinada à reflexão acerca do assunto:

> "Quando os telejornais mostram a situação carcerária, o sofrimento dos presos, amontoados em celas superlotadas, suplicando por melhora no sistema, será que essas cenas não têm o mesmo efeito espetacular que os suplícios que eram realizados em praça pública? Agora os locais públicos das execuções fazem parte do nosso lar. Não precisamos nos aprontar para sair de casa, a fim de assistir à execução do condenado. Podemos fazer isso sentados, confortavelmente, em nossos sofás".[44]

Na verdade há uma grande maioria de pessoas, *soi-dissant* "de bem", que simplesmente não deseja o regresso de tais indivíduos na sociedade.

NÚCLEO CONSUBSTANCIADOR DO 'MÍNIMO EXISTENCIAL'. VIABILIDADE INSTRUMENTAL DA ARGÜIÇÃO DE DESCUMPRIMENTO NO PROCESSO DE CONCRETIZAÇÃO DAS LIBERDADES POSITIVAS (DIREITOS CONSTITUCIONAIS DE SEGUNDA GERAÇÃO)'".

[44] GRECO, Rogério. Direitos humanos, sistema prisional e alternativas à privação da liberdade. São Paulo: Saraiva, 2011. p. 191.

Olvidam-se, contudo, que esse retorno, um dia, fatalmente ocorrerá. Por isso, não é mais possível adiar o necessário debate consistente em antecipar as medidas para que os egressos do sistema prisional tenham a efetiva possibilidade de reinserção na vida social, seja ele travado por simples pragmatismo, quer dizer, baseado em considerações de segurança pública, seja ainda por mero espírito humanitário, isto é, motivado pelo benfazejo amor ao próximo.

18. Limites à prestação jurisdicional

Nesse ponto, cumpre esclarecer que, não se está a afirmar que é dado ao Judiciário intervir, de ofício, em todas as situações em que direitos fundamentais se vejam em perigo. Dito de outro modo, não cabe aos magistrados agir sem que haja adequada provocação ou fundados apenas em um juízo puramente discricionário, transmudando-se em verdadeiros administradores públicos.

Aos juízes só é lícito intervir naquelas situações em que se evidencie um "não fazer" comissivo ou omissivo por parte das autoridades estatais que coloque em risco, de maneira grave e iminente, os direitos dos jurisdicionados.

Em nenhum momento aqui se afirma que é lícito ao Judiciário implementar políticas públicas de forma ampla, muito menos que lhe compete *"impor sua própria convicção política, quando há várias possíveis e a maioria escolheu uma determinada"*.[45]

Não obstante, o que se assevera, com toda a convicção, é que lhe incumbe, em casos como este sob análise, exercer o seu poder contra- majoritário, oferecendo a necessária resistência à opinião pública ou a opções políticas que caracterizam o pensar de uma maioria de momento, flagrantemente incompatível com os valores e princípios básicos da convivência humana.

Conforme bem observado pelo representante do *Parquet* gaúcho (fls. 420-423), o recorrido jamais contestou o péssimo estado de conservação do Albergue Estadual de Uruguaiana, o qual, inclusive, cumpre lembrar, acarretou a morte de um de seus detentos devido à deterioração de suas instalações elétricas.

19. Pretensa falta de verbas

Clara está, a meu sentir, a grave omissão por parte das autoridades responsáveis pelo sistema prisional. Aponto, nesse sentido, que verbas para melhorá-lo não faltam. Apenas para ilustrar, registro que consta do sítio eletrônico do Ministério da Justiça, que, no âmbito federal, a principal fonte de recursos para financiamento das atividades de modernização e aprimoramento dos presídios brasileiros é o Fundo Penitenciário Nacional - FUNPEN, gerido pelo Departamento Penitenciário Nacional – DEPEN/MJ.[46]

---

[45] Idem, ibidem. p. 256.

[46] Esse fundo é constituído por recursos da União arrecadados dos concursos de prognósticos, recursos confiscados ou provenientes da alienação de bens perdidos em favor da União Federal, multas decorrentes de sentenças penais condenatórias transitadas em julgado, fianças quebradas ou perdidas, e rendimentos decorrentes da aplicação de seu patrimônio. O programa perdeu importante uma fonte de custeio, as custas judiciais, devido à aprovação da Emenda Constitucional 45/2004. Informações disponíveis em: <http://portal. mj.gov.br/main.asp?View={C0BE0432-C046-47D6-916A-   9A3CF77E3AF5}&BrowserType=NN&LangID=pt-br&params=itemID%3D%7B962415EA-0D31-4F48-ACAF-D9ED8FB27E6E%7D%3B&UIPartUID=%7B2868BA 3C-1C72-4347-BE11-A26F70F4CB26%7D>. Acesso em 12.08.2015.

Segundo dados do próprio DEPEN, até 2013, por exemplo, foram investidos cerca de R$1.583.640.000,00 (um bilhão, quinhentos e oitenta e três milhões e seiscentos e quarenta mil reais) em construções, reformas ou ampliações em estabelecimentos penais, o que representaria, na projeção por ele realizada, a disponibilização de 52.340 (cinquenta e duas mil, trezentos e quarenta) novas vagas nos sistemas estaduais.[47]

Causa perplexidade que o referido Fundo tenha arrecadado, até junho de 2015, a considerável importância de R$2.324.710.885,64 (dois bilhões, trezentos e vinte e quatro milhões, setecentos e dez mil, oitocentos e oitenta e cinco reais e sessenta e quatro centavos).[48] E mais, saber que basta aos entes federados, para acessar essas verbas, que celebrem convênios com a União para executar projetos por eles mesmos elaborados e submetidos ao DEPEN.

O que, porém, causa verdadeira espécie é que o emprego dessas verbas orçamentárias mostrou-se decepcionante: até 2013, foram utilizados pouco mais de R$357.200.572,00 (trezentos e cinquenta e sete milhões, duzentos mil e quinhentos e setenta e dois reais). De um lado, em virtude do contingenciamento de verbas do Fundo, e, de outro, em face da inconsistência, mora ou falha na execução dos projetos concebidos pelos entes federados.[49]

A título ilustrativo, menciono, por oportuno, reportagens veiculadas nos portais de notícias "IG" e "G1", as quais traziam, respectivamente, em 16/11/2013 e 30/1/2014, as seguintes manchetes: *"Estados perdem R$135 milhões destinados a investimentos em presídios"*[50] e *"Estados deixam de construir prisões e devolvem R$187 milhões à União"*,[51] corroborando as impressões acima expostas.

Vê-se, pois, que, embora complexo, o problema prisional tem solução, especialmente quanto à disponibilidade de verbas, bastando que a União e os Estados conjuguem esforços para resolvê-lo, superando a sua histórica inércia ou, quem sabe, a persistente ausência de vontade política para atacá-lo de frente.

20. *Prison reform* cases nos EUA

Em que pesem as diferenças entre o Brasil e os Estados Unidos no tocante ao tipo de federalismo adotado e, consequentemente, aos modelos de organização judiciária, trago à colação, por oportuno, ainda que de forma panorâmica, os denominados *prison reform cases* norte-americanos, a saber, a série de intervenções pretorianas que gradualmente alteraram o sistema penitenciário daquele país.[52]

---

[47] Dados obtidos junto à Coordenação de Engenharia e Arquitetura do Departamento Penitenciário Nacional do Ministério da Justiça – Depen/MJ, em 30/6/2015.

[48] Sobre as políticas penitenciárias capitaneadas pelo Depen/MJ, ver, especificamente, http://www.justica.gov.br/seus-direitos/politica-penal/politicas-2. Acesso em 30/6/2015.

[49] Dados obtidos junto à Coordenação de Engenharia e Arquitetura do Departamento Penitenciário Nacional do Ministério da Justiça – Depen/MJ, em 30/6/2015.

[50] Disponível em: <http://ultimosegundo.ig.com.br/brasil/2013-11-16/estados-perdem-r-135-milhoes-destinados-a-investimentos-em-presidios.html>. Acesso em 12.08.2015.

[51] Disponível em: <http://g1.globo.com/brasil/noticia/2014/01/estados-deixam-de-construir-prisoes-e-devolvem-r-187-milhoes-uniao.html>. Acesso em 12.08.2015.

[52] Sobre o tema ver: FEELEY, Malcolm e RUBIN, Edward. *Judicial policy making and the modern state: how the courts reformed America's prisons*. Cambridge, UK: Cambridge University Press, 1998. Confira-se também GOUVÊA, Marcos Maselli. *O controle judicial das omissões administrativas*. Rio de Janeiro: Forense, 2003. pp. 173 e ss.

Nos Estados Unidos, até meados da década de 1960, vigorava a política do *hands off era* (ou *doctrine*) com relação ao *writs* impetrados pelo presos que alegavam a inadequação de suas condições de encarceramento.[53]

Diante disso, diferentes entidades de defesa de direitos humanos passaram a ajuizar ações coletivas (*class actions*) para enfrentar os graves problemas dos presídios norte-americanos.

Em resposta a elas, e tendo em conta o comando genérico contido na Oitava Emenda, que veda penas cruéis ou incomuns, diversas medidas saneadoras foram determinadas pelo Judiciário para a melhoria das condições carcerárias, não obstante a detecção de um óbice inicial, consistente na

> "(...) ausência de padrões bem definidos para as prisões, havendo de desenvolver-se um conceito de estabelecimento prisional adequado, minudenciando-se em sede judicial desde o espaço mínimo das celas, passando-se pelos banhos diários, até a potência mínima da luz interna(...)".[54]

Obviamente, não foi simples o processo em que se deu essa mudança de paradigma judicial, visto que envolveu discussões sobre a estrutura federal e o princípio da separação de poderes.

Lá, como cá, enveredou-se igualmente pelo debate sobre a possibilidade de o Judiciário imiscuir-se em temas relativos a políticas públicas. Mas essa última questão foi superada, valendo trazer à baila as inovadoras ponderações feitas por Malcolm Feeley e Edward Rubin, professores da Berkeley's School of Law, da Califórnia, em obra específica sobre o tema:

> "Cortes desempenham três interrelacionadas, mas distinguíveis funções: determinam fatos, interpretam textos legais de grande autoridade, e realizam novas políticas públicas. As duas primeiras funções são familiares, porém a terceira é carregada com a força da blasfêmia".[55]

O que se verificou foi que, em determinado momento, o Judiciário norte-americano, quando confrontado com a prática de violações aos direitos dos presos, lançou mão de princípios morais e constitucionais genéricos para, ante a ausência de lei ou de precedentes judiciais, criar uma nova doutrina para solucionar os problemas das prisões.[56]

Como relatado pelos referidos especialistas:

> "De repente, os abusos físicos dos prisioneiros, as miseráveis condições e a intolerável superlotação, a carência de cuidados médicos (...) forçou uma ação decisiva. *Todas essas condições existiram por um século, claro, o que mudou de repente, em 1965, foi a percepção do judiciário sobre elas*[57] (grifei).

---

[53] Postura de resistência quanto à intromissão do Judiciário dos EUA em matéria que considerava sujeita à discricionariedade da Administração.

[54] GALDINO, Flávio. Estudos sobre a adequação do sistema de litigância dos prison reform cases norte-americanos ao direito brasileiro. In: Arquivos de direitos humanos. Rio de Janeiro, v. 6, 2006. p. 73.

[55] FEELEY, Malcolm e RUBIN, Edward. *Op. cit.* p. 1 (tradução livre).

[56] GOUVÊA, Marcos Maselli. *Op. cit.* p. 181.

[57] FEELEY, Malcolm e RUBIN, Edward. *Op. cit.* p. 160 (tradução livre).

Mais recentemente, em 2011, a orientação traçada na jurisprudência formada a partir de tal doutrina também pôde ser percebida no caso *Brown v. Plata*. A Suprema Corte americana, em votação majoritária, tendo igualmente por fundamento a Oitava Emenda, assentou o seguinte entendimento, consubstanciado na opinião do Justice Kennedy:

> "A assistência médica e mental fornecidos pelas prisões da Califórnia cai abaixo do padrão de decência que é inerente à Oitava Emenda. Esta extensa e contínua violação constitucional exige um remédio, e um remédio não será alcançado sem uma redução na superlotação. O alívio ordenado pelo tribunal de três juízes é exigido pela Constituição e foi autorizado pelo Congresso no PLRA [Prison Litigation Reform Act]. O Estado deve implementar a ordem, sem mais delongas".[58]

Assim começou a reforma do sistema prisional dos EUA, que continua até os dias de hoje, com base em determinações judiciais, amparadas apenas em princípios de natureza moral e numa vaga proibição constitucional que proíbe sanções atrozes.

21. Bases para as decisões judiciais

Vali-me acima do direito comparado como um estímulo à ação do Judiciário pátrio, pois, no caso dos EUA, muito embora inexistisse qualquer legislação que desse amparo aos encarcerados, lá operou-se toda uma revolução no sistema prisional a partir de decisões pretorianas.

No Brasil, contudo, é importante salientar, temos uma clara vantagem em relação àquele histórico: há toda uma sorte de instrumentos normativos aptos a assegurar essa proteção.

Em outras palavras o Judiciário, aqui, não precisa partir do zero, construindo uma doutrina com base em princípios morais ou valores abstratos, eis que temos, repito, um robusto conjunto normativo, tanto no âmbito nacional como no internacional, que dá ampla guarida à ação judicial voltada à proteção dos direitos dos presos.

Ainda que elas não existissem, bastaria para autorizar a intervenção do Judiciário, nessa seara, a sistemática violação ao princípio da dignidade humana, somada ao conceito mais do que assentado na criminologia de que a finalidade das sanções penais consiste primacialmente em promover a ressocialização do cidadão que violou a lei.

Transcrevo, a título ilustrativo, trecho da ementa do HC 94.163/RS. Rel. Min. Carlos Brito, na qual a Primeira Turma desta Corte deixou assentado que

> "(...) a Lei 7.210/84 institui a lógica da *prevalência de mecanismos de reinclusão social* (e não de exclusão do sujeito apenado) no exame dos direitos e deveres dos sentenciados. Isto para *favorecer, sempre que possível, a redução das distâncias entre a população intramuros penitenciários e a comunidade extramuros.*

---

[58] "The medical and mental health care provided by California's prisons falls below the standard of decency that inheres in the Eighth Amendment. This extensive and ongoing constitutional violation requires a remedy, and a remedy will not be achieved without a reduction in overcrowding. The relief ordered by the three-judge court is required by the Constitution and was authorized by Congress in the PLRA. The State shall implement the order without further delay".

(...)

2. Essa particular forma de parametrar a interpretação da lei (no caso, a LEP) é a que mais se aproxima da Constituição Federal, que faz da cidadania e da dignidade da pessoa humana dois de seus fundamentos (incisos II e III do art. 1º). *Mais: Constituição que tem por objetivos fundamentais erradicar a marginalização e construir uma sociedade livre, justa e solidária (incisos I e III do art. 3º). Tudo na perspectiva da construção do tipo ideal de sociedade que o preâmbulo de nossa Constituição caracteriza como 'fraterna' (...)"* (grifei).

Em face desse julgado, creio que mais não é preciso acrescentar sobre esse candente tema.

22. Parte dispositiva

Ante o exposto e o mais que consta dos autos, sobretudo tendo em conta o princípio da inafastabilidade da jurisdição, dou provimento ao recurso extraordinário para cassar o acórdão recorrido, a fim de que se mantenha a decisão proferida pelo juízo de primeiro grau.

A tese de repercussão geral que proponho seja afirmada por esta Suprema Corte é a seguinte: "É lícito ao Judiciário impor à Administração Pública obrigação de fazer, consistente na promoção de medidas ou na execução de obras emergenciais em estabelecimentos prisionais para dar efetividade ao postulado da dignidade da pessoa humana e assegurar aos detentos o respeito à sua integridade física e moral, nos termos do que preceitua o art. 5º, XLIX, da Constituição Federal, não sendo oponível à decisão o argumento da reserva do possível nem o princípio da separação dos poderes".

É como voto.

PARTE V

ENRIQUE RICARDO LEWANDOWSKI, UMA VIDA DEDICADA AOS DIREITOS HUMANOS E AO PAÍS

A FLEXIBILIZAÇÃO DO DIREITO DO TRABALHO

MARCO AURÉLIO MELLO

Honrou-me o Ministro Paulo Dias de Moura Ribeiro com o convite para participar de obra, a muitas mãos, em homenagem ao Ministro Ricardo Lewandowski. Com ele ombreei no Supremo, no Tribunal Superior Eleitoral e, em Portugal, na Universidade de Coimbra, no tradicional Seminário de Verão. Razão e emoção conduzem-me a dizer justa a iniciativa.

Ricardo Lewandowski, patriarca em família amorosa, pratica o amor nos atos de convivência e judicantes. Concilia os valores do trinômio lei, direito e justiça, personificando o Estado-Juiz com grande dedicação. Lembro-me da entusiasmada comemoração de meus 25 anos no Supremo. Capitaneando-o, não mediu esforços.

Nas linhas que seguem, busco, de forma concisa, escancarar a palpitante flexibilização do direito do trabalho, ficando em área também cara ao homenageado.

Que prevaleça, sempre, o melhor para a sofrida República que é o Brasil, buscando-se, passo a passo, corrigir as profundas desigualdades que tanto nos envergonham.

A sociedade está em constante movimento. Durante muito tempo vingaram, na seara do trabalho, as ideias napoleônicas, a prevalência da liberdade de contratar. A relação jurídica prestador-tomador de serviços fazia-se regida pelo direito civil. Então, ante mercado desequilibrado, com oferta excessiva de mão de obra e escassez de fonte de subsistência – própria e da família –, o resultado era único: a aceitação das condições oferecidas por quem desejava a força de trabalho. Na era Vargas, e graças à sensibilidade social do primeiro ministro do trabalho, Lindolfo Collor, concluiu-se que a correção de rumo haveria de passar por legislação especial, com intervenção marcante e decisiva do Estado na relação jurídica.

Exposição de motivos, elaborada pelo Jurista Alexandre Marcondes Filho, a partir de trabalho de fôlego de comissão de doutos, veio a respaldar a edição do Decreto-Lei nº 5.452, de 1º.5.1943, mediante o qual foi aprovada a Consolidação das Leis do Trabalho.

Na reunião da legislação esparsa, introduzidas modificações civilizatórias, prevaleceram o patriotismo e a inspiração social. Conforme salientado, a Consolidação surgiu harmônica com o estágio do desenvolvimento jurídico. Mostrou-se consequência do contexto, dando-se ênfase à proteção do trabalhador, indiscutivelmente a parte mais fraca. Observou-se a precedência das normas em relação a ajustes, surgindo preocupação com a jornada dos menores. Admitiu-se, observadas condições mínimas, o acordo tácito, ou seja, a prática notada no local da prestação dos serviços, em última análise, a realidade factual. Deu-se ênfase à preservação do sadio ambiente de trabalho, com a obrigatoriedade de uso, pelo trabalhador, dos equipamentos de defesa pessoal, fornecidos pelo tomador dos serviços e aprovados pelas autoridades de higiene do trabalho. Cumpre observar o teor do item 84 da exposição de motivos.

> Ao pedir a atenção de Vossa Excelência para essa notável obra da construção jurídica, afirmo, com profunda convicção e de um modo geral, que, nesta hora dramática que o mundo sofre (Segunda Guerra Mundial), a Consolidação constitui um marco venerável na história de nossa civilização, demonstra a vocação brasileira pelo direito e, na escureza que envolve a humanidade, representa a expressão de uma luz que não se apagou.

Em 1943, a população brasileira era de 41 milhões de almas. Então, tinha-se o desequilíbrio, consideradas oportunidades para prover a subsistência.

O Estado interveio com normas imperativas. O direito do trabalho foi um avanço civilizatório.

Cabe indagar: o quadro notado em 1943 foi suplantado a ponto de dispensar o trato especial da relação jurídica empregado-empregador?

Vem à memória o chavão da Copa do Mundo de futebol de 1970: "Noventa milhões de brasileiros em ação, para frente Brasil...".

O censo demográfico de 2020 revelou a existência de pouco mais de 200 milhões de habitantes no Brasil continental, de oito milhões e meio de quilômetros quadrados. Ocorreu crescimento populacional geométrico. A economia como um grande todo não o acompanhou. Ante o fenômeno, há de concluir-se pela impossibilidade social de ter-se o afastamento das regras protetivas de trabalho.

A vida econômica é impiedosa. Não se dá um passo sem o acionamento do bolso, falhando o Estado na prestação de serviços essenciais – educação, moradia, saúde, transporte e segurança pública. É balela pensar que a deficiência marcante do mercado é amenizada pela economia informal.

Mais do que nunca surge a valia das normas. Os princípios que as norteiam, entre os quais sobressai o da imperatividade, colocando em segundo plano a manifestação da vontade pelo empregado, no que tende a sucumbir, optando pelo mínimo existencial, não podem ser afastados, sob pena de retrocesso social, confirmando-se a máxima segundo a qual a corda sempre se rompe na parte mais frágil.

É fácil falar em reforma trabalhista, fechando os olhos aos considerados menos afortunados. É fácil potencializar a óptica desenvolvimentista, considerada a liberdade de mercado. A visão é míope, presente o bem-estar do trabalhador. O argumento da existência de elevados encargos sociais não conduz à fragilização das regras trabalhistas. Direciona, sim, à revisão da política fiscal, aplacando-se a fúria arrecadadora. Diziam os antigos que a virtude está no meio-termo. Que essa verdade frutifique, não se retroagindo socialmente. A existência de dias melhores pressupõe a observância da organicidade do direito.

Informação bibliográfica deste texto, conforme a NBR 6023:2018 da Associação Brasileira de Normas Técnicas (ABNT):

MELLO, Marco Aurélio. A flexibilização do direito do trabalho. *In*: RIBEIRO, Paulo Dias de Moura; TOMELIN, Georghio Alessandro; KIM, Richard Pae (Coord.). *Direito humano e fundamental à saúde*: estudos em homenagem ao ministro Enrique Ricardo Lewandowski. Belo Horizonte: Fórum, 2023. p. 743-744. ISBN 978-65-5518-606-2.

A REALIZAÇÃO DOS DIREITOS FUNDAMENTAIS EM CONTEXTOS DE EMERGÊNCIA: O PAPEL DAS INSTITUIÇÕES

ANTONIO AUGUSTO BRANDÃO DE ARAS

1 Introdução

A afirmação dos direitos fundamentais, sobretudo com a sua positivação nas Constituições democráticas contemporâneas e com a previsão de instituições e instrumentos processuais vocacionados à sua tutela, manifesta a superação histórica das visões organicistas do mundo antigo e das ideologias políticas totalitárias que desconhecem o indivíduo e suas liberdades perante o poder político.

Com o êxito histórico das constituições oriundas das grandes revoluções liberais do fim do século XVIII[1] (a francesa e a americana), cuja marca foi a afirmação de direitos titularizados igualmente por todos os indivíduos,[2] anteriores ao Estado e à própria Constituição escrita, e que deveriam ser respeitados pelas autoridades públicas, desenvolvemos instituições da sociedade e do Estado adequadas à contemporaneidade, em permanente construção de novos instrumentos para a defesa da democracia e da república.

---

[1] Essas revoluções se inserem no grande filão do "liberalismo", que já contava com uma larga história pregressa, e que, segundo Fukuyama, é "a doutrina emersa na segunda metade do século XVII, que sustentava a necessidade de limitar os poderes dos governos por meio das leis e das constituições, criando instituições para a proteção dos direitos dos indivíduos submetidos à sua jurisdição". Esse liberalismo não se confunde – prossegue o intelectual – com o "liberalismo como vem sendo entendido hoje nos Estados Unidos, ou seja, uma etiqueta para a política de centro-esquerda", um "conjunto de ideias" que se "distanciou do liberalismo clássico em determinados modos críticos" (FUKUYAMA, Francis. *Il Liberalismo e i suoi oppositori*. Milano: Utet, 2022. p. 7).

[2] Segundo Ferrajoli, "somente os direitos de liberdade garantem o igual valor e a pacífica convivência de todas as diferenças de identidade pessoal", podendo-se falar em um "nexo entre igualdade formal nas liberdades fundamentais e convivência pacífica das diferenças" (FERRAJOLI, Luigi. *Manifesto per l'uguaglianza*. Roma-Bari: Laterza, 2018. p. 37).

Na Grécia e na Roma antigas,[3] a experiência dos espaços públicos de deliberação política não teve como pressuposto um definido âmbito de autodeterminação do cidadão, delineado por direitos, concebido como imune à possibilidade de interferência da decisão coletiva majoritária. Ambientada ao organicismo, ou seja, à compreensão de que a comunidade precede o indivíduo, a constituição do mundo antigo é a representação da estrutura de poder da "pólis" ou da *res publica*.[4]

A "liberdade dos antigos" consistia precisamente no acesso direto dos cidadãos aos espaços em que se processavam as deliberações políticas, por meio da palavra e do voto, a viabilizar a participação ativa no debate e na decisão sobre as questões apresentadas nas assembleias populares. A "liberdade dos modernos", sem excluir totalmente a possibilidade de participação direta em algumas decisões políticas, trouxe a novidade da "representação", da decisão popular por meio de mandatários, e também estabeleceu os direitos do indivíduo como limites não ultrapassáveis, a serem observados nas leis e nos demais atos do Estado.

A princípio, estabeleceram-se direitos – ou liberdades – específicos, como a propriedade, a liberdade de consciência ou de religião, a liberdade de pensamento, a liberdade de imprensa, a garantia do devido processo – dos quais a nota distintiva é a de imporem ao Estado um dever de abstenção em relação à esfera privada dos cidadãos.[5] A própria Constituição moderna foi instituída para assegurar esses direitos.[6]

A história constitucional confunde-se com a agregação paulatina e sucessiva de novas gerações ou dimensões de direitos, modificando-se, ampliando-se, correlatamente, os fins do Estado, com a manutenção desse atributo essencial da noção de constitucionalismo: esses direitos não são disponíveis, sendo sua garantia e realização a própria *ratio essendi* do Estado constitucional contemporâneo e a "régua" de aferição da legitimidade de toda a atividade estatal.

O Estado constitucional contemporâneo reconhece e garante direitos dos indivíduos, e os direitos são o elemento central do pacto constitucional, da decisão política fundamental, da confiança recíproca, do empenho coletivo, enfim, do "mínimo denominador comum"[7] da ordem constitucional.

---

[3] Experiências, sublinhe-se, muito diversas uma da outra, ao ponto de se falar em Atenas e Roma como "duas faces do antigo" (STOLFI, Emanuele. *La cultura giuridica dell'antica Grecia*: legge, politica, giustizia. Roma: Carocci, 2021. p. 63).

[4] Daí porque é um "erro afirmar e sustentar que na Roma antiga – e, particularmente, nas constituições da época republicana – existissem direitos, pelo menos na acepção do constitucionalismo moderno e contemporâneo", embora, na *forma civitatis* ou *forma rei publicae*, como então se designava a forma de governo, fosse possível "colher a ideia romana de constituição", vale dizer, "aquelas regras que fundam o poder – ou os poderes – de governo e lhes estabelecem a conformação, aquilo que esses podem ou devem fazer" (VINCENTI, Umberto. *La Costituzione di Roma antica*. Roma-Bari: Laterza, 2017. p. VIII).

[5] Segundo Norberto Bobbio, em um primeiro tempo, foram afirmados os direitos de liberdade, vale dizer, todos aqueles direitos que tendem a limitar o poder do Estado e a reservar ao indivíduo ou aos grupos particulares uma esfera de liberdade destacada do Estado (BOBBIO, Norberto. *L'età dei diritti*. Torino: Einaudi, 1990. p. 26-27).

[6] Conforme o texto do art. 2º de um célebre documento revolucionário francês, ou seja, a Declaração dos Direitos do Homem e do Cidadão, de 26.8.1789, de nítida inspiração jusnaturalista, "O fim de toda associação política é a conservação dos direitos naturais e imprescritíveis do homem. Esses direitos são a liberdade, a propriedade, a segurança e a resistência à opressão".

[7] Zagrebelsky sublinha o papel de "mínimo denominador comum" da Constituição, abordando-a como realidade típica das situações qualificadas pelo pluralismo, em que o "compromisso" se transformou "em uma necessidade, imposta pelas circunstâncias históricas, em um *ethos*, consistente no reconhecimento generalizado de que cada um tem as suas boas razões de fundo, com as quais, não somente para evitar tragédias, mas também porque é boa coisa para todos que seja assim, ocorre conviver" (ZAGREBELSKY, Gustavo. *La legge e la sua giustizia*: tre capitoli di giustizia costituzionale. Bologna: Il Mulino, 2008. p. 140-142).

Mas a história não é retilínea e, segundo Arnold Toynbee,[8] se realizará em modelo espiral. Assim, a afirmação dos direitos fundamentais não nega fatos que dizem com a cotidiana harmonização de posições antagônicas entre os que invocam o gozo desses direitos, e tampouco nega períodos de emergência social e política, que deságua em emergência constitucional.

A realização prática dos direitos fundamentais apresenta, inevitavelmente, (a) problemas rotineiros, conexos aos diversos e contrapostos interesses da sociedade plural, que exigem esforços de concordância prática, além de (b) questões excepcionais que têm berço em momentos de emergência, quando o estabelecimento do equilíbrio entre autoridade e indivíduo tende a conhecer diversa conformação, e as instituições têm de dar, em maior velocidade, resposta expedita e eficaz à crise extraordinária, havendo de reconhecer que a sociedade complexa exige a constituição aberta, mormente para questões de Estado que devem ser solucionadas no contexto da harmonia que precede e preserva a independência dos poderes constituídos no âmbito das respectivas competências constitucionais típicas.

2 A realização dos direitos fundamentais e as exigências plurais da vida social

A vida na sociedade democrática contemporânea, que é a única em que concebemos ambiente plural e multicultural, é avessa aos maniqueísmos e exclusivismos, à obstinada defesa de espaços estanques que possam ser sustentados, *ex ante*, como suscetíveis de plena realização e imunes a quaisquer compressões impostas pela necessidade de garantir diversos direitos, e, tantas vezes, os mesmos direitos, igualmente titularizados por outras pessoas.

Outrossim, o exercício de direitos tem os seus custos,[9] e o Estado se desincumbe do dever de realização e proteção de seus sujeitos por meio da definição de políticas públicas e a criação e instalação de órgãos. Tudo isso demanda imprescindíveis considerações de natureza orçamentária, às quais não é estranha a temática da "reserva do possível" e dos "níveis essenciais de prestação".

No contexto da emergência sanitária recentemente vivida, o tema dos "custos dos direitos" assumiu especial realce aqui e alhures, dada a grande urgência em que as instituições estatais foram postas, pela crise sem precedentes, de fazer frente, em todo mundo, à nova e imprevista necessidade de estruturas, tratamentos, instrumentos e medidas sanitárias para tutela da saúde ameaçada da inteira população.

3 Instituições, direitos fundamentais e emergência

A história milenar do homem na Terra é a história das instituições,[10] e é preciso ter presente que qualquer instituição, notadamente a mais abrangente de todas e que faz sentir de modo indeclinável os efeitos de sua presença na organização da vida

---

[8] TOYNBEE, Arnold J. *A Study of History*: Abridgement of Volumes I-VI. Oxford: Oxford Paperbacks, 1987. v. I.

[9] SUNSTEIN, Cass R.; HOLMES, Stephen. *O custo dos direitos*. São Paulo: WMF, 2019.

[10] Assim como o dizia o jurista italiano Giuseppe Guarino, citado em IRELLI, Vincenzo Cerulli. *Prima lezione di diritto amministrativo*. Bari-Roma: Laterza, 2021. p. VII.

coletiva, ou seja, o Estado, é caracterizada por "movimento e estabilidade, mutamento e permanência, inovação e conservação".[11]

Eis a "antinomia do conceito", acentua o filósofo Roberto Esposito, processo instituinte, que dá curso à criação de uma instituição, "é movimento que tende a negar-se, a criar imobilidade",[12] mas não é o êxito de um fechamento autorreferencial, como está a demonstrar a história constitucional.

Crises fisiológicas, na medida em que apontam para uma necessária indagação sobre como encurtar a distância entre expectativas normativas que resultam de opções constitucionais fundamentais e a realidade institucional e social, não se confundem com contextos de emergência.

Emergências exorbitam o tamanho de referida distância, tendem a impactar a estabilidade e a permanência das instituições estatais, e até mesmo a inaugurar processos de erosão constitucional, salvo quando o Estado responde à situação excepcional com medidas adequadas, proporcionais, ágeis e eficazes.

O Estado não pode cruzar os braços – como salientou Jürgen Habermas em texto escrito sobre a crise sanitária mundial –,[13] pois isso equivaleria a negar sua própria razão de ser. As instituições do Estado – disse ainda Habermas – se veem na contingência de comprimir direitos para a realização dessa tarefa de proteção, e a solidariedade espontânea se revela insuficiente por si só, passando-se a contar com medida mais acentuada de coerção estatal, de compressão de direitos.

A compressão de direitos, para a sua tutela igualitária em contextos de emergência, não se confunde com estado de exceção. Medidas excepcionais se destinam à mudança constitucional, enquanto, de seu turno, as medidas de emergência postulam o retorno à normalidade, sem comprometimento da ordem constitucional.[14]

São distintas e inassimiláveis teleologias, mesmo quando a emergência implica maior energia de poder estatal e, como é típico dessas ocasiões extraordinárias, o equilíbrio da díade coletividade-indivíduo, entre heteronomia e autonomia, tenda a excepcionalmente ser marcado pela concentração de maior peso no primeiro desses elementos.[15]

As medidas de emergência fazem-se necessárias para evitar que o egoísmo de poucos comprometa a defesa dos direitos de todos, especialmente da saúde e da vida, postas em xeque, na crise sanitária dos últimos anos, pela agressividade do vírus SARS-CoV-2.

Todos têm igual dignidade e os direitos não são privilégios de poucos. Para Maurizio Fioravanti, "a igualdade não se exprime mais somente de modo negativo, como negação do privilégio, mas também de modo positivo, como princípio de justiça destinado a gerar um processo que se move a partir do pressuposto da 'igual dignidade social' de todos os cidadãos".[16]

---

[11] ESPOSITO, Roberto. *Istituzione*. Bologna: Il Mulino, 2021. p. 68.

[12] ESPOSITO, Roberto. *Istituzione*. Bologna: Il Mulino, 2021. p. 69.

[13] HABERMAS, Jürgen. *Proteggere la Vita*. Bologna: Il Mulino, 2022.

[14] Segundo observado por Gustavo Zagrebelsky no texto introdutório, publicado no mesmo volume, ao de Habermas, antes citado: HABERMAS, Jürgen. *Proteggere la Vita*. Bologna: Il Mulino, 2022. p. 41-43.

[15] Ou, segundo Zagrebelsky, na mencionada introdução às palavras de Habermas: "[...] nas situações de emergência, o equilíbrio entre liberdade e autoridade se desloca naturalmente para o lado da última, quando a solidariedade não bastar a manter unida a vida dos cidadãos" (HABERMAS, Jürgen. *Proteggere la Vita*. Bologna: Il Mulino, 2022. p. 39).

[16] FIORAVANTI, Maurizio. *Lezioni di Storia Costituzionale*. Torino: Giappichelli, 2021. p. 145.

A Constituição de 1988 dá, expressivamente, o tom do compromisso institucional cotidiano em contexto democrático, cujas expectativas normativas não se limitam à garantia de direitos cujo correlato é o dever de abstenção do Estado, mas direitos de prestação,[17] em momento de normalidade, de molde a exigir movimento contínuo de políticas públicas, satisfação progressiva de necessidades, o constante direcionar-se rumo a "objetivos fundamentais da República Federativa do Brasil" (art. 3º, *caput*), dos quais a norma exige aproximação, mesmo que a meta se situe para além das possibilidades de satisfação integral.

O contexto de emergência não anula essa necessidade, mas, pelo contrário, a potencializa dramaticamente, requerendo o empenho reforçado de todos os poderes e das instituições, inclusive do seu mais elevado órgão de exercício da jurisdição constitucional, o Supremo Tribunal Federal.

4 Conclusão: o Supremo Tribunal Federal e a emergência sanitária

Por meio de distintos julgados, monocráticos e colegiados, o Supremo Tribunal Federal teve a oportunidade, em meio à delicada situação aberta pela crise sanitária, de arbitrar em conflitos que antepunham entes parciais da federação e a União, poderes da República entre si e instituições públicas e pessoas naturais e jurídicas que postulavam contra compressões de que foram objeto inúmeros direitos fundamentais.

Em discurso proferido em 5.10.2022, na celebração, em sessão solene do Supremo Tribunal Federal, dos 34 anos da vigente Constituição da República, o Decano da Corte teve a ocasião de registrar que:

> [...] o Poder Judiciário brasileiro – instado pelas defensorias, pelo Ministério Público ou pela advocacia – não faltou aos seus. É o dia-a-dia dos fóruns do país – e que virou afazer diuturno deste Supremo Tribunal Federal durante a pandemia de Covid-19, ante a irresponsável recalcitrância de um desses entes em proteger a vida de brasileiros e de observar o mandamento do art. 198 da Constituição: saúde é 'direito de todos e dever do Estado'. (E, com o Doutor Ulysses, da Constituição pode-se até divergir, mas nunca descumprir.)[18]

E acrescentou, com especial destaque:

> Durante essa séria pandemia que atravessamos, todos os Ministros desta Corte relataram acórdãos ou lavraram decisões monocráticas em defesa do direito à vida, mas permita-me, Senhora Presidente, registrar, no ponto, a corajosa e resoluta atuação do *Ministro Ricardo Lewandowski*.[19]

Da lavra de Sua Excelência o Ministro Lewandowski são, com efeito, as páginas antológicas do voto condutor do acórdão na ADI nº 6.586/DF, julgado em 17.12.2020,

---

[17] A expressão, conquanto não imune a críticas teóricas, é aqui usada no sentido de "direitos a ações positivas factuais" (ALEXY, Robert. *Teoria dei diritti fondamentali*. Bologna: Il Mulino, 2012. p. 223).

[18] Discurso do Ministro Gilmar Mendes na Sessão Plenária do Supremo Tribunal Federal, de 5.10.2022 (Disponível em: https://www.conjur.com.br/2022-out-05/supremo-tribunal-federal-comemora-34-anos-constituicao-88).

[19] Discurso do Ministro Gilmar Mendes na Sessão Plenária do Supremo Tribunal Federal, de 5.10.2022 (Disponível em: https://www.conjur.com.br/2022-out-05/supremo-tribunal-federal-comemora-34-anos-constituicao-88).

a partir das quais a Suprema Corte equacionou discussão das mais graves em relação ao tema fundamental da vacinação, afirmando:

(I) A vacinação compulsória não significa vacinação forçada, porquanto facultada sempre a recusa do usuário, podendo, contudo, ser implementada por meio de medidas indiretas, as quais compreendem, dentre outras, a restrição ao exercício de certas atividades ou à frequência de determinados lugares, desde que previstas em lei, ou dela decorrentes, e (i) tenham como base evidências científicas e análises estratégicas pertinentes, (ii) venham acompanhadas de ampla informação sobre a eficácia, segurança e contraindicações dos imunizantes, (iii) respeitem a dignidade humana e os direitos fundamentais das pessoas, (iv) atendam aos critérios de razoabilidade e proporcionalidade e (v) sejam as vacinas distribuídas universal e gratuitamente; e (II) tais medidas, com as limitações acima expostas, podem ser implementadas tanto pela União como pelos Estados, Distrito Federal e Municípios, respeitadas as respectivas esferas de competência.[20]

A atuação do Supremo Tribunal Federal, no contexto de suas competências, reconhecidas desde o primeiro texto republicano (Constituição de 1891), exerceu, nos dizeres de Rui Barbosa, suas funções de "árbitro com alçada inapelável nos conflitos constitucionais".[21]

Essa atuação da jurisdição constitucional não representa desdouro ou menoscabo com as capacidades institucionais e competências de outros órgãos e poderes, nem mesmo implica juízo negativo sobre a atuação que esses desempenharam durante a crise sanitária.[22]

Como bem intuído por Gustavo Zagrebelsky:

se não existe aquilo que se denomina de "leal cooperação", ou seja, se falta a solidariedade, não somente entre as populações, mas também entre as instituições, pode-se assistir, de fato, a vitória da infecção pandêmica. E não por um ataque frontal contra o inimigo, como sucede nas guerras tradicionais, mas pela desintegração do fronte interno.[23]

O homenageado, Ministro Ricardo Lewandowski, como visto, não faltou com a sua destacada e decisiva contribuição para superar, especialmente, a crise pandêmica que afetou a todos os brasileiros.

Informação bibliográfica deste texto, conforme a NBR 6023:2018 da Associação Brasileira de Normas Técnicas (ABNT):

ARAS, Antonio Augusto Brandão de. A realização dos direitos fundamentais em contextos de emergência: o papel das instituições. *In*: RIBEIRO, Paulo Dias de Moura; TOMELIN, Georghio Alessandro; KIM, Richard Pae (Coord.). *Direito humano e fundamental à saúde*: estudos em homenagem ao ministro Enrique Ricardo Lewandowski. Belo Horizonte: Fórum, 2023. p. 745-750. ISBN 978-65-5518-606-2.

---

[20] Acórdão acessível, no andamento processual da ADI nº 6.568/DF, no sítio eletrônico do Supremo Tribunal Federal.

[21] BARBOSA, Rui. *Pensamento e ação*. Brasília: Senado Federal, 1999. p. 180.

[22] Como reconhecido, expressamente, pelo Decano da Suprema Corte, no referido discurso de 5.10.2022: "De todo modo, é inquestionável que, a despeito das eventuais correções de rumos implementadas pelo Poder Judiciário, quando demandado, o fato é que a atuação dos Poderes Executivo e Legislativo dos três níveis da federação são positivos".

[23] No referido texto de introdução à obra de Habermas: HABERMAS, Jürgen. *Proteggere la Vita*. Bologna: Il Mulino, 2022. p. 46.

ENRIQUE RICARDO LEWANDOWSKI, UMA VIDA DEDICADA AOS DIREITOS HUMANOS E AO PAÍS – DIREITOS HUMANOS E DIREITO À SAÚDE NA PANDEMIA DA COVID-19

JOSÉ ALBERTO RIBEIRO SIMONETTI CABRAL

1 Introdução

Ao tomar posse como Presidente da Ordem dos Advogados do Brasil (OAB), deparei-me com inúmeras felicitações honrosas de homens e mulheres cujas carreiras contribuíram enormemente para minha formação profissional. Entre elas, uma se destacou. O Ministro Ricardo Lewandowski, comentando o lema *da advocacia para a advocacia*, disse: "Penso que o foco da OAB sempre é este: a defesa da liberdade".[1] Essas palavras acompanham-me diariamente e têm norteado a atuação da Ordem.

Como advogado criminalista, a admiração pelo Ministro Ricardo Lewandowski está relacionada não apenas ao seu brilhante currículo, mas, principalmente, ao seu espírito de liberdade. Advogado militante por mais de 15 anos, sua vasta experiência lhe garantiu a vaga no Tribunal de Alçada Criminal do Estado de São Paulo, em vaga destinada aos advogados. O Quinto Constitucional é um instrumento de democratização do Poder Judiciário, que permite a renovação necessária para se adequar às constantes mudanças da realidade social. Como bem observa o homenageado: "Os advogados trazem para a função de juiz suas experiências [...] do cotidiano do homem comum quando se quer fazer Justiça".[2]

---

[1] MINISTROS do STF e advogados falam sobre a missão da OAB. *OAB Nacional*. Disponível em: https://www.oab.org.br/noticia/59464/ministros-do-stf-e-advogados-falam-sobre-a-missao-da-oab?argumentoPesquisa=lewandowski. Acesso em: 25 jan. 2023.

[2] "QUINTO Constitucional enriquece o Judiciário", afirma Lewandowski. *OAB Nacional*. Disponível em: https://www.oab.org.br/noticia/26954/quinto-constitucional-enriquece-o-judiciario-afirma-lewandowski. Acesso em: 25 jan. 2023.

Lembro-me bem do que disse o ministro ao tomar posse como presidente do Supremo Tribunal Federal (STF), em 2014. Rejeitando o papel simplista do juiz como boca da lei (*bouche de la loi*), evidenciou a importância de os magistrados alinharem sua postura aos ditames constitucionais. Entre as diretrizes apontadas pelo ministro, estava a perpetuação do diálogo com a Advocacia, com objetivo de, conjuntamente, aperfeiçoar a jurisdição.

A posição respeitosa e cordial com as demandas da advocacia, peculiar ao homenageado, reforçou a relevância da atuação da Ordem perante o STF, sobretudo em defesa das prerrogativas da profissão e dos direitos fundamentais. É do Ministro Ricardo Lewandowski a relatoria de diversos casos-paradigma. Cito alguns: (i) HC nº 129.569, no qual assegurou a inviolabilidade do sigilo profissional de advogada convocada para prestar esclarecimentos; (ii) HC nº 143.641, concedido coletivamente a todas as mulheres presas gestantes, puérperas e mães de crianças de até 12 anos; (iii) ADPF nº 186, que confirmou a constitucionalidade das cotas raciais no ensino público; entre outras várias decisões vanguardistas e necessárias para o avanço democrático em nosso país. Além disso, o ilustre ministro foi o idealizador do Projeto "Audiências de Custódia", que instituiu a obrigatoriedade da apresentação dos presos em flagrante a um magistrado em até 24 horas, em consonância com os tratados internacionais de direitos humanos assinados pelo Brasil.

Durante a pandemia da Covid-19, o homenageado manteve-se fiel aos valores constitucionais. Dando máxima efetividade aos direitos e garantias inscritos da Constituição, o STF e, em especial, o Ministro Ricardo Lewandowski asseguraram o direito fundamental à saúde em todos os seus aspectos. Por isso, apresentarei a atuação da Ordem na defesa do direito à saúde, bem como a importância da jurisprudência do STF na concretização da universalização da saúde no Brasil, com especial destaque para o período da pandemia da Covid-19.

2 Atuação interinstitucional em defesa da democracia e da saúde – STF e OAB

Como afirma o art. 196, *caput*, da Constituição Federal de 1988 (CF88), "a saúde é direito de todos e dever do Estado, garantido mediante políticas sociais e econômicas que visem à redução do risco de doença e de outros agravos e ao acesso universal e igualitário às ações e serviços para sua promoção, proteção e recuperação". Como direito subjetivo universal e obrigação estatal, o acesso efetivo à saúde é elemento que movimenta a Ordem, considerando suas finalidades previstas na Lei nº 8.906/1994.[3]

No gozo da legitimidade universal para ajuizamento de ações de controle concentrado, o Conselho Federal da OAB (CFOAB) tem ajuizado, perante o STF, demandas importantes relacionadas ao direito à saúde. Por sua vez, a Suprema Corte é célere, cuidadosa e justa no julgamento de medidas garantidoras de direitos. Um exemplo claro é a ADPF nº 532, ajuizada pelo CFOAB contra resolução normativa da

---

[3] "Art. 44. A Ordem dos Advogados do Brasil (OAB), serviço público, dotada de personalidade jurídica e forma federativa, tem por finalidade: I – defender a Constituição, a ordem jurídica do Estado democrático de direito, os direitos humanos, a justiça social, e pugnar pela boa aplicação das leis, pela rápida administração da justiça e pelo aperfeiçoamento da cultura e das instituições jurídicas".

Agência Nacional de Saúde Suplementar (ANS) que previa a possibilidade de aumento da coparticipação. Em decisão liminar, a Relatora Ministra Cármen Lúcia, acolhendo o pedido da Ordem, frisou: "Saúde não é mercadoria. Vida não é negócio. Dignidade não é lucro".[4]

De outro lado, o STF mostra-se receptivo às demandas do CFOAB pertinentes à proteção das prerrogativas da classe. Considerado essencial à administração da justiça, conforme se extrai do texto constitucional (art. 133, CF88), o pleno exercício da advocacia depende da consolidação das prerrogativas, listadas nos arts. 7º e 7º-A da Lei nº 8.906/1994. Nesse aspecto, a vasta experiência do Ministro Ricardo Lewandowski nas trincheiras da advocacia confere-lhe o sentido de realidade necessário para resguardar as garantias de advogados e advogadas. Em decisão até hoje paradigmática, de 2015, o homenageado reiterou a inviolabilidade dos escritórios de advocacia como forma de assegurar o sigilo entre advogado e cliente.[5]

O STF cumpre a sua função democrática de guardião da Constituição (art. 102, *caput*, da CF88) tanto ao proteger direitos sociais quanto ao salvaguardar garantias profissionais da advocacia. Elias Farah observa que o fortalecimento das prerrogativas é, sobretudo, de interesse da cidadania.[6] A garantia da defesa implica conferir os meios necessários para que sejam efetivados os direitos à ampla defesa e ao contraditório (art. 5º, LV, CF 88), entre outras garantias processuais constitucionais. A contribuição do Ministro Ricardo Lewandowski para a construção da jurisprudência humanitária é clara e se expressa por suas próprias palavras: "A arte de julgar pode sim ser exercida por todos que se disponham a distribuir Justiça com retidão, altivez, coragem e autonomia".[7]

3 Pandemia e direitos humanos: a relatoria da ADPF nº 770 proposta pela OAB

No dia 11.3.2020, a Organização Mundial da Saúde (OMS) decretou[8] oficialmente a Covid-19,[9] doença causada pelo novo coronavírus (SARS-CoV-2), como uma pandemia, devido ao seu elevado estado de contaminação. Nesta condição, os países seriam obrigados a empregar ações preventivas nos seus respectivos territórios.

---

[4]   BRASIL. Supremo Tribunal Federal. Medida Cautelar na Ação de Descumprimento de Preceito Fundamental (MC na ADPF) nº 532. Rel. Min. Cármen Lúcia. Decisão monocrática. *DJe*, 14.7.2018.

[5]   RICARDO Lewandowski manda PF respeitar a inviolabilidade de advogados. *Conjur*. Disponível em: https://www.conjur.com.br/2015-jul-27/lewandowski-manda-pf-respeitar-inviolabilidade-advogados. Acesso em: 25 jan. 2023.

[6]   FARAH, Elias. Valorização da advocacia: direitos e prerrogativas do advogado. *Revista do Instituto dos Advogados de São Paulo*, v. 21, p. 94-126, jan./jun. 2008.

[7]   "QUINTO Constitucional enriquece o Judiciário", afirma Lewandowski. *OAB Nacional*. Disponível em: https://www.oab.org.br/noticia/26954/quinto-constitucional-enriquece-o-judiciario-afirma-lewandowski. Acesso em: 25 jan. 2023.

[8]   Disponível em: https://www.unasus.gov.br/noticia/organizacao-mundial-de-saude-declara-pandemia-de-coronavirus.

[9]   A Covid-19 é uma doença infecciosa causada pelo coronavírus SARS-CoV-2 e tem como principais sintomas febre, cansaço e tosse seca. Outros sintomas menos comuns e que podem afetar alguns pacientes são: perda de paladar ou olfato, congestão nasal, conjuntivite, dor de garganta, dor de cabeça, dores nos músculos ou juntas, diferentes tipos de erupção cutânea, náusea ou vômito, diarreia, calafrios ou tonturas (Disponível em: https://www.paho.org/pt/covid19. Acesso em: 25 jan. 2023).

O primeiro caso confirmado no Brasil ocorreu em 26.2.2020. Naquela ocasião, agentes públicos, em todos os níveis governamentais, movimentavam-se para controlar a contaminação daquilo que assustava todo o mundo. Diante do desconhecido, perdemos entes queridos, assistimos a hospitais públicos e particulares sobrecarregados, e a muito desalento.

A pandemia da Covid-19 foi uma mudança de paradigma global em termos de gestão sanitária. No Brasil, o Poder Judiciário foi medular na regulação de protocolos legais que exigiam uma conduta mais firme e alinhada do Poder Executivo federal com os estados e os municípios brasileiros. Isso porque o debate público acirrava-se nas disputas sobre verdades e estratégias de enfrentamento à crise que vitimou fatalmente centenas de milhares de pessoas no país e no mundo.

Nessa esteira, o Conselho Federal da Ordem dos Advogados do Brasil exerceu função de destaque pela garantia da cidadania e do direito humano e social à saúde da sociedade civil brasileira. Não é demais pontuar que o direito humano à saúde está intimamente relacionado ao desenvolvimento econômico e social do país.[10] Desta feita, o plano constitucional[11] exige que o Estado garanta políticas sociais e econômicas que visem à redução do risco de doenças e assegure o acesso universal e igualitário à promoção, proteção e recuperação da saúde de seus cidadãos.

Com convicções jurídicas sólidas e sempre leal às demandas do Estado democrático de direito e dos direitos humanos, em dezembro de 2020, o Ministro Lewandowski relatou a Arguição de Descumprimento de Preceito Fundamental – ADPF nº 770[12] em questão, proposta pelo CFOAB. De maneira acertada, considerou que o dever irrenunciável do Estado de zelar pela saúde é plenamente compatível com o nosso federalismo cooperativo.[13]

Esta compreensão, referendada posteriormente por seus pares, permitiu que estados e municípios iniciassem o processo de vacinação da população antes de uma ação liderada pelo Governo federal via Plano Nacional de Imunização (PNI).[14] Para Lewandowski, a atribuição do Governo federal de execução do PNI não exclui a competência de os estados, o Distrito Federal e os municípios promoverem adaptações às suas especificidades locais.

Desta maneira, imbuído do papel jurídico histórico que ocupa como guardião da Constituição, o ministro foi ator central para a atenuação dos efeitos nefastos da pandemia entre os cidadãos brasileiros, ao pacificar e autorizar que estados, municípios e o Distrito Federal adquirissem vacinas contra a Covid-19, com o registro em renomadas

---

[10] SILVA, Eduardo Pordeus. Direito humano à saúde e a questão da cidadania socioeconômica. *Revista de Informação Legislativa*, Brasília, ano 49, n. 193, jan./mar. 2012.

[11] O Brasil é signatário de muitos acordos internacionais que versam sobre direitos humanos, a exemplo do Pacto Internacional sobre Direitos Econômicos, Sociais e Culturais, internalizado pelo Decreto nº 591/1992, o qual dispõe no art. 12: "Os Estados Partes do presente Pacto reconhecem o direito de toda pessoa de desfrutar o mais elevado nível possível de saúde física e mental" (Disponível em: http://www.planalto.gov.br/ccivil_03/decreto/1990-1994/d0591.htm. Acesso em: 25 jan. 2023).

[12] Disponível em: https://jurisprudencia.stf.jus.br/pages/search?classeNumeroIncidente=%22ADPF%20770%22&base=acordaos&sinonimo=true&plural=true&page=1&pageSize=10&sort=_score&sortBy=desc&isAdvanced=true. Acesso em: 25 jan. 2023.

[13] Arts. 24, XII, 23, II, 198, I, II e III, 200 I e II da Constituição Federal.

[14] A Lei nº 6.259/1975 dispõe sobre a organização das ações de vigilância epidemiológica, sobre o Programa Nacional de Imunizações e estabelece normas relativas à notificação compulsória de doenças.

agências de regulação do exterior.[15] Ainda em dezembro de 2020, relatou a ADPF nº 754,[16] que consolidou o entendimento do STF sobre a vacinação obrigatória[17] e determinou a abstenção de atos que visavam desestimular a imunização, legitimando a confiança científica dos imunizantes.

No fim do primeiro ano da pandemia, o STF referendou a medida cautelar deferida pelo Ministro Lewandowski, com o objetivo de manter medidas profiláticas no tempo necessário à superação da fase mais difícil da pandemia, estendendo a vigência das medidas sanitárias dispostas na Lei nº 13.979/20.

Prudência, constitucionalidade e confiança nas evidências científicas foram as bases decisórias do Ministro Lewandowski em uma série de ações que forjaram uma direção para o enfrentamento da pandemia pelo Estado brasileiro. O STF garantiu o cumprimento do dever irrenunciável do Estado de zelar pela saúde dos brasileiros e estrangeiros residentes no país.

4 Considerações finais

Este pequeno percurso na trajetória jurídica do Ministro Lewandowski na Suprema Corte é o suficiente para situá-lo como indispensável à história jurídico-constitucional brasileira. Seu legado constitui um paradigma a ser seguido, a fim de refinar a nossa cultura jurídica cidadã e humana.

Certamente, a pandemia trouxe inúmeros desafios não apenas no campo da saúde, mas também para o Poder Judiciário e para a Advocacia. Adaptações tecnológicas para garantir o acesso à justiça e a otimização dos processos, como a realização de audiências virtuais, possibilitaram a atenuação de ausências, silêncios e desamparo dos jurisdicionados e servidores do Poder Judiciário.

Figuras como o Ministro Lewandowski são fundamentais para a superação de tempos de crises no campo dos direitos humanos e sociais, a exemplo do grave período pandêmico. A serenidade e o equilíbrio de um magistrado, que passou pela advocacia privada, pela docência e que exerce a jurisdição constitucional há 17 anos, nos tranquilizam enquanto classe e representantes da sociedade civil brasileira. Sua trajetória deve ser registrada em escritos como este e lembrada como constitutiva da cultura jurídica em nosso país.

---

[15] Naquela ocasião, a controvérsia que gerou a ADPF nº 770 versava sobre uma exigência do Governo federal: de que as vacinas importadas deveriam passar pelo crivo e registro da Agência Nacional de Vigilância Sanitária (Anvisa) (Disponível em: http://s.oab.org.br/arquivos/2020/12/3a25d6c7-1156-414d-84eb-8ec7ae96c520.pdf).

[16] Disponível em: https://redir.stf.jus.br/paginadorpub/paginador.jsp?docTP=TP&docID=755295024. Acesso em: 25 jan. 2023.

[17] O acórdão destaca que "A obrigatoriedade da vacinação é levada a efeito por meio de sanções indiretas, consubstanciadas, basicamente, em vedações ao exercício de determinadas atividades ou a frequência de certos locais por pessoas que não possam comprovar a sua imunização ou, então, que não são portadoras do vírus" (Disponível em: https://www.stf.jus.br/arquivo/cms/noticiaNoticiaStf/anexo/ADI6586vacinaobrigatoriedade.pdf. Acesso em: 25 jan. 2023).

Referências

BRASIL. Constituição (1988). *Constituição da República Federativa do Brasil*. Disponível em: https://www.planalto.gov.br/ccivil_03/constituicao/constituicaocompilado.htm.

FARAH, Elias. Valorização da advocacia: direitos e prerrogativas do advogado. *Revista do Instituto dos Advogados de São Paulo*, v. 21, p. 94-126, jan./jun. 2008.

SILVA, Eduardo Pordeus. Direito humano à saúde e a questão da cidadania socioeconômica. *Revista de Informação Legislativa*, Brasília, ano 49, n. 193, jan./mar. 2012.

Informação bibliográfica deste texto, conforme a NBR 6023:2018 da Associação Brasileira de Normas Técnicas (ABNT):

CABRAL, José Alberto Ribeiro Simonetti. Enrique Ricardo Lewandowski, uma vida dedicada aos direitos humanos e ao país – Direitos humanos e direito à saúde na pandemia da Covid-19. *In*: RIBEIRO, Paulo Dias de Moura; TOMELIN, Georghio Alessandro; KIM, Richard Pae (Coord.). *Direito humano e fundamental à saúde*: estudos em homenagem ao ministro Enrique Ricardo Lewandowski. Belo Horizonte: Fórum, 2023. p. 751-756. ISBN 978-65-5518-606-2.

ENRIQUE RICARDO LEWANDOWSKI, UMA VIDA DEDICADA AOS DIREITOS HUMANOS E AO PAÍS

RICARDO MAIR ANAFE

O Tribunal de Justiça do Estado de São Paulo, nesta breve manifestação, tem a honra de prestar homenagem ao eminente *Ministro Enrique Ricardo Lewandowski*, ilustre magistrado desta Corte de Justiça e ministro do Colendo Supremo Tribunal Federal desde 2006.

Enrique Ricardo Lewandowski, natural do Rio de Janeiro, tornou-se bacharel em Ciências Políticas e Sociais pela Escola de Sociologia e Política de São Paulo, em 1971. Formou-se, também, em Ciências Jurídicas e Sociais pela Faculdade de Direito de São Bernardo do Campo, em 1973. Obteve o título de Mestre em 1980, pela Faculdade de Direito da Universidade de São Paulo, com a dissertação *Crise institucional e salvaguardas do Estado*, e o de Doutor em 1982, com a tese *Origem, estrutura e eficácia das normas de proteção dos direitos humanos na ordem interna e internacional*. Ainda recebeu o título *Master of Arts* em Relações Internacionais pela Fletcher School of Law and Diplomacy Tufts University, administrada em cooperação com a Harvard University, com a dissertação *International Protection of Human Rights: A study of Brazilian situation and the policy of the Carter Administration* (1981).[1]

Ricardo Lewandowski ingressou na Magistratura como juiz do Tribunal de Alçada Criminal do Estado de São Paulo, pelo Quinto Constitucional da Classe dos Advogados (1990 a 1997). Foi promovido a desembargador do Tribunal de Justiça do Estado de São Paulo, por merecimento, onde integrou, sucessivamente, a Seção de Direito Privado, a Seção de Direito Público e o Órgão Especial (1997 a 2006). Tomou posse no cargo de ministro do Supremo Tribunal Federal em 16.3.2006, na vaga decorrente da aposentadoria do Ministro Carlos Velloso, tendo sido nomeado pelo então Presidente Luiz Inácio Lula da Silva. Exerceu a presidência do Tribunal Superior Eleitoral (2010 a 2012).

Antes de abraçar a Magistratura, Enrique Ricardo Lewandowski militou na advocacia de 1974 a 1990. Ocupou os cargos de secretário de governo e de assuntos

---

[1] ENRIQUE Ricardo Lewandowski. *Currículo Lattes*, 9 jan. 2023. Disponível em: http://lattes.cnpq.br/8365031 337855179. Acesso em: 23 jan. 2023.

jurídicos de São Bernardo do Campo (1984 a 1988) e também de presidente da Empresa Metropolitana de Planejamento da Grande São Paulo – Emplasa (1988 a 1989). No magistério, é professor da Universidade de São Paulo desde 1978 até os dias de hoje.

Durante sua vida acadêmica, produziu diversos textos que tratam de temas jurídicos e de como esses são relacionados com elementos sociopolíticos, a exemplo das obras: *Proteção dos direitos humanos na ordem interna e internacional*[2] (1984); *Globalização, regionalização e soberania*[3] (2004) e *Pressupostos materiais e formais da intervenção federal no Brasil*[4] (1994), entre tantas outras.

Na obra *Proteção dos direitos humanos na ordem interna e internacional*, Lewandowski apresenta o tema com uma introdução histórica, contextualizando os direitos humanos na órbita internacional e prossegue o trabalho debatendo sobre como esses direitos funcionam no plano empírico do direito internacional e como se dão os seus mecanismos.

Ainda sobre o debate relativo à proteção dos direitos humanos, o eminente ministro publicou, em 2003, artigo[5] intitulado *A formação da doutrina dos direitos fundamentais*. Nele, o jurista traça novamente uma cronologia histórica demonstrando a evolução dos direitos fundamentais (e suas gerações), afirmando sua conexão com o Estado democrático de direito.

Firmou sólida trajetória não só como professor, mas também como juiz, sempre pautada por valores e princípios e pelo respeito aos direitos das pessoas.

A carreira na Magistratura teve início em 1990, quando ingressou no Tribunal de Alçada Criminal de São Paulo (hoje extinto), pelo Quinto Constitucional da Classe dos Advogados. Ali exerceu a judicatura na Segunda Câmara até ser promovido para o cargo de desembargador do Tribunal de Justiça do Estado de São Paulo. Embora vindo da advocacia mais voltada para o direito administrativo e constitucional, dominou com segurança a matéria penal e processual penal, revelando-se, desde logo, um juiz seguro, firme e zeloso.

A passagem de Lewandowski pelo Tribunal de Alçada Criminal foi exemplar e, nas palavras do Desembargador Antonio Rulli Júnior:

> ele se adaptou rapidamente à liturgia, numa área dificílima que é o Direito Penal, em que está em jogo a liberdade das pessoas. Sempre foi criterioso e de bom senso. Trabalhamos sete anos juntos. Quando fui promovido ao Tribunal, um ano depois dele, em 2000, cheguei para a 9ª Câmara de Direito Público e lá estava ele. Já havia passado pelo setor de Direito Privado. Assim, teve vivência na área do Direito Público, do Direito Privado e a Jurisdição Criminal, acumulando sólido saber.[6]

---

[2] LEWANDOWSKI, Enrique Ricardo. *Proteção dos direitos humanos na ordem interna e internacional*. Rio de Janeiro: Forense, 1984. v. 1.

[3] LEWANDOWSKI, Enrique Ricardo. *Globalização, regionalização e soberania*. São Paulo: Juarez de Oliveira, 2004.

[4] LEWANDOWSKI, Enrique Ricardo. *Pressupostos materiais e formais da intervenção federal no Brasil*. 1. ed. São Paulo: Revista dos Tribunais, 1994. v. 1.

[5] LEWANDOWSKI, Enrique Ricardo. A formação da doutrina dos direitos fundamentais. *In*: MARTINS, Ives Gandra da Silva; MENDES, Gilmar Ferreira; TAVARES, André Ramos (Coord.). *Lições de direito constitucional em homenagem ao jurista Celso Bastos*. São Paulo: Saraiva, 2005.

[6] RULLI JÚNIOR, Antonio. Ministro Ricardo Lewandowski: em busca de novos desafios. *Diálogos e Debates da Escola Paulista da Magistratura*, ano 7, n. 3, ed. 27, mar. 2007. p. 21.

Aquele foi o primeiro passo de uma trajetória marcada por feitos relevantes e alguns como parte da história do Brasil, como o fato de ser o presidente do Supremo Tribunal Federal no momento em que ocorreu o julgamento do *impeachment* da ex-presidente da República, Dilma Rousseff.

Lewandowski atuou com grande foco no Judiciário, em questões voltadas a desafogar os tribunais. Como presidente do Supremo Tribunal Federal, buscou decidir casos que pudessem diminuir a sobrecarga de todo o Judiciário; priorizou o julgamento de recursos com repercussão geral, bem como os casos de relevância social. Durante sua presidência, o ministro também buscou enfrentar o problema da superlotação dos presídios e cadeias no Brasil. Uma das medidas mais importantes, adotada a partir de janeiro de 2015, foi a instalação das "audiências de custódia". O projeto foi criado pelo Conselho Nacional de Justiça (CNJ), então sob sua gestão.

Ainda no âmbito de sua atuação na Presidência do CNJ, o ministro estimulou a adoção de formas alternativas de solução de conflitos, como a conciliação, a mediação e a arbitragem, e valorizou a chamada "Justiça Restaurativa", que procura dirimir as ações do Estado não somente para punir o infrator, mas também mitigar o sofrimento das vítimas.

Na prestação da função jurisdicional nesta Egrégia Corte de Justiça, respeitou e foi respeitado pela nobre classe dos advogados, membros do Ministério Público, funcionários e público em geral. É um homem que sabe equilibrar a gentileza, a imparcialidade e a firmeza de caráter, vigilante na defesa dos direitos e das garantias fundamentais.

Em discurso proferido por ocasião de sua posse no cargo de desembargador do Tribunal de Justiça do Estado de São Paulo, em 16.3.1997, ressaltou o desejo de ser juiz, bem como o orgulho ao ingressar neste Tribunal:

> ocasião de júbilo porque constitui o coroamento de toda uma vida dedicada ao Direito e à busca do ideal de Justiça, seja como advogado, seja como professor universitário, seja como integrante da Administração Pública, seja ainda como magistrado do Tribunal de Alçada Criminal. Sem dúvida, é grande a honra outorgada a este modesto bacharel de província, que assume, a partir de agora, a grave responsabilidade de vestir a toga de desembargador do venerável Tribunal de Justiça do Estado de São Paulo, onde pontificaram e ainda pontificam tantos luminares da jurisprudência pátria.[7]

Já em seu discurso de posse como presidente do Supremo Tribunal Federal, no dia 10.9.2014, depois de oito anos como ministro daquela Corte, evidenciou o papel de um juiz moderno, dedicado às causas da República e compromissado com a fiel efetividade das garantias constitucionais.

O Ministro Lewandowski sempre esteve a serviço das grandes causas da Justiça e da cidadania ao longo de sua trajetória profissional. Corajoso, idealista, probo, um magistrado que honra o Judiciário nacional e que zela pelo bom cumprimento da lei.

Por fim, esta Augusta Corte de Justiça, em honrosa homenagem ao eminente Ministro Enrique Ricardo Lewandowski, um homem da causa pública, exalta a sólida

---

[7] Discurso proferido por ocasião de sua posse no cargo de desembargador do Tribunal de Justiça do Estado de São Paulo, em 6.3.1997 (*Revista Oficial do Tribunal de Justiça do Estado de São Paulo*, v. 194, jul. 1997. p. 359).

cultura acadêmica e jurídica que desvelam intensa atividade intelectual de advogado, escritor, professor e magistrado, tarefas para as quais nunca lhe faltou retidão, coragem e dedicação.

Informação bibliográfica deste texto, conforme a NBR 6023:2018 da Associação Brasileira de Normas Técnicas (ABNT):

ANAFE, Ricardo Mair. Enrique Ricardo Lewandowski, uma vida dedicada aos direitos humanos e ao país. *In*: RIBEIRO, Paulo Dias de Moura; TOMELIN, Georghio Alessandro; KIM, Richard Pae (Coord.). *Direito humano e fundamental à saúde*: estudos em homenagem ao ministro Enrique Ricardo Lewandowski. Belo Horizonte: Fórum, 2023. p. 757-760. ISBN 978-65-5518-606-2.

A PRESIDÊNCIA DO PROCESSO
DE *IMPEACHMENT* POR MAGISTRADO

LUIZ FERNANDO BANDEIRA DE MELLO

1 Uma homenagem a Enrique Ricardo Lewandowski

Este artigo é parte integrante de obra em justa homenagem ao professor e ministro da Suprema Corte brasileira, Enrique Ricardo Lewandowski, por sua imensa colaboração para o desenvolvimento e aplicação da hermenêutica constitucional no Brasil nas últimas décadas.

Magistrado à altura do papel constitucional que lhe foi reservado, acadêmico de sólidos fundamentos, pragmático ao decidir, cioso no uso da linguagem, o Ministro Lewandowski tem deixado ao longo de sua trajetória pública legado que resistirá ao implacável julgamento do tempo.

Neste humilde artigo em sua homenagem, buscaremos retratar um período pequeno de sua atuação na Presidência do Supremo Tribunal Federal, mas gigantesco quando observado sob o prisma da relevância na história do país.

De 12.5 a 31.8.2016, Ricardo Lewandowski presidiu o Senado Federal para os fins do processo de *impeachment* de Dilma Rousseff.[1] Durante esses dias conduziu, com base em uma lei ultrapassada e "emendada" em diversos pontos pela jurisprudência do Supremo Tribunal Federal, aquele que viria a ser o mais longo e complexo caso de impedimento já visto no Brasil.

Com a narrativa que ora se propõe, buscamos discutir a opção constitucional de delegar a um magistrado a condução dos processos de *impeachment*, bem como demonstrar a relevância dessa determinação para o desenrolar desses processos atípicos.

---

[1] A íntegra dos autos do processo no Senado contra Dilma Rousseff (Denúncia nº 1, de 2016) encontra-se disponível no seguinte *link*: https://www25.senado.leg.br/web/atividade/materias/-/materia/125567 (acesso em: 19.2.2023). Para uma versão mais compacta, com apenas as principais peças, consultar: https://www12.senado.leg.br/noticias/materias/2016/08/22/veja-os-principais-documentos-do-processo-de-impeachment-de-dilma-rousseff (acesso em: 19.2.2023).

2 A Presidência do Senado como órgão judiciário confiada a magistrado: origens históricas

Como é notório, a primeira adaptação do instituto do impedimento de ocupante de cargo público a um modelo presidencialista surgiu ainda no texto originário da Constituição dos Estados Unidos da América, que importou o antigo instituto inglês do *impeachment* ao novo regime de governo que ali se desenhava.

Naqueles idos finais do século XVIII, o *impeachment* inglês já vinha caindo em desuso[2] e foi resgatado pelos federalistas americanos quando desenharam um processo de responsabilização política sobre a figura do presidente da República. No desenho norte-americano, no qual o Brasil se inspirou, caberia à Câmara dos Deputados autorizar a abertura de processo e ao Senado Federal realizar o julgamento daquelas autoridades previstas na legislação.

Porém, o sistema americano possui algumas peculiaridades que se distinguem claramente do modelo brasileiro e que se encontram ligadas à presidência do processo de *impeachment*. A primeira delas é que, no sistema dos Estados Unidos, o presidente da República não é cautelarmente afastado: ele permanece no cargo enquanto se defende perante o Senado; ao contrário do modelo brasileiro, em que o vice-presidente é chamado a assumir a função no curso do processo. A segunda é que nos Estados Unidos o Senado é ordinariamente presidido pelo vice-presidente da República, solução que o Brasil já havia adotado no passado, durante a República Velha, mas que, como se sabe, não vigora no regime de 1988.

Ora, se o vice-presidente da República preside o Senado e o Senado deverá julgar o processo de *impeachment*, seria muito pouco provável que sua presidência fosse "neutra". Por um lado, se ambicionar o posto, ele será beneficiário natural de um eventual julgamento em processo de *impeachment*. Por outro, caso prevaleça a lealdade ao titular, fatalmente suas posturas tenderão a dificultar ou prolongar o processo.

Foi dessa constatação que os federalistas[3] conceberam a ideia de convocar o *chief justice*, presidente da Suprema Corte, para conduzir o julgamento da autoridade máxima da nação perante o Senado americano. Isso, inclusive, favoreceria a lisura e a neutralidade do procedimento.

Mas a Constituição americana, diferentemente da brasileira, não lança mão da convocação do presidente da Suprema Corte para qualquer caso: ela traz essa previsão apenas e especificamente quando o réu do processo de *impeachment* é o presidente da República.[4] Nos demais casos, o vice-presidente da República continua a presidir o Senado.

---

[2] As dimensões deste trabalho não comportam uma narrativa detalhada do surgimento e evolução do *impeachment* no parlamentarismo inglês e sua progressiva substituição pela moção de desconfiança, que prevalece nos últimos séculos. Uma revisão bastante completa do instituto pode ser encontrada em diversas obras, entre as quais destacamos: BROSSARD, Paulo. *O impeachment*. São Paulo: Saraiva, 1992; BERGER, Raoul. *Impeachment* – The constitutional problems. Cambridge: Harvard University Press, 1974 e, mais recentemente: QUEIROZ, Rafael Mafei. *Como remover um presidente* – Teoria, história e prática do impeachment no Brasil. Rio de Janeiro: Zahar, 2021.

[3] Conferir a dissertação de Alexander Hamilton sobre as *impeachment clauses* nos documentos federalistas, em: HAMILTON, Alexander; MADISON, James; JAY, John. *The federalist papers*. Middletown, Connecticut: Wesleyan University Press, 1961. v. 65. doc. 9. p. 439-445.

[4] Conforme previsto no art. 1, seção 3, cláusula 6 da Constituição norte-americana.

Já sob a Carta de 1988, o presidente do Supremo Tribunal Federal deve presidir as sessões de julgamento dos processos de *impeachment* em qualquer caso submetido à competência do Senado Federal:[5] não só o presidente da República, mas seu vice, os ministros do Supremo, o procurador-geral da República, o advogado-geral da União ou os conselheiros do CNJ e do CNMP. Na esfera estadual, com julgamento perante a Assembleia Legislativa estadual ou a Câmara Legislativa do DF, a presidência do julgamento do governador, por exemplo, caberá ao presidente do Tribunal de Justiça local.

Essa opção de delegar a um magistrado a presidência de sessão de julgamento tão relevante, no caso brasileiro, desveste-se do arranjo político adotado na Constituição americana. No Brasil, onde o vice-presidente da República não preside o Senado, a preocupação dos federalistas não teria razão de ser. No entanto, aqui prevaleceu a ideia de que a presidência de magistrado traria equilíbrio e saber jurídico à condução do processo –[6] que, afinal, é um julgamento por meio do qual se decide pela imputação de crime de responsabilidade às maiores autoridades do país e que, em havendo condenação, significará o fim precipitado de um mandato. Essa sensibilidade, no caso do presidente da República, impõe responsabilidade ainda maior do ponto de vista democrático: significa interromper o mandato concedido por dezenas de milhões de eleitores por meio do voto de 54 dos 81 senadores.

3 Um precedente à mão: o episódio do *impeachment* de 1992

Em 1992, a recém-promulgada Constituição ainda não havia sido submetida à aplicação de muitos de seus dispositivos. O processo movido contra o então Presidente Fernando Collor exigiu da Suprema Corte e do seu presidente à época, Sidney Sanches, a harmonização dos novos dispositivos constitucionais com os da lei promulgada em 1950, que em vários trechos contrariava as novas disposições constitucionais, particularmente no que se refere aos papéis da Câmara e do Senado no processo de *impeachment*. Foi necessária a definição de uma série de etapas, que foram discutidas em sessão administrativa do Supremo e levadas por Sidney Sanches ao Senado. Esses episódios são célebres e relatados pelos personagens e por cronistas da época.[7]

Aquele roteiro minutado pelos ministros do STF em 1992 visava a dar alguma previsibilidade ao rito que o processo seguiria no Senado Federal, assim como resgatava os dispositivos da Lei nº 1.079 que não fossem incompatíveis com a Constituição de 1988.

Naquela oportunidade, já se demonstrou o acerto de trazer um magistrado para conduzir o processo de impedimento por crime de responsabilidade. A autoridade serena do Ministro Sidney Sanches garantiu a condução do processo até seu final, mesmo com a renúncia de Fernando Collor ocorrendo em meio à última sessão, o que inclusive motivou uma profunda discussão no Supremo tempos depois.[8]

---

[5] Conforme previsto no art. 52, parágrafo único, de nossa Constituição.

[6] Recorde-se que o presidente do Senado não tem, necessariamente, formação jurídica, o que poderia eventualmente dar lugar a uma fragilização da garantia do devido processo legal.

[7] Sobre o assunto, conferir: FONTAINHA, Fernando de Castro; MATTOS, Marco Aurélio Vannucchi Leme de; SATO, Leonardo Seiichi Sasada (Org.). *História oral do Supremo (1988-2013)*: Sidney Sanches. Rio de Janeiro: Fundação Getúlio Vargas, 2015. v. 5. O Ministro Luís Roberto Barroso fez referência à mesma reunião em seu voto no julgamento da ADPF nº 378.

[8] Conferir o inteiro teor do acórdão do Mandado de Segurança nº 21.682/DF (Disponível em: https://redir.stf.jus.br/paginadorpub/paginador.jsp?docTP=AC&docID=85587. Acesso em: 2 fev. 2023).

A decisão quanto à continuidade ou não do processo após a renúncia do presidente foi uma das questões mais sensíveis que Sanches enfrentou naquela presidência. Estava em jogo saber se a renúncia levaria à perda de objeto do processo de *impeachment* (já que não seria mais possível aplicar a pena de perda do cargo, restando prejudicada a inabilitação por oito anos), ou se o julgamento deveria continuar quanto à pena de inabilitação, caso se entendesse que as penas seriam autônomas. Sidney Sanches decidiu que aquela definição caberia ao plenário do Senado e a pena de inabilitação terminou sendo aplicada isoladamente. Essa decisão foi referendada meses depois pelo Supremo, em complexo julgamento que necessitou da convocação de três ministros do Superior Tribunal de Justiça para integrar o quórum que, prejudicado por registros de suspeição e impedimento,[9] acabara empatado em quatro a quatro.

4 A condução do *impeachment* em 2016

Na madrugada de 12.5.2016, o Senado admitiu a abertura de processo por crime de responsabilidade contra a então Presidente Dilma Rousseff, após a autorização da Câmara dos Deputados. Os ilícitos que eram atribuídos à presidente diziam respeito à gestão fiscal, especificamente no atraso do repasse ao Banco do Brasil dos recursos que vinham sendo antecipados no âmbito de políticas públicas, além de decretos relativos a rubricas orçamentárias feitos sem aprovação prévia do Congresso. Um tema árido que a mídia convencionou chamar, de forma assaz simplificada, de *pedaladas fiscais*.[10]

Na manhã do mesmo dia, Ricardo Lewandowski era convidado ao Senado para assumir a condução do processo e determinar a citação da presidente,[11] a fim de que apresentasse sua defesa. No mesmo ato, a presidente seria intimada do seu afastamento do cargo por até 180 dias, período durante o qual seria submetida a julgamento perante a Câmara Alta do Parlamento.

Caberia ao Ministro Lewandowski, a partir daquele momento, presidir as sessões plenárias do processo de Dilma Rousseff, mas também atuar como instância recursal das decisões tomadas no âmbito da comissão especial de senadores responsável por instruir o processo. Nessa qualidade, apreciou dezenas de recursos contra decisões tomadas no seio da comissão especial.

Esses recursos contra as deliberações da comissão especial eram decididos monocraticamente e versavam, por exemplo, sobre o número de testemunhas que a defesa teria direito a arrolar ou o direito da presidente afastada de requerer uma perícia

---

[9] Os ministros Marco Aurélio Mello e Francisco Rezek se deram por suspeitos para julgar o mandado de segurança de Collor, enquanto Sidney Sanches se deu por impedido. Paulo Brossard entendeu que faltava jurisdição ao Supremo para conhecer da matéria, mas, vencido nesse entendimento, votou com o relator, Sepúlveda Pertence e Néri da Silveira pelo indeferimento do pedido de anulação da condenação de Collor. Já Ilmar Galvão, Celso de Mello, Moreira Alves e Octavio Galloti deferiam o mandado de segurança, para anular a pena de inabilitação. O impasse só foi solucionado com a convocação dos três ministros mais antigos do Superior Tribunal de Justiça, William Patterson, Antonio Torreão Braz e José Dantas, que acompanharam o relator (inteiro teor do acórdão disponível para consulta em: https://redir.stf.jus.br/paginadorpub/paginador.jsp?docTP=AC&docID=85587. Acesso em: 21 fev. 2023).

[10] Para uma análise minuciosa das condutas que fundamentaram a denúncia por crime de responsabilidade contra Dilma Rousseff, consultar VILLAVERDE, João. *Perigosas pedaladas*. São Paulo: Geração Editorial, 2016.

[11] MARCHESAN, Ricardo. Lewandowski assume condução no julgamento do impeachment no Senado. *Folha de S.Paulo*, 12 maio 2016. Disponível em: https://noticias.uol.com.br/politica/ultimas-noticias/2016/05/12/lewandowski-no-julgamento-do-impeachment-no-senado.htm. Acesso em: 19 fev. 2023.

contábil internacional. No primeiro caso, Lewandowski entendeu ser procedente o recurso da defesa, uma vez que eram 6 os fatos admitidos como fundamento da denúncia e, portanto, caberia a indicação de até 48 testemunhas, sendo 8 por fato. No segundo caso, Lewandowski entendeu que as dúvidas contábeis levantadas pela defesa poderiam ser sanadas por perícia técnica nacional, que pudesse ser realizada em tempo útil à instrução do processo. A perícia em questão foi realizada por técnicos orçamentários do próprio Senado Federal.[12]

Caberia também ao presidente do STF definir o roteiro das sessões plenárias de pronúncia e julgamento. Diferentemente de Sanches, que trouxe um documento elaborado no Supremo Tribunal Federal e apenas publicado pelo Senado, Lewandowski conduziu duas reuniões[13] com as lideranças partidárias do Senado Federal para discutir uma minuta de roteiro. A proposta fora elaborada com base naquele documento de 1992, mas também atendendo às recentes decisões da Corte Suprema, particularmente na ADPF nº 378.[14] Registros dessas reuniões estão fartamente disponíveis,[15] inclusive com a íntegra dos roteiros aprovados para a sessão de pronúncia e para o julgamento.[16]

Nesses roteiros, importante notar que se buscou garantir o direito de defesa, tema em que a Lei nº 1.079 não é satisfatória. Além disso, algumas disposições importantes são dignas de nota: em primeiro lugar, a de que as questões de ordem eventualmente formuladas seriam decididas pela presidência sem recurso ao Plenário. O papel do presidente do Supremo em sessão de julgamento por crime de responsabilidade assemelha-se ao de um juiz no tribunal do júri. Embora a decisão de condenação ou absolvição caiba aos jurados (no caso, os senadores), a condução do julgamento e a apreciação de eventuais incidentes é da competência do juiz. No tribunal do júri, não cabe aos jurados apreciar recurso contra decisão do juiz que preside a sessão. *Mutatis mutandis*, essa mesma lógica deve prevalecer em um julgamento por crime de responsabilidade, sob pena de submeter a autoridade do presidente da Suprema Corte à maioria do plenário do Senado, subvertendo o mandamento constitucional que conferiu ao magistrado mais elevado da República a condução do processo.

Outra disposição relevante do roteiro dizia respeito ao uso de destaques. O destaque para votação em separado é um mecanismo procedimental típico da deliberação parlamentar, que permite "recortar" um trecho do corpo de qualquer proposição para que seja votado separadamente, de forma que o texto final possa ser aprovado com ou

---

[12] O laudo da perícia contábil pode ser consultado no seguinte *link*: https://legis.senado.leg.br/sdleg-getter/docum ento?t=196168&mime=application/pdf (acesso em: 18 fev. 2023).

[13] A primeira reunião, destinada a discutir o roteiro da sessão de pronúncia, foi realizada em 4.8.2016. A segunda, destinada ao roteiro da sessão de julgamento, foi realizada em 17.8.2016. Ambas as reuniões ocorreram no espaço do Salão Nobre do Senado Federal.

[14] A Ação por Descumprimento de Preceito Fundamental nº 378 foi proposta pelo PCdoB ainda durante a tramitação, na Câmara dos Deputados, da fase inicial de autorização para prosseguimento do processo de *impeachment* e, nela, o Supremo Tribunal Federal fixou diversos entendimentos que orientariam a continuidade do processo.

[15] Consultar, por exemplo: SANTI, Maurício. Lewandowski define roteiro do julgamento do impeachment em reunião com líderes. *Agência Senado*, 2016. Disponível em: https://www12.senado.leg.br/radio/1/noticia/2016/08/04/lewandowski-define-roteiro-do-julgamento-do-impeachment-em-reuniao-com-lideres. Acesso em: 21 fev. 2023.

[16] Roteiro da sessão de pronúncia disponível em: https://www12.senado.leg.br/noticias/arquivos/2016/08/04/roteiro-para-a-sessao-de-pronuncia-marcada-para-terca-feira-9 (acesso em: 25 fev. 2023); roteiro das sessões de julgamento disponível em: https://www12.senado.leg.br/noticias/arquivos/2016/08/17/veja-aqui-o-roteiro-definido-para-a-sessao-de-julgamento (acesso em: 25 fev. 2023).

sem o trecho destacado, conforme o resultado da deliberação. É recorrente, nos meios legislativos, realizar aprovações simbólicas de leis e outras matérias "ressalvados os destaques", ou seja, sem aqueles trechos das proposições que acumulam polêmica e que, por isso mesmo, foram "recortados" para apreciação em separado. Vê-se no roteiro da sessão de pronúncia que eles foram expressamente previstos nos itens 16, 17, 18, 20 e 21, em que se regulava sua forma de apresentação, a discussão de cada um deles e sua respectiva votação.

E, de fato, os destaques não somente foram previstos, como utilizados sem contestação. Naquela sessão de pronúncia de 9.8.2016, na qual se decidiu submeter a Presidente Dilma Rousseff a julgamento por crime de responsabilidade, o parecer da comissão especial que concluía pela responsabilização da presidente foi submetido a quatro destaques,[17] incidentes sobre várias das condutas que, separadamente, eram atribuídas à presidente acusada. Os quatro destaques foram submetidos a voto e, mantidos no texto do parecer, integraram as condutas pelas quais a presidente foi pronunciada a julgamento.

Na sessão de julgamento, ocorrida em 31 de agosto, foi apresentado novo requerimento de destaque. Agora, não mais sobre as condutas, e sim sobre a parte da pena que dizia respeito à aplicação da inabilitação por oito anos para o exercício de qualquer função pública.

O episódio de 1992 demonstrou, inclusive à luz do entendimento majoritário do Supremo Tribunal Federal no Mandado de Segurança nº 21.682/DF,[18] que as penas poderiam ser aplicadas separadamente.[19] Semanas antes, o próprio plenário do Senado Federal destacara e votara separadamente diversas partes do parecer da comissão especial que viria a fundamentar o libelo acusatório. Mas a utilização do destaque sobre a parte final do quesito a ser submetido ao juízo dos senadores inaugurava uma nova discussão que naquele momento não se afigurava pacífica.

Novamente, assim como em 1992, o presidente da Corte Suprema era colocado em uma situação de difícil solução ligada à condução de um processo de *impeachment* de presidente da República. Naquela circunstância, Lewandowski, assim como Sanches fizera 21 anos antes, entendeu que a decisão final deveria ser tomada pelo conjunto dos senadores. Ressaltou que não se pronunciava ali como juiz constitucional, até mesmo porque o Supremo poderia vir a ser chamado a decidir a compatibilidade da divisão das penas com o texto da Constituição, como de fato o foi, em ações ainda pendentes de julgamento.[20]

---

[17] Conforme se pode verificar nos autos da Denúncia nº 1, de 2016, v. 67, p. 25.642-25.664 (Disponível em: https://legis.senado.leg.br/sdleg-getter/documento?dm=7749985&ts=1594039523659&disposition=inline. Acesso em: 22 fev. 2023.

[18] Naquele processo discutia-se, entre outras questões, se após a renúncia de Collor o Senado poderia ter dado continuidade ao processo e aplicado a pena de inabilitação para o exercício de qualquer função pública por oito anos. Os ministros que deferiam a concessão da segurança o faziam por entender que a pena era uma só e que, logo, não caberia a aplicação isolada da sanção de inabilitação, já que a perda do cargo restaria inaplicável pela renúncia. Os demais ministros, em maioria, indeferiam o mandado de segurança, entendendo que as penas de perda do cargo e inabilitação poderiam ser aplicadas de forma autônoma pelo Senado Federal.

[19] Para uma análise da decisão no Mandado de Segurança nº 21.689/DF e suas implicações que chega a conclusões diversas das nossas, consultar: MEGALI NETO, Almir. *O impeachment de Dilma Rousseff perante o Supremo Tribunal Federal*. Belo Horizonte: Expert, 2021. Disponível em: https://dilma.com.br/wp-content/uploads/2021/06/O-impeachment-de-Dilma-Rousseff-perante-o-Supremo-Tribunal-Federal-2021-1.pdf. Acesso em: 19 fev. 2023.

[20] Os mandados de segurança nºs 34.378, 34.379, 34.384, 34.385, 34.394, 34.403 e 34.418, impetrados por partidos políticos e parlamentares contra o "fatiamento" da pena aplicada a Dilma Rousseff, foram conhecidos e tiveram

Assim, baseado nos precedentes brasileiros, na própria Lei nº 1.079, que previa a votação separada das penas,[21] na própria dinâmica deliberativa de uma casa legislativa e no precedente daquele mesmo processo de impedimento por crime de responsabilidade semanas antes, Lewandowski admitiu o requerimento de destaque (aliás, de aplicação automática segundo o regimento interno do Senado) e submeteu o quesito de julgamento de Dilma Rousseff a duas votações apartadas. Ali, a presidente poderia ter sido duas vezes condenada, se fosse da vontade de dois terços dos integrantes do Senado Federal. Como se sabe, no entanto, dos 81 senadores presentes, 61 condenaram Dilma Rousseff à perda do cargo (eram necessários 54 votos), enquanto na votação seguinte, relativa à inabilitação para o exercício de qualquer função pública, apenas 42 sufragaram pela condenação, não sendo atingidos assim os dois terços exigidos constitucionalmente.

Já tivemos a oportunidade de manifestar o entendimento pela constitucionalidade dessa decisão em trabalho específico sobre o tema,[22] inclusive explicando que a redação do parágrafo único do art. 52 da CF/1988 fixa um limite máximo para a pena do crime de responsabilidade, sendo possível e até necessário, para o atendimento ao princípio da individualização da pena e para uma correta dosimetria, falar-se em aplicação separada da perda de cargo e da inabilitação, como, aliás, foi o que ocorreu em todos os quatro casos de impedimento presidencial verificados no Brasil,[23] mas essa discussão ultrapassa os limites deste estudo.

5 Conclusões

Este trabalho voltou-se a discutir a centralidade da disposição constitucional de se delegar a magistrado (o presidente do Supremo Tribunal Federal ou o presidente do Tribunal de Justiça local, conforme o caso) a condução de processos de *impeachment*. Tanto no episódio de 2016 quanto no de 1992, decisões profundamente relevantes foram tomadas pelos magistrados incumbidos dessa missão em um julgamento de características marcadamente políticas e com consequências dramáticas para o país e para a própria história democrática da República.

À luz da experiência brasileira, pode-se afirmar que, bem mais que no paradigma norte-americano, em que o *chief justice* preside o julgamento do presidente da República, principalmente, para evitar que seja o vice-presidente a fazê-lo, no Brasil essa disposição volta-se a garantir uma posição de equilíbrio e razoabilidade e, especialmente, a assegurar o devido processo legal e o amplo direito de defesa.

---

a liminar pleiteada indeferida pela relatora, Ministra Rosa Weber, mas seu mérito ainda pende de julgamento, apesar de a relatora haver liberado os processos para pauta em dezembro de 2018.

[21] Conforme seu art. 68, cuja aplicação ao julgamento do presidente da República foi admitida pelo STF.

[22] BANDEIRA DE MELLO, Luiz Fernando; OLIVEIRA, Fabiane Pereira. Impedimento e inabilitação política são penas principais e independentes. *Consultor Jurídico*, 22 set. 2016. Disponível em: https://www.conjur.com.br/2016-set-22/impedimento-inabilitacao-politica-sao-penas-principais-independentes. Acesso em: 21 fev. 2023.

[23] Além dos episódios de 1992, relativo a Fernando Collor, e de 2016, relativo a Dilma Rousseff, o Brasil assistiu a dois outros impedimentos presidenciais decretados pelo Congresso Nacional, em 1955, após o suicídio de Getúlio Vargas. Naqueles dois episódios, em que a legislação do processo por crime de responsabilidade não foi seguida, Carlos Luz (então presidente da Câmara dos Deputados) e Café Filho (então presidente da República que assumira após o falecimento de Vargas) foram destituídos da Presidência da República sem que fossem inabilitados para outra função pública. Tanto é assim que Carlos Luz continuou no seu mandato de deputado federal, enquanto Café Filho foi nomeado, anos depois, ministro do Tribunal de Contas da Guanabara.

Referências

BANDEIRA DE MELLO, Luiz Fernando; OLIVEIRA, Fabiane Pereira. Impedimento e inabilitação política são penas principais e independentes. *Consultor Jurídico*, 22 set. 2016. Disponível em: https://www.conjur.com.br/2016-set-22/impedimento-inabilitacao-politica-sao-penas-principais-independentes. Acesso em: 21 fev. 2023.

BERGER, Raoul. *Impeachment* – The constitutional problems. Cambridge: Harvard University Press, 1974.

BRASIL. Senado Federal. *Autos da Denúncia nº 1, de 2016 (processo contra Dilma Rousseff por crime de responsabilidade)*. Disponível em: https://www25.senado.leg.br/web/atividade/materias/-/materia/125567. Acesso em: 19 fev. 2023.

BRASIL. Supremo Tribunal Federal. *Inteiro teor do acórdão no mandado de segurança 21.689/DF*. Disponível em: https://redir.stf.jus.br/paginadorpub/paginador.jsp?docTP=AC&docID=85587. Acesso em: 2 fev. 2023.

BROSSARD, Paulo. *O impeachment*. São Paulo: Saraiva, 1992.

FONTAINHA, Fernando de Castro; MATTOS, Marco Aurélio Vannucchi Leme de; SATO, Leonardo Seiichi Sasada (Org.). *História oral do Supremo (1988-2013)*: Sydney Sanches. Rio de Janeiro: Fundação Getúlio Vargas, 2015. v. 5.

HAMILTON, Alexander; MADISON, James; JAY, John. *The federalist papers*. Middletown, Connecticut: Wesleyan University Press, 1961.

MARCHESAN, Ricardo. Lewandowski assume condução no julgamento do impeachment no Senado. *Folha de S.Paulo*, 12 maio 2016. Disponível em: https://noticias.uol.com.br/politica/ultimas-noticias/2016/05/12/lewandowski-no-julgamento-do-impeachment-no-senado.htm. Acesso em: 19 fev. 2023.

MEGALI NETO, Almir. *O impeachment de Dilma Rousseff perante o Supremo Tribunal Federal*. Belo Horizonte: Expert, 2021. Disponível em: https://dilma.com.br/wp-content/uploads/2021/06/O-impeachment-de-Dilma-Rousseff-perante-o-Supremo-Tribunal-Federal-2021-1.pdf. Acesso em: 19 fev. 2023.

QUEIROZ, Rafael Mafei. *Como remover um presidente* – Teoria, história e prática do impeachment no Brasil. Rio de Janeiro: Zahar, 2021.

SANTI, Maurício. Lewandowski define roteiro do julgamento do impeachment em reunião com líderes. *Agência Senado*, 2016. Disponível em: https://www12.senado.leg.br/radio/1/noticia/2016/08/04/lewandowski-define-roteiro-do-julgamento-do-impeachment-em-reuniao-com-lideres. Acesso em: 21 fev. 2023.

VILLAVERDE, João. *Perigosas pedaladas*. São Paulo: Geração Editorial, 2016.

Informação bibliográfica deste texto, conforme a NBR 6023:2018 da Associação Brasileira de Normas Técnicas (ABNT):

BANDEIRA DE MELLO, Luiz Fernando. A presidência do processo de impeachment por magistrado. *In*: RIBEIRO, Paulo Dias de Moura; TOMELIN, Georghio Alessandro; KIM, Richard Pae (Coord.). *Direito humano e fundamental à saúde*: estudos em homenagem ao ministro Enrique Ricardo Lewandowski. Belo Horizonte: Fórum, 2023. p. 761-768. ISBN 978-65-5518-606-2.

DESARMAMENTO, DIREITOS DO HOMEM, VIOLÊNCIA E SAÚDE PÚBLICA – REFLEXÕES ACERCA DO ACÓRDÃO DE RELATORIA DO MIN. RICARDO LEWANDOWSKI

CRISTIANE BRITO CHAVES FROTA

Introdução

O presente trabalho tem por objetivo analisar o Estatuto do Desarmamento (Lei nº 10.826/03), sob a ótica do acórdão do Ministro Ricardo Lewandowski, em ações diretas de inconstitucionalidade julgadas em conjunto na ADI nº 3.112, e questionavam a validade da respectiva lei que foi sancionada com o objetivo de reduzir a violência no país, ao mesmo tempo que visava imprimir um maior controle da posse e do porte de armas de fogo, assim restringindo o comércio ao cidadão civil.

A presente discussão perpassa os direitos fundamentais contemplados na Constituição Federal de 1988 e, de modo específico, discute as alterações legislativas ocorridas na última década, seu impacto na saúde pública e a posição dos organismos internacionais ante o tema.

Este brevíssimo estudo procura reforçar, à luz do acórdão do Supremo Tribunal Federal, a motivação social norteadora da promulgação do Estatuto, que visou assegurar, diante do aumento dos casos de violência no país, o direito à segurança e à vida a brasileiros e estrangeiros residentes no território nacional.

O Estatuto do Desarmamento – Lei nº 10.826/2003

A Constituição da República Federativa do Brasil de 1988, marco do processo de redemocratização do país, intensificado ao longo da década de 1980, incorporou diversos direitos sociais, entre eles o direito à saúde e à segurança, como traço marcante do Estado moderno. Inspirada na Declaração Universal de Direitos Humanos de 1948 e seguindo o movimento pela paz mundial, o compromisso com o bem de todos e o futuro

PAULO DIAS DE MOURA RIBEIRO, GEORGHIO ALESSANDRO TOMELIN, RICHARD PAE KIM (Coord.)
DIREITO HUMANO E FUNDAMENTAL À SAÚDE: ESTUDOS EM HOMENAGEM AO MINISTRO ENRIQUE RICARDO LEWANDOWSKI

do povo brasileiro, traz em seu bojo as grandes conquistas jurídicas das mais avançadas democracias ao redor do globo, elencando, em seu art. 5º, os direitos fundamentais da pessoa humana, principalmente aqueles que dizem respeito a sua essência e que não podem ser, sob nenhum pretexto, objeto de renúncia, retrocesso e proteção jurídica insuficiente, ou muito menos violados.

Como projeção direta dos direitos fundamentais estabelecidos na Carta Magna de 1988, várias leis foram editadas com o propósito de concretizar e garantir o cumprimento dos preceitos estabelecidos na Lei Maior. Nesse passo, foi editada a Lei nº 10.826/2003.

Relatos históricos mostram que os primeiros movimentos em favor do desarmamento no Brasil começaram em 1997, quando surgiu a preocupação a respeito do controle de armas de fogo. Mas foi ao longo de 2003, com a participação popular, que o movimento ganhou força. A manifestação conhecida como Marcha Silenciosa, em que foram colocados sapatos de vítimas atingidas por arma de fogo em frente ao Congresso Nacional, é um exemplo da influência da população nesse processo. Diante da forte repercussão da manifestação, deputados e senadores formaram uma comissão para tratar da matéria relacionada ao porte e comercialização de armas de fogo.

Não obstante, seguindo o art. 144 da Constituição Federal, se fez necessário estabelecer que a segurança pública constitui dever do Estado e deve ser exercida para a preservação da ordem pública e da incolumidade das pessoas e do patrimônio, editando-se, com isso, o Estatuto do Desarmamento, Lei nº 10.826/2003, que dispõe sobre registro, posse e comercialização de armas de fogo e munição, e sobre o Sistema Nacional de Armas (SINARM).

Após a promulgação do Estatuto do Desarmamento, partidos políticos e outras entidades alinhadas aos interesses da indústria e do comércio de armamento questionaram a constitucionalidade da lei no Supremo Tribunal Federal, por meio de ações diretas de inconstitucionalidade – ADINs. Coube ao Ministro Ricardo Lewandowski a relatoria dessas ações, e, em alentado voto, concluiu, em linhas gerais, a favor da defesa e da proteção dos direitos da pessoa humana.

O Supremo Tribunal Federal e as ações diretas de inconstitucionalidade da Lei nº 10.826/2003 – Acórdão de relatoria do Ministro Ricardo Lewandowski

Instado a se pronunciar acerca da constitucionalidade da Lei nº 10.826/2003, o Plenário do Supremo Tribunal Federal (STF) declarou a inconstitucionalidade de três dispositivos do Estatuto do Desarmamento. Tais dispositivos proibiam a concessão de liberdade, mediante o pagamento de fiança, no caso de porte ilegal de arma (parágrafo único do art. 14) e disparo de arma de fogo (parágrafo único do art. 15). Nesses dois pontos, prevaleceu o entendimento de que o porte ilegal e o disparo de arma de fogo constituem crimes de mera conduta que, embora reduzam o nível de segurança coletiva, não se equiparam aos crimes que acarretam lesão ou ameaça de lesão à vida ou à propriedade, havendo no ponto evidente irrazoabilidade e desproporcionalidade. Também foi considerado inconstitucional o art. 21 do Estatuto, que negava liberdade provisória aos acusados de posse ou porte ilegal de arma de uso restrito, comércio ilegal de arma e tráfico internacional de arma.

Por outro lado, a ADI proposta perante o STF visava à declaração de inconstitucionalidade da íntegra do Estatuto do Desarmamento por vício formal de iniciativa, sob o argumento de que o Congresso Nacional teria invadido a competência privativa do presidente da República. O relator, Min. Lewandowski, no entanto, entendeu que a Constituição não foi violada porque a lei, como um todo, não trata da criação de órgãos, cargos, funções ou empregos públicos, tampouco da sua extinção. Apontou, ainda, a predominância do interesse público na matéria. *In verbis*:

EMENTA: AÇÃO DIRETA DE INCONSTITUCIONALIDADE. LEI 10.826/2003. ESTATUTO DO DESARMAMENTO. INCONSTITUCIONALIDADE FORMAL AFASTADA. INVASÃO DA COMPETÊNCIA RESIDUAL DOS ESTADOS. INOCORRÊNCIA. DIREITO DE PROPRIEDADE. INTROMISSÃO DO ESTADO NA ESFERA PRIVADA DESCARACTERIZADA. PREDOMINÂNCIA DO INTERESSE PÚBLICO RECONHECIDA. OBRIGAÇÃO DE RENOVAÇÃO PERIÓDICA DO REGISTRO DAS ARMAS DE FOGO. DIREITO DE PROPRIEDADE, ATO JURÍDICO PERFEITO E DIREITO ADQUIRIDO ALEGADAMENTE VIOLADOS. ASSERTIVA IMPROCEDENTE. LESÃO AOS PRINCÍPIOS CONSTITUCIONAIS DA PRESUNÇÃO DE INOCÊNCIA E DO DEVIDO PROCESSO LEGAL. AFRONTA TAMBÉM AO PRINCÍPIO DA RAZOABILIDADE. ARGUMENTOS NÃO ACOLHIDOS. FIXAÇÃO DE IDADE MÍNIMA PARA A AQUISIÇÃO DE ARMA DE FOGO. POSSIBILIDADE. REALIZAÇÃO DE REFERENDO. INCOMPETÊNCIA DO CONGRESSO NACIONAL. PREJUDICIALIDADE. AÇÃO JULGADA PARCIALMENTE PROCEDENTE QUANTO À PROIBIÇÃO DO ESTABELECIMENTO DE FIANÇA E LIBERDADE PROVISÓRIA. I - Dispositivos impugnados que constituem mera reprodução de normas constantes da Lei 9.437/1997, de iniciativa do Executivo, revogada pela Lei 10.826/2003, ou são consentâneos com o que nela se dispunha, ou, ainda, consubstanciam preceitos que guardam afinidade lógica, em uma relação de pertinência, com a Lei 9.437/1997 ou com o PL 1.073/1999, ambos encaminhados ao Congresso Nacional pela Presidência da República, razão pela qual não se caracteriza a alegada inconstitucionalidade formal. II - Invasão de competência residual dos Estados para legislar sobre segurança pública, pois cabe à União legislar sobre matérias de predominante interesse geral. III - O direito do proprietário à percepção de justa e adequada indenização, reconhecida no diploma legal impugnado, afasta a alegada violação ao art. 5º, XXII, da Constituição Federal, bem como ao ato jurídico perfeito e ao direito adquirido. IV - A proibição de estabelecimento de fiança para os delitos de "porte ilegal de arma de fogo de uso permitido" e de "disparo de arma de fogo", mostra-se desarrazoada, porquanto são crimes de mera conduta, que não se equiparam aos crimes que acarretam lesão ou ameaça de lesão à vida ou à propriedade. V - Insusceptibilidade de liberdade provisória quanto aos delitos elencados nos arts. 16, 17 e 18. Inconstitucionalidade reconhecida, visto que o texto magno não autoriza a prisão ex lege, em face dos princípios da presunção de inocência e da obrigatoriedade de fundamentação dos mandados de prisão pela autoridade judiciária competente. VI - Identificação das armas e munições, de modo a permitir o rastreamento dos respectivos fabricantes e adquirentes, medida que não se mostra irrazoável. VII - A idade mínima para aquisição de arma de fogo pode ser estabelecida por meio de lei ordinária, como se tem admitido em outras hipóteses. VIII - Prejudicado o exame da inconstitucionalidade formal e material do art. 35, tendo em conta a realização de referendo. IX - Ação julgada procedente, em parte, para declarar a inconstitucionalidade dos parágrafos únicos dos artigos 14 e 15 e do artigo 21 da Lei 10.826, de 22 de dezembro de 2003.

O Ministro Lewandowski afirmou, em seu voto, a grande importância para o país da confirmação da constitucionalidade do Estatuto, pois reforça a necessidade de construção de políticas públicas que estejam afinadas com o respeito aos direitos humanos. Asseverou, ainda, que a questão da segurança pública é um direito de primeira grandeza e que a sua concretização exige constante e eficaz mobilização de recursos humanos e materiais por parte do Estado.

> O dever estatal concernente à segurança pública não é exercido de forma aleatória, mas através de instituições permanentes e, idealmente, segundo uma política criminal, com objetivos de curto, médio e longo prazo, suficientemente flexíveis para responder às circunstâncias cambiantes de cada momento histórico.[1]

Com essas considerações, finaliza seu voto reforçando a importância do Estatuto do Desarmamento, que representou uma resposta do Estado e da sociedade civil à situação de extrema gravidade que o país vive com o aumento da violência e da criminalidade, principalmente com relação ao número de mortes por armas de fogo entre os jovens.

A polêmica do desarmamento no Brasil na última década e seu impacto na saúde pública

Passada mais de uma década e meia do julgamento da ADI nº 3.112 – conhecida como a ADI do Desarmamento –, a matéria segue polêmica no Parlamento e continua a ser alvo de constantes alterações por meio de edições de decretos e legislações complementares.

Apenas na Câmara Federal, o estatuto é alvo de quase 100 projetos de lei que propõem desde a sua flexibilização até a revogação completa do texto. Segundo o Ipea,[2] o estatuto entrou em vigor em 22.12.2003 e, naquela época, o contexto do país favoreceu a sua aprovação, já que no período de tramitação, entre 1999 e 2003, o número de homicídios no país saltou de 43 mil para mais de 51 mil por ano.

Em tempos mais recentes, na contramão da tendência mundial, o governo Bolsonaro publicou ao menos 31 alterações na política de acesso a armas no Brasil, visando facilitar, no país, a compra de armas e munições pelo cidadão comum.[3] A maioria dessas alterações se encontra judicializada, sendo que algumas delas foram revogadas já nos primeiros dias do terceiro Governo Lula. Trata-se da edição do Decreto nº 11.366/2023, que suspendeu os registros para aquisição, registro e transferência de armas e de munições de uso restrito para caçadores, colecionadores, atiradores e particulares, restringindo também os quantitativos de aquisição de armas e de munições de uso permitido, suspendendo ainda a concessão de novos registros de clubes e de escolas de tiro. Por fim, institui grupo de trabalho para apresentar nova regulamentação ao Estatuto do Desarmamento e suas posteriores alterações.

O Decreto nº 11.366/2023 foi alvo de diversas e diferentes ações judiciais por todo o país, o que levou a Advocacia-Geral da União a interpor uma ação declaratória de constitucionalidade, a ADC nº 85, requerendo a suspensão da eficácia de quaisquer

---

[1] SUPREMO TRIBUNAL FEDERAL. *Ação Direta de Inconstitucionalidade 3.112*. Rel. Min. Ricardo Lewandowski.

[2] Ipea – Instituto de Pesquisa Econômica Aplicada.

[3] CONTROLE de armas. *Instituto Sou da Paz*. Disponível em: https://soudapaz.org/o-que-fazemos/conhecer/pesquisas/controle-de-armas/.

decisões judiciais individuais que eventualmente tenham, de forma expressa ou tácita, afastado a aplicação do decreto em questão.

Mais uma vez, o Supremo Tribunal Federal foi instado a abordar o tema e concedeu, em uma análise preliminar, medida liminar, declarando de plano serem evidentes a constitucionalidade e a legalidade do Decreto nº 11.366/2023. Nessa oportunidade, o Min. Gilmar Mendes, relator do processo, declarou que o objetivo do decreto é o de estabelecer uma espécie de "freio de arrumação" na tendência de vertiginosa flexibilização das normas de acesso a armas de fogo e munições ocorrida no Brasil nos últimos anos.

No que tange especificamente à criação do grupo de trabalho prevista no Decreto nº 11.366/2023, a iniciativa é de grande importância e prestigia o próprio espírito do Estado democrático de direito. As leis devem ser caracterizadas como expressão da vontade popular, visando ao bem comum e à realização da justiça, o que não ocorre apenas pela via representativa. Inegavelmente, as leis devem ser compatíveis com a realidade que a sociedade vivencia, o que pressupõe a participação da sociedade nos processos de decisão política que envolve a discussão sobre as normas.

O princípio democrático impõe requisitos básicos para a elaboração das leis, quais sejam, que a lei seja manifestação da maioria do Parlamento e que, durante sua concepção e formação, haja sempre a garantia da participação dos sujeitos interessados por meio de um procedimento público. Há conexão, pois, entre o processo legislativo e o princípio democrático, já que indispensáveis à concretização da regra da maioria, da participação e da publicidade.[4]

É importante desmistificar, portanto, o conceito de que, em qualquer situação, há uma razão direta entre armar a população, com a flexibilização do controle de acesso à armas e munições, e o incremento da segurança. Não há comprovação dos benefícios que uma arma de fogo pode trazer, mesmo quando adquirida legalmente. Ao contrário, quando tratam dos malefícios, os números são alarmantes! Desde a aprovação do Estatuto do Desarmamento, o índice médio de crescimento de mortes por armas de fogo foi de apenas 0,85%, resultado considerado positivo em relação aos 14 anos anteriores à norma, em que foi registrado um acréscimo de 5,44%.[5] Por essa razão, a atuação direta do Estado e da sociedade é essencial para a solução do problema, com redução dos impactos negativos por meio da adoção de políticas públicas e de conscientização da importância e dos benefícios do Estatuto do Desarmamento.

Vale trazer, a título de ilustração, o exemplo dos Estados Unidos da América, com tradição secular do uso de arma de fogo para a autodefesa e a defesa do patrimônio. O país vive uma verdadeira crise não só de segurança pública, mas especialmente de saúde pública, pelo acesso a armas de fogo franqueado indiscriminadamente à população. Segundo Hermenway,[6] o número de civis mortos por armas de fogo no período de 2000 a 2015 foi superior à soma de todas as mortes ocorridas nas duas Grandes Guerras e nos conflitos da Coreia e Vietnã. Isso se deve ao recorde mundial ostentado pelo país de número de armas de fogo *per capita* e o controle mais relaxado de acesso

---

4   CARVALHO, Kildare Gonçalves. *Direito constitucional*: teoria do estado e da constituição; direito constitucional positivo. 19. ed. rev., atual. e ampl. Belo Horizonte: Del Rey, 2012.

5   Dados do Ipea de 2019.

6   HERMENWAY, D. *Reducing firearm violence*. Chicago: University of Chicago, 2016.

a esses armamentos. Além disso, por se tratar de um bem durável, seriam necessárias várias décadas para retirar de circulação no país os estimados mais de 300 milhões de armas de fogo em poder da população. De acordo com Wintermute,[7] homicídios envolvendo armas de fogo nos EUA tiveram um crescimento nacional anual de 27,5%, e esses percentuais vêm subindo assustadoramente, ano após ano, nos últimos 100 anos, números esses que impactam sobremaneira o sistema público de saúde norte-americano. Esses resultados em nada destoam das pesquisas clássicas que abordaram o tema no país em décadas anteriores, como destacaram Newton Jr. e Zimring: "more firearms – more firearms violence".[8]

No Brasil, o impacto do âmbito da saúde pública é igualmente alarmante. Em 2014, mais de 65% dos atendimentos nas capitais brasileiras foram em razão de ferimentos por arma de fogo.[9] No período de 2015 a 2018, o Sistema Único de Saúde (SUS) gastou R$191,33 milhões com internações e atendimentos ambulatoriais causados diretamente por armas de fogo.[10]

Os direitos do homem e o combate à violência como pauta internacional

Um estudo do Ipea[11] sobre as condições que tendem a favorecer a manutenção da alta criminalidade no Brasil até 2023 traz a faixa etária da população, a alta desigualdade social e a alta prevalência de armas em circulação como fatores que impactam fortemente a criminalidade. Apesar da legislação restritiva, o Brasil convive com um fácil acesso a armas de fogo, e isso está relacionado a um considerável estoque de armas em circulação no país, além do baixo preço de aquisição. Outro estudo[12] aponta que o Estatuto do Desarmamento contribuiu para a redução das taxas de homicídio, sendo responsável, por exemplo, por salvar entre 2.000 e 2.750 vidas nas cidades com mais de 50 mil habitantes no estado de São Paulo.

Se por um lado o reconhecimento e a proteção dos direitos do homem são a base das constituições democráticas, a paz é o pressuposto necessário para a proteção efetiva dos direitos do homem em cada Estado e também no sistema internacional. Norberto Bobbio aponta que o ideal de paz perpétua só pode ser perseguido através de uma democratização progressiva do sistema e que essa democratização não pode estar separada da gradual, e cada vez mais efetiva, proteção dos direitos do homem acima de cada um dos Estados. Direitos do homem, democracia e paz são três momentos necessários do mesmo movimento histórico: sem direitos do homem reconhecidos e efetivamente protegidos não existe democracia, sem democracia não existem as

---

[7] WINTERMUTE, G. Guns, violence, politics: the gyre widens. *Injury Epidemiology*, v. 8, 2021.

[8] NEWTON JR., G. D.; ZIMRING, F. E. *Firearms & violence in American life*. Staff report submitted to the national commission on the causes & prevention of violence. 1968.

[9] RIBEIRO, A. P.; SOUZA, E. R. de; SOUSA, C. A. M. Lesões provocadas por armas de fogo atendidas em serviços de urgência e emergência brasileiros. *Ciência e Saúde Coletiva*, v. 22, n. 9, p. 2851-2860.

[10] Escola Nacional de Saúde Pública Sergio Arouca (Disponível em: https://informe.ensp.fiocruz.br/noticias/45316).

[11] FERREIRA, Helder Rogério Sant'Ana; MARCIAL, Elaine Coutinho. Violência e segurança pública em 2023. *Ipea*. Disponível em: https://www.ipea.gov.br/atlasviolencia/arquivos/artigos/8542-151211livroviolenciaseguranca-compactado.pdf.

[12] CERQUEIRA, D.; MELLO, J. M. P. Evaluating a national anti-firearm law and estimating the casual effect of guns on crime. *Texto para Discussão*, Rio de Janeiro, n. 607, 2013. Disponível em: https://www.econ.puc-rio.br/uploads/adm/trabalhos/files/td607.pdf. Acesso em: fev. 2023.

condições mínimas para a solução pacífica dos conflitos que surgem entre indivíduos.[13] Vale lembrar que *inter arma silent legis*.

A Declaração Universal dos Direitos do Homem preceitua que "o reconhecimento da dignidade inerente a todos os membros da família humana e dos seus direitos iguais e inalienáveis constitui o fundamento da liberdade, da justiça e da paz no mundo". Essas palavras se associam diretamente à Carta da ONU que declara que é necessário "salvar as gerações futuras do flagelo da guerra".[14] O mundo atual detém cerca de 900 milhões de armas de pequeno porte, estando 75% delas nas mãos de civis, a maioria sem autorização,[15] segundo a Organização das Nações Unidas (ONU), que lançou o Programa de Ação para Prevenir, Combater e Erradicar o Comércio Ilícito de Armas de Pequeno Porte e Armamentos Leves em todos os seus Aspectos entre 2018 e 2024.

A segurança pública, por sua vez, envolve o amplo dever dos governantes de atuar tanto no âmbito federal, quanto na esfera estadual e municipal. Constitui direito e responsabilidade de todos. Ações de caráter preventivo são essenciais, especialmente no que diz respeito à educação, saúde física e mental, emprego, inclusão social, proteção de grupos minorizados e estruturação familiar. Movimentos legislativos que atendam às demandas sociais, aprimorem a fiscalização e viabilizem a repressão devem ser igualmente implementados, sem prescindir do decisivo concurso das polícias, do Ministério Público e do Poder Judiciário.

Conclusão

Essas breves reflexões demonstraram que o Estatuto do Desarmamento, cuja constitucionalidade foi declarada por acórdão do Ministro Ricardo Lewandowski, vem contribuindo de modo decisivo para a afirmação e concretização dos direitos fundamentais, do princípio democrático, reforçando ainda a pauta internacional de promoção dos direitos humanos e da paz social.

A partir da Constituição de 1988, intensificou-se a interação e conjugação do direito internacional e do direito interno, que fortalecem a sistemática de proteção dos direitos fundamentais, com uma principiologia e lógica próprias, fundadas no princípio da primazia dos direitos humanos.

Percebe-se facilmente que o essencial não é armar a população civil, mas desenvolver políticas mais eficientes de modo a transpor para o plano concreto os avanços delineados pela Carta da República de 1988, como bem o fez o acórdão proferido na ADI do Desarmamento. Na linha dos estudos citados anteriormente, há relação direta entre mais armas de fogo e mais violência causada por armas de fogo ou "more firearms – more firearms violence".

O combate à violência começa com a conscientização de que é preciso rever o armamento em circulação entre civis, nas palavras do próprio Ministro Lewandowski: "em número absolutamente desproporcional aos eventuais perigos que se propõe afastar com o uso dessas mesmas armas".

---

[13] BOBBIO, Norberto. *A era dos direitos*. Tradução de Carlos Nelson Coutinho. São Paulo: Elsevier, 2004. p. 203.

[14] BOBBIO, Norberto. *A era dos direitos*. Tradução de Carlos Nelson Coutinho. São Paulo: Elsevier, 2004. p. 204.

[15] Dados da ONU – Organização das Nações Unidas (Disponível em: https://news.un.org/pt/story/2018/06/1627552) e CERQUEIRA, D.; MELLO, J. M. P. Evaluating a national anti-firearm law and estimating the casual effect of guns on crime. *Texto para Discussão*, Rio de Janeiro, n. 607, 2013. Disponível em: https://www.econ.puc-rio.br/uploads/adm/trabalhos/files/td607.pdf. Acesso em: fev. 2023.

Referências

BOBBIO, Norberto. *A era dos direitos*. Tradução de Carlos Nelson Coutinho. São Paulo: Elsevier, 2004.

CARVALHO, Kildare Gonçalves. *Direito constitucional*: teoria do estado e da constituição; direito constitucional positivo. 19. ed. rev., atual. e ampl. Belo Horizonte: Del Rey, 2012.

CERQUEIRA, D.; MELLO, J. M. P. Evaluating a national anti-firearm law and estimating the casual effect of guns on crime. *Texto para Discussão*, Rio de Janeiro, n. 607, 2013. Disponível em: https://www.econ.puc-rio.br/uploads/adm/trabalhos/files/td607.pdf. Acesso em: fev. 2023.

CONTROLE de armas. *Instituto Sou da Paz*. Disponível em: https://soudapaz.org/o-que-fazemos/conhecer/pesquisas/controle-de-armas/.

FERREIRA, Helder Rogério Sant'Ana; MARCIAL, Elaine Coutinho. Violência e segurança pública em 2023. *Ipea*. Disponível em: https://www.ipea.gov.br/atlasviolencia/arquivos/artigos/8542-151211livroviolenciaseguranca-compactado.pdf.

HERMENWAY, D. *Reducing firearm violence*. Chicago: University of Chicago, 2016.

NEWTON JR., G. D.; ZIMRING, F. E. *Firearms & violence in American life*. Staff report submitted to the national commission on the causes & prevention of violence. 1968.

RIBEIRO, A. P.; SOUZA, E. R. de; SOUSA, C. A. M. Lesões provocadas por armas de fogo atendidas em serviços de urgência e emergência brasileiros. *Ciência e Saúde Coletiva*, v. 22, n. 9, p. 2851-2860.

SUPREMO TRIBUNAL FEDERAL. *Ação Declaratória de Constitucionalidade 85*. Rel. Min. Gilmar Mendes.

SUPREMO TRIBUNAL FEDERAL. *Ação Direta de Inconstitucionalidade 3.112*. Rel. Min. Ricardo Lewandowski.

WINTERMUTE, G. Guns, violence, politics: the gyre widens. *Injury Epidemiology*, v. 8, 2021.

Informação bibliográfica deste texto, conforme a NBR 6023:2018 da Associação Brasileira de Normas Técnicas (ABNT):

FROTA, Cristiane Brito Chaves. Desarmamento, direitos do homem, violência e saúde pública – Reflexões acerca do acórdão de relatoria do Min. Ricardo Lewandowski. *In*: RIBEIRO, Paulo Dias de Moura; TOMELIN, Georghio Alessandro; KIM, Richard Pae (Coord.). *Direito humano e fundamental à saúde*: estudos em homenagem ao ministro Enrique Ricardo Lewandowski. Belo Horizonte: Fórum, 2023. p. 769-776. ISBN 978-65-5518-606-2.

NOTAS SOBRE A IGUALDADE COMO PRINCÍPIO E DIREITO FUNDAMENTAL NA CONSTITUIÇÃO FEDERAL DE 1988

INGO WOLFGANG SARLET

GABRIELLE BEZERRA SALES SARLET

1 Considerações introdutórias

Igualdade e justiça são noções que guardam uma relação íntima, conexão que, por sua vez, pode ser reconduzida, no plano filosófico, ao pensamento grego clássico, com destaque para o pensamento de Aristóteles, quando este associou justiça e igualdade e sugeriu que os iguais devem ser tratados de modo igual ao passo que os diferentes devem ser tratados de modo desigual,[1] muito embora – convém lembrar – a justiça não se esgote na igualdade nem com ela se confunda.[2] Desde então o princípio da igualdade (e a noção de isonomia) guarda relação íntima com a noção de justiça e com as mais diversas teorizações sobre a justiça, posto que, além de outras razões que podem ser invocadas para justificar tal conexão, a justiça é sempre algo que o indivíduo vivencia, em primeira linha, de forma intersubjetiva e relativa, ou seja, na sua relação com outros indivíduos e na forma como ele próprio e os demais são tratados.[3]

Além disso – mas também por isso mesmo – a igualdade passou a constituir valor central para o direito constitucional contemporâneo, representando verdadeira "pedra angular" do constitucionalismo moderno,[4] porquanto parte integrante da tradição

---

[1] Destaca-se aqui a obra *Ética a Nicômaco*: "[...] se as pessoas não forem iguais elas não terão uma participação igual nas coisas", muito embora a justiça também para Aristóteles não se restrinja à igualdade (ARISTÓTELES. *Ética a Nicômaco*. Tradução do grego por Mário da Gama Kury. 3. ed. Brasília: UNB, 1992. p. 96).

[2] BOBBIO, Norberto. *Igualdade e liberdade*. Tradução de Carlos Nelson Coutinho. 2. ed. Rio de Janeiro: Ediouro, 2002. p. 14.

[3] KLOEPFER, Michael. *Verfassungsrecht II*. Grundrechte. München: C.H.Beck, 2010. p. 199.

[4] Cf., entre tantos, ROSENFELD, Michel. Hacia una reconstrución de la igualdade constitucional. *In*: CARBONEL Miguel (Comp.); ROSENFELD, Michel. *El principio constitucional de igualdad*. Lecturas de introducción, Mexico: Comisión Nacional de los Derechos Humanos, 2003. p. 69.

constitucional inaugurada com as primeiras declarações de direitos e sua incorporação aos catálogos constitucionais desde o constitucionalismo de matriz liberal-burguesa. Desde então – e cada vez mais (embora os importantes câmbios na compreensão e aplicação da noção de igualdade ao longo do tempo) –, de acordo com a oportuna dicção de José Joaquim Gomes Canotilho e Vital Moreira, "o princípio da igualdade é um dos princípios estruturantes do sistema constitucional global, conjugando dialecticamente as dimensões liberais, democráticas e sociais inerentes ao conceito de Estado de direito democrático e social",[5] tal como (também) o é o Estado projetado pela Constituição Federal brasileira de 1988 (doravante referida como CF).

Já quando da fundação do constitucionalismo moderno, a igualdade passou a figurar nas declarações de direitos e nas primeiras constituições, destacando-se a Declaração dos Direitos da Virgínia, de 1776, cujo primeiro artigo afirmava que todos os homens nascem igualmente livres e independentes, bem como a Declaração Francesa dos Direitos do Homem e do Cidadão, de 1789, de acordo com a qual "os homens nascem e são livres e iguais em direitos" (art. 1º). Embora a Declaração em si mesma, antes de ser integrada ao bloco de constitucionalidade, não fosse uma constituição, a sua relevância para a evolução constitucional e para reconhecimento da igualdade no campo do direito positivo é inquestionável. Aliás, a igualdade também foi contemplada em outra passagem da Declaração, mais precisamente, na relação com o postulado da generalidade da lei. Com efeito, de acordo com o art. 6º da Declaração, "a lei é a expressão da vontade geral [...]. Ela deve ser a mesma para todos, seja para proteger, seja para punir", enunciado que expressa a superação da sociedade de privilégios hereditários e estamentais que caracterizava o assim chamado Antigo Regime na França pré-revolucionária.[6]

A partir de então, a igualdade perante a lei (embora nem sempre a dicção dos textos constitucionais tenha sido idêntica) e a noção de que "em princípio, direitos e vantagens devem beneficiar a todos; e os deveres e encargos devem impender sobre todos"[7] passaram a constar gradativamente nos textos constitucionais, presença que alcançou sua máxima expansão, em termos quantitativos e qualitativos, no constitucionalismo do Segundo Pós-Guerra e com a inserção do princípio da igualdade e dos direitos de igualdade no sistema internacional de proteção dos direitos humanos, a começar pela própria Declaração da ONU, de 1948, quando, no seu art. I, solenemente, a exemplo do que havia feito a Declaração francesa praticamente 150 anos antes, afirma que "todas as pessoas nascem livres e iguais em direitos", para, no art. VII, declarar, numa perspectiva já afinada com o que se convencionou designar de igualdade material, que "todos são iguais perante a lei e têm direito, sem qualquer distinção, a igual proteção da lei. Todos têm direito a igual proteção contra qualquer discriminação que viole a presente Declaração e contra qualquer incitamento a tal discriminação".

Ainda no plano do direito internacional, verificou-se um processo de amplo reconhecimento de direitos de igualdade mediante sua incorporação em diversos tratados ou convenções, sejam eles de amplitude universal (como no caso art. 26 do

---

[5] CANOTILHO, J. J. Gomes; MOREIRA, Vital. *Constituição da República Portuguesa anotada*. 4. ed. Coimbra: Coimbra Editora, 2007. v. I. p. 336-7.

[6] DÍEZ-PICAZO, Luis María. *Sistema de derechos fundamentales*. 2. ed. Navarra: Aranzadi, 2005. p. 191-92.

[7] CANOTILHO, J. J. Gomes; MOREIRA, Vital. *Constituição da República Portuguesa anotada*. 4. ed. Coimbra: Coimbra Editora, 2007. v. I. p. 338.

Pacto Internacional de Direitos Civis e Políticos, de 1966, de acordo com o qual todas as pessoas são iguais perante a lei e têm direito, sem discriminação alguma, à igual proteção da lei), sejam eles de abrangência regional, como é o caso da Convenção Americana de Direitos Humanos (1969), cujo art. 24, de modo quase idêntico ao disposto no Pacto de Direitos Civis e Políticos, preceitua que "todas as pessoais são iguais perante a lei. Por conseguinte, têm direito, sem discriminação alguma, à igual proteção da lei". Tais documentos supranacionais, que, uma vez ratificados pelos Estados (não é o caso, portanto, da Declaração da ONU, de 1948, que, contudo, integra o conjunto dos princípios do direito internacional), assumem a condição de normas de caráter vinculante, além de preverem cláusulas gerais, em parte também preveem cláusulas especiais de igualdade ou foram complementados por outros documentos destinados a combater as mais diversas modalidades de discriminação, como é o caso das Convenções sobre a eliminação de todas as formas de discriminação racial (1965) e da mulher (1979), bem como, mais recentemente, a Convenção Internacional Sobre os Direitos das Pessoas com Deficiência (2007), Tratado de Marraqueche (2013), visando facilitar o acesso a obras publicadas às pessoas cegas ou com outras dificuldades, e a Convenção Interamericana Contra Toda Forma de Discriminação e Intolerância (2013).

No plano do constitucionalismo, o Brasil, como se sabe, não configura exceção à regra, visto que a Carta Imperial de 1824, que, no seu art. 179, XIII, replicando o enunciado da Declaração Francesa, dispunha que "a lei será igual para todos, quer proteja, quer castigue, o recompensará em proporção dos merecimentos de cada um". Já no dispositivo seguinte (art. 179, XIV), a Constituição assegurava que "todo cidadão pode ser admitido aos cargos públicos civis, políticos ou militares sem outra diferença que não seja dos seus talentos e virtudes", vinculando a igualdade a determinados critérios de justiça e merecimento. Desde então, todas as constituições brasileiras contemplaram a igualdade perante a lei, além de outras referências à igualdade. No caso da Constituição de 1891, o art. 72, §2º, dispunha que "todos são iguais perante a lei", além de banir todo e qualquer privilégio de nascimento, títulos nobiliárquicos, ordens honoríficas, expressão do momento inaugural da República no Brasil. Já a Constituição de 1934, no art. 113/1, dispunha que "todos são iguais perante a lei. Não haverá privilégios, nem distinções, por motivo de nascimento, sexo, raça, profissões próprias ou dos pais, classe social, riqueza, crenças religiosas ou idéias políticas", avançando, portanto, no que diz com a proscrição das discriminações e já traduzindo uma compreensão mais complexa e avançada do princípio da igualdade. Na seara da ordem econômica e social, ao versar sobre os direitos dos trabalhadores, a Constituição de 1934 vedou diferenciação de salário para o mesmo trabalho em função da idade, sexo, nacionalidade ou estado civil (art. 121, alínea "a"). A Constituição de 1937, outorgada por Getúlio Vargas, limitava-se a contemplar a igualdade perante a lei em termos genéricos (art. 122, 1º) e assegurar o igual acesso aos cargos públicos (art. 122, 2º), fórmula que acabou sendo repetida pela Constituição de 1946, quando, no seu art. 141, §1º, enuncia que "todos são iguais perante a lei", mas, quando trata dos direitos dos trabalhadores, a exemplo do que já dispunha a Constituição de 1934, veda diferenças de salário em virtude da idade, sexo, nacionalidade ou estado civil (art. 157, §2º). A Constituição de 1967-69, promulgada e emendada substancialmente sob a égide do Regime Militar, assegurava a igualdade de todos perante a lei, sem distinção de sexo, raça, trabalho, credo religioso e convicções políticas, além de prever a punição pela lei do preconceito racial (art. 153, §1º), de modo que, pelo menos no que diz com o texto constitucional, houve avanços no que diz com a função impeditiva de discriminações exercida pelo princípio e pelo direito de igualdade. No campo das relações de trabalho, além da proibição de diferenciação salarial, também foi prevista a proibição de diferenciação quanto aos critérios de admissão (art. 165, III).

A CF, por sua vez, avançou significativamente no que diz com o princípio e os direitos de igualdade, o que será objeto de exame logo adiante. Por outro lado, embora não seja o caso de mapear todos os textos constitucionais e internacionais, importante é que se perceba que o princípio da igualdade e o direito de igualdade sofreram uma significativa mutação quanto ao seu significado e alcance, especialmente quanto ao trânsito de uma concepção estritamente formal de igualdade para uma noção material, muito embora tal mudança não se tenha processado da mesma forma em todos os lugares.

Nesta perspectiva, é possível, para efeitos de compreensão da evolução acima apontada, identificar três fases que representam a mudança quanto ao entendimento sobre o princípio da igualdade, quais sejam: a) a igualdade compreendida como igualdade de todos perante a lei, em que a igualdade também implica a afirmação da prevalência da lei; b) a igualdade compreendida como proibição de discriminação de qualquer natureza; c) igualdade como igualdade da própria lei, portanto, uma igualdade "na" lei.[8]

As três fases serão tratadas, doravante, no âmbito da distinção entre igualdade formal e igualdade material, distinção que segue sendo central para a compreensão, no seu conjunto, do princípio da igualdade e do direito de igualdade na condição de direito e garantia humano e fundamental. De qualquer sorte, como bem lembra Oscar Vilhena Vieira, a afirmação de que todos são iguais perante a lei não pode ser compreendida como uma proposição de fato, mas, sim, como uma reivindicação de natureza moral, de modo que a igualdade constitui uma reivindicação socialmente e politicamente construída, que, no plano jurídico, se traduz em um dever ser, um dever de igual tratamento, de igual respeito e consideração.[9]

É nessa perspectiva que buscaremos, à vista da amplitude e transformação também ao longo da evolução jurídico-constitucional, apresentar e analisar, embora de forma sumária, o modo pelo qual o princípio e direito fundamental de igualdade opera como instrumento para a concretização dessa promessa moral, a começar pela distinção convencional entre uma igualdade formal e uma igualdade material.

Calha agregar, nessa toada, que oferecemos este texto para integrar obra coletiva que rende justa e merecida homenagem a *Ricardo Lewandowski*, professor titular emérito de Teoria Geral do Estado da Faculdade de Direito da Universidade de São Paulo (USP) e ministro do Supremo Tribunal Federal (STF), onde pontifica desde março de 2006. Além de prestigiado jurista dedicado, entre outras matérias, à temática do Estado democrático de direito e dos direitos humanos, teve atuação destacada e decisiva em muitos dos principais casos envolvendo direitos fundamentais e direitos humanos

---

[8] GARCIA, Maria Glória F. P. D. *Estudos sobre o princípio da igualdade*. Coimbra: Almedina, 2005. p. 36.

[9] VIEIRA, Oscar Vilhena. *Direitos fundamentais*. Uma leitura da jurisprudência do STF. São Paulo: Malheiros, 2006. p. 282-83. Em sentido similar, igualmente refutando uma igualdade natural e afirmando que a igualdade constitui um "construído", v. também ROTHENBURG, Walter Claudius. Igualdade. *In:* LEITE, George Salomão; SARLET, Ingo Wolfgang (Coord.). *Direitos fundamentais e Estado constitucional*. Estudos em Homenagem a J. J. Gomes Canotilho. São Paulo: Revista dos Tribunais, 2009. p. 346 e ss.

julgados pelo STF, em especial – dada a temática da presente contribuição – sobre o conteúdo e extensão do princípio geral e direito fundamental à igualdade, como logo mais se terá a ocasião de demonstrar. Por tudo isso (e muito mais) agradecemos aos ilustres coordenadores da obra, pela honra e privilégio de podermos integrar essa homenagem.

2 A trajetória da igualdade formal à assim chamada igualdade material

Na sua primeira fase de reconhecimento, o princípio da igualdade, como já anunciado, correspondia à noção de que todos os homens são iguais, compreendida no sentido de uma igualdade absoluta em termos jurídicos, correspondendo ao direito de toda e qualquer pessoa estar sujeita ao mesmo tratamento previsto na lei, independentemente do conteúdo do tratamento dispensado e das condições e circunstâncias pessoais, razão pela qual, nesta perspectiva, o princípio da igualdade de certo modo correspondia à exigência da generalidade e prevalência da lei, típica do Estado constitucional de matriz liberal.[10]

A igualdade perante a lei, que corresponde à igualdade formal, habitualmente veiculada pela expressão "todos são iguais perante a lei", como já lecionava Pontes de Miranda, é em primeira linha destinada ao legislador, estabelecendo uma proibição de tratamentos diferenciados, o que, todavia, embora sirva para coibir desigualdades no futuro, não é suficiente para "destruir as causas" da desigualdade numa sociedade.[11] A igualdade formal, portanto, como postulado da racionalidade prática e universal, que exige que todos que se encontram numa mesma situação recebam idêntico tratamento (portanto, compreendida como igualdade na aplicação da lei), passou a ser complementada pela assim chamada igualdade material, embora se deva anotar que as noções de igualdade formal e material não são sempre compreendidas do mesmo modo.[12]

Com efeito, a circunstância de que a lei deveria ser a mesma para todos não era, na primeira fase do reconhecimento do princípio da igualdade, tida como incompatível com a desigualdade em matéria de direitos e obrigações decorrente de desigualdades sociais e econômicas, como bem ilustra o exemplo das limitações impostas na esfera dos direitos políticos, visto que durante considerável período de tempo era difundida a prática de se exigir, tanto para votar quanto para concorrer a cargos eletivos, a demonstração de determinado patrimônio e/ou rendimento.[13] Também a "chancela legal" da escravidão, tal como ocorreu, mesmo após a promulgação da Constituição, nos Estados Unidos da América (embora a peculiar formulação da igualdade na décima quarta emenda, integrada à declaração de direitos, gradativamente ampliada a partir da sua primeira formatação, em 1791) e no Brasil (a despeito do conteúdo da declaração de direitos inserta na Carta Imperial de 1824), se revelava, por algum tempo e lamentavelmente para não poucos, compatível com a igualdade de todos (cidadãos, não "escravos", pois apenas os "libertos" detinham então o *status* da cidadania), perante a lei.

---

[10] GARCIA, Maria Glória F. P. D. *Estudos sobre o princípio da igualdade*. Coimbra: Almedina, 2005. p. 36-37.

[11] MIRANDA, Pontes de. *Democracia, liberdade, igualdade*: os três caminhos. São Paulo: José Olympio, 1945. p. 530.

[12] GARCIA, Maria Glória F. P. D. *Estudos sobre o princípio da igualdade*. Coimbra: Almedina, 2005. p. 48.

[13] DÍEZ-PICAZO, Luis María. *Sistema de derechos fundamentales*. 2. ed. Navarra: Aranzadi, 2005. p. 192.

A atribuição de um sentido material à igualdade, que não deixou de ser (também) uma igualdade de todos perante a lei, foi uma reação precisamente à percepção de que a igualdade formal não afastava, por si só, situações de injustiça, além de se afirmar a exigência de que o próprio conteúdo da lei deveria ser igualitário, de modo que de uma igualdade perante a lei e na aplicação da lei, se migrou para uma igualdade também "na lei".[14]

Igualdade em sentido material, além disso, significa proibição de tratamento arbitrário, ou seja, a vedação da utilização, para o efeito de estabelecer as relações de igualdade e desigualdade, de critérios intrinsecamente injustos e violadores da dignidade da pessoa humana, de tal sorte que a igualdade, já agora na segunda fase de sua compreensão na seara jurídico-constitucional, opera como exigência de critérios razoáveis e justos para determinados tratamentos desiguais.[15]

A compreensão material da igualdade, por sua vez, na terceira fase que caracteriza a evolução do princípio no âmbito do constitucionalismo moderno, para um dever de compensação das desigualdades sociais, econômicas e culturais, portanto, para o que se convenciona chamar de uma igualdade social ou de fato,[16] embora também tais termos nem sempre sejam compreendidos da mesma forma. Importa ainda registrar, nesta quadra, que as três dimensões da igualdade, que integram a igualdade formal e material, levaram a uma reconstrução da noção de igualdade e do seu significado em termos jurídico-constitucionais, o que será ilustrado mediante a apresentação e breve análise da igualdade como princípio e direito fundamental na CF, logo a seguir.

3 Conteúdo e significado do princípio da igualdade e do(s) direito(s) de igualdade na Constituição Federal de 1988

3.1 Generalidades

Na CF, objeto imediato de nossa atenção, a igualdade obteve lugar de acentuado destaque em várias passagens do texto constitucional, a começar pelo Preâmbulo, no qual a igualdade (ao lado da justiça) e o valor de uma sociedade pluralista e sem preconceitos integram os valores centrais da ordem jurídico-constitucional. Além disso, a igualdade se apresenta no texto constitucional tanto como princípio estruturante do próprio Estado democrático de direito, quanto na condição de norma impositiva de tarefas para o Estado, bastando, neste contexto, referir o disposto no art. 3º, que, no âmbito dos objetivos fundamentais (com destaque para os incs. III e IV), elenca a redução das desigualdades regionais e a promoção do bem de todos, sem preconceitos de origem, raça, sexo, cor, idade e quaisquer outras formas de discriminação. Além disso, e é precisamente esta a perspectiva aqui privilegiada, a igualdade constitui uma peça-chave no catálogo constitucional dos direitos fundamentais.

Assim como se deu em outras ordens constitucionais contemporâneas, também a CF não se limitou a enunciar um direito geral de igualdade, como ocorreu no art. 5º, *caput* ("todos são iguais perante a lei, sem distinção de qualquer natureza..."), mas sim,

---

[14] DÍEZ-PICAZO, Luis María. *Sistema de derechos fundamentales*. 2. ed. Navarra: Aranzadi, 2005. p. 193.

[15] GARCIA, Maria Glória F. P. D. *Estudos sobre o princípio da igualdade*. Coimbra: Almedina, 2005. p. 62.

[16] MIRANDA, Jorge; MEDEIROS, Rui. *Constituição portuguesa anotada*. Coimbra: Coimbra Editora, 2005. t. I. p. 120.

estabelece, ao longo do texto, uma série de disposições impositivas de um tratamento igualitário e proibitivas de discriminação, como é o caso da igualdade entre homens e mulheres (art. 5º, I), da proibição de diferença de salários, de exercício de funções e de critério de admissão por motivo de sexo, idade, cor ou estado civil (art. 7º, XXX), proibição de qualquer discriminação no tocante a salário e critérios de admissão do trabalhador portador de deficiência (art. 7º, XXI), igualdade de direitos entre o trabalhador com vínculo empregatício permanente e o trabalhador avulso (art. 7º, XXXIV), acesso igualitário e universal aos bens e serviços em matéria de saúde (art. 196, *caput*), igualdade de condições para o acesso e permanência na escola (art. 206, I), igualdade de direitos e deveres entre os cônjuges (art. 226, §5º), proibição de discriminação em razão da filiação (art. 227, §6º). Da mesma forma, já no plano constitucional, presente o dever de promover políticas de ações afirmativas, como é o caso, em caráter ilustrativo, do art. 37, VII, estipulando que a lei deverá reservar percentual dos cargos e empregos públicos para pessoas com deficiência.

Portanto, também no caso brasileiro, há que diferenciar, no que couber, uma cláusula geral de igualdade, no sentido de um direito geral de igualdade, de suas manifestações especiais, que dizem respeito a determinados grupos de pessoas, determinadas circunstâncias, entre outros, como é o caso da igualdade entre homens e mulheres, entre os filhos havidos na e fora da constância do casamento, proibições especiais de discriminação nas relações de trabalho, igualdade de acesso e permanência na escola, ou mesmo de normas impositivas de políticas de ações afirmativas, com o fito de compensar desigualdades fáticas, apenas para referir as mais comuns, tudo a revelar a complexidade da matéria e a necessidade de uma abordagem afinada com as peculiaridades do direito constitucional positivo.

Por outro lado, tendo em conta a conexão entre o direito geral e as cláusulas especiais de igualdade, o nosso intento é o de tratar do tópico igualdade, na perspectiva dos direitos fundamentais, de modo concentrado e sistemático, sem, contudo, deixar de apontar para as peculiaridades das cláusulas (ou direitos) especiais de igualdade, visto que apresentam uma dimensão em parte diferenciada, ainda que articulada com a noção geral de igualdade, reservando, por fim, alguma atenção para o problema das assim chamadas ações afirmativas, que operam no contexto de uma compensação das desigualdades fáticas, correspondentes ao terceiro ciclo (ou dimensão) que caracteriza, tal como sumariamente noticiado na parte introdutória do presente texto, a evolução no tocante à compreensão do princípio da igualdade.

3.2 Âmbito de proteção: conteúdo e alcance do princípio e do direito geral de igualdade

Desde logo merece destaque a circunstância de que a estrutura dogmática dos direitos de liberdade, compreendidos como faculdades de agir ou não agir e de não ser impedido (salvo nos limites da ordem jurídico-constitucional) no exercício dessas faculdades, não se deixa transpor de modo direto para os direitos de igualdade, pois a proteção concreta com base no direito de igualdade (por implicar um juízo relacional) não se encontra predeterminada na esfera constitucional, a não ser no sentido de que a constituição exige um tratamento igual em situações substancialmente iguais, proibindo discriminações arbitrárias, de tal sorte que uma intervenção no direito de igualdade se verifica apenas quando se estiver diante de um tratamento igual de situações essencialmente desiguais ou de um tratamento desigual de situações essencialmente iguais.[17]

Nessa perspectiva, mas considerando a arquitetura constitucional positiva brasileira, já delineada, é possível afirmar que também no Brasil o princípio (e direito) da igualdade abrange pelo menos três dimensões: a) proibição do arbítrio, de modo que tanto se encontram vedadas diferenciações destituídas de justificação razoável com base na pauta de valores constitucional, quanto proibido tratamento igual para situações manifestamente desiguais; b) proibição de discriminação, portanto, de diferenciações que tenham por base categorias meramente subjetivas; c) obrigação de tratamento diferenciado com vistas à compensação de uma desigualdade de oportunidades, o que pressupõe a eliminação, pelo poder público, de desigualdades de natureza social, econômica e cultural.[18]

Em sentido similar – mas não coincidente! –, Jorge Miranda e Rui Medeiros referem um sentido negativo do princípio da igualdade, no que implica a proibição de privilégios e discriminações, ao passo que o sentido positivo, segundo os autores, está, entre outros aspectos, atrelado ao dever de tratamento igual em situações desiguais (ou tratamento semelhante em situações semelhantes) e de tratamento desigual para situações desiguais (situações substancial e objetivamente desiguais), bem como, numa perspectiva prospectiva, um tratamento das situações não apenas como existem, mas como devem existir, no sentido, portanto, de uma igualdade através da lei.[19]

Nas próximas linhas tentaremos "decodificar" tais dimensões e explicitar o seu conteúdo e alcance, sempre buscando manter a sintonia com o direito constitucional positivo brasileiro, muito embora sem descurar da interação com outras culturas constitucionais, visto que o princípio da igualdade, assim como as proibições de discriminação e as imposições de políticas de igualdade e de ações afirmativas inteiram já de há muito uma gramática universal do direito constitucional, da dogmática dos direitos fundamentais e do direito internacional dos direitos humanos.

Desde logo, é preciso atentar para o fato de que também o direito de igualdade apresenta uma dupla dimensão objetiva e subjetiva, e, no âmbito desta última, portanto, na condição de direito subjetivo, compreende uma face negativa (defensiva) e positiva (prestacional). No âmbito da dimensão objetiva, a igualdade, como já anunciado, constitui valor (e princípio) estruturante do Estado constitucional na condição de Estado democrático e social de direito, muito embora controversa a possibilidade de dedução, diretamente do princípio da igualdade, de deveres de proteção dos órgãos estatais.[20]

Ainda que se possa compreender as reservas com relação à dedução de deveres de proteção do princípio da igualdade, especialmente no que concerne à liberdade de conformação do legislador, a existência de um dever estatal de proteção das pessoas (inclusive vinculado ao princípio da dignidade da pessoa humana) contra atos de discriminação, inclusive na esfera penal, guarda consonância com o direito constitucional

---

[17] KLOEPFER, Michael. *Verfassungsrecht II*. Grundrechte. München: C.H.Beck, 2010. p. 201.

[18] Aqui se adota a síntese de CANOTILHO, J. J. Gomes; MOREIRA, Vital. *Constituição da República Portuguesa anotada*. 4. ed. Coimbra: Coimbra Editora, 2007. v. I. p. 339.

[19] MIRANDA, Jorge; MEDEIROS, Rui. *Constituição portuguesa anotada*. Coimbra: Coimbra Editora, 2005. t. I. p. 120-121.

[20] KLOEPFER, Michael. *Verfassungsrecht II*. Grundrechte. München: C.H.Beck, 2010. p. 202-03.

positivo brasileiro, que não apenas proíbe discriminações mas impõe ao legislador a sua punição (de acordo com o art. 5º, XLI, "a lei punirá qualquer discriminação atentatória dos direitos e liberdades fundamentais"), inclusive em sede criminal, chegando mesmo ao ponto de afirmar o caráter imprescritível dos delitos de discriminação racial, além de limitar o legislador penal na esfera da fixação da pena, predeterminando que tais delitos sejam sancionados com pena de reclusão (art. 5º, XLII).[21]

Na condição de direito subjetivo, o direito de igualdade opera como fundamento de posições individuais e mesmo coletivas que tem por objeto, na perspectiva negativa (defensiva), a proibição de tratamentos (encargos) em desacordo com as exigências da igualdade, ao passo que na perspectiva positiva ele opera como fundamento de direitos derivados a prestações, isto é, de igual acesso às prestações (bens, serviços, subvenções etc.) disponibilizados pelo poder público ou por entidades privadas na medida em que vinculadas ao princípio e direito de igualdade.[22] Também a exigência de medidas que afastem desigualdades de fato e promovam a sua compensação, ou seja, de políticas de igualdade e mesmo de políticas de ações afirmativas pode ser reconduzida à função positiva (prestacional) da igualdade, que implica um dever de atuação estatal, seja na esfera normativa, seja na esfera fática, de modo que é possível falar em uma imposição constitucional de uma igualdade de oportunidades.[23]

Titulares do direito são tanto pessoas físicas quanto jurídicas, evidentemente, quanto a essas, de acordo com as circunstâncias e naquilo em que houver compatibilidade com a condição de pessoa jurídica, o que, especialmente no caso das proibições de discriminação (entre os filhos, por motivo de sexo, raça, idade, deficiências etc.), não é o caso.[24] Também os estrangeiros não residentes, considerando o teor do art. 5º, *caput*, da CF e a sua interpretação extensiva (inclusiva) privilegiada pela doutrina e jurisprudência brasileiras, são titulares do direito de igualdade, em especial do direito a não serem arbitrariamente discriminados, ou seja, quando se cuida de situações que implicam violação da dignidade humana, sem prejuízo de serem levadas em conta peculiaridades relativas à sua condição jurídica de estrangeiros.[25]

Destinatários são em primeira linha os órgãos estatais, visto que a igualdade perante a lei implica um dever de aplicação igual do direito para os órgãos jurisdicionais e administrativos, mas também uma igualdade na lei e através da lei, que, por sua vez, vincula os órgãos legislativos. De qualquer sorte, os direitos fundamentais, portanto, também os direitos de igualdade, terão plena eficácia e aplicabilidade apenas se vincularem diretamente todos os órgãos, funções e ações estatais.[26]

Todavia, é preciso considerar que a vinculação dos órgãos estatais se verifica apenas no âmbito da sua respectiva e concreta esfera de competências e/ou atribuições, visto que o princípio da igualdade deve guardar sintonia com a arquitetura constitucional

---

[21] Cf. BRASIL. Supremo Tribunal Federal (Tribunal Pleno). *HC 154.248*. Equiparação da injúria racial (art. 140, §3º do Código Penal) ao crime de racismo. Brasília, DF: STF, 2012. Disponível em: https://redir.stf.jus.br/paginadorpub/paginador.jsp?docTP=TP&docID=759332240. Acesso em: 18 jan. 2023.

[22] KLOEPFER, Michael. *Verfassungsrecht II*. Grundrechte. München: C.H.Beck, 2010. p. 202-03.

[23] CANOTILHO, J. J. Gomes; MOREIRA, Vital. *Constituição da República Portuguesa anotada*. 4. ed. Coimbra: Coimbra Editora, 2007. v. I. p. 342.

[24] HUFEN, Friedhelm. *Staatsrecht II – Grundrechte*. München: C.H.Beck, 2007. p. 685.

[25] Sobre o tópico, v., por todos, SARLET, Ingo Wolfgang. *A eficácia dos direitos fundamentais*: uma teoria geral dos direitos fundamentais na perspectiva constitucional. 10. ed. [s.l.]: Editora do Advogado, [s.d.]. p. 212 e ss.

[26] KLOEPFER, Michael. *Verfassungsrecht II*. Grundrechte. München: C.H.Beck, 2010. p. 205.

federativa, como se dá também no âmbito da CF.[27] Tal premissa, por sua vez, articula-se com o disposto no art. 19, II, da CF, que veda à União, aos estados, ao Distrito Federal e aos municípios a criação de distinções entre brasileiros ou preferências entre si. Essa concepção, ademais, tem encontrado guarida na jurisprudência do STF, que, além de reconhecer a vinculação de todos os entes estatais ao princípio da igualdade, consagrou a noção de que este abrange duas manifestações, quais sejam, a igualdade na lei (no sentido de exigência em relação ao legislador que não poderá criar fatores de discriminação ilegítimos), e a igualdade perante a lei, que diz respeito à sua aplicação pelos demais órgãos estatais, que não poderão, quando da aplicação da lei, utilizar critérios de cunho seletivo ou discriminatório.[28]

No que diz com a vinculação dos particulares, seja na condição de pessoas naturais, seja na condição de pessoas jurídicas, não se pode deixar de ter presentes as peculiaridades das relações privadas, nas quais – embora de modo de longe não absoluto (por temperado inclusive pela necessidade de atentar para o caráter assimétrico de muitas relações privadas) – vige o princípio da autonomia privada e da liberdade contratual. Em princípio, a projeção do direito geral de igualdade e mesmo das cláusulas especiais de igualdade na esfera das relações privadas será mediada pelo legislador, pois é este quem regula tais relações, inclusive na esfera de um direito contra a discriminação.[29]

Assim, na condição de princípio objetivo da ordem jurídica, o princípio da igualdade informa também toda a ordem jurídica privada, impondo uma igualdade de tratamento e impedindo toda e qualquer discriminação por parte do legislador, mas também por parte de atores privados dotados de poder social e que, por tal razão, encontram-se em situação de vantagem (desigualdade econômica e social) na sua relação com outros particulares, vinculando também particulares que explorem serviços ou estabelecimentos abertos ao público, como é o caso de farmácias, táxis, escolas, restaurantes, hotéis etc.[30]

O quanto, contudo, o direito geral de igualdade e as proibições de discriminação vinculam diretamente as relações entre particulares que não se enquadram nas categorias mencionadas, projetando-se também em relação a atos jurídicos praticados por particulares e que tenham caráter discriminatório constitui aspecto relativamente controverso. Assim, à míngua de uma legislação que regule o dever constitucional de igual tratamento e a proibição de discriminações (pois é esta que será aplicada aos atos praticados pelos particulares), uma eficácia direta dos direitos de igualdade nas relações privadas se dará apenas em casos de evidente violação das proibições constitucionais de discriminação, visto que por conta do princípio da igualdade não se poderá esvaziar por completo a autonomia privada.[31]

---

[27] KLOEPFER, Michael. *Verfassungsrecht II*. Grundrechte. München: C.H.Beck, 2010. p. 206.

[28] Cf. BRASIL. Supremo Tribunal Federal (Segunda Turma). *AI nº 360.461 AgR*. Concessão de isenção tributária e utilização extrafiscal do IPI. Brasília: STF, 2005. Disponível em: https://redir.stf.jus.br/paginadorpub/paginador.jsp?docTP=AC&docID=516889. Acesso em: 18 jan. 2023.

[29] CANOTILHO, J. J. Gomes; MOREIRA, Vital. *Constituição da República Portuguesa anotada*. 4. ed. Coimbra: Coimbra Editora, 2007. v. I. p. 347.

[30] CANOTILHO, J. J. Gomes; MOREIRA, Vital. *Constituição da República Portuguesa anotada*. 4. ed. Coimbra: Coimbra Editora, 2007. v. I. p. 347.

[31] CANOTILHO, J. J. Gomes; MOREIRA, Vital. *Constituição da República Portuguesa anotada*. 4. ed. Coimbra: Coimbra Editora, 2007. v. I. p. 348-49.

Na esfera das relações de trabalho, em que vigem cláusulas especiais proibitivas de discriminação (por exemplo, art. 7º, XXX e XXXI), mas também por força de um desnível (ainda que nem sempre igual) de poder econômico, uma eficácia direta, especialmente tendo em conta que o empregador é o sujeito passivo principal do direito subjetivo, é, em princípio, de ser reconhecida. O próprio STF, em precedente muito citado – e sem que se vá aqui adentrar o mérito da querela em torno de uma eficácia direta ou indireta nas relações privadas – chancelou a aplicação do princípio da igualdade quando em causa uma diferenciação de tratamento entre empregados brasileiros e estrangeiros de determinada empresa multinacional, tendo considerado inconstitucional a não extensão ao empregado brasileiro de vantagens previstas no estatuto de pessoal da empresa Air France e que eram concedidas apenas aos empregados estrangeiros.[32]

Por outro lado, compreendem-se as razões pelas quais não é necessariamente vedado a um hotel destinado ao repouso de pessoas idosas – sem ser por isso chamado à responsabilização em nome da igualdade – se recusar a hospedar crianças quando existente alternativa efetiva em local próximo, quando disso não resulta encargo desproporcional para terceiros eventualmente afetados. Da mesma forma não se poderá impedir que alguém deixe de vender seu imóvel para alguém pelo preço inicialmente proposto, alienando-o a outrem por valor menor, desde que não configurada conduta eminentemente discriminatória, sem prejuízo de eventual impacto desproporcional sobre direitos e interesses coletivos e de terceiros, a demandar maior atenção e mesmo controle, aspectos que, contudo, aqui não serão desenvolvidos.

3.3 Metódica de aplicação do princípio (e direito) da igualdade e efeitos de sua violação na condição de direito subjetivo

Também no que diz com a aplicação do princípio da igualdade, é preciso partir da premissa de que igualdade é um conceito relacional e comparativo, pois toda afirmação de uma igualdade ou desigualdade pressupõe uma comparação.[33] Por mais que se considere correta a noção aristotélica de tratar igualmente os iguais e desigualmente os desiguais, a proposição, em si mesma, é insuficiente para que se possa responder à indagação sobre quais sujeitos que deverão ser tratados desigualmente ou, e, sendo o caso, de modo igual.[34] Assim, na esteira do que sugere Celso Antonio Bandeira de Mello, para que se possa alcançar prática efetiva da igualdade, é necessário que se considere que o princípio da igualdade estabelece, em primeira linha, uma proibição de tratamento diferenciado aos cidadãos, tanto ante o legislador quanto o aplicador da lei, o que, dito de outro modo, significa que toda e qualquer distinção, que não aquela contida na própria norma, é, em princípio, proibida, de tal sorte que se torna

---

[32] Cf. BRASIL. Supremo Tribunal Federal (Tribunal Pleno). *RE 161.243-6-DF*. Aplicação do estatuto pessoal de empresa estrangeira para funcionário brasileiro. Brasília: STF, 1996. Disponível em: https://redir.stf.jus.br/paginadorpub/paginador.jsp?docTP=AC&docID=213655. Acesso em: 18 jan. 2023. A respeito da eficácia dos direitos fundamentais nas relações privadas, oferecendo uma atualizada e excelente síntese da discussão, v., por todos e por último, SARMENTO, Daniel. A vinculação dos particulares aos direitos fundamentais: o debate teórico e a jurisprudência do STF. *In*: SARMENTO, Daniel; SARLET, Ingo Wolfgang (Coord.). *Direitos fundamentais no Supremo Tribunal Federal*: balanço e crítica. Rio de Janeiro: Lumen Juris, 2011. p. 131-166.

[33] GARCIA, Maria Glória F. P. D. *Estudos sobre o princípio da igualdade*. Coimbra: Almedina, 2005. p. 46.

[34] BANDEIRA DE MELLO, Celso Antônio. *Conteúdo jurídico do princípio da igualdade*. 3. ed. São Paulo: Malheiros, 2004. p. 10-11.

indispensável perquirir o que deve ser considerada uma discriminação juridicamente intolerável, sobretudo porque a função precípua da própria lei, segundo o autor, é criar tratamentos desiguais na medida das desigualdades das situações de vida e das pessoas às quais se destina o regramento legal.[35]

À vista do exposto, é possível afirmar que o princípio da igualdade encerra tanto um dever jurídico de tratamento igual do que é igual quanto um dever jurídico de tratamento desigual do que é desigual. Tais deveres, na acepção de Robert Alexy, implicam um ônus argumentativo no sentido de uma justificação – na perspectiva jurídico-constitucional – de eventual tratamento desigual, visto que o que é vedado, como já sinalado, é toda e qualquer desigualdade de caráter arbitrário, portanto, não justificável, já que o princípio da igualdade não exige que o legislador deva tratar todos da mesma maneira, ou que todos devam ser iguais em todos os aspectos. Assim, ainda para Alexy, o princípio geral da igualdade pode ser estruturado com base nos seguintes enunciados: a) se não houver razão suficiente que permita um tratamento desigual, o tratamento igual é obrigatório; b) se não houver razão suficiente para permitir um tratamento igual, o tratamento desigual será obrigatório.[36] Com isso, todavia, não está respondida a pergunta de o que configura uma razão suficiente (no entendimento de Celso Antonio Bandeira de Mello, necessário um fundamento lógico, uma justificativa racional)[37] para afastar o caráter arbitrário e, nesse sentido, intolerável do ponto de vista jurídico-constitucional, de eventual tratamento desigual, isto é, de se tratar os iguais de forma desigual e os desiguais de forma igual.

Para uma resposta constitucionalmente adequada, é preciso, entre outros fatores, diferenciar entre o princípio (e direito) geral de igualdade e as assim chamadas cláusulas especiais de igualdade, pois a vinculação dos órgãos estatais, especialmente do legislador, é mais intensa no caso das proibições especiais de discriminação do que a partir do parâmetro do direito geral de igualdade, implicando uma maior limitação da liberdade de conformação legislativa.[38]

Ao proibir diferença salarial com base na diferença de gênero, por exemplo, a CF não deixa margem de liberdade que eventualmente se poderia buscar, em termos de uma tentativa de justificar um tratamento distinto por conta, por exemplo, de eventual diferença biológica ou outro argumento. Convém registrar, que as cláusulas especiais de igualdade justamente foram uma resposta ao modelo da igualdade formal, no sentido de uma mera igualdade perante a lei. Além disso, tais cláusulas especiais cumprem a função de afastar os argumentos daqueles que buscavam, mediante uma demonstração da desigualdade entre diversas categorias de pessoas (filhos ilegítimos e filhos legítimos, homens e mulheres, negros e brancos, adeptos de determinada religião e os demais, não adeptos, nacionais e estrangeiros etc.), justificar como juridicamente legítimos toda sorte de tratamentos desiguais, pois uma vez proibida constitucionalmente a adoção do

---

[35] BANDEIRA DE MELLO, Celso Antônio. *Conteúdo jurídico do princípio da igualdade*. 3. ed. São Paulo: Malheiros, 2004. p. 11-12.

[36] ALEXY, Robert. *Teoria dos direitos fundamentais*. Tradução de Virgilio Afonso da Silva. São Paulo: Malheiros, 2008. p. 401 e ss. (no original alemão, *Theorie der Grundrechte*. 2. ed. Frankfurt am Main: Suhrkamp, 1994. p. 364 e ss.).

[37] BANDEIRA DE MELLO, Celso Antônio. *Conteúdo jurídico do princípio da igualdade*. 3. ed. São Paulo: Malheiros, 2004. p. 21-22, desenvolvendo o tópico e apresentando critérios para identificação de uma conduta discriminatória ilegítima do ponto de vista jurídico-constitucional (p. 21 e ss.).

[38] PIEROTH, Bodo; SCHLINK, Bernhard. *Grundrechte*. Staatsrecht II. 26. ed. Heidelberg: C.F. Müller, 2010. p. 114.

critério de discriminação, em princípio este já não poderá mais ser invocado como razão suficiente ou como motivo lógico ou racional, seja qual for a fórmula que se preferir adotar para designar um motivo que afaste a inconstitucionalidade do tratamento desigual.

Importa registrar que também para efeitos de uma adequada metódica de aplicação dos direitos de igualdade, em princípio é de se examinar (se for o caso) a situação concreta a partir das exigências mais rigorosas do direito especial de igualdade, assumindo o direito geral um papel complementar, a exemplo do que ocorre com os direitos de liberdade e de personalidade, em relação ao direito geral de liberdade e o direito ao livre desenvolvimento da personalidade.

Se uma metódica embasada na diferença entre o direito geral de igualdade e as cláusulas especiais se revela consistente e útil, ao mesmo tempo não se poderá afirmar que a proibição de diferenciação com base em determinado critério (idade, gênero, orientação religiosa etc.) impede, de modo absoluto, que algum tratamento desigual seja justificado, sendo até mesmo exigido, a depender do caso. Assim, se em geral sobre qualquer diferença estabelecida entre homens e mulheres paira, desde logo, uma forte suspeita de inconstitucionalidade, isso não significa que não possam existir razões suficientes também a justificar alguma diferença de tratamento nesse âmbito, como exemplo, a proibição da mulher de exercer durante a gravidez determinadas funções que possam colocar em risco a vida do nascituro ou a sua própria.

Da mesma forma não se pretenderá ter como ilegítima eventual diferenciação entre pessoas com deficiência quando a natureza do problema físico ou psíquico impede o exercício de determinada atividade, como é o caso do cego que não poderá (em princípio e ressalvado eventual avanço técnico que possa alterar tal situação) ser piloto de uma aeronave. Nos casos das cláusulas especiais de igualdade, o que se verifica é que o ônus argumentativo, portanto, a consistência das razões para justificação do tratamento desigual, deverá ser muito mais elevada, de modo que eventual diferenciação terá caráter ainda mais excepcional.

Nesse sentido, há que atentar para o fato de que o elemento discriminatório (como em geral se dá na metódica de aplicação da igualdade) não é autônomo em face da finalidade do ato (finalidade que deve ser sempre constitucionalmente legítima e justificada) do qual resulta um tratamento desigual, de modo que se deverá guardar uma relação lógica e racional com a finalidade, como exemplo, no caso de edital de concurso público para as funções de salva-vidas que exige destreza em termos de natação e determinado nível de vigor atlético.[39]

No que diz com a jurisprudência do STF, que, especialmente no período anterior à CF, ainda se mantinha mais presa (embora a evolução registrada ao longo do tempo) a critérios de igualdade formal, a adoção de uma concepção material de igualdade (de uma "igualdade justa", como chegou a sugerir o Ministro Gilmar Mendes em determinado julgamento)[40] marca a trajetória do STF na fase posterior a 1988.[41] Nessa

---

[39] Nesse sentido, a ponderação de BASTOS, Celso Ribeiro; MARTINS, Ives Gandra. *Comentários à Constituição do Brasil*. São Paulo: Saraiva, 1989. v. II. p. 10.

[40] Cf. BRASIL. Supremo Tribunal Federal (Tribunal Pleno). *ADI 3128-7*. Cobrança de contribuição previdenciária de servidores públicos federais inativos e de pensionistas. Brasília, DF: STF, 2004. Disponível em: https://redir. stf.jus.br/paginadorpub/paginador.jsp?docTP=AC&docID=363314. Acesso em: 18 jan. 2023.

[41] Sobre a evolução do princípio da igualdade na jurisprudência do STF, v., por todos, a atualizada e excelente

perspectiva e em síntese, é possível afirmar que o STF tem adotado o entendimento de que o princípio da igualdade exige uma relação de razoabilidade e congruência para justificar um tratamento desigual, banindo toda e qualquer diferenciação arbitrária, exigindo, portanto, no âmbito de um controle mais rigoroso, a demonstração da congruência lógica entre o fator de discrímen e a discriminação questionada em juízo como violadora da igualdade (no sentido de uma justificação suficiente do fator de desigualdade em face do objetivo almejado e a compatibilidade do objetivo com a ordem jurídico-constitucional), ao passo que na esfera de uma modalidade menos intensa de controle, necessário que a violação do princípio da igualdade seja flagrante (ou seja, basta a inexistência de flagrante desigualdade para legitimar o tratamento desigual).[42]

Ainda no âmbito de uma concepção material (e mesmo positiva) de igualdade, registra-se que o princípio da igualdade também pode operar como exigência de uma igualdade de oportunidades (ou igualdade de chances)[43] com o intuito de assegurar uma concorrência livre e equilibrada, não apenas na esfera da vida política (em que o princípio da igualdade assume uma relevância particular, como exemplo, o tratamento isonômico de partidos políticos, candidatos e eleitores),[44] mas também para a vida social e econômica, como se dá no campo da tributação, da intervenção no domínio econômico e da liberdade empresarial,[45] ressaltando-se que uma consideração da igualdade de oportunidades não implica um abandono da igualdade jurídica em prol de uma igualdade eminentemente fática, posto que a igualdade material, apenas para enfatizar, não se confunde com a noção de igualdade de fato, de modo que igualdade jurídica e igualdade fática devem ser conciliadas mediante uma relação (complexa e diferenciada) de consideração recíproca e adequada ponderação.[46]

3.4 A controvérsia em torno das assim chamadas "ações afirmativas"

A relação entre igualdade jurídica e igualdade fática assume particular relevância no campo das atualmente disseminadas – embora em maior ou menor medida

---

síntese e análise de RIOS, Roger Raupp. O princípio da igualdade na jurisprudência do STF. *In*: SARMENTO, Daniel; SARLET, Ingo Wolfgang (Org.). *Direitos fundamentais no Supremo Tribunal Federal*: balanço e crítica. Rio de Janeiro: Lumen Juris, 2011. p. 289-329, com um levantamento minucioso e articulado das principais decisões sobre o tema.

[42] RIOS, Roger Raupp. O princípio da igualdade na jurisprudência do STF. *In*: SARMENTO, Daniel; SARLET, Ingo Wolfgang (Org.). *Direitos fundamentais no Supremo Tribunal Federal*: balanço e crítica. Rio de Janeiro: Lumen Juris, 2011. p. 305 e ss., colacionando exemplos de um controle mais rigoroso e de um exame menos exigente no que diz com a justificação de desigualdades.

[43] Sobre o tema, v., no que diz com a definição de uma igualdade de chances, a pioneira contribuição de SCHOLLER, Heinrich. *Die Interpretation des Gleichheitssatzes als Willkürverbot oder als Gebot der Chancengleichheit*. Berlin: Duncker & Humblot, 1969. Mais recentemente, v. a análise de ALEXY, Robert. *Theorie der Grundrechte*. 2. ed. Frankfurt am Main: Suhrkamp, 1994. p. 377 e ss. (na edição em língua portuguesa, já citada, v. p. 415 e ss.), no âmbito da distinção e relação entre igualdade jurídica e igualdade fática.

[44] V., com referência à jurisprudência do STF, RIOS, Roger Raupp. O princípio da igualdade na jurisprudência do STF. *In*: SARMENTO, Daniel; SARLET, Ingo Wolfgang (Org.). *Direitos fundamentais no Supremo Tribunal Federal*: balanço e crítica. Rio de Janeiro: Lumen Juris, 2011. p. 311-13.

[45] Sobre o tema, v. por todos, a alentada tese de livre docência de ENGLISCH, Joachim. *Wettbewerbsgleichheit im grenzüberschreitenden Handel*. Tübingen: Mohr Siebeck, 2008, especialmente p. 193 e ss. (quanto ao significado da igualdade na esfera da livre concorrência num sistema multinível).

[46] ALEXY, Robert. *Theorie der Grundrechte*. 2. ed. Frankfurt am Main: Suhrkamp, 1994. p. 380 e ss. (na versão em português, p. 419 e ss.).

controversas – políticas de ações afirmativas. Neste contexto, tem sido amplamente aceita a distinção entre uma modalidade direta de discriminação e os casos da assim chamada discriminação indireta, no sentido de que ambas as formas de discriminação são, quando não justificáveis do ponto de vista constitucional, ofensivas ao princípio da igualdade. No caso da discriminação indireta, o que se verifica é que de medidas aparentemente neutras sob o ponto de vista discriminatório, quando de sua aplicação, resultam efeitos nocivos e particularmente desproporcionais para determinadas categorias de pessoas.[47]

Desenvolvida no âmbito da jurisprudência norte-americana, a assim chamada teoria do impacto desproporcional levou à adoção gradativa de políticas de ações afirmativas, de modo especial na esfera da discriminação racial, ao passo que em outros ambientes, como foi o caso da Europa, se desenvolveu particularmente no campo da discriminação em razão do gênero, passando a ser adotada em outras áreas em que se registra o fenômeno. O que importa, ao fim e ao cabo, é que, independentemente da demonstração da intenção de discriminar, o impacto real de medidas em si neutras não venha a prejudicar, de modo desproporcional, determinados grupos, colocando-os em situação de efetiva desvantagem em relação aos demais segmentos sociais, pena de tais medidas serem consideradas incompatíveis com o princípio da igualdade.[48]

Na esfera da jurisprudência do STF, a noção da discriminação indireta e a sua incompatibilidade com o princípio isonômico já foi objeto de consideração, destacando-se a decisão proferida na ADIn nº 1.946/DF, na qual, ao examinar a constitucionalidade da incidência do limite estabelecido para os benefícios previdenciários pela EC nº 20 sobre o salário-maternidade, o Tribunal entendeu que, em virtude da aplicação do referido teto, quem passaria a arcar com a diferença salarial seria o empregador, o que, por sua vez, levaria a uma redução da oferta de empregos (ou seja, a um impacto desproporcional) para mulheres. Em outras palavras, levaria a um aumento da discriminação contra a mulher no mercado de trabalho.[49]

À vista do exposto, a CF, em vários momentos, impõe ao Poder Público a promoção de medidas (normativas e fáticas) com vistas à redução das desigualdades, ou seja, o que, dito de outro modo, implica um dever de adotar políticas de ações afirmativas, no sentido de uma imposição constitucional cujo descumprimento poderá levar a um estado de omissão inconstitucional.[50] Como revela a evolução brasileira nessa seara, que abarca desde a promoção da igualdade de gênero, por orientação sexual, pessoas com deficiência, em função da idade, mas especialmente, consideradas determinadas peculiaridades, em virtude de discriminação racial (raça tomada aqui como conceito normativo), uma série de políticas de ações afirmativas (ou de discriminação positiva ou inversa, como também se costuma designar tais medidas) tem sido levada a efeito, vez por outra gerando alguma querela em sede judicial, particularmente no caso das políticas de cotas para afrodescendentes, já implantadas em dezenas de universidades

---

[47] GOMES, Joaquim Barbosa. *Ação afirmativa e princípio constitucional da igualdade*. [s.l.]: [s.n.], [s.d.]. p. 24.

[48] SARMENTO, Daniel. *Livres e iguais*. Estudos de direito constitucional. [s.l.]: [s.n.], [s.d.]. p. 147 e ss.

[49] Cf. BRASIL. Supremo Tribunal Federal (Tribunal Pleno). *ADIn 1.946/DF*. Inconstitucionalidade da incidência de contribuição previdenciária a cargo do empregador sobre o salário-maternidade, por impor uma desequiparação das mulheres e mães em relação aos homens e criar discriminações na contratação. Brasília, DF: STF, 1999. Disponível em: https://redir.stf.jus.br/paginadorpub/paginador.jsp?docTP=AC&docID=347341. Acesso em: 18 jan. 2023.

[50] CANOTILHO, J. J. Gomes; MOREIRA, Vital. *Constituição da República Portuguesa anotada*. 4. ed. Coimbra: Coimbra Editora, 2007. v. I. p. 342.

públicas e mesmo privadas, ou por força de legislação federal, como se deu no caso do Programa Universidade para Todos, o conhecido ProUni.

Diversas dessas medidas foram impugnadas, mas em geral não se discute em si a possibilidade de serem adotadas ações afirmativas (ou seja, o "se"), mas, sim, o modo e especialmente os critérios utilizados para aferir o rol de beneficiários de tais medidas, pois é notório que a adoção de cotas, isso é, a destinação de determinado percentual de vagas (para mulheres, pessoas com deficiência, afrodescendentes), em escolas, universidades, no serviço público, em empresas privadas etc., não constitui a única modalidade do gênero ações afirmativas.

Convém registrar, ainda, que a matéria chegou ao STF, que inclusive, após realização de audiência pública sobre o tema, propiciando amplo e representativo debate, julgou improcedentes as demandas veiculadas contra algumas das principais políticas de ações afirmativas no campo do acesso ao ensino superior, designadamente o Programa Universidade para Todos (ProUni)[51] e políticas de cotas implantadas por universidades públicas.[52]

Sem prejuízo de tantas outras contribuições do nosso homenageado para a efetivação do princípio geral e do direito fundamental à igualdade, na sua profícua judicatura como ministro da nossa Suprema Corte, destacamos aqui, precisamente, sua firme e influente atuação no que diz respeito à recepção e afirmação das políticas de ações afirmativas no Brasil, a começar pela igualdade de oportunidades no concernente ao acesso ao ensino superior.

Tendo em conta o caráter temporário que costumam ter tais políticas de ações afirmativas e o processo de gradual ajuste, ampliação e avaliação a que têm sido submetidas também no Brasil, cuida-se de um debate sempre atual (pelo menos enquanto a questão da compensação de desigualdades fáticas e da discriminação indireta for relevante), e que revela o quanto o princípio da igualdade e os direitos de igualdade seguem exigindo, dada a sua complexidade e impacto, mas também em virtude de sua relação com outros princípios e direitos fundamentais, uma teoria e prática comprometidas com a causa da justiça.[53]

Ainda no contexto das políticas de ações afirmativas na modalidade de cotas para o efeito de reserva de vagas, assume posição de destaque a exigência constitucional e

---

[51] Cf. BRASIL. Supremo Tribunal Federal (Plenário). *ADI 3.330*. Programa Universidade para Todos. Brasília, DF: STF, 2012. Disponível em: https://redir.stf.jus.br/paginadorpub/paginador.jsp?docTP=TP&docID=3530112. Acesso em: 18 jan. 2023.

[52] Cf. julgamento da ADPF nº 186-2/DF (BRASIL. Supremo Tribunal Federal [Plenário]. *ADPF 186-2/DF*. Sistema de reserva de vagas com base em critério étnico-racial (cotas) no processo de seleção para ingresso em instituição pública de Ensino Superior. Brasília, DF: STF, 2012. Disponível em: https://redir.stf.jus.br/paginadorpub/paginador.jsp?docTP=TP&docID=6984693. Acesso em: 18 jan. 2023). Sobre o tema, v. ainda ADPF nº 699 (BRASIL. Supremo Tribunal Federal [Min. Gilmar Mendes]. *ADPF 699*. Aplicação de ações afirmativas para a "inclusão de negros (pretos e pardos), indígenas e pessoas com deficiência nos programas de pós-graduação das Instituições Federais de Ensino Superior. Brasília, DF: STF, 2020. Disponível em: https://portal.stf.jus.br/processos/downloadPeca.asp?id=15343584155&ext=.pdf. Acesso em: 18 jan. 2023). Na mesma linha, RE nº 597.285 (BRASIL. Supremo Tribunal Federal [Plenário]. *RE 597285*. Constitucionalidade do sistema de cotas em universidades para alunos de escolas públicas. Brasília, DF: STF, 2012. Disponível em: https://redir.stf.jus.br/paginadorpub/paginador.jsp?docTP=TP&docID=5455998. Acesso em: 18 jan. 2023), de relatoria do Min. Ricardo Lewandowski, o qual, em seu voto, confirmou a legitimidade constitucional do sistema de cotas raciais nas universidades públicas, com base na normativa legal que autoriza o uso de ações afirmativas étnico-raciais.

[53] Sobre as projeções da igualdade e da proibição de discriminação em diversos ambientes e a partir de diversas perspectivas, v. o conjunto das contribuições contidas na coletânea de SARMENTO, Daniel; IKAWA, Daniela; PIOVESAN, Flávia. *Igualdade, diferença e direitos humanos*. Rio de Janeiro: Lumen Juris, 2010. p. 47-76.

legal de reserva de vagas para o preenchimento de cargos assegurados para pessoas com deficiência tanto no setor público quanto na iniciativa privada. Aliás, trata-se da única hipótese prevista expressamente no texto constitucional, mas que nem por isso deixa de trazer algumas dificuldades e ainda carece de aperfeiçoamento quanto aos seus níveis de eficácia social.

Além disso, já quanto ao parâmetro a ser considerado pelos órgãos estatais brasileiros na matéria, na esfera de suas respectivas competências e atribuições, cabe recordar que a Convenção das Pessoas com Deficiência, ratificada pelo Brasil, foi aprovada pelo Congresso Nacional mediante o procedimento previsto no §3º do art. 5º da CF, cuidando-se de estatuto normativo com hierarquia equivalente ao das emendas constitucionais, servindo, por conseguinte, de parâmetro para o controle da constitucionalidade e convencionalidade da normativa infraconstitucional. Isso significa que o próprio conceito de pessoa com deficiência a ser observado é o estabelecido na referida convenção, até mesmo pelo fato de a CF não veicular, ela própria, nenhuma definição. Nesse sentido, o STF já reconheceu que na interpretação da legislação interna deve, pelas razões citadas, prevalecer a que torne mais efetiva a proteção das pessoas e dos grupos vulneráveis.[54]

Na evolução subsequente, o STF tem seguido com sua tendência de chancelar as políticas de ações afirmativas em diversos ambientes, em especial no que diz com a inclusão das pessoas com deficiência e em matéria das assim chamadas *cotas raciais* (visto que o conceito de raça é normativo e não biológico), que, no Brasil, destinam-se em particular aos afrodescendentes (negros e pardos) e aos indígenas. Como mostra disso, calha invocar, em caráter ilustrativo, a já referida decisão sobre a aplicação das exigências de acessibilidade do estatuto (e respectiva Convenção) das pessoas com deficiência a estabelecimentos privados de ensino (ADIn nº 5.357, Rel. Min. Edson Fachin)[55] e a decisão na ADC nº 41/DF (Rel. Min. Roberto Barroso, j. 8.6.2017), na qual se declarou a constitucionalidade da reserva, por exigência da Lei Federal nº 12.990/2014, de 20% das vagas em concursos públicos para candidatos autodeclarados negros ou pardos, entendendo, em síntese, que tal exigência (inclusive o critério da autodeclaração) atende

---

[54] RMS nº 32.732-TA/DF (BRASIL. Supremo Tribunal Federal (Segunda Turma). *RMS 32.732-TA/DF*. Inadmissibilidade da exigência adicional de a situação de deficiência também produzir dificuldades para o desempenho das funções do cargo. Brasília, DF: STF, 2014. Disponível em: https://redir.stf.jus.br/paginadorpub/paginador. jsp?docTP=TP&docID=6400316#:~:text=A%20Lei%20n.,para%20a%20caracteriza%C3%A7%C3%A3o%20da%20defici%C3%AAncia. Acesso em: 18 jan. 2023). No caso julgado, foi considerada ilegítima a inserção de cláusula em edital de concurso público no sentido de afastar a candidatura da pessoa com deficiência cuja situação gere dificuldades para o desempenho das funções do cargo, pois apenas a incapacidade absoluta pode servir de obstáculo legítimo, além de preservada a diretriz de que deve existir relação entre a modalidade (estado) de deficiência e o conteúdo funcional do cargo disputado em concurso público. V., também, a já referida ADI nº 6.476/DF (BRASIL. Supremo Tribunal Federal (Plenário). *ADI 6.476*. Aplicação dos mesmos critérios para pessoas com e sem deficiência em provas físicas depende da demonstração de sua necessidade para o exercício do cargo. Brasília, DF: STF, 2021. Disponível em: https://redir.stf.jus.br/paginadorpub/paginador. jsp?docTP=TP&docID=757283689. Acesso em: 18 jan. 2023), que estabeleceu nova interpretação aos arts. 3º, VI, e 4º, §4º, do Decreto nº 9.508/2018, no sentido de reconhecer "o direito do candidato com deficiência à adaptação razoável em provas físicas de concursos públicos" e a possibilidade de estabelecer critérios diferenciados em provas físicas para candidatos com e sem deficiência, a não ser que a exigência seja indispensável ao exercício das funções próprias do cargo público.

[55] Cf. BRASIL. Supremo Tribunal Federal (Plenário). *ADI 4.388/GO*. Inconstitucionalidade da exclusão de pessoas com deficiências auditivas passíveis de correção do direito à reserva de vagas no serviço público de Goiás. Brasília, DF: STF, 2020. Disponível em: https://redir.stf.jus.br/paginadorpub/paginador. jsp?docTP=TP&docID=752208097. Acesso em: 18 jan. 2023.

aos reclamos da igualdade formal e material, bem como a necessidade da inclusão em termos de políticas de reconhecimento e proporcional representação nas diversas esferas da vida social, política, econômica e cultural do grupo das pessoas afrodescendentes, inclusive no que diz com o impacto proporcional da reserva de vagas, também no que diz com o atendimento de vagas para pessoas com deficiência.

Ainda quanto às políticas públicas de ações afirmativas chanceladas pelo STF, calha mencionar a decisão cautelar referendada na ADPF nº 738,[56] que teve como relator nosso homenageado, Min. Ricardo Lewandowski, e que determinou a imediata aplicação dos incentivos para candidatos afrodescendentes, de modo a ser observada já nas eleições municipais de 2020 a decisão do TSE (Consulta TSE nº 600306-47), originalmente obrigatória a partir das eleições gerais de 2022, que definiu o direito dos candidatos afrodescendentes à distribuição de verbas públicas e tempo de propaganda eleitoral gratuita no rádio e na televisão em patamares mínimos e proporcionais.

Da jurisprudência do STF sobre o tema, refere-se, ainda, a ADPF nº 787/DF (Rel. Min. Gilmar Mendes, j. 28.6.2021), em que, em sede de decisão monocrática e por ocasião do julgamento da medida cautelar requerida, foi concedida liminar, para, no concernente ao sistema para agendamento de tratamentos médicos pela pessoa transexual, determinando:

> que o Ministério da Saúde, no prazo de 30 (trinta) dias, proceda a todas as alterações necessárias nos sistemas de informação do SUS, para que marcações de consultas e de exames de todas as especialidades médicas sejam realizadas independentemente do registro do sexo biológico; i.b. Ordenar ao Ministério da Saúde que, também no prazo de 30 (trinta) dias, informe se os Sistemas de Informação do SUS (Sistema Informações Hospitalares do SUS (SIH/SUS), Sistema de Informações Ambulatoriais do SUS (SIA/SUS), Sistema de Informações em Saúde da Atenção Básica (SISAB), e-SUS 2.1.3.1 e o Sistema de Gerenciamento da Tabela de Procedimentos, Medicamentos e OPM do SUS/SIGTA) devidamente adaptados e atualizados para garantir o acesso a tratamentos médicos com base na autodeclaração de gênero dos pacientes; ii. Quanto à Declaração de Nascido Vivo: ii.a. Determinar ao Ministério da Saúde, por meio da Secretaria de Vigilância da Saúde (SVS-MS), que, no prazo de 30 (trinta) dias: proceda à alteração do layout da DNV para que faça constar da declaração a categoria "parturiente", independente dos nomes dos genitores de acordo com sua identidade de gênero. Isso possibilitará, ao mesmo tempo, o recolhimento de dados para a formulação de políticas públicas pertinentes e o respeito à autodeclaração de gênero dos ascendentes; ii.b. Ordenar ao Ministério da Saúde que, no prazo de 30 (trinta) dias: estabeleça diretrizes para, em conjunto com as Secretarias de Estado da Saúde e com as Secretarias Municipais de Saúde, gestoras estaduais do SIM e do SINASC, orientar as unidades notificadoras a alimentarem os registros pertinentes considerando a categoria "parturiente", independente dos nomes dos genitores de acordo com sua identidade de gênero.

Com tal decisão (que, ao fim e ao cabo, determinou o cumprimento de decisões pretéritas), ainda pendente de julgamento do mérito, o STF deu mais um passo importante no que diz com a proteção de minorias e grupos vulneráveis, assegurando

---

[56] Cf. BRASIL. Supremo Tribunal Federal (Plenário). *ADPF 738*. Incentivo a candidatos negros nas eleições. Brasília, DF: STF, 2020. Disponível em: https://redir.stf.jus.br/paginadorpub/paginador.jsp?docTP=TP&docID=754239593. Acesso em: 18 jan. 2023.

a fruição de direitos fundamentais às pessoas integrantes do grupo populacional LGBTQIA+.

4 Considerações finais

À vista de todo o exposto e sem que aqui se pretenda proceder a uma avaliação sistemática de todas as questões postas no presente texto, o que entendemos deva ser pontuado é que a Constituição Federal de 1988 significou, para além do já por si mais do que relevante momento culminante do processo de redemocratização do país, o ponto de partida para a construção de um amplo e consistente sistema de proteção e promoção de direitos e garantias fundamentais, que, por sua vez, embora não de forma linear e não sem altos e baixos, acabou sendo consolidado e mesmo ampliado pelo labor dos poderes Legislativo, Executivo e Judiciário, em especial, no último caso, no âmbito da jurisprudência do STF.

Tal processo de gradual e constante ampliação, quantitativa e qualitativa, em termos de reconhecimento e concretização das exigências do princípio da igualdade, seja na sua formulação geral, seja no que diz respeito às cláusulas especiais de igualdade, igualmente deve ser saudado, mormente quando, para além da garantia da igualdade formal, a dimensão material desse princípio e direito tão caro ao Estado democrático de direito foi resgatada e desenvolvida.

Nesse contexto, como dão conta os julgados acima colacionados, em caráter ilustrativo, o STF operou como um dos principais protagonistas, destacando-se aqui não somente a chancela de políticas de ações afirmativas instituídas pelo legislador e pelo Poder Executivo, como também a imposição, aos demais poderes (ou, pelo menos, a indução) de outras medidas destinadas a assegurar, em diversos setores, a igualdade de oportunidades.

Da mesma forma, igualmente conforme os exemplos referidos, é de se enfatizar a grande contribuição prestada pelo homenageado nessa seara, que, por sua vez, corresponde apenas a uma parcela de sua atuação vigorosa em prol da efetividade dos direitos fundamentais de todas as dimensões.

Informação bibliográfica deste texto, conforme a NBR 6023:2018 da Associação Brasileira de Normas Técnicas (ABNT):

SARLET, Ingo Wolfgang; SARLET, Gabrielle Bezerra Sales. Notas sobre a igualdade como princípio e direito fundamental na Constituição Federal de 1988. *In*: RIBEIRO, Paulo Dias de Moura; TOMELIN, Georghio Alessandro; KIM, Richard Pae (Coord.). *Direito humano e fundamental à saúde*: estudos em homenagem ao ministro Enrique Ricardo Lewandowski. Belo Horizonte: Fórum, 2023. p. 777-795. ISBN 978-65-5518-606-2.

LEWANDOWSKI: UM JURISTA ESTOICO NA VISÃO DE UM ECONOMISTA

VICTOR VERONEZI

A virtude e a lógica sempre conduziram as práticas dos estoicos. Queriam eles evitar que um mundo de prazeres pessoais conduzisse a vida cotidiana. Defendiam a valorização das virtudes e a indiferença aos prazeres. Na vida pública, procuravam sempre o bem comum de todos indistintamente, pois queriam ser cidadãos do mundo.

Temos acima as características básicas e iniciais que seriam muito desejáveis nos juristas, e talvez até nos economistas. Digo "talvez", para os economistas, pois há muito de prazer e de tempo desperdiçado em vaidades e veleidades que ainda vão mover, por muito tempo, a roda da economia (goste-se disso ou não). A mão firme do direito existe para apontar o "dever-ser" que incide sobre a realidade (o "mundo do ser"); já a tão alardeada mão invisível na economia vai se tornando diáfana, em autorregulações de mercado cheias de inflexões com bordas imprecisas.

É da natureza das relações econômicas o comportamento autointeressado. Já os homens públicos precisam cultivar seu espírito desinteressado. Estes últimos – preocupados com o bem comum, quando do manuseio de suas competências – é que sim deveriam ocupar as posições mais altas da justiça. Temos que evitar que a vaidade ou o hedonismo conduzam nosso sistema jurídico. A justiça precisa respeitar a realidade, é claro, mas não deveria nunca se mover por pressões ou contingências que beneficiassem a alguns poucos.

Conheci o Professor Enrique Ricardo Lewandowski em 25.10.2013, há dez anos, portanto, oportunidade em que tivemos uma noite memorável na Universidade de Guarulhos, fundada pelo saudoso educador Antônio Veronezi. Naquela noite fomos brindados com um discurso provocador do coordenador desta obra de homenagens, o Professor Paulo Dias de Moura Ribeiro, que foi o orador da homenagem que rendemos ao Professor Enrique Ricardo Lewandowski na UNG. Na homenagem de 2013, estávamos ladeados por inúmeras autoridades, grandes mestres do direito, ministros e ocupantes dos mais altos cargos da República, o que comprovava o prestígio de Lewandowski.

Quero aqui focar nas virtudes pessoais que eu, na condição de economista, consigo identificar neste grande professor, com quem convivo há uma década. E submeto humildemente minha visão à avaliação dos leitores deste texto.

Repriso alguns dados pessoais do homenageado. Enrique Ricardo Lewandowski é professor que subiu todos os degraus da carreira universitária: mestre, doutor, livre-docente e finalmente titular da Faculdade de Direito da Universidade de São Paulo. Ocupa a cadeira mais prestigiosa da instituição, que já foi titularizada por Dalmo de Abreu Dallari e José Carlos de Ataliba Nogueira, antes denominada Cátedra de Direito Público e Constitucional. Lewandowski é hoje professor titular de Teoria Geral do Estado da Universidade de São Paulo, e, para nosso orgulho, também é coordenador do Mestrado em Direito Médico da Universidade Santo Amaro (Unisa). Em todas as etapas de sua carreira, submeteu-se à avaliação de bancas e sabatinas (no Senado da República e no exterior na Fletcher School of Law and Diplomacy) que validaram amplamente suas atribuições pessoais para as posições que brilhantemente ocupou. Tudo enfrentado e exercido com espírito público.

Nestes dez anos de convívio com Lewandowski, aprimorei minha noção do que significam as expressões *professor* e *jurista*. Neste mesmo período, suas conferências e decisões judiciais a que tive acesso foram uma aula de formação para mim e para muitos brasileiros. As formações jurídica no Brasil e em diplomacia nos Estados Unidos o auxiliaram a enxergar, com muita clareza, onde estaria em cada caso o bem comum, sempre tentando ajudar os brasileiros a atingirem a condição de cidadãos do mundo.

Temas polêmicos foram tratados com sensatez e respeito às liberdades públicas. Votos magníficos no Supremo Tribunal Federal, como exemplo, as discussões sobre a constitucionalidade de Lei da Ficha Limpa, a vedação ao nepotismo que colonizava os cargos públicos, e todas as decisões de proteção a nós brasileiros no período da Covid-19. Lembro também da importante decisão, em *habeas corpus* coletivo, para a proteção das crianças que foram encarceradas, por arrastamento, junto com sua genitora ou que sofriam por sua ausência. Sem favor nenhum, Lewandowski integra o rol dos maiores homens da República. Nunca se furtou a trabalhar e a agir quando demandado pela nação brasileira.

Na condição de economista e empresário, fico sempre me perguntando como o Judiciário e os demais poderes da República poderiam trazer mais estabilidade e segurança para o ambiente privado. É minha função atender e dar condições de trabalho para milhares de pessoas que atuam no ensino e na administração dos grupos que coordeno. O que precisamos do Estado é a garantia de estabilidade e a certeza de que os trabalhadores receberão o que o sistema legal lhes defere; e, por outro lado, ao empresário, que os fins econômicos permitam a manutenção e até a ampliação do empreendimento. Segurança e estabilidade são assim as questões-chave na minha visão. Investimento seguro é a garantia de retorno para a sociedade.

Todos temos nossas ansiedades. Eu, por exemplo, sempre me pergunto para onde vai andar ou não dado investimento em novos negócios. Tal ansiedade existe também na esfera pública. Não devemos permitir que as ansiedades tomem conta de nossa razão. O filósofo estoico Epicteto dizia: "O homem não se preocupa tanto com problemas reais quanto com as ansiedades imaginadas sobre problemas reais". Temos aí uma posição básica do estoicismo: tranquilidade para decidir e foco no problema concreto. É esta fleuma – sem a mais mínima ansiedade – que eu vejo em Lewandowski. A coisa pública aparece cristalina em suas posições, sem fantasmas ou ruídos de entendimento.

Em todas as palestras, decisões e aulas com que tive contato, sempre vi nele um jurista preocupado em não sair dos limites de suas atribuições e em oferecer o melhor de si para seus alunos e para o jurisdicionado. Vale aqui outra frase do estoico Epicteto, que soa para mim como uma diretiva existencial do homenageado: "Primeiro diga a si mesmo o que você seria; então faça o que você tem que fazer". Temos sempre que ter clareza sobre o lugar que ocupamos, e qual o nosso dever diante de cada acontecimento.

As virtudes estoicas, em minha visão, tomam conta deste grande professor. Ele está sempre disponível para si mesmo e para todos os que são atingidos pelas atribuições que lhe são irrogadas. Tem sido um magistrado imparcial, um professor dedicado e um conselheiro importante para todos os momentos em que precisamos de alguma orientação. Sua visão de conjunto, uma visão do alto, transmite para todos uma segurança ímpar. Minha admiração moral por Lewandowski vem da segurança com que trouxe estabilidade para todas as grandes questões da República que foram colocadas sob sua guarda.

Assim, por estes dez anos de ouro convivendo com Lewandowski, só tenho a dizer: muito obrigado!

Informação bibliográfica deste texto, conforme a NBR 6023:2018 da Associação Brasileira de Normas Técnicas (ABNT):

VERONEZI, Victor. Lewandowski: um jurista estoico na visão de um economista. *In*: RIBEIRO, Paulo Dias de Moura; TOMELIN, Georghio Alessandro; KIM, Richard Pae (Coord.). *Direito humano e fundamental à saúde*: estudos em homenagem ao ministro Enrique Ricardo Lewandowski. Belo Horizonte: Fórum, 2023. p. 797-799. ISBN 978-65-5518-606-2.

MINISTRO RICARDO LEWANDOWSKI, UM HUMANISTA NO EXERCÍCIO DA DOCÊNCIA E DA JUDICATURA

ARNALDO HOSSEPIAN JR.

Como é sabido, Teoria do Estado inicia a formação dos estudantes de Direito comprometidos com os ideais democráticos e republicanos. Isso de fato me inspirou no início do curso. Mas a inspiração foi motivada também por conta do mestre que tive: Enrique Ricardo Lewandowski era o nome dele! Confesso que, ao ler o convite encaminhado pelo Ministro Moura Ribeiro, o sentimento do momento me levou ao ano de 1979, quando ingressei na velha e sempre nova Academia de Direito do Largo de São Francisco.

Quis o destino que, naquele momento de abertura política e retomada democrática, este então jovem aluno do curso de Direito pudesse ter como mestre o Professor Lewandowski.

Pelo seu brilhante magistério, fui apresentado aos clássicos da Teoria do Estado: Jean Bodin, Hobbes, Maquiavel, Montesquieu, além de Aristóteles, Max Weber e Friedrich Engels, enquanto apreendia sobre poder, república, democracia, governo e liberdade. Isso naquele tempo em que todos nós brasileiros estávamos ansiosos pelo exercício prático destes conceitos, que a cátedra do Professor Lewandowski nos apresentava em teoria.

Sem dúvida, as lições aprendidas em Teoria Geral do Estado me motivaram na busca de uma profissão, dentro do sistema de justiça, que tivesse como compromisso a defesa do regime democrático e dos direitos individuais indisponíveis. Enfim, a defesa dos valores e princípios que orientam a formação de uma sociedade fraterna e cidadã. Afinal, o Professor Lewandowski já deixava muito clara sua vocação humanista, o que certamente exerceu forte influência na formação das minhas convicções e valores.

Caetano Veloso nos ensina que o tempo, no seu movimento preciso, é compositor de destinos. Passadas mais de três décadas, pude voltar a conviver com o sempre professor, mas agora Ministro do E. Supremo Tribunal Federal, Ricardo Lewandowski, e eu no exercício da jurisdição administrativa, como conselheiro do Conselho Nacional de Justiça.

Indicado ao Conselho Nacional de Justiça, na cadeira destinada ao Ministério Público dos estados, tive a honra e satisfação em ser presidido pelo Ministro Enrique Ricardo Lewandowski, que, com a propriedade que já lhe era tida na época do magistério, continuava a ensinar, agora com a vasta experiência adquirida na magistratura nacional.

No exercício do mandato como conselheiro do CNJ, foi possível presenciar as manifestações, sempre precisas, realizadas pelo Ministro Presidente Lewandowski, em defesa dos direitos humanos e das instituições públicas, em especial aquelas vinculadas ao sistema de justiça.

Deste aprendizado, pude, em diversos votos, replicar os ensinamentos do mestre, em especial nas questões que buscavam dar efetividade às políticas públicas escrutinadas pelo Poder Judiciário, sempre tendo como objetivo melhorar a prestação jurisdicional em prol do povo brasileiro.

Me recordo do julgamento do Pedido de Providências nº 0004420-14.2019.2.00.0000, no qual o Plenário do CNJ acompanhou o voto de minha relatoria, que permitiu a todos os tribunais brasileiros incluir nos seus processos licitatórios a participação de instituições financeiras públicas e privadas para contratação de serviços de administração de depósitos judiciais.

O referido julgado encerrou um monopólio que existia entre as instituições financeiras públicas para administração de depósitos judiciais, e possibilitou aos Tribunais licitarem este serviço público com maior número de *players*, trazendo mais concorrência e receitas aos tribunais brasileiros, portanto, implementando a prestação jurisdicional, tornando-a mais célere, anseio da população brasileira, que tem no Poder Judiciário seu último refúgio de esperança em ver os direitos consagrados na carta Magna ganharem efetividade.

No referido julgamento, entendeu o Plenário do CNJ, que a utilização do termo "preferencialmente", disposto no art. 840 do Código de Processo Civil, fora alocada de forma democrática no tratamento da matéria e de modo a respeitar a evolução histórico-sistemática da norma, com o condão de assegurar o reconhecimento da necessária autonomia dos tribunais, possibilitando a avaliação da proposta mais vantajosa para o poder público.

Relembro, ainda, outro procedimento de minha relatoria, no qual as lições do Ministro Lewandowski na defesa dos direitos humanos se fizeram presentes. No julgamento do Procedimento de Controle Administrativo nº 0000476-38.2018.2.00.0000, o Plenário do CNJ entendeu como ilegal a resolução do Tribunal de Justiça do Estado do Rio Grande do Sul que pretendia realizar intimações para comunicação de atos processuais criminais pelos correios como regra, em descompasso com a orientação normativa, disposta no art. 370 do Código de Processo Penal. Afinal, a ciência efetiva dos atos processuais na esfera penal é também garantia da preservação do princípio constitucional da ampla defesa.

Ainda, no tocante à defesa e promoção dos direitos humanos, preocupação constante do combativo Ministro Lewandowski, relembro outro julgamento de minha relatoria no qual, por determinação do Supremo Tribunal Federal, o Conselho Nacional de Justiça julgou e responsabilizou magistrada de um dos estados da Federação, que em razão de não ter agido com a devida presteza e eficiência, deixou de adotar medidas para evitar que uma menor de idade, do sexo feminino, portanto, fosse mantida em cela comum, destinada aos presos adultos, do sexo masculino, por 24 dias, o que ensejou a prática de atos de abuso e violência contra a adolescente.

A atuação sempre técnica, competente, com firmeza de conteúdo, exercida pelo Ministro Lewandowski na Presidência do Conselho Nacional de Justiça, serviu de motivação para que eu pudesse contribuir nos diversos comitês e comissões temáticas do Conselho, que visam aprimorar e buscar soluções para os problemas de gestão enfrentados pelos órgãos que integram o Sistema de Justiça.

Pelas mãos do Ministro Lewandowski fui indicado e assumi a supervisão do Fórum da Saúde do Conselho Nacional de Justiça, atualmente conhecido como Fonajus, o que me possibilitou trabalhar, em conjunto, com profissionais do direito, médicos e gestores da área da saúde, todos em busca da melhoria da prestação jurisdicional em matéria de saúde, tema caro para a população brasileira.

Tendo como atribuições o monitoramento de ações que envolvam a assistência à saúde, SUS, com competência para realizar a proposição de medidas concretas e normativas voltadas à otimização de rotinas processuais, à organização e à estruturação de unidades judiciárias especializadas, à prevenção de conflitos judiciais e à definição de estratégias nas questões de direito sanitário, o Fórum da Saúde do CNJ foi responsável por um período muito gratificante da minha passagem pelo Conselho Nacional de Justiça.

Recordo que se não fosse a postura arrojada e o descortino por parte do Ministro Lewandowski em firmar, junto com o Ministério da Saúde, o Termo de Cooperação Técnica nº 21/2016, dispondo sobre a necessidade de proporcionar aos Tribunais de Justiça e Tribunais Regionais Federais subsídios técnicos para a tomada de decisão com base em evidências científicas nas ações relacionadas com a atenção à saúde, diversas ferramentas criadas e desenvolvidas pelo Fonajus não seriam hoje uma realidade.

Refiro-me, em especial, ao Sistema E-NatJus, que está à serviço, principalmente, do magistrado, para que a sua decisão não seja tomada apenas diante da narrativa que apresenta o demandante na inicial. Com o referido sistema, essas decisões podem ser construídas com base em informação técnica, levando em conta evidência científica, inclusive com abordagem sobre medicamentos similares já incorporados pela política pública, aptos a atender ao autor da ação sem a necessidade de se buscar o fármaco ainda não incorporado, mas requerido pelo demandante.

Além de beneficiar todos os profissionais do direito, que vez ou outra se veem diante de demandas complexas relativas à temática da saúde, as iniciativas decorrentes do Fonajus e do Termo de Cooperação nº 21/2016 produziram benefícios concretos, em prol da população, pois obstaram o sucesso de pedidos judiciais temerários, sem base científica, capazes apenas de sangrar o orçamento público, não produzindo resultado algum em benefício da saúde do demandante.

Enfim, participar deste tributo ao Ministro Enrique Lewandowski é motivo de honra e muita alegria, pois se trata de uma justa homenagem para quem, ao longo de toda a trajetória, trabalhou pela construção de uma sociedade mais justa, solidária e fraterna! Parabéns, Ministro!

Referências

BRASIL. Conselho Nacional de Justiça. *Pedido de Providências 0004420-14.2019.2.00.0000*. Requerente: Tribunal de Justiça do Estado de São Paulo – TJSP. Requerido: Conselho Nacional de Justiça – CNJ. Relator: Arnaldo Hossepian. Plenário Virtual, 16.8.2019.

BRASIL. Conselho Nacional de Justiça. *Procedimento de Controle Administrativo 0000476-38.2018.2.00.0000*. Requerente: Fabiano Dallazen e outros. Requerido: Corregedoria Geral da Justiça do Estado do Rio Grande do Sul. Relator: Arnaldo Hossepian. Plenário, 8.10.2019.

BRASIL. Conselho Nacional de Justiça. *Termo de Cooperação Técnica nº 21/2016*. Partes: Conselho Nacional de Justiça e Ministério da Saúde. Brasília, 23.8.2016.

BRASIL. Supremo Tribunal Federal. *Mandado de Segurança 34490*. Impetrante: Clarice Maria de Andrade Rocha. Impetrado: Conselho Nacional de Justiça. Interessado: União. Relator: Min. Marco Aurélio. Redator do Acórdão: Min. Roberto Barroso. Primeira Turma, 27.11.2018.

Informação bibliográfica deste texto, conforme a NBR 6023:2018 da Associação Brasileira de Normas Técnicas (ABNT):

HOSSEPIAN JR., Arnaldo. Ministro Ricardo Lewandowski, um humanista no exercício da docência e da judicatura. *In*: RIBEIRO, Paulo Dias de Moura; TOMELIN, Georghio Alessandro; KIM, Richard Pae (Coord.). *Direito humano e fundamental à saúde*: estudos em homenagem ao ministro Enrique Ricardo Lewandowski. Belo Horizonte: Fórum, 2023. p. 801-804. ISBN 978-65-5518-606-2.

SOBRE AUTORES

Alysson Leandro Mascaro
Professor da Faculdade de Direito da Universidade de São Paulo (Largo São Francisco). Professor do Mestrado em Direito Médico da Universidade de Santo Amaro. Doutor e Livre-Docente em Filosofia e Teoria Geral do Direito pela USP.

André Luiz de Almeida Mendonça
Ministro do Supremo Tribunal Federal.

Anna Catharina Machado Normanton
Promotora de Justiça do Ministério Público do Estado de Minas Gerais. Mestra em Direitos Humanos pela Faculdade de Direito da USP. Mestra em Direito Constitucional pela Faculdade de Direito da PUC-SP. Doutoranda em Teoria Geral do Estado pela Faculdade de Direito da USP. Professora universitária.

Antonio Augusto Brandão de Aras
Professor Doutor da Faculdade de Direito da Universidade de Brasília. Procurador-Geral da República.

Antonio Carlos Morato
Advogado. Professor do Mestrado em Direito Médico da Universidade Santo Amaro (Unisa). Professor do Departamento de Direito Civil da Faculdade de Direito da Universidade de São Paulo (USP).

Arnaldo Hossepian Jr.
Procurador de Justiça aposentado do Ministério Público de São Paulo. Ex-Conselheiro do CNJ (2015/2019). Diretor Presidente da Fundação Faculdade de Medicina da USP. Membro do Fonajus – CNJ.

Benedito Gonçalves
Formado em Ciências Jurídicas e Sociais pela Faculdade Nacional de Direito, da Universidade Federal do Rio de Janeiro (UFRJ). Especialista em Direito Processual Civil. Mestre em Direito. Ministro do Superior Tribunal de Justiça (STJ). Corregedor-Geral da Justiça Eleitoral (CGE).

Camila Plentz Konrath
Juíza Federal do Tribunal Regional Federal da 4ª Região. Juíza instrutora no Supremo Tribunal Federal.

Camile Sabino
Bacharel em Ciência Política pela Universidade de Brasília. Bacharel em Direito pelo Centro Universitário Unieuro. Pós-Graduada em Contratos e Responsabilidade Civil pelo Instituto de Desenvolvimento e Pesquisa – IDP. Especialista em Governo e Direito na Universidade Autonoma de Madrid. Especialista em Sharing the experience of the European Union and its Member States: Leadership, Management, Transparency and Corruption Control na École Nationale D'administration – L'ÉNA, em Paris e Strasbourg. Especialista em Combate à Corrupção na École Nationale D'administration – L'ÉNA, em Paris. Ex-Subconsultora jurídica da Consultoria Jurídica do Distrito Federal. Assessora do Gabinete do Ministro Benedito Gonçalves.

Clóvis Francisco Constantino
Presidente da Sociedade Brasileira de Pediatria. Professor de Ética Médica e Bioética – Medicina – Unisa. Professor de Ética Médica e Bioética da Pós-Graduação do Mestrado em Direito Médico do Curso de Direito da Universidade Santo Amaro – Unisa. Gerente/Assessor Técnico/Ética Médica-Bioética-Pediatria – OSS/SPDM – Associação Paulista para o Desenvolvimento da Medicina – Microrregião RASTS-VMVG. Membro do Centro Pluridisciplinar de Bioética da Faculdade de Medicina da Universidade do Porto. PhD in Bioethics Division da International Chair in Bioethics. Membro da International Forum of Teachers – IFT – I C Bioethics. Coordenador (*Head*) da Unidade de São Paulo da International Chair in Bioethics (World Medical Association Cooperation Center) do Departamento dos Países de Língua Portuguesa (Portuguese Language Countries Division Chair in Bioethics) – sendo hospedeira (*host*) a Universidade Santo Amaro – Unisa.

Cristiane Brito Chaves Frota
Advogada. Doutora em Direito Público pela Pontifícia Universidade Católica da Argentina. Diretora do Instituto de Pesquisa e Estudos Jurídicos Avançados – Ipeja.

Gabrielle Bezerra Sales Sarlet
Doutora em Direito pela Universidade de Augsburg, Alemanha. Pós-Doutora pelas universidades de Hamburgo, Alemanha, e PUCRS. Especialista em Neurociências pela PUCRS. Professora dos cursos de Graduação, Mestrado e Doutorado da Escola de Direito da PUCRS. Advogada e consultora.

Georghio Alessandro Tomelin
Doutor em Direito do Estado pela USP. Doutor em Filosofia pela PUC-SP. Professor do Mestrado em Direito Médico da Unisa e do Doutorado em Sistema de Garantias da ITE – Bauru. Membro da CNECO da OAB Nacional. Consultor e parecerista em direito público.

Gilmar Ferreira Mendes
Doutor em Direito pela Universidade de Münster, Alemanha. Professor de Direito Constitucional nos cursos de Graduação e Pós-Graduação do Instituto Brasileiro de Ensino, Desenvolvimento e Pesquisa (IDP). Ministro do Supremo Tribunal Federal (STF).

Humberto Martins
Ministro do Superior Tribunal de Justiça.

Ingo Wolfgang Sarlet
Doutor e Pós-Doutor em Direito pela Universidade de Munique, Alemanha. Coordenador e professor titular da Escola de Direito e do Programa de Pós-Graduação em Direito (Mestrado e Doutorado) da PUCRS. Advogado e parecerista.

João Antonio da Silva Filho
Doutorando em Direito pela Universidade Nove de Julho de São Paulo. Mestre em Filosofia do Direito pela PUC-SP. Conselheiro do Tribunal de Contas do Município de São Paulo. Autor dos livros *A democracia e a democracia em Norberto Bobbio, A era do direito positivo, O sujeito oculto do crime – Reflexões sobre a teoria do domínio do fato, Os tribunais de contas no Estado democrático de direito e os desafios do controle externo.*

João Otávio de Noronha
Bacharel em Direito pela Faculdade de Direito do Sul de Minas (Pouso Alegre). Especialista em Direito do Trabalho, Direito Processual do Trabalho e Direito Processual Civil pela Faculdade de Direito do Sul de Minas. Ministro do Superior Tribunal de Justiça. Membro da Corte Especial. Membro da Segunda Sessão e da Quarta Turma do Superior Tribunal de Justiça. Membro do

Conselho de Administração do Superior Tribunal de Justiça. Professor de Direito Processual Civil do Instituto de Educação Superior de Brasília (IESB). Professor da Escola Superior da Magistratura do Tribunal de Justiça do Distrito Federal e Territórios. Professor de Pós-Graduação do Uniceub. Professor titular de Direito Processual Civil e Direito Comercial – Faculdade de Direito de Varginha (MG). Professor de Direito Bancário na Escola Superior de Advocacia da OAB/MG. Professor de Direito Processual Civil na Faculdade de Direito da Universidade de Itaúna (MG 1992/1993).

José Alberto Ribeiro Simonetti Cabral
Advogado e Presidente Nacional do Conselho Federal da Ordem dos Advogados do Brasil (CFOAB). Atuou como Secretário-Geral do CFOAB e Presidente da Coordenação Nacional do Exame de Ordem Unificado (2019- 2022). Foi Diretor-Geral da Escola Nacional de Advocacia (2016-2019), e Diretor-Geral da Sede da OAB/AM. Como Conselheiro Federal pela OAB/AM, atuou em diversas comissões temáticas, sendo Vice-Presidente da Comissão Nacional de Acesso à Justiça (2010-2013). Orcid: https://orcid.org/0000-0002-4526-104X.

José Antonio Dias Toffoli
Ministro do Supremo Tribunal Federal. Ex-Presidente do Supremo Tribunal Federal e do Conselho Nacional de Justiça (2018-2020). Ex-Presidente do Tribunal Superior Eleitoral (2014-2016).

Juliana Florentino de Moura
Doutoranda e mestre em Direito Público pela Universidade do Estado do Rio de Janeiro – UERJ. Ex-Assessora e chefe de gabinete do Ministro Luís Roberto Barroso no Supremo Tribunal Federal. Procuradora do Estado do Rio de Janeiro.

Leandro Sarcedo
Doutor e mestre em Direito Penal pela Universidade de São Paulo, pela qual é graduado. Professor do curso de Pós-Graduação *stricto sensu* – Mestrado em Direito Médico na Unisa. Sócio da Massud, Sarcedo e Andrade Sociedade de Advogados.

Leonardo Morais da Rocha
Assessor de Ministro no Superior Tribunal de Justiça.

Luis Felipe Salomão
Ministro do Superior Tribunal de Justiça. Corregedor Nacional de Justiça. Foi Ministro do Tribunal Superior Eleitoral e Corregedor-Geral da Justiça Eleitoral. Foi Promotor de Justiça – SP, Juiz de Direito e Desembargador do Tribunal de Justiça do Estado do Rio de Janeiro. Professor emérito da Escola da Magistratura do Estado do Rio de Janeiro e da Escola Paulista da Magistratura. Doutor *honoris causa* em Ciências Sociais e Humanas pela Universidade Candido Mendes. Professor *honoris causa* da Escola Superior da Advocacia – RJ. Presidente do Fórum Nacional de Recuperação Empresarial e Falência (FONAREF) do Conselho Nacional de Justiça (CNJ). Integrante da comissão de juristas instituída pela Câmara dos Deputados para elaborar anteprojeto de legislação que sistematiza as normas de processo constitucional brasileiro. Presidiu a comissão de juristas instituída pelo Senado Federal para elaboração do anteprojeto de lei que ampliou a arbitragem e criou a mediação no Brasil. Coordenador do Centro de Inovação, Administração e Pesquisa do Judiciário e Professor da Fundação Getulio Vargas (FGV). Diretor do Centro de Pesquisas Judiciais da Associação dos Magistrados Brasileiros (CPJ/AMB). Presidente do Conselho Editorial da *Revista Justiça & Cidadania*. Foi integrante de inúmeras bancas de concursos públicos. Participou de inúmeros cursos, no Brasil e no exterior, como palestrante, expositor e conferencista. É professor universitário, autor de diversos livros e artigos jurídicos. Currículo resumido: http://www.stj.jus.br/web/verCurriculoMinistro?parametro=1&cod_matriculamin=0001194.

Luís Roberto Barroso
Professor Titular da Universidade do Estado do Rio de Janeiro – UERJ. Mestre pela Yale Law School. Doutor e Livre-Docente pela UERJ. Ministro do Supremo Tribunal Federal.

Luiz Edson Fachin
Ministro do Supremo Tribunal Federal. *Alma mater* Universidade Federal do Paraná. Professor do Programa de Pós-Graduação do Centro Universitário de Brasília.

Luiz Fernando Bandeira de Mello
Conselheiro do Conselho Nacional de Justiça, onde exerce a função de Ouvidor Nacional de Justiça. Conselheiro Nacional do Ministério Público (2017-2021). Secretário-Geral da Mesa do Senado Federal (2014-2021), ocasião em que atuou como escrivão do processo de *impeachment* presidencial de 2016. Servidor do Senado Federal da carreira de consultor legislativo. Lecionou em várias universidades do Brasil em cursos de graduação e pós-graduação, entre elas a UnB, a UFPE e o Instituto Legislativo Brasileiro. Anteriormente exerceu os cargos de advogado-geral do Senado, diretor-geral do Senado, chefe de gabinete da Presidência do Senado e do Ministro da Previdência Social. Foi também consultor jurídico do Ministério da Previdência Social. Mestre em Direito Administrativo pela Universidade Federal de Pernambuco. Doutorando em Direito pela Universidade de Salamanca, na Espanha.

Luiz Fux
Ministro do Supremo Tribunal Federal (STF). Foi Presidente do Tribunal Superior Eleitoral (TSE) e Ministro do Superior Tribunal de Justiça (STJ). Professor Livre-Docente em Processo Civil da Faculdade de Direito da Universidade do Estado do Rio de Janeiro (UERJ). Doutor em Direito Processual Civil pela Universidade do Estado do Rio de Janeiro (UERJ). Membro da Academia Brasileira de Letras Jurídicas. Membro da Academia Brasileira de Filosofia.

Marcelo Navarro Ribeiro Dantas
Doutor em Direito pela Pontifícia Universidade Católica de São Paulo. Ministro do Superior Tribunal de Justiça.

Marco Aurélio Gastaldi Buzzi
Ministro do Superior Tribunal de Justiça. Mestre em Ciência Jurídica pela Universidade do Vale do Itajaí – Univali/SC (Brasil). Mestrando em Sistemas Alternativos de Resolução de Conflitos pela Universidade Nacional de Lomas de Zamora – UNLZ (Buenos Aires, Argentina). Especialista (Pós-Graduação) em Direito do Consumo pela Universidade de Coimbra (Portugal).

Marco Aurélio Mello
Ex-Ministro do Supremo Tribunal Federal.

Mauro Luiz Campbell Marques
Bacharel em Direito pelo Centro Universitário Metodista Bennett – UniBennett. Foi Procurador-Geral de Justiça do Ministério Público do Estado do Amazonas e Secretário de Segurança Pública do mesmo ente federativo. Corregedor-Geral da Justiça Federal entre 2016-2017. Ministro do Tribunal Superior Eleitoral entre 2020-2022. Atualmente é Diretor da Escola Nacional de Formação e Aperfeiçoamento de Magistrados e Ministro do Superior Tribunal de Justiça.

Patricia Netto Leão
Assessora Jurídica. Advogada. Mestre em Ciência Jurídica Forense pela Universidade Portucalense Infante D. Henrique, Porto (Portugal) (set./2022). MBA em Direito Econômico e das Empresas pela Fundação Getulio Vargas (Brasília) (set./2001). Bacharel em Direito pela Pontifícia Universidade Católica de Goiás (abr./1994).

SOBRE AUTORES | 809

Paulo Magalhães Nasser
Advogado. Sócio-Fundador de M Nasser Advocacia Estratégica. Bacharel, Mestre em Direito Civil e Doutor em Direito Processual Civil pela PUC-SP. Mestre (LL.M.) em Direito Comercial, com ênfase em Arbitragem Internacional pela London School of Economics (LSE). Professor do programa de Mestrado em Direito Médico da Unisa. Professor da Pós-Graduação em Direito Processual Civil da PUC-Rio, PUC-Campinas e UFMT. Autor dos livros *Onerosidade excessiva no contrato civil* e *Vinculações arbitrais*.

Paulo Sávio Nogueira Peixoto Maia
Doutorando em Direito Administrativo na Universidade de São Paulo (USP). Mestre em Direito, Estado e Constituição pela Universidade de Brasília (UnB). Consultor Legislativo da Câmara dos Deputados, atualmente cedido ao Supremo Tribunal Federal, onde ocupa a função de Chefe de Gabinete de Ministro.

Pedro Ferreira
Assessor de Ministro do Supremo Tribunal Federal. Doutorando em Direito, Estado e Constituição pela Universidade de Brasília.

Ramiro Freitas de Alencar Barroso
Doutorando em Direito pela Universidade de Brasília. Advogado de Caputo, Bastos e Serra – Advogados.

Reynaldo Mapelli Júnior
Doutor pela Faculdade de Medicina da USP. Professor do Mestrado Acadêmico em Direito Médico da Unisa. Vice-Presidente do Idisa. Promotor de Justiça do MPSP. *E-mail*: reynaldomj@uol.com.br.

Ricardo Mair Anafe
Presidente do Tribunal de Justiça do Estado de São Paulo.

Ricardo Villas Bôas Cueva
Ministro do Superior Tribunal de Justiça. Mestre e Doutor em Direito.

Richard Pae Kim
Doutor e Mestre em Direito pela USP. Pós-Doutor em Políticas Públicas pela UNICAMP. Conselheiro e Supervisor do Fórum Nacional do Judiciário para a Saúde do Conselho Nacional de Justiça – Fonajus (CNJ). Professor do Curso de Mestrado em Direito Médico da Unisa.

Ronaldo Piber
Advogado. Licenciado em Ciências Biológicas. Mestre em Direito Médico pela Universidade Santo Amaro – Unisa. Especialista em Bioética pela Faculdade de Medicina da Universidade de São Paulo – FMUSP. Membro da Rede Brasileira de Letramento em Saúde – REBRALS. Idealizador da Com.Sentimento – Letramento em Saúde.

Silvio Gabriel Serrano Nunes
Doutor, mestre, licenciado e bacharel em Filosofia pela USP. Estágio de Doutorado na Université Paris 1 Panthéon-Sorbonne. Advogado. Bacharel em Direito pela PUC-SP. Especialista em Direito Administrativo pela FADISP. Professor da Escola Superior do TCM-SP. Pesquisador do IBContas. Professor convidado do Curso de Pós-Graduação em Direito Constitucional do Cogeae/PUC-SP. Professor do Programa de Mestrado Acadêmico em Direito Médico e do Programa de Mestrado Interdisciplinar em Ciências Humanas da Unisa. Vice-Presidente de eventos científicos da Comissão Especial de Direito Constitucional da OAB-SP. Membro fundador do Idasan – Instituto de Direito Administrativo Sancionador Brasileiro.

Victor Oliveira Fernandes
Doutor em Direito Comercial pela Universidade de São Paulo (USP). Mestre em Direito, Estado e Constituição pela Universidade de Brasília (UnB). Professor de Direito Econômico nos cursos de Graduação e Pós-Graduação do Instituto Brasileiro de Ensino, Desenvolvimento e Pesquisa (IDP). Conselheiro do Conselho Administrativo de Defesa Econômica (Cade).

Victor Veronezi
Economista. Grão-Chanceler da Unisa.

Esta obra foi composta em fonte Palatino Linotype, corpo 10
e impressa em papel Offset 63g (miolo) e Supremo 250g (capa)
pela Gráfica Paulinelli.